2011
国民经济行业分类注释

国家统计局 编

- 农、林、牧、渔业
- 采矿业
- 制造业
- 电力、热力、燃气及水生产和供应业
- 建筑业
- 批发和零售业
- 交通运输、仓储和邮政业
- 住宿和餐饮业
- 信息传输、软件和信息技术服务业
- 金融业
- 房地产业
- 租赁和商务服务业
- 科学研究和技术服务业
- 水利、环境和公共设施管理业
- 居民服务、修理和其他服务业
- 教育

(京)新登字 041 号

图书在版编目(CIP)数据

国民经济行业分类注释．2011/国家统计局编．
—北京:中国统计出版社，2011.9
ISBN 978-7-5037-6359-5

Ⅰ.①国…　Ⅱ.①国…　Ⅲ.①部门经济-分类-注释
-中国-2011　Ⅳ.①F203

中国版本图书馆 CIP 数据核字(2011)第 182465 号

国民经济行业分类注释—2011

作　　者/国家统计局
责任编辑/王振宇
装帧设计/杨　超
出版发行/中国统计出版社
通信地址/北京市西城区月坛南街 57 号　邮政编码/100826
办公地址/北京市丰台区西三环南路甲 6 号　邮政编码/100073
网　　址/www. stats. gov. cn/tjshujia
电　　话/邮购(010)63376907　书店(010)68783172
印　　刷/河北天普润印刷厂
经　　销/新华书店
开　　本/880×1230mm　1/16
字　　数/1500 千字
印　　张/47
版　　别/2011 年 10 月第 1 版
版　　次/2011 年 10 月第 1 次印刷
书　　号/ISBN 978-7-5037-6359-5/F. 3046
定　　价/268. 00 元

《2011 国民经济行业分类注释》

编委会与编辑工作人员

前　　言

2011 年 4 月,国家质检总局和国家标准化委员会批准了由国家统计局修订的国家标准《国民经济行业分类》(GB/T 4754 - 2011,简称《分类》)。为便于统计工作和社会各界使用《分类》,我们重新编写了《国民经济行业分类注释》(简称《注释》)。

新版《注释》除保留原版注释的结构框架,采用《统计用产品分类目录》进行解释外,还增加了国民经济行业分类旧新类目对照、联合国《国际标准行业分类》与新行业分类对照、新行业分类与产品分类代码对照、按行业名称检索表,以及行业分类有关问题的说明等内容。

新版《注释》是国家、部门和地方开展统计调查、统计研究和统计分析必备的工具书,是国家宏观管理、发展改革、规划、税务、工商管理等使用的参考书,也是社会各界观察、了解我国国民经济行业发展变化的辅助工具。为保证统计和其他工作准确划分行业,新版《注释》采用产品分类目录中的小组产品对行业小类进行解释,并给出易混淆活动的行业归属,使得国民经济行业分类的注释更加翔实、科学、系统。可以说新版《注释》是国家标准《国民经济行业分类》(GB/T 4754 - 2011)的权威性解释。

新版《注释》在编写过程中,得到各地统计局、国家统计局各调查总队,以及各有关部门的大力支持,对此表示感谢。

由于时间仓促、工作量大,新版《注释》难免有错误和不当之处,欢迎大家批评指正。

编　者

2011 年 8 月

总　目　录

第一部分

国民经济行业分类的原则、概念和有关说明

国民经济行业分类的原则、概念和有关说明

一、目的和范围

国民经济行业分类是对全社会经济活动进行的标准分类。它适用于在统计、计划、财政、税收、工商行政管理等宏观管理和部门管理中，对经济活动划分行业类别，也适用于社会经济研究和微观管理中对经济活动的观察。

国民经济行业分类是政府综合统计、政府部门统计和企业统计的基础分类。它为国民经济核算和各项专业统计按照经济活动观察事物提供了详细、科学的分类依据。

二、经济活动

国民经济行业分类是按照各单位（或劳动者）从事的经济活动进行分类。一般情况下，一个单位至少有两种类型的经济活动，一种是对外提供产品或劳务的活动，一种是为保障单位正常运转所从事的内部活动。一个单位对外提供的活动往往也不是单一的，有主要活动和次要活动之分。

（一）主要活动

当一个单位对外从事两种或两种以上的经济活动时，占其单位增加值份额最大的一种活动为主要活动。

在实际工作中，有些活动的增加值份额较难确定，则可依次按照主营业务收入、全年营业收入、从业人员确定单位的主要活动。凡有主营业务收入的，按照主营业务收入确定单位的主要活动；如果没有主营业务收入的，按照以下方法确定单位的主要活动，采矿、制造、电力、燃气及水的生产和供应等活动按照销售收入判断；建筑施工活动按照工程结算收入判断；交通运输活动按照营运业务收入判断；批发零售活动按照商品销售收入判断；其他活动按照经营（营业）收入判断。

（二）次要活动

一个单位对外从事的所有经济活动中，除主要活动以外的经济活动为次要活动。或者说，次要活动是占单位增加值份额不是最大的那些活动。

（三）辅助活动

辅助活动是保证本单位主要活动和次要活动正常运转而进行的一种内部活动，一般不对外提供产品和劳务。辅助活动主要包括：

—水、电、气的供应活动；

—材料和设备的采购活动；

—企业产品的销售活动；

—货物及人员的运送活动；

—材料、设备的库存管理活动；

—通信及网络管理活动；

—计算机管理活动；

—机器设备的维修保养活动；

—财务管理活动；

—人员管理活动；

—安全监督活动；

—单位清洁、维护活动等。

下列活动一般不作为辅助活动：

—其产出是本单位主要活动、次要活动的中间投入或中间消耗，且大部分对外销售；

—为本单位的主要活动、次要活动生产自用的包装箱、罐头盒等的活动；

—企业自营的施工建筑活动；

—企业内的研究与试验发展活动。

三、行业划分的单位

在划分国民经济行业时，常用的单位有法人单位和产业活动单位。

（一）法人单位

法人单位指同时具备下列条件的单位：

—依法成立，有自己的名称、组织机构和场所，能够独立承担民事责任；

—独立拥有和使用（或授权使用）资产，承担负债，有权与其他单位签定合同；

—会计上独立核算，能够编制资产负债表。

（二）产业活动单位

产业活动单位指同时具备下列条件的单位：

—位于一个场所，从事一种或主要从事一种经济活动；

—相对独立地组织生产、经营或业务活动；

—能够掌握收入和支出等核算资料。

产业活动单位是法人单位的一部分。如果一个法人单位仅有一个经营场所，从事一种或主要从事一种经济活动，则该法人单位同时又是一个产业活动单位，这种单位被称为单产业法人单位；如果一个法人单位从事一种以上的经济活动，或位于一个以上的活动场所，并能提供各自的业务情况和财务收支资料，则该单位被称为多产业法人单位。

四、国民经济行业的划分原则

一个行业（或产业）是指从事相同性质的经济活动的所有单位的集合。

（一）一般性原则

国民经济行业分类采用经济活动的同质性原则划分行业类别。即每一个行业类别都按照相同性质的经济活动归类，而不是依据行政事业编制、会计制度和部门管理归类。

国民经济行业分类分为四个层次，即门类、大类、中类、小类。小类是国民经济行业分类的核心层，其经济活动的同质性最高，它构成了全社会经济活动中可供观察和度量的最小产业活动类别的全部内容；中类是活动性质相近的小类行业的综合类别，它是链接小类与大类的过渡分类；大类构成国民经济重要的经济部门，也构成全社会经济活动的结构性框架；门类是国民经济行业分类中活动性质相近的经济部门的综合类别。

从大类开始，行业分类依据经济活动的不同特征进行分层归类。所依据的活动特征主要有：

—产品的生产工艺；

—产品加工和制造的原料、材质；

—产品的用途；

—服务对象；

—服务功能；

—服务方式。

(二)行业分类的基本单位

国民经济行业分类最理想的基本单位是产业活动单位。由于统计目的和核算对象不同,划分行业也可选择法人单位或其他单位。从理论上讲,所选择单位类型的经济活动越单一(同质性强),越适合采用行业小类划分行业;反之,则适合采用中类、大类或门类划分行业。

(三)确定单位行业性质的基本原则

在划分国民经济行业时,一个单位的行业性质是根据该单位所从事的主要经济活动确定的。如果一个单位从事一种经济活动,则按该经济活动确定行业;如果一个单位从事两种或两种以上的经济活动,则先确定一个主要活动,再按主要活动确定行业。

五、行业分类的编码方法

(一)新行业分类采用线分类法和分层次编码方法,将国民经济行业划分为门类、大类、中类和小类四级。代码由一位拉丁字母和四位阿拉伯数字组成。

门类代码用一位拉丁字母表示,即用字母 A、B、C……依次代表不同门类;大类代码用两位阿拉伯数字表示,打破门类界限,从 01 开始按顺序编码;中类代码用三位阿拉伯数字表示,前两位为大类代码,第三位为中类顺序代码;小类代码用四位阿拉伯数字表示,前三位为中类代码,第四位为小类顺序代码。

(二)新行业分类的中类和小类,根据需要设立带有"其他"字样的收容项。为了便于识别,原则上规定收容项的代码尾数为"9"。

(三)当行业大类、中类不再细分时,代码补"0"直至第四位。

(四)新行业分类代码结构图:

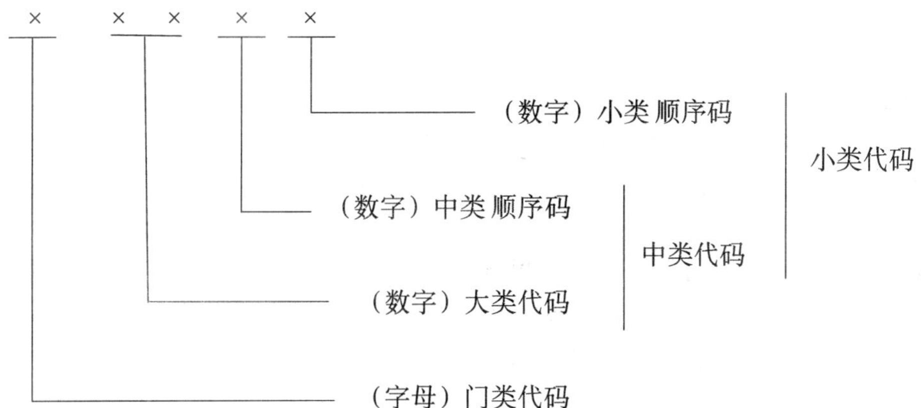

六、判别单位行业性质的若干个原则

(一)自上而下原则

当一个单位从事两种以上的经济活动时,为了确保对单位划分行业的小类与中类、大类、门类保持一致,采取自上而下原则确定企业的行业性质。自上而下原则为:首先从最高层门类开始判断单位的行业性质,再依次判断大类、中类、小类。具体步骤:

第一步:将各个活动分配到相应的门类中,再算出各门类增加值的份额,根据增加值的份额,判断单位所属的行业门类;

第二步:对所确定的行业门类,将属于该门类的活动按照第一步的方法确定行业大类;

第三步:对所确定的行业大类,将属于该大类的活动按照第一步的方法确定行业中类;

第四步:对所确定的行业中类,将属于该中类的活动按照第一步的方法确定行业小类;

例如,某钢铁公司从事多种经济活动有:型钢压延、桥梁钢结构制造、房产出租、代理经营钢材,其增加值的份额分别为 31 %、11 %、25%、33 %。按照自上而下的原则,该公司所属的门类为制造业,大类为黑色金属冶炼和压延加工业、中类和小类同为钢压延加工，最终该公司的行业小类为3140（钢压延加工）。如果直接按照增加值的份额判断，该单位的行业类别属于5181（贸易代理），这显然不正确。

（二）纵向一体化原则

当单位从事两种以上的经济活动，且上一阶段活动的产出，为下一阶段活动的投入，则单位的活动为纵向一体化活动。纵向一体化活动分为两种情况：一种是单纯纵向一体化活动，即某一活动的产出，仅为另一活动的投入，例如，织布活动和印染活动；另一种是混合纵向一体化活动，即前一活动的产出是后一活动的投入，同时前一活动还对外提供产品或服务，例如，渔业捕捞，既对捕捞的水产品进行加工，同时还对外出售捕捞的水产品。

行业判断方法：单纯纵向一体化活动按照最终活动判断行业类别；混合纵向一体化活动先按照增加值的份额判断主要活动，再以主要活动确定行业。

（三）横向一体化原则

当单位从事某种经济活动，该活动的产出为多种产品（或服务），且这些产品（或服务）分别属于不同的行业类别时，这种活动为横向一体化活动。例如屠宰活动，产出肉类，同时还产出皮毛和骨头；又如焚烧废物，其活动的整体属于环境治理，同时也可发电。

行业判断方法：当横向一体化活动的产出相互独立存在，并可以单独核算和统计，则按照各个产出的增加值份额确定其主要活动，再以主要活动划分行业；如果这种活动的产出难以分割，不能单独核算和统计，则将一种产出作为另一种产出的副产品归入一个行业。针对后一种情况，要根据营业执照的经营范围或建厂立项的情况做出判断。如焚烧废物，原建厂立项为环境保护，则该单位列入7723（固体废物治理）或7820（环境卫生管理）；如果原建厂立项为发电，则该单位列入4411（火力发电）。

（四）外包活动处理原则

1. 制造业外包。当发包企业将部分生产活动外包，或发包企业将全部生产活动外包且提供生产必需的原材料，则发包企业和承包企业同归入制造业；当发包企业将全部生产活动外包，且不提供原材料，则发包企业归入批发和零售业，承包企业归入制造业。

2. 服务业外包。当发包企业将全部或部分服务外包，则发包企业和承包企业归入同一个行业类别；如果发包企业将部分服务外包，且该服务在行业分类中有独立的分类，则承包企业的活动归入该行业类别中。

3. 辅助活动外包。当企业将记账、计算机、保安、保洁等辅助活动外包，发包企业的行业性质不变（仍按照主要活动确定），承包企业按照承接活动的性质，归入相应的行业中。

4. 劳务外包。当企业外包劳务，发包企业（需求劳务的企业）的行业性质不变，劳务承包企业（派遣劳动力的企业）的行业性质应为7263（劳务派遣服务）。

（五）改变单位行业性质的原则

为了保证行业分类和统计调查的连贯性，当一个单位主要活动的份额发生变化时，且连续两年该活动的份额为最大，则按照该活动调整单位的行业性质；否则，单位的行业性质不变。

七、确定单位行业性质应注意的问题

在统计中，对单产业法人单位、多产业法人单位和多法人组成的单位划分行业时，应注意以下问题：

（一）单产业法人单位应注意的问题

单产业法人单位同时又是一个产业活动单位，按产业活动单位或法人单位划分行业时，应根据单位从事的主要活动确定其行业性质。

（二）多产业法人单位应注意的问题

由于多产业法人单位含有若干个产业活动单位，所以按产业活动单位划分行业时，应按其下属产业活动单位从事的经济活动分别划分行业。其总部分两种情况处理：当各产业活动单位所从事的经济活动跨越行业大类时，总部归入7211（企业总部管理）；当各产业活动单位的经济活动未跨越行业大类时，总部随占增加值份额最大的产业活动单位划分行业。

按法人单位划分行业时，多产业法人单位按照自上而下的原则判断主要活动并确定行业性质。

（三）多法人组成的单位应注意的问题

多法人组成的单位是指企业集团、集团公司、大型联合性企业及其他类似单位，该单位的特点是由若干个法人单位组成，因此，无论是按产业活动单位，还是按法人单位划分行业，首先应根据法人单位的三个条件，将所有法人单位逐一分开，再按照不同的要求划分行业。该类单位的总部按以下方法处理：

1. 总部不具有法人资格，则总部随核心企业或占增加值份额最大的法人企业划分行业。

2. 总部具有法人资格，按以下情况处理：

（1）当总部对外从事经营活动时，则总部的活动与企业其他活动一并按照自上而下规则确定主要活动，并依此确定总部的行业性质。

（2）当总部对外不从事经营活动时，且企业的经济活动未跨越行业门类，则总部随核心企业或占增加值份额最大的企业划分行业；如果企业的经济活动跨越行业门类，则总部归入7211（企业总部管理）。

八、行业分类的有关说明

（一）工业

为了与联合国的《国际标准行业分类》相对应，在国民经济行业分类中没有“工业”类别。但为了满足国民经济核算、统计和管理的需要，可以将采矿业，制造业，电力、热力、燃气及水生产和供应业三个门类归并为“工业”。

（二）修理

参照联合国的分类，新《国民经济行业分类》将设备、用品的修理与维护单独设立类别。为了保证分类体系的完整性、连贯性和符合国际惯例，我们将与制造业生产关系密切的修理活动单设一类，即“金属制品、机械和设备修理业”，仍归在制造业门类下；将与居民生活、最终消费关系密切的修理活动也单设一类，即“机动车、电子产品和日用产品修理业”，归在居民服务、修理和其他服务业的门类下。

（三）电子商务

电子商务一般是指通过电话、传真、电视和互联网等手段，开展货物或服务的交易活动，即货物或服务所有权的转让。一般货物或服务所有权的转让分为三个阶段：一是下定单，二是付款，三是发送货物或提供服务。根据联合国《国际标准行业分类》的定义，电子商务交易包括以下三种情况：一是通过电子手段下定单；二是通过电子手段完成下定单和付款；三是通过电子手段完成下定单、付款和发送货物或提供服务。

由于电子商务的交易活动可以涉及《国民经济行业分类》的多个不同门类和大类，因此很难将可能涉及电子商务交易的活动归并为一个类别，这样势必打乱传统类别的完整性。在新《国民经济行业分类》中，我们将属于电子商务交易活动且发展较快的互联网销售单独设立“互联网零售”小类，归在“批发和零售业”下。通过互联网方式下定单、付款，所进行的网上货物批发或进出口交易，这属于典型的电子商务，但由于大多数批发商和进出口商都采用自己的网络交易方式进行货物交易，因此互联网的批发和进出口交易应归在批发业的各个相关类别中。

（四）物流业

物流业是现代服务业中发展较快的产业。由于物流业涉及传统的铁路运输业、道路运输业、水上运输业、航空运输业、仓储业、装卸搬运和运输代理业、商务服务等诸多行业，如果将其单设行业类别，将打破传统的“交通运输、仓储和邮政业”，而且也无法与联合国的分类标准相衔接。因此，我们没有单设“物流业”分类，如果统计、部门管理及社会各界需要“物流业”的分类，可以《国民经济行业分类》为基础，研究制定物流相关产业分类。

（五）企业总部

在社会经济活动中，企业总部的活动是一种较为特殊的组织形式。在新行业分类中的企业总部是指对外不从事经营活动，主要对企业内部的运营情况进行监督和管理，承担企业战略决策和规划，对企业运营进行控制，管理企业的日常事务。企业总部有两种存在形式，一是以法人形式存在的企业总部，一是以非法人形式存在的企业总部。为了确保企业总部与企业主营业务活动的行业性质相一致，本部分第七条“确定单位行业性质应注意的问题”对总部的处理方法做了规定，但应注意控股公司不作为企业总部，应归入69（其他金融业）。

（六）投资

投资在我国经济活动中是一种复杂多样的经济活动。它的形式有股票投资、期货投资、储蓄投资、外汇投资、黄金投资、古玩字画投资，还包括实业投资、风险投资等等。行业分类将投资分为三种形式：一是资本投资，包括经金融监管部门批准的股票、期货、外汇、黄金及其他有价证券投资，以及风险投资；二是投资与资产管理，包括不直接参与经营的各地国资委、国有企业（或机构）所属的国有投资公司，主要从事水利、铁路、农业等实业投资，以及为获取短期投资回报的民营投资（如专门投资影视的制片人、投资舞台演出的文化公司等）；三是参与经营管理的实业投资，这种类型的投资归入国民经济行业分类中的相关类别中。

（七）跨行业多种经营活动的特殊处理

1. 石油化工企业从炼油、原油加工到石油制品、化工产品、化学产品、日化产品一条龙生产，按照每个阶段的增加值份额判断该企业的行业性质。如果各阶段增加值（或替代指标）的比重无法取得，则可以参考中间产品或最终产品的市场价格与其他企业（单一从事该活动的企业）进行对比，以取得增加值比重的参考值。

2. 企业生产建筑用预制构件，如桥梁、房屋结构等，凡在建筑工地生产并施工安装，归入建筑业；如果在企业的工厂生产，然后拖运到建筑工地由生产企业安装，则根据生产预制构件和施工安装预制构件两个阶段的增加值份额判断该企业的行业性质。如果增加值（或替代指标）比重无法取得，参照本款上一条处理。

（八）关于收费或合同基础上的经济活动

这一概念来源于联合国的《国际标准行业分类》，主要包含两层内容：一是外包活动，在收费或合同的基础上承接某单位的某一项经济活动；二是辅助性活动：在收费或合同基础上为单位的主要活动和次要活动提供辅助性服务。在划分行业时，如果对单位部分主要经济活动在收费或合同基础上开展，则该经济活动仍为单位的主要经济活动；如果对单位完整的主要经济活动在收费或合同基础上开展，意味着该主要经济活动被发包出去了，则该单位的行业性质也将随之变化；如果对辅助活动按照收费或合同基础开展，则应对该辅助活动单独划分行业。

（九）相关产业分类

《国民经济行业分类》是全社会经济活动的基础性分类，它主要应用于国家宏观管理和统计工作，但对部门管理、行业管理、产业管理，以及对产业结构的分析研究可能存在一些局限性，例如，《国民经济行业分类》无法反应跨越行业门类或大类的物流业的分类要求。为此，根据国际通行做法，以《国民经济行业分类》为基础，按照所要观察的产业的特性，制定相关产业分类（国际上叫作备选分类），如三次产业划分、文化及相关产业分类、信息及相关产业分类、旅游及相关产业分类、环境保护相关产业分类、林业及相关产业分类、体育及相关分类、高技术产业分类、现代服务业、物流业、生产性服务业、生活服务业、战略性新兴产业、装备制造业等。

第二部分

国民经济行业分类注释检索目录

国民经济行业分类注释检索目录

A 农、林、牧、渔业

B 采 矿 业

C 制 造 业

D 电力、燃气及水的生产和供应业

E 建筑业

F 批发和零售业

G 交通运输、仓储和邮政业

H 住宿和餐饮业

I　信息传输、软件和信息技术服务业

J　金　融　业

K　房　地　产　业

L 租赁和商务服务业

M 科学研究和技术服务业

N 水利、环境和公共设施管理业

O 居民服务、修理和其他服务业

P 教育

Q 卫生和社会工作

R 文化、体育和娱乐业

S 公共管理、社会保障和社会组织

T 国际组织

第三部分

国民经济行业分类注释

A 农、林、牧、渔业

本门类包括 01 大类 ~05 大类。

01 **农业**

指对各种农作物的种植。

011 **谷物种植**

指以收获籽实为主,供人类食用的农作物的种植,如稻谷、小麦、玉米等农作物的种植。

0111 **稻谷种植**

◇ 包括对下列稻谷的种植活动:
— 早籼稻:种用早籼稻、其他早籼稻;
— 晚籼稻:种用晚籼稻、其他晚籼稻;
— 中籼稻:种用中籼稻、其他中籼稻;
— 粳稻:种用粳稻、其他粳稻;
— 糯稻:种用糯稻、其他糯稻;
— 其他稻谷:稻谷壳、稻谷秸及其他未列明稻谷。

0112 **小麦种植**

◇ 包括对下列小麦的种植活动:
— 硬质小麦:种用硬质小麦、其他硬质小麦;
— 软质小麦:种用软质小麦、其他软质小麦;
— 混合小麦:种用混合小麦、其他混合小麦;
— 其他小麦:麦秸及其他未列明小麦。

0113 **玉米种植**

◇ 包括对下列玉米的种植活动:
— 白玉米:种用白玉米、其他白玉米;
— 黄玉米:种用黄玉米、其他黄玉米;
— 糯玉米:种用糯玉米、其他糯玉米;
— 甜玉米:种用甜玉米、其他甜玉米;
— 其他玉米:玉米秸及其他未列明玉米。

0119 **其他谷物种植**

◇ 包括对下列谷物的种植活动:
— 谷子:硬谷子、糯谷子、其他谷子;
— 高粱:红粒高粱(种用红粒高粱、其他红粒高粱)、白粒高粱(种用白粒高粱、其他白粒高粱)、糯高粱(种用糯高粱、其他糯高粱)、其他高粱(其他种用高粱、其他未列明高粱);
— 大麦:裸大麦(种用裸大麦、其他裸大麦)、皮大麦(种用皮大麦、其他皮大麦);
— 燕麦:裸燕麦、皮燕麦;

— 黑麦；
— 荞麦：甜荞麦、苦荞麦；
— 作物茎、秆、根（部分）：稻草、谷壳、谷子秸、高粱秸；
— 其他谷物：莜麦、元麦、青稞、糜子（硬糜子、糯糜子）、黍子、紫米、薏苡、其他未列明谷物。

012　　豆类、油料和薯类种植

0121　　豆类种植

◇ 包括对下列豆类的种植活动：
— 大豆：黄大豆、黑大豆、青大豆、褐红大豆、双青豆、青仁乌豆、小黑豆、其他大豆；
— 绿豆：明绿豆（种用明绿豆、其他明绿豆）、毛绿豆（种用毛绿豆、其他毛绿豆）；
— 小豆：红小豆、灰白小豆、狸小豆、其他小豆；
— 干豌豆：白豌豆（种用白豌豆、其他白豌豆）、绿豌豆（种用绿豌豆、其他绿豌豆）、麻豌豆（种用麻豌豆、其他麻豌豆）；
— 干蚕豆：种用干蚕豆、其他干蚕豆；
— 芸豆：种用芸豆、其他芸豆；
— 饭豆：种用饭豆、其他饭豆；
— 干豇豆：种用干豇豆、其他干豇豆；
— 鹰嘴豆：种用鹰嘴豆、其他鹰嘴豆；
— 豆类蔬菜（部分）：豌豆、蚕豆；
— 大豆秸；
— 其他杂豆：种用杂豆、其他未列明杂豆。

0122　　油料种植

◇ 包括对下列油料的种植活动：
— 花生：带壳花生（种用带壳花生、其他带壳花生）、花生仁；
— 油菜籽：双低油菜籽（种用双低油菜籽、其他双低油菜籽）、其他油菜籽（其他种用油菜籽、其他未列明油菜籽）；
— 葵花籽：油葵（种用油葵、其他油葵）、食葵（种用食葵、其他食葵）；
— 芝麻：白芝麻（种用白芝麻、其他白芝麻）、黑芝麻（种用黑芝麻、其他黑芝麻）、黄芝麻（种用黄芝麻、其他黄芝麻）；
— 胡麻籽：种用胡麻籽、其他胡麻籽；
— 棉籽：种用棉籽、其他棉籽；
— 蓖麻籽：种用蓖麻籽、其他蓖麻籽；
— 芥子：种用芥子、其他芥子；
— 红花籽：种用红花籽、其他红花籽；
— 罂粟子；
— 作物茎、秆、根（部分）：花生蔓、油菜籽秆、芝麻秆、向日葵秆；
— 其他油料。

0123　　薯类种植

◇ 包括对下列薯类的种植活动：
— 马铃薯：种用马铃薯、其他马铃薯；
— 木薯：鲜木薯、木薯干、其他木薯；

— 甘薯：种用甘薯、甘薯干、其他鲜甘薯；
— 薯藤；
— 其他薯类。

013　棉、麻、糖、烟草种植

0131　棉花种植

◇ 包括对下列棉花的种植活动：
— 籽棉；
— 棉花秆；
— 其他棉花。

0132　麻类种植

◇ 包括对下列麻类的种植活动：
— 生亚麻；
— 生苎麻；
— 生黄红麻；
— 生线麻；
— 生茼麻；
— 生大麻；
— 生剑麻；
— 麻秆；
— 其他生麻。

0133　糖料种植

指用于制糖甘蔗和甜菜种植。
◇ 包括对下列糖料的种植活动：
— 甘蔗；
— 甜菜；
— 其他糖料。

0134　烟草种植

◇ 包括对下列烟草的种植活动：
— 未去梗烤烟叶；
— 未去梗晒烟叶；
— 未去梗晾烟叶；
— 未去梗白肋烟；
— 烟秆；
— 其他未加工烟草。

014　蔬菜、食用菌及园艺作物种植

0141　蔬菜种植

◇ 包括对下列蔬菜的种植活动：

— 叶菜类蔬菜：芹菜、油菜、菠菜、苋菜、空心菜、香菜、茼蒿、小白菜、冬寒菜、木耳菜、茴香、其他叶菜类蔬菜；
— 白菜类蔬菜：大白菜、普通白菜、乌榻菜、菜心（菜薹）、紫菜薹；
— 芥菜类蔬菜：叶用芥菜、茎用芥菜、根用芥菜；
— 甘蓝类蔬菜：结球甘蓝、菜花、花椰菜、青花菜、抱子甘蓝、球茎甘蓝、芥蓝；
— 根茎类蔬菜：白萝卜、红萝卜、胡萝卜、水萝卜、生姜、榨菜头、芋头、百合、山药、牛蒡、魔芋、其他根茎类蔬菜；
— 瓜菜类蔬菜：黄瓜、冬瓜、西葫芦、苦瓜、南瓜、佛手瓜、丝瓜、瓠瓜、其他瓜类蔬菜；
— 豆类蔬菜：扁豆、干扁豆、荚豆、豇豆、四季豆、毛豆、其他豆类蔬菜；
— 茄果类蔬菜：茄子、青椒、辣椒、西红柿、其他茄果类蔬菜；
— 莴苣及菊苣类蔬菜：生菜、结球莴苣（包心生菜）、莴笋、其他莴苣及菊苣类蔬菜；
— 葱蒜类蔬菜：洋葱、大葱、细香葱、薤菜、大蒜、蒜苗、蒜苔、蒜头、韭菜、其他葱蒜类蔬菜；
— 水生蔬菜：莲藕、荸荠、慈姑、莼菜、水芹、菱角、茭白、其他水生蔬菜；
— 养植蔬菜及其他蔬菜：豌豆苗、豆芽菜、黄花、香椿、竹笋、芦笋、金针菜、黄秋葵、其他未列明蔬菜；
— 蔬菜籽。

◆ 不包括：
— 用作水果的瓜果类种植，如西瓜、白兰瓜、香瓜等，列入 0151（仁果类和核果类水果种植）、0152（葡萄种植）、0153（柑橘类种植）、0154（香蕉等亚热带水果种植）、0159（其他水果种植）、0161（坚果种植）、0162（含油果种植）等相关类别中。

0142　食用菌种植

◇ 包括对下列食用菌的种植活动：
— 平菇；
— 金针菇；
— 双孢蘑菇；
— 鸡腿菇；
— 杏鲍菇；
— 茶树菇；
— 滑菇；
— 草菇；
— 猴头菌；
— 香菇；
— 竹荪；
— 黑木耳；
— 黄背木耳；
— 白木耳；
— 松茸；
— 榛蘑；
— 灰树花；
— 其他食用菌。

◆ 不包括：
— 野生菌类的采集，分别列入 0252（非木竹材林产品采集）。

0143 花卉种植

◇ 包括对下列花卉的种植活动：

— 盆栽花：孤挺花、银莲花（鳞茎类）、美人蕉、窄叶小草、铃兰、藏红花、仙客来、大丽花、独尾草、小苍兰、盆栽贝母、雪花莲、大岩桐、风信子、鸢尾、观音兰、水仙头、水仙花、虎眼万年青、酢浆草、晚香玉、毛茛、茜草、老虎莲、郁金香、杜鹃、盆栽菊花、凤梨、兰花、一品红、花烛属、君子兰、秋海棠、伽兰菜、新几内亚凤仙、仙人掌及多浆植物、花坛花卉、木本盆花、其他盆栽花；

— 鲜切花及花蕾：康乃馨、满天星、勿忘我、玫瑰、情人草、紫罗兰、月季、香石竹、唐菖蒲、百合花、非洲菊、补血草、马蹄莲、火鹤、其他鲜切花及花蕾；

— 切叶：肾蕨、散尾葵、苏铁、富贵竹、龟背竹、其他切叶；

— 切枝：银芽柳、其他切枝；

— 干燥花；

— 花卉种球：唐菖蒲种球、百合种球、郁金香种球、水仙种球、马蹄莲种球、大丽花种球、美人蕉种球、风信子种球、小苍兰种球、球根鸢尾种球、晚香玉种球、其他花卉种球；

— 花卉种子：一串红种子、矮牵牛种子、万寿菊种子、凤仙花种子、鸡冠花种子、三色堇种子、金鱼草种子、石竹种子、翠菊种子、四季秋海棠种子、其他花卉种子；

— 花卉种苗：香石竹种苗、菊花种苗、非洲菊种苗、月季种苗、火鹤种苗、兰花种苗、君子兰种苗、其他花卉种苗。

0149 其他园艺作物种植

指盆栽观赏花木，以及用于装饰等目的的植物的种植（如草坪、草皮等）。

◇ 包括对下列园艺作物的种植活动：

— 园艺产品：盆栽观叶植物（龙血树、马拉巴栗、喜林芋、绿萝、变叶木、袖珍椰子、盆栽散尾葵、绿巨人、花叶万年青、竹芋、白鹤芋、花叶芋、亮丝草、其他盆栽观叶植物）、草皮、草坪、其他园艺产品；

— 草种：苜蓿草种、箭舌豌豆草种、红豆草草种、草木犀草种、燕麦草种、多花黑麦草草种、披碱草草种、柠挑草种、沙打旺草种、锦鸡儿草种、老芒麦草种、羊柴草种、其他草种；

— 其他盆景及园艺产品。

◆ 不包括：

— 树木幼苗的培育和种植，列入 0211（林木育种）、0212（林木育苗）；

— 城市草坪的种植、管理，列入 7840（绿化管理）。

015 水果种植

0151 仁果类和核果类水果种植

指苹果、梨、桃、杏、李子等水果种植。

◇ 包括对下列仁果类和核果类水果的种植活动：

— 苹果：红富士苹果、国光苹果、秦冠苹果、香蕉苹果、金冠苹果、元帅苹果、新红星苹果、其他苹果；

— 梨：雪花梨、鸭梨、酥梨、香梨、苹果梨、黄冠梨、绿宝石梨、冬果梨、贡梨、黄花梨、其他梨；

— 核果类水果：桃、樱桃、枣、红果、山楂、李子、石榴、杏、杨梅；

— 水果籽（部分）：杏核等；

— 农户仁果类和核果类水果种植、加工一体的果酒及水果产品的生产。

◆ 不包括：

— 野生水果的采集，列入0252（非木竹材林产品采集）。

0152　葡萄种植

◇ 包括对下列葡萄的种植活动：

— 葡萄：巨峰葡萄、玫瑰香葡萄、白葡萄、龙眼葡萄、木纳格葡萄、红提葡萄、酿造葡萄、其他葡萄；

— 葡萄籽；

— 农户葡萄种植、加工一体的葡萄酒生产及葡萄产品加工。

◆ 不包括：

— 野生水果的采集，列入0252（非木竹材林产品采集）。

0153　柑橘类种植

◇ 包括对下列柑橘类的种植活动：

— 柑橘；

— 橙；

— 宽皮柑橘；

— 柚类；

— 金柑；

— 柚子；

— 柠檬；

— 其他柑橘类水果。

◆ 不包括：

— 野生水果的采集，列入0252（非木竹材林产品采集）。

0154　香蕉等亚热带水果种植

指香蕉、菠萝、芒果等亚热带水果种植。

◇ 包括对下列亚热带水果的种植活动：

— 香蕉；

— 菠萝；

— 龙眼；

— 荔枝；

— 枇杷；

— 红毛丹；

— 芒果；

— 橄榄；

— 无花果；

— 鳄梨；

— 番石榴；

— 山竹果；

— 杨桃；

— 莲雾；

— 火龙果；

— 其他亚热带水果；

— 农户亚热带水果种植、加工一体的果酒及水果产品的生产。

◆ 不包括：

— 野生水果的采集，列入 0252（非木竹材林产品采集）。

0159　其他水果种植

◇ 包括对下列水果的种植活动：

— 瓜类水果：西瓜、哈蜜瓜、华莱士瓜、香瓜、伊利沙白瓜、金瓜、木瓜、其他瓜类水果；

— 其他水果：柿子、草莓、黑莓、桑椹、猕猴桃、沙棘、其他未列明水果；

— 其他水果籽；

— 农户其他水果种植、加工一体的果酒及其他水果产品的生产。

◆ 不包括：

— 野生水果的采集，列入 0252（非木竹材林产品采集）。

016　坚果、含油果、香料和饮料作物种植

0161　坚果种植

◇ 包括对下列坚果的种植活动：

— 椰子：种用椰子、其他椰子；

— 腰果；

— 核桃；

— 山核桃；

— 栗子：板栗、锥栗、丹东栗、其他栗子；

— 松子；

— 榛子；

— 阿月浑子果（开心果）；

— 槟榔；

— 白果；

— 香榧；

— 巴旦杏；

— 夏威夷果；

— 其他坚果；

— 农户坚果种植、加工一体的果酒及坚果产品的生产。

◆ 不包括：

— 坚果的采集，列入 0252（非木竹材林产品采集）。

0162　含油果种植

指橄榄、油棕榈等的种植。

◇ 包括对下列含油果的种植活动：

— 油棕果及油棕仁：种用油棕果及油棕仁、其他油棕果及油棕仁；

— 油橄榄果。

◆ 不包括：

— 野生含油果的采集，列入 0252（非木竹材林产品采集）。

0163　　香料作物种植

◇ 包括对下列香料作物的种植活动：

— 调味香料：花椒、胡椒、八椒、桂皮、桂花、丁香、豆蔻、小茴香、咖喱、枯茗子、蒿子、杜松果、其他调味香料；

— 香味料：香子兰、香茅草、薄荷油、留兰香、啤酒花、番红花、姜黄、麝香草、月桂叶、其他香味料。

◆ 不包括：

— 香料的提取和制造等活动，列入 2684（香料、香精制造）。

0169　　茶及其他饮料作物种植

◇ 包括对下列茶及其他饮料作物的种植活动：

— 茶叶：红茶、绿茶、白茶、黄茶、清茶（铁观音、乌龙茶、其他清茶）、黑茶（普洱茶、其他黑茶）、再加工茶（银杏茶、其他再加工茶、其他茶叶）；

— 其他饮料原料：可可豆、咖啡豆、其他未列明饮料原料。

◆ 不包括：

— 茶叶的精加工，列入 1530（精制茶加工）；

— 可可和咖啡的精加工，列入 1525（固体饮料制造）。

017　0170　　中药材种植

指主要用于中药配制以及中成药加工的药材作物的种植。

◇ 包括对下列中药材的种植活动：

— 各种中草药材：甘草、人参、古柯叶、罂粟秆、当归、田七、党参、黄连、菊花、冬虫夏草、贝母、川芎、半夏、白芍、天麻、黄芪、大黄、籽黄、白术、地黄、槐米、杜仲、茯苓、枸杞、大海子、沉香、沙参、青蒿、鱼藤根、除虫菊、灵芝、五味子、刺五加、生地、麦冬、云木香、白芷、元胡、山茱萸、莲翘、辛荑、厚朴、黄芩、葛根、柴胡、麻黄、列当、肉苁蓉、锁阳、罗布麻、其他中草药材。

◆ 不包括：

— 用于杀虫和杀菌目的植物的种植，列入 0190（其他农业）。

019　0190　　其他农业

指上述未列明的农作物种植。包括用于杀菌和杀虫作物的种植，以及染料作物、绿肥作物、饲料作物、水生植物种植和野生植物采集。

◇ 包括对下列其他农业作物的种植活动：

— 苜蓿；

— 青饲料；

— 饲料牧草：苜蓿干草、羊草、沙打旺、其他饲料牧草；

— 饲料作物用种子；

— 其他饲料作物；

— 芦苇；

— 席草；

— 苇子；

— 莲子；

— 蒲草；

— 慈姑；

— 其他水生植物类；
— 其他作物茎、杆、根；
— 其他农作物副产品。

◆ 不包括：
— 野生林产品的采集，列入 0252（非木竹材林产品采集）；
— 中药材的种植，列入 0170（中药材种植）。

02 林业

021 林木育种和育苗

0211 **林木育种**

指应用遗传学原理选育和繁殖林木新品种核心的栽植材料的林木遗传改良活动。

◇ 包括对下列林木的育种活动：
— 针叶乔木树种种子：杉树种子、柏树种子、松树种子、银杏种子、其他针叶乔木树种种子；
— 阔叶乔木树种种子：槭树类种子、枫树类种子、冬青树类种子、桦树类种子、木棉树类种子、榛树类种子、榆树类种子、楠木类种子、樟树类种子、相思类种子、壳斗科类种子、其他阔叶乔木树种种子；
— 灌木种子：蓄荔枝类灌木种子、夹竹桃类灌木种子、冬青类灌木种子、小檗类灌木种子、榛树类灌木种子、胡枝子灌木种子、沙棘类灌木种子、马棘类灌木种子、其他灌木种子；
— 藤木种子：棕榈藤种子、其他藤木种子；
— 其他林木种子。

0212 **林木育苗**

指通过人为活动将种子、穗条或植物其他组织培育成苗木的活动。

◇ 包括对下列林木的育苗活动：
— 针叶乔木苗类：杉树树苗、柏树树苗、松树树苗、银杏树苗、其他针叶乔木树苗；
— 阔叶乔木苗类：槭树类树苗、枫树类树苗、冬青树类树苗、桦树类树苗、木棉树类树苗、榛树类树苗、杨树类树苗、柳树类树苗、樟树类树苗、楠木类树苗、榆树类树苗、桂花树苗、相思类树苗、壳斗科类树苗、其他阔叶乔木树苗；
— 果树苗：苹果树苗、梨树苗、葡萄树苗、柑橘树苗、桃树苗、其他果树苗；
— 竹苗：毛竹苗、撑蒿竹苗、水竹苗、淡竹苗、慈竹苗、红壳竹苗、绿竹苗、其他竹苗；
— 灌木树苗：蓄荔枝类灌木树苗、夹竹桃类灌木树苗、冬青类灌木树苗、小檗类灌木树苗、桦木及杨树类灌木树苗、其他灌木树苗；
— 其他林木养育。

022 0220 **造林和更新**

指在宜林荒山荒地荒沙、采伐迹地、火烧迹地、疏林地、灌木林地等一切可造林的土地上通过人工造林、人工更新、封山育林、飞播造林等方式培育和恢复森林的活动。

◇ 包括对下列造林和更新活动：
— 人工造林服务；
— 飞播造林服务；
— 其他造林服务。

◆ 不包括：

— 补植、经济林复垦、低产林改造、迹地更新等活动，列入 0230（森林经营和管护）。

023 0230 森林经营和管护

指为促进林木生长发育，在林木生长的不同时期进行的促进林木生长发育的活动。

◇ 包括对下列森林经营和管护的活动：

— 对人工的和天然的幼龄林、中龄林、近熟林和成熟林进行的各种抚育和管理活动（如对林木的中耕、松土、培土、除草、补植、灌溉、间伐、抚育采伐、修枝、人工施肥等活动）；

— 其他林木抚育管理服务。

024 木材和竹材采运

指对林木和竹木的采伐，并将其运出山场至贮木场的生产活动。

0241 木材采运

指林木砍伐，对伐倒林木的简单加工活动（如林木的去枝、打叶、造材），与木材采伐相关的运输活动，以及砍伐林木的堆放、涂抹杀虫剂和防腐处理等活动。

◇ 包括对下列木材的采运活动：

— 针叶原木：红松原木、樟子松原木、白松（云杉和冷杉）原木、辐射松原木、落叶松原木、马尾松原木、云南松原木、杉木原条、其他针叶原木；

— 非针叶原木：栎木（橡木）原木、山毛榉木原木、楠木原木、樟木原木、泡桐木原木、杨树原木、水曲柳原木、胡桃楸原木、柞木原木、桦木原木、榆木原木、柳木原木、椴木原木、桉树原木、其他非针叶原木；

— 小规格木材：针叶木小规格木材、其他木小规格木材；

— 薪材；

— 短条及细枝等。

◆ 不包括：

— 独立的木材运输活动，列入 G（交通运输、仓储和邮政业）的相关行业类别中；

— 木材的加工，列入 20（木材加工和木、竹、藤、棕、草制品业）的相关行业类别中。

0242 竹材采运

指竹材砍伐，对竹材简单加工等活动（如竹材的去枝、打叶、切割等），与竹材采伐相关的运输活动，以及竹材的堆放、贮存、涂抹杀虫剂和防腐处理等活动。

◇ 包括对下列竹材的采运活动：

— 砍伐的竹材：毛竹、撑蒿竹、水竹、淡竹、慈竹、红壳竹、其他竹材；

— 林区竹材运输服务；

— 其他竹材采伐产品。

◆ 不包括：

— 独立的竹材运输活动，列入 G（交通运输、仓储和邮政业）的相关行业类别中；

— 竹材的加工，列入 20（木材加工和木、竹、藤、棕、草制品业）的相关行业类别中。

025 林产品采集

指在天然林地和人工林地进行的各种林木产品和其他野生植物的采集等活动。

0251 木竹材林产品采集

指在天然森林和人工林地进行的各种林木产品和其他野生植物的采集活动。

◇ 包括对下列木竹材林产品的采集活动：
— 木竹编结用原料：藤条、柳条、柠条、荆条、桑条；
— 木竹野生植物活体：野生乔木、野生灌木、野生藤木、野生菌类。

0252　非木竹材林产品采集

指在天然林地和人工林地进行的除木材、竹材产品外的其他各种林产品的采集活动。

◇ 包括对下列非木竹材林产品的采集活动：
— 天然橡胶：天然橡胶乳、烟胶片、胶清片、白皱片、褐胶片、标准胶片、其他天然橡胶；
— 天然树脂、树胶：天然生漆、天然松脂、虫胶、桃胶、冷杉胶、其他天然树脂、树胶；
— 栲胶原料：落叶松树皮、杨梅树皮、油柑树皮、槲树皮、木麻黄树皮、黑荆树皮、橡碗、化香果、其他栲胶原料；
— 非直接食用果类：油桐籽、油茶籽、沙棘果、乌桕子、文冠果、山苍籽、黑椋子、麻风树果（小桐子）、黄连木果、光皮梾（光皮树）果、其他非直接食用果类；
— 非木竹编结用原料：灯心草、莒蒲、葵叶、其他编织用原料；
— 染色、鞣革用植物原料：五倍子、地衣、蓝靛、薯莨、其他染色、鞣革用植物原料；
— 非木竹野生植物活体：野生蕨菜、野生发菜、野生薇菜、野生锁阳、其他野生植物活体；
— 野生植物采集产品：野生植物根、野生植物茎、野生植物叶、野生植物花、野生植物果实、其他野生植物采集产品；
— 其他林产品：未加工天然软木、棕片、竹笋干、黄柏柏、山苍子、桉树叶、其他未列明林产品。

◆ 不包括：
— 咖啡、可可等饮料作物的采集，列入 0163（香料作物种植）。

03　畜牧业

指为了获得各种畜禽产品而从事的动物饲养、捕捉活动。

031　牲畜饲养

0311　牛的饲养

◇ 包括对下列牛的饲养活动：
— 牛：种牛、黄牛、水牛、奶牛、牦牛、牛犊、能繁殖母牛、其他牛；
— 生牛奶；
— 同一农（牧）场或农户生产加工的生牛奶以及奶酪、黄油等；
— 同一农（牧）场或农户生产加工的牛毛；
— 牦牛毛（牦牛绒）。

0312　马的饲养

◇ 包括对下列马的饲养活动：
— 马：种马、马驹、其他马；
— 马毛：马鬃、马尾、其他马毛；
— 生马奶；
— 同一农（牧）场或农户生产加工的生马奶；
— 同一农（牧）场或农户生产加工的马毛；
— 整张生马皮。

0313　　猪的饲养

◇ 包括对下列猪的饲养活动：
— 猪：种猪、仔猪、中猪、能繁殖母猪、其他猪；
— 生皮(部分)：整张生猪皮；
— 猪鬃。

0314　　羊的饲养

◇ 包括对下列羊的饲养活动：
— 绵羊：细毛羊、半细毛羊、种绵羊、能繁殖母绵羊、其他绵羊；
— 山羊：种山羊、奶山羊、种绒山羊、绒山羊、能繁殖母山羊、其他山羊；
— 能繁殖母羊；
— 羔羊；
— 绵羊毛(部分)：细羊毛、半细羊毛、剪羊毛；
— 山羊绒；
— 整张羔羊生毛皮；
— 制刷用山羊毛；
— 同一农(牧)场或农户生产加工的生羊奶；
— 同一农(牧)场或农户生产加工的绵羊毛、山羊毛、制刷用山羊毛，以及羔羊整张毛皮。

0315　　骆驼饲养

◇ 包括对下列骆驼的饲养活动：
— 骆驼；
— 骆驼毛：骆驼粗毛、骆驼绒；
— 同一农(牧)场或农户生产加工的骆驼毛。

0319　　其他牲畜饲养

◇ 包括对下列牲畜的饲养活动：
— 驴：种驴、其他驴；
— 骡；
— 其他活牲畜；
— 同一农(牧)场或农户生产加工的其他牲畜毛。

032　　　家禽饲养

0321　　鸡的饲养

◇ 包括对下列鸡的饲养活动：
— 蛋鸡：种蛋鸡、其他蛋鸡；
— 雏鸡：种雏鸡、其他雏鸡；
— 肉鸡：种肉鸡、其他肉鸡；
— 其他活鸡：其他种用活鸡、其他未列明活鸡；
— 鸡蛋：种用鸡蛋、其他鲜鸡蛋。

◆ 不包括：
— 火鸡、珍珠鸡等饲养，列入 0329(其他家禽饲养)；
— 山鸡的饲养，列入 0390(其他畜牧业)。

0322 **鸭的饲养**

◇ 包括对下列鸭的饲养活动:

— 雏鸭:种用雏鸭、其他雏鸭;

— 成鸭:种用成鸭、其他成鸭;

— 鸭蛋:种用鸭蛋、其他鲜鸭蛋。

0323 **鹅的饲养**

◇ 包括对下列鹅的饲养活动:

— 雏鹅:种用雏鹅、其他雏鹅;

— 成鹅:种用成鹅、其他成鹅;

— 鹅蛋:种用鹅蛋、其他鲜鹅蛋。

0329 **其他家禽饲养**

◇ 包括对下列家禽的饲养活动:

— 活火鸡:雏火鸡(种用雏火鸡、其他雏火鸡)、成火鸡(种用成火鸡、其他成火鸡);

— 活珍珠鸡:雏珍珠鸡(种用雏珍珠鸡、其他雏珍珠鸡)、成珍珠鸡(种用成珍珠鸡、其他成珍珠鸡);

— 其他活家禽:鸽子、鸵鸟、野鸭、鹌鹑、其他未列明活家禽;

— 禽蛋(部分):鹌鹑蛋(种用鹌鹑蛋、其他鲜鹌鹑蛋)、其他禽蛋。

◆ 不包括:

— 鸟类的饲养,列入 0390(其他畜牧业);

— 孔雀等的饲养,列入 0390(其他畜牧业)。

033 0330 **狩猎和捕捉动物**

包括农户、牧民、农(牧)场、合作社、其他农业(畜牧)生产单位或其他相关单位所从事的以下狩猎和动物捕捉活动:

◇ 包括下列狩猎和捕捉动物的活动:

— 为动物园和供观赏等目的捕获动物的活动;

— 野生动物:野兔、狐狸、其他野生动物;

— 野生鸟类:水禽、雉鸡、野鸡、其他野生鸟类;

— 爬行动物:食用爬行动物、其他爬行动物;

— 来自猎取和捕捉活动中的兽皮和爬行动物、鸟类毛皮等的生产;

— 整张爬行动物皮;

— 整张狐生毛皮;

— 其他捕获野生动物和有关的服务活动。

◆ 不包括:

— 动物园、野生动物园的活动,观赏动物的饲养,野生动物保护的活动,列入 7712(野生动物保护);

— 专门供运动和休闲的动物捕捉等有关的活动,列入 8830(休闲健身活动)。

039 0390 **其他畜牧业**

◇ 包括下列其他畜牧业活动:

— 各种鸟类;

— 猫、狗等动物;

— 天然蜂蜜及副产品:天然蜂蜜、蜂蜡、鲜蜂王浆、其他天然蜂蜜及副产品;
— 蚕茧:桑蚕茧、柞蚕茧、蓖麻蚕茧、其他蚕茧;
— 蛙类动物:改良种用蛙苗、其他食用蛙类动物;
— 家兔:种用家兔、非种用家兔(毛兔、皮兔、肉兔);
— 鹦形目鸟:改良种用鹦形目鸟、非种用鹦形目鸟;
— 驯鹿、梅花鹿、麝;
— 狐、貂;
— 其他动物毛类:兔毛、其他制刷用兽毛;
— 其他动物生皮;
— 其他动物生毛皮:整张水貂生毛皮、整张兔生毛皮、其他生毛皮;
— 其他畜禽产品:麝香、鹿茸、燕窝、龟蛋、其他未列明畜禽产品;
— 其他未列明饲养动物。

◆ 不包括:
— 动物园、野生动物园的活动,观赏动物的饲养,野生动物保护的活动,列入7712(野生动物保护)。

04 **渔业**

◇ 包括:
— 海洋养殖和捕捞活动;
— 内陆水域的养殖和捕捞活动。

◆ 不包括:
— 与休闲钓鱼等有关的活动,列入8830(休闲健身活动);
— 水产品的加工,列入136(水产品加工)。

041 **水产养殖**

0411 **海水养殖**

指利用海水对各种水生动植物的养殖。

◇ 包括下列海水养殖活动:
— 海水养殖鱼:海水养殖观赏鱼、海水养殖鲈鱼、海水养殖石斑鱼、海水养殖美国红鱼、海水养殖鲆鱼、海水养殖大黄鱼、海水养殖军曹鱼、海水养殖鰤鱼、海水养殖鲷鱼、海水养殖河鲀、海水养殖鲽鱼、其他海水养殖活鱼;
— 海水养殖虾:海水养殖中国对虾、海水养殖南美白对虾、海水养殖斑节对虾、海水养殖日本对虾、海水养殖龙虾、其他海水养殖海虾;
— 海水养殖蟹:海水养殖梭子蟹、海水养殖青蟹、其他海水养殖蟹;
— 海水养殖贝类:海水养殖牡蛎、海水养殖扇贝、海水养殖贻贝、海水养殖江珧、海水养殖鲍、海水养殖螺、海水养殖蚶、海水养殖蛤、海水养殖蛏、其他海水养殖贝类;
— 海水养殖藻类:海水养殖海带、海水养殖紫菜、海水养殖裙带菜、海水养殖江蓠、海水养殖麒麟菜、海水养殖石花菜、海水养殖羊栖菜、海水养殖苔菜、其他海水养殖藻类;
— 其他海水养殖产品:海水养殖海参、海水养殖海胆、海水养殖珍珠、海水养殖海蜇、其他未列明海水养殖产品;
— 海水养殖鱼苗:海水养殖军曹鱼苗、海水养殖鰤鱼苗、海水养殖鲷鱼苗、海水养殖大黄鱼苗、海水养殖鲆鱼苗、海水养殖鲽鱼苗、海水养殖鳎鱼苗、海水养殖鲀鱼苗、其他海水养殖鱼苗;

— 海水养殖虾种苗：海水养殖对虾种苗、海水养殖中国对虾种苗、海水养殖南美白对虾种苗、海水养殖斑节对虾种苗、海水养殖日本对虾种苗、海水养殖龙虾种苗、其他海水养殖海虾种苗；
— 海水养殖蟹苗：海水养殖梭子蟹苗、海水养殖青蟹苗、其他海水养殖蟹苗；
— 海水养殖贝类种苗：海水养殖牡蛎种苗、海水养殖扇贝种苗、海水养殖贻贝种苗、海水养殖江珧种苗、海水养殖鲍种苗、海水养殖螺种苗、海水养殖蚶种苗、海水养殖蛤种苗、海水养殖蛏种苗、其他海水养殖贝类种苗；
— 海水养殖藻类育苗：海水养殖海带苗、海水养殖紫菜苗、海水养殖裙带菜苗、海水养殖江蓠苗、海水养殖麒麟菜苗、海水养殖石花菜苗、海水养殖羊栖菜苗、海水养殖苔菜苗、其他海水养殖藻类育苗；
— 其他海水养殖产品种苗：海水养殖海参苗、海水养殖海胆苗、海水养殖珍珠蚌、海水养殖海蜇苗、其他未列明海水养殖产品种苗。

0412　　内陆养殖

指在内陆水域进行的鱼、虾、蟹、贝类等水生动物的养殖，以及水产养殖场对各种内陆水域的水生动物幼苗的繁殖。

◇ 包括下列内陆养殖活动：
— 养殖淡水鱼：养殖淡水观赏鱼、养殖淡水鳟鱼、养殖淡水鳗鲡、养殖淡水鲤鱼、养殖淡水草鱼、养殖淡水鳙鱼（胖头鱼）、养殖淡水鲟鱼、养殖淡水罗非鱼、养殖淡水河鲀、养殖淡水青鱼、养殖淡水鲢鱼、养殖淡水鲫鱼、养殖淡水鳊鲂、养殖淡水鲶鱼、养殖淡水鮰鱼、养殖淡水黄颡鱼、养殖淡水鲑鱼、养殖淡水池沼公鱼、养殖淡水银鱼、养殖淡水短盖巨脂鲤、养殖淡水长吻鮠、养殖淡水黄鳝、养殖淡水鳜鱼、养殖淡水鲈鱼、养殖淡水乌鳢、养殖淡水泥鳅、其他养殖淡水鱼；
— 淡水养殖虾：淡水养殖罗氏沼虾、淡水养殖青虾、淡水养殖克氏原螯虾、淡水养殖南美白对虾、其他淡水养殖虾；
— 淡水养殖蟹：淡水养殖活河蟹、其他淡水养殖蟹；
— 淡水养殖贝类：淡水养殖河蚌、淡水养殖螺、淡水养殖蚬、其他淡水养殖贝类、淡水养殖螺旋藻；
— 其他淡水养殖产品：淡水养殖龟、淡水养殖鳖、淡水养殖蛙、淡水养殖珍珠、其他未列明淡水养殖产品；
— 淡水养殖鱼苗：鳟鱼苗、鳗鱼苗、鲤鱼苗、草鱼鱼苗、鳙鱼鱼苗、鲟鱼苗、罗非鱼苗、鲀鱼苗、青鱼苗、鲢鱼苗、鲫鱼苗、鳊鱼苗、鲶鱼苗、鮰鱼苗、黄颡鱼苗、鲑鱼苗、池沼公鱼苗、银鱼苗、短盖巨脂鲤苗、长吻鮠苗、黄鳝苗、鳜鱼苗、鲈鱼苗、乌鳢苗、泥鳅苗、其他淡水鱼苗；
— 淡水养殖虾苗：罗氏沼虾苗、青虾苗、克氏原螯虾苗、南美白对虾苗、其他淡水养殖虾苗；
— 淡水养殖蟹种苗：中华绒毛蟹（大闸蟹）种苗、其他淡水养殖蟹种苗；
— 淡水养殖贝壳种苗：河蚌种苗、螺种苗、蚬种苗、其他淡水养殖贝壳种苗；
— 淡水养殖藻类种苗：螺旋藻种苗、其他淡水养殖藻类种苗；
— 其他淡水养殖产品种苗：稚龟种苗、稚鳖种苗、幼蛙种苗、珍珠蚌种苗、其他未列明淡水养殖产品种苗。

042　　水产捕捞

0421　　海水捕捞

指在海洋中各种鱼、虾、贝、珍珠、藻类等天然海水动植物的捕捞。

◇ 包括下列海水捕捞活动：

— 海水捕捞鲜鱼：大黄鱼、小黄鱼、带鱼、鳓鱼、比目鱼、金枪鱼、鳕鱼、沙丁鱼、鲑鱼（海水）、大马哈鱼、角鲨、相关鲨鱼、海鳗、鳀鱼、鲳鱼、鲱鱼、石斑鱼、蓝圆鲹、白姑鱼、黄姑鱼、梅童鱼、方头鱼、玉筋鱼、梭鱼、鲻鱼、鲐鱼、鲅鱼、马面鲀、竹荚鱼、其他海水捕捞鲜鱼；

— 海水捕捞虾：龙虾、斑节对虾、中国对虾、日本对虾、毛虾、虾蛄、鹰爪虾、其他海水捕捞虾；

— 海水捕捞蟹：梭子蟹、青蟹、其他海水捕捞蟹；

— 海水捕捞贝类：贻贝、蛤、蚶、其他海水捕捞贝类；

— 海水捕捞软体水生动物：墨鱼、鱿鱼、沙蚕、其他海水捕捞软体水生动物；

— 其他海水捕捞产品。

◆ 不包括：

— 除鲸以外的海洋哺乳动物的捕捞，如海象、海豹等，列入 0330（狩猎和捕捉动物）。

0422　　内陆捕捞

指在内陆水域对天然鱼、虾、蟹、贝等水生动物的捕捞，以及在内陆咸水湖等水域内进行的捕捞活动。

◇ 包括下列内陆捕捞活动：

— 捕捞淡水鱼：鳗鲡、青鱼、草鱼、鲢鱼、鳙鱼、鲤鱼、鲫鱼、鳊鲂、泥鳅、鲶鱼、鮰鱼、黄颡鱼鲑鱼（淡水）、鳟鱼、河鲀池沼公鱼、银鱼、长吻鮠、黄鳝、鳜鱼、鲈鱼、其他捕捞淡水鱼；

— 淡水捕捞鲜虾：罗氏沼虾、青虾、克氏螯虾（克氏原螯虾）、其他淡水捕捞鲜虾；

— 淡水捕捞蟹：中华绒毛蟹（大闸蟹）、其他淡水捕捞蟹；

— 淡水捕捞鲜软体动物：蜗牛、螺、河蚌、蚬、其他淡水捕捞鲜软体动物；

— 淡水捕捞螺旋藻；

— 其他淡水捕捞产品：丰年虫、其他未列明淡水捕捞产品。

05　　农、林、牧、渔服务业

指对农、林、牧、渔业生产活动进行的各种支持性服务活动。但不包括各种科学技术和专业技术服务活动。

051　　农业服务业

指对农业生产活动进行的各种支持性服务，但不包括各种科学技术和专业技术服务。

0511　　农业机械服务

指为农业生产提供农业机械并配备操作人员的活动。这些活动一般是在收费或合同基础上开展的。

◇ 包括对下列农业机械服务的活动：

— 收费或合同基础上提供的农作物收获农业机械服务；

— 收费或合同基础上提供的农作物播种农业机械服务；

— 收费或合同基础上提供的农作物施肥、撒农药农业机械服务；

— 收费或合同基础上提供的田间土地整理农业机械服务；

— 其他收费或合同基础上提供的农业机械服务；

◆ 不包括：

— 农村土地整理后的储备、管理，列入 7090（其他房地产业）；

— 农业种植技术推广活动，列入 7511（农业技术推广服务）；

— 农机技术服务，列入 7511（农业技术推广服务）；

— 农业研究单位以及农业科学家提供的服务，列入 7330（农业科学研究和试验发展）；
— 只提供农业机械，而不配备操作人员的活动，列入 7112（农业机械租赁）；
— 农户、农场使用自己的农业机械或不使用农业机械，开展收割、播种、施肥、撒农药等活动，列入 01（农业）相关类别中。

0512 **灌溉服务**

指对农业生产灌溉系统的经营与管理。

◇ 包括对下列灌溉服务的活动：
— 农业水利灌溉系统的经营、管理。

◆ 不包括：
— 水利工程的建设，列入 4821（水源及供水设施工程建筑）和 4822（河湖治理及防洪设施工程建筑）相关类别中；
— 水利工程的管理，列入 7620（水资源管理）。

0513 **农产品初加工服务**

指对各种农产品（包括天然橡胶、纺织纤维原料）进行脱水、凝固、去籽、净化、分类、晒干、剥皮、初烤、沤软或大批包装以提供初级市场的服务，以及其他农产品的初加工；其中棉花等纺织纤维原料加工指对棉纤维、短绒剥离后的棉籽以及棉花秸秆、铃壳等副产品的综合加工和利用活动。

◇ 包括对下列农产品初加工服务的活动：
— 皮棉：细绒棉皮棉、长绒棉皮棉；
— 稻草、麦秸、谷壳、谷子秸、玉米秸、高粱秸、薯藤、大豆秸、花生蔓、油菜籽秆、芝麻秆、向日葵秆、棉花秆、麻秆、烟秆及其他作物茎、杆、根等农副产品的初加工；
— 农户的水果干制：葡萄干、杏干、梅干及李干、苹果干、龙眼干、肉、柿饼、干枣、椰子干、荔枝干、其他干制水果；
— 农产品初加工服务：皮棉加工服务、沤制麻加工服务、其他农产品初加工服务；
— 未列明的农产品初加工服务。

◆ 不包括：
— 食品加工厂的水果干制活动，列入 1372（水果和坚果加工）。

0519 **其他农业服务**

指防止病虫害的活动，以及其他未列明的农业服务。

◇ 包括下列其他农业服务的活动：
— 为种植某种农作物，促进其生长或防止病虫害的活动；
— 农场劳务承包人的活动；
— 农村土地整理服务：农田土地整理、其他农村土地整理；
— 与花草的种植、截枝、修整和花园的修建和维修，以及树木的整容活动有关的农业服务活动；
— 农业园艺服务；
— 其他未列明农业服务。

◆ 不包括：
— 农村土地整理后的储备、管理，列入 7090（其他房地产业）；
— 农业种植技术推广活动，列入 7511（农业技术推广服务）、7512（生物技术推广服务）相关类别；

— 农机技术服务,列入7511(农业技术推广服务);
— 农业研究单位以及农业科学家提供的服务,列入7330(农业科学研究和试验发展);
— 只提供农业机械,而不配备操作人员的活动,列入7112(农业机械租赁)。

052　林业服务业

指为林业生产服务的病虫害的防治、林地防火等各种辅助性活动。

0521　林业有害生物防治服务

◇ 包括对下列林业有害生物防治服务的活动:
— 森林病虫、鼠、兽害防治服务。
◆ 不包括:
— 林业科学技术推广活动,列入7511(农业技术推广服务);
— 林木检疫,林机检测等服务,列入7450(质检技术服务)。

0522　森林防火服务

◇ 包括对下列森林防火服务的活动:
— 森林防火服务。
◆ 不包括:
— 林业科学技术推广活动,列入7511(农业技术推广服务)。

0523　林产品初级加工服务

指对各种林产品进行去皮、打枝或去料、净化、初包装提供至贮木场或初级市场的服务。
◇ 包括对下列林产品初级加工服务的活动:
— 木竹材林产品采集后的初级加工;
— 非木竹材林产品采集后的初级加工。
◆ 不包括:
— 林业科技技术推广活动,列入7511(农业技术推广服务)、7512(生物技术推广服务)相关类别。

0529　其他林业服务

◇ 包括下列其他林业服务活动:
— 林业机械服务;
— 森林管理站、木材检查站、治沙站等进行的林业服务活动;
— 其他未列明的林业服务。
◆ 不包括:
— 林业科技技术推广活动,列入7511(农业技术推广服务)、7512(生物技术推广服务)相关类别;
— 林木检疫、林机检测等服务,列入7450(质检技术服务);
— 林业机械技术服务,列入7511(农业技术推广服务);
— 只提供林业机械,而不配备操作人员的活动,列入7112(农业机械租赁)。

053　0530　畜牧服务业

指提供牲畜繁殖、圈舍清理、畜产品生产和初级加工等服务。

◇ 包括下列畜牧服务活动：
— 为促进牲畜繁殖、生长、增加产量以及获得畜产品的活动；
— 动物的配种（包括冷冻精液站、液氮站、家畜人工授精站）、牧群检验、孵坊等；
— 动物圈、舍清理和整治等服务；
— 专门提供的动物剪毛服务；
— 专门提供的动物挤奶服务；
— 家禽孵化服务；
— 放牧服务；
— 禽蛋的分级、包装服务；
— 其他未列明畜牧服务。

◆ 不包括：
— 畜牧饲养技术推广服务活动，列入 7511（农业技术推广服务）、7512（生物技术推广服务）相关类别；
— 牲畜监测、牧机监测、品种测定、饲料监测等服务活动，列入 7450（质检技术服务）；
— 兽医、动物病防治，列入 7493（兽医服务）。

054 0540 渔业服务业

指对渔业生产活动进行的各种支持性服务，包括鱼苗及鱼种场、水产良种场和水产增殖场等进行的活动。

◇ 包括下列渔业服务活动：
— 鱼苗、鱼种培育、养殖服务：鱼病用药及鱼病防治服务，其他鱼苗、鱼种培育、养殖服务；
— 鱼苗及鱼种场、水产良种场和水产增殖场的管理服务；
— 渔业机械服务；
— 其他渔业服务。

◆ 不包括：
— 水产品质量监督检验测试活动，列入 7450（质检技术服务）；
— 水产养殖技术推广活动，列入 7511（农业技术推广服务）、7512（生物技术推广服务）相关类别。

B 采 矿 业

本类包括 06 ~ 12 大类，采矿业指对固体（如煤和矿物）、液体（如原油）或气体（如天然气）等自然产生的矿物的采掘；包括地下或地上采掘、矿井的运行，以及一般在矿址或矿址附近从事的旨在加工原材料的所有辅助性工作，例如碾磨、选矿和处理，均属本类活动；还包括使原料得以销售所需的准备工作；不包括水的蓄集、净化和分配，以及地质勘查、建筑工程活动。

06 **煤炭开采和洗选业**

指对各种煤炭的开采、洗选、分级等生产活动；不包括煤制品的生产和煤炭勘探活动。

061 0610 **烟煤和无烟煤开采洗选**

指对地下或露天烟煤、无烟煤的开采，以及对采出的烟煤、无烟煤及其他硬煤进行洗选、分级等提高质量的活动。

◇ 包括对下列烟煤和无烟煤的开采洗选活动：

— 无烟煤：一号无烟煤、二号无烟煤、三号无烟煤；

— 烟煤：炼焦烟煤（焦煤、1/3 焦煤、肥煤、气肥煤、气煤、瘦煤、贫瘦煤、其他炼焦烟煤）、一般烟煤（贫煤、弱粘煤、不粘煤、长焰煤、1/2 中粘煤、其他一般烟煤）；

— 洗精煤：炼焦用洗精煤（冶炼用炼焦洗精煤、非冶炼用炼焦洗精煤）、其他洗精煤；

— 无烟煤洗块煤、烟煤洗块煤；

— 无烟煤洗粒级煤、烟煤洗粒级煤；

— 无烟煤洗混末煤、烟煤洗混末煤；

— 无烟煤洗中煤、烟煤洗中煤；

— 无烟煤筛选块煤、烟煤筛选块煤。

◆ 不包括：

— 对褐煤的开采、洗选及分类，列入 0620（褐煤开采洗选）。

062 0620 **褐煤开采洗选**

指对褐煤——煤化程度较低的一种燃料的地下或露天开采，以及对采出的褐煤进行洗选、分级等提高质量的活动。

◇ 包括对下列褐煤的开采洗选活动：

— 褐煤；

— 褐煤洗块煤；

— 褐煤洗粒级煤；

— 褐煤洗混末煤；

— 褐煤洗中煤；

— 褐煤筛选块煤。

◆ 不包括：

— 对烟煤、无烟煤的开采、洗选、分级等活动，列入 0610（烟煤和无烟煤开采洗选）。

069 0690 **其他煤炭采选**

指对生长在古生代地层中的含碳量低、灰分高的煤炭资源（如石煤、泥炭）的开采。

◇ 包括对下列其他煤炭的采选活动：
— 泥炭（泥煤）；
— 石煤；
— 风化煤；
— 煤矸石：洗矸、其他煤矸石；
— 其他未列明煤炭采选产品。
◆ 不包括：
— 对烟煤、无烟煤的开采、洗选、分级等活动，列入 0610（烟煤和无烟煤开采洗选）；
— 对褐煤的开采、洗选及分类，列入 0620（褐煤开采洗选）。

07 **石油和天然气开采业**

指在陆地或海洋，对天然原油、液态或气态天然气的开采，对煤矿瓦斯气（煤层气）的开采；为运输目的所进行的天然气液化和从天然气田气体中生产液化烃的活动，还包括对含沥青的页岩或油母页岩矿的开采，以及对焦油沙矿进行的同类作业。

071 0710 **石油开采**

◇ 包括对下列石油的开采活动：
— 天然原油；
— 从沥青矿中提取的原油；
— 沥青页岩；
— 油母页岩；
— 焦（重）油砂；
— 其他油页岩。
◆ 不包括：
— 为石油的运输而进行的管道作业，列入 5700（管道运输业）；
— 精炼石油制品，以及精炼过程中液态石油气的回收，列入 2511（原油加工及石油制品制造）；
— 石油和天然气的勘探活动，列入 7471（能源矿产地质勘查）。

072 0720 **天然气开采**

◇ 包括对下列天然气的开采活动：
— 天然气；
— 液化天然气；
— 煤层气（煤田）；
— 天然气水合物。
◆ 不包括：
— 天然气管道运输，列入 5700（管道运输业）；
— 工业气体的制造，列入 2619（其他基础化学原料制造）；
— 石油和天然气的勘探活动，列入 7471（能源矿产地质勘查）。

08 **黑色金属矿采选业**

081 0810 **铁矿采选**

指对铁矿石的采矿、选矿活动。

◇ 包括对下列铁矿的采选活动：
— 铁矿石原矿：磁铁矿、赤铁矿、褐铁矿、菱铁矿、多金属矿；
— 铁矿石成品矿：炼钢块矿、炼铁块矿、铁富粉矿、铁精矿；
— 人造富铁矿（已烧结铁矿）：烧结铁矿、球团铁矿、其他人造富铁矿。
◆ 不包括：
— 硫铁矿（黄铁矿）的采选，列入 1020（化学矿开采）。

082　0820　　锰矿、铬矿采选

◇ 包括对下列锰矿、铬矿的采选活动：
— 锰矿石原矿；
— 锰矿石成品矿；
— 锰矿石：锰块矿、锰粉矿；
— 人造富锰矿：烧结锰矿、球团锰矿、焙烧锰矿、富锰渣；
— 铬矿石原矿；
— 铬矿石成品矿：富铬块矿、铬精矿；
— 人造富铬矿：烧结球团铬矿、预还原球团铬矿、其他人造富铬矿。

089　0890　　其他黑色金属矿采选

指对钒矿等钢铁工业黑色金属辅助原料矿的采矿、选矿活动。
◇ 包括对下列其他黑色金属矿的采选活动：
— 钒原矿；
— 钒精矿；
— 其他未列明黑色金属矿。

09　　有色金属矿采选业

指对常用有色金属矿、贵金属矿，以及稀有稀土金属矿的开采、选矿活动。

091　　常用有色金属矿采选

指对铜、铅锌、镍钴、锡、锑、铝、镁、汞、镉、铋等常用有色金属矿的采选。

0911　　铜矿采选

◇ 包括对下列铜矿的采选活动：
— 铜原矿；
— 铜精矿；
— 铜块矿；
— 海绵铜。

0912　　铅锌矿采选

◇ 包括对下列铅锌矿的采选活动：
— 铅锌原矿；
— 铅精矿；
— 锌精矿；
— 铅锌混合精矿；
— 铅块矿；

— 锌块矿；
— 铅锌炉渣。

0913　镍钴矿采选

◇ 包括对下列镍钴矿的采选活动：
— 镍原矿；
— 镍精矿；
— 镍块矿；
— 钴原矿；
— 钴精矿。

0914　锡矿采选

◇ 包括对下列锡矿的采选活动：
— 锡原矿；
— 锡精矿；
— 锡块矿；
— 锡贫中矿；
— 锡铅混合精矿。

0915　锑矿采选

◇ 包括对下列锑矿的采选活动：
— 锑原矿；
— 锑精矿；
— 锑块矿。

0916　铝矿采选

◇ 包括对下列铝矿的采选活动：
— 沉积型铝土矿；
— 堆积型铝土矿；
— 红土型铝土矿；
— 铝精矿；
— 铝原矿。

0917　镁矿采选

◇ 包括对下列镁矿的采选活动：
— 天然碳酸镁（菱镁矿）；
— 镁矿砂：电熔镁矿砂（熔凝镁氧矿）、重烧镁矿砂（烧结镁氧矿）、轻烧镁矿砂（碱烧镁氧矿）、其他镁矿砂；
— 盐湖光卤石；
— 水氯镁石；
— 其他镁矿。

0919　其他常用有色金属矿采选

◇ 包括对下列其他常用有色金属矿的采选活动：
— 汞矿：汞原矿、汞精矿、汞块矿、朱砂；

— 铋矿：铋原矿、铋精矿；
— 镉矿：镉原矿、镉精矿；
— 钛矿：钛原矿、钛精矿、天然金红石、人造金红石、高钛渣；
— 钠矿：钠原矿、钠精矿；
— 其他未列明的常用有色金属矿。

092　　贵金属矿采选

指对在地壳中含量极少的金、银和铂族元素（铂、铱、锇、钌、钯、铑）矿的采选。

0921　　金矿采选

◇ 包括对下列金矿的采选活动：
— 金原矿（砂）；
— 金精（块）矿。

0922　　银矿采选

◇ 包括对下列银矿的采选活动：
— 银原矿；
— 银精（块）矿。

0929　　其他贵金属矿采选

◇ 包括对下列其他贵金属矿的采选活动：
— 铂族元素（铂、铱、锇、钌、钯、铑）等其他贵金属矿。

093　　稀有稀土金属矿采选

指对在自然界中含量较小，分布稀散或难以从原料中提取，以及研究和使用较晚的金属矿开采、精选。

0931　　钨钼矿采选

◇ 包括对下列钨钼矿的采选活动：
— 钨原矿；
— 钨精矿；
— 钨中矿；
— 钨细泥；
— 钼原矿；
— 钼精矿。

0932　　稀土金属矿采选

指镧系金属及与镧系金属性质相近的金属矿的采选。

◇ 包括对下列稀土金属矿的采选活动：
— 镧系金属矿；
— 氟碳铈矿；
— 氟碳铈镧矿；
— 独居石混合精矿；
— 磷钇矿精矿；

— 褐钇铌矿精矿；
— 离子型稀土矿；
— 金属镨矿；
— 其他稀土金属矿。

0933 放射性金属矿采选

指对主要含钍和铀的矿石开采，以及对这类矿石的精选。

◇ 包括对下列放射性金属矿的采选活动：
— 铀矿：铀精矿、铀原矿砂；
— 钍矿：钍精矿、钍原矿砂。

0939 其他稀有金属矿采选

指对稀有轻金属矿、稀有高熔点金属矿、稀散金属矿采选活动，以及其他稀有金属矿的采选。

◇ 包括对下列其他稀有金属矿的采选活动：
— 锂矿：锂辉石精矿、锂云母精矿、低铁锂辉石精矿、锂原矿；
— 铍矿：铍块矿、铍精矿、铍原矿、绿堆石精矿；
— 铯矿：铯原矿；
— 钽矿：钽铁精矿、钽原矿；
— 铌矿：铌铁精矿、铌原矿；
— 钛钽铌矿：钛钽铌原矿、钛钽铌精矿；
— 锆矿：锆英石精矿、锆精矿、锆块矿、其他锆金属矿；
— 稀散元素矿：钪、锗、镓、铟、铊、铪、铼、镉、硒、碲矿等；
— 其他稀有金属矿：锶、铷矿等。

10 非金属矿采选业

101 土砂石开采

1011 石灰石、石膏开采

指对石灰、石膏，以及石灰石助熔剂的开采。

◇ 包括对下列石灰石、石膏的开采活动：
— 石灰石：冶金用石灰石、水泥用石灰石、石灰用石灰石、化工用石灰石、其他石灰石；
— 石膏类：石膏、硬石膏；
— 石灰石助熔剂。

1012 建筑装饰用石开采

指通常在采石场切制加工各种纪念碑及建筑用石料的活动。

◇ 包括对下列建筑装饰用石的开采活动：
— 天然大理石荒料；
— 天然花岗石荒料；
— 石英岩：玻璃用石英岩、其他石英岩；
— 砂岩；
— 板岩；

— 蜡石；
— 其他建筑用石材、石料。

1013　　耐火土石开采

◇ 包括对下列耐火土石的开采活动：
— 耐火粘土：高铝粘土、硬质粘土、软质粘土；
— 耐火粘土熟料：高铝粘土熟料、硬质粘土熟料；
— 铁铝矾土；
— 白云岩；
— 煅烧白云石；
— 红柱石；
— 蓝晶石；
— 夕线石；
— 萤石：冶金用萤石、化工用萤石、其他用萤石；
— 其他耐火土石类。

1019　　粘土及其他土砂石开采

指用于建筑、陶瓷等方面的粘土开采，以及用于铺路和建筑材料的石料、石渣、砂的开采。
◇ 包括对下列粘土及其他土砂石的开采活动：
— 高岭土：煅烧高岭土、未煅烧高岭土、造纸用高岭土、搪瓷用高岭土、橡塑用高岭土、陶瓷用高岭土、涂料工业用高岭土，石油工业用高岭土；
— 膨润土：纳基膨润土、钙基膨润土；
— 膨润土粉：有机膨润土粉、活性膨润土粉；
— 脱色土、漂白土、海泡石粘土、凹凸棒石粘土、伊利石粘土等其他粘土；
— 硅质土：硅藻土、其他硅质土；
— 石类：片石、石渣、河卵石、砾石；
— 天然砂：硅砂、石英砂等；
— 沥青碎石、大理石碎粒、大理石碎屑及粉末；
— 其他未列明的土砂石矿产品。
◆ 不包括：
— 萤石的开采，列入 1013（耐火土石开采）。

102　1020　　化学矿开采

指对化学矿和肥料矿物的开采。
◇ 包括对下列化学矿的开采活动：
— 硫铁矿石；
— 磷矿石；
— 钾矿：天然钾盐、光卤石、其他钾矿；
— 硼矿：天然硼砂、其他硼矿；
— 硫磺矿；
— 重晶石；
— 毒重石；
— 冰晶石；
— 冰洲晶石；

— 硫镁矾矿；
— 蛇纹石；
— 天青石；
— 天然碱；
— 芒硝矿；
— 天然硝石；
— 明矾石；
— 砷矿；
— 其他化学矿。

103 1030 采盐

指通过以海水（含沿海浅层地下卤水）为原料晒制，或以钻井汲取地下卤水，或注水溶解地下岩盐为原料，经真空蒸发干燥，以及从盐湖中采掘制成的以氯化钠为主要成分的盐产品的开采、粉碎和筛选。

◇ 包括对下列盐的开采活动：
— 海盐：海盐食用盐、海盐非食用盐；
— 湖盐：湖盐食用盐、湖盐非食用盐；
— 井盐：井盐食用盐、井盐非食用盐；
— 矿盐：矿盐食用盐、矿盐非食用盐；
— 其他原盐：其他原盐食用盐、其他原盐非食用盐。

◆ 不包括：
— 盐加工，列入 1494（盐加工）。

109 石棉及其他非金属矿采选

指对石棉、石墨、贵重宝石、金刚石、天然磨料及其他矿石的开采。

1091 石棉、云母矿采选

◇ 包括对下列石棉、云母矿的采选活动：
— 温石棉；
— 其他石棉；
— 片云母；
— 碎云母。

◆ 不包括：
— 石棉制品、云母制品的加工，分别列入 3081（石棉制品制造）、3082（云母制品制造）。

1092 石墨、滑石采选

指对天然石墨、滑石的开采。

◇ 包括对下列石墨、滑石的采选活动：
— 石墨（包括石墨粒及粉）：鳞片石墨（晶质石墨）、微晶石墨、可膨胀石墨、土状石墨（隐晶质石墨）、其他石墨；
— 滑石：工业原料滑石；
— 原状滑石；
— 滑石粉：造纸用滑石粉、陶瓷用滑石粉、电缆用滑石粉、橡胶用滑石粉、塑料用滑石粉、纺织用滑石粉、医药用滑石粉、化学用滑石粉、食品用滑石粉、涂料用滑石粉、其他滑石粉；
— 其他天然石墨。

1093　　宝石、玉石采选

指对贵重宝石、玉石、彩石的开采。

◇ 包括对下列宝石、玉石的采选活动：

— 天然宝石类矿：钻石（矿类）（未分级钻石、非工业钻石）、红宝石（刚玉）、蓝宝石（矿类）、祖母绿（矿类）、玛瑙、紫晶、琥珀、尖晶石、碧玺、其他天然宝石类矿；

— 天然玉石类矿：翡翠（矿类）、白玉、青玉、岫岩玉、芙蓉石、孔雀石、绿松石、乾青、石青、蓝田玉、独山玉、其他天然玉石类矿；

— 彩石类矿：寿山石、青田石、鸡血石、绿冻石、巴林石、汉白玉、菊花石、含动物化石板页岩、其他彩石类矿。

◆ 不包括：

— 珠宝首饰的加工，列入2438（珠宝首饰及有关物品制造）。

1099　　其他未列明非金属矿采选

◇ 包括对下列其他未列明非金属矿的采选活动：

— 天然沥青类：天然沥青、地沥青石、乳化沥青、沥青岩；

— 磨料矿：工业钻石、天然石榴石、刚玉岩、天然金刚砂、天然油石、天然浮石；

— 其他未列明非金属矿：蛭石、珍珠岩、水晶、凹凸棒石、海泡石、伊利石、长石、硅灰石、绿泥石、方解石、霞石正长岩、水镁石、叶腊石、金刚石；

— 矿物性药材；

— 其他未列明的非金属矿石。

◆ 不包括：

— 人造水晶和人造金刚石（砂）的制造，列入3099（其他非金属矿物制品制造）。

11　　开采辅助活动

指为煤炭、石油和天然气等矿物开采提供的服务。

111　1110　　煤炭开采和洗选辅助活动

◇ 包括对下列煤炭开采和洗选的辅助活动：

— 煤炭的勘探服务，如采集矿石样本、地质观察等传统勘探方法；

— 在收费或合同基础上进行的煤矿的排水和泵吸活动；

— 煤矿的试井与试钻。

◆ 不包括：

— 在收费或合同基础上进行的煤矿开采，列入06（煤炭开采和洗选业）的相关类别中；

— 采矿机械的专业维修，列入4330（专用设备修理）；

— 在收费或合同基础上进行的地质勘查服务，列入747（地质勘查）相关类别中。

112　1120　　石油和天然气开采辅助活动

◇ 包括对下列石油和天然气开采的辅助活动：

— 石油和天然气开采相关的勘探活动，如传统勘探方法：在远景地段进行地质观察；

— 定向钻井和再钻，“掘进”，井架的架设、修复和拆除，油气井套管的胶接，油气井的泵送，油气井的封堵和放弃等；

— 在收费或合同基础上进行的排水和泵吸活动；

— 与石油或天然气开采相关的试钻。

◆ 不包括：
— 收费或合同基础上的石油和天然气的开采活动，列入07（石油和天然气开采业）的相关类别中；
— 油田或气田操作人员进行的服务活动，列入07（石油和天然气开采业）的相关类别中；
— 石油和天然气的勘探活动，列入7471（能源矿产地质勘查）；
— 采矿机械的专业维修，列入4330（专用设备修理）；
— 出于运输目的所进行的天然气液化和再气化，列入5449（其他道路运输辅助活动）或7293（包装服务）相关类别中。

119 1190 其他开采辅助活动

◇ 包括对下列其他开采的辅助活动：
— 其他矿的勘探服务，如采集矿石样本、地质观察等传统勘探方法；
— 在收费或合同基础上进行的其他矿的排水和泵吸活动；
— 其他矿的试井与试钻。

◆ 不包括：
— 在收费或合同基础上进行的其他开采（除煤炭、石油、天然气开采），列入B（采矿业）中的，除06（煤炭开采和洗选业）、07（石油和天然气开采业）、11（开采辅助活动）以外的其他相关类别中；
— 采矿机械的专业维修，列入4330（专用设备修理）；
— 在收费或合同基础上进行的地质勘查服务，列入747（地质勘查）相关类别中；
— 在收费或合同基础上进行的煤矿开采，列入06（煤炭开采和洗选业）的相关类别中；
— 采矿机械的专业维修，列入4330（专用设备修理）；
— 在收费或合同基础上进行的地质勘查服务，列入747（地质勘查）相关类别中。

12 其他采矿业

120 1200 其他采矿业

指对地热资源、矿泉水资源以及其他未列明的自然资源的开采，但不包括利用这些资源建立的热电厂和矿泉水厂的活动。

◇ 包括下列其他采矿业活动：
— 地热；
— 天然水；
— 其他未列明矿产品。

◆ 不包括：
— 热电厂，列入4411（火力发电）；
— 矿泉水厂在泉水井上进行的天然泉水和矿泉水的装瓶活动，列入1522（瓶（罐）装饮用水制造）。

C 制 造 业

本门类包括13～43大类，指经物理变化或化学变化后成为新的产品，不论是动力机械制造，还是手工制作；也不论产品是批发销售，还是零售，均视为制造。建筑物中的各种制成品、零部件的生产应视为制造，但在建筑预制品工地，把主要部件组装成桥梁、仓库设备、铁路与高架公路、升降机与电梯、管道设备、喷水设备、暖气设备、通风设备与空调设备，照明与安装电线等组装活动，以及建筑物的装置，均列为建筑活动。本门类包括机电产品的再制造，指将废旧汽车零部件、工程机械、机床等进行专业化修复的批量化生产过程，再制造的产品达到与原有新产品相同的质量和性能。

在对某一产品的制造、加工中，所产生的副产品与该产品的生产活动归入同一类别中。

13　　　　农副食品加工业

指直接以农、林、牧、渔业产品为原料进行的谷物磨制、饲料加工、植物油和制糖加工、屠宰及肉类加工、水产品加工，以及蔬菜、水果和坚果等食品的加工。

131　1310　　谷物磨制

也称粮食加工，指将稻子、谷子、小麦、高粱等谷物去壳、碾磨及精加工的生产活动。

◇ 包括对下列谷物的磨制活动：

— 小麦粉：高筋小麦粉、低筋小麦粉；
— 小麦专用粉：面包用小麦粉、面条用小麦粉、糕点用小麦粉、饼干用小麦粉、饺子用小麦粉、馒头用小麦粉、小麦自发粉、其他小麦专用粉；
— 大米细粉：籼米细粉、粳米细粉、其他大米细粉；
— 玉米、糯米及其他谷物细粉：玉米细粉、糯米细粉、黑麦细粉、荞麦细粉、莜麦细粉、高粱细粉、大麦细粉、其他未列明谷物细粉；
— 碾磨、脱壳谷物：精米（籼米精米、粳米精米、其他精米），碎米（籼米碎米、粳米碎米、其他碎米），小米，糯米，高粱米，脱壳燕麦，脱壳青稞，珠粒大麦，其他碾磨、脱壳谷物；
— 粗磨谷物：小麦粗磨（小麦粗粒、小麦粗粉、小麦团粒）、大米粗磨（籼米粗粒、粗粉，粳米粗粒、粗粉，其他大米粗磨）、玉米粗磨（玉米渣、玉米粗粉）、燕麦粗磨、其他粗磨谷物；
— 谷物加工制品：谷物片（燕麦片、大麦片、玉米片、其他谷物片）、谷物胚芽、其他谷物加工制品；
— 干豆粉：黄豆粉、绿豆粉、红豆粉、豌豆粉、其他干豆粉；
— 未烘烤的爆米花及类似谷物半成品；
— 谷物磨制后残余物。

◆ 不包括：

— 马铃薯粉（土豆粉），列入1371（蔬菜加工）；
— 面条、挂面等未经烹制的米、面制品，列入1431（米、面制品制造）；
— 以制作淀粉为目的的各类谷物粉面的加工，列入1391（淀粉及淀粉制品制造）。

132　1320　　饲料加工

指适用于农场、农户饲养牲畜、家禽的饲料生产加工，包括宠物食品的生产活动，也包括用屠宰下脚料加工生产的动物饲料，即动物源性饲料的生产活动。

◇ 包括对下列饲料的加工活动：

— 配合饲料：猪配合饲料、蛋禽配合饲料、肉禽配合饲料、水产配合饲料、反刍动物配合饲料、其他配合饲料；

— 浓缩饲料：猪浓缩饲料、蛋禽浓缩饲料、肉禽浓缩饲料、水产浓缩饲料、反刍动物浓缩饲料、其他浓缩饲料；
— 预混合饲料：猪预混合饲料、蛋禽预混合饲料、肉禽预混合饲料、水产预混合饲料、反刍动物预混合饲料、其他预混合饲料；
— 混合饲料、蛋白质饲料、其他配制饲料；
— 宠物食品：宠物猫狗食品（宠物猫狗罐头食品、宠物猫狗包装食品、宠物猫狗散装食品）、水族宠物食品、其他宠物食品；
— 动物源性饲料：肉骨粉（牛、羊肉骨粉、其他肉骨粉）、血粉、血浆蛋白粉、肠衣蛋白粉、油渣、动物下脚料粉、其他动物源性饲；
— 饲料用植物根粉。

◆ 不包括：
— 用水产品生产的饲料，列入 1363（水产饲料制造）；
— 可用作动物饲料的植物油加工后的副产品和谷物碾磨后的残余物，分别列入 1331（食用植物油加工）、1310（谷物磨制）。

133　　植物油加工

1331　　食用植物油加工

指用各种食用植物油料生产油脂，以及精制食用油的加工。

◇ 包括对下列食用植物油的加工活动：
— 毛油（初榨植物油）：大豆毛油、花生毛油、棉籽毛油、菜籽毛油、玉米胚毛油、芝麻毛油、葵花籽毛油、红花籽毛油、橄榄毛油、芥子毛油、油茶籽毛油、米糠毛油、其他毛油；
— 精制食用植物油：大豆精制油、花生精制油、棉籽精制油、菜籽精制油、精制玉米胚油、芝麻精制油、精制葵花籽油、精制红花籽油、精制橄榄油、精制茶籽油、精制米糠油、其他精制食用植物油；
— 其他食用油脂：人造奶油（人造黄油）、液态人造奶油、起酥油（糕饼油）、粉末油脂、其他未列明人造食用油脂；
— 植物油分离制品（可食用）：豆油分离品、花生油分离品、葵花油分离品、红花油分离品、棉籽油分离品、低芥子酸菜籽油分离品、菜籽油或芥子油分离品、橄榄油分离品、芝麻油分离品、玉米油分离品；
— 棉籽绒、油渣饼及其他食用油加工的副产品。

◆ 不包括：
— 谷物磨制、淀粉加工所产生食用油原料或食用油，分别列入 1310（谷物磨制）、1391（淀粉及淀粉制品制造）；
— 猪油及其他动物油脂的提炼和精制，列入 1353（肉制品及副产品加工）；
— 非食用植物油料生产、加工的油脂，列入 1332（非食用植物油加工）。

1332　　非食用植物油加工

指用各种非食用植物油料生产油脂的活动。

◇ 包括对下列油脂的生产活动：
— 初榨非食用植物油：棕榈初榨油、椰子初榨油、亚麻子初榨油、小桐子初榨油、黄连木果初榨油、文冠果初榨油、光皮楝果初榨油、其他初榨非食用植物油；
— 精制非食用植物油：蓖麻油、桐油、梓油、精制棕榈油（非食用）、精制椰子油（非食用）、亚麻子油（非食用）、其他精制非食用植物油；

— 植物油分离制品：蓖麻油分离品、桐油分离品、亚麻子油分离品、椰子油分离品、棕榈油分离品、油菜籽油分离制品、核桃油分离制品、沙棘籽油分离制品、其他植物油分离制品；
— 植物油脂加工产品：植物蜡（甘蔗蜡、棉蜡、亚麻蜡、其他植物蜡）、油鞣回收脂（天然油鞣回收脂、人造油鞣回收脂、油脚、皂料、硬脂沥青、其他油鞣回收脂）、油渣饼（豆饼、花生油渣饼、棉籽油渣饼、亚麻籽油渣饼、葵花籽油渣饼、油菜籽油渣饼、玉米胚芽油渣饼、椰子或干椰肉油渣饼、其他油渣饼）；
— 精制棕榈油（食用）、精制椰子油（食用）、亚麻子油（食用）。

◆ 不包括：
— 食用植物油料生产、加工的油脂，列入 1331（食用植物油加工）；
— 植物芳香油的生产，列入 2684（香料、香精制造）；
— 用化学方法对油和脂的处理活动，列入 266（专用化学产品制造）、268（日用化学产品制造）相关类别中。

134 1340 制糖业

指以甘蔗、甜菜等为原料制作成品糖，以及以原糖或砂糖为原料精炼加工各种精制糖的生产活动。

◇ 包括对下列制糖产品的生产活动：
— 原糖：甘蔗制原糖、甜菜制原糖；
— 成品糖：白砂糖、绵白糖、赤砂糖、红糖、黄砂糖、其他成品糖；
— 加工糖：冰片糖、片糖、冰糖、方糖、精制糖浆、其他加工糖；
— 糖蜜：甘蔗糖蜜、甜菜糖蜜、其他糖蜜；
— 其他制糖产品。

◆ 不包括：
— 以淀粉为原料生产的麦芽糖、葡萄糖、果糖、高果糖、葡萄糖浆等，列入 1391（淀粉及淀粉制品制造）；
— 糖果制造，列入 1421（糖果、巧克力制造）；
— 乳糖的加工，列入 1440（乳制品制造）。

135 屠宰及肉类加工

1351 牲畜屠宰

指对各种牲畜进行宰杀，以及鲜肉冷冻等保鲜活动，但不包括商业冷藏活动。

◇ 包括对牲畜屠宰及屠宰后对下列肉类、皮毛、骨头等产品的加工活动：
— 对各种牲畜的屠宰；
— 鲜、冷藏猪肉：鲜、冷藏整头乳猪肉，鲜、冷藏整头猪肉，鲜、冷藏带骨猪肉块，其他鲜、冷藏猪肉；
— 鲜、冷藏牛肉：鲜、冷藏整头牛肉，鲜、冷藏带骨牛肉，鲜、冷藏去骨牛肉；
— 鲜、冷藏羊肉：鲜、冷藏整头羔羊肉，鲜、冷藏绵羊肉，鲜、冷藏山羊肉；
— 鲜、冷藏杂畜肉：鲜、冷藏马肉、驴肉、骡肉等其他鲜杂畜肉；
— 鲜、冷藏兔肉，鲜、冷藏田鸡腿，其他鲜、冷藏肉；
— 冻猪肉：冻整头乳猪肉、冻整头猪肉、冻带骨肉块、其他冻猪肉；
— 冻牛肉：冻整头牛肉、冻带骨牛肉、冻去骨牛肉；
— 冻羊肉：冻整头羔羊肉、冻绵羊肉、冻山羊肉；
— 冻杂畜肉：冻马肉、驴肉、骡肉等其他鲜杂畜肉；

— 冻兔肉、其他冻肉；
— 猪杂碎：鲜猪杂碎、冻猪杂碎；
— 牛杂碎：鲜牛杂碎、冻牛杂碎；
— 羊杂碎：鲜羊杂碎、冻羊杂碎；
— 其他可食用动物杂碎；
— 屠宰后的生皮副产品：整张生牛皮、整张绵羊生皮、整张山羊生皮；
— 屠宰后的动物毛类副产品：屠宰后的绵羊毛、屠宰后的山羊粗毛、屠宰后的粗牦牛毛；
— 屠宰后的牲畜骨头。

◆ 不包括：
— 肉类熟食、半熟食产品的加工，列入1353（肉制品及副产品加工）；
— 肉类产品的批发、零售，列入5124（肉、禽、蛋、奶及水产品批发）或5224（肉、禽、蛋、奶及水产品零售）；
— 肉类产品的包装，列入7293（包装服务）。

1352　　禽类屠宰

指对各种禽类进行宰杀，以及鲜肉冷冻等保鲜活动，但不包括商业冷藏活动。

◇ 包括对禽类的屠宰及屠宰后对下列肉类等产品的加工活动：
— 对各种禽类的屠宰；
— 鲜、冷藏鸡肉：鲜、冷藏整鸡，鲜、冷藏带骨鸡块，鲜、冷藏鸡翅，鲜、冷藏鸡腿，其他鲜、冷藏鸡肉；
— 鲜、冷藏鸭肉：鲜、冷藏整鸭，鲜、冷藏分割鸭肉；
鲜、冷藏火鸡肉：鲜、冷藏整只火鸡，鲜、冷藏火鸡块；
— 鲜、冷藏鹅肉：鲜、冷藏整鹅，鲜、冷藏鹅块；
— 鲜、冷藏珍珠鸡肉：鲜、冷藏整珍珠鸡，鲜、冷藏珍珠鸡块；
— 鲜、冷藏乳鸽肉；
— 冻鸡肉：冻整鸡、冻带骨鸡块、冻鸡翅、冻鸡腿、其他冻鸡肉；
— 冻鸭肉：冻整鸭、冻分割鸭肉；
— 冻火鸡肉：冷冻整只火鸡、冻火鸡块；
— 冻鹅肉：冻整只鹅、冻鹅块；
— 冻珍珠鸡肉：冻整只珍珠鸡、冻珍珠鸡块；
— 冻乳鸽肉；
— 鸡杂碎：鲜鸡杂碎、冻鸡杂碎；
— 鸭杂碎：鲜鸭杂碎、冻鸭杂碎；
— 鹅杂碎：鲜鹅杂碎、冻鹅杂碎；
— 火鸡杂碎：鲜火鸡杂碎、冻火鸡杂碎；
— 珍珠鸡杂碎；
— 乳鸽食用杂碎；
— 屠宰后禽类羽毛、羽绒副产品。

◆ 不包括：
— 禽类熟食、半熟食产品的加工，列入1353（肉制品及副产品加工）；
— 禽类肉产品的批发、零售，列入5124（肉、禽、蛋、奶及水产品批发）或5224（肉、禽、蛋、奶及水产品零售）；
— 禽类肉产品的包装，列入7293（包装服务）。

1353　　肉制品及副产品加工

指主要以各种畜、禽肉为原料加工成熟肉制品,以及畜、禽副产品的加工。

◇ 包括对下列肉制品及副产品的加工活动:

— 高温蒸煮香肠制品:猪肉高温蒸煮香肠制品、牛肉高温蒸煮香肠制品、羊肉高温蒸煮香肠制品、鸡肉高温蒸煮香肠制品、鸭肉高温蒸煮香肠制品、其他高温蒸煮香肠制品;

— 低温蒸煮香肠制品:猪肉低温蒸煮香肠制品、牛肉低温蒸煮香肠制品、羊肉低温蒸煮香肠制品、鸡肉低温蒸煮香肠制品、鸭肉低温蒸煮香肠制品、其他低温蒸煮香肠制品;

— 熏肉制品:熏猪肉制品、熏牛肉制品、熏羊肉制品、熏鸡肉制品、熏鸭肉制品、熏鹅肉制品、其他熏肉制品;

— 酱卤烧烤肉制品:酱卤烧烤猪肉制品、酱卤烧烤牛肉制品、酱卤烧烤羊肉制品、酱卤烧烤鸡肉制品、酱卤烧烤鸭肉制品、酱卤烧烤鹅肉制品、其他酱卤烧烤肉制品;

— 腌腊肉制品:腌腊猪肉制品、腌腊牛肉制品、腌腊羊肉制品、腌腊鸡肉制品、腌腊鸭肉制品、腌腊鹅肉制品、其他腌腊肉制品;

— 干炸肉制品:干炸猪肉制品、干炸牛肉制品、干炸羊肉制品、干炸鸡肉制品、干炸鸭肉制品、干炸鹅肉制品、其他干炸肉制品;

— 动物肠衣:猪肠衣、牛肠衣、羊肠衣、其他动物肠衣;

— 动物油脂及加工制品:猪脂肪、牛脂肪、羊脂肪、家禽脂肪、压榨油脂、食用动物脂油、油硬脂、骨油、骨髓油、蛋黄油、牛脚油及类似油、其他动物油脂及加工制品;

— 动物精及汁:肉精、肉汁、其他动物精及汁;

— 含肉类半成品菜肴的加工;

— 同一企业内进行的畜、禽肉制品的罐装加工活动;

— 其他熟肉制品。

◆ 不包括:

— 专门企业进行的肉类、禽类罐头制造,列入1451(肉、禽类罐头制造);

— 肉类产品的批发、零售,列入5124(肉、禽、蛋、奶及水产品批发)或5224(肉、禽、蛋、奶及水产品零售);

— 肉类产品的包装,列入7293(包装服务);

— 饭馆、餐厅对肉类熟食的加工制作,列入62(餐饮业)相关类别中。

136　　水产品加工

1361　　水产品冷冻加工

指为了保鲜,将海水、淡水养殖或捕捞的鱼类、虾类、甲壳类、贝类、藻类等水生动物或植物进行的冷冻加工,但不包括商业冷藏活动。

◇ 包括对下列水产品的冷冻加工活动:

— 冷冻鱼:冷冻鲜鱼、冻鱼片、冻鱼肉、冻鱼籽;

— 冷冻虾:冷冻龙虾、冷冻海捕对虾、冷冻养殖对虾、冷冻淡水小龙虾、冷冻虾仁;

— 冷冻蟹:冷冻梭子蟹、冷冻中华绒螯蟹、其他冷冻蟹;

— 冷冻软体动物:冻扇贝、冻贻贝、冻墨鱼及鱿鱼、冻章鱼、冻鲍鱼、冻海参、冻海蜇、其他冷冻软体动物;

— 其他冷冻水产品:冻鱼肝及鱼卵、其他未列明冷冻水产品;

— 在船舶上仅从事鱼类加工和保藏的活动;

— 海藻的加工。

◆ 不包括：

— 鱼油、鱼脂的提取，列入1364（鱼油提取及制品制造）；

— 水产制品、半成品，列入1362（鱼糜制品及水产品干腌制加工）；

— 水产品的批发、零售，列入5124（肉、禽、蛋、奶及水产品批发）或5224（肉、禽、蛋、奶及水产品零售）；

— 水产品的包装，列入7293（包装服务）。

1362 鱼糜制品及水产品干腌制加工

指鱼糜制品制造，以及水产品的干制、腌制等加工。

◇ 包括对下列鱼糜制品及水产品的干腌制加工活动：

— 干制水产品：干制鱼、干制鱼片、干制软体动物、干制水生植物、其他干制水产品；

— 腌渍水产品：腌渍鱼、腌渍鱼片、腌渍软体动物（盐腌渍扇贝、盐腌渍贻贝、盐腌渍墨鱼及鱿鱼、盐腌或盐渍章鱼、盐腌渍鲍鱼、盐腌渍海参、其他盐腌渍软体动物）；

— 熏制水产品：熏鱼、熏鱼片、其他熏制水产品（熏鱼肝及鱼卵、鱼肉松及类似鱼制品、其他未列明熏制水产品）；

— 鱼糜（熟肉）制品：鱼香肠、鱼丸、鱼肉酱、鱼子酱、含鱼配制食品、其他鱼糜（熟肉）制品；

— 甲壳水产品加工品：加工蟹、深加工海捕虾、深加工养殖虾、面包虾、调味虾、虾皮、虾酱、加工龙虾、虾片、海蜇头、海蜇皮、其他甲壳水产品加工品；

— 水产品精、汁制品：鱼精、汁，甲壳动物精、汁，软体动物精、汁，其他水产动物精、汁；

— 水生动植物调味品制造。

◆ 不包括：

— 鱼肉、水产品类罐头制造，列入1452（水产品罐头制造）。

1363 水产饲料制造

指用低值水产品及水产品加工废弃物（如鱼骨、内脏、虾壳）等为主要原料的饲料加工。

◇ 包括对下列水产饲料的制造活动：

— 饲料用鱼粉；

— 饲料用鱼头粉；

— 虾头粉饲料；

— 贝壳粉饲料；

— 其他饲料用水产品渣粉。

1364 鱼油提取及制品制造

指从鱼或鱼肝中提取油脂，并生产制品的活动。

◇ 包括对下列鱼油提取及制品的制造活动：

— 鱼油、脂：鱼肝油，鱼油制品，鱼肝油分离品，其他鱼油、脂制品；

— 其他水产品油脂制品。

1369 其他水产品加工

指对水生动植物进行的其他加工。

◇ 包括对下列其他水产品的加工活动：

— 珍珠粉；

— 其他未列明水产加工品。

137　　蔬菜、水果和坚果加工

指用脱水、干制、冷藏、冷冻、腌制等方法，对蔬菜、水果、坚果的加工。

1371　　蔬菜加工

◇ 包括对下列蔬菜的加工活动：

— 薯类及类似植物加工品：马铃薯粉、马铃薯片、马铃薯颗粒及团粒、红薯粉、魔芋粉、芋头粉、木薯粉、其他薯类及类似植物加工；

— 冷冻蔬菜：冷冻马铃薯、冷冻豆类蔬菜、冷冻菠菜、冷冻甜玉米、冷冻松茸、冷冻蒜苔及蒜苗（青蒜）、冷冻蒜头、其他冷冻蔬菜；

— 暂时保藏蔬菜（原料）：暂时保藏油橄榄、暂时保藏刺山柑、暂时保藏黄瓜及小黄瓜、盐水伞菌属蘑菇、盐水蘑菇及块菌、盐水竹笋、盐水大蒜、其他暂时保藏蔬菜（原料）；

— 干制蔬菜（脱水蔬菜）：干蘑菇及块菌（干伞菌属蘑菇、干木耳、干银耳、干香菇、干金针菇、干草菇、干口蘑干牛肝菌其他干蘑菇及块菌）、干菜（干洋葱、笋干丝、紫萁（薇菜干）、金针菜（黄花菜）、蕨菜干、干大蒜、干甜椒、干什锦蔬菜、其他干蔬菜）；

— 腌渍菜：糖醋渍菜（醋酸黄瓜、糖蒜、其他糖醋渍菜），酱腌菜（咸榨菜、咸蕨菜、酱腌萵头、酱腌什锦蔬菜、其他酱腌菜），泡菜（朝鲜泡菜、川味泡菜、其他泡菜），盐渍腌制番茄（盐渍番茄、番茄酱、番茄浆汁、其他盐渍腌制番茄），非醋腌制蘑菇及块菌（盐渍伞菌属蘑菇、盐渍块菌、其他非醋腌制蘑菇及块菌），非醋腌制豆、笋及类似品（腌渍豌豆，盐渍豇豆及菜豆，盐渍芦笋，清水渍甜玉米，赤豆馅，其他非醋腌制豆、笋及类似品），虾油渍菜，糟糠渍菜，其他腌渍菜；

— 冷冻蔬菜半成品：冷冻马铃薯片、冷冻马铃薯条、冷冻甜玉米、冷冻甜玉米粒、冷冻胡萝卜、冷冻豌豆、其他冷冻蔬菜半成品；

— 蔬菜沙拉的加工；

— 其他蔬菜加工品。

◆ 不包括：

— 独立罐头企业生产的蔬菜，列入 1453（蔬菜、水果罐头制造）；

— 蔬菜汁，列入 1523（果菜汁及果菜汁饮料制造）；

— 薯片的制作，列入 1419（饼干及其他焙烤食品制造）；

— 饭馆、餐厅对蔬菜的加工制作，列入 62（餐饮业）相关类别中；

— 蔬菜的清洗、分类、包装，列入 7293（包装服务）。

1372　　水果和坚果加工

◇ 包括对下列水果和坚果的加工活动：

— 水果、坚果粉：栗子粉、杏仁粉、椰子粉、其他水果或坚果粉；

— 冷冻水果及坚果：冷冻草莓、冷冻樱桃、冷冻栗子、其他冷冻水果及坚果；

— 水果酱：柑橘类酱、苹果酱、红果酱、草莓酱、桃酱、其他水果酱；

— 坚果酱：花生酱、栗子酱、其他坚果酱；

— 果泥：柑橘类果泥、苹果泥、红果泥、草莓泥、枣泥、其他果泥；

— 果膏及类似制品：柑橘类果膏、秋梨膏、其他果膏及类似制品；

— 果核及核仁：苦杏仁、甜杏仁、其他果核及核仁；

— 焙、炒加工坚果及果仁：焙炒花生及花生仁，焙炒栗子，焙炒核桃及核桃仁，焙炒榛子及榛子仁，焙炒瓜子及瓜子仁，焙炒杏仁，焙炒松子，其他焙、炒加工坚果及果仁；

— 蒸煮加工坚果及果仁：煮花生及花生仁、其他蒸煮加工坚果及果仁；

— 暂时保藏水果及坚果（原料）；

— 其他水果、坚果加工品。

◆ 不包括:
— 独立罐头企业生产的水果、坚果,列入 1453(蔬菜、水果罐头制造);
— 水果汁,列入 1523(果菜汁及果菜汁饮料制造);
— 以水果、果皮等植物制作的蜜饯,列入 1422(蜜饯制作);
— 水果的清洗、分类、包装,列入 7293(包装服务)。

139 其他农副食品加工

1391 淀粉及淀粉制品制造

指用玉米、薯类、豆类及其他植物原料制作淀粉和淀粉制品的生产;还包括以淀粉为原料,经酶法或酸法转换得到的糖品生产活动。

◇ 包括对下列淀粉及淀粉制品的制造活动:
— 淀粉:小麦淀粉、玉米淀粉、马铃薯淀粉、木薯淀粉、绿豆淀粉其他淀粉;
— 菊粉;
— 淀粉制品:粉丝、粉条、粉皮、其他淀粉制品;
— 淀粉糖:葡萄糖、葡萄糖浆、果葡糖浆、果糖、麦芽糖、其他淀粉糖;
— 面筋:湿面筋、干面筋;
— 糊精及改性淀粉:糊精(β-环状糊精、其他糊精)、改性淀粉(可溶性淀粉、醚化或酯化淀粉、羧甲基纤维素钠、其他改性淀粉);
— 在同一企业生产的玉米油;
— 其他淀粉及淀粉制品。

◆ 不包括:
— 乳糖的加工,列入 1440(乳制品制造);
— 蔗糖等的加工,列入 1340(制糖业)。

1392 豆制品制造

指以大豆、小豆、绿豆、豌豆、蚕豆等豆类为主要原料,经加工制成食品的活动。

◇ 包括对下列豆制品的制造活动:
— 水豆腐:盒包装水豆腐、散装水豆腐;
— 豆制品:干豆腐制品,油炸、卤制豆腐制品,豆腐乳,其他豆制品;
— 豆浆及豆浆粉:鲜豆浆、豆浆粉。

1393 蛋品加工

◇ 包括对下列蛋品的加工活动:
— 干蛋品:蛋黄(干蛋黄、蛋黄粉、其他蛋黄)、去壳禽蛋(干去壳禽蛋、全蛋粉、其他去壳禽蛋);
— 冰蛋品:冰全蛋、冰蛋白、冰蛋黄、其他冰蛋品;
— 再制蛋:咸蛋、松花蛋、糟蛋、其他再制蛋;
— 卵清蛋白:干卵清蛋白、其他卵清蛋白。

1399 其他未列明农副食品加工

◇ 包括对下列未列明农副食品的加工活动:
— 上述未列明的农副食品加工活动。

14 食品制造业

141 焙烤食品制造

1411 糕点、面包制造

指用米粉、面粉、豆粉为主要原料，配以辅料，经成型、油炸、烤制而成的各种食品生产活动。

◇ 包括对下列糕点、面包的制造活动：

— 糕点；

— 西式糕点：西式蛋糕、西式素点心、西式包馅点心、其他西式糕点；

— 中式糕点：月饼、烘烤糕点、油炸糕点、水蒸糕点、熟粉糕点、其他中式糕点；

— 其他糕点；

— 面包：软式面包、硬式面包、起酥面包、调理面包、其他面包；

1419 饼干及其他焙烤食品制造

指以面粉（或糯米粉）、糖和油脂为主要原料，配以奶制品、蛋制品等辅料，经成型、焙烤制成的各种饼干，以及用薯类、谷类、豆类等制作的各种易于保存、食用方便的焙烤食品生产活动。

◇ 包括对下列饼干及其他焙烤食品的制造活动：

— 饼干：酥性饼干、韧性饼干、发酵饼干、威化饼干、夹心饼干、曲奇饼干、压缩饼干、蛋圆饼干、煎饼、蛋卷、其他饼干；

— 膨化食品：谷物类膨化食品、薯类膨化食品、豆类膨化食品、其他膨化食品；

— 焙烤松脆食品：薯片、锅巴、麦圈、油炒面茶、其他焙烤松脆食品；

— 药用空心胶囊：粉浆装药空囊、植物胶囊、其他空心胶囊；

— 其他焙烤食品。

142 糖果、巧克力及蜜饯制造

1421 糖果、巧克力制造

糖果制造指以砂糖、葡萄糖浆或饴糖为主要原料，加入油脂、乳品、胶体、果仁、香料、食用色素等辅料制成甜味块状食品的生产活动；巧克力制造指以浆状、粉状或块状可可、可可脂、可可酱、砂糖、乳品等为主要原料加工制成巧克力及巧克力制品的生产活动。

◇ 包括对下列糖果、巧克力的制造活动：

— 糖果：硬质糖果、酥质糖果、充气糖果、奶糖糖果、凝胶糖果、胶基糖果（口香糖）、压片糖果、焦香糖果、其他糖果；

— 巧克力：黑巧克力、白巧克力、牛奶巧克力；

— 巧克力制品：混合型巧克力制品、涂层型巧克力制品、糖衣型巧克力制品、其他巧克力制品；

— 代可可脂巧克力：代可可脂黑巧克力、代可可脂白巧克力、代可可脂牛奶巧克力；

— 代可可脂巧克力制品：混合型代可可脂巧克力制品、涂层型代可可脂巧克力制品、糖衣型代可可脂巧克力制品、其他代可可脂巧克力制品；

— 果冻：果味型果冻、果汁型果冻、果肉型果冻、含乳型果冻、其他型果冻。

◆ 不包括：

— 白砂糖、绵白糖、赤砂糖、红糖、黄砂糖、冰片糖、片糖、冰糖、方糖以及糖浆等制造加工，列入 1340（制糖业）。

1422 蜜饯制作

指以水果、坚果、果皮及植物的其他部分制作糖果蜜饯的活动。

◇ 包括对下列蜜饯的制作活动：

— 糖渍类蜜饯：糖青梅、蜜樱桃、蜜金橘、红绿瓜、糖桂花、糖玫瑰、炒红果、其他糖渍类蜜饯；

— 糖霜类蜜饯：糖冬瓜条、糖橘饼、红绿丝、金橘饼、姜片、其他糖霜类蜜饯；

— 果脯类蜜饯：杏脯、桃脯、苹果脯、梨脯、枣脯、海棠脯、地瓜脯、胡萝卜脯、番茄脯、其他果脯类蜜饯；

— 凉果类蜜饯：加应子、西梅、黄梅、雪花梅、陈皮梅、八珍梅、丁香榄、福果、丁香李、其他凉果类蜜饯；

— 话化（话梅）类蜜饯：话梅、话李、话杏、九制陈皮、甘草榄、甘草金橘、相思梅、杨梅干、佛手果、芒果干、陈皮丹、盐津葡萄、其他话化类蜜饯；

— 果糕类蜜饯：山楂糕、山楂条、果丹皮、山楂片、陈皮糕、酸枣糕、其他果糕类蜜饯；

— 其他蜜饯。

143 方便食品制造

指以米、面、杂粮等为主要原料加工制成，只需简单烹制即可作为主食，具有食用简便、携带方便，易于储藏等特点的食品制造。

1431 米、面制品制造

指以米、面、杂粮等为原料，经粗加工制成，未经烹制的各类米面制品的生产活动。

◇ 包括对下列米、面制品的制造活动：

— 面制半成品：小麦挂面、切面、通心粉、龙须面、乌冬面、莜麦面、其他面制半成品；

— 米制半成品：年糕、米粉丝、米粉干、其他米制半成品。

◆ 不包括：

— 糕点、面包等食品制作，列入 1411（糕点、面包制造）。

1432 速冻食品制造

指以米、面、杂粮等为主要原料，以肉类、蔬菜等为辅料，经加工制成各类烹制或未烹制的主食品后，立即采用速冻工艺制成的，并可以在冻结条件下运输储存及销售的各类主食品的生产活动。

◇ 包括对下列速冻食品的制造活动：

— 速冻包馅米面食品：速冻饺子、速冻包子、速冻汤圆、速冻馄饨、速冻春卷等；

— 速冻无馅米面食品：速冻馒头、速冻窝头等。

◆ 不包括：

— 冷冻水产品，列入 1361（水产品冷冻加工）。

1439 方便面及其他方便食品制造

指用米、面、杂粮等为主要原料加工制成的，可以直接食用或只需简单蒸煮即可作为主食的各种方便主食品的生产活动，以及其他未列明的方便食品制造。

◇ 包括对下列方便面及其他方便食品的制造活动：
— 米面熟制品：馒头、窝头、烙饼、其他米面熟制品；
— 干制方便食品：方便面、方便粥、方便米饭、方便米粉、其他干制方便食品；
— 方便菜；
— 其他未列明的方便食品。

◆ 不包括：
— 方便汤料的制作，列入1469（其他调味品、发酵制品制造）。

144 1440 乳制品制造

指以生鲜牛（羊）乳及其制品为主要原料，经加工制成的液体乳及固体乳（乳粉、炼乳、乳脂肪、干酪等）制品的生产活动；不包括含乳饮料和植物蛋白饮料生产活动。

◇ 包括对下列乳制品的制造活动：
— 液体乳；
— 灭菌乳：灭菌全脂纯牛（羊）乳、灭菌低脂纯牛（羊）乳、灭菌脱脂纯牛（羊）乳、灭菌全脂调味乳、灭菌低脂调味乳、灭菌脱脂调味乳；
— 巴氏杀菌乳：全脂巴氏杀菌乳、低脂巴氏杀菌乳、脱脂巴氏杀菌乳；
— 酸牛乳：全脂纯酸牛乳、低脂纯酸牛乳、脱脂纯酸牛乳、调味果料酸牛乳、其他酸牛乳；
— 其他液体乳；
— 固体及半固体乳制品；
— 乳粉：全脂乳粉、全脂加糖乳粉、脱脂乳粉、全脂调味乳粉、脱脂调味乳粉、婴幼儿配方乳粉、其他乳粉；
— 炼乳：全脂无糖炼乳、全脂加糖炼乳、其他炼乳；
— 乳脂肪：稀奶油、奶油、无水奶油、其他乳脂肪；
— 干酪（奶酪）：鲜干酪、磨碎或粉化干酪、加工重制发酵干酪、蓝纹干酪、其他干酪；
— 干酪素：食用干酪素、其他干酪素；
— 乳清粉：不脱盐乳清粉、脱盐乳清粉；
— 乳糖；
— 其他固体乳制品。

◆ 不包括：
— 未经加工的生鲜乳的生产，分别列入0311（牛的饲养）、0312（马的饲养）、0314（羊的饲养）、0315（骆驼饲养）、0319（其他牲畜饲养）。

145 罐头食品制造

指将符合要求的原料经处理、分选、修整、烹调（或不经烹调）、装罐、密封、杀菌、冷却（或无菌包装）等罐头生产工艺制成的，达到商业无菌要求，并可以在常温下储存的罐头食品的制造。

◇ 包括对下列罐头食品的制造：
— 硬包装罐头（指采用马口铁、镀锡薄钢板、铝合金板或玻璃容器等作为包装材料的各种罐头产品）；
— 软包装罐头（指采用铝箔或铝塑复合、纸塑复合、复合塑料等塑料复合材料作为包装材料的各种罐头产品）。

1451 肉、禽类罐头制造

◇ 包括对下列肉、禽类罐头的制造活动：
— 畜肉类罐头：猪肉及杂碎罐头、牛肉及杂碎罐头、羊肉及杂碎罐头、兔肉及杂碎罐头、其他畜肉类罐头；

— 禽肉类罐头：鸡肉罐头、鸭肉罐头、鹅肉罐头、其他禽肉类罐头；
— 汤类罐头（部分）：猪肚汤罐头、牛尾汤罐头。

1452 水产品罐头制造

指鱼类、虾贝类和其他水产品的硬包装和软包装罐头生产；以及在船舶上从事的水产品罐头加工活动。

◇ 包括对下列水产品罐头的制造活动：
— 鱼类罐头；
— 甲壳动物类罐头：蟹罐头、虾罐头、其他甲壳动物罐头；
— 水生无脊椎动物类罐头：鲜贝罐头、其他水生无脊椎动物类罐头；
— 水鱼汤罐头；
— 其他水产动物类罐头。

1453 蔬菜、水果罐头制造

◇ 包括对下列蔬菜、水果罐头的制造活动：
— 番茄、番茄酱罐头：番茄罐头、番茄酱罐头、番茄沙司罐头；
— 食用菌罐头：蘑菇（双孢磨菇）罐头、其他食用菌罐头；
— 豇豆及菜豆罐头：脱荚豇豆及菜豆罐头、未脱荚豇豆及菜豆罐头；
— 其他蔬菜罐头：竹笋罐头、芦笋罐头、清水马蹄罐头、蚕豆罐头、榨菜罐头、藠头罐头、其他蔬菜类罐头；
— 糖水类水果罐头：糖水菠萝罐头、糖水柑橘属水果罐头、糖水洋梨罐头、糖水梨罐头、糖水桃罐头、糖水荔枝罐头、糖水龙眼罐头、糖水草莓罐头、糖水枇杷罐头、糖水樱桃罐头、糖水山楂罐头、糖水类什锦水果罐头、其他糖水类水果罐头；
— 糖浆类水果罐头（液态蜜饯罐头）；
— 果酱类罐头：柑橘酱罐头、苹果酱罐头、红果酱罐头、草莓酱罐头、杏酱罐头、其他果酱类罐头；
— 干果和坚果类罐头：花生米罐头、核桃仁罐头、栗子仁罐头、榛子仁罐头、莲籽罐头、其他干果和坚果类罐头；
— 果冻罐头。

1459 其他罐头食品制造

指婴幼儿辅助食品类罐头、米面食品类罐头（如八宝粥罐头等）及上述未列明的罐头食品制造。

◇ 包括对下列其他罐头食品的制造活动：
— 谷物制品类罐头：甜玉米罐头、米粥罐头（八宝粥罐头、蔬菜粥罐头、其他米粥罐头）、米饭罐头（八宝饭罐头、其他米饭罐头）、其他谷物制品类罐头；
— 豆类制品罐头：茄汁黄豆罐头、其他豆类制品罐头；
— 汤类罐头（部分）：其他汤类罐头；
— 香菇肉酱罐头及其他调味类罐头；
— 混合类罐头：榨菜肉丝罐头、豆干猪肉罐头、其他混合类罐头；
— 婴幼儿辅助食品类罐头：肉类均化食品罐头、婴幼儿食品类罐头、均化蔬菜类食品罐头、果类均化食品罐头、均化混合食品罐头、其他婴幼儿辅助食品类罐头；
— 其他未列明罐头食品。

146 调味品、发酵制品制造

1461 味精制造

指以淀粉或糖蜜为原料，经微生物发酵、提取、精制等工序制成的，谷氨酸钠含量在80%及以上的鲜味剂的生产活动。

◇ 包括对下列味精的制造活动：
— 加盐味精；
— 增鲜味精。

1462 酱油、食醋及类似制品制造

指以大豆和(或)脱脂大豆，小麦和(或)麸皮为原料，经微生物发酵制成的各种酱油和酱类制品，以及以单独或混合使用各种含有淀粉、糖的物料或酒精，经微生物发酵酿制的酸性调味品的生产活动。

◇ 包括对下列酱油、食醋及类似制品的制造活动：
— 酱油：酿造酱油、勾兑酱油；
— 酱：黄酱、甜面酱、其他酱；
— 特制酱油：辣酱油、蘑菇酱油、水果酱油、其他特制酱油；
— 食醋：米醋、酒醋、啤酒醋、麦芽醋、酒精醋、水果醋、其他醋；
— 醋精。

1469 其他调味品、发酵制品制造

◇ 包括对下列其他调味品、发酵制品的制造活动：
— 复合调味品；
— 调味油：辣椒油、花椒油、沙拉油、其他调味油；
— 调味汁、酱：番茄调味汁，姜汁，芝麻酱，沙拉酱，蛋黄酱，辣椒酱，其他调味汁、酱；
— 调味料：鸡精、香辛调味料、复合调味料、风味调味料、其他调味料；
— 芥子粉及其调制品：芥子粉、调制芥末、芥末油、芥末酱、其他芥子粉调制品；
— 汤料及其制品：方便汤料、调味紫菜、其他汤料制品；
— 其他复合调味品；
— (酵母)
— 活性酵母：啤酒酵母、酿酒酵母、发面酵母、培养酵母、种用酵母、干酵母、其他活性酵母；
— 非活性酵母：发酵粉(发酵剂)；
— 食品用氨基酸：食品用赖氨酸、食品用谷氨酸、食品用呈味核苷酸、食品用脯氨酸、食品用缬氨酸、食品用天门冬氨酸、食品用苯丙氨酸、其他食品用氨基酸；
— 柠檬酸及其盐和酸酯：柠檬酸、柠檬酸盐、柠檬酸酯；
— 食品用发酵有机酸：食品用苹果酸及盐、食品用曲酸、食品用衣康酸、食品用乳酸及其盐和酯、食品用酒石酸及盐、食品用乙酸(醋酸)及盐、其他食品用发酵有机酸；
— 食品用酶制剂：食品用糖化酶、食品用淀粉酶、食品用蛋白酶(嫩肉粉、其他食品用蛋白酶)、食品用异构酶、食品用脂肪酶、食品用果胶酶、其他食品用酶制剂。

149 其他食品制造

1491 营养食品制造

指主要适宜伤残者、老年人，含肉、鱼、水果、蔬菜、奶、麦精、钙等均质配料的营养食品的生产活动。

◇ 包括对下列营养食品的制造活动：
— 婴幼儿用均化食品：肉类均化食品、均化蔬菜、水果均化食品、均化混合食品、供婴幼儿食用谷物食品；
— 营养配餐食品：燕麦营养配餐食品、补钙配餐食品、麦精乳、食品补充剂制品、其他营养配餐食品；
— 蜂蜜营养制品：加蜂王浆天然蜂蜜、蜂王浆制剂、鲜蜂王浆粉、其他蜂蜜制品；
— 其他营养食品。

1492 **保健食品制造**

指标明具有特定保健功能的食品，适用于特定人群食用，具有调节机体功能，不以治疗为目的，对人体不产生急性、亚急性或慢性危害，以补充维生素、矿物质为目的的营养素补充等保健食品制造。

◇ 包括对下列保健食品的制造活动：
— 调节免疫功能食品；
— 延缓衰老食品；
— 改善记忆食品；
— 促进生长发育食品；
— 抗疲劳食品；
— 减肥食品；
— 耐缺氧食品；
— 抗辐射食品；
— 抗突变食品；
— 抑制肿瘤食品；
— 调节血脂食品；
— 改善性功能食品；
— 调节血糖食品；
— 其他保健食品。

1493 **冷冻饮品及食用冰制造**

指以砂糖、乳制品、豆制品、蛋制品、油脂、果料和食用添加剂等经混合配制、加热杀菌、均质、老化、冻结（凝冻）而成的冷食饮品的制造，以及食用冰的制造。

◇ 包括对下列冷冻饮品及食用冰的制造活动：
— 冰激凌：全乳脂冰激凌、半乳脂冰激凌、植脂冰激凌、低脂冰激凌、其他冰激凌；
— 雪糕类：清型雪糕、组合型雪糕、其他型雪糕；
— 冰棍；
— 甜味冰；
— 雪泥；
— 食用冰；
— 其他冷冻饮品。

1494 **盐加工**

指以原盐为原料，经过化卤、蒸发、洗涤、粉碎、干燥、脱水、筛分等工序，或在其中添加碘酸钾及调味品等加工制成盐产品的生产活动。

◇ 包括对下列盐的加工活动：
— 食用盐：加碘盐、营养盐、调味盐、其他食用盐；

— 非食用盐:溶雪盐、饲料盐、渔用盐、其他非食用盐;
— 沐浴用浴盐。

1495　　食品及饲料添加剂制造

指增加或改善食品特色的化学品,以及补充动物饲料的营养成分和促进生长、防治疫病的制剂的生产活动。

◇ 包括对下列食品及饲料添加剂的制造活动:

— 饲料添加剂:促进动物食欲饲料添加剂、饲料保存添加剂、其他饲料添加剂;
— 食品增稠剂:果胶、果胶酸盐及果胶酸酯(果胶、果胶酸盐、果胶酸酯),食品用琼脂,食品用植物胶液,食品用明胶,食品用卡拉胶,食品用阿拉伯胶,食品用黄原胶(汉生胶),其他食品增稠剂;
— 蛋白质添加剂:浓缩蛋白质、人造蛋白物质、其他蛋白物质;
— 食品甜味添加剂:食品用糖醇(食品用山梨醇、食品用甘露糖醇、食品用丙三醇、食品用木糖醇、食品用麦芽糖醇、其他食品用糖醇)、合成甜味剂、食用甜味剂(食品用糖精钠,食品用环己基氨基磺酸钠,食品用天门冬酰苯丙氨酸甲酯,食品用甜菊糖甙,食品用甘草、甘草酸一钾及三钾,食品用乙酰磺胺酸钾,食品用三氯蔗糖,其他食用甜味剂);
— 食品色、香味添加:食用香片,食品用香料,食品用香味着色糖浆,食品着色剂(食品用焦糖色、食品用天然色素、食品用合成色素、其他食品用着色剂)、食品护色剂,其他食品色、香味添加剂;
— 食品防腐剂:食品用苯甲酸及盐、食品用山梨酸及盐、食品用乳酸链球菌素、食品用纳他霉素、食品用脱氢乙酸及盐、其他食品防腐剂;
— 食品杀菌剂;
— 食品稳定剂和凝固剂;
— 食品抗氧化剂:食品用丁基羟基茴香醚(BHA),食品用二丁基羟基甲苯(BHT),食品用D-异抗坏血酸钠及其钠盐、钙盐酯,食品用特丁基对苯二酚(TBHQ),食品用甘草抗氧化物,食品用磷脂,食品用抗坏血酸(维生素C)及盐,食品用VE(dl-α-生育酚),其他食品抗氧化剂;
— 食品用电解质平衡剂;
— 其他食品保鲜剂;
— 食品酸度调节剂:食品用磷酸及盐、食品用氢氧化钠、食品用碳酸钠、其他食品酸度调节剂;
— 食品抗结剂;
— 食品消泡剂;
— 食品用漂白剂:食品用硫磺、其他食品用漂白剂;
— 食品用膨松剂;
— 食品用胶母糖基础剂;
— 食品用被膜剂:食品用吗啉脂肪酸盐(果蜡)、其他食品用被膜剂;
— 食品用水分保持剂:食品用脱乙酰甲壳素、其他食品用水分保持剂;
— 食品用面粉处理剂;
— 食品乳化剂:食品用司盘、食品用吐温、食品用单甘酯、其他食品乳化剂;
— 食品用营养强化剂;
— 其他食品添加剂:食品工业用加工助剂、其他未列明食品添加剂。

◆ 不包括:

— 食品、饮料、饲料、烟用香料的制造,列入2684(香料、香精制造)。

1499　其他未列明食品制造

◇ 包括对下列其他未列明食品的制造活动：

— 食品用原料粉：餐用奶油粉、冰激凌粉、果冻食品用粉、食品用香料粉、其他食品用原料粉；

— 饮料用原料：复合酒精制品、碳酸饮料浓缩物、其他饮料用原料；

— 植物液汁及浸膏：鸦片液汁及浸膏、甘草液汁及浸膏、啤酒花液汁及浸膏、除虫菊液汁及浸膏、大麻属植物汁和酊剂、人参精、芦荟浸膏、生漆、印楝素、其他植物液汁及浸膏；

— 糯米纸；

— 其他上述未列明的食品及食品用类似原料。

15　酒、饮料和精制茶制造业

151　酒的制造

指酒精、白酒、啤酒及其专用麦芽、黄酒、葡萄酒、果酒、配制酒以及其他酒的生产。

1511　酒精制造

指用玉米、小麦、薯类等淀粉质原料或用糖蜜等含糖质原料，经蒸煮、糖化、发酵及蒸馏等工艺制成的酒精产品的生产活动。

◇ 包括对下列酒精的制造活动：

— 小麦发酵酒精；

— 薯类发酵酒精；

— 高粱发酵酒精；

— 糖蜜发酵酒精；

— 玉米发酵酒精；

— 其他发酵酒精。

◆ 不包括：

— 合成酒精，列入2614（有机化学原料制造）；

— 木材水解酒精制造，列入2663（林产化学产品制造）。

1512　白酒制造

指以高粱等粮谷为主要原料，以大曲、小曲或麸曲及酒母等为糖化发酵剂，经蒸煮、糖化、发酵、蒸馏、陈酿、勾兑而制成的蒸馏酒产品的生产活动。

◇ 包括对下列白酒的制造活动：

— 固态法白酒（指采用固态糖化、固态发酵及固态蒸馏的传统工艺酿制而成的白酒），如大曲酒、小曲酒、麸曲酒、混曲酒等；

— 半固态法白酒（指采用固态培菌、糖化、加水后，于液态下发酵、蒸馏的传统工艺酿制而成的白酒）；

— 液态法白酒（指主要采用液态糖化、液态发酵、液态蒸馏制成的白酒），如传统液态法白酒、串香白酒、固液勾兑白酒、调香白酒等；

— 固液法白酒（以固态法白酒（不低于30%）、液态法白酒勾调而成的白酒）；

— 其他白酒。

◆ 不包括：

— 专门治病的药酒，列入2740（中成药生产）。

1513　啤酒制造

指以麦芽（包括特种麦芽）、水为主要原料，加啤酒花，经酵母发酵酿制而成，含二氧化碳、起泡、低酒精度的发酵酒产品(包括无醇啤酒,也称脱醇啤酒)的生产活动,以及啤酒专用原料麦芽的生产活动。

◇ 包括对下列啤酒的制造活动:

— 熟啤酒:瓶装熟啤酒、易拉罐装熟啤酒、其他熟啤酒;

— 生啤酒:瓶装生啤酒、易拉罐装生啤酒、桶装生啤酒、其他生啤酒;

— 特种啤酒:瓶装特种啤酒、易拉罐装特种啤酒、其他特种啤酒;

— 无醇啤酒;

— 其他啤酒;

— 啤酒麦芽:大麦芽、小麦芽。

1514　　黄酒制造

指以稻米、黍米、黑米、小麦、玉米等为主要原料,加曲、酵母等糖化发酵剂发酵酿制而成的发酵酒产品的生产活动。

◇ 包括对下列黄酒的制造活动:

— 稻米黄酒:干黄酒、半干黄酒、半甜黄酒、浓甜黄酒、其他稻米黄酒;

— 非稻米黄酒:非稻米干黄酒、非稻米半干黄酒、非稻米半甜黄酒、非稻米浓甜黄酒、其他非稻米黄酒。

1515　　葡萄酒制造

指以新鲜葡萄或葡萄汁为原料,经全部或部分发酵酿制而成,含有一定酒精度的发酵酒产品的生产活动。

◇ 包括对下列葡萄酒的制造活动:

— 干葡萄酒:干红葡萄酒、干桃红葡萄酒、干白葡萄酒、其他干葡萄酒;

— 半干葡萄酒:半干红葡萄酒、半干桃红葡萄酒、半干白葡萄酒、其他半干葡萄酒;

— 半甜葡萄酒:半甜红葡萄酒、半甜桃红葡萄酒、半甜白葡萄酒、其他半甜葡萄酒;

— 甜葡萄酒:甜红葡萄酒、甜桃红葡萄酒、甜白葡萄酒、其他甜葡萄酒;

— 起泡葡萄酒;

— 特种葡萄酒:冰葡萄酒、加香葡萄酒、山葡萄酒、葡萄汽酒、其他特种葡萄酒;

— 葡萄白兰地;

— 酿酒葡萄汁。

◆ 不包括:

— 加水或使用果汁、香精等未经发酵兑制而成的酒,列入1519(其他酒制造);

— 水果白兰地、调配白兰地、其他白兰地,列入1519(其他酒制造)。

1519　　其他酒制造

指除葡萄酒以外的果酒、配制酒以及上述未列明的其他酒产品的生产活动。

◇ 包括对下列其他酒的制造活动:

— 果酒:苹果酒、梨酒、荔枝酒、蜂蜜酒、其他果酒;

— 配制酒:浸泡型果酒、露酒(植物类露酒、动物类露酒、动植物类露酒、其他类露酒)、其他配制酒;

— 其他蒸馏酒,指以粮谷、薯类、水果等为主要原料,经发酵、蒸馏、陈酿、勾兑制成的,酒精度(体积分数)在18% ~60%(V/V)的饮料酒,如白兰地、威士忌、俄得克(伏特加)、朗姆酒等其他蒸馏酒;

— 其他酒及酒精专用原辅料。

◆ 不包括:

— 专门治病用的药酒,列入2740(中成药生产)。

152 **饮料制造**

1521 **碳酸饮料制造**

指在一定条件下充入二氧化碳气的饮用品制造，其成品中二氧化碳气的含量（20℃时的体积倍数）不低于2.0倍。

◇ 包括对下列碳酸饮料的制造活动：

— 果汁型碳酸饮料；

— 果味型碳酸饮料；

— 可乐型碳酸饮料；

— 其他碳酸型饮料（汽水）。

1522 **瓶（罐）装饮用水制造**

指以地下矿泉水和符合生活饮用水卫生标准的水为水源加工制成的，密封于塑料瓶（罐）、玻璃瓶或其他容器中，不含任何添加剂，可直接饮用水的生产活动。

◇ 包括对下列瓶（罐）装饮用水的制造活动：

— 饮用天然水：饮用天然矿泉水、饮用天然泉水、其他饮用天然水；

— 饮用纯净水；

— 饮用矿物质水；

— 其他包装饮用水。

◆ 不包括：

— 自来水生产，列入4610（自来水生产和供应）。

1523 **果菜汁及果菜汁饮料制造**

指以新鲜或冷藏水果和蔬菜为原料，经加工制得的果菜汁液制品生产，以及在果汁或浓缩果汁、蔬菜汁中加入水、糖液、酸味剂等，经调制而成的可直接饮用的饮品（果汁含量不低于10%）的生产活动。

◇ 包括对下列果菜汁及果菜汁饮料的制造活动：

— 果汁（浆）、蔬菜汁（浆）；

— 浓缩果汁（浆）、浓缩蔬菜汁（浆）；

— 果汁饮料、蔬菜汁饮料；

— 果汁饮料浓浆和蔬菜汁饮料浓浆；

— 复合果蔬汁（浆）、复合果蔬汁饮料；

— 果肉饮料；

— 发酵型果蔬汁饮料；

— 水果饮料；

— 其他果汁和蔬菜汁类饮料。

◆ 不包括：

— 成品中果浆含量低于5%的果味饮料，列入1529（茶饮料及其他饮料制造）。

1524 **含乳饮料和植物蛋白饮料制造**

指以鲜乳或乳制品为原料（经发酵或未经发酵），加入水、糖液等调制而成的可直接饮用的含乳饮品的生产，以及以蛋白质含量较高的植物的果实、种子或核果类、坚果类的果仁等为原料，在其加工制得的浆液中加入水、糖液等调制而成的可直接饮用的植物蛋白饮品的生产活动。

◇ 包括对下列含乳饮料和植物蛋白饮料的制造活动：

— 含乳饮料：配制型含乳饮料、发酵型含乳饮料、乳酸菌饮料、其他含乳饮料；

— 植物蛋白饮料：豆奶（乳）、豆浆饮料、豆奶（乳）饮料、椰子汁（乳）、杏仁露（乳）、核桃露（乳）、花生露（乳）、其他植物蛋白饮料；
— 复合蛋白饮料；
— 其他蛋白饮料。

1525　固体饮料制造

指以糖、食品添加剂、果汁或植物抽提物等为原料，加工制成粉末状、颗粒状或块状制品［其成品水分（质量分数）不高于5%］的生产活动。

◇ 包括对下列固体饮料的制造活动：
— 果香型固体饮料：以糖、果汁、营养强化剂、食用香精或着色剂等为原料加工制成的用水冲溶后具有色、香、味与品名相符的制品，如酸梅精；
— 蛋白型固体饮料：以糖、乳制品、蛋粉、植物蛋白或营养强化剂等为原料加工制成的制品，如麦乳精；
— 咖啡固体饮料：以糖为主、添加咖啡、可可、乳制品、香精等加工制成的制品；
— 以茶叶、菊花及茅根等植物为主要原料，经抽提、浓缩与糖拌匀或不加糖加工制成的制品；
— 以食用包埋剂吸收咖啡或其他植物提取物及其他食品添加剂等为原料加工制成的制品；
— 其他型固体饮料。

1529　茶饮料及其他饮料制造

指茶饮料、特殊用途饮料以及其他未列明的饮料制造。

◇ 包括对下列茶饮料及其他饮料的制造活动：
— 茶饮料：茶饮料（茶汤）、茶浓缩液、调味茶饮料（果汁茶饮料和果味茶饮料、奶茶饮料和奶味茶饮料、碳酸茶饮料、其他调味茶饮料）、复（混）合茶饮料、其他茶饮料；
— 咖啡饮料：浓咖啡饮料、咖啡饮料、低咖啡因咖啡饮料、其他咖啡饮料；
— 植物饮料：食用菌饮料、藻类饮料、可可饮料、谷物饮料、其他植物饮料；
— 风味饮料：果味饮料、乳味饮料、茶味饮料、咖啡味饮料、其他风味饮料；
— 特殊用途饮料：运动饮料、营养素饮料、其他特殊用途饮料；
— 其他未列明软饮料：如苏打水等；
— 饮料专用原辅料。

◆ 不包括：
— 果汁、蔬菜汁的制造，列入1523（果菜汁及果菜汁饮料制造）；
— 各类酒的制造，列入151（酒的制造）相关类别中。

153　1530　精制茶加工

指对毛茶或半成品原料茶进行筛分、轧切、风选、干燥、匀堆、拼配等精制加工茶叶的生产活动。

◇ 包括对下列精制茶的加工活动：
— 精制茶：精制红茶、精制绿茶、精制花茶、精制普洱茶、精制乌龙茶、其他精制茶；
— 茶制品：浓缩茶精汁、保健茶、茶浓缩精汁制品、其他茶制品。

◆ 不包括：
— 未经任何加工的毛茶，列入0169（茶及其他饮料作物种植）；
— 以茶为原料生产的茶饮料，列入1529（茶饮料及其他饮料制造）。

16　烟草制品业

161　1610　烟叶复烤

指在原烟（初烤）基础上进行第二次烟叶水分调整的活动。

◇ 包括对下列烟叶复烤的活动:
— 叶片;
— 烟梗;
— 把烟;
— 其他复烤烟叶。

162 1620 卷烟制造

指各种卷烟生产,但不包括生产烟用滤嘴棒的纤维丝束原料的制造。

◇ 包括对下列卷烟的制造活动:
— 卷烟:烤烟型卷烟、混合型卷烟、其他型卷烟(含雪茄型卷烟和外香型卷烟);
— 雪茄烟:全叶卷雪茄烟、半叶卷雪茄烟;
— 烟草代用品制雪茄烟:大雪茄烟、方头雪茄烟、小雪茄烟;
— 烟草代用品制卷烟;
— 烟用滤嘴棒:醋酸纤维丝束滤嘴棒、聚丙烯纤维丝束滤嘴棒、其他卷烟滤嘴棒。

◆ 不包括:
— 烟用二醋酸纤维丝束制造,列入 2812(人造纤维(纤维素纤维)制造);
— 烟用聚丙烯纤维丝束制造,列入 2829(其他合成纤维制造);
— 卷烟纸的制造,列入 2221(机制纸及纸板制造)。

169 1690 其他烟草制品制造

◇ 包括对下列其他烟草制品的制造活动:
— 膨胀烟丝;
— 烟丝:斗烟丝、水烟丝、其他烟丝;
— 咀嚼烟;
— 鼻烟;
— 蛤蟆烟;
— 烟草精汁;
— 其他未列明烟草制品。

◆ 不包括:
— 各种烟具的制造,如打火机、烟斗、烟嘴等,分别列入 3389(其他金属制日用品制造)和 4119(其他日用杂品制造);
— 烟草、卷烟加工用机械制造,列入 3533(烟草生产专用设备制造)。

17 纺织业

171 棉纺织及印染精加工

指棉、棉型化纤(化纤短丝)纺织及印染精加工。

1711 棉纺纱加工

指以棉及棉型化学纤维为主要原料进行的纺纱加工。

◇ 包括下列棉纺纱加工活动:
— 已梳皮棉;
— (纱)
— 棉纱:普梳纱、精梳纱;

— 棉混纺纱:合成纤维与棉混纺纱、人造纤维与棉混纺纱、其他棉混纺纱;
— 化学纤维纱:合成纤维纱、人造纤维纱、合成纤维与人造纤维混纺纱、其他化学纤维纱;
— 色纺纱:色纺棉纱、色纺棉混纺纱、色纺化学纤维纱;
—(线)
— 棉线;
— 棉混纺线;
— 化学纤维线:合成纤维长丝纱线、人造纤维长丝纱线、多种化学纤维长丝混合线;
— 色纺线:色纺棉线、色纺棉混纺线、色纺化学纤维线;
—(缝纫线)
— 短纤维缝纫线:棉缝纫线、棉混纺缝纫线、化学纤维缝纫线;
— 长丝缝纫线:天然丝缝纫线、化学纤维长丝缝纫线。

1712　　棉织造加工

指以棉纱、混纺纱、化学纤维纱为主要原料进行的机织物织造加工。

◇ 包括下列棉织造加工活动:
— 布(棉布、棉混纺布、化纤布):衣着用布、装饰用布、产业用布及织物规格不同的平纹布(如市布、府绸等)、斜纹布(如卡其布、华达呢等)、缎纹布(如贡呢、贡缎等)、蚊帐布、医用纱布、冷布、育苗布、帆布、棉布机生产的毛巾布等;
— 未漂白布:未漂白棉布、未漂白棉混纺布、未漂白化学纤维布;
— 色织布:色织棉布、色织棉混纺布、色织化学纤维布;
— 高强力纱布:合成纤维高强力纱纺制布、粘胶纤维高强力纱布;
— 棉制起绒布及绳绒织物:棉制纬起绒织物、棉制经起绒织物、棉制绳绒织物;
— 化学纤维制起绒布及绳绒织物:化学纤维制纬起绒织物、化学纤维制经起绒织物、化纤制绳绒织物;
— 毛巾织物及类似毛圈机织物:棉制毛巾织物及类似毛圈布、化纤制毛巾织物及类似毛圈机织物;
— 纱罗:棉制纱罗、化纤制纱罗;
— 簇绒织物:棉制簇绒织物、化纤制簇绒织物;
— 在同一企业内进行的与上述产品生产活动相联系的精炼、漂白、染色、印花、轧光、起绒、缩水、树脂整理、防蛀、阻燃等工序的小整理加工。

1713　　棉印染精加工

指对非自产的棉和化学纤维织物进行漂白、染色、印花、轧光、起绒、缩水等工序的加工。

◇ 包括对下列棉印染的精加工活动:
— 漂白布:漂白棉布、漂白棉混纺布、漂白化学纤维布;
— 染色布:染色棉布、染色棉混纺布、染色化学纤维布;
— 印花布:印花棉布、印花棉混纺布、印花化学纤维布。

172　　毛纺织及染整精加工

1721　　毛条和毛纱线加工

指以毛及毛型化学纤维为原料进行梳条的加工,按毛纺工艺(精梳、粗梳、半精梳)进行纺纱的加工。

◇ 包括对下列毛条和毛纱线的加工活动：
— （毛条）
— 动物毛条：精梳动物毛条、其他动物毛条；
— 合成纤维毛条：涤纶毛条、腈纶毛条、其他合成纤维毛条；
— （毛纱）
— 羊毛纱：粗梳羊毛纱、精梳羊毛纱；
— 混纺羊毛纱：粗梳混纺羊毛纱、精梳混纺羊毛纱；
— 其他毛纱：精梳羊绒纱线、粗梳羊绒纱线、半精纺羊绒纱、动物毛粗梳细毛纱、动物毛精梳细毛纱、半精纺混纺毛纱、其他未列明毛纱；
— （绒线）
— 纯毛绒线：针织纯毛绒线、编织纯毛绒线；
— 混纺绒线：针织混纺绒线、编织混纺绒线；
— 化学纤维绒线：针织化学纤维绒线、编织化学纤维绒线；
— 其他绒线：手编羊绒毛线、其他未列明绒线。

1722　　毛织造加工

指以毛及毛型化学纤维纱线为原料进行的机织物织造加工。

◇ 包括对下列毛织造的加工活动：
— （毛机织物（呢绒））
— 纯毛机织物：粗梳毛机织物、精梳毛机织物；
— 毛混纺机织物：粗梳毛混纺机织物、精梳毛混纺机织物；
— 化学纤维毛机织物：精纺化学纤维毛机织物、粗纺化学纤维毛机织物；
— 其他毛机织物：粗梳羊绒机织物、其他未列明毛机织物；
— 特种羊毛或动物细毛织物：毛制起绒织物、毛制绳绒织物、毛制毛巾织物、毛制簇绒织物；
— 在同一企业内进行的与上述产品生产活动相联系的毛纺织染整或印染有关工序的整理加工。

1723　　毛染整精加工

指对非自产的毛织物进行漂白、染色、印花等工序的染整精加工。

◇ 包括下列毛染整精加工活动：
— 毛纱染整，按原料分为：纯毛毛纱、毛混纺纱、纯化纤毛纱等；
— 呢绒染整，按原料分为：纯毛织品、毛混纺交织品、纯化纤毛织品等；
— 毛线染整，按原料分为：纯毛毛线、混纺毛线、纯化纤毛线。

◆ 不包括：
— 羊毛衫、羊绒衫，列入 1820（针织或钩针编织服装制造）；
— 毛毯等毛制品的制作，列入 1771（床上用品制造）、1773（窗帘、布艺类产品制造）、1779（其他家用纺织制成品制造）等相关类别中。

173　　麻纺织及染整精加工

1731　　麻纤维纺前加工和纺纱

指以苎麻、亚麻、大麻、黄麻、剑麻、罗布麻等为原料的纺前纤维加工和纺纱加工。

◇ 包括下列麻纤维纺前加工和纺纱活动：

— 麻纤维原料：苎麻原麻、苎麻精干麻、亚麻打成麻、亚麻短纤、黄（红）麻（熟麻）、大麻原麻、其他麻纤维原料；

— 麻纱线：亚麻纱（亚麻纱、其他亚麻纱）、苎麻纱（苎麻纱、其他苎麻纱）、黄红麻纱（黄红麻单纱、黄红麻多股纱线）、大麻纱线（大麻单纱、大麻多股纱线）、其他麻纱线。

◆ 不包括：

— 苎麻凉席、苎麻桌布等麻制品生产，列入 1771（床上用品制造）、1772（毛巾类制品制造）、1773（窗帘、布艺类产品制造）、1779（其他家用纺织制成品制造）的相关类别中；

— 麻绳生产，列入 1782（绳、索、缆制造）。

1732　麻织造加工

指以苎麻、亚麻、大麻、黄麻、剑麻、罗布麻纤维纱线等为主要原料的机织物织造加工。

◇ 包括对下列麻织造的加工活动：

— 亚麻布：亚麻布、其他亚麻布；

— 苎麻布：苎麻布、其他苎麻布；

— 黄红麻织物；

— 大麻织物；

— 其他麻织造加工。

◆ 不包括：

— 苎麻凉席、苎麻桌布等麻制品生产，列入 1771（床上用品制造）、1772（毛巾类制品制造）、1773（窗帘、布艺类产品制造）、1779（其他家用纺织制成品制造）的相关类别中；

— 麻绳生产，列入 1782（绳、索、缆制造）。

1733　麻染整精加工

指对非自产的麻织物进行漂白、染色、印花等工序的染整精加工。

◇ 包括下列麻染整精加工活动：

— 亚麻印染布：亚麻漂白布、亚麻染色布、亚麻印花布；

— 苎麻印染布：苎麻漂白布、苎麻染色布、苎麻印花布。

◆ 不包括：

— 苎麻凉席、苎麻桌布等麻制品生产，列入 1771（床上用品制造）、1772（毛巾类制品制造）、1773（窗帘、布艺类产品制造）、1779（其他家用纺织制成品制造）的相关类别中；

— 麻绳生产，列入 1782（绳、索、缆制造）。

174　丝绢纺织及印染精加工

1741　缫丝加工

指由蚕茧经过加工缫制成丝的活动。

◇ 包括对下列缫丝的加工活动：

— 桑蚕丝：桑蚕生丝（厂丝）、桑蚕土丝、桑蚕双宫丝、其他桑蚕丝；

— 柞蚕丝：含水缫丝、药水丝、灰丝、柞蚕疙瘩丝等；

— 绢纺丝：含桑绢丝、柞绢丝、蓖麻绢丝、木薯绢丝、混纺绢丝等；

— 䌷丝（含桑䌷丝、柞䌷丝、蓖麻䌷丝、木薯䌷丝、混纺䌷丝等）；

— 在同一企业内进行的与上述产品生产活动相联系的丝纺染色或染整有关工序的整理加工；

— 其他蚕丝。

1742 绢纺和丝织加工

指以丝为主要原料进行的丝织物织造加工。

◇ 包括对下列绢纺和丝织的加工活动：

— 桑蚕丝及其交织品[含纯桑蚕丝织品(真丝绸)、桑蚕丝交织品]；

— 柞蚕丝及其交织品(含纯柞蚕丝织品、柞蚕丝交织品)；

— 绢(䌷)丝及其交织品(含纯绢丝织品、纯䌷丝织品、绢丝交织品、䌷丝交织品)；

— 特种丝织物：丝制起绒织物及绳绒织物、丝制毛巾织物及类似毛圈机织物、丝制纱罗、丝制簇绒织物；

— 丝线(含丝缝纫线)，是指使用捻线机对丝加捻合股后的产品；

— 在同一企业内进行的与上述产品生产活动相联系的炼白、染色、印花、缩水印染等工序的整理加工活动。

1743 丝印染精加工

指对非自产的丝织物进行漂白、染色、印花、轧光、起绒、缩水等工序的加工。

◇ 包括下列丝的印染精加工活动：

— 印染蚕丝及交织机织物：练白蚕丝及交织机织物、染色蚕丝及交织机织物、印花蚕丝及交织机织物。

175 化纤织造及印染精加工

指经纬双向或经向以化纤长丝(不包括化纤短纤)为主要原料生产的机织物。

1751 化纤织造加工

指以化纤长丝(含有色长丝)为主要原料生产的机织坯布、色织布。其经喷水织机、剑杆织机、喷气织机等设备生产经向为化纤长丝、纬向为化纤长丝或短纤纱线的机织布的活动。其产品统称为化纤长丝机织布，包括白坯布、有色长丝机织布及不同种类化纤长丝交织的机织布。

◇ 包括对下列化纤长丝的织造加工活动：

— 合成纤维长丝机织布：指经纬向均为合成纤维长丝(包括 POY、FDY、DTY 等)的机织布，包括涤纶长丝机织布、锦纶长丝机织布、其他合成纤维长丝机织布；

— 涤纶长丝机织布：指经纬向均为涤纶长丝的机织布。包括再生(回料纺)涤纶长丝机织布和有色涤纶长丝机织布，也包括含有复合氨纶等弹性纤维长丝及其他少量(不超过 5%)点缀用长丝的涤纶长丝机织布；

— 锦纶长丝机织布：指经纬向均为锦纶长丝的机织布。包括再生(回料纺)锦纶长丝机织布和有色锦纶长丝机织布，也包括含有复合氨纶等弹性纤维长丝及其他少量(不超过 5%)点缀用长丝的锦纶长丝机织布；

— 其他合成纤维长丝机织布：指经纬向为除涤纶长丝、锦纶长丝以外的其他合成纤维长丝机织布。包括其他(除涤纶、锦纶以外的)再生(回料纺)合成纤维长丝机织布、有色合成纤维长丝机织布及不同种类合成纤维长丝交织的机织布；

— 长丝机织布：指经纬向均为人造纤维(仅指"再生纤维素纤维")长丝的机织布、有色人造纤维长丝机织布及不同种类的人造纤维长丝交织的机织布，人造纤维长丝包括粘胶类长丝及醋酸纤维长丝、铜氨纤维长丝、木代尔纤维长丝、天丝纤维长丝等；

— 其他纤维长丝机织布：指除合成纤维长丝机织布、人造纤维长丝机织布以外的化纤长丝机织布。包括新型纤维长丝或复合丝机织布、有色新型纤维长丝或复合丝机织布及不同种类新型纤维长丝或复合丝交织的机织布；包括合成纤维长丝、人造纤维长丝、新型合成纤维长丝及复合丝中两种不同化纤长丝(含有色长丝)交织的机织布;包括各类化纤长丝(含有色)与各类短纤维纱线交织的机织布;包括各类化学纤维长丝起绒布;新型纤维指除合成纤维、再生纤维素纤维以外的其他非天然纤维,包括蛋白纤维、聚乳酸纤维、无机纤维等。

1752　化纤织物染整精加工

指对化纤长丝坯布进行漂白、染色、印花、轧光、缩水等染整工序的加工。包括对所有化纤长丝机织坯布的印染、后整理加工。

◇ 包括对下列化纤长丝织物染整精加工活动:
— 化纤长丝染色布:指化纤长丝机织坯布经染色加工后的化纤长丝染色布,包括对所有化纤长丝机织坯布的染色、后整理加工;
— 化纤长丝印花布:指化纤长丝机织坯布经印花加工后的化纤长丝印花布,包括对所有化纤长丝机织坯布的印花、后整理加工。

176　针织或钩针编织物及其制品制造

1761　针织或钩针编织物织造

指采用经编、纬编、横编及钩针编工艺进行的针织物织造加工。

◇ 包括对下列针织或钩针编织物的织造活动:
— 针织"长毛绒"织物、针织毛圈绒头织物:棉针织毛圈绒头织物、化纤针织毛圈绒头织物、丝针织毛圈绒头织物;
— 针织起绒织物:棉针织起绒织物、化纤针织起绒织物、丝针织起绒织物、其他针织起绒织物;
— 针织钩编织物(针织坯布);
— 合成纤维针织钩编物;
— 人造纤维针织钩编物;
— 毛针织钩编织物;
— 丝针织钩编物;
— 其他针织钩编织物:其他针织钩编织物、其他未列明针织钩编织物;
— 棉制经编织物(部分):棉制未漂白经编织物、棉制色织经编织物;
— 合成纤维制经编织物(部分):合成纤维制未漂白经编织物、合成纤维制色织经编织物;
— 人造纤维制经编织物(部分):人造纤维制未漂白经编织物、人造纤维制色织经编织物;
— 毛制经编织物;
— 丝及绢丝制经编织物;
— 其他经编织物;
— 棉制纬编织物(部分):棉制未漂白纬编织物、棉制色织纬编织物;
— 合成纤维制纬编织物(部分):合成纤维制未漂白纬编织物、合成纤维制色织纬编织物;
— 人造纤维制纬编织物(部分):人造纤维制未漂白纬编织物、人造纤维制色织纬编织物;
— 毛制纬编织物;
— 丝及绢丝制纬编织物;
— 其他纬编织物。

◆ 不包括:
— 针织或钩针编织成的男、女及儿童服装外衣,田径服、滑雪衫及其他制品制造,列入1810(机织服装制造);
— 独立帽厂针织或钩针编织成的毛线帽,列入1830(服饰制造)。

1762 针织或钩针编织物印染精加工

指对非自产的针织品进行漂白、染色、印花、轧光、起绒、缩水等工序的加工。

◇ 包括对下列针织或钩针编织物的印染精加工活动：

— 棉制经编织物(部分)：棉制漂白经编织物、棉制染色经编织物、棉制印花经编织物；

— 合成纤维制经编织物(部分)：合成纤维制漂白经编织物、合成纤维制染色经编织物、合成纤维制印花经编织物；

— 人造纤维制经编织物(部分)：人造纤维制漂白经编织物、人造纤维制染色经编织物、人造纤维制印花经编织物；

— 棉制纬编织物(部分)：棉制漂白纬编织物、棉制染色纬编织物、棉制印花纬编织物；

— 合成纤维制纬编织物(部分)：合成纤维制漂白纬编织物、合成纤维制染色纬编织物、合成纤维制印花纬编织物；

— 人造纤维制纬编织物(部分)：人造纤维制漂白纬编织物、人造纤维制染色纬编织物、人造纤维制印花纬编织物。

◆ 不包括：

— 针织或钩针编织成的男、女及儿童服装外衣，田径服、滑雪衫及其他制品制造，列入1810(机织服装制造)；

— 独立帽厂针织或钩针编织成的毛线帽，列入1830(服饰制造)。

1763 针织或钩针编织品制造

指除针织或钩针编织服装以外的其他针织品或钩针编织品的加工。

◇ 包括对下列针织或钩针编织品的制造活动：

— 针织床罩：手工针织床罩、非手工针织床罩；

— 钩编床罩：手工钩编床罩、非手工钩编床罩；

— 棉针织床上用织物制品：棉针织枕套、其他棉针织床上用织物制品；

— 化纤针织床上用织物制品：化纤针织枕套、其他化纤针织床上用织物制品；

— 丝制针织床上用织物制品；

— 麻针织床上用织物制品：麻针织凉席、其他麻针织床上用织物制品；

— 其他针织或钩编相关床上制品；

— 针织台布：手工针织台布、非手工针织台布；

— 钩编台布：手工钩编台布、非手工钩编台布；

— 针织相关餐桌用制品：手工针织餐桌用织物制品、非手工针织餐桌用织物制品；

— 钩编相关餐桌用制品：手工钩编餐桌用织物制品、非手工钩编餐桌用织物制品；

— 棉针织或钩编窗帘及类似品：棉针织窗帘及类似品、棉钩编窗帘及类似品；

— 合成纤维针织或钩编窗帘及类似品：合成纤维针织窗帘及类似品、合成纤维钩编窗帘及类似品；

— 其他针织或钩编窗帘及类似品：其他针织窗帘及类似品、其他钩编窗帘及类似品。

◆ 不包括：

— 针织或钩针编织成的男、女及儿童服装外衣，田径服、滑雪衫及其他制品制造，列入1810(机织服装制造)；

— 独立帽厂针织或钩针编织成的毛线帽，列入1830(服饰制造)。

177 家用纺织制成品制造

1771 床上用品制造

指以棉、麻、丝、毛、化学纤维等纤维及纺织品为主要原料，加工制造床上用品(包括含有填充物的被子、睡袋、枕头等类产品)的生产活动。

◇ 包括对下列床上用品的制造活动：

— （床褥单）
— 棉制床褥单：棉制印花床褥单、棉制刺绣床褥单、其他棉制床褥单；
— 化学纤维制床褥单：化纤制印花床褥单、化纤制刺绣床褥单、其他化学纤维制床褥单；
— 麻制床单：麻制印花床单、麻制刺绣床单、其他麻制床单；
— 其他床褥单；
— （被面）
— 丝绸被面：丝制印花被面、丝制绣花被面、其他丝绸被面；
— 其他被面；
— （枕套）
— 棉制枕套：棉制印花枕套、棉制刺绣枕套、其他棉制枕套；
— 化学纤维制枕套：化纤制印花枕套、化纤制刺绣枕套、其他化学纤维制枕套；
— 丝绸枕套：丝制印花枕套、丝制绣花枕套、其他丝绸枕套；
— 其他枕套；
— （被罩）
— 棉制被罩：棉制印花被罩、棉制刺绣被罩、其他棉制被罩；
— 化学纤维制被罩：化纤制印花被罩、化纤制刺绣被罩、其他化学纤维制被罩；
— 麻制被罩：麻制印花被罩、麻制刺绣被罩、其他麻制被罩；
— 其他被罩；
— （床罩）
— 棉制床罩：棉制刺绣床罩、其他棉制床罩；
— 化学纤维制床罩：化纤制刺绣床罩、其他化纤制床罩；
— 麻制床罩：麻制刺绣床罩、其他麻制床罩；
— 丝制床罩；
— 其他床罩；
— （毯子）
— 棉制毯；
— 毛制毯：纯毛毛毯、毛混纺毛毯、化纤毛毯；
— 麻制毯；
— 其他毯子；
— （部分寝具及类似填充用品）
— 兽毛制寝具及类似填充制品（部分）：羊毛被，其他羽绒（毛）、兽毛制寝具及类似填充制品；
— 棉制寝具及类似填充制品（部分）：棉被、化纤棉制睡袋、化纤棉枕头、其他棉制寝具及类似填充制品；
— 丝制寝具及类似填充制品（部分）：蚕丝被、丝制睡袋、丝制枕头、其他丝制寝具及类似填充制品；
— 其他寝具及类似填充用品；
— （毛巾被）
— 棉制毛巾被：棉制单人毛巾被、棉制双人毛巾被、棉制儿童毛巾被；
— 化纤制毛巾被：化纤制单人毛巾被、化纤制双人毛巾被、化纤制儿童毛巾被；
— 麻制毛巾被：麻制单人毛巾被、麻制双人毛巾被、麻制儿童毛巾被；
— 丝及绢丝制毛巾被；
— 其他毛巾被；

— 枕巾:棉制枕巾、化纤制枕巾、麻制枕巾、丝制枕巾、其他枕巾;
— 其他床上用织物制品。
◆ 不包括:
— 羽绒被、羽绒或羽毛睡袋、羽绒枕头,列入1942(羽毛(绒)制品加工)。

1772　毛巾类制品制造

指以棉、麻、丝及化学纤维等为主要原料,加工制造毛巾类产品的生产活动。
◇ 包括对下列毛巾类制品的制造活动:
— 面巾:棉制面巾、化纤制面巾、丝制面巾、其他面巾;
— 方巾:棉制方巾、化纤制方巾、丝制方巾、其他方巾;
— 浴巾:棉制浴巾、化纤制浴巾、丝制浴巾、其他浴巾;
— 其他毛巾。
◆ 不包括:
— 毛巾被的制造,列入1771(床上用品制造)。

1773　窗帘、布艺类产品制造

指以棉、麻、丝、毛及化学纤维等为主要原料,加工制造窗帘、各种装饰罩(套)、靠垫、坐垫、贮物袋等生活用布艺产品的生产活动。
◇ 包括对下列窗帘、布艺类产品的制造活动:
— 寝具及类似填充用品(部分):羽绒或羽毛靠垫,化纤棉靠垫、座垫,丝制靠垫、座垫;
— (窗帘及类似)
— 棉制窗帘及类似品:棉制窗帘、棉制帐幔、棉制帘帷、棉制床帷、其他棉制窗帘类似品;
— 合成纤维制窗帘及类似品:合成纤维制窗帘、合成纤维制帐幔、合成纤维制帘帷、其他合成纤维制窗帘类似品;
— 丝制非针织非钩编窗帘;
— 毛制窗帘及类似品;
— 其他纺织材料制窗帘及类似品;
— (垫子套)
— 棉制垫子套:棉制刺绣垫子套、其他棉制垫子套;
— 丝制垫子套:丝制刺绣垫子套、其他丝制垫子套;
— 合成纤维制垫子套:合成纤维制刺绣垫子套、其他合成纤维制垫子套;
— 其他垫子套;
— 无纺布袋。
◆ 不包括:
— 地毯、手工编织挂毯的编织,列入2437(地毯、挂毯制造);
— 单纯以聚烯烃为原料生产的编织袋,以及塑料厂生产的塑料编织袋,列入2923(塑料丝、绳及编织品制造);
— 金属丝编织布,列入3340(金属丝绳及其制品制造)。

1779　其他家用纺织制成品制造

指以棉、麻、丝、毛及化学纤维等为主要原料,加工制造毛毯、桌布、台布、餐巾、擦布、洗碗巾等餐厨生活制品的其他家用纺织制成品生产活动。

◇ 包括对下列其他家用纺织制成品的制造活动：
— （台布（桌布））
— 棉制台布：棉制刺绣台布、其他棉制台布；
— 化学纤维制台布：化学纤维制刺绣台布、其他化学纤维制台布；
— 毛制台布；
— 丝制台布：丝制餐桌用织物制品、其他丝制台布；
— 麻制台布：亚麻制刺绣餐桌用织物制品、其他麻制台布；
— 其他纺织材料制台布；
— （餐桌、盥洗及厨房用织物制品）
— 棉制餐桌、盥洗织物制品：餐桌用棉制刺绣织物制品，盥洗及厨房用棉制织物制品，其他棉制餐桌、盥洗织物制品；
— 化学纤维制餐桌、盥洗织物制品：餐桌用化纤制刺绣织物制品，盥洗及厨房用化学纤维制织物制品，其他化学纤维制餐桌、盥洗织物制品；
— 亚麻制餐桌、盥洗用织物制品：餐桌用亚麻制刺绣织物制品、盥洗及厨房用亚麻制织物制品，其他亚麻制餐桌、盥洗用织物制品；
— 丝制盥洗及厨房织物制品；
— 其他餐桌、盥洗及厨房用织物制品；
— 充气褥垫：棉制充气褥垫、化纤制充气褥垫、其他充气褥垫；
— （野营用织物制品）
— 棉制野营用织物制品：棉制野营用吊床、其他棉制野营用织物制品；
— 化纤制野营用织物制品：化纤制野营用吊床、其他化纤制野营用织物制品；
— 其他野营用织物制品：其他纺织材料制野营用吊床、其他未列明野营用织物制品；
— 无纺织物制品（部分）：婴儿尿布表层垫片、卫生巾表层垫片、衬里织物；
— 纺织材料絮胎制卫生用品：絮胎制卫生巾、絮胎制止血塞、絮胎制尿布、其他纺织材料絮胎制卫生用品；
— 其他家用纺织制品：擦地布、抹布及类似擦拭用布、其他未列明纺织制品。

◆ 不包括：
— 单纯以聚烯烃为原料生产的编织袋，以及塑料厂生产的塑料编织袋，列入2923（塑料丝、绳及编织品制造）；
— 金属丝编织布，列入3340（金属丝绳及其制品制造）；
— 无纺布袋的生产，列入1773（窗帘、布艺类产品制造）；
— 无纺布的生产，列入1781（非织造布制造）；
— 工业用呢、毡的生产，列入1789（其他非家用纺织制成品制造）；
— 锦旗、旗帜的生产，列入1789（其他非家用纺织制成品制造）；
— 网、绳的生产，列入1782（绳、索、缆制造）；
— 其他非家用纺织品的生产，列入178（非家用纺织制成品制造）相关类别中。

178　　非家用纺织制成品制造

也称产业用纺织制成品制造。

1781　　非织造布制造

指定向或随机排列的纤维，通过摩擦、抱合或粘合，或者这些方法的组合而相互结合制成的片状物、纤网或絮垫的生产活动；所用纤维可以是天然纤维、化学纤维和无机纤维，也可以是短纤维、长丝或直接形成的纤维状物。

◇ 包括对下列非织造布的制造活动：
— （无纺布（无纺织物））
— 化学纤维长丝制非织造布（无纺织物）：纺粘法非织造布、熔喷法非织造布；
— 短纤维制非织造布（无纺织物）：针刺法非织造布、水刺法非织造布、热粘合法非织造布、化学粘合法非织造布、其他工艺制作非织造布（无纺织物）；
— 无纺织物制品（部分）：盖面纤维网（面网）。

◆ 不包括：
— 无纺布袋的生产，列入 1773（窗帘、布艺类产品制造）；
— 婴儿尿布表层垫片，列入 1779（其他家用纺织制成品制造）；
— 卫生巾表层垫片，列入 1779（其他家用纺织制成品制造）；
— 防护衣衬里织物，列入 1779（其他家用纺织制成品制造）；
— 生产用其他无纺织物制品，列入 1789（其他非家用纺织制成品制造）。

1782　　绳、索、缆制造

指用天然纤维和化学纤维制造绳、索具、缆绳、合股线的生产活动。

◇ 包括对下列绳、索、缆的制造活动：
— （纤维纺制绳、缆）
— 麻纤维纺制绳、缆：黄麻纤维纺制绳、缆，大麻纤维纺制绳、缆，其他麻纤维纺制绳、缆；
— 合成纤维纺制绳、缆：聚乙烯纺制绳、缆，聚丙烯纺制绳、缆，其他合成纤维纺制绳、缆；
— 龙舌兰类纤维纺制绳、缆：龙舌兰类纤维纺制包扎用绳，其他龙舌兰类纤维纺制绳、缆；
— 蕉麻等硬质（叶）纤维纺绳、缆；
— 其他纤维纺制绳、缆；
— （网类制品）
— 渔网：化纤制渔网、其他渔网；
— 安全网：锦纶制安全网、维纶制安全网、涤纶制安全网、丙纶制安全网、聚乙烯制安全网、蚕丝制安全网、其他安全网；
— 体育项目用网（兜）：网球网、篮球网、乒乓球网、羽毛球网、其他体育项目用网（兜）；
— 网料：化纤材料制网料、其他网料；
— 其他网类制品：化纤材料网类制品、其他未列明网类制品；
— 吊装绳索具：吊装绳、安全保险绳、吊带、汽车牵引带、石油管道专用带、其他吊装绳索具；
— 绳梯类制品：尼龙绳梯（滑动尼龙软梯、带环尼龙绳梯、其他尼龙绳梯）、其他绳梯类制品；
— 其他纤维纺制绳、索、缆。

◆ 不包括：
— 缝纫线的生产，分别列入 1711（棉纺纱加工）和 1742（绢纺和丝织加工）；
— 毛绒线的生产，列入 1722（毛织造加工）；
— 盖面纤维网（面网）的生产，列入 1781（非织造布制造）；
— 金属丝编织布，列入 3340（金属丝绳及其制品制造）。

1783　　纺织带和帘子布制造

指帘子布、复合材料用基布、输送带基布、传送带和胶管等增强材料的生产活动。

◇ 包括对下列纺织带和帘子布的制造活动：
— 帘子布：聚酰胺高强力纱制帘子布、聚酯高强力纱制帘子布、粘胶纤维高强力纱制帘子布、其他帘子布；

— 纺织材料制传输带:棉制传输带、化学纤维制传输带、毛制传输带、其他纺织材料制传输带;
—(用塑料处理纺织物)
— 聚氯乙烯处理纺织物:聚氯乙烯处理绝缘布、聚氯乙烯处理绝缘带、聚氯乙烯处理人造革、其他聚氯乙烯处理纺织物;
— 聚氨基甲酸酯处理纺织物:聚氨基甲酸酯处理绝缘布、聚氨基甲酸酯处理绝缘带、聚氨基甲酸酯处理人造革、其他聚氨基甲酸酯处理纺织物;
— 其他塑料处理纺织物:其他塑料处理绝缘布、其他塑料处理绝缘带、其他塑料处理人造革、其他未列明塑料处理纺织物;
— 涂胶或淀粉纺织物:涂胶或淀粉棉织物、涂胶或淀粉化纤纺织物、涂胶或淀粉麻织物、其他涂胶或淀粉纺织物;
— 涂焦油、蜡、沥青或类似产品纺织物:涂焦油、蜡、沥青绝缘布或带,涂焦油、蜡、沥青舞台用画布,其他材料处理纺织物;
—(硬挺纺织物)
— 油画布、描图布:棉制描图布、麻制描图布、化纤制描图布、其他描图布;
— 硬衬布及类似硬挺纺织物:棉制硬衬布及类似硬挺纺织物、麻制硬衬布及类似硬挺纺织物、化纤制硬衬布及类似硬挺纺织物、其他硬衬布及类似硬挺纺织物;
—(狭幅机织物)
— 狭幅起绒、绳绒机织物:棉制狭幅起绒、绳绒机织物,麻制狭幅起绒、绳绒机织物,丝制狭幅起绒、绳绒机织物,其他狭幅起绒、绳绒机织物;
— 松紧带;
— 其他狭幅机织物。

◆ 不包括:
— 篷布、帐篷、遮阳帘、帆等织品,列入1784(篷、帆布制造);
— 金属丝编织布,列入3340(金属丝绳及其制品制造)。

1784 **篷、帆布制造**

指车用篷布、帐篷布、鞋用纺织材料、灯箱布等纺织材料的生产活动。

◇ 包括对下列篷、帆布的制造活动:
— 油苫布:棉制油苫布、合成纤维制油苫布、其他油苫布;
— 天篷:棉制天篷、合成纤维制天篷、其他天篷;
—(遮阳篷)
— 棉制遮阳篷:棉制曲臂遮阳篷、棉制直臂遮阳篷、棉制伸缩遮阳篷、棉制折叠遮阳篷、其他棉制遮阳篷;
— 合成纤维制遮阳篷:合成纤维制曲臂遮阳篷、合成纤维制直臂遮阳篷、合成纤维制伸缩遮阳篷、合成纤维制折叠遮阳篷、其他合成纤维制遮阳篷;
— 其他遮阳篷:其他曲臂遮阳篷、其他直臂遮阳篷、其他伸缩遮阳篷、其他折叠遮阳篷、其他未列明遮阳篷;
—(帐篷)
— 棉制帐篷:棉制庭院帐篷、棉制野营帐篷、棉制车顶折叠帐篷、其他棉制帐篷;
— 合成纤维制帐篷:合成纤维制庭院帐篷、合成纤维制野营帐篷、合成纤维制车顶折叠帐篷、其他合成纤维制帐篷;
— 其他帐篷:其他庭院帐篷、其他野营帐篷、其他车顶折叠帐篷、其他未列明帐篷;
— 篷房:棉制篷房、合成纤维制篷房、其他篷房;
— 风帆:棉制风帆、合成纤维制风帆、其他风帆。

◆ 不包括：
— 金属丝编织布，列入 3340（金属丝绳及其制品制造）。

1789 其他非家用纺织制成品制造

指革基布，过滤、防护用纺织品，工业用毡、呢，建筑用纺织品，交通运输用纺织品，包装用纺织品，文体用纺织品，绝缘隔热纺织品，农业用纺织品，渔业用纺织品，造纸用纺织品等其他产业用纺织制成品的生产活动。

◇ 包括对下列其他非家用纺织制成品的制造活动：
— 安全用织物制品：救生衣、安全带、其他安全用织物制品；
— 毡呢：毛制毡呢、其他毡呢；
— 包装用织物制品：棉制包装袋、化学纤维制包装袋、麻袋（黄洋青麻袋、麻聚烯烃交织袋、其他麻袋）；
— 降落伞、旗帜及类似品；
— 无纺织物制品（部分）：液体或空气过滤片、填塞片、隔音片、土木工程用过滤片或分隔片、其他无纺织物制品；
— 纤维制絮胎及其制品：棉制絮胎及其制品、化纤制絮胎及其制品、其他纤维制絮胎及其制品；
— 纺织材料制标签、徽章及类似品：机织标签、徽章及类似品，非机织标签、徽章及类似品；
— 成匹编带、装饰带及类似品：成匹编带，流苏、绒球，其他成匹装饰带；
— 网眼薄纱：丝及绢丝制网眼薄纱、棉制网眼薄纱、化纤制网眼薄纱、其他网眼薄纱及网眼织物；
— 供技术用途纺织品：纺织材料包覆橡胶线、橡塑浸涂纺织纱线及类似品、含金属纱线、纺织材料制软管、筛布、滤布、机械用联接物织物、纸纱线机织物；
— 特殊处理纺织面料制服装：潜水服（不带呼吸装置）、防辐射服、油布雨衣、其他特殊处理纺织面料制服装；
— 表带及其零件（部分）：部分非金属表带（化纤制表带）；
— 其他未列明非家用纺织产品。

◆ 不包括：
— 金属丝编织布，列入 3340（金属丝绳及其制品制造）；
— 各种家用纺织品的生产，列入 177（家用纺织制成品制造）相关类别中。

18 纺织服装、服饰业

181 1810 机织服装制造

指以机织面料为主要原料，缝制各种男、女服装，以及儿童成衣的活动；包括非自产原料制作的服装，以及固定生产地点的服装制作活动。

◇ 包括对下列机织服装的制造活动：
— 毛制大衣：毛制长大衣、毛制短大衣；
— 羽绒服装：羽绒大衣、羽绒短上衣、其他羽绒服装；
— 防寒服：防寒长大衣、防寒短上衣；
— 防风衣：毛制防风衣、棉制防风衣、化纤防风衣、其他防风衣；
— 西服套装：毛制西服套装、合成纤维制西服套装、丝制西服套装、其他西服套装；
— 便服套装：毛制便服套装、棉制便服套装、合成纤维制便服套装、丝制便服套装、其他便服套装；
— 上衣：毛制上衣、棉制上衣、合成纤维制上衣、丝制上衣、其他上衣；

— 衬衫:毛制衬衫、棉制衬衫、化纤制衬衫、丝制衬衫、其他衬衫;
— 裤:毛制裤、棉制裤、合成纤维制裤、丝制裤、其他材料制裤;
— (裙)
— 连衣裙:毛制连衣裙、棉制连衣裙、合成纤维制连衣裙、人造纤维制连衣裙、丝制连衣裙、其他连衣裙;
— 长裙:毛制长裙、棉制长裙、合成纤维制长裙、丝制长裙、其他长裙;
— 短裙:毛制短裙、棉制短裙、合成纤维制短裙、丝制短裙、其他短裙;
— 裙裤:毛制裙裤、棉制裙裤、合成纤维制裙裤、丝制裙裤、其他裙裤;
— 衬裙:化纤制衬裙、丝及绢丝制衬裙、棉制衬裙、其他衬裙;
— 睡衣裤:棉制睡衣裤、化纤制睡衣裤、丝制睡衣裤、其他睡衣裤;
— 浴衣及类似品:棉制浴衣及类似品、化纤制浴衣及类似品、丝制浴衣及类似品、其他浴衣及类似品;
— (婴儿服装及衣着附件)
— 婴儿服装:棉制婴儿服装、合成纤维制婴儿服装、毛制婴儿服装、其他婴儿服装;
— 婴儿衣着附件;
— 运动服类服装:运动服、滑雪服(棉制滑雪服、化纤制滑雪服、其他滑雪服)、游泳服;
— 舞蹈用特种服装:毛制舞蹈用特种服装、棉制舞蹈用特种服装、化学纤维制舞蹈用特种服装、丝制舞蹈用特种服装、其他舞蹈用特种服装;
— 职业服装、工作服及类似服装:毛制职业服装、工作服,棉制职业服装、工作服,化纤制职业服装、工作服,丝制职业服装、工业服,其他职业服装、工作服;
— 毡呢或无纺织物制服装:棉毡呢或无纺织物制服装、化纤毡呢或无纺织物制服装、毛毡呢或无纺织物制服装、麻毡呢或无纺织物制服装、其他毡呢或无纺织物制服装;
— 其他机织服装。

◆ 不包括:
— 裘皮服装、皮革服装的制作,分别列入1932(毛皮服装加工)和1921(皮革服装制造);
— 非缝制,而只是压合在一起的橡胶或塑料服装制作,分别列入2915(日用及医用橡胶制品制造)和2927(日用塑料制品制造);
— 针织服装,列入1820(针织或钩针编织服装制造);
— 家用纺织品的制造,列入177(家用纺织制成品制造)相关类别中。

182 1820 针织或钩针编织服装制造

指以针织、钩针编织面料为主要原料,经裁剪后缝制各种男、女服装,以及儿童成衣的活动。

◇ 包括对下列针织或钩针编织服装的制造活动:
— (针织内衣)
— 棉针织内衣:双面类棉针织内衣、绒布类棉针织内衣、单面布类棉针织内衣;
— 化学纤维针织内衣:双面类化学纤维针织内衣、绒布类化学纤维针织内衣、单面布类化学纤维针织内衣;
— 丝针织内衣:桑蚕针织内衣、柞蚕丝针织内衣、其他丝针织内衣;
— 其他针织内衣;
— (针织背心)
— 棉针织背心:双面类棉针织背心、绒布类棉针织背心、单面布类棉针织背心;
— 化学纤维针织背心:双面类化学纤维针织背心、绒布类化学纤维针织背心、单面布类化学纤维针织背心;
— 丝针织背心:桑蚕丝针织背心、柞蚕丝针织背心、其他丝针织背心;
— 其他针织背心;

— 针织内裤：棉针织内裤、化学纤维针织内裤、丝针织内裤、其他针织内裤；
— 针织睡衣裤：棉针织睡衣裤、化学纤维针织睡衣裤、丝针织睡衣裤、其他针织睡衣裤；
— （针织 T 恤衫）
— 棉针织 T 恤衫：棉毛类棉针织 T 恤衫、绒布类棉针织 T 恤衫、单面布类棉针织 T 恤衫；
— 化学纤维针织 T 恤衫：棉毛类化学纤维针织 T 恤衫、绒布类化学纤维针织 T 恤衫、单面布类化学纤维针织 T 恤衫；
— 丝针织 T 恤衫：桑蚕丝针织 T 恤衫、柞蚕丝针织 T 恤衫、其他丝针织 T 恤衫；
— 其他针织 T 恤衫；
— （针织休闲衫）
— 棉针织休闲衫：棉布类棉针织休闲衫、绒布类棉针织休闲衫、单面布类棉针织休闲衫；
— 化学纤维针织休闲衫：棉布类化学纤维针织休闲衫、绒布类化学纤维针织休闲衫、单面布类化学纤维针织休闲衫；
— 毛针织休闲衫：山羊绒针织休闲衫、羊毛针织休闲衫、纯化纤毛针织休闲衫、兔毛针织休闲衫、牛绒针织休闲衫、其他毛针织休闲衫；
— 丝针织休闲衫：桑蚕丝针织休闲衫、柞蚕丝针织休闲衫、其他丝针织休闲衫；
— 麻针织休闲衫：亚麻针织休闲衫、苎麻针织休闲衫、其他麻针织休闲衫；
— 其他针织休闲衫；
— 针织衬衫：棉制针织衬衫、化纤制针织衬衫、丝制针织衬衫、其他针织衬衫；
— 针织大衣、风衣：棉针织大衣、风衣，化纤针织大衣、风衣，丝针织大衣、风衣，其他针织大衣、风衣；
— 针织西服及西服套装：棉针织西服及西服套装、合成纤维针织西服及西服套装、丝及绢丝制针织或钩编西服及西服套装、其他针织西服及西服套装；
— 针织便服套装：棉针织便服套装、合成纤维针织便服套装、丝纤维针织便服套装、丝及绢丝针织或钩编便服套装、其他针织便服套装；
— 针织上衣：男棉针织上衣、合成纤维针织上衣、丝纤维针织上衣、丝及绢丝制钩编、麻针织上衣、其他男式针织上衣；
— 针织裤：棉针织裤、合成纤维针织裤、丝针织裤、麻针织裤、其他针织裤；
— （针织裙）
— 针织连衣裙：棉针织女式连衣裙、合成纤维针织女式连衣裙、丝针织女式连衣裙、人造纤维针织女式连衣裙、其他针织连衣裙；
— 针织裙及裙裤：棉针织女式裙子及裙裤、合成纤维针织女式裙子及裙裤、丝针织女式裙子及裙裤、其他针织裙及裙裤；
— 针织或钩编女衬裙：棉针织女衬裙、化纤针织女衬裙、丝及绢丝制针织女衬裙、其他针织或钩编女衬裙；
— （针织运动类服装）
— 针织运动服：棉针织运动服、合成纤维针织运动服、其他针织运动服；
— 针织滑雪服：棉针织滑雪服、化学纤维针织滑雪服、其他针织滑雪服；
— 针织游泳服；
— 针织浴衣及类似服装：棉针织浴衣及类似品、化纤针织浴衣及类似品、丝针织浴衣及类似品、其他针织浴衣及类似服装；
— （针织婴儿服装）
— 棉针织婴儿服装：棉毛类棉针织婴儿服装、绒布类棉针织婴儿服装、单面布类棉针织婴儿服装；

— 合成纤维针织婴儿服装:棉毛类合成纤维针织婴儿服装、绒布类合成纤维针织婴儿服装、单面布类合成纤维针织婴儿服装;
— 毛针织婴儿服装;
— 丝针织婴儿服装;
— 其他针织婴儿服装;
—(部分女式保健内衣)
— 胸罩(乳罩):化纤制胸罩、棉制胸罩、丝制胸罩、其他胸罩;
— 束腰带及腹带:化纤制束腰带及腹带、其他束腰带及腹带;
— 紧身胸衣:化纤制紧身胸衣、其他紧身胸衣;
— 其他针织或钩针编织服装。

◆ 不包括:
— 独立帽厂针织或钩针编织成的毛线帽,列入1830(服饰制造);
— 针织手套、袜子、围巾、领带、手绢等生产,列入1830(服饰制造);
— 针织家用纺织品的制造,列入177(家用纺织制成品制造)相关类别中。

183 1830 服饰制造

指帽子、手套、围巾、领带、领结、手绢,以及袜子等服装饰品的加工。

◇ 包括对下列服饰的制造活动:
—(袜子)
— 连裤及紧身裤袜:棉制连裤及紧身袜、合成纤维制连裤及紧身袜、毛针织连裤及连裤袜、丝制连裤及紧身袜、其他连裤及紧身裤袜;
— 长统袜及中统袜:棉制长统袜及中统袜、合成纤维制长统袜及中统袜、毛针织长统袜及中统袜、丝制长统袜及中统袜、其他长统袜及中统袜;
— 短针织袜:棉制短袜、合成纤维制短袜、毛针织短袜、麻针织短袜、丝针织短袜、其他短针织袜;
— 其他袜子;
—(手套)
— 棉制针织手套:未浸、涂棉针织手套,经浸、涂棉针织手套;
— 合成纤维制针织手套:未浸、涂合成纤维针织手套,经浸、涂合成纤维针织手套;
— 毛针织手套:未浸、涂毛针织手套,经浸、涂毛针织手套;
— 丝制针织手套;
— 其他手套;
—(围巾类)
— 针织围巾:羊绒针织围巾、羊毛针织围巾、丝针织围巾、合成纤维长丝针织围巾、其他针织围巾;
— 钩编围巾:毛钩编围巾、丝钩编围巾、合成纤维长丝钩编围巾、其他钩编围巾;
— 非针织或钩编围巾类:非针织丝制围巾类、羊绒机织围巾、羊毛机织围巾、合成纤维制围巾类、人造纤维制围巾类、其他非针织或钩编围巾类;
—(领带)
— 针织领带:丝针织领带、毛针织领带、其他针织领带;
— 非针织领带:丝制领带、化纤制领带、其他非针织领带;
—(手帕)
— 丝制手帕:丝制刺绣手帕、其他丝制手帕;
— 棉制手帕:棉制刺绣手帕、其他棉制手帕;

— 化纤制手帕:化纤制刺绣手帕、其他化纤制手帕;
— (帽子)
— 缝制帽;
— 毡呢帽;
— 编结帽:化纤编结帽、草编结帽、其他材料编结帽;
— 针织帽:化纤针织帽、毛针织帽、丝针织帽、其他针织帽;
— 钩编帽:化纤钩编帽、毛钩编帽、丝钩编帽、其他钩编帽;
— 毛皮帽:水獭皮帽、鼠皮帽、羊毛皮帽、其他毛皮帽;
— 皮革帽;
— 其他帽子;
— 帽子附件:发网、束发带及类似品,其他帽子附件;
— 吊裤带及类似品:化纤制吊裤带、其他吊裤带和类似品;
— 其他未列明纺织服装服饰。

◆ 不包括:
— 家用纺织品的制造,列入177(家用纺织制成品制造)相关类别中;
— 针织家用纺织品的制造,列入177(家用纺织制成品制造)相关类别中;
— 针织、钩针、编制服装制造,列入1820(针织或钩针编织服装制造);
— 纺织服装的制造,分别列入1810(机织服装制造)、1820(针织或钩针编织服装制造);
— 安全帽的制作,应按其构成材料分别列入2929(其他塑料制品制造)或3353(安全、消防用金属制品制造)。

19　　皮革、毛皮、羽毛及其制品和制鞋业

191　1910　　皮革鞣制加工

指动物生皮经脱毛、鞣制等物理和化学方法加工,再经涂饰和整理,制成具有不易腐烂、柔韧、透气等性能的皮革生产活动。

◇ 包括对下列皮革的鞣制加工活动:
— 鞣制皮革;
— 轻革加工(即加工后具有轻而柔软、多数染有颜色等特性,可制作鞋面、服装、手套和软包、皮件等的皮革);
— 重革加工(即加工后具有较厚且坚韧耐磨等特性,可供制作鞋底以及军需、工业及民用皮件等的皮革);
— 稀有动物皮加工;
— 再生皮革加工。

◆ 不包括:
— 人造革、合成革制造,列入2925(塑料人造革、合成革制造)。

192　　皮革制品制造

1921　　皮革服装制造

指全部或大部分用皮革、人造革、合成革为面料,制作各式服装的活动。

◇ 包括对下列皮革服装的制造活动:
— 天然皮革服装:天然皮革大衣、天然皮革上衣、天然皮革裤、天然皮革背心、其他天然皮革服装;

—（非天然皮革服装）
— 非天然皮革大衣：合成革大衣、人造革大衣、再生皮革大衣、其他非天然皮革大衣；
— 非天然皮革上衣：合成革上衣、人造革上衣、再生皮革上衣、其他非天然皮革上衣；
— 非天然皮革裤：合成革皮裤、人造革皮裤、再生皮革皮裤、其他非天然皮革裤；
— 非天然皮革背心：合成革皮背心、人造革皮背心、再生皮革皮背心、其他非天然皮革背心；
— 其他非天然皮革服装。

◆ 不包括：
— 运动员专用保护皮具，列入2444（运动防护用具制造）。

1922　皮箱、包(袋)制造

指全部或大部分用皮革、人造革、合成革为材料，或者以塑料、纺织物为材料，制作各种用途的皮箱、皮包（袋）或其他材料的箱、包（袋）等的制作活动。

◇ 包括对下列皮箱、包（袋）的制造活动：
—（衣箱、提箱及类似容器）
— 皮革制行李箱、提箱及类似容器：皮革制行李箱、皮革制公文箱、其他皮革制提箱及类似容器；
— 塑料作面衣箱、提箱及类似容器：塑料作面行李箱、塑料作面提箱、塑料作面公文箱、其他塑料作面衣箱及类似容器；
— 纺织材料作面衣箱、提箱及类似容器：纺织材料作面行李箱、纺织材料作面提箱、其他纺织材料作面衣箱及类似容器；
— 其他衣箱、提箱及类似容器；
—（手提包（袋）、背包）
— 皮革制手提包（袋）、背包：天然皮革制手提包（袋）、背包，人造革或合成革制手提包（袋）、背包，其他皮革制手提包（袋）、背包；
— 塑料作面手提包、背包：塑料编织手提包、背包，其他塑料作面手提包、背包；
— 纺织材料作面手提包、背包；
— 其他手提包（袋）、背包；
— 皮革作面类似箱、包容器：皮革面望远镜盒，皮革面相机套，皮革面乐器盒，皮革面枪套及类似品，其他皮革作面类似箱、包容器；
— 塑料作面类似箱、包容器：塑料面运动包，塑料面工具包，塑料面刀叉餐具盒及类似容器，其他塑料作面类似箱、包容器；
— 纺织材料作面类似箱、包容器：纺织材料面运动包，纺织材料面工具包，纺织材料面刀叉餐具盒及类似容器，其他纺织材料作面类似箱、包容器；
— 其他箱、包及类似容器。

1923　皮手套及皮装饰制品制造

指全部或大部分用皮革、人造革、合成革为材料制成的皮手套、皮带，以及皮领带等皮装饰制品的生产活动。

◇ 包括对下列皮手套及皮装饰制品的制造活动：
— 皮革手套：日常用皮革制手套、劳保用皮革制手套、其他皮革手套；
— 毛皮手套：动物毛皮手套、人造毛皮手套；
— 皮革制衣着附件：皮革腰带（天然皮革制腰带、非天然皮革制腰带）、皮领带、皮革制子弹带、其他皮革制衣着附件。

◆ 不包括：
— 特制的运动用手套，如拳击手套、棒球手套，列入 2444（运动防护用具制造）。

1929　　其他皮革制品制造

指全部或大部分用皮革、人造革、合成革为材料制成上述未列明的其他各种皮革制品的生产活动。

◇ 包括对下列其他皮革制品的制造活动：
— 钱包及类似物品：皮革面钱包、皮夹，塑料面钱包、皮夹，纺织材料面钱包、皮夹，其他钱包及类似物品；
— 皮革制座套：天然皮革制座套（天然皮革制沙发座套、天然皮革制汽车座套、其他天然皮革制座套）、非天然皮革制座套；
— 机器、机械器具或其他专门技术用途的皮革或再生皮革制品；
— 皮凉席及类似品；
— 鞍具及挽具等适于动物用的各种皮具；
— 皮革制表带；
— 手机皮套；
— 其他相关皮革制品。

◆ 不包括：
— 皮制足球、篮球、排球的生产，列入 2441（球类制造）；
— 运动员专用保护皮具，列入 2444（运动防护用具制造）；
— 皮帽制作，列入 1830（服饰制造）。

193　　毛皮鞣制及制品加工

1931　　毛皮鞣制加工

指带毛动物生皮经鞣制等化学和物理方法处理后，保持其绒毛形态及特点的毛皮（又称裘皮）的生产活动。

◇ 包括对下列毛皮的鞣质加工活动：
—（鞣制毛皮）
— 未缝制整张毛皮：未缝制整张水貂皮、未缝制整张狐狸皮、未缝制羔羊整张毛皮、未缝制整张兔皮、其他未缝制整张毛皮；
— 未缝制头、尾、爪及其块、片；
— 已缝制整张毛皮及其块、片：已缝制整张水貂皮，已缝制整张羔羊毛皮，已缝制整张兔皮，已缝制整张毛皮的块、片，其他已缝制整张毛皮；
— 染色毛皮。

1932　　毛皮服装加工

指用各种动物毛皮和人造毛皮为面料或里料，加工制作毛皮服装的生产活动。

◇ 包括对下列毛皮服装的加工活动：
—（毛皮服装）
— 天然毛皮服装：貂皮服装、狐皮服装、兔皮服装、毛革两用皮外衣、毛皮背心、其他天然毛皮服装；
— 人造毛皮服装：人造毛皮大衣、其他人造毛皮服装；
—（毛皮服装附件）

— 天然毛皮服装附件：天然毛皮披肩、天然毛皮衣领、其他天然毛皮服装附件；
— 人造毛皮服装附件：人造毛皮披肩、人造毛皮衣领、其他人造毛皮服装附件。

1939 其他毛皮制品加工

指用各种动物毛皮和人造毛皮为材料，加工制作上述类别未列明的其他各种用途毛皮制品的生产活动。

◇ 包括对下列其他毛皮制品的加工活动：
— 天然毛皮制品：皮褥子、毛皮围巾、皮筒子、皮领子等；
— 人造毛皮；
— 人造毛皮制品；
— 用毛皮作面料制作的其他毛皮制品。

◆ 不包括：
— 毛皮帽子，列入1830（服饰制造）。

194 羽毛（绒）加工及制品制造

1941 羽毛（绒）加工

指对鹅、鸭等禽类羽毛进行加工成标准毛的生产活动。

◇ 包括对下列羽毛（绒）的加工活动：
— 鸭羽毛（绒）：灰鸭羽毛（绒）、白鸭羽毛（绒）；
— 鹅羽毛（绒）：灰鹅羽毛（绒）、白鹅羽毛（绒）；
— 羽粉。

1942 羽毛（绒）制品加工

指用加工过的羽毛（绒）作为填充物制作各种用途的羽绒制品（如羽绒服装、羽绒寝具、羽绒睡袋等）的生产活动。

◇ 包括对下列羽毛（绒）制品的加工活动：
— 羽绒寝具：羽绒被、羽绒褥、羽绒睡袋、羽绒枕；
— 羽绒靠垫、羽绒手套等羽绒制品；
— 在同一羽绒制品企业生产的羽绒服装、羽绒背心等。

◆ 不包括：
— 单独生产羽绒服、羽绒背心的活动，列入1810（机织服装制造）。

195 制鞋业

指纺织面料鞋、皮鞋、塑料鞋、橡胶鞋及其他各种鞋的生产活动。

1951 纺织面料鞋制造

指用各种纺织面料、木材、棕草等原料缝制、模压或编制各种鞋的生产活动。

◇ 包括对下列纺织面料鞋的制造活动：
—（纺织面鞋）
— 纺织面单鞋：橡塑底布单鞋、皮底布单鞋、布底布单鞋、其他纺织面单鞋；
— 纺织面棉鞋：橡塑底布棉鞋、皮底布棉鞋、布底布棉鞋、其他纺织面棉鞋；
— 纺织面凉鞋：橡塑底布凉鞋、皮底布凉鞋、其他纺织面凉鞋；
— 纺织面拖鞋：橡塑底布拖鞋、皮底布拖鞋、其他纺织面拖鞋；

— 纺织面运动鞋：纺织面普通运动鞋（旅游鞋）、橡塑底纺织面普通运动鞋、其他纺织面运动鞋；
— 其他纺织面鞋；
— 木制鞋：木屐、其他木制鞋；
— 舞蹈、戏剧用靴鞋（部分）：纺织材料鞋面制舞蹈、戏剧用靴鞋；
— 靴鞋零件、护腿及类似品（部分）：鞋靴零件，护腿、裹腿及类似品。

◆ 不包括：
— 皮鞋制作，列入 1952（皮鞋制造）；
— 橡胶鞋的制造，列入 1954（橡胶鞋制造）；
— 塑料鞋的制造，列入 1953（塑料鞋制造）；
— 石棉鞋，列入 3081（石棉制品制造）；
— 矫形鞋，列入 3586（假肢、人工器官及植（介）入器械制造）。

1952　　皮鞋制造

指全部或大部分用皮革、人造革、合成革为面料，以橡胶、塑料或合成材料等为外底，按缝绱、胶粘、模压、注塑等工艺方法制作各种皮鞋的生产活动。

◇ 包括对下列皮鞋的制造活动：
— 皮面皮鞋：日用皮鞋、皮运动鞋、跑鞋、足球鞋、皮旅游鞋、皮便鞋、皮凉鞋、皮拖鞋、皮民族靴（鞋）等；
— 合成革人造革鞋：男女合成革人造革鞋、儿童合成革人造革鞋、运动鞋和旅游鞋、其他合成革人造革鞋；
— 皮制舞蹈、戏剧用靴鞋；
— 各类职业皮劳保鞋（靴）等；
— 皮鞋面及其零件、配件等；
— 活动式鞋内底、跟垫（鞋垫）及类似品。

◆ 不包括：
— 运动员专用皮制鞋，列入 2444（运动防护用具制造）。

1953　　塑料鞋制造

指以聚氯乙烯、聚乙烯、聚氨酯和乙烯醋酸乙烯等树脂为原料生产发泡或不发泡的塑料鞋类制品的活动。

◇ 包括对下列塑料鞋的制造活动：
— 全塑凉鞋、拖鞋；
— 塑料鞋零件、护腿及类似品；
— 其他塑料鞋。

◆ 不包括：
— 塑料制滑雪靴，列入 2444（运动防护用具制造）；
— 塑料制滑雪板，列入 2442（体育器材及配件制造）。

1954　　橡胶鞋制造

指以橡胶作为鞋底、鞋帮的橡胶鞋及其橡胶鞋部件的生产活动。

◇ 包括对下列橡胶鞋的制造活动：
— 布面胶鞋：网球鞋、篮球鞋、体操鞋、训练鞋、其他布面胶鞋；
— 胶面胶鞋：高统防水橡胶靴，中、短统防水橡胶靴，短统橡塑靴（过踝），其他胶面胶鞋；

— 橡胶凉鞋、橡胶拖鞋；
— 橡塑防护鞋：金属防护鞋头橡塑鞋、金属防护鞋头橡塑鞋靴；
— 其他橡胶制靴鞋。
◆ 不包括：
— 运动员专用橡胶制鞋，列入 2444（运动防护用具制造）。

1959　其他制鞋业
◇ 包括下列皮鞋制造活动：
— 其他未列明的鞋及零部件。

20　木材加工和木、竹、藤、棕、草制品业

201　木材加工

2011　锯材加工
指以原木为原料，利用锯木机械或手工工具将原木纵向锯成具有一定断面尺寸（宽、厚度）的木材加工生产活动，用防腐剂和其他物质浸渍木料或对木料进行化学处理的加工，以及地板毛料的制造。
◇ 包括对下列锯材的加工活动：
— 普通锯材；
— 特种锯材：铁路货车锯材、载重汽车锯材、船用锯材、罐道木、包装箱锯材、机台木、其他特种锯材；
—（枕木）
— 未浸渍枕木：未浸渍普通枕木、未浸渍道岔枕木、未浸渍桥梁枕木、其他未浸渍枕木；
— 已浸渍枕木：已浸渍普通枕木、已浸渍道岔枕木、已浸渍桥梁枕木、其他已浸渍枕木；
— 其他锯材。

2012　木片加工
指利用森林采伐、造材、加工等剩余物和定向培育的木材，经削（刨）片机加工成一定规格的产品生产活动。
◇ 包括对下列木片的加工活动：
— 木片：针叶木木片、非针叶木木片；
— 木粒：针叶木木粒、非针叶木木粒；
— 木丝、木粉；
— 锯末、木废料及碎片：锯木屑、其他木废碎料。
◆ 不包括：
— 地板毛料的制造，列入 2011（锯材加工）；
— 木地板条的制造，列入 2031（建筑用木料及木材组件加工）。

2013　单板加工
指用于生产单板层积材（LVL）、纺织用木质层压板、电工层压木板和木质层积塑料等单位的生产；随着科技进步，装饰单板（厚度 0.55mm 以下的单板）发展很快，主要用于装饰贴面二次加工，如生产装饰贴面胶合板、实木复合地板、木质复合门窗、家具、楼梯、汽车内饰、木墙纸和踢脚线等。

◇ 包括对下列单板的加工活动：

— 胶合木、集成材、重组木、指接材、层积材、强化木、细木工板、木丝板等；

— 单板：刨切单板、旋切单板、微薄木、其他单板；

— 人造板表面装饰板：合成树脂浸渍贴面板、印刷木纹纸贴面板、直接印刷板、人造染色板、其他人造板表面装饰板；

— 热固性树脂装饰层压板。

◆ 不包括：

— 地板毛料的制造，列入 2011（锯材加工）；

— 木地板条的制造，列入 2031（建筑用木料及木材组件加工）。

2019　　其他木材加工

指对木材进行干燥、防腐、改性、染色加工等活动。

◇ 包括对下列其他木材的加工活动：

— 木材的干燥加工活动；

— 木材的防腐加工活动；

— 木材的改性加工活动；

— 木材的染色加工活动；

— 其他未列明的木材加工。

◆ 不包括：

— 地板毛料的制造，列入 2011（锯材加工）；

— 木地板条的制造，列入 2031（建筑用木料及木材组件加工）。

202　　人造板制造

指用木材及其剩余物、棉秆、甘蔗渣和芦苇等植物纤维为原料，加工成符合国家标准的胶合板、纤维板、刨花板、细木工板和木丝板等产品的生产活动，以及人造板二次加工装饰板的制造。

2021　　胶合板制造

指具有一定规格的原木经旋（刨）切成单板，再经干燥、涂胶、组坯、热压而成的符合国家标准及供需双方协定标准的产品生产活动。

◇ 包括对下列胶合板的制造活动：

— 木胶合板：薄板制胶合板、多层板制胶合板；

— 竹胶合板：竹材胶合板、竹编胶合板、竹材层压板；

— 其他胶合板。

2022　　纤维板制造

指用木材碎料（包括木片）、棉秆、甘蔗渣、芦苇等植物纤维作原料，经削片纤维分离，铺装成型，热压而成的产品生产活动。

◇ 包括对下列纤维板的制造活动：

— 木质纤维板：硬质纤维板、中密度纤维板、软质纤维板、其他木质纤维板。

2023　　刨花板制造

指用木材碎料（包括木片）和其他植物纤维作原料，制成刨花，经干燥、施胶，铺装成型，热压而成的产品生产活动。

◇ 包括对下列刨花板的制造活动：
— 普通刨花板、定向刨花板、装饰刨花板、其他木质刨花板。
◆ 不包括：
— 水泥刨花板、石膏刨花板等非木质刨花板的制造，列入 3024（轻质建筑材料制造）。

2029 其他人造板制造

包括非木质纤维、胶合木等其他各类人造板的制造。
◇ 包括对下列其他人造板的制造活动：
— 非木质纤维人造板的制造；
— 胶合木人造板的制造；
— 其他未列明的人造板、材的生产。
◆ 不包括：
— 地板毛料的制造，列入 2011（锯材加工）；
— 木地板条的制造，列入 2031（建筑用木料及木材组件加工）。

203 木制品制造

指以木材为原料加工成建筑用木料和木材组件、木容器、软木制品及其他木制品的生产活动，但不包括木质家具的制造。

2031 建筑用木料及木材组件加工

指主要用于建筑施工工程的木质制品，如建筑施工用的大木工或其他支撑物，以及建筑木工的生产活动。
◇ 包括对下列建筑用木料及木材组件的加工活动：
— 建筑用的木工制品：梁、椽，屋顶支梁、木瓦及木制盖屋板；
— 用于结构或拱形支撑的类似物品，脚手架或其他支撑物；
— 木制水泥构件的模板；
— 木制栏杆；
— 其他建筑用木料及加工木材组件。
◆ 不包括：
— 木家具制造，列入 2110（木质家具制造）；
— 软木百叶窗帘，列入 2039（软木制品及其他木制品制造）。

2032 木门窗、楼梯制造

◇ 包括对下列木门窗、楼梯的制造活动：
— 木制门及其框架和门槛：实木制门、非实木制门、木制门框架和门槛；
— 木制窗、木制窗框架；
— 木楼梯；
— 与楼梯、门窗有关的木制栏杆。
◆ 不包括：
— 木家具制造，列入 2110（木质家具制造）；
— 软木百叶窗帘，列入 2039（软木制品及其他木制品制造）。

2033 地板制造

◇ 包括对下列地板的制造活动：
— 实木木地板、复合木地板；

— 格形拼花地板及地板条等；
— 其他木地板。

◆ 不包括：
— 木家具制造，列入 2110（木质家具制造）；
— 软木百叶窗帘，列入 2039（软木制品及其他木制品制造）。

2034　木制容器制造

◇ 包括对下列木质容器的制造活动：
— 木制桶、槽、盆及类似容器：木桶，木制槽、盆，桶板木，木制桶容器配件；
— 包装用木容器：包装用木箱、包装用木盒、板条箱、电缆卷筒（木质电缆盘）、其他包装用木容器；
— 木质保温容器；
— 木托板、箱形托盘及类似装载木板：木托板，箱形木托盘，装载用木板，托盘、护框。

2039　软木制品及其他木制品制造

指天然软木除去表皮，经初加工后获得的结块软木及其制品的生产活动，以及其他未列明的木质产品的生产活动。

◇ 包括对下列软木制品及其他木制品的制造活动：
— 天然软木：软木板，软木片，天然或压制软木废料，软木碎、软木粒或软木粉；
— 天然软木制品：软木砖、块、条，软木纸，软木管，软木塞，软木圆片、垫片及薄片，天然软木垫，软木救生圈，软木橡胶地板，软木橡胶纸，软木铁轨枕垫，软木垒球芯，软木复合制品，软木百叶窗帘，软木扇等其他软木制品；
— 压制软木及其制品：压制软木砖、块、条，其他压制软木制品；
— 木制农具、工具，工具主体、扫帚或刷子的柄和主体、鞋楦、衣架；
— 木制卷轴、帽盖、筒管，线团木芯和类似品；
— 木制餐具及厨房用具：木筷子（一次性木筷子、其他木筷子），木碗，木勺、木铲，木案板，其他木制餐具及厨房用具；
— 木质框架，相关木制品：木制镜框、木制相框、木制晾衣架、木制工具、其他相关木制品。

◆ 不包括：
— 木雕、软木雕、木制首饰盒、镶嵌装饰品等木制工艺品，列入 2431（雕塑工艺品制造）；
— 木制船只制造，列入 3732（非金属船舶制造）。

204　竹、藤、棕、草等制品制造

指除木材以外，以竹、藤、棕、草等天然植物为原料生产制品的活动，但不包括家具的制造。

2041　竹制品制造

指竹胶合板、竹地板、竹丝板等竹制品的制造。

◇ 包括对下列竹制品的制造活动：
— 竹制工业、建筑用品：竹地板，竹梯子，竹踏板，竹架子，其他竹制工业、建筑用品；
— 竹制包装用品：竹篓子、竹篮子、竹苫席、竹酒囤、其他竹制包装用品；
— 竹制炊事用具：竹筷子（竹制一次性筷子、其他竹筷子），竹蒸笼，竹盖，竹饭桶，竹淘米、洗菜箩筐，竹砧板，其他竹制炊事用具；
— 竹编结制品，相关竹制品：竹帘、竹睡席、竹笼子、竹扇子、竹床笆、竹童车、其他相关竹制品；
— 高温竹炭制品：可食用竹炭制品、净化用竹炭制品、家居养生竹炭制品、杀菌美容竹炭制品、其他高温竹炭制品；
— 竹制保健休闲用品及其他竹制品。

◆ 不包括：

— 竹藤家具，列入 2120（竹、藤家具制造）；

— 竹藤棕草工艺品，分别列入 2431（雕塑工艺品制造）和 2435（天然植物纤维编织工艺品制造）。

2042　　藤制品制造

◇ 包括对下列藤制品的制造活动：

— 藤制席；

— 藤枕头；

— 藤垫子；

— 藤包；

— 藤篮；

— 藤帽；

— 其他藤制品。

◆ 不包括：

— 竹藤家具，列入 2120（竹、藤家具制造）；

— 竹藤棕草工艺品，分别列入 2431（雕塑工艺品制造）和 2435（天然植物纤维编织工艺品制造）。

2043　　棕制品制造

◇ 包括对下列棕制品的制造活动：

— 棕席；

— 棕蓑衣；

— 棕坐垫；

— 棕蒲团；

— 棕扫帚；

— 棕笤帚；

— 其他棕制品。

2049　　草及其他制品制造

◇ 包括对下列草及其他制品的制造活动：

— 柳（荆）条制品：柳条筐、柳条篓、柳条包、柳条箱、柳条篮、柳条帽、其他柳（荆）条制品；

— 苇制品：苇帘、苇席、苇箔、其他苇制品；

— 草制品：草席、草制篮筐、草蓑衣、草扫帚、其他草制品；

— 玉米皮制篮筐，类似编结品；

— 其他未列明的草及类似制品。

21　　家具制造业

指用木材、金属、塑料、竹、藤等材料制作的，具有坐卧、凭倚、储藏、间隔等功能，可用于住宅、旅馆、办公室、学校、餐馆、医院、剧场、公园、船舰、飞机、机动车等任何场所的各种家具的制造。

◇ 包括对下列家具的制造活动：

— 各种床、桌、椅、凳、柜、箱、架、沙发、屏风等。

◆ 不包括：

— 园林陶瓷桌椅，列入 3079（园林、陈设艺术及其他陶瓷制品制造）；

— 附有科研、医疗或实验设备的家具，列入 3589（其他医疗设备及器械制造）；

— 作为商品销售的家具零部件和家具配件，视其材料分别列入 3351（建筑、家具用金属配件制造）和 2928（塑料零件制造）。

211 2110 木质家具制造

指以天然木材和木质人造板为主要材料，配以其他辅料（如油漆、贴面材料、玻璃、五金配件等）制作各种家具的生产活动。

◇ 包括对下列木质家具的制造活动：

— 卧室用木质家具：木质床、木质床头柜、木质卧室柜、木质五斗橱、木质梳妆台、其他卧室用木质家具；

— 木质坐具：木质沙发、木质沙发床、其他木质坐具；

— 办公室用木质家具：木质桌、木质柜、其他办公室用木质家具；

— 客厅、餐厅用木质家具：红木制客厅、餐厅用家具，漆木制客厅、餐厅用家具，人造板制客厅、餐厅用家具，其他客厅、餐厅用木质家具；

— 厨房用木质家具：木质厨房整体橱柜、木质碗柜、其他厨房用木质家具；

— 其他木质普通家具；

— 木质工艺家具：红木雕刻工艺家具、其他木质工艺家具；

— 木质家具零配件：木质床板、木质床架、其他木质家具零配件。

◆ 不包括：

— 床垫、椅垫的制造，列入2190（其他家具制造）。

212 2120 竹、藤家具制造

指以竹材和藤材为主要材料，配以其他辅料制作各种家具的生产活动。

◇ 包括对下列竹、藤家具的制造活动：

—（竹家具）

— 卧室用竹家具：竹床、竹制卧室柜、竹制五斗橱、竹制梳妆台、其他卧室用竹家具；

— 竹制坐具：竹椅、竹凳、竹躺椅、竹制沙发、其他竹制坐具；

— 竹制桌：竹桌、竹茶几、其他竹制桌；

— 竹制柜；

— 竹制箱；

— 其他竹家具；

—（藤家具）

— 卧室用藤家具：藤床、藤制卧室柜、藤制五斗橱、藤制梳妆台、其他卧室用藤家具；

— 藤制桌：藤桌、藤茶几、其他藤制桌；

— 藤制坐具：藤椅、藤凳、藤躺椅、藤制沙发、其他藤制坐具；

— 藤制柜；

— 藤制箱；

— 其他藤家具；

— 竹家具零配件：竹床板、竹床架、其他竹制家具零配件；

— 藤家具零配件：藤床架、其他藤制家具零配件。

213 2130 金属家具制造

指支（框）架及主要部件以铸铁、钢材、钢板、钢管、合金等金属为主要材料，结合使用木、竹、塑等材料，配以人造革、尼龙布、泡沫塑料等其他辅料制作各种家具的生产活动。

◇ 包括对下列金属家具的制造活动：

— 金属制坐具：飞机用坐具、机动车辆用坐具、金属底座转动坐具、金属框架沙发、金属框架沙发床、金属框架躺椅、金属椅、金属框架凳、其他金属框架坐具；

— 金属制床：钢木床、铜床、其他金属制床；

— 办公室用金属家具：金属文件柜、金属衣帽柜、金属框架电脑桌、钢木桌、其他办公室用金属家具；
— 厨房用金属家具：不锈钢厨房整体橱柜、其他厨房用金属家具；
— 金属架家具：金属书架、金属花架、金属框架屏风、其他金属架家具；
— 金属家具零配件：钢床架、钢床绷、铜床架、其他金属家具零配件；
— 其他金属制家具。

◆ 不包括：
— 床垫、椅垫，列入2190（其他家具制造）；
— 保险柜、保险箱、现金契据收藏箱等，列入3353（安全、消防用金属制品制造）；
— 厨房调理、卫生用和清洁盥洗用的各种金属用具，分别列入3381（金属制厨房用器具制造）、3383（金属制卫生器具制造）。

214 2140 塑料家具制造

指用塑料管、板、异型材加工或用塑料、玻璃钢（即增强塑料）直接在模具中成型的家具的生产活动。

◇ 包括对下列塑料家具的制造活动：
— 塑料坐具、塑料桌、塑料柜、塑料架家具、其他塑料家具；
— 玻璃纤维增强塑料坐具：玻璃钢餐椅、玻璃钢课椅、玻璃钢等候椅、玻璃钢运动场座椅、玻璃钢公园休闲椅、其他玻璃纤维增强塑料坐具；
— 其他玻璃纤维增强塑料家具：玻璃钢餐桌、玻璃钢课桌、玻璃钢制茶几、其他未列明玻璃纤维增强塑料家具；
— 塑料家具零配件。

219 2190 其他家具制造

指主要由弹性材料（如弹簧、蛇簧、拉簧等）和软质材料（如棕丝、棉花、乳胶海绵、泡沫塑料等），辅以绷结材料（如绷绳、绷带、麻布等）和装饰面料及饰物（如棉、毛、化纤织物及牛皮、羊皮、人造革等）制成的各种软家具；以玻璃为主要材料，辅以木材或金属材料制成的各种玻璃家具，以及其他未列明的原材料制作各种家具的生产活动。

◇ 包括对下列其他家具的制造活动：
— 软体家具：软体坐具（软体沙发、其他软体坐具），床垫、褥垫（弹簧床垫，棕制床垫，海绵橡胶制褥垫，泡沫塑料制褥垫，其他床垫、褥垫）；
— 玻璃家具：玻璃桌、玻璃柜、玻璃茶几、其他玻璃家具；
— 石制家具：石制坐具、其他石制家具；
— 软体家具零配件；
— 玻璃家具零配件；
— 坐具零配件：机动车辆用座椅调角器、其他各种坐具零配件；
— 其他家具及配件。

22 造纸和纸制品业

221 纸浆制造

指经机械或化学方法加工纸浆的生产活动。

2211 木竹浆制造

◇ 包括对下列木竹浆的制造活动：
— （木浆）
— 机械木浆：磨石磨木浆、木片磨木浆、其他机械木浆；
— 化学木浆：漂白化学木浆、未漂白化学木浆；
— 化学机械木浆；
— 其他木浆；
— 竹浆。

◆ 不包括：
— 纺织用化纤浆粕的生产，列入2811（化纤浆粕制造）。

2212 非木竹浆制造

◇ 包括对下列非木竹浆的制造活动：
— 化学法非木材纤维纸浆（部分）：苇（荻）浆、蔗渣浆、麦草浆、麻浆、棉短绒纸浆、稻草浆（禾草浆）、其他化学法非木材纤维纸浆；
— 其他非木材纤维纸浆；
— 废纸纸浆：脱墨废纸浆、未脱墨废纸浆、其他废纸纸浆；
— 化学溶解浆；
— 其他非木竹纸浆。

◆ 不包括：
— 纺织用化纤浆粕的生产，列入2811（化纤浆粕制造）。

222 造纸

指用纸浆或其他原料（如矿渣棉、云母、石棉等）悬浮在流体中的纤维，经过造纸机或其他设备成型，或手工操作而成的纸及纸板的制造。

2221 机制纸及纸板制造

◇ 包括对下列机制纸及纸板的制造活动：
— 未涂布印刷书写用纸：新闻纸（超级压光纸、其他新闻纸）、书写印刷纸（书写纸、胶版纸、复印原纸、其他书写印刷纸）、其他未涂布印刷书写用纸；
— 涂布类印刷用纸：铜版纸、轻量涂布纸、其他涂布类印刷用纸；
— 卫生用纸原纸：卫生纸原纸、面巾纸原纸、餐巾纸原纸、其他卫生用纸原纸；
— （包装用纸及纸板）
— 包装纸：袋用牛皮纸、薄页类包装纸、其他包装纸；
— 箱纸板：牛皮挂面箱纸板、挂面箱纸板、涂布箱纸板、其他箱纸板；
— 白纸板：白卡纸、白底白纸板、灰底白纸板、其他白纸板；
— 瓦楞原纸：半化学瓦楞原纸、草浆瓦楞原纸、其他瓦楞原纸；
— 工业技术配套用纸：卷烟纸、装饰原纸、建筑用纸、纸管原纸、电器绝缘用纸、其他工业技术配套用纸；
— 其他包装用纸及纸板；
— 感应纸及纸板：光敏纸原纸和原纸板（照相原纸、其他光敏纸原纸和原纸板）、热敏纸原纸和原纸板、压敏纸原纸和原纸板、其他感应纸及纸板；
— 纤维类过滤纸及纸板：油滤纸及纸板、空气过滤纸及纸板、液体过滤纸及纸板、其他纤维类过滤纸及纸板；

— 其他机制纸及纸板；

— 瓦楞纸板。

◆ 不包括：

— 砂纸的制造，列入3099（其他非金属矿物制品制造）。

2222　　手工纸制造

指采用手工操作成型，制成纸的生产活动。

◇ 包括对下列手工纸的制造活动：

— 手工纸：宣纸、国画纸、其他手工纸；

— 手工纸板。

2223　　加工纸制造

指对原纸及纸板进一步加工的生产活动。

◇ 包括对下列加工纸的制造活动：

— 美纹纸及纸板（美纹纸、美纹纸板）、穿孔纸及纸板（穿孔纸、穿孔纸纸板）；

— 转印纸：静电复印纸、复写纸（无碳复写纸、涂碳复写纸、其他复写纸）、热敏纸、工业转移印刷纸、其他转印纸；

— 油印蜡纸或胶印版纸：油印蜡纸、胶印版纸；

— 涂布浸渍覆盖纸：焦油纸及纸板，沥青纸及纸板，胶粘纸及纸板（自粘胶粘纸、其他胶粘纸及纸板），塑料涂布、浸渍或覆盖纸及纸板（彩色相纸用双面涂塑纸，塑料涂、浸或覆盖漂白纸，塑料涂布、浸渍绝缘纸及纸板，其他塑料涂布、浸渍或覆盖纸及纸板），用蜡、石蜡浸涂纸（用蜡、石蜡浸涂绝缘纸，其他用蜡、石蜡浸涂纸），用硬脂精、油或甘油浸涂纸（用硬脂精、油或甘油浸涂绝缘纸，其他用硬脂精、油或甘油浸涂纸），其他涂布浸渍覆盖纸；

— 其他加工纸。

223　　纸制品制造

指用纸及纸板为原料，进一步加工制成纸制品的生产活动。

2231　　纸和纸板容器制造

◇ 包括对下列纸和纸板容器的制造活动：

—（纸和纸板制容器）

— 瓦楞纸及纸板容器：瓦楞纸箱，瓦楞纸盒、匣，其他瓦楞纸及纸板容器；

— 非瓦楞纸及纸板容器：可折叠纸箱，可折叠纸盒、匣，其他非瓦楞纸及纸板容器；

— 纸袋：底宽≥40厘米纸袋、锥形纸袋、手提纸袋、其他纸袋；

— 纸制餐具：纸杯，纸餐盒，纸制盘、碟，纸碗，其他纸制餐具；

— 纸制文具及办公用品（部分）：纸制卷宗盒、纸制信件盘、纸制存储盒、纸制唱片套、纸制文件袋（夹）；

— 其他纸和纸板制容器。

2239　　其他纸制品制造

指符合出售规格或包装要求的纸制品，以及其他未列明的纸制品的制造。

◇ 包括对下列其他纸制品的制造活动：

— 纸制文具及办公用品（部分）：信封、明信片类制品、其他纸制文具及办公用品；

— 纸浆模制品：一次性纸浆模餐具、方便面碗、纸浆模制超市托盒（盘）、医用一次性托盘和用具、精密工业品包装纸浆模制品、其他纸浆模制品；
— 卫生用纸制品：卫生纸，纸手帕及面巾纸，纸餐巾，纸台布，纸卫生巾，纸止血塞，纸尿布，尿布衬里，纸浆、纸、纤维素絮制服装，其他卫生用纸制品；
— 壁纸及类似品：木粒或草粒饰面壁纸、塑料涂面或盖面壁纸、编结材料盖面壁纸及类似品、纺织材料糊墙纸、其他壁纸及类似品；
— 纸制窗纸及类似品：窗用透明纸、其他纸制窗纸及类似品；
— 纸制铺地制品、其他纸制铺地制品类似品；
— 纸浆制滤块、纸浆制滤板及滤片；
— 纸或纸板制标签：印有文字图画纸制标签、未印文字图画纸制标签；
— 纸制筒管、卷轴、纡子及类似品：纸制纺织纱线用筒管、纸制纺织纱线用卷轴、其他纸制纡子及类似品；
— 神纸及类似用品；
— 纸扇；
— 其他纸制品。

◆ 不包括：
— 日记本、练习本、账册、集邮簿、相册的生产，列入2312（本册印制）。

23 印刷和记录媒介复制业

231 印刷

2311 书、报刊印刷

◇ 包括对下列书、报刊的印刷活动：
— 图书类印刷品：书籍类印刷品、印刷词典类丛书、印刷少年儿童读物、单页书籍类印刷品；
— 报纸类印刷品：日报、周报、月报等印刷品；
— 期刊类印刷品：日刊、周刊、月刊等印刷品；
— 地图、地图册：单页地图、地图册、地图仪、地图类似印刷品；
— 图片、设计图样及照片：示意地图，教学示教图表及图解，设计图案，集邮大型张，印有图画首日封，宣传画，其他图片、设计图样及照片；
— 其他出版物的印刷。

◆ 不包括：
— 装订、压印媒介制造等印刷服务，列入2320（装订及印刷相关服务）。

2312 本册印制

指由各种纸及纸板制作的，用于书写和其他用途的本册生产活动。

◇ 包括对下列本册的印制活动：
— 用于书写本册：练习簿，学生簿（课业簿册），笔记簿，日记簿，效率手册，螺旋本，收据本（自动复写收据本、其他收据本），索引本，拍字本，活页本，账册（活页账册、账簿、其他账册），信笺本（信纸本），地址本、电话本，多联商业表格本，儿童智益册，其他用于书写本册；
— 其他本册：相册（插袋式相册、胶粘相册、其他相册）、集邮册、名片册、纪念册、粘贴簿、其他未列明本册。

2319　包装装潢及其他印刷

指根据一定的商品属性、形态，采用一定的包装材料，经过对商品包装的造型结构艺术和图案文字的设计与安排来装饰美化商品的印刷，以及其他印刷活动。

◇ 包括对下列包装装潢及其他的印刷活动：

— 商业广告印刷品：广告类年刊、商品海报、商品目录册、艺术作品目录、其他商业广告印刷品；
— 票证：邮票、钞票、有价证券凭证、印花税票、其他票证；
— 明信片、卡片、日历（有图画明信片、印制问候卡片、印刷各种日历）；
— 奖状及证书；
— 塑料印刷品：包装装潢塑料印刷、其他塑料印刷；
— 金属印刷品：包装装潢金属印刷品、其他金属印刷品；
— 文件、资料、图表、证件、名片印刷；
— 扑克纸牌的印刷；
— 其他印刷品：盲文印本、其他未列明印刷品。

◆ 不包括：

— 为商务服务的零散复印活动，列入7294（办公服务）。

232　2320　装订及印刷相关服务

指专门企业从事的装订、压印媒介制造等与印刷有关的服务。

◇ 包括下列装订及印刷活动：

— 装订：装订图书、装订期刊、其他装订产量；
— 排版用活字；
— 印版、滚筒。

233　2330　记录媒介复制

指将母带、母盘上的信息进行批量翻录的生产活动。

◇ 包括对下列记录媒介的复制活动：

— 录音带复制品：已录制教学用录音带、已录制非教学用录音带；
— 录像带复制品：已录制教学用录像带、已录制非教学用录像带；
— 软磁盘复制品：教学用磁盘、非教学用磁盘；
— 其他磁介质复制品；
— 唱片复制品：教学用唱片、其他唱片复制品；
— 光盘复制品：音频光盘复制品、视频光盘复制品、其他光盘复制品；
— 非音像复制品：教学用非音像复制品、计算机用非音像复制品、其他非音像复制品；
— 电影胶片拷贝；
— 其他非磁介质复制品。

◆ 不包括：

— 空白磁带、磁盘、光盘的制造，列入2664（信息化学品制造）；
— 印刷品的复印，列入7294（办公服务）。

24　文教、工美、体育和娱乐用品制造业

241　文教办公用品制造

2411　文具制造

指办公、学习等使用的各种文具的制造。

◇ 包括对下列文具的制造活动：
— （文具盒（袋）及类似品）
— 文具盒（铅笔盒）：塑料文具盒、金属文具盒、其他文具盒；
— 文具袋（笔袋）；
— 其他文具盒（袋）类似品；
— （文件夹类文具）
— 资料册：固定资料册、活页资料册、替芯袋、其他资料册；
— 管理夹：快劳夹、管夹、D 形夹、O 形夹、其他管理夹；
— 整理夹：压力夹、弹簧夹、吊挂夹、板夹、抽杆夹、拉杆夹、其他整理夹；
— 文件袋（套）：按扣/粘扣文件袋、拉链文件袋、文件套、其他文件袋（套）；
— 文件盒；
— 文件包：风琴包、空格包、其他文件包；
— 其他文件夹类文具；
— （文件架及类似物品）
— 文件架：金属文件架、塑料文件架、其他材质文件架；
— 台式文件柜：金属制台式文件柜（文具类）、塑料制台式文件柜、其他材质台式文件柜；
— 文件筐（篮）；
— 其他文件架及类似物品；
— （装订类文具）
— 装订文件用钉、针：条形钉书钉，图钉，安全别针，回形针，大头针，其他装订文件用钉、针；
— 其他装订类文具；
— 夹具类文具：塑料票夹、金属票夹、长尾票夹、书板夹、其他夹具类文具；
— （修改类文具）
— 修正液：普通修正液、蜡纸改正液、其他修正液；
— 修正笔；
— 修正带；
— 橡皮：普通橡皮、绘图橡皮、其他橡皮；
— 其他修改类文具；
— 粘合类文具：浆糊、胶水、固体胶、其他粘合类文具；
— 文印类用品：印泥、印油、印台、印戳、手印器、打字色带、其他文印类用品。

◆ 不包括：
— 绘图仪器的制造，列入 4013（绘图、计算及测量仪器制造）；
— 本册的生产，列入 2312（本册印制）；
— 铅笔刀的制造，3324（刀剪及类似日用金属工具制造）；
— 订书机、打孔机、号码机等，列入 3479（其他文化、办公用机械制造）。

2412　　笔的制造

指用于学习、办公或绘画等用途的各种笔制品的制造。

◇ 包括对下列笔的制造活动：
— 自来水笔：金笔、铱金笔、钢笔、其他自来水笔；
— 圆珠笔：中性圆珠笔、水性圆珠笔（滚珠笔）、油性圆珠笔、中油圆珠笔、可擦圆珠笔、其他圆珠笔；
— 铅笔：木杆铅笔、活动铅笔、纸杆铅笔、塑料铅笔、其他铅笔；

— 绘画笔:毛笔、油画笔、油画棒、粉笔、木炭笔、蜡笔、其他绘画用笔;
— 记号笔:彩色水笔、荧光笔、白板笔、微孔墨水笔(签字笔)、油性记号笔、其他记号笔;
— 专业用笔:机器、仪器用笔,蜡纸铁笔,其他专业用笔;
— 笔配件和零件:铅笔芯、圆珠笔芯、自来水笔笔尖、笔杆、圆珠笔笔头、纤维笔笔头、其他笔配件和零件。

2413　　教学用模型及教具制造

指主要用于教学的各种专用模型、标本及教具的制造。

◇ 包括对下列教学用模型及教具的制造活动:
— 文化办公用架类用具:图书、期刊架,报夹,挂纸板,学生阅读书架,其他文化办公用架类用具;
— 教学用模型:数学用模型、液压机模型、化学化工用模型、动物模型、植物模型、微生物模型、人体模型、医学模型、语文教学用模型、历史教学用模型、人物模型、地理模型、天文模型、气象模型、美术模型、交通模型、建筑模型、制图模型、机械模型、电器模型、输变电模型、其他教学用模型;
— 教学用标本:人体解剖浸制标本,人体干制标本、塑化标本,全身骨骼标本,人体封埋标本,人体组织显微标本,动物整体浸制标本,动物解剖浸制标本,动物干制标本,动物骨骼标本,动物封埋标本(化石),动物表皮细胞装片,动物解剖(塑化)干制标本,植物浸制标本,植物干制标本,植物封埋覆膜标本(化石),植物根尖纵切,黑根霉装片,岩石标本,结晶矿物标本,土壤实物标本,玻璃标本,原材料标本(金相),石油、化工、煤炭产品标本,机械产品标本,其他教学用标本;
— 具有书写或绘画面板类教具:可书写石板、黑板、白板、其他具有书写或绘画面板类教具;
— 教学或学生绘图用具:学生圆规、分规,其他教学或学生用绘图用具;
— 教学或学生用量具:学生用三角尺、学生用量角器、学生用刻度尺(直尺)、其他教学或学生用量具;
— 其他教学或学生绘图;
— 测量用类似器具;
— 算盘;
— 其他教具及类似用具。

◆ 不包括:
— 物理、化学、生物等教学仪器,列入 4026(教学专用仪器制造);
— 幻灯机及投影设备,列入 3472(幻灯及投影设备制造);
— 专业用测绘用具,列入 4013(绘图、计算及测量仪器制造)。

2414　　墨水、墨汁制造

◇ 包括对下列墨水、墨汁的制造活动:
—(普通墨水)
— 书写用墨水:红墨水、蓝墨水、黑墨水、蓝黑墨水、碳素墨水、其他书写墨水;
— 其他普通墨水:记号笔墨水(油性)、微孔笔墨水、白板笔墨水、荧光笔墨水、其他未列明普通墨水;
— 专用墨水:彩色水笔专用绘图墨水、纤维笔专用墨水、仪表仪器记录用墨水、圆珠笔用墨水(中性圆珠笔用墨水、水性圆珠笔(滚珠笔)用墨水、油性圆珠用油性墨水、中油圆珠笔用油性墨水、可擦圆珠笔用墨水、其他圆珠笔用墨水)、其他专用墨水;

— 墨汁：瓶装墨汁、其他墨汁；
— 墨汁类似品：方便墨、其他墨汁类似品。

2419　　其他文教办公用品制造

指上述未列明的文教办公类用品的制造。

◇ 包括对下列其他文教办公用品的制造活动：
— 画具及类似用品：画架，画夹，画板，调色盒、调色板，其他画具及类似用品；
— 其他文具及类似用品；
— 削笔类用具：手动削笔机、电动削笔机、卷笔刀、削笔刀、其他削笔类用具。

◆ 不包括：
— 绘画用水彩、水粉、颜料等生产，列入2643（颜料制造）；
— 各种棋类生产，列入2462（游艺用品及室内游艺器材制造）；
— 纸牌的印刷，列入2319（包装装潢及其他印刷）。

242　　乐器制造

指中国民族乐器、西乐器等各种乐器及乐器零部件和配套产品的制造，但不包括玩具乐器的制造。

2421　　中乐器制造

◇ 包括对下列中乐器的制造活动：
— 中乐弦乐器：二胡、京胡、板胡、其他中乐弦乐器；
— 中乐弹拨乐器：古筝、三弦琵琶、月琴、柳琴、其他中乐弹拨乐器；
— 中乐吹管乐器：竹笛、箫、笙、唢呐、其他中乐吹管乐器；
— 中乐打击乐器：扬琴、鼓（中乐）、锣、响板、响铜乐器、其他中乐打击乐器；
— 其他中乐器。

2422　　西乐器制造

◇ 包括对下列西乐器的制造活动：
— 西弦乐器：小提琴、大提琴、竖琴、吉他、其他西弦乐器；
— 西管乐器：号、笛、双簧管、单簧管（黑管）、萨克斯、其他西管乐器；
— 西乐打击乐器：鼓（西乐）、镲、木琴、沙槌、其他西乐打击乐器；
— 西乐键盘乐器：钢琴、手风琴、其他西乐键盘乐器；
— 口琴；
— 其他西乐器。

◆ 不包括：
— 电子琴、电钢琴、电吉他等电子乐器的制造，列入2423（电子乐器制造）。

2423　　电子乐器制造

◇ 包括对下列电子乐器的制造活动：
— 电子琴；
— 数码钢琴（电钢琴）；
— 电吉他；
— 电子鼓；
— 其他电子乐器。

2429　其他乐器及零件制造

指其他未列明的乐器、乐器零件及配套产品的制造。

◇ 包括对下列其他乐器及零件的制造活动：
— 媒诱音响器，相关乐器：百音盒、哨子、其他相关乐器；
— 乐器辅助用品及零件：节拍器、音叉、定音管、百音盒机械装置、乐器用弦、其他乐器零件；
— 各种乐器的零件及配套产品：琴弦线、琴弓、二胡弓、发音片、音簧片、哨片、琴键、琴脚、拨音琴附件等。

243　工艺美术品制造

2431　雕塑工艺品制造

指以玉石、宝石、象牙、角、骨、贝壳等硬质材料，木、竹、椰壳、树根、软木等天然植物，以及石膏、泥、面、塑料等为原料，经雕刻、琢、磨、捏或塑等艺术加工而制成的各种供欣赏和实用的工艺品的制作活动。

◇ 包括对下列雕塑工艺品的制造活动：
—（雕刻工艺品）
— 石雕工艺品：玉石雕刻工艺品、宝石雕刻工艺品、水晶雕刻工艺品、彩石雕刻工艺品、建筑石材雕刻工艺品、其他石雕工艺品；
— 牙雕工艺品；
— 骨雕工艺品；
— 角雕工艺品；
— 贝壳雕工艺品；
— 木雕工艺品：根雕工艺品、其他木雕工艺品；
— 竹雕工艺品；
— 果壳、果核雕刻工艺品：椰壳雕刻工艺品、果核雕刻工艺品、其他果壳雕刻工艺品；
— 其他雕刻工艺品；
—（塑造工艺品）
— 石膏塑造工艺品：石膏塑造画框、相框，石膏塑造庭园喷泉装饰品，其他石膏塑造工艺品；
— 面塑工艺品；
— 泥塑工艺品：泥塑画框、相框，泥塑庭园喷泉装饰品，其他泥塑工艺品；
— 蜡塑工艺品；
— 其他塑造工艺品：树脂塑造画框、相框，树脂塑造庭园喷泉装饰品，其他未列明塑造工艺品；
— 其他雕塑工艺品。

◆ 不包括：
— 建筑石雕、石刻的加工，列入3033（建筑用石加工）。

2432　金属工艺品制造

指以金、银、铜、铁、锡等各种金属为原料，经过制胎、浇铸、锻打、錾刻、搓丝、焊接、纺织、镶嵌、点兰、烧制、打磨、电镀等各种工艺加工制成的造型美观、花纹图案精致的工艺美术品的制作活动。

◇ 包括对下列金属工艺品的制造活动：
— 景泰蓝工艺品：掐丝景泰蓝、机制景泰蓝、画珐琅（烧瓷）、其他景泰蓝工艺品；

— 珐琅珀晶工艺品；
— 银蓝工艺品；
— 铜制工艺品：仿古铜制工艺品（仿古铜兵器、仿古铜炉鼎、其他仿古铜制工艺品）、斑铜工艺品、铸铜工艺品、镀铜工艺品、煅铜工艺品、其他铜制工艺品；
— 铁制工艺品：铁画、其他铁制工艺品；
— 锡制工艺品；
— 金属制民间刀剑工艺品；
— 金属丝编织工艺品；
— 金属制艺术标牌及类似品：艺术徽章、纪念章及类似品，艺术装潢标牌，仿古金属挂牌，其他金属制艺术标牌及类似品；
— 蒙镶工艺品：蒙镶炉、鼎，蒙镶动物，其他蒙镶工艺品；
— 金属制工艺框架类制品：金属制工艺画框、相框，其他金属制工艺框架类制品；
— 其他金属工艺品。

◆ 不包括：
— 珐琅首饰，列入2438（珠宝首饰及有关物品制造）；
— 贵金属制纪念币，列入3399（其他未列明金属制品制造）；
— 一次冲压成型的普通机械标牌，列入3399（其他未列明金属制品制造）。

2433 漆器工艺品制造

指将半生漆、腰果漆加工调配成各种鲜艳的漆料，以木、纸、塑料、铜、布等作胎，采用推光、雕填、彩画、镶嵌、刻灰等传统工艺和现代漆器工艺进行的工艺制品的制作活动。

◇ 包括对下列漆器工艺品的制造活动：
— 镶嵌漆器工艺品：牙玉镶嵌漆器工艺品、骨石镶嵌漆器（金漆镶嵌）工艺品、螺钿镶嵌漆器工艺品、点螺镶嵌漆器工艺品、其他镶嵌漆器工艺品；
— 雕漆漆器工艺品：云雕漆器工艺品、木雕漆器工艺品、其他雕漆漆器工艺品；
— 脱胎漆器工艺品：夹苎胎漆器工艺品（麻胎漆器）、纸胎漆器工艺品、其他脱胎漆器工艺品；
— 彩绘雕填漆器工艺品：彩绘漆器工艺品、雕填漆器工艺品；
— 漆线雕工艺品：堆漆漆器工艺品、其他漆线雕工艺品；
— 刻灰漆器工艺品；
— 漆画工艺品；
— 漆器工艺框架类制品；
— 其他漆器工艺品。

2434 花画工艺品制造

指以绢、丝、绒、纸、涤纶、塑料、羽毛、通草以及鲜花草等为原料，经造型设计、模压、剪贴、干燥等工艺精制而成的花、果、叶等人造花类工艺品，以画面出现、可以挂或摆的具有欣赏性、装饰性的画类工艺品的制作活动。

◇ 包括对下列花画工艺品的制造活动：
— 人造花、叶、果实制品：塑料制人造花、叶、果实制品，羽毛制人造花、叶、果实制品，丝及绢丝制人造花、叶、果实制品，化纤制人造花、叶、果实制品，其他材料制人造花、叶等制品；
— 油画、粉画、彩绘、水彩画、国画等绘画作品及其仿制、复制品；
— 雕版画、印制画、石印画：雕版画、石印画、白云石画、烙画、其他手绘画；

— 以贝壳、软木、羽毛、麦秆等材料制作而成的各种立体、半立体并配以框架的画(如羽毛画、贝雕画、树皮画、彩蛋画等);
— 版画:木版画(如杨柳青木版年画、桃花坞木版年画、木版水印画等)、其他版画;
— 邮票画:邮票、首日封、纪念封、其他类似品;
— 其他画类工艺品:无笔画、金属画等。

2435　　天然植物纤维编织工艺品制造

指以竹、藤、棕、草、柳、葵、麻等天然植物纤维为材料,经编织或镶嵌而成具有造型艺术或图案花纹,以欣赏为主的工艺陈列品以及工艺实用品的制作活动。

◇ 包括对下列天然植物纤维编织工艺品的制造活动:
— 竹编工艺品;
— 藤编工艺品;
— 草编工艺品;
— 棕编工艺品;
— 玉米皮编织工艺品;
— 柳编工艺品;
— 葵编工艺品;
— 麻制工艺品;
— 其他天然植物纤维编织工艺品。

2436　　抽纱刺绣工艺品制造

指以棉、麻、丝、毛及人造纤维纺织品等为主要原料,经设计、刺绣、抽、拉、钩等工艺加工各种生活装饰用品,以及以纺织品为主要原料,经特殊手工工艺或民间工艺方法加工成各种具有较强装饰效果的生活用纺织品的制作活动。

◇ 包括对下列抽纱刺绣工艺品的制造活动:
— 图案花边:机制花边(化纤制机制花边、丝及绢丝制机制花边、棉制机制花边、其他机制花边)、手工制花边;
— 刺绣工艺品:手工刺绣工艺品、机绣工艺品、其他刺绣工艺品;
— 抽纱工艺品;
— 手工编结工艺品:针结工艺品、线结工艺品、勾针工艺品、其他手工编结工艺品;
— 手工染织工艺品及机织工艺品:印花品、蜡染、扎染、拔染、手绘、烧花制品、缂丝、其他手工染织工艺品及机织工艺品;
— 工艺织锦:云锦、宋锦、蜀锦、傣锦、其他工艺织锦;
— 其他抽纱刺绣工艺品。

◆ 不包括:
— 只经过简单抽纱刺绣工艺加工,装饰效果不强的床上用品、窗帘、台布及类似品制造,列入177(家用纺织制成品制造)的相关类别。

2437　　地毯、挂毯制造

指以羊毛、丝、棉、麻及人造纤维等为原料,经手工编织、机织、栽绒等方式加工而成的各种具有装饰性的地面覆盖物或可用于悬挂、垫坐等用途的生活装饰用品的制作活动。

◇ 包括对下列地毯、挂毯的制造活动:
— (手工地毯、挂毯)

— 手工打结地毯、挂毯：手工打结羊毛地毯、挂毯，手工打结真丝地毯、挂毯，手工打结人造丝地毯、挂毯，其他手工打结地毯、挂毯；
— 手工簇绒（手工胶背）地毯、挂毯：手工簇绒羊毛地毯、挂毯，手工簇绒化纤地毯、挂毯，手工簇绒浴室垫，其他手工簇绒地毯、挂毯；
— 手工编织地毯、挂毯（无绒头）：手工编织羊毛地毯（奥比松地毯），其他手工编织地毯、挂毯；
— 其他手工地毯、挂毯；
—（机制地毯、挂毯）
— 机织地毯、挂毯：威尔顿地毯、挂毯，阿克明斯地毯、挂毯，其他机织地毯、挂毯；
— 机制簇绒地毯、挂毯：羊毛簇绒地毯、挂毯，化纤簇绒地毯、挂毯，混纺簇绒地毯、挂毯，其他机制簇绒地毯、挂毯；
— 针刺地毯、挂毯：化纤针刺地毯、挂毯，羊毛针刺地毯、挂毯，其他针刺地毯、挂毯；
— 浴室毯、垫：化纤浴室、门前毯、垫，羊毛浴室、门前毯、垫，棉浴室毯、垫，其他浴室毯、垫；
— 人造草坪毯：运动草坪毯，休闲草坪毯，其他人造草坪毯；
— 其他机制地毯、挂毯。

2438　珠宝首饰及有关物品制造

指以金、银、铂等贵金属及其合金以及钻石、宝石、玉石、翡翠、珍珠等为原料，经金属加工和连结组合、镶嵌等工艺加工制作各种图案的装饰品的制作活动。

◇ 包括对下列珠宝首饰及有关物品的制造活动：
— 贵金属摆件：金摆件、银摆件、铂摆件、其他贵金属摆件；
— 贵金属首饰：金首饰、银首饰、铂首饰、其他贵金属首饰；
— 贱金属首饰：贵金属覆盖层首饰、其他贱金属首饰；
— 玉石首饰：翡翠首饰、其他玉石首饰；
— 珍珠首饰；
— 其他首饰；
— 珠宝首饰类似品：珍珠类似品、其他珠宝首饰类似品；
—（珠宝首饰及类似品半成品）
— 钻石：已加工钻石、未加工钻石；
— 玉石：已加工翡翠、已加工相关玉石、未加工玉石；
— 珍珠：天然珍珠、养殖珍珠；
— 红宝石、蓝宝石、祖母绿；
— 其他珠宝首饰及类似品半成品。

◆ 不包括：
— 用仿珠宝的玻璃制成的工艺品，列入3054（日用玻璃制品制造）；
— 仿珠宝或贵金属制成的首饰，列入2439（其他工艺美术品制造）；
— 贵金属制实验室用的坩锅、烤钵等贵金属制品制造，列入3399（其他未列明金属制品制造）。

2439　其他工艺美术品制造

◇ 包括对下列其他工艺美术品的制造活动：
— 人造纤维编织工艺品；
— 剧装、道具：剧装（戏剧演员用剧装、其他剧装）、道具（舞台道具、其他道具）；
— 假发：合成纺织材料制假发、人发制假发；

— 人体毛发装饰用品:合成纺织材料制胡须、眉毛及睫毛,人发制胡须、眉毛、睫毛,其他人体毛发装饰用品;
— 发制品及类似品专用原料;
— 民间工艺品:风筝(民间工艺)、皮影、剪纸、鼻烟壶、其他民间工艺品;
— 工艺扇:象牙扇、檀香扇、羽毛扇、绢折扇、其他工艺扇;
— 工艺伞:绢伞、绸伞、其他工艺伞;
— 灯彩:木雕工艺灯、宫灯、纱灯、走马灯、其他灯彩;
— 料器;
— 美术人形;
— 节庆庆典用品及相关娱乐用品:西方节庆及娱乐用品(圣诞树,圣诞树裙、布挂,圣诞球,圣诞彩灯,圣诞服及帽,圣诞头饰,圣诞背饰(翅膀),其他西方节庆及娱乐用品)、中国式节庆及娱乐用品(节庆用灯笼,节庆用拉花、挂花、贴花,其他中国式节庆及娱乐用品)、其他节庆庆典用品及相关娱乐用品(节庆庆典用气球、节庆庆典用充气拱门及类似品、其他未列明节庆庆典用品及相关娱乐用品);
— 其他相关工艺美术品。

◆ 不包括:
— 绣花鞋的制作,列入 1951(纺织面料鞋制造);
— 烟花爆竹的制造,列入 2672(焰火、鞭炮产品制造)。

244 体育用品制造

2441 球类制造

指各种皮制、胶制、革制的可充气的运动用球,以及其他材料制成的各种运动用硬球、软球等球类产品的生产活动。

◇ 包括对下列球类的制造活动:
— 皮或革制可充气运动用球:皮或革制足球、皮或革制篮球、皮或革制排球、皮或革制气排球(软式排球)、皮或革制手球、皮或革制橄榄球、其他皮或革制可充气运动用球;
— 胶制可充气运动用球:胶制足球、胶制篮球、胶制排球、胶制水球、胶制橄榄球、胶制荷球、柔力球、胶制手球、其他胶制可充气运动用球;
— 不可充气运动用球:乒乓球、羽毛球、网球、门球、板球、壁球、冰球用球、马球、棒垒球、大金属掷球、小金属掷球、塑质掷球、指弹球、藤球、木球、毽球、健身球、曲棍球、地掷球、其他不可充气运动用球;
— 其他运动用球。

2442 体育器材及配件制造

指各项竞技比赛和训练用器材及用品,体育场馆设施及器件的生产活动。

◇ 包括对下列体育器材及配件的制造活动:
— 运动用球类器材及器械:球拍、球棒(乒乓球拍,羽毛球拍,球棒,壁球拍,其他类似球拍、棍),高尔夫球器械(高尔夫球棍、高尔夫球、高尔夫球车、其他高尔夫球器械),乒乓球球台,发球器,篮球架,其他运动用球类器材及器械;
— 体操及蹦床器械:单杠、双杠、高低杠及类似器械,平衡木,吊环,鞍马,跳马平台,蹦床,跳箱,单跳板,体操场地及翻腾类器材,艺术体操器材,其他体操器械及辅助器械;
— 田径器械:标枪,铁饼,铅球,链球,跳高架及架座,撑竿、横竿,跳高落地垫,跨栏架,助起跑器,其他田径器械;

— 举重、拳击及摔跤器械:举重杠铃,举重台,拳击台,拳击练习用吊球及吊袋,柔道场地,跆拳道场地,摔跤场地,空手道场地,其他举重、拳击及摔跤器械;
— 冰雪运动用器械和用品:滑雪屐、滑雪屐扣件(滑雪屐带)、雪橇、滑雪用非马达车辆、溜冰刀、其他滑雪用器材;
— 水上运动器械和用品:帆板、滑水板、冲浪板、跳水台(平台)、滑水梯、潜水呼吸面具、其他水上运动器械和用品;
— 射击器械及器材:射击靶、飞碟、飞碟发射器、其他射击场器械及器材;
— 射箭器材:弓、箭、其他射箭器材;
— 击剑器材:击剑用具、击剑用钝头剑、其他击剑器材及其零件;
— 登山器材:爬山镐、攀岩模拟器、登山绳、其他登山器材;
— 其他体育器材及配件。

◆ 不包括:
— 各种球的生产,列入2441(球类制造);
— 裁判用计时秒表,列入4030(钟表与计时仪器制造);
— 体育终点裁判照相机的制造,列入3473(照相机及器材制造);
— 训练、健身器械及用品制造,列入2443(训练健身器材制造);
— 休闲娱乐器材及用品制造,列入2462(游艺用品及室内游艺器材制造);
— 渔丝、渔线、渔网的生产,列入1782(绳、索、缆制造)。

2443　　训练健身器材制造

指供健身房、家庭或体育训练用的健身器材及运动物品的制造。

◇ 包括对下列训练健身器材的制造活动:
—(室内训练健身器材)
— 力量型训练器材:专业训练健身器材、单站位配重训练器、多站位配重训练器、哑铃、小杠铃、臂力器、握力器、扩胸器、其他力量型训练器材;
— 力量型举重训练床;
— 健身车;
— 跑步机;
— 划船训练器;
— 椭圆训练器材;
— 踏步机;
— 阶梯机;
— 攀登机;
— 带固定轮或无飞轮健身车;
— 一般体疗康复健身器材;
— 其他室内训练健身器材;
— 划船器;
— 室外健身器材。

2444　　运动防护用具制造

指用各种材质,为各项运动特制手套、鞋、帽和护具的生产活动。

◇ 包括对下列运动防护用具的制造活动:
— 运动专用手套(部分):棒球手套、垒球手套、拳击手套、冰球手套、滑雪手套、其他运动专用手套;

— 运动专用帽:棒球帽、垒球帽、冰球帽、赛车帽、其他运动专用帽;
— 运动专用鞋靴:溜冰鞋、钉鞋、跑鞋、足球鞋、滑雪鞋、轮滑鞋、其他运动专用鞋靴;
— 运动专用护具:击剑护罩、垒球护具、冰球护具、轮滑护具、跆拳道护具、其他运动专用护具;
— 其他运动防护用具。

◆ 不包括:
— 运动跑鞋、足球鞋的制造,列入 1959(其他制鞋业)。

2449 其他体育用品制造

指钓鱼专用的各种用具及用品,以及上述未列明的体育用品制造。

◇ 包括对下列其他体育用品的制造活动:
— 龙舟运动器材及配件;
— 拔河器材及配件:拔河绳、拔河腰带;
— 风筝器材及配件:风筝、风筝线、风筝轴、风筝测角器;
— 钓鱼用品和器材:钓鱼竿、钓鱼钩、鱼线轮、钓鱼线、钓鱼饵、鱼漂、其他钓鱼用品和器材;
— 狩猎休闲用品:狩猎专用防护用品及用具、狩猎工具及装备、狩猎培训设备、其他狩猎休闲用品;
— 马术休闲用品:马附具、马术骑手用品、其他马术休闲用品;
— 飞镖器材及配件:飞镖、镖盘;
— 其他体育用品。

◆ 不包括:
— 渔丝、渔线、渔网的生产,列入 1782(绳、索、缆制造)。

245 2450 玩具制造

指以儿童为主要使用者,用于玩耍、智力开发等娱乐器具的制造。

◇ 包括对下列玩具的制造活动:
— 供儿童乘骑带轮玩具:婴儿学步车、儿童自行车、儿童三轮车、儿童推车、电动童车、其他供儿童乘骑带轮玩具;
— 填充类玩具;
— 玩偶及其类似品:塑料玩偶、陶瓷玩偶、塑胶玩偶、其他玩偶及其类似品;
— 玩偶零件、配件和装饰品;
—(仿真模型及其附件)
— 无动力装置仿真模型及其附件:无动力装置仿真车模及其附件、无动力装置仿真航模及其附件、无动力装置仿真船模及其附件、无动力装置仿真建筑套件及其附件、其他无动力装置仿真模型及其附件;
— 带动力装置仿真模型及其附件:带动力装置仿真车模及其附件、带动力装置仿真航模及其附件、带动力装置仿真船模及其附件、其他带动力装置仿真模型及其附件;
— 木制玩具:木制拼插类玩具、木制积木类玩具、木制拖拉类玩具、木制幼教类玩具、其他木制玩具;
— 塑胶玩具:静态塑胶玩具、机动塑胶玩具、电动塑胶玩具、其他塑胶玩具;
— 玩具乐器;
— 儿童娱乐塑形用膏、泥;
— 其他玩具。

◆ 不包括：

— 婴儿推车及其零件制造，列入4119（其他日用杂品制造）。

246　　游艺器材及娱乐用品制造

2461　　露天游乐场所游乐设备制造

指主要安装在公园、游乐园、水上乐园、儿童乐园等露天游乐场所的电动及非电动游乐设备和游艺器材的制造。

◇ 包括对下列露天游乐场所游乐设备的制造活动：

— 电动游乐设备：观缆车、过山车、电动小飞船、电动转车、碰碰车、转伞、旋转木马、其他电动游乐设备；

— 非电动游乐设备：转椅、滑轮车、滑梯、秋千、压板、悬梯、幸运转轮机、其他非电动游乐设备；

— 游乐器具：杂耍道具、其他游乐器具；

— 其他游乐场设备。

2462　　游艺用品及室内游艺器材制造

指主要供室内、桌上等游艺及娱乐场所使用的游乐设备、游艺器材和游艺娱乐用品，以及主要安装在室内游乐场所的电子游乐设备的制造。

◇ 包括对下列游艺用品及室内游艺器材的制造活动：

— 电子游戏机：自身装荧光屏电子游戏机、投币式电子游戏机、其他电子游戏机；

— 投币式游戏机：弹球机、旋转机、其他投币式游戏机；

— 台球器材及配件：台球用球、台球桌、台球配套用品；

— 保龄球设备及器材：保龄球自动分瓶机、保龄球、保龄球瓶、其他保龄球设备及器材；

— 沙狐球桌及其配套器材：沙狐球、沙狐球桌、沙狐球配套器材；

— 桌式足球器材及配件；

— 棋类娱乐用品：中国象棋、国际象棋、围棋、军棋、跳棋、其他棋类娱乐用品；

— 牌类娱乐用品：扑克牌、麻将牌、其他牌类娱乐用品；

— 专供游戏用家具式桌子：麻将桌、桌面带有棋盘桌子、其他专供游戏用家具式桌子；

— 其他游艺用品及室内游艺器材。

◆ 不包括：

— 扑克纸牌的印刷，列入2319（包装装潢及其他印刷）；

— 用于演出的戏装和舞台道具，列入2439（其他工艺美术品制造）。

2469　　其他娱乐用品制造

◇ 包括对下列其他娱乐用品的制造活动：

— 其他未列明的娱乐用品制造。

25　　石油加工、炼焦和核燃料加工业

251　　精炼石油产品制造

2511　　原油加工及石油制品制造

指从天然原油、人造原油中提炼液态或气态燃料的生产活动。

◇ 包括对下列原油及石油制品的加工、制造活动：
— 汽油：航空汽油、车用汽油、其他汽油；
— 煤油：航空煤油、灯用煤油、其他煤油；
— 柴油：轻柴油、重柴油、其他柴油；
— 润滑油：全损耗系统用油，脱模油，齿轮用油，压缩机用油，内燃机用油，主轴、轴承用油，导轨油，液压系统用油，金属加工油，电器绝缘油，热传导油，防锈油，汽轮机用油，防冻液，热处理用油，工艺用油，蒸汽汽缸用油，特种油，其他润滑油；
— 燃料油：船用燃料油、工业用燃料油、其他燃料油；
— 石脑油：轻石脑油、重石脑油；
— 溶剂油：橡胶溶剂油、油漆溶剂油、抽提溶剂油、其他溶剂油；
— 润滑脂：钙基润滑脂、钠基润滑脂、钙钠基润滑脂、复合钙基润滑脂、锂基润滑脂、复合锂基润滑脂、铝基润滑脂、脲基润滑脂、烃基润滑脂、皂基润滑脂、合成润滑脂、其他润滑脂；
— 润滑油基础油；
— 液体石蜡；
— 石油气，相关烃类气：液化石油气（打火机用丁烷气、其他液化石油气）、其他石油气和相关烃类气；
— 矿物蜡及合成法制类似产品：凡士林、石蜡（精炼石蜡、食品石蜡、皂蜡、微晶石蜡、其他石蜡）、其他合成方法制类似产品；
— 油类残渣：石油焦（未煅烧石油焦、已煅烧石油焦）、石油沥青（道路沥青、建筑沥青、专用沥青、其他石油沥青）、其他油类残渣；
— 其他石油制品。

2512 人造原油制造

指从油母页岩中提炼原油的生产活动。

◇ 包括对下列人造原油制品的制造活动：
— 页岩原油；
— 煤炼油；
— 生物燃油：生物柴油，秸秆制燃油，废物、废料制燃油，林木生物制燃油，其他生物燃油；
— 生物质致密成型燃料；
— 其他生物能源；
— 合成液体燃料：乙醇汽油、甲醇汽油、其他合成液体燃料。

252 2520 炼焦

指主要从硬煤和褐煤中生产焦炭、干馏炭及煤焦油或沥青等副产品的炼焦炉的操作活动。

◇ 包括对下列炼焦产品的加工活动：
—（焦炭）
— 煤制焦炭、石油焦（焦炭类）、沥青焦、其他原料生产焦炭；
— 机焦、型焦、土焦、半焦炭、针状焦、其他工艺生产焦炭；
— 矿物焦油：煤焦油、其他矿物焦油。

253 2530 核燃料加工

指从沥青铀矿或其他含铀矿石中提取铀、浓缩铀的生产，对铀金属的冶炼、加工的生产，以及其他放射性元素、同位素标记、核反应堆燃料元件的制造，还包括与核燃料加工有关的核废物处置活动。

◇ 包括对下列核燃料的加工活动：
— 稀有放射性金属冶炼产品：钋、镭、锕、钍、镤、铀、人造钫、人造镎、人造钚等；
— 天然铀及其化合物的溶合、弥散或混合物；
— 浓缩铀及其化合物、钚及其化合物；
— 贫化铀及其化合物、钍及其化合物；
— 其他放射性元素、同位素标记或化合物；
— 用于核反应堆的未受辐射的燃料元件；
— 核废物处置。

◆ 不包括：
— 核辐射加工，列入4130（核辐射加工）。

26 化学原料和化学制品制造业

261 基础化学原料制造

2611 无机酸制造

◇ 包括对下列无机酸的制造活动：
— 硫酸类：硫酸（折100%）、发烟硫酸；
— 硝酸类：浓硝酸、磺硝酸；
— 盐酸（氯化氢，含量31%）；
— 氯磺酸；
— 磷酸（含量85%）：亚磷酸、次磷酸；
— 多磷酸：偏磷酸、焦磷酸、多聚磷酸（四磷酸）、焦磷酸亚锡、其他多磷酸；
— 硼酸；
— 氢氰酸（氰化氢）；
— 氯化酸：次氯酸、氯酸、高氯酸、其他氯化酸；
— 碘酸：氢碘酸、高碘酸、其他碘酸；
— 氢硫酸；
— 氢溴酸；
— 钨酸；
— 硅酸；
— 硒酸；
— 砷酸；
— 钼酸；
— 偏钛酸；
— 氯铀酸；
— 偏锡酸；
— 溴酸；
— 辛酸亚锡；
— 其他无机酸。

2612 无机碱制造

指烧碱、纯碱等的生产活动。

◇ 包括对下列无机碱的制造活动：
— 烧碱：液体烧碱、固体烧碱（固体氢氧化钠）、离子膜法烧碱；
—（纯碱类）
— 纯碱（碳酸钠）：轻质碳酸钠、重质碳酸钠；
— 碳酸氢钠（小苏打）；
— 碳酸钾；
— 碳酸氢钾（重碳酸钾）；
— 金属氢氧化物。

2613　　无机盐制造

◇ 包括对下列无机盐的制造活动：
— 非金属卤化物及硫化物：非金属卤化物、非金属氯氧化物、非金属硫化物；
— 金属硫化物及硫酸盐：金属硫化物，金属多硫化物，金属亚硫酸盐、次亚硫酸钠、硫代硫酸盐；
— 金属硝酸盐、亚硝酸盐；
— 金属氧化物酸盐、金属过氧化物酸盐：铝酸盐，铬酸盐及重铬酸盐，锰酸盐、高锰酸盐，钼酸盐，钨酸盐，钛酸盐，钒酸盐，高铁酸盐及铁酸盐，锌酸盐，锡酸盐，锑酸盐，锆酸盐，铼酸盐，高铅酸盐，其他金属氧化物酸盐、金属过氧化物酸盐；
— 磷化物、金属磷酸盐：磷化物、次磷酸盐及亚磷酸盐、磷酸盐、焦磷酸盐、偏磷酸盐、缩聚磷酸盐、磷酸复盐；
— 氟化物及其盐：氟化物、氟硅酸盐、氟铝酸盐及相关复合氟盐；
— 氯化物及其盐：氯化物，氯酸盐，高氯酸盐，亚氯酸盐、次氯酸盐；
— 氯氧化物及氢氧基氯化物：氯氧化铜、氢氧基氯化铜、氢氧基氯化铝、氯氧化锆、氯氧化铬、氯氧化锡、氯氧化锑、氯氧化铅、氢氧基氯化铅、其他氯氧化物及氢氧基氯化物；
— 溴化物及其盐：溴化物及溴氧化物、溴酸盐及过溴酸盐；
— 碘化物及其盐：碘化物、碘酸盐；
— 氰化物、氧氰化物及氰络合物：氰化物及氧氰化物、氰络合物、氰酸盐及硫氰酸盐；
— 硅化物、硅酸盐；
— 硼化物、硼酸盐、过硼酸盐；
— 碳化物及碳酸盐：碳化物、碳酸盐、过碳酸盐；
— 贵金属化合物：银化合物、金化合物、胶态贵金属、其他贵金属化合物；
— 稀土化合物：单一稀土氧化物、氯化稀土化合物、氟化稀土化合物、碳酸稀土化合物、硝酸稀土化合物、硫酸稀土化合物、其他稀土化合物；
— 氢化物、氮化物、叠氮化物；
— 其他无机盐。

2614　　有机化学原料制造

◇ 包括对下列有机化学原料的制造活动：
— 改性乙醇（部分）：合成酒精、变性燃料乙醇、其他改性乙醇；
— 生物能源（部分）：生物丁醇、沼气；
— 无环烃：饱和无环烃、不饱和无环烃；
— 环烃：环烷烃、环烯及环萜烯、芳香烃；
— 无环烃饱和氯化衍生物：一氯甲烷、二氯甲烷、三氯甲烷（氯仿）、四氯化碳、氯乙烷、二氯乙烷、三氯乙烷、四氯乙烷、六氯乙烷、其他无环烃饱和氯化衍生物；

— 无环烃不饱和氯化衍生物：氯乙烯、三氯乙烯、四氯乙烯、二氯乙烯、氯丙烯、三氯丙烯、其他无环烃不饱和氯化衍生物；
— 无环烃氟化、溴化或碘化衍生物：溴甲烷（甲基溴），溴乙烷，溴丙烷，碘乙烷，三氟溴甲烷，四氟乙烯，1－氯丁烷，1－溴丁烷，四溴丁烷，二溴戊烷，二碘代甲烷，三碘代甲烷，其他无环烃氟化、溴化或碘化衍生物；
— 含不同卤素无环烃卤化衍生物：三氯氟甲烷、二氯二氟甲烷、三氯三氟乙烷、二氯四氟乙烷、二氯五氟乙烷、氯三氟甲烷、五氯氟乙烷、四氯二氟乙烷、七氯氟丙烷、六氯二氟丙烷、五氯三氟丙烷、四氯四氟丙烷、三氯五氟丙烷、二氯六氟丙烷、二氯七氟丙烷、一氟三氯甲烷、二氟一氯甲烷（氟利昂－22）、二氟一氯乙烷（氟利昂－142）、其他含不同卤素无环烃卤化衍生物；
— 芳香烃卤化衍生物：氯化苯、邻二氯苯、对二氯苯、六氯苯、对氯甲苯、3，4－二氯三氟甲苯、三氯乙醛、其他芳香烃卤化衍生物；
— 烃磺化、硝化或亚硝化衍生物：苯磺酸、苯磺酰氯、烷基苯磺酸、对氨基苯磺酰氯、甲苯磺酸、二甲苯磺酸、苯二磺酸、萘磺酸、硝基苯、硝基甲苯、二硝基甲苯、三硝基甲苯（TNT）、硝基氯化苯、二硝基氯化苯、三氯硝基甲烷（氯化苦；硝基氯仿）、一硝基甲烷、邻硝基甲苯、对硝基甲苯、邻硝基氯苯、对硝基氯苯、二硝基氯苯、硝化棉、其他烃磺化、硝化或亚硝化衍生物；
— 无环醇及其衍生物：一元醇、二元醇、多元醇；
— 环醇：环烷醇、环烯醇及环萜烯醇、芳香醇；
— 酚：一元酚、多元酚、酚醇；
— 酚及酚醇衍生物：酚及酚醇卤化衍生物、酚及酚醇磺化衍生物、酚及酚醇硝化或亚硝化衍生物；
— 羧酸及其衍生物：甲酸及甲酸盐、甲酸酯、乙酸及乙酸盐、乙酸酯、氯乙酸及其盐和酯、丙酸及其盐和酯、丁酸及其盐和酯、戊酸及其盐和酯、硬酸酯及其盐、棕榈酸及其盐、丙烯酸及其盐和酯、甲基丙烯酸及其盐和酯、油酸及其盐和酯、亚油酸及其盐和酯、亚麻酸及其盐和酯、苯甲酸及其盐和酯、苯甲酸衍生物、苯乙酸及其盐和酯、草酸及其盐和酯、已二酸及其盐和酯、癸二酸及其盐和酯、壬二酸及其盐和酯、邻苯二甲酸酯、邻苯二甲酸酐、对苯二甲酸及其盐、乳酸及其盐和酯、酒石酸及其盐和酯、葡萄酸及其盐和酯、苯乙醇酸及其盐和酯、环烷酸及其水不溶性盐和酯；
— 氨基化合物：无环单胺，无环多胺，环单胺或多胺及其衍生物，环芳香单胺，环香多胺，含氧基氨基化合物，腈基化合物，重氮、偶氮和氧化偶氮化合物，肼或胲有机衍生物；
— 含氮基化合物：异氰酸酯、环已基氨基磺酸钠（甜蜜素）、其他含氮基化合物；
— 醚：甲醚、乙醚、二氯乙醚、二异丙醚、二丁醚、二戊醚、甲乙醚、乙基异丙基醚、乙基丁基醚、乙基戊基醚、环醚、多元醇缩水甘油醚、甘油醚、环萜烯醚、茴香醚、苯乙醚、二苯醚、1，2－二苯氧基乙烷（乙二醇二苯基醚）、茴香脑（对丙烯基茴香醚）、二苄醚、硝基苯乙醚、硝基茴香醚、2－叔丁基－5－甲基－4，6－二硝基茴香醚、β－萘甲醚、β－萘基乙醚、间甲酚甲醚、丁基间甲酚甲醚、苯基甲苯基醚、二甲苯基醚、苄基乙基醚、甲基叔丁基醚、间甲基二苯醚、其他醚；
— 醚醇：2，2－氧联二乙醇（二甘醇）、乙二醇单甲醚、二甘醇单甲醚、乙二醇单丁醚、二甘醇单丁醚、乙二醇，相关单烷基醚、二丁醇，相关单烷基醚、间苯氧基苄醇、其他醚醇及其衍生物；
— 醚酚及醚醇酚：醚酚、醚醇酚、焦儿茶酚单乙醚、其他醚酚及醚醇酚；
— 过氧化醇、过氧化醚及过氧化酮：乙过醇（乙基过氧化氢），过氧化二乙基，过氧醚，其他过氧化醇、过氧化醚及过氧化酮；

— 醛:甲醛、乙醛、丁醛、庚醛、丙醛、辛醛、癸醛、壬醛、十一醛、十二醛、丙烯醛、2－丁烯醛(巴豆醛)、柠檬醛、香茅醛、环柠檬醛A、环柠檬醛B、紫苏醛、藏花醛、苯甲醛、铃兰醛、肉桂醛、α－戊基肉桂醛、3－对枯烯基－2－甲基丙醛、苯乙醛、其他醛;

— 醛醇:乙醇醛、3－羟基丁醛、羟基香茅醛、其他醛醇;

— 醛醚、醛酚及含有相关含氧基醛:香草醛(3－甲氧基－4－羟基苯甲醛),乙基香草醛(3－乙氧基－4－羟基苯甲醛),水杨醛(邻羟基苯甲醛),3,4－二羟基苯甲醛(原儿茶醛),茴香醛(对甲氧基苯甲醛),其他醛醚、醛酚及含有相关含氧基醛;

— 环聚醛:三聚甲醛(三恶烷)、三聚乙醛(仲乙醛)、四聚乙醛、其他环聚醛;

— 多聚甲醛:仲甲醛、其他多聚甲醛;

— 酮:丙酮、丁酮(甲基乙基(甲)酮)、4－甲基－2－戊酮、莱基化氧(异亚丙基丙酮)、佛尔酮、假紫罗酮、假甲基紫罗酮、联乙酰(丁二酮)、乙酰丙酮、丙酮基丙酮、环己酮、甲基环己酮、乙烯酮、双乙烯酮(芷香酮)、甲基芷香酮、紫罗酮、甲基紫罗酮、葑酮、鸢尾酮、茉莉酮、香芹酮、环戊酮、薄荷酮、芳香酮、苯丙酮(苯基丙－2－丙酮)、苯乙酮、甲基萘基酮、亚苄基丙酮、苯基乙基(甲)酮、甲基苯乙酮、丁基二甲基苯乙酮、二苯(甲)酮、苯并蒽酮、苯基丙酮(苯基丙－2－酮)、过氧化环己酮、其他酮;

— 酮醇、酮醛及酮酚:酮醇,酮醛,酮酚,其他酮醇、酮醛及酮酚;

— 醌基化合物:蒽醌、对苯醌、1,4－萘醌、2－甲基蒽醌、二氢苊醌、菲醌、α－羟基蒽醌、醌茜、柯嗪、1－氨基蒽醌、酞菁铜(溶剂法酞菁铜、固相法酞菁铜)、其他醌基化合物;

— 无机酸酯及其盐:磷酸酯及其盐、硫代磷酸酯及其盐、硫酸酯及其盐;

— 亚磷酸酯:亚磷酸三甲酯、亚磷酸三乙酯、亚磷酸二甲酯、亚磷酸二乙酯、其他亚磷酸酯;

— 亚硝酸酯、硝酸酯;

— 碳酸酯、过碳酸酯及其盐:碳酸二乙酯,碳酸二愈创木酯,碳酸丙烯酯,碳酸二苯酯,二甘醇双烯丙基碳酸酯,原碳酸四乙酯,过氧化二碳酸双(4－叔丁基环己)酯,其他碳酸酯、过碳酸酯及其盐;

— 硅酸酯及其盐:硅酸乙酯(四乙氧基硅或硅酸四乙酯)、其他硅酸酯及其盐;

— 有机－无机化合物:有机硫化合物、有机汞化合物、有机硅化合物、核酸及其盐类;

— 其他有机化学原料。

◆ 不包括:

— 从石油气中提取甲烷,列入0710(石油开采);

— 乙二醇的生产,列入2653(合成纤维单(聚合)体制造)。

2619　　其他基础化学原料制造

◇ 包括对下列其他基础化学原料的制造活动:

— 生物能源(部分):生物氢气;

— 非金属无机氧化物:硼氧化物、硫氧化物、硅氧化物、硒氧化物、磷氧化物、砷氧化物、氧化氘、其他非金属无机氧化物;

— 过氧化氢(双氧水);

— 金属氧化物:氧化锌、氧化锶、氧化钡、铬氧化物、锰氧化物、氧化钽、氧化铁、钴氧化物、钛氧化物、铅氧化物、氧化锂、钒氧化物、镍氧化物、氧化铜、锗氧化物、钼氧化物、锑氧化物、氧化钨、锡氧化物、其他金属氧化物;

— 金属过氧化物、超氧化物:过氧化钠,过氧化钾,过氧化镁,过氧化锶,过氧化钡,过氧化锌,过氧化钙,金属超氧化物,其他金属过氧化物、超氧化物;

— 硫磺、磷;

— 非金属基础化学品：硅、精硅、硒、砷、硼、碲；
—（气体及稀有气体）
— 一般气体：氢气、氮气、氧气、一氧化碳、二氧化碳、其他一般气体；
— 稀有气体：氩气、氖气、氦气、氪气、氙气、其他稀有气体；
— 液态空气及压缩空气；
— 其他未列明基础化学原料。

262　肥料制造

指化学肥料、有机肥料及微生物肥料的制造。

2621　氮肥制造

指矿物氮肥及用化学方法制成含有作物营养元素氮的化肥的生产活动。

◇ 包括对下列氮肥的制造活动：
— 氨及氨水：合成氨（无水氨）、氨水；
— 氮肥：尿素、氯化铵、碳酸氢铵、硝酸铵、硫酸铵（氮肥）、硝酸钠、石灰氮、其他氮肥。

2622　磷肥制造

指以磷矿石为主要原料，用化学或物理方法制成含有作物营养元素磷的化肥的生产活动。

◇ 包括对下列磷肥的制造活动：
— 过磷酸钙、重过磷酸钙、钙镁磷肥、磷酸氢钙（磷肥）、其他磷肥；
— 磷酸二铵、磷酸一铵。

2623　钾肥制造

指用天然钾盐矿经富集精制加工制成含有作物营养元素钾的化肥的生产活动。

◇ 包括对下列钾肥的制造活动：
— 氯化钾、硫酸钾（钾肥）、钾钙肥、硫酸钾镁肥、钾钙肥、其他化学钾肥；
— 其他钾肥。

2624　复混肥料制造

指经过化学或物理方法加工制成的，含有两种以上作物所需主要营养元素（氮、磷、钾）的化肥的生产活动；包括通用型复混肥料和专用型复混肥料。

◇ 包括对下列复混肥料的制造活动：
— 合成复合肥料：磷酸二氢铵与磷酸氢二铵混合物、硝酸磷肥、磷酸二氢钾（合成复合肥料）、硝酸钾（合成复合肥料）、硝铵钾肥、其他合成复合肥料；
— 复混（合）肥料：氮磷钾三元复混肥料、氮磷二元复混肥料、氮钾二元复混肥料。

2625　有机肥料及微生物肥料制造

指来源于动植物，经发酵或腐熟等化学处理后，适用于土壤并提供植物养分供给的，其主要成分为含氮物质的肥料制造。

◇ 包括对下列有机肥料及微生物肥料的制造活动：
— 有机肥料：商品有机肥料、有机－无机复混肥料、其他有机肥料；
—（微生物肥料）
— 农用微生物菌剂：根瘤菌菌剂、固氮菌菌剂；

— 解磷类微生物菌剂：硅酸盐微生物菌剂、有机物料腐熟剂、光合细菌菌剂、促生菌剂、菌根菌剂、生物修复菌剂、复合微生物肥料、生物有机肥、其他微生物肥料；
— 动物、植物肥料：鸟粪，堆肥，厩肥，腐植质，灰肥，绿肥，秸秆，其他动物、植物肥料。

◆ 不包括：

— 未经化学处理的动植物肥料，如畜粪、家禽粪、皮革废料、鱼渣、鱼粉等分别归入相应行业。

2629 其他肥料制造

指上述未列明的微量元素肥料及其他肥料的生产。

◇ 包括对下列其他肥料的制造活动：

— 中量元素肥料：钙肥、镁肥、硫肥、其他中量元素肥料；
— 微量元素肥料：铁肥、钼肥、铜肥、锌肥、锰肥、硼肥、其他微量元素肥料。

263 农药制造

指用于防治农业、林业作物的病、虫、草、鼠和其他有害生物，调节植物生长的各种化学农药、微生物农药、生物化学农药，以及仓储、农林产品的防蚀、河流堤坝、铁路、机场、建筑物及其他场所用药的原药和制剂的生产活动。

2631 化学农药制造

指化学农药原药，以及经过机械粉碎、混合或稀释制成粉状、乳状和水状的化学农药制剂的生产活动。

◇ 包括对下列化学农药的制造活动：

— 化学农药原药：杀虫剂（杀螨剂）原药、杀菌剂原药、除草剂原药、植物生长调节剂原药、杀鼠剂原药、其他化学农药原药；
— 化学农药制剂。

◆ 不包括：

— 微生物农药、生物化学农药的生产，列入2632（生物化学农药及微生物农药制造）。

2632 生物化学农药及微生物农药制造

指由细菌、真菌、病毒和原生动物或基因修饰的微生物等自然产生，以及由植物提取的防治病、虫、草、鼠和其他有害生物的农药制剂生产活动。

◇ 包括对下列生物化学农药及微生物农药的制造活动：

— 生物原杀虫剂、微生物杀虫剂；
— 抗菌素杀菌剂、微生物杀菌剂；
— 微生物除草剂、微生物生长调节剂；
— 由植物提取的农药。

264 涂料、油墨、颜料及类似产品制造

2641 涂料制造

指在天然树脂或合成树脂中加入颜料、溶剂和辅助材料，经加工后制成的覆盖材料的生产活动。

◇ 包括对下列涂料的制造活动：

— 用于汽车、木器、铁路、公路、轻工、船舶、防腐、卷材、绝缘、电子办公用品、通用等水性涂料:醇酸树脂类型、烯酸树脂类型、丙烯酸树脂类型、聚酯树脂类型、环氧树脂类型、聚氨酯树脂类型、元素有机树脂类型及其他成膜物类型水性涂料;

— 用于汽车、木器、铁路、公路、轻工、船舶、防腐、卷材、绝缘、电子办公用品、通用等非水性涂料:酚醛树脂类型、沥青类型、醇酸树脂类型、氨基树脂类型、硝基纤维素(酯)类型、烯类树脂类型、丙烯酸酯树脂类型、聚酯树脂类型、环氧树脂类型、聚氨酯树脂类型、元素有机树脂类型、橡胶类型及其他成膜物类型非水性涂料;

— 建筑涂料:功能性建筑涂料、墙面涂料、地坪涂料、防水涂料、其他建筑涂料;

— 涂料辅助材料:催干剂、稀释剂、固化剂、脱漆剂、清漆或胶硬化添加剂、涂料用复合充量剂、涂料配套腻子、其他涂料辅助材料。

◆ 不包括:

— 颜料的制造,列入2643(颜料制造)。

2642　　油墨及类似产品制造

指由颜料、联接料(植物油、矿物油、树脂、溶剂)和填充料经过混合、研磨调制而成,用于印刷的有色胶浆状物质,以及用于计算机打印、复印机用墨等的生产活动。

◇ 包括对下列油墨及类似产品的制造活动:

— 印刷油墨:平版油墨、凸版油墨、凹版油墨、网孔版油墨、柔性版油墨、水性柔印油墨、其他印刷油墨;

— 专用油墨:金属印刷油墨、紫外线固化油墨、防伪油墨、水基喷印油墨、溶剂基喷印油墨、其他专用油墨;

— 印刷用油:涂布和印刷用光油、白燥油、红燥油、维利油、防潮油、调金油、调墨油、其他印刷用油;

— 印刷用助剂:印刷用稀释剂、干燥剂、冲淡剂、亮光剂、防粘脏剂等;

— 打印机、复印机用墨及类似产品。

◆ 不包括:

— 书写或绘画用墨水、墨汁的制造,列入2414(墨水、墨汁制造)。

2643　　颜料制造

指用于陶瓷、搪瓷、玻璃等工业的无机颜料及类似材料的生产活动,以及油画、水粉画、广告等艺术用颜料的制造。

◇ 包括对下列颜料的制造活动:

— 无机颜料:钛白粉、柠檬黄、钼铬红、群青、镉红、锌钡白(立德粉)、锌铬黄、铬绿、铬黄、氧化铁绿、氧化铁红、氧化铁黄、铁兰、氧化铁黑、氧化铁棕、其他无机颜料;

— 矿物颜料:土红、朱砂(特级朱砂、一级朱砂、二级朱砂)、页岩黑、硅黑、锌灰、其他矿物颜料;

— 植物性着色料:天然靛蓝、藤黄、姜黄素、苏木精、其他植物性着色料;

— 工业用调制颜料、遮光剂和着色剂及类似颜料:工业用调制颜料、工业用遮光剂、工业用着色剂、珐琅及釉料、釉底料(泥釉)、光瓷釉及类似制品、搪瓷玻璃料、其他工业用遮光剂和着色剂;

— 水彩颜料:成套水彩颜料、散装水彩颜料;

— 水粉颜料:成套水粉颜料、散装水粉颜料、固体水彩画颜料;

— 油画颜料:成套油画颜料、散装油画颜料;

— 国画颜料:成套国画颜料、散装国画颜料、丙烯颜料;

— 调色料;

— 其他艺术用颜料、美工塑型用膏；

— 其他颜料。

◆ 不包括：

— 有机颜料的生产，列入2644（染料制造）。

2644　染料制造

指有机合成、植物性或动物性色料，以及有机颜料的生产活动。

◇ 包括对下列染料的制造活动：

— 有机颜料：亚硝基类颜料、偶氮类颜料、联苯胺黄G、色淀类颜料、酞菁类颜料（酞菁兰、酞菁绿G、其他有机颜料）；

— 染料：硫化染料、分散染料、酸性染料、碱性染料、直接染料、活性染料（反应染料）、冰染染料（显色染料）、还原染料（瓮染料）阳离子染料、中性染料、其他染料；

— 用作发光体有机、无机产品：稀土发光材料、荧光增白剂、增感染料、生物染色剂、染料指示剂、其他用作发光体有机、无机产品。

2645　密封用填料及类似品制造

指用于建筑涂料、密封和漆工用的填充料，以及其他类似化学材料的制造。

◇ 包括对下列密封用填料及类似品的制造活动：

— 建筑防水嵌缝密封材料：建筑嵌缝密封膏、建筑防水胶泥、建筑防水嵌缝密封条（带）、注浆材料、其他建筑防水嵌缝密封材料；

— 漆工用的填充料；

— 玻璃腻子、接缝用油灰（腻子）、填缝胶、其他原浆涂料；

— 内外墙、地板、天花板的不耐火表面整修制品；

— 其他密封用填料类似制品。

265　合成材料制造

2651　初级形态塑料及合成树脂制造

也称初级塑料或原状塑料的生产活动，包括通用塑料、工程塑料、功能高分子塑料的制造。

◇ 包括对下列合成材料的制造活动：

— 乙烯聚合物：低密度聚乙烯树脂（LDPE）、高密度聚乙烯树脂（HDPE）、线型低密度聚乙烯树脂（LLDPE）、中密度聚乙烯树脂（MDPE）、超高分子量聚乙烯（UHMW）、乙烯-醋酸乙烯共聚物、其他乙烯聚合物；

— 丙烯，相关烯烃聚合物：聚丙烯树脂、聚异丁烯、丙烯共聚物、聚丁二烯树脂、其他初级形状烯烃聚合物；

— 苯乙烯聚合物：聚苯乙烯树脂、ABS树脂、AS树脂、其他初级形状苯乙烯聚合物；

— 氯乙烯，相关卤化烯烃聚合物：聚氯乙烯树脂、聚氯乙烯糊树脂、氯化聚乙烯树脂、氯化聚丙烯、过氯乙烯树脂、聚四氟乙烯、聚氟乙烯、聚三氟氯乙烯、氯乙烯-乙酸乙烯酯共聚物、偏二氯乙烯聚合物、其他氯乙烯及其他卤化烯烃聚合物；

— 初级形状丙烯酸聚合物：聚甲基丙烯酸甲酯（有机玻璃）、聚丙烯酸甲酯、其他初级形状丙烯酸聚合物；

— 初级形状聚缩醛：聚甲醛、聚乙醛、其他初级形状聚缩醛；

— 初级形状聚醚树脂：聚醚树脂、阻火聚醚、线性聚脂聚醚、聚苯醚、其他初级形状聚醚；

— 环氧树脂:聚苯硫醚环氧树脂、双酚 A 型环氧树脂、酚醛环氧树脂、其他初级形状环氧树脂;
— 聚碳酸酯;
— 醇酸树脂;
— 聚酰胺树脂;
— 氨基塑料:尿素树脂、硫尿树脂、蜜胺树脂、其他氨基塑料;
— 酚醛塑料;
— 聚氨酯塑料:聚氨基甲酸酯、其他聚氨酯塑料;
— 石油树脂;
— 呋喃树脂;
— 糠酮树脂;
— 聚砜树脂;
— 聚酰亚胺;
— 有机硅树脂:硅橡胶、室温硫化硅橡胶、热硫化硅橡胶、模具用硫化硅橡胶、其他有机硅树脂;
— 醋酸纤维素塑料;
— 硝酸纤维素树脂;
— 碳素纤维素树脂;
— 不饱和聚酯树脂;
— 聚苯硫醚树脂(PPS);
— 聚醚醚酮;
— 聚醚砜树脂;
— 其他初级形态塑料。

2652　　合成橡胶制造

指人造橡胶或合成橡胶及高分子弹性体的生产活动。

◇ 包括对下列合成橡胶的制造活动:
— 丁苯橡胶:丁苯橡胶胶乳、未加工丁苯橡胶、充油丁苯橡胶、初级形状羧基丁苯橡胶、其他丁苯橡胶;
— 热塑丁苯橡胶:SBS 热塑丁苯橡胶、SBS 充油热塑丁苯橡胶、SIS 热塑丁苯橡胶、SIS 充油热塑丁苯橡胶、其他热塑丁苯橡胶;
— 丁二烯橡胶:初级形状丁二烯橡胶、丁二烯橡胶板片带及类似产品;
— 丁基橡胶:初级形状丁基橡胶、初级形状卤代丁基橡胶、丁基橡胶板片带及类似产品;
— 乙丙橡胶:初级形状乙丙橡胶、乙丙橡胶板片带及类似产品;
— 氯丁橡胶:氯丁橡胶胶乳、初级形状氯丁橡胶、氯丁橡胶板片带及类似产品;
— 丁腈橡胶:丁腈橡胶胶乳、初级形状丁腈橡胶、丁腈橡胶板片带及类似产品;
— 异戊二烯橡胶:初级形状异戊二烯橡胶、异戊二烯橡胶板片带及类似产品;
— 氯磺化聚乙烯橡胶:氯磺化聚乙烯橡胶胶乳、初级形状氯磺化聚乙烯橡胶、氯磺化聚乙烯橡胶板片带及类似产品;
— 氟橡胶:氟橡胶胶乳、初级形状氟橡胶、氟橡胶板片带及类似产品;
— 聚氨酯橡胶:初级形状聚氨酯橡胶、聚氨酯橡胶板片带及类似产品;
— 其他合成橡胶。

2653　合成纤维单(聚合)体制造

指以石油、天然气、煤等为主要原料,用有机合成的方法制成合成纤维单体或聚合体的生产活动。

◇ 包括对下列合成纤维单(聚合)体的制造活动:

— 合成纤维单体:精对苯二甲酸(PTA)、对苯二甲酸二甲酯(DMT)、丙烯腈、己内酰胺、乙二醇、聚酰胺-6,6、其他合成纤维单体;

— 合成纤维聚合物:聚酯、聚乙烯醇、聚酰胺、其他合成纤维聚合物。

2659　其他合成材料制造

指陶瓷纤维等特种纤维及其增强的复合材料的生产活动;其他专用合成材料的制造。

◇ 包括对下列其他合成材料的制造活动:

— 离子交换树脂:阴离子交换树脂、阳离子交换树脂;

— 油脂类高分子聚合物:硅油、硅脂、含氟油、酯类油、聚醚型油、其他合成油;

— 功能高分子材料:导电高分子材料、电致发光高分子材料、医用高分子材料、水溶性聚合物、高吸水性树脂、智能高分子聚合物、其他功能高分子材料;

— 化学陶瓷:氧化物陶瓷、碳化物陶瓷、氮化物陶瓷、氟化物陶瓷、其他化学陶瓷;

— 特种纤维及高功能化工产品:碳纤维增强复合材料、硼纤维增强复合材料、碳化硅纤维增强复合材料、氧化铝纤维增强复合材料、磷酸锆类离子交换剂、磷酸铝系分子筛、其他特种纤维及高功能化工产品。

266　专用化学产品制造

2661　化学试剂和助剂制造

指各种化学试剂、催化剂及专用助剂的生产活动。

◇ 包括对下列化学试剂和助剂的制造活动:

— 化学试剂:金属化合物试剂,非金属化合物试剂,铵化合物试剂,有机化合物试剂,高纯试剂、高纯物质及标准试剂,分析用试剂及络合滴定剂,仪器分析用试剂及制剂,生物化学试剂,高纯气体及特种试剂,其他化学试剂;

— 催化剂:石油精制用催化剂、石油化工用催化剂、高分叠合用催化剂、无机化工用催化剂、有机化工用催化剂、防治公害用催化剂、其他催化剂;

— 橡胶助剂:橡胶促进剂、橡胶防老剂、橡胶抗氧制剂、橡胶润滑剂、橡胶脱膜剂、橡胶隔离剂、橡胶再生胶活化剂、胶乳专用配合剂、橡胶补强剂、其他橡胶助剂;

— 塑料助剂:塑料增塑剂、塑料抗氧剂、塑料复合稳定剂、其他塑料助剂;

— 农药乳化剂;

— 纺织工业用整理剂、助剂(部分):印染助剂、整理剂、纺织品整饰材料;

— 造纸工业用整理剂、助剂:造纸用粘合剂、造纸上浆剂、上浆添加剂、增湿剂、增强剂、助留剂、造纸用成型剂、其他造纸工业用整理剂、助剂;

— 制革工业用整理剂、助剂:制革用粘合剂,上光剂(光亮剂),涂饰剂,软皮剂,皮革防水剂,其他制革工业用整理剂、助剂;

— 润滑剂、润滑制品;

— 钻井用助剂:钻井用破乳剂、泥浆用助剂、钻井用注水剂、钻井用降粘剂、其他钻井用助剂;

— 生物化学制剂:黄腐酸制剂、其他生物化学制剂;

— 炭黑：耐磨炉黑（中超耐磨炉黑、高耐磨炉黑、其他耐磨炉黑）、通用炉黑（高结构通用炉黑、低结构通用炉黑、其他通用炉黑）、色素炭黑、喷雾炭黑、乙炔炭黑、其他炭黑；
— 增炭剂；
— 动物炭黑：骨炭黑、血炭黑、皮炭黑、角炭黑、其他动物炭黑。

2662 专项化学用品制造

指水处理化学品、造纸化学品、皮革化学品、油脂化学品、油田化学品、生物工程化学品、日化产品专用化学品等产品的生产活动。

◇ 包括对下列专项化学用品的制造活动：
— 建工建材用化学助剂：建筑防水剂，水泥、灰泥及混凝土用添加剂，建工建材用交联剂，快速堵漏剂，其他建工建材用化学助剂；
— 油田用化学制剂：油田缓蚀剂、钻井泥浆增稠剂、完井固井液、原油破乳剂、固井外加剂、压裂用化学品、酸化用化学品、防止石蜡凝结化学品；
— 矿物油用配制添加剂：原油添加剂、燃油添加剂、润滑油用添加剂、防冻剂、解冻剂、其他矿物油用配制添加剂；
— 鞣料及鞣料制剂：有机合成鞣料、无机鞣料、鞣料制剂、预鞣酶制剂；
— 酶及酶制品；
— 金属表面处理剂：金属清洗剂、金属表面酸洗剂、金属表面磷化剂、金属表面除锈、防锈剂、电镀用化学品；
— 工业用脂肪醇：工业用增塑剂醇、工业用洗涤剂醇、工业用齐格勒醇、其他工业用脂肪醇；
— 工业用脂肪酸：工业用椰子油（棕榈仁油）脂肪酸、工业用棕榈油脂肪酸、工业用油酸、工业用妥尔油脂肪酸、工业用合成脂肪酸、其他工业用脂肪酸；
— 工业用脂肪胺：工业用脂肪烷基伯胺、工业用脂肪烷基仲胺、工业用脂肪烷基叔胺、其他工业用脂肪胺；
— 脂肪酸甲酯；
— 表面活性剂：阴离子表面活性剂、阳离子表面活性剂、非离子型表面活性剂、其他类型表面活性剂；
— 灭火器用装配药、灭火弹；
— 其他专项化学用品。

◆ 不包括：
— 信息化学品的制造，列入 2664（信息化学品制造）；
— 食品添加剂的制造，列入 1495（食品及饲料添加剂制造）；
— 化学试剂、助剂的制造，列入 2661（化学试剂和助剂制造）；
— 对水污染、空气污染、固体废物等污染物处理时专用化学药剂的制造，列入 2665（环境污染处理专用药剂材料制造。

2663 林产化学产品制造

指以林产品为原料，经过化学和物理加工方法生产产品的活动。

◇ 包括对下列林产化学产品的制造活动：
— 改性乙醇（部分）：木质水解酒精；
— 活性炭：粉状活性炭、颗粒活性炭；
— 松节油类产品：松节油、松节油深加工产品；

— 松香类产品：松香、改性松香、松香衍生物、树脂酸、酯胶、松香精、松香油、其他松香类产品；
— 栲胶类产品：落叶松栲胶、柏梅栲胶、油柑栲胶、黑荆树栲胶、槲树栲胶、红根栲胶、木麻黄栲胶、橡碗栲胶、化香果栲胶、混合栲胶，栲胶改性品，其他栲胶产品；
— 樟脑：天然樟脑、合成樟脑（工业用樟脑、医药用樟脑）；
— 冰片（龙脑）：天然冰片、合成冰片；
— 五倍子单宁产品：工业单宁酸、工业没食子酸、焦性没食子酸、药用草柔酸、其他五倍子单宁产品；
—（紫胶类产品）
— 紫胶：普通紫胶片、专用紫胶片；
— 紫胶深加工产品：脱色紫胶片、改性紫胶片、漂白紫胶片、脱醋紫胶片、其他紫胶类产品；
— 木材热解、水解产品：木材热解产品、木材水解产品（木糖醇、木素、木材水解酒精、水解饲料酵母等）、植物沥青；
— 竹材热解产品：竹炭、其他竹材热解产品；
— 林产色素（紫胶红色素）、林产蜡（虫白蜡）、桃胶粉等；
— 其他林产化学产品。

◆ 不包括：
— 软木制品制造，列入 2039（软木制品及其他木制品制造）。

2664　信息化学品制造

指电影、照相、医用、幻灯及投影用感光材料、冲洗套药，磁、光记录材料，光纤维通讯用辅助材料，及其专用化学制剂的制造。

◇ 包括对下列信息化学品的制造活动：
— 感光胶片：电影胶片、普通照相胶片、X 光用感光胶片、照相制版用硬片和软片、照相制版用胶卷、幻灯胶片、缩微胶片、微型胶卷、其他感光胶片；
— 摄影感光纸、纸板及纺织物：摄影感光纸、摄影感光纸板、摄影感光纺织物；
— 片基：醋酸纤维素片基、聚酯片基、其他片基；
— 摄影、复印用化学制剂：摄影用化学制剂（感光乳液、显影剂、漂白剂、消泡剂、光刻胶等）、复印机用化学制剂；
— 空白磁带：空白录音带、空白录像带、计算机用空白磁带、其他空白磁带；
— 空白磁盘：软磁盘、其他空白磁盘；
— 空盘：空白光盘、空白唱盘、其他空盘；
— 未灌（录）制相关媒体；
— 电子半导体材料：单晶硅、多晶硅、单晶硅切片、多晶硅切片、硅外延片、单晶锗、单晶锗片、铌酸锂单晶片、钽酸锂单晶片、砷化镓单晶片、砷化镓外延片、光纤维通讯用辅助材料及其他掺杂用于电子工业的化学物；
— 其他信息化学品。

2665　环境污染处理专用药剂材料制造

指对水污染、空气污染、固体废物等污染物处理所专用的化学药剂及材料的制造。

◇ 包括对下列环境污染处理专用药剂材料的制造活动：
— 水处理剂：水处理缓蚀剂，清洗预膜剂，阻垢分散剂，水质稳定剂，软水、净水剂，锅炉水处理剂，水处理复合药剂；

— 污水处理化学药剂:杀菌灭藻剂、有机混凝剂、无机混凝剂、其他污水处理化学药剂;
— 污水处理生物药剂:水处理工程用菌剂、生物混凝剂、生物脱色剂、生物除臭剂、其他污水处理生物药剂;
— 污水处理材料:填料、滤料、膜材料(微滤膜、超滤膜、反渗透膜、电渗析膜、中空纤维膜)及膜组件;
— 空气污染治理材料:玻璃纤维滤料、合成纤维滤料、覆膜滤料、脱硫剂。

◆ 不包括:
— 杀菌剂制造,列入 2631(化学农药制造);
— 纸浆制的滤块、滤板及滤片;列入 2239(其他纸制品制造);
— 生物菌种制造,列入 2760(生物药品制造);
— 阳离子(阴离子)交换树脂制造,列入 2659(其他合成材料制造);
— 吸声、隔音材料,列入 3035(隔热和隔音材料制造)。

2666　动物胶制造

指以动物骨、皮为原料,经一系列工艺处理制成有一定透明度、黏度、纯度的胶产品的生产活动。

◇ 包括对下列动物胶产品的制造活动:
— 明胶:照相明胶、药用明胶、食用明胶、工业明胶;
— 皮胶、骨胶、鱼胶、筋胶、腱胶及其他动物胶;
— 动物胶衍生物:明胶衍生物(鞣酸明胶、溴化鞣酸明胶、其他明胶衍生物)、骨油、骨粉、骨粒(脱胶)、动物骨胶和经过配制的骨胶。

2669　其他专用化学产品制造

指其他各种用途的专用化学用品的制造。

◇ 包括对下列其他专用化学产品的制造活动:
— 调制粘合剂:合成粘合剂(胶粘剂)、无机粘合剂(胶粘剂)、热溶胶、改性淀粉调制胶、沥青粘合剂、其他调制粘合剂;
— 金属材料制焊料:焊粉、焊膏、焊丝;
— 焊接辅助剂:助焊剂、焊嘴防堵剂、低碳铌铁、搪锡助焊剂、焊条粘接剂、其他焊接辅助剂。

◆ 不包括:
— 信息化学品的制造,列入 2664(信息化学品制造);
— 食品添加剂制造,列入 1495(食品及饲料添加剂制造);
— 化学试剂、助剂的制造,列入 2661(化学试剂和助剂制造);
— 对水污染、空气污染、固体废物等污染物处理时专用化学药剂的制造,列入 2665(环境污染处理专用药剂材料制造)。

267　炸药、火工及焰火产品制造

2671　炸药及火工产品制造

指各种军用和生产用炸药、雷管及类似的火工产品的制造。

◇ 包括对下列炸药及火工产品的制造活动:
— 发射药:黑色火药、火器用发射药(无烟药、复合药、其他火器用发射药)、火箭用发射药(均相发射药、复合发射药、其他火箭用发射药);
— 炸药:硝铵炸药、硝化甘油炸药、谢德炸药、起爆炸药、其他配制炸药;

—（火工产品）
— 雷管：火雷管、电雷管、磁电雷管、导爆管雷管、塑料导爆管、继爆管、其他雷管；
— 火帽：引信火帽、底火火帽、药筒火帽、摩擦火帽、撞击火帽、电底火、其他火帽；
— 索类火工品：导火索、导爆索、切割索、引火线、其他索类火工品；
— 引爆器（起爆器）：电引爆器、化学引爆器；
— 爆破器材：震源药柱、震源弹、聚能射孔弹、复合射孔器、聚能切割弹、高能气体压裂弹、平炉出钢口穿孔弹、其他爆破器材；
— 其他火工产品。

2672　焰火、鞭炮产品制造

指节日、庆典用焰火及民用烟花、鞭炮等产品的制造。

◇ 包括对下列焰火、鞭炮产品的制造活动：
—（烟火制品）
— 技术用烟火制品：信号弹、闪光弹、彩光弹、降雨火箭、抗冰雹火箭、抗冰雹弹、烟雾发生器、救生索火箭、其他技术用烟火制品；
— 烟火制品元件：彩光元件、导向元件、烟火假目标及烟雾元件、其他烟火制品元件；
— 其他烟火制品；
—（焰火制品）
— 火炬、烟花：地面烟花（盆花）、玩具烟花、架子烟花、水上烟花、冷烟花（舞台烟花）、其他烟花；
— 爆竹；
— 其他焰火制品。

268　日用化学产品制造

2681　肥皂及合成洗涤剂制造

指以喷洒、涂抹、浸泡等方式施用于肌肤、器皿、织物、硬表面，即冲即洗，起到清洁、去污、渗透、乳化、分散、护理、消毒除菌等功能，广泛用于家居、个人清洁卫生、织物清洁护理、工业清洗、公共设施及环境卫生清洗等领域的产品（固、液、粉、膏、片状等），以及中间体表面活性剂产品的制造。

◇ 包括对下列肥皂及合成洗涤剂的制造活动：
—（肥（香）皂）
— 洗衣皂：普通洗衣皂、复合洗衣皂、其他洗衣皂；
— 香皂：普通香皂、功能性香皂、其他香皂；
— 皂粉；
— 其他肥（香）皂；
—（合成洗涤剂）
— 合成洗衣粉：普通洗衣粉、浓缩洗衣粉、工业用洗衣粉、其他洗衣粉；
— 液体洗涤剂：餐具、果蔬洗涤剂，衣用及织物用洗涤剂，家居清洁护理剂，其他液体洗涤剂；
— 工业清洗剂；
— 公共设施、环境卫生洗涤清洁剂；
— 其他合成洗涤剂；
— 洗手液；
— 浴液；

— 沐浴用制剂；
— 中间体表面活性剂产品；
— 其他沐浴剂及人体清洁用类似品。

◆ 不包括：
— 对水污染、空气污染、固体废物等污染物处理时专用化学药剂的制造，列入2665（环境污染处理专用药剂材料制造）。

2682 化妆品制造

指以涂抹、喷洒或者其他类似方法，撒布于人体表面任何部位（皮肤、毛发、指甲、口唇等），以达到清洁、消除不良气味、护肤、美容和修饰目的的日用化学工业产品的制造。

◇ 包括对下列化妆品的制造活动：
— 清洁类化妆品：洗面奶、洗发剂（香波）、洗浴液、人体除臭剂及止汗剂、剃须用制剂、面膜、痱子粉和爽身粉、其他清洁类化妆品；
— 护肤用化妆品：护肤膏霜、护肤乳液、护手霜、护甲水（霜）、润唇膏、眼用护肤膏（霜）、化妆水、护肤啫喱膏（水）、其他护肤用化妆品；
— 护发美发用品：护发素、烫发剂、染发剂、定型剂、生发剂等；
— 美容、修饰类化妆品：唇用化妆品（口红、唇线笔等），眼用化妆品（眼影、眉笔、睫毛膏等），香粉、粉饼、胭脂，指（趾）甲化妆品、其他美容、修饰类化妆品；
— 人体使用的香味制剂，如香水、花露水、古龙水等。

2683 口腔清洁用品制造

指用于口腔或牙齿清洁卫生制品的生产活动。

◇ 包括对下列口腔清洁用品的制造活动：
— 洁齿、护齿品：牙膏，牙粉，牙贴、牙凝胶、牙涂液，牙线，固齿膏和固齿粉，其他洁齿、护齿品；
— 口腔及牙齿清洁剂：漱口液，口腔清洁剂，口腔喷雾剂，口腔香水，假牙清洗剂、假牙胶，假牙模膏、粉及片，牙齿增白品，其他口腔及牙齿清洁剂；
— 其他口腔清洁护理用品。

2684 香料、香精制造

指具有香气和香味，用于调配香精的物质——香料的生产，以及以多种天然香料和合成香料为主要原料，并与其他辅料一起按合理的配方和工艺调配制得的具有一定香型的复杂混合物，主要用于各类加香产品中的香精的生产活动。

◇ 包括对下列香料、香精的制造活动：
— 天然香料：用物理方法直接从芳香植物或动物香囊分泌物中分离得到的，或用生物技术方法从天然动植物原料中制得的具有香气和香味的产品，包括蒸馏类和冷榨冷磨类（精油）、浸提类（浸膏、酊剂、油树脂等）、其他类及用生物技术方法制得的单一或复合香料产品；
— 生物技术香料：发酵法丁二酮、其他生物技术香料；
— 合成香料：薄荷醇（dl－薄荷脑）、苯甲醛（合成香料）、香草醛（香兰素）、乙基香草醛（乙基香兰素）、复盆子酮、香豆素、乙基麦芽酚、呋喃酮、乙酸苄酯、己酸乙酯、乳酸乙酯、甲基柏木酮、檀香208、二氢月桂烯醇、结晶玫瑰、甲基吡嗪、2－乙酰基噻唑、其他合成香料；
— 香精：食品用香精、酒用香精、烟用香精、日用香精、饲料用香精、其他工业用香精。

2689　其他日用化学产品制造

指室内散香或除臭制品，光洁用品，擦洗膏及类似制品，动物用化妆盥洗品，火柴，蜡烛及类似制品等日用化学产品的生产活动。

◇ 包括对下列其他日用化学产品的制造活动：

— 室内散香或除臭制品：神香及类似香气制品，室内空气清新剂，房间用除臭剂，香袋、香纸及类似产品；

— 光洁用品：人造蜡及调剂蜡、鞋靴油、皮夹克油、木制家具用上光剂、地板蜡、汽车用上光剂、玻璃用光洁剂、金属用光洁剂、其他光洁用品；

— 擦洗膏、去污粉及类似制品：擦洗膏，去污粉，其他擦洗、去污用制品；

— 动物用化妆盥洗品：动物用清洗剂（宠物猫狗用清洗剂、其他动物用清洗剂）、脱毛剂、其他动物用化妆盥洗品；

— 火柴：普通火柴、工艺火柴、其他火柴；

— 蜡烛及类似品：工艺蜡烛及类似品、其他蜡烛及类似品；

— 宠物消毒用品：宠物猫狗消毒用品、水族缸清洁消毒用品、宠物鸟清洁消毒用品、其他宠物消毒用品；

— 其他未列明日用化学制品。

27　医药制造业

271　2710　化学药品原料药制造

指供进一步加工化学药品制剂所需的原料药生产活动。

◇ 包括对下列化学药品原料药的制造活动：

— 抗菌素（抗感染药）：青霉素类、氨基糖苷类药、四环素类药；

— 消化系统用药：季铵化合物类、药用内酯、甘草酸盐、芦荟素、其他消化系统用药；

— 解热镇痛药：阿司匹林类、水杨酸及其盐、水杨酸酯、含有非稠合吡唑环化合物、环酰胺类、磺（酰）胺、麦角胺及其盐（解热镇痛）、布洛芬、其他解热镇痛药；

— 维生素类：维生素 A 类原药、维生素 B 类原药、维生素 C 类原药、维生素 D 或 DL－泛酸类原药、维生素 E 类原药、复合维生素类药、其他维生素及其衍生物；

— 抗寄生虫病药：奎宁及其盐、氯喹类、哌嗪类、噻嘧啶类、金鸡纳生物碱、其他抗寄生虫病药；

— 中枢神经系统用药：巴比妥类、无环酰胺类、咖啡因类、其他中枢神经系统用药；

— 计划生育用药；

— 激素类药：垂体激素类药、肾上腺皮质激素类药、生长激素类似物、葡糖醛酸内酯、胰腺激素、雌（甾）激素及孕激素；其他激素类药；

— 抗肿瘤药：莫司汀类，蝶呤、嘌呤类，天然来源类抗肿瘤药；

— 心血管系统用药：苷类、麦角生物碱及其衍生物以及盐、地高辛类、奎尼丁类、洛尔类、其他心血管系统用药；

— 呼吸系统用药：愈创木酚类、甲酚磺酸类、卡拉美芬类、麻黄碱类、茶碱和氨茶碱类、天然苷类；

— 泌尿系统用药：噻嗪类、可可碱类、天然或合成苷、汞撒利类、其他泌尿系统用药；

— 血液系统用药：肝素类、香豆素类、羟基淀粉类：其他血液系统用药；

— 诊断用原药：泛影酸类、葡胺类、碘他拉酸类、其他诊断用原药；

— 调解水、电解质、酸碱平衡药：葡萄糖类药，糖醚、糖酯及其盐，化学纯乳糖，电解质平衡调节药，酸碱平衡调节药，透析液，其他调解水、电解质、酸碱平衡药；

— 麻醉用药：胆碱、胆碱盐及衍生物，鸦片碱、鸦片碱衍生物及相关盐，可卡因及其盐、其他麻醉药；
— 抗组织胺类药及解毒药：抗组织胺类药、解毒药、放射性同位素药、其他抗组织胺类药及解毒药；
— 生化药（酶及辅酶）：卵磷脂及相关磷氨基类脂、氨基酸及蛋白质类药（原药）、其他生化药；
— 消毒防腐及创伤外科用药：吖啶类药、氯己定类药、汞类药、败坏翘摇素、丙酰基内酯、其他消毒防腐及创伤外科用药；
— 制剂用辅料及附加剂：专用于人或兽药凝胶制品、专用于人或兽药润滑剂、专用于人或兽药偶合剂、其他制剂用辅料及附加剂。

272 2720 化学药品制剂制造

指直接用于人体疾病防治、诊断的化学药品制剂的制造。

◇ 包括对下列化学药品制剂的制造活动：

— 冻干粉针剂：注射用胸腺素、注射用重组人粒细胞巨噬细胞集落刺激因子、注射用重组人白介素－2（冻干粉针剂）、注射用重组人干扰素、注射用核糖核酸、低精蛋白胰岛素注射液、注射用人血白蛋白、注射用重组人生长激素、其他冻干粉针剂；
— 粉针剂：含有青霉素及其衍生物粉针剂、含有链霉素及其衍生物粉针剂、头孢类粉针剂、含有相关抗菌素粉针剂、含有皮质甾类激素及衍生物粉针剂；
— 注射液：含有相关抗菌素注射液、含有维生素原和维生素注射液、含有皮质甾类激素及其衍生物注射液、含有奎宁或其盐注射液、含有生物碱及其衍生物注射液、含有胰岛素注射液、孕妇药注射液、其他混合或非混合产品构成注射液；
— 输液：含有抗菌素输液、其他混合或非混合输液；
— 片剂：含有青霉素及其衍生物片剂、含有链霉素及其衍生物片剂、含有先锋霉素片剂、含有抗菌素片剂、含有奎宁或其盐的片剂、含有磺胺类片剂、含有联苯双酯片剂、含有维生素及其衍生物片剂、含有皮质甾类激素及其衍生物片剂、含有生物碱及其衍生物片剂、孕妇药片剂、其他混合产品构成片剂；
— 胶囊剂：含有青霉素及其衍生物胶囊、含有链霉素及其衍生物胶囊、含有先锋霉素胶囊、含有相关抗菌素胶囊、含有维生素及其衍生物胶囊、其他混合或非混合产品构成胶囊；
— 颗粒剂：含有青霉素及其衍生物颗粒剂、含有链霉素及其衍生物颗粒剂、含有先锋霉素颗粒剂、含有相关抗菌素颗粒剂、其他混合或非混合产品构成颗粒剂；
— 缓释控释片：含有抗菌素缓释控释片、含有奎宁或其盐的缓释控释片、含有磺胺类缓释控释片、含有联苯双酯缓释控释片、含有维生素及其衍生物缓释控释片、含有皮质甾类激素及其衍生物缓释控释片、含有生物碱及其衍生物缓释控释片、其他混合或非混合产品构成缓释控释片；
— 滴剂；
— 膏霜剂；
— 栓剂；
— 气雾剂；
— 口服液体制剂；
— 外用液体制剂；
— 避孕药物用具：避孕环，避孕胶棒、膜，其他避孕药物用具。

◆ 不包括：

— 中成药制造，列入2740（中成药生产）；

— 动物用药制造,列入2750(兽用药品制造);
— 生物制品和生化药品的制造,列入2760(生物药品制造)。

273 2730 中药饮片加工

指对采集的天然或人工种植、养殖的动物和植物的药材部位进行加工、炮制,使其符合中药处方调剂或中成药生产使用的活动。

◇ 包括对下列中药饮片的加工活动:

— 植物类饮片:根及根茎类饮片,块、根、茎类饮片,藤、茎类饮片,木、心材类饮片,树皮类饮,叶片类饮片,花、蕊类饮片,果实、种子类饮片,草类饮片,藻、菌、地衣类饮片,植物加工类饮片;
— 动物类饮片:动物全体类饮片,去内脏动物类饮片,动物皮、角类饮片,动物鳞片、贝壳类饮片,动物骨骼、脏器类饮片,动物矿产、加工类饮片;
— 矿物类饮片:白矾类饮片、大青盐类饮片、磁石类饮片、胆矾类饮片、赤石脂类饮片、鹅管石类饮片、红粉类饮片、花蕊石类饮片、海浮石类饮片、金礞石类饮片、硫磺类饮片、密陀僧类饮片、寒水石类饮片、紫硇砂类饮片、硼砂类饮片、青礞石类饮片、轻粉类饮片、石膏类饮片、龙齿类饮片、龙骨类饮片、炉甘石类饮片、雄黄类饮片、赭石类饮片、钟乳石类饮片、紫石英类饮片、自然铜类饮片、云母石类饮片、禹粮石类饮片、其他矿物类饮片;
— 其他中药饮片。

274 2740 中成药生产

指直接用于人体疾病防治的传统药的加工生产活动。

◇ 包括对下列中成药的生产活动:

— 中成药丸剂:解表丸丸剂,泻下丸剂,和解丸剂,温里丸剂,清热丸剂,祛暑丸剂,补益丸剂,固涩丸剂,安神丸剂,开窍丸剂,理气丸剂,理血丸剂,止血丸剂,治风丸剂,祛湿丸剂,祛风湿丸剂,祛痰丸剂,止咳平喘丸剂,消食丸剂,治泻、痢丸剂,小儿镇惊丸剂,调经、止带丸剂,治产后病丸剂,安胎丸剂,利咽丸剂,明目丸剂,通鼻丸剂,治耳丸剂,驱虫、杀虫、止痒丸剂,治痔丸剂,治疮疡丸剂,止酸解痉治胃痛丸剂,抗痨丸剂,抗癌丸剂,其他中成药丸剂;
— 中成药冲剂:解表冲剂,泻下冲剂,和解冲剂,温里冲剂,清热冲剂,祛暑冲剂,补益冲剂,固涩冲剂,安神冲剂,开窍冲剂,理气冲剂,理血冲剂,止血冲剂,治风冲剂,祛湿冲剂,祛风湿冲剂,祛痰冲剂,止咳平喘冲剂,消食冲剂,治泻、痢冲剂,小儿镇惊冲剂,调经、止带冲剂,治产后病冲剂,安胎冲剂,利咽冲剂,明目冲剂,通鼻冲剂,治耳冲剂,驱虫、杀虫、止痒冲剂,治痔冲剂,治疮疡冲剂,止酸解痉治胃痛冲剂,抗痨冲剂,抗癌冲剂,其他中成药冲剂;
— 中成药糖浆:解表糖浆,泻下糖浆,和解糖浆,温里糖浆,清热糖浆,祛暑糖浆,补益糖浆,固涩糖浆,安神糖浆,开窍糖浆,理气糖浆,理血糖浆,止血糖浆,治风糖浆,祛湿糖浆,祛风湿糖浆,祛痰糖浆,止咳平喘糖浆,消食糖浆,治泻、痢糖浆,小儿镇惊糖浆,调经、止带糖浆,治产后病糖浆,安胎糖浆,利咽糖浆,明目糖浆,通鼻糖浆,治耳糖浆,驱虫、杀虫、止痒糖浆,治痔糖浆,治疮疡糖浆,止酸解痉治胃痛糖浆,抗痨糖浆,抗癌糖浆,其他中成药糖浆;
— 中成药片剂:解表糖浆,泻下片剂,和解片剂,温里片剂,清热片剂,祛暑片剂,补益片剂,固涩片剂,安神片剂,开窍片剂,理气片剂,理血片剂,止血片剂,治风片剂,祛湿片剂,祛风湿片剂,祛痰片剂,止咳平喘片剂,消食片剂,治泻、痢片剂,小儿镇惊片剂,调经、止带片剂，治产后病片剂，安胎片剂，利咽片剂，明目片剂，通鼻片剂，治耳片剂，驱虫、杀虫、止痒片剂，治痔片剂，治疮疡片剂，止酸解痉治胃痛片剂，抗痨片剂，抗癌片剂，其他中成药片剂；

— 中成药针剂：解表针剂，泻下针剂，和解针剂，温里针剂，清热针剂，祛暑针剂，补益针剂，固涩针剂，安神针剂，开窍针剂，理气针剂，理血针剂，止血针剂，治风针剂，祛湿针剂，祛风湿针剂，祛痰针剂，止咳平喘针剂，消食针剂，治泻、痢针剂，小儿镇惊针剂，调经、止带针剂，治产后病针剂，安胎针剂，利咽针剂，明目针剂，通鼻针剂，治耳针剂，驱虫、杀虫、止痒针剂，治痔针剂，治疮疡针剂，止酸解痉治胃痛针剂，抗痨针剂，抗癌针剂，其他中成药针剂；

— 中成药注射液：解表注射液，泻下注射液，和解注射液，温里注射液，清热注射液，祛暑注射液，补益注射液，固涩注射液，安神注射液，开窍注射液，理气注射液，理血注射液，止血注射液，治风注射液，祛湿注射液，祛风湿注射液，祛痰注射液，止咳平喘注射液，消食注射液，治泻、痢注射液，小儿镇惊注射液，调经、止带注射液，治产后病注射液，安胎注射液，利咽注射液，明目注射液，通鼻注射液，治耳注射液，驱虫、杀虫、止痒注射液，治痔注射液，治疮疡注射液，止酸解痉治胃痛注射液，抗痨注射液，抗癌注射液，其他中成药注射液；

— 膏药：解表膏药，泻下膏药，和解膏药，温里膏药，清热膏药，祛暑膏药，补益膏药，固涩膏药，安神膏药，开窍膏药，理气膏药，理血膏药，止血膏药，治风膏药，祛湿膏药，祛风湿膏药，祛痰膏药，止咳平喘膏药，消食膏药，治泻、痢膏药，小儿镇惊膏药，调经、止带膏药，治产后病膏药，安胎膏药，利咽膏药，明目膏药，通鼻膏药，治耳膏药，驱虫、杀虫、止痒膏药，治痔膏药，治疮疡膏药，止酸解痉治胃痛膏药，抗痨膏药，抗癌膏药，其他膏药；

— 中成药口服液：解表口服液，泻下口服液，和解口服液，温里口服液，清热口服液，祛暑口服液，补益口服液，固涩口服液，安神口服液，开窍口服液，理气口服液，理血口服液，止血口服液，治风口服液，祛湿口服液，祛风湿口服液，祛痰口服液，止咳平喘口服液，消食口服液，治泻、痢口服液，小儿镇惊口服液，调经、止带口服液，治产后病口服液，安胎口服液，利咽口服液，明目口服液，通鼻口服液，治耳口服液，驱虫、杀虫、止痒口服液，治痔口服液，治疮疡口服液，止酸解痉治胃痛口服液，抗痨口服液，抗癌口服液，其他中成药口服液；

— 中成药胶囊：解表胶囊，泻下胶囊，和解胶囊，温里胶囊，清热胶囊，祛暑胶囊，补益胶囊，固涩胶囊，安神胶囊，开窍胶囊，理气胶囊，理血胶囊，止血胶囊，治风胶囊，祛湿胶囊，祛风湿胶囊，祛痰胶囊，止咳平喘胶囊，消食胶囊，治泻、痢胶囊，小儿镇惊胶囊，调经、止带胶囊，治产后病胶囊，安胎胶囊，利咽胶囊，明目胶囊，通鼻胶囊，治耳胶囊，驱虫、杀虫、止痒胶囊，治痔胶囊，治疮疡胶囊，止酸解痉治胃痛胶囊，抗痨胶囊，抗癌胶囊，其他中成药胶囊；

— 中成药散剂：解表散剂，泻下散剂，和解散剂，温里散剂，清热散剂，祛暑散剂，补益散剂，固涩散剂，安神散剂，开窍散剂，理气散剂，理血散剂，止血散剂，治风散剂，祛湿散剂，祛风湿散剂，祛痰散剂，止咳平喘散剂，消食散剂，治泻、痢散剂，小儿镇惊散剂，调经、止带散剂，治产后病散剂，安胎散剂，利咽散剂，明目散剂，通鼻散剂，治耳散剂，驱虫、杀虫、止痒散剂，治痔散剂，治疮疡散剂，止酸解痉治胃痛散剂，抗痨散剂，抗癌散剂，其他中成药散剂；

— 中成药栓剂：解表栓剂，泻下栓剂，和解栓剂，温里栓剂，清热栓剂，祛暑栓剂，补益栓剂，固涩栓剂，安神栓剂，开窍栓剂，理气栓剂，理血栓剂，止血栓剂，治风栓剂，祛湿栓剂，祛风湿栓剂，祛痰栓剂，止咳平喘栓剂，消食栓剂，治泻、痢栓剂，小儿镇惊栓剂，调经、止带栓剂,治产后病栓剂,安胎栓剂,利咽栓剂,明目栓剂,通鼻栓剂,治耳栓剂,驱虫、杀虫、止痒栓剂,治痔栓剂,治疮疡栓剂,止酸解痉治胃痛栓剂,抗痨栓剂,抗癌栓剂,其他中成药栓剂;
— 药酒:补益药酒、固涩药酒、安神药酒、开窍药酒、理气药酒、理血药酒、止血药酒、治风药酒、祛湿药酒、其他药酒;
— 清凉油:治风剂清凉油、其他清凉油;
— 其他中成药。

275 2750 兽用药品制造

指用于动物疾病防治医药的制造。

◇ 包括对下列兽用药品的制造活动:
— 兽用化学药品:兽用抗菌素药品、含有奎宁及其盐的兽用药品、含有磺胺兽用药品、其他兽用化学药品;
— 兽用中草药;
— 兽用疫苗。

◆ 不包括:
— 饲料添加剂(促生长剂)的生产,列入 1495(食品及饲料添加剂制造)。

276 2760 生物药品制造

指利用生物技术生产生物化学药品、基因工程药物的生产活动。

◇ 包括对下列生物药品的制造活动:
— 生物化学药品;
— 酶类生化制剂:胰蛋白酶制剂、糜蛋白酶制剂、菠萝蛋白酶制剂、链激酶制剂、重组链激酶制剂、双链酶制剂、尿激酶制剂、溶菌酶制剂、辅酶 Q10 制剂、辅酶 I 制剂、复合辅酶制剂、冬门酰胺酶制剂、胰酶制剂、多酶制剂、胃蛋白酶制剂、含糖胃蛋白酶制剂、淀粉酶制剂;
— 氨基酸及蛋白质类药:乙酰半胱氨酸制剂、羧甲司坦制剂、盐酸美司坦制剂、胱氨酸制剂、盐酸赖氨酸制剂、谷氨酸制剂、门冬氨酸制剂、冬门酰胺制剂、复合氨基酸制剂、复方氨基酸制剂、复方赖氨酸制剂、注射用氨基酸类药及输液、其他氨基酸及蛋白质类药;
— 脂肪类药制剂:注射用脂肪类药、脂肪类药胶囊、脂肪类药片剂、其他脂肪类药制剂;
— 核酸类药制剂:三磷腺苷钠制剂、环磷腺苷制剂、肌苷制剂、核糖核酸制剂、其他核酸类药制剂;
— 其他生物化学药品;
—(生物化学制品)
— 菌苗:伤寒菌苗、霍乱菌苗、霍乱伤寒混合菌苗、霍乱伤寒副伤寒甲乙菌苗、伤寒副伤寒甲乙菌苗、伤寒副伤寒甲二联菌苗、伤寒·副伤寒甲·乙三联菌苗、霍乱·伤寒·副伤寒甲·乙四联菌苗、百日咳菌苗、钩端螺旋体菌苗、多价钩端螺旋体菌苗、脑膜炎球菌多糖菌苗(A 群)、炭疽活菌苗、气管炎菌苗、气管炎溶菌菌苗、吸附霍乱菌苗、吸附霍乱类毒素菌苗、冻干牛痘苗、流脑菌苗、其他菌苗;
— 菌苗制剂:吸附百日咳白喉破伤风混合制剂、吸附百日咳菌苗白喉类毒素混合制剂、卡介苗多糖核酸、破伤风类毒素混合制剂、核酪制剂、口服多价痢疾噬菌体、哮喘菌苗注射液、气管炎菌苗片;
— 人用疫苗:脑炎疫苗,脑膜炎疫苗,麻疹、风疹及腮腺炎疫苗,狂犬病疫苗,脊髓灰质炎

疫苗,肝炎疫苗,流感疫苗,肾综合症疫苗,破伤风、白喉及百日咳疫苗,黄热碱毒活疫苗,其他人体用疫苗;

— 类毒素:吸附精制白喉类毒素、吸附精制白喉破伤风二联类毒素、吸附精制破伤风类毒素、吸附精制破伤风·气性坏疽四联类毒类、葡萄球菌类毒素、其他类毒素;
— 抗血清类:抗蛇毒血清、抗狂犬病血清、抗炭疽血清、抗赤痢血清、精制抗腺病毒血清、抗淋巴细胞血清、其他抗血清;
— 血液制品:球蛋白、白蛋白、血液制品制剂;
— 细胞因子:干扰素制剂、胸腺肽制剂、转移因子制剂、促肝细胞生长素制剂、白介素制剂;
— 诊断用生物制品:诊断用菌素、菌液、菌体,诊断血球,诊断用抗原,诊断用血凝素,诊断用血清,试验用毒素,诊断用生物试剂盒;
— 生物制剂:生物菌及菌片、生物试剂盒、微生物培养基、其他生物制剂;
— 病人医用试剂:血型试剂、影象检查用化学药制剂、器官功能检查剂;
— 非病人用诊断检验、实验用试剂(部分):有衬背的诊断或实验用试剂、无衬背的诊断或实验用试剂。

277 2770 卫生材料及医药用品制造

指卫生材料、外科敷料、药品包装材料、辅料以及其他内、外科用医药制品的制造。

◇ 包括对下列卫生材料及医药用品的制造活动:

— 经药物浸涂的胶粘敷料:医用橡皮膏、创可贴止血膏布、消炎喷雾胶布、新霉素软膏纱布、其他有胶粘涂层的医用软填料;
— 纱布、软填料及类似物品:医用脱脂棉花、绷带、纱布、其他医用软填料;
— 医用敷料:皮肤敷料、液体敷料;
— 医用缝合材料及外科用无菌材料;
— 无菌外科肠线及类似缝合材料:肠线、天然纤维缝合材料、合成聚合纤维医用缝合材料、医用金属缝合材料、粘合胶布、其他无菌外科肠线及类似缝合材料;
— 无菌昆布及无菌昆布塞条;
— 牙科填料、牙科粘固剂、骨骼粘固剂及其他牙科填料及类似制品;
— 牙科用造型膏及类似制品:牙科用蜡、牙科用造型膏、牙科用熟石灰制品;
— 明胶制装药用胶囊等;
— 医用高分子材料及制品。

◆ 不包括:

— 玻璃安瓿、药水瓶等医疗卫生用玻璃器皿的生产,列入3053(玻璃仪器制造);
— 药用铝箔的生产,列入3389(其他金属制日用品制造);
— 药用包装复合膜的生产,列入2921(塑料薄膜制造);
— 牙医配的假牙、人工器官等制造,列入3586(假肢、人工器官及植(介)入器械制造);
— 医用橡胶制品制造,分别列入橡胶制品制造中的2912(橡胶板、管、带制造)、2915(日用及医用橡胶制品制造);
— 医用塑料制品制造,列入2929(其他塑料制品制造)。

28 化学纤维制造业

281 纤维素纤维原料及纤维制造

2811 化纤浆粕制造

指纺织生产用粘胶纤维的基本原料生产活动。

◇ 包括对下列化纤浆粕的制造活动：
— 化纤棉绒浆粕；
— 化纤木浆粕；
— 其他化学纤维用浆粕。

2812　人造纤维(纤维素纤维)制造

指用化纤浆粕经化学加工生产纤维的活动。

◇ 包括对下列人造纤维(纤维素纤维)的制造活动：
— 人造纤维短纤维：粘胶短纤维、醋酸纤维短纤、其他人造纤维短纤维；
— 人造纤维长丝：粘胶纤维长丝、铜氨纤维长丝、醋酸纤维长丝、人造纤维长丝单丝、其他人造纤维长丝；
— 人造纤维长丝纱：人造纤维长丝变形纱、其他人造纤维长丝纱。

282　合成纤维制造

指以石油、天然气、煤等为主要原料，用有机合成的方法制成单体，聚合后经纺丝加工生产纤维的活动。

2821　锦纶纤维制造

也称聚酰胺纤维，指由尼龙 66 盐和聚己内酰胺为主要原料生产合成纤维的活动。

◇ 包括对下列锦纶纤维的制造活动：
— 锦纶纤维：锦纶短纤维、锦纶长丝(锦纶高强力丝、锦纶纤维长丝单丝、其他锦纶长丝)、综丝；
— 锦纶加工丝：锦纶弹力丝、锦纶纤维长丝变形纱线(异型纤维)、其他锦纶加工丝。

2822　涤纶纤维制造

也称聚酯纤维，指以聚对苯二甲酸乙二醇酯(简称聚酯)为原料生产合成纤维的活动。

◇ 包括对下列涤纶纤维的制造活动：
— 涤纶短纤维：涤纶棉型短纤维、涤纶毛型短纤维、其他涤纶短纤维；
— 涤纶长丝：涤纶高强力丝、其他涤纶长丝；
— 涤纶加工丝：涤纶变形纱线(涤纶弹力丝、其他涤纶变形纱线)、其他涤纶加工丝。

2823　腈纶纤维制造

也称聚丙烯腈纤维，指以丙烯腈为主要原料(含丙烯腈 85% 以上)生产合成纤维的活动。

◇ 包括对下列腈纶纤维的制造活动：
— 腈纶短纤维：腈纶棉型短纤维、腈纶毛型短纤维、其他腈纶短纤维；
— 腈纶长纤丝束。

2824　维纶纤维制造

也称聚乙烯醇纤维，指以聚乙烯醇为主要原料生产合成纤维的活动。

◇ 包括对下列维纶纤维的制造活动：
— 维纶纤维：维纶纤维短纤维、维纶纤维长丝、其他维纶纤维；
— 维纶纤维加工丝：维纶牵切纱、维纶纤维长丝变形纱线、维纶纤维长丝单纱。

2825 丙纶纤维制造

也称聚丙烯纤维,指以聚丙烯为主要原料生产合成纤维的活动。

◇ 包括对下列丙纶纤维的制造活动:

— 丙纶纤维:丙纶短纤维、丙纶纤维长丝(丙纶高强力丝、丙纶长丝单丝);

— 丙纶纤维加工丝:丙纶弹力丝、丙纶长丝变形纱线、其他丙纶纤维加工丝。

2826 氨纶纤维制造

也称聚氨酯纤维,指以聚氨基甲酸酯为主要原料生产合成纤维的活动。

◇ 包括对下列氨纶纤维的制造活动:

— 氨纶纤维短纤维;

— 氨纶纤维长丝。

2829 其他合成纤维制造

◇ 包括对下列其他合成纤维的制造活动:

— 氯纶纤维:氯纶短纤维、氯纶长丝;

— 腈氯纶纤维:腈氯纶短纤维、腈氯纶长纤丝束;

— 腈氯纶纤维加工丝:腈氯纶长丝变形纱线、腈氯纶纤维长丝单纱;

— PBT 纤维:PBT 短纤维、PBT 长丝;

— 其他合成纤维及合成纤维加工丝。

29 橡胶和塑料制品业

291 橡胶制品业

指以天然及合成橡胶为原料生产各种橡胶制品的活动,还包括利用废橡胶再生产橡胶制品的活动;不包括橡胶鞋制造。

2911 轮胎制造

◇ 包括对下列轮胎的制造活动:

—(橡胶轮胎外胎)

— 乘用车橡胶轮胎外胎:乘用车斜交线轮胎外胎、其他乘用车橡胶轮胎外胎;

— 载货汽车橡胶轮胎外胎:载货汽车斜交线轮胎外胎、其他载货汽车橡胶轮胎外胎;

— 客车橡胶轮胎外胎:客车斜交线轮胎外胎、其他客车橡胶轮胎外胎;

— 工程机械用橡胶轮胎外胎:工程机械用斜交线轮胎外胎、其他工程机械用橡胶轮胎外胎;

— 农、林机械用橡胶轮胎外胎及履带:农、林机械用斜交线轮胎外胎,农、林机械用橡胶履带,其他农、林机械用橡胶轮胎外胎;

— 航空器充气橡胶轮胎外胎:航空器斜交线轮胎外胎、其他航空器充气橡胶轮胎外胎;

— 摩托车充气橡胶轮胎外胎;

— 其他橡胶轮胎外胎;

— 子午线轮胎外胎:乘用车子午线轮胎外胎,载货汽车子午线轮胎外胎,客车子午线轮胎外胎,工程机械用子午线轮胎外胎,农、林机械用子午线轮胎外胎,航空器子午线轮胎外胎,其他子午线轮胎外胎;

—(橡胶内胎)

— 机动车橡胶内胎:乘用车橡胶内胎、载货汽车橡胶内胎、客车橡胶内胎、其他机动车橡胶内胎;

— 工程机械用橡胶内胎；
— 航空器用橡胶内胎；
— 摩托车用橡胶内胎；
— 其他橡胶内胎；
—（橡胶实心或半实心轮胎）
— 航空器用实心或半实心轮胎：航空器用抗静电实心轮胎、航空器用导电实心轮胎、航空器用耐油实心轮胎、航空器用高负荷实心轮胎；
— 机动车用实心或半实心轮胎：机动车用抗静电实心轮胎、机动车用导电实心轮胎、机动车用耐油实心轮胎、机动车用高负荷实心轮胎；
— 其他橡胶实心或半实心轮胎；
—（力车胎）
— 力车橡胶胎外胎：自行车充气橡胶轮胎、畜力车（马车）外胎、其他力车橡胶轮胎外胎；
— 力车橡胶胎内胎：自行车用橡胶内胎、畜力车（马车）橡胶内胎、其他力车橡胶内胎；
— 翻新橡胶轮胎：乘用车用翻新橡胶轮胎、载货汽车翻新充气橡胶轮胎、客车用翻新橡胶轮胎、航空器用翻新橡胶轮胎、其他翻新橡胶轮胎。

◆ 不包括：
— 自行车等力车胎的修补、更换，列入 8091（自行车修理）。

2912　橡胶板、管、带制造

指用未硫化的、硫化的或硬质橡胶生产橡胶板状、片状、管状、带状、棒状和异型橡胶制品的活动，以及以橡胶为主要成分，用橡胶灌注、涂层、覆盖或层叠的纺织物、纱绳、钢丝（钢缆）等制作的传动带或输送带的生产活动。

◇ 包括对下列橡胶板、管、带的制造活动：
—（橡胶输送带）
— 金属材料抗拉层输送带：钢丝绳芯输送带、钢缆牵引输送带、折迭式输送带、其他金属材料抗拉层输送带；
— 纤维材料抗拉层输送带：普通输送带、尼龙输送带、其他纤维材料抗拉层输送带；
— 塑料加强橡胶输送带；
— 其他橡胶输送带；
—（橡胶传动带）
— 橡胶 V 带：1.4V 型传动带、普通 V 带（三角带）、汽车 V 带（风扇带）、其他橡胶 V 带；
— 环形同步带；
— 其他橡胶传动带；
— 纯胶管：无附件纯胶管、带附件纯胶管；
— 金属合制橡胶管：无附件金属合制橡胶管、带附件金属合制橡胶管；
— 纺织材料合制橡胶管：无附件纺织材料合制橡胶管、带附件纺织材料合制橡胶管；
— 其他橡胶管；
— 橡胶板（片、带）：海绵橡胶制板（片、带），非海绵橡胶制板（片、带）；
— 橡胶杆、型材及异型材：海绵橡胶制杆、型材及异型材，非海绵橡胶制杆、型材及异型材；
— 橡胶线及绳：橡胶线、橡胶绳；
— 涂胶纺织物：橡胶胶布（织物）（防水胶布、耐酸胶布、耐碱胶布、隔热胶布、耐油胶布、其他橡胶胶布（织物））、其他涂胶纺织物；
— 未硫化复合橡胶：混合碳黑未硫化复合橡胶，未硫化复合橡胶溶液，复合橡胶板、片、带，其他未硫化复合橡胶；

— 未硫化橡胶制品:未硫化橡胶异型材、未硫化橡胶管、未硫化橡胶线、轮胎翻新用胎面补料胎条、其他未硫化橡胶制品。

2913 橡胶零件制造

指各种用途的橡胶异形制品、橡胶零配件制品的生产活动。

◇ 包括对下列橡胶零件的制造活动:

— 橡胶密封件:活塞杆密封、活塞密封、基础密封、防尘圈、旋转密封、往复密封、组合垫圈、其他橡胶密封件;

— 橡胶零附件:模制成型塑胶零件、模制成型橡胶零件、其他橡胶零附件;

— 硬质橡胶零件:胶辊、轮胎气门芯、气门嘴、石棉橡胶制品、软木橡胶制品、纺织用橡胶制品;

— 乒乓球拍胶面、杠铃盘、脚蹼等;

— 电缆护套;

— 硫化海绵橡胶制机器及仪器用零件;

— 各种用途的橡胶零配件、橡胶杂品。

2914 再生橡胶制造

指用废橡胶生产再生橡胶的活动。

◇ 包括对下列再生橡胶的制造活动:

— 初级形状再生橡胶:再生橡胶制板、再生橡胶制片、再生橡胶制带、其他初级形状再生橡胶;

— 再生胶粉。

◆ 不包括:

— 用再生胶和再生胶粉生产的橡胶制品,列入 29 大类的相应类别中。

2915 日用及医用橡胶制品制造

◇ 包括对下列日用及医用橡胶制品的制造活动:

— 橡胶手套:医用橡胶手套、检查用橡胶手套、家用橡胶手套、工业用橡胶手套、其他橡胶制手套;

— 橡胶制衣着用品及附件:医疗用橡胶制衣着用品、橡胶制潜水衣、橡胶制雨衣、其他橡胶制非医疗用衣着用品;

— 日用橡胶制品:橡胶门垫、橡胶地板贴面及类似铺地用品、乳胶平板海棉、乳胶海绵制品、其他日用橡胶制品;

— 医疗、卫生用橡胶制品:避孕套,输血胶管,插管及类似医疗用胶管,洗肠用灌肠器及胶球,喷雾器,奶嘴、奶头罩,冰袋、氧气袋及类似医疗用袋,其他医疗、卫生用橡胶制品;

— 其他日用及医用橡胶制品。

2919 其他橡胶制品制造

◇ 包括对下列其他橡胶制品的制造活动:

—(部分定形密封材料)

— 防水嵌缝密封条(带):聚氯乙烯胶泥防水带(Ⅰ、Ⅱ型)、制品型遇水自膨胀橡胶止水材料、腻子型遇水自膨胀橡胶止水材料、橡胶止水带、带胶三聚氰胺纸封边条、其他防水嵌缝密封条(带);

— 防水胶粘带:自粘性橡胶密封带、丁基橡胶防水密封胶粘带、其他橡胶密封胶粘带;
— 其他定形密封材料;
— 橡胶粘带:硅橡胶自粘带、电绝缘耐高温自粘性胶带、辐射硫化电绝缘耐热自粘带、其他橡胶粘带;
— 其他涂胶纺织物、带;
— 充气橡胶制品:橡胶充气筏、橡胶充气浮桥、气球、橡胶救生圈、橡胶充气床垫、橡胶气囊、其他充气橡胶制品;
— 橡胶减震制品:橡胶制船舶或码头碰垫、橡胶护舷、橡胶减震器、橡胶空气弹簧、可曲挠橡胶接头、其他橡胶减震制品;
— 硬质橡胶:泡沫硬质橡胶、其他硬质橡胶;
— 硬质橡胶制品:硬质橡胶制槽、硬质橡胶制大桶、硬质橡胶制管状物品、硬质橡胶制柄状物品、硬质橡胶制清洁及卫生用品、其他硬质橡胶制品;
— 橡胶防水卷(片)材:三元乙丙橡胶防水卷材、氯磺化聚乙烯防水卷材、氯丁橡胶防水卷材、丁基橡胶防水卷材、再生胶防水卷材、氯化聚乙烯防水卷材、氯化聚乙烯 - 橡胶共混防水卷材、三元丁橡胶防水卷材、其他橡胶防水卷(片)材;
— 交通事故现场勘查救援设备(起重气垫);
— 其他未列明的橡胶制品。

◆ 不包括:
— 橡皮船的制造,列入 3732(非金属船舶制造);
— 橡胶充气筏的制造,列入 3739(航标器材及其他相关装置制造)。

292　　塑料制品业

指以合成树脂(高分子化合物)为主要原料,经采用挤塑、注塑、吹塑、压延、层压等工艺加工成型的各种制品的生产,以及利用回收的废旧塑料加工再生产塑料制品的活动;不包括塑料鞋制造。

2921　　塑料薄膜制造

指用于农业覆盖,工业、商业及日用包装薄膜的制造。

◇ 包括对下列塑料薄膜的制造活动:
— 聚乙烯(PE)塑料薄膜:聚乙烯塑料电池隔膜、聚乙烯塑料包装用薄膜、聚乙烯塑料防水薄膜、聚乙烯塑料土工膜、其他聚乙烯塑料薄膜;
— 聚丙烯(PP)塑料薄膜:聚丙烯塑料电池隔膜、聚丙烯双向拉伸塑料薄膜、其他聚丙烯塑料薄膜;
— 聚丙烯酸酯类塑料薄膜:聚甲基丙烯酸甲酯塑料薄膜、其他聚丙烯酸酯类塑料薄膜;
— 聚苯乙烯(PS)塑料薄膜:聚苯乙烯双向拉伸塑料薄膜、其他聚苯乙烯塑料薄膜;
— 聚氯乙烯(PVC)塑料薄膜;
— 聚酯塑料薄膜:聚碳酸酯塑料薄膜、聚对苯二甲酸乙二酯塑料薄膜、不饱和聚酯塑料薄膜、其他聚酯塑料薄膜;
— 纤维素衍生物塑料薄膜:钢纸制塑料薄膜、醋酸纤维素塑料薄膜、其他纤维素衍生物塑料薄膜;
— 聚乙烯醇缩丁醛塑料薄膜;
— 聚酰胺塑料薄膜:聚酰胺双向拉伸塑料薄膜、其他聚酰胺塑料薄膜;
— 聚酰亚胺塑料薄膜;
— 氨基树脂塑料薄膜;

— 酚醛树脂塑料薄膜；
— 聚四氟乙烯薄膜；
— 聚醚醚酮塑料薄膜；
— 离子交换膜：异相阴离子交换膜、异相阳离子交换膜、其他离子交换膜；
— 复合薄膜：共挤塑薄膜、层合薄膜、涂布薄膜、其他复合薄膜；
— 农用薄膜：聚乙烯塑料农用薄膜、聚氯乙烯塑料农用薄膜、乙烯－乙酸乙烯酯（EVA）塑料农用薄膜；
— 其他塑料薄膜。

◆ 不包括：
— 各种塑料复制品（如用塑料薄膜制成的雨衣等）的生产，列入2927（日用塑料制品制造）；
— 塑料废旧粒料的加工处理，列入4220（非金属废料和碎屑加工处理）。

2922　塑料板、管、型材制造

指各种塑料板、管及管件、棒材、薄片等的生产活动，以及以聚氯乙烯为主要原料，经连续挤出成型的塑料异型材的生产活动。

◇ 包括对下列塑料板、管、型材的制造活动：
— 塑料板、片：聚乙烯塑料板、片，聚丙烯塑料板、片，聚苯乙烯塑料板、片，聚氯乙烯塑料板、片，聚丙烯酸酯类塑料板、片，聚酯塑料板、片，纤维素衍生物塑料板、片，ABS板、片，聚乙烯醇缩丁醛塑料板、片，聚酰胺塑料板、片，氨基塑料板、片，酚醛塑料板、片，聚四氟乙烯塑料板、片，其他塑料板、片；
—（塑料管）
— 塑料硬管：聚乙烯塑料硬管、聚丙烯塑料硬管、聚氯乙烯塑料硬管、其他塑料硬管；
— 塑料软管；
— 人造肠衣（香肠用）；
— 其他塑料管；
— 塑料管附件：塑料制管子接头、塑料制管子肘管、塑料制法兰、其他塑料管附件；
— 塑料条、棒、型材：聚乙烯塑料条、棒、型材，聚氯乙烯塑料条、棒、型材，聚酰胺塑料条、棒、型材，聚碳酸酯塑料条、棒、型材，聚甲基丙烯酸甲酯塑料条、棒、型材，其他塑料条、棒、型材；
— 合成树脂类防水卷（片）材：聚氯乙烯防水卷材、聚乙烯（高密度和低密度）防水卷材、乙烯－乙酸乙烯（EVA）防水卷材、乙烯醋酸乙烯改性沥青共混卷材、聚乙烯丙纶防水卷材、热塑性聚烯烃（TPO）防水卷材、其他合成树脂类防水卷（片）材。

2923　塑料丝、绳及编织品制造

指塑料制丝、绳、扁条，塑料袋及编织袋、编织布等的生产活动。

◇ 包括对下列塑料丝、绳及编织品的制造活动：
— 塑料单丝：聚乙烯塑料单丝、聚氯乙烯塑料单丝、聚酰胺塑料单丝、其他塑料单丝；
— 塑料绳：聚乙烯塑料绳、聚丙烯塑料绳、其他塑料绳；
— 塑料扁条：聚酯塑料扁条、纤维素衍生物塑料扁条、聚乙烯醇缩丁醛塑料扁条、聚酰胺塑料扁条、氨基塑料扁条、酚醛塑料扁条、聚四氟乙烯扁条、其他塑料扁条；
— 塑料带状物品；
— 塑料编织袋：聚乙烯塑料编织袋、聚丙烯塑料编织袋、聚乙烯（聚丙烯）复合塑料编织袋、其他塑料编织袋；

— 塑料袋:聚乙烯塑料袋、其他塑料袋;
— 塑料编织布;
— 其他塑料丝、绳及编织品。

2924　泡沫塑料制造

指以合成树脂为主要原料,经发泡成型工艺加工制成内部具有微孔的塑料制品的生产活动。

◇ 包括对下列泡沫塑料的制造活动:
— 聚乙烯泡沫塑料:聚乙烯泡沫塑料板、聚乙烯泡沫塑料片、聚乙烯泡沫塑料膜、聚乙烯泡沫模塑制品、其他聚乙烯泡沫塑料;
— 聚苯乙烯泡沫塑料:聚苯乙烯泡沫塑料板、聚苯乙烯泡沫塑料片、聚苯乙烯泡沫塑料膜、聚苯乙烯泡沫模塑制品、其他聚苯乙烯泡沫塑料;
— 聚氯乙烯泡沫塑料:聚氯乙烯泡沫塑料板、聚氯乙烯泡沫塑料片、聚氯乙烯泡沫塑料膜、聚氯乙烯泡沫模塑制品、其他聚氯乙烯泡沫塑料;
— 聚氨酯泡沫塑料:聚氨酯泡沫塑料板、聚氨酯泡沫塑料片、聚氨酯泡沫塑料膜、聚氨酯泡沫模塑制品、硬质聚氨酯泡沫塑料管、其他聚氨酯泡沫塑料;
— 其他泡沫塑料。

2925　塑料人造革、合成革制造

指外观和手感似皮革,其透气、透湿性虽然略逊色于天然革,但具有优异的物理、机械性能,如强度和耐磨性等,并可代替天然革使用的塑料人造革的生产活动;模拟天然人造革的组成和结构,正反面都与皮革十分相似,比普通人造革更近似天然革,并可代替天然革的塑料合成革的生产活动。

◇ 包括对下列塑料人造革、合成革的制造活动:
— 塑料人造革:聚氯乙烯人造革、聚氨酯干法人造革、其他塑料人造革;
— 塑料合成革:聚氨酯合成革、超细纤维合成革、其他塑料合成革;
— 超细纤维合成革。

2926　塑料包装箱及容器制造

指用吹塑或注塑工艺等制成的,可盛装各种物品或液体物质,以便于储存、运输等用途的塑料包装箱及塑料容器制品的生产活动。

◇ 包括对下列塑料包装箱及容器的制造活动:
— 塑料包装箱及类似品:塑料周转箱、钙塑瓦楞箱、塑料整理箱、塑料托盘、其他塑料包装箱及类似品;
— 塑料盒及类似品:塑料磁带盒、其他塑料盒及类似品;
— 塑料容器:塑料囤、塑料柜、塑料罐、塑料桶、塑料瓶、其他塑料容器;
— 塑料包装物附件:塑料卷轴、纡子、筒管及类似品,塑料塞子、盖子及类似品,其他塑料包装物附件;
— 其他塑料包装箱及容器。

2927　日用塑料制品制造

指塑料制餐、厨用具,卫生设备、洁具及其配件,塑料服装,日用塑料装饰品,以及其他日用塑料制品的生产活动。

◇ 包括对下列日用塑料制品的制造活动:
—(建筑用塑料制品)

— 塑料铺地制品:成卷聚氯乙烯塑料地板、成卷非聚氯乙烯塑料地板、聚氯乙烯塑料地板块、非聚氯乙烯塑料地板块、其他塑料铺地制品;
— 塑料类防水卷材:宽幅聚氯乙烯塑料防水卷材、其他塑料类防水卷材;
— 塑料糊墙品:聚氯乙烯塑料糊墙品、其他塑料糊墙品;
— 塑料门、窗:塑料门,塑料门框、门槛,塑料窗,塑料窗框,其他塑料门窗类似品;
— 塑料窗板、帘:塑料窗板,塑料百叶窗帘,其他塑料窗板、帘;
— 塑钢门、塑钢窗;
— 建筑用固定安装塑料制品:建筑用固定安装塑料盥洗物品、建筑用固定安装塑料零件;
— 塑料制建筑结构架及类似品;
— 其他建筑用塑料制品;
—(部分日用塑料制品)
— 普通塑料餐、厨用具:普通塑料碗,普通塑料餐盘、碟,普通塑料杯,普通塑料刀、叉及汤匙,普通塑料调味品瓶、盒,普通塑料食品罐、箱和盒,其他普通塑料餐、厨用具;
— 密胺塑料餐、厨用具,微波炉用塑料餐、厨用具:微波炉用塑料碗,微波炉用塑料餐盘、碟,微波炉用塑料杯,其他微波炉用塑料餐、厨用具;
— 塑料卫生设备、洁具及其配件:塑料浴缸,塑料淋浴盘,塑料坐浴盆,塑料盥洗盆,塑料便盆、尿壶,塑料卫生桶(垃圾桶),非固定安装塑料盥洗物品,塑料马桶座圈及盖,塑料坐便器水箱,塑料卫生洁具排水配件,其他塑料卫生设备、洁具及其配件;
— 塑料服装及附件:塑料雨衣、塑料围裙及类似制品、塑料腰带、塑料手套、其他塑料服装及附件;
— 日用塑料装饰品;
— 其他日用塑料制品。

◆ 不包括:
— 塑料桶、箱、坛、瓶子等生产用塑料容器,列入2926(塑料包装箱及容器制造);
— 塑料玩具列入2450(玩具制造);
— 泡沫塑料垫制造,列入2190(其他家具制造)。

2928　塑料零件制造

指塑料制绝缘零件、密封制品、紧固件,以及汽车、家具等专用零配件的生产活动。

◇ 包括对下列塑料零件的制造活动:
— 塑料绝缘零件;
— 塑料密封制品;
— 塑料紧固件;
— 光学塑料零件;
— 灯具及照明装置用塑料零件;
— 家具用塑料零件;
— 汽车或类似品塑料配件;
— 其他塑料零件;
— 塑料制表带。

2929　其他塑料制品制造

指上述未列明的其他各类非日用塑料制品的生产活动。

◇ 包括对下列其他塑料制品的制造活动:
— 安全帽及塑料橡胶帽(塑料制安全头盔(帽)、非塑料制安全头盔(帽)、塑料游泳帽、橡胶游泳帽、其他橡胶塑料帽类);

— 医疗卫生用塑料制品(医疗用塑料盥洗用具、其他医疗卫生用塑料制品);
—(降解塑料制品)
— 生物分解塑料制品:天然高分子材料生物分解塑料制品、石化基生物分解塑料制品、生物基生物分解塑料制品、共混型生物分解塑料制品、其他生物分解塑料制品;
— 光降解塑料制品;
— 热氧降解塑料制品;
— 生物基塑料制品:淀粉基塑料制品、植物纤维基塑料制品、其他生物基塑料制品;
— 其他降解塑料制品;
— 其他塑料制品:塑料胶粘板、带及类似材料(胶囊型反光膜、塑料胶粘板、塑料胶粘带、塑料胶粘片、其他塑料胶粘材料),其他未列明塑料制品;
— 塑料粒料:塑料电缆料颗粒、塑料色母料颗粒、塑料填充母料颗粒、塑料功能母料颗粒、填充改性塑料颗粒、共混改性塑料颗粒、增强改性塑料颗粒、功能改性塑料颗粒、塑料热塑性弹性体颗粒、再生塑料颗粒、其他塑料粒料;
— 其他塑料半成品、辅料。

◆ 不包括:
— 金属制安全帽,列入 3353(安全、消防用金属制品制造)。

30 非金属矿物制品业

301 水泥、石灰和石膏制造

3011 水泥制造

指以水泥熟料加入适量石膏或一定混合材,经研磨设备(水泥磨)磨制到规定的细度,制成水凝水泥的生产活动,还包括水泥熟料的生产活动。

◇ 包括对下列水泥的制造活动:
— 硅酸盐水泥熟料:窑外分解窑水泥熟料、其他硅酸盐水泥熟料;
— 强度等级水泥;
— 通用硅酸盐水泥、普通硅酸盐水泥、矿渣硅酸盐水泥、火山灰质硅酸盐水泥、粉煤灰硅酸盐水泥、复合硅酸盐水泥、石灰石硅酸盐水泥、其他通用硅酸盐水泥;
— 专用水泥:油井水泥、白色硅酸盐水泥、彩色硅酸盐水泥、中热硅酸盐水泥、低热硅酸盐水泥、低热矿渣硅酸盐水泥、抗硫酸盐硅酸盐水泥、低热膨胀水泥、型砂水泥、快硬高强铝酸盐水泥、快硬硅酸盐水泥、快凝快硬硅酸盐水泥、特快硬调凝铝酸盐水泥、快硬硫铝酸盐水泥、快硬铁铝酸盐水泥、自应力硅酸盐水泥、明矾石膨胀水泥、石膏矾土膨胀水泥、自应力铝酸盐水泥、明矾石自应力水泥、硫铝酸盐水泥(膨胀、自应力)、铁铝酸盐水泥(膨胀、自应力)、膨硅酸盐水泥、铝酸盐水泥、铝酸盐系列耐高温水泥、N 型超早强铝酸盐水泥、纯铝酸钙水泥、磷酸铝水泥、砌筑水泥、道路硅酸盐水泥、其他专用水泥;
— 特性水泥:钢渣矿渣水泥、低碱度硫铝酸盐水泥、I 型低碱度硫铝酸盐水泥、磷渣硅酸盐水泥、无收缩快硬硅酸盐水泥、低热钢渣矿渣水泥、钢渣道路水泥、钢渣砌筑水泥、其他特性水泥。

3012 石灰和石膏制造

◇ 包括对下列石灰和石膏的制造活动:
— 石灰:生石灰、消石灰、水硬石灰;
— 熟石膏:建筑熟石膏、化学熟石膏(磷石膏、脱硫石膏、盐石膏、芒硝石膏、其他化学熟石膏)、牙科用熟石膏、其他用熟石膏。

302 石膏、水泥制品及类似制品制造

3021 水泥制品制造

指水泥制管、杆、桩、砖、瓦等制品制造。

◇ 包括对下列水泥制品的制造活动：

— 商品混凝土；
— 水泥混凝土排水管：钢筋混凝土排水管、其他水泥混凝土排水管；
— 水泥混凝土压力管：自应力混凝土输水管、预应力钢筒混凝土管、震动挤压工艺混凝土输水管、管芯缠丝工艺混凝土输水管、其他水泥混凝土压力管；
— 钢筋混凝土井管、烟道管，相关钢筋混凝土管：钢筋混凝土井管、钢筋混凝土烟道管、相关钢筋混凝土管；
— 水泥混凝土电杆：环形钢筋混凝土电杆、环形预应力混凝土电杆、其他水泥混凝土电杆；
— 预应力混凝土桩：预应力混凝土管桩、预应力混凝土方桩；
— 遁构法施工用钢筋混凝土管片；
— 混凝土轨枕及铁道用混凝土制品：预应力混凝土水泥轨枕，气垫火车导轨体段，预应力混凝土桥枕、岔枕，混凝土轨道板，其他铁道用混凝土制品；
— 水泥混凝土砖：混凝土路面砖、水泥混凝土空心砖、水泥花砖、混凝土多排孔砖、其他水泥混凝土砖；
— 水泥混凝土瓦（部分）：水泥彩瓦、其他水泥混凝土瓦；
— 混凝土路缘石：普通路缘石、复合式路缘石、无孔波浪形路缘石、开孔波浪形路缘石、艺术路缘石、其他混凝土路缘石；
— 混凝土界石、墓碑及类似品：水泥混凝土制界石、水泥混凝土制墓碑、水泥混凝土制镶边石、其他水泥混凝土扁平石及类似品；
— 其他水泥混凝土制砖、瓦及类似品；
— 钢丝网架水泥夹芯板：钢丝网架水泥聚苯乙烯夹芯板，钢丝网架水泥岩、矿渣棉夹芯板，钢板网架水泥玻璃棉夹芯板，钢板网架水泥夹芯板，其他钢丝网架水泥夹芯板。

◆ 不包括：

— 玻璃纤维氯氧镁水泥波瓦和脊瓦，列入 3029（其他水泥类似制品制造）；
— 混凝土结构构件的生产，列入 3022（砼结构构件制造）；
— 水泥船的制造，列入 3732（非金属船舶制造）。

3022 砼结构构件制造

指用于建筑施工工程的水泥混凝土预制构件的生产活动。

◇ 包括对下列砼结构构件的制造活动：

— 普通水泥混凝土板：预制混凝土空心板、预应力混凝土空心板（SP 墙板）、架空防水混凝土板屋面、混凝土多孔条板、混凝土窗台板、氯氧镁水泥板块、其他普通水泥混凝土板；
— 水泥预制桁条；
— 钢筋混凝土柱；
— 钢筋混凝土梁；
— 钢筋混凝土预制结构件：钢筋混凝土桩式桥台、钢筋混凝土结构人防门、钢筋混凝土双筋矩形受弯构件、水泥预制大坝结构件、水泥预制闸门、其他钢筋混凝土预制结构件；
— 钢筋混凝土预制框架：钢筋混凝土房屋结构、钢筋混凝土框架结构、无木四防活动房屋预制板、钢筋混凝土预制楼梯、钢筋混凝土预制门窗框架、水泥钢筋混凝土桥梁构件、其他钢筋混凝土预制框架；
— 其他水泥混凝土预制构件。

3023　　石棉水泥制品制造

◇ 包括对下列石棉水泥制品的制造活动：

— 石棉水泥板：建筑用石棉水泥平板、电工用石棉水泥压力板、非对称截面石棉水泥半波板、其他石棉水泥板；

— 石棉水泥瓦：石棉水泥小波瓦、石棉水泥中波瓦、石棉水泥波瓦脊瓦、钢丝网石棉水泥中波瓦、钢丝网石棉水泥小波瓦、其他石棉水泥瓦；

— 石棉水泥管：石棉水泥输水管、石棉水泥电缆管、其他石棉水泥管；

— 其他石棉水泥制品；

—（纤维增强硅酸钙板）

— 石棉硅酸钙板：高密度石棉硅酸钙板、中密度石棉硅酸钙板、低密度石棉硅酸钙板、其他石棉硅酸钙板；

— 无石棉硅酸钙板：高密度无石棉硅酸钙板、中密度无石棉硅酸钙板、低密度无石棉硅酸钙板、其他无石棉硅酸钙板；

— 其他纤维增强硅酸钙板；

—（无石棉纤维水泥制品）

— 无石棉纤维水泥平板：无石棉纤维水泥加压平板、无石棉纤维水泥轻质平板、其他无石棉纤维水泥平板；

— 无石棉纤维水泥披迭板：无石棉纤维水泥实心披迭板、无石棉纤维水泥多孔披迭板、其他无石棉纤维水泥披迭板；

— 无石棉纤维水泥多孔条板；

— 无石棉纤维水泥板预制复合墙板；

— 无石棉纤维水泥波瓦：无石棉纤维水泥小波瓦、无石棉纤维水泥中波瓦、其他无石棉纤维水泥波瓦；

— 无石棉纤维水泥管：无石棉纤维水泥电缆管、无石棉纤维水泥通风管、其他无石棉纤维水泥管；

— 其他无石棉纤维水泥制品。

3024　　轻质建筑材料制造

指石膏板、石膏制品及类似轻质建筑材料的制造。

◇ 包括对下列轻质建筑材料的制造活动：

— 非木质纤维板：稻草板、麦秸板、蔗渣板、棉秆板、稻壳板、麻秆板、其他非木质纤维板；

— 非木质刨花板：水泥刨花板、石膏刨花板、水泥木屑板、竹材刨花板、其他非木质刨花板；

—（石膏板）

— 纸面石膏板：耐水纸面石膏板、耐火纸面石膏板、吸声用穿孔石膏板、纸面石膏板护面纸板、装饰纸面石膏板、其他纸面石膏板；

— 混合石膏板：石膏纤维板、装饰石膏板、嵌装式装饰石膏板、石膏天花板、石膏空心条板、石膏复合板、其他混合石膏板；

— 石膏龙骨、相关石膏制品；

—（轻质隔墙条板）

— 蒸压加气混凝土板；

— 轻集料混凝土条、板：轻集料混凝土墙板，轻集料条板，轻集料混凝土条板，陶粒无砂大孔隔墙板，其他轻集料混凝土条、板；

— 绝热轻型复合夹芯板：金属面聚苯乙烯夹芯板、金属面硬质聚酯夹芯板、金属面岩棉夹芯板、金属面矿渣棉夹芯板、彩色压型钢板现场复合墙板与屋面板、建筑用压型钢板、其他绝热轻型复合夹芯板；
— 工业废渣混凝土空心隔墙条板：粉煤灰混凝土空心隔墙条板、陶粒和陶砂混凝土空心隔墙条板、页岩陶粒和陶砂混凝土空心隔墙条板、天然浮石混凝土空心隔墙条板、轻质高强工业废渣混凝土多孔条板、其他工业废渣混凝土空心隔墙条板；
— 其他轻质隔墙条板；
—（轻骨料，相关轻质建筑材料）
— 天然轻骨料：火山天然轻骨料、水成天然轻骨料；
— 人工轻骨料：页岩陶粒人工轻骨料、粉煤灰陶粒人工轻骨料、粘土陶粒人工轻骨料、其他人工轻骨料；
— 轻钢龙骨：轻钢墙体龙骨、轻钢吊顶龙骨；
— 烤漆龙骨；
— 石膏砌块；
— 其他轻质建筑材料。

◆ 不包括：
— 石膏工艺品制造，列入 2431（雕塑工艺品制造）。

3029　　其他水泥类似制品制造

指玻璃纤维增强水泥制品，以及其他未列明的水泥制品的制造。

◇ 包括对下列其他水泥类似制品的制造活动：
— 水泥混凝土瓦（部分）：玻璃纤维氯氧镁水泥波瓦、玻璃纤维氯氧镁水泥波脊瓦；
— 水泥混凝土装饰制品：水泥混凝土制人形塑像、水泥混凝土制动物塑像、水泥混凝土制花瓶、水泥混凝土制花盆、其他水泥混凝土装饰制品；
— 其他水泥混凝土制品；
—（GRC 水泥制品）
— GRC 水泥板：GRC 轻质多孔隔墙条板、GRC 单层外墙板、GRC 复合外墙板、GRC 轻质平板、GRC 外墙内保温板、GRC 屋面网架板、其他 GRC 水泥板；
— GRC 瓦：GRC 中波瓦、GRC 半波瓦、其他 GRC 瓦；
— GRC 管：GRC 通风管道、其他 GRC 管；
— GRC 建筑装饰制品：GRC 建筑浮雕装饰板，GRC 围栏立柱，GRC 檐线、腰线、门窗装饰线，其他 GRC 建筑装饰制品；
— GRC 永久性管状芯模；
— GRC 卫生、洗涤制品：GRC 仿瓷浴缸，GRC 盥洗盆，其他 GRC 卫生、洗涤制品；
— 其他 GRC 水泥制品。

303　　砖瓦、石材等建筑材料制造

指粘土、陶瓷砖瓦的生产，建筑用石的加工，用废料或废渣生产的建筑材料，以及其他建筑材料的制造。

3031　　粘土砖瓦及建筑砌块制造

指用粘土和其他材料生产的砖、瓦及建筑砌块的活动。

◇ 包括对下列粘土砖瓦及建筑砌块的制造活动：
—（砖）

— 烧结粘土砖:烧结普通砖、烧结空心砖、烧结多孔砖、烧结空心砌块、烧结装饰挂板、烧结煤矸石砖、烧结页岩砖、烧结粉煤灰砖、烧结硅藻土砖、其他烧结砖;
— 蒸压砖:蒸压灰砂砖、蒸压灰砂空心砖、蒸压炉渣砖、蒸压矿渣砖、蒸压粉煤灰砖、其他蒸压砖;
— 蒸养砖:粉煤灰轻质蒸养砖、水泥蒸养砖、其他蒸养砖;
— 碳化灰砂砖;
— 免烧砖;
— 其他砖;
— (瓦)
— 烧结瓦:烧结粘土平瓦、烧结粘土小青瓦、烧结粘土脊瓦、烧结 J 形瓦、烧结 S 形瓦、其他烧结瓦;
— 蒸压瓦:蒸压炉渣瓦、蒸压矿渣瓦、蒸压粉煤灰瓦、其他蒸压瓦;
— 其他瓦;
— (部分建筑砌块)
— 建筑墙体用混凝土砌块:普通混凝土小型空心砌块、轻集料混凝土小型空心砌块、粉煤灰混凝土小型空心砌块、装饰混凝土砌块、复合保温砌块、其他建筑墙体用混凝土砌块;
— 水工市政用混凝土砌块:干垒挡土墙用混凝土砌块、预制混凝土护坡砌块、植草混凝土砖和植草混凝土砌块、地下构筑物用预制混凝土砌块、其他水工市政用混凝土砌块;
— 蒸压硅酸盐制品块材:蒸压加气混凝土砌块、蒸压灰砂(空心)砌块、蒸压粉煤灰(空心)砌块、其他蒸压硅酸盐制品块材;
— 其他建筑砌块。

◆ 不包括:

— 耐火砖、瓦的制造,列入 3089(耐火陶瓷制品及其他耐火材料制造)。

3032　　建筑陶瓷制品制造

指用于建筑物的内、外墙及地面装饰或耐酸腐蚀的陶瓷材料(不论是否涂釉)的生产活动,以及水道、排水沟的陶瓷管道及配件的制造。

◇ 包括对下列建筑陶瓷制品的制造活动:

— 瓷质砖:无釉瓷质砖、有釉瓷质砖;
— 炻瓷砖:无釉炻瓷砖、有釉炻瓷砖;
— 细炻砖:无釉细炻砖、有釉细炻砖;
— 炻质砖:无釉炻质砖、有釉炻质砖;
— 陶质砖:无釉陶质砖、有釉陶质砖;
— 陶瓷马赛克:无釉陶瓷锦砖、有釉陶瓷锦砖、纳米抗菌陶瓷锦砖、微晶玻璃陶瓷复合砖;
— 陶瓷耐酸砖:高强致密耐酸砖、耐温耐酸砖、耐酸陶瓷砖板、复合－耐酸砖、其他陶瓷耐酸砖;
— 建筑陶瓷装饰物:建筑琉璃制品(琉璃砖、琉璃瓦、琉璃屋脊、琉璃装饰花窗、其他建筑琉璃制品)、非琉璃制建筑陶瓷装饰物;
— 陶瓷管及管子配件:陶瓷管(陶瓷复合管、氧化铝陶瓷管、碳化硅陶瓷管、氧化锆陶瓷管、微孔陶瓷管、其他陶瓷管)、陶瓷管子配件;
— 其他建筑陶瓷制品。

3033　　建筑用石加工

指用于建筑、筑路、墓地及其他用途的大理石板、花岗岩等石材的切割、成形和修饰活动。

◇ 包括对下列建筑用石的加工活动：
—（加工天然石材、石料）
— 天然石、板材：天然大理石建筑板材，天然花岗石建筑板材，天然板石，天然异型装饰石材，其他天然石、板材；
— 天然石料制铺路石、路边石：花岗岩铺路石、路边石，砂岩铺路石、路边石，板岩铺路石、路边石，其他天然石料制铺路石、路边石；
— 其他加工天然石材、石料；
—（人造石材、石料）
— 人造石方料，人造石板材：有机树脂人造大理石装饰板、人造花岗岩装饰板、人造花岗岩免烧瓷板、复合式人造花岗岩装饰板材、人造石制异型装饰石材、其他人造石板材；
— 其他人造石材、石料；
—（专用或特殊用途天然石材制成品）
— 专用或特殊用途大理石制成品：天然大理石砖，天然大理石瓦，天然大理石染色石粉粒，天然大理石方石，天然大理石墙石，天然大理石梯级，天然大理石梁托和支柱，汉白玉栏杆，汉白玉门窗框架、门槛，汉白玉壁炉台、窗台，天然大理石台面板，其他专用或特殊用途大理石制成品；
— 专用或特殊用途花岗石制成品：天然花岗石砖，天然花岗石瓦，天然花岗石染色石粉粒，天然花岗石方石，天然花岗石墙石，天然花岗石梯级，天然花岗石梁托和支柱，天然花岗石炉台、窗台，其他专用或特殊用途花岗石制成品；
— 专用或特殊用途天然板岩制成品：天然板岩建筑瓦、天然板岩瓦板石、天然板岩地面板石、天然板岩墙面板石、天然板岩蘑菇石、其他专用或特殊用途天然板岩制成品、专用或特殊用途天然砂岩制成品、其他专用或特殊用途天然石材制成品；
—（专用人造石建筑用制品）
— 仿大理石制成品：仿大理石砖，聚酯型人造大理石台面，人造大理石制壁炉台，人造大理石制窗台、台阶，人造大理石浴缸，人造大理石洗涤槽，人造大理石抽水马桶（便池），其他仿大理石制品；
— 仿花岗岩制成品：人造花岗岩免烧瓷砖，人造花岗岩制壁炉台，人造花岗岩制窗台、台阶，其他仿花岗岩制成品；
— 其他专用人造石建筑用制品；
— 天然石碑石及其制品：天然大理石碑石、天然花岗岩碑石、其他天然石碑石及其制品；
— 人造石碑石及其制品：人造石制界石、人造石制墓碑、人造石制镶边石、其他人造石碑石及其制品；
— 蜡石制成品：蜡石砖、蜡石粉粒、其他蜡石制成品；
— 水磨石建筑制成品：水磨石地板砖、水磨石装饰板、水磨石柱面、其他水磨石建筑制成品；
— PVC 石英砂地板砖；
— 石材复合板：常规石材复合板、超薄石材复合板、其他石材复合板；
— 其他石制品：大理石日用制品、花岗岩日用制品、石灰石日用制品、板石日用制品、其他未列明石制品。

3034　防水建筑材料制造

指以沥青或类似材料为主要原料制造防水材料的活动。

◇ 包括对下列防水建筑材料的制造活动：
—（沥青和改性沥青防水卷材）

— 石油沥青防水卷材:石油沥青纸胎油毡、石油沥青油纸、石油沥青玻璃纤维胎油毡、石油沥青玻璃布胎油毡、其他石油沥青防水卷材;
— 改性沥青防水卷材:塑性体(APP)改性沥青防水卷材、弹性体(SBS)改性沥青防水卷材、再生胶改性沥青防水卷材、改性沥青聚乙烯胎防水卷材、其他改性沥青防水卷材;
— 其他沥青防水卷材:沥青复合胎柔性防水卷材、铝箔面油毡、其他未列明沥青防水卷材;
— 金属胎油毡;
— 自粘防水卷材:自粘橡胶沥青防水卷材、自粘聚合物改性沥青聚酯胎防水卷材、其他自粘防水卷材;
— 玻纤胎沥青瓦。

◆ 不包括:
— 防水涂料的制造,列入2641(涂料制造);
— 建筑防水嵌缝密封材料等密封制品的制造,列入2645(密封用填料及类似品制造);
— 建筑防水剂的制造,列入2662(专项化学用品制造);
— 橡胶防水卷材制造,列入2919(其他橡胶制品制造);
— 塑料类防水卷材制造,列入2922(塑料板、管、型材制造)。

3035 隔热和隔音材料制造

指用于隔热、隔音、保温的岩石棉、矿渣棉、膨胀珍珠岩、膨胀蛭石等矿物绝缘材料及其制品的制造,但不包括石棉隔热、隔音材料的制造。

◇ 包括对下列隔热和隔音材料的制造活动:
—(矿物绝热和吸声材料)
— 矿物棉:矿渣棉、岩石棉、硅酸铝纤维棉、煤矸石纤维棉、高硅氧棉、其他矿物棉;
— 膨胀矿物材料:膨胀蛭石、膨胀珍珠岩、其他膨胀矿物材料;
—(矿物材料制品)
— 岩棉制品:岩矿棉板、岩矿棉管(热固性树脂棉)、岩矿棉玻纤布缝毡、岩矿棉铁丝网缝毡、岩矿棉带、防水岩矿棉制品、喷涂岩矿棉制品、粒状岩矿棉、其他岩矿棉制品;
— 玻璃棉制品:玻璃棉毡、玻璃棉板、玻璃棉管、粒状玻璃棉、微纤维玻璃棉、微纤维玻璃棉隔板、微纤维玻璃棉真空板、其他玻璃棉制品;
— 矿棉吸音板:矿物棉装饰吸声板、矿棉贴面印花天花板、其他矿棉吸音板;
— 膨胀蛭石制品:膨胀蛭石板、膨胀蛭石砖、膨胀蛭石管壳、膨胀蛭石异形砖、其他膨胀蛭石制品;
— 膨胀珍珠岩制品:膨胀珍珠岩绝热制品、膨胀珍珠岩装饰吸声板、水玻璃膨胀珍珠岩制品、水泥膨胀珍珠岩制品、磷酸镁膨胀珍珠岩制品、镁质水泥膨胀珍珠岩制品、沥青膨胀珍珠岩制品、其他膨胀珍珠岩制品;
— 硅酸铝纤维制品:硅酸铝纤维毡、硅酸铝纤维管、硅酸铝纤维湿法板、硅酸铝纤维背衬板、硅酸铝纤维纸、硅酸铝纤维布、硅酸铝纤维盘根、其他硅酸铝纤维制品;
— 硅酸钙绝热制品:硅酸钙板、硅酸钙管壳、其他硅酸钙绝热制品;
— 泡沫玻璃绝热制品:泡沫玻璃板、泡沫玻璃管壳、其他泡沫玻璃绝热制品;
— 复合硅酸盐涂料及制品:复合硅酸盐涂料、复合硅酸盐毡、复合硅酸盐管、其他复合硅酸盐制品;
— 其他矿物材料制品。

◆ 不包括:
— 石棉隔热、隔音材料制造,列入3081(石棉制品制造)。

3039 其他建筑材料制造

◇ 包括对下列其他未列明建筑材料的制造活动：

— 其他未包括的非金属建筑材料。

304 玻璃制造

指任何形态玻璃的生产，以及利用废玻璃再生产玻璃活动，包括特制玻璃的生产。

3041 平板玻璃制造

指用浮法、垂直引上法、压延法等生产平板玻璃原片的活动。

◇ 包括对下列平板玻璃的制造活动：

— 普通平板玻璃：垂直引上法生产的平板玻璃、平拉法生产的平板玻璃；

— 浮法平板玻璃；

— 压延玻璃；

— 制版玻璃；

— 其他平板玻璃。

3049 其他玻璃制造

指未列明的玻璃制造。

◇ 包括对下列其他玻璃的制造活动：

—（特种玻璃）

— 钢化玻璃：航空器用钢化玻璃、航天器用钢化玻璃、船舶用钢化玻璃、车辆用钢化玻璃、建筑用钢化玻璃与半钢化玻璃、防火玻璃、其他钢化玻璃；

— 夹层玻璃：航空器用夹层玻璃、航天器用夹层玻璃、船舶用夹层玻璃、车辆用夹层玻璃、建筑用夹层玻璃、防弹玻璃、其他夹层玻璃；

— 多层隔温、隔音玻璃：中空玻璃，真空玻璃，其他多层隔温、隔音玻璃；

— 石英玻璃：透明石英玻璃、不透明石英玻璃；

— 其他特种玻璃；

— 其他未列明的玻璃。

305 玻璃制品制造

指任何形态玻璃制品的生产，以及利用废玻璃再生产玻璃制品的活动。

3051 技术玻璃制品制造

指用于建筑、工业生产的技术玻璃制品的制造。

◇ 包括对下列技术玻璃制品的制造活动：

— 镀膜玻璃：阳光控制膜玻璃、低辐射膜玻璃、镀镜玻璃、其他镀膜玻璃；

— 镜子原片：镀银镜子原片、镀铝镜子原片、其他镜子原片；

— 建筑装饰玻璃：磨砂玻璃、喷花玻璃、饰面玻璃、热弯玻璃、家具玻璃、其他建筑装饰玻璃；

— 建筑用玻璃制品：玻璃马赛克，泡沫玻璃，花饰铅条窗玻璃及类似品，玻璃砖，玻璃块、片、管，玻璃瓦，玻璃微珠，其他建筑用玻璃制品；

— 石英玻璃制品：光纤生产用石英棒、管，半导体、太阳能用石英材料，半导体、太阳能用石英坩埚，合成石英玻璃制品，石英纤维及制品，其他石英玻璃制品；

— 玻璃陶瓷型材：玻璃陶瓷板材、玻璃陶瓷片、其他玻璃陶瓷型材；

— 其他技术玻璃。

3052 光学玻璃制造

指用于放大镜、显微镜、光学仪器等方面的光学玻璃，日用光学玻璃，钟表用玻璃或类似玻璃，光学玻璃眼镜毛坯的制造，以及未进行光学加工的光学玻璃元件的制造。

◇ 包括对下列光学玻璃的制造活动：

— 光学元件毛坯：光学元件毛坯型料、光电镜片毛坯、光学玻璃二次压型毛坯、其他光学元件毛坯；

— 眼镜用光学玻璃坯件：矫正视力眼镜用镜片坯件、矫正视力变色眼镜用镜片坯件、平光变色镜片坯件、其他眼镜用光学玻璃坯件；

— 光学仪器用玻璃：显微镜玻璃、放大镜玻璃、望远镜玻璃、照相机镜头玻璃、其他光学仪器用玻璃；

— 信号玻璃器：反光路标用信号玻璃器、车辆反射器用信号玻璃器、其他信号玻璃器；

— 其他玻璃制光学元件。

◆ 不包括：

— 眼镜成镜的制造，列入4042（眼镜制造）；

— 经光学加工的光学玻璃元件制造，列入4041（光学仪器制造）。

3053 玻璃仪器制造

指实验室、医疗卫生用各种玻璃仪器和玻璃器皿以及玻璃管的制造。

◇ 包括对下列玻璃仪器的制造活动：

— 玻璃计、量器：玻璃量筒，玻璃量杯，玻璃滴定管，玻璃吸量管，玻璃温度计，其他玻璃计、量器；

— 石英玻璃制仪器和器皿：石英玻璃器皿坩埚、石英玻璃烧瓶、石英玻璃烧杯、石英玻璃蒸发皿、液位计用透明石英玻璃管、其他石英玻璃制仪器和器皿；

— 耐热玻璃制仪器和器皿：玻璃烧器类器皿、玻璃蒸馏类器皿、玻璃蒸发类器皿、其他耐热玻璃制仪器和器皿；

— 其他玻璃仪器及实验、医疗用玻璃器皿。

◆ 不包括：

— 石英玻璃仪器及器皿制造，列入3051（技术玻璃制品制造）；

— 药用瓶盖、瓶塞等用品，按其原料分别列入2039（软木制品及其他木制品制造）、2915（日用及医用橡胶制品制造）、3333（金属包装容器制造）。

3054 日用玻璃制品制造

指餐厅、厨房、卫生间、室内装饰及其他生活用玻璃制品的制造。

◇ 包括对下列日用玻璃制品的制造活动：

—（餐饮用玻璃器皿）

— 餐饮用玻璃杯：餐饮用铅晶质玻璃杯、其他玻璃制餐饮用玻璃杯；

— 其他餐饮用玻璃器皿：餐饮用铅晶质玻璃器皿、餐饮用耐热玻璃器皿、其他未列明餐饮用玻璃器皿；

— 盥洗用玻璃器具：盥洗用铅晶质玻璃器具、其他盥洗用玻璃器具；

—（室内及室内装饰用玻璃器具）

— 室内用玻璃器具：室内用铅晶质玻璃器具、其他室内用玻璃器具；

— 室内装饰用玻璃器具：室内装饰用铅晶质玻璃器具、其他室内装饰用玻璃器具；

—（玻璃制工业品零配件）

— 灯具及照明装置用玻璃制零配件：灯具用玻璃制零配件、照明装置玻璃制零配件；

— 钟表用玻璃制零配件：玻璃制钟罩、玻璃制表蒙、其他钟表用玻璃制零配件；
— 仪器仪表用玻璃制零配件：玻璃制仪器仪表罩、其他仪器仪表用玻璃制零配件；
— 其他玻璃制工业品零配件；
— 其他日用玻璃制品。

◆ 不包括：
— 玻璃玩具的制造，列入 2450（玩具制造）；
— 仿珠宝玻璃首饰的制作，列入 2439（其他工艺美术品制造）；
— 玻璃镜子的制造，列入 3057（制镜及类似品加工）。

3055　　玻璃包装容器制造

指主要用于产品包装的各种玻璃容器的制造。

◇ 包括对下列玻璃包装容器的制造活动：
— 玻璃饮料瓶；
— 玻璃食品瓶；
— 玻璃啤酒瓶；
— 玻璃白酒容器；
— 玻璃输液瓶；
— 玻璃制安瓿；
— 其他玻璃包装容器。

3056　　玻璃保温容器制造

指玻璃保温瓶和其他个人或家庭用玻璃保温容器的制造。

◇ 包括对下列玻璃保温容器的制造活动：
— 玻璃保温容器：玻璃保温瓶（暖水瓶）、玻璃保温杯、玻璃保温盒、玻璃保温桶、其他玻璃保温容器；
— 玻璃保温瓶胆：保温瓶用玻璃胆、保温杯用玻璃胆、其他玻璃保温瓶胆。

◆ 不包括：
— 木质保温容器，列入 2034（木制容器制造）；
— 金属保温容器，列入 3399（其他未列明金属制品制造）；
— 其他非玻璃保温容器的制造，列入 3869（其他非电力家用器具制造）；
— 婴儿保温箱的制造，列入 3585（机械治疗及病房护理设备制造）。

3057　　制镜及类似品加工

指以平板玻璃为材料，经对其进行镀银、镀铝，或冷、热加工后成型的镜子及类似制品的制造。

◇ 包括对下列镜及类似品的制造和加工活动：
—（镜子类制品及零配件）
— 成品镜子：民用成品镜、专用成品镜、其他成品镜；
— 镜子类制品零配件；
— 民用镜：架镜、框镜、壁镜、家具镜等；
— 专用镜：哈哈镜、汽车反光镜、摩托车反光镜、汽车后视镜、弯道反光镜等；
— 工艺装饰镜：磨直斜边装饰镜、磨异型装饰镜、冰花镜、重叠镜、磨花工艺镜、雕磨工艺镜、蚀刻镜、衣帽镜等；
— 经磨边、磨花等艺术加工的日常生活用和室内装饰用的平板玻璃等。

◆ 不包括：
— 未经镀银、镀铝或艺术加工的平板玻璃制造，列入3041（平板玻璃制造）。

3059　其他玻璃制品制造

◇ 包括对下列其他玻璃制品的制造活动：
— 玻璃珠及类似小件玻璃品：玻璃珠，仿珍珠、仿宝石等小件玻璃品，玻璃眼，其他类似小件玻璃品；
— 玻璃制绝缘子：导引式绝缘子、刚性绝缘子、其他玻璃制绝缘子；
— （未封口玻璃外壳）
— 电光源用未封口玻璃外壳：电光源用未封口玻璃泡、电光源用未封口玻璃管、电光源用透明石英玻璃管、电光源用相关未封口玻璃管、其他电光源用未封口玻璃外壳；
— 阴极射线管用未封口玻璃外壳：石英玻璃阴极射线管外壳、无臭氧石英玻璃管外壳、其他阴极射线管用未封口玻璃外壳；
— 电子管玻璃外壳：石英玻璃电子管外壳、无臭氧石英玻璃电子管外壳、其他电子管玻璃外壳；
— 未封口玻璃外壳玻璃零件：电光源玻璃外壳玻璃零件、阴极射线管用玻璃外壳玻璃零件、电子管玻璃外壳玻璃零件、其他未封口玻璃外壳玻璃零件；
— 其他未封口玻璃外壳；
— 工业用玻璃制品：工业用导电玻璃，绝缘子用玻璃伞盘，玻璃制安全保护罩、保护装置，玻璃制滑脂杯，玻璃制导线器，观测孔和液面玻璃管，TST石英玻璃弹簧，其他工业用玻璃制品；
— 玻璃制字母、招牌板，相关制品。

◆ 不包括：
— 电灯泡玻璃外壳及其玻璃零件，列入3054（日用玻璃制品制造）。

306　玻璃纤维和玻璃纤维增强塑料制品制造

3061　玻璃纤维及制品制造

◇ 包括对下列玻璃纤维及制品的制造活动：
— 玻璃纤维工业用玻璃球：无碱玻璃球、中碱玻璃球、耐碱玻璃球、特种玻璃球；
— （玻璃纤维纱）
— 无碱玻璃纤维纱：无碱玻璃纤维有捻纱、无碱玻璃纤维无捻纱；
— 中碱玻璃纤维纱：中碱玻璃纤维有捻纱、中碱玻璃纤维无捻纱；
— 耐碱玻璃纤维纱：耐碱玻璃纤维有捻纱、耐碱玻璃纤维无捻纱；
— 特种玻璃纤维纱：特种玻璃纤维有捻纱、特种玻璃纤维无捻纱；
— 无碱玻璃纤维无捻粗纱；
— 中碱玻璃纤维无捻粗纱；
— 耐碱玻璃纤维无捻粗纱；
— 短切玻璃纤维：无碱短切玻璃纤维、中碱短切玻璃纤维、耐碱短切玻璃纤维；
— （玻璃纤维布）
— 无碱玻璃纤维布：7628布、2116布、1080布、EW100布、EW140布、无碱玻璃纤维无捻粗纱织物、无碱玻璃纤维网格布、其他无碱玻璃纤维布；
— 中碱玻璃纤维布：中碱玻璃纤维有捻纱织物、中碱玻璃纤维无捻纱织物、中碱玻璃纤维无捻粗纱织物、中碱玻璃纤维网格布；

— 特种玻璃纤维布;
—(玻璃纤维毡)
— 无碱玻璃纤维粉末粘结剂毡:无碱玻璃纤维短切原丝毡、无碱玻璃纤维连续原丝毡;
— 中碱玻璃纤维粉末粘结剂毡:中碱玻璃纤维短切原丝毡、中碱玻璃纤维连续原丝毡;
— 无碱玻璃纤维乳液粘结剂毡;
— 中碱玻璃纤维乳液粘结剂毡;
— 玻璃纤维针刺毡;
— 玻璃纤维缝编毡;
— 玻璃纤维复合毡;
— 其他玻璃纤维毡;
— 玻璃纤维土工格栅;
— 玻璃纤维带:无碱玻璃纤维带、中碱玻璃纤维带;
— 玻璃纤维套管:无碱玻璃纤维套管、中碱玻璃纤维套管;
— 其他玻璃纤维制品。

3062 玻璃纤维增强塑料制品制造

也称玻璃钢,指用玻璃纤维增强热固性树脂生产塑料制品的活动。

◇ 包括对下列玻璃纤维增强塑料制品的制造活动:
— 建筑用纤维增强塑料制品:纤维增强塑料板材,纤维增强塑料型材,纤维增强塑料输、排水管,纤维增强塑料水箱,纤维增强塑料吊顶,纤维增强塑料冷却塔,纤维增强塑料门,纤维增强塑料窗,纤维增强塑料格栅,纤维增强塑料净化槽,纤维增强塑料水处理制品,纤维增强塑料风机,纤维增强塑料井盖、井箅,其他建筑用纤维增强塑料制品;
— 石化、酿造用纤维增强塑料制品:纤维增强塑料贮罐,纤维增强塑料压力容器,纤维增强塑料塔器,纤维增强塑料槽、池,纤维增强塑料输油管,纤维增强塑料抽油杆,纤维增强塑料阀门、管件,其他石化、酿造用纤维增强塑料制品;
— 机械设备用纤维增强塑料制品:纤维增强塑料机械壳、罩,纤维增强塑料仪器仪表壳、罩,纤维增强塑料医疗器械部件,其他机械设备用纤维增强塑料制品;
— 装饰用纤维增强塑料制品:纤维增强塑料工艺品,纤维增强塑料仿古建筑制品,纤维增强塑料浮雕、雕塑,纤维增强塑料花盆,其他装饰用纤维增强塑料制品;
— 纤维增强塑料卫浴制品:纤维增强塑料浴缸、纤维增强塑料托水盘、住宅用纤维增强塑料整体卫生间、车辆用纤维增强塑料整体卫生间、其他纤维增强塑料卫浴制品;
— 交通运输用纤维增强塑料制品:纤维增强塑料汽车覆盖件、纤维增强塑料汽车结构件、纤维增强塑料轨道车辆部件、纤维增强塑料轨道设施部件、纤维增强塑料防眩板、纤维增强塑料交通设施制品、其他交通运输用纤维增强塑料制品;
— 能源、电力用纤维增强塑料制品:纤维增强塑料风力发电机叶片,纤维增强塑料风力发电机舱罩,纤维增强塑料电缆桥架,纤维增强塑料电力控制柜,纤维增强塑料电表箱,纤维增强塑料脱硫喷淋管,纤维增强塑料烟道、烟囱,纤维增强塑料电缆保护管,纤维增强塑料灯杆,纤维增强塑料沼气池,其他能源、电力用纤维增强塑料制品;
— 航空航天用纤维增强塑料制品;
— 其他纤维增强塑料制品。

◆ 不包括:
— 玻璃钢制成的船,列入3732(非金属船舶制造);

— 玻璃钢家具,列入 2140(塑料家具制造);
— 玻璃钢制体育用品,列入 2442(体育器材及配件制造)。

307 陶瓷制品制造

3071 卫生陶瓷制品制造

指卫生和清洁盥洗用的陶瓷用具的生产活动。

◇ 包括对下列卫生陶瓷制品的制造活动:
— (陶瓷制卫生设备)
— 陶瓷制便器:陶瓷制大便器、陶瓷制小便器;
— 陶瓷制洗涤器:陶瓷制洗面器、陶瓷制浴盆(浴缸)、陶瓷制净身器、陶瓷制洗涤槽、其他陶瓷制洗涤器;
— 仿瓷制卫生设备:仿瓷制便器、仿瓷制洗涤器、其他仿瓷制卫生设备;
— 玻璃陶瓷制卫生设备:玻璃陶瓷制便器、玻璃陶瓷制洗涤器、其他玻璃陶瓷制卫生设备;
— 其他陶瓷制卫生设备;
— 陶瓷制卫生设备辅(配)件:便器水箱及配件、其他陶瓷制卫生设备辅(配)件。

◆ 不包括:
— 陶瓷建筑用砖、陶瓷管道、水道、排水沟和管道配件的制造,列入 3032(建筑陶瓷制品制造)。

3072 特种陶瓷制品制造

指专为工业、农业、实验室等领域的各种特定用途和要求,采用特殊生产工艺制造陶瓷制品的生产活动。

◇ 包括对下列特种陶瓷制品的制造活动:
— (结构陶瓷制品)
— 实验室用陶瓷制品:陶瓷坩埚、陶瓷过滤器、实验用陶瓷小管、其他实验室用陶瓷制品;
— 陶瓷泵,陶瓷阀及类似品:陶瓷阀、陶瓷汽缸阀门片、其他陶瓷阀类似品;
— 陶瓷轴承,陶瓷辊棒,陶瓷制发动机零部件,陶瓷蒸馏器,陶瓷旋管及类似管,陶瓷研磨器和研磨球,陶瓷模头;
— 纺织用陶瓷件:陶瓷引线器、氧化铝纺织陶瓷件、其他纺织用陶瓷件;
— 耐磨陶瓷件:氧化铝耐磨陶瓷件、其他耐磨陶瓷件;
— 可控硅瓷环、瓷管:氧化铝可控硅瓷环、瓷管,其他可控硅瓷环、瓷管;
— 陶瓷刀具、刃具(氧化锆陶瓷刀具,氮化硅陶瓷刀具);
— 氮化硅陶瓷刃具;
— 其他结构陶瓷制品;
— (功能陶瓷制品)
— 压电陶瓷制品、陶瓷超导体、电容器陶瓷零件;
— 电阻器陶瓷零件:碳膜电阻瓷件、金属膜电阻瓷件、片式电阻器陶瓷基片、其他电阻器陶瓷零件;
— 电位器陶瓷基片;
— 集成电路陶瓷基片:厚膜集成电路陶瓷基片、其他集成电路陶瓷基片;
— 陶瓷制绝缘零件:输变电线路绝缘瓷套管、其他陶瓷制绝缘零件;
— 其他功能陶瓷制品;

— 生物陶瓷制品：陶瓷假牙类制品、陶瓷人造骨骼制品、其他生物陶瓷制品；
— 其他技术陶瓷制品；
— 运输及盛装货物用陶瓷容器：耐酸陶瓷容器、食品用陶瓷容器、药品或化妆品陶瓷容器、其他运输及盛装货物用陶瓷容器；
— 电工陶瓷制的绝缘子：输变电线路绝缘瓷套管、其他电工陶瓷制的绝缘子；
— 电气设备用绝缘零件：碳膜电阻瓷件、金属膜电阻瓷件、片式电阻器陶瓷基片、电容器陶瓷零件、厚膜集成电路陶瓷基片、电位器用陶瓷基片、其他电气设备用陶瓷零件；
— 高技术陶瓷制品：氧化铝陶瓷件、氧化铍陶瓷件、氧化锆陶瓷件、氮化硅陶瓷件、碳化硅陶瓷件、氧化铁陶瓷件、氧化钛陶瓷件、金属陶瓷件、其他高技术陶瓷制品；
— 其他特种陶瓷制品。

◆ 不包括：
— 耐火用陶瓷，列入 3089（耐火陶瓷制品及其他耐火材料制造）；
— 生物陶瓷：指具有生物化学功能的陶瓷制品生产，列入 3586（假肢、人工器官及植（介）入器械制造）。

3073　日用陶瓷制品制造

指以粘土、瓷石、长石、石英等为原料，经破碎、制泥、成型、烧炼等工艺制成，主要供日常生活用的各种瓷器、炻器、陶器等陶瓷制品的制造。

◇ 包括对下列日用陶瓷制品的制造活动：
— 瓷餐具：瓷茶具或咖啡用具、瓷盘、瓷碗、瓷碟、瓷杯、瓷汤匙；
— 瓷制厨房器具：瓷制烘烤盘、瓷盆、瓷制厨用壶、瓷制腌制罐、瓷坛、瓷缸、瓷漏斗、瓷勺、瓷擀面杖；
— 盥洗用瓷器：瓷制大口水壶、碗、瓷制卫生桶、便盆、尿壶、便壶、痰盂、瓷制肥皂碟、毛巾架及类似瓷器；
— 其他日用瓷器具：瓷制烟灰缸、瓷制水瓶、火柴盒架；
— 日用陶器具：陶餐具、陶制厨房器具、盥洗用陶器、其他日用陶器具。

3079　园林、陈设艺术及其他陶瓷制品制造

指以石英、长石、瓷土等为原料，经制胎、施釉、装饰、烧成等工艺制成的，具有艺术造型或花纹、图案等，主要供陈设、观赏或装饰用的纯艺术欣赏陶瓷制品和以欣赏为主的陶瓷陈列品、实用品的制造，以及其他未列明的陶瓷制品的制造。

◇ 包括对下列园林、陈设艺术及其他陶瓷制品的制造活动：
—（园林艺术陶瓷制品）
— 陶瓷制家具：陶瓷桌，陶瓷椅、凳，其他陶瓷制家具；
— 陶瓷制果皮箱：瓷制果皮箱、陶制果皮箱、其他陶瓷制果皮箱；
— 陶瓷制花盆：瓷制装饰性花盆、瓷制非装饰性花盆、陶制装饰性花盆、陶制非装饰性花盆、其他陶瓷制花盆；
— 其他园林艺术陶瓷制品；
—（陈设艺术陶瓷制品）
— 室内陈设艺术陶瓷制品；
— 工艺陶瓷制品；
— 陶瓷壁画；
— 陶瓷制塑像：瓷制塑像、陶制塑像、其他陶瓷制塑像；
— 其他陈设艺术陶瓷制品；

— 陶瓷制加热器：陶瓷制火炉，相关加热器、非耐火火砖颊板、柴炉用陶瓷衬里、火炉用陶瓷砖、其他陶瓷制加热器；
— 陶瓷刀柄；
— 散热器用陶瓷湿润器；
— 农用陶瓷制品；
— 陶瓷制零件、附件：陶瓷制门、窗等附件，陶瓷制弹簧杆塞，其他陶瓷制零件、附件；
— 其他相关陶瓷制品。

308 耐火材料制品制造

3081 石棉制品制造

指以石棉或其他矿物纤维素为基础，制造摩擦制品、石棉纺织制品、石棉橡胶制品、石棉保温隔热材料制品的生产活动。

◇ 包括对下列石棉制品的制造活动：
— 已加工石棉纤维：加工石棉纤维、泡沫石棉、弹性泡沫石棉、耐水弹性泡沫石棉、防水泡沫石棉、石棉或和碳酸镁为主混合物；
— 石棉纱、线及其纺织制品：石棉纱、线，石棉绳，石棉纺织制品，石棉防火服，石棉帽类及鞋靴，石棉编织带，石棉绝缘带，其他石棉纱、线及其纺织制品；
— 石棉隔热保温制品：石棉纸类制品、石棉板类制品、石棉管类制品、石棉保温砖、压缩石棉纤维接合材料、其他石棉隔热保温制品；
— 石棉密封垫板：石棉橡胶板、耐油石棉橡胶板、石棉乳胶抄取板、其他石棉密封垫板；
— 无石棉密封垫板：无石棉橡胶板、耐油无石棉橡胶板、乳胶无石棉抄取板、其他无石棉密封垫板；
— 石棉密封垫片、垫圈：石棉气缸垫，石棉缠绕式垫片，普通石棉冲压垫，其他石棉密封垫片、垫圈；
— 特种石棉制品：耐酸石棉橡胶板、耐酸石棉纸板、电绝缘石棉纸、除菌过滤石棉纸、SB16 隔膜石棉布、SB19 电解石棉布、其他特种石棉制品；
— 石棉摩擦材料：石棉制动器衬片，石棉离合器面片，石棉火车合成闸瓦、闸片，石棉制动器衬片，石棉纸基摩擦材料，工业机械用石棉摩擦片，其他石棉摩擦材料；
— 无石棉摩擦材料：无石棉制动器衬片，无石棉离合器面片，无石棉火车合成闸瓦、闸片，无石棉制动器衬片，无石棉纸基摩擦材料，工业机械用无石棉摩擦片，其他无石棉摩擦材料；
— 其他石棉制品。

◆ 不包括：
— 石棉以外的隔热、隔音材料，列入 3035（隔热和隔音材料制造）。

3082 云母制品制造

◇ 包括对下列云母制品的制造活动：
— 薄片云母、厚片云母、剥片云母、熔铸合成云母；
— 电容器片云母、电容器零部件云母片、高压锅炉水位计用云母片、电子管用云母片；
— 无机耐高温合成云母纸层压板、云母纸、云母带等云母纸制品；
— 电焊条用合成云母粉、干磨云母粉、湿磨云母粉、碎云母、云母碎屑制品；
— 其他云母制品。

3089　　耐火陶瓷制品及其他耐火材料制造

指用硅质、粘土质、高铝质等石粉成形的陶瓷隔热制品的制造。

◇ 包括对下列耐火陶瓷制品及其他耐火材料的制造活动：

—（致密定形耐火制品）

— 粘土质砖：普通砖，高炉、热风炉砖，玻璃窑用砖；

— 镁质砖：镁砖、镁铬砖、镁钙砖、镁铝砖、其他镁质砖；

— 高铝质砖：一般高铝砖，炼钢电炉顶砖，盛钢桶用砖，高炉、热风炉高铝质砖；

— 硅质砖：普通硅质砖、玻璃窑用硅质砖、焦炉用砖、热风炉用砖；

— 特种耐火制品：氧化物制品、非氧化物制品、熔铸制品、含炭制品、功能材料、其他特种耐火制品；

— 其他致密定型耐火制品；

— 隔热耐火制品：粘土质隔热耐火砖、高铝质隔热耐火砖、耐火纤维制品、其他隔热耐火制品；

— 不定形耐火制品：浇注料、喷补料、捣打料、可塑料、耐火泥浆、其他不定形耐火制品；

— 耐火陶瓷制品：耐火陶瓷管、耐火陶瓷坩埚、硅质耐火陶瓷制品、其他耐火陶瓷制品；

— 其他耐火材料。

309　　石墨及其他非金属矿物制品制造

3091　　石墨及碳素制品制造

指以炭、石墨材料加工的特种石墨制品、碳素制品、异形制品，以及用树脂和各种有机物浸渍加工而成的碳素异形产品的制造。

◇ 包括对下列石墨及碳素制品的制造活动：

—（石墨制品）

— 石墨电极：普通功率石墨电极、高功率石墨电极、超高功率石墨电极；

— 石墨阳极；

— 其他石墨制品：非标准石墨制品、不透性石墨、其他未列明石墨制品；

—（碳制品）

— 碳块：普通碳块、半石墨质碳块、微孔碳块、其他碳块；

— 碳电极：碳电阻棒、碳阳极、焙烧电极毛坯、其他碳电极；

— 碳糊：阳极糊、电极糊、底糊、密闭糊、其他糊；

— 其他碳制品；

—（碳素新材料）

— 特种石墨制品：超细结构石墨、细结构石墨、中粗结构石墨、粗结构石墨、光普纯石墨、各向同性石墨、其他特种石墨制品；

— 热解石墨制品：热解石墨管、热解石墨片、其他热解石墨制品；

— 碳素纤维类及制品：碳纤维、石墨纤维、预浸料、预氧丝、碳布、碳绳、碳带、碳毡、其他碳纤维类及制品；

— 其他碳素新材料；

—（其他碳素产品）

— 石墨热交换器：块孔式石墨热交换器、径向式石墨热交换器、降膜式石墨热交换器、列管式石墨热交换器；

— 柔性石墨制品：柔性石墨密封垫片、柔性石墨卷材、柔性石墨板材、柔性石墨填料、柔性石墨填料环、柔性石墨盘根、碳纤维增强柔性石墨盘根、镍丝增强柔性石墨盘根、其他柔性石墨制品；

— 电碳产品:碳刷,碳棒,碳焊条,碳精片,碳精轴承,碳精密封环,传声器用碳精零件,整流电子管用阳极、栅、屏,其他电碳制品。

3099　　其他非金属矿物制品制造

◇ 包括对下列其他非金属矿物制品的制造活动:

— 建筑用沥青制品:建筑防水沥青嵌缝油膏、其他建筑用沥青制品;
—(固结磨具)
— 碾磨或磨浆用石磨、石碾;
— 机用磨石、抛光石:陶瓷制磨石、抛光石,其他机用磨石、抛光石;
— 砂轮:陶瓷制砂轮、树脂砂轮、其他砂轮;
— 磨头、磨盘、磨齿:陶瓷制磨头、磨盘、磨齿,其他磨头、磨盘、磨齿;
— 手用磨石:手用磨油石、手用抛光石、其他手用磨石;
— 天然石制磨具:天然石料制砂轮、天然石磨、石碾;
—(涂附磨具)
— 布基:页状砂布、卷状砂布、带状砂布;
— 纸基:页状砂纸、卷状砂纸、带状砂纸;
— 涂附磨具异型产品:刚纸磨片、纸基不干胶磨片、布基不干胶磨片、砂盘、页轮、带柄页轮、布轮、开丝轮、尼龙大扣、尼龙抛光轮、尼龙抛光磨片、无纺布磨块、弹性海绵磨块;
— 其他涂附磨具;
—(超硬材料制品)
— 超硬材料磨具:树脂金刚石砂轮、磨盘、磨头,树脂立方氮化硼砂轮、磨盘、磨头,陶瓷金刚石砂轮、磨盘、磨头,陶瓷立方氮化硼砂轮、磨盘、磨头,金属金刚石砂轮、磨盘、磨辊、磨头,金刚石、立方氮化硼磨石,超硬材料涂附磨具,其他超硬材料磨具;
— 金刚石钻探工具:金刚石薄壁钻头、金刚石石油天然气钻头、金刚石地质勘探钻头;
— 其他超硬材料制品;
— 天然研磨料;
—(普通磨料)
— 人造刚玉:棕刚玉、白刚玉、其他人造刚玉;
— 碳化硅磨料:黑碳化硅磨料、绿碳化硅磨料、其他碳化硅磨料;
— 碳化硼(磨料);
—(超硬材料)
— 人造金刚石:金刚石单晶、金刚石多晶、带金属衬底的金刚石聚晶(PDC)、不带金属衬底的金刚石聚晶(PCD);
— 立方氮化硼:立方氮化硼单晶、立方氮化硼多晶、带金属衬底的立方氮化硼聚晶、不带金属衬底的立方氮化硼聚晶;
— 化学气相沉积(CVD)金刚石;
— 其他超硬材料;
— 沥青混合物:普通沥青混合料、添加抗剥落剂沥青混合料、SBS 聚合物改性沥青混合料、沥青玛蹄脂碎石混合料(SMA)、热拌冷外沥青混合料、彩色沥青混合料、沥青胶粘剂、沥青混凝土、煤沥青、其他沥青混合物;
— 泥炭制品:泥炭制片、泥炭制气缸壳体、植物培植盆、其他泥炭制品;
— 其他未列明非金属矿物制品。

31 黑色金属冶炼和压延加工业

311 3110 炼铁

指用高炉法、直接还原法、熔融还原法等,将铁从矿石等含铁化合物中还原出来的生产活动。

◇ 包括对下列铁的冶炼活动:

—(生铁)
— 炼钢生铁;
— 铸造生铁:球墨铸铁用铸造生铁、其他铸造生铁;
— 含钒生铁;
— 直接还原铁;
—(熔融还原铁)
— 炼钢用熔融还原铁;
— 其他用熔融还原铁;
—(球墨铸铁)
— 高炉生铁产球墨铸铁;
— 其他生铁产球墨铸铁;
— 铸铁管及其附件;
— 铸铁管;
— 连续式生产铸铁直管、离心式生产铸铁直管、其他方式生产铸铁直管;
— 灰铁铸铁管、球墨铸铁管、其他铸铁管;
— 大口径铸铁直管、中口径铸铁直管、小口径铸铁直管;
— 铸铁空心异型管;
— 铸铁管附件:无可锻性铸铁管子附件、可锻性铸铁及铸钢管子附件。

312 3120 炼钢

指利用不同来源的氧(如空气、氧气)来氧化炉料(主要是生铁)所含杂质的金属提纯活动。

◇ 包括对下列钢的冶炼活动:

—(非合金钢粗钢)
— 一般用途碳素结构钢、其他普通质量非合金钢;
— 优质碳素结构钢,冷压延棒、线材用非合金钢,电工用非合金钢,优质铸造碳素钢,易切削非合金结构钢,其他优质非合金钢;
— 特殊碳素结构钢,特殊盘条钢及钢丝用非合金钢,航空、兵器等专用非合金结构钢,核能用非合金钢,碳素弹簧钢,特殊易切削钢,碳素工具钢和中空钢,电磁纯铁,原料纯铁,其他特殊质量非合金钢;
—(低合金钢粗钢)
— 一般低合金结构钢、低合金钢筋钢、铁道用一般低合金钢、其他普通质量低合金钢;
— 优质低合金结构钢,铁道用低合金钢,输油、输气管线用低合金钢,低合金耐候钢,其他优质低合金钢;
— 特殊低合金结构钢、铁道用特殊低合金钢、核能用低合金钢、低温用低合金钢、其他特殊质量低合金钢;
—(合金钢粗钢)
— 一般结构用合金钢,电工用硅(铝)钢,地质、石油钻探用合金钢,其他优质合金钢;

— 合金结构钢,合金钢筋钢,地质、钻探用合金钢,合金弹簧钢,合金工具钢,高合金工具钢,高速工具钢,高温合金钢,精密合金钢,耐蚀合金钢,轴承钢,高电阻电热钢和合金,无磁钢,永磁钢,其他特殊质量合金钢;
— 不锈钢粗钢:铬系不锈钢、铬镍系不锈钢、耐热不锈钢;
— 连铸坯:方坯、矩形坯、板坯、圆坯、异形坯、管坯;
— 模铸钢锭;
— 铸造用液态钢;
— 镇静钢、沸腾钢、半镇静钢;
— 转炉钢:顶吹转炉钢、底吹转炉钢、侧吹转炉钢、复合吹炼转炉钢;
— 电弧炉钢:普通电弧炉钢、直流电弧炉钢;
— 感应电炉钢:真空感应电炉钢、非真空感应电炉钢;
— 其他炉种冶炼钢。

313 3130 黑色金属铸造

指铸铁件、铸钢件等各种成品、半成品的制造。

◇ 包括对下列黑色金属的铸造活动:
— 铸铁件:灰铸铁件、球墨铸铁件、可锻铸铁件、特种铸铁件;
— 铸钢件:碳钢铸钢件、合金钢铸钢件、不锈钢铸钢件。

314 3140 钢压延加工

指通过热轧、冷加工、锻压和挤压等塑性加工使连铸坯、钢锭产生塑性变形,制成具有一定形状尺寸的钢材产品的生产活动。

◇ 包括对下列钢的压延加工活动:
—(轧制、锻造钢坯)
— 非合金钢钢坯:普通质量非合金钢、优质非合金钢、特殊质量非合金钢;
— 低合金钢钢坯:普通质量低合金钢、优质低合金钢、特殊质量低合金钢;
— 合金钢钢坯:优质合金钢、特殊质量合金钢;
— 不锈钢钢坯:铬系不锈钢,铬镍系不锈钢,耐热不锈钢;
— 轧制坯:连铸坯轧制坯、钢锭轧制坯;
— 锻造坯;
— 方坯、矩形坯、板坯、圆坯、异形坯、管坯;
— 铁道用钢材:轻轨,重轨,道岔钢轨,钢轨配件,工业用钢轨,起重机用钢轨,导电钢轨,钢枕,车轮、轮箍,车轴及坯,其他品种铁道用钢材;
—(大型型钢)
— 大型 H 型钢,大型 I 型钢(大型工字钢),大型 U 型钢(大型槽钢),大型角钢,大型 Z 字钢,大型丁字钢、T 型钢,钢板桩,矿用型钢,特殊大型型钢,衬板钢,π 型钢,履带钢,其他品种大型型钢;
— 非合金钢大型型钢、低合金钢大型型钢、合金钢大型型钢、不锈钢大型型钢;
—(中小型型钢)
— 中小型 H 型钢、中小 I 型钢(小工字钢)、中小 U 型钢(小槽钢)、中小型角钢、中小等翼缘 T 型钢、复合钢、矿用支柱钢、矿用刮板钢、特殊中小型型钢、其他品种中小型型钢;
— 非合金钢中小型型钢、低合金钢中小型型钢、合金钢中小型型钢、不锈钢中小型型钢;
— 中小型型钢按加工工艺分:热轧中小型型钢、其他工艺中小型型钢;
— 非合金钢棒材、低合金钢棒材、合金钢棒材、不锈钢棒材;

— 圆钢、方钢、六角钢、八角钢、扁钢、其他品种棒材；
—（钢筋）
— 光圆钢筋、带肋钢筋；
— 非合金钢钢筋、低合金钢钢筋、合金钢钢筋、不锈钢钢筋；
— 热轧钢筋、冷轧（拔）钢筋、其他工艺钢筋；
—（线材（盘条））
— 工程及建筑结构用线材、制品原料用高碳钢线材（硬线）、拉拔用线材（软线）、电焊条用线材、弹簧用线材、冷镦铆螺用线材、其他用途线材；
— 非合金钢线材、低合金钢线材、合金钢线材、不锈钢线材；
— 高速无扭轧机产线材（盘条）、其他线材轧机产线材（盘条）；
—（特厚板）
— 锅炉及火箱用特厚钢板、造船及舰艇用特厚钢板、航空用特厚钢板、容器用特厚钢板、工程机械用特厚钢板、建筑用特厚钢板、桥梁用特厚钢板、其他用途特厚钢板；
— 非合金钢特厚板、低合金钢特厚板、合金钢特厚板、不锈钢特厚板；
—（厚钢板）
— 锅炉及火箱用厚钢板、造船及舰艇用厚钢板、航空用厚钢板、容器用厚钢板、工程机械用厚钢板、建筑用厚钢板、桥梁用厚钢板、管线用厚钢板、其他用途厚钢板；
— 非合金钢厚钢板、低合金钢厚钢板、合金钢厚钢板、不锈钢厚钢板；
—（中板）
— 锅炉及火箱用中板、造船用中板、火车车厢用中板、汽车用中板、容器用中板、工程机械用中板、农机用中板、集装箱用中板、管线用中板、建筑用中板、桥梁用中板、焊管用中板、其他用途中板；
— 非合金钢中板、低合金钢中板、合金钢中板、不锈钢中板；
— 薄板坯连铸连轧设备生产中板、连轧机生产中板、炉卷轧机生产中板、中厚板轧机生产中板；
—（热轧薄板）
— 非合金钢热轧薄板、低合金钢热轧薄板、合金钢热轧薄板、不锈钢热轧薄板；
— 薄板坯连铸连轧设备生产热轧薄板、连轧机生产热轧薄板、炉卷轧机生产热轧薄板、其他轧机生产热轧薄板；
— 热轧薄板按表面处理分：酸洗热轧薄板、未经酸洗热轧薄板；
—（冷轧薄板）
— 非合金钢冷轧薄板、低合金钢冷轧薄板、合金钢冷轧薄板、不锈钢冷轧薄板；
— 冷连轧机生产冷轧薄板、单机架轧机生产冷轧薄板、双机架轧机生产冷轧薄板、其他轧机生产冷轧薄板；
—（中厚宽钢带）
— 非合金钢中厚宽钢带、低合金钢中厚宽钢带、合金钢中厚宽钢带、不锈钢中厚宽钢带；
— 薄板坯连铸连轧设备生产中厚宽钢带、传统热连轧机生产中厚宽钢带、炉卷轧机生产中厚宽钢带、其他轧机生产中厚宽钢带；
— 热轧中厚宽钢带、冷轧中厚宽钢带；
—（热轧薄宽钢带）
— 非合金钢热轧薄宽钢带、低合金钢热轧薄宽钢带、合金钢热轧薄宽钢带、不锈钢热轧薄宽钢带；
— 薄板坯连铸连轧设备生产热轧薄宽钢带、连轧机生产热轧薄宽钢带、炉卷轧机生产热轧薄宽钢带、其他轧机生产热轧薄宽钢带；

— 酸洗热轧薄宽钢带、未经酸洗热轧薄宽钢带；
—（冷轧薄宽钢带）
— 非合金钢冷轧薄宽钢带、低合金钢冷轧薄宽钢带、合金钢冷轧薄宽钢带、不锈钢冷轧薄宽钢带；
—（热轧窄钢带）
— 非合金钢热轧窄钢带、低合金钢热轧窄钢带、合金钢热轧窄钢带、不锈钢热轧窄钢带；
—（冷轧窄钢带）
— 非合金钢冷轧窄钢带、低合金钢冷轧窄钢带、合金钢冷轧窄钢带、不锈钢冷轧窄钢带；
— 焊管用冷轧窄钢带、自行车用冷轧窄钢带、摩托车用冷轧窄钢带、打包用冷轧窄钢带、其他用途冷轧窄钢带；
—（镀层板带）
— 镀锌板带、镀锡板带、镀铬板带、镀铅板带、镀铝板带、其他金属镀层板带；
— 非合金钢镀层板带、低合金钢镀层板带、合金钢镀层板带、不锈钢镀层板带；
— 镀层板、镀层带；
—（涂层板带）
— 建筑用涂层板带、机械用涂层板带、家电用涂层板带、家具用涂层板带、其他用途涂层板带；
— 非合金钢涂层板带、低合金钢涂层板带、合金钢涂层板带、不锈钢涂层板带；
— 涂层板带按形状分：涂层板、涂层带；
—（电工钢板带）
— 取向电工钢板带、无取向电工钢板带；
— 热轧电工钢板带、冷轧电工钢板带；
— 电工钢板、电工钢带；
—（无缝钢管）
— 热轧（挤压）无缝钢管、冷拔（轧）无缝钢管、其他制造工艺无缝钢管；
— 非合金钢无缝钢管、低合金钢无缝钢管、合金钢无缝钢管、不锈钢无缝钢管；
— J55 ~ M65 的无缝钢管、N80 ~ L80 的无缝钢管、C90 ~ P110 的无缝钢管、Q125 的无缝钢管；
—（焊接钢管）
— 焊接钢管按生产工艺分：电阻焊张力减径钢管、直缝电阻焊接钢管、直缝埋弧焊接钢管、螺旋缝焊接钢管、其他生产工艺焊接钢管；
— 非合金钢焊接钢管、低合金钢焊接钢管、合金钢焊接钢管、不锈钢焊接钢管；
— J55 ~ M65 的焊接钢管、N80 ~ L80 的焊接钢管、A. B 的焊接钢管、X42 ~ X56 的焊接钢管、X60 ~ X70 的焊接钢管、大于 X70 的焊接钢管；
—（其他钢材）
— 冷弯型钢、轮件、盘件、轴件、模块、环件、锻钢件、复合钢板、其他品种其他钢材；
— 非合金钢其他钢材、低合金钢其他钢材、合金钢其他钢材、不锈钢其他钢材；
— 热轧其他钢材，冷轧（拔）其他钢材，锻压、挤压、旋压其他钢材，其他工艺生产其他钢材。

315 3150 铁合金冶炼

指铁与其他一种或一种以上的金属或非金属元素组成的合金生产活动。

◇ 包括对下列铁合金的冶炼活动：

— 普通铁合金：高炉铁合金、电炉普通铁合金、电炉硅铁；

— 特种铁合金：电炉特种铁合金、电炉特种硅合金、转炉铁合金、炉外法铁合金、其他特种铁合金；
— 锰的冶炼。

32 有色金属冶炼和压延加工业

321 常用有色金属冶炼

指通过熔炼、精炼、电解或其他方法从有色金属矿、废杂金属料等有色金属原料中提炼常用有色金属的生产活动。

3211 铜冶炼

指对铜精矿等矿山原料、废杂铜料进行熔炼、精炼、电解等提炼铜的生产活动。

◇ 包括对下列铜的冶炼活动：
— 粗铜：矿产粗铜、再生粗铜、电积铜产粗铜；
— 阳极铜：矿产阳极铜、再生阳极铜、电积铜产阳极铜；
— 精炼铜（电解铜）：矿产精炼铜、再生精炼铜、电积铜；
— 直接利用再生铜。

3212 铅锌冶炼

◇ 包括对下列铅锌的冶炼活动：
— 粗铅：矿产粗铅、再生粗铅；
— 铅：矿产铅、再生铅；
— 商品粗锌；
— 锌：矿产锌（矿产电锌、矿产精锌、矿产商品蒸馏锌、锌品、其他矿产锌）、再生锌（再生电锌、再生精锌、再生商品蒸馏锌、其他再生锌）。

3213 镍钴冶炼

◇ 包括对下列镍钴的冶炼活动：
—（镍）
— 高冰镍；
— 水淬镍；
— 电镍：矿产镍、再生镍、湿法冶炼浸出镍；
— 镍盐；
— 钴：氧化钴、金属钴（电解钴、电积钴）、钴铁、其他钴盐。

3214 锡冶炼

◇ 包括对下列锡的冶炼活动：
— 矿产电锡；
— 矿产精锡；
— 再生锡。

3215 锑冶炼

◇ 包括对下列锑的冶炼活动：
— 锑品（矿产）：三氧化二锑、精锑、高铅锑、生锑（硫化锑）、其他未锻轧锑；
— 再生锑。

3216　　铝冶炼

指对铝矿山原料通过冶炼、电解、铸型，以及对废杂铝料进行熔炼等提炼铝的生产活动。

◇ 包括对下列铝的冶炼活动：

— 氧化铝；

— 原铝（电解铝）：重熔用铝锭、脱氧铝、铝母线、铝板卷、铝导杆、原铝铝合金、其他原铝（电解铝）；

— 再生铝：再生铝锭、再生铝合金、加工及直接利用再生铝。

3217　　镁冶炼

◇ 包括对下列镁的冶炼活动：

— 原生镁（矿产镁锭）；

— 再生镁；

— 镁环；

— 镁粒（粉）。

3219　　其他常用有色金属冶炼

◇ 包括对下列其他常用有色金属的冶炼活动：

— 钛：海绵钛、高钛渣、其他钛；

— 汞及汞化合物：汞（金属汞）、氧化汞、汞触媒；

— 镉：矿产镉（电解镉、精镉、其他矿产镉）、再生镉；

— 铋：矿产铋、再生铋；

— 其他常用有色金属；

— 碱金属：钠、锂、钾、铷、铯、其他碱金属；

— 碱土金属：钙、锶、钡；

— 其他碱金属及碱土金属。

322　　贵金属冶炼

指对金、银及铂族金属的提炼活动。

3221　　金冶炼

指用金精（块）矿、阳极泥（冶炼其他有色金属时回收的阳极泥含金）、废杂金提炼黄金的生产活动。

◇ 包括对下列金的冶炼活动：

— 矿山成品金；

— 冶炼产金：金矿料产金、有色料副产金、再生金。

3222　　银冶炼

指用银精（块）矿、阳极泥（冶炼其他有色金属时回收的阳极泥含银）、废杂银提炼白银的生产活动。

◇ 包括对下列银的冶炼活动：

— 银矿料产银：银矿料产银粉、银矿料产高纯银、其他银矿料产银；

— 金矿料产银：金矿料产银粉、金矿料产高纯银、其他金矿料产银；

— 有色料产银（有色副产银）：有色料产银粉、有色料产高纯银、其他有色料产银；

— 再生银：再生银粉、再生高纯银、其他再生银。

3229 其他贵金属冶炼

◇ 包括对下列贵金属的冶炼活动:

— 铂:金属铂(铂锭)(矿产铂、再生铂)、铂粉;

— 钯:金属钯(矿产钯、再生钯)、钯粉;

— 铑:未锻造铑、铑粉;

— 铱:未锻造铱、铱粉;

— 锇:未锻造锇、锇粉;

— 钌:未锻造钌、钌粉;

— 其他贵金属。

323 稀有稀土金属冶炼

指钨钼、稀有轻金属、稀有高熔点金属、稀散金属、稀土金属及其他稀有稀土金属冶炼活动,但不包括钍和铀等放射性金属的冶炼加工。

3231 钨钼冶炼

◇ 包括对下列钨钼的冶炼活动:

— 钨:钨粉、钨条(杆)、钨粒、钨板坯、其他钨;

— 钼:钼粉、钼条(杆)、其他钼。

3232 稀土金属冶炼

◇ 包括对下列稀土金属的冶炼活动:

— 单一稀土金属:金属钕、金属镝、金属镧、金属镨、金属钐、金属铕、金属钆、金属铽、金属钪、金属钇、金属钬、金属铈、金属铒、金属铥、其他单一稀土金属;

— 混合稀土金属:金属镨钕、金属镧镨、金属镨镧、金属镧铈镨钕、电池级稀土金属、冶金级稀土金属、其他混合稀土金属;

— 其他稀土金属。

3239 其他稀有金属冶炼

◇ 包括对下列其他稀有金属的冶炼活动:

— 钽:钽锭、钽条(杆)、电容器级钽粉、冶金级钽粉、其他钽;

— 铌:铌条、铌锭、铌合金条、铌粉、其他铌;

— 锆:海绵锆、锆粉、其他锆;

— 铍(金属铍):矿产铍、再生铍;

— 铊(金属铊):原生铊(矿产铊)、再生铊;

— 镓:原生镓(矿产镓)、再生镓;

— 铪:海绵铪、铪粉;

— 铟:原生铟(铟锭)、再生铟;

— 铼(金属铼):矿产铼、再生铼;

— 其他稀有金属。

324 3240 有色金属合金制造

指以有色金属为基体,加入一种或几种其他元素所构成的合金生产活动。

◇ 包括对下列有色金属合金的冶炼活动:

— 常用有色金属合金:铜合金、铅合金、锌合金、镍合金、铝合金、锡合金 、镁合金、钛合金、铋合金、镉合金、其他常用有色金属合金;

— 硬质合金：切削刀片用硬质合金、矿用硬质合金、耐磨零件用硬质合金、钢结合金、其他硬质合金；
— 稀有金属合金：铍铜合金、铍铝合金、铍镁合金、铌铁合金、其他稀有金属合金；
— 稀土金属合金：稀土铜合金、稀土铝合金、稀土铅合金、稀土锌合金、稀土钪铝合金、稀土钇镁合金、稀土镧合金、稀土镧镍合金、稀土铈镁合金、稀土铈钨合金、稀土铈钴合金、稀土铈钴铜合金、稀土镨铁合金、稀土钕铁合金、稀土钕镁合金、稀土镁铼合金、稀土钕铁硼合金、稀土钐钴合金、稀土永磁合金、稀土铽合金、稀土镝铁合金、稀土硅铁合金、电池极合金、打火石合金、其他稀土金属合金；
— 贵金属合金：金合金，银合金，铂合金，钯合金，铑、铱、锇合金，其他贵金属合金。

325 3250 有色金属铸造

指有色金属及其合金铸造的各种成品、半成品的制造。

◇ 包括对下列有色金属的铸造活动：
— 铜铸件：工业用铜铸件、非工业用铜铸件；
— 铝铸件：工业用铝铸件、非工业用铝铸件；
— 锌铸件；
— 镁铸件；
— 其他有色金属铸件。

326 有色金属压延加工

3261 铜压延加工

指铜及铜合金的压延加工生产活动。

◇ 包括对下列铜的压延加工活动：
— 铜材：铜板材、铜带材、铜箔材、铜棒材、铜型材、铜线材、铜管材、铜排材、其他铜材；
— 铜盘条（电工用铜线坯）：紫铜盘条、铜锌合金盘条、铜锡合金盘条、铜镍合金盘条、铜镍锌合金盘条、其他铜盘条；
— 铜粉及片状粉末：铜粉、片状铜粉末。

3262 铝压延加工

指铝及铝合金的压延加工生产活动。

◇ 包括对下列铝的压延加工活动：
— 铝材：铝棒材、铝型材、铝板材、铝带材、铝箔材、铝线材、铝排材（扁棒）、铝管材、铝制管子附件、其他铝材；
— 铝盘条（电工用圆铝杆）：非合金铝盘条、铝合金盘条；
— 铝粉及片状粉末：铝非片状粉末、铝片状粉末。

3263 贵金属压延加工

指对金、银及铂族等贵金属，进行轧制、拉制或挤压加工的生产活动。

◇ 包括对下列贵金属的压延加工活动：
— 金加工材：金棒材、其他金加工材；
— 银材：银棒材、银型材、银板材、银片材、银带材、其他银材；
— 铂加工材：铂板材、铂片材、铂带材、铂条材、铂管材、其他铂加工材；
— 钯材：钯板材、钯片材、钯带材、钯条材、钯管材、其他钯材；

— 铑加工材：铑板材、铑片材、铑带材、铑条材、其他铑加工材；
— 铱加工材：铱板材、铱片材、铱薄带材、其他铱加工材；
— 锇加工材：锇板材、锇片材、其他锇加工材；
— 钌加工材：钌板材、钌片材、钌带材、其他钌加工材；
— 其他贵金属压延加工材；
— 包金金属材料：包金棒、杆，包金板、片，包金带，包金型材，包金丝，包金管，其他包金金属材料；
— 包银金属材料：包银棒、杆，包银板、片，包银带，包银型材，包银丝，包银管，其他包银金属材料；
— 包铂金属材料：包铂棒、杆，包铂板、片，包铂带，包铂型材，包铂丝，包铂管，其他包铂金属材料。

◆ 不包括：
— 贵金属表壳的制造，列入4030（钟表与计时仪器制造）；
— 金属币的制造，列入3399（其他未列明金属制品制造）。

3264　稀有稀土金属压延加工

指对钨、钼、钽等稀有金属材的加工。

◇ 包括对下列稀有稀土金属的压延加工活动：
— 钨加工材：钨棒材，钨型材及异型材，钨板材，钨带材，钨箔、片材，钨丝材，钨高比重材，钨坩埚，钨阳极，其他钨加工材；
— 钼加工材：钼棒材、钼板材、钼带材、钼箔材、钼丝材、钼板坯、钼坩埚、钼顶头、其他钼材；
— 钽加工材：钽棒、钽板材、钽带、钽箔、钽管材、钽丝材、其他钽加工材；
— 锆加工材：锆板材、锆棒材、锆丝材、锆管材、其他锆加工材；
— 铌加工材：铌板材、铌棒材、铌丝材、铌管材、其他铌加工材；
— 镓加工材：镓板材、镓棒材、镓丝材、镓管材、其他镓加工材；
— 铪加工材：铪板材、铪棒材、铪丝材、铪管材、其他铪加工材；
— 铟加工材：铟板材、铟棒材、铟丝材、铟管材、其他铟加工材；
— 铼加工材：铼板材、铼棒材、铼丝材、铼管材、其他铼加工材；
— 钴加工材；
— 铍加工材；
— 铊加工材；
— 锗加工材；
— 钒加工材；
— 其他稀有稀土金属压延加工材。

◆ 不包括：
— 独立企业生产的电子半导体材料，列入2664（信息化学品制造）；
— 放射性金属（钍和铀）压延加工，列入2530（核燃料加工）。

3269　其他有色金属压延加工

◇ 包括对下列其他有色金属的压延加工活动：
— （铅压延加工材）
— 铅材：铅棒材、铅型材、铅线材、铅板、铅片、铅带、铅箔、铅管及其附件、其他铅材；
— 铅粉及片状粉末：铅粉、铅片状粉末；

—（锌压延加工材）
— 锌材：锌棒材、锌型材、锌线材、锌板、锌片、锌带、锌箔、锌管及其附件、其他锌材；
— 锌末、锌粉及片状粉末：锌末、锌粉；
—（镍压延加工材）
— 镍材：镍棒材、镍型材、镍线材、镍板材、镍带材、镍箔材、镍管及管子附件、其他镍材；
— 镍粉及片状粉末：非合金镍粉、合金镍粉；
—（锡压延加工材）
— 锡材：锡棒材，锡型材，锡线材，锡板、片材，锡带材，锡箔材，锡管及管子附件，锡球及半球，锡盘及锡环，其他锡材；
— 锡粉及片状粉末：非锡合金锡粉、锡合金锡粉；
—（镁、钛，相关常用有色金属加工材）
— 镁材：镁棒材、镁型材异型材、镁板材、镁带材、镁箔材、镁丝材、镁管及空心异型材、其他镁材；
— 钛材：钛棒材、钛型材及异型材、钛线材、钛板材、钛带、钛箔材、钛管材、钛锻材、其他钛材；
— 镉材：镉板材、镉棒材、其他镉材；
— 锑材：锑棒材、锑板材、其他锑材；
— 铋材。

33 金属制品业

331 结构性金属制品制造

3311 金属结构制造

指以铁、钢或铝等金属为主要材料，制造金属构件、金属构件零件、建筑用钢制品及类似品的生产活动，这些制品可以运输，并便于装配、安装或竖立。

◇ 包括对下列金属结构的制造活动：
— 钢结构：多、高层建筑钢结构，桥梁用钢铁结构，塔桅钢结构，网架、网壳结构、管结构，模板、脚手架、坑道支撑用钢铁制支柱，钢制装配结构件，门式钢架轻型厂房结构，拱型波纹钢屋盖结构，城市建设钢制品，重型工业厂房结构，锅炉钢结构，钢铁井架及上层结构，钢铁可调或伸缩支柱，钢铁管状立柱，钢铁可伸缩格子平顶梁，钢铁制水闸门，钢铁制凸堤、栈桥，钢铁制船用桅杆、舷梯，钢铁制道口拦路杆，特种构筑物，住宅钢结构，其他钢结构；
— 钢铁结构体部件及加工钢材：钢铁结构体部件、钢铁结构体加工钢材；
— 锌制建筑结构体：锌制檐槽、锌制屋顶构件、锌制暖房框架、其他锌制建筑结构体；
— 锌制建筑结构体部件；
— 预制建筑物（活动房屋）：完整房屋（活动报亭、活动卫生间、其他完整房屋）、不完整房屋；
— 仓储货物堆放架：钢铁制仓储用货架、铝制仓储用货架、锌制货架、其他仓储货物堆放架。

◆ 不包括：
— 装配好的铁路和电车轨道装置及配件，列入 3399（其他未列明金属制品制造）；
— 用于造船或建造漂浮结构的部件，列入 3514（海洋工程专用设备制造）、3739（航标器材及其他相关装置制造）相关类别中。

3312 **金属门窗制造**

指用金属材料（铝合金或其他金属）制作建筑物用门窗及类似品的生产活动。

◇ 包括对下列金属门窗的制造活动：

— （金属制门及其框架、门槛）
— 钢铁门及其框架、门槛：钢铁制推拉门，钢铁制滑门，钢铁制旋转门，钢铁制防火门，钢铁制卷帘门，钢铁制防盗门，钢铁制栅栏门，其他钢铁门及其框架、门槛；
— 铝制门及其框架、门槛：铝合金推拉门，铝合金滑门，铝合金旋转门，铝合金防火门，铝合金卷帘门，其他铝制门及其框架、门槛；
— 其他金属制门及其框架、门槛；
— （金属制窗及窗框）
— 钢铁制窗及窗框：钢铁制推拉窗、钢铁制百叶窗、其他钢铁制窗及窗框；
— 铝制窗及窗框：铝制推拉窗、铝合金百叶窗、其他铝制窗及窗框；
— 其他金属制窗及窗框；
— （金属护栏及类似品）
— 金属制窗护网、栏：钢铁制窗护网，铝合金窗护网，钢铁制窗护栏，其他金属制窗护网、栏；
— 金属制阳台护栏及类似品：钢铁制阳台护栏及类似品，铝制阳台护栏及类似品，锌制栏杆、扶手及类似品，其他金属制阳台护栏及类似品。

◆ 不包括：

— 塑料百叶窗，列入2927（日用塑料制品制造）。

332 **金属工具制造**

3321 **切削工具制造**

指手工或机床用可互换的切削工具的制造。

◇ 包括对下列切削工具的制造活动：

— （金属切削机床用切削刀具）
— 金属切削机床用刀片：硬质合金刀片、陶瓷刀片、金属陶瓷刀片、立方氮化硼刀片、金刚石刀片、其他金属切削机床用刀片；
— 车（刨）削工具；
— 铣刀：可转位硬质合金铣刀、整体硬质合金铣刀、高速钢铣刀、其他铣刀；
— 孔加工刀具：高速钢钻头、整体硬质合金钻头、可转位硬质合金钻头、金刚石钻头、镗刀、铰刀、其他孔加工刀具；
— 螺纹刀具：机用丝锥、手用丝锥、板牙、其他螺纹刀具；
— 拉削刀具；
— 齿轮刀具：滚刀、插齿刀、剃齿刀、其他齿轮刀具；
— 锯削刀具：金属圆锯、双金属带锯条、硬质合金带锯条、金刚石带锯条、机用锯条、其他锯削刀具；
— 成形及专用刀具；
— 其他金属切削机床用切削刀具；
— 工具系统：车削工具系统、镗铣工具系统、其他工具系统；
— 机器用刀具及刀片：金工机械用刀具及刀片，木工机械用刀具及刀片，厨房器具、食品工业机器用刀具及刀片，农业、园艺或林业机器用刀具及刀片，纸、纺织品、塑料切割机器用刀具及刀片，烟叶切丝机用刀具及刀片，皮革加工机器用刀具及刀片，其他机器用刀具及刀片；

— 切削工具用金属陶瓷配件:未装配的金属陶瓷板、金属陶瓷杆、金属陶瓷刀头及其他工具用金属陶瓷配件;
— 其他切削刀具:陶瓷刀具、立方氮化硼刀具、金刚石刀具、其他未列明切削刀具。

◆ 不包括:
— 手工具制造,列入 3322(手工具制造);
— 量具量仪的生产,列入 4013(绘图、计算及测量仪器制造)。

3322　　手工具制造

指在生产和日常生活中,进行装配、安装、维修时使用的手工工具的制造。

◇ 包括对下列手工具的制造活动:
—(部分通用手工具)
— 手工锯:金工用手工锯、木工用手工锯、其他手工锯;
— 锉及类似工具:钢锉、木锉、钢木两用锉、其他锉及类似工具;
— 钳子及类似工具:钳子、夹钳、镊子、起钉器及类似工具、其他钳子及类似工具;
— 手动扳手及扳钳:固定手动扳手及扳钳、可调手动扳手及扳钳、其他手动扳手及扳钳;
— 锤子;
— 螺丝刀;
— 钻孔或攻丝工具;
— 白铁剪及类似工具:平头剪、切割剪、其他白铁剪及类似工具;
— 打孔冲及类似手工工具:钮孔冲孔器、剪票钳、鞍工冲子、其他打孔冲及类似手工工具;
—(通用手工具可互换部件)
— 锯片:带锯片、圆锯片、链锯条、直锯片、其他锯片;
— 可互换扳手套筒;
— 其他通用手工具可互换部件;
—(部分专用手工具)
— 凿岩或钻探工具(金属陶瓷制凿岩或钻探工具、金刚石制凿岩钻探工具、立方氮化硼制凿岩钻探工具、其他凿岩或钻探工具);
— 木工专用切削工具(木工用刨子、木工用凿子、木工用辐刀、木工用木刨刀、木工用刻刀、木工用拉刮刀、木工用锛头、其他木工专用切削工具);
— 钟表匠用工具(压钻工具、摆轮平衡器、铆砧、主发条卷绕器、枢轴抛光工具、摆轮平衡螺钉安装工具、其他钟表匠用工具);
— 锻工手工具(平头錾、陷型模、套锤、方柄凿及冲头、其他锻工手工具);
— 采矿、筑路专用手工具(撬杆,钢钎,截石錾,夯土器,其他采矿、筑路专用手工具;
— 泥瓦、制模及类似工种专用手工具:镘刀,油灰托盘,刮刀,铲刀,整平针及清洁器,凹纹滚子,调色刀,其他泥瓦、制模及类似工种专用手工具;
— 油罐、油壶及类似手工具:手摇油泵,黄油枪,喷油枪,滑脂枪,其他油罐、油壶及类似手工具;
— 其他专用手工具;
— 消防、防爆专用手工工具:扑火工具,消防斧,消防接口破拆工具,消防钩,防爆扳手,防爆锤,其他消防、防爆专用手工工具;
— 交通事故现场勘查救援设备:撬棍、撬斧等;
— 手摇砂轮器以及用手工绞制管螺纹的管子绞扳及扳牙等;
— 其他未列明手工具。

◆ 不包括：

— 玻璃刀及类似手工具，列入3329（其他金属工具制造）；

— 电驱动的工具，列入3465（风动和电动工具制造）；

— 铁制小农具、园艺或林业用手工具，列入3323（农用及园林用金属工具制造）。

3323　农用及园林用金属工具制造

指主要用于农牧业生产的小农具，园艺或林业作业用金属工具的制造。

◇ 包括对下列农用及园林用金属工具的制造活动：

— 农林牧通用金属手工具：锹及铲、叉、镐、锄、耙、斧子、钩刀、砍刀类似砍伐工具、镰刀、秣刀、其他农林牧通用金属手工具；

—（林业、园艺专用工具）

— 林业用器类工具：种植器、播种器、点播器、泥铲及移植器、摘果器、其他林业用器类工具；

— 园艺专用刀剪手工具：单手操作剪刀、双手操作剪刀、其他园艺专用刀剪手工具；

— 伐木专用工具：伐木楔子、木钩、木钳、木镐、其他伐木专用工具；

—（畜牧专用手工具）

— 畜牧专用剪刀：马鬃剪、马蹄剪、羊毛剪、其他畜牧专用剪刀；

— 羊毛抓子，动物用标记钳，牛梳、马梳及猪刮子，其他畜牧专用手工具；

— 其他农林、畜牧用金属工具；

— 屠宰场或类似用利口器：屠宰刀、砍骨刀及切肉刀、其他屠宰场或类似用利口器；

— 其他农林、畜牧用金属工具。

3324　刀剪及类似日用金属工具制造

指日常生活用刀剪、刀具、指甲钳等类似金属工具的制造。

◇ 包括对下列刀剪及类似日用金属工具的制造活动：

— 日常用剪刀：民用剪刀、小型折叠剪刀、缝纫剪刀、其他日常用剪刀；

— 剪刀类似品：片、其他剪刀类似品；

— 日常用刀：厨房用刀、折叠式刀、野营刀及运动刀、办公用刀、其他日常用刀；

— 金属刀用零部件：刀具刀片、金属刀柄、其他金属刀用零部件；

— 成套刀具；

— 理发用手工具：理发专用剪刀、手动理发推剪、削发器、手动剃须刀、手动剃须刀片、其他理发用手工具；

— 修饰用手工具：修指甲用剪刀（指甲钳、其他修指甲用剪刀）、修指甲用具、修脚用具、其他修饰用手工具；

— 其他刀剪及类似日用金属工具。

◆ 不包括：

— 餐用及厨房用餐刀、叉、匙、夹等金属餐具，列入3382（金属制餐具和器皿制造）；

— 电吹风、电动理发用具，列入3856（家用美容、保健电器具制造）。

3329　其他金属工具制造

指上述类别未包括的用于各种用途的金属工具的制造。

◇ 包括对下列其他金属工具的制造活动：

— 武术器械和用品：武术用剑、武术用刀、棍类、传统武术套路比赛专用地毯、其他武术器械和用品；

— 军人、武警、牧民、舞台及装饰等专用刀具类似器具：刀具、匕首、剑器等；
— 运动专用手套（散打拳套）；
— 刀鞘、剑鞘等；
— 玻璃刀及类似手工具：玻璃刀、砂轮划片刀及类似手工具；
— 金钢石玻璃刀、砂轮划片刀，切割工具、气焊工具、电焊工具等；
— 喷灯、台钳及类似制品：喷灯，台钳，夹钳及类似品，砧，轻便锻炉，带支架手摇或脚踏砂轮，其他喷灯、台钳类似制品；
— 其他相关金属手工具。

333 集装箱及金属包装容器制造

3331 集装箱制造

指专门设计，可长期反复使用，不用换箱内货物，便可从一种运输方式转移到另一种运输方式的放置货物的钢质箱体（其容积大于 $1m^3$）的生产活动。

◇ 包括对下列集装箱及金属包装容器的制造活动：
— 保温集装箱：20 英尺保温集装箱、40 英尺保温集装箱、45 英尺保温集装箱、48 英尺保温集装箱、其他保温集装箱；
— 开顶集装箱：20 英尺开顶集装箱、40 英尺开顶集装箱、45 英尺开顶集装箱、48 英尺开顶集装箱、其他开顶集装箱；
— 特种集装箱：20 英尺特种集装箱、40 英尺特种集装箱、45 英尺特种集装箱、48 英尺特种集装箱、其他特种集装箱；
— 液体运输集装箱；
— 气体运输集装箱；
— 其他金属集装箱；
— 邮政专用器材（部分）：邮政集装箱。

3332 金属压力容器制造

指用于存装压缩气体、液化气体及其他具有一定压力的液体物质的金属容器（不论其是否配有顶盖、塞子，或衬有除铁、钢、铝以外的材料）的制造。

◇ 包括对下列金属压力容器的制造活动：
—（金属压力容器）
— 钢铁压力容器：不锈钢压力容器、碳钢压力容器、搪瓷压力容器、其他钢制压力容器；
— 包装铝制压力容器：零售包装铝制压力容器、非零售包装铝制压力容器；
— 铜制压力容器；
— 其他金属压力容器；
—（大型金属容器（容积 > 300L））
— 钢铁制大型金属容器：普通碳钢制大型金属容器、不锈钢制大型金属容器、其他合金钢制大型金属容器；
— 铝制大型金属容器：铝制大型槽、铝制大型罐、铝制大型桶、其他铝制大型金属容器；
— 铜制大型容器；
— 其他大型金属容器。

◆ 不包括：
— 包装用金属斗、筒、罐、桶、盒等，列入 3333（金属包装容器制造）；
— 用于上述用途，但随机械或热能设备的水箱、油罐及类似容器的制造，随其附属的机械列入相关行业。

3333　　金属包装容器制造

指主要为商品运输或包装而制作的金属包装容器及附件的制造。

◇ 包括对下列金属包装容器的制造活动：

— 金属包装容器：钢铁制包装容器、铝制包装容器、铅制包装容器、锌制包装容器、锡制包装容器、铜制包装容器、其他金属包装容器；

— 金属包装容器用附件：金属容器塞子、盖子（金属制冠形瓶塞，瓶用倾注塞及类似塞，牛奶瓶用手撕封盖，金属箔制组合式盖子，其他金属容器塞子、盖子），金属丝配件，金属制封志，其他金属包装容器用附件。

334　3340　　金属丝绳及其制品制造

◇ 包括对下列金属丝绳及其制品的制造活动：

— 铁丝；

— 钢丝：非合金钢钢丝、低合金钢钢丝、合金钢钢丝、不锈钢钢丝；

— 铜丝：精炼铜丝、铜合金丝；

— 铝丝：非合金铝丝、铝合金丝；

— 铅丝：非合金铅丝、铅合金丝；

— 锌丝：非合金锌丝、锌合金丝；

— 镍丝：非合金镍丝、镍合金丝；

— 锡丝：非锡合金丝、锡合金丝；

— 钛丝：非合金钛丝、钛合金丝；

— 镁丝：非合金镁丝、镁合金丝；

— 金丝：纯金丝、金合金丝；

— 银丝：纯银丝、银合金丝；

— 钨丝、钼丝；

— 铂丝：非合金铂丝、铂合金丝；

— 钯丝：非合金钯丝、钯合金丝；

— 铑丝：非合金铑丝、铑合金丝；

— 铱丝、钌丝；

— 其他金属丝；

— 钢铁制绳、缆、带：钢丝绳，钢绞线，钢绳缆，钢铁编带，钢丝绳吊具，其他钢铁制绳、缆、带；

— 铜丝绞线、缆、编带：铜丝绞线、铜丝缆、铜丝编带；

— 铝制绞股线、缆、编带：钢芯铝绞股线，钢芯铝制缆，钢芯铝制编带及类似品，其他铝制绞股线、缆、编带；

— 铅绞线、束或绳；

— 其他金属制绳、缆；

— 钢铁丝制品：钢铁丝环形带、钢丝布、钢铁丝网、钢铁丝篱及格栅、网眼钢铁板、围篱用钢铁带及丝、其他钢铁丝制品；

— 铜丝制品：铜丝制布、铜丝制网、铜丝制网眼铜板、其他铜丝制品；

— 铝丝制品：铝丝制布，铝丝制格栅、网及栏栅，其他铝丝制品；

— 镍丝制品：镍丝布、镍制格栅及网、网眼镍板、其他镍丝制品；

— 锌丝制品：锌丝制布，锌丝制网，锌丝制篱、格栅，锌丝制网眼锌板，其他锌丝制品；

— 其他金属丝绳制品；

— 裸电线：裸铜线、裸铝线、铜包钢线、铜包铝丝、其他裸电线。

◆ 不包括：
— 电线电缆的生产，列入3831（电线、电缆制造）。

335　　建筑、安全用金属制品制造

3351　　建筑、家具用金属配件制造

指用于建筑物、家具、交通工具或其他场所和用具的金属装置、锁及其金属配件的制造。

◇ 包括对下列建筑、家具用金属配件的制造活动：
— 锁具：钥匙锁（门锁、挂锁、自行车锁、家具用锁、其他钥匙锁）、机动车用锁（机动车用中央控制门锁、其他机动车用锁）、数码锁、电子程控锁、其他锁具；
— 锁具附件：带锁扣环及扣环框架、锁具零件、钥匙、其他锁具附件；
— 金属制铰链类附件：金属制铰链、金属制折叶、其他金属制铰链类附件；
— 金属制小脚轮；
— 家具用金属附件：家具腿用保护饰钉，金属装饰附件，家具用金属加强板、加强角，碗橱金属制附件，床架金属制附件，销及类似金属制品，箱柜用金属附件或配件，金属拉手及球形把手，其他家具用金属附件；
— 建筑用金属制附件及架座（部分）：门窗用五金件、楼梯用金属附件、金属制自动闭门器；
— 机动车辆用金属制附件：扶手杆、条及把手，遮帘用配件，车内行李架，开窗机件，专用金属烟灰缸，金属制后车厢板扣件，其他机动车辆用金属制附件；
— 鞍具、盒子用金属附件或配件；
— 其他家具、建筑用金属附件及架座。

◆ 不包括：
— 建筑用钉生产，列入3482（紧固件制造）。

3352　　建筑装饰及水暖管道零件制造

指用于建筑方面的金属装饰材料，以及建筑工程对中性介质（如水、油、蒸气、空气、煤气等没有腐蚀性的气体和液体物质）在低压下进行工作的设备和管道上所使用的金属附件的制造。

◇ 包括对下列建筑装饰及水暖管道零件的制造活动：
— 供暖用散热器（暖气片）：散热器、散热器零件；
— 暖气分布器及零件：暖气分布器、空气加热器、暖气分布器零件；
— 金属软管：钢铁制软管、有色金属制软管；
— 金属制卫浴水暖器具：淋浴喷头、花洒升降架、淋浴莲蓬头墙架配件系列、地漏、其他金属制卫浴水暖器具；
— 金属建筑装饰材料：金属瓦、锌制刻花模板、金属装饰板、金属天花板、金属护板、其他金属建筑装饰材料；
— 其他金属制建筑装饰、散热器及其零件。

3353　　安全、消防用金属制品制造

指安全、消防用金属保险柜、保险箱、消防梯等金属制品的制造。

◇ 包括对下列安全、消防用金属制品的制造活动：
— 保险箱、柜、库门及钱箱：保险库门、保险柜、便携式保险箱、其他保险箱及钱箱；
— 文件、档案柜：金属制档案柜、金属制文件柜；
— 金属制安全帽：消防员用钢制头盔、摩托车驾驶员用钢制头盔、其他金属制安全帽；

— 消防设备附件:消防栓(立管),消防旋塞、水龙软管嘴及类似品;
— 其他安全、消防用金属制品。

3359 其他建筑、安全用金属制品制造

◇ 包括对下列其他建筑、安全用金属制品的制造活动:
— 建筑用金属制附件及架座(部分):金属制晾衣架、金属制窗帘杆、信箱板、金属跳板、金属水泥钢隔板、脚手架扣件、其他建筑用金属制附件及架座;
— 金属制滑轨类制品及附件:金属制滑轨、金属制滑轨类似品及附件;
— 其他未列明的建筑、安全用金属制品。

336 3360 金属表面处理及热处理加工

指对外来的金属物件表面进行的电镀、镀层、抛光、喷涂、着色等专业性作业加工。

◇ 包括下列金属表面处理及热处理加工活动:
— 电镀,抛光、阳极氧化防腐处理;
— 着色、雕刻、印花、喷涂等;
— 淬火、磨光、去毛刺、研磨、焊接;
— 喷砂清理、滚筒清理、清洗或其他活动。

337 搪瓷制品制造

指在金属坯体表面涂搪瓷釉制成的,具有金属机械强度和瓷釉物化特征,及可装饰性的制品制造。

3371 生产专用搪瓷制品制造

指专为工业生产设备、工业产品及家电配套的各种搪瓷制品的制造。

◇ 包括对下列生产专用搪瓷制品的制造活动:
— 搪瓷制大型金属容器:搪瓷反应罐(锅)、搪瓷制储存罐、其他搪瓷制大型容器;
— 家用电器配套用搪瓷制件:电热水器用搪瓷内胆,洗衣机用搪瓷内、外壳,微波炉用搪瓷内胆,烤箱用搪瓷内壳,其他家用电器配套用搪瓷制件;
— 其他工业生产配套用搪瓷制品:工业用搪瓷制管道、工业用搪瓷制阀门、其他未列明工业生产配套用搪瓷制品。

3372 建筑装饰搪瓷制品制造

指用于建筑及其装饰方面的搪瓷制品和搪瓷制建筑材料的制造。

◇ 包括对下列建筑装饰搪瓷制品的制造活动:
—(搪瓷制建筑装饰材料)
— 高层建筑用搪瓷储水箱;
— 搪瓷制内外墙板;
— 隧道及地铁搪瓷墙面;
— 卫生间搪瓷隔板;
— 建筑用搪瓷管道;
— 其他搪瓷制建筑装饰材料。

3373 搪瓷卫生洁具制造

指卫生用和清洁盥洗用搪瓷用具的生产活动。

◇ 包括对下列搪瓷卫生洁具的制造活动:

— 搪瓷洗涤器具:搪瓷浴缸、搪瓷洗涤槽、搪瓷盥洗盆、其他搪瓷洗涤器具;

— 医疗、卫生用搪瓷制品:搪瓷针盒,搪瓷大便器,搪瓷尿壶及痰盂,其他医疗、卫生用搪瓷制品。

3379　　搪瓷日用品及其他搪瓷制品制造

指金属薄板经过成型、搪烧制成的日用品及其他搪瓷制品的制造。

◇ 包括对下列搪瓷日用品及其他搪瓷制品的制造活动:

— 搪瓷制厨房用具:搪瓷锅,搪瓷壶,搪瓷盆,搪瓷钢铁制烧烤炉,搪瓷桶、盒,其他搪瓷制厨房用具;

— 搪瓷餐具:搪瓷碗、搪瓷盘、搪瓷碟、搪瓷口杯、搪瓷调味汁壶、其他搪瓷餐具;

— 搪瓷铸铁制厨房、餐桌用具;

— 其他搪瓷制品。

◆ 不包括:

— 不锈钢、铝等金属日用制品制造,列入338(金属制日用品制造)。

338　　金属制日用品制造

指以不锈钢、铝等金属为主要原材料,加工制作各种日常生活用金属制品的生产活动。

3381　　金属制厨房用器具制造

指厨房烹制、调理用各种金属器具、用具的生产活动。

◇ 包括对下列金属制厨房用器具的制造活动:

— 厨房用手动机械器具:手动切菜机,手动绞肉机,手动削皮机,面包切片机,面条切割机,蛋、奶油搅拌器及混合器,冰激凌摇桶及分配器,其他厨房用手动机械器具;

— 厨房、餐用手工工具:开瓶器、螺旋拔塞器,坚果脱壳器,磨刀器,切蛋器,碎冰锥,其他厨房、餐用手工工具;

— 其他金属制厨房用器具。

3382　　金属制餐具和器皿制造

◇ 包括对下列金属制餐具和器皿的制造活动:

— 不锈钢制厨用器皿:不锈钢锅,不锈钢壶,不锈钢盆,不锈钢桶、盒,其他不锈钢制厨用器皿;

— 不锈钢餐具:不锈钢碗,不锈钢盘,不锈钢碟,不锈钢杯,不锈钢调味汁壶、调味品瓶,其他不锈钢餐具;

— 不锈钢厨用、餐用叉、勺及类似用具:成套不锈钢厨用、餐用匙及类似用具(成套餐用匙、叉、刀及类似用具,成套厨用勺、铲及类似用具),其他不锈钢厨用、餐用叉、勺及类似用具;

— 其他不锈钢日用制品;

— 铝制厨用器皿及餐具:精铝锅,精铝壶,精铝制盆,精铝制桶、盒,其他铝制厨房用具;

— 铝制餐具:精铝餐具、其他铝制餐具;

— 铝制厨用、餐用叉、勺及类似用具:成套铝制厨用、餐用匙及类似用具(成套铝制餐用匙、叉及类似用具,成套铝制厨用勺、铲及类似用具),其他铝制厨用、餐用叉、勺及类似用具;

— 其他铝制日用品;

— 铜制厨用器皿及餐具:铜制锅、铜制壶、其他铜制厨房用具;
— 铜制餐具:铜制碗、铜制盘、铜制杯、其他铜制餐具;
— 铜制厨用、餐用叉、勺及类似用具:成套铜制厨用、餐用匙及类似用具,其他铜制厨用、餐用叉、勺及类似用具;
— 其他铜制日用品;
— 铸铁及相关金属制厨房器具、餐具:铸铁锅,锡制餐具,其他相关金属制厨房器具、餐具。

3383　　金属制卫生器具制造

指卫生用和清洁盥洗用的各种金属器具、用具的生产活动。

◇ 包括对下列金属制卫生器具的制造活动:
— 不锈钢制洗涤、卫生器具:不锈钢洗涤槽,不锈钢盥洗盆,其他不锈钢制洗涤、卫生器具;
— 铝制卫生器具:精铝制卫生器具、其他铝制卫生器具;
— 铜制洗涤、卫生器具:铜制盆,铜制桶、盒,其他铜制洗涤、卫生器具;
— 铸铁及相关金属制洗涤、卫生器具:铸铁及相关金属制浴缸,铸铁及相关金属制盥洗盆,其他相关金属制洗涤、卫生器具。

3389　　其他金属制日用品制造

◇ 包括对下列其他金属制日用品的制造活动:
— 建筑用金属制附件及架座(部分):金属制帽架、帽钩、托架及类似品;
— 金属制烟具及类似制品:金属制成套吸烟用具,金属制香烟盒、火柴盒,香案、香炉,其他金属制烟具及类似制品;
— 金属制缝衣针及类似制品:缝衣针、织补针或刺绣针,编织针、钩针,其他金属制缝衣针及类似制品;
— 服装、鞋帽及类似品金属附件:金属制钩、环、眼,金属制管形铆钉及开口铆钉,金属制钩、扣及带扣框架(壳),金属制环扣(带针或不带针)及扣夹,金属制珠子及亮晶片,其他服装、鞋帽及类似品金属附件;
— 厨房用金属丝绒、擦锅器:钢铁丝绒、擦锅器,铝制擦锅器、洗刷擦光用块垫,铜制刷锅器及洗刷擦光用块垫;
— 非电动金属制铃、钟、锣:非电动金属制普通铃及类似品,非电动金属制装饰钟、铃及类似品,其他非电动金属制铃、钟、锣;
— 铝箔纸制品;
— 金属制普通标牌、奖杯、奖章及类似品:金属制普通标牌及类似品,金属制普通奖杯、奖章及类似品;
— 金属制钥匙扣及类似品;
— 其他金属制日用杂品。

◆ 不包括:
— 不锈钢及其他金属制表带的制造,列入 4030(钟表与计时仪器制造);
— 炉具的制造,列入 3869(其他非电力家用器具制造);
— 金属画及画框的制造,列入 2432(金属工艺品制造)。

339　　其他金属制品制造

3391　　锻件及粉末冶金制品制造

指通过对金属坯料进行锻造变形而得到的工件或毛坯,或者将金属粉末和与非金属粉末的混合物通过压制变形、烘焙制作制品和材料的活动，包括自由锻件、模锻件、特殊成形锻件、冷锻件、温锻件、粉末冶金件等的制造。

◇ 包括对下列锻件及粉末冶金制品的制造活动：

—（锻件）

— 模锻件；

— 自由锻件：钢锭、钢坯开坯、其他自由锻件；

— 冷锻件；

— 特殊成形锻件；

— 有色金属锻件：铜锻件、铝锻件、钛合金锻件、其他有色金属锻件；

— 冲压件、钣金件：冲压件（拉深件、冲裁件、其他冲压件）、钣金件（汽车、摩托车等运输机械钣金件，其他钣金件）；

— 粉末冶金零件：粉末冶金结构件，粉末冶金含油轴承，粉末冶金双金属制品，粉末冶金摩擦片，粉末冶金软、硬磁性零件。

3392　　交通及公共管理用金属标牌制造

◇ 包括对下列交通及公共管理用金属标牌的制造活动：

— 交通管理用发光标志：指示牌或交通标志牌，交通护板、反光板、反光护栏，汽车牌（发光），其他交通管理用发光标志；

— 发光铭牌、广告牌：地区、街道发光铭牌，广告牌，其他发光铭牌、广告牌；

— 金属制地名牌、号码及类似标志：公共服务单位用标志牌、禁令牌，旅馆、商店、工厂用招牌，房屋、大门、信箱用地址牌，机器、仪表用类似标志，其他金属制类似标志。

◆ 不包括：

— 高速公路、公路或街道用的电力信号、安全或控制设备的制造，列入3596（交通安全、管制及类似专用设备制造）和3891（电气信号设备装置制造）相关类别中；

— 高速公路、公路或街道用交通、安全电力视听信号装置（如信号灯）制造，列入3891（电气信号设备装置制造）。

3399　　其他未列明金属制品制造

指其他上述未包括的金属制品的制造；本类别还包括武器弹药的制造。

◇ 包括对下列其他未列明金属制品的制造活动：

— 硬币：非法定货币硬币、法定货币硬币；

— 工业或实验室用贵金属制品：铂催化剂，贵金属制坩埚、烤钵，贵金属容器，其他工业或实验室用贵金属制品；

— 贵金属或包贵金属制品：贵金属电镀阳极、纯金片状金阳极、银阳极片、银挤压型材、铂阳极波纹铂片、铂带及铂丝网、其他贵金属或包贵金属制品；

— 焊条：电焊条、气焊条、其他焊条；

—（部分金属链条）

— 钢铁制非铰接链：防滑链、日字环节链、焊接链、褥式排链、其他钢铁制非铰接链；

— 铜制链条、铝制链条、其他金属链条；

— 金属链零件（部分）：部分钢铁链零件（其他钢铁链零件）、铜链条零件、铝制链条零件、其他金属链零件；

— 锚：钢铁锚及零件、多爪锚及零件；

— 金属真空容器；

— 其他未列明金属制品；

— 民用枪械:运动用枪械、普通猎枪、其他民用枪械;
— 民用弹:运动枪械用弹、猎枪弹、弩枪式无痛捕杀器子弹、驱雹火箭弹、人工降雨弹、石油射孔弹、其他民用弹;
— 其他武器、弹药及其零部件;
— 警棍及类似警用器械:警棍、自卫器、橡胶棒、警察等用灌铅手杖、烟雾喷射罐、其他警用器械。

◆ 不包括:
— 钢铁铰接链(工业链条)及零件,列入3459(其他传动部件制造);
— 传动铰接链条的制造,列入3459(其他传动部件制造);
— 行李车、超市用手推车,列入3799(其他未列明运输设备制造);
— 金属制徽章、奖章的制造,列入2432(金属工艺品制造);
— 船用金属零附件,如螺旋桨桨叶、船用推进器等,列入3734(船用配套设备制造);
— 轨道固定装置及附件,如已装配轨道,转车台、减速顶、终端停车器,脱轨器,道岔等,列入3714(铁路专用设备及器材、配件制造);
— 焊剂,列入2669(其他专用化学产品制造);
— 火药、炸药、雷管的制造,列2671(炸药及火工产品制造);
— 运送货币或贵重物资的"装甲车",列入3620(改装汽车制造)。

34 通用设备制造业

341 锅炉及原动设备制造

3411 锅炉及辅助设备制造

指各种蒸汽锅炉、汽化锅炉,以及除同位素分离器以外的各种核反应堆的制造。

◇ 包括对下列锅炉及辅助设备的制造活动:
— 电站锅炉:超临界(超超临界)电站锅炉、亚临界电站锅炉、超高压电站锅炉、高压电站锅炉、中压电站锅炉、低压电站锅炉;
—(工业锅炉)
— 蒸汽锅炉:水管锅炉、火管锅炉、混合式锅炉、其他蒸汽锅炉;
— 热水锅炉:家用型集中供暖用热水锅炉、其他热水锅炉;
— 有机热载体锅炉;
— 船用蒸汽锅炉;
—(锅炉用辅助设备及装置)
— 蒸汽冷凝器:表面冷凝器、混合式冷凝器、空冷式冷凝器、其他蒸汽冷凝器;
— 锅炉用辅助设备:节热器、蒸汽收集器、蓄能器、烟垢清除器、气体回收器、泥渣刮除器、空气预热器、其他锅炉用辅助设备;
— 锅炉及辅助设备零件:蒸汽锅炉零件、热水锅炉零件、集中供暖用锅炉零件、蒸汽锅炉辅助设备零件;
— 核反应堆及其零件:核反应堆、核反应堆零件(未辐照相关组件、堆内构件、其他核反应堆零件)。

◆ 不包括:
— 核反应堆燃料元件的制造,列入2530(核燃料加工);
— 与锅炉配套使用的锅炉涡轮机组或固定式蒸汽机的制造,列入3413(汽轮机及辅机制造)和3414(水轮机及辅机制造);
— 蒸汽机车的制造列入3711(铁路机车车辆及动车组制造)。

3412　　内燃机及配件制造

指用于移动或固定用途的往复式、旋转式、火花点火式或压燃式内燃机及配件的制造，但不包括飞机、汽车和摩托车发动机的制造。

◇ 包括对下列内燃机及配件的制造活动：

— 船舶用汽油发动机：船用舷外发动机、其他船舶用汽油发动机；

— 船舶用柴油发动机：船用低速柴油机、船用中速柴油机、船用高速柴油机；

— 船舶用汽油机零件、其他汽油机零件；

— 船舶用柴油机零件、机车用柴油机零件、其他柴油机零件；

— 涡轮喷气发动机零件、涡轮螺桨发动机零件；

— 其他发动机零部件；

— 点燃式活塞内燃机：沼气发动机、其他点燃式活塞内燃发动机；

— 代用燃料内燃机：煤气内燃机、天然气内燃机、甲醇内燃机、沼气发动机等；

— 起重机或吊运设备用内燃机；

— 其他未列明发动机。

◆ 不包括：

— 汽车发动机制造，列入 3610（汽车整车制造）；

— 摩托车发动机，列入 3752（摩托车零部件及配件制造）；

— 飞机发动机的制造，列入 3741（飞机制造）。

3413　　汽轮机及辅机制造

指汽轮机和燃气轮机（蒸汽涡轮机）的制造。

◇ 包括对下列汽轮机及辅机的制造活动：

— 汽轮机：船舶动力用汽轮机、电站用汽轮机、工业用汽轮机、其他用汽轮机；

— 燃气轮机：发电用燃气轮机、船舶用燃气轮机、机车用燃气轮机、其他用燃气轮机；

— 锅炉涡轮机装置或与完整锅炉配套使用的固定蒸汽发动机；

— 凝汽器、高压加热器、低压加热器、冷却油器、汽轮机旁路装置；

— 汽轮机、燃气轮机零件：汽轮机零件、涡轮轴发动机用零件、其他燃气轮机零件。

◆ 不包括：

— 飞机发动机使用的喷气发动机或涡轮螺旋浆发动机，列入 3741（飞机制造）。

3414　　水轮机及辅机制造

◇ 包括对下列水轮机及辅机的制造活动：

— 水轮机：电站水轮机、混流式水轮机、轴流式水轮机、冲击式水轮机、贯流式水轮机、水泵水轮机、其他水轮机；

— 水轮机零件：水轮机调节器、其他水轮机零件。

3415　　风能原动设备制造

指风能发电设备及其他风能原动设备制造。

◇ 包括对下列风能原动设备的制造活动：

— 风力提水机组；

— 风力发动机（风车）；

— 其他风能原动设备及零部件。

3419　　其他原动设备制造

◇ 包括对下列其他原动设备的制造活动：

— 潮汐能源原动机；

— 原子能动力设备；

— 太阳能源原动机；

— 其他非电力相关原动机。

342　　金属加工机械制造

3421　　金属切削机床制造

指用于加工金属的各种切削加工机床的制造。

◇ 包括对下列金属切削机床的制造活动：

— 加工中心；

— 组合机床；

— 特种加工机床：激光及其他光子束处理机床，超声波加工机床，放电加工机床，干法蚀刻半导体材料加工机床，化学、电化学（电解）法加工机床，离子束加工机床，电子束加工机床，快速成形加工机床，高压水射流加工机床，其他特种加工机床；

— 车床：卧式车床、立式车床、其他车床；

— 钻床：立式钻床、龙门式钻床、摇臂钻床、深孔钻床、其他钻床；

— 镗床：坐标镗床、立式镗床、卧式镗床、落地式铣镗床、龙门式铣镗床、其他镗床；

— 铣床：升降台式铣床、龙门铣床、床身铣床、成形铣床、钻铣床、其他铣床；

— 螺纹加工机床：螺纹车床、螺纹铣床、其他螺纹加工机床；

— 磨床：平面磨床，导轨磨床，外圆磨床，内圆磨床，坐标磨床，立式磨床，曲轴、凸轮磨床，轧辊磨床，工具磨床，金属珩磨机床，金属研磨机床，其他磨床；

— 刨床：龙门刨床、其他刨床；

— 插床、拉床；

— 齿轮加工机床：滚齿机、插齿机、磨齿机、珩齿机、剃齿机、成形铣齿机、成形磨齿机、其他齿轮加工机床；

— 锯床：弓锯床、圆锯床、带锯床、砂轮锯床、其他锯床；

— 直线移动式动力头机床；

—（数控金属切削机床）

— 加工中心（数控）：立式加工中心、卧式加工中心、超重型龙门式加工中心、重型龙门式加工中心、大型龙门式加工中心、中小型龙门式加工中心、其他加工中心；

— 数控组合机床；

— 数控特种加工机床：数控激光，相关光子束加工机床，数控超声波加工机床，数控电火花成形加工机床，数控电火花线切割加工机床，数控电火花小孔加工机床，数控相关放电加工机床，数控化学、电化学（电解）加工机床，数控离子束加工机床，数控电子束加工机床，数控快速成形加工机床，数控高压水射流切割机床，其他数控特种加工机床；

— 数控车床：数控超重型卧式车床、数控重型卧式车床、数控大型卧式车床、数控中小型卧式车床、数控超重型立式车床、数控重型立式车床、数控大型立式车床、数控中小型立式车床、其他数控车床；

— 数控钻床：数控立式钻床、数控龙门式钻床、数控摇臂钻床、数控深孔钻床、钻削中心、其他数控钻床；

— 数控镗床：数控坐标镗床、数控立式镗床、数控卧式镗床、数控超重型落地式铣镗床、数控重型落地式铣镗床、数控大型落地式铣镗床、其他数控镗床；

— 数控铣床：数控升降台式铣床、数控超重型龙门铣床、数控重型龙门铣床、数控大型龙门铣床、数控床身铣床、数控钻铣床、数控成形铣床、其他数控铣床；
— 数控螺纹加工机床：数控螺纹车床、数控螺纹铣床、数控螺纹磨床、其他数控螺纹加工机床；
— 数控磨床：数控平面磨床、数控导轨磨床、数控外圆磨床、数控内圆磨床、数控坐标磨床、数控成形磨床、数控曲轴、凸轮磨床、数控轧辊磨床、数控工具机床、数控金属珩磨机床、数控金属研磨机床、其他数控磨床；
— 数控刨床：数控龙门刨床、其他数控刨床；
— 数控插床、数控拉床；
— 数控齿轮加工机床：数控超重型滚齿机、数控重型滚齿机、数控大型滚齿机、数控中小型滚齿机、数控插齿机、数控磨齿机、数控珩齿机、数控剃齿机、其他数控齿轮加工机床；
— 数控锯床：数控弓锯床、数控圆锯床、数控带锯床、数控砂轮锯床、其他数控锯床；
— 其他数控金属切削机床；
— 金属切削机床用零件；
— 其他金属切削机床。

◆ 不包括：
— 台钻、砂轮机、抛光机制造，列入3429（其他金属加工机械制造）。

3422　　金属成形机床制造

指以锻压、锤击和模压方式加工金属的机床，或以弯曲、折叠、矫直、剪切、冲压、开槽、拉丝等方式加工金属的机床的制造。

◇ 包括对下列金属成形机床的制造活动：
— 锻造机及冲压机；
— 自由锻锤、模锻锤、自由锻液压机、模锻压机、多向模锤压机、金属挤压机、金属滚压机、金属辊锻机；
— 模锻机械压力机：热模锻压力机、摩擦螺旋压力机、电动螺旋压力机、离合器式螺旋压力机、平锻机、高速热镦锻机、高速冷温镦锻机、标准件镦锻成形机、楔横轧机、冷温锻压力机；
— 切边压力机：液压切边压力机、机械式切边压力机；
— 粉末成形压力机、其他锻造机及冲压机；
— 金属加工压力机：液压式压力机、机械式压力机、气压式压力机；
— 弯曲、折叠、矫直或矫平机床：折弯机，折叠机，矫直机床，矫平机，矫正机，其他弯曲、折叠、矫直或矫平机床；
— 剪切机床；
— 冲床；
— 冲孔机床；
— 开槽机床；
— 其他金属成形机床：金属螺纹滚轧机（滚丝机）、旋压螺纹机床、旋压车床、其他未列明金属成形机床；
— （数控金属成形机床（数控锻压设备））
— 数控锻造机及冲压机（数控自由锻锤、数控模锻锤、数控自由锻液压机、数控模锻压机、数控多向模锤压机、数控液压挤压机、数控机械式挤压机、数控金属滚压机、数控金属辊锻机、其他数控锻造机及冲压机）；

— 数控金属加工压力机(数控重型液压式压力机、数控大型液压式压力机、数控中型液压式压力机、数控小型液压式压力机、数控重型闭式机械式压力机、数控大型闭式机械式压力机、数控中型闭式机械式压力机、数控小型闭式机械式压力机、数控气压式压力机、其他数控金属加工压力机);
— 数控弯曲、折叠、矫直或矫平机床:数控折弯机,数控折叠机,数控矫直机床,数控矫平机,数控矫正机,其他数控弯曲、折叠、矫直或矫平机床;
— 数控剪切机床:数控板带纵剪机床、数控板带横剪机床、其他数控剪切机床;
— 数控冲床:数控转塔冲床、高速数控冲床、其他数控冲床;
— 数控冲孔机床:自动模式数控步冲压力机、其他数控冲孔机床;
— 数控开槽机床;
— 数控旋压螺纹机床;
— 数控旋压车床;
— 其他数控金属成形机床;
— 金属成形机床用零件、其他金属加工机床用零件。

3423　铸造机械制造

指金属铸件(机械零件毛坯件)铸造用专用设备及其专门配套件的制造,普通铸造设备、制芯设备、砂处理设备、清理设备和特种铸造设备等制造。

◇ 包括对下列铸造机械的制造活动:
— 铸造机:压力浇铸机、离心浇铸机、其他铸造机;
— 铸砂造型、制芯机:砂模成型机,摇震压缩型造型机,砂芯机,其他铸砂造型、制芯机;
— 自动造型线:树脂砂生产线、其他自动造型线;
— 砂处理机:混砂机、铸砂搅拌机、松砂机、落砂机、其他砂处理机;
— 铸造清理机:滚筒式清理机、抛丸清理机、其他铸造清理机;
— 熔炼浇注设备;
— 金属型压铸机;
— 砂芯或铸模烘干炉;
— 铸造工具:非电动铸造工具、电动铸造工具;
— 其他铸造机械。

◆ 不包括:
— 普通铸造设备、钢坯连铸机的制造,列入 3516(冶金专用设备制造)。

3424　金属切割及焊接设备制造

指将电能及其他形式的能量转换为切割、焊接能量对金属进行切割、焊接设备的制造。

◇ 包括对下列金属切割及焊接设备的制造活动:
— 金属切割设备;
— 电焊机:电弧焊接机、等离子弧焊接机、电阻焊接机、电子束焊接机、激光焊接机、摩擦焊接机、超声波焊接机、金属感应焊接机、热塑性材料焊接机、其他电焊机;
— 气体焊接机械:气焊机、手提喷焊器(高压喷焊器、低压喷焊器)、表面回火机、其他气体焊接机械;
— 钎焊机械:钎焊机、钎焊烙铁、焊枪、其他钎焊机械;
— 焊接设备用零件:气体焊接机械零件、电焊机零件、钎焊机零件。

3425　机床附件制造

指扩大机床加工性能和使用范围的附属装置的制造。

◇ 包括对下列机床附件的制造活动：

— (工具夹具)

— 卡盘：自动定心卡盘、单动卡盘、动力卡盘；

— 夹头：钻夹头、丝锥夹头、弹簧夹头、铣夹头；

— 车床刀架，砂轮架，铣头、插头、镗头，刀杆(刀柄)；

— 回转工作台：机械回转工作台、其他回转工作台；

— 自启板牙切头；

— 其他工具夹具；

— 工件夹具：顶尖、夹盘及其卡爪、吸盘、虎钳(普通虎钳、多联组合虎钳)、其他工件夹具；

— 特殊辅助装置：分度头(机械分度头、数控分度头)、定心或校平装置、仿形装置、其他特殊辅助装置；

— (数控机床功能(部件))

— 电主轴、机械主轴；

— 数控刀架：普通数控刀架、电机直驱数控刀架；

— 数控动力刀架：普通数控动力刀架、电机直驱动力刀架、B 轴动力刀架；

— 刀库及换刀机构；

— 数控铣头：数控镗铣头、数控刀柄铣头、电机直驱数控铣头；

— 数控转台：机械传动数控转台、电机直驱数控转台；

— 数控平旋盘、导轨防护装置、滚珠丝杠副、滚动导轨副、直线导轨副、滚动花键副；

— 其他机床附件及辅助装置。

3429 其他金属加工机械制造

◇ 包括对下列其他金属加工机械的制造活动：

— 砂轮机；

— 抛光机床；

— 台钻；

— 切断机：摩擦切断机、砂轮切断机、其他切断机；

— 金属拉拔机：金属冷拔管机、金属拔丝机、其他金属拉拔机；

— 金属丝加工机；

— 旋锻机；

— 软管加工机；

— 其他金属非切削、成形加工机械；

— 机床数控系统(部分)：机床数控装置、数控机床用伺服驱动单元(主轴伺服驱动单元、进给伺服驱动单元)；

— 机械式遥控操作装置(遥控机械手)。

343 物料搬运设备制造

指在工厂、仓库、码头、站台及其他场地，进行起重、输送、装卸、搬运、堆码、存储等作业的机械设备以及车辆及其专门配套件的制造。

3431 轻小型起重设备制造

指结构轻巧、动作简单、可在狭小场地升降或移动重物的简易起重设备及器具的制造；包括起重滑车、手动葫芦、电动葫芦、普通卷扬机、千斤顶、汽车举升机、单轨小车等制造。

◇ 包括对下列轻小型起重设备的制造活动：
- — 起重滑车；
- — 手动葫芦：手拉葫芦、手扳葫芦、电动式手拉葫芦、其他手动葫芦；
- — 电动葫芦：钢丝绳电动葫芦、环链电动葫芦、板链电动葫芦、气动及液压葫芦、单相微型电动葫芦、其他电动葫芦；
- — 卷扬机及绞盘：卷绕式卷扬机（绞车）、摩擦式卷扬机（绞车）、绞盘、手动卷扬机（绞车）、其他卷扬机；
- —（千斤顶）
- — 油压千斤顶：立式油压千斤顶、分离式油压千斤顶、其他油压千斤顶；
- — 机械千斤顶：螺旋千斤顶、齿条千斤顶、其他机械千斤顶；
- — 其他千斤顶；
- — 汽车举升机：液压式汽车举升机、机械式汽车举升机、其他汽车举升机；
- — 单轨（猫头）小车；
- — 轻小型起重设备配套件；
- — 其他轻小型起重设备。

3432　　起重机制造

指具有起升、变幅或回转、行走等主要工作机构的各种起重机及其专门配套件的制造。

◇ 包括对下列起重机的制造活动：
- —（桥式起重机）
- — 通用桥式起重机、电动葫芦梁式起重机；
- — 冶金起重机：铸造起重机、加料起重机、脱锭起重机、板坯起重机、夹钳起重机、料耙起重机、揭盖起重机、锻造起重机、淬火起重机、电解起重机、其他冶金起重机；
- — 专用桥式起重机：核电站桥式起重机、防爆桥式起重机、桥式堆垛起重机、其他专用桥式起重机；
- — 手动桥（梁）式起重机、其他桥式起重机；
- — 门式起重机（龙门起重机）：通用门式起重机、水电站门式起重机、造船用门式起重机、轮胎式集装箱门式起重机、轨道式集装箱门式起重机、手动门式起重机、其他门式起重机；
- — 装卸桥：通用抓斗装卸桥、抓斗卸船起重机、岸边集装箱装卸桥、其他装卸桥；
- — 缆索起重机；
- —（门座起重机）
- — 港口门座起重机：通用门座起重机、带斗门座起重机、集装箱门座起重机、多用途门座起重机、其他港口门座起重机；
- — 造船门座起重机、建筑门座起重机、其他门座式起重机；
- — 塔式起重机：轨道式塔式起重机、固定塔式起重机、自升式塔式起重机、轮式塔式起重机、履带式塔式起重机、其他塔式起重机；
- — 流动式起重机：轮式起重机（汽车起重机、轮胎起重机、越野轮胎起重机、全地（路）面起重机、其他轮式起重机）、履带式起重机、特殊底盘起重机、随车起重机、其他流动式起重机；
- — 桅杆起重机及甲板起重机；
- — 悬臂起重机：柱式臂架起重机、壁上起重机、平衡起重机、其他悬臂起重机；
- — 移动式吊运架：胶轮移动式吊运架、其他移动式吊运架；
- — 铁路起重机；
- — 浮式起重机；

— 起重机专用配套件；
— 其他起重机。

◆ 不包括：
— 起重机或吊运设备的内燃机，列入3412（内燃机及配件制造）；
— 机动起重车、机动客梯车，列入3610（汽车整车制造）；
— 地下专用的起重和吊运机械、输送设备等，列入3511（矿山机械制造）。

3433　生产专用车辆制造

指用于生产企业内部，进行装卸、堆跺或短距离搬运、牵引、顶推等作业的无轨车辆及其专门配套件的制造；包括电动叉车、内燃叉车、集装箱正面吊运机、短距离牵引车及固定平台搬运车、跨运车，以及手动搬运、堆跺车等的制造。

◇ 包括对下列生产专用车辆的制造活动：
— 电动（起升）车辆：电动平衡重乘驾式叉车、电动乘驾式仓储叉车、电动步行式仓储车辆、其他电动车辆；
— 内燃叉车：内燃室内叉车、标准内燃平衡重式叉车、集装箱叉车、集装箱正面吊运机、内燃侧面式叉车、其他内燃叉车；
— 越野叉车；
— 短距离牵引车：电动牵引车、内燃牵引车、其他短距离牵引车；
— 短距离固定平台搬运车：电动固定平台搬运车（电瓶车）、内燃固定平台搬运车、电动游览车、其他短距离固定平台搬运车；
— 跨运车（跨车）：集装箱跨运车、其他跨运车；
— 手动搬运车、堆跺车、拣选车：手动托盘搬运车、手动平台搬运车、手动托盘堆跺车、手动液压油桶搬运车、手推拣选车、其他手动搬运车；
— 自动导向小车；
— 工业车辆专用配套件；
— 其他生产专用车辆。

◆ 不包括：
— 机动起重车、机动客梯车，列入3610（汽车整车制造）。

3434　连续搬运设备制造

指在同一方向上，按照规定的线路连续或间歇地运送或装卸散状物料和成件物品的搬运设备及其专门配套件的制造；包括输送机械、装卸机械、给料机械等三类产品及其专门配套件的制造。

◇ 包括对下列连续搬运设备的制造活动：
—（输送机械（输送机和提升机））
— 斗式提升输送机：带式斗式提升机、链斗式提升机、其他斗式提升输送机；
— 带式输送机：固定通用带式输送机、移动带式输送机、件货专用固定带式输送机、波状挡边带式输送机、气垫带式输送机、井巷（下）专用带式输送机、管状带式输送机、其他带式输送机；
— 刮板输送机：高刮板输送机、管式刮板输送机、其他刮板输送机；
— 埋刮板输送机：通用埋刮板输送机、特殊型埋刮板输送机、其他埋刮板输送机；
— 板式输送机：平板式输送机、鳞板式输送机、其他板式输送机；
— 悬挂及链式输送机：通用悬挂输送机、积放式悬挂输送机、地面链输送机、链式托架输送机提升机、其他悬挂及链式输送机；

— 滚子输送机:动力式滚子输送机、无动力滚子输送机、滚轮输送机、其他滚子输送机;
— 螺旋输送机;
— 振动输送机;
— 气力输送机;
— 架空索道、缆车:货运架空索道、客运架空索道、滑雪拉索、缆车、其他架空索道;
— 翻斗(箕斗)提升机;
— 输送机械专用配套件;
— 其他输送机械;
—(装卸机械)
— 连续装船机:移动式连续装船机、其他连续装船机;
— 连续卸船机:链斗卸船机、气力卸船机、其他连续卸船机;
— 堆取料机械:臂式堆料机、臂式斗轮堆取料机、桥门式斗轮堆取料机、刮板式取料机、其他堆取料机;
— 铁路敞车翻车机系统:单车翻车机系统、多车翻车机系统、不解列翻车机系统、其他铁路敞车翻车机系统;
— 铁路货车装车机;
— 铁路货车卸车机:链斗卸车机、螺旋卸车机、其他铁路货车卸车机;
— 物料装载机、装卸机械专用配套件、其他装卸机械;
— 给料机械:圆盘给料机、板式给料机、振动给料机、螺旋给料机、带式给料机、叶轮给料机、往复式给料机、给料机专用配套件、其他给料机械;
— 其他连续搬运设备。

◆ 不包括:
— 地下专用的起重和吊运机械、输送设备等,列入3511(矿山机械制造)。

3435　　电梯、自动扶梯及升降机制造

指各种电梯、自动扶梯及自动人行道、升降机及其专门配套件的制造。

◇ 包括对下列电梯、自动扶梯及升降机的制造活动:
— 电梯:乘客电梯、载货电梯、住宅电梯、病床电梯、观光电梯、杂货电梯、其他电梯;
— 连续运载乘客输送机:自动扶梯、自动人行道、其他连续运载乘客输送机;
— 升降机:小型货物升降机、施工升降机、装修用升降机(工作平台)、升降工作平台、其他升降机;
— 电梯自动扶梯及升降机专用配套件。

3439　　其他物料搬运设备制造

指除上述以外的其他物料搬运设备及其专门配套件的制造。

◇ 包括对下列其他物料搬运设备的制造活动:
— 立体(高架)仓库存储系统:有轨巷道堆垛机、有轨巷道堆垛机转移机、穿梭车、自动拣选机、立体仓库循环货架系统、其他立体仓库存储系统;
— 灌装码垛系统搬运设备:输送与料袋姿态控制装置、码包、堆包设备、其他灌装码垛系统搬运设备;
— 机械式停车设备:升降横移类停车设备、平面移动类停车设备、简易升降类停车设备、垂直循环类停车设备、水平循环类停车设备、巷道堆垛类停车设备、其他机械式停车设备;
— 机场专用搬运机械:旅客登机桥、行李传送设备、飞机牵引车、机场集装箱(板)升降平台车、机场集装箱(板)搬运车、其他机场专用搬运机械;

— 搬运机械及装置：矿车推动机、货车倾卸装置、铁路货车推车器、电动平车、薄气垫搬运设备（装置）、舞台机械化搬运设备、其他搬运机械及装置；
— 立体仓库及其他物料搬运设备：立体（高架）仓库存储系统、灌装码垛系统搬运设备、机械式停车设备、机场专用搬运机械、搬运机械及装置、立体仓储及其他物料搬运设备专用附（配）件、其他未列明物料搬运设备；
— 物料搬运设备零部件：轻小型起重设备零部件、起重机零部件、工业操作车辆零部件、电梯自动扶梯及升降机零部件、提升机和输送机零部件、装卸机械及给料机零部件、立体仓储及其他物料搬运设备零部件、其他物料搬运设备零部件；
— 其他相关物料搬运设备。

◆ 不包括：

— 地下专用的起重和吊运机械、输送设备等，列入3511（矿山机械制造）。

344 泵、阀门、压缩机及类似机械制造

指泵、真空设备、压缩机，液压和气压动力机械及类似机械和阀门的制造。

3441 泵及真空设备制造

指用以输送各种液体、液固混合体、液气混合体及其增压、循环、真空等用途的设备制造。

◇ 包括对下列泵及真空设备的制造活动：

— （泵）
— 动力式泵：单级单吸清水离心泵、单级双吸清水离心泵、多级清水离心泵、锅炉给水泵、热水循环泵、冷凝泵、化工流程泵、潜水电泵、潜水排污泵、管道泵、液下泵、自吸泵、船用泵、消防泵、家用泵、空调泵、食品泵、混流泵、轴流泵、旋涡泵、污水泵、无堵塞排污泵、泥浆泵、渣浆泵、其他动力式泵；
— 容积泵：电动往复泵、液压隔膜泵、气动往复泵、计量泵、试压泵、齿轮泵、单螺杆泵、双螺杆泵、单转子泵、双转子泵、滑片泵、其他容积泵；
— 真空泵：旋片真空泵、罗茨真空泵、滑阀真空泵、蒸汽流真空泵、分子泵、干式真空泵、离子泵、低温泵、水环真空泵、往复真空泵、分子筛吸附泵、其他真空泵；
— 其他泵：磁力泵、屏蔽泵、喷射泵、其他未列明泵；
— 液体提升机：升运鼓轮、链式或缆式提升机、带式提升机、阿基米德螺旋式提升机、其他液体提升机；
— 泵、液体提升机零件：液体泵零件、液体提升机零件、空气泵和真空泵零件；
— 真空镀膜设备：真空卷绕镀膜机、光学镀膜机、太阳能镀膜设备、其他真空镀膜设备；
— 真空浸渍设备：真空压力浸渍设备、其他真空浸渍设备。

◆ 不包括：

— 真空干燥设备的制造，列入3490（其他通用设备制造业）。

3442 气体压缩机械制造

指对气体进行压缩，使其压力提高到340kPa以上的压缩机械的制造。

◇ 包括对下列气体压缩机械的制造活动：

— 制冷设备用压缩机：空调压缩机、冰箱压缩机、车用空调压缩机、其他制冷设备用压缩机；
— 非制冷设备用压缩机：容积式压缩机（往复式压缩机、隔膜式压缩机、其他容积式压缩机）、回转式压缩机（空气压缩机、工艺压缩机、其他回转式压缩机）、速度式压缩机（离心式压缩机、轴流式压缩机、其他速度式压缩机）、其他非制冷设备用压缩机；

— 气体压缩机零件:制冷设备压缩机零件、其他气体压缩机零件;
— 自由活塞式发生器。

3443　阀门和旋塞制造

指通过改变其流道面积的大小,用以控制流体流量、压力和流向的装置制造。

◇ 包括对下列阀门和旋塞的制造活动:

— (阀门)
— 普通阀门:闸阀、截止阀、止回阀、蝶阀、球阀、安全阀、旋塞阀、隔膜阀、疏水阀、节流阀、减压阀、其他普通阀门;
— 真空阀门:蝶阀类、球阀类、挡板阀、翻板阀、电磁压差阀、充气阀类、微调阀类、隔膜阀类、角座阀类、管道阀类、其他真空阀门;
— 龙头:水龙头(水嘴)、散热器放水龙头、润滑油龙头、罐瓶机用龙头、其他龙头;
— 阀门、龙头零件:阀门零件、龙头零件。

3444　液压和气压动力机械及元件制造

指以液体(或气体)为工作介质,靠液体静压力(或气压动力)来传送能量的装置制造。

◇ 包括对下列液压和气压动力机械及元件的制造活动:

— (液压元件)
— 液压泵:齿轮式液压泵、叶片式液压泵、轴向柱塞泵、径向柱塞泵、螺杆式液压泵、其他液压泵;
— 液压马达:齿轮马达、叶片马达、柱塞马达、摆动马达、低速大扭矩马达、其他液压马达;
— 液压阀:方向阀、压力阀、流量阀、比例阀、伺服阀、多路阀、插装阀、叠加阀、其他液压阀;
— 液压缸:高压重型液压缸、车辆工程系列液压缸、拉杆式液压缸、回转液压缸、摆动液压缸、其他液压缸;
— 其他液压元件;
— 液压系统及装置:整体静液压传动装置、液压泵站、其他液压系统及装置;
— 液压辅件:液压蓄能器、冷却器、吸油系列过滤器、磁性系列过滤器、压力管路过滤器、回油系列过滤器、双筒系列过滤器、液压管件系列、油箱辅件、其他液压辅件;
— (液力机械及装置)
— 液力变矩器:向心涡轮定轴式、内分流双涡轮、向心涡轮三项、单向轴流式涡轮、单向向心涡轮、其他液力变矩器;
— 液力耦合器:调速型、限矩型、传动装置、其他液力耦合器;
— 液粘调速:调速机组、液粘离合器;
— 其他液力机械及装置;
— (气动元件)
— 气动执行元件:气缸、气马达、管道式气动阀、管道式气动调节阀、其他气动执行元件;
— 气动控制元件(气阀):方向控制阀、压力控制阀、流量控制阀、其他气动控制元件;
— 气源处理元件:二、三联件,油雾器(气动元件),过滤器(气动元件),干燥器(气动元件),消声器(气动元件),其他气源处理元件;
— 气动系统及机械:气动系统、气动机械;
— 气动电磁线圈、气动管件系列:气动电磁线圈、气动管接头及管路;
— 其他气动元件及装置。

345　　轴承、齿轮和传动部件制造

3451　　轴承制造

指各种轴承及轴承零件的制造。

◇ 包括对下列轴承、齿轮和传动部件的制造活动：

— （滚动轴承）

— 球轴承：深沟球轴承、调心球轴承、角接触球轴承、推力球轴承、其他球轴承；

— 滚子轴承：锥形滚子轴承、调心滚子轴承、滚针轴承、圆柱滚子轴承、其他滚子轴承；

— 带座外球面球轴承、组合轴承、直线运动轴承、关节轴承、转盘轴承（回转支承）、其他滚动轴承；

— 滑动轴承：未装配轴承座滑动轴承、已装配轴承座滑动轴承、其他滑动轴承；

— 轴承零配件：钢球（滚珠）、滚针、滚子、轴承保持器、轴承座、其他轴承零件。

3452　　齿轮及齿轮减、变速箱制造

指用于传递动力和转速的齿轮和齿轮减（增）速箱（机、器）、齿轮变速箱的制造；不包括汽车变速箱等的制造。

◇ 包括对下列齿轮及齿轮减、变速箱的制造活动：

— 齿轮传动轴：船舶用传动轴、曲柄及曲柄轴、活动关节轴、挠性轴、凸轮轴及偏心轴、副轴、其他齿轮传动轴；

— （齿轮）

— 圆柱齿轮：粉末冶金圆柱齿轮、塑料圆柱齿轮、其他圆柱齿轮；

— 锥齿轮：粉末冶金锥齿轮、塑料锥齿轮、其他锥齿轮；

— 非圆齿轮：粉末冶金非圆齿轮、塑料非圆齿轮、其他非圆齿轮；

— 齿条：粉末冶金齿条、塑料齿条、其他齿条；

— 差动齿轮：粉末冶金差动齿轮、塑料差动齿轮、其他差动齿轮；

— 其他齿轮：其他粉末冶金齿轮、其他塑料齿轮、其他未列明齿轮；

— 齿轮传动装置（齿轮箱）

— 减速机：圆柱齿轮减速机，圆锥、圆柱圆锥齿轮减速机，圆柱蜗杆减速机，环面蜗杆减速机，普通行星齿轮减速机，少齿差行星齿轮减速机，摆线针轮减速机，其他减速机；

— 变速器（机、箱）：有级变速器、机械无级变速器、其他变速器；

— 链轮、摩擦轮、其他齿轮传动装置；

— 离合器：摩擦离合器、犬牙式（爪形）离合器、自动离心离合器、压缩空气离合器、液压离合器、超越离合器、其他离合器；

— 齿轮、传动和驱动部件零件。

◆ 不包括：

— 电磁离合器的制造，列入 3839（其他电工器材制造）。

3459　　其他传动部件制造

指除齿轮及齿轮减、变速箱以外的其他相关传动装置制造；包括链传动、带传动、离合器、联轴节、制动器、平衡系统及其配套件制造。

◇ 包括对下列其他传动部件的制造活动：

— 钢铁铰接链（工业链条）：滚子链、锚链、升降链、牵拖链、其他钢铁铰接链；

— 铰接链零件；

— 滚珠、滚子螺杆及传动装置：滚子螺杆传动轴，滚珠螺杆传动装置，摩擦圆盘联轴节，摩擦锥体联轴节，其他滚珠、滚子螺杆及传动装置；

— 飞轮及滑轮:飞轮、滑轮、滑轮组;
— 联轴器:套管联轴器、凸轮联轴器、挠性联轴器、液压联轴器、万向联轴器、其他联轴器。

346　　烘炉、风机、衡器、包装等设备制造

3461　　烘炉、熔炉及电炉制造

指使用液体燃料、粉状固体燃料(焚化炉)或气体燃料,进行煅烧、熔化或其他热处理用的非电力熔炉、窑炉和烘炉等燃烧器的制造,以及工业或实验室用电炉及零件的制造。

◇ 包括对下列烘炉、风机、衡器、包装等设备的制造活动:
— 真空炉:真空充氮退火炉、真空热处理炉、真空烧结炉、高温真空钎焊炉、真空熔炼炉、其他真空炉;
— 其他真空应用设备;
— 炉用燃烧器:油燃烧器、气体燃烧器(天然气燃烧器、煤气燃烧器、其他气体燃烧器)、煤粉燃烧器、油气混合燃烧器、其他炉用燃烧器;
— 机械加煤机及类似装置:给煤机、机械炉篦(机械筛)、机械吹灰器、自动出渣器、其他机械加煤机及类似装置;
— (工业电炉)
— 电阻炉:可控气氛热处理炉、间歇作业式电阻炉、连续作业式电阻炉、氢气电阻炉、空气电阻炉、其他电阻炉;
— 电感应炉:低频感应炉、高频感应炉、介质电容炉、其他电感应炉;
— 电弧炉、红外线辐射烘箱、牙科用电烘箱、其他工业电炉;
— 非电热金属处理用炉:焙烧炉、金属熔化炉、热处理窑炉、锻造炉、渗碳炉、精铸烤壳炉、其他非电热金属处理用炉;
— 辊道窑:电热辊道窑、非电热辊道窑;
— 隧道窑:电热隧道窑、非电热隧道窑;
— 梭式窑:电热梭式窑、非电热梭式窑;
— 推板窑:电推板窑炉、非电推板窑;
— 保护气氛窑炉:电热保护气氛窑、非电热保护气氛窑炉;
— 氮化窑:电热氮化窑、非电热氮化窑;
— 烧成窑炉:电子陶瓷烧成窑炉、纳米材料烧成窑、其他烧成窑炉;
— 烘烤干燥炉;
— 窑炉、熔炉及电炉用零件:炉用燃烧器、机械加煤机零件,工业电炉及电烘箱零件,非电热炉及烘箱零件;
— 其他窑炉、熔炉;
— 金属冶炼设备(部分):炼焦设备(顶装式焦炉设备、捣固式焦炉设备、其他炼焦设备);
— 固体废弃物处理设备(部分):垃圾焚烧炉(垃圾焚化电炉、平推式炉排炉、斜推式炉排炉、逆推式炉排炉、辊筒式炉排炉、流化床焚烧炉、回转窑室焚烧炉、其他垃圾焚烧炉);
— 放射性污染防治和处理设备(部分):放射性材料处理炉(放射性废物焚烧炉、可裂变材料回收处理专用炉、分离已辐照核燃料专用炉、其他放射性材料处理炉);
— 焚尸炉:焚尸电炉、非电热焚尸炉;
— 船用垃圾焚烧炉。

3462　　风机、风扇制造

指用来输送各种气体，以及气体增压、循环、通风换气、排尘等设备的制造。

◇ 包括对下列风机、风扇的制造活动：

— （风机）

— 离心式通风机：锅炉用通风机（离心式）、通风换气用通风机（离心式）、工业炉用通风机（离心式）、矿井用风机（离心式）、煤粉用通风机（离心式）、高温风机（离心式）、空调风机（离心式）、消防风机（离心式）、烟草风机（离心式）、粮食风机（离心式）、船用风机（离心式）、排尘风机（离心式）、屋顶风机（离心式）、其他离心通风机；

— 轴流式通风机：锅炉用通风机（轴流式）、通风换气用通风机（轴流式）、工业炉用通风机（轴流式）、矿井用风机（轴流式）、煤粉用通风机（轴流式）、高温风机（轴流式）、空调风机（轴流式）、消防风机（轴流式）、烟草风机（轴流式）、粮食风机（轴流式）、船用风机（轴流式）、排尘风机（轴流式）、屋顶风机（轴流式）、纺织风机（轴流式）、其他轴流通风机；

— 横流式通风机；

— 混流式通风机；

— 鼓风机：离心、轴流鼓风机、罗茨鼓风机、叶氏鼓风机、螺杆式鼓风机、其他鼓风机；

— 其他风机；

— 工业风扇：工业吊扇、工业换气扇、工业壁扇、工业用排气风扇、其他工业风扇；

— 工业用通风罩、循环气罩：通风罩、循环气罩（部分）；

— 风机、工业风扇用零件。

◆ 不包括：

— 家用或办公室用电风扇，列入3853（家用通风电器具制造）；

— 家用空气调节器，列入3852（家用空气调节器制造）。

3463　　气体、液体分离及纯净设备制造

指气体和液体的提纯、分离、液化、过滤、净化等设备的制造。

◇ 包括对下列气体、液体分离及纯净设备的制造活动：

— 气体发生器：发生炉煤气发生器、水煤气发生器、水解乙炔气体发生器、氧气发生器、氢气发生器、氮气发生器、空气发生器、乙烯发生器、其他气体发生器；

— 制氮设备：深冷法制氮设备、变压吸附制氮设备、膜分离制氮设备、其他制氮设备；

— 制氢设备：水电解制氢设备、甲醇重整制氢设备、氨分解制氢设备、其他制氢设备；

— 制氧设备：深冷法制氧设备、变压吸附制氧设备、膜分离制氧设备、其他制氧设备；

— 稀有气体提取设备；

— 气体纯化设备：氢气提纯装置、加氢脱氧纯化装置、其他气体纯化设备；

— 气体液化设备：天然气液化设备、氧液化设备、氮液化设备、氩液化设备、煤气液化设备、其他气体液化设备；

— 其他气体分离及液化设备；

— （蒸馏或精馏设备）

— 提净塔；

— 粗馏塔：泡罩式粗馏塔、其他粗馏塔；

— 精馏塔：斜孔板式精馏塔、釜式精镏塔、玻璃降膜再沸式精馏塔、高真空蒸馏塔、分子蒸馏设备、其他精馏塔；

— 酒精回收设备：甲醇回收塔、酒精回收塔、多功能酒精回收器、废酒精回收系统、其他酒精回收设备；

— 水洗塔、蒸馏锅、蒸馏釜、其他蒸馏或精馏设备；
— (发酵、提取设备)
— 发酵设备:普通罐型发酵设备、伍式罐型发酵设备、自吸式罐型发酵设备、锥型发酵设备、其他发酵设备；
— 提取罐:多功能提取罐、动态提取罐、其他提取罐；
— 物料罐,其他发酵、提取设备；
— (浓缩设备)
— 蒸发器:真空蒸发器、薄膜蒸发器、氨蒸发器、旋转蒸发器、悬框式蒸发器、螺旋管蒸发器、其他蒸发器；
— 浓缩机(罐):真空减压浓缩罐、外循环浓缩锅、动态热回流提取浓缩机、真空浓缩器、其他浓缩机(罐)；
— 结晶设备:套管结晶机、结晶釜、其他结晶设备；
— 冻干设备:多功能真空冻干设备、其他冻干设备；
— 其他浓缩设备；
— 均质乳化设备:真空均质乳化成套设备、真空均质乳化锅、高剪切混合乳化机、其他均质乳化设备；
— 分散、混合设备:GF 系列分散机、臂式非对称双螺锥形混合机、ZKH - V 型混合机、其他分散、混合设备；
— (加热设备)
— 蒸煮设备:蒸煮器、汽蒸设备、杀菌锅、碱熔锅、中和槽、固碱锅、洗液锅、水油相溶解锅、其他蒸煮设备；
— 压热器:水解木材用压热器、硫化橡胶用压热器、其他压热器；
— 退火炉、分汽缸、其他加热设备；
— 冷却设备:冰盐冷却装置,气体冷凝器,冷却塔,炼油、化工用高压空气冷却器,其他冷却设备；
— 其他利用温度变化加工机械；
— (液体过滤、净化机械)
— 水过滤、净化机械及装置(反渗透装置、EDI 装置、超滤设备、纳滤装置、精滤装置、机械过滤装置、软水器、离子交换器、中水回用装置、其他水过滤、净化机械及装置)；
— 压滤机(厢式压滤机、隔膜压榨式压滤机、板框式压滤机、带式压滤机、全自动压滤机、其他压滤机)；
— 袋式过滤器(单式过滤器、双联过滤器、其他袋式过滤器)；
— 烛式过滤机(预涂式烛式过滤机、ZL 烛式过滤机、倒立式烛式过滤机、ZTG 烛式过滤机、烛式硅藻土过滤机、其他烛式过滤机)；
— 液体真空过滤器(转筒式真空过滤机、间歇式真空过滤机、高效真空净油机、其他液体真空过滤器)；
— 电渗析器:自动频繁倒极电渗析器、其他电渗析器；
— 反渗透制水装置:PO 反渗透净水设备系统、其他反渗透制水装置；
— 其他液体过滤、净化机械；
— (气体过滤、净化机械及装置)
— 机械法气体过滤器:滤袋式过滤器、网式过滤器、转鼓过滤器、纸质过滤器、纤维填充过滤器、滤烟器、其他机械法气体过滤器；
— 气体真空过滤机:圆盘真空过滤机、转台真空过滤机、带式真空过滤机、转鼓真空过滤机、其他气体真空过滤机；

— 气体净化器:再生式气体净化器、有害气体净化器、其他气体净化器;
— 涤气器:干湿涤气器、旋转涤气器、其他涤气器;
— 吸收器(塔):降膜吸收器、石墨降膜吸收器、石墨制浮头列管式吸收器、其他吸收器(塔);
— 其他气体过滤、净化机械及装置;
— 发动机燃油、进气过滤器:滤油器,吸气过滤器,机动车净化装置,其他发动机燃油、进气过滤器。

◆ 不包括:
— 食品过滤和提纯设备、奶油分离器的制造,列入3531(食品、酒、饮料及茶生产专用设备制造)。

3464 制冷、空调设备制造

指用于专业生产、商业经营等方面的制冷设备和空调设备的制造,但不包括家用空调设备的制造。

◇ 包括对下列制冷、空调设备的制造活动:
— 工商用制冷设备:工商用制冰机、速冻机、冷饮机、雪泥机、工商用冰激凌机、炒冰机、食品真空冷冻干燥机、谷物冷却机、组合式冷库、其他工商用制冷设备;
— 工商用冷藏、冷冻柜及类似设备:冷冻冷藏陈列展示柜(冷冻陈列展示柜、冷藏陈列展示柜)、食品冷冻冷藏箱(柜)、医用及科研用冷冻冷藏箱(柜)、工作台冰箱、其他工商用冷藏、冷冻柜及类似设备;
— 中央空调冷水/热泵机组:活塞式冷水(热泵)机组、涡旋式冷水(热泵)机组、螺杆式冷水(热泵)机组、离心式冷水(热泵)机组、溴化锂式冷水机组、水源热泵机组;
—(工商用空调设备)
— 房间空调器:窗式空调器、壁挂式空调器、其他房间空调器;
— 单元式空调机组:屋顶式空调(热泵)机组、多联式空调(热泵)机组、风管送风式空调(热泵)机组、专用空调机组(工艺性);
— 车用空调设备、加湿设备、除湿设备、其他工商用空调设备;
— 工商用制冷、空调设备零部件。

◆ 不包括:
— 家用空调机(制冷量14000W以下的),列入3852(家用空气调节器制造);
— 家用冷冻、冷藏设备的制造,列入3851(家用制冷电器具制造)。

3465 风动和电动工具制造

指带有电动机、非电力发动机或风动装置的手工操作加工工具的制造。

◇ 包括对下列风动和电动工具的制造活动:
— 风动手提工具:风动钻机、风镐(气镐)、风铲、手提式气动锯、手提式链锯、液压混凝土振动器、风动攻丝机、风动铰孔机、气动冲击扳手/液压扳手、风动镗孔机、风砂轮、风动锤、风动铿机、风动研磨机、风板机、气动螺刀、气动剪刀、气动式手提夹钳工具、气动手提打包机、气动式油脂枪、其他手提式风动工具;
— 电动手提式工具:电钻(手提式)(冲击钻、手电钻、其他电钻)、电锯(电动链锯、其他电锯)、手提式电刨、电动锤、电动铿削机、电动雕刻工具、电动射钉枪、电动铆钉枪、电动铿具、电动手提磨床、电动手提砂光机、电动手提抛光器、电剪刀、电动刷具、其他电动手提式工具;
— 风动和电动工具零件:手提式链锯零件、风动手提式工具零件、电动手提式链锯用零件、其他风动和电动工具零件;

— 交通事故现场勘查救援设备(部分):气动破拆工具、气动破拆气枪、便携式多功能钳、剪断器、无火花电锯。

3466 喷枪及类似器具制造

◇ 包括对下列喷枪及类似器具的制造活动:
— 喷枪:自动喷枪、手动喷枪、离子风喷枪、精细空气喷枪、光触媒喷枪、其他喷枪;
— 喷涂机:高能喷涂枪、推式喷涂枪、拉式喷涂枪、静电喷涂机、实验喷涂机、高压无气喷涂机、二液无气喷涂机、管道内壁喷涂器、旋蝶喷漆设备、其他喷涂机;
— 喷射机械:喷砂机(液体喷砂机、干式喷砂机、循环回收式喷砂机、其他喷砂机)、喷汽机、灰浆机、喷砂房、其他喷射机械;
— 喷水器、喷雾器:家用喷雾器、喷壶及类似喷射器具,船用洗舱机,水枪,冲洗机械装置,其他喷水器、喷雾器;
— 喷枪及类似器具零件:家用液体或粉末喷射机械零件、其他喷枪及类似器具零件。

◆ 不包括:
— 灭火器,列入 3595(社会公共安全设备及器材制造);
— 农业和园艺用于液体或粉末的喷射、撒播、喷雾机械器具,列入 3572(机械化农业及园艺机具制造)。

3467 衡器制造

指用来测定物质重量的各种机械、电子或机电结合的装置或设备的生产活动。

◇ 包括对下列衡器的制造活动:
—(工业用衡器)
— 地上衡:地上平台秤、地上汽车衡、地上钢材秤、地上轴重秤、地上轮重秤、地上牲畜秤、地上飞机秤、其他地上衡;
— 地中衡:地中平台秤、地中汽车衡、地中钢材秤、地中轴重秤、地中轮重秤、地中牲畜秤、地中飞机秤、其他地中衡;
— 轨道衡:标准轨道衡、自动轨道衡、静态轨道衡、轻轨衡(矿车衡)、煤塔秤、其他轨道衡;
— 料斗秤:粮食秤、液体秤、容器秤、配料秤、秤量车、灌装秤、定量秤、包装秤、其他料斗秤;
— 吊秤:有线式吊秤、无线式吊秤、其他吊秤;
— 皮带秤:单托辊皮带秤、多托辊皮带秤、悬浮式皮带秤、悬臂式皮带秤、滚轮式皮带秤、核子皮带秤、其他皮带秤;
— 分类秤:重量检验秤、重量分选秤、重量标签秤、其他分类秤;
— 特种秤:叉车秤、容重秤、宝石秤、病床秤、其他特种秤;
— 其他工业用衡器;
—(商业用衡器)
— 商业用案秤:计价案秤、计重案秤、计数案秤、包裹案秤、信函案秤、运费案秤、度盘案秤、百分案秤、其他商业用案秤;
— 商业用台秤:计价台秤、计重台秤、计数台秤、包裹台秤、度盘台秤、百分台秤、其他商业用台秤;
— 称重系统;
— 家用秤:人体秤、婴儿秤、配餐秤、浴室秤、家用便携秤、其他家用秤;
— 其他衡器(秤);

— 衡器用砝码、秤砣；
— 称重显示控制器；
— 称重传感器；
— 应变计；
— 其他衡器零配件。

3468 包装专用设备制造

指对瓶、桶、箱、袋或其他容器的洗涤、干燥、装填、密封和贴标签等专用包装机械的制造。

◇ 包括对下列包装专用设备的制造活动：

— 包装容器洗涤及干燥机械：清洁、洗涤、冲洗机械，安瓿擦瓶机，包装容器专用干燥机械，灭菌检漏设备，其他包装容器洗涤及干燥机械；
—（灌装、装填容器用机械）
— 饮料及液体食品灌装设备：手提式液体食品灌装机、非手提式液体食品灌装机械、饮料真空包装机、饮料收缩包装机、饮料充气机、其他饮料及液体食品灌装设备；
— 水泥灌装机：全自动水泥灌包机、其他水泥灌装机；
— 固体产品灌装机、包装机：固体产品真空包装机、裹包机、充填机、贴体包装机、吸塑包装机、塑料袋封口机、泡罩包装机、热成型包装机、物料整理排列机、移动式定量包装车、其他固体产品灌装机、包装机；
— 其他灌装、装填容器用机械；
—（容器装封、贴标签及包封机）
— 纸板箱装箱包装机：装箱机、装盒机、纸箱封口机、其他纸板箱装箱包装机；
— 瓶、坛封口、加塞或压盖机械：封罐机，封盖机，压盖机，旋盖机，振荡落盖装置，掀盖装置，其他瓶、坛封口、加塞或压盖机械；
— 贴标签机械：贴标机、喷码机、标签压印器、其他贴标签机械；
— 打包机及捆扎机：扎口机、捆扎机、便携式打包器械、热缩包装机、其他打包机及捆扎机；
— 其他容器装封、贴标签及包封机；
— 包装专用设备零件：饮料及液体食品灌装设备零件、其他包装专用设备零件；
— 药品专用包装机械：药用计数充填机、安瓿印字包装机、胶囊印字机、药用泡罩包装机、多功能药用瓶装包装机、药用袋装包装机、药用盒装包装机、微型铝塑包装机、空心胶囊制造机、其他药品专用包装机械。

347 文化、办公用机械制造

3471 电影机械制造

指各种类型或用途的电影摄影机、电影录音摄影机、影像放映机及电影辅助器材和配件的制造。

◇ 包括对下列文化、办公用机械的制造活动：

—（电影摄影机）
— 普通电影摄影机；
— 特种电影摄影机：高速摄影机，立体电影摄影机，环幕、球幕电影摄影机，字幕动画电影摄影机，特技合成摄影机，空中摄影机，水下摄影设备，其他特种电影摄影机；
— 同期录音电影摄影机；
— 电影放映机：固定式电影放映机、便携式电影放映机、数字电影放映机、流动式数字电影放映设备、其他电影放映机；

— 电路投影装置:直接记录到晶片上装置、分步重复校准器、其他电路投影装置;
— 银幕:电影银幕(部分);
— 电影设备零件和附件:电影摄影机零件、附件、电影放映机零件、附件;
— 电影胶卷自动洗印设备;
— 非自动洗印用装置和设备(部分):胶片分裁机,胶片拷贝机,印片机,上光机(照相洗印用),电影片缩印机,放大印片机,光学技巧机,同步配音控制设备,影片剪辑设备,加工处理影片剪辑台,影片字幕放映设备,其他非自动洗印用装置和设备;
— 照相及电影洗印设备零件(部分):电影洗印用装置和设备零件、其他照相洗印设备零件。

◆ 不包括:
— 闪光装置、摄影暗室装置和设备制造,列入3473(照相机及器材制造)。

3472 幻灯及投影设备制造

指通过媒体将在电子成像器件上的文字图像、胶片上的文字图像、纸张上的文字图像及实物投射到银幕上的各种设备、器材及零配件的制造。

◇ 包括对下列幻灯及投影设备的制造活动:
— 投影仪用物镜;
— 投影屏幕;
— 幻灯机:自动程序控制幻灯机、氙灯光源幻灯机、其他幻灯机;
— 投影仪:正射投影仪、光谱投影仪、显微投影仪、透射式投影仪、反射式投影仪、其他投影仪;
— 幻灯及投影设备附件、零件。

3473 照相机及器材制造

指各种类型或用途的照相机的制造;包括用以制备印刷板,用于水下或空中照相的照相机制造,以及照相机用闪光装置、摄影暗室装置和零件的制造。

◇ 包括对下列照相机及器材的制造活动:
— 照相机用物镜:特种照相机用物镜、其他照相机用物镜;
— 缩微阅读机用物镜、放大机用物镜、缩片机用物镜;
— (照相机)
— 通用照相机:单镜头反光照相机、透视取景照相机、其他通用照相机;
— 数码照相机:数码单镜头反光照相机、普通数码照相机;
— 制版照相机:电子分色机、其他制版照相机;
— 专用特种照相机:缩微照相机、水下照相机、航空照相机、一次成相照相机、医用照相机、大地摄影测量用照相机、其他专用特种照相机;
— (照相机器材)
— 闪光灯装置:放电式(电子式)闪光灯装置、内藏式闪光灯装置、通用外接闪光灯装置、专用外接闪光灯装置、其他闪光灯装置;
— 照片(电影片除外)放大机、照片(电影片除外)缩片机、其他照相机器材;
— 缩微设备(部分):缩微胶卷阅读机、缩微胶片阅读机、缩微胶片装片机、缩微品检索设备、其他缩微设备;
— 照相机、缩微阅读机零件:照相机零件、附件(制版、缩微及特种照相机零件,一次成像照相机用零件、附件,照相机自动调焦组件,照相机用快门组件,其他照相机零件、附件),照相闪光灯装置零件,缩微阅读机零件,照片放大机及缩片机零件;

— 自动洗印设备(部分):特种照相用胶卷自动洗印设备、成卷感光纸自动洗印设备、彩色胶卷洗印设备、数码冲印设备、公安数码制证设备、其他自动洗印设备;
— 负片显示器、数码片夹;
— 特种照相洗印设备零件。

◆ 不包括:
— 闪光灯泡制造,列入3871(电光源制造);
— 缩微品放大复印机,列入3474(复印和胶印设备制造);
— 照相用感光胶片(胶卷)、摄影专用化学制剂制造,列入2664(信息化学品制造)。

3474 复印和胶印设备制造

指各种用途的复印设备和集复印、打印、扫描、传真为一体的多功能一体机的制造;以及主要用于办公室的胶印设备、文字处理设备及零件的制造。

◇ 包括对下列复印和胶印设备的制造活动:
— 缩微设备(部分):缩微品阅读复印机、缩微品放大复印机;
—(静电复印设备)
— 模拟式复印设备:彩色模拟式静电复印机、黑白模拟式静电复印机;
— 数字式复印设备:彩色数字式静电复印机、黑白数字式静电复印机;
— 多功能一体机、多功能印刷机或印艺系统;
— 喷墨复印机:彩色喷墨复印机、黑白喷墨复印机;
— 重氮复印机(晒图机):氨熏式晒图机、无氨式晒图机;
— 热敏复印设备:多色热敏复印设备、其他热敏复印设备;
— 银盐复印设备:多色银盐复印设备、其他银盐复印设备;
— 胶印设备:彩色(多色)小胶印机、单色小胶印机;
— 办公印刷设备:油印机、速印机、胶版复印机、其他办公印刷设备;
— 复印设备配套装置、零件:文件自动送入器,送纸器,分页器,盖章装置,有机光导体感光鼓,成像卡盒组件(总成),黑色显影剂及装置,彩色显影剂及装置,其他复印设备配套装置、零件;
— 其他复印和胶版印制设备。

3475 计算器及货币专用设备制造

指金融、商业、交通及办公等使用的电子计算器、具有计算功能的数据记录、重现和显示机器的制造;以及货币专用设备及类似机械的制造。

◇ 包括对下列计算器及货币专用设备的制造活动:
—(装有计算和电子装置设备)
— 电子计算器:非电源电子计算器、可打印电子计算器、其他电子计算器;
— 会计计算机;
— 现金出纳机:销售点终端出纳机、电子收款机、其他现金出纳机;
— 转账POS机、售票机、税控机、条码打印机、其他装有计算和电子装置设备;
— 银行专用机器:自动柜员机(ATM机)、硬币分类机、硬币计数机、验钞机、点钞机、清分机、复点机、自动登折机、其他银行专用机器。

3479 其他文化、办公用机械制造

◇ 包括对下列其他文化、办公用机械的制造活动:
— 打字机及文字处理机:打字机(自动打字机、非电动打字机、其他打字机)、文字处理机;

— 文件装订用机械(部分):订书机、打孔机、其他文件装订用机械;
— 订折机;
— 其他文化、办公用设备或器具:号码机,碎纸机,考勤机,指纹识别设备,塑封机,裁纸机,折页机(办公设备),分页机,其他未列明文化、办公用设备或器具。

348　　通用零部件制造

3481　　金属密封件制造

指以金属为原料制作密封件的生产活动。

◇ 包括对下列金属密封件的制造活动:
— 金属密封件:金属密封垫、多层金属片制密封垫、其他金属密封件;
— 机械密封件:滑动密封环、弹簧密封环、其他机械密封件;
— 其他密封垫及类似接合衬垫;
— 金属机械密封件用零配件。

◆ 不包括:
— 非金属密封件的生产,按其原料分别归入2913(橡胶零件制造)、2928(塑料零件制造)。

3482　　紧固件制造

◇ 包括对下列紧固件的制造活动:
—(部分钢铁制紧固件)
— 螺钉:方头螺钉(螺旋道钉)、木螺钉、钩头螺钉、环头螺钉、自攻螺钉、其他螺钉;
— 螺栓:U形螺栓、螺栓端、双头螺栓、其他螺栓;
— 螺母;
— 钢铁制垫圈(部分):弹簧垫圈、其他钢铁制垫圈;
— 铆钉、开尾销、销及锥形销、簧环;
— 其他钢铁制紧固件;
—(铜制紧固件)
— 铜制螺钉:铜制木螺钉、其他铜制螺钉;
— 铜制螺栓、铜制螺母、铜制垫圈;
— 其他铜制紧固件;
— 铝制紧固件:铝制螺钉、铝制螺栓、铝制螺母、铝制铆钉、其他铝制紧固件;
— 其他金属紧固件;
—(金属钉)
— 钢铁制钉:圆铁钉、U形钉、锻造扣钉及扒钉、钩头道钉、波纹钉、针布钉、钢铁制大头钉、其他钢铁制钉;
— 铜制钉:圆铜钉、U形铜钉、铜制大头钉、铜头铁钉、铜头钢钉、其他铜制钉;
— 铝制钉;
— 其他金属钉。

◆ 不包括:
— 钟表发条制造,列入4030(钟表与计时仪器制造)。

3483　　弹簧制造

◇ 包括对下列弹簧的制造活动:
— 钢铁制弹簧:钢铁片簧及簧片、螺旋弹簧、压缩弹簧、拉伸弹簧、扭转弹簧、碟形弹簧、钢铁涡旋弹簧、其他钢铁制弹簧;

— 铜弹簧:磷青铜弹簧、铍铜弹簧、铝青铜弹簧、硅青铜弹簧、黄铜弹簧、德银弹簧、其他铜弹簧。

◆ 不包括:

— 钟表发条制造,列入 4030(钟表与计时仪器制造)。

3484　　机械零部件加工

指对专用和通用机械零部件的加工。

◇ 包括对下列机械零部件的加工活动:

— 各种专用和通用机械零部件。

3489　　其他通用零部件制造

◇ 包括对下列其他通用零部件的制造活动:

— 上述通用设备未列明的零件。

349　3490　　其他通用设备制造业

◇ 包括对下列其他通用设备的制造活动:

— 真空干燥设备:真空耙式干燥机、双锥真空回转干燥机、真空冷冻干燥机、真空热风干燥设备、倾斜式真空干燥机、圆筒式真空干燥器、回转真空干燥机、其他真空干燥设备;

— 干燥设备:流化床干燥设备、喷雾干燥设备、气流干燥设备、桨叶式干燥设备、盘式干燥设备、耙式干燥设备、厢式和带式干燥设备、回转干燥设备、转鼓干燥设备、太阳能干燥、微波干燥设备、远红外干燥设备、造粒设备、煅烧设备、蒸汽回转干燥机、流态化煅烧机、组合干燥设备、管束式干燥机、旋转闪蒸干燥机、其他干燥设备;

— (离心机)

— 脱水离心机:污泥脱水离心机、高速脱水离心机、其他脱水用离心机;

— 固液分离机:螺旋卸料沉降离心机、三足式沉降离心机、管式分离机、碟式分离机、刮刀卸料沉降离心机、其他固液分离机;

— 过滤离心机:三足式上卸料过滤离心机、立式锥篮离心机、上悬式离心机、卧式刮刀卸料离心机、卧式活塞推料离心机、螺旋卸料过滤离心机、螺旋卸料沉降－过滤离心机、旁滤式离心机、其他过滤离心机;

— 离心干燥机:颗粒离心干燥机、热风离心干燥机、普通离心式喷雾干燥机、高速离心喷雾干燥机、离心真空干燥机、其他离心干燥机;

— 医用离心机:冷冻超速离心机、冷冻高速离心机、高速离心机、低速离心机、其他医用离心机;

— 密闭离心机:SB 密闭离心机、人工卸料密闭离心机、其他密闭离心机;

— 其他离心机;

— 离心、过滤、净化机设备及其零件:分离、过滤、净化机械零件,离心机零件;

— 研光机零件(滚筒、滚压机械零件);

— 研光机及类似机械:平整机、研光机、其他研光机及类似机械;

— 其他未列明通用设备。

◆ 不包括:

— 奶油分离器,列入 3531(食品、酒、饮料及茶生产专用设备制造);

— 衣服甩干机的制造,列入 3554(洗涤机械制造)。

35 专用设备制造业

351 采矿、冶金、建筑专用设备制造

3511 矿山机械制造

指用于各种固体矿物及石料的开采和洗选的机械设备及其专门配套设备的制造;包括建井设备,采掘、凿岩设备,矿山提升设备,矿物破碎、粉磨设备,矿物筛分、洗选设备,矿用牵引车及矿车等产品及其专用配套件的制造。

◇ 包括对下列采矿、冶金、建筑专用设备的制造活动:

—(建井设备)

— 钻井机:竖井钻机、天井钻机;

— 平巷掘进机:全断面掘进机、部分断面巷道掘进机、其他平巷掘进机;

— 天井掘进设备:天井吊罐、天井吊盘、井爬罐、其他天井掘进设备;

— 伞形钻架;

— 抓岩机:靠壁式抓岩机、中心回转式抓岩机、环形轨道式抓岩机、其他抓岩机;

— 其他建井设备;

—(采掘、凿岩设备)

— 凿岩机:自推进凿岩机、非自推进凿岩机;

— 矿用钻车:露天钻车、掘进钻车、采矿钻车、锚杆钻车、其他矿用钻车;

— 钻孔设备(穿孔设备):牙轮钻机、潜孔钻机、旋转钻机、螺旋钻机、冲击钻机、凿岩钻机、多功能钻机、其他钻孔设备;

— 装药填充设备:装药器、装药车、炮孔填充机、其他装药填充设备;

— 矿用挖掘机:矿用单斗挖掘机、矿用步行式拉铲、矿用轮斗挖掘机、矿用链斗挖掘机、其他矿用挖掘机;

— 装岩机:铲斗装岩机、耙斗装岩机、其他装岩机;

— 矿用铲斗式装载机(带运输机)、矿用装运机(带储矿仓)、矿用地下铲运机、矿用连续式装载机、矿车翻车机;

— 刨煤机:自动化刨煤机,非自动化刨煤机;

— 采煤机:连续式采煤机,液压牵引采煤机,电磁调速电牵引采煤机,交流电牵引采煤机,其他采煤机;

— 截煤机:自推进截煤机,非自推进截煤机,液压支架,采掘辅助设备,其他采掘、凿岩设备;

—(矿山提升设备)

— 矿井提升机:缠绕式提升机、摩擦式提升机、液压提升机、凿井提升机、电器防爆提升机、液压防爆提升机、其他矿井提升机;

— 矿用提升绞车:电器防爆提升绞车、液压防爆提升绞车、其他矿用提升绞车;

— 矿用辅助绞车:凿井绞车、耙矿绞车、调度绞车、调车绞车、气动绞车、其他矿用辅助绞车;

— 其他矿山提升设备;

— 矿物破碎机械:颚式破碎机、旋回破碎机、圆锥破碎机、辊式破碎机、锤式破碎机、旋盘破碎机、反击式破碎机、立式复合破碎机、立式冲击破碎机、辊压机、破碎筛分联合设备(破碎站)、其他矿物破碎机械;

— 矿物粉磨机械:球、棒磨机、自(半)磨机、振动磨机、钢球磨煤机、辊盘式磨煤机、风扇磨煤机、微介质水泥磨机、摆式磨粉机(雷蒙磨)、砾磨机、管磨机、立式水泥磨机、其他矿物磨粉机械;

—（矿物筛分、洗选设备）

— 矿物筛分设备：振动筛、其他矿物筛分设备；

— 矿物洗选设备：分级设备、磁选设备、浮选设备、重力选矿设备、脱水设备、其他矿物洗选设备；

— 矿山用牵引车及其矿车：露天矿用移设车、地下矿用车辆（运矿车辆、运人车辆、辅助车辆）、其他矿山用牵引车及矿车；

— 矿山设备专用配套件：建井设备专用配套件，采掘、凿岩设备专用配套件，矿用提升设备专用配套件，破碎机械专用配套件，粉磨机械专用配套件，筛分设备专用配套件，洗选设备专用配套件，矿山用牵引车及其矿车专用配套件，其他矿山设备专用配套件；

— 其他矿山专用设备。

◆ 不包括：

— 石油钻采专用设备，列入3512（石油钻采专用设备制造）；

— 采矿用铲装机、推土机械，列入3513（建筑工程用机械制造）。

3512　　石油钻采专用设备制造

指对陆地和海洋的石油、天然气等专用开采设备的制造；不包括海上石油、天然气勘探开采平台及相关漂浮设备的制造。

◇ 包括对下列石油钻采专用设备的制造活动：

— 陆地石油钻机：沙漠钻机、5000m电驱动钻机、机械驱动钻机、交流变频电驱动钻机、车载钻机、其他陆地石油钻机；

— 采油设备：抽油机、系列搅拌机、潜油电机、取样器、车载多元配注装置、聚合物分散溶解装置、抽油泵、稠油杆、其他采油设备；

— 修井设备：系列修井机、其他修井设备；

— 固井压裂设备：泥浆固控系统、泥浆振动筛、防喷器及井口装置、除砂清洁器、泥浆清洁器、真空除气器、圆弧齿蜗轮泥浆搅拌器、砂泵、其他固井压裂设备；

— 原油稳定站专用设备：普通型高效分水器、智能型高效分水器、油井多项存储收集器、其他原油稳定站专用设备；

— 石油钻探、开采专用设备零件：石油或天然气钻机零件，其他石油钻探、开采专用设备零件；

—（石油钻井工具）

— 井上工具：吊钳、吊卡、卡瓦、吊环（钻井工具）、其他井上工具；

— 井下工具：钻头（钻井工具）、螺杆钻具、打捞工具、扶正器、震击器、减震器、取芯器、安全接头、高压旋塞阀、射孔枪、井下测试设备、其他井下工具。

◆ 不包括：

— 凿井机等矿山采掘设备，列入3511（矿山机械制造）；

— 用汽车底盘改装的石油专用汽车，列入3620（改装汽车制造）。

3513　　建筑工程用机械制造

指建筑施工及市政公共工程用机械的制造。

◇ 包括对下列建筑工程用机械的制造活动：

—（挖掘、铲土运输机械）

— 挖掘机：履带式挖掘机、轮式挖掘机、挖装机、连续式挖掘机及配套设备、特种挖掘机、其他挖掘机；

— 推土机：履带式推土机、侧铲推土机、其他推土机；

— 平地机，铲运机，装载机；
— 机械铲：单向控制机械铲、双向控制机械铲、其他机械铲；
— 路面开凿机、非自推进铲运机；
— 其他挖掘、铲土运输机械；
—（压实机械）
— 机动压路机；
— 非机动压路机：手扶式压路机、推进式或牵引式压路机；
— 打夯机：机动打夯机、非机动打夯机；
— 其他压实机械；
—（捣固机（车）机）
— 机动捣固机：气动捣固机、振动器捣固机、液压捣固机、其他机动捣固机；
— 捣固车（建筑工程用）：清筛捣固车、其他捣固车；
— 非自推进式捣固；
— 工程钻机：锚固工程钻机、锚杆旋喷工程钻机、冲击式工程钻机、回旋工程钻机、三轴深搅工程钻机、其他工程钻机；
—（桩工机械）
— 打桩机：电动履带式桩机、履带式螺纹桩机、步履式桩机、地下连续墙钻机、非圆形桩钻机、其他打桩机；
— 拔桩机：振动沉拔桩机、步履沉拔桩机、其他拔桩机；
— 压桩机：机械式压桩机、液压式压桩机、其他压桩机；
— 打桩锤：柴油打桩锤、液压打桩锤、振动桩锤、其他打桩锤；
— 柴油锤打桩架：走管式柴油锤打桩架、履带式柴油锤打桩架、步履式柴油锤打桩架、轨道式柴油锤打桩架、轮胎式柴油锤打桩架、其他柴油锤打桩架；
— 其他桩工机械；
—（公共工程用机械）
— 摊铺机械：沥青混凝土摊铺机、混凝土摊铺整平机、稳定土摊铺机、散状物料撒布机、多功能混凝土摊铺机、其他摊铺机械；
— 筑路机械：沥青路面机械、混凝土路面机械、通用路面机械、其他筑路机械；
— 线路铺装机械：管道吊管机、铺设机、架桥机、挖沟及管道吊装联合机、其他线路铺装机械；
— 扫雪设备：除雪机、吹雪机、其他扫雪设备；
— 管道疏通机械；
— 其他公共工程用机械；
— 建筑工程用货运自卸车：电动轮非公路用货运自卸车、自卸车（翻斗车）、其他建筑工程用货运自卸车；
— 建筑工程用机械零件：推土机机铲、挖掘机用铲、其他建筑工程用机械零件。

◆ 不包括：
— 与海洋工程有关的设备的制造，列入 3514（海洋工程专用设备制造）；
— 混凝土泵车、混凝土运输车制造，列入 3610（汽车整车制造）或 3620（改装汽车制造）；
— 吸污车、粪便车、垃圾处理车、道路清洁车、洒水车制造，列入 3610（汽车整车制造）或 3620（改装汽车制造）；
— 加工建筑材料专用机械，列入 3515（建筑材料生产专用机械制造）。

3514 海洋工程专用设备制造

指海上工程、海底工程、近海工程的专用设备制造，不含港口工程设备以及船舶、潜水、救捞等设备制造。

◇ 包括对下列海洋工程专用设备的制造活动：
— 海洋石油钻采设备：海上石油钻机、油气水处理系统、平台修井模块、海上石油生产平台、其他海洋石油钻采设备；
— 海洋石油浮动工程结构物：浮式生产储油船、浮动或潜水式钻探或生产平台（自升式平台、潜水式平台、半潜式平台）、超大型海上结构物、其他海洋石油浮动工程结构物；
— 海洋浮动结构体、浮式装置：浮舟，浮吊，浮柜，潜水箱，隔离舱，泊位平台，作坞门用的浮动结构体，其他浮动结构体、浮式装置；
— 其他海洋工程专用设备。

◆ 不包括：
— 内河航道、港口和海港用的安全或控制设备的制造，列入3596（交通安全、管制及类似专用设备制造）；
— 航标灯等交通、安全电力视听信号装置（如信号灯）制造，列入3891（电气信号设备装置制造）。

3515　建筑材料生产专用机械制造

指生产水泥、水泥制品、玻璃及玻璃纤维、建筑陶瓷、砖瓦等建筑材料所使用的各种生产、搅拌成型机械的制造。

◇ 包括对下列建筑材料生产专用机械的制造活动：
— 混凝土机械：混凝土泵、混凝土泵车、混凝土搅拌车、散装水泥车、布料杆、其他混凝土机械；
— 水泥专用设备：原料均化设备、立式辊磨机、熟料冷却机、选粉机、旋风预热器、增湿塔、水泥烘干机、水泥散装设备、其他水泥专用设备；
—（建筑材料专用窑炉）
— 水泥回转窑：窑外分解窑、干法回转窑、其他水泥回转窑；
— 机械立窑、石灰石分解炉、石灰窑、浮法玻璃熔窑、浮法玻璃锡槽、浮法玻璃退火窑；
— 砖瓦生产专用窑炉：混凝土砌块（砖）生产用养护窑、其他砖瓦生产专用窑炉；
— 旋转式石膏炉、建筑陶瓷辊道窑、建筑陶瓷隧道窑、建筑陶瓷多孔推板窑、卫生陶瓷隧道窑、卫生陶瓷梭式窑、窑车自动运转系统、玻璃纤维熔窑；
— 其他建筑材料专用窑炉；
—（平板玻璃制造及深加工机械）
— 平板玻璃制造机械：浮法玻璃生产成套设备、平板玻璃投料机、平板玻璃拉边机、平板玻璃连续压延机、平板玻璃掰边机、平板玻璃原片输送机、平板玻璃真空吸盘垛扳机、平板玻璃自动码片机、平板玻璃横切机、平板玻璃纵切机、平板玻璃随动切割机、平板玻璃切割台、其他平板玻璃制造机械；
— 平板玻璃深加工设备：钢化玻璃设备、夹层玻璃设备、镀膜玻璃设备、Low－E玻璃设备、其他平板玻璃深加工设备；
— 其他平板玻璃及深加工制造机械；
—（玻璃纤维加工机械）
— 光导纤维生产机械：光纤拉丝机、光纤焊接机、光纤强度筛选机、光纤着色机、光纤挤出机、光纤预制棒生产设备、其他光导纤维生产机械；
— 玻璃纤维专用加工机械：制球机、加球机、玻璃纤维拉丝机、玻璃纤维捻线机、玻璃纤维分条整经机、玻璃纤维制毡机组、玻璃纤维烘干炉、无捻粗纱络纱机、纤维短切机组、其他玻璃纤维专用加工机械；

— 其他玻璃纤维加工机械；
—（建筑卫生陶瓷机械）
— 原料制备设备：制浆制粉搅拌机、喷雾干燥塔、增湿造粒机、大颗粒制备系统、泥浆磁选机、其他原料制备设备；
— 建筑陶瓷机械：液压全自动压砖机、卧式辊道干燥器（单层、多层）、立式干燥器、一次烧成彩釉墙地砖多功能施釉线、二次烧成釉面砖多功能施釉彩饰联动线、瓷质砖抛光线、抛坯机、其他建筑陶瓷机械；
— 卫生陶瓷机械：机械台式注浆机、微压组合浇注线、低压快排水注浆线、中压注浆机组、高压注浆机组、加热泥浆罐、室式干燥器、隧道干燥器、施釉彩饰设备、其他卫生陶瓷机械；
— 复合材料成型设备：缠绕机、拉挤机、连续制板机、其他复合材料成型设备；
—（非金属矿物混合搅拌机械）
— 混凝土配料机；
— 混凝土或砂浆混合机：螺带式混合机、锥形悬臂双螺旋混合机、双轴无重力混合机、单轴梨刀式混合机、立式强力混合机、其他混凝土或砂浆混合机；
— 混凝土搅拌机（站）、沥青混凝土搅拌设备、干粉砂浆生产设备、双混式干混砂浆生产设备、矿石混合机；
— 其他非金属矿物混合搅拌机械；
—（建筑材料制品成型机械）
— 制管机械：挤压制管机、混凝土管离心式模制机、水管离心成型机、水管悬辊成型机、陶管模压机、陶管挤出机、其他制管机械；
— 非配筋小型混凝土块材生产机械：混凝土砌块（砖）振动成型机、混凝土块材液压成型机、混凝土块材二次深加工机械、混凝土砌块（砖）模具、混凝土砌块（砖）生产用栈板、混凝土砌块（砖）全自动生产线成套装备、其他非配筋小型混凝土块材生产机械；
— 烧结类制砖生产机械：真空挤砖机、压砖机、切条切、切坯机、翻坯机组、码坯机、二次码烧工艺设备、其他烧结类制砖生产机械；
— 加气混凝土装备：浇注机、蒸压釜、加气混凝土切割机、其他加气混凝土装备；
— 瓦片模压机、辊压成型隐形瓦机、彩钢琉璃瓦机、自动拉模压瓦机、彩瓦生产设备、全自动彩瓦设备生产线、其他瓦片模压机；
— 石棉瓦设备：石棉瓦机、石棉瓦生产线、其他石棉瓦设备；
— 路面砖、路缘石成型机：路缘石砖机、液压花砖机、马路花砖机、其他路面砖、路缘石成型机；
— 电杆及类似制品成型机械：环形电杆离心成型机、双管电杆离心成型机、环形预应力混凝土电杆钢模、其他电杆及类似制品成型机械；
— 轻质隔墙体板成型设备：模压机、模压成型机、墙板挤压机、悬臂式喷射成型机组、复合墙板成型机、彩板辊压成型机、轻质条板挤压成型机、石膏墙板成型机、配筋轻质墙板成型机、其他轻质隔墙体板成型设备；
— 石膏制品模制成型机械；
— 人工制砂成型机械：冲击式制砂机、整形机、洗砂机、其他人工制砂成型机械；
— 防水材料加工成型设备：成型机组、其他防水材料加工成型设备；
— 保温绝热材料加工设备：聚氨酯复合板成型机械、其他保温绝热材料加工设备；
— 其他建筑材料制品成型机械；
— 矿石烘干机：转筒烘干机、转筒干燥机、矿用烘干机、矿石干燥机、其他矿石烘干机；
—（石材加工机床）

— 石材加工锯床:圆盘锯床(圆盘切割机)、钢丝锯床、石材锯切机、全自动多片组合锯切中心、多片横切机、红外线桥切机、其他石材加工锯床;
— 石材研磨及抛光机床:磨边倒角机、石料研磨机床、石料抛光机床、石料压纹机床、其他石料研磨及抛光机床;
— 石材板材薄板生产线设备;
— 其他石材加工机床;
— 建筑材料及制品专用机械零件:平板玻璃制造及深加工机械零件、其他建筑材料及制品专用机械零件;
—(玻璃材料加工机床)
— 玻璃冷加工机床:玻璃圆盘锯床、玻璃钢丝锯床、玻璃冷加工研磨机床、玻璃冷加工抛光机床、玻璃切割机、玻璃刻花机、其他玻璃冷加工机床;
— 其他玻璃材料加工机床。

◆ 不包括:
— 建筑矿石用粉碎、研磨、筛分设备,列入3511(矿山机械制造);
— 玻璃制品、日用陶瓷制品的生产专用设备制造,列入3546(玻璃、陶瓷和搪瓷制品生产专用设备制造)。

3516　　冶金专用设备制造

指金属冶炼、锭坯铸造、轧制及其专用配套设备等生产专用设备的制造。

◇ 包括对下列冶金专用设备的制造活动:
— 金属冶炼设备(部分):造块设备、炼铁设备、炼钢设备、铁合金冶炼设备、有色金属冶炼设备;
— 铸造机械(部分):连续铸钢设备、铸锭设备;
— 金属轧制设备:开坯轧机、板带材轧机、无缝钢管轧机、型材轧机、线材轧机、特殊轧机、轧材精整设备(轧机辅机设备)、轧材深加工设备;
— 冶金专用设备配套件:金属冶炼设备配套件、铸锭及连铸机用配套件、金属轧制设备用配套件、冶金专用有轨车辆配套件、其他冶金专用设备配套件;
— 其他冶金专用设备。

◆ 不包括:
— 特种铸造设备制造,列入3423(铸造机械制造);
— 冶金专用铁道车辆制造,列入3712(窄轨机车车辆制造);
— 炼焦设备制造,列入3461(烘炉、熔炉及电炉制造)。

352　　化工、木材、非金属加工专用设备制造

3521　　炼油、化工生产专用设备制造

指炼油、化学工业生产专用设备的制造,但不包括包装机械等通用设备的制造。

◇ 包括对下列化工、木材、非金属加工专用设备的制造活动:
—(热交换装置)
— 浮头列管式换热器:石墨制浮头列管式换热器、其他浮头列管式换热器;
— 重整换热器;
— 加氢换热器:螺纹锁紧环式加氢换热器、其他加氢换热器;
— 圆块孔式换热器:石墨制圆块孔式换热器、其他圆块孔式换热器;
— 矩形块孔式换热器:石墨制矩形块孔式换热器、其他矩形块孔式换热器;

— 螺旋板式换热器、淋洒式换热器、套筒式换热器、碟片式换热器；
— 列管式再沸器：石墨制浮头列管式再沸器、其他列管式再沸器；
— 其他热交换装置；
— 塔类设备：填料塔、筛板塔、泡罩塔、浮阀塔、浮动喷射塔、冷凝塔、吸附塔、其他塔类设备；
— 反应器（釜）：高压反应釜、聚合釜、烷化歧化反应釜、树脂反应釜、回转筒式反应器、多功能分散反应釜、石油化工用加氢反应器（板焊结构加氢反应器、锻焊结构加氢反应器）、其他反应器（釜）；
— 化工专用炉：变换炉、蒸汽煅烧炉、合成炉、乙烯裂解炉、电石炉、电烷化炉、废热锅炉、沸腾干氨炉、沸腾凉碱炉、其他化工专用炉；
— 混合搅拌设备：双螺旋双锥型混合机、静态混合器、其他混合搅拌设备；
— 化工用液体运送机械：液环泵、化工用屏蔽泵、内圆弧齿轮输送泵、高粘度旋转活塞泵、蜗壳辐流泵、循环水泵、陶瓷清液泵、其他化工用液体运送机械；
— 其他未列明的炼油、化工生产专用设备制造。

◆ 不包括：
— 炼油、化工通用设备，如泵、风机、锅炉的制造，分别列入 34 大类（通用设备制造业）中的相应行业；
— 压力容器的制造，列入 3332（金属压力容器制造）；
— 干燥设备的制造，列入 3490（其他通用设备制造业）；
— 碎磨机械的制造，列入 3511（矿山机械制造）；
— 包装机械制造，列入 3468（包装专用设备制造）；
— 日用化学工业专用设备，列入 3543（日用化工专用设备制造）。

3522　　橡胶加工专用设备制造

指加工橡胶，或以橡胶为材料生产橡胶制品的专用机械制造。

◇ 包括对下列橡胶加工专用设备的制造活动：
— 橡胶前加工机械：原料混合机、胶浆搅拌机、立式胶浆搅拌机、其他橡胶前加工机械；
— 橡胶初加工机械：约片机、压片机（橡胶加工用）、压薄机、选粒机、胶乳凝固槽、洗涤机；
— 炼胶机械：密闭式炼胶机、开放式炼胶机、翻斗式密炼机、橡胶捏炼机、炼塑机、其他炼胶机械；
— 橡胶挤出机：橡胶冷喂料挤出机、橡胶过滤挤出机、其他橡胶挤出机；
— 橡胶压延机械：二辊立（卧）式压延机、立式三辊压延机、四辊压延机、五辊压延机、橡胶压片机、其他橡胶压延机械；
— 橡胶注射机：橡胶注射成型机、其他橡胶注射机；
—（橡胶成型压力机）
— 充气轮胎模塑成型机：胎面压出联动装置、层贴法成型机、套筒法成型机、子午线轮胎成型机、轮胎装卸胶囊定型机、胎面压合机、其他充气轮胎模塑成型机；
— 力车胎成型机：软边胎成型机、双鼓硬边自行车胎成型机、其他力车胎成型机；
— 胶管成型机：单面胶管成型机、双面胶管成型机、吸引胶管成型机、胶管无芯成型机、其他胶管成型机；
— 橡胶带成组成型机：运输带成型机、三角带挤压法组成型机、其他橡胶带成组成型机；
— 胶球成型机、其他橡胶成型压力机；
—（橡胶硫化设备）

— 平板硫化机(水压、油压):腭式三角带平板硫化机、六工位平板硫化机、其他平板硫化机(水压、油压);
— 鼓式硫化机:三角带鼓式硫化机、平带鼓式硫化机、环行带鼓式硫化机、其他鼓式硫化机;
— 气囊硫化机:水压三层气囊硫化机、其他气囊硫化机;
— 隔膜硫化机:水压三层隔膜硫化机、其他隔膜硫化机;
— 轮胎定型硫化机:双模轮胎定型硫化机、其他轮胎定型硫化机;
— 翻胎硫化机:局部翻胎硫化机、自动翻胎硫化机;
— 硫化装置:微波硫化装置、热风硫化装置、其他硫化装置;
— 橡胶连续硫化生产线:单胶微波连续硫化生产线、复合胶微波连续硫化生产线、其他橡胶连续硫化生产线;
— 再生橡胶设备:破胶机、橡胶精炼机、其他再生橡胶设备;
— 裁切橡胶专用机械:胶丝切割机、单刀切胶机、橡胶定长裁断装置、内胎阀孔切割机、海绵滚切机、橡胶切条机、衬里片割机、其他裁切橡胶专用机械;
— 橡胶制品卷绕、包覆机械:缠绕机(组),橡胶制品包布机,垫布整理机,帘布裂布机,大胎层布贴合机,吸引胶管包胶机,胶球包皮机,其他橡胶制品卷绕、包覆机械;
— 橡胶干燥、去水、刺孔机械:辊式干燥机、螺杆去水机、转筒式脱胶罐;
— 橡胶制品加工机械:二爪加重式扩胎机、内胎接头机、轮胎胎胚刺孔机、胶管穿管机、吸引胶管解绳机、吸引胶管解水布机、其他橡胶制品加工机械;
— 橡胶专用生产设备零件:炼胶辊、其他橡胶专用生产设备零件。

3523　塑料加工专用设备制造

指塑料加工工业中所使用的各类专用机械和装置的制造。

◇ 包括对下列塑料加工专用设备的制造活动:
— 注塑机:塑料注射成型机械、其他注塑机;
— 挤塑机:单螺杆挤出机、双螺杆挤出机、组合式挤出机、双阶式挤出机、往复式挤出机、塑料造粒机、其他挤塑机;
— 吹塑机:塑料吹瓶机、自动模内贴标机、其他吹塑机;
— 塑料成型机械:塑料中空成型机、塑料压延成型机、压塑机、滚塑机、发泡成型机、真空模塑机、其他塑料成型机械;
— 塑料破碎、研磨、筛选、均化机械:塑料破碎机,塑料研磨机,塑料搅拌机,塑料切粒机,其他塑料筛选、均化机械;
— 塑料二次加工机械:塑料热成型机、塑料真空蒸镀机、塑料异型材拼装机械、其他塑料二次加工机械;
— 塑料加工辅助机械或装置:自动计量供料装置、塑料边角料自动回收装置、注塑制品自动取出装置、注塑模具冷却机;
— 连续混炼挤出造粒机;
— 塑料加工专用设备零件。

3524　木材加工机械制造

指加工木材、木质板材及木制品的生产专用机械的制造,包括人造板成套设备及非木质人造板成套设备制造、人造板二次加工成套设备制造。

◇ 包括对下列木材加工机械的制造活动:
—(木工机床)
— 木工锯床:数控木工锯床、其他木工锯床;

— 木工刨床:数控木工刨床、其他木工刨床;
— 木工铣床:数控木工铣床、其他木工铣床;
— 木工砂光机:数控木工砂光机、其他木工砂光机;
— 木工抛光机:数控木工抛光机、其他木工抛光机;
— 木工钻孔机床:数控木工钻孔机床、其他木工钻孔机床;
— 凿(制)榫机:数控凿(制)榫机、其他凿(制)榫机;
— 木工车床:数控木工车床、其他木工车床;
— 木工切片或刮削机床:数控木工切片或刮削机床、其他木工切片或刮削机床;
— 木工弯曲机床:数控木工弯曲机床、其他木工弯曲机床;
— 木工粘合机床:数控木工粘合机床、其他木工粘合机床;
— 木材挤压装配机械:数控木工挤压装配机械、其他木工挤压装配机械;
— 木工组合加工机床:数控木工组合加工机床、其他木工组合加工机床;
— 封边机:数控封边机、其他封边机;
— 其他木工机床;
— 木质板材挤压加工机械:纤维板挤压机、刨花板预热压机、刨花板生产线、中密度板专用生产线、胶合板专用生产线、木材硬化压力机、浸渍木材压力机、其他木质板材挤压加工机械;
— 木材处理及制品加工机械:木材干燥机,木材剥皮、去节机,喷水树皮剥离机,软木处理机,木粉磨制机械,制桶机,其他木材处理及制品加工机械;
— 木材加工机械用零件、附件。

◆ 不包括:
— 木材采运设备的制造,列入3573(营林及木竹采伐机械制造);
— 林产化学机械的制造,列入3521(炼油、化工生产专用设备制造)。

3525 模具制造

指金属铸造用模具、矿物材料用模具、橡胶或塑料用模具及其他用途的模具的制造。

◇ 包括对下列模具的制造活动:
— 金属铸造用型箱、型模底板:金属铸造用型箱、型模底板、阳模;
— 金属、硬质合金用模具:金属冲压模具,金属铸造模具(压铸模具、重力铸造模具、其他铸造模具),金属锻造模具,金属粉末冶金模具,拉丝模具,其他金属、硬质合金用模具;
— 玻璃制品用模具:玻璃建筑材料用模具、制瓶模、中空玻璃器皿模具、玻璃绝缘子模具、玻璃加工成形模具、其他玻璃制品用模具;
— 矿物材料用模具:陶瓷制品用模具、水泥制品用模具、砂轮成型模具、石膏制品用模具、灰泥制品用模具、其他矿物材料用模具;
— 塑料用模具:塑料注射模、塑料压注模、塑料压缩模、塑料挤出模、塑封模、其他塑料用模具;
— 橡胶用模具:橡胶注射模、橡胶压胶模、硫化轮胎用囊式模具、其他橡胶用模具;
— 模架、模具标准件;
— 其他未列明模具。

3529 其他非金属加工专用设备制造

◇ 包括对下列其他非金属加工专用设备的制造活动:
— 非金属矿物材料成型机械:砂轮成型机、石墨电极磨制用机械、其他非金属矿物材料成型机械;

— 通用加料、分配装置:非专用容量分配装置,电动震抖装置,电磁振动机,装有机械装置容器,搅混、轧碎机械,研磨、筛选机械,均化或乳化机械,铆钉铆接机械,其他通用加料、分配装置;
— 其他非金属相关成型、加工机械。

353　食品、饮料、烟草及饲料生产专用设备制造

3531　食品、酒、饮料及茶生产专用设备制造

指主要用于食品、酒、饮料生产及茶制品加工等专用设备的制造。

◇ 包括对下列食品、酒、饮料及茶生产专用设备的制造活动:
— 烹煮、调制、腌制食品设备:烘炒设备,烹煮器,烹炸设备,食品工业用压热器,食品工业用冷却器,巴氏杀菌器,其他烹煮、调制、腌制食品设备;
— 食品用烤炉及烘箱:非电力食品用烤炉及烘箱、电力食品烘箱;
— (糕点、米面食品类加工专用机械)
— 和面机,调粉机,发酵机,醒发机,熟化机,轧片机,切面机,切块机,分面机,揉圆机,连续挤出机,填馅机械,糕点装模机,糕点模制机,糕点、糖果、饼干滚压机;
— 饼干生产线:饼干成型机、威化饼干机、调浆机、片冷却机、威化饼干切片机、华夫饼干机、饼干喷油机、饼干筛糖机、饼干冷却机、饼干盐糖撒播机、饼干理饼机、饼干夹心机、饼干喷淋机、传送机、转弯机、饼干喷蛋机、其他饼干加工机械;
— 挂面机;
— 方便面生产线:复合轧片机、叠片机、蒸面机、切割分排机、油炸机、烘干机、冷却机、切断落盒机、其他方便面加工机械;
— 谷物膨化机;
— 食品膨化机;
— 其他糕点、米面食品类加工专用机械;
— 糖果生产专用机械:糖霜用碾磨、捣碎机,糖果拌和机,糖果拉条机,糖衣锅,糖果模制、切制或成形机,糖果滚压机械,其他糖果生产专用机械;
— 可可及巧克力生产专用机械:咖啡豆去壳、去皮机,可可豆脱壳、去芽机械,可可豆碾粉机械,可可混合机,可可揉捏机及碾磨机,提取可可脂压榨机,可可粉用生产机械,可可脂、可可粉、糖等混合机械,巧克力均化处理机械,巧克力机压块及模制机,其他可可及巧克力生产专用机械;
— 调味食品加工机械;
— 乳品分离、搅拌加工机械:奶油分离器,打碎及均化机,搅乳机,黄油加工机,搅乳加工联合机,分离、净化、调脂三用机,乳品模制机械,奶酪压制机,均质机,奶粉喷粉机械,其他乳品分离、搅拌加工机械;
— 乳品加热及冷却设备:牛奶巴氏灭菌设备、牛奶浓缩设备、牛奶冷却设备、奶酪加工及熟化桶、多效蒸发器、乳品热交换器、人造黄油固化槽、其他乳品加热及冷却设备;
— 其他乳品加工机械:发酵罐、结晶缸、脱臭机、其他未列明乳品加工机械;
— 原料压榨、轧碎机械:榨汁机(加工机械),水果轧碎机,水果破碎或碎裂机,其他原料压榨、轧碎机械;
— 酿酒设备:酿酒用催芽机、麦芽压榨机、麦芽浆桶、泄料桶、其他酿酒设备;
— 制酒、饮料加热及冷却设备:果汁、酒浓缩设备,果汁、酒冷却器,浸渍容器或捣碎槽,啤酒花煎熬容器,啤酒巴氏杀菌器,其他制酒、饮料加热及冷却设备;
— 醋化机械设备(制醋用);

— 其他酒及饮料加工机械；
— 食品生产设备零件；
— 乳品加工机械零件；
— 酒及饮料加工机械零件；
— 茶叶加工机械：杀青机、揉捻机、切茶机、炒茶机、拣梗机、茶叶压实机械、茶叶加工成套机械、茶叶炒（烘）干机、茶叶萎凋机、茶叶揉切机、茶叶解块筛选机、茶叶发酵机、茶叶烘干机、茶叶筛分机、茶叶风选机、茶叶炒车机、茶叶切细机、特种茶叶加工机械、其他茶叶加工机械；
— 其他食品制造机械。

◆ 不包括：
— 谷物碾磨机械、粮食储存机械、榨糖、榨油及加工机械，畜禽屠宰、肉类加工专用设备，列入3532（农副食品加工专用设备制造）；
— 食品包装机和打包机，列入3468（包装专用设备制造）；
— 蛋类、水果或其他作物的清洗、挑选或分类机械，列入3579（其他农、林、牧、渔业机械制造）。

3532　　农副食品加工专用设备制造

指对谷物、干豆类等农作物的筛选、碾磨、储存等专用机械，糖料和油料作物加工机械，畜禽屠宰、水产品加工及盐加工机械的制造。

◇ 包括对下列农副食品加工专用设备的制造活动：
—（制糖机械）
— 甘蔗榨汁机械：切蔗机、甘蔗纤维分离机、甘蔗撕裂机、甘蔗轧碎机、甘蔗压榨机、其他甘蔗榨汁机械；
— 甜菜榨糖机械：甜菜冲洗机、甜菜抱丝机、甜菜浸出器、浸出汁除渣器、石灰消和机、泥汁罐、甜菜榨糖蒸发罐、甜菜榨糖结晶罐、糖糊混合机、搅拌机、干燥机；
— 蔗糖加工机械：中和器、硫熏器、沉淀器、抽汁罐、蔗糖蒸发罐、蔗糖结晶罐、助晶罐、输送机、卸料离心机；
— 制糖用加热及冷却机械：提净容器、糖汁浓缩设备、真空煮沸锅、碳化槽、亚硫酸化槽、精炼桶、其他制糖用加热及冷却机械；
— 提取糖或炼糖用机械、其他制糖机械；
—（屠宰及肉制品加工机械）
— 屠宰分割设备：电击及放血刀、刮毛机、拔毛机、扯皮机、切肉机、剁肉机、锯骨机或砍骨机、骨肉分离机、打肉机、剥膘肝机、挖肺机、洗牛肚机、吹粪机、其他屠宰分割设备；
— 肉制品加工机械：绞肉机、切粒机、内脏清洗机、灌肠机、斩拌机、肉或脂肪模压机、腌肉机、骨泥加工机、其他肉制品加工机械；
— 其他屠宰及肉制品加工机械；
— 油脂加工机械：预处理机械、去壳机、油料轧坯机、榨油成套设备、麻油加工成套设备、榨油用磨粉机、榨油专用破碎机、预榨机、榨油机、蒸脱机、蒸炒锅、加热罐、轧粕机、油脂浸出设备、振动流化床干燥机、板框式毛油过滤机、油脂精炼设备、脱臭罐、脱色罐、脱皂机比配混合机、净化油槽、其他油脂加工机械；
— 水果、坚果或蔬菜加工机械：蔬菜脱水机械，水果去皮机，果、豆及菜去荚、梗机械，水果磨切机械，切菜机，切丝机（加工水果、蔬菜用），切丁机（加工水果、蔬菜用），切片机（加工水果、蔬菜用），酱菜切口机，水浴灭菌机，蔬菜速冻机，水果、蔬菜去籽去核机，软化机，水果破碎机，水果、蔬菜榨汁机，果汁浓缩机，蔬菜腌制机械，果酱、调味酱、番茄酱加工机械，其他水果、坚果或蔬菜加工机械；

— 薯类加工机械：薯类切片切丝机、薯类磨浆机、薯类搅糊机；
— 食用菌生产机械：菌类装袋机、木耳袋装粉机、木耳栽种机、木耳压块机；
— 淀粉加工机械：淀粉去杂机，薯类、玉米清洗机，玉米籽粒浸泡罐，籽粒破碎机，液浆泵，冲击磨，锉磨机，细磨机，筛分机，离心筛，旋转振动筛，曲筛，淀粉分离机，螺旋沉降分离机，卧式刮刀卸料离心机（淀粉加工用），浓缩分离机旋液分离器，粗渣和胚芽脱水螺旋挤压机，胚芽旋流器，真空脱水机，淀粉烘干机，螺旋进粉器，悬浮机，真空过滤机，淀粉加工压滤机，浸出液水分蒸发器，糖化罐，连续糖化器，油脂分离器，滤布清洗机，淀粉加工过滤机，淀粉加工蒸发器，管罩式热交换器，扑集器，气压冷凝器，淀粉加工冷却器，粉丝机，粉条机，制粉机，粉丝烘干机；
—（水产品加工机械）
— 鱼类处理加工机械：洗鱼机、鱼品分级机、自动投鱼机、刮鳞机、剥皮机、去内脏机械、去鱼头机械、鱼段机、鱼片机、鱼肉采集机、鱼肉精滤机、鱼肉调质机、鱼糜成形机、其他鱼类处理加工机械；
— 虾类处理加工机械：虾仁机、虾仁清理机、摘虾头机、虾仁脱壳机、其他虾类处理加工机械；
— 贝类加工机械：贝壳脱壳机、贝类清洗机、其他贝类加工机械；
— 藻类和海带加工机械：紫菜切洗机、紫菜制饼机、紫菜脱水机、其他藻类和海带加工机械；
— 水产熟制品加工机械：碎鱼机械、预煮机、鱼粉磨制机、榨饼松散机、鱼粉干燥机械、鱼油分离机械、其他水产熟制品加工机械；
— 其他水产品加工机械；
— 烟草加工及制作机械零件；
— 谷物磨粉工业用机械零件；
— 其他食品加工专用设备零件；
—（部分收获后处理机械）
— 清选机械（部分）：粮食清选机、其他清选机械；
— 农产品干燥机械：粮食烘干机、种子烘干机、籽棉烘干机、果蔬烘干机、药材烘干机、油菜籽烘干机、其他农产品干燥机械；
— 仓储机械：金属筒仓、输粮机、简易保鲜储藏设备、其他仓储机械；
— 其他收获后处理机械；
— 碾米机械：碾米机、砻谷机、谷糙分离机、砻碾组合米机、碾米加工成套设备、其他碾米机械；
— 磨粉（浆）机械：打麦机、洗麦机、磨粉机、面粉加工成套设备、磨浆机、其他磨粉（浆）机械。

◆ 不包括：
— 糖果生产机械，列入 3531（食品、酒、饮料及茶生产专用设备制造）；
— 蛋类、水果或其他作物的清洗、挑选或分类机械，列入 3579（其他农、林、牧、渔业机械制造）；
— 水产品冷冻、保鲜专用设备制造，列入 3464（制冷、空调设备制造）。

3533　　烟草生产专用设备制造

◇ 包括对下列烟草生产专用设备的制造活动：
— 打叶复烤生产线；
— 烟叶制丝生产线；

— 烟用加温加湿机械；
— 烟用解把机械；
— 烟用除杂、筛分机械；
— 烟用叶梗分离机械；
— 烟用烘烤机械；
— 烟用预压打包机械；
— 烟用开(拆)包机械；
— 烟用叶片分切机械；
— 烟用切丝机械；
— 烟用烘丝机械；
— 烟用冷却机械；
— 烟用香精香料调配及加料加香机械；
— 烟用压梗机械；
— 烟丝膨胀机械；
— 烟用输送机械；
— 烟用储存机械；
— 再造烟叶机械；
— 烟用卷接机械；
— 烟用包装机械；
— 烟用滤棒成型机械；
— 烟用装封箱机械；
— 废烟支、烟丝回收机械；
— 其他烟草加工机械。

3534 饲料生产专用设备制造

◇ 包括对下列饲料生产专用设备的制造活动：
— 饲料粉碎机(饲料专用设备)：饲料磨粉机、颗粒饲料微粉碎机、油饼轧碎机、青饲料切片机或压碎机、其他饲料粉碎机；
— 配制、加工饲料用机械：饲料混合机(饲料专用设备)，饲料制粒机，饲料膨化机(饲料专用设备)，其他配制、加工饲料用机械；
— 其他饲料生产专用设备。

◆ 不包括：
— 饲料包装机和打包机，列入3468(包装专用设备制造)。

354 印刷、制药、日化及日用品生产专用设备制造

3541 制浆和造纸专用设备制造

指在制浆、造纸、纸加工及纸制品的生产过程中所用的各类机械和设备的制造。

◇ 包括对下列制浆和造纸专用设备的制造活动：
—(制浆设备)
— 造纸用蒸煮设备：蒸球、造纸用蒸锅、喷放锅、连续蒸煮器、其他造纸用蒸煮设备；
— 制浆、打浆设备：磨木机，破布清洗及打碎机，爆破法纤维分离机，打浆机，挤浆机，洗浆机，滤浆器，压浆机，精浆机，筛浆机，匀浆机，纤维回收机，除砂器，废纸或废纸板制浆机，造纸原料粉碎机，其他制浆、打浆设备；

— 造纸机:长网造纸机、圆网造纸机、板纸机、压光机、其他造纸机;
— 纸或纸板整理机械:复卷机、卷纸机、打包线(机)、涂布机、烤版机、纸张浸渍机、绉纸加工机、纸张调湿机、压纹机及压花机、瓦楞纸加工机(瓦楞机、涂胶机、单面机)、瓦楞纸板生产线(纵切机、横断机、接纸机)、其他纸或纸板整理机械;
— 纸制品生产专用机械:切纸机,纵切复绕机,堆叠机,穿孔机,模切机(平压平模切机、圆压平模切机、圆压圆模切机、平压圆模切机)、包、袋或信封专用机械,卷烟纸折叠、夹页及包装机械,纸塑铝复合罐生产设备,纸塑铝复合软包装生产设备,纸制品模制成型机械,切角开槽机,订箱机,粘箱机,其他纸制品生产专用机械;
— 纸浆、造纸及纸制品机械零件:纤维素纸浆机械用零件、造纸及纸板机械用零件、纸制品机械用零件。

◆ 不包括:
— 包装机械制造,列入3468(包装专用设备制造)。

3542　　印刷专用设备制造

指使用印刷或其他方式将图文信息转移到承印物上的专用生产设备的制造。

◇ 包括对下列印刷专用设备的制造活动:
—(印前设备)
— 平版制版设备:激光照相排版设备、模版制版设备、其他平版制版设备;
— 凹版制版设备:凹版晒版机、凹版碳素纸过版机、凹版腐蚀机、凹版镀铬机、其他凹版制版设备;
— 凸版制版设备:铅版制版机、感光树脂版制版设备、铜锌版制版设备、其他凸版制版设备;
— 直接制版系统(CTP)、特种模压机、打样机、喷绘机、晒版机、显影机、铸字机、其他印前设备;
—(印刷机设备)
— 平版印刷机(胶印机):单张纸平版印刷机、卷筒纸平版印刷机、其他平版印刷机;
— 凸版印刷机:卷筒纸凸版印刷机、其他凸版印刷机;
— 柔版印刷机;
— 凹版印刷机:照相凹版印刷机、单张纸凹版印刷机、卷筒纸凹版印刷机、其他凹版印刷机;
— 数字印刷机:数字喷墨印刷机、其他数字印刷机;
— 网式印刷机:圆网印刷机、平网印刷机、其他网式印刷机;
— 印刷装订联动机;
— 组合印刷机:平版凸版组合印刷机、平版凹版组合印刷机、网版凸版组合印刷机、其他组合印刷机;
— 重复图案印刷设备:印袋机、印铁机、塑料烫印机、贴花印刷机、软管印刷机、电化铝烫印机、刻版印刷机、其他重复图案印刷机;
— 特种印刷设备:盲文印刷机、移印机、磁性移印机、热转移印刷机、不干胶印刷机、水松纸印刷机、凹凸印刷机、膜版印刷机、上光机(印刷设备)、其他特种印刷机;
— 制卡设备;
— 其他印刷机设备;
— 装订机械:折页机(印刷设备)、配页机、搭页机、数纸机、锁线装订机、胶订机、金属线缝合机、三面切书机、装订联动机械、无线胶订书刊生产线、平装胶订生产线、精装书籍装订生产线、其他装订机械;
— 印刷包装机械:印刷捆扎机、印刷打包机、堆积机、糊盒机;

— 印刷用辅助机械；
— 印刷、装订机械零件：印刷机械用零件，印刷用辅助机械零件，书本装订机械用零件，其他印刷、装订机械零件。

◆ 不包括：
— 包装机械制造，列入 3468（包装专用设备制造）。

3543　日用化工专用设备制造

指日用化学工业产品，如洗涤用品、口腔清洁用品、化妆品、香精、香料、动物胶、感光材料及其他日用化学制品专用生产设备的制造。

◇ 包括对下列日用化工专用设备的制造活动：
— 合成洗涤剂专用设备：喷粉塔、高压泵、配料罐、后配料混合器、其他合成洗涤剂专用设备；
— 肥皂成型专用设备：压条机、皂类切割机、香皂真空出条机、皂类自动打印机、其他肥皂成型专用设备；
— 牙膏、化妆品、香精、香料专用设备：牙膏配制机，真空均质制膏机，香精、香料搅拌机，软管冲挤机，刮扳式浸花机，其他牙膏、化妆品专用设备；
— 火柴专用生产设备：火柴浸渍机、其他火柴专用生产设备；
— 光盘复制生产设备：用于光盘精密注塑机、真空金属溅镀机、保护胶涂覆机、金属母盘生产设备、其他光盘复制生产设备；
— 录音带、录像带复制生产设备：高速数码复录母机，高速数码复录子机，裁带机，其他录音带、录像带复制生产设备；
— 软磁盘复制生产设备：拷贝机、格式化仪、其他软磁盘复制生产设备；
— 感光胶片生产设备：电影胶片生产设备、摄影胶片生产设备、医疗胶片生产设备、其他感光胶片生产设备；
— 感光纸及类似品生产设备；
— 摄影、复印化学制剂生产设备：摄影用化学制剂生产设备、复印用化学制剂生产设备；
— 其他信息化学品和日用化学制品生产设备。

◆ 不包括：
— 香皂真空干燥设备的制造，列入 3490（其他通用设备制造业）；
— 包装机械制造，列入 3468（包装专用设备制造）。

3544　制药专用设备制造

指化学原料药和药剂、中药饮片及中成药专用生产设备的制造。

◇ 包括对下列制药专用设备的制造活动：
— 化学药原料药生产设备：药用反应设备、药用结晶设备、药用萃取设备、其他化学药原料药生产设备；
— 饮片生产机械：洗药机、润药机、切药机、筛选机、炒药机、其他饮片生产机械；
— 制药专用粉碎机械：机械式药用粉碎机、气流式粉碎机、低温粉碎机、药用粉碎机组、其他药用粉碎机械；
—（制剂生产设备）
— 胶囊剂生产机械：硬胶囊充填机、胶囊套合机、胶囊重量选择机、软胶囊药液配料设备、软胶囊清洗机、胶囊（药片）磨光机、废胶囊绞碎机、软胶囊生产线、其他胶囊剂生产机械；
— 丸剂机械：制丸机、滴丸机、擦丸机、选丸机、丸剂生产线、其他丸剂机械；
— 片剂生产机械：混合机、制粒机、压片机（制药用）、药片包衣机；
— 水针生产线；

— 口服液生产机械:药液配料设备、玻璃瓶口服液剂生产联动线、口服液生产线、溶胶器、胶体磨、其他口服液生产机械;
— 其他制剂生产设备;
— 药物检测设备:检片机、安瓿注射液异物检查设备、玻璃瓶输液异物半自动检查机、其他药物检测设备;
— 其他制药生产设备。

◆ 不包括:
— 制药用过滤、净化、蒸馏设备、气体或液体分离、液化及纯净设备制造,列入 3463(气体、液体分离及纯净设备制造);
— 制药用离心机制造,列入 3490(其他通用设备制造业);
— 药用包装机械制造,列入 3468(包装专用设备制造);
— 灭菌设备制造,列入 3583(医疗实验室及医用消毒设备和器具制造)。

3545　照明器具生产专用设备制造

指用于生产各种电灯泡、荧光灯管等电光源和各种照明器具产品专用生产设备的制造。

◇ 包括对下列照明器具生产专用设备的制造活动:
— 玻壳加工机械:灯泡吹制机、闪光灯泡玻壳加工机、电子真空器件玻壳加工机械、其他玻壳加工机械;
— 灯丝、灯头玻璃零件加工机械:基座垫块加工设备,灯头加工设备,灯丝支架加工设备,其他灯丝、灯头玻璃零件加工机械;
— 灯泡及类似品封装机:灯泡真空封口机、白炽灯泡旋转自动封装机、电子真空器件旋转自动封装机、喷焊器、加压及闭合装置、灯具及照明器具组装设备、电子真空器件组装设备、其他灯泡及类似品封装机;
— 灯泡及类似品封装机零件。

3546　玻璃、陶瓷和搪瓷制品生产专用设备制造

指用于生产加工玻璃制品、玻璃器皿的专用机械,陶瓷器等类似产品的加工机床和生产专用机械,以及搪瓷制品生产设备的制造。

◇ 包括对下列玻璃、陶瓷和搪瓷制品生产专用设备的制造活动:
—(玻璃制品制造机械)
— 玻璃热加工机械:连续式玻璃热弯炉、制玻璃珠用机械、玻璃螺旋管烧成用高温窑、玻璃餐具陶瓷成型烤花窑、其他玻璃热加工机械;
— 压制玻璃器皿专用机械:玻璃制品模制机、玻璃器皿压制成型机、玻璃器皿压制生产线;
— 玻璃吹制机械:制瓶机、制保温瓶设备、制管机、吹制玻璃器皿专用机械;
— 其他玻璃制品制造机械;
— 日用陶瓷制品成型机械:陶轮及类似机械、陶瓷坯体精加工设备、模制陶瓷假牙用机械、其他日用陶瓷制品成型机械;
— 玻璃、陶瓷制品专用设备零件:玻璃冷加工机床零件、附件、其他玻璃、陶瓷制品专用设备零件;
— 硬质材料组合加工机床;
— 硬质材料加工机床:硬质材料加工锯床,硬质材料切削成形机械,硬质材料研磨、砂磨机械,硬质材料抛光机械,硬质材料弯曲机械,硬质材料装配机械,硬质材料钻孔或凿榫机械,硬质材料剖开、切片机械,硬质材料剖刮削机械,硬质材料加工车床,其他硬质材料加工机床;

— 硬质材料加工机床用零件、附件；
— 搪瓷制品生产设备：搪瓷烧成炉、搪瓷施釉设备、搪瓷制坯设备、搪瓷涂搪设备、搪瓷饰花设备、搪瓷静电喷涂设备、其他搪瓷制品生产设备。

◆ 不包括：
— 制造玻璃灯泡壳的机械，列入 3545（照明器具生产专用设备制造）；
— 陶瓷原料生产设备的制造，列入 3515（建筑材料生产专用机械制造）；
— 陶瓷干燥设备的制造，列入 3490（其他通用设备制造业）；
— 包装机械制造，列入 3468（包装专用设备制造）。

3549　其他日用品生产专用设备制造

指上述未列明的日用品、工艺美术品的生产专用机械设备的制造。

◇ 包括对下列其他日用品生产专用设备的制造活动：
— 文教体育用品专用机械：铅笔木杆加工机械、石墨铅笔芯挤出机械、粉笔用模制机械、纤维灰浆制品模制成型机械、灰泥制品模制成型机械、其他文教体育用品专用机械；
— 日用杂品生产专用设备：制木纽扣用机械、拉链设备、煤制品生产专用机械（煤粉混合机械、蜂窝煤成型机、煤球机、压球机、型煤设备、其他煤制品生产专用机械）、毛刷加工机械（毛发、鬃毛整理加工机械，制刷机）、其他日用杂品生产专用设备；
— 自行车、钟表等产品专用设备；
— 家具专用生产设备；
— 其他未列明日用品生产专用设备。

355　纺织、服装和皮革加工专用设备制造

3551　纺织专用设备制造

指纺织纤维预处理、纺纱、织造和针织机械的制造。

◇ 包括对下列纺织专用设备的制造活动：
— 化学纺织纤维加工专用机械，熔体、切片制取设备，切片干燥、增粘设备，长丝纺丝设备，长丝后加工设备，短丝纺丝设备，短丝后加工设备，短丝纺牵联合机，纤维打包机，合成纤维（原液纺类）设备，原液制取设备，原液纺纺丝设备，原液纺后处理设备，长、短丝打包机，人造纤维设备，生物纤维设备，特种纤维设备，其他化学纺织纤维加工专用机械；
— 棉纺前纺设备：抓棉机、开棉机、清棉机、棉纺除尘杂机、棉纺用棉箱、成卷机、其他棉纺前纺设备；
— 毛、麻预处理机械：毛预处理机械，麻预处理机械，其他毛、麻预处理机械；
— 丝、绢预处理机械：真丝预处理机械，绢纺预处理机械，其他丝、绢预处理机械；
— 纺织纤维梳理机：棉纤维型梳理机、毛纤维型梳理机、麻纤维梳理机、绢纺梳绵机械、其他纺织纤维梳理机；
— 精梳机械：棉精梳准备机械、棉精梳机、毛精梳机、麻精梳机、其他精梳机械；
— 成条、针梳机：棉纺并条机，毛纺制条和毛条针梳机，麻成条机、针梳机；
— 粗纱机：棉纺粗纱机、毛纺粗纱机、麻纺粗纱机、绢纺粗纱机、其他粗纱机；
— 细纱机：棉纺细纱机、毛纺细纱机、麻纺细纱机、缫丝和绢纺细纱机、集聚（紧密）环锭细纱机、转杯纺纱机；
— 纺织纱线处理机械：并纱（线）机或加捻机，花式（色）纱、线设备，络纱机，其他纺织纱线处理机械；

— 织造准备设备：整经机（纺织设备）、浆纱机、捻丝机、丝束直接纺纱机、穿经架及穿筘机、整经筒子架、并轴机、其他织造准备设备；
— 织机：无梭织机、动力梭织机、手工梭织机、毛巾织机、提花织机、窄幅织物织机、多梭圆织机、特种织机、其他织机；
— 针织机械：纬编机、纬编准备机械、圆型纬编机、横机、袜机、经编整经机、特利考经编机、拉舍尔经编机、缝编机、钩编机；
— 非织造机械：干法成网机械、湿法成网机械、聚合物直接成网机械、加固机械、后整理机械、非织造布生产线联合机、其他非织造机械；
— 纺织废料回用、处理设备：纺织用废棉处理设备、纺织用废纺处理设备；
— 印染机械：印染前处理设备、染色设备、印花设备、整理设备、成品设备、印染辅机及通用单元设备、其他印染机械；
— 织造辅助机械及装置：织造辅助机械、织机辅助装置；
— 纺织机械及其辅助机械零件、附件：化学纺织纤维机械零件，纺织机械专用零、部件，织机及其辅助机械零件，针织机械及其辅助机械零件，其他纺织机械及其辅助机械零件、附件。

3552　　皮革、毛皮及其制品加工专用设备制造

指在制革、毛皮鞣制及其制品的加工生产过程中所使用的各种专用设备的制造。

◇ 包括对下列皮革、毛皮及其制品加工专用设备的制造活动：
— 生皮处理机械：脱毛机、制革去肉机、刮皮机、挤水伸展机、皮革拉软机、量革机、其他生皮处理机械；
— 皮革鞣制加工机械：鞣革机（锤磨机）、滚筒敲打机、锤打机、锤实机、修刮或剖皮机、皮革砂磨机、刷皮机、皮革柔软整理机、打光机、起粒机、其他皮革鞣制加工机械；
— 皮革制品制作机械：皮革制品通用制作机械、鞋靴专用生产机械、其他皮革制品制作机械；
— 毛皮及其制品制作及修理机械：毛皮加工机，皮毛卷曲、梳理机械，皮毛染色机械，其他毛皮及其制品制作及修理机械；
— 生皮、皮革处理、鞣制及加工机械零件。

◆ 不包括：
— 皮革毛皮服装、鞋帽加工机械的制造，列入3553（缝制机械制造）。

3553　　缝制机械制造

指用于服装、鞋帽、箱包等制作的专用缝纫机械制造，以及生产加工各种面料服装、鞋帽所包括的铺布、裁剪、整烫、输送管理等机械和羽绒加工设备的制造。

◇ 包括对下列缝制机械的制造活动：
—（缝纫机）
— 家用型缝纫机：普通家用型缝纫机、多功能家用型缝纫机、其他家用型缝纫机；
— 工业用缝纫机：工业用电控平缝机、工业用相关电控缝纫机、工业用非电控缝纫机、刺绣机（绣花机）；
— 缝纫机零部件：缝纫机针，缝纫机旋梭，缝纫机架、台板，其他缝纫机零部件；
— 服装裁剪定型设备：裁剪机、蒸汽人像机、蒸烫机、拉布机、粘合机、其他服装裁剪定型设备；
— 羽绒加工设备（部分）：羽绒预分机、羽绒除灰机、羽绒四厢分毛机、充绒机、其他羽绒加工设备；

— 制帽机械：毡呢压机、滚筒压机、毡呢帽扩张机、帽边成形机、帽坯磨光机、帽沿上浆机、楦帽机、沙压机、帽模、其他制帽机械。

3554　　洗涤机械制造

指洗衣店等专业洗衣机械的制造；不包括家用洗衣机的制造。

◇ 包括对下列洗涤机械的制造活动：

— 羽绒加工设备（部分）：羽绒洗脱机（水洗机）、羽绒烘干机；

— 洗衣店用洗衣机械：洗衣机、洗涤干燥两用机、干洗机、干燥机（洗衣用）、离心干衣机、烫平机、其他洗衣店用洗衣机械；

— 洗衣机零件、干衣机零件。

◆ 不包括：

— 缝纫机的制造，列入3553（缝制机械制造）；

— 家庭用洗衣机、干洗机，列入3855（家用清洁卫生电器具制造）。

356　　电子和电工机械专用设备制造

3561　　电工机械专用设备制造

指电机、电线、电缆等电站、电工专用机械及器材的生产设备的制造。

◇ 包括对下列电工机械专用设备的制造活动：

—（电机、变压器专用生产机械）

— 铁芯制造专用设备：电机定子铁芯迭压机、自制定子铁芯卷迭机、铁芯叠压机及压装机、其他铁芯制造专用设备；

— 线圈绕线机：电线线圈卷绕机、绝缘材料线圈绕线机、线圈包扎设备、定子线圈绕线机、电磁铁线圈绕线机、其他线圈绕线机；

— 嵌线设备：绕嵌线机、定子绕组嵌线机、其他嵌线设备；

— 绝缘处理设备：槽绝缘片插入机、自动连续沉浸机、滚浸机、滴漆机、其他绝缘处理设备；

— 充磁机，换向器精车机和刻槽机，静电粉末涂敷机，其他电机、变压器专用生产机械；

— 电线、电缆专用生产机械：拉线机，型线轧拉机，拉线联合机组，铜粉流屑过滤机，镀锡机，高速绞线机，压出机，其他电线、电缆专用生产机械；

— 电器绝缘材料设备：上胶设备、不干胶带涂机、卷制设备、钢/铝塑热贴复合机组、绝缘材料涂复卷管机、板纸复合机组、其他电器绝缘材料设备；

— 电池生产专用设备：蓄电池流程生产线、圆筒干电池生产线、扣式电池生产线、太阳能电池生产线、其他电池生产专用设备；

— 其他电工机械专用设备。

◆ 不包括：

— 电光源生产设备制造，列入3545（照明器具生产专用设备制造）。

3562　　电子工业专用设备制造

指生产半导体器件、集成电路、电子元件、电真空器件专用设备的制造，以及电子设备整机装配专用设备的制造。

◇ 包括对下列电子工业专用设备的制造活动：

— 电子元件及机电组件生产设备：碳膜、金属膜电阻生产设备，片式电阻、电阻网络生产设备，电感器件、特种变压器生产设备，厚膜电路生产设备，薄膜电路生产设备，电位器生产设备,陶瓷电容器生产设备,薄膜电容器生产设备,铝电解电容器生产设备,钽电解电容器生产设备,敏感元件生产设备,传感器生产设备,压电晶体生产设备,压电陶瓷滤波器生产设备,表面波滤波器生产设备,磁性材料及器件生产设备,电声器件生产设备,开关接插件生产设备,特种线缆加工设备,镍氢电池生产设备,锂离子电池生产设备,太阳能电池片生产设备,其他电子元件及机电组件生产设备;

— 半导体材料、器件及集成电路生产设备:晶体生长及晶圆制备设备、电子材料切片机、电子器件研磨机、电子器件抛光机、硅片倒角机、外延设备;

— 制版设备;

— 掩模修补设备;

— 芯片制造设备:光学光刻设备、电子束光刻机、离子束投影光刻机、邻近 X 射线光刻机、蚀刻设备、掺杂设备、退火设备、快速热处理设备、薄膜生长设备、化学汽相淀积设备、中测设备;

— 封装测试设备:晶圆划片设备、贴膜设备、键合设备、封装设备、焊凸形成设备;

— 检测设备:晶片检测设备、掩膜检查设备、晶圆检测设备、线宽测量设备、终测设备;

— 电子真空器件生产设备:玻壳生产设备、彩管生产设备、真空开关管生产设备、其他电子真空器件生产设备;

— 平板显示器件(FPD)生产设备:液晶显示器件(LCD)生产设备、等离子显示器件(PDP)生产设备、VFD 生产设备、其他平板显示器件生产设备;

— 净化设备及类似设备:空气净化设备、高纯气体制取设备、超纯水制取设备、废水处理设备、电磁屏蔽设备、防静电设备、其他净化设备及类似设备;

— 环境模拟和可靠性设备:力学试验设备、气候环境模拟试验设备、综合试验箱;

— 电子整机装联设备:有引线元器件整机装配生产设备、表面贴装(SMT)设备;

— 其他电子工业专用设备。

◆ 不包括:

— 真空获得设备制造,列入 3441(泵及真空设备制造);

— 通用设备制造,列入 34 大类(通用设备制造业);

— 电子专用模具制造,列入 3525(模具制造)。

357 农、林、牧、渔专用机械制造

3571 拖拉机制造

◇ 包括对下列拖拉机的制造活动:

—(拖拉机)

— 大型拖拉机:大型轮式拖拉机、大型履带式拖拉机;

— 中型拖拉机:中型轮式拖拉机、中型履带式拖拉机;

— 小型拖拉机:小四轮拖拉机、手扶拖拉机、其他小型拖拉机;

— 特种结构拖拉机:运输型拖拉机、船式拖拉机(机耕船)、高架拖拉机、坡地拖拉机、其他特种结构拖拉机;

— 农林用自装或自卸式挂车:自装或自卸式挂车、其他农林用自装或自卸式挂车。

◆ 不包括:

— 履带式牵引车、装有挖土或铲装物料装置的拖拉机制造,列入 3511(矿山机械制造)。

3572 机械化农业及园艺机具制造

指用于土壤处理,作物种植或施肥,种植物收割的农业、园艺或其他机械的制造。

◇ 包括对下列机械化农业及园艺机具的制造活动：
—（土壤耕整机械）
— 耕地机械：铧式犁、翻转犁、圆盘犁、栅条犁、旋耕机、耕整机、微耕机、田园管理机、开沟机（器）、浅松机、深松机、浅耕深松机、机滚船、机耕船、其他耕地机械；
— 整地机械：钉齿耙、弹齿耙、圆盘耙、滚子耙、驱动耙、起垄机、镇压器、合墒器、灭茬机、其他整地机械；
— 其他土壤耕整机械；
—（种植施肥机械）
— 播种机械：条播机、穴播机、异性种子播种机、小粒种子播种机、根茎类种子播种机、水稻（水、旱）直播机、撒播机、免耕播种机、其他播种机械；
— 育苗机械设备：秧盘播种成套设备、秧田播种机、种子处理设备、营养钵压制机、起苗机、其他育苗机械设备；
— 栽植机械：蔬菜移栽机、油菜直播机、水稻插秧机、水稻抛秧机、水稻摆秧机、甘蔗种植机、草皮栽补机、树木移栽机、其他栽植机械；
— 施肥机械：施肥机（化肥）、撒肥机（厩肥）、追肥机、中耕追肥机、其他施肥机械；
— 地膜机械：地膜覆盖机、残膜回收机、其他地膜机械；
— 其他种植施肥机械；
—（田间管理机械）
— 中耕机械：中耕机、培土机、除草机、埋藤机、其他中耕机械；
— 植保机械：手动喷雾器、电动喷雾器、机动喷雾喷粉机、动力喷雾机、喷杆喷雾机、风送喷雾机、烟雾机、杀虫灯、其他植保机械；
— 修剪机械：嫁接设备、茶树修剪机、果树修剪机、草坪修剪机、割灌机（田间机械）、其他修剪机械；
— 其他田间管理机械；
—（收获机械）
— 谷物收获机械：自走轮式谷物联合收获机（全喂入）、自走履带式谷物联合收获机（全喂入）、背负式谷物联合收割机、牵引式谷物联合收割机、半喂入联合收割机、梳穗联合收割机、大豆收获专用割台、割晒机、割捆机、其他谷物收获机械；
— 玉米收获机械：背负式玉米收获机、牵引式玉米收获机、自走式玉米联合收获机、穗茎兼收玉米收获机、其他玉米收获机械；
— 棉麻作物收获机械：棉花收获机、麻类作物收获机、其他棉麻作物收获机械；
— 果实收获机械：葡萄收获机、果实捡拾机、草莓收获机、其他果实收获机械；
— 蔬菜收获机械：豆类蔬菜收获机、叶类蔬菜收获机、果类蔬菜收获机、其他蔬菜收获机；
— 花卉（茶叶）采收机械：花卉采收机、啤酒花收获机、采茶机、其他花卉（茶叶）采收机械；
— 籽粒作物收获机械：油菜籽收获机、葵花籽收获机、草籽收获机、花生收获机、其他籽粒作物收获机械；
— 根茎作物收获机械：薯类收获机、大蒜收获机、甜菜收获机、药材挖掘机、甘蔗收获机、甘蔗割铺机、甘蔗剥叶机、其他根茎作物收获机械；
— 饲料作物收获机械：青饲料收获机、牧草收获机、翻晒机、搂草机、捡拾压捆机、压捆机、其他饲料作物收获机械；
— 茎秆收集处理机械：秸秆粉碎还田机、高秆作物割晒机、其他茎秆收集处理机械；
— 其他收获机械；
—（部分收获后处理机械）

— 脱粒机械:稻麦脱粒机、玉米脱粒机、脱扬机、其他脱粒机械;
— 清选机械(部分):种子清选机、甜菜清理机、籽棉清理机、扬场机;
— 剥壳(去皮)机械:玉米剥壳机、花生脱壳机、棉籽剥壳机、干坚果脱壳机、青豆脱壳机、大蒜去皮机、其他剥壳(去皮)机械;
— 设施农业设备:日光温室设施设备、塑料大棚设施设备、连栋温室设施设备、其他设施农业设备;
—(农田基本建设机械)
— 农田挖掘机械:农田挖掘机、开沟机(开渠用)、农田挖坑机、农田推土机、其他农田挖掘机械;
— 农田平地机械:农田平地机、农田铲运机、其他农田平地机械;
— 其他农田基本建设机械;
— 喷灌机械设备:喷灌机、微灌设备、水井钻机、其他喷灌机械设备;
— 园艺、草坪专用机械:无土栽培机械和设施,草坪及运动场地滚压机,草坪机动割草机,起草皮机,其他园艺、草坪专用机械。

◆ 不包括:
— 营林、木材及竹材采集设备制造,列入3573(营林及木竹采伐机械制造);
— 与建筑机械相同的农田基本建设铲运机械,列入3513(建筑工程用机械制造)。

3573　　营林及木竹采伐机械制造

◇ 包括对下列营林及木竹采伐机械的制造活动:
— 林地清理机械:割灌机(林地机械)、除灌机、挖坑机、其他林地清理机械;
— 造林机械:植树机(植树器)、容器苗栽植机、飞机播种装置、树木挖根机、树木移植机、树木削枝机、其他造林机械;
— 营林机械:林木种子加工机械、采种机、树木种子处理及脱粒机;
— 风力灭火机具:风力灭火机、风力灭火器;
— 竹木采集机械:伐木机、伐木集材机、树桩挖除机、竹木材出河机、摇树机、其他竹木采集机械;
— 木材运输机械:运材挂车、其他木材运输机械;
— 木材生产专用工具:原木装车机、抓具、木材出河机、木材装载机、编扎机、装排机。

◆ 不包括:
— 林业用拖拉机制造,列入3571(拖拉机制造);
— 与农业种植相同的营林通用机械制造,列入3572(机械化农业及园艺机具制造)。

3574　　畜牧机械制造

指草原建设、管理,畜禽养殖及畜禽产品采集等专用机械的制造。

◇ 包括对下列畜牧机械的制造活动:
— 养蚕机械:切桑叶机、蚕种催青机、加热补湿器、蚕种浸酸架、养脱蚕用水机、蚕茧收烘处理器具;
— 草原建设机械:牧草补播种机、草地深松机、网围栏设备、其他草原建设机械;
— 牧草收获机械:割草机、干草切割机、牧草摊晒机、搂草机、草料打包机、集草器、方草捆捡拾压捆机、园草捆捡拾压捆机、捡拾压垛机、青贮饲料收获机、牧草种子收获机、铡草机、饲料粉碎机、粉料加工机械、颗粒饲料加工机械、块状饲料加工机组、膨化饲料加工机组、饲料搅拌机、配合饲料加工机组、预混合饲料加工机组、其他牧草收获机械;
— 家禽孵卵器及育雏器:孵卵器(孵化机)、育雏器、出雏机、其他家禽孵卵器及育雏器;

— 家禽饲养机械:饲养及产卵设备、排架式鸡笼、倒盘工作台、切嘴机、照蛋机(或禽蛋检验器)、自动家禽拔毛机、喂料机、鸡饮水器、集蛋机、清粪机、饲料促存塔、其他家禽饲养机械;
— 家畜饲养机械:养猪机械、养牛机械、其他家畜饲养机械;
— 养蚕机械;
— 养蜂设备:榨蜜机、巢础机、蜂巢重熔用热水浴器、其他养蜂设备;
— 畜禽配种机械:采精设备、输精器、其他畜禽配种机械;
— 畜禽产品采集机械:机械剪毛机、抓绒机、洗毛脱水机、挤奶机、发酵打包机、其他畜禽产品采集机械;
— 其他畜禽动物饲养机械。

◆ 不包括:
— 畜牧专用工具:羊毛剪、羊毛抓子等制造,列入3323(农用及园林用金属工具制造);
— 割草机械制造,列入3572(机械化农业及园艺机具制造)。

3575　　渔业机械制造

指渔业养殖、渔业捕捞等专用设备的制造。

◇ 包括对下列渔业机械的制造活动:
— 渔业养殖机械:投饵机械、增氧机械、工厂化养殖机械、网箱养殖设备、藻类养殖机械、水体净化处理设备、水产品采集机械、其他渔业养殖机械;
— 捕捞机械:绞钢机械、起网机械、起钓机械、绞贝类捕捞机械、其他捕捞机械;
— 鱼货起卸设备:船用吸鱼机、码头吸鱼机、鱼货出舱机、其他鱼货起卸设备;
— 渔业织网机械:织网机、编网机、绕线机、整经机(捕捞机械);
— 网片处理机械:网片定型机、网片拉伸机、网片染色机、网片脱水机;
— 其他渔业捕捞养殖机械。

◆ 不包括:
— 水产品冻结、保鲜专用设备制造,列入3464(制冷、空调设备制造);
— 渔轮的制造,列入3731(金属船舶制造)。

3576　　农林牧渔机械配件制造

指拖拉机配件和其他农林牧渔机械配件的制造。

◇ 包括对下列农林牧渔机械配件的制造活动:
— 拖拉机零配件;
— 农用喷射机械或器具零件;
— 整地或耕作机械零件;
— 作物收获机械零件:联合收割机零件、其他作物收获机械零件;
— 畜牧业机械零件:家禽饲养、孵卵及育雏机械零件,挤奶机零件,其他畜牧业机械零件。

3577　　棉花加工机械制造

指棉花加工专用机械制造,棉花加工成套设备的制造和安装。

◇ 包括对下列棉花加工机械的制造活动:
— 棉籽脱绒成套设备;
— 棉花加工机械:轧花机、皮棉清理机、剥绒机、棉花打包机、其他棉花加工机械。

3579　　其他农、林、牧、渔业机械制造

指用于农产品初加工机械,以及其他未列明的农、林、牧、渔业机械的制造。

◇ 包括对下列其他农、林、牧、渔业机械的制造活动：
— 种子加工机械（部分）：脱芒（绒）机、种子分级机、种子包衣机、种子加工机组、种子丸化处理机、其他种子加工机械；
— 纺织纤维初加工机械（部分）：麻类加工机械（刮麻机、剥麻机、洗麻机、其他麻类加工机械）、蚕丝捻丝前预处理机（蚕茧成套剥衣机、抽丝用容器、其他蚕丝捻丝前预处理机）、其他纺织纤维初加工机械；
—（农产品清洁、分选机械）
— 蛋类清洁、分选机械：蛋类光电检验器，蛋类光电分级器，其他蛋类清洁、分选机械；
— 种子、谷物清洁、分选机械：谷物清洁机及分级机，磁性分级机，电磁分级机，谷物或干豆去壳机，风选机，分级簸扬机，旋转簸扬机，种子或谷物挑选机，筛选带，种子专用分选、分级机械，清洁、分选及分级操作联合机械，其他种子、谷物清洁、分选机械；
— 果蔬清洁、分选机械：水果分级机，水果打蜡机，蔬菜清洗机，薯类分级机，蔬菜分级机，其他果蔬清洁、分选机械；
— 农用包装机械：农用计量包装机、农用灌装机、其他农用包装机械；
— 竹、藤、棕、草材料制品加工机械：柳条、藤条加工机械，柳竹藤草、塑料编织机械，其他竹、藤、棕、草材料制品加工机械。

358 医疗仪器设备及器械制造

3581 医疗诊断、监护及治疗设备制造

指用于内科、外科、眼科、妇产科、中医等医疗专用诊断、监护、治疗等方面的设备制造。

◇ 包括对下列医疗仪器设备及器械的制造活动：
—（医用 X 射线设备）
— X 射线诊断设备：常规透视用 X 射线机、乳腺 X 射线机、泌尿系统诊断 X 射线机、胃肠检查用 X 射线机、X 射线骨密度测量设备、摄影用 X 射线机、骨科 X 射线设备、胸部荧光缩影 X 射线装置、数字减影 X 射线机、便携式 X 射线机、其他 X 射线诊断设备；
— 射线断层摄影设备（CT 机）：头部 CT 机、全身 CT 机、螺旋 CT 机、螺旋扇扫 CT 机、其他射线断层摄影设备；
— 牙科用 X 射线应用设备：牙科（单牙）X 射线机、口腔颌面全景 X 射线机、其他牙科用 X 射线应用设备；
— 医疗用 X 射线应用设备：深层治疗 X 射线设备、浅层治疗 X 射线设备、接触治疗 X 射线设备、其他医用 X 射线治疗设备；
— 外科用 X 射线应用设备：X 射线手术影像设备、手术用床旁 X 射线机、介入治疗 X 射线机、其他外科用 X 射线应用设备；
— 兽医用 X 射线应用设备；
— 低剂量 X 射线安全检查设备；
— 其他医用 X 射线设备；
—（X 射线附属设备及部件）
— X 射线管、管组件或源组件：X 射线管、医用固定阳极 X 射线管、旋转阳极 X 射线管、X 射线 CT 管、栅极 X 射线管及管组件、其他 X 射线附属设备及部件；
— X 射线相关附属设备及部件：X 射线影像增强器、医用透视荧光屏、医用增感屏、X 光发生器、其他 X 射线相关附属设备及部件；
— 医用 X 射线机配套用家具：X 射线检查用电动胃肠床、电动摄影平床、电动导管床、电动断层床、无轨悬吊装置、X 射线管用电动立柱式支持装置、其他医用 X 射线机配套用家具；

— 医用 X 线设备零件;
— (医用 α、β、γ 射线应用设备)
— 医用高能射线治疗设备:医用电子直线加速器、医用回旋加速器、医用中子治疗机、医用质子治疗机、其他医用高能射线治疗设备;
— 医用放射性核素诊断设备:PECT(正电子发射断层扫描装置)、SPECT(单光子发射断层扫描装置)、放射性核素透视机、γ 射线探测仪、放射性核素扫描仪、甲状腺放射性核素显像、放射性核素骨密度测量设备、核素听诊器、其他医用放射性核素诊断设备;
— 医用放射性核素治疗设备:钴 60 治疗机、核素后装近距离治疗机、医用核素远距离治疗装置、植入式放射源、其他医用放射性核素治疗设备;
— 核素标本测定装置:放射免疫测定仪、其他核素标本测定装置;
— 医用离子射线检验设备;
— 其他医用射线应用设备;
— (医用超声诊断、治疗仪器及设备)
— 医用超声诊断仪器设备:B 型超声波诊断仪、彩色超声波诊断仪、M 型超声波诊断仪、A 型超声波诊断仪、C 型超声波诊断仪、超声多普勒设备、超声血流检测设备、超声骨密度检测设备、超声胃镜、超声结肠镜、超声内窥镜、超声宫内镜、复合式扫描超声诊断仪、相控阵超声诊断仪、多普勒超声血流成像仪、超声胎儿监护仪、其他医用超声诊断仪器设备;
— 超声手术及聚焦治疗装置:眼科乳化手术系统、超声手术刀、超声癌症治疗机、超声外科吸引装置、经颅超声多普勒、高强度聚焦超声系统(HIFO)、其他超声手术及聚焦治疗装置;
— 超声治疗设备:超声治疗机、超声雾化器、穴位超声治疗机、超声骨折治疗机、超声洁牙机、超声去脂仪、超声理疗美容仪、其他超声治疗设备;
— 超声换能器(探头):腔内换能器、导管式换能器、穿刺换能器、血管换能器、线阵换能器、凸阵换能器、环阵换能器、单晶片换能器、相控阵换能器、连续多普勒笔形换能器、声表面波换能器、浅表高频换能器、食道超声换能器、其他超声换能器(探头);
— (医用电气诊断仪器及装置)
— 心电诊断仪器:心电图记录仪、心音描记器、心动冲击图仪器、心磁图仪器、心输出量测定仪器、心脏检查器、心电阻描记器、心电分析仪、晚电位测试仪、无损伤心功能检测仪、心率变异性检测仪、运动心电功量计、心电遥测仪、心电电话传递系统、实时心律分析记录仪、长程心电记录仪、心电标测图仪、心电工作站、其他心电诊断仪器;
— 脑电诊断仪器:脑电图机、脑电阻仪、脑电流描记器、脑电波分析仪、脑地形图仪、脑电实时分析记录仪、其他脑电诊断仪器;
— 医用磁共振设备:核磁共振成像装置、骨密度仪、甲状腺功能测定仪、永磁型共振成像系统、常导型磁共振成像系统、超导型磁共振成像系统、其他医用磁共振设备;
— 血流量、容量测定装置:脑血流描述器,阻抗血流图仪,电磁血流量计,无创心输出量计,脉搏描述器,心脏血管功能综合测试仪,其他血流量、容量测定装置;
— 电子压力测定装置:无创性电子血压计,插入式血压计,体脂肪计,电子血压脉搏仪,动态血压监护仪,眼压、眼震电图仪,视网膜电描述器,其他电子压力测定装置;
— 电声诊断仪器:听力计及类似设备、心音图仪、舌音图仪、胃肠电流图仪、诱发电位检测系统、其他电声诊断仪器;
— 闪烁摄影装置:医用伽玛(γ)照相机、闪烁扫描器、其他闪烁摄影装置;
— 紫红外线诊断、治疗设备:医用红外热像仪,红外经乳腺诊断仪,红外线凝固仪器,紫外线治疗机,红外线治疗机,远红外辐射治疗机,其他紫红外线诊断、治疗设备;

— 其他医用电气诊断仪器及装置；
—（医用激光诊断、治疗仪器及设备）
— 激光诊断仪器：氦镉激光器、激光白内障诊断装置、激光眼科诊断仪、激光肿瘤光谱诊断装置、激光荧光肿瘤诊断仪、眼科激光扫描仪、2 类（弱激光）激光诊断仪、激光血液分析仪、激光多普勒血流仪、其他激光诊断仪器；
— 激光手术和治疗设备：气体激光手术设备、眼科激光光凝机、固体激光手术设备、3B 类半导体激光治疗仪、4 类（强激光）半导体激光治疗仪、氮分子激光治疗仪、晶体激光乳化设备、激光血管焊接机、介入式激光诊治仪器、其他激光手术和治疗设备；
— 弱激光体外治疗仪器：氦氖激光治疗机、氦镉激光治疗机、3A（弱激光）半导体激光治疗机、激光针灸治疗仪、其他弱激光体外治疗仪器；
— 激光手术器械：激光显微手术器、LASIK 用角膜板层刀、其他激光手术器械；
—（医用高频仪器设备）
— 高频手术和电凝设备：高频电刀、高频扁桃体手术器、高频息肉手术器、高频眼科电凝器、内窥镜高频手术器、后尿道电切开刀、高频腋臭治疗仪、高频鼻甲电凝器、高频痔疮治疗仪、射频控温热凝器、其他高频手术和电凝设备；
— 高频电熨设备：高频电灼器、高频妇科电熨器、高频五官科电熨器、其他高频电熨设备；
—（微波、射频、高频诊断治疗设备）
— 微波诊断设备：微波肿瘤诊断仪、其他微波诊断设备）；
— 微波治疗设备（微波手术刀、微波肿瘤热疗仪、微波前列腺治疗仪、微波治疗机、其他微波治疗设备；
— 射频治疗设备：射频前列腺治疗仪、射频消融治疗仪、内生物肿瘤热疗系统、肿瘤射频热疗机、短波治疗机、超短波电疗机、其他射频治疗设备；
— 高频电极装置：电凝钳、电凝镊、手术电极、其他高频电极装置；
— 其他微波、射频、高频诊断治疗设备；
—（中医诊断、治疗仪器设备）
— 中医诊断仪器：中医诊断仪、痛阈测量仪、经络分析仪、其他中医诊断仪器；
— 中医治疗仪器：综合电针仪、电麻仪、定量针麻仪、电子穴位测定治疗仪、探穴针麻仪、穴位测试仪、耳穴探测治疗机、其他中医治疗仪器；
—（临床检验分析仪器及诊断系统）
— 血液分析仪器设备：血红蛋白测定仪、血小板聚集仪、全自动血细胞分析仪、全自动涂片机、流式细胞分析仪、全自动凝血纤溶分析仪、半自动血细胞分析仪、血凝分析仪、自动血库系统、血糖分析仪、血流变仪、血液粘度计、红细胞变形仪、血液流变参数测试仪、血栓弹力仪、其他血液分析仪器设备；
— 血气分析系统：全自动血气分析仪、组织氧含量测定仪、血氧饱和度测试仪、CO_2 红外分析仪、经皮血氧分压监测仪、血气酸碱分析仪、电化学测氧仪、其他血气分析系统；
— 生理研究实验仪器：方波生理仪、生物电脉冲分析仪、生物电脉冲频率分析仪、微电极控制器、微操纵器、微电极监视器、其他生理研究实验仪器；
— 生化分析仪器：全自动生化分析仪、全自动快速（干式）生化分析仪、全自动多项电解质分析仪、半自动生化分析仪、半自动单/多项电解质分析仪、其他生化分析仪器；
— 免疫分析系统：全自动免疫分析仪、特定蛋白分析仪、化学发光测定仪、荧光免疫分析仪、酶免仪、半自动酶标仪、荧光显微检测系统、其他免疫分析系统；
— 细菌分析系统：细菌测定系统、结核杆菌分析仪、药敏分析仪、快速细菌培养仪、幽门螺旋杆菌测定仪、其他细菌分析系统；

— 基因和生命科学仪器:全自动医用 PCR 分析系统、精子分析仪、生物芯片阅读仪、PCR 扩增仪、其他基因和生命科学仪器、自动尿液分析仪、临床医学检验辅助设备、其他临床检验分析仪器及诊断系统;
—(医用电泳仪)
— 低压电泳仪:核酸电泳仪(低压)、毛细管电泳仪(低压)、细胞电泳仪(低压)、其他低压电泳仪;
— 中压电泳仪:核酸电泳仪(中压)、毛细管电泳仪(中压)、细胞电泳仪(中压)、其他中压电泳仪;
— 高压电泳仪:核酸电泳仪(高压)、毛细管电泳仪(高压)、细胞电泳仪(高压)、其他高压电泳仪;
—(医用化验和基础设备器具)
— 医用培养箱:二氧化碳培养箱、超净恒温培养箱、厌氧培养装置、其他医用培养箱;
— 病理分析前处理设备:切片机(医用)、整体切片机、自动组织脱水机、染色机、包埋机、组织处理机、其他病理分析前处理设备;
— 血液化验器具:红白血球吸管、采血管、微量血液搅拌器、微量血液振荡器、其他血液化验器具;
— 其他医用化验和基础设备器具;
—(内窥镜)
— 诊断用内窥镜:观察用硬管内窥镜 - 膀胱镜、诊断用纤维内窥镜 - 支气管镜、诊断用纤维内窥镜 - 上消化道镜、诊断用纤维内窥镜 - 结肠镜、诊断用纤维内窥镜 - 大肠镜、观察用硬管内窥镜 - 喉镜、观察用硬管内窥镜 - 鼻镜、观察用硬管内窥镜 - 子宫镜、观察用硬管内窥镜 - 直肠镜、观察用硬管内窥镜 - 羊水镜、内窥镜冷光源、胰腺电子内窥镜、其他诊断用内窥镜;
— 手术用窥镜:有创内窥镜 - 腹腔镜、有创内窥镜 - 关节镜、有创内窥镜 - 肾镜、有创内窥镜 - 胰腺镜、有创内窥镜 - 椎间盘镜、有创内窥镜 - 脑窦镜、有创内窥镜 - 胆道镜、心内窥镜、血管内窥镜、腔内手术用内窥镜 - 经尿道电切镜、高频电切手术用窥镜、其他手术用窥镜;
— 其他内窥镜;
— 眼科专用仪器及器具:弱视镜、眼膜曲率器、视网膜镜、斜视镜、角膜散光计、角膜镜、验光镜箱、眼压计、开睑器、检眼镜、其他眼科专用仪器及器具。

◆ 不包括:
— 医用光学仪器的制造,列入 4041(光学仪器制造)。

3582　　口腔科用设备及器具制造

指用于口腔治疗、修补设备及器械的制造。

◇ 包括对下列口腔科用设备及器具的制造活动:
— 牙钻机:电动牙钻机、涡轮牙钻机、其他牙钻机;
— 口腔综合治疗设备:牙科综合治疗机、牙科综合治疗台、其他口腔综合治疗设备;
— 牙钻机配件:牙钻机专用牙钻、牙钻机专用金刚砂片、牙钻机专用刷子、其他牙钻机配件;
— 牙科手机:牙科直手机、连扣直手机、牙科弯手机、连扣弯手机、低速牙科手机、涡轮手机、电动手机、其他牙科手机;
— 洁牙、补牙设备:牙根管长度测定仪,牙打磨机,牙抛光机,牙冠机,光固化机(器),医用洁牙机,牙髓活力测试仪,根管治疗仪,包埋材料搅拌机,其他洁牙、补牙设备;

— 口腔综合治疗设备配件：三用喷枪、强力吸引器、吸唾器、电动抽吸系统、牙模测试仪、银汞调和器、其他口腔综合治疗设备配件；
— 口腔科手术器械：口腔科用刀，口腔科用凿，口腔科用剪，口腔科用牙钳，口腔科用牙挺，口腔科专用镊、夹，切除颌骨用器械；
— 口腔治疗用器械：治疗牙神经用器械、清洁牙龈及牙槽专用器械、口腔镜、口腔治疗用枪头、口腔治疗通用器械、其他口腔治疗用器械。

◆ 不包括：
— 假牙的制造，列入 3586（假肢、人工器官及植（介）入器械制造）；
— 牙科用粘合剂、固化材料、生物材料，牙科用充填材料等，列入 2770（卫生材料及医药用品制造）。

3583　　医疗实验室及医用消毒设备和器具制造

指医疗实验室或医疗用消毒、灭菌设备及器具的制造。

◇ 包括对下列医疗实验室及医用消毒设备和器具的制造活动：
— 热力消毒设备及器具：压力蒸汽灭菌设备、干热消毒灭菌设备、煮沸消毒设备、其他热力消毒设备及器具；
— 气体消毒灭菌设备：环氧乙烷灭菌器、轻便型自动气体灭菌器、其他气体消毒灭菌设备；
— 特种消毒灭菌设备：辐射消毒灭菌设备、超声波消毒设备、微波消毒设备、真空蒸气灭菌器、高压电离灭菌设备、医用内窥镜清洗机、其他特种消毒灭菌设备；
— 医用消毒灭菌器具：灭菌指示条、其他医用消毒灭菌器具。

3584　　医疗、外科及兽医用器械制造

指各种手术室、急救室、诊疗室等医疗专用及兽医用手术器械、医疗诊断用品和医疗用具的制造。

◇ 包括对下列医疗、外科及兽医用器械的制造活动：
—（诊断专用器械）
— 体温计：无电能体温计、电能体温计）、听诊器（无电能）、叩诊锤（无电能）、血压测量仪器及器具（血压计（无电能）、电子血压计、表面张力计、示波计；
— 测颅器、骨盆测量器；
— 呼吸功能测定装置：综合肺功能测定器、呼吸功能测试仪、肺通气功能测试仪、肺内气体分布功能测试仪、肺量计（电能）、肺活量计、其他呼吸功能测定装置；
— 诊察治疗设备：舌象仪、脉象仪、脑脊液贮存器、耳鼻喉科检查治疗台、其他诊察治疗设备；
— 检镜及反光器具：额带反光镜、电额灯、反光喉镜、反光灯、检眼灯、其他反光器具；
— 其他诊断专用器械；
—（注射穿刺器械）
— 注射器：玻璃注射器、一次性注射器、其他注射器；
— 管状金属针头：静脉采血针、一次性注射针、一次性静脉输液针、一次性使用光纤针、留置针；
— 医用缝合针，套针，套管、插管、导管、吸管及类似品，其他注射穿刺器械；
—（兽医专用仪器及机械）
— 阉割、牲畜生产用仪器及器械：去势器、阉割夹钳、阉割虎钳及镊子、卵巢切除器械、产科专用钳子及钩子、牲畜生产机械助产器、其他牲畜生产用仪器及器械；

— 牲畜乳房疾病治疗仪器：乳头扩张器、乳头穿刺探针、母牛产褥热治疗器械、母牛生乳热治疗器械、其他牲畜乳房疾病治疗仪器；
— 其他兽医专用器械：人工授精器、剪尾器、截角器、器官疾病治疗喷雾器、专用控制器械、药物特殊注射器、远距离注射器、投药器械、检查鸡雏雌雄用内窥器、其他未列明兽医专用器械；
—（外科手术器械）
— 显微外科手术器械：显微外科用刀、凿，显微外科用剪，显微外科用钳，显微外科用镊、夹，显微外科用针、钩，显微合拢器，其他显微外科手术器械；
— 基础外科手术器械：通用外科用刀，通用外科用剪，通用外科用钳，通用外科用镊、夹，通用外科用针、钩，通用外科用开口器，通用外科用皮肤刮匙，其他基础外科手术器械；
— 神经外科手术器械：神经外科脑内用刀、神经外科脑内用钳、神经外科脑内用镊、神经外科脑内用钩、神经外科脑内用刮匙、后颅凹牵开器、脑膜剥离器、脑活检抽吸器、脑吸引器、脑打针锤、手摇颅骨钻、其他神经外科手术器械；
— 眼科手术器械：眼科手术用刀剪，眼科手术用钳，眼科手术用镊、夹，眼科手术用针、钩，角膜环钻，眼用板铲，玻璃体切割器，其他眼科手术器械；
— 耳鼻喉科手术器械：耳鼻喉科用刀，耳鼻喉科用凿，耳鼻喉科用剪，耳鼻喉科用钳，耳鼻喉科用镊、夹，耳鼻喉科用针，耳鼻喉科用钩，耳用刮匙，耳鼻喉科用镜，乳突牵开器，扁桃体吸引管，乳突吸引管，其他耳鼻喉科手术器械；
— 胸腔心血管外科手术器械：胸腔心血管外科用刀，胸腔心血管外科用剪，胸腔心血管外科用钳、夹，血管阻断钳，胸腔心血管止血钳，胸腔心血管外科用夹器，胸腔心血管外科用针、钩，胸腔心血管外科用吸引器，胸腔心血管外科用扩张器，胸腔心血管外科用剥离器具，胸腔心血管外科用钻、打洞器，其他胸腔心血管外科手术器械；
— 腹部外科手术器械：腹部外科用剪、腹部外科用钳、腹外科用针、腹外科用钩、荷包成型器、腹壁固定牵开器、单（双）胆石匙、其他腹部外科手术器械；
— 泌尿肛肠外科手术器械：泌尿肛肠科用剪、泌尿肛肠科用钳、泌尿肛肠科用针、泌尿肛肠科用钩、尿道扩张器、肛门镜、其他泌尿肛肠外科手术器械；
— 妇产科用手术器械：妇产科用剪、妇产科用钳、妇产科用镊、妇产科用针、妇产科用钩、妇科用牵开器、输卵管通液器（输卵管通气管）、骨盆测量计、子宫刮匙、宫内节育器、其他妇产科用手术器械；
— 矫形外科（骨科）手术器械：矫形外科（骨科）用刀、矫形外科（骨科）用锥、矫形外科（骨科）用钻、矫形外科（骨科）用剪、矫形外科（骨科）用钳、矫形外科（骨科）用锯、矫形外科（骨科）用凿、矫形外科（骨科）用锉、矫形外科（骨科）用钩、矫形外科（骨科）用针、矫形外科（骨科）用刮器、矫形外科（骨科）用有源器械、矫形外科（骨科）固定用器械、其他矫形外科（骨科）手术器械；
— 烧伤（整形）科手术器械：烧伤（整形）用刀、烧伤（整形）用凿、烧伤（整形）用钳、烧伤（整形）用镊、夹、烧伤（整形）科用设备、烧伤（整形）科用器具、其他烧伤（整形）科手术器械手术机器人；
— 手术导航系统；
— 脑立体定向仪；
— 其他外科手术器械；
—（手术室、急救室、诊疗室设备及器具）
— 输血设备：单采血浆机、人体血液处理机、腹水浓缩机、血液成分输血装置、血液成分分离机、血液过滤装置、血液净化管路、人工心肺机血路、自体血回输装置、吸附器、血液解毒（灌流灌注）器、血液净化体外循环血路（管道）、其他输血设备；

— 麻醉设备及附件：立式麻醉机、综合麻醉机、小儿麻醉机、麻醉开口器、麻醉咽喉镜、麻醉面罩、其他麻醉设备及附件；
— 呼吸机：电动呼吸机、气动呼吸机、高频喷射呼吸机、同步呼吸机、其他呼吸机；
— 呼吸设备配件；
— 手术及急救装置：止血带，输液、注射辅助装置，洗胃机，灌肠机（医疗），洗肠机，胃肠冲吸器，胃肠减压器，输卵管通气机，其他手术及急救装置；
— 负压吸引装置：流产吸引器、负压吸引器、其他负压吸引装置；
— 中医治疗器具：中医用针，中医用钩、叉，灸类器械，拔火罐类器械，中医骨伤器具，其他中医治疗器具；
— 其他医疗、外科及兽医用器械。

◆ 不包括：
— 病房护理设备制造，列入 3585（机械治疗及病房护理设备制造）。

3585　　机械治疗及病房护理设备制造

指各种治疗设备、病房护理及康复专用设备的制造。

◇ 包括对下列机械治疗及病房护理设备的制造活动：
—（病人监护设备及器具）
— 无创病人监护仪器：心律失常监护报警器、麻醉气体监护扩护仪、呼吸功能监护仪、睡眠监护评价系统、分娩监护仪、带 T 段分析监护仪、其他无创病人监护仪器；
— 有创式电生理仪器：体外震波碎石机、病人有创监护系统、颅内压监护仪、有创心输出量计、有创多导生理记录仪、心内希氏束电图机、心内外膜标测图仪、有创性电子血压计、其他有创式电生理仪器；
— 生物反馈仪：肌电生物反馈仪、温度生物反馈仪、心率反馈仪、其他生物反馈仪；
— 体外反搏及其辅助循环装置：气囊式体外反搏装置、睡眠呼吸治疗系统、心电电极、心电导联线、其他体外反搏及其辅助循环装置；
— 医用记录仪器：热笔记录仪、热阵记录仪、喷笔记录仪、光记录仪、磁记录仪、X－Y 记录仪、固态记录仪、其他医用记录仪器；
— 其他病人监护设备及器具；
—（机械治疗器具）
— 电动按摩器具：震颤按摩器、超声波安眠器、磁力按摩床、按摩褥垫、其他电动按摩器具；
— 手动式按摩器：手握式按摩圈、足底按摩轮、橡胶滚筒按摩器具、其他手动式按摩器；
— 机械疗法器械：上肢综合训练器、手指功能恢复器具、旋转活动脚部器具、活动躯干器具、练习行走器具、下肢康复运动器、机动式多功能器具、其他机械疗法器械；
— 氧气治疗器：空气加压氧舱、氧气加压氧舱、其他氧气治疗器；
— 臭氧治疗器、喷雾治疗器、人工呼吸器；
— 心理功能测验装置：测验下意识反应能力装置、测验肢体灵巧程度装置、旋转椅、智商测试装置、其他心理功能测验装置；
— 牵引装置、胸背部矫正装置、防治打鼾器械、仿真性辅助器具；
— 其他机械治疗器具；
— 电疗仪器：音频电疗机、差频电疗机、体内低频脉冲治疗仪、电化学癌症治疗机、离子导入治疗仪、高压低频脉冲治疗机、高压电位治疗仪、场效应治疗仪（热垫式治疗仪）、电击治疗设备、其他电疗仪器；
— 光谱辐射治疗仪器：常规光源医疗机、光量子血液治疗机、光谱治疗仪、强光辐射治疗仪、其他光谱辐射治疗仪器；

— 透热疗法设备；
— 磁疗设备：磁疗机、磁感应电疗机、低频电磁综合治疗机、特定电磁波治疗机；
— 离子电渗治疗设备；
— 眼科康复治疗仪器：视力训练仪、弱视治疗仪、其他眼科康复治疗仪器；
— 水疗仪器；
— 低温治疗仪器：液氮冷疗机、宫腔冷冻治疗仪、冷冻低温治疗机、低温变速降温仪、压缩式冷冻治疗仪、体内肿瘤低温治疗仪、肝脏冷冻治疗仪、直肠癌低温治疗仪、其他低温治疗仪器；
— 医用刺激器：带刺激器心脏工作站、声刺激器、光刺激器、电刺激器、磁刺激器、其他医用刺激器；
—（体外循环设备）
— 肾脏透析设备（人工肾）：血液透析机、血液透析管、血液透析装置、血液透析滤过装置、透析血路、中空纤维透析器、多层平板型透析器、其他肾脏透析设备（人工肾）；
— 人工心肺设备及辅助装置：人工心肺机、气泡去除器、微栓过滤器、其他人工心肺设备及辅助装置；
— 氧合器：鼓泡式氧合器、膜式氧合器、其他氧合器；
— 其他体外循环设备；
— 婴儿保育设备：早产儿培养箱、辐射式新生儿抢救台、新生儿运输培养箱、其他婴儿保育设备；
— 医院制气供气设备及装置：医用制氧机、氧浓度监察仪、氧气减压装置、手提氧气发生器、制氧袋、吸排氧三通阀箱、吸氧调节器、排氧装置、其他医院制气供气设备及装置；
— 呼吸器具：自备式呼吸器具、带呼吸装置辐射防护服、其他呼吸器具；
— 防毒面具；
— 其他未列明的机械医疗及病房护理设备。

3586 假肢、人工器官及植（介）入器械制造

指外科、牙科等医疗专用及兽医用假肢、人工器官、植入器械的制造，还包括矫形器具的制造。

◇ 包括对下列假肢、人工器官及植（介）入器械的制造活动：
—（矫形器具）
— 植入式人工器具：人造关节、人工椎体、人造乳房、人工颅骨、人工颌骨、人工肛门封闭器、其他植入式人工器具；
— 矫形或骨折用器具：颌骨治疗器具，肱骨夹，矫治脊柱器具，疝带及疝气治疗器具，脚部矫形器具，矫形鞋、特种鞋垫，牙箍、圈环，其他矫形或骨折用器具；
— 其他矫形器具；
— 穿戴或植入式人造人体器官：假牙、假牙固定件、义眼、人造假肢、其他穿戴或植入式人造人体器官；
— 助听器：外戴式助听器、植入式助听器；
— 心脏起搏器：植入式心脏起搏器、体外心脏起搏器、心脏除颤器、心脏调搏器、主动脉内囊反搏器、心脏除颤起搏器、其他心脏起搏器；
— 植入人体支夹（器）：血管吻合夹（器）、血管内支架、食管支架、动脉瘤支架、其他植入人体支夹（器）；
— 有创医用传感器（植入体内）；
— 其他假肢、人工器官及植（介）入器械。

◆ 不包括：
— 矫形用手术器械，列入3584（医疗、外科及兽医用器械制造）。

3589　其他医疗设备及器械制造

指外科、牙科等医疗专用及兽医用家具器械的制造，以及其他未列明的医疗设备及器械的制造。

◇ 包括对下列其他医疗设备及器械的制造活动：
— 医用低温设备：冷冻干燥血浆机，真空冷冻干燥箱，尸体冷冻、冷藏箱，低温生物降温仪，其他医用低温设备；
—（手术台床）
— 电动、液压手术台床：电动综合手术台，综合产床，骨科手术床，烫伤翻转床，特种矫形手术台，其他电动、液压手术台床；
— 手动手术床；
— 牙科椅：液压牙科椅、电动牙科椅、机械牙科椅、其他牙科椅；
— 病床及相关医用家具：病床（带机械装置病床、电动间隙牵引床、普通病床、防褥疮床垫、其他病床）、医用特制坐具、担架、消毒及类似用途家具、装有脚轮架床、其他病用家具；
— 医用家具零件：牙科椅零件、其他医用家具零件。

◆ 不包括：
— 医疗通用家具：床、柜、椅等制造，列入21大类（家具制造业）；
— 通用冷冻、冷藏设备（如血液冷藏箱）的制造，列入3464（制冷、空调设备制造）；
— 残疾人用轮椅车，列入3761（脚踏自行车及残疾人座车制造）；
— 医用卫生材料：外敷料、药物填料、骨折用绷带、肠线和其他手术缝合线，以及用于牙科医治的粘合剂的制造，列入2770（卫生材料及医药用品制造）。

359　环保、社会公共服务及其他专用设备制造

3591　环境保护专用设备制造

指环境污染防治、废旧物品加工，以及工业材料回收专用设备的制造。

◇ 包括对下列环境保护专用设备的制造活动：
—（大气污染防治设备）
— 除尘设备：静电除尘器、袋式除尘器、旋风式除尘器、湿式除尘器、颗粒层除尘器、组合式电除尘器、其他除尘设备；
— 空气净化装置：氧化还原净化装置、生物法净化装置、冷凝净化装置、辐照净化装置、其他空气净化装置；
— 除尘器配件：袋式除尘器配件、电除尘器配件、吸附装置、吸收装置、其他除尘器配件；
—（水质污染防治设备）
— 沉淀、过滤装置：平流沉砂装置，辐流沉砂装置，旋流沉砂装置，曝气沉砂装置，管式沉砂装置，搅拌沉砂装置，平流沉淀装置，辐流沉淀装置，其他沉淀、过滤装置；
— 池类设备：澄清池、上浮池、隔油池、粗滤池、调节池、搅拌池；
— 生物处理设备：生物滤池、生物滤塔、生物流化床、生物活性炭床、生物转盘、其他生物处理设备；
— 化学法处理设备：氧化还原装置、湿式催化氧化装置、兼氧活性污泥反应器、其他化学法处理设备；
— 厌氧类设备：水解酸化厌氧反应器、厌氧污泥床、厌氧流化床、厌氧膨胀床、折流板厌氧反应器、厌氧生物膜反应器、其他厌氧类设备；

— 物理法处理设备：萃取装置、混凝装置、絮凝装置、气浮分离装置、膜分离装置、离子交换装置、中和装置、螺旋桨式搅拌机、框式双桨搅拌机、带罐框架式搅拌机、其他物理法处理设备；
— 污泥处理设备及装置：污泥浓缩装置、污泥脱水装置、污泥干燥装置、污泥消化装置、污泥焚烧装置、其他污泥处理设备及装置；
— 组合式污水处理装置、一体化污水处理装置、水质污染防治用格栅；
— 其他水质污染防治设备；
—（部分固体废弃物处理设备）
— 废弃物专用处理机械：废弃物压缩装置、废弃物剪切式破碎机、废弃物湿式破碎机、废弃物筛分机、气流分选机、永磁滚筒、辊筒式静电分选机、光电分选机、其他废弃物专用处理机械；
— 无害化处理设备：堆肥翻堆机、堆肥发酵装置、水泥固化装置、塑料固化装置、熔融固化装置、其他无害化处理设备；
— 资源再利用设备：填埋气体回收利用设备、废物转化回收装置、废液处理用分离器、酸、碱回收设备、汞回收设备、废物回收装置、其他资源再利用设备；
—（部分放射性污染防治和处理设备）
— 放射性污染防治设备：放射性废物压实机、放射燃料用分离器、其他放射性污染防治设备；
— 电磁波污染防治设备；
— 其他放射性污染防治和处理设备；
— 船用环保设备（部分）：生化法污水处理装置、船用油污水分离装置。

3592　地质勘查专用设备制造

指地质勘查（勘探）专用设备的制造；不包括通用钻采、挖掘机械的制造。

◇ 包括对下列地质勘查专用设备的制造活动：
— 地质钻探机：工程勘察钻机、地质岩心钻机、物探钻机、坑探钻机、取样钻机、水文水井钻机、其他地质钻探机；
— 实验室选矿制样设备：微机激电仪、高密度电测仪、质子核旋磁力仪、其他实验室选矿制样设备；
— 专用勘探设备：重力法勘探设备、电法勘探设备、磁法勘探设备；
— 其他地质勘查专用设备。

◆ 不包括：
— 坑探设备中的通用挖掘设备，列入 3511（矿山机械制造）；
— 地质用仪器、仪表制造，列入 4025（地质勘探和地震专用仪器制造）。

3593　邮政专用机械及器材制造

◇ 包括对下列邮政专用机械及器材的制造活动：
—（邮资机）
— 大型邮资机：大型喷印式邮资机、大型机械戳印式邮资机、动态称重邮资机；
— 中型邮资机：中型机械戳印机邮资机、中型喷印式邮资机；
— 小型邮资机：小型热转印式邮资机、小型喷印式邮资机、小型机械戳印式邮资机；
— 邮资盖戳机；
— 邮政分拣机：信函分拣及封装设备、包裹分拣设备、印刷品分拣机；

— 信件处理机械:信件折迭机、信件开封机、粘贴或盖销邮票机、推挂机、信盒输送系统、其他信件处理机械;
— 邮政计费、缴费设备:邮局自助缴费机,电话计费器,其他邮政计费、缴费设备;
— 邮政专用器材(部分):交接箱,金属制信报箱、邮箱。

◆ 不包括:
— 邮政捆扎打包机制造,列入 3468(包装专用设备制造);
— 叉车、拖车等通用设备制造,列入 3433(生产专用车辆制造);
— 邮政用计数机、计费机等,列入 3475(计算器及货币专用设备制造)。

3594　　商业、饮食、服务专用设备制造

◇ 包括对下列商业、饮食、服务专用设备的制造活动:
—(自动售货机、售票机)
— 饮料自动销售机:加热饮料自动销售机、冷饮料自动销售机、其他饮料自动销售机;
— 自动售货机;
— 自动售票机:火车票自动售票机、邮票自动售票机、其他自动售票机;
— 钱币自动兑换机;
— 其他自动售货机、售票机;
— 餐饮服务用机械:加热或烹煮设备、抽油烟机、洗碗机;
— 理发用椅;
— 自动擦鞋器;
— 其他商业、饮食、服务专用设备(部分):自动售货机零件、钱币兑换机零件、洗碗机零件。

◆ 不包括:
— 饮食业用食品加工机械,列入 3531(食品、酒、饮料及茶生产专用设备制造);
— 饮食业厨房用金属饮事器具制造,列入 3381(金属制厨房用器具制造);
— 服务业用洗衣、熨烫等设备制造,列入 3554(洗涤机械制造);
— 售货收银机制造,列入 3475(计算器及货币专用设备制造)。

3595　　社会公共安全设备及器材制造

指公安、消防、安全等社会公共安全设备及器材的制造和加工。

◇ 包括对下列社会公共安全设备及器材的制造活动:
— 消防自动系统:自动化消防设备、自动灭火系统、湿式自动喷水系统、其他消防自动系统;
— 灭火器:泡沫灭火器、背负式灭火器、背式水枪、其他灭火器;
— 灭火器零件;
— 取证鉴定专用器材:刑侦现场勘查器材、刑侦检验鉴定分析器材、其他取证鉴定专用器材;
— 安全检查仪器:行李包裹安检仪、射线探测器、安全检查人行通道、虹膜输入装置、指纹输入装置、其他安全检查仪器。

◆ 不包括:
— 消防梯、消防箱等,列入 3353(安全、消防用金属制品制造);
— 消防泵的制造,列入 3441(泵及真空设备制造);
— 防火门、防盗门的制造,列入 3312(金属门窗制造);
— 风力灭火器,列入 3573(营林及木竹采伐机械制造);

— 灭火剂制造，列入 2662（专项化学用品制造）；
— 警棍及类似警用器械的制造，列入 3399（其他未列明金属制品制造））；
— 警灯、喇叭、火灾探测器、防盗器或报警器的制造，列入 3891（电气信号设备装置制造）。

3596　交通安全、管制及类似专用设备制造

指除铁路运输以外的道路运输、水上运输及航空运输等有关的管理、安全、控制专用设备的制造；不包括电气照明设备、信号设备的制造。

◇ 包括对下列交通安全、管制及类似专用设备的制造活动：
— 道路交通安全管制设备（部分）：交通控制设备、区域交通中心控制机、道路交通安全检测设备（非仪器仪表）等；
— 交通事故现场勘查救援设备（部分）：液压开门器、牵拉器、切割机、其他交通事故现场勘查救援设备；
— 飞机场用电气交通管理设备（部分）：飞机场用盲降控制设备、飞机场用交通控制设备。

◆ 不包括：
— 铁路、有轨电车道专用通信及信号设备制造，列入 3891（电气信号设备装置制造）；
— 交通、安全电力视听信号装置（如信号灯）制造，列入 3891（电气信号设备装置制造）；
— 交通管理金属标志制造，列入 3392（交通及公共管理用金属标牌制造）。

3597　水资源专用机械制造

指水利工程管理、节水工程及水的生产、供应专用设备的制造。

◇ 包括对下列水资源专用机械的制造活动：
— 地平线开凿机系统；
— 清淤机械：沟渠清淤机械、水库清淤机械、港口清淤机械、水电站尾水清淤机械、管道清淤机械、其他清淤机械；
— 水利专用机械：排水机械、闸门启闭机（器）、升船机、拦污装置、破冰机械、其他水利专用机械；
— 自来水生产专用设备：自动加压给水设备、无塔供水装置、其他自来水生产专用设备；
— 打井专用机械、探水机械。

◆ 不包括：
— 水利工程建筑用设备制造，列入 3513（建筑工程用机械制造）；
— 灌溉机械的制造，列入 3572（机械化农业及园艺机具制造）；
— 水文、雨量测量用仪器的制造，列入 4023（导航、气象及海洋专用仪器制造）。

3599　其他专用设备制造

指上述类别中未列明的其他专用设备的制造，包括同位素设备的制造。

◇ 包括对下列其他专用设备的制造活动：
— 金属表面处理机械：全自动氧化生产线、全自动磷化生产线、其他金属表面处理机械；
— 工业机器人：多功能工业机器人、焊接专用机器人、工业机器人零部件、其他工业机器人；
— 具有独立功能专用机械：空气增湿器及减湿器、蒸发式空气冷却器、涂敷研磨料机械、发动机启动器、泵式自动加润滑脂机、电焊条涂层机、清洗胶印墨辊机械、重涂胶印墨辊机械、金属芯拔除机、螺栓安装及拆除机、具有独立功能专用机械零部件、其他具有独立功能专用机械；
— 其他专用设备。

36 汽车制造业

361 3610 汽车整车制造

指由动力装置驱动，具有四个以上车轮的非轨道、无架线的车辆，并主要用于载送人员和（或）货物，牵引输送人员和（或）货物的车辆制造，还包括汽车发动机的制造。

◇ 包括对下列汽车整车的制造活动：

— 汽车用发动机：汽车用汽油发动机、汽车用柴油发动机、其他汽车用发动机；
— 汽车用汽油发动机零件、汽车用柴油发动机零件；
— 乘用车：基本型乘用车（轿车）、多功能乘用车（MPV）、运动型多用途乘用车（SUV）、交叉型乘用车；
—（客车）
— 大型客车：汽油型大型客车、柴油型大型客车、其他大型客车；
— 中型客车：汽油型中型客车、柴油型中型客车、其他中型客车；
— 轻型客车：汽油型轻型客车、柴油型轻型客车、其他轻型客车；
—（载货汽车）
— 重型载货车：汽油重型载货车、柴油重型载货车、其他重型载货车；
— 中型载货车：汽油中型载货车、柴油中型载货车、其他中型载货车；
— 轻型载货车：汽油轻型载货车、柴油轻型载货车、其他轻型载货车；
— 微型载货车：汽油微型载货车、柴油微型载货车、其他微型载货车；
— 半挂牵引车；
—（汽车底盘）
— 公路机动车底盘：乘用车底盘、客运机动车底盘、货车底盘；
— 汽车起重车底盘、非公路用自卸车底盘、其他汽车底盘。

362 3620 改装汽车制造

指利用外购汽车底盘改装各类汽车的制造。

◇ 包括对下列改装汽车的制造活动：

— 石油专用工程车辆设备：石油测井车、石油压裂车、石油混砂车、其他石油专用工程车辆设备；
— 智能交通事故现场勘查车；
—（改装汽车）
— 改装载货汽车：汽油机改装货车、柴油机改装货车、其他改装载货汽车；
— 改装运动型多用途乘用车：汽油运动型多用途乘用车、柴油运动型多用途乘用车、其他运动型多用途乘用车；
— 改装自卸汽车：汽油机改装自卸汽车、柴油机改装自卸汽车、其他改装自卸汽车；
— 改装牵引汽车；
— 改装客车：汽油型公路客车、柴油型公路客车、其他改装客车；
— 改装厢式汽车：汽油机改装厢式汽车、柴油机改装厢式汽车、其他改装厢式汽车；
— 改装罐式汽车：汽油机改装罐式汽车、柴油机改装罐式汽车、其他改装罐式汽车；
— 改装仓栅式汽车：汽油机改装仓栅式汽车、柴油机改装仓栅式汽车、其他改装仓栅式汽车；
— 改装特种结构汽车：机动钻探车（移动式钻机）、救火车、机动拖修车、装有云梯或升降平台车辆、机动电源车、无线电通信车、机动环境监测车、机动放射线检查车、机动医疗车、飞机加油车、调温车、除冰车、雪地车、清洁车辆、喷洒车。

363 3630 低速载货汽车制造

指最高时速限制在规定范围内的农用三轮或四轮等载货汽车的制造。

◇ 包括对下列低速载货汽车的制造活动:

— 三轮载货汽车;

— 四轮载货汽车;

— 其他低速载货汽车。

364 3640 电车制造

指以电作为动力,以屏板或可控硅方式控制的城市内交通工具和专用交通工具的制造。

◇ 包括对下列电车的制造活动:

— 有轨电车;

— 大型无轨电车、中型无轨电车、轻型无轨电车。

365 3650 汽车车身、挂车制造

指其设计和技术特性需由汽车牵引,才能正常行驶的一种无动力的道路车辆的制造。

◇ 包括对下列汽车车身、挂车的制造活动:

— 汽车车身:多功能乘用车车身、大型客车车身、中型客车车身、轻型客车车身、货运机动车辆车身、其他汽车车身;

—(挂车、半挂车)

— 野营宿营车挂车及半挂车;

— 货运挂车及半挂车:罐式挂车及半挂车、货柜挂车及半挂车、市政工程用挂车、冷藏或保温挂车、搬家具用挂车、运小汽车用单层或双层挂车、运输木材用挂车、低车架挂车、其他货运挂车及半挂车;

— 特型挂车及半挂车:公路铁路两用挂车、两轮或四轮独立式转向车、特制挂车、其他特型挂车及半挂车;

— 载客用机动车挂车及相关挂车:载客用机动车挂车,游艺场用大篷车,展览用挂车、图书馆挂车,其他载客用机动车挂车及相关挂车;

— 其他挂车、半挂车;

— 挂车及半挂车零件。

◆ 不包括:

— 农用自装或自卸式挂车及半挂车的制造,列入3571(拖拉机制造)。

366 3660 汽车零部件及配件制造

指机动车辆及其车身的各种零配件的制造。

◇ 包括对下列汽车零部件及配件的制造活动:

—(机动车(汽车)零配件)

— 机动车制动系统:机动车制动摩擦片、防抱死制动系统(ABS)、机动车制动器、其他机动车制动器零件;

— 机动车缓冲器及其零件:机动车缓冲器、机动车保险杠、其他机动车缓冲器零件;

— 变速器总成:牵引车用变速器总成、拖拉机用变速器总成、大型机动客车用变速器总成、非公路用自卸车用变速器总成、轻型柴油货车用变速器总成、汽油货车用变速器总成、重型柴油货车用变速器总成、基本型乘用车用自动换挡变速箱、其他变速器总成;

— 驱动桥总成:牵引车用驱动桥总成、拖拉机用驱动桥总成、大型机动客车用驱动桥总成、非公路用自卸车用驱动桥总成、轻型柴油货车用驱动桥总成、汽油货车用驱动桥总成、重型柴油货车用驱动桥总成、其他驱动桥总成;

— 非驱动桥总成：牵引车用非驱动桥总成、拖拉机用非驱动桥总成、大型机动客车用非驱动桥总成、非公路用自卸车用非驱动桥总成、轻型柴油货车用非驱动桥总成、汽油货车用非驱动桥总成、重型柴油货车用非驱动桥总成、其他非驱动桥总成；
— 机动车车轮总成：牵引车车轮总成、大型机动客车车轮总成、非公路用自卸车车轮总成、轻型柴油货车车轮总成、汽油货车车轮总成、重型柴油货车车轮总成、拖拉机用车轮总成、其他机动车辆车轮总成；
— 机动车悬挂减震器：乘用车悬挂减震器、其他机动车悬挂减震器；
— 机动车辆散热器、消声器及其零件：机动车辆散热器（水箱），机动车辆消声器，机动车辆排气管，其他机动车辆散热器、消声器零件；
— 离合器总成：牵引车用离合器总成、拖拉机用离合器总成、大型机动客车用离合器总成、非公路用自卸车用离合器总成、轻型柴油货车用离合器总成、汽油货车用离合器总成、重型柴油货车用离合器总成、其他离合器总成；
— 机动车用控制装置总成：牵引车用控制装置总成、拖拉机用控制装置总成、大型机动客车用控制装置总成、非公路用自卸车用控制装置总成、轻型柴油货车用控制装置总成、汽油货车用控制装置总成、重型柴油货车用控制装置总成、其他机动车用控制装置总成；
— 其他机动车（汽车）零配件；
— 汽车底盘车架、车身及其零配件：汽车底盘车架及其零件，座椅安全带，安全气囊装置，车窗玻璃升降器，车身底板、侧板及类似板，机动车门及其零件，机动车车窗、窗框，其他车身零配件。

◆ 不包括：
— 机动车辆照明器具的制造，列入3872（照明灯具制造）；
— 汽车用仪器、仪表的制造，列入4022（运输设备及生产用计数仪表制造）；
— 挂车、半挂车零件，列入3650（汽车车身、挂车制造）。

37　铁路、船舶、航空航天和其他运输设备制造业

371　铁路运输设备制造

3711　铁路机车车辆及动车组制造

指以外来电源或以蓄电池驱动的，或以压燃式发动机及其他方式驱动的，能够牵引铁路车辆的动力机车、铁路动车组的制造，以及用于运送旅客和用以装运货物的客车、货车及其他铁路专用车辆的制造。

◇ 包括对下列铁路机车车辆及动车组的制造活动：
—（铁路机车）
— 铁路电力机车：微机控制直流电力机车、交流电力机车、其他铁路电力机车；
— 铁路内燃机车：微机控制柴油电力铁道机车、液力传动柴油机车、机械传动柴油机车、其他铁路内燃机车；
— 铁路蒸汽机车、蓄电池电力机车；
— 其他铁路机车；
—（动车组）
— 电力动车组：集中动力动车组、分散动力动车组；
— 内燃动车组：集中式动力动车组、分散式动力动车组；
— 其他动车组；

— (铁路客车)
— 厢式客车:单层硬座客车、双层硬座客车、单层软座客车、双层软座客车、其他厢式客车;
— 卧铺客车:单层硬卧客车、双层硬卧客车、单层软卧客车、双层软卧客车、其他卧铺客车;
— 餐车、娱乐车;
— 其他铁路客车;
— 铁路货车:敞车、封闭货车、铁路油罐货车、铁路保温或冷藏货车、铁路自动卸货车、铁路带篷货车、铁路液罐车、铁路运输用特种平车、铁路双层货车、铁路载运活物特制货车、其他铁路货车;
— 铁路特殊用途车辆:铁路起居车,行李车,轨道流动邮政车,轨道救护车、医务车,装甲客车,铁路用通讯特种车,轨路文教车,其他铁路特殊用途车辆。

◆ 不包括:

— 企业或矿山用有轨专用车辆制造,列入3712(窄轨机车车辆制造)。

3712　　窄轨机车车辆制造

指可用于交通运输的窄轨内燃机车、电力机车和窄轨非机动车的制造。

◇ 包括对下列窄轨机车车辆的制造活动:

— 冶金专用有轨车辆:铁水车、混铁水车、钢水车、铸锭车、钢锭保温车、烧结矿运输车、铝氧矿车、渣罐车、料槽车、转炉修炉车、其他冶金专用有轨车辆;
— 窄轨非机动车辆:窄轨客车、窄轨货车、其他窄轨非机动车辆;
— 窄轨牵引机车:窄轨电力机车、窄轨内燃机车、窄轨蒸汽机车、其他窄轨牵引机车;
— 其他窄轨机车车辆。

3713　　铁路机车车辆配件制造

指铁道或有轨机车及其拖拽车辆的专用零配件的制造。

◇ 包括对下列铁路机车车辆配件的制造活动:

— (铁路机车转向架、轴、轮)
— 铁路机车转向架:铁路机车驾驶转向架、其他铁路机车转向架;
— 铁路机车轴:铁路机车直轴、铁路机车曲轴、其他铁路机车轴;
— 铁路机车车轮及其零件;
— 铁道车辆用制动装置及其零件:压缩空气制动器、真空助力制动器、铁路车辆用手刹车、铁路车辆用车辆减速器、铁路车辆用自动停车装置、铁路车辆用制动装置零件;
— 铁路机车用挂接装置及类似器材:铁路机车用挂接装置、铁路机车用缓冲器及其零件、铁路机车用联结器;
— 铁路车辆车身及其零件:大梁、横梁、轴箱导轨,铁路货车及机车车架,铁路客车、敞车车身,车身零件,其他铁路车辆车身及其零件;
— 转向架用液压减震器;
— 其他铁路机车车辆配件及零件。

3714　　铁路专用设备及器材、配件制造

指铁路安全或交通控制设备的制造,以及其他铁路专用设备及器材、配件的制造。

◇ 包括对下列铁路专用设备及器材、配件的制造活动:

— 铁路及电车道检查、维修车:隧道限界检查车,钢轨在线打磨列车,轨道检验车,轨道查道车,保养路轨用机动查道车,轨道试验车,钢轨探伤车,电气化接触网架线机(轨行式),轨道抢修车,捣固车,安装及维修电缆用台架车,绝缘子清洗车、清筛车,其他铁路及电车道检查、维修车;

— 铁路作业及服务车:铁路用工具货车,轨道公务车、轨道卫生车、轨道救援车,轨道发电车,铁道起重车辆,轨道吊车、综合作业车,架线车、放线车,双向配碴整形车,收轨车、轮对换装车,其他铁路作业及服务车;
— 铺轨、调轨机械:铺轨机,长钢轨拉伸机,起拨道机(器),轨缝调整器,方枕器,直轨器,磨轨机,钢轨调直机,其他铺轨、调轨机械;
— 轨道固定装置及附件:已装配轨道,转车台(转车盘),月台缓冲器,量载规,减速顶、终端停车器,脱轨器,导轮器,锁固器,调整器,道钉及扣件,弹条扣件,道岔,其他轨道固定装置及附件;
— 平交道、道岔口控制器固定装置及附件:平交道口控制器、道岔控制器、道岔锁闭器、道岔表示器、道岔辅助组合、道岔安装装置、万能杆件、其他道岔固定装置及附件;
— 铁路用电动气动操纵设备:轨道自动计轴设备、铁路专用调度设备、铁路站场通信设备、铁路站场安全或交通控制设备、铁路站内区间移频柜、站内区间发送盒、铁路轨道防雷网络箱、站内区间防雷柜(组合)、其他铁路用电动气动操纵设备;
— 铁路交通管理装置(部分):控制或连杆装置、轨道边沿装置、火车止车器、轨道控制设备、交通管理装置;
— 其他铁路专用设备及器材、配件。

◆ 不包括:
— 铁道机车或货车的转车台、货车倾卸装置及类似的铁道货车搬运装置的制造,列入3432(起重机制造)、3439(其他物料搬运设备制造)相关类别中;
— 转车盘、道钉、站台缓冲装置等铁路专用金属制品的制造,列入3399(其他未列明金属制品制造)。

3719 其他铁路运输设备制造

◇ 包括对下列其他铁路运输设备的制造活动:
— 上述未列明的铁路运输设备。

372 3720 城市轨道交通设备制造

◇ 包括对下列城市轨道交通设备的制造活动:
— 地铁车辆;
— 轻轨车辆;
— 单轨车辆;
— 其他城市轨道车辆。

373 船舶及相关装置制造

3731 金属船舶制造

指以钢质、铝质等各种金属为主要材料,为民用或军事部门建造的远洋、近海或内陆河湖的金属船舶的制造。

◇ 包括对下列金属船舶的制造活动:
— 民用钢质船舶:钢质货运船舶、钢质非货运船舶;
— 钢质机动货船:原油船,成品油船、化学品船,液化石油气(升PG)船,液化天然气(升NG)船,散货船,杂货船(机动多用途船),兼用船,全集装箱船,冷藏船,滚装船,小汽车运输船,其他钢质机动货船;

— 钢质机动非货船：海峡渡船、客船、渔船（捕捞渔船（渔轮）、渔业辅助船）、工程（工作）船（巡逻船、拖轮、顶推船、挖泥船、起重船、航标船（灯船）、消防船、海底钻探船、打捞船、破冰船、铺管船、引航船、交通艇、救生艇、其他工程（工作）船）、其他钢质机动非货船；
— 钢质非机动船：钢质驳船、浮船坞；
— 铝合金船舶；
— 其他金属制船舶。

◆ 不包括：
— 水陆两用机动车辆，列入3620（改装汽车制造）；
— 水泥船、木船、橡皮船、玻璃钢船等非金属船舶的制造，列入3732（非金属船舶制造）；
— 船舶修理，列入4342（船舶修理）；
— 娱乐船和运动船的建造和修理，列入3733（娱乐船和运动船制造）、4342（船舶修理）相关类别中；
— 轮船上使用的带有电阻器的粒子加速器、信号发电机、探雷器、电动地雷搜索器以及其他电动机械和装置的制造，列入3899（其他未列明电气机械及器材制造）。

3732 非金属船舶制造

指以各种木材、水泥、玻璃钢等非金属材料，为民用或军事部门建造船舶的活动。

◇ 包括对下列非金属船舶的制造活动：
— 非金属捕鱼船：玻璃钢渔船、木渔船、其他非金属捕鱼船；
— 水泥船；
— 游览用船舶；
— 船体类似娱乐船，但专为商业服务或与商业有关服务而装备的船舶；
— 玻璃钢客货运输船、木船、橡皮船、气垫船；
— 其他非金属船舶。

◆ 不包括：
— 娱乐船、运动船的建造和修理，分别列入3733（娱乐船和运动船制造）、4342（船舶修理）。

3733 娱乐船和运动船制造

指游艇和用于娱乐或运动的其他船只的制造。

◇ 包括对下列娱乐船和运动船的制造活动：
— 运动用船：运动用快艇、运动用帆船、赛艇、划艇、短桨划船、小艇、轻舟、其他运动用船；
— 娱乐用船舶：娱乐用充气快艇、娱乐用帆船、汽艇、游艇、脚踏船、轻舟（娱乐舟）、皮船、其他娱乐用船舶。

◆ 不包括：
— 船体类似娱乐船，但专为商业服务或与商业有关服务而装备的船舶的建造，列入3732（非金属船舶制造）。

3734 船用配套设备制造

指船用主机、辅机设备的制造。

◇ 包括对下列船用配套设备的制造活动：
— 船用推进器：喷水推进器、Z型推进器、侧向推进器、其他船用推进器；
— 船用螺旋桨桨叶；

— 船用甲板机械:舵机、锚泊设备、船舶专用起重设备、船用拖曳机械、快速止索器等、辅助甲板机械、舵机及陀螺稳定器、其他船用甲板机械;
— 船舶专用设备:船舶用陀螺稳定器、船舶驾驶及操舵设备、船用海水淡化装置、船舶安全装置、其他船舶专用设备;
— 船用配套设备零件:船舶用舵机稳定器用零件、船舶用舵机及陀螺稳定器用零件、其他船用配套设备零件。

◆ 不包括:
— 船用发动机制造,分别列入3412(内燃机及配件制造)、3413(汽轮机及辅机制造);
— 船用装卸机械制造,列入3432(起重机制造)、3434(连续搬运设备制造)、3439(其他物料搬运设备制造)相关类别中;
— 阀门的制造,列入3443(阀门和旋塞制造);
— 齿轮的制造,列入3452(齿轮及齿轮减、变速箱制造);
— 船用导航及其他仪器的制造,列入4023(导航、气象及海洋专用仪器制造);
— 船钟的制造,列入4030(钟表与计时仪器制造);
— 船用链条、船用螺旋桨叶片、铁锚、蛇管、钩环、扣环、铁钩等金属零附件制造,列入3399(其他未列明金属制品制造);
— 船帆制造,列入1784(篷、帆布制造)。

3735　船舶改装与拆除

◇ 包括下列船舶改装与拆除活动:
— 船舶改装;
— 船舶拆船。

◆ 不包括:
— 对娱乐船和运动船的建造和修理,列入3733(娱乐船和运动船制造)、4342(船舶修理)相关类别中。

3739　航标器材及其他相关装置制造

指用于航标的各种器材,以及不以航行为主的船只的制造,不含海上浮动装置的制造。

◇ 包括对下列航标器材及其他相关装置的制造活动:
— 航标器材:浮筒,浮标、浮罐,其他航标器材;
— 内陆水域用浮舟,浮吊,浮柜,潜水箱,隔离舱,泊位平台,作坞门用浮动结构体,其他浮动结构体、浮式装置。

◆ 不包括:
— 内河航道、港口和海港用的安全或控制设备的制造,列入3596(交通安全、管制及类似专用设备制造);
— 航标灯等交通、安全电力视听信号装置(如信号灯)制造,列入3891(电气信号设备装置制造);
— 海上浮动装置的制造,列入3514(海洋工程专用设备制造);
— 灯船、消防船、起重船等,列入3731(金属船舶制造)。

374　航空、航天器及设备制造

3741　飞机制造

指在大气同温层以内飞行的用于运货或载客,用于国防,以及用于体育运动或其他用途的各种飞机及其零件的制造,包括飞机发动机的制造。

◇ 包括对下列飞机的制造活动：
— （航空器用发动机）
— 活塞式发动机：星形发动机、水平对置型发动机、其他活塞式发动机；
— 涡轮发动机：涡轮喷气发动机、涡轮风扇发动机、涡轮螺桨发动机、涡轮轴发动机、其他涡轮发动机；
— 喷气发动机：冲压式发动机、脉冲式发动机、其他喷气发动机；
— 飞机用活塞发动机零件；
— 民用飞机、民用直升机；
— 飞机及直升机零件：机身体段及内外部零件，螺旋桨、旋翼、尾桨及零件，起落架及其零件，机载设备及其零部件，其他飞机及直升机零件；
— 其他未列明飞机制造。

◆ 不包括：
— 轻于空气的飞行器、气球等，列入 3749（其他航空航天器制造）；
— 航天飞机和航天飞机发射装置的制造，列入 3742（航天器制造）；
— 飞机上使用的带有电阻器的粒子加速器、信号发电机以及其他电动机械和装置，列入 3899（其他未列明电气机械及器材制造）。

3742　航天器制造

◇ 包括对下列航天器的制造活动：
— （航天器及其运载工具）
— 航天飞机；
— 飞船：返回舱、轨道舱、推进舱、船上设备、飞船地面设备；
— 卫星：卫星有效载荷、卫星平台、星上设备、卫星地面设备；
— 运载火箭：箭体结构、火箭发动机、箭上设备、运载火箭地面设备；
— 探空火箭、气象火箭；
— 其他航天器；
— 航天器及其运载工具零件。

3743　航空、航天相关设备制造

◇ 包括对下列航空、航天相关设备的制造活动：
— 航天试验专用设备：宇航模拟设备、其他航天试验专用设备；
— 航天器总装调试设备；
— 自动驾驶仪和惯性器件专用设备；
— 航空器发射、甲板停机装置及地面飞行训练装置：航空器发射装置、甲板停机装置、地面飞行训练器及其零件（地面飞行训练用空战模拟器、其他地面飞行训练器及其零件）；
— 航空、航天专用发动机加工装调专用设备。

3749　其他航空航天器制造

◇ 包括对其他航空航天器的制造活动：
— 无动力航空器：滑翔机及悬挂滑翔机、自由或系留气球、专用气球、机动飞艇、其他无动力航空器；
— 航空器零件（部分）：气球、飞艇零件，航空器及其运载工具零件，其他航空器零件。

◆ 不包括：
— 飞机场用的电力信号、安全或控制设备的制造，列入 3596（交通安全、管制及类似专用设备制造）；

— 飞机场用交通、安全电力视听信号装置(如信号灯)制造,列入3891(电气信号设备装置制造)。

375 摩托车制造

3751 摩托车整车制造

指不论是否装有边斗的摩托车制造,包括摩托车发动机的制造。

◇ 包括对下列摩托车整车的制造活动:

— 两轮摩托车:普通型摩托车、踏板摩托车、其他两轮摩托车;

— 三轮摩托车;

— 其他摩托车。

◆ 不包括:

— 装有辅助发动机的脚踏车,列入3762(助动自行车制造)。

3752 摩托车零部件及配件制造

◇ 包括对下列摩托车零部件及配件的制造活动:

— 摩托车用发动机:摩托车用汽油机、摩托车用柴油发动机;

— 摩托车用汽油发动机零件、摩托车用柴油发动机零件;

— 摩托车零配件:摩托车齿轮传动装置,摩托车变速箱,摩托车离合器,摩托车车架、轮叉,摩托车鞍座,摩托车保险杠,摩托车液压式减震器,其他摩托车零配件;

— 摩托车边车及其零件、附件:摩托车边车,摩托车边车零件、附件。

376 自行车制造

3761 脚踏自行车及残疾人座车制造

指未装马达,主要以脚蹬驱动,装有一个或多个轮子的脚踏车辆、残疾人座车及其零件的制造。

◇ 包括对下列脚踏自行车及残疾人座车的制造活动:

—(两轮脚踏自行车)

— 城市用自行车:折叠自行车、其他城市用自行车;

— 山地自行车、小轮自行车(BMX);

— 其他两轮脚踏自行车;

— 三轮脚踏自行车:载客三轮脚踏自行车、载货三轮脚踏自行车、其他三轮脚踏自行车;

— 特种脚踏自行车:双人脚踏自行车、独轮脚踏自行车、其他特种脚踏自行车;

— 脚踏自行车零件:自行车车闸,自行车车把,自行车车架,自行车前叉,自行车轮辋,自行车脚蹬,自行车链轮曲柄,自行车鞍座,自行车辐条,自行车前轴、后轴、中轴,自行车飞轮,自行车内变速,自行车拨链器,自行车轮毂,其他脚踏自行车零件;

—(残疾人座车)

— 非动力残疾人车:轮椅、其他非动力残疾人车;

— 动力残疾人车;

— 其他残疾人座车;

— 残疾人车辆零件、附件:残疾人用车车身及其零件、残疾人用车驱动杆及摇手、其他残疾人用车零件;

— 运动休闲两轮越野车、运动休闲两轮跑车。

◆ 不包括：
— 附带发动机的助动自行车，列入 3762（助动自行车制造）；
— 儿童玩具车，列入 2450（玩具制造）；
— 自行车修理，列入 8091（自行车修理）。

3762 助动自行车制造

指主要以蓄电池作为辅助能源，具有两个车轮，能实现人力骑行、电动或电动助力功能的特种自行车及其零件的制造。

◇ 包括对下列助动自行车的制造活动：
— 两轮助动自行车：两轮电动自行车、其他两轮助动自行车；
—（助动自行车零件）
— 电动自行车零件：电动自行车车架、电动自行车用轮毂、电动自行车用电机、电动自行车用控制器、电动自行车用充电器、其他电动自行车零件；
— 其他助动自行车零件。

377 3770 非公路休闲车及零配件制造

指运动休闲车（不含跑车、山地车和越野车）、四轮休闲车、草地车、观光车等制造。

◇ 包括对下列非公路休闲车及零配件的制造活动：
— 运动休闲两轮或三轮车（部分）：滑板车、其他运动休闲两轮或三轮车；
— 四轮或四轮以上休闲车：沙滩车（ATV）、卡丁车、农夫车（UTV）、高尔夫球车、休闲雪地车、草地车、观光车、其他四轮或四轮以上休闲车；
— 代步车；
— 休闲专用车零件及附件；
— 其他休闲专用车。

◆ 不包括：
— 运动休闲两轮越野车、运动休闲两轮跑车，列入 3761（脚踏自行车及残疾人座车制造）。

379 潜水救捞及其他未列明运输设备制造

3791 潜水及水下救捞装备制造

指潜水装置及水下作业、救捞装备的制造。

◇ 包括对下列潜水及水下救捞装备的制造活动：
— 海上救生设备：救生筏、个人救生设备、降落与登乘设备、其他海上救生设备；
— 潜水装备：通风式重潜水装备、氦氧重潜水装备、轻潜水装备、其他潜水装备；
— 潜水水下作业用装备：水下喷焊器、潜水通讯装置、潜水供气设备、饱和潜水系统、配有机械装置金属潜水衣、其他潜水水下作业用装备；
— 潜水服：湿式潜水服、干式潜水服、潜水水暖服、其他潜水服；
— 水下潜器：载人水下潜器、有缆无人水下潜器、无缆无人水下潜器。

◆ 不包括：
— 潜水泵的制造，列入 3441（泵及真空设备制造）。

3799 其他未列明运输设备制造

指手推车辆、牲畜牵引车辆的制造，以及上述未列明的交通运输设备的制造。

◇ 包括对下列其他未列明运输设备的制造活动:
— 手推车:手推运货车、独轮手推车、斗式手推车,自卸手推车,行李手推车,手推餐车,小型保温手推车,超市购物车(金属制),其他手推车;
— 畜力拖曳车辆:游览观光用马车、畜力滑撬、运货用兽力车、其他畜力拖曳车辆;
— 非机械驱动车辆零件。

38 电气机械和器材制造业

381 电机制造

3811 发电机及发电机组制造

指发电机及其辅助装置、发电成套设备的制造。

◇ 包括对下列发电机及发电机组的制造活动:
— 交流发电机;
— 直流发电机:电磁式直流发电机、永磁式直流发电机、其他直流发电机;
— 发电机组:水轮发电机组、汽轮发电机组、风力发电机组、核发电机组、移动电站、其他发电机组;
— 内燃发电机组;
— 电机及发电机组专用零件:交流发电机零件、风力发电机组零件、其他电机及发电机组专用零件。

3812 电动机制造

指交流或直流电动机及零件的制造。

◇ 包括对下列电动机的制造活动:
— 数控机床用电机:主轴电机、伺服电机;
— 旋转式变流机;
— 直流电动机:电磁式直流电动机、永磁式直流电动机、其他直流电动机;
— 交流电动机:多相交流电动机、单相交流电动机;
—(交直流两用电动机)
— 同步交流电动机:通用交流同步电动机、专用交流同步电动机;
— 异步交流电动机:通用交流异步电动机、专用交流异步电动机;
— 其他交直流两用电动机;
— 小功率电动机:交流小功率异步电动机、交流小功率同步电动机、小功率直线电动机、小功率直流电动机、小功率交流换向器电动机、其他小功率电动机;
— 电动机零件(部分):交流电动机零件、直流电动机零件;
— 其他电机(部分):中频电机、分马力电机、油泵电机、其他未列明电机。

◆ 不包括:
— 微电机的制造,列入3819(微电机及其他电机制造)。

3819 微电机及其他电机制造

指自动化系统中一种主要用于传递和交换信号等方面的元件,即控制微电机的制造,以及其他未列明的电机制造。

◇ 包括对下列微电机及其他电机的制造活动:
—(微电机)

— 玩具电动机；
— 控制微电机：自整角机、旋转变压器、感应移相器及同步器、伺服微电机、测速发电机、伺服测速机组、步进微电机、力矩微电机、微特电机机组及组合装置、其他控制微电机；
— 驱动微电机：异步微电机、同步微电机、直流微电机、直线微电机、平面无刷微电机、其他驱动微电机；
— 移动通信终端用微型振动电机；
— 专用微特电机：传真机、电传机用电机，计算机外设用电机，复印机用电机，音视盘机用电机，录音机电机，其他专用微特电机；
— 微电动机零件：玩具电动机专用零件、微电机专用零件；
— 电力测功电机；
— 其他未列明电机。

382　　输配电及控制设备制造

3821　　变压器、整流器和电感器制造

指变压器、静止式变流器等电力电子设备和互感器的制造。

◇ 包括对下列变压器、整流器和电感器的制造活动：
— 变压器：电力变压器、换流变压器、干式变压器、试验变压器、电源变压器、可调电源变压器、其他变压器；
— 互感器：电压互感器、电流互感器、组合互感器；
—（静止式变流器）
— 稳压电源：计算机用稳压电源、直流稳压电源、交流稳压电源、其他稳压电源；
— 稳流电源、不间断供电电源（UPS）；
— 半导体变流器：单晶半导体整流器、多晶半导体整流器；
— 气体放电变流器：汞弧整流器、热离子整流器、电解整流器；
— 逆变器：半导体逆变器、其他逆变器；
— 交流电变换器、交流电变频设备、直流电变换器；
— 其他静止式变流器；
— 电抗器：并联电抗器、串联电抗器、轭流式饱和电抗器、限流电抗器、滤波电抗器、启动电抗器、自饱和电抗器、调幅电抗器、试验用电抗器、整流用平衡电抗器、整流用平波电抗器、阴尼电抗器、接地电抗器、其他电抗器；
— 电感器：固定与色码电感器、叠层式片式电感器、线绕式片式电感器、LC 滤波器、其他电感器；
— 变压器、整流器和电感器零件。

3822　　电容器及其配套设备制造

指电力电容器及其配套装置和电容器零件的制造。

◇ 包括对下列电容器及其配套设备的制造活动：
— 电力电容器：并联电容器、串联电容器、电热电容器、滤波电容器、断路器电容器、耦合电容器、保护电容器、脉冲电容器、标准电容器、其他电力电容器；
— 电力电容器成套装置：并联电容器装置、串联电容器装置、无功就地补偿装置、交流滤波电容器装置、交流电压抽取装置、电容式电压互感器、阻容分压器、其他电力电容器成套装置；
— 电力电容器零件。

3823　　配电开关控制设备制造

指用于电压超过1000V的,诸如一般在配电系统中使用的接通及断开或保护电路的电器,以及用于电压不超过1000V的,如在住房、工业设备或家用电器中使用的配电开关控制设备及其零件的制造。

◇ 包括对下列配电开关控制设备的制造活动:

— 全封闭组合电器(GIS);
— 六氟化硫断路器;
— 敞开式组合电器;
— 隔离开关;
— 接地开关;
—(高压电路开关、保护电器装置)
— 高压熔断器:限流式高压熔断器、喷射式高压熔断器、其他高压熔断器;
— 高压自动断路器;
— 隔离开关及断续开关:高压负荷开关、柱上开关、高压自动重合器、高压接地开关、高压隔离开关、六氟化硫开关、高压开关柜、其他隔离开关及断续开关;
— 避雷器、电压限幅器及电涌抑制器:避雷器、电压限幅器、电涌抑制器;
— 高压开关、保护或连接用组合装置:六氟化硫组合电器、高压组合电器,复合开关-熔断器组合,高压接触器,高压启动器,高压防爆配电装置,其他高压开关、保护或连接用组合装置;
— 其他高压电路开关、保护电器装置;
—(低压开关、保护控制装置)
— 低压电路保护装置:低压熔断器、低压自动断路器、漏电断路器、其他低压电路保护装置;
— 低压电路开关装置:旋转开关、按钮式开关、键盘开关、微动开关、双列直插式开关、温度开关、时间开关、接近开关、光电开关、超声开关、声控开关、滑动开关、自动热电开关、倒板式开关、跷板式开关、推杆式开关、转换开关、其他低压电路开关装置;
— 低压电路管座:集成电路插座、半导体分立器件插座、显像管插座、电子管插座、继电器插座、谐振器插座、电池插座、其他低压电路管座;
—(电力控制或电力分配装置)
— 高压电力控制或电力分配装置:全封闭组合式高压开关装置、高压电力控制配电板、高压电力配电用配电盘、高压开关板、高压控制台、其他高压电力控制、分配装置;
— 低压电力控制或电力分配装置:数字控制板、盘,低压电力控制配电板,低压电力配电用配电盘,低压开关板,低压控制台,其他低压电力控制或分配装置;
— 安全、自动化监控设备:成套集控保护设备,控制设备用程序控制板,可编程序控制器,其他安全、自动化监控设备。

3824　　电力电子元器件制造

指用于电能变换和控制(从而实现运动控制)的电子元器件的制造。

◇ 包括对下列电力电子元器件的制造活动:

—(电路连接装置)
— 连接器:低频连接器、射频连接器、光缆连接器、滑动接触器、其他连接器;
— 端接件及接线装置:接线柱、线端条,低频连接器电缆组件,射频连接器电缆组件,光缆气密头,接线盒,光缆终端分线盒,其他端接件及接线装置;
— 其他电路连接装置;

— 电力半导体器件（5A 以上）：整流管（整流二极管、快恢复二极管（FRD）、其他整流管）、电力晶闸管（普通晶闸管、双向晶闸管、快速晶闸管、高频晶闸管、可关断晶闸管（GTO）、晶闸管模块和组件、集成门极换流晶闸管（IGCT）、其他电力晶闸管）、电力晶体管（巨型晶体管（GTR）、绝缘栅双极晶体管（IGBT）、其他电力晶体管）、电力场效应器件、场控双极型复合器件、功率 MOS 场效应管、固态继电器模块、静电感应器件（SIT）、其他电力半导体器件；
— 电力微电子组件：电力半导体模块、电力半导体组件；
— 电力集成电路：普通稳压电路、开关电源控制电路、DC－DC 变换器、其他电力集成电路；
— 继电器：电磁继电器、永磁继电器、热电继电器、感应继电器、静电继电器、光电继电器、电子继电器、其他继电器；
— 继电器保护装置：电流保护装置、电压保护装置、差动保护装置、电动机保护装置、发电机保护装置、励磁机保护装置、其他继电器保护装置；
— 配电或电器控制设备专用零件（部分）：高压控制柜及其底座、低压控制柜及其底座。

3825　　光伏设备及元器件制造

指太阳能组件（太阳能电池）、控制设备及其他太阳能设备和元器件制造；不包括太阳能用蓄电池制造。

◇ 包括对下列光伏设备及元器件的制造活动：
— 太阳能电池（光伏电池）：硅太阳能电池、砷化镓太阳能电池；
— 太阳能电池零部件：太阳能电池板、其他太阳能电池零部件；
— 太阳能控制设备；
— 其他太阳能设备和元器件。

◆ 不包括：
— 机电设备用电子元器件制造，列入 3824（电力电子元器件制造）；
— 太阳能用蓄电池制造，列入 3849（其他电池制造）。

3829　　其他输配电及控制设备制造

指开关设备和控制设备内部的元器件之间，以及与外部电路之间的电连接所需用的器件和配件的制造。

◇ 包括对下列其他输配电及控制设备的制造活动：
— 电器辅件：配线件、母线架、捆扎带、行线槽、符号标记、结构辅件、门绞链等；
— 配电或控制设备的零件；
— 其他未列明的输配电及控制设备制造。

◆ 不包括：
— 机电设备用电子元器件制造，列入 3824（电力电子元器件制造）；
— 灯用电器附件的制造，列入 3879（灯用电器附件及其他照明器具制造）。

383　　电线、电缆、光缆及电工器材制造

3831　　电线、电缆制造

指在电力输配、电能传送，声音、文字、图像等信息传播，以及照明等各方面所使用的电线、电缆的制造。

◇ 包括对下列电线、电缆、光缆及电工器材的制造活动：
— （绝缘电线）

— 绕组电线:铜制绕组电线、漆包绕组线、纱包线及绕包线、其他绕组电线;
— 布线组:机动车辆用点火布线组、航空器用点火布线组、船用点火布线组、其他布线组;
— 安装电线、电话机和计算机用弹簧绳、电源插头线;
— 其他绝缘电线;
— (同轴电缆)
— 射频电缆:CATV 同轴电缆、皱纹外导体射频电缆、接入网用同轴电缆、50Ω 高频同轴电缆、漏泄同轴电缆、其他射频电缆;
— 高频同轴电缆;
— 其他同轴电缆;
— (专用电缆)
— 通信及电子网络用电缆:通信电缆、电话电缆、井下及隧道监控用电缆、闭路电视电缆、计算机网络用电缆、其他通信及电子网络用电缆;
— 电力电缆、交通信号专用电缆、影音电源用阻燃软电缆、潜水电机用防水橡套软电缆;
— 其他专用电缆;
— 电子元器件引线;
— 其他电线电缆。

◆ 不包括:
— 光导纤维电缆制造,列入 3832(光纤、光缆制造)。

3832　光纤、光缆制造

指将电的信号变成光的信号,进行声音、文字、图像等信息传输的光缆、光纤的制造。

◇ 包括对下列光纤、光缆的制造活动:
— 光纤:单模光纤、多模光纤、特种光纤;
— (光缆)
— 普通光缆:综合引入光缆、通信用室(局)内光缆、网络用光缆、其他普通光缆;
— 特种光缆:无金属自承式光缆(ADSS 光缆)、架空地线复合光缆(OPGW)、松套束管式光缆、层绞式光缆、带状光缆、防蚂蚁光缆、无卤阻燃光缆、骨架式光缆、水线光缆、应急光缆、其他特种光缆。

3833　绝缘制品制造

指电气绝缘子、电机或电气设备用的绝缘零件,以及带有绝缘材料的金属制电导管及接头的制造,但不包括玻璃、陶瓷绝缘体和绝缘漆制品的制造。

◇ 包括对下列绝缘制品的制造活动:
— (电气绝缘子)
— 混合绝缘材料制电气绝缘子:高压线路棒形悬式复合绝缘子、低压线路复合绝缘子、布线复合绝缘子、通信复合绝缘子、高压支柱复合绝缘子、高压穿墙复合套管、电器复合套管、其他混合绝缘材料制电气绝缘子;
— 硬化橡胶电气绝缘子:高压线路硬化橡胶制绝缘子、低压线路硬化橡胶制绝缘子、布线硬化橡胶制绝缘子、通信用硬化橡胶制绝缘子、高压支柱硬化橡胶制绝缘子、硬化橡胶制高压穿墙套管、硬化橡胶制电器套管、其他硬化橡胶制电气绝缘子;
— 其他电气绝缘子;
— 电气设备用绝缘配件:复合材料制绝缘配件、块滑石制绝缘配件、硬化橡胶制绝缘配件、绝缘金属电导管及接头、其他电气设备用绝缘配件。

◆ 不包括:
— 玻璃绝缘体的制造,列入 3059(其他玻璃制品制造);

— 陶瓷绝缘体的制造,列入 3072(特种陶瓷制品制造);
— 绝缘漆制品的制造,列入 2641(涂料制造);
— 碳电极或石墨电极等石墨电气用制品制造,列入 3091(石墨及碳素制品制造)。

3839　　其他电工器材制造

◇ 包括对下列其他电工器材的制造活动:
— (与内燃机配用发电机)
— 起动电机:机车用起动电机、航空器用起动电机、船舶用起动电机、输出功率≥132.39kW 起动电机、其他起动电机;
— 两用起动发电机:机车用两用起动发电机、航空器用两用起动发电机、船舶用两用起动发电机、其他两用起动发电机;
— 其他与内燃机配用发电机:其他机车、航空器及船舶用发电机、其他未列明与内燃机配用发电机;
— (部分内燃机电点火起动装置)
— 火花塞、分电器:机车用分电器、航空器用分电器、船舶用分电器、其他用分电器;
— 点火线圈:机车用点火线圈、航空器用点火线圈、船舶用点火线圈、其他用点火线圈;
— 内燃机用断流器;
— 其他内燃机电点火起动装置;
— 电磁铁及电磁性装置:电磁联轴节、电磁离合器、电磁制动器、电磁起重吸盘、电磁铁、电磁或永磁卡盘、夹紧器或提吊磁铁、电磁性工件夹具;
— 电动风挡刮水器;
— 电阻除霜器;
— 电阻去雾器;
— 内燃机电点火起动装置零件:电磁性装置零件,机车、航空器及船舶用电点火装置零件,其他内燃机电点火起动装置零件;
— 其他相关电工器材。

◆ 不包括:
— 点火磁电机、永磁直流发电机、磁飞轮,列入 3899(其他未列明电气机械及器材制造)。

384　　电池制造

指以正极活性材料、负极活性材料,配合电介质,以密封式结构制成的,并具有一定公称电压和额定容量的化学电源的制造;包括一次性、不可充电和二次可充电,重复使用的干电池、蓄电池(含太阳能用蓄电池)的制造,以及利用氢与氧的合成转换成电能的装置,即燃料电池制造;不包括利用太阳光转换成电能的太阳能电池制造。

3841　　锂离子电池制造

指以锂离子嵌入化合物为正极材料电池的制造。

◇ 包括对下列锂离子电池的制造活动:
— 锂原电池(组):锂锰原电池(组)、其他锂原电池(组);
— 锂离子电池:液态锂离子电池、聚合物锂离子电池、其他锂离子电池。

3842　　镍氢电池制造

以储氢合金为负极材料,氢氧化镍为正极材料,电解液是含氢氧化锂(LiOH)的氢氧化钾(KOH)水溶液的电池的制造。

◇ 包括对下列镍氢电池的制造活动：
— 镉镍蓄电池；
— 铁镍蓄电池；
— 氢镍蓄电池；
— 锌银蓄电池；
— 锌镍蓄电池；
— 其他碱性蓄电池。

3849　　其他电池制造

◇ 包括对下列其他电池的制造活动：
—（部分原电池及原电池组（非扣式））
— 二氧化锰原电池（组）：碱性锌锰原电池（组）、普通锌锰原电池（组）、其他二氧化锰原电池（组）；
— 氧化银原电池（组）：锌银原电池（组）、其他氧化银原电池（组）；
— 锌空气原电池（组）：锌空气原电池、其他锌空气原电池（组）；
— 镁铜原电池、镁银原电池、镁锰原电池；
— 其他原电池及原电池组；
— 扣式原电池：扣式碱性锌锰原电池、扣式氧化银原电池、扣式锂原电池、其他扣式原电池；
—（部分蓄电池）
— 铅酸蓄电池：用于启动活塞发动机铅酸蓄电池、摩托车用铅酸蓄电池、电动自行车用铅酸蓄电池、铁路客车用铅酸蓄电池、固定型铅酸蓄电池、牵引用铅酸蓄电池、航标用铅酸蓄电池、其他铅酸蓄电池；
— 其他蓄电池；
— 燃料电池：质子交换膜燃料电池、固体氧化物燃料电池、熔融碳酸盐燃料电池、磷酸盐燃料电池、直接醇类燃料电池、微型燃料电池、其他燃料电池；
— 物理电池（部分）：温差发电器、其他物理电池；
—（部分电池零部件）
— 非扣式原电池及原电池组零件：二氧化锰原电池（组）零件、其他原电池（组）零件；
— 扣式原电池零件；
— 蓄电池零部件：铅酸蓄电池零部件、其他蓄电池零部件；
— 其他电池零部件；
— 其他电池及类似品：超级电容器、其他未列明电池及类似品。

◆ 不包括：
— 电池用碳棒制造，列入3091（石墨及碳素制品制造）；
— 太阳能电池（光伏电池）制造，列入3825（光伏设备及元器件制造）。

385　　家用电力器具制造

指使用交流电源或电池的各种家用电器的制造。

3851　　家用制冷电器具制造

◇ 包括对下列家用制冷电器具的制造活动：
— 家用冷藏冷冻箱：单门冷藏冷冻箱、双门冷藏冷冻箱、多门冷藏冷冻箱、对开门冷藏冷冻箱、卧式冷藏冷冻箱、其他家用冷藏冷冻箱；

— 家用冷藏箱:家用压缩式冷藏箱(家用冷藏式酒柜、其他家用压缩式冷藏箱)、家用电气吸收式冷藏箱、家用半导体式冷藏箱、其他家用冷藏箱;
— 家用冷冻箱:家用卧式冷冻箱、家用立式冷冻箱、家用冷藏或冷冻展示柜、其他家用冷冻箱;
— 其他家用制冷电器具:家用冰激凌机、家用制冰机、其他未列明家用制冷电器具。

◆ 不包括:
— 商业用、工业生产用,以及其他非家用的冷冻或冷藏设备,列入 3464(制冷、空调设备制造)。

3852　　家用空气调节器制造

指使用交流电源(制冷量 14000W 及以下),调节室内温度、湿度、气流速度和空气洁净度的房间空气调节器的制造。

◇ 包括对下列家用空气调节器的制造活动:
—(房间空气调节器)
— 整体式房间空气调节器:窗式空气调节器、移动式空气调节器、其他整体式房间空气调节器;
— 分体式房间空气调节器:分体挂壁式空气调节器、分体落地式空气调节器、分体嵌入式空气调节器、其他分体式房间空气调节器;
— 一拖多式房间空气调节器;
— 其他房间空气调节器;
— 家用空气湿度调节装置:除湿机、加湿机、其他家用空气湿度调节装置;
— 家用房间空气清洁装置:空气清洁器、负离子发生器、其他家用房间空气清洁装置;
— 其他家用空气调节器。

◆ 不包括:
— 制冷量 14000W 以上的吸收式制冷机组,活塞式、螺杆式、离心式冷水机机组等生产用空调设备,列入 3464(制冷、空调设备制造)。

3853　　家用通风电器具制造

指由单相交流电动机驱动扇叶旋转,产生强制气流,以改善人体与周围空气间的热交换条件的电器制造。

◇ 包括对下列家用通风电器具的制造活动:
— 家用电风扇:台扇、落地扇、吊扇、箱式扇、壁扇、塔式扇、其他家用电风扇;
— 家用吸排油烟机:深型吸排油烟机、欧式塔型吸排油烟机、侧吸式吸排油烟机、其他家用吸排油烟机;
— 家用换气、排气扇;
— 其他家用通风电器具。

◆ 不包括:
— 工业用风扇、抽气机,以及工业、商业或实验室用排风扇,列入 3462(风机、风扇制造)。

3854　　家用厨房电器具制造

指家庭厨房用的电热蒸煮器具、电热烘烤器具、电热水和饮料加热器具、电热煎炒器具、家用电灶、家用食品加工电器具、家用厨房电清洁器具等电器具的制造。

◇ 包括对下列家用厨房电器具的制造活动:
— 家用电热烹调器具:电饭锅、电炒锅、电火锅、电饼铛、电煎锅、电煎炸锅、电压力锅、其他家用电热烹调器具;

— 家用电热烘烤器具：面包片烘烤炉、三明治炉、家用电烤箱、电热板、电烧烤炉、自动制面包机、其他家用电热烘烤器具；
— 家用水及饮料加热器具：电咖啡壶、电水壶、加热环、电冷热饮水机、电热水瓶、制酸奶机、其他家用水及饮料加热器具；
— 家用电炉灶：微波炉、电磁灶、电灶、气电两用灶、其他家用电炉灶；
— 家用食品加工电动器具：榨汁机（家用）、豆浆机、食品研磨机、电动绞肉机、咖啡研磨机、瓜果电动削皮机及类似机械、揉面轧面机、其他家用食品加工电动器具；
— 家用厨房电清洁器具：家用型洗碗机、厨房废物处理器、家用餐具消毒柜、家用餐具干燥器、磨刀器及净刀器、其他家用厨房电清洁器具；
— 家用饮水电过滤、净化装置：家用型滤水器，其他家用饮水电过滤、净化装置；
— 其他家用厨房电器具。

◆ 不包括：

— 食品制造或餐饮业用烘烤器具制造，列入 3531（食品、酒、饮料及茶生产专用设备制造）；
— 工业用或其他非家用的电炉及电加热设备等，列入 3461（烘炉、熔炉及电炉制造）。

3855　家用清洁卫生电器具制造

指家用洗衣机、吸尘器等电力器具的制造。

◇ 包括对下列家用清洁卫生电器具的制造活动：

— 家用洗衣机：全自动洗衣机（波轮式全自动洗衣机、滚筒式全自动洗衣机、其他全自动洗衣机）、半自动双桶洗衣机、其他家用洗衣机；
— 家用干衣机；
— 家用脱水机；
—（电热水器）
— 家用电热水器：家用储水式电热水器、家用快热式电热水器、其他家用电热水器；
— 非家用电热水器：全自动电开水器、储水式电热水器、浸入式液体加热器、双系统热水器、电极热水锅炉、其他非家用电热水器；
—（家用电清洁器具）
— 家用吸尘器：真空吸尘器、其他家用吸尘器；
— 地板打蜡机、地板擦洗机、电动扫地机、蒸汽清洁机；
— 其他家用电清洁器具；
— 其他家用清洁卫生电器具。

◆ 不包括：

— 洗衣店式非家庭使用的洗衣机、干洗机、烘干机等专用服务设备，列入 3554（洗涤机械制造）。

3856　家用美容、保健电器具制造

◇ 包括对下列家用美容、保健电器具的制造活动：

— 家用理发、吹风电器具：电动剃须刀、电动理发推剪、电吹风机、电热卷发器、卷发电熨器、其他家用理发电器具；
— 电动脱毛器；
— 电美容仪；
— 电动牙刷；
— 家用电动按摩器：足底电动按摩器、多功能电动按摩器、电动按摩沙发、电动氧摇摆器、其他家用电动按摩器；

— 桑拿浴箱；
— 排汗活动机；
— 熏蒸足道机；
— 养生桑拿蒸汽机；
— 养生美体美容仪；
— 养生理疗枕；
— 养生塑身机；
— 养生制氧机；
— 养生水氧吧；
— Spa 水疗机；
— Spa 气泡按摩机；
— Spa 精油温灸仪；
— 其他家用美容、保健电器具。

3857　家用电力器具专用配件制造

指家用电力器具专用配件的制造,不包括通用零部件制造。

◇ 包括对下列家用电力器具专用配件的制造活动：
— 家用空调设备零件；
— 家用电冰箱用配件：家用电冰箱用蒸发器、家用电冰箱用冷凝器、家用电冰箱用吸收器、家用电冰箱用温控器、其他家用电冰箱用配件；
— 家用洗衣机用配件：洗衣机用传感器、其他家用洗衣机用配件；
— 电动理发工具零件；
— 电热器具零件；
— 家用电动器具零件；
— 家用型过滤、净化装置零件；
— 其他家用电力器具专用配件。

◆ 不包括：
— 空调器用热交换器制造,列入 3464(制冷、空调设备制造)。

3859　其他家用电力器具制造

◇ 包括对下列其他家用电力器具的制造活动：
— 家用电热取暖器具：电暖气、电暖炉、电热毯、其他家用电热取暖器具；
— 家用电熨烫器具：电熨斗、其他家用电熨烫器具；
— 电热干手机；
— 其他家用电热电力器具类似产品。

◆ 不包括：
— 电门铃、烟火报警器制造,列入 3891(电气信号设备装置制造)；
— 非家庭使用的熨烫机及熔合烫衣机等专用服务设备,列入 3554(洗涤机械制造)。

386　非电力家用器具制造

3861　燃气、太阳能及类似能源家用器具制造

指以液化气、天然气、人工煤气、沼气或太阳能作燃料,以马口铁、搪瓷、不锈钢等为材料加工制成的家用器具的生产活动。

◇ 包括对下列非电力家用器具的制造活动：
— (家用燃气用具)
— 家用燃气炊事器具、保暖器：家用燃气灶具，家用燃气烤箱，家用燃气加热板，家用燃气空间加热器，其他家用燃气炊事器具、保暖器；
— 家用燃气热水器；
— 淋浴房：与燃气热水器配套淋浴房、其他淋浴房；
— 淋浴设备：桑拿浴设备、蒸汽浴设备、其他淋浴设备；
— 其他家用燃气用具；
— (沼气用具)
— 沼气炊事器具、保暖器：沼气灶具，家用沼气空间加热器，其他沼气炊事器具、保暖器；
— 沼气热水器：沼气快速热水器、沼气存储式加热器、其他沼气热水器；
— 其他沼气用具；
— (太阳能用具)
— 太阳能炊事器具、保暖器：GRC 太阳灶，太阳能加热板，太阳能供暖器具、散热器，其他太阳能炊事器具、保暖器；
— 太阳能热水器：太阳能快速热水器、贮备式热水器、其他太阳能热水器；
— 其他太阳能用具。

3869　其他非电力家用器具制造

◇ 包括对下列其他非电力家用器具的制造活动：
— (液体燃料家用器具)
— 液体燃料炊事器具：煤油炉、酒精炉、燃油散热器、其他液体燃料炊事器具；
— 其他液体燃料家用器具；
— (固体燃料家用器具)
— 钢铁制家用炊事器具：火炉，烤炉、烧烤架，煤暖气，其他钢铁制家用炊事器具；
— 其他固体燃料家用器具；
— 铜制家用烹饪或供暖器具：铜火锅、铜制炭火盆、铜制暖手炉、其他铜制家用烹饪或供暖器具；
— (非电力家用器具零件)
— 家用燃气用具零件：家用燃气炊事器具、保暖器零件，家用燃气热水器零件，淋浴房零件、配件，淋浴设备零件、配件，其他家用燃气用具零件；
— 沼气用具零件：沼气炊事器具、保暖器零件，沼气热水器零件，其他沼气用具零件；
— 太阳能用具零件：太阳能炊事器具、保暖器零件，太阳能热水器零件，其他太阳能用具零件；
— 液体燃料家用器具零件：液体燃料炊事器具零件、其他液体燃料家用器具零件；
— 固体燃料家用器具零件；
— 其他非电力家用器具零件。

387　照明器具制造

3871　电光源制造

电光源也称灯泡或电灯，指将电能转变为光的器件的制造；目前按发光原理可分为白炽灯（指因电流通过使钨丝白炽而发光的灯）和气体放电灯（指电流通过灯两端的电极形成气体放电而产生光的灯）。

◇ 包括对下列电光源的制造活动:
— 白炽灯泡:科研医疗专用白炽灯泡,火车、航空器及船舶用白炽灯泡,机动车辆用白炽灯泡,普通照明用白炽灯泡,其他白炽灯泡(低压灯泡,冰箱、微波炉灯泡,手电筒灯泡,其他未列明白炽灯泡);
— 荧光灯:科研、医疗专用荧光灯,火车用热阴极荧光灯,航空器用热阴极荧光灯,船舶用热阴极荧光灯,普通照明用荧光灯(双端(直管)荧光灯、环型荧光灯、分体式单端荧光灯、自镇流荧光灯、其他普通照明用荧光灯),其他荧光灯;
— 冷阴极荧光灯:背景光源用冷阴极荧光灯、照明用冷阴极荧光灯、其他冷阴极荧光灯;
— 卤钨灯:科研、医疗专用卤钨灯,火车、航空器及船舶用卤钨灯,机动车辆用卤钨灯,其他卤钨灯;
— (高强度气体放电灯(HID 灯))
— 汞蒸汽灯(水银灯):科研、医疗专用汞蒸汽灯,火车、航空器及船舶用汞蒸汽灯,超高压汞灯,其他汞蒸汽灯;
— 钠蒸汽灯:科研、医疗专用钠蒸气灯,火车、航空器及船舶用钠蒸气灯,其他钠蒸气灯;
— 金属卤化物灯:科研、医疗专用金属卤化物灯,火车、航空器及船舶用金属卤化物灯,机动车辆用金属卤化物灯,其他金属卤化物灯;
— 其他高强度气体放电灯;
— 机动车专用照明光源;
— 自行车专用照明光源;
— 照相闪光灯源:单端闪光灯泡、电池闪光灯、管型闪光灯、其他照相闪光灯源;
— 封闭式聚光灯;
— 弧光灯、紫外线灯管、红外线灯泡;
— 电光源零件;
— 其他未列明电光源产品。

3872　照明灯具制造

指由起支撑、固定反射和保护作用的部件及联结光源所必须的电路辅助装置组合而成,将一个或多个光源发出的光进行控制分配或反射装置的制造;包括建筑物照明、道路照明、运输设备照明、生产照明、舞台照明等各种灯具的制造。

◇ 包括对下列照明灯具的制造活动:
— (室内照明灯具)
— 吊灯、吸顶灯、壁灯、台灯、落地灯;
— 嵌入式灯具:筒灯、格栅灯、其他嵌入式灯具;
— 轨道灯、支架灯具、射灯;
— 其他室内照明灯具;
— 户外照明用灯具及装置:街灯及照明装置、庭院灯、投光灯、道路灯、草坪灯、地埋灯、其他户外照明用灯具及装置;
— 装饰用灯:圣诞树用成套灯具、其他装饰用灯;
— (特殊用途灯具及照明装置)
— 农业用灯具:黑光诱虫灯、人工温室用灯、其他农业用灯具;
— 医疗用灯具:手术反光灯、手术照明灯、医用冷光纤维导光手术灯、紫外线杀菌灯、口腔灯、其他医疗用灯具;
— 火车、飞机、船舶用照明装置:火车前灯,机车及铁路车辆用灯,飞机用灯具,船舶用灯具,飞机场用灯具,其他火车、飞机、船舶用照明装置;

— 机动车辆用照明装置：车头灯、警车用探照灯、车用组合灯具、车辆内部照明灯具、其他机动车辆用电气照明装置；
— 车辆专用照明装置零件；
— 自行车电气照明装置；
— 应急灯，防爆灯，水下灯，影视舞台灯；
— 其他特殊用途灯具及照明装置；
— 发光标志、发光铭牌及类似品：灯饰招牌、铭牌，霓虹灯具，广告灯具，安全标志灯，其他发光标志、发光铭牌及类似品；
— 非电气灯具及照明装置：便携式灯具，烛台、烛架，其他非电气灯具及照明装置；
— 照明灯具零件；
— 其他照明灯具。

◆ 不包括：
— 发光标志牌及类似品，列入3392（交通及公共管理用金属标牌制造）；
— 交通信号灯的制造，列入3891（电气信号设备装置制造）；
— 铁路、港口、机场专用信号灯，列入3891（电气信号设备装置制造）；
— 灯具用玻璃及玻璃部件的制造，列入3054（日用玻璃制品制造）。

3879　灯用电器附件及其他照明器具制造

指灯用电器附件，以及为各种灯泡配套用的灯座及其他照明器具的制造。

◇ 包括对下列灯用电器附件及其他照明器具的制造活动：
— 自供能源灯具：手电筒、莫尔斯信号灯、矿工安全灯、头戴通用检查灯（头灯）、其他自供能源灯具；
—（灯用电器附件）
— 灯用镇流器：灯用电子镇流器、灯用电感镇流器、其他灯用镇流器；
— 灯用启辉器、灯用变压器、灯用触发器、灯用逆变器；
— 其他灯用电器附件；
— 灯座、插头、普通插座；
—（电光源、灯具及照明装置零件）
— 电光源零件：为各种电光源配套用灯座、其他电光源零件；
— 室内照明灯具零件：灯具支架、其他室内照明灯具零件；
— 户外照明用灯具及装置零件；
— 自供能源灯具零件：手电筒零件、其他自供能源灯具零件；
— 其他灯具及照明装置零件。

389　其他电气机械及器材制造

3891　电气信号设备装置制造

指交通运输工具（如机动车、船舶、铁道车辆等）专用信号装置及各种电气音响或视觉报警、警告、指示装置的制造，以及其他电气声像信号装置的制造。

◇ 包括对下列其他电气机械及器材的制造活动：
— 防盗、防火报警器及类似装置：机动车辆防盗装置，防盗报警器，防火报警器，电气气体报警器，火焰报警器（火焰探测器），其他防盗、防火报警器及类似装置；
—（部分道路交通安全管制设备）
— 道路、停车场用电气信号装置：交通灯、盲人过街音响器、路口自动信号装置、停车场用电气信号装置、其他道路用电气信号装置；

— 其他道路交通安全管制设备；
— 铁道电气交通管理设备：信号或安全设备、信号机及其气动启动装置；
— 铁路用机械信号（部分）、交通管理装置：信号箱设备，信号指臂、信号盘及类似装置，自动浓雾信号装置、其他铁路用机械信号设备；
— 内河航道、港口用交通管制设备：内河航道电气信号装置、港口用电气信号装置；
— 飞机场用电气信号装置；
— 机动车辆风挡刮水器；
— 车辆除霜器；
— 车辆去雾器；
— 车用信号、指示灯；
— 车辆用视觉信号装置：停车信号设备、发光超车信号装置、电气视觉信号设备、其他车辆用视觉信号装置；
— 自行车视觉信号装置，自行车喇叭，其他音响信号装置；
— 车辆用电气音响信号装置：汽车喇叭、车辆用蜂鸣器、其他车辆用电气音响信号装置；
—（电气音响或视觉信号装置）
— 显示板及类似装置：办公室显示器，电梯显示器，船舶、机舱传令装置，车站、机场显示板，足球场、体育场等用显示器，其他显示板及类似装置；
— 电气音响、信号及类似装置：电蜂音器，电铃、电门钟，电气音响信号装置，闪烁信号灯或间歇信号灯，其他电气音响、信号及类似装置；
— 信号发生器（电气装置）：通用信号发生器、其他信号发生器（电气装置）；
— 电气信号装置零件：电气信号装置零件、电气音响或视觉信号装置零件；
— 其他电气信号及装置。

◆ 不包括：
— 机动车、自行车照明装置的制造，列入 3872（照明灯具制造）。

3899　　其他未列明电气机械及器材制造

指上述未列明的电气机械及器材的制造。

◇ 包括对下列其他未列明电气机械及器材的制造活动：
— 电解设备及装置：电解槽、其他电解设备及装置；
— 电镀设备及装置：全自动直线形电镀生产线、全自动环形垂直升降生产线、全自动卷对卷连续镀生产线、其他电镀设备及装置；
— 其他金属处理机械；
—（部分内燃机电点火起动装置）
— 点火磁电机：机车用点火磁电机、航空器用点火磁电机、船舶用点火磁电机、其他点火磁电机；
— 内燃机电点火永磁直流发电机：机车用永磁直流发电机、航空器用永磁直流发电机、船舶用永磁直流发电机、其他内燃机电点火永磁直流发电机；
— 磁飞轮：机车用磁飞轮、航空器用磁飞轮、船舶用磁飞轮、其他用磁飞轮；
— 粒子加速器：回旋粒子加速器、其他粒子加速器；
— 电气空间加热器具装置：电气储存式散热器，对流加热器，加热嵌板，汽车、火车、飞机用电热装置，道路加热设备，电气土壤加热器，发动机加热器，加热电阻器，其他电气空间加热器具装置；
— 电篱网激发器；
— 紫外线辐照设备；

— 其他具有独立功能电气设备及装置;
— 金属、矿藏探测器:金属探测器、井中物探仪器、核物探仪器、化探仪器、其他矿藏探测器;
— 上述电气机械设备零件。

39 计算机、通信和其他电子设备制造业

391 计算机制造

3911 计算机整机制造

指将可进行算术或逻辑运算的中央处理器和外围设备集成计算整机的制造,也包括硬件与软件集成计算机系统的制造,还包括来件组装计算机的加工。

◇ 包括对下列计算机整机的制造活动:

— 计算机工作站:高性能计算机、工作站;
— 微型计算机设备:台式微型计算机、笔记本计算机、掌上型计算机(HPC)、学习机、手持式信息终端机、其他微型计算机设备;
— 服务器:RISC 服务器、IA 服务器、x86 服务器、其他服务器。

◆ 不包括:

— 计算机外部设备制造,列入 3913(计算机外围设备制造);
— 电子计算器的制造,列入 3475(计算器及货币专用设备制造);
— 电子游戏机的制造,列入 2462(游艺用品及室内游艺器材制造)。

3912 计算机零部件制造

指组成电子计算机的内存、板卡、硬盘、电源、机箱、显示器等部件的制造。

◇ 包括对下列计算机零部件的制造活动:

— 终端显示设备:字符汉字终端、图形图像终端、显示器(单色显示器(CRT)、彩色显示器(CRT)、平板显示器);
— 微机板卡:微机主机板、内存条、声卡、显卡、网卡(有线局域网网卡、无线局域网网卡、移动通信上网卡)、其他微机板卡;
— 计算机电源:开关电源、UPS 电源(在线式 UPS 电源、后备式 UPS 电源);
— 其他计算机零部件:机箱、鼠标器、键盘、其他未列明计算机零部件。

◆ 不包括:

— 磁卡、IC 卡等,列入 3969(光电子器件及其他电子器件制造);
— 打印机用墨粉及类似产品的制造,列入 2642(油墨及类似产品制造);
— 空白软盘、光盘的制造,列入 2664(信息化学品制造);
— 打印色带的制造,列入 2419(其他文教办公用品制造)。

3913 计算机外围设备制造

指计算机外围设备及附属设备的制造;包括输入设备、输出设备和外存储设备等的制造。

◇ 包括对下列计算机外围设备的制造活动:

— 输入设备及装置:绘图仪、人机交互式设备、扫描仪、IC 卡读写机具、磁卡读写器、摄像头、图形板、触感屏、字符阅读机、射频卡读写机具、手写板、生物特征识别设备、其他输入设备及装置;

— 输出设备及装置:打印机(针式打印机、激光打印机、喷墨打印机、多功能打印机、微型打印机、热敏打印机、其他打印机)、语音输出设备、图形图像输出设备、其他输出设备及装置;
— 外存储设备及部件:软盘存储器、硬盘存储器(硬盘驱动器、磁盘阵列及盘库、移动硬盘、微硬盘驱动器)、光盘存储器(只读光盘驱动器(CD - ROM)、DVD 驱动器(DVD - ROM/RM)、MO 驱动器、PD 驱动器、其他光盘存储器)、半导体存储器(半导体存储盘、半导体存储卡)、网络存储设备、磁性存储设备、其他外存储设备及部件;
— 阅读机、数据转录及处理机械:磁性阅读机,光学阅读机,数据转录媒体机械,数据处理机械,其他阅读机、数据转录及处理机械;
— 其他电子计算机耗材(部分):打印头、墨盒、色带、硒鼓、其他未列明电子计算机耗材。

◆ 不包括:
— 磁卡、IC 卡等;列入 3969(光电子器件及其他电子器件制造);
— 打印机用墨粉及类似产品的制造,列入 2642(油墨及类似产品制造);
— 空白软盘、光盘的制造,列入 2664(信息化学品制造);
— 打印色带的制造,列入 2419(其他文教办公用品制造)。

3919　其他计算机制造

指计算机应用电子设备(以中央处理器为核心,配以专业功能模块、外围设备等构成各行业应用领域专用的电子产品及设备,如金融电子、汽车电子、医疗电子、工业控制计算机及装置、信息采集及识别设备、数字化 3C 产品等)、信息安全设备(用于保护网络和计算机中信息和数据安全的专用设备,包括边界安全、通信安全、身份鉴别与访问控制、数据安全、基础平台、内容安全、评估审计与监控、安全应用设备等),以及其他未列明计算机设备的制造。

◇ 包括对下列其他计算机的制造活动:
— 系统形式自动数据处理设备:工业控制计算机、系统形式高性能计算机、系统形式微型机、系统形式服务器、其他系统形式自动数据处理设备;
— 计算机数字式处理部件:高性能计算机数字式处理部件、微型计算机数字式处理部件、服务器数字式处理部件、笔记本计算机数字式处理部件、工业控制计算机处理部件、工业控制计算机输入输出部件、其他计算机数字式处理部件;
— 网络控制设备:通信控制处理机、集中器、网络终端控制器、其他网络控制设备;
— 网络接口和适配器:网络收发器、网络转发器、网络分配器、通信网络时钟同步设备、其他网络接口和适配器;
— 网络连接设备:集线器、路由器(核心路由器、接入路由器、其他路由器)、数字数据网络节点设备、数字交叉连接设备、交换机(二层交换机、三层交换机、其他交换机)、无线局域网接入点(AP)、其他网络连接设备;
— 网络优化设备:负载均衡器、流量控制器、其他网络优化设备;
— 网络检测设备:协议分析器、协议测试设备、差错检测设备、其他网络检测设备;
— 其他计算机网络设备;
— 访问控制类设备和系统:单点登录系统、接入服务器、权限管理基础设施、其他访问控制类设备和系统;
— 边界防护类设备和系统:防火墙、防水墙、虚拟专用网设备(VPN)、抗拒绝服务(Dos)攻击系统、网络隔离设备、其他边界防护类设备和系统;
— 数据保护类设备和系统:防病毒系统、恶意代码检测系统、数据备份与恢复系统、数据防拷贝设备、其他数据保护类设备和系统;

— 安全检测类设备和系统:入侵检测系统、入侵防御系统、安全扫描器、安全审计系统、其他安全检测类设备和系统;
— 安全智能卡类设备和系统;
— 密钥管理类设备和系统;
— 其他信息系统安全产品。

392 通信设备制造

3921 通信系统设备制造

指固定或移动通信接入、传输、交换设备等通信系统建设所需设备的制造。

◇ 包括对下列通信系统设备的制造活动:
— (光通信设备)
— 光端机:SDH 光端机、PDH 光端机、SPDH 光端机、ASON 光端机、OTN 光端机、PTH 光端机、其他光端机;
— 光缆中继设备、光纤放大器、波分复用器、光交叉联接设备、光分插复用设备(ADM)、多业务传送设备(MSTP)、电光转换器、无源光分路器、自动交换光网络设备(ASON)、光传送网络设备(OTN)、分组传送网络设备(PTN);
— 其他光通信设备;
— (卫星通信设备)
— 卫星地面接收机、卫星接收天线、卫星导航定位接收机、卫星导航定位天线、卫星通信地面站终端机、甚小型天线地球站(VSAT);
— 卫星地面站零部件:卫星通信地面站低噪音放大器、卫星通信地面站上下变频器、卫星通信地面站高功率放大器;
— 其他卫星通信设备;
— (微波通信设备)
— 微波收发通信机:PDH 微波收发通信机、SDH 微波收发通信机、SPDH 微波收发通信机、其他微波收发通信机;
— 微波终端机:PDH 微波终端机、SDH 微波终端机、SPDH 微波终端机、其他微波终端机;
— 微波天线、馈线;
— 其他微波通信设备;
— 散射通信设备:散射通信终端机、散射信道机、散射通信天线、其他散射通信设备;
— 载波通信设备:载波终端机、载波增音机、电力线载波机、其他载波通信设备;
— 通信导航定向设备:飞机通信导航定向设备、航用通信导航定向设备、地面通信导航定向设备、其他通信导航定向设备;
— 通信传输设备零件:天线滤波器及分离器、天线支架(底架)、天线及其反射器零件、光端机零件、脉冲编码调制设备零件、其他通信传输设备零件;
— (程控交换机)
— 数字程控交换机:用户交换机、端局交换机、汇接局交换机、长途局交换机、国际局交换机、其他数字程控交换机;
— 固网软交换相关设备:软交换控制设备、综合接入设备(IAD)、接入媒体网关(AG)、中继媒体网关(TG);
— 七号信令转接设备:七号信令转接点(STP)、SIGTRAN 信令网关;
— ATM 交换机;
— 光交换机;

— 通信交换设备零件:数字式程控电话交换机零件、电报交换机零件、其他通信交换设备零件;
— 其他通信交换设备;
— (光纤接入设备)
— 无源光网络(PON):光线路终端(OLT)、光网络单元(ONU);
— 有源光网络(AON):局端设备(CE)、远端设备(RE);
— (铜缆接入设备)
— 非对称数字用户线(ADSL):ADSL 接入复用器(DSLAM)、ADSL 调制解调器(ADSLMODEM)、语音分离器(POTS 分离器,非对称);
— 高速率数字用户线路调制解调器(HDSLMODEM);
— 甚高速率数字用户线(VDSL):VDSL 接入复用器、VDSL 交换机、VDSL 调制解调器(VDSLMODEM)、语音分离器(POTS 分离器,甚高速率);
— 电力线宽带接入设备(BPL):电力网桥、电力线调制解调器(电力猫);
— (固定无线接入设备)
— WiMAX 设备:WiMAX 基站、WiMAX 用户端设备(WiMAXCPE);
— McWill 设备:McWill 基站、McWill 用户端设备(McWillCPE);
— 其他固定无线接入设备:其他基站、其他用户端设备。

◆ 不包括:
— 广播电视接收设备,列入 3932(广播电视接收设备及器材制造)。

3922　　通信终端设备制造

指固定或移动通信终端设备的制造。

◇ 包括对下列通信终端设备的制造活动:
— 收发合一中小型电台:短波电台、超短波电台、短波跳频电台、超短波跳频电台、其他收发合一中小型电台;
— 电话单机:PSTN 普通电话机、网络电话机(IP 电话机)、特种电话机;
— 数据终端设备:传真机、数传机、其他数据终端设备;
— 通信终端设备用零件:传真机零件(传真机热敏记录头、传真机接触式图像传感器、其他传真机零件)、其他通信终端设备用零件;
— (数字蜂窝移动电话系统设备)
— 移动通信基站设备:TD - SCDMA 基站及基站控制器、WCDMA 基站及基站控制器、CDMA2000 基站及基站控制器、GSM 基站及基站控制器、CDMA 基站及基站控制器、PHS 基站及基站控制器、SCDMA 基站及基站控制器;
— 移动通信基站天线:智能天线、非智能天线;
— 直放站、干线放大器、移动交换机(MSC);
— 移动软交换设备:移动交换机媒体网关(MSCMGW)、移动交换机服务器(MSCServer)、IP 多媒体子系统(IMS);
— 移动通信核心网分组域设备:分组数据服务节点(PDSN)、分组控制功能节点(PCF)、服务 GPRS 支持节点(SGSN)、网关 GPRS 支持节点(GGSN);
— 其他数字蜂窝移动电话系统设备;
— 集群通信系统设备:集群基站设备、集群基站天线、集群交换设备;
— 无中心选址通信系统设备;
— 移动通信设备零件;
— 移动通信手持机(手机):GSM 手持机、CDMA 手持机、3G 手持机、SCDMA 终端;

— 移动通信终端设备零件：移动通信手持机零件、对讲机零件、其他移动通信终端设备零件；

— 其他移动通信终端设备：集群通信终端、对讲机、小灵通、其他未列明移动通信终端设备。

◆ 不包括：

— 广播电视接收设备制造，列入3932（广播电视接收设备及器材制造）。

393　　广播电视设备制造

3931　　广播电视节目制作及发射设备制造

指广播电视节目制作、发射设备及器材的制造。

◇ 包括对下列广播电视节目制作及发射设备的制造活动：

—（广播电视节目制作及播控设备）

— 音频节目制作和播控设备：广播专用录音、放音设备，调音台，音质加工与信号处理设备，监听机（组），其他音频节目制作和播控设备；

— 视听节目制作及播控设备：广播电视专业录、摄像机，视频切换台，视频矩阵，非线性编辑设备，虚拟演播室设备，信号源设备，视频信号处理设备，电视信号同步设备，其他视听节目制作及播控设备；

— 电视转播车及现场新闻采集车；

—（广播电视发射设备）

— 广播发射设备：短波广播发射机、中波广播发射机、调频广播发射机、数字声音广播发射机、调频同步广播设备、调幅同步广播设备、其他广播发射设备；

— 电视发射设备：模拟电视发射机、数字电视发射机、电视差转机、电视转播发射机、其他电视发射设备；

— 卫星电视设备（部分）：卫星电视上行发射设备、卫星电视接收转发设备、其他卫星电视设备；

— 广播电视微波传输设备：点对点数字微波中继设备、多频道多点分配系统（MMDS）；

— 有线电视网络设备：有线电视网络前端设备、有线电视光缆传输系统设备、有线电视电缆分配系统及终端设备、其他有线电视网络设备。

◆ 不包括：

— 卫星广播电视通信设备制造，列入3921（通信系统设备制造）；

— 广播电视接收设备、发射天线和天线控制器的制造，列入3932（广播电视接收设备及器材制造）；

— 家用摄像机的制造，列入3953（影视录放设备制造）。

3932　　广播电视接收设备及器材制造

指专业广播电视接收设备、专业用录音录像重放、音响设备及其他配套的广播电视设备的制造，但不包括家用广播电视接收设备及装置的制造。

◇ 包括对下列广播电视接收设备及器材的制造活动：

— 电视接收设备：视像监视机、视像投影机；

— 广播接收设备：广播接收设备、机动车辆用广播接收设备、广播模拟电视接收装置；

— 卫星广播电视接收设备：卫星广播电视接收一体机、卫星广播电视接收高频头等；

— 有线电视接收设备：用户终端设备、有线电视分配系统设备、有线电视配套设备；

— 专业录音和录像及重放设备：音频功率放大设备、录音转播机、专用电唱机、语音语言实验室设备；

— 录像及重放像设备：电视光盘重放设备，磁带型录像机、视、音频编码器等；
— （广播电视设备专用配件）
— 音频电子放大器、拾音器；
— 激励器、中频调制器、双工器、输出滤波器；
— 专业用天线、天线发生器、天线转子、混合器、分配器、分支器等其他附件；
— 其他广播电视设备专用配件：假负载、摄像机光学镜头、摄像机云台、摄像机防护罩、其他未列明广播电视设备专用配件；
— （电声器件）
— 通信传声器件：送话器、受话器、组合件；
— 传声器（麦克风）：电容式传声器、动圈式传声器、驻极体传声器、硅传声器、无线传声器、其他传声器；
— 扬声器：号筒扬声器、直接辐射式扬声器、球顶形扬声器、汽车扬声器、其他扬声器；
— 音箱：专业用音箱、家庭用音箱、监听用音箱、其他音箱；
— 耳机：无线耳机、其他耳机；
— 蜂鸣器、蜂鸣片；
— 其他电声器件。

◆ 不包括：
— 家用电视机、投影电视机、录像机、激光视盘机等影视机械的制造，分别列入 3951（电视机制造）、3953（影视录放设备制造）；
— 收音机、录音机等家用音响设备制造，列入 3952（音响设备制造）；
— 数码相机制造，列入 3473（照相机及器材制造）。

3939 应用电视设备及其他广播电视设备制造

指应用电视设备、其他广播电视设备和器材的制造。

◇ 包括对下列应用电视设备及其他广播电视设备的制造活动：
— 监控电视摄像机：补光智能型摄像机、日夜转换型摄像机、一体化彩色摄像机、低照度彩色摄像机、其他监控电视摄像机；
— （应用广播电视设备）
— 通用应用电视监控系统设备：黑白、彩色监控用摄像机，黑白、彩色视频监视器，信号控制设备（控制主机），视频信号传输设备，其他通用应用电视监控系统设备；
— 特殊环境应用电视设备：高温电视设备、防爆电视设备、防辐射电视设备、水下电视设备、井下电视设备、其他特殊环境应用电视设备；
— 特殊成像及功能应用电视设备：X 光电视设备、微光电视设备、红外电视设备、紫外电视设备、显微电视设备、内窥镜电视设备、测量电视设备、跟踪电视设备、其他特殊成像及功能应用电视设备；
— 其他应用广播电视设备：立体电视设备、可视门铃对讲设备、大屏幕电子显示系统、公共信息自动服务系统、语言实验室设备、其他未列明用途应用广播电视设备。

394 3940 雷达及配套设备制造

指雷达整机及雷达配套产品的制造。

◇ 包括对下列雷达及配套设备的制造活动：
— 雷达设备：导航用雷达设备、盲降及交通控制设备、雷达测高设备、气象雷达、空袭警报雷达装置、盲目投弹设备、雷达发射 - 应答器、其他雷达设备；

— 雷达配套设备:敌我识别器、雷达侦察干扰设备、高度表、指挥仪、二次雷达应答机、指挥仪装备配套产品、雷达用油机、雷达天线、雷达维护备件等;
— 无线电导航设备:机动车辆用无线电导航设备、无线电罗盘、无线电信标、无线电浮标、接收机、其他无线电导航设备;
— 无线电遥控设备:船舶无线电遥控设备,无人驾驶飞机无线电遥控设备,遥控火箭、导弹无线电遥控设备,玩具、模型遥控用无线电装置,地雷引爆遥控用无线电装置,机器遥控用无线电装置,其他无线电遥控设备;
— 雷达及无线电导航设备零件:雷达天线及其反射器及零件、其他雷达及无线电导航设备零件;
— 雷达测速仪。

395　　视听设备制造

3951　　电视机制造

指非专业用电视机制造。

◇ 包括对下列电视机的制造活动:
— 彩色电视机:显像管彩色电视机、液晶(LCD)电视机、等离子(PDP)电视机、投影电视机、其他彩色电视机;
— 黑白电视机;
— 其他视频设备:移动电视机、其他未列明视频设备。

3952　　音响设备制造

指非专业用无线电收音机、收录音机、唱机等音响设备的制造。

◇ 包括对下列音响设备的制造活动:
—(家用音响设备)
— 收音机及组合音响:收录放音组合机、组合音响、带时钟收音机、其他收音机及组合音响;
— 半导体收音机:袖珍盒式磁带收放机、其他半导体收音机;
— 便携式收录(放)音组合机:半导体存储器播放器、CD 机、其他便携式收录(放)音组合机;
— 家用电唱机、放声机:电唱机,激光唱机,投币式唱机,其他家用唱机、放声机;
— 家用录放音机:袖珍盒式磁带放声机(单放机)、复读机、口授记录机、电话录音机、数字录音机(笔)、功率放大器、其他家用录放音机;
— 数字化多媒体组合机;
— 其他家用音响设备;
— 汽车用音响设备:汽车用收录(放)音组合机、其他汽车用音响设备;
— 走带机芯:录音机芯、录像机芯、CD 机芯、其他走带机芯。

3953　　影视录放设备制造

指非专业用录像机、摄像机、激光视盘机等影视设备整机及零部件的制造,包括教学用影视设备的制造,但不包括广播电视等专业影视设备的制造。

◇ 包括对下列影视录放设备的制造活动:
—(家用影视摄、录、放设备)
— 家用摄录像机:录放像机、家用摄录一体机、数码摄像机、其他家用摄录像机;

— 数字激光音、视盘机:VCD 视盘播放机,DVD 视盘播放机,硬盘录放机,EVD 机,HVD 机,其他数字激光音、视盘机;
— 其他家用影视摄、录、放设备;
—(部分家用视频设备配件)
— 激光视盘机机芯:VCD 机芯、DVD 机芯、其他激光视盘机机芯;
— 电视接收机顶盒:有线电视机顶盒、地面广播机顶盒、卫星广播机顶盒、IP 机顶盒;
— 其他家用视频设备配件。

396 电子器件制造

3961 电子真空器件制造

指电子热离子管、冷阴极管或光电阴极管及其他真空电子器件,以及电子管零件的制造。

◇ 包括对下列电子真空器件的制造活动:
—(电子管)
— 收讯放大管:直热式小型管、旁热式小型管、框架栅小型管、超小型管、八脚管、拇指管、其他收讯放大管;
— 微波管:磁控管、速调管、微波气体放电管、行波管、返波管、噪声管、灯塔管、天线开关管、其他微波管;
— 发射管:中小功率发射管、大功率发射管、调制管、其他发射管;
— 稳定管:稳压管、稳流管、其他稳定管;
— 离子管:闸流管、放电管、十位计数管、冷阴极触发管、紫外光敏管、其他离子管;
—(电子束管)
— 显像管:彩色显像管、黑白显像管、其他显像管;
— 显示管:彩色数据/图形显示管、黑白数据/图形显示管、雷达显示管、其他显示管;
— 投影管、监视管、示波管、储存管、脉冲形成管、飞点扫描管;
— 其他电子束管;
— 射线计数管;
— 真空开关管:高、中压真空开关管(3 ~ 36kV),低压真空开关管(3kV 以下),其他真空开关管;
— 真空电子器件零件:显像管配件(彩色显像管电子枪零件、彩色显像管玻壳、彩色显像管用荫罩)、电子管零件、其他真空电子器件零件;
— 其他真空电子器件:真空荧光显示器件(VFD)、真空规管、频标管、其他未列明真空电子器件。

3962 半导体分立器件制造

◇ 包括对下列半导体分立器件的制造活动:
— 半导体二极管:小信号二极管,稳压、整流、开关二极管,过电过压保护二极管,微波二极管,其他半导体二极管;
— 半导体三极管;
— 小信号晶体管:双极晶体管、场效应晶体管、微波晶体管;
— 功率晶体管:双极功率晶体管、双极功率晶体管模块、场效应功率晶体管、场效应功率晶体管模块、微波功率晶体管、微波功率晶体管模块、绝缘栅双极晶体管、绝缘栅双极晶体管模块、晶闸管(5A 以下);

— 半导体敏感器件:压力敏感器件、磁敏器件、气敏器件、湿敏器件、离子敏感器件、声敏感器件、射线敏感器件、生物敏感器件、静电敏感器件、光敏感器件、热敏感器件、其他半导体敏感器件;

— 传感器;

— 半导体器件专用零件;

— 其他半导体分立器件。

3963　　集成电路制造

指单片集成电路、混合式集成电路的制造。

◇ 包括对下列集成电路的制造活动:

— 集成电路圆片:12 英寸集成电路圆片、8 英寸集成电路圆片、6 英寸集成电路圆片、5 英寸集成电路圆片、4 英寸集成电路圆片、4 英寸以下集成电路圆片;

— 集成电路封装系列:SOT(SOD)系列、DIP 系列、SOP/SOJ 系列、PQFP 系列、BGA/PGA 系列、FlipChip 系列、CSP 系列、MCP 系列、其他集成电路封装系列;

—(集成电路成品)

— MOS 微器件:MOS_MPU 微器件、MOS_MCP 微器件、MOS_DSP 微器件;

— 逻辑电路:通用数字双极电路、通用 MOS 逻辑电路、门阵列、现场可编程逻辑门阵列(FPGA);

— 存储器:DRAM 存储器、SRAM 存储器、EPROM(可擦写只读存储器)、Flash 存储器、其他存储器;

— 模拟电路:放大器电路、接口电路、电压校准电路、数/模、模/数转换电路、比较器电路、其他模拟电路;

— 专用电路:消费电子类专用电路、计算机及网络设备专用电路、通信专用电路、汽车电子专用电路、电源管理专用电路、其他专用电路;

— 智能卡芯片及电子标签芯片:接触式智能卡芯片、非接触式智能卡芯片、读写器电路、其他智能卡芯片及电子标签芯片;

— 传感器电路;

— 微波集成电路:微波单片集成电路、其他微波集成电路;

— 混合集成电路:薄膜混合集成电路、厚膜混合集成电路、微波混合集成电路、其他混合集成电路;

— 集成电路模块;

— 多芯片封装组件(MCM);

— 其他微电子组件。

3969　　光电子器件及其他电子器件制造

指光电子器件、显示器件和组件,以及其他未列明的电子器件的制造。

◇ 包括对下列光电子器件及其他电子器件的制造活动:

— 磁卡、IC 卡;

— 电子束光电器件:光电倍增管、X 射线图像增强管、摄像管、光电图像器件、其他电子束光电器件;

—(电真空光电子器件)

— 显示器件:液晶显示屏、等离子显示器件 PDP、液晶显示模组、等离子显示模组、真空荧光显示器件、有机发光二极管(OLED)、其他显示器件;

— 发光器件、光敏器件、光电耦合器件、红外器件;

— X 射线(光)管:医用 X 射线(光)管、工业用 X 射线(光)管、其他用 X 射线(光)管;
— 其他电真空光电子器件;
—(半导体光电器件)
— 光电探测器件;
— 发光二极管(LED 管):照明用发光二极管(LED 管)、其他发光二极管(LED 管);
— 其他半导体光电器件;
— 激光器件:半导体激光器件、固体激光器件、气体激光器件、其他激光器件;
—(部分家用音视频设备用配件)
— 磁头:录音磁头、录像磁头、硬盘驱动器磁头、软盘驱动器磁头、磁带机磁头、其他磁头;
— 光学头:放音光头、放像光头、ROM 光头、刻录光头、其他光学头;
— 家用天线、调谐器、偏转线圈、录音录像磁鼓、充电器、遥控器、光机引擎;
— 接口:通用串行总线接口(USB)、高清多媒体接口(HDMI)、亮/色(Y/C)分离接口、VGA 接口、数字视频接口(DVI)、DIIVA 接口、其他接口;
— 其他家用音视频设备用配件;
— 其他光电子器件及其他电子器件。

◆ 不包括:
— 电力半导体器件的制造,列入 3824(电力电子元器件制造)。

397 电子元件制造

3971 电子元件及组件制造

指组装好的电子模压组件、微型组件或类似组件的制造。

◇ 包括对下列电子元件及组件的制造活动:
—(电容器)
— 电解电容器:钽电解电容器、铝电解电容器、法拉电解电容器、铌电解电容器、片式电解电容器、其他电解电容器;
— 瓷介电容器:圆片瓷介电容器、多层瓷介电容器;
— 纸介质电容器;
— 塑料介质电容器:聚酯膜电容器、聚丙烯膜电容器、聚苯乙烯电容器、聚碳酸酯电容器、片式有机介质电容器(SMC)、其他塑料介质电容器;
— 云母电容器、玻璃釉电容器;
— 真空电容器:固定真空电容器、可变真空电容器、其他真空电容器;
— 可变电容器:薄膜可变电容器、其他可变电容器;
— 电容网络;
— 其他电容器;
—(电阻器及电阻网络)
— 电阻器:碳膜电阻器、金属膜电阻器、氧化膜电阻器、合成膜电阻器、玻璃釉电阻器、实芯电阻器、熔断电阻器、线绕电阻器、片式电阻器、其他电阻器;
— 电阻网络;
— 电位器:线绕电位器、碳膜电位器、实芯电位器、玻璃釉电位器、导电塑料电位器、片式电位器、其他电位器;
—(频率控制元器件)
— 压电陶瓷及频率元件:压电陶瓷滤波器、压电陶磁谐振器、压电陶磁振荡器、压电陶瓷检频器、压电陶瓷换能器、片式压电陶瓷器件、音叉(频率控制元器件)、声表面波滤波器、声表面波振荡器、片式声表面波器件、微波器件、其他压电陶瓷及频率元件;

— 压电石英晶体元器件：压电石英晶体谐振器、压电石英晶体滤波器、压电石英晶体振荡器、片式压电晶体器件、其他压电石英晶体元器件；
—（磁性材料元件）
— 金属软磁元件：硅钢片、金属磁粉芯、铁镍合金软磁元件、其他金属软磁元件；
— 铁氧体软磁元件：锰锌铁氧体软磁元件、镍锌铁氧体软磁元件、镁锌铁氧体软磁元件、其他铁氧体软磁元件；
— 铁氧体永磁元件：钡铁氧体永磁元件、锶铁氧体永磁元件、铁氧体粘结元件、其他铁氧体永磁元件；
— 稀土永磁元件：钕铁硼永磁元件、钐钴磁性元件、稀土钴磁性元件、稀土铁氮磁性元件、稀土超磁致伸缩元件、钐钴磁钢、粘接稀土永磁元件、其他稀土永磁元件；
— 永磁合金：铝镍钴磁钢、铝镍磁钢、其他永磁合金；
— 微波铁氧体器件；
— 电子变压器：电源变压器（电子）、中频变压器、音频变压器、脉冲变压器、开关电源变压器、特种变压器、其他电子变压器；
— 射频元器件；
— 电子元件、组件零件：电容器零件，电阻器零件，电位器零件，频率控制元器件零件，磁性元器件零件，电声器件零件，其他电子元件、组件零件；
— 敏感元件：力敏元件、压敏电阻器、光敏电阻器、热敏电阻器、磁敏感元件、湿敏元器件、气敏元器件、其他敏感元件；
— 其他电子元件。

◆ 不包括：
— 光纤光缆制造，列入 3832（光纤、光缆制造）；
— 电子专用电池制造，列入 3841（锂离子电池制造）、3842（镍氢电池制造）、3849（其他电池制造）相关类别中；
— 电力半导体元件的制造，列入 3824（电力电子元器件制造）。

3972　印制电路板制造

指在绝缘板上通过常规或非常规的印刷工艺，使导电元件、触点或电感器件、电阻器和电容器等其他印刷元件组成的电路及专用元件的制造。

◇ 包括对下列印制电路板的制造活动：
— 刚性印制电路板：单面刚性印制电路板、双面刚性印制电路板、多层刚性印制电路板；
— 挠性印制电路板：单面挠性印制电路板、双面挠性印制电路板、多层挠性印制电路板；
— 刚挠印制电路板：四层以上刚挠印制电路板、刚挠双面印制电路板、四层及四层以下刚挠印制电路板；
— 金属芯印制电路板：四层以上金属芯印制电路板、四层及四层以下金属芯印制电路板；
— 齐平印制电路板：单面齐平印制电路板、双面齐平印制电路板、多层齐平印制电路板；
— 碳膜印制电路板：单面碳膜印制电路板、碳浆贯孔印制电路板；
— 其他印制电路板。

399　3990　其他电子设备制造

指电子（气）物理设备及其他未列明的电子设备的制造。

◇ 包括对下列其他电子设备的制造活动：
—（噪音与振动控制设备）

— 消声器(噪音控制设备):阻性消声器、抗性消声器、阻抗复合消声器、微穿孔板消声器、高压气体排放消声器、有源(主动)消声器、特殊消声器、消声装置配件、其他消声器;
— 噪音与振动控制材料及元件:薄板共振吸声结构,穿孔板共振吸声结构,空间吸声体,装饰性吸声体,隔声罩、隔声屏障,隔振器,隔振元件,其他噪音与振动控制材料及元件;
— 电子快译通、电子记事本、电子词典等电子设备;
— 电子(气)加速器:电子回旋加速器、电子直线加速器、电子束加速器、高压加速器、中子发生器、离子束加速器、其他电子(气)加速器;
— 邻近卡及签;
— 电子白板;
— 其他未包括电子设备。

40 仪器仪表制造业

401 通用仪器仪表制造

4011 工业自动控制系统装置制造

指用于连续或断续生产制造过程中,测量和控制生产制造过程的温度、压力、流量、物位等变量或者物体位置、倾斜、旋转等参数的工业用计算机控制系统、检测仪表、执行机构和装置的制造。

◇ 包括对下列通用仪器仪表的制造活动:
— 工业自动调节仪表:电动调节仪表(单回路调节仪表、多回路调节仪表、温度控制器)、气动调节仪表、其他工业自动调节仪表;
— 工业自动控制系统:分散型控制系统(DCS 系统)、可编程控制系统(PLC 系统)、其他工业自动控制系统;
— 楼宇控制系统;
— 显示仪表、控制(调节)仪表系统;
— 基地式仪表、执行器;
— 气动单元组合仪表;
— 电动单元组合仪表;
— 集中控制装置;
— 智能控制系统;
— 自动化成套控制装置系统等;
— 工业自动调节仪表与控制系统零件、附件。

4012 电工仪器仪表制造

指用于电压、电流、电阻、功率等电磁量的测量、计量、采集、监测、分析、处理、检验与控制用仪器仪表及系统装置的制造。

◇ 包括对下列电工仪器仪表的制造活动:
— (电能表)
— 单相感应式电能表:普通单相电能表、单相长寿命电能表、单项预付费感应式电能表、单相脉冲电能表、其他单相感应式电能表;

— 三相感应式电能表：三相感应式有功电能表、三相感应式无功电能表、三相脉冲电能表、其他三相感应式电能表；
— 单相电子式电能表：普通单相电子式电能表、单相预付费电子式电能表、单相多费率电能表、单相多功能电能表、单相载波电能表、其他单相电子式电能表；
— 三相电子式电能表：三相电子式有功电能表、三相电子式无功电能表、三相预付费电能表、三相多费率电能表、三相多功能电能表、三相视在电能表、三相载波电能表、其他三相电子式电能表；
— 多用户电能表；
— 其他电能表；
— 自动抄表系统（不含表）：低压载波自动抄表系统、无线自动抄表系统、专用线自动抄表系统、其他自动抄表系统；
— 电力负荷控制系统；
— （电磁参数测量仪器仪表）
— 安装式仪表：安装式模拟仪表、安装式数字仪表；
— 便携式模拟仪表：万用表、钳形表、兆欧表、其他便携式模拟仪表；
— 数字仪表 -5(1/2)位及以下：数字多用表、数字钳形表、其他数字仪表；
— 数字仪表 -5(1/2)位以上：数字多用表、数字频率表、数字相位表、其他数字仪表；
— 精密仪器、测磁仪器；
— 其他电磁参数测量仪器仪表；
— （电磁参量分析与记录装置）
— 示波器：模拟示波器、数字示波器、手持示波器、混合示波器、虚拟示波器、示波器校准仪、其他示波器；
— 频谱分析仪（电工用）：微波频谱分析仪、其他频谱分析仪；
— 逻辑分析仪（电工用）、记录仪器；
— 电磁参量分析与记录装置附件；
— 配电系统电气安全检测与分析装置：电能质量分析仪、电力参数综合测量装置、配电系统电气安全检测装置、其他配电系统电气安全检测与分析装置；
— （电源装置）
— 测量电源：信号发生器（电源测量仪）、标准信号发生器、标准电源、其他测量电源；
— 普通电源装置；
— （标准与校验设备）
— 标准仪表、交直流仪器；
— 校验装置：电能表校验装置、其他校验装置；
— 扩大量限装置；
— 电力自动化仪表及系统：电量变送器、变送仪表及屏、输变电自动化系统、配用电自动化系统、其他电力自动化仪表及系统；
— 自动测试系统与虚拟仪器；
— 非电量电测仪表及装置；
— 电工仪器仪表零部件：计量芯片、计量模块、计度器、仪表外壳、仪用互感器（内置）、仪用电源（内置）、其他电工仪器仪表零部件；
— 其他电工仪器仪表。

◆ 不包括：

— 电力生产和供应中使用的计量仪表制造，列入4019（供应用仪表及其他通用仪器制造）；
— 电子、通信设备专用仪器仪表制造，列入4028（电子测量仪器制造）。

4013　　绘图、计算及测量仪器制造

指供设计、制图、绘图、计算、测量，以及学习或办公、教学等使用的测量和绘图用具、器具、精密天平及量仪的制造。

◇ 包括对下列绘图、计算及测量仪器的制造活动：

— 绘图台及绘图机：绘图台（桌）、绘图板、导轨式绘图机、轻便绘图机、其他绘图台及绘图机；

— 绘图工具：缩放仪，缩放绘图仪，航线标绘器具，绘图圆规、分规、比例规，绘图用尺、板、线及类似器具，分度规，其他绘图工具；

— 划线用具：划线器、中心冲、其他划线用具；

— 数学计算器具：计算尺、盘式计算器、圆柱计算器、其他数学计算器具（部分）；

— 量具：卡尺、量块及量规、测微螺杆类量具、量表、角度和平直度量具、电子数显量具、辅助测量器具、其他量具；

— 手动测量长度器具：比较仪（刻度盘式）、刻度尺、量图器（计图器）、其他手动测量长度器具；

— 量仪：通用长度量仪，通用角度量仪，形状和位置误差量仪，表面质量量仪，三坐标测量仪，齿轮量仪，螺纹量仪，气动、电动、主动量仪检验机，其他量仪；

— 机械量仪表：尺度计、测力仪表、转距测量仪；

—（数显装置）

— 直线位移传感器：光栅尺、磁栅尺、球栅尺、感应同步器尺、容栅尺；

— 角位移传感器：圆光栅编码器、圆磁栅编码器、圆感应同步器编码器、圆容栅编码器；

— 其他数显装置；

— 测量仪器：面积仪、千分表式比较仪、柱式测量仪表、测斜仪、球径仪、其他测量仪器；

— 其他绘图、计算仪器及零件。

◆ 不包括：

— 教学及学生用绘图、测量用具，列入2413（教学用模型及教具制造）。

4014　　实验分析仪器制造

指利用物质的物理、化学、电学等性能对物质进行定性、定量分析和结构分析，以及湿度、粘度、质量、比重等性能测定所使用的仪器；用于对各种物体在温度、湿度、光照、辐射等环境变化后适应能力的实验装置的制造；各种物体物化特性参数测量的仪器、实验装置及相关器具的制造。

◇ 包括对下列实验分析仪器的制造活动：

— 道路交通安全检测设备（部分）：酒精检测仪、其他道路交通安全检测设备；

—（温度测量仪表）

— 温度计：热电偶温度计、热电阻温度计、双金属温度计、压力式温度计、液体温度计、光学高温计、辐射高温计、隐丝式光测高温计、半导体温度计、光纤温度计、红外测温仪；

— 温度变送器，温度记录仪，温度仪表校验装置，温度仪表零件、附件；

— 其他温度测量仪表；

—（压力测量仪表）

— 普通压力仪表：液体压力计、弹簧管压力表、波纹管压力表、膜盒压力表、膜片压力表、半导体压力表、其他普通压力仪表；

— 压力开关；

— 压力校验装置：标准压力表、活塞式压力计、浮球式压力计、其他压力校验装置；

— 压力/差压变送器:电容压力/差压变送器、硅传感器压力/差压变送器、其他压力/差压变送器;
— 压力测量仪表零件、附件;
— 其他压力测量仪表;
—(部分流量测量仪表)
— 流量仪表:涡轮流量计、浮(转)子流量计、椭圆齿轮流量计、腰轮流量计、活塞式流量计、刮板流量计、圆盘流量计、电磁流量计、超声波流量计、涡街流量计、质量流量计、文丘里管流量计、体积管式流量计、内锥流量计、节流装置、其他流量仪表;
— 流量标定装置,流量测量仪表零件、附件;
— 其他流量测量仪表;
—(物位、液位测量仪表)
— 物位测量仪表:浮子式物位仪表、电容物位仪表、压力式物位仪表、雷达物位仪表、核辐射物位仪表、超声物位仪表、微波物位仪表;
— 液位测量仪表:直视式液位计、浮子式液位计、浮力式液位计、磁致伸缩液位计、气压式液位指示器、液压式液位指示器、双色光式液位指示器;
— 物位、液位测量仪表零部件;
—(显示仪表、记录仪)
— 指示仪:动圈指示仪与机械式指示仪、数字显示仪;
— 记录仪:电子记录仪、无纸记录仪;
— 报警装置,显示、记录仪表零件、附件;
— 其他显示仪表、记录仪;
— 电化学式分析仪器:极谱分析仪、电位式分析仪器、电解式分析仪器、电导式分析仪器、电量式分析仪器、滴定仪、湿化学分析仪、溶解氧测定仪、其他电化学式分析仪器;
—(光学分析仪器)
— 分光仪;
— 分光光度计:可见分光光度计、紫外可见分光光度计、红外分光光度计、原子吸收分光光度计、荧光分光光度计、其他分光光度计;
— 摄谱仪、光电直读光谱仪、光度计、照度计、折光仪、光电比色分析仪器、光度式分析仪器、红外线分析仪器、激光气体分析仪器;
— 其他光学分析仪器;
— 热学分析仪器:热重分析仪、差热分析仪、差热天平、热量计、量热仪、热物快速测定仪、差示扫描量热仪、平板导热仪、热膨胀仪、热机械分析仪、冰点测定器、沸点测定器、检镜切片机、其他热学分析仪器;
— 质谱仪器:有机质谱仪、同位素质谱仪、无机质谱仪、气体分析质谱计、表面分析质谱计、质谱联用仪、集成电路生产用氦质谱检漏台、其他质谱仪器;
— 波谱仪器:核磁共振波谱仪、顺磁共振波谱仪、核电四极矩共振波谱仪、光磁共振波谱仪、其他波谱仪器;
— 色谱仪器:气相色谱仪、液相色谱仪、色谱联用仪、色谱柱、自动进样器、其他色谱仪器;
—(电泳仪)
— 自由电泳仪:移界电泳仪、密度电泳仪、PH 梯度电泳仪、等速电泳仪;
— 支持物电泳仪:纸电泳仪、醋酸纤维膜电泳仪、淀粉胶电泳仪、琼脂糖电泳仪、聚丙烯酰胺凝胶电泳仪;
— 其他电泳仪;

— 能谱仪及射线分析仪器：电子能谱仪、离子散射谱仪、二次离子谱仪、X 射线衍射仪、发射式 X 射线谱仪、吸收式 X 射线谱仪、荧光折射仪、其他能谱仪及射线分析仪器；
— 物性分析仪器：粘度计、偏振光镜、膨胀计、孔率计、渗透仪、浊度计、密度计、表面张力仪、rH（氧化还原值）计、比重计、湿度计、其他物性分析仪器；
— 气体分析测定装置：氮气计、微量气体分析器、氧浓度测定仪、弥散功能测试仪、压力型容积描绘仪、其他气体分析测定装置；
— 分析仪器及装置零件、附件；
— 其他分析仪器及装置。

◆ 不包括：
— 光学仪器制造，列入 4041（光学仪器制造）；
— 振动、噪声、污染环境监测仪器制造，列入 4021（环境监测专用仪器仪表制造）；
— 气象专用仪器仪表制造，列入 4023（导航、气象及海洋专用仪器制造）；
— 地球物理专用仪器仪表制造，列入 4025（地质勘探和地震专用仪器制造）。

4015　试验机制造

指测试、评定和研究材料、零部件及其制成品的物理性能、机械（力学）性能、工艺性能、安全性能、舒适性能的实验仪器和设备制造。

◇ 包括对下列试验机等的制造活动：
— 金属材料试验机：拉力试验机、金属硬度试验机、弯曲试验机、旋转弯折试验机、反转扭力试验机、复合应力试验机、冲击试验机、松弛试验机、蠕变试验机、持久强度试验机、疲劳试验机、延性试验机、折叠试验机、压缩试验机、剪切试验机、电磁疲劳试验机、电子万能试验机、硬度计、其他金属材料试验机；
— 非金属材料试验机：破裂强度试验仪、折叠试验仪、弹力计、回弹计、拉伸试验仪、耐磨试验机、塑度计、其他非金属材料试验机；
— 平衡试验机：动平衡机、静平衡机、带电子平衡装置平衡机、其他平衡试验机；
— 探伤仪器：超声波探伤机、X 射线探伤机、工业 X 射线 CT、γ 射线探伤仪器、磁粉探伤机、电磁辐射探伤机、表面光洁度检验仪器、测量表面状况机械、其他探伤仪器；
— 真空计；
— 动力测试仪器：电信号传递器、测功仪、测功器、压力测量仪器、油耗测量仪器、燃烧分析仪器、漏气量测量仪器、多参数测试装置、控制仪、动力测试专用校准仪器、其他动力测试仪器；
—（天平仪器）
— 机械天平：普通机械天平、精密机械天平；
— 电子天平：普通电子天平、精密电子天平；
— 其他天平仪器；
—（环境试验设备）
— 力学环境试验设备：振动试验台、冲击试验台、碰撞试验台、弹跳试验台、摇摆试验台、跌落试验台、运输试验台、稳态加速度试验机、声振试验设备、其他力学环境试验设备；
— 气候环境试验设备：温度试验设备、生物培养设备、恒温箱、湿热试验设备、温度湿度试验设备、腐蚀试验设备、低气压试验设备、高气压试验设备、真空试验设备、老化或综合气候试验设备、防护试验设备、其他气候环境试验设备；
— 可靠性试验设备：元器件标志耐久性试验设备、元器件引出端强度试验设备、引出端可焊性试验设备、引出端耐焊接热试验设备、阻容元件寿命试验设备、开关寿命试验设备、接插件寿命试验设备、电真空器件寿命试验设备、半导体器件寿命试验设备、集成电路寿命试验设备、其他可靠性试验设备；

— 其他环境试验设备；
—（产品、材料检验专用仪器）
— 手表及零件检验专用仪器：游丝检验仪器、振幅计、电子校表仪、手表整机检验仪器、其他手表及零件检验专用仪器；
— 材料厚度测量或检查仪器：钢材厚度测量或检查仪器、超声波厚度测量仪器、β 及 γ 射线厚度计、其他材料厚度测量或检查仪器；
— 光学加工用中心仪；
— 其他产品、材料检验专用仪器；
— 检测器具及设备：车辆发动机测试设备，制帽用头形量器，正弦规，铅垂线，校验标准器，多维测量设备，测微式标准测量机，振动、膨胀、冲击测定设备，测定粘土等收缩率仪器，应力及应变特殊电测量仪器，负荷传感器，电子记时计，电子计时仪，轮廓投影仪，其他检测器具及设备；
— 试验机械，相关检测仪器、器具零件：材料试验用机器及器具零件，相关检测仪器、器具零件；
— 其他试验机。

◆ 不包括：
— 精密天平，列入 4014（实验分析仪器制造）。

4019　供应用仪表及其他通用仪器制造

指电、气、水、油和热等类似气体或液体的供应过程中使用的计量仪表、自动调节或控制仪器及装置，以及其他未列明的通用仪器仪表和仪表元器件的制造。

◇ 包括对下列供应用仪表及其他通用仪器的制造活动：
— 流量测量仪表（部分）：燃气表、水表、热量表、油表；
—（执行器）
— 电动执行机构：角行程电动执行机构、直行程电动执行机构；
— 气动执行机构，电液执行机构，阀门定位器；
— 调节阀：套筒阀、角形阀、偏心旋转阀、自力式调节阀、其他调节阀；
— 电磁阀，执行器零件、附件；
— 其他执行器；
—（其他工业仪表）
— 配套装置：防爆栅、隔离器及配电器；
— 仪表盘柜：仪表柜及机架、仪表盘、操作台、仪表箱。

402　专用仪器仪表制造

4021　环境监测专用仪器仪表制造

指对环境中的污染物、噪声、放射性物质、电磁波等进行监测和监控的专用仪器仪表及系统装置的制造。

◇ 包括对下列环境监测专用仪器仪表的制造活动：
— 船用环保设备：船舶防污监测系统（部分）；
— 水污染监测仪器：采水器、污水流量和液位计、沉淀物采样器、水质测试仪器、水质污染监测系统、水质污染遥测系统、其他水污染监测仪器；
— 气体或烟雾分析、检测仪器：气体或烟雾分析仪，电子烟度检测器，沼气检定器，二氧化碳浓度检定器，尘埃仪，污染源采样器，空气环境质量测定仪，污染源污染物测定仪，其他气体或烟雾分析、检测仪器；

— 噪声监测仪器，相关环境监测仪器：噪声监测仪器、振动监测仪器等、放射性监测仪器、电磁波监测仪器、其他相关环境监测仪器。

◆ 不包括：

— 环境保护用通用仪器仪表制造，列入401（通用仪器仪表制造）中的相关行业。

4022　　运输设备及生产用计数仪表制造

指汽车、船舶及工业生产用转数计、生产计数器、里程记录器及类似仪表的制造。

◇ 包括对下列运输设备及生产用计数仪表的制造活动：

— 汽车仪器仪表：车辆用速度表、里程计、车费计价计、汽车油表、其他汽车仪器仪表；

— 计数装置：转数计、产量计数器、步数计（计步器）、入场计数器、电子脉冲计数器、机器工作时间计数器、台球计分器、手撳计数器、其他计数装置；

— 速度计及转速表：速度测量仪表、精密计时系统、振荡式转速系统、离心式系统、电气式系统、其他速度计及转速表；

— 汽车速测仪：汽车电子速测仪、双像速测仪、自动归算速测仪、其他汽车速测仪；

— 频闪观测仪；

— 计数装置、速度计及转速表零件。

◆ 不包括：

— 汽车用计时仪器的制造，列入4030（钟表与计时仪器制造）。

4023　　导航、气象及海洋专用仪器制造

指用于气象、海洋、水文、天文、航海、航空等方面的导航、制导、测量仪器和仪表及类似装置的制造。

◇ 包括对下列导航、气象及海洋专用仪器的制造活动：

— 定向罗盘及定位系统：定向罗盘（罗盘仪、磁罗盘、陀螺罗盘、陀螺磁罗盘、航海罗经、其他定向罗盘）、卫星定位系统（GPS）、激光导向仪；

— 航空或航天导航仪器及装置：高度表、空速指示器、升降速度表、仿真地平仪及陀螺地平仪、转弯倾斜仪、马赫计、加速度计、自动驾驶仪、其他航空或航天导航仪器及装置；

— （船舶导航系统）

— 船舶定位仪器：罗经、六分仪、八分仪、方位角仪、计程仪、测深仪、自动舵、其他船舶定位仪器；

— 船用天文导航设备：航线记录装置、倾斜仪、回声测深仪器、其他船用天文导航设备；

— 超声波探测或搜索设备：防潜仪、声纳及类似设备、其他超声波探测或搜索设备；

— 其他船舶导航系统；

— 导航仪器及装置零件、附件；

— 测距仪：光学测距仪、光电测距仪、微波测距仪、手持测距仪、其他测距仪；

— 经纬仪：光学经纬仪、电子经纬仪、激光经纬仪、陀螺经纬仪、其他经纬仪；

— 电子速测仪：组合式电子速测仪、全站型电子速测仪、陀螺电子速测仪、其他电子速测仪；

— 水准仪：水准器水准仪、自动安平水准仪、数字水准仪、激光水准仪、其他水准仪；

— 平板仪：一般平板仪、电子平板仪、其他平板仪；

— 垂准仪：光学垂准仪、自动安平垂准仪、激光垂准仪、其他垂准仪；

— 建筑施工激光仪器：激光扫平仪、激光投线仪、激光指向仪、其他建筑施工激光仪器；

— 空间扫描测量仪：激光跟踪测量仪、三维激光扫描测量仪、断面扫描测量仪、其他空间扫描测量仪；

— 摄影测量系统：近景摄影测量系统、航空摄影测量系统、其他摄影测量系统；
— 测量型 GNSS 接收机：测量型静态 GNSS 接收机、测量型实时差分 GNSS 接收机、其他测量型 GNSS 接收机；
— 大地测量仪器零件、附件；
— 其他大地测量仪器；
—（气象观测仪器）
— 气象专用测温仪器及温度传感器，气象专用测湿仪器及湿度传感器；
— 温湿组合装置及温、湿传感器：温湿记录仪，气压温湿记录仪，日光辐射计，测霜仪，其他温湿组合装置及温、湿传感器；
— 测气压仪器，测风仪器，降水蒸发仪器，辐射、日照记录仪，测云仪，能见度仪，高空探测设备，气象仪器检定设备；
— 其他气象观测仪器；
— 水文仪器：自动记录水位计、三用电导仪、旋杯式流速仪、旋桨式流速仪、涌浪或潮汐观测仪器、水动态测量仪、温度测量仪器、深度测量仪器、海冰测量仪器、多参数综合测量仪器、其他水文仪器；
— 气象、水文仪器及装置零件、附件；
— 其他气象、水文仪器及装置。

4024　农林牧渔专用仪器仪表制造

指农、林、牧、渔生产专用仪器、仪表及类似装置的制造。

◇ 包括对下列农林牧渔专用仪器仪表的制造活动：
— 农业专用仪器：土壤测定分析仪器、粮食种子测试处理仪器、数粒仪、植物生长仪、叶绿素测定仪、活体叶绿素仪、光电叶面积仪、粮油检样器、验粉筛等；
— 林业专用仪器：木材水分测试仪等；
— 牧业专用仪器：牧草生长仪、乳脂测定仪、测膘仪、牛胃金属异物探测仪等；
— 渔业专用仪器：探鱼仪、虾苗放流计数仪等。

◆ 不包括：
— 渔业导航、制导、定位仪器仪表的制造，列入 4023（导航、气象及海洋专用仪器制造）。

4025　地质勘探和地震专用仪器制造

指地质勘探、钻采、地震等地球物理专用仪器、仪表及类似装置的制造。

◇ 包括对下列地质勘探和地震专用仪器的制造活动：
— 石油测井仪器设备：双侧向测井仪、双感应－球形聚焦测井仪、微球型聚焦测井仪、高分辨率声波测井仪、声波变密度测井仪、自然伽马测井仪、补偿中子测井仪、小井眼系列测井仪、其他石油测井仪器设备；
— 测震仪器：甚宽频带测震仪器、宽频带测震仪器、短周期地震仪器、其他测震仪器；
—（地震前兆仪器）
— 地下流体观测仪器：水位观测仪器、地温观测仪器、气体观测仪器、其他地下流体观测仪器；
— 形变仪器：水准仪器、地倾斜观测仪器、钻孔应力应变观测仪器、硐体应变观测仪器、跨断层观测仪器、GPS 观测仪器、重力观测仪器、其他形变仪器；
— 电磁仪器：地电阻率观测仪器、大地电场观测仪器、DI 仪、磁力仪、电磁波观测仪器、地磁经纬仪、磁秤、其他电磁仪器；
— 强震仪器：自由场固定观测强震仪器、自由场流动观测强震仪器、结构观测台阵强震仪器、其他强震仪器；

— 其他地震专用仪器；
— 钻探测试、分析仪器：钻探测井仪器，泥浆分析仪器，岩矿物理性质测量仪，其他钻探测试、分析仪器；
— 矿井安全仪器、大坝观测仪器；
— 金属、矿藏探测器零件；
— 其他未列明的地质勘探和地震专用仪器。

4026　教学专用仪器制造

指专供教学示范或展览，而无其他用途的专用仪器的制造。

◇ 包括对下列教学专用仪器的制造活动：
— 电气化教学设备：教学演示瓦特表、教学演示用直流电流表、教学演示用直流电压电表、教学演示交流电表、教学演示用交流电压电表、其他电气化教学设备；
— 供示范用机器或装置：维姆休斯特起电机、阿特伍德机械、马德堡半球、格氏环、牛顿盘、其他供示范用机器或装置；
— 其他教学专用仪器。

4027　核子及核辐射测量仪器制造

指专门用于核离子射线的测量或检验的仪器、装置，核辐射探测器等核专业用仪器仪表的制造。

◇ 包括对下列核子及核辐射测量仪器的制造活动：
— 离子射线测量或检验仪器：带有电离室检测仪器、盖革计数器、电离室、辐射剂量仪及类似设备、测量宇宙射线设备、热电堆中子探测仪器、热电堆中子测量仪器、射线测量或探测仪器、其他离子射线测量或检验仪器；
— 离子射线应用设备：离子射线检验设备、离子射线测量仪器设备、电离风速计、其他离子射线应用设备；
— 核辐射监测报警仪器：射线烟雾探测器火灾报警器、核辐射剂量监测报警仪器、核反应堆用记录、监测仪器、核反应堆用报警仪器、其他核辐射监测报警仪器；
— 放射性物体加工计量仪器；
— 辐照加工用仪器设备；
— 辐射无损检测、探伤仪器；
— 其他核子及核辐射测量仪器。

◆ 不包括：
— 各种医用辐射检查与治疗仪器设备的制造，列入 3581（医疗诊断、监护及治疗设备制造）。

4028　电子测量仪器制造

指用电子技术实现对被测对象（电子产品）的电参数定量检测装置的制造。

◇ 包括对下列电子测量仪器的制造活动：
— 光学检测仪器及设备：氦质谱检漏台、半导体器件光学检验仪器、光学或分度尺比较仪、光学表面检查仪、光学测角仪或角规、比长仪工作台、干涉仪、校直望远镜、光学尺、测微读数装置、焦距计、其他光学检测仪器及设备；
— 通信测量仪器：有线通信测量仪器、无线通信测量仪器、移动通信测量仪器、光通信测量仪器、光纤特性测量仪器、网络通信测量仪器、基站测量仪器、手机测量仪器、其他通信测量仪器；

— (通用电子测量仪器)
— 频率测量仪器:数字脉冲频率测量仪器、模拟式频率测量仪器、电子计数器扩频装置、特种计数器、频率标准、校频比相仪、其他频率测量仪器;
— 电子计数器、时间测量仪器;
— 电压测量仪器:直流数字电压表、高频数字电压表、数字多用表、电压标准装置、模拟式电压表、数字面板表、其他电压测量仪器;
— LCR 电桥;
— 电子元器件参数测量仪器:半导体器件图示仪、数字存储半导体器件图示仪、电力电子器件测试仪、光电器件测试仪、其他电子元器件参数测量仪器;
— 信号发生器(通用电子):低频信号发生器、高频信号发生器、超高频信号发生器、微波信号发生器、功率信号发生器、扫描信号发生器、频率合成信号发生器、数字合成信号发生器、数字信号发生器、函数信号发生器、其他信号发生器(通用电子);
— 脉冲测量仪器;
— 频谱波形分析仪:失真度测量仪、频偏调制度测量仪、相位移相器、其他频谱波形分析仪;
— 逻辑分析仪(通用电子);
— 频谱分析仪(通用电子);
— 扫频仪;
— 网络分析仪:标量网络分析仪、矢量网络分析仪、一体化矢量网络分析仪、传输线/天线分析仪、其他网络分析仪;
— 功率计及探头:微波功率计、脉冲功率计、激光功率计、功率探头、其他功率计及探头;
— 噪声系数测试仪;
— 超低频测量仪:超低频信号分析仪、超低频频响分析仪、超低频信号源、超低频电压表、超低频滤波器和放大器、超低频相位移、其他超低频测量仪;
— 总线测量仪器:LXI 总线测量仪器、VXI 总线测量仪器、PXI 总线测量仪器、PC 基测量仪器;
— 广播电视测量仪器:音视频测量仪器、数字电视测量仪器;
— 新型显示器件测量仪器:TFT - LCD、PDP、OLED 平板显示器件测试仪器,LED 发光器件测量仪器,其他新型显示器件测量仪器;
— 新型材料测试仪器:半导体材料测试仪器、新型显示器件材料测试仪器、光电子材料测试仪器、磁性材料测试仪器、电子功能材料测试仪器、其他新型材料测试仪器;
— 集成电路测试仪器:数字 IC 测试仪、混合 IC 测试仪、SOC 测试仪、边界扫描测试仪、其他集成电路测试仪器;
— 微波测量仪器:微波网络特性测试仪及网络分析仪、雷达综合测试仪、微波功率放大器、微波漏能测试仪、微波同轴器件、微波波导器件、微波集成器件、其他微波测量仪器;
— 印制电路板测量仪器;
— 声学测量仪器:声级计和噪声测量仪(声震信号发生器、声级计、实时信号分析仪)、电声测量仪、震动测量仪、噪声显示屏;
— 干扰场强测量仪器;
— 电子测量仪器零、附件;
— 其他光学、电子测量仪器。

4029　　其他专用仪器制造

指用于纺织、电站热工仪表等其他未列明的专用仪器的制造。

◇ 包括对下列其他专用仪器的制造活动：

— 药物检测仪器：硬度检测仪、溶出试验仪、除气仪、崩解仪、脆碎仪、冻力仪、其他药物检测仪器；
— 脏器生化制药机械；
— 铁路专用测量或检验仪器：钢轨探伤仪，机车信号主机、监控装置测试仪，平面调车测试仪，轴温报警仪，其他铁路专用测量或检验仪器；
— 船舶自动化、检测、监控系统：机舱自动化控制装置、综合船桥系统、其他船用自动化、检测、监控系统；
— 产品设备安装服务：专用仪器仪表安装服务（部分）；
—（纺织专用测试仪器）
— 纺织品测试仪器：纺织品测力计、伸长计、耐磨试验仪、织物平磨仪、其他纺织品测试仪器；
— 检验纺织材料设备：纱线分级卷取机（卷绕机）、扭力计、扭力记录器、拉力计、纱线直径测量仪器、均匀度检测仪器、其他检验纺织材料设备；
— 其他纺织相关专用测试仪器；
— 其他未列明专用仪器。

403 4030 钟表与计时仪器制造

指各种钟、表、钟表机芯、时间记录装置、计时器的制造，还包括装有钟表机芯或同步马达，用以测量、记录或指示时间间隔的装置、定时开关，以及钟表零配件的制造。

◇ 包括对下列钟表与计时仪器的制造活动：

—（钟）
— 石英电子钟：表心石英钟、石英闹钟、石英挂钟、石英天文钟、石英落地钟、其他石英电子钟；
— 机械钟：表心机械钟、机械闹钟、机械挂钟、机械落地钟、其他机械钟；
— 电波钟；
— 设备、仪器仪表用钟：仪表板钟，车辆用钟，航空器用钟，航天器用钟，船舶用钟，其他设备、仪器仪表用钟；
— 其他钟；
—（表）
— 石英电子表：石英电子手表、石英电子怀表、石英电子秒表、石英电子盲人表、其他石英电子表；
— 机械表：机械手表、机械怀表、机械秒表、机械盲人表、其他机械表；
— 电波表；
— 其他表；
—（表机心）
— 石英电子表心：指针式电子表心、数字显示电子表心、其他石英电子表心；
— 机械表心：自动上弦完整表心、其他机械表心；
— 其他表机心；
— 钟机心：石英电子钟机心、机械钟机心、其他钟机心；
—（未组装钟表机心）
— 未组装表机心：未组装完整表机心、已组装不完整表机心、其他未组装表机心；
— 未组装钟机心：未组装完整钟机心、不完整钟机心；
—（定时器）

— 电子式定时器:电风扇用电子式定时器、洗衣机用电子式定时器、电烤箱用电子式定时器、其他电子式定时器;
— 机械式定时器:电风扇用机械式定时器、洗衣机用机械式定时器、电烤箱用机械式定时器、机械式响铃定时器、其他机械式定时器;
— 其他定时器;
— 时间记录器及类似计时仪器:考勤钟、时刻记录器、停车计时表、时段测量仪、其他时间记录器及类似计时仪器;
—(钟表零配件)
— 钟表元配件:钟表发条,钟表宝石轴承,钟盘、表盘,钟表夹板,其他钟表元配件;
— 表壳及其零件:表壳、表壳零件;
— 钟壳及其零件:钟壳、钟壳零件;
— 金属表带:贵金属表带、其他金属表带及其零件。

404 光学仪器及眼镜制造

4041 光学仪器制造

指用玻璃或其他材料(如石英、萤石、塑料或金属)制作的光学配件、装配好的光学元件、组合式光学显微镜,以及军用望远镜等光学仪器的制造。

◇ 包括对下列光学仪器的制造活动:
—(光学望远镜)
— 双筒望远镜:眼镜式望远镜、目镜变倍型双筒望远镜、狩猎用双筒望远镜、其他双筒望远镜;
— 天文望远镜:电子天文望远镜、其他天文望远镜;
— 单筒望远镜;
— 其他光学望远镜;
— 天文仪器:中星仪、赤道仪、天顶仪、地平经纬仪、地平经度度盘、日光摄谱仪、日光观测镜、定天镜、量日仪、日冕仪、其他天文仪器;
—(显微镜)
— 光学显微镜:生物显微镜、体视显微镜、金相显微镜、偏光显微镜、检测显微镜、其他光学显微镜;
— 医用非光学显微镜设备;
— 电子显微镜:扫描电子显微镜、其他电子显微镜;
— 质子显微镜;
— 其他显微镜;
—(望远镜瞄准具及类似器具)
— 武器望远瞄准具、潜望望远镜、仪器或器具部件望远镜、激光器及激光器系统;
— 放大镜:手术放大镜、双目放大镜、织物分析镜、手持式放大镜及放大器、其他放大镜;
— 光学门眼、光学光束信号设备、体视镜;
— 其他望远镜瞄准具及类似器具;
— 物镜(部分):摄影机用物镜、放映机用物镜、其他物镜;
— 已装配光学元件:滤色镜(照相机用滤色镜、其他滤色镜)、照相机用附加镜、照相机用取景器、偏振滤光镜、目镜及物镜、棱镜、透镜、反射镜、已装配半色调网屏、其他已装配光学元件;
— 偏振材料制片及板;
— 光学仪器零件、附件:光学望远镜及天文仪器零件,复式光学显微镜零件、附件,其他光学仪器零件、附件;
— 其他光学仪器。

◆ 不包括：
— 眼镜成镜、镜片及零件的制造，列入4042（眼镜制造）；
— 安装好的经光学加工的玻璃镜等，列入3057（制镜及类似品加工）；
— 光学玻璃制造，列入3052（光学玻璃制造）；
— 各种用途的照相机、电影摄影机、放映机、幻灯机、投影仪及器材的制造，列入347（文化、办公用机械制造）。

4042 眼镜制造

指眼镜成镜、眼镜框架和零配件、眼镜镜片、角膜接触镜（隐形眼镜）及护理产品的制造。

◇ 包括对下列眼镜的制造活动：
—（眼镜成镜）
— 矫正视力用眼镜：老花成镜、低视力助视镜、其他矫正视力用眼镜；
— 护目眼镜：太阳眼镜、运动眼镜、防护眼镜、活络眼镜、水下作业用护目镜、偏光立体电影专用眼镜、其他护目眼镜；
—（眼镜片）
— 角膜接触镜（隐形眼镜）；
— 光学玻璃制眼镜片：光学玻璃制矫正视力用眼镜片、光学玻璃制太阳眼镜片、光学玻璃制变色眼镜片、其他光学玻璃制眼镜片；
— 树脂材料制眼镜片：树脂材料制矫正视力用眼镜片、树脂材料制太阳眼镜片、树脂材料制变色眼镜片、其他树脂材料制眼镜片；
— 其他眼镜片；
—（眼镜框架及其零件）
— 眼镜框架：塑料制眼镜框架、金属制眼镜框架、混合材料制眼镜框架、其他眼镜框架；
— 眼镜架零件。

◆ 不包括：
— 眼镜毛坯制造，列入3052（光学玻璃制造）；
— 眼镜专用品的制造应分别列入相应的行业，如眼镜盒列入4119（其他日用杂品制造），眼镜布的制作，列入1779（其他家用纺织制成品制造）；
— 验光、配镜专用设备，列入3581（医疗诊断、监护及治疗设备制造）。

409 4090 其他仪器仪表制造业

指上述未列明的仪器、仪表的制造。

◇ 包括对下列其他仪器仪表的制造活动：
— 通用和专用仪器仪表的元件、器件；
— 其他未列明的仪器仪表。

41 其他制造业

411 日用杂品制造

4111 鬃毛加工、制刷及清扫工具制造

指用原毛加工成生产刷子类产品的成品毛的生产，或以成品毛和棕、金属丝、塑料丝等为原料加工制刷的生产，以及其他清扫工具的制造。

◇ 包括对下列鬃毛加工、制刷及清扫工具的制造活动：
— (刷子类制品)
— 牙刷；
— 梳妆及化妆用刷：发刷、剃须刷、指甲刷、睫毛刷、眉笔刷、施敷化妆品用刷、其他梳妆及化妆用刷；
— 家用刷及类似制品：衣刷、鞋刷、洗涤用刷、其他家用刷及类似制品；
— 漆刷及类似刷：猪鬃制漆刷及类似刷、其他漆刷及类似刷；
— 金属丝刷：机器、器具零件用金属丝刷，车辆零件用金属丝刷，其他金属丝刷；
— 其他刷子类制：机器、器具零件用非金属丝刷，车辆零件用非金属丝刷，油漆块垫及滚筒，其他未列明刷子类制品；
— 已加工刷类制品材料：制刷用成品鬃毛、制刷用成束材料、其他已加工刷类制品材料；
— (清洁清扫类工具及其已加工材料)
— 清洁清扫类工具：羽毛掸、扫帚、拖把、其他清洁清扫类工具；
— 已加工清洁清扫类工具材料：制帚用成束材料、其他已加工清洁清扫类工具材料。

◆ 不包括：
— 吸尘器的制造，列入3855(家用清洁卫生电器具制造)。

4119　　其他日用杂品制造

指制伞及其他未列明的各种日常生活用杂品的生产活动。

◇ 包括对下列其他日用杂品的制造活动：
— 其他非金属表带及其零件；
— 眼镜盒(袋)：眼镜盒(皮革面眼镜盒、塑料面眼镜盒、纺织材料面眼镜盒、其他眼镜盒)、各种材料制眼镜袋；
— (伞、手杖、鞭子、马鞭及其零件)
— 伞类制品：普通晴雨伞，手开式太阳伞，机械、电动式太阳伞，手杖伞，其他伞类制品；
— 手杖及类似品；
— 鞭子、马鞭及类似品；
— 伞、手杖、鞭子、马鞭零件及装饰件：伞类制品零件和装饰件，手杖及类似品零件和装饰件，鞭子、马鞭及类似品零件和装饰件；
— 拉链及其零件：拉链(金属齿拉链、尼龙齿拉链、树脂齿拉链、其他拉链)、拉链零件；
— (扣类制品及其零件)
— 扣类制品：揿扣类制品(金属制揿扣、塑料或树脂制揿扣、其他揿扣类制品；
— 钮扣类制品：金属制钮扣、塑料制钮扣、树脂制钮扣、天然材料制钮扣、其他钮扣类制品；
— 其他扣类制品；
— 扣类制品零件：揿扣类制品零件、钮扣类制品零件、其他扣类制品零件；
— 打火机及其零件：打火机(一次性气体打火机、可充气袖珍打火机、装饰性打火机、其他打火机)、打火机零件；
— 烟具：烟斗及烟斗头、烟嘴、烟斗及烟嘴零件；
— (头发装饰用物品)
— 梳子及类似品：硬质橡胶制梳子及类似品、塑料制梳子及类似品、金属制梳子及类似品、其他梳子及类似品；
— 发夹及类似品；
— 其他头发装饰用物品；
— (香水喷射器、粉扑及粉拍)

— 香水喷射器及类似品和零配件：化妆喷雾器及其座架、喷头，其他香水喷射器及类似品和零配件；
— 粉扑、粉拍及类似品；
— 婴儿推车及其零件；
— 礼仪电子用品：电子画框、相框，电子问候卡、广告卡，其他礼仪电子用品；
— 棉胎：丝棉棉胎、毛制棉胎、棉制棉胎、化纤棉制棉胎、其他棉胎；
—（宠物专用品）
— 宠物玩具；
— 宠物服装；
— 宠物猫狗专用品；
— 水族宠物专用品：亚克利水族缸及配套装置、水族缸过滤器、水族缸潜水泵、水族缸灯管及装置、水族景观水处理装置、水族缸相关配件、水族缸底沙、水族装饰品、其他水族宠物专用品；
— 宠物观赏鸟专用品：鸟喂食器，鸟饮水器，鸟沙杠，鸟笼、鸟窝及附属品，其他宠物观赏鸟专用品；
— 大型宠物护栏、网及圈；
— 宠物训练器材及工具；
— 宠物跟踪器、防丢器；
— 其他宠物专用品；
— 其他未列明的日用杂品。

◆ 不包括：
— 工艺伞的制作，列入2439（其他工艺美术品制造）。

412 4120 煤制品制造

指用烟煤、无烟煤、褐煤及其他各种煤炭制成的煤砖、煤球等固体燃料制品的活动。

◇ 包括对下列煤制品的制造活动：
— 煤制品：型煤、蜂窝煤、煤砖、煤球、其他煤制品。

413 4130 核辐射加工

指核技术与同位素技术的应用，由核辐照站利用核技术对原有产品改良、改变性质并使其增值的加工活动。

◇ 包括对下列产品的核辐射加工活动：
— 对电缆、电线、热收缩材料等工业品的辐射加工；
— 对各种药材、种子、粮食、蔬菜、干鲜果品、禽肉食品、水产品、酒和饮料等的辐照加工；
— 其他核技术加工产品。

419 4190 其他未列明制造业

◇ 包括下列其他未列明制造活动：
— 上述未包括的其他制造业产品。

42 废弃资源综合利用业

指废弃资源和废旧材料回收加工。

421 4210 金属废料和碎屑加工处理

指从各种废料［包括固体废料、废水（液）、废气等］中回收，并使之便于转化为新的原材料,或适于进一步加工为金属原料的金属废料和碎屑的再加工处理活动,包括废旧电器、电子产品拆解回收。

◇ 包括对下列金属废料和碎屑的加工处理活动:

— 熔炼用废钢:重型废钢、中型废钢、小型废钢、统料型废钢、轻料型废钢、渣钢;

— 熔炼用废铁:优质废铁、合金废铁、还原铁(热压铁);

— 金属和金属化合物矿灰及残渣:含锌矿灰及残渣,含铅淤渣,含铅抗震化合物淤渣,主要含铜矿灰及残渣,主要含铝矿灰及残渣,含砷、汞、铊及其混合物,含锑、铍、镉、铬及其混合物,主要含钨矿灰及残渣,其他金属和金属化合物矿灰及残渣;

— 有色金属废料与碎屑:铜废碎料、铝废碎料、镍废料与碎屑、铅废碎料、锌废碎料、锡废碎料、其他有色金属废料与碎屑;

— 贵金属或包贵金属废碎料:金及镀金废碎料、含金或金化合物废碎料、铂及镀铂废碎料、含铂或铂化合物废碎料、含银及银化合物废碎料、其他贵金属或包贵金属废碎料;

— 废电池:废原电池、废蓄电池、原电池废碎料、蓄电池废碎料;

— 其他金属废料和碎屑。

422 4220 非金属废料和碎屑加工处理

指从各种废料[包括固体废料、废水(液)、废气等]中回收,或经过分类,使其适于进一步加工为新原料的非金属废料和碎屑的再加工处理活动。

◇ 包括对下列非金属废料和碎屑的加工处理活动:

— 从金属矿山和黄金矿山回收的硫精矿、硫铁矿、萤石、磷等非金属原料;

— 原油、天然气生产过程中回收提取的轻烃、硫磺等;

— 从炭素生产废料中回收的石墨粉、煤焦粉、石英砂等;

— 利用废水(液)回收生产的各种非金属原料;

— 利用废物(油)炼油加工;

— (纺织品废料)

— 废丝,动物毛废料:羊毛废料、动物粗毛废料、其他动物毛废料;

— 动物毛回收纤维:羊毛回收纤维、其他动物毛回收纤维;

— 废棉:废棉纱线、棉回收纤维、其他废棉;

— 化学纤维废料:合成纤维废料、人造纤维废料;

— 旧服装、相关纺织品;

— 新或旧纺织材料碎织物:已分拣纺织材料碎织物、未分拣纺织材料碎织物;

— 废线绳索缆及其制品:已分拣废线绳索缆及其制品、未分拣废线绳索缆及其制品;

— 皮革废料:皮革或再生皮革边角废料、皮革粉末;

— 造纸废料、废纸:木浆残余碱液、回收(废碎)纸或纸板;

— 橡胶废料:橡胶废碎料、橡胶下脚料及其粉、粒、旧充气轮胎;

— 塑料废料:乙烯聚合物废碎料及下脚料、苯乙烯聚合物废碎料及下脚料、氯乙烯聚合物废碎料及下脚料、废塑料瓶、其他塑料废料;

— 废旧家电;

— 利用废气回收的各种非金属原料;

— 回收橡胶,如旧轮胎以生产二次原材料;

— 对废玻璃的破碎、清洗和分选;

— 对其他回收的废旧物资的破碎、清理和分选,如拆毁废物以获得二次原材料的处理活动;

— 其他非金属废料和碎屑。

◆ 不包括：

— 由非金属废料和碎屑中制造新产品的活动，如用废塑料再生产的塑料制品，列入 292（塑料制品业）的相关行业类别中。

43　　　金属制品、机械和设备修理业

431　4310　　金属制品修理

◇ 包括对下列金属制品的修理活动：

— 金属集装箱专业修理；

— 金属压力及大型容器专业修理；

— 其他金属制品专业修理。

◆ 不包括：

— 金属制品回生产厂修理，列入 33（金属制品业）相关类别中。

432　4320　　通用设备修理

◇ 包括对下列通用设备的修理活动：

— 锅炉及辅助设备专业修理；

— 内燃机专业修理；

— 水轮机及辅机专业修理；

— 机床专业修理；

— 起重机专业修理；

— 工业操作车辆专业修理；

— 输送机械专业修理；

— 泵及液体提升机专业修理；

— 气体压缩机专业修理；

— 非家用制冷、空调设备专业修理；

— 其他通用设备专业修理。

◆ 不包括：

— 通用设备回生产厂修理，列入 34（通用设备制造业）相关类别中；

— 复印机等办公设备的修理，列入 8029（其他办公设备维修）。

433　4330　　专用设备修理

◇ 包括对下列专用设备的修理活动：

— 采矿专用设备专业修理；

— 石油开采专用设备专业修理；

— 建筑工程专用设备专业修理；

— 冶金专用设备专业修理；

— 石油化工专用设备专业修理；

— 纺织专用设备专业修理；

— 农业机械专用设备专业修理；

— 医疗仪器设备及器械专业修理；

— 其他专用设备专业修理。

◆ 不包括：

— 专用设备回生产厂修理，列入 35（专用设备制造业）相关类别中。

434　　　铁路、船舶、航空航天等运输设备修理

4341　　铁路运输设备修理

不包括火车机车回厂修理和发动机修理活动。

◇ 包括对下列铁路运输设备的修理活动:

— 铁路机车专业修理和维护;

— 铁路车辆专业修理和维护;

— 其他铁路设备专业修理和维护。

◆ 不包括:

— 附属于铁路机务段、车辆段对铁路运输车辆的维护和修理活动,列入5339(其他铁路运输辅助活动);

— 铁路运输设备回制造厂修理,列入371(铁路运输设备制造)相关类别中。

4342　　船舶修理

不包括船舶回厂修复、发动机修理以及船舶拆除活动。

◇ 包括对下列船舶的修理活动:

— 各种船舶专业修理。

◆ 不包括:

— 船舶的拆卸活动,列入3735(船舶改装与拆除);

— 船舶回造船厂修理,列入373(船舶及相关装置制造)相关类别中。

4343　　航空航天器修理

不包括航空航天器回厂修理和发动机修理活动。

◇ 包括对下列航空航天器的修理活动:

— 各种民用航空器及器材专业修理。

◆ 不包括:

— 民用航空器及器材回生产厂修理,列入374(航空、航天器及设备制造)相关类别中。

4349　　其他运输设备修理

◇ 包括对下列其他运输设备的修理活动:

— 上述未包括的其他运输设备的专业修理。

◆ 不包括:

— 汽车、摩托车的修理,列入801(汽车、摩托车修理与维护)相关类别中;

— 自行车的修理,列入8091(自行车修理);

— 其他运输设备回生产厂修理,列入35(专用设备制造业)相关类别中。

435　4350　　电气设备修理

◇ 包括对下列电气设备的修理活动:

— 发电机专业修理;

— 发动机专业修理;

— 输配电及控制设备专业修理;

— 其他电气机械及器材专业修理。

◆ 不包括:

— 家用电器的修理,列入803(家用电器修理)相关类别中;

— 电气设备回生产厂修理,列入38(电气机械和器材制造业)相关类别中。

436 4360 仪器仪表修理

◇ 包括对下列仪器仪表的修理活动：

— 通用仪器仪表专业修理；

— 专用仪器仪表专业修理；

— 其他仪器仪表专业修理。

◆ 不包括：

— 仪器仪表回生产厂修理，列入 40（仪器仪表制造业）相关类别中。

439 4390 其他机械和设备修理业

◇ 包括对下列其他机械和设备的修理活动：

— 通信传输设备专业修理；

— 通信交换设备专业修理；

— 雷达、无线电导航设备专业修理；

— 广播电视设备专业修理；

— 其他通信设备专业修理；

— 其他未列明设备、器械、制品的专业修理。

◆ 不包括：

— 通信设备、雷达、无线电导航设备、广播电视设备等回生产厂修理，列入 39（计算机、通信和其他电子设备制造业）相关类别中；

— 其他未列明设备、器械、制品回生产厂修理，列入 C（制造业）相关类别中。

D　电力、燃气及水的生产和供应业

本门类包括44～46大类。

44　电力、热力生产和供应业

441　电力生产

4411　火力发电

指利用煤炭、石油、天然气等燃料燃烧产生的热能，通过火电动力装置转换成电能的生产活动。

◇ 包括下列火力发电活动：

— 热电厂发电；

— 利用余热、余气等发电活动。

4412　水力发电

指通过建设水电站将水能转换成电能的生产活动。

◇ 包括下列水力发电活动：

— 水电站发电；

— 抽水蓄能电站的发电活动。

4413　核力发电

指利用核反应堆中重核裂变所释放出的热能转换成电能的生产活动。

◇ 包括下列核力发电活动：

— 核能发电。

4414　风力发电

◇ 包括下列风力发电活动：

— 风力发电。

4415　太阳能发电

◇ 包括下列太阳能发电活动：

— 太阳能发电。

4419　其他电力生产

指利用地热、潮汐能、温差能、波浪能、生物能及其他未列明的能源的发电活动。

◇ 包括下列其他电力生产活动：

— 潮汐能发电；

— 沼气发电；

— 地热能发电；

— 生物质能发电：垃圾发电、竹木生物质燃料发电；

— 其他发电。

442 4420 **电力供应**

指利用电网出售给用户电能的输送与分配活动，以及供电局的供电活动。

◇ 包括下列电力供应活动：

— 供电、售电；

— 电能的输送与分配活动。

443 4430 **热力生产和供应**

指利用煤炭、油、燃气等能源，通过锅炉等装置生产蒸气和热水，或外购蒸气、热水进行供应销售、供热设施的维护和管理的活动。

◇ 包括下列热力生产和供应活动：

— 热力、热水的生产；

— 收费的热力供应服务；

— 外购蒸气、热水的供应、销售以及供热设施的维护和管理。

45 **燃气生产和供应业**

450 4500 **燃气生产和供应业**

指利用煤炭、油、燃气等能源生产燃气，或利用畜禽粪便和秸秆等农业、农村废弃物生产沼气，或外购液化石油气、天然气等燃气，并进行输配，向用户销售燃气的活动，以及对煤气、液化石油气、天然气输配及使用过程中的维修和管理活动。

◇ 包括下列燃气生产和供应活动：

— 收费的燃气供应服务；

— 焦炉煤气；

— 高炉煤气；

— 油制气；

— 水煤气；

— 发生炉煤气；

— 加压气化炉煤气；

— 其他煤气生产；

— 人工煤气供应；

— 天然气供应；

— 液化天然气(LNG)供应；

— 液化石油气供应。

◆ 不包括：

— 天然气的开采活动，列入0720(天然气开采)；

— 专门从事罐装液化石油气零售业务的活动，列入5297(生活用燃料零售)；

— 在收费或合同的基础上用管道输送气体燃料的活动，列入5700(管道运输业)。

46 **水的生产和供应业**

461 4610 **自来水生产和供应**

指将天然水(地下水、地表水)经过蓄集、净化达到生活饮用水或其他用水标准，并向居民家庭、企业和其他用户供应的活动。

◇ 包括下列自来水生产和供应活动：

— 自来水生产；

— 自来水供应；

— 自来水蓄积。

◆ 不包括：

— 在收费或合同的基础上用管道输送自来水的活动，列入 5700（管道运输业）。

462 4620 污水处理及其再生利用

指对污水污泥的处理和处置，及净化后的再利用活动。

◇ 包括下列污水处理及其再生利用活动：

— 污水的收集；

— 污水的处理及深度净化。

◆ 不包括：

— 城乡生活污水排网管理，列入 7810（市政设施管理）。

469 4690 其他水的处理、利用与分配

指将海水淡化处理，达到可以使用标准的生产活动，以及对雨水、微咸水等类似水进行收集、处理和利用活动。

◇ 包括下列其他水的处理、利用与分配活动：

— 海水淡化处理；

— 雨水的收集、处理、利用；

— 微咸水及其他类似水的收集、处理和再利用。

◆ 不包括：

— 城市雨水排放管理，列入 7810（市政设施管理）。

E 建 筑 业

本门类包括 47 ~50 大类。

47　　房屋建筑业

470　4700　房屋建筑业

指房屋主体工程的施工活动,不包括主体工程施工前的准备活动。包括房屋工程的地基、打桩工程、砖石工程、钢筋工程、混凝土工程、构架工程、顶构架工程、钢结构工程、预制构件组装与装配工程、幕墙工程、防水工程、升降脚手架服务、起重设备服务、门窗工程等;不包括主体工程施工前的准备活动。

◇ 包括对下列房屋的建筑活动:

— (房屋工程服务)
— 住宅房屋工程服务:低层房屋工程服务、高层房屋工程服务;
— 办公商务房屋工程服务、工业用房屋工程服务;
— 体育馆工程服务;
— 其他房屋工程服务;
— (房屋建筑物)
— 住宅房屋建筑物:保障性住房、普通商品房、公寓、别墅、其他住宅房屋;
— 商业及服务用房屋建筑物:商厦房屋、宾馆用房屋、餐饮用房屋、商务会展用房屋、其他商业及服务用房屋;
— 办公用房屋建筑物;
— 科研、教育、医疗用房屋建筑物:科学研究用房屋、教育用房屋、医疗用房屋;
— 文化、体育、娱乐用房屋建筑物:文化用房屋、体育及休闲健身用房屋、娱乐用房屋;
— 厂房及建筑物:车间、锅炉房、烟囱、水塔、其他厂房及建筑物;
— 仓库房屋建筑物;
— 客运等候及指挥用房屋建筑物:火车候车室房屋、汽车候车室房屋、港口候船室房屋、民航候机厅房屋、民航指挥塔房屋、其他客运等候及指挥用房屋;
— 其他房屋建筑物。

◆ 不包括:

— 工程施工前的拆除、爆破等活动,列入 5021(建筑物拆除活动);
— 工程施工前平整土地、挖土、运土等活动,列入 5029(其他工程准备活动);
— 企业特殊设施的施工(如石化厂的炼化、炼焦设施,油、气库设施;冶金厂的冶炼设施以及其他专门用工业设施),列入 4840(工矿工程建筑);
— 火车站的铁轨铺设施工,列入 4811(铁路工程建筑);
— 飞机场的跑道设施工,列入 4819(其他道路、隧道和桥梁工程建筑);
— 城市公共绿地、广场的建设,列入 4890(其他土木工程建筑)。

48　　土木工程建筑业

指土木工程主体的施工活动,不包括主体工程施工前的土方挖运、拆除、爆破等工程准备活动,该活动列入 5021(建筑物拆除活动)或 5029(其他工程准备活动)。

481 铁路、道路、隧道和桥梁工程建筑

4811 铁路工程建筑

指铁路地基、打桩、建筑砖石、钢筋、混凝土、构架、钢结构、预制构件组装与装配、建筑起重设备等工程服务

◇ 包括对下列铁路工程的建筑活动:

— 铁路工程服务:铁路路基工程服务、其他铁路工程服务;

— 铁路及设施:铁路线路、铁路站台、铁路隧道、铁路桥梁、其他铁路设施;

— 铁路铺轨服务;

— 铁路铺轨桥梁工程服务;

— 铁路隧道工程服务。

◆ 不包括:

— 火车站旅客等候厅(室)的施工,列入4700(房屋建筑业);

— 铁路电气设施的施工,列入4910(电气安装)。

4812 公路工程建筑

指公路地基、打桩、建筑砖石、铺路、混凝土等工程服务。

◇ 包括对下列公路工程的建筑活动:

— 公路工程服务:公路路基工程服务、公路路面工程服务、其他公路工程服务;

— 公路工程设施:高速公路工程设施、非高速公路工程设施、公路隧道工程设施、公路桥梁工程设施、公路收费站工程设施、停车场工程设施、其他公路工程设施。

◆ 不包括:

— 城市道路、桥梁、隧道的养护,列入7810(市政设施管理);

— 非城市道路、桥梁、隧道的养护,列入5442(公路管理与养护)。

4813 市政道路工程建筑

市政工程中的打桩、地基、建筑砖石、钢筋、混凝土、构架、钢结构、预制构件组装与装配、防水、建筑附着升降脚手架、建筑起重设备等工程服务。

◇ 包括对下列市政道路工程的建筑活动:

— 市政道路工程服务:市政道路路基工程服务、市政道路路面工程服务、其他市政道路工程服务;

— 市政轨道交通工程服务:市政轨道路基工程服务、市政轨道铺轨工程服务、其他市政轨道交通工程服务;

— 其他市政工程建筑:市政行车道路、市政行人道路、市政立交桥、市政道路隧道、市政无轨电车电气设施、市政公交停车场、其他未列明市政工程建筑。

◆ 不包括:

— 汽车站旅客等候厅(室)的施工,列入4700(房屋建筑业);

— 城市道路、桥梁、隧道的养护,列入7810(市政设施管理);

— 城市地下排水管道的施工,列入4852(管道工程建筑);

— 非城市道路、桥梁、隧道的养护,列入5442(公路管理与养护);

— 地下水渠、河道的施工,列入4821(水源及供水设施工程建筑)。

4819 其他道路、隧道和桥梁工程建筑

指其他道路、隧道、桥梁等的地基、建筑砖石、建筑钢筋、混凝土、建筑物构架、钢结构、预制构件组装于装配、防水、建筑附着升降脚手架、建筑物期中设备等工程服务。

◇ 包括对下列其他道路、隧道和桥梁工程的建筑活动：
— 其他桥梁工程服务：城市轨道桥梁工程服务、其他未列明桥梁工程服务；
— 其他隧道工程服务：城市地铁隧道工程服务、其他未列明隧道工程服务；
— 城市轨道交通设施：地铁设施、城市有轨电车设施、城市轻轨交通设施、索道运输设施；
— 飞机场及设施：飞机跑道、飞机场停机坪、其他飞机场设施；
— 其他道路及设施。

◆ 不包括：
— 飞机场旅客等候厅（室）的施工，列入4700（房屋建筑业）；
— 城市道路、桥梁、隧道的养护，列入7810（市政设施管理）；
— 非城市道路、桥梁、隧道的养护，列入5442（公路管理与养护）；
— 城市地下排水管道的施工，列入4852（管道工程建筑）。

482 水利和内河港口工程建筑

指水利、港口的地基工、打桩、建筑砖石、钢筋、混凝土、构架、钢结构、预制构件组装与装配、防水、建筑附着升降脚手架、建筑起重设备等工程服务。

4821 水源及供水设施工程建筑

◇ 包括对下列水源及供水设施工程的建筑活动：
— 水工隧洞工程服务、水井工程服务；
— 水利设施（部分）：水利枢纽设施、水库设施、引水河渠设施、灌溉排水设施。

◆ 不包括：
— 供水管道、排水管道的施工，列入4852（管道工程建筑）；
— 水处理及净化水厂工程，列入4840（工矿工程建筑）；
— 单纯的发电机组安装工程，列入4840（工矿工程建筑）；
— 水利发电的电力送配工程，列入4851（架线及设备工程建筑）。

4822 河湖治理及防洪设施工程建筑

◇ 包括对下列河湖治理及防洪设施工程的建筑活动：
— 水利土石方工程服务：水工建筑物基础处理工程服务、水工大坝工程服务、河湖整治工程服务、堤防工程服务；
— 水利设施（部分）：江河堤坝设施、城市防洪设施、海堤设施、蓄滞洪区设施、橡胶坝拦河设施、山洪防御设施。

◆ 不包括：
— 供水管道、排水管道的施工，列入4852（管道工程建筑）；
— 水处理及净化水厂工程，列入4840（工矿工程建筑）；
— 单纯的发电机组安装工程，列入4840（工矿工程建筑）；
— 水利发电的电力送配工程，列入4851（架线及设备工程建筑）。

4823 港口及航运设施工程建筑

◇ 包括对下列港口及航运设施工程的建筑活动：
— 水运工程服务：港口土石方工程服务、港口与海岸工程服务、航道工程服务、通航建筑工程服务、水上交通管制工程服务、其他水运工程服务；
— 港口与航道设施：港口船舶停泊设施、港口货物装卸设施、船坞设施、水上航标设施、航道设施、其他港口与航道设施。

◆ 不包括：

— 户外供水管道、排水管道的施工，列入4852(管道工程建筑)；

— 非港口的沿岸护滩、景观、防侵蚀、围海造地等工程，列入4830(海洋工程建筑)。

483 4830 海洋工程建筑

指海上工程、海底工程、近海工程建筑活动，不含港口工程建筑活动。

◇ 包括对下列海洋工程的建筑活动：

— 沿岸工程设施：围海造地工程设施、防侵蚀工程设施、护岸护滩工程设施、海洋观景设施、滨海污水海洋处置工程设施；

— 离岸工程设施：海洋平台设施、人工岛屿设施、人工渔礁设施；

— 海水利用设施：海水淡化设施、海水直接利用设施、海水淡化利用设施；

— 海洋能利用设施：波浪能利用设施、潮汐能利用设施、潮流能利用设施、海底热能利用设施；

— 海底工程设施：海底场馆设施、海底隧道设施、海底电缆设施、海底管道设施；

— 海洋石油工程服务。

484 4840 工矿工程建筑

指除厂房外的矿山和工厂生产设施、设备的施工和安装。

◇ 包括对下列工矿工程的建筑活动：

— 工矿工程服务：矿山工程服务、火电设备工程服务、核工程服务、炉窑工程服务、冶炼机电设备工程服务、石油化工设备工程服务、无损检测工程服务、环保工程服务、防腐保温工程服务、其他工矿工程服务；

— 矿山施工：含坑道、隧道、井道的挖掘、搭建；

— 水利发电机电设备工程服务；

— 自来水厂、污水处理厂的施工；

— 水处理系统的安装施工；

— 燃气、煤气、热力供应设施的施工；

— 固体废弃物治理工程施工：如城市垃圾填埋、焚烧、分拣、堆肥等施工；

— 其他未列明的工矿企业生产设备的施工；

— 采矿建筑设施：煤炭开采建筑设施、石油开采建筑设施、金属矿开采建筑设施、非金属矿开采建筑设施、其他采矿建筑设施；

— 制造业生产建筑设施：石油化工生产建筑设施、冶金生产建筑设施、工业储油建筑设施、工业储气建筑设施、其他制造业生产建筑设施；

— 电、水、气生产建筑设施(部分)：火力发电建筑设施、自来水生产建筑设施、污水处理建筑设施、燃气供应建筑设施、热力生产建筑设施、其他电、水、气生产建筑设施；

— 电力工程施工与发电机组设备安装：如水利发电、火力发电、核能发电、风力发电等；

— 工厂生产设施、设备的施工与安装：如炼化、焦化设备，大型储油、储气罐、塔，大型锅炉，冶炼设备，以及大型成套设备、起重设备、生产线等；

— 其他工矿设施。

◆ 不包括：

— 工厂厂房、车间等房屋的施工，列入4700(房屋建筑业)；

— 石油、天然气开采的搭架钻井工程，列入1120(石油和天然气开采辅助活动)；

— 水利与发电机组安装在一起的工程，列入4821(水源及供水设施工程建筑)；

— 电力送配工程，列入4851(架线及设备工程建筑)；

— 油田、化工厂、热力、燃气、自来水等输送管道的工程施工,列入 4852(管道工程建筑);
— 海洋石油建设工程的施工及安装,列入 4830(海洋工程建筑)。

485　架线和管道工程建筑

指建筑物外的架线、管道和设备的施工活动。

4851　架线及设备工程建筑

◇ 包括对下列架线和管道工程的建筑活动:
— 架线工程服务:送变电工程服务、电信工程服务、城市照明工程服务、其他架线工程服务;
— 电力输送设施:变电站设施、高压电力输送线设施、低压电力输送线设施、城市照明电力设施、其他电力输送设施;
— 通信设施:无线通信设施、有线通信架线设施、卫星通信接收设施、其他通信设施;
— 广播电视传输设施:广播信号传输设施、电视信号传输设施、广播电视卫星接收设施、其他广播电视传输设施;
— 其他架线及设备工程施工。

◆ 不包括:
— 建筑物内各种线路的安装施工,列入 4910(电气安装);
— 建筑物内广播电视接收设备的安装,列入 4910(电气安装);
— 建筑物内及房顶的通信设施的安装,列入 4910(电气安装);
— 海底缆线的施工,列入 4830(海洋工程建筑)。

4852　管道工程建筑

◇ 包括对下列管道工程的建筑活动:
— 管道工程服务:输油管道工程服务、输气管道工程服务、输水管道工程服务、城市管道工程服务、其他管道工程服务;
— 管道运输设施:原油、成品油输送管道设施、天然气,相关气体输送管道设施、水输送管道设施、其他管道运输设施;
— 城市管道设施:自来水供应管道设施、燃气供应管道设施、热力输送管道设施、城市排水管道设施、其他城市管道设施;
— 其他管道工程施工。

◆ 不包括:
— 建筑物内各种线路、管道的安装施工,列入 4920(管道和设备安装);
— 与生产、供应设备无法分开的管道输送设备的施工,列入 4840(工矿工程建筑);
— 海洋管道的施工,列入 4830(海洋工程建筑)。

489　4890　其他土木工程建筑

◇ 包括对下列其他土木工程的建筑活动:
— 其他土木工程服务:高耸建筑物工程服务、园林绿化工程服务、古建筑工程服务、体育场工程服务、娱乐设施工程服务、人工湿地工程服务、其他未列明土木工程服务;
— 室外体育设施工程施工:田径场、足球场、高尔夫球场、跑马场及其他体育用工程建筑;
— 室外娱乐用设施工程施工:儿童乐园、主题游乐园、水上游乐园及其他娱乐用设施工程施工;

— 景观和绿地设施工程施工:动物园、植物园、城市公园、城市绿地及其他景观和绿地工程施工;
— 公园、园林土地平整,假山、假石等人造景观及公园索道施工;
— 水井钻探施工;
— 路牌、路标、广告牌安装施工;
— 上述未包括的其他土木工程设施。

◆ 不包括:
— 室内体育、娱乐场所的施工,列入4700(房屋建筑业);
— 户外供水管道的工程,列入4852(管道工程建筑);
— 污水处理厂的施工,列入4840(工矿工程建筑);
— 城市绿地草坪的管理,列入7840(绿化管理)。

49　　建筑安装业

指建筑物主体工程竣工后,建筑物内各种设备的安装活动,以及施工中的线路敷设和管道安装活动;不包括工程收尾的装饰,如对墙面、地板、天花板、门窗等处理活动。

491　4910　　电气安装

指建筑物及土木工程构筑物内电气系统(含电力线路)的安装活动。

◇ 包括对下列电气的安装活动:
— 电力系统安装服务:建筑物照明设备安装服务、火车站电力系统安装服务、机场电力系统安装服务、港口电力系统安装服务、工矿企业电力系统安装服务、其他电力系统安装服务;
— 通信线路和设备的安装;
— 广播电视及信号设备的安装;
— 各种交通信号灯及系统安装;
— 电子工程安装服务:雷达、导航与测控系统工程安装服务,监控系统工程安装服务,电子自动化工程安装服务,电子设备工程安装服务,其他电子工程安装服务;
— 智能化安装工程服务:楼宇设备自控系统工程服务、保安监控及防盗报警系统工程服务、智能卡系统工程服务、通信系统工程服务、卫星及共用电视系统工程服务、计算机网络系统工程服务、广播系统工程服务、火灾报警系统工程服务、其他智能化安装工程服务;
— 其他电气安装。

◆ 不包括:
— 专门从事建筑物外的线路,列入4851(架线及设备工程建筑);
— 户外(野外)电力设施、设备安装,列入4851(架线及设备工程建筑);
— 水力、火力发电设备安装,列入4840(工矿工程建筑)。

492　4920　　管道和设备安装

指管道、取暖及空调系统等的安装活动。

◇ 包括对下列管道和设备的安装活动:
— 建筑物自来水系统安装服务;
— 建筑物排水系统安装服务;
— 建筑物燃气系统安装服务;
— 建筑物采暖系统安装服务;
— 建筑物空调设备、通风设备系统安装服务;
— 其他建筑物管道安装服务。

◆ 不包括：

— 城市排水系统安装施工，列入 4852（管道工程建筑）；

— 户外（野外）燃气、供暖管道施工，列入 4852（管道工程建筑）。

499 4990 其他建筑安装业

◇ 包括对下列其他建筑的安装活动：

— 大型设备安装服务：机电设备安装服务、起重设备安装服务、电梯安装工程服务、其他大型设备安装服务；

— 建筑钢结构、预制构件工程安装服务；

— 绝缘装置安装服务；

— 水处理安装服务；

— 隔声工程服务；

— 上述未包括的其他建筑安装服务。

◆ 不包括：

— 房屋防水工程，列入 4890（其他土木工程建筑）；

— 室内墙壁、地板、天花板、门窗的安装和处理，列入 5010（建筑装饰业）；

— 冶金、化工等企业专门工业设备安装，列入 4840（工矿工程建筑）；

— 工厂生产设备的安装（如塔、罐、生产线等），列入 4840（工矿工程建筑）。

50 建筑装饰和其他建筑业

501 5010 建筑装饰业

指对建筑工程后期的装饰、装修和清理活动，以及对居室的装修活动。

◇ 包括对下列建筑的装饰活动：

—（工程装饰）

— 木工装饰活动；

— 砌筑装饰活动；

— 玻璃装饰活动；

— 瓷砖、炻砖、陶砖的装饰活动；

— 抹灰装饰活动；

— 石制装饰活动；

— 门窗安装活动；

— 涂料装饰活动；

— 其他工程装饰活动；

—（室内维修）

— 水暖工维修；

— 管道工维修；

— 电工维修；

— 木工维修；

— 泥瓦工维修；

— 其他室内维修；

—（建筑设施粉刷）

— 建筑物粉刷活动；

— 路面、停车场涂漆标志活动；

— 其他建筑设施粉刷活动;
— 其他工程竣工活动及未列明建筑装饰活动。

◆ 不包括:
— 混凝土地面的施工,列入 4700(房屋建筑业);
— 隔声工程服务,列入 4990(其他建筑安装业);
— 车、船、飞机仓内的装饰活动,列入 C(制造业)相应类别中。

502　　工程准备活动

指房屋、土木工程建筑施工前的准备活动。

5021　　建筑物拆除活动

◇ 包括对下列建筑物的拆除活动:
— 爆破工程服务;
—(拆除工程服务)
— 房屋拆除服务;
— 厂房、设备拆除服务;
— 桥梁、轨道拆除及类似拆除服务;
— 其他拆除工程服务。

5029　　其他工程准备活动

◇ 包括对下列其他工程的准备活动:
— 土石方工程服务:平整场地工程服务、开挖土方工程服务、石方工程服务、土石方运输工程服务、土方回填工程服务、其他土石方工程服务;
— 工程排水施工服务;
— 其他工程准备服务。

◆ 不包括:
— 水利、防洪挖、填、运土方工程,列入 482(水利和内河港口工程建筑)相关类别中。

503　5030　　提供施工设备服务

指为建筑工程提供配有操作人员的施工设备的服务。

◇ 包括下列提供施工设备的活动:
— 提供建筑塔吊设备施工;
— 提供混凝土设备施工;
— 提供其他设备施工。

◆ 不包括:
— 仅提供建筑设备,不提供操作人员的服务,列入 7113(建筑工程机械与设备租赁)。

509　5090　　其他未列明建筑业

指上述未列明的其他工程建筑活动。

◇ 包括下列其他未列明的建筑活动:
— 工程环保设施施工:工程防声、防尘设施施工;
— 工程围栏装卸施工;
— 其他未包括的建筑活动。

F 批发和零售业

本门类包括51和52大类，指商品在流通环节中的批发活动和零售活动。

51 **批发业**

指向其他批发或零售单位（含个体经营者）及其他企事业单位、机关团体等批量销售生活用品、生产资料的活动，以及从事进出口贸易和贸易经纪与代理的活动，包括拥有货物所有权，并以本单位（公司）的名义进行交易活动，也包括不拥有货物的所有权，收取佣金的商品代理、商品代售活动；本类还包括各类商品批发市场中固定摊位的批发活动，以及以销售为目的的收购活动。

511 **农、林、牧产品批发**

指未经过加工的农作物、林产品及牲畜、畜产品、鱼苗的批发和进出口活动，但不包括蔬菜、水果、肉、禽、蛋、奶及水产品的批发和进出口活动，包括以批发为目的的农副产品收购活动。

5111 **谷物、豆及薯类批发**

◇ 包括对下列谷物、豆及薯类的批发活动：
— 谷物批发和进出口：稻谷批发和进出口、小麦批发和进出口、玉米批发和进出口、高粱批发和进出口、大麦批发和进出口、燕麦批发和进出口、黑麦批发和进出口、荞麦批发和进出口、其他谷物批发和进出口；
— 豆类批发和进出口：大豆批发和进出口、绿豆批发和进出口、红豆批发和进出口、蚕豆批发和进出口、豌豆批发和进出口、其他豆类批发和进出口；
— 薯类批发和进出口：马铃薯批发和进出口、红薯批发和进出口、其他薯类批发和进出口。

◆ 不包括：
— 加工成的米、面、油料的批发和进出口，列入5121（米、面制品及食用油批发）。

5112 **种子批发**

◇ 包括对下列种子的批发活动：
— 谷物种子批发和进出口；
— 豆类种子批发和进出口；
— 种用薯类批发和进出口；
— 蔬菜种子批发和进出口；
— 水果种子批发和进出口；
— 树种批发和进出口；
— 草种批发和进出口；
— 花种批发和进出口；
— 其他种子批发和进出口。

5113 **饲料批发**

◇ 包括对下列饲料的批发活动：
— 青饲料批发和进出口；

— 饲料牧草批发和进出口；
— 飞禽饲料批发和进出口；
— 宠物食品批发和进出口；
— 其他饲料批发和进出口。

5114　　棉、麻批发

◇ 包括对下列棉、麻的批发活动：
— 棉花批发和进出口：棉籽批发和进出口、轧棉批发和进出口、其他棉花批发和进出口；
— 麻类批发和进出口：黄红麻批发和进出口、苎麻批发和进出口、亚麻批发和进出口、其他麻类批发和进出口。

◆ 不包括：
— 棉、麻制品的批发和进出口，列入5131（纺织品、针织品及原料批发）。

5115　　林业产品批发

指林木种苗、采伐产品及采集产品等的批发和进出口活动。

◇ 包括对下列林业产品的批发活动：
— 树、竹、草批发和进出口：树苗批发和进出口、竹苗批发和进出口、竹材批发和进出口、人工草坪批发和进出口、其他树、竹、草批发和进出口；
— 经济作物批发和进出口（部分）：非食用坚果批发和进出口、编结用藤、条批发和进出口、染料作物批发和进出口、其他经济作物批发和进出口；
— 橡胶作物批发和进出口；
— 其他未列明林业产品批发和进出口。

5116　　牲畜批发

◇ 包括对下列牲畜的批发活动：
— 大牲畜批发和进出口：黄牛批发和进出口、水牛批发和进出口、奶牛批发和进出口、马批发和进出口、驴批发和进出口、骡批发和进出口、骆驼批发和进出口、其他大牲畜批发和进出口；
— 猪批发和进出口；
— 羊批发和进出口：山羊批发和进出口、绵羊批发和进出口；
— 家禽批发和进出口：鸡批发和进出口、鸭批发和进出口、鹅批发和进出口、其他家禽批发和进出口；
— 鱼苗批发和进出口；
— 其他饲养动物批发和进出口：狗批发和进出口、兔子批发和进出口、鹿批发和进出口、水貂批发和进出口、蜂批发和进出口、观赏鱼批发和进出口、其他未列明饲养动物批发和进出口。

◆ 不包括：
— 动物产品的批发和进出口，列入5119（其他农牧产品批发）。

5119　　其他农牧产品批发

◇ 包括对下列其他农牧产品的批发活动：
— 油料作物批发和进出口：花生批发和进出口、油菜籽批发和进出口、芝麻批发和进出口、其他油料作物批发和进出口；

— 糖料作物批发和进出口：甘蔗批发和进出口、甜菜批发和进出口、原料糖批发和进出口、其他糖料作物批发和进出口；
— 茶叶及饮料作物批发和进出口：茶叶作物批发和进出口、可可作物批发和进出口、咖啡作物批发和进出口；
— 花卉作物批发和进出口：鲜花批发和进出口、盆栽花批发和进出口、其他花卉作物批发和进出口；
— 烟草作物批发和进出口；
— 谷物副产品批发和进出口：稻草批发和进出口、麦秸批发和进出口、谷壳批发和进出口、高粱秸批发和进出口、玉米秸批发和进出口、其他谷物副产品批发和进出口；
— 其他农副产品批发和进出口：席草批发和进出口、苇子批发和进出口、其他未列明农副产品批发和进出口；
— 动物皮批发和进出口：牛皮批发和进出口、猪皮批发和进出口、羊皮批发和进出口、其他动物皮批发和进出口；
— 动物毛批发和进出口：羊毛批发和进出口、羊绒批发和进出口、兔毛批发和进出口、鸭（绒）毛批发和进出口、鹅（绒）毛批发和进出口、水貂毛皮批发和进出口、水獭毛皮批发和进出口、其他动物毛批发和进出口；
— 动物鲜奶批发和进出口：牛奶批发和进出口、羊奶批发和进出口、其他动物鲜奶批发和进出口；
— 其他动物产品批发和进出口：蜂蜜批发和进出口、蚕茧批发和进出口、麝香批发和进出口、鹿茸批发和进出口、其他未列明动物产品批发和进出口。

◆ 不包括：
— 蔬菜、水果、肉、禽、蛋、水产品的批发和进出口，分别列入 5123（果品、蔬菜批发）和 5124（肉、禽、蛋、奶及水产品批发）。

512 食品、饮料及烟草制品批发

指经过加工和制造的食品、饮料及烟草制品的批发和进出口活动，以及蔬菜、水果、肉、禽、蛋、奶及水产品的批发和进出口活动。

5121 米、面制品及食用油批发

◇ 包括对下列米、面制品及食用油的批发活动：
— 米批发和进出口：籼米、粳米、糯米、黄米、小米及其他米批发和进出口；
— 面粉批发和进出口：精面粉、专用面、普通面及其他面粉批发和进出口；
— 杂粮批发和进出口：玉米面、玉米楂、黑米、豆类、豆面及其他杂粮批发和进出口；
— 食用油批发和进出口：花生油、菜子油、芝麻油、动物食用油及其他食用油批发和进出口；
— 米、面制品的批发和进出口；
— 方便食品批发和进出口：方便面、八宝粥罐头等批发和进出口；
— 速冻食品批发和进出口：速冻饺子、包子、汤圆等批发和进出口；
— 婴幼儿辅助食品批发和进出口：代乳粉、藕粉批发和进出口；
— 营养食品批发和进出口：麦乳精、燕麦片等；
— 及其他粮食制品批发和进出口。

◆ 不包括：
— 未加工的谷物、豆类的批发和进出口，列入 5111（谷物、豆及薯类批发）；
— 糕点制品的批发和进出口，列入 5122（糕点、糖果及糖批发）。

5122　　糕点、糖果及糖批发

◇ 包括对下列糕点、糖果及糖的批发活动：

— 糕点批发和进出口：中式糕点批发和进出口、西式糕点批发和进出口、面包批发和进出口、饼干、曲奇批发和进出口、膨化食品批发和进出口；

— 果糖、巧克力批发和进出口：果糖批发和进出口、巧克力批发和进出口；

— 果脯及水果罐头批发和进出口：蜜饯食品批发和进出口、水果罐头批发和进出口、水果、坚果酱批发和进出口；

— 糖及原料批发和进出口。

5123　　果品、蔬菜批发

◇ 包括对下列果品、蔬菜的批发活动：

— 水果及坚果批发和进出口：水果批发和进出口（鲜果品批发和进出口、干制果品批发和进出口）、坚果品批发和进出口；

— 蔬菜及蔬菜制品批发和进出口：蔬菜批发和进出口、菌类菜批发和进出口、蔬菜制品批发和进出口。

◆ 不包括：

— 水果罐头、果酱的批发和进出口，列入 5122（糕点、糖果及糖批发）；

— 水果、蔬菜制调味酱、调味汁等的批发和进出口，列入 5125（盐及调味品批发）。

5124　　肉、禽、蛋、奶及水产品批发

◇ 包括对下列肉、禽、蛋、奶及水产品的批发活动：

—（肉、蛋、禽及水产品批发和进出口）

— 肉类批发和进出口：猪肉批发和进出口、牛肉批发和进出口、羊肉批发和进出口、其他肉批发和进出口；

— 鲜禽类批发和进出口：鲜鸡批发和进出口、鲜鸭批发和进出口、其他鲜禽类批发和进出口；

— 蛋类批发和进出口：鸡蛋批发和进出口、鸭蛋批发和进出口、其他蛋类批发和进出口；

— 水产品批发和进出口：鱼批发和进出口、蟹批发和进出口、虾批发和进出口、海参批发和进出口、贝类水产品批发和进出口、其他水产品批发和进出口；

— 熟食批发和进出口：肉类熟食批发和进出口、肉类罐头批发和进出口、蛋类熟食批发和进出口、肉类半加工食品批发和进出口、其他熟食批发和进出口；

— 鲜奶批发和进出口（指经消毒等处理，可直接饮用的鲜奶批发和进出口）。

◆ 不包括：

— 活家禽批发和进出口，列入 5116（牲畜批发）。

5125　　盐及调味品批发

◇ 包括对下列盐及调味品的批发活动：

— 食用盐的批发和进出口；

— 味精的批发和进出口；

— 酱油、食醋及类似产品的批发和进出口；

— 番茄酱、沙拉酱等类似产品的批发和进出口；

— 食品添加剂的批发和进出口；

— 其他调味品、发酵品（花椒、胡椒、大料、辣椒油、芥茉、酵母等）的批发和进出口。

5126　　营养和保健品批发

◇ 包括对下列营养和保健品的批发活动：

— 营养品批发和进出口：婴幼儿辅助食品批发和进出口、营养食品批发和进出口；

— 保健品批发和进出口：保健酒批发和进出口、胶囊保健食品批发和进出口、饮片保健食品批发和进出口、口服液保健食品批发和进出口、冲剂保健食品批发和进出口、其他保健品批发和进出口。

5127　　酒、饮料及茶叶批发

指可直接饮用或稀释、冲泡后饮用的饮料、酒及茶叶的批发和进出口活动。

◇ 包括对下列酒、饮料及茶叶的批发活动：

—（部分饮料及冷饮制品批发和进出口）

— 奶制饮料批发和进出口（部分）：酸奶批发和进出口、乳酸饮料批发和进出口、可可奶批发和进出口、咖啡奶批发和进出口、其他奶制饮料批发和进出口；

— 碳酸饮料批发和进出口：可乐饮料批发和进出口、汽水批发和进出口、苏打水批发和进出口、其他碳酸饮料批发和进出口；

— 果汁饮料批发和进出口：橘子汁饮料批发和进出口、苹果汁饮料批发和进出口、草莓汁饮料批发和进出口、菠萝汁饮料批发和进出口、西瓜汁饮料批发和进出口、酸枣汁饮料批发和进出口、其他果汁饮料批发和进出口；

— 蔬菜汁饮料批发和进出口：胡萝卜汁批发和进出口、番茄汁批发和进出口、其他蔬菜汁饮料批发和进出口；

— 水饮料批发和进出口：纯净水饮料批发和进出口、矿泉水饮料批发和进出口；

— 茶饮料批发和进出口：红茶饮料批发和进出口、绿茶饮料批发和进出口、花茶饮料批发和进出口、乌龙茶饮料批发和进出口、大麦茶饮料批发和进出口、其他茶饮料批发和进出口；

— 固体饮料批发和进出口：咖啡饮料批发和进出口、可可饮料批发和进出口、果料冲剂批发和进出口；

— 冷饮制品批发和进出口：果料冰棍批发和进出口、奶油雪糕批发和进出口、巧克力雪糕批发和进出口、冰激凌批发和进出口、其他冷饮制品批发和进出口；

—（酒批发和进出口）

— 白酒批发和进出口；

— 葡萄酒批发和进出口；

— 啤酒批发和进出口；

— 香槟酒批发和进出口；

— 黄酒批发和进出口；

— 果露酒批发和进出口；

— 其他酒批发和进出口；

—（茶叶批发和进出口）

— 红茶批发和进出口；

— 绿茶批发和进出口；

— 花茶批发和进出口；

— 铁观音茶批发和进出口；

— 普洱茶批发和进出口；

— 其他茶叶批发和进出口。

◆ 不包括：

— 未经加工茶叶的批发和进出口，列入 5119（其他农牧产品批发）；

— 未经加工的鲜奶的批发和进出口,列入5119(其他农牧产品批发);
— 经过加工的鲜奶的批发和进出口,列入5124(肉、禽、蛋、奶及水产品批发);
— 补品、保健品饮料的批发和进出口,列入5126(营养和保健品批发)。

5128 烟草制品批发

指经过加工、生产的烟草制品的批发和进出口活动。

◇ 包括对下列烟草制品的批发活动:
— 烟叶批发和进出口;
— 烟丝批发和进出口;
— 卷烟批发和进出口;
— 雪茄烟批发和进出口;
— 其他烟草制品批发和进出口。

◆ 不包括:
— 烟草原料的批发和进出口,列入5119(其他农牧产品批发)。

5129 其他食品批发

◇ 包括对下列其他食品的批发活动:
— 奶制品批发和进出口:奶油批发和进出口、黄油批发和进出口、奶酪批发和进出口、干酪批发和进出口、其他奶制品批发和进出口;
— 综合经营食品、饮料、烟草的批发和进出口;
— 其他未列明食品批发和进出口。

513 纺织、服装及家庭用品批发

指纺织面料、纺织品、服装、鞋、帽及日杂品、家用电器、家具等生活日用品的批发和进出口活动。

5131 纺织品、针织品及原料批发

◇ 包括对下列纺织品、针织品及原料的批发活动:
—(纺织原料批发和进出口)
— 纺织纱批发和进出口;
— 纺织毛条批发和进出口;
— 纺织线批发和进出口;
—(纺织品批发和进出口)
— 布料批发和进出口;
— 床上用纺织品(床单、床罩、被褥等)批发和进出口;
— 室内装饰用纺织品(窗帘、桌布、地毯、挂毯等)批发和进出口;
— 个人卫生用纺织品(浴巾、毛巾等)批发和进出口;
— 日杂用纺织品批发和进出口;
— 生产及其他用纺织品(生产用毡、毯、麻袋、伞布、锦旗、帆布、遮阳布等)的批发和进出口;
— 各种绳、线、缆及网的批发和进出口;
— 其他纺织品批发和进出口;
— 针织品批发和进出口:床上用针织品批发和进出口、室内装饰用针织品批发和进出口、个人卫生用针织品批发和进出口、其他针织品批发和进出口。

◆ 不包括：
— 服装的批发和进出口，列入5132（服装批发）；
— 针织、编织毛衣、内衣、袜子等的批发和进出口，列入5132（服装批发）；
— 围巾、头巾、领带及其他与服装相关用品的批发和进出口，列入5132（服装批发）。

5132 服装批发

◇ 包括对下列服装的批发活动：
— 男士服装批发和进出口：男士套装、男士外套、男士上衣、男士衬衫、男士T恤衫、男士外裤、男士内衣、男士毛衣毛裤、其他男士服装等批发和进出口；
— 女士服装批发和进出口：女士套装、女士外套、女士上衣、女士衬衫、T恤、裙子、女士外裤、女士内衣：女士毛衣毛裤、其他女士服装等批发和进出口；
— 童装批发和进出口：婴幼儿服装、儿童外衣、儿童内衣、儿童毛衣裤、其他童装等批发和进出口；
— 运动及休闲服装批发和进出口：运动套装、运动衣、运动裤、其他运动及休闲服装等批发和进出口；
— 特殊服装批发和进出口：学生校服、舞台表演服装、职业服装、民族服装、其他特殊服装等批发和进出口；
— 围巾、头巾批发和进出口：羊绒围巾、羊毛围巾、混纺围巾、真丝围巾、纱巾、其他围巾、头巾等批发和进出口；
— 手套批发和进出口：皮手套、毛手套、线手套、绒制手套、棉手套、其他手套等批发和进出口；
— 袜子批发和进出口：男士袜子、女士袜子、儿童袜子、其他袜子等批发和进出口；
— 皮带批发和进出口：男士皮带、女士皮带、儿童皮带等批发和进出口；
— 小件服饰批发和进出口：领带、领结、领带夹及饰物、胸针、其他小件服饰等批发和进出口；
— 其他服装批发和进出口。

◆ 不包括：
— 服装面料的批发和进出口，列入5131（纺织品、针织品及原料批发）。

5133 鞋帽批发

◇ 包括对下列鞋帽的批发活动：
— 鞋批发和进出口：皮鞋批发和进出口、布鞋批发和进出口、塑料鞋批发和进出口、旅游鞋批发和进出口、其他鞋批发和进出口；
— 帽子批发和进出口：男帽批发和进出口、女帽批发和进出口、儿童帽批发和进出口。

5134 化妆品及卫生用品批发

◇ 包括对下列化妆品及卫生用品的批发活动：
—（香水和化妆品批发和进出口）
— 香水批发和进出口：女士香水、男士香水、香精香水、护肤熏香、其他香水等批发和进出口；
— 护肤用品批发和进出口：脸部化妆品、手足化妆品、身体护理化妆品、其他护肤用品等批发和进出口；
— 头发护理用品批发和进出口：洗发用品、护发用品、染发用品等批发和进出口；
— 其他化妆品批发和进出口；

— (个人卫生用品批发和进出口)
— 妇女卫生用品批发和进出口;
— 卫生纸、纸巾批发和进出口:卫生纸、纸巾、餐巾纸、湿纸巾、其他卫生纸、纸巾等批发和进出口;
— 洗漱用品批发和进出口:牙膏、牙刷、香皂、洗浴液、洗手液、其他洗漱用品等批发和进出口;
— 其他个人卫生用品批发和进出口:梳妆镜、梳子、发卡、剃须膏、手动剃须刀、指甲刀、掏耳勺、修脚刀、镊子、其他未列明个人卫生用品等批发和进出口。

◆ 不包括:
— 居室、厨房、卫生间用清洁卫生用品的批发和进出口,列入 5135(厨房、卫生间用具及日用杂货批发)。

5135　　厨房、卫生间用具及日用杂货批发

指灶具、炊具、厨具、餐具及各种容器、器皿等的批发和进出口活动;卫生间的用品用具和生活用清洁、清扫用品、用具等的批发和进出口活动。

◇ 包括对下列厨房、卫生间用具及日用杂货的批发活动:
— (厨具、设备、餐具及日用器皿批发和进出口)
— 厨房设备批发和进出口:燃气炉、燃煤炉灶、酒精炉、燃气烤箱、手动食品加工机、其他厨房设备等批发和进出口;
— 厨房及餐饮用具批发和进出口:厨房炊事用具、炊事用具附件、餐具等批发和进出口;
— 日用器皿批发和进出口:日用玻璃器皿、日用陶瓷器皿、日用搪瓷器皿、日用塑料器皿、日用不锈钢器皿、其他日用器皿等批发和进出口;
— (清洁卫生设备、用具、用品批发和进出口)
— 卫生盥洗设备批发和进出口:普通浴缸、多功能浴缸、桑拿设备、蒸汽浴设备、洗面盆、坐便器、小便器、其他卫生盥洗设备等批发和进出口;
— 卫生盥洗用具批发和进出口:盥洗水龙头、淋浴喷头、卫生间毛巾架、洗漱架、其他卫生盥洗用具等批发和进出口;
— 清洁用具批发和进出口:笤帚、扫帚、簸箕、墩布、疏通搋子、纸篓、清洗刷子、其他清洁用具等批发和进出口;
— 清洁用品批发和进出口:洗涤用品、去污用品、去油用品、消毒用品、灭虫用品、除臭用品、其他清洁用品批发和进出口;
— 其他日用杂品批发和进出口。

◆ 不包括:
— 厨房、餐厅用各种电器设备的批发和进出口,列入 5137(家用电器批发);
— 个人卫生用品(牙膏、牙刷、香皂、洗发液等)的批发和进出口,列入 5134(化妆品及卫生用品批发)。

5136　　灯具、装饰物品批发

◇ 包括对下列灯具、装饰物品的批发活动:
— 灯具及灯头批发和进出口:灯具批发和进出口、灯头批发和进出口;
— 装饰物品批发和进出口:地面覆盖物批发和进出口、墙壁覆盖物批发和进出口、其他装饰物品批发和进出口。

◆ 不包括:
— 电线、插座、开关、舞台灯、市政照明灯、生产运输用灯的批发和进出口,分别列入 5175(五金产品批发)和 5176(电气设备批发)。

5137 家用电器批发

◇ 包括对下列家用电器的批发活动:

— 电视机批发和进出口批发和进出口:普通彩色电视机、背投式电视机、等离子电视机、液晶电视机、黑白电视机、其他电视机批发和进出口;

— 摄录像设备批发和进出口:数码摄像机、激光影碟机、普通摄像机、录放像机、其他摄录像设备批发和进出口;

— 便携式收录放设备批发和进出口:半导体收音机、便携式收录机、便携式放音机、随身听 CD 机、随身听 MP3 机、随身听 MP4 机、小型录音设备、学习复读机、其他便携式收录放设备批发和进出口;

— 音响设备批发和进出口:台式收录机、台式 CD 机、组合音响设备、音响功放设备、音响调协设备、音箱及其他音响设备批发和进出口;

— 台式收录机、台式 CD 机、组合音响设备、音响功放设备、音响调协设备、音箱、其他音响设备批发和进出口;

— 室内家用电器批发和进出口:空调、冰箱、洗衣机、电暖气、电热水器、吸尘器、电扇、烘干器、电熨斗、家用换气扇、饮水机、空气净化器、加湿器、电热毯、其他室内家用电器批发和进出口;

— 厨房电器设备批发和进出口:电炉、电磁炉、微波炉、电火锅、电炒锅、电烤设备、抽油烟机、洗碗柜、消毒柜、电饭锅、电水壶、电咖啡壶、电动食品加工机、榨汁机、混合搅拌机、其他厨房电器设备批发和进出口;

— 理发美容电器设备:电动推剪、电动吹风机、电动剃须刀、电动烘发器、电动脱毛器、电动美容仪、电动牙刷、其他理发美容电器设备批发和进出口;

— 电动保健设备:电动护肤设备、电动按摩设备、电子减肥设备、电子足底保健器、其他电动保健设备批发和进出口;

— 家用电器配套器材批发和进出口:耳机、麦克风、空白录音带、空白录像带、电源接线、家用变压器、电池、其他家用电器配套器材批发和进出口;

— 其他家用电器批发和进出口。

◆ 不包括:

— 电子乐器的批发和进出口,列入 5149(其他文化用品批发);

— 手机、电话、传真机的批发和进出口,列入 5178(通讯及广播电视设备批发);

— 电子办公设备(复印机、油印机等)的批发和进出口,列入 5179(其他机械设备及电子产品批发);

— 专用视听设备的批发和进出口,列入 5178(通讯及广播电视设备批发);

— 生活用非电器设备(燃气热水器、燃气炉等)的批发和进出口,列入 5135(厨房、卫生间用具及日用杂货批发)。

5139 其他家庭用品批发

指上述未列明的其他生活日用品的批发和进出口活动。

◇ 包括对下列其他家庭用品的批发活动:

— 钟表批发和进出口、时钟、手表批发和进出口;

— 眼镜批发和进出口:近视镜、老花镜、太阳镜等批发和进出口;

— 箱、包批发和进出口:箱、旅行包、旅行袋、书包、女士包及其他包批发和进出口;

— 家具批发和进出口:床、办公台、桌子、椅子、沙发、柜子、组合家具、专用家具及其他家具批发和进出口;

— 婴儿用品批发和进出口:婴儿奶瓶、奶嘴、婴儿护肤用品、婴儿保护用品、婴儿车、婴儿床、婴儿床上用品及其他婴儿用品批发和进出口;

— 小物品及礼品批发和进出口:室内装饰物品、个性化装饰物品、鲜花礼品、生活小物品及其他小物品及礼品批发和进出口;

— 其他未列明日用品批发和进出口:简易保健器材(非电动)、防雨用品、缝纫用品、编织用品及其他未包括日用品批发和进出口。

◆ 不包括:

— 日用杂品的批发和进出口,列入5135(厨房、卫生间用具及日用杂货批发);

— 日用家电的批发和进出口,列入5137(家用电器批发);

— 电线、插座、开关、舞台灯、市政照明灯、生产运输用灯的批发和进出口,分别列入5175(五金产品批发)和5176(电气设备批发)。

514 文化、体育用品及器材批发

指各类文具用品、体育用品、图书、报刊、音像、电子出版物、首饰、工艺美术品、收藏品及其他文化用品、器材的批发和进出口活动。

5141 文具用品批发

◇ 包括对下列文具用品的批发活动:

—(学习用品批发和进出口)

— 笔批发和进出口:自来水笔、签字笔、圆珠笔、铅笔、学生绘画笔、白板笔、标记笔、其他笔等批发和进出口;

— 铅笔盒批发和进出口:金属铅笔盒、软面料铅笔盒、其他铅笔盒等批发和进出口;

— 学生用本册批发和进出口:单线练习本、双线练习本、英语练习本、田字格本、其他学生用本册等批发和进出口;

— 其他学习用品批发和进出口:学生用橡皮、涂改液、涂改带、学生用尺子、学生用圆规、铅笔刀、钢笔水、其他未列明学习用品等批发和进出口;

—(办公、绘图、教学用品批发和进出口)

— 本册批发和进出口:软硬抄写本、软皮笔记本、硬皮笔记本、活页本、通讯录本、效率手册、账簿、名片册、其他本册等批发和进出口;

— 文件夹、袋批发和进出口:活页夹、塑料文件夹、塑料文件袋、纸文件袋,其他文件夹、袋等批发和进出口;

— 文件装订用品批发和进出口:订书器、打孔机、起钉机、装订机、订书钉、大头针、曲别针、其他文件装订用品等批发和进出口;

— 文具存放用具批发和进出口:笔筒、笔架、文具盒、文具袋、台式文件柜、其他文具存放用具等批发和进出口;

— 绘图用品批发和进出口:绘图规、绘图尺、绘图笔、刻度仪、绘图配件、绘图板、其他绘图用品等批发和进出口;

— 纸批发和进出口:纸浆及原料、文化用纸、其他纸制品等批发和进出口;

— 教学模具批发和进出口:教学用标本、教学用模型、教学用挂图、教学用教具、其他教学模具等批发和进出口;

— 其他办公、教学用品批发和进出口;

—(美术用品批发和进出口)

— 绘画笔批发和进出口:中国画画笔、书法用笔、油画画笔、素描笔、其他绘画笔等批发和进出口;

— 雕塑用品批发和进出口:石膏艺术雕刻工具、石雕艺术雕刻工具、木雕艺术雕刻工具、铜雕艺术制作工具、石膏雕塑教具、其他雕塑用品等批发和进出口;

— 绘画颜料批发和进出口:国画、书法用墨,国画颜料,水彩颜料,油画颜料,广告颜料,其他绘画颜料等批发和进出口;
— 画纸、画布、画板批发和进出口:宣纸,国画纸,水彩画纸,油画用纸,油画画布,绘画板,其他画纸、画布、画板等批发和进出口;
— 美术辅助用品批发和进出口:国画、书法砚台、调色盒、油画刀、绘画画架、画框、其他美术辅助用品等批发和进出口;
— 其他未列明的文具用品批发和进出口。

5142 体育用品及器材批发

◇ 包括对下列体育用品及器材的批发活动:
— (球类运动用品和器材批发和进出口)
— 篮球运动用品和器械批发和进出口;
— 排球运动用品和器械批发和进出口;
— 足球运动用品和器械批发和进出口;
— 乒乓球运动用品和器械批发和进出口;
— 羽毛球运动用品和器械批发和进出口;
— 网球运动用品和器械批发和进出口;
— 其他球类运动用品和器械批发和进出口;
— (棋牌类运动用品批发和进出口)
— 中国象棋运动用品批发和进出口;
— 围棋运动用品批发和进出口;
— 国际象棋运动用品批发和进出口;
— 纸牌运动用品批发和进出口;
— 麻将牌运动用品批发和进出口;
— 其他棋牌类运动用品批发和进出口;
— (其他运动用品和器材批发和进出口)
— 田径器材批发和进出口;
— 水上运动器材批发和进出口;
— 冰雪运动器材批发和进出口;
— 体操运动器材批发和进出口;
— 举重运动器材批发和进出口;
— 拳击运动器材批发和进出口;
— 射击运动器材批发和进出口;
— 射箭运动器材批发和进出口;
— 击剑运动器材批发和进出口;
— 摔跤用品和器材批发和进出口;
— 自行车运动用品和器材批发和进出口;
— 武术用品和器材批发和进出口;
— 登山运动用品和器材批发和进出口;
— 钓鱼运动用品和器材批发和进出口;
— 高尔夫运动用品和器材批发和进出口;
— 保龄球运动用品和器材批发和进出口;
— 健身器材、用品的批发和进出口;
— 其他未列明运动用品和器材批发和进出口。

◆ 不包括：

— 一般自行车的批发和进出口，列入 5175（五金产品批发）。

5143 图书批发

◇ 包括对下列图书的批发活动：

— 书籍批发和进出口：政治、哲学、社会科学书籍，经济与工商管理书籍，文学艺术书籍，文化、教育、体育书籍，科学技术书籍，少年儿童课外读物，动漫类书籍，生活类书籍，工具书籍，其他书籍等批发和进出口；

— 课本批发和进出口：小学课本，中学课本，中专、技校课本，大学课本，其他课本等批发和进出口；

— 其他图书批发和进出口：图片、年画、宣传画、挂历、台历、地图、贺卡、其他未列明图书等批发和进出口。

5144 报刊批发

◇ 包括对下列报刊的批发活动：

— 报纸批发和进出口：党政机关报，综合新闻类报纸，专业类报纸，文化、健康、娱乐类报纸及其他报纸批发和进出口；

— 杂志批发和进出口：综合类杂志，经济、哲学、社会科学类杂志，自然科学、技术类杂志，文学艺术类杂志，文化、教育类杂志，体育、休闲类杂志，少儿读物类杂志及其他杂志批发和进出口。

5145 音像制品及电子出版物批发

◇ 包括对下列音像制品及电子出版物的批发活动：

—（音像制品批发和进出口）

— 影视故事类光盘、磁带等出版物的批发和进出口；

— 歌曲、音乐类光盘、磁带等出版物的批发和进出口；

— 教育类光盘、磁带等出版物的批发和进出口；

— 生活类光盘、磁带等出版物的批发和进出口；

— 其他未列明的音像批发和进出口；

— 电子出版物批发和进出口：哲学、社会科学理论电子出版物，文化、地理、体育、娱乐电子出版物，科学技术电子出版物，其他电子出版物等批发和进出口。

◆ 不包括：

— 空白磁带的批发和进出口，列入 5137（家用电器批发）；

— 空白磁盘、光盘的批发和进出口，列入 5177（计算机、软件及辅助设备批发）；

— 带有软件、程序的光盘、磁带的批发和进出口，列入 5177（计算机、软件及辅助设备批发）。

5146 首饰、工艺品及收藏品批发

◇ 包括对下列首饰、工艺品及收藏品的批发活动：

—（珠宝首饰及相关物品批发和进出口）

— 金银首饰批发和进出口：金首饰批发和进出口、银首饰批发和进出口；

— 钻石首饰批发和进出口：钻戒批发和进出口、钻石项链批发和进出口、其他钻石首饰批发和进出口；

— 珠宝翡翠首饰批发和进出口:宝石首饰批发和进出口、玉石首饰批发和进出口、翡翠首饰批发和进出口、玛瑙首饰批发和进出口、水晶首饰批发和进出口;
— 其他首饰相关物品批发和进出口;
—(工艺品批发和进出口)
— 雕刻工艺品批发和进出口:玉雕工艺品、牙雕工艺品、骨雕工艺品、石雕工艺品、根雕工艺品、其他雕刻工艺品批发和进出口;
— 金属工艺品批发和进出口:景泰蓝工艺品、仿古铜工艺品、工艺刀剑、金属造型工艺品、其他金属工艺品批发和进出口;
— 漆器工艺品批发和进出口:脱胎漆器工艺品、雕漆制品工艺品、金漆镶嵌工艺品、漆线雕工艺品、其他漆器工艺品批发和进出口;
— 编制工艺品批发和进出口:竹编制工艺品、藤编制工艺品、棕编制工艺品、草编制工艺品、柳编制工艺品、麻编制工艺品、其他编制工艺品批发和进出口;
— 抽纱刺绣工艺品批发和进出口:湘绣工艺品、苏绣工艺品、蜡染工艺品、棉织工艺品、其他抽纱刺绣工艺品等批发和进出口;
— 织制毛毯工艺品批发和进出口:手工编织挂毯、地毯,机织挂毯、地毯,其他织制毛毯工艺品等批发和进出口;
— 花画工艺品批发和进出口:绢花工艺品、金属画工艺品、玻璃画工艺品、其他花画工艺品批发和进出口;
— 民间、民俗工艺品批发和进出口:泥人、面人工艺品,剪纸工艺品,风筝工艺品,宫灯工艺品,脸谱工艺品,内画工艺品,其他民间、民俗工艺品批发和进出口;
— 其他工艺品批发和进出口:工艺扇、工艺伞、工艺蜡烛、其他未列明工艺品批发和进出口;
—(美术作品批发和进出口)
— 绘画作品批发和进出口:国画作品、油画作品、版画作品、水粉画作品、素描作品、漫画作品、其他绘画作品批发和进出口;
— 书法作品批发和进出口;
— 雕刻美术作品批发和进出口:石膏雕塑作品、石雕美术作品、木雕美术作品、金属雕塑美术作品、版刻作品、其他雕刻美术作品批发和进出口;
— 艺术摄影作品批发和进出口;
— 其他美术作品批发和进出口;
—(收藏品批发和进出口)
— 集邮品批发和进出口:邮票、小型张、邮折、首日封、纪念封、集邮册、其他集邮品批发和进出口;
— 硬币批发和进出口:纪念币批发和进出口、古币批发和进出口、其他硬币批发和进出口;
— 文物批发和进出口;
— 古玩、字画批发和进出口;
— 其他收藏品批发和进出口。

◆ 不包括:
— 室内小装饰物、小礼品的批发和进出口,列入 5139(其他家庭用品批发)。

5149　　其他文化用品批发

◇ 包括对下列其他文化用品的批发活动:
— 玩具批发和进出口:木制玩具、拼插玩具、变形玩具、仿真模型玩具、布绒玩具、电动玩具、遥控玩具、益智玩具、婴儿玩具及其他玩具批发和进出口;

— 游艺及娱乐用品批发和进出口：电子游戏机、弹子游戏器材、台球器材、飞镖器材、砂壶球器材、小魔术用品及其他室内娱乐用品批发和进出口；
— 乐器批发和进出口：中国乐器、西洋乐器、电子乐器及其他乐器批发和进出口；
— 照相器材批发和进出口：照相机、照相辅助器材、胶卷、相纸、冲印药剂、家用冲印设备及其他照相器材批发和进出口；
— 其他文化娱乐用品批发和进出口：望远镜批发和进出口和其他未列明文化娱乐用品批发和进出口。

◆ 不包括：
— 大型照相冲洗、扩印设备的批发和进出口，列入5179（其他机械设备及电子产品批发）；
— 大型露天娱乐设备的批发和进出口，列入5179（其他机械设备及电子产品批发）。

515　医药及医疗器材批发

指各种化学药品、生物药品、中药及医疗器材的批发和进出口活动；包括兽用药的批发和进出口活动。

5151　西药批发

◇ 包括对下列西药的批发活动：
— 内服药品批发和进出口：抗生素内服药品、合成类抗感染内服药品、抗寄生虫内服药品、解热镇痛内服药品、麻醉用内服药品、维生素与矿物质类内服药品、激素及调节内分泌功能类内服药品、抗肿瘤内服药品、抗变态反应内服药品、神经系统内服药品、呼吸系统内服药品、消化系统内服药品、循环系统内服药品、泌尿系统内服药品、血液系统内服药品、其他内服药品批发和进出口；
— 注射药品批发和进出口：抗生素注射药品、合成类抗感染注射药品、抗寄生虫注射药品、解热镇痛注射药品、麻醉用注射药品、维生素与矿物质注射药品、激素及调节内分泌功能类注射药品、抗肿瘤注射药品、神经系统注射药品、循环系统注射药品、血液循环系统注射药品、葡萄糖类注射药品、外科用注射药品、其他注射药品批发和进出口；
— 外用药品批发和进出口：伤口缝合外用药品、骨骼损伤外用药品、神经损伤外用药品、肌肉损伤外用药品、皮肤科外用药品、眼科外用药品、耳鼻喉科外用药品、口腔科外用药品、消毒杀菌外用药品、麻醉用外用药品、抗感染外用药品、其他外用药品批发和进出口；
— 生物药品批发和进出口：菌苗类药品、疫苗、毒素、血液制品、细胞因子、诊断用生物药品、其他生物药品批发和进出口；
— 兽用药品批发和进出口：兽用抗菌素药品、兽用中草药、兽用疫苗、其他兽用药品批发和进出口；
— 其他西药批发和进出口。

5152　中药批发

指中成药、中药材的批发和进出口活动。

◇ 包括对下列中药的批发活动：
— 中药饮片批发和进出口：植物类中药饮片，胶类中药饮片，参类中药饮片，矿物类中药饮片，涂料、颜料类中药饮片，曲类中药饮片，生物类中药饮片及其他中药饮片批发和进出口；
— 中成药批发和进出口：解表中成药、泻下中成药、和解药、清热中成药、温里药、补益中成药、固涩药、安神药、开窍药、理气药、理血药、散风熄风药、治燥药、祛湿药、化痰止咳平喘中成药、消导药、驱虫药及其他中成药批发和进出口；
— 中草药批发和进出口。

5153 医疗用品及器材批发

◇ 包括对下列医疗用品及器材的批发活动：

— 医疗诊断、监护及治疗设备批发和进出口：医用电子仪器设备、医用激光仪器设备、医用高频仪器设备、中医器械、医用磁共振设备、医用射线设备、临床检验分析仪器及诊断试剂、医用化验和基础设备器具、体外循环及血液处理设备、医用冷疗、低温、冷藏设备及器具、其他医疗诊断、监护及治疗设备批发和进出口；

— 口腔科用设备及器具批发和进出口：口腔手术器械、口腔治疗专用椅、口腔设备及器具、其他口腔科设备及器具批发和进出口；

— 医用消毒、灭菌设备和器具批发和进出口：辐射灭菌设备、压力蒸汽灭菌设备、气体灭菌设备、干热灭菌设备、煮沸消毒设备、煮沸灭菌器具、医疗器械配套消毒用品、专用消毒设备、高压电离灭菌设备、其他医用消毒、灭菌设备和器具批发和进出口；

— 医疗、外科器械批发和进出口：基础外科手术器械、显微外科手术器械、神经外科手术器械、眼科手术器械、眼科光学仪器、耳鼻喉科手术器械、胸腔心血管外科手术器械、腹部外科手术器械、泌尿肛肠外科手术器械、矫形外科（骨科）手术器械、妇产科手术器械、计划生育手术器械、烧伤（整形）科手术器械、注射穿刺器械、普通诊察器械、中医器具、手术室、急救室、诊疗室设备及器具、其他医疗、外科器械批发和进出口；

— 康复治疗及病房护理设备批发和进出口：物理治疗及康复设备、婴儿保育设备、病房护理设备及器具、植入材料和人工器官、介入器材、其他康复治疗及病房护理设备批发和进出口；

— 医疗卫生材料及用品批发和进出口：医用软填料、医用纱布、医用绷带、医用胶布、无菌外科肠线及外科用无菌材料、医用试剂、牙科粘固剂，相关牙科填料、其他医疗卫生材料及用品批发和进出口；

— 辅助康复器械批发和进出口：轮椅、残障人三轮车、助行架、拐杖、盲人手杖、助听器、其他辅助康复器械批发和进出口；

— 其他医疗用品及器材批发和进出口。

◆ 不包括：

— 家用电子保健辅助治疗器材的批发和进出口，列入 5137（家用电器批发）；

— 家用非电子保健辅助治疗器材的批发和进出口，列入 5139（其他家庭用品批发）。

516 矿产品、建材及化工产品批发

指煤及煤制品、石油制品、矿产品及矿物制品、金属材料、建筑和装饰装修材料以及化工产品的批发和进出口活动。

5161 煤炭及制品批发

◇ 包括对下列煤炭及制品的批发活动：

— 煤炭批发和进出口：烟煤、无烟煤、褐煤、其他煤炭批发和进出口；

— 煤制品批发和进出口：蜂窝煤、煤球、煤砖、粉煤、其他煤制品批发和进出口。

5162 石油及制品批发

◇ 包括对下列石油及制品的批发活动：

— 原油批发和进出口；

— 成品油批发和进出口：汽油、柴油、煤油、润滑油、其他成品油批发和进出口；

— 液化石油气批发和进出口；

— 人造原油批发和进出口；

— 炼焦产品批发和进出口:焦炭、煤气、煤焦油、其他炼焦产品批发和进出口;
— 其他石油制品批发和进出口:石油溶剂、石油沥青、石蜡、石油焦、润滑脂类、其他未列明石油制品批发和进出口。

◆ 不包括:
— 管道煤气和天然气的经营,列入4500(燃气生产和供应业)。

5163　　非金属矿及制品批发

◇ 包括对下列非金属矿及制品的批发活动:
— 贵重矿石批发和进出口:宝石、玉石、彩石及其他贵重矿石批发和进出口;
— 化学矿批发和进出口;
— 石棉批发和进出口;
— 云母批发和进出口;
— 石墨批发和进出口;
— 滑石批发和进出口;
— 玻璃纤维及制品批发和进出口:玻璃纤维原料和玻璃纤维制品批发和进出口;
— 玻璃钢及制品批发和进出口:玻璃钢材和玻璃钢制品批发和进出口;
— 云母制品批发和进出口;
— 石墨及石素制品批发和进出口;
— 园林、陈设陶瓷制品批发和进出口:园林陶瓷制品和陈设陶瓷制品批发和进出口;
— 其他未列明的非金属矿及制品批发和进出口。

◆ 不包括:
— 建筑玻璃、玻璃容器、光学玻璃、日用玻璃、玻璃仪器等的批发和进出口,分别列入5165(建材批发)、5135(厨房、卫生间用具及日用杂货批发)、5136(灯具、装饰物品批发)、5139(其他家庭用品批发)、5176(电气设备批发)和5179(其他机械设备及电子产品批发);
— 建筑用水泥、石灰和石膏制品的批发和进出口,列入5165(建材批发);
— 石瓦、石材及其他建筑材料(砖、瓦、石材等)的批发和进出口,列入5165(建材批发);
— 建筑用耐火材料(石棉、云母制品等)的批发和进出口,列入5165(建材批发);
— 卫生、日用陶瓷制品的批发和进出口,列入5135(厨房、卫生间用具及日用杂货批发);
— 绝缘陶瓷、玻璃的批发和进出口,列入5165(建材批发)。

5164　　金属及金属矿批发

◇ 包括对下列金属及金属矿的批发活动:
— 金属矿石批发和进出口:铁矿石、锰矿石、铬矿石、金矿砂、银矿、铜矿石、铅锌矿石、铝矿石、锡矿石、钨矿、稀土金属矿及其他金属矿石批发和进出口;
— 铸铁批发和进出口;
— 钢材批发和进出口:普通钢管、普通钢板、普通线材钢、特种钢材及其他钢材批发和进出口;
— 铜材及铜锭批发和进出口;
— 铝材及铝锭批发和进出口;
— 其他金属材料批发和进出口。

5165　　建材批发

指建筑用材料和装饰装修材料的批发和进出口活动。

◇ 包括对下列建材的批发活动:
— 木材批发和进出口:原木、建筑竹材、锯材、板材、人造板材及其他木材批发和进出口;
— 石、砖、瓦、砂批发和进出口:石材,建筑用砂及建筑用砖、瓦批发和进出口;
— 水泥产品和制品批发和进出口:水泥熟料、水泥制品及其他水泥产品批发和进出口;
— 石灰、石膏产品及制品批发和进出口:生石灰,熟石灰,建筑石膏,轻质建筑材料及其他石灰、石膏产品和制品批发和进出口;
— 建筑陶瓷批发:釉面砖,瓷质砖、片,琉璃砖、瓦,陶瓷管及其他建筑陶瓷批发和进出口;
— 玻璃及制品批发和进出口:平板玻璃、钢化玻璃、磨光玻璃、中空玻璃、夹层玻璃及其他玻璃批发和进出口;
— 耐火材料制品批发和进出口:石棉制品,耐火砖、瓦及其他耐火材料制品批发和进出口;
— 其他建材批发和进出口。

◆ 不包括:
— 室内装修涂料的批发进出口,列入5169(其他化工产品批发);
— 木地板、地板革、壁纸的批发和进出口,列入5136(灯具、装饰物品批发)。

5166　化肥批发

◇ 包括对下列化肥的批发活动:
— 氮肥的批发和进出口;
— 磷肥的批发和进出口;
— 钾肥的批发和进出口;
— 复混肥料的批发和进出口;
— 有机肥及微生物肥料的批发和进出口;
— 其他肥料的批发和进出口。

5167　农药批发

◇ 包括对下列农药的批发活动:
— 化学农药批发和进出口;
— 生物化学农药批发和进出口;
— 微生物农药的批发和进出口。

5168　农用薄膜批发

◇ 包括对下列农药薄膜的批发活动:
— 农业用薄膜的批发和进出口。

5169　其他化工产品批发

◇ 包括对下列其他化工产品的批发活动:
— 无机化学原料批发和进出口:硫酸、盐酸、硝酸、烧碱、纯碱及其他无机化学原料批发和进出口;
— 有机化学原料(烃、醚、醛、酮、酯、胺、醇等)批发和进出口;
— 涂料批发和进出口;
— 油墨批发和进出口;
— 颜料批发和进出口;
— 染料批发和进出口;

— 化学合成材料批发和进出口；
— 专业化学产品批发和进出口：化学试剂和助剂、专向化学用品、林产化学产品、炸药及火工产品、焰火和鞭炮、信息化学品、环境污染处理专用药剂材料、动物胶及其他专用化学产品批发和进出口；
— 合成纤维批发和进出口：锦纶纤维、涤纶纤维、腈纶纤维、维纶纤维及其他合成纤维批发和进出口；
— 橡胶制品批发和进出口：橡胶板、管、带，再生橡胶及其他橡胶制品批发和进出口；
— 塑料制品批发和进出口：工业塑料薄膜，塑料板、管、型材，泡沫塑料，塑料人造革、合成革，塑料包装箱及容器，塑料零件和其他塑料制品批发和进出口；
— 其他化工产品批发和进出口。

◆ 不包括：
— 绘画用颜料、水彩和墨水的批发和进出口，列入5141（文具用品批发）；
— 感光材料、感光药剂的批发和进出口，列入5149（其他文化用品批发）；
— 空白磁带、磁盘、光盘（不含生产原料）的批发和进出口，分别列入5137（家用电器批发）、5177（计算机、软件及辅助设备批发）；
— 光纤维通讯材料批发和进出口，列入5178（通讯及广播电视设备批发）；
— 日用化学产品的批发和进出口，列入513（纺织、服装及家庭用品批发）的相关行业类别中；
— 汽车轮胎的批发和进出口，列入5173（汽车零配件批发）；
— 橡胶、塑料、人造革制日用品（鞋、服装、箱包、餐具、卫生用具、热水袋等）的批发和进出口，列入513（纺织、服装及家庭用品批发）的相关行业类别中；
— 橡胶、塑料制文化、体育用品（文具、球类、气球、玩具等）的批发和进出口，列入514（文化、体育用品及器材批发）的相关行业类别中；
— 橡胶、塑料制电工用品、用具、五金配件、自行车轮胎及配件的批发和进出口，列入5175（五金产品批发）。

517　　机械设备、五金产品及电子产品批发

提供通用机械、专用设备、交通运输设备、电气机械、五金、交通器材、电料、计算机设备、通讯设备、电子产品、仪器仪表及办公用机械的批发和进出口活动。

5171　　农业机械批发

◇ 包括对下列农业机械的批发活动：
— 农业种植机械批发和进出口：拖拉机、耕种机械、收割机械、脱粒清选机械及其他农业种植机械批发和进出口；
— 林业机械批发和进出口；
— 畜牧业机械批发和进出口；
— 渔业机械批发和进出口；
— 灌溉机械批发和进出口；
— 喷药机械批发和进出口；
— 其他农业机械批发和进出口。

5172　　汽车批发

◇ 包括对下列汽车的批发活动：
— 轿车批发和进出口；

— 越野车批发和进出口；
— 面包车批发和进出口；
— 客车批发和进出口；
— 普通卡车批发和进出口；
— 翻斗卡车批发和进出口；
— 箱式货车批发和进出口；
— 集装箱货车批发和进出口；
— 其他汽车批发和进出口。

5173 汽车零配件批发

◇ 包括对下列汽车零配件的批发活动：
— 汽车零配件批发和进出口。

5174 摩托车及零配件批发

◇ 包括对下列摩托车及零配件的批发活动：
— 两轮摩托车、三轮摩托车批发和进出口；
— 摩托车零配件批发和进出口。

5175 五金产品批发

指小五金、工具、水暖部件及材料的批发和进出口活动。

◇ 包括对下列五金产品的批发活动：
— 小五金批发和进出口：门拉手、门窗合页、锁及钥匙、卷帘门窗、自动关门器、插销、扣吊、卷尺、窗纱、钉子、螺丝及螺丝钉、铁丝、铁丝网及其他小五金批发和进出口；
— 管道配件批发和进出口：暖气片、水管、三通、弯头、对丝、水龙头、阀门及其他管道配件批发和进出口；
— 手工工具批发和进出口：扳手、钳子、改锥、锤子、锯和木工工具、工具剪刀、工具刀、锉刀、刨刀及其他手工工具批发和进出口；
— 农用金属工具批发和进出口：铁制小农具、砍伐工具、畜牧农具、园艺工具及其他农用金属工具批发和进出口；
— 自行车及配件批发和进出口：自行车和自行车零配件批发和进出口；
— 电工工具批发和进出口：电工刀、测电笔、万用表、绝缘胶布及其他电工工具批发和进出口；
— 电工器材批发和进出口：绝缘材料、电线电缆、电开关、插座和接线板、低压配电控制设备及其他电工器材批发和进出口。

◆ 不包括：
— 日用照明灯具的批发和进出口，列入 5136（灯具、装饰物品批发）；
— 体育专用跑车、山地车的批发和进出口，列入 5142（体育用品及器材批发）；
— 水龙头、淋浴喷头的批发和进出口，列入 5135（厨房、卫生间用具及日用杂货批发）；
— 家用电器的批发和进出口，列入 5137（家用电器批发）。

5176 电气设备批发

◇ 包括对下列电气设备的批发活动：
— 电动机批发和进出口；
— 电力照明设备批发和进出口：城市公共照明设备、舞台照明设备，车站、机场、港口照明设备、其他电力照明设备批发和进出口；

— 电动、风动工具批发和进出口:电钻、电锯、电动锉、风钻、风镐、铆钉枪、射钉枪,其他电动、风动工具批发和进出口;
— 其他电气机械批发和进出口。

◆ 不包括:
— 日用照明灯具的批发和进出口,列入5136(灯具、装饰物品批发);
— 家用电器的批发和进出口,列入5137(家用电器批发)。

5177　　计算机、软件及辅助设备批发

◇ 包括对下列计算机、软件及辅助设备的批发活动:
— 计算机整机批发和进出口:服务器、台式计算机、笔记本电脑及其他计算机整机批发和进出口;
— 计算机主机配件批发和进出口:计算机主板、计算机中央处理器、计算机内存卡、计算机硬盘、计算机光盘驱动器、计算机显示卡及其他计算机主机配件批发和进出口;
— 计算机外部设备批发和进出口:计算机显示器、计算机鼠标、计算机键盘、打印机、光盘刻录机、扫描仪、计算机声卡、调制解调器、移动硬盘、可移动闪存(U盘)、计算机多媒体设备、无线上网卡及其他计算机外部设备批发和进出口;
— 计算机消耗材料批发和进出口:光盘、软盘、墨盒、硒鼓、色带、计算机接线及其他计算机消耗材料批发和进出口;
— 微型电子办公设备批发和进出口:掌上电脑、电子词典、电子记事、计算器等批发和进出口;
— 基础软件批发和进出口:操作系统软件、杀毒及安全软件、语言平台软件、办公用软件、图形处理软件、多媒体软件、游戏软件、其他基础软件批发和进出口;
— 应用软件批发和进出口:工业自动化控制软件、通讯软件、财务软件、金融软件、教育软件、政务软件、翻译软件及其他应用软件批发和进出口;
— 其他软件批发和进出口。

5178　　通讯及广播电视设备批发

指电信设备、广播电视设备的批发和进出口活动。

◇ 包括对下列通讯及广播电视设备的批发活动:
— 通讯设备批发和进出口:通讯传输设备、通讯交换设备、雷达及配套设备、通讯卫星传输设备批发和进出口;
— 通讯终端设备批发和进出口:电话机、手机、寻呼机、对讲机、传真机及其他通讯终端设备批发和进出口;
— 广播设备批发和进出口:广播发射设备、广播节目制作和播控设备、广播转播设备、广播节目采录设备、广播设备配件和附件及其他广播设备批发和进出口;
— 电视设备批发和进出口:电视发射设备、电视节目制作和播控设备、电视转播设备、电视节目采摄设备、电视设备配件和附件及其他电视设备批发和进出口;
— 电影设备批发和进出口;
— 广播电视卫星设备批发和进出口。

5179　　其他机械设备及电子产品批发

◇ 包括对下列其他机械设备及电子产品的批发活动:
— 金属制品批发和进出口:金属构件制品、金属门窗、集装箱、金属容器、安全保险设备、消防金属制品及其他金属制品批发和进出口;
— 通用设备批发和进出口:锅炉产品、内燃机等原动机、金属加工机床、起重设备、泵、阀门设备、压缩机设备、齿轮及装置、轴承、紧固、密封及其他通用设备批发和进出口;

— 专用设备批发和进出口:采矿专用设备、建筑专用设备、石油钻采专用设备、化工专用设备、纺织专用设备、食品专用设备、印刷专用设备、电子工业专用设备及其他专业设备批发和进出口;
— 铁路运输设备批发和进出口:柴油机车、电力机车、牵引机车、铁路客运车辆、铁路货运车辆及其他铁路运输设备批发和进出口;
— 水上运输设备批发和进出口:金属运输船舶、非金属运输船舶、拖船及其他水上运输设备批发和进出口;
— 航空运输设备批发和进出口:客运飞机、货运飞机、小型飞机、直升飞机及其他航空运输设备批发和进出口;
— 管道运输设备批发和进出口;
— 其他交通运输设备批发和进出口;
— 仪器仪表批发和进出口:工业自动化仪器仪表、电工仪器仪表、实验分析仪器、专用仪器仪表、其他仪器仪表批发和进出口;
— 电影及办公设备批发和进出口(部分):复印机,胶印机,油印机,分页、送纸器及其他电影及办公设备批发和进出口;
— 其他电子产品批发和进出口:电子器件、电子元件及其他未列明电子产品批发和进出口;
— 其他未列明的机械设备批发和进出口。

◆ 不包括:
— 汽车、摩托车及零部件的批发和进出口,分别列入5172(汽车批发)、5173(汽车零配件批发)、5174(摩托车及零配件批发);
— 农业机械的批发和进出口,列入5171(农业机械批发);
— 医疗器械的批发和进出口,列入5153(医疗用品及器材批发);
— 家用电器的批发和进出口,列入5137(家用电器批发);
— 计算机、通讯、广播、电影、电视设备的批发和进出口,分别列入5177(计算机、软件及辅助设备批发)、5178(通讯及广播电视设备批发);
— 手工工具、园艺工具、建筑家具五金配件、水管道零件等的批发和进出口,列入5175(五金产品批发);
— 电动风动工具等的批发和进出口,列入5176(电气设备批发);
— 民用配电器、开关、插座、电线等批发和进出口,列入5175(五金产品批发);
— 生产、交通、舞台、城市照明设备的批发和进出口,列入5176(电气设备批发)。

518　　贸易经纪与代理

指代办商、商品经纪人、拍卖商的活动;专门为某一生产企业做销售代理的活动;为买卖双方提供贸易机会或代表委托人进行商品交易代理活动。

5181　　贸易代理

指不拥有货物的所有权,为实现供求双方达成交易,按协议收取佣金的贸易代理。

◇ 包括下列贸易代理活动:
— 国际贸易代理服务:农畜及土特产品、粮油及食品、纺织服装、生活日用品、文化用品、体育用品、图书、音像、医药及医疗器械、矿产品、木材、建筑产、化工产品、家用电器、计算机、通信器材、广播电视器材、机械产品及其他国际贸易代理服务;
— 国内贸易代理服务:农畜及土特产品、粮油及食品、纺织服装、生活日用品、文化用品、体育用品、图书、音像、医药及医疗器械、矿产品、木材、建筑产、化工产品、家用电器、计算机、通信器材、广播电视器材、机械产品及其他国内贸易代理服务。

◆ 不包括:

— 专门从事房地产、地皮的拍卖,列入 7030(房地产中介服务);

— 一般的进出口贸易活动(自己拥有货物的所有权),列入除本类以外的批发业的相关类别中;

— 一般的国内批发贸易活动(自己拥有货物的所有权),列入除本类以外的批发业的相关类别中;

— 商品期货交易的活动,列入 6729(其他期货市场服务)。

5182　　拍卖

◇ 包括下列拍卖活动:

— 大宗物品拍卖服务;

— 艺(美)术品拍卖服务;

— 文物拍卖服务;

— 古董、字画拍卖服务;

— 行政、司法拍卖服务;

— 其他拍卖服务。

◆ 不包括:

— 专门从事房地产、地皮的拍卖,列入 7030(房地产中介服务)。

5189　　其他贸易经纪与代理

◇ 包括下列其他贸易经纪与代理活动:

— 寄卖(指物品所有者委托寄卖行代为销售,寄卖行在物品售出后收取一定数额服务费用的经营活动);

— 不直接从事货物的批发和进出口,专门为买卖双方提供贸易机会的中介代理;

— 为某一特定生产者的产品做销售代理;

— 供销合作社的统购、统销、代购、代销服务;

— 其他贸易经纪与代理服务。

519　　其他批发业

指上述未包括的批发和进出口活动。

5191　　再生物资回收与批发

指将可再生的废旧物资回收,并批发给制造企业作初级原料的活动。

◇ 包括下列再生物资回收与批发活动:

— 废旧汽车回收与批发服务;

— 废旧金属回收与批发服务;

— 废旧纸张回收与批发服务;

— 废旧生活用品回收与批发服务;

— 其他再生物资回收与批发服务。

◆ 不包括:

— 对废旧物资的简单、初级加工(如拆卸或加工处理成可直接生产的原材料),列入 42(废弃资源综合利用业)的相关行业类别中。

5199　其他未列明批发业

◇ 包括下列其他未列明的批发活动：

— 木炭、薪柴的批发和进出口；

— 其他未列明产品的批发和进出口；

— 其他未列明批发服务。

52　零售业

指百货商店、超级市场、专门零售商店、品牌专卖店、售货摊等主要面向最终消费者（如居民等）的销售活动，以互联网、邮政、电话、售货机等方式的销售活动，还包括在同一地点，后面加工生产，前面销售的店铺（如面包房）；谷物、种子、饲料、牲畜、矿产品、生产用原料、化工原料、农用化工产品、机械设备（乘用车、计算机及通信设备除外）等生产资料的销售不作为零售活动；多数零售商对其销售的货物拥有所有权，但有些则是充当委托人的代理人，进行委托销售或以收取佣金的方式进行销售。

◆ 不包括：

— 谷物、种子、饲料、牲畜、矿产品、生产用原料、化工原料、农用化工产品、机械设备（乘用车、计算机及通信设备等除外）等生产资料的销售，列入51（批发业）的相关行业类别中；

— 商业零售单位所在商厦的物业管理，列入7020（物业管理）；

— 商业零售单位所在的商品市场、商业大厦的市场管理活动，列入7291（市场管理）。

521　综合零售

5211　百货零售

指经营的商品品种较齐全，经营规模较大的综合零售活动。

◇ 包括对下列百货的零售活动：

— 食品百货零售服务：糕点百货，果糖、巧克力百货，果脯及水果罐头百货、糖及原料百货、鲜果品百货、干制果品百货、坚果品百货、其他食品百货零售服务；

— 纺织品百货零售服务：布料百货、床上用纺织品百货、室内装饰用纺织品百货、个人卫生用纺织品百货、其他纺织品百货零售服务；

— 针织品百货零售服务：床上用针织品百货、室内装饰用针织品百货、个人卫生用针织品百货、其他针织品百货零售服务；

— 服装百货零售服务：男士服装百货、女士服装百货、童装百货、运动及休闲服装百货、特殊服装百货、袜子百货、围巾、头巾百货、手套百货、皮带百货、领带百货、其他服装百货零售服务；

— 鞋帽百货零售服务：鞋百货、帽子百货零售服务；

— 厨具、设备、餐具及日用器皿百货零售服务：厨房设备百货、厨房炊事用具百货、炊事用具附件百货、餐具百货、日用器皿百货零售服务；

— 清洁卫生设备、用具、用品百货零售服务：卫生盥洗设备百货、卫生盥洗用具百货、清洁用具百货、清洁用品百货零售服务；

— 香水和化妆品百货零售服务：香水百货、化妆品百货零售服务；

— 个人卫生用品百货零售服务：妇女卫生用品百货，卫生纸、纸巾百货，洗漱用品百货、其他个人卫生用品百货零售服务；

— 日用品百货零售服务：钟表百货、眼镜百货、箱、包百货、家具百货、灯具百货、装饰物百货、婴儿用品百货、小物品及礼品百货、其他日用品百货零售服务；

— 学习用品百货零售服务:笔百货、铅笔盒百货、学生用本册百货、其他学习用品百货零售服务;
— 办公、绘图、教学用品百货零售服务:本册百货,文件夹、袋百货,文件装订用品百货、文具存放用具百货、绘图用品百货、纸张百货、教学模具百货、其他办公、教学用品百货零售服务;
— 首饰百货零售服务:金首饰百货、银首饰百货、钻石首饰百货、珠宝翡翠首饰百货、其他首饰百货零售服务;
— 工艺品百货零售服务:雕刻工艺品百货、金属工艺品百货、漆器工艺品百货、编制工艺品百货、抽纱刺绣工艺品百货、织制毛毯工艺品百货、花画工艺品百货,民间、民俗工艺品百货,其他工艺品百货零售服务;
— 美术用品百货零售服务:绘画笔百货、雕塑用品百货、绘画颜料百货、画纸、画布、画板百货、美术辅助用品百货、其他美术用品百货零售服务;
— 图书百货零售服务:政治、哲学、社会科学书籍百货、经济与工商管理书籍百货、文学艺术书籍百货,文化、教育、体育书籍百货,科学技术书籍百货、少年儿童课外读物百货、生活类书籍百货、工具书籍百货、其他图书百货零售服务;
— 音像及软件百货零售服务:音像制品百货、电子出版物百货、软件百货零售服务;
— 体育用品、器材百货零售服务:球类运动用品和器材百货、棋牌类运动用品百货、其他体育用品和器材百货零售服务;
— 玩具、游艺用品及乐器百货零售服务:玩具百货、游艺及娱乐用品百货、乐器百货零售服务;
— 照相器材及望远镜百货零售服务:照相器材百货、望远镜百货零售服务;
— 家用视听设备百货零售服务:电视机百货、摄像录像器材百货、便携式收录放设备百货、音响设备百货、其他家用视听设备百货零售服务;
— 日用电器百货零售服务:室内家用电器百货、厨房电器设备百货、理发电器设备百货、电动保健设备百货、家用电器配套器材百货、其他日用电器百货零售服务;
— 计算机、通信及电子办公设备百货零售服务:计算机整机百货、计算机主机配件百货、计算机外接设备百货、计算机消耗材料百货、微型电子设备百货、通信设备百货、电子办公设备百货零售服务;
— 五金、工具、自行车百货零售服务:小五金百货、手工工具百货、自行车及配件百货、电工工具百货、电工器材百货、其他五金、工具百货零售服务;
— 其他百货零售服务。

◆ 不包括:

— 经营食品、日用品等的超级市场零售,列入 5212(超级市场零售);
— 商业大厦、购物中心出租摊位的市场管理,列入 7291(市场管理);
— 商业大厦、购物中心的物业管理,列入 7020(物业管理);
— 连锁便利店零售,列入 5219(其他综合零售);
— 综合日用杂品销售,列入 5219(其他综合零售);
— 在社区内的小型综合便民商店,列入 5219(其他综合零售);
— 为方便居民,在街道、社区内开设的以食品为主的小型综合商店,列入 5219(其他综合零售)。

5212　　超级市场零售

指经营食品、日用品等的超级市场的综合零售活动。

◇ 包括对下列超级市场的零售活动：

— 食品超市零售服务：粮食、食用油及制品超市、糕点、糖果及糖超市、水果及坚果超市、蔬菜及蔬菜制品超市、肉、蛋、禽及水产品超市、盐及调味品超市、饮料及冷饮制品超市、烟草制品超市、酒超市、茶叶超市、保健品超市、其他食品超市零售服务；
— 纺织品超市零售服务：布料超市、床上用纺织品超市、室内装饰用纺织品超市、个人卫生用纺织品超市、其他纺织品超市零售服务；
— 针织品超市零售服务：床上用针织品超市、室内装饰用针织品超市、个人卫生用针织品超市、其他针织品超市零售服务；
— 服装超市零售服务：男士服装超市、女士服装超市、童装超市、运动及休闲服装超市、袜子超市、围巾、头巾超市、手套超市、皮带超市、领带超市、其他服装超市零售服务；
— 鞋帽超市零售服务：鞋超市、帽子超市零售服务；
— 厨具、餐具及器皿超市零售服务：厨房设备超市、厨房炊事用具超市、炊事用具附件超市、餐具超市、日用器皿超市零售服务；
— 清洁卫生设备、用具、用品超市零售服务：卫生盥洗设备超市、卫生盥洗用具超市、清洁用具超市、清洁用品超市零售服务；
— 香水和化妆品超市零售服务：香水超市、化妆品超市零售服务；
— 个人卫生用品超市零售服务：妇女卫生用品超市，卫生纸、纸巾超市，洗漱用品超市、其他个人卫生用品超市零售服务；
— 日用品超市零售服务：钟表超市、眼镜超市、箱、包超市、家具超市、灯具超市、婴儿用品超市、小物品及礼品超市、其他日用品超市零售服务；
— 学习用品超市零售服务：笔超市、铅笔盒超市、学生用本册超市、其他学习用品超市零售服务；
— 办公、绘图、教学用品超市零售服务：本册超市、文件夹、袋超市、文件装订用品超市、文具存放用具超市、绘图用品超市、纸张超市、教学模具超市、其他办公、教学用品超市零售服务；
— 美术用品超市零售服务：绘画笔超市、雕塑用品超市、绘画颜料超市、画纸、画布、画板超市、美术辅助用品超市、其他美术用品超市零售服务；
— 体育用品、器材超市零售服务：球类运动用品和器材超市、棋牌类运动用品超市、其他体育用品和器材超市零售服务；
— 玩具、游艺用品及乐器超市零售服务：玩具超市、游艺及娱乐用品超市、乐器超市零售服务；
— 照相器材及望远镜超市零售服务：照相器材超市、望远镜超市零售服务；
— 家用视听设备超市零售服务：电视机超市、摄像录像器材超市、便携式收录放设备超市、音响设备超市、其他家用视听设备超市零售服务；
— 日用电器超市零售服务：室内家用电器超市、厨房电器设备超市、理发电器设备超市、电动保健设备超市、家用电器配套器材超市、其他日用电器超市零售服务；
— 计算机、通信及零配件超市零售服务：计算机整机超市、计算机主机配件超市、计算机外接设备超市、计算机消耗材料超市、微型电子设备超市、通信设备超市零售服务；
— 音像及软件超市零售服务：音像制品超市、电子出版物超市、软件超市零售服务；
— 装饰装修材料、用品超市零售服务：装饰装修材料超市，装饰装修成品、用品超市零售服务；
— 五金、工具、自行车超市零售服务：小五金超市、手工工具超市、自行车及配件超市、电工工具超市、电工器材超市，其他五金、工具超市零售服务；
— 其他超市零售服务。

◆ 不包括：

— 装修用品、服装、电器等以开架形式销售的专业店，分别列入相应的专门零售的类别中；

— 规模较小的开架式的便民店、便利店，列入 5219（其他综合零售）。

5219　其他综合零售

指日用杂品综合零售活动；在街道、社区、乡镇、农村、工矿区、校区、交通要道口、车站、码头、机场等人口稠密地区开办的小型综合零售店的活动；以小超市形式开办的便利店活动；农村供销社的零售活动。

◇ 包括对下列其他综合的零售活动：

— 综合经营厨具、炊具、餐具、刀具、陶瓷、玻璃器皿，以及清扫、消毒、清洁等日用杂品的杂货商店；

— 为社区服务的小型综合商店、小卖部；

— 经营时间在 15 小时以上（或 24 小时）的便利店和便利连锁店；

— 以食品、日用品零售为主的小商店。

◆ 不包括：

— 在社区附近的百货商场及百货商场的连锁店，列入 5211（百货零售）；

— 主要从事农资产品批发、收购及各种农贸市场交易活动的供销社，分别列入 5189（其他贸易经纪与代理）和 7291（市场管理）；

— 在社区内经营食品、日用品等的连锁超市，列入 5212（超级市场零售）。

522　食品、饮料及烟草制品专门零售

指专门经营粮油、食品、饮料及烟草制品的店铺零售活动。

5221　粮油零售

◇ 包括对下列粮油的零售活动：

— 粮食专门零售服务；

— 食用油专门零售服务；

—（粮食制品专门零售服务）

— 专营米、面粉、挂面、切面及食用油的零售活动；

— 专营厨房主食食品（馒头、烙饼、面条、米粉等）的零售活动。

5222　糕点、面包零售

◇ 包括对下列糕点、面包的零售活动：

—（糕点专门零售服务）

— 专营各种面包、糕点的零售活动；

— 前店销售，后店加工生产，同时提供餐饮服务的面包店、糕点店；

— 固定摊点经营面包、糕点的零售活动。

5223　果品、蔬菜零售

◇ 包括对下列果品、蔬菜的零售活动：

— 水果及坚果专门零售服务：水果专门零售服务、坚果专门零售服务；

— 蔬菜及蔬菜制品专门零售服务：蔬菜专门零售服务、蔬菜制品专门零售服务。

◆ 不包括：

— 综合菜市场零售，列入5229（其他食品零售）。

5224　　肉、禽、蛋、奶及水产品零售

◇ 包括对下列肉、禽、蛋、奶及水产品的零售活动：

— 肉类专门零售服务；

— 蛋类专门零售服务；

— 鲜奶专门零售服务；

— 鲜禽专门零售服务；

— 水产品专门零售服务；

— 熟食专门零售服务；

— 固定摊点的肉、禽、蛋及水产品的零售活动。

5225　　营养和保健品零售

◇ 包括对下列营养和保健品的零售活动：

— 营养品专门零售：婴幼儿辅助食品专门零售、其他营养食品专门零售；

— 保健品专门零售：保健酒专门零售、胶囊保健食品专门零售、饮片保健食品专门零售、口服液保健食品专门零售、冲剂保健食品专门零售、其他保健品专门零售。

5226　　酒、饮料及茶叶零售

指专门经营酒、茶叶及各种饮料的店铺零售活动。

◇ 包括对下列酒、饮料及茶叶的零售活动：

— 饮料及冷饮制品专门零售服务：各种饮料专门、冷饮专门零售服务；

— 酒专门零售服务：白酒、葡萄酒、啤酒、香槟酒、黄酒、果露酒及其他酒的专门零售服务；

— 茶叶专门零售服务：红茶、绿茶、花茶、铁观音茶、普洱茶及其他茶叶的专门零售服务；

— 固定摊点的各种饮料、冷饮、酒、茶的零售活动。

◆ 不包括：

— 以品茶、喝茶为主的茶馆，列入6231（茶馆服务）；

— 酒吧、咖啡馆为主的活动，分别列入6233（酒吧服务）、6232（咖啡馆服务）。

5227　　烟草制品零售

◇ 包括对下列烟草制品的零售活动：

— 烟叶专门零售服务；

— 烟丝专门零售服务；

— 卷烟专门零售服务；

— 雪茄烟专门零售服务；

— 烟草制品固定摊点零售活动；

— 其他烟草制品零售服务。

5229　　其他食品零售

指上述未列明的店铺食品零售活动。

◇ 包括对下列其他食品的零售活动：

— 糖及糖果专门零售及固定摊点零售服务；

— 盐、酱油、醋及调味品专门零售服务：食用盐专门零售服务、酱油专门零售服务、醋专门零售服务、调味品专门零售及固定摊点零售服务；

— 综合菜市场的零售活动；
— 综合食品店的零售活动；
— 综合副食店的零售活动；
— 其他食品专门零售服务。

523 **纺织、服装及日用品专门零售**

指专门经营纺织面料、纺织品、服装、鞋、帽及各种生活日用品的店铺零售活动。

5231 **纺织品及针织品零售**

◇ 包括对下列纺织品及针织品的零售活动：
— 布料专门零售服务：棉纺面料、毛纺面料、麻纺面料、丝绸面料、混纺面料、化纤面料及其他布的专门零售店；
— 纺织品专门零售服务：床上用纺织品、室内装饰用纺织品、个人卫生用纺织品及其他纺织品的专门零售服务；
— 针织品专门零售服务：床上用针织品专门零售服务，室内装饰用针织品专门零售服务；
— 个人卫生用针织品专门零售服务：毛巾、手绢及其他个人卫生用针织品专门零售服务；
— 纺织品及针织品固定摊点的零售；
— 其他纺织品、针织品专门零售服务。

5232 **服装零售**

◇ 包括对下列服装的零售活动：
— 男士服装专门零售服务；
— 女士服装专门零售服务；
— 童装专门零售服务；
— 运动及休闲服装专门零售服务；
— 特殊服装专门零售服务；
— 袜子专门零售服务；
— 围巾、头巾专门零售服务；
— 手套专门零售服务；
— 皮带专门零售服务；
— 固定摊点服装零售；
— 其他服装专门零售服务。

5233 **鞋帽零售**

◇ 包括对下列鞋帽的零售活动：
— 各类鞋专门零售服务；
— 各种帽子专门零售服务；
— 固定摊点鞋帽零售服务。

5234 **化妆品及卫生用品零售**

◇ 包括对下列化妆品及卫生用品的零售活动：
— 香水专门零售服务；
— 化妆品专门零售服务；

— 个人卫生用品专门零售服务：妇女用品，卫生纸、纸巾，洗漱用品及其他个人卫生用品的专门零售服务；
— 其他未列明的化妆及卫生清洁用品的零售。

◆ 不包括：
— 日常生活清扫、清洗用品的专门零售，列入5239（其他日用品零售）。

5235　钟表、眼镜零售

◇ 包括对下列钟表、眼镜的零售活动：
— 钟表专门零售服务；
— 眼镜专门零售服务。

◆ 不包括：
— 与医疗难以分开的验光、配眼镜服务，列入8330（门诊部（所））；
— 钟表修理摊点，列入8099（其他未列明日用产品修理业）。

5236　箱、包零售

◇ 包括对下列箱、包的零售活动：
— 各种衣箱、提箱及类似容器的专门零售服务；
— 手提包（袋）、背包的专门零售服务；
— 皮革作面类似箱、包容器的专门零售服务；
— 塑料作面类似箱、包容器的专门零售服务；
— 纺织材料作面类似箱、包容器的专门零售服务；
— 其他箱、包的专门零售服务。

5237　厨房用具及日用杂品零售

指专门经营炊具、厨具、餐具、日用陶瓷、日用玻璃器皿、塑料器皿、清洁用具和用品的店铺零售活动，以及各种材质其他日用杂品的零售活动。

◇ 包括对下列厨房用具及日用杂品的零售活动：
— 日用杂品专门零售服务；
— 炊具、厨具、餐具的专门零售和固定摊点零售。

5238　自行车零售

◇ 包括对下列自行车的零售活动：
— 山地自行车、跑车专门零售服务；
— 普通自行车、三轮车专门零售服务。

5239　其他日用品零售

指专门经营小饰物、礼品花卉及其他未列明日用品的店铺零售活动。

◇ 包括对下列其他日用品的零售活动：
— 陶瓷、玻璃器皿的专门零售和固定摊点零售；
— 清扫、清洗日用品的专门零售和固定摊点零售；
— 保健辅助治疗器材的专门零售和固定摊点零售；
— 日用灯具的专门零售和固定摊点零售；
— 婴儿用品专门零售和固定摊点零售；
— 箱、包的专门零售和固定摊点零售；

— 木制、塑料、皮革日用品的专门零售和固定摊点零售；
— 小饰物、小礼品的零售店和固定摊点零售；
— 礼品鲜花零售；
— 花盆栽培植物的零售；
— 其他未列明的生活日用品的专门零售和固定摊点零售。

◆ 不包括：
— 花卉种植、苗圃、园艺的活动，列入014（蔬菜、食用菌及园艺作物种植）的相应行业类别中。

524　文化、体育用品及器材专门零售

指专门经营文具、体育用品、图书、报刊、音像制品、首饰、工艺美术品、收藏品、照相器材及其他文化用品的店铺零售活动。

5241　文具用品零售

◇ 包括对下列文具用品的零售活动：
— 学习用品专门零售服务：笔、铅笔盒、学生用本册及其他学习用品的专门零售服务；
— 办公、绘图、教学用品专门零售服务：本册，文件夹、袋，文件装订用品，文具存放用具，绘图用品，纸张，教学模具及其他办公用品专门零售服务；
— 美术用品专门零售服务：绘画笔，雕塑用品，绘画颜料，画纸、画布、画板，美术辅助用品及其他美术用品的专门零售服务；
— 其他文具用品专门零售。

◆ 不包括：
— 美术作品的零售，列入5246（工艺美术品及收藏品零售）。

5242　体育用品及器材零售

◇ 包括对下列体育用品及器材的零售活动：
— 球类运动用品和器材专门零售服务；
— 棋牌类运动用品专门零售服务；
— 鱼具专门零售；
— 其他运动用品和器材专门零售服务。

◆ 不包括：
— 以体育服装为主的零售，列入5232（服装零售）。

5243　图书、报刊零售

◇ 包括对下列图书、报刊的零售活动：
— 图书零售服务：政治、哲学、社会科学书籍、经济与工商管理书籍、文学艺术书籍、文化、教育、体育书籍、科学技术书籍、少年儿童课外读物、动漫类书籍、生活类书籍、工具书籍、课本、其他图书专门零售服务；
— 报纸专门零售服务：党政机关报、综合新闻类报纸、类报纸、文化、健康、娱乐类报纸、动漫类报纸、其他报纸专门零售服务；
— 杂志专门零售服务：综合类杂志、经济、哲学、社会科学类杂志、自然科学、技术类杂志、文学艺术类杂志、文化、教育类杂志、体育、休闲类杂志、动漫类杂志、少儿读物类杂志、其他杂志专门零售服务；
— 图书、报刊固定摊点零售服务。

5244 音像制品及电子出版物零售

◇ 包括对下列音像制品及电子出版物的零售活动：
— 音像制品专门零售店；
— 电子出版物专门零售服务；
— 音像制品及电子出版物固定摊点零售服务。

5245 珠宝首饰零售

◇ 包括对下列珠宝首饰的零售活动：
— 金首饰专门零售服务；
— 银首饰专门零售服务；
— 钻石首饰专门零售服务；
— 珠宝翡翠首饰专门零售服务；
— 其他首饰专门零售服务。

5246 工艺美术品及收藏品零售

指专门经营具有收藏价值和艺术价值的工艺品、艺术品、古玩、字画、邮品等的店铺零售活动。

◇ 包括对下列工艺美术品及收藏品的零售活动：
— 雕刻工艺品专门零售服务；
— 金属工艺品专门零售服务；
— 漆器工艺品专门零售服务；
— 编制工艺品专门零售服务；
— 抽纱刺绣工艺品专门零售服务；
— 织制毛毯工艺品专门零售服务；
— 花画工艺品专门零售服务；
— 美术作品专卖店、专门零售；
— 民间、民俗工艺品专门零售服务；
— 邮票、纪念币的专门零售；
— 文物、古玩、字画的专门零售；
— 工艺美术品及收藏品固定摊位零售；
— 其他工艺美术品及收藏品零售服务。

◆ 不包括：
— 室内小装饰物、小礼品的专门零售店和固定摊点零售，列入5239（其他日用品零售）。

5247 乐器零售

◇ 包括对下列乐器的零售活动：
— 民族乐器专门零售服务；
— 西洋乐器专门零售服务；
— 其他乐器专门零售服务。

5248 照相器材零售

◇ 包括对下列照相器材的零售活动：
— 照相器材专门零售：数码相机、普通相机、照相辅助器材、胶卷、相纸、冲印药剂、家用冲印设备及其他照相器材专门零售。

◆ 不包括：
— 相片扩印服务，列入 7492（摄影扩印服务）。

5249　其他文化用品零售

指专门经营游艺用品及其他未列明文化用品的店铺零售活动。

◇ 包括对下列其他文化用品的零售活动：
— 玩具专门零售服务；
— 游艺娱乐用品专门零售服务；
— 动漫衍生产品专门零售服务；
— 望远镜专门零售服务。

525　医药及医疗器材专门零售

指专门经营各种化学药品、生物药品、中药、医疗用品及器材的店铺零售活动。

5251　药品零售

◇ 包括对下列药品的零售活动：
— 西药专门零售：内服药品、注射药品、外用药品、生物药品及其他西药的专门零售；
— 中药材及中成药专门零售：中药饮片、中成药、中草药专门等零售；
— 中西药结合的专门零售；
— 医药、医疗器材一体的专门零售；
— 计划生育和性保健用品零售；
— 兽用药品专门零售。

5252　医疗用品及器材零售

◇ 包括对下列医疗用品及器材的零售活动：
— 医疗诊断、监护及治疗设备，口腔科用设备及器具，医用消毒、灭菌设备和器具，医疗、外科器械，康复治疗及病房护理设备，医疗卫生材料及用品，辅助康复器械及其他医疗器材及用品的专门零售。

◆ 不包括：
— 保健辅助治疗器材专门零售商店，列入 5239（其他日用品零售）。

526　汽车、摩托车、燃料及零配件专门零售

指专门经营汽车、摩托车、汽车部件、汽车零配件及燃料的店铺零售活动。

5261　汽车零售

指乘用车的零售。

◇ 包括对下列汽车的零售活动：
— 各种轿车、越野车、商务车及 9 人以下面包车的专卖店和专门零售；
— 旧车销售。

◆ 不包括：
— 大轿车、载货车和专用车的销售，列入 5172（汽车批发）。

5262　汽车零配件零售

◇ 包括对下列汽车零配件的零售活动：
— 汽车轮胎及各种配件和零部件的零售。

◆ 不包括:

— 维修、养护服务中的汽车零部件销售,列入 8011(汽车修理与维护)。

5263　　摩托车及零配件零售

◇ 包括对下列摩托车及零配件的零售活动:

— 摩托车专门零售服务;

— 摩托车零配件专门零售服务。

◆ 不包括:

— 与汽车通用的零部件的零售,列入 5262(汽车零配件零售)。

5264　　机动车燃料零售

指专门经营机动车燃料及相关产品(润滑油)的店铺零售活动。

◇ 包括对下列机动车燃料的零售活动:

— 汽车用汽油、柴油零售(加油站);

— 汽车用燃气零售(加气站);

— 汽车其他用油(润滑油等)零售。

527　　家用电器及电子产品专门零售

指专门经营家用电器和计算机、软件及辅助设备、电子通信设备、电子元器件及办公设备的店铺零售活动。

5271　　家用视听设备零售

指专门经营电视、音响设备、摄录像设备等的店铺零售活动。

◇ 包括对下列家用视听设备的零售活动:

— 电视机家电专门零售服务;

— 摄像录像器材家电专门零售服务;

— 随身式收音机、收录机、放音机、CD 机、MD 机、MP3 机及其他随身音响设备的专门零售;

— 音响设备家电专门零售服务。

◆ 不包括:

— 家用电器零售商厦的物业管理,列入 7020(物业管理);

— 家用电器市场的市场管理,列入 7291(市场管理)。

5272　　日用家电设备零售

指专门经营冰箱、洗衣机、空调、吸尘器及其他家用电器设备的店铺零售活动。

◇ 包括对下列日用家电设备的零售活动:

— 冰箱、洗衣机、空调等室内家用电器专门零售服务;

— 厨房电器设备家电专门零售服务;

— 理发电器设备家电专门零售服务;

— 电动保健设备家电专门零售服务;

— 日用小电器:电池、电筒、电吹风机、电动剃须刀、电动磨碎机等专门零售;

— 家用电器配套器材家电专门零售服务;

— 其他家用电器专门零售服务;

— 家用电器零售固定摊点零售。

◆ 不包括：

— 家用电器零售商厦的物业管理，列入 7020（物业管理）；

— 家用电器市场的市场管理，列入 7291（市场管理）。

5273　　计算机、软件及辅助设备零售

◇ 包括对下列计算机、软件及辅助设备的零售活动：

— 计算机整机专门零售服务；

— 计算机主机配件专门零售服务；

— 计算机外接设备专门零售服务；

— 计算机消耗材料专门零售服务；

— 微型电子设备专门零售：掌上电脑、快译通、电子记事本等专门零售；

— 软件专门零售服务；

— 其他计算机及零配件专门零售服务。

◆ 不包括：

— 计算机及辅助设备零售商厦的物业管理，列入 7020（物业管理）；

— 计算机及辅助设备零售市场的市场管理，列入 7291（市场管理）。

5274　　通信设备零售

不包括专业通信设备的销售。

◇ 包括对下列通信设备的零售活动：

— 电话机、传真机专门零售服务；

— 手机专门零售服务；

— 其他通信设备专门零售服务。

◆ 不包括：

— 通讯传输设备、程控设备和广播电影电视设备的销售，列入 5178（通讯及广播电视设备批发）。

5279　　其他电子产品零售

◇ 包括对下列其他电子产品的零售活动：

— 打字机、复印机、文字处理机等专门零售；

— 其他电子产品专门零售服务。

◆ 不包括：

— 与计算机相关的辅助设备的零售，列入 5273（计算机、软件及辅助设备零售）。

528　　五金、家具及室内装饰材料专门零售

指专门经营五金用品、家具和装修材料的店铺零售活动，以及在家具、家居装饰、建材城（中心）及展销会上设摊位的销售活动。

5281　　五金零售

◇ 包括对下列五金的零售活动：

— 建筑用五金专门零售：门锁、锁、门把手、合页、钉子、螺丝、铁丝网、三角铁等零售；

— 水暖管道专门零件：暖气片、水管、接头等零售；

— 手工具专门零售：扳手、钳子、锤子等零售；

— 电工工具专门零售服务；

— 其他未列明的五金零售。

◆ 不包括：

— 电工器材的零售，列入 5289（其他室内装饰材料零售）；

— 开关、插座、接线板、电线电缆、绝缘材料等的零售，列入 5289（其他室内装饰材料零售）。

5282　灯具零售

◇ 包括对下列灯具的零售活动：

— 各种灯具专门零售服务。

5283　家具零售

◇ 包括对下列家具的零售活动：

— 床专门零售服务；

— 办公台专门零售服务；

— 桌子专门零售服务；

— 椅子专门零售服务；

— 沙发专门零售服务；

— 柜子专门零售服务；

— 组合家具专门零售服务；

— 专用家具专门零售服务；

— 其他家具专门零售服务。

◆ 不包括：

— 家具厂的活动，列入 21（家具制造业）的相应类别中；

— 家具城、家具中心的物业管理，列入 7020（物业管理）；

— 与家具城、家具中心物业管理分离的家具市场管理，列入 7291（市场管理）。

5284　涂料零售

◇ 包括对下列涂料的零售活动：

— 各类油漆、清漆、地板漆、涂料、染料、颜料、稀料等产品的专门零售店和固定摊点零售。

5285　卫生洁具零售

◇ 包括对下列卫生洁具的零售活动：

— 各种浴盆、盥洗盆等专门零售服务；

— 各种卫生间用水龙头、喷头等专门零售服务；

— 其他卫生洁具专门零售服务。

◆ 不包括：

— 建筑小五金、电工工具零售，列入 5281（五金零售）。

5286　木质装饰材料零售

指专门经营木质地板、门、窗等店铺零售活动，不包括板材销售活动。

◇ 包括对下列木质装饰材料的零售活动：

— 各种装饰用木料专门零售服务；

— 各种木地板专门零售服务；

— 各种木门、窗、楼梯等专门零售服务；

— 其他木质装饰材料专门零售服务。

◆ 不包括:
— 建筑小五金、电工工具零售,列入5281(五金零售)。

5287 陶瓷、石材装饰材料零售

指专门经营陶瓷、石材制地板砖、壁砖等店铺零售活动。

◇ 包括对下列陶瓷、石材装饰材料的零售活动:
— 各种装饰用建筑陶瓷、石材专门零售服务;
— 各种地板砖专门零售服务;
— 各种墙壁瓷片、瓷砖专门零售服务。

◆ 不包括:
— 建筑小五金、电工工具零售,列入5281(五金零售)。

5289 其他室内装饰材料零售

◇ 包括对下列其他室内装饰材料的零售活动:
— 装饰用塑料、化纤、石膏、布料等专门零售;
— 其他装饰装修成品、用品专门零售服务;
— 电工器材专门零售服务;
— 开关、插座、接线板、电线电缆、绝缘材料等的专门零售;
— 装修用玻璃的专门零售;
— 其他未列明的室内装修材料、设备、零件的专门零售。

◆ 不包括:
— 建筑小五金、电工工具零售,列入5281(五金零售)。

529 货摊、无店铺及其他零售业

5291 货摊食品零售

指流动货摊的食品零售活动。

◇ 包括对下列货摊食品的零售活动:
— 水果流动货摊零售:鲜果品、干制果品、坚果品流动零售;
— 蔬菜及制品流动货摊零售:蔬菜、菌类、蔬菜制品流动零售。

◆ 不包括:
— 在农贸市场、小商品市场内有固定摊点的零售,列入52(零售业)的相应行业类别中。

5292 货摊纺织、服装及鞋零售

指流动货摊的纺织、服装及鞋的零售活动。

◇ 包括对下列货摊纺织、服装及鞋的零售活动:
— 纺织、服装及鞋流动货摊零售。

◆ 不包括:
— 在农贸市场、小商品市场内有固定摊点的零售,列入52(零售业)的相应行业类别中。

5293 货摊日用品零售

指流动货摊的日用品零售活动。

◇ 包括对下列货摊日用品的零售活动:
— 日用品流动货摊零售;
— 其他小商品流动货摊零售。

◆ 不包括：
— 报刊的流动销售，列入 5243（图书、报刊零售）；
— 在农贸市场、小商品市场内有固定摊点的零售，列入 52（零售业）的相应行业类别中。

5294　互联网零售

不包括在网络销售中，仅提供网络支付的活动，以及仅建立或提供网络交易平台和接入的活动。

◇ 包括对下列互联网的零售活动：
— 图书互联网销售；
— 软件互联网销售；
— 音乐及视频产品互联网销售；
— 服装互联网销售；
— 电子产品互联网销售；
— 其他产品互联网销售。

◆ 不包括：
— 提供电子商务（网络交易）平台，不从事实际交易的网络运营商的活动，列入 6540（数据处理和存储服务）；
— 仅提供网络交易的代收代付（如支付宝），列入 6930（非金融机构支付服务）；
— 网上拍卖，列入 5182（拍卖）；
— 网上贸易代理，列入 5181（贸易代理）；
— 网上房地产中介，列入 7030（房地产中介服务）；
— 网上银行结算，列入 6620（货币银行服务）；
— 网上证券交易结算，列入 6712（证券经纪交易服务）；
— 网上商务咨询，列入 7233（社会经济咨询）；
— 网上铁路、民航等客运票务代理，列入 5821（货物运输代理）；
— 网上其他票务代理（文艺表演、体育赛事、展览等），列入 7299（其他未列明商务服务业）。

5295　邮购及电视、电话零售

指通过邮政及电视、电话等通讯工具进行销售，并送货上门的零售活动。

◇ 包括对下列邮购及电视、电话的零售活动：
— 邮购销售；
— 电话销售；
— 电视销售。

5296　旧货零售

◇ 包括对下列旧货的零售活动：
— 旧货零售服务。

◆ 不包括：
— 信托服务，列入 6910（金融信托与管理服务）；
— 寄卖行服务，列入 5189（其他贸易经纪与代理）；
— 典当行的活动，列入 6633（典当）。

5297　生活用燃料零售

指从事生活用煤、煤油、酒精、薪柴、木炭以及罐装液化石油气等专门零售活动。

◇ 包括对下列生活用燃料零售活动：
— 生活用煤专门零售服务；
— 液化石油气专门零售服务；
— 木炭、薪柴专门零售服务；
— 煤油、酒精专门零售服务。

5299　　其他未列明零售业

◇ 包括下列其他未列明的零售活动：
— 其他未列明专门零售服务；
— 其他无店铺零售服务：自动售货机、其他未列明无店铺零售服务；
— 其他未列明零售服务。

G 交通运输、仓储和邮政业

本门类包括 53 ~ 60 大类。

53 **铁路运输业**

指铁路客运、货运及相关的调度、信号、机车、车辆、检修、工务等活动；不包括铁路系统所属的机车、车辆及信号通信设备的制造厂（公司）、建筑工程公司、商店、学校、科研所、医院等活动。

◆ 不包括：

— 不从事具体运营活动，具有法人资格的铁路局（集团公司）、分局（总公司）的总部等，列入 7211（企业总部管理）；

— 铁路系统所属的机车、车辆及信号通信设备的制造、修理厂（公司）、建筑工程公司、商店、学校、科研所、医院等，分别列入 C（制造业）、E（建筑业）、H（批发和零售业）、P（教育）、M（科学研究和技术服务业）、Q（卫生和社会工作）的相关类别中。

531 5310 **铁路旅客运输**

指专门从事铁路旅客运输的活动。

◇ 包括下列铁路旅客运输活动：

— 铁路旅客列车客运服务：国际联运旅客列车运输服务、港澳铁路直通旅客列车运输服务、城际快速旅客列车运输服务、高速铁路旅客列车运输服务、动车组旅客列车运输服务、直达特快旅客列车运输服务、特快旅客列车运输服务、快速旅客列车运输服务、普通旅客快车运输服务、普通旅客列车运输服务、其他铁路旅客列车客运服务；

— 铁路旅游列车客运服务；

— 铁路旅客列车行李包裹邮政运输服务。

◆ 不包括：

— 客运车站，列入 5331（客运火车站）。

532 5320 **铁路货物运输**

指专门从事铁路货物运输的活动。

◇ 包括下列铁路货物运输活动：

— 铁路班列运输服务：货运五定班列运输服务、行包专列运输服务、行邮专列运输服务；

— 普通铁路整车运输服务：棚车整车铁路货运服务、敞车整车铁路货运服务、平车整车铁路货运服务、冷藏车整车铁路货运服务、家畜车整车铁路货运服务、散装水泥车整车铁路货运服务、粮食车整车铁路货运服务、长大货物车整车铁路货运服务、罐车整车铁路货运服务、其他普通铁路整车运输服务；

— 铁路零担运输服务；

— 铁路集装箱运输服务。

◆ 不包括：

— 独立（相对独立）的货运车站，列入 5332（货运火车站）。

533　　铁路运输辅助活动

5331　　客运火车站

指从事旅客运输服务的火车站。

◇ 包括下列客运火车站服务：

— 铁路旅客车站服务：客运站售票服务、客运站旅客候车服务、客运列车停靠站服务、其他铁路旅客车站服务；

— 客运站行李包裹服务：行李包裹托运服务、行李包裹寄存服务、行李包裹接取服务、其他客运站行李包裹服务；

— 旅客火车站其他管理活动。

◆ 不包括：

— 与邮政有关的小件货物托运、打包活动，列入60（邮政业）的相关行业类别中；

— 火车站内独立的餐饮和零售服务，列入62（餐饮业）、52（零售业）的相关行业类别中。

5332　　货运火车站

指专门从事货物运输服务的火车站。

◇ 包括下列货运火车站服务：

— 货运列车停靠站活动；

— 货运站货物管理活动；

— 货物托运交付活动；

— 铁路货运打包活动；

— 货物火车站其他管理活动。

◆ 不包括：

— 与邮政有关的小件货物运输、打包活动，列入60（邮政业）的相关行业类别中；

— 货车编组站的活动，列入5320（铁路货物运输）；

— 与火车站分开的货物装卸服务（独立或相对独立），列入5810（装卸搬运）；

— 与火车站分开的货场、仓库服务（独立或相对独立），列入5990（其他仓储业）。

5339　　其他铁路运输辅助活动

指铁路旅客、货物运输及为其服务的客、货运火车站以外的运输网、信号、调度及铁路设施的管理和养护等活动。

◇ 包括下列其他铁路运输辅助活动：

— 铁路运输网管理服务：铁路车站站房及设备设施维护服务、其他铁路运输网管理服务；

— 铁路调度、信号服务：铁路调度服务、铁路信号管理服务；

— 铁路运输通信服务；

— 铁路动力服务：列车牵引服务、铁路电力服务、牵引供电服务；

— 铁路供水服务；

— 铁路沿线维护管理服务：铁路修理、维护、管理服务，铁路道岔、路口修理、维护、管理服务，铁路信号、通信设施修理、维护服务，其他铁路沿线维护管理服务；

— 其他未列明铁路运输服务。

◆ 不包括：

— 铁路系统向社会提供的通信服务，列入631（电信）的相关行业类别中；

— 独立（或相对独立）的货物、行李装卸，列入5810（装卸搬运）；

— 独立（或相对独立）的货场管理，列入5990（其他仓储业）；

— 铁路警察、乘警，列入9123（公共安全管理机构）。

54 **道路运输业**

541 **城市公共交通运输**

指城市旅客运输活动。

5411 **公共电汽车客运**

◇ 包括下列公共电汽车客运活动：

— （城市公共汽车客运服务）

— 公共汽车客运服务：公共汽车正常班客运服务、公共汽车夜班客运服务；

— 小公共汽车客运服务：城市小公共汽车客运服务、城郊小公共汽车客运服务；

— 无轨电车客运服务；

— 城市快速公交客运服务（BRT）；

— 旅游观光车客运服务。

◆ 不包括：

— 公交卡、月票的代售活动，列入5822（旅客票务代理）。

5412 **城市轨道交通**

指城市地铁、轻轨、有轨电车等活动。

◇ 包括下列城市轨道交通服务：

— 有轨电车客运服务；

— 地铁客运服务；

— 轻轨客运服务；

— 单轨客运服务；

— 索道客运服务；

— 其他轨道交通服务。

5413 **出租车客运**

◇ 包括下列出租车客运活动：

— 轿车出租客运服务：轿车出租计程客运服务、轿车出租包车客运服务；

— 客车出租客运服务：中型客车出租客运服务、大型客车出租客运服务。

◆ 不包括：

— 没有驾驶员的汽车租赁，列入7111（汽车租赁）。

5419 **其他城市公共交通运输**

指其他未列明的城市旅客运输活动。

◇ 包括下列其他城市公共交通运输活动：

— 摩托车客运；

— 三轮车、人力车客运；

— 其他未列明的城市旅客运输。

542 5420 **公路旅客运输**

指城市以外道路的旅客运输活动。

◇ 包括下列公路旅客运输活动：
- — 公路长途汽车旅客运输活动：定时公路客运活动（城市间长途客运活动、城乡间长途客运输活动、农村长途客运活动）、公路班车客运活动、公路包车客运活动、其他公路客运活动（旅游专车客运活动、其他未列明公路客运活动）；
- — 公路摩托车旅客运输活动；
- — 公路人力、畜力旅客运输活动：人力车旅客运输活动、畜力车旅客运输活动，其他旅客运输活动（抬轿子、滑杆的旅客运输活动）。

◆ 不包括：
- — 城市内的旅客运输，列入541（城市公共交通运输）的相关行业类别中；
- — 长途汽车终点站的经营管理活动，列入5441（客运汽车站）；
- — 婚庆抬轿子，列入7970（婚姻服务）。

543 5430 道路货物运输

指所有道路的货物运输活动。

◇ 包括下列道路货物运输活动：
- — 普通货物道路运输活动：普通货车道路运输活动、冷藏车道路运输活动、罐车道路运输活动、其他普通车辆专业货物运输活动；
- — 集装箱道路运输活动；
- — 大型货物道路运输活动；
- — 危险货物道路运输活动；
- — 邮件包裹道路运输活动；
- — 搬家运输活动；
- — 小型货车（含小面包车）运输；
- — 专门为超市、连锁店、加盟店提供送货的活动；
- — 城市内大件物品送货大门的活动；
- — 以道路运输为主的物流公司（中心）的活动；
- — 非机动车货物运输活动；
- — 其他道路货物运输活动。

◆ 不包括：
- — 汽车货运站（场），列入5449（其他道路运输辅助活动）；
- — 小件物品速递、宅急送，列入6020（快递服务）；
- — 道路货物运输打包服务，列入5449（其他道路运输辅助活动）；
- — 道路货运代办服务，列入5821（货物运输代理）；
- — 货物装卸站、货场、仓库的经营管理活动，列入5990（其他仓储业）。

544 道路运输辅助活动

指与道路运输相关的运输辅助活动。

5441 客运汽车站

指长途旅客运输汽车站的服务。包括城市间、城市与乡镇、乡镇间的公路旅客运输汽车站（终点站）的经营管理活动。

◇ 包括下列客运汽车站服务：
- — 一级汽车客运站服务；
- — 二级汽车客运站服务；

— 三级汽车客运站服务；
— 四级汽车客运站服务；
— 五级汽车客运站服务。

◆ 不包括：
— 货运汽车中转站的经营管理活动，列入 5449（其他道路运输辅助活动）；
— 市内公交车站的经营管理活动，列入 5411（公共电汽车客运）。

5442 公路管理与养护

◇ 包括下列公路管理与养护活动：
— 公路运营服务：高速公路收费服务、桥梁收费服务、隧道收费服务、其他公路运营服务；
— 公路养护服务：高速公路养护服务、桥梁养护服务、隧道养护服务、其他公路养护服务；
— 收费站和以公路养护为目的的车辆过秤活动；
— 其他公路管理服务。

◆ 不包括：
— 城市内道路、桥梁、隧道的管理和养护活动，列入 7810（市政设施管理）；
— 道路、桥梁、隧道的抢修、重建活动，列入 4811（铁路工程建筑）。

5449 其他道路运输辅助活动

◇ 包括下列其他道路运输辅助活动：
— 专业停车场服务：高速公路停车休息服务、城市停车场服务、其他专业停车场服务；
— 货运站服务；
— 运输货物打包服务；
— 其他未列明道路运输服务。

◆ 不包括：
— 城市内的道路管理与养护，列入 7810（市政设施管理）；
— 公路旅客运输车站，列入 5441（客运汽车站）；
— 货物运输中转站独立（或相对独立）的货场，列入 5990（其他仓储业）；
— 为故障车提供拖车的服务活动，列入 8011（汽车修理与维护）。

55 水上运输业

551 水上旅客运输

5511 海洋旅客运输

◇ 包括下列海洋旅客运输活动：
— 远洋客轮的旅客运输活动；
— 以客运为主的远洋运输活动；
— 沿海旅客运输服务：沿海定期客轮运输服务、沿海轮渡旅客运输服务、沿海游览船客运服务、沿海滚装客船运输服务、其他沿海旅客运输服务。

◆ 不包括：
— 城市市区的沿海轮渡客运，列入 5513（客运轮渡运输）；
— 不配备驾驶人员的非娱乐性载客船只的出租，列入 7119（其他机械与设备租赁）；
— 不配备驾驶人员的娱乐船只（定时）出租，列入 8990（其他娱乐业）。

5512　　内河旅客运输

指江、河、湖泊、水库的水上旅客运输活动。

◇ 包括下列内河旅客运输活动：

— 内河定期客轮运输服务；

— 内河轮渡旅客运输服务；

— 内河游览船客运服务；

— 内河滚装客船运输服务；

— 其他内河旅客运输服务。

◆ 不包括：

— 城市市区的轮渡运输，列入 5513（客运轮渡运输）；

— 以货物为主的江、河、湖、泊、水库的摆渡活动，列入 5523（内河货物运输）；

— 不配备驾驶人员的非娱乐性载客船只的出租，列入 7119（其他机械与设备租赁）；

— 不配备驾驶人员的娱乐船只（定时）出租，列入 8990（其他娱乐业）。

5513　　客运轮渡运输

指城市及其他水域旅客轮渡运输活动。

◇ 包括下列客运轮渡运输活动：

— 沿海轮渡旅客运营服务；

— 江、河、湖泊的轮渡旅客运营服务。

◆ 不包括：

— 货物轮渡运输，列入 552（水上货物运输）的相应行业类别中；

— 城市市区以外的沿海、江、河、湖、泊、水库的旅客轮渡，列入 551（水上旅客运输）的相关行业类别中。

552　　水上货物运输

5521　　远洋货物运输

◇ 包括下列远洋货物运输活动：

— 国际杂货船运输服务；

— 国际散货船运输服务；

— 国际冷藏船运输服务；

— 国际油轮运输服务；

— 国际集装箱船运输服务；

— 配备驾驶员国际船舶租赁服务；

— 其他国际货物运输服务。

◆ 不包括：

— 沿海轮船的货物运输活动，列入 5522（沿海货物运输）；

— 以客运为主的远洋轮船运输活动，列入 5511（海洋旅客运输）；

— 不配备操作人员的远洋货轮的出租活动，列入 7119（其他机械与设备租赁）。

5522　　沿海货物运输

◇ 包括下列沿海货物运输活动：

— 沿海杂货船货运服务；

— 沿海散货船货运服务；

— 沿海冷藏船货运服务；
— 沿海集装箱船运输服务；
— 沿海油轮运输服务；
— 沿海化学品船运输服务；
— 沿海液化气船运输服务；
— 沿海滚装货船运输服务；
— 沿海货物轮渡服务；
— 配备驾驶员沿海船舶租赁服务；
— 沿海船舶拖推运输服务；
— 其他沿海货物运输服务。

◆ 不包括：
— 远洋轮船的货物运输活动，列入5521（远洋货物运输）；
— 以客运为主的沿海轮船运输活动，列入5511（海洋旅客运输）；
— 通过管道运输原油、成品油，列入5700（管道运输业）；
— 不配备操作人员的沿海货轮的出租活动，列入7119（其他机械与设备租赁）。

5523　内河货物运输

指江、河、湖泊、水库的水上货物运输活动。

◇ 包括下列内河货物运输活动：
— 内河杂货船货运服务；
— 内河散货船货运服务；
— 内河冷藏船货运服务；
— 内河集装箱船运输服务；
— 内河油轮运输服务；
— 内河化学品船运输服务；
— 内河液化气船运输服务；
— 内河滚装货船运输服务；
— 内河货物轮渡服务；
— 配备驾驶员内河船舶租赁服务；
— 内河船舶拖推运输服务；
— 其他内河货物运输服务。

◆ 不包括：
— 以旅客为主的江、河、湖、泊、水库的运输活动，列入5512（内河旅客运输）；
— 在江、河、湖、泊、水库上不配备操作人员的货船出租，列入7119（其他机械与设备租赁）。

553　水上运输辅助活动

5531　客运港口

指专门为客运服务或以客运服务为主的客运服务公司、客运中心、客运站的活动。

◇ 包括下列客运港口服务：
— 客运票务服务；
— 客运旅客服务；
— 客运船舶停靠和物资供应服务；
— 其他客运服务。

◆ 不包括：

— 客运票务代理服务，列入5821（货物运输代理）；

— 客运中心（站）内独立的零售、餐饮服务，列入52（零售业）、62（餐饮业）的相关行业类别中。

5532　货运港口

指货运港口的管理活动。

◇ 包括下列货运港口服务：

— 沿海货运港口活动：沿海港口货物管理活动，沿海港口船舶停靠活动，沿海港口货物打包、拆卸活动，其他沿海货运港口活动；

— 内河货运港口活动：内河港口货物管理活动，内河港口船舶停靠活动，内河港口货物打包、拆卸活动，其他内河货运港口活动。

◆ 不包括：

— 客运港口或以客运为主的港口，列入5531（客运港口）；

— 货运代理服务，列入5821（货物运输代理）；

— 独立（或相对独立）的理货服务，列入5821（货物运输代理）；

— 与港口分开的货物装卸服务（独立或相对独立），列入5810（装卸搬运）；

— 与港口分开的货场、仓库服务（独立或相对独立），列入5990（其他仓储业）；

— 不从事具体港口作业，具有法人资格的港务局机关，列入7211（企业总部管理）。

5539　其他水上运输辅助活动

指其他未列明的水上运输辅助活动。

◇ 包括下列其他水上运输辅助活动：

— 港务船舶调度服务；

— 船舶通信服务；

— 航道服务；

— 灯塔、航标管理服务；

— 船舶引航服务；

— 进出港船舶推拖服务；

— 船舶人员救助服务；

— 船舶财产救助服务；

— 水上救助服务；

— 沉船沉物打捞服务；

— 海上船舶溢油清除服务；

— 防止船只漏油服务；

— 过船建筑物服务；

— 水上交通管理服务；

— 船舶管理服务；

— 其他水路运输辅助服务。

◆ 不包括：

— 与水资源供应、分配有关的水利枢纽、水闸、泵站的管理，列入7630（天然水收集与分配）；

— 水上缉私、治安、警务、消防，列入9123（公共安全管理机构）；

— 水上运输检查、检察，列入9126（行政监督检查机构）；

— 船只的专业清洗、消毒服务,列入 8119(其他清洁服务);
— 船只检测,列入 7450(质检技术服务)。

56 航空运输业

561 航空客货运输

5611 航空旅客运输

指以旅客运输为主的航空运输活动。

◇ 包括下列航空旅客运输活动:
— 航空旅客运输活动:定期航班飞机客运活动(国内航班客运活动、国际航班客运活动)、不定期航班旅客运输活动;
— 客货同机的以客运为主的航空运输活动。

◆ 不包括:
— 旅游观光飞行活动,列入 5620(通用航空服务);
— 客货同机的以货运为主的航空运输活动,列入 5612(航空货物运输)。

5612 航空货物运输

指以货物或邮件为主的航空运输活动。

◇ 包括下列航空货物运输活动:
— 定期航班飞机货运服务:定期航班邮政运输服务、其他定期航班飞机货运服务;
— 不定期航班货物运输服务。

◆ 不包括:
— 客货同机的以客运为主的航空运输,列入 5611(航空旅客运输)。

562 5620 通用航空服务

指使用民用航空器从事公共航空运输以外的民用航空活动。

◇ 包括下列通用航空服务活动:
— 通用航空生产服务:飞机播种服务、飞机喷药服务、飞机探测服务、飞机航拍服务、飞机抢险服务、飞机水上救生与搜寻服务、飞机救援服务、其他通用航空生产服务;
— 其他通用航空服务:航空飞行俱乐部服务、游览飞行服务、其他未列明通用航空服务。

563 航空运输辅助活动

5631 机场

指旅客机场的管理活动。

◇ 包括下列机场服务:
— 旅客安全检查活动;
— 旅客行李托运活动;
— 旅客进出站活动;
— 机场摆渡车活动;
— 机场货物搬运活动;
— 停机坪管理活动;
— 机场候机厅管理服务;
— 其他机场活动。

◆ 不包括：
— 机场内的边防检查，列入 9190（其他国家机构）；
— 机场内的海关，列入 9121（综合事务管理机构）；
— 机场内的各航空公司的活动，列入 561（航空客货运输）和 5620（通用航空服务）的相关行业类别中；
— 机场内的银行服务，列入 66（货币金融服务）的相关行业类别中；
— 机场内独立（或相对独立）的商店、餐厅、酒吧服务，列入 52（零售业）、62（餐饮业）的相关行业类别中；
— 为货物运输机服务的专用机场，列入 5639（其他航空运输辅助活动）；
— 为通用航空服务的专用机场，列入 5620（通用航空服务）；
— 与机场分开的货物装卸服务（独立或相对独立），列入 5810（装卸搬运）；
— 与机场分开的货场、仓库服务（独立或相对独立），列入 5990（其他仓储业）；
— 专门的飞机清洁、消毒服务，列入 8119（其他清洁服务）；
— 民航票务代理，列入 5821（货物运输代理）。

5632　空中交通管理

◇ 包括下列空中交通管理活动：
— 飞机起降服务；
— 飞行调度服务；
— 飞行导航服务；
— 飞行通讯服务；
— 地面信号管理服务；
— 空中飞行管理服务；
— 其他空中交通管理服务。

5639　其他航空运输辅助活动

指其他未列明的航空运输辅助活动。

◇ 包括下列其他航空运输辅助活动：
— 机场电力管理活动；
— 飞机供给活动；
— 飞机维护活动；
— 飞机安全活动；
— 飞机跑道管理活动；
— 航空运输货物打包活动；
— 其他未列明航空运输辅助活动。

◆ 不包括：
— 空中交通管理活动，列入 5632（空中交通管理）；
— 民航警察、民航消防，列入 9123（公共安全管理机构）；
— 机场内独立（或相对独立）的货物装卸服务，列入 5810（装卸搬运）；
— 机场内独立（或相对独立）的货场、仓库服务，列入 5990（其他仓储业）；
— 飞行学校，列入 8291（职业技能培训）。

57　　　　管道运输业

570　5700　管道运输业

指通过管道对气体、液体等的运输活动。

◇ 包括下列管道运输业活动：

— 原油及成品油管道运输服务；

— 水管道运输服务；

— 其他液体管道运输服务；

— 天然气管道运输服务；

— 其他气体管道运输服务；

— 其他管道运输服务。

◆ 不包括：

— 向用户提供天然气、煤气、热气和水的服务，列入D门类（电力、热力、燃气及水生产和供应业）的相关行业类别中。

58　　　　装卸搬运和运输代理业

581　5810　装卸搬运

◇ 包括下列装卸搬运活动：

— 运输货物装卸活动：铁路运输货物装卸活动、道路运输货物装卸活动、港口货物装卸活动、飞机场货物装卸活动、其他运输货物装卸活动；

— 非运输机械装卸搬运活动：一般货物装卸搬运活动、集装箱装卸搬运活动、大型机械设备装卸搬运活动、其他非运输机械装卸搬运活动；

— 为建筑工程、市政设施及大型机械设备等提供的专业装卸、起重活动；

— 人力装卸搬运活动。

◆ 不包括：

— 货场、仓库内的货物装卸服务，列入5990（其他仓储业）；

— 集装箱码头的装卸活动，列入5532（货运港口）；

— 专门为船舶、飞机、火车提供装卸服务，分别列入5532（货运港口）、5639（其他航空运输辅助活动）、5631（机场）、5332（货运火车站）；

— 与港口、机场、火车站管理一体的装卸活动，分别列入5532（货运港口）、5639（其他航空运输辅助活动）、5631（机场）、5332（货运火车站）。

582　　　　运输代理业

指与运输有关的代理及服务活动。

5821　货物运输代理

◇ 包括下列货物运输代理活动：

— 铁路运输代理活动：铁路货物运输代理活动、其他铁路运输代理活动；

— 水路运输代理活动：水上货物运输代理活动、船舶管理活动、船舶代理活动、货船理货活动、航运交易中心活动、其他水路运输代理活动；

— 航空运输代理活动：航空货运代理活动、其他航空运输代理活动；

— 道路运输代理活动：道路货物运输代理活动、快件递寄代理活动。

5822　　旅客票务代理

◇ 包括下列旅客票务代理活动:
— 铁路客运票务代理服务;
— 水上客运票务代理服务;
— 航空客运票务代理服务;
—(道路旅客运输票务代理服务)
— 城市公共交通车票代理服务、公交卡代理服务;
— 旅客联运票务代理服务。

5829　　其他运输代理业

◇ 包括下列其他运输代理业活动:
— 货物检验代理服务;
— 货物报关代理服务;
— 联合运输代理服务;
— 打包、装卸、运输全套服务代理;
— 物流代理服务;
— 仓储代理服务;
— 其他未列明运输代理服务。

59　　仓储业

指专门从事货物仓储、货物运输中转仓储,以及以仓储为主的货物送配活动,还包括以仓储为目的的收购活动。

591　　谷物、棉花等农产品仓储

5911　　谷物仓储

指国家储备及其他谷物仓储活动。

◇ 包括下列谷物仓储活动:
— 粮食仓储服务;
— 食用油仓储服务。

5912　　棉花仓储

指棉花加工厂仓储、中转仓储、棉花专业仓储、棉花物流配送活动,还包括在棉花仓储、物流配送过程中的棉花信息化管理活动。

◇ 包括下列棉花仓储活动:
— 各类棉花仓储服务。

5919　　其他农产品仓储

指未列明的其他农产品仓储活动。

◇ 包括下列其他农产品仓储活动:
— 化肥仓储服务;
— 其他农产品仓储服务。

599 5990 其他仓储业

◇ 包括下列其他仓储业活动：

— 原油、成品油仓储服务；
— 燃气仓储服务；
— 危险品仓储服务；
— 冷库服务；
— 其他专业仓储服务；
— 铁路货运站货场服务；
— 港口货场服务；
— 机场货场服务；
— 其他运输货场服务；
— 百货仓储服务；
— 连锁零售仓储服务；
— 专卖店仓储服务；
— 其他商业流通仓储服务；
— 其他仓储服务。

◆ 不包括：

— 与港口、码头、机场、货运火车站、停车场一体的货场，分别列入5532（货运港口）、5639（其他航空运输辅助活动）、5631（机场）、5332（货运火车站）、5449（其他道路运输辅助活动）的相关行业类别中。

60 邮政业

601 6010 邮政基本服务

指邮政企业提供的信件、印刷品、包裹、汇兑等邮政服务，以及国家规定的其他邮政服务；不包括邮政快递服务。

◇ 包括下列邮政基本服务：

— 函件、印刷品寄递服务；
— 邮政包裹寄递服务；
— 邮政汇兑服务；
— 报刊邮政服务；
— 邮政柜台服务；
— 电子邮政服务；
— 其他邮政服务（邮箱出租、邮政礼仪）。

◆ 不包括：

— 国家邮政特快专递服务，列入6020（快递服务）；
— 邮政储蓄活动，列入6620（货币银行服务）；
— 国家邮政系统外的寄递服务，列入6020（快递服务）；
— 以电信（电话、电报业务）为主的基层邮电局（所）的服务，列入631（电信）的相应类别中。

602 6020 快递服务

指在承诺的时限内快速完成的寄递服务。

◇ 包括下列快递服务：

— 国家邮政特快专递服务；

— 非国家邮政的快递服务；
— 非国家邮政的各种小件物品、包裹的寄递服务；
— 非国家邮政的报刊寄递服务；
— 各种商务快送活动；
— 小件物品速递服务；
— 各种宅急送服务；
— 其他非国家邮政寄递服务。

◆ 不包括：

— 广告宣传品的发送活动，列入7240（广告业）；
— 大件物品的送货服务，列入5430（道路货物运输）。

H 住宿和餐饮业

本门类包括 61 和 62 大类。

61 **住宿业**

指为旅行者提供短期留宿场所的活动，有些单位只提供住宿，也有些单位提供住宿、饮食、商务、娱乐一体的服务，本类不包括主要按月或按年长期出租房屋住所的活动。

◆ 不包括：

— 提供长期住宿场所的活动（如出租房屋、公寓等），列入 70（房地产业）相关类别中。

611 6110 **旅游饭店**

指按照国家有关规定评定的旅游饭店和具有同等质量、水平的饭店活动。

◇ 包括下列旅游饭店服务：

— 旅游星级饭店住宿服务：五星级饭店住宿服务、四星级饭店住宿服务、三星级饭店住宿服务、二星级饭店住宿服务、一星级饭店住宿服务；

— 旅游非星级住宿服务：会议中心住宿服务、会所（俱乐部）住宿服务、公寓饭店住宿服务、商务饭店住宿服务、度假村住宿服务、其他旅游非星级住宿服务；

— 具有旅游饭店服务水平的宾馆、饭店、酒店、旅馆；

— 具有同等水平的公寓式饭店、商务饭店；

— 具有同等水平的度假村、避暑山庄；

— 各单位办的具有旅游饭店服务水平的招待所；

— 以对外提供住宿服务（提供给散客、团组的旅游、出差、商务、休闲等住宿）为主，具有旅游饭店同等水平的会议中心、会所（俱乐部）、培训中心、疗养所。

◆ 不包括：

— 以培训本单位职工为主的培训中心，列入 8291（职业技能培训）；

— 以提供各种商务会议为主的会议中心，列入 7292（会议及展览服务）；

— 以提供疗养、康复、护理服务为主的疗养所，列入 8316（疗养院）；

— 在旅游景区办的老干部休养所，列入 8411（干部休养所）。

612 6120 **一般旅馆**

指不具备评定旅游饭店和同等水平饭店的一般旅馆的活动。

◇ 包括下列一般旅馆服务：

— 旅馆住宿服务；

— 招待所住宿服务；

— 青年旅社住宿服务；

— 汽车旅馆住宿服务；

— 其他经济型住宿服务。

619 6190 **其他住宿业**

指上述未列明的住宿服务。

◇ 包括下列其他住宿业服务：

— 学生公寓住宿服务；

— 城市家庭住宿服务；
— 农家住宿服务；
— 车船住宿服务；
— 露营地住宿服务；
— 提供房车场地服务；
— 分时度假住宿服务；
— 其他未列明住宿服务。

◆ 不包括：
— 房屋出租活动，列入70（房地产业）相关类别中。

62 餐饮业

指在一定场所，对食物进行现场烹饪、调制，并出售给顾客主要供现场消费的服务活动。

621 6210 正餐服务

指在一定场所内提供以中餐、晚餐为主的各种中西式炒菜和主食，并由服务员送餐上桌的餐饮活动。

◇ 包括下列正餐服务：
— 宾馆、饭店、酒店内独立（或相对独立）的酒楼、餐厅；
— 各种以正餐为主的酒楼、饭店、饭馆及其他用餐场所；
— 各种自助式餐饮服务；
— 各种以涮、烤为主的餐饮服务；
— 车站、机场、码头内设的独立的餐饮服务；
— 火车、轮船上独立的餐饮服务。

◆ 不包括：
— 提供单一类食品的餐饮服务（如饺子、包子、面条、米粉等），列入6291（小吃服务）。

622 6220 快餐服务

指在一定场所内提供快捷、便利的就餐服务。

◇ 包括下列快餐服务：
— 中式快餐服务；
— 外国快餐服务。

◆ 不包括：
— 各种特色小吃的餐饮服务（如清真小吃、四川小吃等），列入6291（小吃服务）。

623 饮料及冷饮服务

指在一定场所内以提供饮料和冷饮为主的服务。

6231 茶馆服务

◇ 包括下列茶馆服务：
— 各类茶馆服务。

6232 咖啡馆服务

◇ 包括下列咖啡馆服务：
— 各类咖啡馆服务。

◆ 不包括：

— 以就餐为主的咖啡馆，列入 6210（正餐服务）。

6233 酒吧服务

◇ 包括下列酒吧服务：

— 各类酒吧服务。

◆ 不包括：

— 演艺吧（以演艺、歌舞及蹦迪、交谊舞等为主，辅有饮料、食品的场所），列入 8911（歌舞厅娱乐活动）。

6239 其他饮料及冷饮服务

◇ 包括下列其他饮料及冷饮服务：

— 冰激凌店、冷饮店；

— 其他饮料服务。

◆ 不包括：

— 可乐、矿泉水等饮料的柜台销售及流动销售，列入 5226（酒、饮料及茶叶零售）或 5291（货摊食品零售）。

629 其他餐饮业

6291 小吃服务

指提供全天就餐的简便餐饮服务，包括路边小饭馆、农家饭馆、流动餐饮和单一小吃等餐饮服务。

◇ 包括下列小吃服务：

— 清真小吃服务；

— 茶点式小吃服务；

— 饺子店餐饮服务；

— 包子店餐饮服务；

— 面条店餐饮服务；

— 米粉店餐饮服务；

— 粥店餐饮服务；

— 汤圆店餐饮服务；

— 烤肉串餐饮服务；

— 以就餐为主的饼屋、糕点店的服务；

— 其他特色风味及小吃服务。

◆ 不包括：

— 以出售蛋糕、面包为主的乳品店、面包房，列入 5222（糕点、面包零售）。

6292 餐饮配送服务

◇ 包括下列餐饮配送服务：

— 民航餐饮配送服务；

— 铁路餐饮配送服务；

— 学校餐饮配送服务；

— 机构餐饮配送服务；

— 其他餐饮配送服务。

◆ 不包括：

— 为连锁快餐店送货的服务，列入 5430（道路货物运输）。

6299　　其他未列明餐饮业

◇ 包括下列其他未列明餐饮业服务：

— 餐饮外卖服务；

— 机构餐饮服务（为某一单位提供餐饮服务）；

— 其他未列明餐饮服务。

◆ 不包括：

— 为连锁快餐店送货的服务，列入 5430（道路货物运输）。

I 信息传输、软件和信息技术服务业

本门类包括63～65大类。

63 **电信、广播电视和卫星传输服务**

631 **电信**

指利用有线、无线的电磁系统或者光电系统,传送、发射或者接收语音、文字、数据、图像以及其他任何形式信息的活动。

6311 **固定电信服务**

指从事固定通信业务活动。

◇ 包括下列固定电信服务:

— 本地电话服务;
— 国内长途电话服务;
— 港澳台长途电话服务;
— 国际长途电话服务;
— IP电话服务;
— 固定数据通信服务;
— 其他固定电话服务:114查号台服务、电话卡服务、电话会议服务、电话业务代理服务、其他未列明固定电话服务。

◆ 不包括:

— 部门专用电话网(如电力、公安、石油、煤炭、民航、铁路等)的通讯活动,列入各部门所属的行业类别中;
— 非电信业务的信息台,列入6592(呼叫中心)。

6312 **移动电信服务**

指从事移动通信业务活动。

◇ 包括下列移动电信服务:

— 移动通信服务:模拟移动通信业务、数字集群通讯业务、第二代数字蜂窝移动通信业务、第三代数字蜂窝移动通信服务等;
— 其他移动电信服务:移动电话卡服务、移动电话咨询服务、其他未列明的移动电信服务。

6319 **其他电信服务**

指除固定电信服务、移动电信服务外,利用固定、移动通信网从事的信息服务。

◇ 包括下列其他电信服务:

— 增值电信服务(部分):固定网增值电信服务、移动网增值电信服务、其他增值电信服务;
— 通信数据传送服务;

— 其他电信服务:通信设施管理服务、集群通信服务、载波服务、私人通信服务、网元出租服务、其他未列明电信服务。

◆ 不包括:

— 网络公司提供的网络信息服务,列入6420(互联网信息服务);

— 支持网络服务的计算机及各种设备的管理,列入6520(信息系统集成服务);

— 移动电话网的管理服务,列入6312(移动电信服务);

— 广播电视信号发射、中转、接收服务,列入632(广播电视传输服务)的相关类别中;

— 广播电视网管理,列入632(广播电视传输服务)的相关类别中。

632　　广播电视传输服务

6321　　有线广播电视传输服务

指有线广播电视网和信号的传输服务。

◇ 包括下列有线广播电视传输服务:

— 有线广播传输服务:有线广播信号传输服务、有线广播信号接收服务、有线广播网设计、安装、调试服务、有线广播网监测、安全服务、互联网广播传输服务、其他有线广播传输服务;

— 有线电视传输服务:有线电视信号传输服务、有线电视信号接收服务、有线电视网设计、安装、调试服务、有线电视网监测、安全服务、互联网电视传输服务、其他有线电视传输服务;

— 为有线广播电视用户提供维修、咨询等服务;

— 有线广播电视网络维护、运行、监测、安全管理服务;

— 互联网广播电视节目的传输、接入、咨询等服务;

— 其他未列明的有线广播电视和网上广播电视服务。

◆ 不包括:

— 有线广播节目的制作、播音、导播、播出等服务,列入8610(广播);

— 有线电视节目的制作、主持、导播、播出等服务,列入8620(电视)。

6322　　无线广播电视传输服务

指无线广播电视信号的传输服务。

◇ 包括下列无线广播电视传输服务:

— 无线广播信号传送、覆盖服务(含中波、短波、调频发射台、发射塔、中继服务、微波站等);

— 无线电视信号传送、覆盖服务(含电视发射塔、发射台、微波中继站、接收天线等服务);

— 无线广播电视节目播出安全、质量、内容和覆盖效果的监测服务;

— 为无线广播电视用户提供咨询等服务;

— 其他未列明的无线广播电视服务。

◆ 不包括:

— 有线广播节目的制作、播音、导播、播出等服务,列入8610(广播);

— 有线电视节目的制作、主持、导播、播出等服务,列入8620(电视)。

633　6330　　卫星传输服务

指人造卫星的电信传输和广播电视传输服务。

◇ 包括下列卫星传输服务：
— 卫星通信服务；
— 卫星国际专线服务；
— 卫星广播电视信号的传输、覆盖与接收服务；
— 卫星广播电视传输、覆盖、接收系统的设计、安装、调试、测试、监测等服务；
— 其他声音、数据、文本、视听图像信号的卫星通信传输。

64 **互联网和相关服务**

641 6410 **互联网接入及相关服务**

指除基础电信运营商外，基于基础传输网络为存储数据、数据处理及相关活动提供接入互联网的有关应用设施的服务。

◇ 包括下列互联网接入及相关服务：
— 因特网虚拟专用网服务；
— 互联网管理服务：互联网高速链路服务、互联网接入服务、网络工程监管服务、其他互联网管理服务。

◆ 不包括：
— 网络公司提供的网络信息服务，列入 6420（互联网信息服务）；
— 支持网络服务的计算机及各种设备的管理，列入 6520（信息系统集成服务）。

642 6420 **互联网信息服务**

指除基础电信运营商外，通过互联网提供在线信息、电子邮箱、数据检索、网络游戏等信息服务。

◇ 包括下列互联网信息服务：
— 网上搜索服务；
— 网上新闻服务；
— 网络游戏服务；
— 网上软件下载服务；
— 网上音乐服务；
— 网上电影服务；
— 网上图片服务；
— 网上动漫服务；
— 网上读物服务；
— 网上电子邮件服务；
— 网上聊天和论坛服务；
— 网上信息发布服务；
— 其他互联网信息服务。

◆ 不包括：
— 电子商务（如网络销售、网络银行支付、网络证券交易、网络保险、网络拍卖、网络咨询、网络教学、网络医疗等），列入相应的行业中；
— 互联网国际出口、网络通信、线路、服务器、注册等管理，列入 6410（互联网接入及相关服务）；
— 互联网上广播电视传输、接入服务，列入 6321（有线广播电视传输服务）；
— 数据库开发，列入 6510（软件开发）；
— 提供上网服务（网吧），列入 8913（网吧活动）。

649 6490 其他互联网服务

指除基础电信运营商服务、互联网接入及相关服务、互联网信息服务以外的其他未列明互联网服务。

◇ 包括下列其他互联网服务：

— 物联网服务；

— 其他未列明互联网服务。

◆ 不包括：

— 电子商务（如网络销售、网络银行支付、网络证券交易、网络保险、网络拍卖、网络咨询、网络教学、网络医疗等），列入相应的行业中；

— 互联网国际出口、网络通信、线路、服务器、注册等管理，列入6410（互联网接入及相关服务）；

— 互联网上广播电视传输、接入服务，列入6321（有线广播电视传输服务）；

— 数据库开发，列入6510（软件开发）；

— 提供上网服务（网吧），列入8913（网吧活动）。

65 软件和信息技术服务业

指对信息传输、信息制作、信息提供和信息接收过程中产生的技术问题或技术需求所提供的服务。

651 6510 软件开发

指为用户提供计算机软件、信息系统或者设备中嵌入的软件，或者在系统集成、应用服务等技术服务时提供软件的开发和经营活动；包括基础软件、支撑软件、应用软件、嵌入式软件、信息安全软件、计算机（应用）系统、工业软件以及其他软件的开发和经营活动。

◇ 包括下列软件开发服务：

— 基础软件开发及经营：指操作系统、数据库管理系统和数据处理软件、中间件和领域平台、办公软件和文字编辑处理软件、系统工具、网络基础软件、网络运营平台、其他基础软件的开发及经营；

— 支撑软件开发及经营：指软件开发工具及平台、界面工具、转换工具、软件管理工具、测试工具、语言处理软件、网络支持软件、其他支撑软件的开发及经营；

— 应用软件开发及经营：指企业管理软件、办公自动化软件、科学和工程计算软件、多媒体软件、智能分析软件、翻译软件、动漫游戏软件、网络管理软件、网络应用软件、地理信息系统软件、通信软件、金融软件、税务软件、教育软件、医疗软件、交通软件、能源软件、商务（贸）软件、统计软件、其他应用软件的开发和经营，以及系统集成中能单独开据发票的应用软件开发及经营；

— 嵌入式软件开发及经营：指移动终端嵌入式软件、汽车电子嵌入式软件、智能家电嵌入式软件、通信设备嵌入式软件、网络设备嵌入式软件、装备自动控制嵌入式软件、数字装备嵌入式软件、其他嵌入式软件的开发及经营；

— 信息安全软件开发及经营：指安全基础类产品、网络安全类产品、终端安全类产品、内容安全类产品、安全管理类产品、信息安全支撑工具、安全平台类产品、专用安全产品、安全测试评估与安全服务产品、其他信息安全产品的开发及经营；

— 工业软件开发及经营：指工业软件研发辅助设计软件、辅助分析软件、辅助制造软件、生命周期管理软件、制造执行系统，工业自动化控制系统，其他工业软件的开发及经营；

— 软件定制开发及经营：指通过承接外包的方式，向需方提供定制的软件设计、代码编写及调试、执行测试和编写文档等服务。其中，供方并不拥有服务过程中产生的著作权（以此区别于其他软件产品）；
— 其他软件开发及经营；
— 嵌入式软件服务：通信设备嵌入式软件、网络设备嵌入式软件、数字装备设备嵌入式软件、数字视频产品嵌入式软件、自动控制产品嵌入式软件、汽车电子嵌入式软件、其他嵌入式软件；
— 软件外包服务；
— 其他软件技术服务。

◆ 不包括：
— 软件售后的测试及培训，列入 6530（信息技术咨询服务）。

652 6520 信息系统集成服务

指基于需方业务需求进行的信息系统需求分析和系统设计，并通过结构化的综合布缆系统、计算机网络技术和软件技术，将各个分离的设备、功能和信息等集成到相互关联的、统一和协调的系统之中，以及为信息系统的正常运行提供支持的服务；包括信息系统设计、集成实施、运行维护等服务。

◇ 包括下列信息系统集成服务：
— 信息系统设计服务；
— 集成实施服务：主机系统集成、存储系统集成、网络系统集成、智能建筑系统集成、安全防护系统集成、数据集成、应用集成、其他集成实施服务；
— 运行维护服务：基础环境运行维护、网络运行维护、软件运行维护、硬件运行维护、其他运行维护服务；
— 其他计算机系统服务：办公用计算机系统服务、专业用计算机系统服务、生产用计算机系统服务、计算机机房系统服务、其他未列明计算机系统服务。

◆ 不包括：
— 计算机销售，列入 5177（计算机、软件及辅助设备批发）、5273（计算机、软件及辅助设备零售）的相关类别中；
— 计算机系统的咨询，列入 6530（信息技术咨询服务）；
— 计算机维修，列入 8021（计算机和辅助设备修理）；
— 计算机硬件的制造（组装），列入 3911（计算机整机制造）。

653 6530 信息技术咨询服务

指在信息资源开发利用、工程建设、人员培训、管理体系建设、技术支撑等方面向需方提供的管理或技术咨询评估服务；包括信息化规划、信息技术管理咨询、信息系统工程监理、测试评估、信息技术培训等。

◇ 包括下列信息技术咨询服务：
— 网络咨询服务；
— 信息化规划服务；
— 信息技术管理咨询服务：信息技术治理咨询、信息技术服务管理咨询、质量管理咨询、信息安全管理咨询、过程能力成熟度咨询、其他信息技术管理咨询服务；
— 信息系统工程监理服务；
— 测试评估服务：软件测试、硬件测试、网络测试、信息安全测试、质量管理评估、过程能力成熟度评估、信息技术服务管理评估、信息安全管理评估、其他测试评估服务；

— 软件售后服务；
— 信息技术培训服务：信息技术标准培训、信息技术应用培训、其他信息技术培训服务；
— 其他信息技术咨询服务。

◆ 不包括：
— 专门的软件培训（与销售无关），列入8291（职业技能培训）。

654 6540 数据处理和存储服务

指供方向需方提供的信息和数据的分析、整理、计算、编辑、存储等加工处理服务，以及应用软件、业务运营平台、信息系统基础设施等的租用服务；包括各种数据库活动、网站内容更新、数据备份服务、数据存储服务、在线企业资源规划（ERP）、在线杀毒、电子商务平台、物流信息服务平台、服务器托管、虚拟主机等。

◇ 包括下列数据处理和存储服务的活动：
— 因特网数据中心服务、存储转发类服务；
— 数据处理服务：数据加工服务、业务流程外包服务、网站内容更新服务、其他数据加工处理服务；
— 数据库服务；
— 软件运营服务（SaaS）、支持软件研发和运行平台服务（PaaS）；
— 信息系统基础设施运营服务（IaaS）：服务器/机柜租用服务、服务器托管服务、计算能力租用和虚拟主机服务；
— 其他数据处理和存储服务。

◆ 不包括：
— 专门提供文件、数据的录入、排版和打印等商务服务，列入7294（办公服务）；
— 为客户提供软件的设计，列入65（软件和信息技术服务业）的相关行业类别中。

655 6550 集成电路设计

指IC设计服务，即企业开展的集成电路功能研发、设计等服务。

◇ 包括下列集成电路设计服务：
— MOS微器件；
— 逻辑电路；
— MOS存储器；
— 模拟电路；
— 专用电路；
— 智能卡芯片及电子标签芯片；
— 传感器电路（设计）；
— 微波集成电路；
— 混合集成电路。

659 其他信息技术服务业

6591 数字内容服务

指数字内容的加工处理，即将图片、文字、视频、音频等信息内容运用数字化技术进行加工处理并整合应用的服务。

◇ 包括下列数字内容服务:
— 数字动漫制作;
— 游戏设计制作;
— 地理信息加工处理;
— 其他数字内容服务。

6592 呼叫中心

指受企事业单位委托,利用与公用电话网或因特网连接的呼叫中心系统和数据库技术,经过信息采集、加工、存储等建立信息库,通过固定网、移动网或因特网等公众通信网络向用户提供有关该企事业单位的业务咨询、信息咨询和数据查询等服务。

◇ 包括下列呼叫中心服务:
— 电信呼叫服务:固定电信呼叫服务、移动电信呼叫服务;
— 电话信息服务:信息台(声讯台)电话服务、电话查询服务、其他电话信息服务。

6599 其他未列明信息技术服务业

◇ 包括下列其他未列明信息技术服务:
— 计算机使用服务;
— 为客户提供计算机使用,并配有技术人员指导和管理的服务活动;
— 其他未列明计算机信息服务。

J 金 融 业

本门类包括66~69大类。

66 货币金融服务

661 6610 中央银行服务

指代表政府管理金融活动,并制定和执行货币政策,维护金融稳定,管理金融市场的特殊金融机构的活动。

◇ 包括下列中央银行金融服务:

— 中国人民银行;

— 中国人民银行分支机构。

662 6620 货币银行服务

指除中央银行以外的各类银行所从事存款、贷款和信用卡等货币媒介活动,还包括在中国开展货币业务的外资银行及分支机构的活动。

◇ 包括下列货币银行金融服务:

— 中资大型银行:中国工商银行、中国建设银行、中国农业银行、中国银行、国家开发银行、交通银行、中国邮政储蓄银行,上述银行分支机构;

— 中资中型银行:招商银行、农业发展银行、浦发银行、中信银行、兴业银行、民生银行、光大银行、华夏银行、进出口银行、广东发展银行、深圳发展银行、北京银行、上海银行、江苏银行,上述银行分支机构;

— 中资小型银行:恒丰银行、浙商银行、渤海银行、小型城商行、农村商业银行、农村合作银行、村镇银行,以及上述银行分支机构;

— 外资银行及分支机构;

— 信用合作社:城市信用合作社、农村信用合作社,上述信用合作社分支机构;

— 其他未列明银行服务。

663 非货币银行服务

指主要与非货币媒介机构以各种方式发放贷款有关的金融服务。

6631 金融租赁服务

指经中国人民银行批准以经营融资租赁业务为主的非银行金融机构的活动。

◇ 包括下列金融租赁服务:

— 直接租赁、回租、转租赁、委托租赁等金融租赁服务。

6632 财务公司

指经中国人民银行批准,为企业融资提供的金融活动。

◇ 包括下列财务公司活动:

— 企业集团、大型联合性企业及其他大型企业的财务公司的活动。

◆ 不包括：
— 专门为各类企业做账的财务机构，列入 7231（会计、审计及税务服务）；
— 政府部门下属的，提供统一结算的财务机构，列入 9121（综合事务管理机构）。

6633　典当

指以实物、财产权利质押或抵押的放款活动。

◇ 包括下列典当服务：
— 动产典当服务；
— 不动产典当服务；
— 财产权利典当服务；
— 其他典当服务。

6639　其他非货币银行服务

指上述未包括的从事融资、抵押等非货币银行的服务，包括小额贷款公司、农村合作基金会等融资活动，以及各种消费信贷、国际贸易融资、公积金房屋信贷、抵押顾问和经纪人的活动。

◇ 包括下列其他非货币银行服务：
— 农村合作基金会服务；
— 小额贷款公司；
— 消费信贷；
— 国际贸易融资；
— 公积金房屋信贷；
— 抵押顾问和经纪人的活动；
— 其他未列明的非货币银行服务。

◆ 不包括：
— 各种担保服务，列入 7296（担保服务）。

664　6640　银行监管服务

指代表政府管理银行业活动，制定并发布对银行业金融机构及其业务活动监督管理的规章、规则。

◇ 包括下列银行监管机构的服务：
— 中国银行业监督管理委员会；
— 中国银行业监督管理委员会分支机构。

67　资本市场服务

671　证券市场服务

6711　证券市场管理服务

指非政府机关进行的证券市场经营和监管，包括证券交易所、登记结算机构的活动。

◇ 包括下列证券市场管理服务：
— 股票上市、交易、登记、结算服务；
— 债券上市、交易、登记、结算服务；
— 基金上市、交易、登记、结算服务；

— 衍生品交易管理服务;
— 其他证券市场服务。

◆ 不包括:
— 证券营业部、期货交易营业部,列入6712(证券经纪交易服务)、6721(期货市场管理服务)。

6712　证券经纪交易服务

指在金融市场上代他人进行交易、代理发行证券和其他有关活动,包括证券经纪、证券承销与保荐、融资融券业务、客户资产管理业务等活动。

◇ 包括下列证券经纪交易服务:
— 证券经纪服务;
— 承销与保荐;
— 融资融券业务;
— 客户资产管理服务;
— 证券营业部服务;
— 其他证券经纪交易服务。

◆ 不包括:
— 证券交易所(上海、深圳)、登记结算机构、期货交易所,列入6711(证券市场管理服务)、6721(期货市场管理服务)的相关类别中;
— 证券商的自营投资交易活动,列入6740(资本投资服务);

6713　基金管理服务

指在收费或合同基础上为个人、企业及其他客户进行的资产组合和基金管理活动,包括证券投资基金、企业年金、社保基金、专户理财、国内资本境外投资管理(QDII)等活动。

◇ 包括下列基金管理服务:
— 证券投资基金管理服务;
— 国内资本境外投资管理(QDII)活动;
— 企业年金、社保基金、专户理财;
— 其他基金管理服务。

672　期货市场服务

6721　期货市场管理服务

指非政府机关进行的期货市场经营和监管,包括商品期货交易所、金融期货交易所、期货保证金监控中心的活动。

◇ 包括下列期货市场管理服务:
— 期货交易服务;
— 期货清算交割服务;
— 期货保证金存管监控服务;
— 期货投资者保障基金管理服务;
— 其他期货市场管理服务。

◆ 不包括:
— 期货营业部,列入6729(其他期货市场服务)。

6729　其他期货市场服务

指商品合约经纪及其他未列明的期货市场的服务。

◇ 包括下列其他期货市场服务：

— 期货经纪人服务；

— 期货营业部服务；

— 商品期货交割仓库服务；

— 期货投资咨询服务；

673　6730　证券期货监管服务

指由政府或行业自律组织进行的对证券期货市场的监管活动。

◇ 包括下列证券期货监管服务：

— 证券监管服务；

— 期货监管服务；

— 行业自律服务；

— 其他证券期货监管服务。

◆ 不包括：

— 证券交易所（上海、深圳）、登记结算机构、证券营业部、期货交易所，列入6711（证券市场管理服务）、6712（证券经纪交易服务）、6721（期货市场管理服务）的相关类别中；

674　6740　资本投资服务

指经批准的证券投资机构的自营投资、直接投资活动，以及风险投资和其他投资活动。

◇ 包括下列资本投资服务：

— 机构证券自营投资服务：机构股票投资服务、机构基金投资服务、机构债券投资服务、机构期货投资服务、其他机构证券投资服务；

— 创业投资服务：创业投资业务服务、代理创业投资业务服务、创业投资咨询服务、创业企业管理服务；

— 企业投资服务：企业项目策划服务、企业财务顾问服务、企业并购服务、企业上市重组服务、其他企业投资服务。包括证券公司（券商）下属机构、投资公司及其他机构从事的这些活动。

◆ 不包括：

— 证券公司（券商）在各地开办的证券营业部，列入6712（证券经纪交易服务）；

— 证券公司（券商）下属机构（子公司、分公司）对非金融市场的实业投资活动（如投资房地产、电信、制造业等），列入相应的行业类别中；

— 证券公司（券商）下属机构（子公司、分公司）受托对资产、资金的信托管理活动，列入6910（金融信托与管理服务）；

— 证券公司（券商）下属机构（子公司、分公司）从事的证券咨询、分析活动，列入6790（其他资本市场服务）；

— 以代理为主，代理证券、期货的交易活动，列入6712（证券经纪交易服务）、6721（期货市场管理服务）；

— 受托对股票、基金、债券等资产的信托投资管理等活动，列入6910（金融信托与管理服务）；

— 不具体从事证券投资业务和其他金融或非金融业务，具有法人资格的证券公司、信托投资公司、控股公司的总部，列入6920（控股公司服务）。

679 6790 其他资本市场服务

指投资咨询服务、财务咨询服务、资信评级服务，以及其他未列明的资本市场的服务。

◇ 包括下列其他资本市场服务：

— 市场风险监测服务；
— 证券投资咨询服务；
— 证券市场资信评级服务；
— 证券投资基金销售服务；
— 其他未列明资本市场服务。

68 保险业

681 人身保险

指以人的寿命和身体为保险标的的保险活动，包括人寿保险、健康保险和意外伤害保险。

6811 人寿保险

指普通寿险、分红寿险、万能寿险、投资连结保险等活动（不论是否带有实质性的储蓄成分）。

◇ 包括下列人寿保险活动：

— 普通寿险服务；
— 分红寿险服务；
— 投连寿险服务；
— 万能寿险服务；
— 其他寿险服务。

6812 健康和意外保险

指疾病保险、医疗保险、失能收入损失保险、护理保险以及意外伤害保险的活动。

◇ 包括下列健康和意外保险活动：

— 健康保险服务：疾病保险服务、医疗保险服务、护理保险服务、失能收入损失保险服务；
— 意外伤害保险服务。

682 6820 财产保险

指除人身保险外的保险活动，包括财产损失保险、责任保险、信用保险、保证保险等。

◇ 包括下列财产保险活动：

— 财产损失保险服务：机动车辆保险服务（车损保险服务、车损附加险服务、商业三者险服务、商业三者附加险服务、交强险服务）、企业财产保险服务、家庭财产保险服务、工程保险服务、货物运输保险服务、船舶保险服务、农业保险服务、特殊风险保险服务、其他财产损失保险服务；
— 责任保险服务；
— 信用保险服务；
— 保证保险服务；
— 其他财产保险服务。

683 6830 再保险

指承担与其他保险公司承保的现有保单相关的所有或部分风险的活动。

◇ 包括下列再保险活动：
— 寿险再保险服务；
— 非人寿保险再保险活动：机动车辆再保险活动，水保险活动，非水保险活动，责任、意外保险活动，巨灾风险活动，健康和意外伤害再保险活动，其他非人寿保险再保险活动。

684 6840 养老金

指专为单位雇员或成员提供退休金补贴而设立的法定实体的活动（如基金、计划和/或项目等），包括养老金定额补贴计划以及完全根据成员贡献确定补贴数额的个人养老金计划等。

◇ 包括下列养老金活动：
— 员工养老金、福利计划；
— 养恤金与计划；
— 退休计划；
— 其他养老金。

685 6850 保险经纪与代理服务

指保险代理人和经纪人进行的年金、保单和分保单的销售、谈判或促合活动。

◇ 包括下列保险经纪与代理服务：
— 保险代理服务；
— 保险经纪人服务；
— 其他保险经纪与代理服务。

686 6860 保险监管服务

指根据国务院授权及相关法律、法规规定所履行的对保险市场的监督、管理活动。

◇ 包括下列保险监管机构的服务：
— 中国保险监督管理委员会；
— 中国保险监督管理委员会分支机构。

689 其他保险活动

6891 风险和损失评估

指保险标的或保险事故的评估、鉴定、勘验、估损或理算等活动，包括索赔处理、风险评估、风险和损失核定、海损理算和损失理算，以及保险理赔等活动。

◇ 包括下列风险和损失评估活动：
—（保险公估服务）
— 索赔处理；
— 风险评估；
— 风险和损失核定；
— 海损理算和损失理算；
— 保险理赔；
— 其他保险公估服务。

6899 其他未列明保险活动

指与保险和养老金相关或密切相关的活动（理赔和保险代理人、经纪人的活动除外），包括救助管理、保险精算等活动。

◇ 包括下列其他未列明保险活动：
— 保险保障基金服务；
— 保险资产管理服务；
— 健康保障委托管理服务；
— 保险精算活动；
— 保险咨询活动；
— 其他相关保险服务。

69　　其他金融业

691　6910　　金融信托与管理服务

指根据委托书、遗嘱或代理协议代表受益人管理的信托基金、房地产账户或代理账户等活动，还包括单位投资信托管理。

◇ 包括下列金融信托与管理服务：
— 信托服务：资金信托服务、不动产信托服务、动产信托服务、知识产权信托服务、其他信托服务；
— 对财产（贵重财物、证券及其他物品）保管服务；
— 受托经营证券、投资基金、养老金及其他社会基金的信托管理活动；
— 受托经营的投资管理活动；
— 代理财产的管理、运作与处置活动；
— 其他金融信托与管理服务。

◆ 不包括：
— 信托投资公司独立从事的银行活动，列入6620（货币银行服务）；
— 信托投资公司独立从事的证券经纪代理活动（证券、期货代理及证券营业部），列入6712（证券经纪交易服务）、6713（基金管理服务）、6721（期货市场管理服务）；
— 信托投资公司独立从事的证券投资活动，列入6740（资本投资服务）；
— 信托投资公司独立从事的项目策划、项目融资、财务顾问、企业购并、重组、上市等风险投资活动，列入6740（资本投资服务）；
— 信托投资公司独立从事的实业投资和服务活动，分别列入相应的行业类别中；
— 不从事具体的信托业务和其他金融业务，具有法人资格的信托公司、信托投资公司、控股公司的总部，列入6920（控股公司服务）。

692　6920　　控股公司服务

指通过一定比例股份，控制某个公司或多个公司的集团，控股公司仅控制股权，不直接参与经营管理，以及其他类似的活动。

◇ 包括：
— 各种控股公司的活动。

◆ 不包括：
— 不从事具体管理的企业总部，列入7211（企业总部管理）。

693　6930　　非金融机构支付服务

指非金融机构在收付款人之间作为中介机构提供下列部分或全部货币资金转移服务，包括网络支付、预付卡的发行与受理、银行卡收单及中国人民银行确定的其他支付等服务。

◇ 包括下列非金融机构支付服务：
— 网络支付；
— 预付卡的发行与受理；
— 中国人民银行批准的其他支付等服务。

694 6940 金融信息服务

指向从事金融分析、金融交易、金融决策或者其他金融活动的用户提供可能影响金融市场的信息（或者金融数据）的服务。

◇ 包括下列金融信息的服务：
— 金融交易实时行情和历史数据；
— 财经类资讯服务；
— 金融分析报告；
— 金融数据库服务；
— 发布金融评级信息产品；
— 其他金融信息服务。

◆ 不包括：
— 各种金融工具交易，列入66（货币金融服务）、67（资本市场服务）、68（保险业）的相关类别中；
— 研发与金融信息服务相关的辅助软件，列入6510（软件开发）；
— 新闻媒体播发、刊载财经类资讯，列入6420（互联网信息服务）、8522（报纸出版）、8523（期刊出版）、8610（广播）、8620（电视）等相关类别中。

699 6990 其他未列明金融业

指主要与提供贷款以外的资金分配有关的其他金融媒介活动，包括保理活动、掉期、期权和其他套期保值安排、保单贴现公司的活动、金融资产的管理、金融交易处理与结算等活动，还包括信用卡交易的处理与结算、外币兑换等活动。

◇ 包括下列未列明的金融活动：
— 外汇交易服务：外汇买卖服务、外汇衍生交易服务；
— 黄金及贵重物品交易服务：黄金交易服务、钻石交易服务、其他贵重物品交易服务；
— 金融资产管理服务；
— 其他未包括金融服务。

◆ 不包括：
— 各种担保服务，列入7296（担保服务）。

K　房地产业

本门类包括 70 大类。

70　　**房地产业**

701　7010　　**房地产开发经营**

指房地产开发企业进行的房屋、基础设施建设等开发，以及转让房地产开发项目或者销售、出租房屋等活动。

◇ 包括下列房地产开发经营活动：

— 土地开发服务：土地使用权转让服务、土地使用权租赁服务、其他土地开发服务；

—（房地产开发服务）

— 保障性住房开发服务：廉租住房开发服务、经济适用住房开发服务、其他保障性住房开发服务；

— 商品住房开发服务：普通商品房开发服务、公寓开发服务、别墅开发服务、其他商品住房开发服务；

— 办公楼开发服务：商业用写字楼开发服务、其他办公楼开发服务；

— 商业用房开发服务：综合商业楼开发服务、零售业用房开发服务、宾馆用房开发服务、文化体育娱乐用房开发服务、其他商业用房开发服务；

— 其他房地产开发服务；

—（房地产商经营服务）

— 保障性住房销售服务：经济适用住房销售服务、其他保障性住房销售服务；

— 保障性住房租赁服务：廉租住房租赁服务、其他保障性住房租赁服务；

— 商品住房销售服务：普通住宅销售服务、公寓住宅销售服务、别墅住宅销售服务、其他商品住房销售服务；

— 普通房屋租赁服务：普通住宅租赁服务、其他普通房屋租赁服务。

◆ 不包括：

— 房屋及其他建筑物的工程施工活动，列入 E（建筑业）的相关行业类别中；

— 房地产商自营的独立核算（或单独核算）的施工单位，列入 E（建筑业）的相关行业类别中；

— 家庭旅社、学校宿舍、露营地的服务，列入 6190（其他住宿业）。

702　7020　　**物业管理**

指物业服务企业按照合同约定，对房屋及配套的设施设备和相关场地进行维修、养护、管理，维护环境卫生和相关秩序的活动。

◇ 包括下列物业管理活动：

— 住宅物业管理活动：住宅小区、住宅楼、公寓、别墅、度假村等物业管理活动；

— 办公楼物业管理活动：写字楼、单位办公楼等物业管理活动；

— 商业用房物业管理活动：商场、商厦、购物中心、酒店、康乐场所等物业管理活动；

— 工矿企业物业管理活动；

— 车站、机场、港口、码头、医院、学校等物业管理；

— 房管部门(房管局、房管所)对直管公房的管理;
— 单位对自有房屋的物业管理;
— 其他物业管理活动。

◆ 不包括:
— 独立的房屋维修及设备更新活动,列入 E(建筑业)相关类别中;
— 贸易大厦、小商品大厦的市场管理活动,列入 7291(市场管理);
— 社区服务,列入 7990(其他居民服务业)。

703 7030 房地产中介服务

指房地产咨询、房地产价格评估、房地产经纪等活动。

◇ 包括下列房地产中介服务:
—(房地产经纪服务)
— 新建房屋买卖代理服务:住宅买卖代理服务、非住宅买卖代理服务;
— 新建房屋租赁代理服务:住宅租赁代理服务、非住宅租赁代理服务;
— 二手房买卖经纪服务:住宅买卖经纪服务、非住宅买卖经纪服务;
— 二手房租赁经纪服务:住宅租赁经纪服务、非住宅租赁经纪服务;
— 其他房地产经纪服务;
—(房地产估价服务)
— 抵押估价服务:住宅抵押估价服务、非住宅抵押估价服务、在建工程抵押估价服务;
— 征收估价服务:住宅征收估价服务、非住宅征收估价服务;
— 司法鉴定估价服务:强制拍卖估价服务、财产分割估价服务、损害赔偿估价服务、其他司法鉴定估价服务;
— 其他房地产估价服务;
— 房地产咨询服务:市场调研服务、可行性研究服务、开发项目策划服务、其他房地产咨询服务;
— 住房置业担保服务;
— 房地产拍卖服务;
— 房地产典当服务;
— 其他房地产中介服务:房地产抵押贷款代理服务、房地产登记代理服务、房屋检验服务、其他未列明房地产中介服务。

◆ 不包括:
— 房产测绘,列入 7440(测绘服务)。

704 7040 自有房地产经营活动

指除房地产开发商、房地产中介、物业公司以外的单位和居民住户对自有房地产(土地、住房、生产经营用房和办公用房)的买卖和以营利为目的的租赁活动,以及房地产管理部门和企事业、机关提供的非营利租赁服务,还包括居民居住自有住房所形成的住房服务。

◇ 包括下列自有房地产经营活动:
— 自有商业房屋租赁服务:办公房屋租赁服务、综合商厦租赁服务、市场摊位出租服务、展览馆展位出租服务、仓库库房出租服务、其他自有商业房屋租赁服务;
— 单位、个人自有房屋销售服务:企业自有房屋销售服务,个人自有房屋销售服务,其他自有房屋销售服务;
— 单位、个人自有房屋租赁服务:企业自有房屋租赁服务,个人自有房屋租赁服务,其他自有房屋租赁服务;
— 其他自有房地产的服务。

◆ 不包括：

— 家庭旅社、学校宿舍、露营地的服务，列入6190（其他住宿业）。

709 7090　　其他房地产业

◇ 包括下列其他房地产业活动：

— 住房公积金缴存服务；

— 住房公积金提取服务；

— 住房公积金个人贷款服务；

— 其他住房公积金管理服务；

— 保障性住房受理服务；

— 各种保障方式服务：实物配租服务、发放租赁补贴服务、租金核减服务、其他保障方式服务；

— 保障性住房查询服务；

— 其他保障性住房管理服务；

— 土地管理服务：土地储备管理服务，土地登记、清查服务，土地交易服务，其他土地管理服务；

— 房屋拆迁服务；

— 房地产交易与权属登记管理服务；

— 其他未列明房地产服务。

◆ 不包括：

— 房地产行政主管部门的活动，列入9125（经济事务管理机构）。

L 租赁和商务服务业

本门类包括 71 和 72 大类。

71 租赁业

711 **机械设备租赁**

指不配备操作人员的机械设备的租赁服务。

◆ 不包括：

— 金融租赁活动，列入 6631（金融租赁服务）。

7111 **汽车租赁**

◇ 包括下列汽车租赁活动：

— 各种轿车租赁服务；

— 各种货车租赁服务；

— 旅行车、卡车、拖车、摩托车、活动住房车等租赁活动；

— 其他汽车租赁服务。

◆ 不包括：

— 带操作人员的汽车出租，列入 5430（道路货物运输）或 5413（出租车客运）。

7112 **农业机械租赁**

◇ 包括下列农业机械租赁活动：

— 拖拉机、播种机、收割机、脱谷机等机械设备出租。

◆ 不包括：

— 带操作人员的农业机械和设备出租，列入 0511（农业机械服务）。

7113 **建筑工程机械与设备租赁**

◇ 包括下列建筑工程机械与设备租赁活动：

— 推土机、压路机、自卸运土车、混泥土搅拌机、塔吊、脚锁架等机械和设备的出租。

◆ 不包括：

— 带操作人员的建筑工程机械和设备出租，列入 5030（提供施工设备服务）。

7114 **计算机及通讯设备租赁**

◇ 包括下列计算机及通讯设备租赁活动：

— 计算机及辅助设备（打印机、扫描仪等）租赁；

— 通信设备租赁服务。

◆ 不包括：

— 提供机房和计算机上机服务，列入 6520（信息系统集成服务）。

7119 **其他机械与设备租赁**

◇ 包括下列其他机械与设备租赁活动：

— 铁路运输设备租赁服务；

— 水上运输设备租赁服务；
— 空中运输设备租赁服务；
— 集装箱租赁服务；
— 办公设备租赁服务；
— 医疗设备租赁服务；
— 其他未列明机械设备租赁服务。

◆ 不包括：
— 带操作人员的铁路运输设备的出租，列入5339（其他铁路运输辅助活动）；
— 带操作人员的水上运输设备的出租，列入55（水上运输业）的相关行业类别中；
— 公园、旅游景点的游船出租，列入8990（其他娱乐业）；
— 带操作人员和维修人员的空中设备出租，列入56（航空运输业）的相关行业类别中；
— 带操作人员的其他机械和设备出租，列入相应的生产或服务的行业类别中。

712 文化及日用品出租

7121 娱乐及体育设备出租

◇ 包括下列娱乐及体育设备出租服务：
— 自行车出租服务；
— 视频设备出租服务；
— 照相器材的出租；
— 娱乐设备出租服务；
— 其他体育设备及器材出租服务。

7122 图书出租

◇ 包括下列图书出租服务：
— 各种图书出租服务。

◆ 不包括：
— 图书馆的租书业务，列入8731（图书馆）。

7123 音像制品出租

◇ 包括下列音像制品出租服务：
— 各种音像制品出租服务。

◆ 不包括：
— 以销售音像制品为主的出租音像活动，列入5244（音像制品及电子出版物零售）。

7129 其他文化及日用品出租

◇ 包括下列其他文化及日用品出租：
— 家用亚麻及纺织品出租服务；
— 服装和鞋帽出租服务；
— 家具及家用电器用品出租服务；
— 工具及手工设备出租服务；
— 其他未列明用品出租服务。

◆ 不包括：
— 视频设备出租服务，列入7121（娱乐及体育设备出租）。

72 商务服务业

721 企业管理服务

7211 企业总部管理

指不具体从事对外经营业务,只负责企业的重大决策、资产管理,协调管理下属各机构和内部日常工作的企业总部的活动,其对外经营业务由下属的独立核算单位或单独核算单位承担,还包括派出机构的活动(如办事处等)。

◇ 包括对下列企业总部的管理活动:

— 企业集团、集团公司(局)总部;
— 总公司(分局)总部;
— 大型联合性企业(公司)总部;
— 国内机构办事处活动:企事业单位派驻异地(其他地区)的办事处、联络处;
— 国外机构办事处活动:境外公司、组织等非政府机构驻我国办事处、联络处;
— 其他企业总部管理活动。

◆ 不包括:

— 控股公司,列入6920(控股公司服务);
— 政府派出机构(如政府在异地的办事处等),列入9121(综合事务管理机构);
— 与下属单位(有限公司、子公司)为同一个法人的企业总部,随该下属法人单位列入相应的行业类别中;
— 只从事单一经济活动的企业总部(如商业银行、保险公司等),按经济活动列入相应的行业类别中。

7212 投资与资产管理

指政府主管部门转变职能后,成立的国有资产管理机构和行业管理机构的活动;不包括资本活动的投资。

◇ 包括下列投资与资产管理活动:

—(资产管理活动)
— 国有资产管理:对国有资产实行监督、重组、转让、保值、增值等管理;
— 资产管理公司的活动;
— 国有基金项目管理:建设基金项目管理、国债项目管理;
— 其他资产管理活动;
— 实业投资活动,如投资电力、能源、公路、环保、生态等各种产业的投资公司的活动,上述投资可能含有股权分配,但非金融监管部门批准的融投资行为;
— 投资项目管理活动:开发区投资管理公司、其他各种投资项目管理活动;
— 公益性投资活动;
— 产权交易服务;
— 招商引资管理活动;
— 其他资产管理服务。

◆ 不包括:

— 企业项目策划、财务顾问、融资、并购、重组、上市等风险投资的活动,列入6740(资本投资服务);
— 经金融监管部门批准的各种融投资活动,列入6740(资本投资服务);
— 基金管理活动,列入6713(基金管理服务);

— 原政府主管部门转制后的行业联合会或协会,列入 9422(行业性团体);
— 政府部门下属的国有资产管理局,列入 9121(综合事务管理机构);
— 以投资证券(股票、债券、期货、基金等)为主的投资公司,列入 6740(资本投资服务);
— 参与经营管理的实业投资活动(如投资电信、教育、房地产、制造业等),按主要活动归入相应的行业类别中;
— 仅从事企业项目策划、投资咨询的活动,列入 7233(社会经济咨询);
— 受托从事的投资活动,列入 6910(金融信托与管理服务);
— 财产的托管活动(受他人委托从事财产保值管理),列入 6910(金融信托与管理服务);
— 不从事具体的经营活动,仅以控股形式存在的投资公司总部(投资若干个全资子公司、控股公司),列入 7211(企业总部管理)。

7213　单位后勤管理服务

指为企事业、机关提供综合后勤服务的活动。

◇ 包括下列单位后勤管理服务:
— 收费或合同基础上的日常综合管理服务,如接待、财务规划、统一结算和记账、人员和物资分配等;
— 为企事业、机关提供食堂、班车、托儿所、医务室等综合性服务中心的活动。

◆ 不包括:
— 单一后勤服务(为企事业、机关仅提供单一的食堂,或托儿所,或医院,或班车等服务),列入相应的行业类别中;
— 为政府部门统一报账、结算的政府机构的活动,列入 9121(综合事务管理机构);
— 政府派出机构(如政府在异地的办事处等),列入 9121(综合事务管理机构)。

7219　其他企业管理服务

指其他各类企业、行业管理机构的活动。

◇ 包括下列其他企业管理服务:
— 民办企业管理服务:校办企业管理服务、民办科技企业管理服务、其他民办企业管理服务;
— 乡镇经济管理服务:乡镇企业管理服务、农业经济管理服务、农业机械管理服务、集体资产管理服务、合作社管理服务、其他乡镇经济管理服务;
— 各种类型的企业管理机构,如不参与投资与经营的酒店管理公司等;
— 供销合作社管理活动;
— 公共事业管理活动:公共物品管理活动(市政物品、教育物品、医疗物品等存放管理)、其他公共事业管理活动;
— 其他企业管理活动(含勤工俭学管理等)。

◆ 不包括:
— 行使原政府职能(企业协调、行业规范、国有资产管理)的企业管理机构,列入 7212(投资与资产管理);
— 政府部门转制后成立的行业性联合会,列入 9422(行业性团体);
— 单一后勤服务(为企事业、机关仅提供单一的食堂,或托儿所,或医院,或班车等服务),列入相应的行业类别中;
— 政府派出机构(如政府在异地的办事处等),列入 9121(综合事务管理机构);
— 企事业单位驻异地的办事处和外国企业驻华的办事处、联络处的活动,列入 7211(企业总部管理);

— 赈灾物资的管理,列入 8429(其他不提供住宿社会工作);
— 为农民提供统购、统销、代购、代购的供销合作社,列入 5189(其他贸易经纪与代理);
— 提供农产品及其他商品的批发或零售的供销合作社,列入 51(批发业)、52(零售业)相应的类别中;
— 运输和商业中的货物存放管理,列入 59(仓储业)的相关行业类别中;
— 企业在异地以办事处名义开办的宾馆、饭店、招待所等,列入 61(住宿业)的相应行业类别中;
— 农工商科贸一体的企业,按照主要经济活动列入相应的行业类别中;
— 外国公司在我国批准开办的独资企业,列入相应的行业类别中。

722　　法律服务

指律师、公证、仲裁、调解等活动。

7221　　律师及相关法律服务

指在民事案件、刑事案件和其他案件中,为原被告双方提供法律代理服务,以及为一般民事行为提供的法律咨询服务。

◇ 包括下列律师及相关法律服务:
— 法律诉讼服务:刑事诉讼法律服务、民事诉讼法律服务、行政诉讼法律服务、涉外诉讼法律服务、其他法律诉讼服务;
— 法律援助服务:未成年人法律援助服务、弱势群体法律援助服务、其他法律援助服务;
— 知识产权法律服务;
— 法律文件代理服务:合同文书代理服务、遗嘱文书代理服务、财产文书代理服务、涉外法律文书代理服务、其他法律文件代理服务;
— 与法律有关的调查、取证、鉴定服务;
— 其他法律代理服务。

◆ 不包括:
— 仲裁、调解服务,列入 7229(其他法律服务)。

7222　　公证服务

◇ 包括下列公证服务:
— 契约公证服务;
— 遗嘱公证服务;
— 财产公证服务;
— 文件、证明公证服务;
— 身份及社会关系公证服务;
— 公益活动公证服务;
— 其他公证服务。

◆ 不包括:
— 仲裁和调解服务,列入 7229(其他法律服务)。

7229　　其他法律服务

◇ 包括下列其他法律服务:
— 仲裁服务:涉外仲裁服务、经济仲裁服务、劳动争议调解仲裁服务、其他仲裁服务;
— 调解服务:人民调解委员会调解服务、其他调解服务;

— 专利等知识产权的调解、仲裁服务;
— 其他法律服务。

◆ 不包括:
— 劳动行政部门负责的劳动纠纷调解、仲裁,列入 9121(综合事务管理机构);
— 民政部门、街道办事处负责的婚姻、民事纠纷调解,列入 9124(社会事务管理机构)。

723 咨询与调查

7231 会计、审计及税务服务

◇ 包括下列会计、审计及税务服务:
— 审计服务;
— 会计服务:会计事务所服务、财务报表编制服务、记账服务、会计咨询、其他会计服务;
— 税务服务:公司税务规划、税务咨询服务,公司税务编制和审查服务,个人税务服务,其他税务服务;
— 资产评估、清算服务(含新旧汽车的评估服务);
— 财务咨询服务;
— 其他会计、审计及税务服务活动。

◆ 不包括:
— 工程项目的预决算、审计、咨询,列入 7481(工程管理服务);
— 为特定对象的单位(或集团)提供财务结算、报账等活动,列入 7213(单位后勤管理服务);
— 房地产价格评估、咨询,列入 7030(房地产中介服务);
— 保险的评估、清算,列入 6891(风险和损失评估);
— 非资产、税务、审计、会计的策划、咨询和市场调查,列入 723(咨询与调查)其他相关的行业类别中。

7232 市场调查

◇ 包括下列市场调查活动:
— 市场分析调查服务:市场分析研究服务、竞争对象调查服务、消费行为调查服务、企业调查服务、其他市场分析调查服务;
— 统计调查服务;
— 社会及民意调查服务;
— 其他市场调查服务。

◆ 不包括:
— 物价、产品的监督、检查,列入 9126(行政监督检查机构);
— 政府行政管理的调查和统计活动,列入 9121(综合事务管理机构);
— 单纯的市场咨询(不提供调查服务),列入 7233(社会经济咨询);
— 与法律有关的取证调查,列入 7221(律师及相关法律服务);
— 私人调查,列入 7289(其他安全保护服务);
— 企业、个人的信誉资信调查、评估、评级,列入 7295(信用服务);
— 新闻、报纸、杂志、电台、电视台组织的调查活动,分别列入 8510(新闻业)、852(出版业)、86(广播、电视、电影和影视录音制作业)的相关行业类别中。

7233 社会经济咨询

◇ 包括下列社会经济咨询服务：

— （经济与商务咨询服务）

— 投资咨询服务；

— 工商咨询服务；

— 贸易咨询服务；

— 企业管理咨询服务；

— 企业形象策划服务；

— 其他经济与商务咨询服务；

— （社会咨询服务）

— 教育咨询服务；

— 心理咨询服务；

— 妇女问题咨询服务；

— 儿童问题咨询服务；

— 社会保障咨询服务；

— 社会治安咨询服务；

— 文化艺术咨询服务；

— 体育运动咨询服务；

— 营养健康咨询服务；

— 其他社会咨询服务；

— 公共关系服务；

— 策划创意服务；

— 其他社会经济咨询。

◆ 不包括：

— 企业资质、信誉评估服务，列入7295（信用服务）；

— 工程咨询，列入7481（工程管理服务）；

— 计算机咨询，列入6530（信息技术咨询服务）；

— 房地产咨询，列入7030（房地产中介服务）；

— 法律咨询，列入7221（律师及相关法律服务）；

— 劳务、就业及职业咨询，列入7269（其他人力资源服务）；

— 广告咨询，列入7240（广告业）；

— 旅游咨询，列入7272（旅游管理服务）；

— 科学技术咨询，列入7520（科技中介服务）；

— 为个人形象提供包装、设计（非美容、美发），列入7299（其他未列明商务服务业）。

7239 其他专业咨询

指社会经济咨询以外的其他专业咨询活动。

◇ 包括下列其他专业咨询服务：

— 矿产开采咨询服务；

— 生产制造咨询服务；

— 电力咨询服务；

— 自来水生产与供应咨询服务；

— 燃气供应咨询服务；

— 交通运输咨询服务；

— 仓储咨询服务；
— 邮政咨询服务；
— 电信咨询服务；
— 环境保护与治理咨询服务；
— 市政管理咨询服务；
— 公共设施管理咨询服务；
— 医疗、医药咨询服务；
— 其他专业咨询服务。

◆ 不包括：
— 工程技术咨询，列入 7481（工程管理服务）；
— 计算机咨询，列入 6530（信息技术咨询服务）；
— 软件咨询，列入 6510（软件开发）；
— 科技咨询，列入 7520（科技中介服务）。

724 7240 广告业

指在报纸、期刊、路牌、灯箱、橱窗、互联网、通讯设备及广播电影电视等媒介上为客户策划、制作的有偿宣传活动。

◇ 包括下列广告业活动：
— 广告制作服务：影视、广播广告制作服务，报纸、杂志广告制作服务，灯箱广告制作服务，路牌广告制作服务，其他广告制作服务；
— 广告发布服务：影视、广播广告发布服务，报纸、杂志广告发布服务，灯箱广告发布服务，路牌广告发布服务，建筑物广告发布服务，其他广告发布服务（流动广告展示服务、广告发送服务、其他未列明广告发布服务）；
— 广告代理服务；
— 其他广告服务。

◆ 不包括：
— 独立的影像、录音节目的制作活动，分别列入 8630（电影和影视节目制作）、8660（录音制作）；
— 专门设计三维电脑动画的活动，列入 7491（专业化设计服务）；
— 独立的摄影制作活动，列入 7492（摄影扩印服务）；
— 广告宣传品的印刷，列入 2319（包装装潢及其他印刷）；
— 广告宣传品的邮寄，分别列入 6010（邮政基本服务）和 6020（快递服务）相关类别中；
— 广告模特的活动，列入 7299（其他未列明商务服务业）；
— 独立的公共关系服务，列入 7233（社会经济咨询）；
— 独立的市场调研活动，列入 7232（市场调查）。

725 7250 知识产权服务

指对专利、商标、版权、著作权、软件、集成电路布图设计等的代理、转让、登记、鉴定、评估、认证、咨询、检索等活动。

◇ 包括下列知识产权服务：
— 专利服务：国内专利代理服务、涉外专利代理服务、专利查询服务、其他专利服务；
— 商标服务：商标代理服务、商标登记服务、商标查询服务、商标评审服务、其他商标服务；

— 版权服务:版权代理服务、版权鉴定服务、版权咨询服务、海外作品登记服务、涉外音像合同认证服务、著作权使用报酬收转服务、其他版权服务;
— 软件服务:软件代理服务、软件著作权登记服务、软件鉴定服务、其他软件服务;
— 工商登记代理服务;
— 集成电路布图设计代理服务;
— 无形资产评估服务;
— 其他知识产权服务。

◆ 不包括:
— 专利、版权等知识产权的法律服务,列入 7221(律师及相关法律服务);
— 专利等知识产权的调解、仲裁服务,列入 7229(其他法律服务);
— 出版商的活动,列入 852(出版业)的相关行业类别中;
— 政府部门的行政管理活动,列入 9124(社会事务管理机构);
— 未申请专利的技术转让及代理服务,列入 7520(科技中介服务)。

726　人力资源服务

指提供公共就业、职业中介、劳务派遣、职业技能鉴定、劳动力外包等服务。

7261　公共就业服务

指向劳动者提供公益性的就业服务。

◇ 包括下列公共就业服务:
— 公益性就业服务,如残疾人就业服务;
— 公益性创业服务,如为残疾人提供创业服务;
— 就业援助服务,如为下岗职工等困难群体提供就业和再就业的服务;
— 就业调查服务;
— 人力资源代理服务。

◆ 不包括:
— 军人的就业安置活动,列入 9121(综合事务管理机构)。

7262　职业中介服务

指为求职者寻找、选择、介绍工作,为用人单位提供劳动力的服务。

◇ 包括下列职业中介服务:
— 就业信息服务;
— 职业介绍服务:应届毕业生职业介绍服务、专业人员职业介绍服务、技术工人职业介绍服务、其他职业介绍服务;
— 职业指导服务;
— 职业能力测评服务;
— 用人单位人力资源管理咨询服务;
— 人力资源信息调查服务;
— 境外就业服务;
— 其他职业中介服务。

◆ 不包括:
— 演员的挑选、推荐活动,列入 8941(文化娱乐经纪人);
— 演员、运动员的个人经纪代理活动,分别列入 8941(文化娱乐经纪人)、8942(体育经纪人)。

7263　　劳务派遣服务

指劳务派遣单位招用劳动力后，将其派到用工单位从事劳动的行为。

◇ 包括下列劳务派遣服务：

— 办公文秘派遣服务；
— 家庭服务员派遣服务；
— 家庭教师派遣服务；
— 建筑劳务人员派遣服务；
— 工业生产人员派遣服务；
— 医院陪护人员派遣服务；
— 劳务境外派送服务；
— 外企劳务介绍服务：向境外驻我国的企业提供劳务的服务；
— 其他劳务派遣服务。

◆ 不包括：

— 保安人员派出服务，列入7281（安全服务）；
— 保洁人员派出服务，列入8119（其他清洁服务）。

7269　　其他人力资源服务

指职业技能鉴定、人力资源外包及其他未列明的人力资源服务。

◇ 包括下列其他人力资源服务：

— （人才服务）
— 企业经营管理人才服务；
— 专业技术人员资格评审和考试服务；
— 职业技能服务：职业技能考核服务、职业技能鉴定服务；
— 农村实用人才服务；
— 其他人才服务；
— 其他人力资源服务。

◆ 不包括：

— 专业技术人员培训和继续教育服务，列入8291（职业技能培训）或823（中等教育）、824（高等教育）相关类别中；
— 职业技能培训服务，列入8291（职业技能培训）。

727　　旅行社及相关服务

指为社会各界提供商务、组团和散客旅游的服务，包括向顾客提供咨询、旅游计划和建议、日程安排、导游、食宿和交通等服务。

7271　　旅行社服务

◇ 包括下列旅行社服务：

— 旅行社管理服务；
— 向游客提供旅行、旅游、交通、住宿、餐饮等代理服务；
— 其他旅行社服务。

◆ 不包括：

— 游览景区内的导游服务，列入785（公园和游览景区管理）的相关行业类别中；
— 单纯的飞机、火车等旅客票务代理服务，列入5822（旅客票务代理）。

7272 旅游管理服务

指直接向游客提供旅游安排和组织的活动。

◇ 包括下列旅游管理服务：

— 国内旅游经营服务；

— 入境旅游经营服务；

— 出境旅游经营服务。

◆ 不包括：

— 游览景区内的导游服务，列入785（公园和游览景区管理）的相关行业类别中；

— 单纯的飞机、火车等旅客票务代理服务，列入5822（旅客票务代理）。

7279 其他旅行社相关服务

◇ 包括下列其他旅行社相关服务：

— 旅游咨询服务；

— 导游服务；

— 旅游项目策划服务；

— 其他未列明旅行社相关服务。

◆ 不包括：

— 游览景区内的导游服务，列入785（公园和游览景区管理）的相关行业类别中；

— 单纯的飞机、火车等旅客票务代理服务，列入5822（旅客票务代理）。

728 安全保护服务

指为社会提供的专业化、有偿安全防范服务。

7281 安全服务

指保安公司及类似单位提供的安全保护活动。

◇ 包括下列安全服务：

—（保安服务）

— 居民住宅保安服务；

— 生产企业保安服务；

— 商业企业保安服务；

— 文化娱乐场所保安服务；

— 运输、仓储保安服务：民航保安服务，港口保安服务，铁路保安服务，地铁保安服务，粮库保安服务，其他运输、仓储保安服务；

— 工矿保安服务：矿山保安服务、化工企业保安服务、其他工业企业保安服务；

— 机关事业单位保安服务；

— 其他保安服务；

— 特种保安服务：现钞押运，金库守护，贵重物品保安，易爆、易燃、易腐等危险品保护及其他特种保安的服务；

— 道路交通协管服务：交通秩序协管服务、车辆停放协管服务；

— 社会治安协管服务。

◆ 不包括：

— 铁路、港口、民航、林区的公安警察，列入9123（公共安全管理机构）；

— 公安部门的活动，列入9123（公共安全管理机构）。

7282　　安全系统监控服务

◇ 包括下列安全系统监控服务：
— 消防报警系统监控服务；
— 治安报警系统监控服务；
— 交通安全系统监控服务；
— 其他安全系统监控服务。

◆ 不包括：
— 公安、消防部门的活动，列入9123（公共安全管理机构）。

7289　　其他安全保护服务

◇ 包括下列其他安全保护服务：
— 专业开锁服务；
— 调查服务；
— 安全咨询服务；
— 其他未列明安全保护服务。

◆ 不包括：
— 铁路、港口、民航、林区的公安警察，列入9123（公共安全管理机构）；
— 公安部门的活动，列入9123（公共安全管理机构）。

729　　其他商务服务业

7291　　市场管理

指各种交易市场的管理活动。

◇ 包括下列市场管理活动：
— 综合贸易市场管理服务：生产资料综合市场管理服务、工业消费品综合市场管理服务、农产品综合市场管理服务、其他综合贸易市场管理服务；
— 农产品市场管理服务：粮油市场管理服务，肉禽蛋市场管理服务，水产品市场管理服务，蔬菜市场管理服务，干鲜果品市场管理服务，棉麻土畜、烟叶市场管理服务，其他农产品市场管理服务；
— 食品饮料及烟酒市场管理服务：食品饮料市场管理服务、茶叶市场管理服务、烟酒市场管理服务、其他食品饮料及烟酒市场管理服务；
— 纺织服装鞋帽市场管理服务：布料及纺织品市场管理服务、服装市场管理服务、鞋帽市场管理服务、其他纺织服装鞋帽市场管理服务；
— 日用品及文化用品市场管理服务：小商品市场管理服务、箱包市场管理服务、玩具市场管理服务、体育用品市场管理服务、图书市场管理服务、音像市场管理服务、文具市场管理服务、其他日用品及文化用品市场管理服务；
— 黄金、珠宝、玉器等首饰市场管理服务；
— 电器、通信器材、电子设备市场管理服务：家电市场管理服务，通信器材市场管理服务（手机市场管理服务、其他通信器材市场管理服务），计算机及辅助设备市场管理服务，照相、摄像器材市场管理服务，其他电器、通信器材、电子设备市场管理服务；
— 医药、医疗用品及器材市场管理服务：中药市场管理服务，其他医药、医疗用品及器材市场管理服务；
— 家具、五金及家居装修市场管理服务：家具市场管理服务，装饰材料市场管理服务，灯具市场管理服务，厨具、盥洗设备市场管理服务，五金材料市场管理服务，其他家居装修市场管理服务；

— 汽车、摩托车及零配件市场管理服务：汽车市场管理服务（新车市场管理服务、旧车市场管理服务）、摩托车市场管理服务、机动车零配件市场管理服务；
— 生产资料市场管理服务：农业生产用具市场管理服务、农用生产资料市场管理服务、煤炭市场管理服务、木材市场管理服务、建材市场管理服务、化工材料及制品市场管理服务、金属材料市场管理服务、机械设备市场管理服务（农业机械设备市场管理服务、建筑机械设备市场管理服务、其他机械设备市场管理服务）、其他生产资料市场管理服务；
— 花、鸟、鱼、虫市场管理服务：花卉市场管理服务，鸟市场管理服务，观赏鱼市场管理服务，其他花、鸟、鱼、虫市场管理服务；
— 旧货市场管理服务：古玩、古董、字画市场管理服务，邮票、硬币市场管理服务，其他旧货市场管理服务；
— 其他市场管理服务。

◆ 不包括：
— 工商部门的管理，列入 9125（经济事务管理机构）；
— 市场摊位出租，列入 7040（自有房地产经营活动）；
— 各种商品市场等的物业管理，列入 7020（物业管理）；
— 人才劳务市场的管理，列入 7262（职业中介服务）；
— 技术市场的管理，列入 7520（科技中介服务）；
— 交易会、展览场馆的管理，列入 7292（会议及展览服务）。

7292　　会议及展览服务

指为商品流通、促销、展示、经贸洽谈、民间交流、企业沟通、国际往来而举办的展览和会议等活动。

◇ 包括下列会议及展览服务：
—（会议服务）
— 国际会议服务：国际组织及政府机构会议服务、国际专业会议服务；
— 国内会议服务：党政会议服务、专业及业务会议服务、科研学术会议服务、其他国内会议服务；
— 会议中心服务；
—（展览服务）
— 博览会服务：综合博览会服务、专业博览会服务；
— 专业技术产品展览服务：电子、通讯产品展览服务、汽车展览服务、机械设备展览服务、其他专业技术产品展览服务；
— 生活消费品展览服务：食品展览服务、服装展览服务、家用电器展览服务、家具展览服务、其他生活消费品展览服务；
— 文化产品展览服务：体育用品展览服务、旅游产品展览服务、图书展览服务、集邮展览服务、纪念品展览服务、其他文化产品展览服务；
— 其他展览服务：教育展览服务、房地产展览服务、其他未列明展览服务；
— 贸易洽谈服务：进出口交易会服务、一般商品展销服务、产品订货会服务、其他贸易洽谈服务。

◆ 不包括：
— 以对外提供住宿服务（提供给散客、团组的旅游、出差、商务、休闲等住宿）为主的会议中心，列入 61（住宿业）的相关行业类别中；
— 文化、艺术、科学、自然等展览和博览会活动，列入 8750（博物馆）。

7293　　包装服务

指有偿或按协议为客户提供包装服务。

◇ 包括下列包装服务：

— （产品生产包装服务，在收费或合同的基础上提供的服务）

— 固体产品包装服务：固体产品纸包装服务、固体产品塑料包装服务、固体产品玻璃包装服务、固体产品陶瓷包装服务、固体产品竹木包装服务、固体产品麻制品包装服务、固体产品棉及化纤品包装服务、其他固体产品包装服务；

— 液体产品贮藏罐包装服务：液体金属贮藏罐包装服务、液体玻璃贮藏罐包装服务、液体塑料贮藏罐包装服务、液体陶瓷贮藏罐包装服务、液体木质贮藏罐包装服务、其他液体产品贮藏罐包装服务；

— 气体产品贮藏罐包装服务：气体金属贮藏罐包装服务、气体玻璃贮藏罐包装服务、其他气体产品贮藏罐包装服务；

— 运输包装服务：运输金属包装服务、运输木质包装服务、运输塑料包装服务、运输纸盒包装服务、其他运输包装服务；

— 专门为液体或气体产品提供分装、装瓶服务；

— 邮政包装服务：邮政金属包装服务、邮政木质包装服务、邮政塑料包装服务、邮政纸盒包装服务、其他邮政包装服务；

— 商业（商场、超市、连锁店）包装服务：礼品包装服务，商品分类、分包服务，商品盖印记、上标签服务，食品加膜、保鲜服务，其他商品包装服务；

— 为一般产品提供分包、再包装服务；

— 以配货、分包装为主的配送公司（中心）的服务；

— 其他包装服务。

◆ 不包括：

— 火车站、道路运输、港口、机场的货物打包服务，分别列入5332（货运火车站）、5449（其他道路运输辅助活动）、5532（货运港口）、5639（其他航空运输辅助活动）等行业分类中；

— 从事打包、搬运、运输代理全套服务，列入5829（其他运输代理业）。

7294　　办公服务

指为商务、公务及个人提供的各种办公服务。

◇ 包括下列办公服务：

— 翻译服务：笔译服务、口译服务、其他翻译服务；

— 商务文印服务：记录服务、电脑录入服务、电脑打印服务、文字校对服务、传真服务、复印服务、其他商务文印服务；

— 电脑快速制版印刷；

— 电脑喷绘、晒图服务；

— 快速制作服务：名片制作，印章制作，电脑绘图，标志牌制作，奖牌、奖杯、奖章、锦旗等制作及其他快速制作等服务；

— 其他未列明的办公服务。

◆ 不包括：

— 石、玉、象牙等艺术篆刻，列入8710（文艺创作与表演）；

— 印刷厂（公司）的批量印刷活动，列入231（印刷）的相关行业类别中。

7295　信用服务

指专门从事信用信息采集、整理和加工，并提供相关信用产品和信用服务的活动，包括信用评级、商账管理等活动。

◇ 包括下列信用服务：
— 企业资质服务；
— 企业信誉评估服务；
— 个人信用、信誉、资讯及咨询服务。

7296　担保服务

指保证人和债权人约定，当债务人不履行债务时，保证人按照约定履行债务或者承担责任的行为活动；本类别特指专业担保机构的活动。

◇ 包括下列担保服务：
— 贷款担保服务；
— 信誉担保服务；
— 合同履约担保服务；
— 其他担保服务。

◆ 不包括：
— 工程担保服务，列入 7481（工程管理服务）。

7299　其他未列明商务服务业

指上述未列明的商务、代理等活动。

◇ 包括下列其他未列明商务服务业活动：
— 机构商务代理服务：机构活动礼仪服务、接待服务、代收代缴欠款服务、企业证件代办服务、邮政代办服务、报关代理服务、电话呼叫服务、其他机构商务代理服务；
— 未列明手续费的收取（如提供场地或其他服务而收取手续费）；
— 公司礼仪服务：开业典礼、庆典及其他重大活动的礼仪服务；
— 模特服务：服装模特服务、艺术模特服务、其他模特服务；
— 个人商务服务：个人形象设计服务、个人活动安排服务、其他个人商务服务；
— 各种项目的策划服务与公关服务；
— 大型活动组织服务：文艺晚会策划、组织服务；运动会策划、组织服务；大型庆典活动策划、组织服务；艺术、模特大赛策划、组织服务；艺术节、电影节等策划、组织服务；民间活动策划、组织服务，公益演出、展览等活动的策划、组织；其他大型活动的策划组织服务；
— 票务服务：电影票务服务，文艺演出票务服务，体育赛事票务服务，展览、博览会票务服务，其他票务服务；
— 信息自动查询机服务；
— 其他未列明商务服务：汽车援救服务、信息自动查询机服务、其他未包括商务服务。

◆ 不包括：
— 114 查号台及电信部门提供的信息查询，列入 6311（固定电信服务）；
— 运输代理，列入 582（运输代理业）相关类别中；
— 贸易代理，列入 518（贸易经纪与代理）；
— 证券交易代理，列入 67（资本市场服务）；
— 保险代理，列入 6850（保险经纪与代理服务）；
— 房地产代理，列入 7030（房地产中介服务）；

— 民航、铁路、水上、公路等客运的票务代理,列入5822(旅客票务代理);
— 文学艺术作品出版、文艺演出、艺术展览的经纪代理,列入8949(其他文化艺术经纪代理);
— 体育比赛的经纪代理,列入8942(体育经纪人);
— 个人美容、美发设计,列入7940(理发及美容服务);
— 信息台(声讯台)电话服务、电话查询服务(商品及服务的查询)、其他电话信息服务,列入6592(呼叫中心);
— 演员挑选、推荐人服务,艺术家、作家经纪人服务,演员经纪人服务,模特经纪人服务,其他演员、艺术家经纪人服务,列入8941(文化娱乐经纪人);
— 运动员经纪人服务,列入8942(体育经纪人);
— 旅游项目策划服务,列入7279(其他旅行社相关服务);
— 汽车援救服务、拖车服务,列入8011(汽车修理与维护);
— 以公路养护为目的的车辆过秤服务,列入5442(公路管理与养护)。

M　科学研究和技术服务业

本门类包括 73 ~75 大类。

73　**研究和试验发展**

指为了增加知识(包括有关自然、工程、人类、文化和社会的知识),以及运用这些知识创造新的应用,所进行的系统的、创造性的活动;该活动仅限于对新发现、新理论的研究,新技术、新产品、新工艺的研制研究与试验发展,包括基础研究、应用研究和试验发展。

731　7310　**自然科学研究和试验发展**

◇ 包括下列自然科学研究和实验发展活动:

— 数学研究服务;
— 信息科学与系统科学研究服务;
— 力学研究服务;
— 物理学研究服务;
— 天文学研究服务;
— 化学研究服务;
— 地球科学研究服务;
— 生物学研究服务;
— 其他自然科学研究与试验发展服务。

732　7320　**工程和技术研究和试验发展**

◇ 包括下列工程和技术研究和试验发展活动:

— 工程和技术基础科学研究服务;
— 测绘科学技术研究服务;
— 材料科学研究服务;
— 冶金工程技术研究服务;
— 机械工程研究服务;
— 化学工程研究服务;
— 纺织科学技术研究服务;
— 食品科学技术研究服务;
— 矿山工程技术研究服务;
— 动力与电力工程研究服务;
— 能源科学技术研究服务;
— 核科学技术研究服务;
— 电子、通信与自动控制技术研究服务;
— 计算机科学技术研究服务;
— 航空、航天科学技术研究服务;
— 土木建筑工程研究服务;
— 水利工程研究服务;
— 交通运输工程研究服务;

— 环境科学技术研究服务；
— 安全科学技术研究服务；
— 海洋科学技术研究服务；
— 生物科学技术研究服务；
— 其他工程和技术研究与试验发展服务。

733 7330 农业科学研究和试验发展

◇ 包括下列农业科学研究和试验发展活动：
— 农学研究服务；
— 林学研究服务；
— 畜牧、兽医研究服务；
— 水产学研究服务；
— 其他农业科学研究与试验发展服务。

734 7340 医学研究和试验发展

◇ 包括下列医学研究和试验发展活动：
— 基础医学研究服务；
— 临床医学研究服务；
— 预防医学与卫生学研究服务；
— 军事医学与特种医学研究服务；
— 药学研究服务；
— 中医学与中药学研究服务；
— 其他医学研究与试验发展服务。

735 7350 社会人文科学研究

◇ 包括下列社会人文科学研究活动：
— 马克思主义研究服务；
— 哲学研究服务；
— 宗教学研究服务；
— 语言学研究服务；
— 文学研究服务；
— 艺术学研究服务；
— 历史学研究服务；
— 考古学研究服务；
— 经济学研究服务；
— 政治学研究服务；
— 法学研究服务；
— 社会学研究服务；
— 民族学研究服务；
— 新闻学与传播学研究服务；
— 图书馆、情报与文献学研究服务；
— 教育学研究服务；
— 体育科学研究服务；
— 统计学研究服务；

— 其他社会人文科学研究服务；
— 跨学科研究服务。

74 专业技术服务业

741 7410 气象服务

指从事气象探测、预报、服务和气象灾害防御、气候资源利用等活动。

◇ 包括下列气象服务活动：
— 气象观测服务：一般气象观测服务、基本气象观测服务、基准气象观测服务、农业气象观测服务、高空辐射观测服务、酸雨观测服务、其他气象观测服务；
— 气象预报，相关气象服务：气象预报服务，雷达气象服务，气象台、中心服务，高空探测服务，高空交换站服务，其他相关气象服务。

742 7420 地震服务

指地震监测预报、震灾预防和紧急救援等防震减灾活动。

◇ 包括下列地震服务活动：
— 地震监测预报服务：一般地震观测服务、地震前兆观测服务、强震观测服务、地震流动观测服务、火山地震监测服务、海洋地震监测服务、水库地震监测服务、地震预测预报服务、地震监测信息共享服务、其他地震监测预报服务；
— 地震灾害预防服务：震害预测服务、活动断层深测与危险性评估服务、地震区划服务、地震安全性评价服务、地震减灾知识宣传教育服务、其他地震灾害预防服务；
— 紧急救援服务：地震应急服务、震灾紧急援救服务、其他紧急援救服务；
— 其他地震减灾服务：地震灾害损失调查评估服务、其他未列明地震减灾服务。

743 7430 海洋服务

◇ 包括下列海洋服务活动：
— 海域使用评估、论证服务；
— 海洋资源管理服务；
— 海底工程、作业管理服务；
— 大洋和极地考察服务；
— 海洋气象预测、预报服务；
— 海洋环境保护服务；
— 海洋污染治理服务：海洋倾废服务、海洋工程污染治理服务、海洋船舶污染治理服务、其他海洋污染治理服务；
— 海洋环境预报、评估服务：海洋环境预报服务，海洋最佳航线预报服务，海洋环境评估分析服务，海洋灾害调查、评估分析服务，其他海洋环境预报、评估服务；
— 海洋工程咨询服务；
— 其他海洋服务：海洋观测服务、海洋调查服务、海洋信息服务、其他未列明海洋服务。

◆ 不包括：
— 海洋科学研究，列入 73（研究和试验发展）的相关行业类别中；
— 海洋环境监测，列入 7461（环境保护监测）；
— 海洋监察，列入 9126（行政监督检查机构）；
— 海洋自然环境保护区的管理活动，列入 7711（自然保护区管理）。

744 7440 测绘服务

指从事各种测绘业务活动。

◇ 包括下列测绘服务活动：

— 大地测量服务；

— 测绘航空摄影服务；

— 摄影测量与遥感服务；

— 工程测量服务：房屋建筑工程测量服务，道路、桥梁、隧道工程测量服务，工矿工程测量服务，水利、港口工程测量服务，管道、架线工程测量服务，建筑安装工程测量服务，其他工程测量服务；

— 地籍测绘服务；

— 房产测绘服务；

— 行政区域界线测绘服务；

— 地理信息系统工程服务；

— 地图编制服务；

— 海洋测绘服务；

— 航道测绘服务；

— 导航及位置服务；

— 其他测绘服务。

745 7450 质检技术服务

指通过专业技术手段对动植物、工业产品、商品、专项技术、成果及其他需要鉴定的物品所进行的检测、检验、测试、鉴定等活动，还包括产品质量、计量、认证和标准的管理活动。

◇ 包括下列质检技术服务活动：

— 动物检验服务：动物、生物特性检验服务，动物病毒检验服务，其他动物检验服务；

— 植物检验服务：植物害虫检验服务，植物病毒检验服务，植物化学特性检验服务，植物残留农药、化肥等检验服务，其他植物检验服务；

— 食品检验服务：食品包装、标志检验服务，食品化学特性检验服务，其他食品检验服务；

— 药品检验服务：药品包装、标志检验服务，药品化学特性检验服务，其他药品检验服务；

— 农药、化肥检验服务：农药、化肥化学成分检测服务，农药、化肥质量检验服务，其他农药、化肥检验服务；

— 汽车检验服务：汽车性能检验服务、汽车安全检验服务、其他汽车检验服务；

— 锅炉检验服务；

— 农业机械产品检验服务：农业机械产品性能检验鉴定服务、农业机械产品安全检验服务、其他农业机械产品检验服务；

— 产品特征、特性检验服务：产品化学特性检验服务，产品物理特性检验服务，产品系统检验服务，产品不改变物质特性、形状检验服务，产品射线、磁力和超声波检验服务，其他产品特征、特性检验服务；

— 公共安全检测服务：公共设施安全检测服务、公共环境卫生检验服务、其他公共安全检测服务；

— 计量服务：地震标准计量服务、计量器具监测服务、其他计量服务；

— 一般物品鉴定服务；

— 标准管理服务；

— 认证服务；

— 其他技术检测服务。

◆ 不包括：
— 珠宝、古玩、字画及其他艺术作品的鉴定，列入 8790（其他文化艺术业）；
— 医疗事故的鉴定，列入 8390（其他卫生活动）；
— 科技项目、成果的鉴证，列入 7520（科技中介服务）；
— 环境检测，列入 7461（环境保护监测）；
— 野生动植物的观察、监测，列入 7713（野生植物保护）；
— 对社会公共活动的监督、检查、稽查，列入 9126（行政监督检查机构）。

746　　环境与生态监测

7461　　环境保护监测

指对环境各要素，对生产与生活等各类污染源排放的液体、气体、固体、辐射等污染物或污染因子指标进行的测试和监测活动。

◇ 包括下列环境保护监测活动：
— 环境评估服务；
—（空气污染监测服务）
— 城市空气质量监测服务：汽车尾气监测服务、燃煤废气检测服务、室内装修气体检测服务、建筑工地扬尘监测服务、其他城市空气质量监测服务；
— 工矿企业气体监测服务：煤矿有害气体监测服务、非金属矿有害气体监测服务、制造企业有害气体监测服务、其他工矿企业气体监测服务；
— 其他空气污染监测服务；
—（水污染监测服务）
— 内陆水系污染监测服务：内陆水系人为水污染监测服务、内陆水系自然水质下降监测服务、其他内陆水系污染监测服务；
— 海水污染监测服务：海洋废弃物倾倒检验服务、污水排海检测服务、油轮漏油监测服务、海洋微生物监测服务、其他海水污染监测服务；
— 工矿企业废水监测服务：采矿企业废水监测服务、制造企业废水监测服务、其他工矿企业废水监测服务；
— 其他水污染监测服务：生活废水监测服务、医疗废水监测服务、其他未列明水污染监测服务；
—（废料监测服务）
— 城市废料监测服务：生活垃圾监测服务、餐厅泔水监测服务、医疗废料监测服务、其他城市废料监测服务；
— 生产废料监测服务：工业废渣监测服务，报废、遗弃物品监测服务，其他生产废料监测服务；
— 其他废料监测服务；
—（噪声污染监测服务）
— 城市噪声监测服务：建筑噪声监测服务、交通噪声监测服务、其他城市噪声监测服务；
— 工矿企业噪声监测服务；
— 其他噪声污染监测服务；
— 其他环境监测服务：放射性污染监测服务、光污染监测服务、其他未列明环境监测服务。

◆ 不包括：
— 高空大气监测，列入 7410（气象服务）；
— 环境的监察、检查及执法活动，列入 9126（行政监督检查机构）。

7462　　生态监测

指对森林资源、湿地资源、荒漠化、珍稀濒危野生动植物资源的调查与监测活动；野生动物疫源疫病与防控以及对生态工程的监测活动。

◇ 包括下列生态监测活动：

— 土壤质量监测服务；

— 沙漠化监测服务；

— 森林生态监测服务；

— 湿地环境监测服务；

— 地质环境监测服务；

— 珍稀濒危野生动植物监测活动；

— 野生动物疫源疫病与防控活动；

— 其他自然生态监测服务。

◆ 不包括：

— 高空大气监测，列入7410（气象服务）；

— 环境的监察、检查及执法活动，列入9126（行政监督检查机构）。

747　　地质勘查

指对矿产资源、工程地质、科学研究进行的地质勘查、测试、监测、评估等活动。

7471　　能源矿产地质勘查

◇ 包括下列地质勘查活动：

— 石油地质勘查服务；

— 煤炭地质勘查服务；

— 天然气地质勘查服务；

— 煤层气地质勘查服务；

— 其他能源矿产地质勘查服务。

7472　　固体矿产地质勘查

◇ 包括下列固体矿产地质勘查活动：

—（金属矿地质勘查服务）

— 铁矿地质勘查服务；

— 铜矿地质勘查服务；

— 铅锌矿地质勘查服务；

— 镍矿地质勘查服务；

— 锡矿地质勘查服务；

— 锑矿地质勘查服务；

— 铝矿地质勘查服务；

— 镁矿地质勘查服务；

— 金矿地质勘查服务；

— 银矿地质勘查服务；

— 钨钼矿地质勘查服务；

— 稀土金属矿地质勘查服务；

— 放射性金属矿地质勘查服务；

— 其他金属矿地质勘查服务；
—（非金属矿地质勘查服务）
— 冶金辅料原料矿地质堪查服务：耐火粘土地质堪查服务、铸型用砂地质堪查服务、熔剂用灰岩地质堪查服务、其他冶金辅料原料矿地质堪查服务；
— 化工原料矿产地质堪查服务：硫铁矿地质堪查服务、盐矿地质堪查服务、磷矿地质堪查服务、其他化工原料矿产地质堪查服务；
— 其他非金属矿地质堪查服务：玻璃用砂、岩地质堪查服务，水泥用砂、岩地质堪查服务，建筑用砂、岩地质堪查服务，石棉、云母地质堪查服务，石墨、石膏地质堪查服务，宝石、玉石地质堪查服务，其他未列明非金属矿地质堪查服务。

◆ 不包括：
— 煤炭矿产地质勘查，列入 7471（能源矿产地质勘查）；
— 泥炭、油页岩、钍、铀等矿产地质勘查，列入 7471（能源矿产地质勘查）。

7473　水、二氧化碳等矿产地质勘查

◇ 包括下列水、二氧化碳等矿产地质勘查活动：
— 地下水资源地质勘查服务；
— 二氧化碳地质勘查服务；
— 其他未列明矿产地质勘查服务。

7474　基础地质勘查

指区域、海洋、环境和水文地质勘查活动。

◇ 包括下列基础地质勘查活动：
— 区域地质调查与勘查服务；
— 海洋地质调查与勘查服务；
— 水文地质调查与勘查服务；
— 区域工程地质调查与勘查服务；
— 环境地质调查与勘查服务；
— 其他基础地质勘查服务。

7475　地质勘查技术服务

指除矿产地质勘查、基础地质勘查以外的其他勘查和相关的技术服务。

◇ 包括下列地质勘查技术服务活动：
— 地球物理地质勘查服务；
— 地球化学地质勘查服务；
— 遥感地质勘查服务；
— 探矿工程和地质测试服务；
— 岩石实验和选冶试验；
— 其他地质勘查技术服务。

748　工程技术

7481　工程管理服务

指工程项目建设中的项目策划、投资与造价咨询、招标代理、工程监理、项目管理等服务。

◇ 包括下列工程管理服务活动：
— （策划阶段项目管理服务）
— 工程计划安排服务：工程筹建服务、其他工程计划安排服务；
— 工程技术咨询服务：工程材料咨询服务、工程造价咨询服务、工程审计咨询服务、其他工程技术咨询服务；
— 其他策划阶段项目管理服务；
— 工程建设项目招标代理服务；
— 工程项目担保服务；
— （项目管理服务）
— 勘察阶段项目管理服务；
— 设计阶段项目管理服务；
— 施工阶段项目管理服务；
— 竣工阶段项目管理服务；
— 工程监理服务；
— （工程项目综合服务）
— 工程总承包服务；
— 工程项目综合服务；
— 其他工程项目管理服务。

◆ 不包括：
— 工程行政监督，列入 9126（行政监督检查机构）；
— 市政建设监督，列入 9126（行政监督检查机构）；
— 城乡建设监督、查处，列入 9126（行政监督检查机构）。

7482　工程勘察设计

指建筑工程施工前的工程测量、工程地质勘察和工程设计等活动。

◇ 包括下列工程勘察设计活动：
— 工程地质勘察服务；
— 工程水文勘察服务；
— 工程地球物理勘探服务；
— 岩土工程勘察综合评定服务；
— 其他工程勘察服务；
— （房屋建筑工程设计服务）
— 住宅建筑工程设计服务：单层住宅建筑工程设计服务、多层住宅建筑工程设计服务、高层住宅建筑工程设计服务、别墅建筑工程设计服务；
— 商业用房屋建筑工程设计服务：宾馆用房屋建筑工程设计服务，写字楼用房屋建筑工程设计服务，商场、超市、购物中心用房屋建筑工程设计服务，饭店、酒楼用房屋建筑工程设计服务，其他商业用房屋建筑工程设计服务；
— 公共事业用房屋建筑工程设计服务：学校用房屋建筑工程设计服务、医院用房屋建筑工程设计服务、公共管理用房屋建筑工程设计服务、其他公共事业用房屋建筑工程设计服务；
— 其他房屋建筑工程设计服务；
— 煤炭工程设计服务：矿井工程设计服务、露天矿工程设计服务、选煤厂工程设计服务；
— 化工石化医药工程设计服务：炼油工程设计服务，化工工程设计服务，石油及化工产品储运工程设计服务，化工矿山工程设计服务，生化、生物药工程设计服务，化学原料药工程设计服务，中成药工程设计服务，药物制剂工程设计服务，医疗器械（含药品包装）工程设计服务；

— 石油天然气（海洋石油）工程设计服务：油田地面工程设计服务、气田地面工程设计服务、管道输送工程设计服务、海洋石油工程设计服务、油气库工程设计服务、油气加工工程设计服务、石油机械制造及修理工程设计服务；

— 电力工程设计服务：火力发电工程设计服务、水力发电工程设计服务、风力发电工程设计服务、新能源发电工程设计服务、送电工程设计服务、变电工程设计服务；

— 冶金工程设计服务：金属冶炼工程设计服务、金属材料工程设计服务、焦化和耐火材料工程设计服务、冶金矿山工程设计服务；

— 机械工程设计服务：通用设备制造业工程设计服务、专用设备制造业工程设计服务、交通运输设备制造业工程设计服务、电气机械设备制造业工程设计服务、金属制品业工程设计服务、仪器仪表机械制造业工程设计服务、文化办公机械制造业工程设计服务；

— 商业、仓储、粮食工程设计服务：冷冻冷藏库工程设计服务，肉食品加工工程设计服务，批发、配送与物流仓储工程设计服务，成品油储运工程设计服务，粮食工程设计服务，油脂工程设计服务；

— 核工业工程设计服务：反应堆工程设计服务、核燃料加工制造及处理工程设计服务、铀矿山及选冶工程设计服务、核设施退役及放射性三废处理处置工程设计服务、核技术及同位素应用工程设计服务；

—（电子通信广电工程设计服务）

— 电子工程设计服务：电子整机产品项目工程设计服务、电子基础产品项目工程设计服务、显示器件项目工程设计服务、微电子产品项目工程设计服务、电子特种环境工程设计服务、电子系统工程设计服务；

— 通信工程设计服务：有线通信工程设计服务、无线通信工程设计服务、邮政工程设计服务、通信铁塔工程设计服务；

广电工程设计服务：广播电视中心工程设计服务、广播电视发射工程设计服务、广播电视传输工程设计服务、电影工程设计服务；

—（轻纺工程设计服务）

— 轻工工程设计服务：制浆造纸工程设计服务、食品发酵烟草工程设计服务、制糖工程设计服务、日化及塑料工程设计服务、日用硅酸盐工程设计服务、制盐及盐化工程设计服务、皮革毛皮及制品工程设计服务、家电电子及日用机械工程设计服务；

纺织工程设计服务：纺织工程设计服务、印染工程设计服务、服装工程设计服务、化纤原料工程设计服务、化纤工程设计服务；

— 建材工程设计服务：水泥工程设计服务，玻璃、陶瓷、耐火材料工程设计服务，新型建筑材料工程设计服务，非金属矿及原料制备工程设计服务，无机非金属材料及制品工程设计服务；

— 铁道工程设计服务：铁道桥梁工程设计服务、轨道工程设计服务、隧道工程设计服务、电气化工程设计服务、通信信号工程设计服务、车站及枢纽工程设计服务；

— 公路工程及相关设计服务：公路工程设计服务、特大桥梁工程设计服务、特长隧道工程设计服务、交通工程设计服务；

— 水运工程设计服务：港口工程设计服务、航道工程设计服务、通航建筑工程设计服务、修造船厂水工工程设计服务、港口装卸工艺工程设计服务、水上交通管制工程设计服务；

— 民航工程设计服务：机场总体规划工程设计服务，场道、目视助航工程设计服务，通信、导航、航管及航站楼弱电工程设计服务，供油工程设计服务；

— 市政工程设计服务:给水工程设计服务、排水工程设计服务、燃气工程设计服务、热力工程设计服务、道路工程设计服务、市政桥梁工程设计服务、城市隧道工程设计服务、公共交通工程设计服务、轨道交通工程设计服务、载人索道设计服务、环境卫生工程设计服务;
—(农林工程设计服务)
— 农业工程设计服务:种植业工程设计服务、畜牧工程设计服务、渔业工程设计服务、农业综合开发工程设计服务、设施农业工程设计服务;
— 林业工程设计服务:林产工业工程设计服务、林产化学工程设计服务、营林造林工程设计服务、森林资源环境工程设计服务、森林工业工程设计服务;
— 水利工程设计服务:水库枢纽工程设计服务、引调水工程设计服务、灌溉排涝工程设计服务、河道整合工程设计服务、城市防洪工程设计服务、围垦工程设计服务、水土保持工程设计服务、水文设施工程设计服务;
— 海洋工程设计服务:沿岸工程设计服务、离岸工程设计服务、海水利用工程设计服务、海洋能利用工程设计服务;
— 体育、休闲娱乐工程设计服务:体育场工程设计服务,滑雪场设计服务,赛车场设计服务,高尔夫球场设计服务,跑马场设计服务,游乐园设施设计服务,其他体育、休闲娱乐工程设计服务;
— 室内装饰设计服务:住宅室内装饰设计服务、其他室内装饰设计服务;
— 专项工程设计服务:建筑智能化系统专项设计服务、建筑幕墙工程专项设计服务、轻型钢结构工程专项设计服务、风景园林工程专项设计服务、消防设施工程专项设计服务、环境工程专项设计服务、照明工程专项设计服务;
— 其他工程设计服务:人防工程设计服务、其他未列明工程设计服务。

7483　规划管理

指对区域和城镇、乡村的规划,以及其他规划。

◇ 包括下列规划管理活动:
— 农业规划服务;
— 林业规划服务;
— 城乡规划服务:城镇体系规划服务、城市规划服务、乡镇规划服务、其他城乡规划服务;
— 城市园林绿化规划服务;
— 风景名胜区规划服务;
— 自然保护区规划服务;
— 其他规划管理服务。

◆ 不包括:
— 住宅小区规划设计,列入7482(工程勘察设计);
— 风景园林工程设计,列入7482(工程勘察设计);
— 市政建设监督,列入9126(行政监督检查机构);
— 城乡建设监督、查处,列入9126(行政监督检查机构)。

749　其他专业技术服务业

7491　专业化设计服务

指除工程规划设计、软件设计、集成电路设计以外的独立的专业化设计活动。

◇ 包括下列专业化设计服务活动:
— 工业设计服务;

— 时装设计服务；
— 包装装潢设计服务；
— 多媒体设计服务；
— 动漫及衍生产品设计服务：动漫产品设计服务、动漫衍生产品设计服务；
— 饰物装饰设计服务；
— 美术图案设计服务；
— 展台设计服务；
— 模型设计服务：规划模型设计、沙盘模型设计；
— 其他专业设计服务。

◆ 不包括：
— 计算机软件设计，列入65（软件和信息技术服务业）的相关行业类别中；
— 与生产制造活动一体的设计，列入C（制造业）的相关行业类别中；
— 与服装模特表演或模特公司一体的设计活动，列入7299（其他未列明商务服务业）；
— 利用电脑对照片、图片进行设计、加工的活动，列入7492（摄影扩印服务）；
— 个人形象包装设计，列入7299（其他未列明商务服务业）；
— 美发、美容设计，列入7940（理发及美容服务）。

7492 摄影扩印服务

◇ 包括下列摄影扩印服务活动：
— 摄影服务：普通摄影服务、婚纱摄影服务、儿童摄影服务、证件摄影服务、艺术摄影服务、体育摄影服务、其他摄影服务；
— 照片扩印及处理服务：数码照相扩印服务、电脑加工图片服务、照片翻制服务、其他照片扩印及处理服务。

◆ 不包括：
— 摄影记者的活动，列入8510（新闻业）。

7493 兽医服务

◇ 包括下列兽医服务活动：
— 兽医服务；
— 宠物医院服务；
— 动物病防治服务。

◆ 不包括：
— 对动物的检疫，列入7450（质检技术服务）；
— 宠物医院、宠物美容服务，列入8190（其他未列明服务业）；
— 鱼病治疗和预防，列入0540（渔业服务业）。

7499 其他未列明专业技术服务业

◇ 包括下列其他未列明专业技术服务活动：
— 上述未包括的专业技术服务。

75 科技推广和应用服务业

751 技术推广服务

指将新技术、新产品、新工艺直接推向市场而进行的相关技术活动，以及技术推广和转让活动。

7511　　农业技术推广服务

◇ 包括下列技术推广服务活动：

— 为解决农业研究与试验发展活动产生的新技术、新工艺、新产品能投入生产或在实际应用中存在的技术问题而进行的系统性活动；
— 种植技术开发、咨询、交流、转让、推广服务；
— 畜禽饲养技术开发、咨询、交流、转让、推广服务；
— 水产养殖技术开发、咨询、交流、转让、推广服务；
— 农机化技术开发、咨询、交流、转让、推广服务；
— 其他农业技术开发、咨询、交流、转让、推广服务。

◆ 不包括：

— 以生产制造为主，兼营科、贸活动的企业，列入C（制造业）的相关行业类别中；
— 以技术开发、交流、推广的名义，实际从事商品买卖的，列入F（批发和零售业）的相关行业类别中；
— 单纯的科学技术研究，列入73（研究和试验发展）的相关行业类别中；
— 专业产品、工艺设计，列入7491（专业化设计服务）；
— 技术市场的管理，列入7520（科技中介服务）；
— 专业技术展览，列入7292（会议及展览服务）。

7512　　生物技术推广服务

◇ 包括下列生物技术推广服务活动：

— 为解决生物工程的研究与试验发展活动产生的新技术、新工艺、新产品能投入生产或在实际应用中存在的技术问题而进行的系统性活动；
— 生物工程技术开发、咨询、交流、转让、推广服务。

◆ 不包括：

— 以生产制造为主，兼营科、贸活动的企业，列入C（制造业）的相关行业类别中；
— 以技术开发、交流、推广的名义，实际从事商品买卖的，列入F（批发和零售业）的相关行业类别中；
— 单纯的科学技术研究，列入73（研究和试验发展）的相关行业类别中；
— 专业产品、工艺设计，列入7491（专业化设计服务）；
— 技术市场的管理，列入7520（科技中介服务）；
— 专业技术展览，列入7292（会议及展览服务）。

7513　　新材料技术推广服务

◇ 包括下列新材料技术推广服务活动：

— 为解决新材料技术工程的研究与试验发展活动产生的新技术、新工艺、新产品能投入生产或在实际应用中存在的技术问题而进行的系统性活动；
— 新材料技术开发、咨询、交流、转让、推广服务。

◆ 不包括：

— 以生产制造为主，兼营科、贸活动的企业，列入C（制造业）的相关行业类别中；
— 以技术开发、交流、推广的名义，实际从事商品买卖的，列入F（批发和零售业）的相关行业类别中；
— 单纯的科学技术研究，列入73（研究和试验发展）的相关行业类别中；
— 专业产品、工艺设计，列入7491（专业化设计服务）；
— 技术市场的管理，列入7520（科技中介服务）；
— 专业技术展览，列入7292（会议及展览服务）。

7514　　节能技术推广服务

◇ 包括下列节能技术推广服务活动：

— 为解决节能技术工程的研究与试验发展活动产生的新技术、新工艺、新产品能投入生产或在实际应用中存在的技术问题而进行的系统性活动；

— 节能技术开发、咨询、交流、转让、推广服务。

◆ 不包括：

— 以生产制造为主，兼营科、贸活动的企业，列入C（制造业）的相关行业类别中；

— 以技术开发、交流、推广的名义，实际从事商品买卖的，列入F（批发和零售业）的相关行业类别中；

— 单纯的科学技术研究，列入73（研究和试验发展）的相关行业类别中；

— 专业产品、工艺设计，列入7491（专业化设计服务）；

— 技术市场的管理，列入7520（科技中介服务）；

— 专业技术展览，列入7292（会议及展览服务）。

7519　　其他技术推广服务

◇ 包括下列其他技术推广服务活动：

— 社会公益有关的技术推广、扩散和转移的活动；

— 以技术推广为主的技（科）、工、贸联合公司的活动；

— 其他技术开发、咨询、交流、转让、推广服务。

◆ 不包括：

— 以生产制造为主，兼营科、贸活动的企业，列入C（制造业）的相关行业类别中；

— 以技术开发、交流、推广的名义，实际从事商品买卖的，列入F（批发和零售业）的相关行业类别中；

— 单纯的科学技术研究，列入73（研究和试验发展）的相关行业类别中；

— 专业产品、工艺设计，列入7491（专业化设计服务）；

— 技术市场的管理，列入7520（科技中介服务）；

— 专业技术展览，列入7292（会议及展览服务）。

752　7520　　科技中介服务

指为科技活动提供社会化服务与管理，在政府、各类科技活动主体与市场之间提供居间服务的组织，主要开展信息交流、技术咨询、技术孵化、科技评估和科技鉴证等活动。

◇ 包括下列科技中介服务活动：

— 科技文献服务；

— 科技信息咨询服务；

— 科技项目代理服务；

— 科技项目招标服务；

— 科技项目评估服务；

— 科技成果鉴定服务；

— 技术市场管理服务；

— 科技企业技术扶持服务；

— 高新技术创业服务；

— 其他科技中介服务。

◆ 不包括：

— 专利代理，列入7250（知识产权服务）；

— 科技风险投资活动，列入6740（资本投资服务）。

759 7590 其他科技推广和应用服务业

指除技术推广、科技中介以外的其他科技服务,但不包括短期的日常业务活动。

◇ 包括下列其他科技推广和应用服务活动:

— 科普宣传服务;

— 科普橱窗展览服务;

— 其他未列明科技交流和推广服务。

◆ 不包括:

— 科技博物馆、天文馆等的活动,列入8750(博物馆)。

N 水利、环境和公共设施管理业

本门类包括 76～78 大类。

76 水利管理业

761 7610 防洪除涝设施管理

指对江河湖泊开展的河道、堤防、岸线整治等活动及对河流、湖泊、行蓄洪区和沿海的防洪设施的管理活动,包括防洪工程设施的管理及运行维护等。

◇ 包括下列防洪除涝设施管理活动:
— 江河堤防等设施管理服务;
— 蓄滞洪区管理服务;
— 沿海堤防管理服务;
— 城市防洪设施管理服务;
— 河道湖泊治理服务;
— 其他防洪设施管理服务;
— 除涝设施管理服务;
— 排水设施管理服务。

762 7620 水资源管理

指对水资源的开发、利用、配置、节约等活动。

◇ 包括下列水资源管理活动:
— 人工水系管理服务:运河管理服务、水渠管理服务;
— 自然水系管理服务:河道管理服务、湖泊管理服务、地下水管理服务;
— 其他水利设施开发管理服务。

763 7630 天然水收集与分配

指通过各种方式收集、分配天然水资源的活动,包括通过蓄水(水库、塘堰等)、提水、引水和井等水源工程,收集和分配各类地表和地下淡水资源的活动。

◇ 包括下列天然水收集与分配活动:
— 原水供应量;
— 水库管理服务;
— 引水、提水设施管理服务。

764 7640 水文服务

指通过布设水文站网,对水的时空分布规律进行监测、收集和分析处理的活动。

◇ 包括下列水文服务活动:
— 水文测量服务。

769 7690 其他水利管理业

◇ 包括下列其他水利管理活动:
— 水资源保护服务;

— 水土流失防治服务；
— 水利设施管理咨询服务；
— 防洪除涝技术咨询服务；
— 水利资源开发利用咨询服务；
— 水环境保护咨询服务；
— 水土保持技术咨询服务；
— 节水管理与技术咨询服务：节水灌溉技术咨询服务、工业节水技术咨询服务、生活节水技术咨询服务；
— 水利情报收集服务；
— 其他水利管理服务。

77 生态保护和环境治理业

771 生态保护

7711 自然保护区管理

指对有代表性的自然生态系统、珍稀濒危野生动植物物种和有特殊意义的自然遗迹等予以特殊保护和管理的活动。

◇ 包括下列自然保护区管理活动：
— 森林生态保护区管理服务；
— 草原与草甸保护区管理服务；
— 荒漠生态系统保护区管理服务；
— 内陆湿地生态系统保护区管理服务；
— 内陆水域生态系统保护区管理服务；
— 海洋及海岸带自然保护区管理服务；
— 海洋特别保护区管理服务：特殊地理条件保护区管理服务、海洋生态与景观保护区管理服务、海洋资源保护区管理服务、海洋特殊开发利用保护区管理服务；
— 野生动物保护区管理服务；
— 野生植物保护区管理服务；
— 地质遗迹保护区管理服务；
— 古生物遗迹保护区管理服务；
— 其他自然保护区管理服务。

7712 野生动物保护

指对野生及濒危动物的饲养、繁殖等保护活动，以及对栖息地的管理活动

◇ 包括下列野生动物保护活动：
— 动物园管理服务；
— 放养动物园管理服务；
— 鸟类动物园管理服务；
— 海洋馆、水族馆管理服务；
— 动物跟踪观察保护服务；
— 野生动物繁殖机构服务；
— 其他野生动物保护服务。

7713　野生植物保护

指对野生及濒危植物的培育等保护活动

◇ 包括下列野生植物保护活动：

— 植物园管理服务；

— 珍稀植物培育服务；

— 观赏植物培育服务；

— 其他野生植物保护服务。

7719　其他自然保护

指除自然保护区管理、野生动植物保护以外的其他自然保护活动

◇ 包括下列其他自然保护活动：

— 生态功能保护区管理服务；

— 生态示范区管理服务；

— 森林固碳服务；

— 其他未列明自然生态保护服务。

◆ 不包括：

— 生态监测，列入 7462（生态监测）。

772　环境治理业

7721　水污染治理

指对江、河、湖泊、水库及地下水、地表水的污染综合治理活动，不包括排放污水的搜集和治理活动。

◇ 包括下列水污染治理活动：

— 城市水域治理服务：城市水域垃圾清除服务、城市水域垃圾运输服务、城市水域水草清理服务、城市水域水质下降处理服务、其他城市水域治理服务；

— 江、湖治理服务：江、湖垃圾清理服务，江、湖水草清理服务，江、湖水质污染治理服务，其他江、湖治理服务；

— 水库污染治理服务：水库垃圾清理服务、水库水草清理服务、水库水质污染治理服务、其他水库污染治理服务；

— 地下水污染治理服务；

— 其他水污染治理服务。

◆ 不包括：

— 城市生活污水治理和污水处理厂的活动，列入 4620（污水处理及其再生利用）；

— 城市污水排放，列入 7810（市政设施管理）；

— 海洋的水域污染治理，列入 7430（海洋服务）；

— 环保行政部门的活动，列入 9124（社会事务管理机构）。

7722　大气污染治理

指对大气污染的综合治理以及对工业废气的治理活动。

◇ 包括下列大气污染治理活动：

— 大气污染治理服务；

— 汽车尾气污染治理服务；

— 燃烧煤烟污染治理服务；

— 制造业废气污染治理服务；
— 工矿粉尘污染治理服务；
— 建筑工地粉尘污染治理服务；
— 其他空气污染治理服务。

◆ 不包括：
— 污染监测活动，列入7461（环境保护监测）；
— 环保行政部门的活动，列入9124（社会事务管理机构）。

7723　固体废物治理

指除城乡居民生活垃圾以外的固体废物治理及其他非危险废物的治理。

◇ 包括下列固体废物治理活动：
— 化工产品废弃物治理服务；
— 矿物油废弃物治理服务；
— 金属矿物质废弃物治理服务；
— 废旧机械设备治理服务；
— 非金属矿物质废弃物治理服务；
— 工业焚烧残渣物治理服务；
— 建筑施工废弃物治理服务；
— 其他固体废物治理服务。

◆ 不包括：
— 污染监测活动，列入7461（环境保护监测）；
— 环保行政部门的活动，列入9124（社会事务管理机构）。

7724　危险废物治理

指对制造、维修、医疗等活动产生的危险废物进行收集、贮存、利用、处理和处置等活动。

◇ 包括下列危险废物治理活动：
— 医疗及药物废弃物治理服务；
— 腐蚀性废弃物治理服务；
— 有毒性废弃物治理服务；
— 爆炸性废弃物治理服务；
— 其他危险废物治理服务。

◆ 不包括：
— 污染监测活动，列入7461（环境保护监测）；
— 环保行政部门的活动，列入9124（社会事务管理机构）。

7725　放射性废物治理

指对生产及其他活动过程产生的放射性废物进行收集、贮存、利用、处理和处置等活动。

◇ 包括下列放射性废物治理活动：
— 辐射污染治理服务。

◆ 不包括：
— 污染监测活动，列入7461（环境保护监测）；
— 环保行政部门的活动，列入9124（社会事务管理机构）。

7729　其他污染治理

指水污染、大气污染、固体废物、危险废物、放射性废物治理以外的其他环境治理活动。

◇ 包括下列其他污染治理活动：
— 噪音污染治理服务：制造企业噪音污染治理服务、建筑工地噪音污染治理服务、汽车噪音污染治理服务、其他噪音污染治理服务；
— 光污染治理服务；
— 地质灾害治理服务；
— 其他未列明环境治理服务。

◆ 不包括：
— 污染监测活动，列入 7461（环境保护监测）；
— 环保行政部门的活动，列入 9124（社会事务管理机构）。

78　　　公共设施管理业

781　7810　　市政设施管理

指污水排放、雨水排放、路灯、道路、桥梁、隧道、广场、涵洞、防空等城乡公共设施的抢险、紧急处理、管理等活动。

◇ 包括下列市政设施管理活动：
— 城市排水设施管理服务：城市污水排放管理服务、城市雨水排放管理服务、其他城市排水设施管理服务；
— 城市照明设施管理服务：城市道路照明设施管理服务，城市社区、街道照明设施管理服务，其他城市照明设施管理服务；
— 城市道路、桥梁、隧道设施管理服务：城市道路设施管理服务、城市桥梁设施管理服务、城市隧道设施管理服务、城市行人过街天桥设施管理服务、城市行人地下通道设施管理服务；
— 其他市政公共设施管理服务：城市广场管理服务，城市路标、路牌管理服务，城市防空设施管理服务，城市地下公共设施管理服务，其他未列明市政公共设施管理服务。

◆ 不包括：
— 政府的市政规划部门、市政工程管理部门，列入 9125（经济事务管理机构）；
— 高速公路的养护和公路收费管理，列入 5442（公路管理与养护）；
— 市政工程施工，列入 48（土木工程建筑业）的相关行业类别中；
— 城市水、电、气供应单位的抢修和维护活动，列入 D（电力、热力、燃气及水生产和供应业）的相关行业类别中；
— 城市景观照明管理，列入 7830（城乡市容管理）；
— 城市生活污水的处理，列入 4620（污水处理及其再生利用）；
— 市政工程监督，列入 9126（行政监督检查机构）。

782　7820　　环境卫生管理

指城乡生活垃圾的清扫、收集、运输、处理和处置、管理等活动，以及对公共厕所、化粪池的清扫、收集、运输、处理和处置、管理等活动。

◇ 包括下列环境卫生管理活动：
— 城市垃圾清运服务：城市垃圾清扫服务、城市道路冲洗服务、城市积雪清理服务、城市垃圾运输服务（城市垃圾中转服务、其他城市垃圾运输服务）、城市泔水清运服务、其他城市垃圾清运服务；
— 城市垃圾处理服务：城市垃圾分类服务、城市垃圾焚烧服务、城市垃圾填埋服务、城市垃圾堆肥服务、城市废弃食用油处理服务、其他城市垃圾处理服务；

— 城市排泄物处理服务：公共厕所管理服务、城市排泄物清运服务、城市排泄物收集处理服务。

◆ 不包括：

— 城市生活污水治理，列入 4620（污水处理及其再生利用）；
— 城市水域垃圾的清理，列入 7721（水污染治理）；
— 城市污水排放，列入 7810（市政设施管理）；
— 城市公共卫生的监督、检查，列入 9126（行政监督检查机构）。

783 7830 城乡市容管理

指城市户外标志、外景照明、公共建筑物、施工围档、材料堆放、渣土清运、竣工清理等管理活动；乡、村户外标志、村容镇貌、柴草堆放、树木花草养护等管理活动。

◇ 包括下列城乡市容管理活动：

— 城市户外标志管理服务：城市象征标志建筑管理服务、城市雕塑管理服务、城市宣传标牌管理服务、城市宣传画廊管理服务、城市报刊橱窗管理服务、其他城市户外标志管理服务；
— 城市外景照明管理服务：建筑物照明管理服务，广场、草坪照明管理服务，其他城市外景照明管理服务；
— 城市公共建筑及设施清洗服务；
— 城市市容协调检查服务：城市小区、街道环境协调管理服务，公共环境检查管理服务；
— 其他城市市容管理服务（城市乱涂、乱画、乱扔杂物、乱倒渣土、乱贴小广告及其他管理）。

◆ 不包括：

— 政府的市政、市容、规划管理部门，列入 9125（经济事务管理机构）；
— 市政工程施工，列入 48（土木工程建筑业）的相关行业类别中；
— 城市建筑物、绿地和街景照明工程的施工，列入 4851（架线及设备工程建筑）；
— 城市建筑物、绿地和街景照明设计，列入 7482（工程勘察设计）；
— 城市路标、路牌管理，列入 7810（市政设施管理）；
— 建筑施工粉刷，列入 5010（建筑装饰业）；
— 城市广告牌的维护管理，列入 7240（广告业）；
— 城市流浪人员的收容，列入 8419（其他提供住宿社会救助）；
— 城管、市容监察、检查，列入 9126（行政监督检查机构）；
— 市政工程监督，列入 9126（行政监督检查机构）。

784 7840 绿化管理

指城市绿地和生产绿地、防护绿地、附属绿地等的管理活动。

◇ 包括下列绿化管理活动：

— 城市草坪管理：城市草坪种植管理、城市草坪维护管理（城市道路、广场草坪维护管理，城市公园草坪维护管理，城市街心花园草坪维护管理，居民小区草坪维护管理，运动场地草坪维护管理，城市其他草坪维护管理）、其他城市草坪管理；
— 城市鲜花管理：城市鲜花栽培管理、城市鲜花布置管理、其他城市鲜花管理（鲜花租借管理、鲜花代管理等）；
— 城市树木管理：城市树木种植管理、城市树木保护管理（城市古树保护管理、城市道路树木保护管理、郊区道路树木保护管理、城市公园树木保护管理、居民小区树木保护管理、城市其他树木保护管理）、其他城市树木管理；

— 单位附属绿地、防护绿地、生产绿地和风景林地的建设和管理；
— 城市树木、草坪病虫防治管理；
— 其他城市园林绿化管理。

◆ 不包括：
— 公园、主题公园、园林公园等的管理，列入 7851（公园管理）；
— 绿地照明管理，列入 7830（城乡市容管理）；
— 生态防护林的建设、管理，列入 0220（造林和更新）；
— 动物园、植物园等的管理，分别列入 7712（野生动物保护）、7713（野生植物保护）。

785　　公园和游览景区管理

7851　　公园管理

指主要为人们提供休闲、观赏、游览以及开展科普活动的城市各类公园管理活动。

◇ 包括下列公园管理活动：
— 综合公园管理服务；
— 园林公园管理服务；
— 主题公园管理服务：民族风情主题公园管理服务、民俗风情主题公园管理服务、各国风情主题公园管理服务、微缩景观公园管理服务、动漫主体公园管理服务、其他主题公园管理服务；
— 其他公园管理服务。

◆ 不包括：
— 动物园、海洋馆、水族馆、海底世界，列入 7712（野生动物保护）；
— 植物园，列入 7713（野生植物保护）；
— 城市街心花园的管理，列入 7840（绿化管理）；
— 列入自然保护区的森林公园，列入 7711（自然保护区管理）；
— 有大型娱乐设施的游乐园，列入 8920（游乐园）；
— 古迹、遗址管理，列入 8740（文物及非物质文化遗产保护）；
— 以提供大型或水上娱乐项目为主的娱乐场所，列入 8920（游乐园）。

7852　　游览景区管理

指对具有一定规模的自然景观、人文景物的管理和保护活动，以及对环境优美，具有观赏、文化或科学价值的风景名胜区的保护和管理活动；包括风景名胜和其他类似的自然景区管理。

◇ 包括下列游览景区管理活动：
— 自然景区管理服务：山丘自然景区管理服务、河湖自然景区管理服务、峡谷自然景区管理服务、海滨自然景区管理服务、草原自然景区管理服务、森林自然景区管理服务、沙漠自然景区管理服务、湿地自然景区管理服务、其他自然景区管理服务；
— 其他旅游景区管理服务：市外人工景区管理服务、观光果园管理服务（以向游客提供采摘为主的活动）、其他未列明旅游景区管理服务。

◆ 不包括：
— 城市园林公园、人工景点，列入 7851（公园管理）；
— 文物古迹景区的管理，列入 8740（文物及非物质文化遗产保护）；
— 作为文物保护的古迹、遗址，列入 8740（文物及非物质文化遗产保护）；
— 非自然的世界文化遗产保护管理，列入 8740（文物及非物质文化遗产保护）；

— 未作为风景名胜区和自然保护区管理的旅游胜地、风景区、森林公园，列入 7852（游览景区管理）；

— 同时又是自然保护区的风景名胜区，其整体管理活动（景区内各游览景点、公园的活动除外），列入 7711（自然保护区管理）；

— 旅游度假村，列入 61（住宿业）的相关行业类别中；

— 园工采摘并向游客出售产品，或不采摘不出售仅供游览参观的果园，列入 015（水果种植）相关类别中。

O 居民服务、修理和其他服务业

本门类包括 79 ~ 81 大类。

79 居民服务业

791 7910 家庭服务

指雇用家庭雇工的家庭住户和家庭户的自营活动,以及在雇主家庭从事有报酬的家庭雇工的活动,包括钟点工和居住在雇主家里的家政劳动者的活动。

◇ 包括下列家庭服务活动:

— 家政服务:全时家庭服务(保姆服务、家庭保育服务、其他全时家庭服务)、钟点工家庭服务(家庭厨师服务、家庭洗衣服务、家庭清扫服务、其他钟点工家庭服务);

— 家庭教师服务;

— 家宴服务;

— 病人陪护服务;

— 雇用家庭雇工的家庭住户的活动;

— 家庭户的自营活动;

— 其他家庭服务。

◆ 不包括:

— 介绍劳务人员的劳务服务公司、三八服务社等,列入 7263(劳务派遣服务);

— 专为老人、五保户、残疾人员、残疾儿童等提供帮助的活动,列入 84(社会工作)相关类别中。

792 7920 托儿所服务

指社会、街道、个人办的面向不足三岁幼儿的看护活动,可分为全托、日托、半托,或计时的服务。

◇ 包括下列托儿所服务活动:

— 全天托儿服务;

— 临时托儿服务;

— 其他托儿服务。

◆ 不包括:

— 幼儿园,列入 8210(学前教育);

— 以学前教育为主的幼儿看护服务,列入 8210(学前教育)。

793 7930 洗染服务

指专营的洗染店以及在宾馆、饭店内常设的独立(或相对独立)洗染服务。

◇ 包括下列洗染服务活动:

— 洗衣服务:投币自动洗衣服务、普通干洗服务(纺织衣物干洗服务、皮革衣物干洗服务、裘毛衣物干洗服务)、普通湿洗服务(纺织衣物湿洗服务、其他普通湿洗服务);

— 染色服务:纺织衣物染色服务、皮革衣物染色服务、其他衣物染色服务;

— 其他洗染服务:熨烫服务、其他未列明洗染服务。

794 7940　理发及美容服务

指专业理发、美容保健服务，以及在宾馆、饭店或娱乐场所常设的独立（或相对独立）理发、美容保健服务。

◇ 包括下列理发及美容服务活动：

— 理发服务：男士理发服务、女士理发服务、儿童理发服务；

— 美容服务：脸部美容服务、美甲服务、纹身美容服务、其他美容服务。

◆ 不包括：

— 健美健身服务，列入 8830（休闲健身活动）；

— 医疗护理服务，列入 8390（其他卫生活动）；

— 整容服务，列入 8330（门诊部（所））。

795 7950　洗浴服务

指专业洗浴室以及在宾馆、饭店或娱乐场所常设的独立（或相对独立）洗浴、温泉、SPA 等服务。

◇ 包括下列洗浴服务活动：

— 普通洗浴服务：洗澡服务、搓澡服务、修脚服务、其他普通洗浴服务；

— 温泉洗浴服务；

— 桑拿洗浴服务；

— 水疗保健服务；

— 其他洗浴服务。

◆ 不包括：

— 与医疗护理有关的服务，列入 8390（其他卫生活动）。

796 7960　保健服务

指专业保健场所以及在宾馆、饭店或娱乐场所开设的独立（或相对独立）保健按摩、足疗等服务。

◇ 包括下列保健服务活动：

— 保健减肥服务；

— 保健按摩服务；

— 足疗服务；

— 汗蒸服务；

— 其他健康保健服务。

◆ 不包括：

— 健美健身服务，列入 8830（休闲健身活动）；

— 医疗护理服务，列入 8390（其他卫生活动）；

— 整容服务，列入 8330（门诊部（所））。

797 7970　婚姻服务

指婚姻介绍、婚庆典礼等服务。

◇ 包括下列婚姻服务活动：

— 婚姻介绍服务：婚姻介绍所、电子红娘，以及专门为未婚男女提供联谊活动的机构；

— 婚庆礼仪服务：婚礼策划、组织服务，婚礼租车服务，婚礼用品出租服务，婚礼摄像服务、其他婚姻服务。

◆ 不包括：
— 专门的婚纱摄影，列入 7492（摄影扩印服务）。

798 7980 **殡葬服务**

指与殡葬有关的各类服务。

◇ 包括下列殡葬服务活动：
— 殡仪馆管理服务；
— 殡葬礼仪服务；
— 遗体搬运存放服务；
— 墓地安葬服务；
— 丧葬用品服务（花圈、寿衣出售等服务）；
— 其他殡葬服务。

799 7990 **其他居民服务业**

指上述未包括的居民服务。

◇ 包括下列其他居民服务活动：
— 社区服务中心服务；
— 儿童临时看护服务（街道、社区办的小饭桌、校外活动站）；
— 自行车存放服务；
— 代送物品服务（送水、送奶、送报、送煤等）；
— 提供有偿帮助服务（买菜、排队购物、取奶、换煤气、叫出租车等）；
— 代驾服务；
— 行李搬运服务；
— 个人投币机器服务（投币橱柜、投币擦鞋、投币照相、投币量血压等投币机的服务）；
— 衣服缝补服务（含迁边服务）；
— 代居民收水电费及其他费用；
— 称体重服务；
— 测算服务（生辰、风水等测算）；
— 其他未列明的居民服务。

◆ 不包括：
— 专为老人、残疾人、五保户等提供服务的社区服务组织，列入 8421（社会看护与帮助服务）；
— 街道、社区为方便居民办的各项服务（小卖铺、小饭馆、修理、理发、澡堂等），列入相应的行业类别中；
— 投币售货机服务，列入 5299（其他未列明零售业）。

80 **机动车、电子产品和日用产品修理业**

801 **汽车、摩托车修理与维护**

8011 **汽车修理与维护**

指汽车修理厂及路边门店的专业修理服务，包括为汽车提供上油、充气、打蜡、抛光、喷漆、清洗、换零配件、出售零部件等服务，不包括汽车回厂拆卸、改装、大修的活动。

◇ 包括下列汽车修理与维护活动：
— 汽车拖车、求援、清障服务；
— 机动车大修理：汽车大修理（汽车底盘检修，发动机、制动系统检修，其他汽车大修理），雪地汽车大修理，挂车、半挂车大修理，摩托车大修理，其他机动车大修理；
— 汽车检修服务：车身检修服务、车厢内检修服务、汽车轮胎修补服务、其他汽车检修服务；
— 汽车保养服务：汽车除垢除尘保养服务、汽车打蜡保养服务、汽车抛光服务、其他汽车保养服务；
— 汽车清洗服务。

◆ 不包括：
— 汽车回厂的修理，列入36（汽车制造业）相关类别中；
— 与销售一体的汽车修理，列入5261（汽车零售）；
— 电车修理，列入3640（电车制造）；
— 仅提供汽车零部件的销售，列入5262（汽车零配件零售）。

8012　　摩托车修理与维护

◇ 包括下列摩托车修理与维护活动：
— 摩托车修理服务；
— 摩托车维护和保养服务：摩托车维护服务、摩托车保养服务。

◆ 不包括：
— 摩托车回厂的修理，列入375（摩托车制造）相关类别中；
— 与销售一体的摩托车修理，列入5263（摩托车及零配件零售）；
— 仅提供摩托车零部件的销售，列入5263（摩托车及零配件零售）。

802　　计算机和办公设备维修

指对计算机硬件及系统环境的维护和修理活动。

8021　　计算机和辅助设备修理

◇ 包括下列计算机和辅助设备修理活动：
— 计算机修理服务；
— 打印机、扫描仪维修；
— 计算机其他外部设备维修服务。

◆ 不包括：
— 提供硬件及系统的咨询服务，列入6530（信息技术咨询服务）；
— 计算机生产厂的维修活动，列入391（计算机制造）的相关行业类别中。

8022　　通讯设备修理

◇ 包括下列通讯设备修理活动：
— 电话机的修理服务；
— 传真机的修理服务；
— 手机的修理服务。

◆ 不包括：
— 电话机、传真机、手机生产厂的维修活动，列入3922（通信终端设备制造）。

8029 其他办公设备维修

指其他未列明的各种办公设备的修理公司（中心）、修理门市部和修理网点的修理活动。

◇ 包括下列其他办公设备维修活动：

— 复印机维修服务；
— 胶印设备维修服务；
— 打字机维修服务；
— 装订设备维修服务；
— 其他电器办公设备维修服务。

◆ 不包括：

— 计算机硬件及系统的维修，列入 8021（计算机和辅助设备修理）；
— 打印机、扫描仪及其他计算机辅助设备的维修，列入 8021（计算机和辅助设备修理）；
— 复印机、胶印机回厂维修，列入 3474（复印和胶印设备制造）。

803 家用电器修理

8031 家用电子产品修理

指电视、音响等家用视频、音频产品的修理活动。

◇ 包括下列家用电子产品修理活动：

— 视频设备修理服务：电视机修理服务、影碟机修理服务、摄像机修理服务、录像机修理服务、其他视频设备修理服务；
— 音频设备修理服务：音响功放设备修理服务、音箱修理服务、收音机修理服务、收录机修理服务、放音机修理服务、CD 播放机修理服务、其他音频设备修理服务。

◆ 不包括：

— 家用电器零售与维修一体的门市部，列入 5271（家用视听设备零售）。

8032 日用电器修理

指洗衣机、电冰箱、空调等日用电器维修门市部，以及生产企业驻各地的维修网点和维修公司（中心）的修理活动。

◇ 包括下列日用电器修理活动：

— 室内家用电器修理服务：空调修理服务、冰箱修理服务、洗衣机修理服务、电暖气修理服务、电热水器修理服务、吸尘器修理服务、其他室内家用电器修理服务；
— 厨房电器设备修理服务：微波炉修理服务、电烤设备修理服务、电磁炉修理服务、抽油烟机修理服务、洗碗柜修理服务、其他厨房电器设备修理服务；
— 其他家用电器修理服务：理发电器设备修理服务、电动保健设备修理服务、耳机修理服务、麦克风修理服务、其他未列明家用电器修理服务。

◆ 不包括：

— 家用电器零售与维修一体的门市部，列入 5271（家用视听设备零售）。

809 其他日用产品修理业

8091 自行车修理

◇ 包括下列自行车修理活动：

— 自行车维修服务；
— 三轮车维修服务；
— 其他人力车维修服务。

◆ 不包括：
— 自行车零售与维修一体的门市部，列入5238（自行车零售）。

8092　鞋和皮革修理

◇ 包括下列鞋和皮革修理活动：
— 修鞋服务；
— 擦鞋服务；
— 其他皮革修理服务。

8093　家具和相关物品修理

◇ 包括下列家具和相关物品修理活动：
— 家具重新装面、重新装饰、修理及修复；
— 自立式家具的组装。

8099　其他未列明日用产品修理业

指其他日用产品维修门市部、修理摊点的活动，以及生产企业驻各地的维修网点和维修中心的修理活动。

◇ 包括下列其他未列明日用产品修理活动：
— 照相机维修服务；
— 钟表维修服务；
— 金属锅盆维修服务；
— 陶瓷容器维修服务；
— 修锁、配钥匙服务；
— 刀剪修理服务；
— 其他日用品修理服务。

◆ 不包括：
— 照相机、钟表零售与维修一体的门市部，分别列入5248（照相器材零售）和5235（钟表、眼镜零售）；
— 开锁服务，列入7289（其他安全保护服务）。

81　其他服务业

811　清洁服务

指对建筑物、办公用品、家庭用品的清洗和消毒服务；包括专业公司和个人提供的清洗服务。

8111　建筑物清洁服务

指对建筑物内外墙、玻璃幕墙、地面、天花板及烟囱的清洗活动。

◇ 包括下列建筑物清洁服务活动：
— 建筑物外墙清洗服务：建筑物玻璃幕墙清洗服务、其他建筑物外墙清洗服务；
— 建筑物内清洁服务：建筑物地面、墙面清洁服务，其他建筑物内清洁服务；
— 烟囱清洗服务；
— 建筑物管道疏通服务：建筑物下水管道疏通、市政排水管道疏通、其他建筑物管道疏通。

8119　　其他清洁服务

指专业清洗人员为企业的机器、办公设备的清洗活动，以及为居民的日用品、器具及设备的清洗活动，包括清扫、消毒等服务。

◇ 包括下列其他清洁服务活动：

— （专业保洁服务）
— 交通设施保洁服务：汽车站保洁服务、地铁站保洁服务、火车站保洁服务、飞机场保洁服务、港口保洁服务；
— 办公室保洁服务；
— 医疗机构保洁服务；
— 其他专业保洁服务；
— （专业清洗、消毒服务）
— 机械设备专业清洗服务：办公设备专业清洗服务、机床设备专业清洗服务、其他机械设备专业清洗服务；
— 运输设备清洗、消毒服务：汽车消毒服务，地铁车厢清洗、消毒服务，火车清洗、消毒服务，船舶清洗、消毒服务，飞机清洗、消毒服务，其他运输设备清洗、消毒服务；
— 生活清洗、消毒服务：地毯清洗服务，厨房设备清洗服务，房屋消毒服务，其他生活清洗、消毒服务；
— 害虫防治服务；
— 灭鼠及预防服务；
— 其他专业清洗、消毒服务；
— 其他清洁服务。

◆ 不包括：

— 生产企业内部的设备清洗，列入 C（制造业）相关的类别中；
— 树木、植物的虫害防治，列入 0521（林业有害生物防治服务）；
— 与城市绿化有关的树木害虫的防治，列入 7840（绿化管理）；
— 卫生防疫站的活动，列入 8370（疾病预防控制中心）。

819　8190　　其他未列明服务业

◇ 包括下列其他未列明服务活动：

— 宠物服务：物医院服务、宠物美容服务、其他宠物服务；
— 其他未列明服务。

P 教　育

本门类包括 82 大类。

82　教育

指国家、社会、私人依照国家有关法规开办的各级各类教育机构的活动，以及其他与教育相关的活动。

821　8210　学前教育

指经教育行政部门批准举办的对学龄前幼儿进行保育和教育的活动。

◇ 包括下列学前教育活动：

— 幼儿园：全托制、半托制、定时制、季节制和寄宿制；

— 学前班（是在幼儿园资源不足的情况下，实施学前教育的一种补充形式）；

— 幼儿活动站、游戏小组、巡回辅导站、"大篷车"等幼儿教育活动。

822　初等教育

指《义务教育法》规定的小学教育以及成人小学教育（含扫盲）的活动。

8221　普通小学教育

◇ 包括下列初等教育活动：

— 普通小学（各级教育行政部门、教育机构、企业等按照义务教育法举办的小学教育活动）。

◆ 不包括：

— 教育行政主管部门下属的中小学招生办（无论是否有行政编制），列入 8294（教育辅助服务）。

8222　成人小学教育

◇ 包括下列成人小学教育活动：

— 成人初等教育服务：职工初等教育、农民初等教育、成人扫盲班；

— 其他初等教育服务。

823　中等教育

8231　普通初中教育

指《义务教育法》规定的对小学毕业生进行初级中等教育的活动。

◇ 包括下列普通初中教育活动：

— 初级中学（无高中教育）；

— 初中型完全中学（初中人数超过高中人数的学校，或以初中教育为主的学校）。

◆ 不包括：

— 教育行政主管部门下属的中小学招生办（无论是否有行政编制），列入 8294（教育辅助服务）。

8232　　职业初中教育

◇ 包括下列职业初中教育活动：

— 职业初中教育；

— 普通中学附设职业教育班；

— 其他单位(学校)举办的职业教育班。

◆ 不包括：

— 为成人提供各种技能培训活动，列入8291(职业技能培训)。

8233　　成人初中教育

◇ 包括下列成人初中教育活动：

— 职工初中教育；

— 农民初中教育。

8234　　普通高中教育

指非义务教育阶段，通过考试招收初中毕业生进行普通高中教育的活动。

◇ 包括下列普通高中教育活动：

— 高中型完全中学(高中人数超过初中人数的学校，或以高中教育为主的学校)；

— 高级中学(无初中教育)。

8235　　成人高中教育

◇ 包括下列成人高中教育活动：

— 职工高中；

— 农民高中。

8236　　中等职业学校教育

指经教育行政部门或劳动就业行政部门批准举办的中等技术学校、中等师范学校、成人中等专业学校、职业高中学校、技工学校等教育活动。

◇ 包括下列中等职业学校教育活动：

— 中等技术学校教育；

— 中等师范学校教育；

— 成人中等专业学校教育；

— 职业高中学校教育；

— 技工学校教育；

— 其他中等职业教育机构。

◆ 不包括：

— 为成人提供各种技能培训活动，列入8291(职业技能培训)。

824　　高等教育

8241　　普通高等教育

指经教育行政部门批准，由国家、地方、社会办的在完成高级中等教育基础上实施的获取学历的高等教育活动。

◇ 包括下列普通高等教育活动：

— 大学专科教育服务；

— 大学本科教育服务；
— 研究生教育服务。
◆ 不包括：
— 成人高等教育，列入 8242（成人高等教育）。

8242　成人高等教育

指经教育主管部门批准办的成人高等教育活动。
◇ 包括下列成人高等教育活动：
— 广播电视大学；
— 职工高等学校；
— 农民高等学校；
— 管理干部学校；
— 函授学院；
— 普通高校办的成人高等教育函授班、夜大、成人脱产班、进修班等。
◆ 不包括：
— 各类单独的考试、招生机构（无论是否有行政编制），列入 8294（教育辅助服务）。

825　8250　特殊教育

指为残障儿童、青少年提供的特殊教育活动。
◇ 包括下列特殊教育活动：
— 为盲、聋、哑残障儿童、青少年提供的各种教育服务；
— 为智力障碍及其他残障儿童、青少年提供的各种教育服务。
◆ 不包括：
— 为残障人员办的技能培训，列入 8291（职业技能培训）。

829　技能培训、教育辅助及其他教育

指我国学校教育制度以外，经教育主管部门、劳动部门或有关主管部门批准，由政府部门、企业、社会办的职业培训、就业培训和各种知识、技能的培训活动，以及教育辅助和其他教育活动。

8291　职业技能培训

指由教育部门、劳动部门或其他政府部门批准举办，或由社会机构举办的为提高就业人员就业技能的就业前的培训和其他技能培训活动，不包括社会上办的各类培训班、速成班、讲座等。
◇ 包括下列职业技能培训活动：
— 在职人员培训服务；
— 商务培训服务；
— 企业管理培训服务；
—（专业技能培训服务）
— 外语培训服务；
— 计算机及网络培训服务；
— 汽车驾驶员培训服务；
— 飞行驾驶培训服务；
— 农业种植技术培训服务；

— 拖拉机驾驶及农机操作技术培训服务；
— 农村劳动力转移培训服务；
— 武术培训服务；
— 缝纫培训服务；
— 烹调培训服务；
— 美容、美发培训服务；
— 家政服务培训；
— 其他专业技能培训；
— 残疾人技能培训服务；
— 其他职业培训服务。

◆ 不包括：
— 以职业介绍为主的劳动就业中心，列入 7262（职业中介服务）；
— 职业技能鉴定、认证机构，列入 7269（其他人力资源服务）；
— 职称及职业技能考试机构，列入 7269（其他人力资源服务）；
— 各单位办的以对外提供住宿为主的培训中心，列入 61（住宿业）的相关行业类别中。

8292　体校及体育培训

指各类、各级体校培训，以及其他各类体育运动培训活动，不包括学校教育制度范围内的体育大学、学院、学校的体育专业教育。

◇ 包括下列体校及体育培训活动：
— 各种运动辅导（篮球、足球、乒乓球、羽毛球、田径）；
— 拉拉队指导；
— 业余体校服务；
— 各类群众性体育培训、辅导；
— 各类健身培训班（交谊舞、国标舞、瑜伽等）；
— 其他体育培训。

◆ 不包括：
— 职业运动员的训练辅导，列入 8810（体育组织）；
— 群众性的交谊舞、国标舞活动，列入 8770（群众文化活动）；
— 室内健身运动（瑜伽功），列入 8830（休闲健身活动）。

8293　文化艺术培训

指国家学校教育制度以外，由正规学校或社会各界办的文化艺术培训活动，不包括少年儿童的课外艺术辅导班。

◇ 包括下列文化艺术培训活动：
— 钢琴及其他音乐培训教育；
— 美术培训教育；
— 工艺美术培训教育；
— 舞蹈艺术培训教育；
— 戏剧艺术培训教育；
— 表演艺术培训教育；
— 摄影艺术培训教育；
— 文学创作培训教育；
— 其他文化艺术培训。

◆ 不包括：

— 高等教育、中等教育中的文化艺术教育，分别列入824（高等教育）、823（中等教育）的相关类别中；

— 交谊舞、国标舞的培训，列入8292（体校及体育培训）；

— 学生课外文化艺术辅导，列入8299（其他未列明教育）。

8294　　教育辅助服务

指专门从事教育检测、评价、考试、招生等辅助活动。

◇ 包括下列教育辅助服务活动：

— 各类教育的教学检测和评价活动；

— 各类教育的考试管理活动；

— 各类教育的招生管理活动。

◆ 不包括：

— 教育管理部门的活动，列入9124（社会事务管理机构）。

8299　　其他未列明教育

指经批准的宗教院校教育及上述未列明的教育活动。

◇ 包括下列其他未列明教育活动：

— 党校教育服务；

— 行政学院教育服务；

—（学生课外辅导服务）

— 语文辅导服务；

— 数学辅导服务；

— 外语辅导服务；

— 理化辅导服务；

— 美术辅导服务；

— 舞蹈辅导服务；

— 音乐辅导服务；

— 其他学生课外辅导服务；

— 老年教育服务；

— 神学院教育服务；

— 佛学院教育服务；

— 其他未列明教育服务。

◆ 不包括：

— 业余体育学校，列入8292（体校及体育培训）；

— 少年宫、青少年之家、少年活动中心等，列入8770（群众文化活动）。

Q 卫生和社会工作

本门类包括83和84大类。

83 **卫生**

本类别不包括医疗卫生教育活动和研究活动，分别列入P(教育)、75(研究与试验发展)的相关行业类别中。

831 **医院**

8311 **综合医院**

◇ 包括下列综合医院的活动：
— 综合医院服务；
— 各类综合医院；
— 综合医院的住院部(住院与门诊分离)。

8312 **中医医院**

◇ 包括下列中医医院的活动：
— 中医医院服务。

8313 **中西医结合医院**

◇ 包括下列中西医结合医院的活动：
— 中西医结合医院服务。

8314 **民族医院**

◇ 包括下列民族医院的活动：
— 民族医院服务。

8315 **专科医院**

◇ 包括下列专科医院的活动：
— 口腔医院服务；
— 眼科医院服务；
— 耳鼻喉科医院服务；
— 肿瘤医院服务；
— 心血管病医院服务；
— 胸科医院服务；
— 血液病医院服务；
— 妇产(科)医院服务；
— 儿科医院服务；
— 精神病医院服务；
— 骨科医院服务；

— 传染病医院服务；
— 皮肤病医院服务；
— 性病专科医院服务；
— 结核病医院服务；
— 麻风病医院服务；
— 职业病医院服务；
— 康复医院服务；
— 外科整形医院服务；
— 美容医院服务；
— 其他专科医院服务。

8316　疗养院

指以疗养、康复为主，治疗为辅的医疗服务活动。

◇ 包括下列疗养院的活动：
— 各类疗养院；
— 残疾军人休养院；
— 复员军人疗养院；
— 复员军人慢性病疗养院；
— 各类康复中心。

832　社区医疗与卫生院

8321　社区卫生服务中心（站）

◇ 包括下列社区医疗与卫生院的活动：
— 社区卫生服务中心服务；
— 社区卫生服务站服务。

8322　街道卫生院

◇ 包括下列街道卫生院的活动：
— 街道卫生院服务。

8323　乡镇卫生院

◇ 包括下列乡镇卫生院的活动：
— 乡镇卫生院服务。

833　8330　门诊部（所）

指门诊部、诊所、医务室、卫生站、护理院等卫生机构的活动。

◇ 包括下列门诊部（所）的活动：
— 门诊部服务；
— 诊所服务；
— 卫生所服务；
— 医务室服务；
— 护理站服务；
— 其他门诊医疗服务。

◆ 不包括：
— 社区医疗卫生服务，列入 8321（社区卫生服务中心（站））。

834 8340 计划生育技术服务活动

指各地区计划生育技术服务机构的活动。

◇ 包括下列计划生育技术服务活动：
— 计划生育咨询服务；
— 计划生育临床服务；
— 生殖保健服务；
— 计划生育指导站服务；
— 其他计划生育技术服务。

◆ 不包括：
— 街道办事处、乡镇政府机构从事的计划生育活动，列入 9124（社会事务管理机构）；
— 居民委员会、村民委员会从事的计划生育活动，列入 95（基层群众自治组织）的相关行业类别中。

835 8350 妇幼保健院（所、站）

指非医院的妇女及婴幼儿保健活动。

◇ 包括下列妇幼保健院（所、站）的活动：
— 妇女保健服务；
— 幼儿保健服务。

◆ 不包括：
— 与计划生育有关的活动，列入 8340（计划生育技术服务活动）；
— 以治疗为主的妇科、儿童医疗活动，列入 8315（专科医院）。

836 8360 专科疾病防治院（所、站）

指对各种专科疾病进行预防及群众预防的活动。

◇ 包括下列专科疾病防治院（所、站）的活动：
— 传染病防治服务；
— 口腔病防治服务；
— 精神病防治服务；
— 皮肤病与性病防治服务；
— 结核病防治服务；
— 麻风病防治服务；
— 职业病防治服务；
— 地方病防治服务；
— 寄生虫病防治服务；
— 血吸虫病防治服务；
— 其他专科疾病防治服务。

837 8370 疾病预防控制中心

指卫生防疫站、卫生防病中心、预防保健中心等活动。

◇ 包括下列疾病预防控制中心的活动：
— 疾病预防控制中心服务；

— 卫生防疫站服务；
— 卫生防疫中心服务；
— 预防保健中心服务。
◆ 不包括：
— 食品卫生检验，列入 7450（质检技术服务）；
— 环境卫生监测，列入 9126（行政监督检查机构）。

839 8390 其他卫生活动

指急救中心及其他未列明的卫生机构的活动。
◇ 包括下列其他卫生活动：
— 急救中心（站）服务；
— 采供血机构服务；
— 其他未列明卫生服务：临床检验服务、医疗事故鉴定服务、麻风病收容服务、疾病预防消毒服务、饮水卫生服务、卫生宣传服务、其他未包括卫生服务。
◆ 不包括：
— 药品检验活动，列入 7450（质检技术服务）；
— 卫生监督活动，列入 9126（行政监督检查机构）；
— 精神病、吸毒、酗酒的收留、康复，列入 8413（精神康复服务）。

84 社会工作

指提供慈善、救助、福利、护理、帮助等社会工作的活动。

841 提供住宿社会工作

指提供临时、长期住宿的福利和救济活动。

8411 干部休养所

◇ 包括下列干部休养所活动：
— 军队离休干部休养所服务；
— 其他干部休养所服务。
◆ 不包括：
— 伤残军人疗养院、复员军人疗养院、康复中心，列入 8316（疗养院）。

8412 护理机构服务

指各级政府、企业和社会力量兴办的主要面向老年人、残疾人提供的专业化护理的服务机构的活动。
◇ 包括下列护理机构服务：
— 老年人护理服务；
— 残疾人专业护理服务；
— 其他专业护理服务。
◆ 不包括：
— 以康复为主的护理服务，列入 8316（疗养院）；
— 养老院、福利院的护理服务，列入 8414（老年人、残疾人养护服务）。

8413 精神康复服务

指智障、精神疾病、吸毒、酗酒等人员的住宿康复治疗活动。

◇ 包括下列精神康复服务：
— 智障、精神病人收养、康复服务；
— 戒毒人员收养、康复服务；
— 酗酒人员收养、康复服务。
◆ 不包括：
— 以治疗为主的智障、精神疾病、吸毒、酗酒等人员的康复服务，列入 8390（其他卫生活动）。

8414　老年人、残疾人养护服务

指各级政府、企业和社会力量兴办的主要面向老年人和残疾人提供的长期照料、养护、关爱等服务机构的活动。
◇ 包括下列老年人、残疾人养护服务：
— 老年人养护服务（养老院、老年福利院、老年公寓、敬老院、光荣院等）；
— 残疾人收养和护理服务。
◆ 不包括：
— 为老人、五保户、残疾人、孤儿等提供不带住宿的帮助活动，列入 8421（社会看护与帮助服务）。

8415　孤残儿童收养和庇护服务

指对孤残儿童、生活无着流浪儿童等人员的收养救助活动。
◇ 包括下列孤残儿童收养和庇护服务：
— 孤残儿童收养服务；
— 流浪儿童救助、收养服务；
— 儿童福利院的服务。
◆ 不包括：
— 孤儿、弃婴的收养、领养活动，列入 8421（社会看护与帮助服务）。

8419　其他提供住宿社会救助

指对生活无着流浪等其他人员的收养救助等活动。
◇ 包括下列其他提供住宿社会救助活动：
— 收容遣送服务；
— 其他收养收容服务；
— 其他未列明的提供住宿社会救助服务。
◆ 不包括：
— 为老人、五保户、残疾人、孤儿等提供不带住宿的帮助活动，列入 8421（社会看护与帮助服务）；
— 孤儿、弃婴的收养、领养活动，列入 8421（社会看护与帮助服务）。

842　不提供住宿社会工作

指为孤儿、老人、残疾人、智障、军烈属、五保户、低保户、受灾群众及其他弱势群体提供不住宿的看护、帮助活动，以及慈善、募捐等其他社会工作的活动。

8421　社会看护与帮助服务

指为老人、残疾人、五保户及其他弱势群体提供不住宿的看护、帮助活动。

◇ 包括下列社会看护与帮助服务：

— 社会帮助服务：社区帮助服务、孤寡老人帮助服务、五保户帮助服务、残疾人帮助服务、残疾儿童帮助服务、孤儿、弃婴的帮助服务、优抚对象帮助服务、收养中介服务、其他社会帮助服务；

— 贫困资助服务：贫困地区资助服务、失学儿童资助服务、特殊贫困救助服务、贫困子女教育救助服务、贫困人员大病救助服务、民间组织贫困资助服务、其他贫困资助服务。

◆ 不包括：

— 组织照看放学的少年儿童，列入7990（其他居民服务业）；

— 为老人、孤儿、流浪儿童等提供住宿的活动，列入841（提供住宿社会工作）相关类别中；

— 社会福利企业的活动，列入与企业的产品或服务相对应的行业类别中；

— 政府提供的最低生活保障、定期救济、临时救济和特殊救济活动，列入9124（社会事务管理机构）；

— 为贫困群体提供具体的医疗、住房、教育、法律等帮助的活动，分别列入83（卫生）、70（房地产业）、82（教育）、722（法律服务）的相关行业类别中。

8429　　其他不提供住宿社会工作

指慈善、募捐等其他社会工作的活动。

◇ 包括下列其他不提供住宿的社会工作：

— 突发事件救助活动；

— 救灾服务：救灾物资储备管理服务、其他救灾服务；

— 社会捐助管理服务：经常性社会捐助管理服务、医疗捐助管理服务、特困捐助管理服务、残疾儿童捐助管理服务、其他社会捐助管理服务；

— 其他社会救助服务：红十字机构服务、慈善机构服务、社会救济管理服务、优抚事业单位服务、其他未列明社会救助服务。

◆ 不包括：

— 政府部门负责的民政事务，列入9124（社会事务管理机构）；

— 福利彩票，列入8930（彩票活动）。

R 文化、体育和娱乐业

本门类包括 85 ~ 89 大类。

85 **新闻和出版业**

851 8510 **新闻业**

◇ 包括下列新闻业活动：

— 新闻采访服务：新闻文字采访服务、新闻图片采访服务、新闻录音采访服务、新闻影像采访服务、其他新闻采访服务；

— 新闻编辑服务：文字新闻采编服务、图片新闻采编服务、录音新闻采编服务、影视新闻采编服务、网络新闻采编服务、其他新闻采编服务；

— 新闻发布服务；

— 其他新闻服务。

◆ 不包括：

— 报社、杂志社的新闻活动，列入 8522（报纸出版）、8523（期刊出版）；

— 广播、电视的新闻活动，分别列入 8610（广播）和 8620（电视）。

852 **出版业**

8521 **图书出版**

◇ 包括下列图书出版活动：

— 书籍出版服务：政治、哲学、社会科学书籍出版服务，经济与工商管理书籍出版服务，文学艺术书籍出版服务，文化、教育、体育书籍出版服务，科学技术书籍出版服务，少年儿童课外读物出版服务，动漫图书出版服务，生活类书籍出版服务，工具书籍出版服务，其他书籍出版服务；

— 课本类书籍出版服务：大中专教材出版服务、中小学课本出版服务、教学参考书籍出版服务、学习辅导类书籍出版服务；

— 其他图书出版服务：标准类书籍出版服务，地图册及地图表出版服务，挂图及地球仪出版服务，活页印刷品、贺卡出版服务，单页印刷品出版服务，乐谱出版服务，图片、图案、照片出版服务，盲文图书出版服务，其他未列明图书出版服务。

◆ 不包括：

— 图书的印刷，列入 2311（书、报刊印刷）；

— 图书的销售，列入 5143（图书批发）、5243（图书、报刊零售）。

8522 **报纸出版**

◇ 包括下列报纸出版活动：

— 党报出版服务；

— 综合新闻类报纸出版服务：晚报类新闻报纸出版服务、早报类新闻报纸出版服务、其他综合新闻类报纸出版服务；

— 其他报纸出版服务：专业类报纸出版服务，文化教育类报纸出版服务，娱乐、健康类报纸出版服务，动漫报纸出版服务，其他未列明报纸出版服务。

◆ 不包括：

— 报纸的印刷，列入 2311（书、报刊印刷）；

— 报纸的销售，列入 5144（报刊批发）、5243（图书、报刊零售）。

8523　　期刊出版

◇ 包括下列期刊出版活动：

— 综合类杂志出版服务；

— 经济、哲学、社会科学类杂志出版服务：哲学类杂志出版服务，经济、管理类杂志出版服务，社会科学类杂志出版服务；

— 自然科学、技术类杂志出版服务：自然科学类杂志出版服务，工程技术类杂志出版服务，计算机类杂志出版服务，农业类杂志出版服务，卫生、医药类杂志出版服务，其他自然科学、技术类杂志出版服务；

— 文化、教育类杂志出版服务：文学类杂志出版服务，艺术类杂志出版服务，教育类杂志出版服务，地理类杂志出版服务，历史、考古类杂志出版服务，体育类杂志出版服务，旅游类杂志出版服务，动漫类杂志出版服务，其他文化、教育类杂志出版服务；

— 少儿读物类杂志出版服务：少儿科普类杂志出版服务、少儿文学类杂志出版服务、少儿画报类杂志出版服务、其他少儿读物类杂志出版服务；

— 其他杂志出版服务。

◆ 不包括：

— 期刊的印刷，列入 2311（书、报刊印刷）；

— 期刊的销售，列入 5144（报刊批发）、5243（图书、报刊零售）。

8524　　音像制品出版

◇ 包括下列音像制品活动：

— 录音制品出版服务：歌曲录音制品出版，教育录音制品出版服务，文化、体育录音制品出版服务，政治、社会经济、科学技术录音制品出版服务，动漫录音制品出版服务，其他录音制品出版服务；

— 录像制品出版服务：电影录像制品出版，教育录像制品出版服务，文化、体育录像制品出版服务，政治、社会经济、科学技术录像制品出版服务，动漫录像制品出版服务，其他录像制品出版服务。

◆ 不包括：

— 单纯的音像制品制作（将影视节目、歌曲、音乐等制作在录音带、录像带、光盘等介质上的活动），分别列入 8630（电影和影视节目制作）和 8660（录音制作）；

— 单纯的音像制品的复制，列入 2330（记录媒介复制）；

— 音像制品的销售，列入 5145（音像制品及电子出版物批发）、5244（音像制品及电子出版物零售）。

8525　　电子出版物出版

◇ 包括下列电子出版物出版活动：

— 马列毛泽东思想电子出版物服务；

— 哲学电子出版物服务；

— 社会科学总论电子出版物服务；

— 政治法律电子出版物服务；

— 经济电子出版物服务；

— 文化科学教育体育电子出版物服务；
— 语言文字电子出版物服务；
— 文学电子出版物服务；
— 艺术电子出版物服务；
— 历史地理电子出版物服务；
— 娱乐电子出版物服务；
— 家政电子出版物服务；
— 科学总论电子出版物服务；
— 数理科学、化学电子出版物服务；
— 天文学地球学电子出版物服务；
— 生物科学电子出版物服务；
— 医药卫生电子出版物服务；
— 农业科学电子出版物服务；
— 工业技术电子出版物服务；
— 计算机技术电子出版物服务；
— 交通运输电子出版物服务；
— 航天航空电子出版物服务；
— 环境劳动保护安全电子出版物服务；
— 软件电子出版物服务；
— 游戏电子出版物服务；
— 动漫电子出版物服务；
— 综合类电子出版物服务；
— 其他电子出版物出版服务。

◆ 不包括：
— 软件的设计服务，列入 65（软件和信息技术服务业）的相关类别中；
— 电子出版物的复制，列入 2330（记录媒介复制）。

8529 其他出版业

◇ 包括下列其他出版业活动：
— 互联网出版服务：互联网社会科学出版服务、互联网科学技术出版服务、互联网文学出版服务、互联网艺术出版服务、互联网游戏出版服务、互联网动漫出版服务、互联网教育出版服务、互联网音像出版服务、互联网软件出版服务、其他互联网出版服务；
— 其他出版服务。

◆ 不包括：
— 单张地图、印刷画、宣传画、明信片、贺年卡、表格、图片等出版，列入 8521（图书出版）；
— 软件的设计服务，列入 65（软件和信息技术服务业）的相关类别中；
— 互联网的信息服务（运营商提供的服务），列入 6420（互联网信息服务）。

86 广播、电视、电影和影视录音制作业

指对广播、电视、电影、影视录音内容的制作、编导、主持、播出、放映等活动；不包括广播电视信号的传输和接收活动。

861 8610 广播

指广播节目的现场制作、播放及其他相关活动，还包括互联网广播。

◇ 包括下列广播、电视、电影和影视录音制作活动：
—（广播节目制作服务，指广播电台制作的节目）
— 新闻类广播节目制作服务；
— 音乐类广播节目制作服务；
— 文艺类广播节目制作服务；
— 娱乐类广播节目制作服务；
— 经济类广播节目制作服务；
— 体育类广播节目制作服务；
— 教育类广播节目制作服务；
— 交通类广播节目制作服务；
— 儿童类广播节目制作服务；
— 法制类广播节目制作服务；
— 婚姻家庭类广播节目制作服务；
— 生活类广播节目制作服务；
— 少数民族语言广播节目制作服务；
— 广播剧制作服务；
— 其他广播节目制作服务；
—（广播节目播出服务）
— 国内广播节目播出服务：新闻类广播节目播出服务、音乐类广播节目播出服务、文艺类广播节目播出服务、娱乐类广播节目播出服务、经济类广播节目播出服务、体育类广播节目播出服务、儿童类广播节目播出服务、法制类广播节目播出服务、婚姻家庭类广播节目播出服务、生活类广播节目播出服务、少数民族语言广播节目播出服务、广播剧播出服务、其他国内广播节目播出服务；
— 国外广播节目播出服务：外国广播剧播出服务、其他国外广播节目播出服务；
— 付费广播节目播出服务：音乐点播广播节目播出服务、其他付费广播节目播出服务；
— 互联网广播节目播出服务；
— 广播节目进出口交易服务：广播节目出口服务、广播节目进口服务；
— 其他广播服务：广播节目发行服务、广播电台各种辅助服务、其他未列明广播服务。

◆ 不包括：
— 广播信号的发射、转播（发射台、转播站、中继站等），列入6322（无线广播电视传输服务）；
— 有线广播和互联网广播的传输、接收、接入等服务，列入6321（有线广播电视传输服务）；
— 在广播电台播出，由非广播电台的单位（如文化传媒公司等）制作的节目，列入8660（录音制作）。

862 8620 电视

指有线和无线电视节目的现场制作、播放及其他相关活动，还包括互联网电视。

◇ 包括下列电视活动：
—（电视节目制作服务）
— 新闻电视节目制作服务；
— 经济电视节目制作服务；
— 文艺电视节目制作服务；
— 体育电视节目制作服务；

— 娱乐电视节目制作服务；
— 教育电视节目制作服务；
— 动画电视节目制作服务；
— 儿童电视节目制作服务；
— 法制电视节目制作服务；
— 婚姻家庭电视节目制作服务；
— 生活电视节目制作服务；
— 综合电视节目制作服务；
— 其他公共电视节目制作服务；
— 付费电视节目制作服务：电视点播节目制作服务、其他付费电视节目制作服务；
—（电视节目播出服务）
— 国内电视节目播出服务：新闻电视节目播出服务、经济电视节目播出服务、文艺电视节目播出服务、体育电视节目播出服务、娱乐电视节目播出服务、教育电视节目播出服务、动画电视节目播出服务、儿童电视节目播出服务、法制电视节目播出服务、婚姻家庭电视节目播出服务、生活电视节目播出服务、电视剧播出服务、电视电影播出服务、综合电视节目播出服务、其他国内电视节目播出服务；
— 国外电视节目播出服务：外国电视剧播出服务、外国电视电影播出服务、外国动画电视节目播出服务、外国体育电视节目播出服务、外国文艺电视节目播出服务、外国旅游风光电视节目播出服务、其他外国电视节目播出服务；
— 付费电视节目播出服务：音乐点播电视节目播出服务、其他付费电视节目播出服务；
— 互联网电视节目播出服务：互联网国产电视剧播出服务、互联网进口电视剧播出服务、其他互联网电视节目播出服务；
— 移动电视节目播出服务；
—（电视节目进出口交易服务）
— 电视节目出口服务：电视剧出口服务、动画电视节目出口服务、体育电视节目出口服务、文艺电视节目出口服务、旅游风光电视节目出口服务、其他电视节目出口服务；
— 电视节目进口服务：电视剧进口服务、动画电视节目进口服务、体育电视节目进口服务、文艺电视节目进口服务、旅游风光电视节目进口服务、其他电视节目进口服务；
— 电视台制作的电视节目发行：电视剧发行服务、其他电视节目发行服务；
— 电视台各种辅助活动；
— 其他电视服务。

◆ 不包括：
— 电视信号的传送（发射台、电视塔、转播站、中继站等），分别列入 6321（有线广播电视传输服务）和 6322（无线广播电视传输服务）；
— 有线电视和互联网电视的传输、入户、接入等服务，列入 6321（有线广播电视传输服务）；
— 电视节目、剧本的创作，列入 8710（文艺创作与表演）；
— 在电视台播出，由非电视台的单位（如文化传媒公司等）制作的节目，列入 8640（电影和影视节目发行）；
— 为非电视节目提供影像制作的活动（广告、宣传片、MTV 等），列入 8630（电影和影视节目制作）；
— 电视节目主持人、演员的个人代理，列入 8941（文化娱乐经纪人）；
— 不参与影视制作，仅从事影视投资的活动（如影视投资机构、投资人等），列入 7212（投资与资产管理）；
— 为电视剧、电视节目提供代理的机构，列入 8949（其他文化艺术经纪代理）。

863 8630　　电影和影视节目制作

指电影、电视和录像(含以磁带、光盘为载体)节目的制作活动,该节目可以作为电视、电影播出、放映,也可以作为出版、销售的原版录像带(或光盘),还可以在其他场合宣传播放,还包括影视节目的后期制作,但不包括电视台制作节目的活动。

◇ 包括下列电影和影视节目制作活动:

— (电影制作服务)

— 电影摄制服务:故事片摄制服务、动画片摄制服务、纪录片摄制服务、科教片摄制服务、其他电影摄制服务;

— 电影洗印加工服务;

— 电影配音翻译服务;

— 电影动画制作服务;

— 电影拍摄基地服务;

— 其他电影制作服务;

— (电视节目和影像制品制作服务)

— 电视剧制作服务:电视剧摄制服务、电视剧配音翻译服务、电视剧动画制作服务、电视剧拍摄基地服务;

— 在电视台播放,由非电视台的单位(如文化传播公司)制作的电视节目;

— 非电视台制作的付费电视节目;

— 影像制品制作服务,以录像带、光盘为介质拍摄制作影像制品母带、母盘的服务;

— 影像制品后期制作服务。

◆ 不包括:

— 影视剧本的创作,列入 8710(文艺创作与表演);

— 电视台的专业影视制片中心(公司),列入 8620(电视);

— 电视台的影像节目制作,列入 8620(电视);

— 专业的电脑三维动画设计活动,列入 7491(专业化设计服务);

— 与照相和扩印有关的活动,列入 7492(摄影扩印服务);

— 不参与影视制作,仅从事影视投资的活动(如电影投资人、投资机构等),列入 7212(投资与资产管理);

— 电影演员的个人代理,列入 8941(文化娱乐经纪人);

— 音像制作与出版为同一机构(无法分开的),列入 8524(音像制品出版);

— 为影片发行、电影剧本提供代理的机构,列入 8949(其他文化艺术经纪代理)。

864 8640　　电影和影视节目发行

不含录像制品(以磁带、光盘为载体)的发行。

◇ 包括下列电影和影视节目发行活动:

— (电影发行服务)

— 国产影片发行服务:故事片发行服务、动画片发行服务、纪录片发行服务、科教片发行服务、其他国产影片发行服务;

— 进口影片发行服务:进口故事片发行服务、进口动画片发行服务、其他进口影片发行服务;

— 非电视台制作的电视节目发行服务:电视节目发行服务、电视剧发行服务、其他未列明电视节目发行服务;

— 非电视台制作的电视节目进出口服务;

— 电影进出口交易服务:电影出口服务、电影进口服务。

◆ 不包括：
— 电视节目、剧本的创作，列入 8710（文艺创作与表演）；
— 为电视剧、电视节目提供代理的机构，列入 8949（其他文化艺术经纪代理）；
— 电影剧本的创作，列入 8710（文艺创作与表演）；
— 为影片发行、电影剧本提供代理的机构，列入 8949（其他文化艺术经纪代理）；
— 影像制品的出版，列入 8524（音像制品出版）。

865 8650 电影放映

指专业电影院以及设在娱乐场所独立（或相对独立）的电影放映等活动。

◇ 包括下列电影放映活动：
— 电影院线放映服务：电影院线国产电影放映服务、电影院线进口电影放映服务；
— 普通影院放映服务：普通影院国产电影放映服务、普通影院进口电影放映服务；
— 露天影院放映服务：露天影院国产电影放映服务、露天影院进口电影放映服务；
— 网络电影播出服务：国产网络电影播出服务、进口网络电影播出服务；
— 录像（光盘）放映服务：国产录像（光盘）放映服务、进口录像（光盘）放映服务；
— 其他电影放映服务。

866 8660 录音制作

指从事录音节目、音乐作品的制作活动，其节目或作品可以在广播电台播放，也可以制作成出版、销售的原版录音带（磁带或光盘），还可以在其他宣传场合播放，但不包括广播电台制作节目的活动。

◇ 包括下列录音制作活动：
— 声音节目的制作活动（将影视、歌曲、音乐等音频节目制作在录音带、光盘等介质上的活动）；
— 在广播电台播出，由非广播电台的单位制作的声音节目；
— 录音制品后期制作服务；
— 录音棚、录音工作室的制作活动；
— 专门为歌唱演员、演奏家及其他演员提供录音合成的活动；
— 专门制作 MTV 及卡拉 OK 节目的活动；
— 其他未列明的录音制作活动。

◆ 不包括：
— 音像制作与出版为同一机构（无法分开的），列入 8524（音像制品出版）；
— 录音带、录像带、光盘的复制活动，列入 2330（记录媒介复制）；
— 演员的包装和代理，列入 8941（文化娱乐经纪人）；
— 歌曲、戏曲、音乐、舞蹈等音像作品的代理，9080（文化艺术经纪代理）；
— 音乐作品的创作，列入 8710（文艺创作与表演）；
— 广播电台的声音节目制作，列入 8610（广播）。

87 文化艺术业

871 8710 文艺创作与表演

指文学、美术创造和表演艺术（如戏曲、歌舞、话剧、音乐、杂技、马戏、木偶等表演艺术）等活动。

◇ 包括下列文艺创作与表演活动：
— （文艺创作服务）
— 文学创作服务：小说创作服务、散文创作服务、诗歌创作服务、儿童文学创作服务、电影电视剧本创作服务、戏剧剧本创作服务、报告文学创作服务、其他文学创作服务；
— 舞台艺术创作服务：歌曲创作服务、歌剧创作服务、乐曲创作服务、舞蹈创作服务、其他舞台艺术创作服务；
— 文艺评论服务：文学评论服务，舞台艺术评论服务，电影、电视艺术评论服务，其他文艺评论服务；
— （艺（美）术创作服务）
— 绘画艺术创作服务：中国画创作服务、油画创作服务、水粉水彩画创作服务、版画创作服务、漫画创作服务、连环画创作服务、其他绘画艺术创作服务；
— 雕刻艺术创作服务：建筑雕刻艺术创作服务、石材雕塑创作服务、木材雕塑创作服务、金属雕塑创作服务、石膏雕塑创作服务、其他雕刻艺术创作服务；
— 书法篆刻创作服务：书法艺术创作服务、篆刻艺术创作服务；
— 工艺美术创作服务；
— 艺（美）术品装裱服务；
— 其他艺（美）术创作服务；
— （艺术表演服务）
— 戏剧表演服务：话剧表演服务、歌剧表演服务、舞剧表演服务、其他戏剧表演服务；
— 戏曲表演服务：昆剧表演服务、京剧表演服务、越剧表演服务、沪剧表演服务、豫剧表演服务、川剧表演服务、评剧表演服务、河北梆子表演服务、其他戏曲表演服务；
— 舞蹈表演服务：民族舞蹈表演服务、芭蕾舞表演服务、现代舞表演服务、迪斯科表演服务、街舞表演服务、国标舞表演服务、外国舞蹈表演服务、儿童舞蹈表演服务、其他舞蹈表演服务；
— 歌唱表演服务：民族歌唱表演服务、美声歌唱表演服务、通俗歌唱表演服务、摇滚歌唱表演服务、儿童歌唱表演服务、其他歌唱表演服务；
— 民乐演出服务：二胡演出服务、琵琶演出服务、扬琴演出服务、筝演出服务、笛子演出服务、中国鼓乐器演出服务、中国民乐合奏演出服务、其他民乐演出服务；
— 西洋乐演出服务：弦乐演出服务、钢琴演出服务、铜管乐演出服务、管弦乐演出服务、打击乐演出服务、交响乐演出服务、电子乐器演出服务、其他西洋乐演出服务；
— 曲艺表演服务：评书表演服务，相声表演服务，小品表演服务，快板、快书表演服务，鼓弹琴曲表演服务，其他曲艺表演服务；
— 魔术表演服务；
— 杂技表演服务；
— 其他艺术表演服务；
— 表演艺术家演出服务；
— 舞台表演宣传、组织、辅助服务：舞台表演宣传、组织服务，舞台表演辅助服务（舞台表演艺术指导服务、舞台表演安全保护服务、舞台表演美工服务、舞台表演道具服务、舞台表演化装服务、舞台表演灯光服务、其他舞台表演辅助服务）。

◆ 不包括：
— 服装、摄影、广告、艺术等模特的表演活动，列入 7299（其他未列明商务服务业）；
— 广告艺术创作，列入 7240（广告业）；
— 摄影艺术创作，列入 7492（摄影扩印服务）；
— 工艺品制造生产，列入 243（工艺美术品制造）的相关行业类别中；

— 商业用美术设计，列入 7491（专业化设计服务）；
— 单纯为演员个人的外型包装设计（与演出无关），列入 7299（其他未列明商务服务业）；
— 为艺术家、演员的个人代理活动，列入 8941（文化娱乐经纪人）；
— 专业艺术人员、团体的演出、交流、大赛的组织、策划活动，列入 7299（其他未列明商务服务业）；
— 为艺术作品、剧本、剧目、舞蹈、歌曲、戏曲、演出等做代理的活动，列入 8949（其他文化艺术经纪代理）；
— 演出公司的活动，列入 8949（其他文化艺术经纪代理）。

872 8720 艺术表演场馆

指有观众席、舞台、灯光设备，专供文艺团体演出的场所管理活动。

◇ 包括下列艺术表演场馆活动：
— 音乐厅管理服务；
— 歌剧院管理服务；
— 舞剧院管理服务；
— 戏剧场（院）管理服务；
— 剧场（院）管理服务；
— 其他艺术表演场馆服务。

◆ 不包括：
— 电影院、礼堂，列入 8650（电影放映）；
— 体育场馆，列入 8820（体育场馆）；
— 美术馆及绘画、雕塑等艺术馆，列入 8750（博物馆）；
— 专门为演出场馆、文艺表演、展览等提供票务的活动，列入 7299（其他未列明商务服务业）。

873 图书馆与档案馆

8731 图书馆

◇ 包括下列图书馆活动：
— 公共图书馆管理服务；
— 高等院校图书馆管理服务；
— 专业图书馆管理服务；
— 其他图书馆管理服务。

8732 档案馆

◇ 包括下列档案馆活动：
— 综合档案管理服务；
— 专门档案管理服务；
— 部门档案管理服务；
— 企业档案管理服务；
— 事业单位档案管理服务；
— 其他档案馆管理服务。

874 8740 文物及非物质文化遗产保护

指对具有历史、文化、艺术、科学价值，并经有关部门鉴定，列入文物保护范围的不可移动文物的保护和管理活动；对我国口头传统和表现形式，传统表演艺术，社会实践、意识、节庆活动，有关的自然界和宇宙的知识和实践，传统手工艺等非物质文化遗产的保护和管理活动。

◇ 包括下列文物及非物质文化遗产保护活动：

— 具有纪念性建筑物保护服务：革命遗址保护服务、纪念碑保护服务、名人故居保护服务、其他具有纪念性建筑物保护服务；

— 具有文化价值遗址保护服务：清真寺保护服务，佛教寺庙保护服务，道教遗址保护服务，教堂保护服务，祠、堂保护服务，其他具有文化价值遗址保护服务；

— 文物古迹保护服务：古建筑物保护服务、古墓葬保护服务、古窟寺保护服务、古石刻保护服务、古壁画保护服务、其他文物古迹保护服务；

— 其他文物遗址保护服务；

— 民间文学保护服务：神话保护服务、传说保护服务、故事保护服务、歌谣保护服务、史诗保护服务、长诗保护服务、谚语保护服务、谜语保护服务、其他民间文学保护服务；

— 传统音乐（民间音乐）保护服务：民歌保护服务、乐器保护服务、舞蹈音乐保护服务、戏曲音乐保护服务、曲艺音乐保护服务、其他传统音乐（民间音乐）保护服务；

— 传统舞蹈（民间舞蹈）保护服务：生活习俗舞蹈保护服务、岁时节令习俗舞蹈保护服务、人生礼仪舞蹈保护服务、宗教信仰舞蹈保护服务、生产习俗舞蹈保护服务、其他传统舞蹈（民间舞蹈）保护服务；

— 传统戏剧保护服务：曲牌体制戏剧剧种保护服务、板腔体制戏剧剧种保护服务、曲牌板腔综合体制戏剧剧种保护服务、少数民族戏剧剧种保护服务、民间小戏剧种保护服务、傩及祭祀仪式性戏剧剧种保护服务、傀儡戏剧剧种保护服务、其他传统戏剧保护服务；

— 曲艺保护服务：说书保护服务、唱曲保护服务、谐谑保护服务、其他曲艺保护服务；

— 传统体育、游艺与杂技（杂技与竞技）保护服务：传统体育保护服务、民间游艺保护服务、杂技保护服务、其他游艺与杂技（杂技与竞技）保护服务；

— 传统美术（民间美术）保护服务：绘画保护服务、雕塑保护服务、工艺保护服务、建筑美术保护服务、其他传统美术（民间美术）保护服务；

— 传统技艺（传统手工技艺）保护服务：传统建筑保护服务、传统服饰保护服务、传统家具技艺保护服务、传统农畜产品加工保护服务、传统烧造保护服务、传统织染缝纫保护服务、传统金属工艺保护服务、传统编织扎制保护服务、髹饰保护服务、传统造纸印刷和装祯保护服务、其他传统技艺（传统手工技艺）保护服务；

— 传统医药保护服务：生命与疾病传统认知方法保护服务、传统养生保护服务、传统诊法保护服务、传统疗法保护服务、针灸保护服务、传统方剂保护服务、传统药物保护服务、医事民俗保护服务、其他传统医药保护服务；

— 民俗保护服务：生产商贸习俗保护服务、消费习俗保护服务、人生礼俗保护服务、岁时节令保护服务、民间信俗保护服务、民间知识保护服务、其他民俗保护服务；

— 其他文化遗产保护服务。

◆ 不包括：

— 寺庙、清真寺、教堂的宗教活动，列入9440（宗教组织）。

875 8750 博物馆

指收藏、研究、展示文物和标本的博物馆的活动，以及展示人类文化、艺术、科技、文明的美术馆、艺术馆、展览馆、科技馆、天文馆等管理活动。

◇ 包括下列博物馆活动:
— 综合类博物馆服务;
— 考古与历史类博物馆服务:考古类博物馆服务、历史类博物馆服务、其他考古与历史类博物馆服务;
— 艺(美)术品类博物馆服务:艺(美)术展览组织服务,绘画类博物馆服务,雕塑类博物馆服务,书法、篆刻类博物馆服务,民间艺术类博物馆服务,其他艺(美)术品类博物馆服务;
— 非物质文化遗产、民俗博物馆,传习所服务:非物质文化遗产专题博物馆服务,民俗博物馆服务,非物质文化遗产传习所服务,其他非物质文化遗产博物馆、传习所服务;
— 民族学与人类学博物馆服务:民族类博物馆服务、人类起源类博物馆服务、其他民族学与人类学博物馆服务;
— 自然历史与自然科学类博物馆服务:自然历史类博物馆服务、自然科学类博物馆服务;
— 科学与技术类博物馆服务:航天技术类博物馆服务、军事类博物馆服务、综合科技类博物馆服务、其他科学与技术类博物馆服务;
— 其他博物馆服务(如邮品、硬币、体育等)。
◆ 不包括:
— 工业品展览(服装、食品、计算机、汽车等),列入 7292(会议及展览服务);
— 专业技术展览(农业技术、园林技术、电子技术、通信技术、印刷技术等),列入 7292(会议及展览服务);
— 贸易展览(商品交易会、房地产展示会、小商品展览等),列入 7292(会议及展览服务);
— 各种技术、商业博览会(艺术品除外),列入 7292(会议及展览服务);
— 科普展览,列入 7590(其他科技推广和应用服务业)。

876 8760 烈士陵园、纪念馆

◇ 包括下列烈士陵园、纪念馆活动:
— 烈士陵园管理服务;
— 烈士纪念馆管理服务。
◆ 不包括:
— 名人故居,列入 8740(文物及非物质文化遗产保护);
— 革命纪念馆、历史名人纪念馆,列入 8750(博物馆)。

877 8770 群众文化活动

指对各种主要由城乡群众参与的文艺类演出、比赛、展览等公益性文化活动的管理活动。
◇ 包括下列群众文化活动:
— 群众文化场馆服务:综合文化中心服务、文化宫服务、群众艺术馆、文化馆(站)服务、青年宫服务、少年文化宫服务、老年文化活动站服务、其他群众文化场馆服务;
— 社区文化活动服务;
— 京剧票友及其他艺术爱好者交流活动;
— 群众性文艺培训服务;
— 老年文化服务;
— 少儿文化服务;
— 群众文化艺术展览活动(老年书画展等活动);
— 群众文艺演出活动;
— 群众文艺交流活动(群众自发的跳舞、唱歌等活动);
— 其他群众文化活动。

◆ 不包括:
— 民俗、民间、民族艺术展示,列入 8750(博物馆);
— 专业艺术人员、团体的演出、交流、大赛的组织活动,列入 7299(其他未列明商务服务业);
— 以帮助、看护为目的的社区老年中心(站),列入 8421(社会看护与帮助服务)。

879 8790 其他文化艺术业

◇ 包括下列其他文化艺术业活动:
— (网络(手机)文化服务,指提供文化内容的服务)
— 网络(手机)游戏服务;
— 网络(手机)动漫服务;
— 网络(手机)音乐服务;
— 网络(手机)演出剧目服务;
— 网络(手机)艺术品服务;
— 其他网络(手机)文化服务;
— 史料、史志编辑服务:地方志编辑服务,人物志编辑服务,革命史料、史志编辑服务,其他史料、史志编辑服务;
— 艺(美)术品、收藏品鉴定服务:艺(美)术品鉴定服务、古玩鉴定服务、其他收藏品鉴定服务;
— 艺(美)术品、收藏品评估服务:艺(美)术品评估服务、古玩评估服务、其他收藏品评估服务;
— 街头报刊橱窗管理服务;
— 其他未列明文化艺术服务。

◆ 不包括:
— 受文物保护的寺庙、清真寺、教堂的管理活动,列入 8740(文物及非物质文化遗产保护);
— 提供网络(手机)文化服务的通讯运营商的活动,列入 6319(其他电信服务)或 6410(互联网接入及相关服务);
— 提供网络(手机)文化服务平台的活动,列入 6540(数据处理和存储服务)。

88 体育

881 8810 体育组织

指专业从事体育比赛、训练、辅导和管理的组织的活动。

◇ 包括下列体育组织活动:
— (竞技体育组织服务)
— 体育项目组织服务:田径、游泳、体操、跳水、足球、篮球、排球、羽毛、乒乓球等竞技项目组织服务;
— 体育宣传服务;
— 体育项目开发服务;
— 体育运动训练指导服务;
— 体育运动队及运动员服务:运动队及体育俱乐部服务、运动员服务;
— 体育人员交流服务(转会);
— 其他竞技体育组织服务;

— 非竞技体育组织服务：风筝项目组织服务、龙舟项目组织服务、国标舞项目组织服务、其他非竞技体育组织服务；

— 其他体育组织服务：汽车俱乐部服务、滑翔俱乐部服务、登山俱乐部服务、攀岩俱乐部服务、其他未列明体育组织服务。

◆ 不包括：

— 体育行政管理活动，列入 9124（社会事务管理机构）。

882 8820 体育场馆

指可供观赏比赛的场馆和专供运动员训练用的场地管理活动。

◇ 包括下列体育场馆活动：

— 室内体育场所服务：室内综合体育场所服务、室内专项体育场所服务（游泳室内场所服务、滑冰室内场所服务、篮球室内场所服务、羽毛球室内场所服务、乒乓球室内场所服务、其他室内专项体育场所服务）；

— 室外人工体育场所服务：足球场服务、田径体育场所服务、室外游泳场服务、滑雪场所服务、自行车比赛场所服务、网球比赛场所服务、棒球及类似运动比赛场所服务、射击场服务、赛车场服务、其他室外人工体育场所服务；

— 室外天然体育场地服务：登山场地服务，跳伞场地服务，滑翔场地服务，热气球场地服务，动力悬挂场地服务，无线电测向、通信、定向场地服务，其他室外天然体育场地服务；

— 其他体育场馆服务。

883 8830 休闲健身活动

指主要面向社会开放的休闲健身场所和其他体育娱乐场所的管理活动。

◇ 包括下列休闲健身活动：

— 综合体育娱乐场所（以群众休闲健身为主）；

—（室内休闲健身服务）

— 健身服务：器械健身服务、健身操服务、健身舞蹈服务、瑜伽功及类似健身服务、其他健身服务；

— 保龄球服务；

— 台球服务；

— 飞镖服务；

— 棋牌服务；

— 其他室内休闲健身服务；

—（室外休闲健身服务）

— 高尔夫球场服务；

— 跑马场服务；

— 射击、射箭馆场服务（以群众娱乐为主）；

— 滑沙、滑雪及模拟滑雪场所的服务；

— 惊险娱乐活动场所（跳伞、滑翔、蹦极、攀岩、滑道等）的服务；

— 娱乐性军事训练、体能拓展训练服务；

— 漂流服务；

— 滑沙及类似休闲运动服务；

— 其他室外休闲健身服务。

◆ 不包括：

— 单一的游泳馆、滑冰场、篮排网球馆、乒乓球馆、足球场等（无论是否对社会开放），列入 8820（体育场馆）。

889 8890 其他体育

指上述未包括的体育活动。

◇ 包括下列其他体育活动：

— 竞技体育科技服务：运动员竞技能力检测服务、科学培训咨询服务、运动队科技服务、其他竞技体育科技服务；

— 全民健身科技服务：国民体质监测服务、科学健身咨询服务、体育社会指导员培训服务；

— 体育工程科技服务：体育质量监督检查服务、体育器材装备研发推广服务、体育场所安全检查服务；

— 体育管理科技服务：体育策略咨询服务、体育产业规划服务、体育文化推广服务；

— 体育器材装备服务；

— 兴奋剂管理服务；

— 社区、街心公园、公园等运动场所的管理服务；

— 其他未列明体育服务。

◆ 不包括：

— 运动员个人的经纪代理活动，列入 8942（体育经纪人）。

89 娱乐业

891 室内娱乐活动

指室内各种娱乐活动和以娱乐为主的活动。

8911 歌舞厅娱乐活动

◇ 包括下列歌舞厅娱乐活动：

— 夜总会娱乐服务；

— 迪斯科舞厅娱乐服务；

— 交谊舞厅娱乐服务；

— 卡拉 OK 厅娱乐服务；

— KTV 歌厅娱乐服务；

— 演艺吧（以演艺、歌舞或蹦迪、交谊舞为主，辅有饮料、食品的场所）；

— 演出、健身、洗浴、餐饮、歌厅为一体的综合娱乐场所；

— 其他歌舞厅娱乐服务。

◆ 不包括：

— 酒吧、咖啡厅为主的歌舞厅、演艺吧，分别列入 6233（酒吧服务）、6232（咖啡馆服务）；

— 台球、保龄球、飞镖等，列入 8830（休闲健身活动）；

— 健身中心（房），列入 8830（休闲健身活动）；

— 电影院、录像厅，列入 8650（电影放映）；

— 室内游泳馆，列入 8820（体育场馆）。

8912 电子游艺厅娱乐活动

◇ 包括下列电子游艺厅娱乐活动：

— 各种电子游艺厅娱乐服务。

◆ 不包括：

— 网吧，列入 8913（网吧活动）。

8913　　网吧活动

指通过计算机等装置向公众提供互联网上网服务的网吧、电脑休闲室等营业性场所的服务。

◇ 包括下列网吧活动：

— 各种网吧服务。

◆ 不包括：

— 咖啡厅的上网服务，列入 6232（咖啡馆服务）；

— 图书馆、阅览室的上网服务，列入 8731（图书馆）；

— 书吧，以售书为主的，列入 5243（图书、报刊零售）。

8919　　其他室内娱乐活动

◇ 包括下列其他室内娱乐活动：

— 儿童室内游戏娱乐服务；

— 室内手工制作娱乐服务；

— 其他室内娱乐服务。

◆ 不包括：

— 书吧，以售书为主的，列入 5243（图书、报刊零售）；以看书、阅览为主的，列入 8731（图书馆）；

— 室内外两用的充气娱乐设施的各项活动，列入 8920（游乐园）。

892　8920　　游乐园

指配有大型娱乐设施的室外娱乐活动及以娱乐为主的活动。

◇ 包括下列游乐园活动：

— 儿童乐园服务；

— 主题游乐园服务；

— 水上游乐园服务；

— 其他大型娱乐设施服务。

◆ 不包括：

— 公园，列入 7851（公园管理）；

— 高尔夫球活动，列入 8830（休闲健身活动）；

— 娱乐性射击、射箭活动，列入 8830（休闲健身活动）；

— 跑马场的娱乐活动，列入 8830（休闲健身活动）。

893　8930　　彩票活动

指各种形式的彩票活动。

◇ 包括下列彩票活动：

— 福利彩票服务；

— 体育彩票服务；

— 其他彩票或类似的服务。

◆ 不包括：

— 彩票发行的行政主管部门，列入 9124（社会事务管理机构）。

894 文化、娱乐、体育经纪代理

8941 文化娱乐经纪人

◇ 包括下列文化娱乐经纪人活动：
— 演员挑选、推荐服务；
— 艺术家、作家经纪人服务；
— 演员经纪人服务；
— 模特经纪人服务；
— 其他演员、艺术家经纪人服务。

◆ 不包括：
— 为演员个人形象包装设计活动(与演出无关)，列入7299(其他未列明商务服务业)；
— 文学艺术作品出版、文艺演出、艺术展览的经纪代理，列入8949(其他文化艺术经纪代理)。

8942 体育经纪人

◇ 包括下列体育经纪人活动：
— 运动员经纪人服务；
— 体育经纪服务：体育赛事经纪服务、体育组织经纪服务、其他体育经纪服务。

8949 其他文化艺术经纪代理

◇ 包括下列其他文化艺术经纪代理活动：
— 演出经纪代理服务：国内演出经纪代理服务(歌唱表演经纪代理服务、音乐会演出经纪代理服务、舞蹈表演经纪代理服务、其他国内演出经纪代理服务)、国外演出经纪代理服务；
— 影视经纪代理服务：电影及发行经纪代理服务、电视剧经纪代理服务、电视节目经纪代理服务；
— 音像经纪代理服务；
— 文学、艺(美)术经纪代理服务：文学作品经纪代理服务、艺(美)术品经纪代理服务；
— 美术展览经纪代理服务；
— 动漫(动画)经纪代理服务：动漫作品经纪代理服务、电视动画片经纪代理服务、动画电影经纪代理服务、网络(手机)动漫经纪代理服务、动漫舞台剧演出经纪代理服务、动漫音像经纪代理服务、其他动漫经纪代理服务；
— 其他未列明文化艺术经纪代理服务。

◆ 不包括：
— 作家、艺术家个人的经纪人代理活动，列入8941(文化娱乐经纪人)；
— 影视演员经纪人代理活动，列入8941(文化娱乐经纪人)；
— 歌唱演员经纪人代理活动，列入8941(文化娱乐经纪人)；
— 模特演员经纪人代理活动，列入8941(文化娱乐经纪人)；
— 演员推荐、选派活动，列入8941(文化娱乐经纪人)；
— 出版和著作权代理活动，列入7250(知识产权服务)；
— 为文艺演出、晚会、艺术节、大赛等进行策划、组织活动，列入7299(其他未列明商务服务业)；
— 为演员个人形象包装设计活动(与演出无关)，列入7299(其他未列明商务服务业)。

899 8990 其他娱乐业

指公园、海滩和旅游景点内小型设施的娱乐活动及其他娱乐活动。

◇ 包括下列其他娱乐业活动：

— 公园、景区内游船出租活动（不带操作人员）；

— 公园、景区内的摆摊娱乐活动；

— 公园、景区内的小动物拉车、骑马、钓鱼等活动；

— 租借道具活动（如租借照相、服装、道具等）；

— 海滩浴场更衣及租借用品服务；

— 公园及街头艺人表演活动；

— 娱乐性展览；

— 其他未列明的娱乐活动。

◆ 不包括：

— 带操作人员的游船出租、观光活动，列入 551（水上旅客运输）的相关行业类别中；

— 公园、风景名胜区、其他旅游景点的管理活动，分别列入 7851（公园管理）、7852（游览景区管理）。

S 公共管理、社会保障和社会组织

本类包括 90 ~ 95 大类。

90 中国共产党机关

900 9000 中国共产党机关

◇ 包括下列中国共产党机关活动:

— 中国共产党各级机关;

— 中国共产党所属各级办事机构。

91 国家机构

911 9110 国家权力机构

指宪法规定的全国和地方各级人民代表大会及常委会机关的活动。

◇ 包括下列国家权力机构活动:

— 各级人大常委会、专门委员会、工作委员会及办事机构的活动。

912 国家行政机构

指国务院及所属行政主管部门的活动;县以上地方各级人民政府及所属各工作部门的活动;乡(镇)级地方人民政府的活动;行政管理部门下属的监督、检查机构的活动。

9121 综合事务管理机构

指中央和地方人民政府的活动,以及依法管理全国或地方综合事务的政府主管部门的活动,还包括政府事务管理。

◇ 包括下列综合事务管理机构活动:

— 各级人民政府的活动;

— 各级政府部门从事计划、财政、审计、监察、科技等行政事务活动;

— 各级政府部门从事税务、海关、外汇、统计、保密等行政事务活动;

— 各级政府部门从事港、澳、台行政事务的活动;

— 各级政府所属部门从事政策、法制研究及参事等活动;

— 各级政府批准的开发区(经济技术开发区、高新技术产业开发区等)管理机构的活动;

— 各级政府派出的办事机构(如政府办事处);

— 综合事务管理服务:各级人民政府管理服务、金融财政管理服务、经济规划与统计管理服务、政府科学研究管理服务、其他综合事务管理服务;

— 政府事务管理机构服务:政府人事事务管理服务、政府统一财务核算服务、政府采购服务、其他政府事务管理机构服务;

— 其他未列明的综合行政事务活动。

◆ 不包括:

— 社科院、科学院及政府部门的研究机构,列入 73(研究和试验发展)的相关行业类别中;

— 政府派驻到开发区等地的各类机构(国土局、公安局等),列入 9121(综合事务管理机构);
— 开发区管理机构下属的投资管理公司,列入 7212(投资与资产管理);
— 开发区管理机构下属的实业投资公司,按实际投资去向列入相应的行业类别中;
— 开发区管理机构下属的科技服务机构(孵化器等),列入 7520(科技中介服务);
— 海关缉私警察,列入 9123(公共安全管理机构);
— 各级行政部门下属的检查、监督、稽查、查处机构(如监察大队等)的行政执法活动,列入 9126(行政监督检查机构)。

9122 对外事务管理机构

◇ 包括下列对外事务管理机构活动:
— 外交事务管理服务;
— 对外经济事务管理服务;
— 其他对外事务管理服务。

9123 公共安全管理机构

◇ 包括下列公共安全管理机构活动:
— 社会治安与刑事警务服务;
— 交通警务管理服务;
— 监狱、劳教管理服务;
— 消防服务;
— 铁路、港口、民航、林区、海关等警察活动;
— 其他公共安全管理服务。

9124 社会事务管理机构

◇ 包括下列社会事务管理机构活动:
— 各级政府部门从事教育、司法、文化、卫生、计划生育、民政(含政府救济、婚姻登记、调解以及民事纠纷调解等)、民族等行政事务;
— 各级政府部门从事广播电影电视、体育、新闻出版、环保、药品监督、宗教、专利、文物中医药等行政事务;
— 其他未列明的社会事务活动。

◆ 不包括:
— 各级行政部门下属的检查、监督、稽查、查处机构(大队等)的行政执法活动,列入 9126(行政监督检查机构)。

9125 经济事务管理机构

◇ 包括下列经济事务管理机构活动:
— 各级政府部门从事经贸管理、人力资源和社会保障、农业、住房建设(含房改、城建、市政等)、国土资源、交通、铁道、工业和信息化、对外贸易经济、水利等行政事务;
— 各级政府部门从事林业、邮政、旅游、民航、质量监督、出入境检验检疫、工商行政管理、外国专家管理、能源、粮食及储备、海洋、测绘、安全生产、烟草专卖等行政事务;
— 其他未列明的经济事务活动。

◆ 不包括:
— 政府机构改革后,原政府职能部门改为的公司、集团公司的总部,列入 7211(企业总部管理);

— 政府机构改革后，原政府职能部门改为的联合会、协会，列入 9422（行业性团体）；
— 中国人民银行及分支机构，列入 6610（中央银行服务）；
— 证券监督管理、保险监督管理，分别列入 6730（证券期货监管服务）和 6860（保险监管服务）；
— 气象、地震部门，分别列入 7410（气象服务）、7420（地震服务）；
— 各级行政部门下属的检查、监督、稽查、查处机构（大队等）的行政执法活动，列入 9126（行政监督检查机构）。

9126　行政监督检查机构

指依法对社会经济活动进行监督、稽查、检查、查处等活动，包括独立（或相对独立）于各级行政管理机构的执法检查大队的活动。

◇ 包括下列行政监督检查机构活动：
— 与市场、人民生活有关的检查、监督、稽查、查处活动（如工商、产品质量、技术标准、出入境检验检疫、食品卫生、药品、医疗、文化、城管、市容、综合治理等）；
— 与环境保护有关的检查、监督、稽查、查处活动（如森林、沙漠化、水土保持、河流、湖泊、海洋、大气、野生动植物，以及废气、污水、垃圾、废弃物、噪音、有毒有害物质等）；
— 与经济建设有关的检查、监督、稽查、查处活动（如海关、税务、审计、统计、建筑施工、市政建设、公共设施、劳动、土地、交通、旅游等）；
— 其他行政监督检查活动。

◆ 不包括：
— 工商、质量监督检验检疫、医药监督等政府部门的日常行政管理活动，列入 912（国家行政机构）的相关行业类别中；
— 公安、法院、检察院的活动，分别列入 9123（公共安全管理机构）、9131（人民法院）、9132（人民检察院）。

913　人民法院和人民检察院

指宪法规定的人民法院和人民检察院的活动。

9131　人民法院

指各级人民法院的活动。

◇ 包括下列人民法院活动：
— 人民法院服务。

9132　人民检察院

指各级人民检察院的活动。

◇ 包括下列人民检察院活动：
— 人民检察院服务。

919　9190　其他国家机构

指其他未另列明的国家机构的活动。

◇ 包括下列其他国家机构活动：
— 其他公共管理服务。

92 **人民政协、民主党派**

921 9210 **人民政协**

指全国人民政治协商会议及各级人民政协的活动。

◇ 包括下列人民政协的活动:

— 人民政协服务。

922 9220 **民主党派**

◇ 包括下列民主党派的活动:

— 中国国民党革命委员会服务;

— 中国民主同盟服务;

— 中国民主建国会服务;

— 中国民主促进会服务;

— 中国农工民主党服务;

— 中国致公党服务;

— 九三学社服务;

— 台湾民主自治同盟服务;

— 中华全国工商业联合会服务。

93 **社会保障**

930 9300 **社会保障**

指依据国家有关规定开展的各种社会保障活动。

◇ 包括下列社会保障活动:

— 基本养老保险服务;

— 企业年金服务;

— 农村社会养老保险服务;

— 失业保险服务;

— 基本医疗保障服务;

— 补充医疗保障服务:大额医疗费用补助服务、公务员医疗补助服务、企业补充医疗保险服务、其他补充医疗保障服务;

— 工伤保险服务;

— 生育保险服务;

— 最低生活保障服务。

◆ 不包括:

— 养老、医疗等商业保险,列入68(保险业)的相关行业类别中;

— 失业、就业行政管理部门,列入9125(经济事务管理机构);

— 社会保障行政管理机构,列入9125(经济事务管理机构)。

94 **群众团体、社会团体和其他成员组织**

941 **群众团体**

指不在社会团体登记管理机关登记的群众团体的活动。

9411　　工会

◇ 包括下列工会活动：

— 各级工会组织的活动。

9412　　妇联

◇ 包括下列妇联活动：

— 各级妇联组织的活动。

◆ 不包括：

— 社区或社会福利机构办的妇女、儿童救助中心等机构，列入8421（社会看护与帮助服务）。

9413　　共青团

◇ 包括下列共青团活动：

— 各级共青团组织的活动。

9419　　其他群众团体

◇ 包括下列其他群众团体活动：

— 各级中华青年联合会、全国工商业联合会、中国科学技术协会、中华全国台湾同胞联合会、中华全国归国华侨联合会等团体组织的活动；

— 各级国际贸易促进会、国际友谊促进会、中国残疾人联合会、宋庆龄基金会、国家自然科学基金会等团体组织的活动。

942　　社会团体

指依法在社会团体登记管理机关登记的单位的活动。

9421　　专业性团体

指由同一领域的成员、专家组成的社会团体（如学科、学术、文化、艺术、教育、卫生等）的活动。

◇ 包括下列专业性团体活动：

— 专业经济团体：统计、会计、税务、审计、人力资源、价格、投资、金融、海关、商品流通、管理等社会团体的服务；

— 工商团体：从事工业、商业等经济类的社会团体的服务；

— 农村发展团体：直接为农业及农村发展服务的社会团体；

— 其他经济团体：未列明的经济类社会团体的服务；

— 学术理论社会团体：党的理论研究、史学研究、思想工作研究、社会人文科学研究等社会团体的服务；

— 专业技术团体：自然科学、工程技术、产品和生产工艺、科学管理等社会团体的服务；

— 其他研究技术团体：未列明的研究与技术社会团体的服务；

— 文化团体：新闻、图书、报刊、音像、版权、广播、电视、电影、演员、作家、文学艺术、美术家、摄影家、文物、博物馆、图书馆、文化馆、旅游、游乐园、公园、文艺理论研究、民族文化等社会团体服务；

— 教育团体：教育部及其他部门所属的教育性质的社会团体，以及地方各级部门所属的教育社会团体；

— 体育团体：体育发展研究、体育用品会、体育新闻工作者、老年体育、民族体育、残疾人体育、农民体育、行业体育、公共体育场馆、垂钓等社会团体的服务，以及非竞技体育运动项目的体育协会的服务；

— 卫生团体：医学研究、医疗卫生、健康、保健、医药、计划生育、医疗交流等社会团体的服务；
— 生态环境团体：从事动物、植物保护，环境保护以及环境治理的社会团体；
— 其他社会事业团体：未列明的社会事业社会团体。

◆ 不包括：
— 向社会提供有偿服务的社会组织（如有偿提供技术咨询、教育、文化、娱乐等），列入相应的行业类别中；
— 竞技体育运动项目的协会（如足球、篮球、排球、乒乓球、羽毛球、田径、游泳、跳水、体操、举重、射击、柔道、武术、滑冰、滑雪等协会），列入8810（体育组织）。

9422　行业性团体

指由一个行业，或某一类企业，或不同企业的雇主（经理、厂长）组成的社会团体的活动。

◇ 包括下列行业性团体活动：
— 行业管理协会、联合会；
— 行业协调团体：煤炭、机械、冶金、石油、化工、船舶、轻工、纺织、建材、有色金属、商业、物流、信息产业、通讯、电子、软件、农业、林业、交通、金融、民航、旅游等行业、产业的协调、沟通、促进的社会团体的活动；
— 其他行业性团体：企业经理、企业家、个体经营等促进、合作的社会团体。

◆ 不包括：
— 向社会提供有偿服务的社会组织（如有偿提供生产、技术咨询、教育等），列入相应的行业类别中。

9429　其他社会团体

指未列明的其他社会团体的活动。

◇ 包括下列其他社会团体活动：
— 慈善团体：残疾人、社会公益、福利、志愿者等与社会活动有关的社会团体的服务；
— 法律团体：公安、法官、检察官、监察、律师、公证、军队等社会团体的服务；
— 涉外组织团体：国际性非营利组织、外国商会、境外非营利组织等的驻华机构；
— 社会活动团体：统一、和平、人权、友好促进、妇女、青少年、华侨、国际关系、公共关系等的社会团体服务，不包括上述单位所属的基金会以及团中央、妇联、侨联、对外友协；
— 联谊性团体：地区（如市长协会）、学校、同学、同乡及共同兴趣爱好的联谊性社会团体，包括各级教育部门、大专院校及其他各单位所属的联谊性社会团体；
— 动植物保护、生态环境保护等社会团体；
— 未列明团体：其他未列明的社会团体，但不包括宗教组织。

◆ 不包括：
— 投资基金的活动，列入6713（基金管理服务）；
— 农村合作基金会，列入6639（其他非货币银行服务）；
— 红十字会、慈善机构，列入8429（其他不提供住宿社会工作）；
— 帮助弱势群体的组织、社会救助组织、社会福利救助性组织等，列入84（社会工作）相关类别中；
— 专门提供有偿服务的社会组织（如咨询、办学等），列入相应的行业类别中。

943　9430　基金会

指利用自然人、法人或者其他组织捐赠的财产，以从事公益事业为目的，按照国务院颁布的《基金会管理条例》的规定成立的非营利性法人的活动。

◇ 包括下列基金会活动:
— 社会救助、福利、环境、卫生、文化、教育、体育、青少年、妇女、儿童等基金会;
— 投资基金的活动,列入6713(基金管理服务);
— 农村合作基金会,列入6639(其他非货币银行服务);
— 红十字会、慈善机构,列入8429(其他不提供住宿社会工作)。

944 9440 宗教组织

指在民政部门登记的宗教团体的活动和在政府宗教事务部门登记的宗教活动场所的活动。

◇ 包括下列宗教组织活动:
— 宗教组织服务:佛教组织服务、道教组织服务、伊斯兰教组织服务、天主教组织服务、基督教组织服务、其他宗教组织服务;
— 宗教场所服务:佛教场所服务、道教场所服务、伊斯兰教场所服务、基督教场所服务、天主教场所服务、其他宗教场所服务。

◆ 不包括:
— 受文物保护的教堂、寺庙的管理活动,列入8740(文物及非物质文化遗产保护)。

95 基层群众自治组织

指通过选举产生的社区性组织,该组织为本地区提供一般性管理、调解、治安、优抚、计划生育等服务。

951 9510 社区自治组织

指城市、镇的居民通过选举产生的群众性自治组织的管理活动。

◇ 包括下列社区自治组织活动:
— 居民委员会服务;
— 家委会服务;
— 业主委员会服务;
— 其他社区自治组织服务。

◆ 不包括:
— 社区街道办的有偿服务活动(小百货、修理、理发等),列入相应的行业类别中;
— 社区街道为本区居民办的社区综合服务(社区服务中心、服务社),列入7990(其他居民服务业);
— 社区街道办的老年活动站(中心),列入8421(社会看护与帮助服务);
— 社区街道为老人、儿童、残疾人、五保户等提供的服务,列入8421(社会看护与帮助服务)。

952 9520 村民自治组织

指农村村民通过选举产生的群众性自治组织的管理活动。

◇ 包括下列村民自治组织活动:
— 村民委员会服务;
— 其他村民自治组织服务。

◆ 不包括:
— 村委会办的养老院等,列入8414(老年人、残疾人养护服务);

— 与村委会分开的集体资产管理机构、村办企业管理机构、合作社管理机构，列入 7219（其他企业管理服务）；
— 农村合作基金会，列入 6639（其他非货币银行服务）；
— 村委会办的企业及其他机构，按照活动性质，列入相应的行业类别中。

T 国际组织

本门类包括96大类。

96 **国际组织**

960 9600 **国际组织**

指联合国和其他国际组织驻我国境内机构等的活动。

◇ 包括下列国际组织活动：

— 联合国机构服务；

— 地区性国际组织服务；

— 外国政府驻华机构服务；

— 其他国际组织服务。

◆ 不包括：

— 外国新闻机构在我国的活动，列入8510（新闻业）；

— 外国银行在我国开办的机构，列入6620（货币银行服务）；

— 外国公司在我国获准经营的机构，列入相应的行业类别中；

— 外国公司驻我国的办事处、联络处，列入7219（其他企业管理服务）。

第四部分

附　录

附录1

《国民经济行业分类》修订说明

一、修订工作背景

2002年,我局完成了《国民经济行业分类》(GB/T 4754—2002)第二次修订。此次修订行业分类广泛应用于统计、计划、工商、财政和税收等各个领域,为在统计上反映我国经济结构和产业构成,以及国家宏观调控和部门管理提供了统一、规范的经济活动分类。随着我国经济发展和产业结构的调整,2002年的行业分类有些类别和划分方式已不能适应我国经济结构的发展和变化。2007年,联合国颁布了新版《国际标准产业分类》修订第四版(简称:ISIC Rev. 4),在实施计划中,建议各国的行业分类于2010年与ISIC Rev. 4相衔接,并进行数据比对。根据我国实际情况和联合国的实施计划,我局于2008年提出了修订《国民经济行业分类》的计划,经国家质检总局同意,从2009年起开展《国民经济行业分类》(GB/T 4754—2002)修订工作。经过两年多修订,目前该标准已经国家质检总局、国家标准化委员会批准发布。

二、修订原则

(一)立足于我国的实际情况

立足于我国社会经济发展的实际状况,确保国家经济结构和产业结构的完整性、科学性和可观察性;满足发展规划、工商登记、税收、财政等国家宏观管理和调控的需要。

(二)满足统计与核算的需要

确保国家统计、核算真实地反映我国的经济结构和产业结构,同时满足对国计民生具有重大影响的产业和新兴产业的观察。

(三)遵循国际上通行分类原则

遵循国际上通行的分类原则,即沿用经济活动的同质性原则对行业分类进行调整,同时还要兼顾行业的比例结构和不同属性分类方法。

(四)兼顾联合国对各国数据对比的需求

按照联合国要求,原则上与联合国ISIC Rev. 4的大类相兼容,同时满足行业小类与ISIC Rev. 4的转换。

三、修订过程

《国民经济行业分类》修订工作共分六个阶段:准备阶段、框架稿阶段、征求意见稿阶段、修改稿阶段、专家审定稿阶段、报批稿阶段。

(一)准备阶段

2008年我们着手准备修订国民经济行业分类,组织人员对联合国ISIC Rev. 4进行翻译,请联合国专家介绍ISIC Rev. 4的修订和变动情况。

(二)框架稿阶段

2009年初,我局印发了《国家统计局关于开展〈国民经济行业分类〉修订工作的通知》,提出了行业分类门类和大类的修订框架,并发至国务院各部门、各地统计局和国家统计局各调查总队,以及国家统计局各专业司征求意见。

(三)征求意见稿阶段

2009年10月,我们根据各部门、各地区、各专业反馈的意见,完成了《国民经济行业分类(征求意见稿)》,征求意见稿包括全部门类、大类、中类、小类的条目和说明。

（四）修改稿阶段

2010 年 5 月，根据各部门、各地区、各专业的意见，我们对行业分类作了第三次调整，形成修改稿并征求了部分综合部门（发改委、财政部、税务总局、工商总局、工信部、商务部、民政部、建设部、人民银行等）的意见。

（五）专家审定稿阶段

2010 年 8 月，针对部分综合部门对修改稿提出的意见，我们对行业分类进行第四次修改，形成专家审定稿，并由中国标准化研究院组织召开了《国民经济行业分类》国家标准修订专家审定会。审定会由国家发展改革委、财政部、人力资源和社会保障部、科技部、工业和信息化部、商务部、民政部、住房城乡建设部、中国人民银行、国家统计局、中国标准化研究院、全国组织机构代码管理中心、中国人民大学 13 家单位的 14 名专家组成国家标准审定委员会，对《国民经济行业分类》国家标准进行了审定。

（六）报批稿阶段

根据专家审定会的意见，我们对专家审定稿又进行了调整，经国家统计局局常务会审查通过后，最终形成《国民经济行业分类》国家标准报批稿，并于 2011 年 2 月上报国家标准化委员会。2011 年 4 月 29 日，国家质检总局、国家标准化委员会批准发布了该标准。

四、主要变动内容

此次修订《国民经济行业分类》，征求了三次意见。门类、大类的调整在参考联合国 ISIC Rev. 4 的同时，更多的是考虑部门管理和统计工作的需要；中类的调整多为部门管理需要；小类的调整除考虑上述因素外，还要保证与联合国标准的对接转换。行业分类修改稿与现行标准之间的主要变动情况为：

（一）行业门类的数目保持不变，但部分门类的名称和顺序作了调整

由于范围变化，或与联合国标准衔接，或确保名称更加科学、准确，将以下门类名称做了调整："信息传输、计算机服务和软件业"更名为"信息传输、软件和信息技术服务业"；"科学研究、技术服务和地质勘查业"更名为"科学研究和技术服务业"；"居民服务和其他服务业"更名为"居民服务、修理和其他服务业"；"卫生、社会保障和社会福利业"更名为"卫生和社会工作"；"公共管理和社会组织"更名为"公共管理、社会保障和社会组织"。为了使行业门类顺序与联合国标准保持一致，将以下门类的位次作了调整："批发和零售业"调至"建筑业"后面；"住宿和餐饮业"调至"交通运输、仓储和邮政业"后面。

（二）行业大类由 95 个调至 96 个

为了与联合国分类相对应以及反映我国产业的状况，新增了"开采辅助活动"、"汽车制造业"、"金属制品、机械和设备修理业"、"房屋建筑业"、"互联网和相关服务"、"机动车、电子产品和日用产品修理业"6 个大类；同时减少了"建筑装饰业"、"城市公共交通业"、"其他金融活动"、"地质勘查业"4 个大类，合并"橡胶制品业"和"塑料制品业"为 1 个大类。

（三）行业中类由 396 个调至 432 个

为反映我国日益发展的互联网、信息技术、金融、影视娱乐等产业的状况，行业中类新增"互联网接入及相关服务"、"信息系统集成服务"、"信息技术咨询服务"、"非货币银行服务"、"非金融机构支付服务"、"金融信息服务"、"电影和影视节目制作"等 97 个中类；同时减少了"猪的饲养"、"纺织制成品制造"、"邮政储蓄"、"防洪管理"、"轮胎制造"、"橡胶板、管、带制造"、"橡胶零件制造"、"再生橡胶制造"、"日用及医用橡胶制品"、"塑料薄膜制造"等 61 个中类。

（四）行业小类由 913 个调至 1094 个

为了与联合国 ISIC Rev. 4 的小类进行转换，以及反映我国新兴产业，行业小类重点增加了"稻谷种植"、"食用菌种植"、"葡萄的种植"、"互联网零售"、"数字内容服务"、"呼叫中心"、"非金融机构支付服务"、"金融信息服务"、"自有房地产经营活动"、"生物技术推广服务"、"网吧服务"、"自有房地产经营活动"等 329 个小类；同时取消"畜禽屠宰"、"常用有色金属压延加工"、"制帽"、"车辆、飞机及工程机械轮胎制造"、"力车胎制造"、"轮胎翻新加工"、"武器弹药制造"、"海洋旅客运输"等 148 个小类。

五、国民经济行业分类与联合国 ISIC Rev.4 关系

新修订的《国民经济行业分类》的划分原则、有关概念和编码方法与 ISIC Rev.4 基本保持一致。在门类、大类、中类、小类类别的设计、分配、归属上与 ISIC Rev.4 有一些差异,其采纳国际标准的一致性程度属于非等效。本标准与 ISIC Rev.4 主要存在以下差异:

(一)新行业分类的框架结构与 ISIC Rev.4 的差异

■ 新行业分类的门类为20个,ISIC Rev.4 的行业门类为21个。

■ 新行业分类的下列行业门类不能与 ISIC Rev.4 完全对应:

电力、热力、燃气及水生产和供应业;
批发和零售业;
信息传输、软件和信息技术服务业;
租赁和商务服务业;
科学研究和技术服务业;
水利、环境和公共设施管理业;
居民服务、修理和其他服务业;
文化、体育和娱乐业;
公共管理、社会保障和社会组织。

■ ISIC Rev.4 的下列行业门类不能与新行业分类完全对应:

电、煤气、蒸气和空调的供应;
供水;污水处理、废物管理和补救活动;
批发和零售业;汽车和摩托车的修理;
信息和通信专业、科学和技术活动;
行政和辅助活动;
公共管理与国防;
社会保障;艺术、娱乐和文娱活动;
其他服务活动;家庭作为雇主的活动;
家庭自用、未加区分的物品生产和服务活动。

(二)新行业分类部分大类、中类、小类的条目、名称和范围与 ISIC Rev.4 存在着差异,但在小类上可以与 ISIC Rev.4 的小类进行转换。

附录 2

国民经济行业分类新旧结构对照表

GB/T 4754—2011				GB/T 4754—2002			
门　类	大类	中类	小类	门　类	大类	中类	小类
A 农、林、牧、渔业	5	23	60	A 农、林、牧、渔业	5	18	38
B 采矿业	7	19	37	B 采矿业	6	15	33
C 制造业	31	175	532	C 制造业	30	169	482
D 电力、热力、燃气及水生产和供应业	3	7	12	D 电力、燃气及水的生产和供应业	3	7	10
E 建筑业	4	14	21	E 建筑业	4	7	11
F 批发和零售业	2	18	113	F 交通运输、仓储和邮政业	9	24	37
G 交通运输、仓储和邮政业	8	20	40	G 信息传输、计算机服务和软件业	3	10	14
H 住宿和餐饮业	2	7	12	H 批发和零售业	2	18	93
I 信息传输、软件和信息技术服务业	3	12	17	I 住宿和餐饮业	2	7	7
J 金融业	4	21	29	J 金融业	4	16	16
K 房地产业	1	5	5	K 房地产业	1	4	4
L 租赁和商务服务业	2	11	39	L 租赁和商务服务业	2	11	27
M 科学研究和技术服务业	3	17	31	M 科学研究、技术服务和地质勘查业	4	19	23
N 水利、环境和公共设施管理业	3	12	21	N 水利、环境和公共设施管理业	3	8	18
O 居民服务、修理和其他服务业	3	15	23	O 居民服务和其他服务业	2	12	16
P 教育	1	6	17	P 教育	1	5	13
Q 卫生和社会工作	2	10	23	Q 卫生、社会保障和社会福利业	3	11	17
R 文化、体育和娱乐业	5	25	36	R 文化、体育和娱乐业	5	22	29
S 公共管理、社会保障和社会组织	6	14	25	S 公共管理和社会组织	5	12	24
T 国际组织	1	1	1	T 国际组织	1	1	1
（合计）　20	96	432	1094	（合计）　20	95	396	913

附录3

国民经济行业分类新旧类目对照表

GB/T 4754—2011		GB/T 4754—2002		说　明
A	**农、林、牧、渔业**			
01	**农业**			
011	谷物种植			
0111	稻谷种植	0111	谷物的种植	新增，将原0111分解
0112	小麦种植	0111	谷物的种植	新增，将原0111分解
0113	玉米种植	0111	谷物的种植	新增，将原0111分解
0119	其他谷物种植	0111	谷物的种植	新增，将原0111分解
012	豆类、油料和薯类种植			
0121	豆类种植	0114	豆类的种植	
0122	油料种植	0113	油料的种植	
0123	薯类种植	0112	薯类的种植	
013	棉、麻、糖、烟草种植			
0131	棉花种植	0115	棉花的种植	
0132	麻类种植	0116	麻类的种植	
0133	糖料种植	0117	糖料的种植	
0134	烟草种植	0118	烟草的种植	
014	蔬菜、食用菌及园艺作物种植			
0141	蔬菜种植	0121	蔬菜的种植	内容变更，原0121部分内容调出
0142	食用菌种植	0121	蔬菜的种植	新增，原0121部分内容调到此类
0143	花卉种植	0122	花卉的种植	
0149	其他园艺作物种植	0123	其他园艺作物的种植	
015	水果种植			
0151	仁果类和核果类水果种植	0131	水果、坚果的种植	新增，将原0131分解
0152	葡萄种植	0131	水果、坚果的种植	新增，将原0131分解
0153	柑橘类种植	0131	水果、坚果的种植	新增，将原0131分解
0154	香蕉等亚热带水果种植	0131	水果、坚果的种植	新增，将原0131分解
0159	其他水果种植	0131	水果、坚果的种植	新增，将原0131分解
016	坚果、含油果、香料和饮料作物种植			
0161	坚果种植	0131	水果、坚果的种植	新增，将原0131分解
0162	含油果种植	0131	水果、坚果的种植	新增，将原0131分解
0163	香料作物种植	0133	香料作物的种植	
0169	茶及其他饮料作物种植	0132	茶及其他饮料作物的种植	
0170	中药材种植	0140	中药材的种植	
0190	其他农业	0119	其他作物的种植	更名
02	**林业**			
021	林木育种和育苗			
0211	林木育种	0211	育种和育苗	新增，将原0211分解
0212	林木育苗	0211	育种和育苗	新增，将原0211分解
0220	造林和更新	0212	造林	更名
0230	森林经营和管护	0213	林木的抚育和管理	更名
024	木材和竹材采运			

续1

GB/T 4754—2011		GB/T 4754—2002		说　　明
0241	木材采运	0221	木材的采运	
0242	竹材采运	0222	竹材的采运	
025	林产品采集			
0251	木竹材林产品采集	0230	林产品的采集	新增,将原0230分解
0252	非木竹材林产品采集	0230	林产品的采集	新增,将原0230分解
03	**畜牧业**			
031	牲畜饲养			
0311	牛的饲养	0310	牲畜的饲养	新增,将原0310分解
0312	马的饲养	0310	牲畜的饲养	新增,将原0310分解
0313	猪的饲养	0320	猪的饲养	
0314	羊的饲养	0310	牲畜的饲养	新增,将原0310分解
0315	骆驼饲养	0310	牲畜的饲养	新增,将原0310分解
0319	其他牲畜饲养	0310	牲畜的饲养	新增,将原0310分解
032	家禽饲养			
0321	鸡的饲养	0330	家禽的饲养	新增,将原0330分解
0322	鸭的饲养	0330	家禽的饲养	新增,将原0330分解
0323	鹅的饲养	0330	家禽的饲养	新增,将原0330分解
0329	其他家禽饲养	0330	家禽的饲养	新增,将原0330分解
0330	狩猎和捕捉动物	0340	狩猎和捕捉动物	
0390	其他畜牧业	0390	其他畜牧业	
04	**渔业**			
041	水产养殖			
0411	海水养殖	0411	海水养殖	
0412	内陆养殖	0421	内陆养殖	
042	水产捕捞			
0421	海水捕捞	0412	海洋捕捞	
0422	内陆捕捞	0422	内陆捕捞	
05	**农、林、牧、渔服务业**			
051	农业服务业			
0511	农业机械服务	0519	其他农业服务	新增,原0519部分内容调到此类
0512	灌溉服务	0511	灌溉服务	
0513	农产品初加工服务	0512	农产品初加工服务	
0519	其他农业服务	0519	其他农业服务	内容变更,原0519部分内容调出
052	林业服务业			
0521	林业有害生物防治服务	0520	林业服务业	新增,将原0520分解
0522	森林防火服务	0520	林业服务业	新增,将原0520分解
0523	林产品初级加工服务	0520	林业服务业	新增,将原0520分解
0529	其他林业服务	0520	林业服务业	新增,将原0520分解
0530	畜牧服务业	0539	其他畜牧服务	更名
0540	渔业服务业	0540	渔业服务业	
B	**采矿业**			
06	**煤炭开采和洗选业**			
0610	烟煤和无烟煤开采洗选	0610	烟煤和无烟煤的开采洗选	
0620	褐煤开采洗选	0620	褐煤的开采洗选	
0690	其他煤炭采选	0690	其他煤炭采选	内容变更,原0690部分内容调出
07	**石油和天然气开采业**			
0710	石油开采	0710	天然原油和天然气开采	新增,将原0710分解

续2

GB/T 4754—2011		GB/T 4754—2002		说 明
0720	天然气开采	0710	天然原油和天然气开采	新增,将原0710分解
08	**黑色金属矿采选业**			
0810	铁矿采选	0810	铁矿采选	
0820	锰矿、铬矿采选	0890	其他黑色金属矿采选	新增,原0890部分内容调到此类
0890	其他黑色金属矿采选	0890	其他黑色金属矿采选	内容变更,原0890部分内容调出
09	**有色金属矿采选业**			
091	常用有色金属矿采选			
0911	铜矿采选	0911	铜矿采选	
0912	铅锌矿采选	0912	铅锌矿采选	
0913	镍钴矿采选	0913	镍钴矿采选	
0914	锡矿采选	0914	锡矿采选	
0915	锑矿采选	0915	锑矿采选	
0916	铝矿采选	0916	铝矿采选	
0917	镁矿采选	0917	镁矿采选	
0919	其他常用有色金属矿采选	0919	其他常用有色金属矿采选	
092	贵金属矿采选			
0921	金矿采选	0921	金矿采选	
0922	银矿采选	0922	银矿采选	
0929	其他贵金属矿采选	0929	其他贵金属矿采选	
093	稀有稀土金属矿采选			
0931	钨钼矿采选	0931	钨钼矿采选	
0932	稀土金属矿采选	0932	稀土金属矿采选	
0933	放射性金属矿采选	0933	放射性金属矿采选	
0939	其他稀有金属矿采选	0939	其他稀有金属矿采选	
10	**非金属矿采选业**			
101	土砂石开采			
1011	石灰石、石膏开采	1011	石灰石、石膏开采	
1012	建筑装饰用石开采	1012	建筑装饰用石开采	
1013	耐火土石开采	1013	耐火土石开采	
1019	粘土及其他土砂石开采	1019	粘土及其他土砂石开采	
1020	化学矿开采	1020	化学矿采选	
1030	采盐	1030	采盐	
109	石棉及其他非金属矿采选			
1091	石棉、云母矿采选	1091	石棉、云母矿采选	
1092	石墨、滑石采选	1092	石墨、滑石采选	
1093	宝石、玉石采选	1093	宝石、玉石开采	
1099	其他未列明非金属矿采选	1099	其他非金属矿采选	更名
11	**开采辅助活动**			
1110	煤炭开采和洗选辅助活动	0690	其他煤炭采选	新增,原0690部分内容调到此类
1120	石油和天然气开采辅助活动	0790	与石油和天然气开采有关的服务活动	更名
1190	其他开采辅助活动	1100	其他采矿业	新增,原1100部分内容调到此类
12	**其他采矿业**			
1200	其他采矿业	1100	其他采矿业	内容变更,原1100部分内容调出
C	**制造业**			
13	**农副食品加工业**			
1310	谷物磨制	1310	谷物磨制	

续 3

GB/T 4754—2011		GB/T 4754—2002		说　　明
1320	饲料加工	1320	饲料加工	内容变更,原 1320 归入此类,原 1352 部分内容调到此类
		1352	肉制品及副产品加工	
133	植物油加工			
1331	食用植物油加工	1331	食用植物油加工	
1332	非食用植物油加工	1332	非食用植物油加工	
1340	制糖业	1340	制糖	
135	屠宰及肉类加工			
1351	牲畜屠宰	1351	畜禽屠宰	新增,将原 1351 分解
1352	禽类屠宰	1351	畜禽屠宰	新增,将原 1351 分解
1353	肉制品及副产品加工	1352	肉制品及副产品加工	内容变更,原 1352 部分内容调出
136	水产品加工			
1361	水产品冷冻加工	1361	水产品冷冻加工	
1362	鱼糜制品及水产品干腌制加工	1362	鱼糜制品及水产品干腌制加工	
1363	水产饲料制造	1363	水产饲料制造	
1364	鱼油提取及制品制造	1364	鱼油提取及制品的制造	
1369	其他水产品加工	1369	其他水产品加工	
137	蔬菜、水果和坚果加工			
1371	蔬菜加工	1370	蔬菜、水果和坚果加工	新增,将原 1370 分解
1372	水果和坚果加工	1370	蔬菜、水果和坚果加工	新增,将原 1370 分解
139	其他农副食品加工			
1391	淀粉及淀粉制品制造	1391	淀粉及淀粉制品的制造	
1392	豆制品制造	1392	豆制品制造	
1393	蛋品加工	1393	蛋品加工	
1399	其他未列明农副食品加工	1399	其他未列明的农副食品加工	
14	**食品制造业**			
141	焙烤食品制造			
1411	糕点、面包制造	1411	糕点、面包制造	
1419	饼干及其他焙烤食品制造	1419	饼干及其他焙烤食品制造	
142	糖果、巧克力及蜜饯制造			
1421	糖果、巧克力制造	1421	糖果、巧克力制造	
1422	蜜饯制作	1422	蜜饯制作	
143	方便食品制造			
1431	米、面制品制造	1431	米、面制品制造	
1432	速冻食品制造	1432	速冻食品制造	
1439	方便面及其他方便食品制造	1439	方便面及其他方便食品制造	
1440	乳制品制造	1440	液体乳及乳制品制造	更名
145	罐头食品制造			
1451	肉、禽类罐头制造	1451	肉、禽类罐头制造	
1452	水产品罐头制造	1452	水产品罐头制造	
1453	蔬菜、水果罐头制造	1453	蔬菜、水果罐头制造	
1459	其他罐头食品制造	1459	其他罐头食品制造	
146	调味品、发酵制品制造			
1461	味精制造	1461	味精制造	
1462	酱油、食醋及类似制品制造	1462	酱油、食醋及类似制品的制造	
1469	其他调味品、发酵制品制造	1469	其他调味品、发酵制品制造	
149	其他食品制造			

续4

GB/T 4754—2011		GB/T 4754—2002		说　明
1491	营养食品制造	1491	营养、保健食品制造	新增,将原1491分解
1492	保健食品制造	1491	营养、保健食品制造	新增,将原1491分解
1493	冷冻饮品及食用冰制造	1492	冷冻饮品及食用冰制造	
1494	盐加工	1493	盐加工	
1495	食品及饲料添加剂制造	1494	食品及饲料添加剂制造	
1499	其他未列明食品制造	1499	其他未列明的食品制造	
15	**酒、饮料和精制茶制造业**			
151	酒的制造			
1511	酒精制造	1510	酒精制造	
1512	白酒制造	1521	白酒制造	
1513	啤酒制造	1522	啤酒制造	
1514	黄酒制造	1523	黄酒制造	
1515	葡萄酒制造	1524	葡萄酒制造	
1519	其他酒制造	1529	其他酒制造	
152	饮料制造			
1521	碳酸饮料制造	1531	碳酸饮料制造	
1522	瓶(罐)装饮用水制造	1532	瓶(罐)装饮用水制造	
1523	果菜汁及果菜汁饮料制造	1533	果菜汁及果菜汁饮料制造	
1524	含乳饮料和植物蛋白饮料制造	1534	含乳饮料和植物蛋白饮料制造	
1525	固体饮料制造	1535	固体饮料制造	
1529	茶饮料及其他饮料制造	1539	茶饮料及其他软饮料制造	
1530	精制茶加工	1540	精制茶加工	
16	**烟草制品业**			
1610	烟叶复烤	1610	烟叶复烤	
1620	卷烟制造	1620	卷烟制造	
1690	其他烟草制品制造	1690	其他烟草制品加工	
17	**纺织业**			
171	棉纺织及印染精加工			
1711	棉纺纱加工	1711	棉、化纤纺织加工	新增,将原1711分解
1712	棉织造加工	1711	棉、化纤纺织加工	新增,将原1711分解
1713	棉印染精加工	1712	棉、化纤印染精加工	更名
172	毛纺织及染整精加工			
1721	毛条和毛纱线加工	1721	毛条加工	更名,内容变更,原1721归入此类,原1722部分内容调到此类
		1722	毛纺织	
1722	毛织造加工	1722	毛纺织	更名,内容变更,原1722部分内容调出
1723	毛染整精加工	1723	毛染整精加工	
173	麻纺织及染整精加工			
1731	麻纤维纺前加工和纺纱	1730	麻纺织	新增,将原1730分解
1732	麻织造加工	1730	麻纺织	新增,将原1730分解
1733	麻染整精加工	1730	麻纺织	新增,将原1730分解
174	丝绢纺织及印染精加工			
1741	缫丝加工	1741	缫丝加工	
1742	绢纺和丝织加工	1742	绢纺和丝织加工	调整,将原1742部分内容调出
1743	丝印染精加工	1743	丝印染精加工	调整,将原1743部分内容调出

续5

GB/T 4754—2011		GB/T 4754—2002		说　明
175	化纤织造及印染精加工			
1751	化纤织造加工	1742	绢纺和丝织加工	新增,将原1742部分内容调到此类
1752	化纤织物染整精加工	1743	丝印染精加工	新增,将原1743部分内容调到此类
176	针织或钩针编织物及其制品制造			
1761	针织或钩针编织物织造	1761	棉、化纤针织品及编织品制造	新增,原1761、1762、1763、1769部分内容调到此类
		1762	毛针织品及编织品制造	
		1763	丝针织品及编织品制造	
		1769	其他针织品及编织品制造	
1762	针织或钩针编织物印染精加工	1761	棉、化纤针织品及编织品制造	新增,原1761、1762、1763、1763、1769部分内容调到此类
		1762	毛针织品及编织品制造	
		1763	丝针织品及编织品制造	
		1769	其他针织品及编织品制造	
1763	针织或钩针编织品制造	1761	棉、化纤针织品及编织品制造	新增,原1761、1762、1763、1763、1769部分内容调到此类
		1762	毛针织品及编织品制造	
		1763	丝针织品及编织品制造	
		1769	其他针织品及编织品制造	
177	家用纺织制成品制造			
1771	床上用品制造	1751	棉及化纤制品制造	新增,原1751、1752、1753、1754、1759部分内容调到此类
		1752	毛制品制造	
		1753	麻制品制造	
		1754	丝制品制造	
		1759	其他纺织制成品制造	
1772	毛巾类制品制造	1751	棉及化纤制品制造	新增,原1751、1752、1753、1754、1759部分内容调到此类
		1752	毛制品制造	
		1753	麻制品制造	
		1754	丝制品制造	
		1759	其他纺织制成品制造	
1773	窗帘、布艺类产品制造	1751	棉及化纤制品制造	新增,原1751、1752、1753、1754、1759部分内容调到此类
		1752	毛制品制造	
		1753	麻制品制造	
		1754	丝制品制造	
		1759	其他纺织制成品制造	
1779	其他家用纺织制成品制造	1751	棉及化纤制品制造	新增,原1751、1752、1753、1754、1759部分内容调到此类
		1752	毛制品制造	
		1753	麻制品制造	
		1754	丝制品制造	
		1759	其他纺织制成品制造	
178	非家用纺织制成品制造			

续6

GB/T 4754—2011		GB/T 4754—2002		说　明
1781	非织造布制造	1757	无纺布制造	更名
1782	绳、索、缆制造	1755	绳、索、缆的制造	
1783	纺织带和帘子布制造	1756	纺织带和帘子布制造	
1784	篷、帆布制造	1751	棉及化纤制品制造	新增,原1751、1759部分内容调到此类
		1759	其他纺织制成品制造	
1789	其他非家用纺织制成品制造	1759	其他纺织制成品制造	新增,原1759部分内容调到此类
18	**纺织服装、服饰业**			
1810	机织服装制造	1810	纺织服装制造	
1820	针织或钩针编织服装制造	1761	棉、化纤针织品及编织品制造	新增,原1761、1762、1763、1769部分内容调到此类
		1762	毛针织品及编织品制造	
		1763	丝针织品及编织品制造	
		1769	其他针织品及编织品制造	
1830	服饰制造	1751	棉及化纤制品制造	新增,原1751、1761、1762、1763、1769部分内容调到此类,原1830调到此类
		1761	棉、化纤针织品及编织品制造	
		1762	毛针织品及编织品制造	
		1763	丝针织品及编织品制造	
		1769	其他针织品及编织品制造	
		1830	制帽	
19	**皮革、毛皮、羽毛及其制品和制鞋业**			
1910	皮革鞣制加工	1910	皮革鞣制加工	
192	皮革制品制造			
1921	皮革服装制造	1922	皮革服装制造	
1922	皮箱、包(袋)制造	1923	皮箱、包(袋)制造	
1923	皮手套及皮装饰制品制造	1924	皮手套及皮装饰制品制造	
1929	其他皮革制品制造	1929	其他皮革制品制造	
193	毛皮鞣制及制品加工			
1931	毛皮鞣制加工	1931	毛皮鞣制加工	
1932	毛皮服装加工	1932	毛皮服装加工	
1939	其他毛皮制品加工	1939	其他毛皮制品加工	
194	羽毛(绒)加工及制品制造			
1941	羽毛(绒)加工	1941	羽毛(绒)加工	
1942	羽毛(绒)制品加工	1942	羽毛(绒)制品加工	
195	制鞋业			
1951	纺织面料鞋制造	1820	纺织面料鞋的制造	调整,从原"18 纺织服装、鞋、帽制造业"调到此类
1952	皮鞋制造	1921	皮鞋制造	内容变更,原1921部分内容调出
1953	塑料鞋制造	3081	塑料鞋制造	调整,从原"30 塑料制品业"调到此类
1954	橡胶鞋制造	2960	橡胶靴鞋制造	调整,从原"29 橡胶制品业"调到此类
1959	其他制鞋业	1921	皮鞋制造	新增,原1921部分内容调到此类

续 7

GB/T 4754—2011		GB/T 4754—2002		说　明
20	**木材加工和木、竹、藤、棕、草制品业**			
201	木材加工			
2011	锯材加工	2011	锯材加工	
2012	木片加工	2012	木片加工	
2013	单板加工	2029	其他人造板、材制造	新增,原 2029 部分内容调到此处
2019	其他木材加工	2029	其他人造板、材制造	新增,原 2029 部分内容调到此处
202	人造板制造			
2021	胶合板制造	2021	胶合板制造	
2022	纤维板制造	2022	纤维板制造	
2023	刨花板制造	2023	刨花板制造	
2029	其他人造板制造	2029	其他人造板、材制造	内容变更,原 2029 部分内容调出
203	木制品制造			
2031	建筑用木料及木材组件加工	2031	建筑用木料及木材组件加工	内容变更,原 2031 部分内容调出
2032	木门窗、楼梯制造	2031	建筑用木料及木材组件加工	新增,原 2031 部分内容调到此处
2033	地板制造	2031	建筑用木料及木材组件加工	新增,原 2031 部分内容调到此处
2034	木制容器制造	2032	木容器制造	
2039	软木制品及其他木制品制造	2039	软木制品及其他木制品制造	
204	竹、藤、棕、草等制品制造			
2041	竹制品制造	2040	竹、藤、棕、草制品制造	新增,将原 2040 分解
2042	藤制品制造	2040	竹、藤、棕、草制品制造	新增,将原 2040 分解
2043	棕制品制造	2040	竹、藤、棕、草制品制造	新增,将原 2040 分解
2049	草及其他制品制造	2040	竹、藤、棕、草制品制造	新增,将原 2040 分解
21	**家具制造业**			
2110	木质家具制造	2110	木质家具制造	
2120	竹、藤家具制造	2120	竹、藤家具制造	
2130	金属家具制造	2130	金属家具制造	
2140	塑料家具制造	2140	塑料家具制造	
2190	其他家具制造	2190	其他家具制造	
22	**造纸和纸制品业**			
221	纸浆制造			
2211	木竹浆制造	2210	纸浆制造	新增,将原 2210 分解
2212	非木竹浆制造	2210	纸浆制造	新增,将原 2210 分解
222	造纸			
2221	机制纸及纸板制造	2221	机制纸及纸板制造	
2222	手工纸制造	2222	手工纸制造	
2223	加工纸制造	2223	加工纸制造	
223	纸制品制造			
2231	纸和纸板容器制造	2231	纸和纸板容器的制造	
2239	其他纸制品制造	2239	其他纸制品制造	
23	**印刷和记录媒介复制业**			
231	印刷			
2311	书、报刊印刷	2311	书、报、刊印刷	
2312	本册印制	2312	本册印制	
2319	包装装潢及其他印刷	2319	包装装潢及其他印刷	
2320	装订及印刷相关服务	2320	装订及其他印刷服务活动	
2330	记录媒介复制	2330	记录媒介的复制	

续8

GB/T 4754—2011		GB/T 4754—2002		说　明
24	**文教、工美、体育和娱乐用品制造业**			
241	文教办公用品制造			
2411	文具制造	2411	文具制造	
2412	笔的制造	2412	笔的制造	
2413	教学用模型及教具制造	2413	教学用模型及教具制造	
2414	墨水、墨汁制造	2414	墨水、墨汁制造	
2419	其他文教办公用品制造	2419	其他文化用品制造	更名
242	乐器制造			
2421	中乐器制造	2431	中乐器制造	
2422	西乐器制造	2432	西乐器制造	
2423	电子乐器制造	2433	电子乐器制造	
2429	其他乐器及零件制造	2439	其他乐器及零件制造	
243	工艺美术品制造			
2431	雕塑工艺品制造	4211	雕塑工艺品制造	调整，从原42工艺品及其他制造业调到此类
2432	金属工艺品制造	4212	金属工艺品制造	同上
2433	漆器工艺品制造	4213	漆器工艺品制造	同上
2434	花画工艺品制造	4214	花画工艺品制造	同上
2435	天然植物纤维编织工艺品制造	4215	天然植物纤维编织工艺品制造	同上
2436	抽纱刺绣工艺品制造	4216	抽纱刺绣工艺品制造	同上
2437	地毯、挂毯制造	4217	地毯、挂毯制造	同上
2438	珠宝首饰及有关物品制造	4218	珠宝首饰及有关物品的制造	同上
2439	其他工艺美术品制造	4219	其他工艺美术品制造	同上
244	体育用品制造			
2441	球类制造	2421	球类制造	
2442	体育器材及配件制造	2422	体育器材及配件制造	
2443	训练健身器材制造	2423	训练健身器材制造	
2444	运动防护用具制造	2424	运动防护用具制造	
2449	其他体育用品制造	2429	其他体育用品制造	
2450	玩具制造	2440	玩具制造	
246	游艺器材及娱乐用品制造			
2461	露天游乐场所游乐设备制造	2451	露天游乐场所游乐设备制造	
2462	游艺用品及室内游艺器材制造	2452	游艺用品及室内游艺器材制造	内容变更，原2452部分内容调出
2469	其他娱乐用品制造	2452	游艺用品及室内游艺器材制造	新增，原2452部分内容调到此类
25	**石油加工、炼焦和核燃料加工业**			
251	精炼石油产品制造			
2511	原油加工及石油制品制造	2511	原油加工及石油制品制造	
2512	人造原油制造	2512	人造原油生产	
2520	炼焦	2520	炼焦	
2530	核燃料加工	2530	核燃料加工	
26	**化学原料和化学制品制造业**			
261	基础化学原料制造			
2611	无机酸制造	2611	无机酸制造	
2612	无机碱制造	2612	无机碱制造	
2613	无机盐制造	2613	无机盐制造	
2614	有机化学原料制造	2614	有机化学原料制造	
2619	其他基础化学原料制造	2619	其他基础化学原料制造	
262	肥料制造			

续9

GB/T 4754—2011		GB/T 4754—2002		说　明
2621	氮肥制造	2621	氮肥制造	
2622	磷肥制造	2622	磷肥制造	
2623	钾肥制造	2623	钾肥制造	
2624	复混肥料制造	2624	复混肥料制造	
2625	有机肥料及微生物肥料制造	2625	有机肥料及微生物肥料制造	
2629	其他肥料制造	2629	其他肥料制造	
263	农药制造			
2631	化学农药制造	2631	化学农药制造	
2632	生物化学农药及微生物农药制造	2632	生物化学农药及微生物农药制造	
264	涂料、油墨、颜料及类似产品制造			
2641	涂料制造	2641	涂料制造	
2642	油墨及类似产品制造	2642	油墨及类似产品制造	
2643	颜料制造	2643	颜料制造	
2644	染料制造	2644	染料制造	
2645	密封用填料及类似品制造	2645	密封用填料及类似品制造	
265	合成材料制造			
2651	初级形态塑料及合成树脂制造	2651	初级形态的塑料及合成树脂制造	
2652	合成橡胶制造	2652	合成橡胶制造	
2653	合成纤维单(聚合)体制造	2653	合成纤维单(聚合)体的制造	
2659	其他合成材料制造	2659	其他合成材料制造	内容变更,原2659归入此类,原2662、2669部分内容调到此类
		2662	专项化学用品制造	
		2669	其他专用化学产品制造	
266	专用化学产品制造			
2661	化学试剂和助剂制造	2661	化学试剂和助剂制造	内容变更,原2669部分内容调到此类,原2661归入此类
		2699	其他专用化学产品制造	
2662	专项化学用品制造	2662	专项化学用品制造	内容变更,原2662部分内容调出
2663	林产化学产品制造	2663	林产化学产品制造	
2664	信息化学品制造	2665	信息化学品制造	
2665	环境污染处理专用药剂材料制造	2666	环境污染处理专用药剂材料制造	
2666	动物胶制造	2667	动物胶制造	
2669	其他专用化学产品制造	2669	其他专用化学产品制造	内容变更,原2669部分内容调出
267	炸药、火工及焰火产品制造			
2671	炸药及火工产品制造	2664	炸药及火工产品制造	内容变更,原2664部分内容调出
2672	焰火、鞭炮产品制造	2664	炸药及火工产品制造	新增,原2664部分内容调到此类
268	日用化学产品制造			
2681	肥皂及合成洗涤剂制造	2662	专项化学用品制造	内容变更,原2662部分内容调到此类,原2671归入此类
		2671	肥皂及合成洗涤剂制造	
2682	化妆品制造	2672	化妆品制造	
2683	口腔清洁用品制造	2673	口腔清洁用品制造	
2684	香料、香精制造	2674	香料、香精制造	
2689	其他日用化学产品制造	2679	其他日用化学产品制造	
27	**医药制造业**			
2710	化学药品原料药制造	2710	化学药品原药制造	
2720	化学药品制剂制造	2720	化学药品制剂制造	

续10

GB/T 4754—2011		GB/T 4754—2002		说明
2730	中药饮片加工	2730	中药饮片加工	
2740	中成药生产	2740	中成药制造	
2750	兽用药品制造	2750	兽用药品制造	
2760	生物药品制造	2760	生物、生化制品的制造	更名
2770	卫生材料及医药用品制造	2770	卫生材料及医药用品制造	
28	**化学纤维制造业**			
281	纤维素纤维原料及纤维制造			
2811	化纤浆粕制造	2811	化纤浆粕制造	
2812	人造纤维(纤维素纤维)制造	2812	人造纤维(纤维素纤维)制造	
282	合成纤维制造			
2821	锦纶纤维制造	2821	锦纶纤维制造	
2822	涤纶纤维制造	2822	涤纶纤维制造	
2823	腈纶纤维制造	2823	腈纶纤维制造	
2824	维纶纤维制造	2824	维纶纤维制造	
2825	丙纶纤维制造	2829	其他合成纤维制造	新增,原2829部分内容调到此类
2826	氨纶纤维制造	2829	其他合成纤维制造	新增,原2829部分内容调到此类
2829	其他合成纤维制造	2829	其他合成纤维制造	内容变更,原2829部分内容调出
29	**橡胶和塑料制品业**			
291	橡胶制品业			
2911	轮胎制造	2911	车辆、飞机及工程机械轮胎制造	调整,原中类调整为小类,原2911、2912、2913小类合并
		2912	力车胎制造	
		2913	轮胎翻新加工	
2912	橡胶板、管、带制造	2920	橡胶板、管、带的制造	
2913	橡胶零件制造	2930	橡胶零件制造	
2914	再生橡胶制造	2940	再生橡胶制造	
2915	日用及医用橡胶制品制造	2950	日用及医用橡胶制品制造	
2919	其他橡胶制品制造	2990	其他橡胶制品制造	
292	塑料制品业			
2921	塑料薄膜制造	3010	塑料薄膜制造	
2922	塑料板、管、型材制造	3020	塑料板、管、型材的制造	
2923	塑料丝、绳及编织品制造	3030	塑料丝、绳及编织品的制造	
2924	泡沫塑料制造	3040	泡沫塑料制造	
2925	塑料人造革、合成革制造	3050	塑料人造革、合成革制造	
2926	塑料包装箱及容器制造	3060	塑料包装箱及容器制造	
2927	日用塑料制品制造	3082	日用塑料杂品制造	
2928	塑料零件制造	3070	塑料零件制造	
2929	其他塑料制品制造	3090	其他塑料制品制造	
30	**非金属矿物制品业**			
301	水泥、石灰和石膏制造			
3011	水泥制造	3111	水泥制造	
3012	石灰和石膏制造	3112	石灰和石膏制造	
302	石膏、水泥制品及类似制品制造			更名
3021	水泥制品制造	3121	水泥制品制造	
3022	砼结构构件制造	3122	砼结构构件制造	
3023	石棉水泥制品制造	3123	石棉水泥制品制造	
3024	轻质建筑材料制造	3124	轻质建筑材料制造	

续 11

GB/T 4754—2011		GB/T 4754—2002		说　明
3029	其他水泥类似制品制造	3129	其他水泥制品制造	
303	砖瓦、石材等建筑材料制造			
3031	粘土砖瓦及建筑砌块制造	3131	粘土砖瓦及建筑砌块制造	
3032	建筑陶瓷制品制造	3132	建筑陶瓷制品制造	
3033	建筑用石加工	3133	建筑用石加工	
3034	防水建筑材料制造	3134	防水建筑材料制造	
3035	隔热和隔音材料制造	3135	隔热和隔音材料制造	
3039	其他建筑材料制造	3139	其他建筑材料制造	
304	玻璃制造			
3041	平板玻璃制造	3141	平板玻璃制造	内容变更,原3141部分内容调出
3049	其他玻璃制造	3141	平板玻璃制造	新增,原3141、3142部分内容调到此类
		3142	技术玻璃制品制造	
305	玻璃制品制造			
3051	技术玻璃制品制造	3142	技术玻璃制品制造	内容变更,原3142部分内容调出
3052	光学玻璃制造	3143	光学玻璃制造	
3053	玻璃仪器制造	3144	玻璃仪器制造	
3054	日用玻璃制品制造	3145	日用玻璃制品及玻璃包装容器制造	新增,将原3145分解
3055	玻璃包装容器制造	3145	日用玻璃制品及玻璃包装容器制造	新增,将原3145分解
3056	玻璃保温容器制造	3146	玻璃保温容器制造	
3057	制镜及类似品加工	4221	制镜及类似品加工	
3059	其他玻璃制品制造	3149	其他玻璃制品制造	
306	玻璃纤维和玻璃纤维增强塑料制品制造			
3061	玻璃纤维及制品制造	3147	玻璃纤维及制品制造	
3062	玻璃纤维增强塑料制品制造	3148	玻璃纤维增强塑料制品制造	
307	陶瓷制品制造			
3071	卫生陶瓷制品制造	3151	卫生陶瓷制品制造	
3072	特种陶瓷制品制造	3152	特种陶瓷制品制造	
3073	日用陶瓷制品制造	3153	日用陶瓷制品制造	
3079	园林、陈设艺术及其他陶瓷制品制造	3159	园林、陈设艺术及其他陶瓷制品制造	
308	耐火材料制品制造			
3081	石棉制品制造	3161	石棉制品制造	
3082	云母制品制造	3162	云母制品制造	
3089	耐火陶瓷制品及其他耐火材料制造	3169	耐火陶瓷制品及其他耐火材料制造	
309	石墨及其他非金属矿物制品制造			
3091	石墨及碳素制品制造	3191	石墨及碳素制品制造	
3099	其他非金属矿物制品制造	3199	其他非金属矿物制品制造	
31	**黑色金属冶炼和压延加工业**			
3110	炼铁	3210	炼铁	
3120	炼钢	3220	炼钢	
3130	黑色金属铸造	3591	钢铁铸件制造	更名,调整,从原"35 通用设备制造业"调到此类

续12

GB/T 4754—2011		GB/T 4754—2002		说明
3140	钢压延加工	3230	钢压延加工	
3150	铁合金冶炼	3240	铁合金冶炼	
32	**有色金属冶炼和压延加工业**			
321	常用有色金属冶炼			
3211	铜冶炼	3311	铜冶炼	
3212	铅锌冶炼	3312	铅锌冶炼	
3213	镍钴冶炼	3313	镍钴冶炼	
3214	锡冶炼	3314	锡冶炼	
3215	锑冶炼	3315	锑冶炼	
3216	铝冶炼	3316	铝冶炼	
3217	镁冶炼	3317	镁冶炼	
3219	其他常用有色金属冶炼	3319	其他常用有色金属冶炼	内容变更,原3319部分内容调出
322	贵金属冶炼			
3221	金冶炼	3321	金冶炼	
3222	银冶炼	3322	银冶炼	
3229	其他贵金属冶炼	3329	其他贵金属冶炼	内容变更,原3329部分内容调出
323	稀有稀土金属冶炼			
3231	钨钼冶炼	3331	钨钼冶炼	
3232	稀土金属冶炼	3332	稀土金属冶炼	内容变更,原3332部分内容调出
3239	其他稀有金属冶炼	3339	其他稀有金属冶炼	内容变更,原3339部分内容调出
3240	有色金属合金制造	3340	有色金属合金制造	
3250	有色金属铸造	3319	其他常用有色金属冶炼	新增,原3319、3329、3332、3339部分内容调到此类
		3329	其他贵金属冶炼	
		3332	稀土金属冶炼	
		3339	其他稀有金属冶炼	
326	有色金属压延加工			
3261	铜压延加工	3351	常用有色金属压延加工	新增,将原3351分解
3262	铝压延加工	3351	常用有色金属压延加工	新增,将原3351分解
3263	贵金属压延加工	3352	贵金属压延加工	
3264	稀有稀土金属压延加工	3353	稀有稀土金属压延加工	
3269	其他有色金属压延加工	3351	常用有色金属压延加工	新增,将原3351分解
33	**金属制品业**			
331	结构性金属制品制造			
3311	金属结构制造	3411	金属结构制造	
3312	金属门窗制造	3412	金属门窗制造	
332	金属工具制造			
3321	切削工具制造	3421	切削工具制造	
3322	手工具制造	3422	手工具制造	
3323	农用及园林用金属工具制造	3423	农用及园林用金属工具制造	
3324	刀剪及类似日用金属工具制造	3424	刀剪及类似日用金属工具制造	
3329	其他金属工具制造	3429	其他金属工具制造	
333	集装箱及金属包装容器制造			
3331	集装箱制造	3431	集装箱制造	
3332	金属压力容器制造	3432	金属压力容器制造	
3333	金属包装容器制造	3433	金属包装容器制造	
3340	金属丝绳及其制品制造	3440	金属丝绳及其制品的制造	

续 13

GB/T 4754—2011		GB/T 4754—2002		说　明
335	建筑、安全用金属制品制造			
3351	建筑、家具用金属配件制造	3451	建筑、家具用金属配件制造	
3352	建筑装饰及水暖管道零件制造	3452	建筑装饰及水暖管道零件制造	内容变更,原3452部分内容调出
3353	安全、消防用金属制品制造	3453	安全、消防用金属制品制造	
3359	其他建筑、安全用金属制品制造	3459	其他建筑、安全用金属制品制造	
3360	金属表面处理及热处理加工	3460	金属表面处理及热处理加工	
337	搪瓷制品制造			
3371	生产专用搪瓷制品制造	3471	工业生产配套用搪瓷制品制造	更名
3372	建筑装饰搪瓷制品制造	3452	建筑装饰及水暖管道零件制造	新增,原3452部分内容调到此类
3373	搪瓷卫生洁具制造	3472	搪瓷卫生洁具制造	
3379	搪瓷日用品及其他搪瓷制品制造	3479	搪瓷日用品及其他搪瓷制品制造	
338	金属制日用品制造			
3381	金属制厨房用器具制造	3481	金属制厨房调理及卫生器具制造	新增,将原3481分解
3382	金属制餐具和器皿制造	3482	金属制厨用器皿及餐具制造	更名
3383	金属制卫生器具制造	3481	金属制厨房调理及卫生器具制造	新增,将原3481分解
3389	其他金属制日用品制造	3489	其他日用金属制品制造	
339	其他金属制品制造			
3391	锻件及粉末冶金制品制造	3592	锻件及粉末冶金制品制造	调整,从原“35 通用设备制造业”调到此类
3392	交通及公共管理用金属标牌制造	3792	交通管理用金属标志及设施制造	更名,调整,从原“37 交通运输设备制造业”调到此类
3399	其他未列明金属制品制造	3491	铸币及贵金属制实验室用品制造	内容变更,原3491、3499、3663归入此类
		3499	其他未列明的金属制品制造	
		3663	武器弹药制造	
34	**通用设备制造业**			
341	锅炉及原动设备制造			
3411	锅炉及辅助设备制造	3511	锅炉及辅助设备制造	
3412	内燃机及配件制造	3512	内燃机及配件制造	
3413	汽轮机及辅机制造	3513	汽轮机及辅机制造	
3414	水轮机及辅机制造	3514	水轮机及辅机制造	
3415	风能原动设备制造	3519	其他原动机制造	新增,原3519部分内容调到此类
3419	其他原动设备制造	3519	其他原动机制造	内容变更,原3519部分内容调出
342	金属加工机械制造			
3421	金属切削机床制造	3521	金属切削机床制造	
3422	金属成形机床制造	3522	金属成形机床制造	
3423	铸造机械制造	3523	铸造机械制造	
3424	金属切割及焊接设备制造	3524	金属切割及焊接设备制造	
3425	机床附件制造	3525	机床附件制造	
3429	其他金属加工机械制造	3529	其他金属加工机械制造	
343	物料搬运设备制造			更名
3431	轻小型起重设备制造	3530	起重运输设备制造	新增,将原3530分解
3432	起重机制造	3530	起重运输设备制造	新增,将原3530分解
3433	生产专用车辆制造	3530	起重运输设备制造	新增,将原3530分解
3434	连续搬运设备制造	3530	起重运输设备制造	新增,将原3530分解
3435	电梯、自动扶梯及升降机制造	3530	起重运输设备制造	新增,将原3530分解

续14

GB/T 4754—2011		GB/T 4754—2002		说　明
3439	其他物料搬运设备制造	3530	起重运输设备制造	新增，将原3530分解
344	泵、阀门、压缩机及类似机械制造			
3441	泵及真空设备制造	3541	泵及真空设备制造	
3442	气体压缩机械制造	3542	气体压缩机械制造	
3443	阀门和旋塞制造	3543	阀门和旋塞的制造	
3444	液压和气压动力机械及元件制造	3544	液压和气压动力机械及元件制造	
345	轴承、齿轮和传动部件制造			
3451	轴承制造	3551	轴承制造	
3452	齿轮及齿轮减、变速箱制造	3552	齿轮、传动和驱动部件制造	新增，将原3552分解
3459	其他传动部件制造	3552	齿轮、传动和驱动部件制造	新增，将原3552分解
346	烘炉、风机、衡器、包装等设备制造			
3461	烘炉、熔炉及电炉制造	3560	烘炉、熔炉及电炉制造	
3462	风机、风扇制造	3571	风机、风扇制造	
3463	气体、液体分离及纯净设备制造	3572	气体、液体分离及纯净设备制造	
3464	制冷、空调设备制造	3573	制冷、空调设备制造	
3465	风动和电动工具制造	3574	风动和电动工具制造	
3466	喷枪及类似器具制造	3575	喷枪及类似器具制造	
3467	衡器制造	3577	衡器制造	
3468	包装专用设备制造	3576	包装专用设备制造	
347	文化、办公用机械制造			
3471	电影机械制造	4151	电影机械制造	调整，从原"41仪器仪表及文化、办公用机械制造业"调到此类
3472	幻灯及投影设备制造	4152	幻灯及投影设备制造	同上
3473	照相机及器材制造	4153	照相机及器材制造	同上
3474	复印和胶印设备制造	4154	复印和胶印设备制造	同上
3475	计算器及货币专用设备制造	4155	计算器及货币专用设备制造	同上
3479	其他文化、办公用机械制造	4159	其他文化、办公用机械制造	同上
348	通用零部件制造			
3481	金属密封件制造	3581	金属密封件制造	
3482	紧固件制造	3582	紧固件、弹簧制造	新增，将原3582分解
3483	弹簧制造	3582	紧固件、弹簧制造	新增，将原3582分解
3484	机械零部件加工	3583	机械零部件加工及设备修理	更名，内容变更，原3583部分内容调出
3489	其他通用零部件制造	3589	其他通用零部件制造	
3490	其他通用设备制造业	3579	其他通用设备制造	
35	**专用设备制造业**			
351	采矿、冶金、建筑专用设备制造			
3511	矿山机械制造	3611	采矿、采石设备制造	
3512	石油钻采专用设备制造	3612	石油钻采专用设备制造	内容变更，原3612部分内容调出
3513	建筑工程用机械制造	3613	建筑工程用机械制造	内容变更，原3613部分内容调出
3514	海洋工程专用设备制造	3612	石油钻采专用设备制造	新增，原3612、3613、3759部分内容调到此类
		3613	建筑工程用机械制造	
		3759	航标器材及其他浮动装置的制造	
3515	建筑材料生产专用机械制造	3614	建筑材料生产专用机械制造	
3516	冶金专用设备制造	3615	冶金专用设备制造	
352	化工、木材、非金属加工专用设备制造			

续 15

GB/T 4754—2011		GB/T 4754—2002		说　明
3521	炼油、化工生产专用设备制造	3621	炼油、化工生产专用设备制造	
3522	橡胶加工专用设备制造	3622	橡胶加工专用设备制造	
3523	塑料加工专用设备制造	3623	塑料加工专用设备制造	
3524	木材加工机械制造	3624	木材加工机械制造	
3525	模具制造	3625	模具制造	
3529	其他非金属加工专用设备制造	3629	其他非金属加工专用设备制造	
353	食品、饮料、烟草及饲料生产专用设备制造			
3531	食品、酒、饮料及茶生产专用设备制造	3631	食品、饮料、烟草工业专用设备制造	更名，内容变更，原 3631 部分内容调出
3532	农副食品加工专用设备制造	3632	农副食品加工专用设备制造	
3533	烟草生产专用设备制造	3631	食品、饮料、烟草工业专用设备制造	新增，原 3631 部分内容调到此类
3534	饲料生产专用设备制造	3633	饲料生产专用设备制造	
354	印刷、制药、日化及日用品生产专用设备制造			
3541	制浆和造纸专用设备制造	3641	制浆和造纸专用设备制造	
3542	印刷专用设备制造	3642	印刷专用设备制造	
3543	日用化工专用设备制造	3643	日用化工专用设备制造	
3544	制药专用设备制造	3644	制药专用设备制造	
3545	照明器具生产专用设备制造	3645	照明器具生产专用设备制造	
3546	玻璃、陶瓷和搪瓷制品生产专用设备制造	3646	玻璃、陶瓷和搪瓷制品生产专用设备制造	
3549	其他日用品生产专用设备制造	3649	其他日用品生产专用设备制造	
355	纺织、服装和皮革加工专用设备制造			
3551	纺织专用设备制造	3651	纺织专用设备制造	
3552	皮革、毛皮及其制品加工专用设备制造	3652	皮革、毛皮及其制品加工专用设备制造	
3553	缝制机械制造	3653	缝纫机械制造	内容变更，原 3653 归入此类，原 3659 被分解，部分内容调到此类
		3659	其他服装加工专用设备制造	
3554	洗涤机械制造	3659	其他服装加工专用设备制造	新增，原 3659 部分内容调到此类
356	电子和电工机械专用设备制造			
3561	电工机械专用设备制造	3661	电工机械专用设备制造	
3562	电子工业专用设备制造	3662	电子工业专用设备制造	
357	农、林、牧、渔专用机械制造			
3571	拖拉机制造	3671	拖拉机制造	
3572	机械化农业及园艺机具制造	3672	机械化农业及园艺机具制造	
3573	营林及木竹采伐机械制造	3673	营林及木竹采伐机械制造	
3574	畜牧机械制造	3674	畜牧机械制造	
3575	渔业机械制造	3675	渔业机械制造	
3576	农林牧渔机械配件制造	3676	农林牧渔机械配件制造	
3577	棉花加工机械制造	3679	其他农林牧渔业机械制造及机械修理	新增，原 3679 部分内容调到此类

续16

GB/T 4754—2011		GB/T 4754—2002		说　明
3579	其他农、林、牧、渔业机械制造	3679	其他农林牧渔业机械制造及机械修理	内容变更，原3679部分内容调出
358	医疗仪器设备及器械制造			
3581	医疗诊断、监护及治疗设备制造	3681	医疗诊断、监护及治疗设备制造	
3582	口腔科用设备及器具制造	3682	口腔科用设备及器具制造	
3583	医疗实验室及医用消毒设备和器具制造	3683	实验室及医用消毒设备和器具的制造	
3584	医疗、外科及兽医用器械制造	3684	医疗、外科及兽医用器械制造	
3585	机械治疗及病房护理设备制造	3685	机械治疗及病房护理设备制造	
3586	假肢、人工器官及植(介)入器械制造	3686	假肢、人工器官及植(介)入器械制造	
3589	其他医疗设备及器械制造	3689	其他医疗设备及器械制造	
359	环保、社会公共服务及其他专用设备制造			
3591	环境保护专用设备制造	3691	环境污染防治专用设备制造	
3592	地质勘查专用设备制造	3692	地质勘查专用设备制造	
3593	邮政专用机械及器材制造	3693	邮政专用机械及器材制造	
3594	商业、饮食、服务专用设备制造	3694	商业、饮食、服务业专用设备制造	
3595	社会公共安全设备及器材制造	3695	社会公共安全设备及器材制造	
3596	交通安全、管制及类似专用设备制造	3696	交通安全及管制专用设备制造	内容变更，原3696部分内容调出
3597	水资源专用机械制造	3697	水资源专用机械制造	
3599	其他专用设备制造	3699	其他专用设备制造	内容变更，原3699部分内容调出
36	**汽车制造业**			
3610	汽车整车制造	3721	汽车整车制造	内容变更，原3721部分内容调出
3620	改装汽车制造	3722	改装汽车制造	
3630	低速载货汽车制造	3721	汽车整车制造	新增，原3721部分内容调到此类
3640	电车制造	3723	电车制造	
3650	汽车车身、挂车制造	3724	汽车车身、挂车的制造	
3660	汽车零部件及配件制造	3725	汽车零部件及配件制造	
37	**铁路、船舶、航空航天和其他运输设备制造业**			
371	铁路运输设备制造			
3711	铁路机车车辆及动车组制造	3711	铁路机车车辆及动车组制造	内容变更，原3711部分内容调出
3712	窄轨机车车辆制造	3712	工矿有轨专用车辆制造	更名
3713	铁路机车车辆配件制造	3713	铁路机车车辆配件制造	
3714	铁路专用设备及器材、配件制造	3714	铁路专用设备及器材、配件制造	内容变更，原3714部分内容调出
3719	其他铁路运输设备制造	3719	其他铁路设备制造及设备修理	更名，内容变更，原3719部分内容调出
3720	城市轨道交通设备制造	3711	铁路机车车辆及动车组制造	新增，原3711部分内容调到此类
373	船舶及相关装置制造			
3731	金属船舶制造	3751	金属船舶制造	
3732	非金属船舶制造	3752	非金属船舶制造	
3733	娱乐船和运动船制造	3753	娱乐船和运动船的建造和修理	内容变更，原3753部分内容调出

续 17

GB/T 4754—2011		GB/T 4754—2002		说　明
3734	船用配套设备制造	3754	船用配套设备制造	
3735	船舶改装与拆除	3755	船舶修理及拆船	内容变更,原3755部分内容调出
3739	航标器材及其他相关装置制造	3759	航标器材及其他浮动装置的制造	更名,内容变更,原3759部分内容调出
374	航空、航天器及设备制造			
3741	飞机制造	3761	飞机制造及修理	内容变更,原3761部分内容调出
3742	航天器制造	3762	航天器制造	
3743	航空、航天相关设备制造	3669	航空、航天及其他专用设备制造	调整,内容变更,原3761部分内容调到此,原“36专用设备制造业”的3669调到此类
		3761	飞机制造及修理	
3749	其他航空航天器制造	3769	其他飞行器制造	
375	摩托车制造			
3751	摩托车整车制造	3731	摩托车整车制造	
3752	摩托车零部件及配件制造	3732	摩托车零部件及配件制造	
376	自行车制造			
3761	脚踏自行车及残疾人座车制造	3741	脚踏自行车及残疾人座车制造	
3762	助动自行车制造	3742	助动自行车制造	
3770	非公路休闲车及零配件制造	3741	脚踏自行车及残疾人座车制造	新增,原3741、3742、3799部分内容调到此类
		3742	助动自行车制造	
		3799	其他交通运输设备制造	
379	潜水救捞及其他未列明运输设备制造			
3791	潜水及水下救捞装备制造	3791	潜水及水下救捞装备制造	
3799	其他未列明运输设备制造	3799	其他交通运输设备制造	内容变更,原3799部分内容调出
38	**电气机械和器材制造业**			
381	电机制造			
3811	发电机及发电机组制造	3911	发电机及发电机组制造	
3812	电动机制造	3912	电动机制造	
3819	微电机及其他电机制造	3919	微电机及其他电机制造	
382	输配电及控制设备制造			
3821	变压器、整流器和电感器制造	3921	变压器、整流器和电感器制造	
3822	电容器及其配套设备制造	3922	电容器及其配套设备制造	
3823	配电开关控制设备制造	3923	配电开关控制设备制造	
3824	电力电子元器件制造	3924	电力电子元器件制造	
3825	光伏设备及元器件制造	3929	其他输配电及控制设备制造	新增,原3929部分内容调到此类
3829	其他输配电及控制设备制造	3929	其他输配电及控制设备制造	内容变更,原3929部分内容调出
383	电线、电缆、光缆及电工器材制造			
3831	电线、电缆制造	3931	电线电缆制造	
3832	光纤、光缆制造	3932	光纤、光缆制造	
3833	绝缘制品制造	3933	绝缘制品制造	
3839	其他电工器材制造	3939	其他电工器材制造	
384	电池制造			
3841	锂离子电池制造	3940	电池制造	新增,将原3940分解
3842	镍氢电池制造	3940	电池制造	新增,将原3940分解
3849	其他电池制造	3940	电池制造	新增,将原3940分解
385	家用电力器具制造			

续18

GB/T 4754—2011		GB/T 4754—2002		说明
3851	家用制冷电器具制造	3951	家用制冷电器具制造	
3852	家用空气调节器制造	3952	家用空气调节器制造	
3853	家用通风电器具制造	3953	家用通风电器具制造	
3854	家用厨房电器具制造	3954	家用厨房电器具制造	
3855	家用清洁卫生电器具制造	3955	家用清洁卫生电器具制造	
3856	家用美容、保健电器具制造	3956	家用美容、保健电器具制造	
3857	家用电力器具专用配件制造	3957	家用电力器具专用配件制造	
3859	其他家用电力器具制造	3959	其他家用电力器具制造	
386	非电力家用器具制造			
3861	燃气、太阳能及类似能源家用器具制造	3961	燃气、太阳能及类似能源的器具制造	
3869	其他非电力家用器具制造	3969	其他非电力家用器具制造	
387	照明器具制造			
3871	电光源制造	3971	电光源制造	
3872	照明灯具制造	3972	照明灯具制造	内容变更,原3972归入此类,原3991部分内容调到此类
		3991	车辆专用照明及电气信号设备装置制造	
3879	灯用电器附件及其他照明器具制造	3979	灯用电器附件及其他照明器具制造	
389	其他电气机械及器材制造			
3891	电气信号设备装置制造	3696	交通安全及管制专用设备制造	内容变更,原3991部分内容调出,原3696、3714、3999部分内容调到此类
		3714	铁路专用设备及器材、配件制造	
		3991	车辆专用照明及电气信号设备装置制造	
		3999	其他未列明的电气机械制造	
3899	其他未列明电气机械及器材制造	3999	其他未列明的电气机械制造	内容变更,原3999部分内容调出
39	**计算机、通信和其他电子设备制造业**			
391	计算机制造			
3911	计算机整机制造	4041	电子计算机整机制造	
3912	计算机零部件制造	4043	电子计算机外部设备制造	新增,将原4043分解
3913	计算机外围设备制造	4043	电子计算机外部设备制造	新增,将原4043分解
3919	其他计算机制造	4042	计算机网络设备制造	新增,原4042归入此类,原4043部分内容调到此类
		4043	电子计算机外部设备制造	
392	通信设备制造			
3921	通信系统设备制造	4011	通信传输设备制造	新增,原4011、4012、4019合并为此类
		4012	通信交换设备制造	
		4019	其他通信设备制造	
3922	通信终端设备制造	4013	通信终端设备制造	新增,原4013、4014合并为此类
		4014	移动通信及终端设备制造	

续 19

GB/T 4754—2011		GB/T 4754—2002		说　明
393	广播电视设备制造			
3931	广播电视节目制作及发射设备制造	4031	广播电视节目制作及发射设备制造	
3932	广播电视接收设备及器材制造	4032	广播电视接收设备及器材制造	
3939	应用电视设备及其他广播电视设备制造	4039	应用电视设备及其他广播电视设备制造	
3940	雷达及配套设备制造	4020	雷达及配套设备制造	
395	视听设备制造			
3951	电视机制造	4071	家用影视设备制造	新增,将原 4071 分解
3952	音响设备制造	4072	家用音响设备制造	更名
3953	影视录放设备制造	4071	家用影视设备制造	新增,将原 4071 分解
396	电子器件制造			
3961	电子真空器件制造	4051	电子真空器件制造	
3962	半导体分立器件制造	4052	半导体分立器件制造	
3963	集成电路制造	4053	集成电路制造	
3969	光电子器件及其他电子器件制造	4059	光电子器件及其他电子器件制造	
397	电子元件制造			
3971	电子元件及组件制造	4061	电子元件及组件制造	
3972	印制电路板制造	4062	印制电路板制造	
3990	其他电子设备制造	4090	其他电子设备制造	
40	**仪器仪表制造业**			
401	通用仪器仪表制造			
4011	工业自动控制系统装置制造	4111	工业自动控制系统装置制造	
4012	电工仪器仪表制造	4112	电工仪器仪表制造	
4013	绘图、计算及测量仪器制造	4113	绘图、计算及测量仪器制造	
4014	实验分析仪器制造	4114	实验分析仪器制造	
4015	试验机制造	4115	试验机制造	
4019	供应用仪表及其他通用仪器制造	4119	供应用仪表及其他通用仪器制造	
402	专用仪器仪表制造			
4021	环境监测专用仪器仪表制造	4121	环境监测专用仪器仪表制造	
4022	运输设备及生产用计数仪表制造	4122	汽车及其他用计数仪表制造	
4023	导航、气象及海洋专用仪器制造	4123	导航、气象及海洋专用仪器制造	
4024	农林牧渔专用仪器仪表制造	4124	农林牧渔专用仪器仪表制造	
4025	地质勘探和地震专用仪器制造	4125	地质勘探和地震专用仪器制造	
4026	教学专用仪器制造	4126	教学专用仪器制造	
4027	核子及核辐射测量仪器制造	4127	核子及核辐射测量仪器制造	
4028	电子测量仪器制造	4128	电子测量仪器制造	
4029	其他专用仪器制造	4129	其他专用仪器制造	
4030	钟表与计时仪器制造	4130	钟表与计时仪器制造	
404	光学仪器及眼镜制造			
4041	光学仪器制造	4141	光学仪器制造	
4042	眼镜制造	4142	眼镜制造	
4090	其他仪器仪表制造业	4190	其他仪器仪表的制造及修理	内容变更,原 4190 部分内容调出
41	**其他制造业**			
411	日用杂品制造			
4111	鬃毛加工、制刷及清扫工具制造	4222	鬃毛加工、制刷及清扫工具的制造	

续20

GB/T 4754—2011		GB/T 4754—2002		说 明
4119	其他日用杂品制造	4229	其他日用杂品制造	
4120	煤制品制造	4230	煤制品制造	
4130	核辐射加工	4240	核辐射加工	
4190	其他未列明制造业	4290	其他未列明的制造业	
42	**废弃资源综合利用业**			
4210	金属废料和碎屑加工处理	4310	金属废料和碎屑的加工处理	
4220	非金属废料和碎屑加工处理	4320	非金属废料和碎屑的加工处理	
43	**金属制品、机械和设备修理业**			
4310	金属制品修理	3411	金属结构制造	新增,原3411、3431、3432部分内容调到此类
		3431	集装箱制造	
		3432	金属压力容器制造	
4320	通用设备修理	3583	机械零部件加工及设备修理	新增,原3583部分内容调到此类
4330	专用设备修理	3679	其他农林牧渔业机械制造及机械修理	新增,原3679、3681、3682、3683、3684、3685、3689、3699部分内容调到此类
		3681	医疗诊断、监护及治疗设备制造	
		3682	口腔科用设备及器具制造	
		3683	实验室及医用消毒设备和器具的制造	
		3684	医疗、外科及兽医用器械制造	
		3685	机械治疗及病房护理设备制造	
		3689	其他医疗设备及器械制造	
		3699	其他专用设备制造	
434	铁路、船舶、航空航天等运输设备修理			
4341	铁路运输设备修理	3719	其他铁路设备制造及设备修理	新增,原3719部分内容调到此类
4342	船舶修理	3753	娱乐船和运动船的建造和修理	新增,原3753、3755部分内容调到此类
		3755	船舶修理及拆船	
4343	航空航天器修理	3761	飞机制造及修理	新增,原3761部分内容调到此类
4349	其他运输设备修理	3799	其他交通运输设备制造	新增,原3799部分内容调到此类
4350	电气设备修理	3999	其他未列明的电气机械制造	新增,原3999部分内容调到此类
4360	仪器仪表修理	4190	其他仪器仪表的制造及修理	新增,原4190部分内容调到此类
4390	其他机械和设备修理业	3583	机械零部件加工及设备修理	新增,原3583部分内容调到此类
D	**电力、热力、燃气及水生产和供应业**			
44	**电力、热力生产和供应业**			
441	电力生产			
4411	火力发电	4411	火力发电	
4412	水力发电	4412	水力发电	
4413	核力发电	4413	核力发电	
4414	风力发电	4419	其他能源发电	新增,原4419部分内容调到此类
4415	太阳能发电	4419	其他能源发电	新增,原4419部分内容调到此类
4419	其他电力生产	4419	其他能源发电	内容变更,原4419部分内容调出
4420	电力供应	4420	电力供应	

续21

GB/T 4754—2011		GB/T 4754—2002		说　明
4430	热力生产和供应	4430	热力生产和供应	
45	**燃气生产和供应业**			
4500	燃气生产和供应业	4500	燃气生产和供应业	
46	**水的生产和供应业**			
4610	自来水生产和供应	4610	自来水的生产和供应	
4620	污水处理及其再生利用	4620	污水处理及其再生利用	
4690	其他水的处理、利用与分配	4690	其他水的处理、利用与分配	
E	**建筑业**			
47	**房屋建筑业**			
4700	房屋建筑业	4710	房屋工程建筑	
48	**土木工程建筑业**			
481	铁路、道路、隧道和桥梁工程建筑			
4811	铁路工程建筑	4721	铁路、道路、隧道和桥梁工程建筑	新增，将原4721分解
4812	公路工程建筑	4721	铁路、道路、隧道和桥梁工程建筑	新增，将原4721分解
4813	市政道路工程建筑	4721	铁路、道路、隧道和桥梁工程建筑	新增，将原4721分解
4819	其他道路、隧道和桥梁工程建筑	4721	铁路、道路、隧道和桥梁工程建筑	新增，将原4721分解
482	水利和内河港口工程建筑			
4821	水源及供水设施工程建筑	4722	水利和港口工程建筑	新增，将原4722分解
4822	河湖治理及防洪设施工程建筑	4722	水利和港口工程建筑	新增，将原4722分解
4823	港口及航运设施工程建筑	4722	水利和港口工程建筑	新增，将原4722分解
4830	海洋工程建筑	4722	水利和港口工程建筑	新增，将原4722分解
4840	工矿工程建筑	4723	工矿工程建筑	
485	架线和管道工程建筑			
4851	架线及设备工程建筑	4724	架线和管道工程建筑	新增，将原4724分解
4852	管道工程建筑	4724	架线和管道工程建筑	新增，将原4724分解
4890	其他土木工程建筑	4729	其他土木工程建筑	
49	**建筑安装业**			
4910	电气安装	4800	建筑安装业	新增，将原4800分解
4920	管道和设备安装	4800	建筑安装业	新增，将原4800分解
4990	其他建筑安装业	4800	建筑安装业	新增，将原4800分解
50	**建筑装饰和其他建筑业**			
5010	建筑装饰业	4900	建筑装饰业	
502	工程准备活动			
5021	建筑物拆除活动	5010	工程准备	新增，将原5010分解
5029	其他工程准备活动	5010	工程准备	新增，将原5010分解
5030	提供施工设备服务	5020	提供施工设备服务	
5090	其他未列明建筑业	5090	其他未列明的建筑活动	
F	**批发和零售业**			
51	**批发业**			
511	农、林、牧产品批发			
5111	谷物、豆及薯类批发	6311	谷物、豆及薯类批发	
5112	种子批发	6312	种子、饲料批发	新增，将原6312分解
5113	饲料批发	6312	种子、饲料批发	新增，将原6312分解
5114	棉、麻批发	6313	棉、麻批发	
5115	林业产品批发	6319	其他农畜产品批发	新增，原6319部分内容调到此类
5116	牲畜批发	6314	牲畜批发	
5119	其他农牧产品批发	6319	其他农畜产品批发	内容变更，原6319部分内容调出

续22

GB/T 4754—2011		GB/T 4754—2002		说　明
512	食品、饮料及烟草制品批发			
5121	米、面制品及食用油批发	6321	米、面制品及食用油批发	
5122	糕点、糖果及糖批发	6322	糕点、糖果及糖批发	
5123	果品、蔬菜批发	6323	果品、蔬菜批发	
5124	肉、禽、蛋、奶及水产品批发	6324	肉、禽、蛋及水产品批发	内容变更，原6324归入此类，原6326部分内容调到此类
		6326	饮料及茶叶批发	
5125	盐及调味品批发	6325	盐及调味品批发	
5126	营养和保健品批发	6329	其他食品批发	新增，原6329部分内容调到此类
5127	酒、饮料及茶叶批发	6326	饮料及茶叶批发	更名，内容变更，原6326部分内容调出
5128	烟草制品批发	6327	烟草制品批发	
5129	其他食品批发	6329	其他食品批发	内容变更，原6329部分内容调出
513	纺织、服装及家庭用品批发			
5131	纺织品、针织品及原料批发	6331	纺织品、针织品及原料批发	
5132	服装批发	6332	服装批发	
5133	鞋帽批发	6333	鞋帽批发	
5134	化妆品及卫生用品批发	6335	化妆品及卫生用品批发	
5135	厨房、卫生间用具及日用杂货批发	6334	厨房、卫生间用具及日用杂货批发	
5136	灯具、装饰物品批发	6339	其他日用品批发	新增，原6339部分内容调到此类
5137	家用电器批发	6374	家用电器批发	
5139	其他家庭用品批发	6339	其他日用品批发	内容变更，原6339部分内容调出
514	文化、体育用品及器材批发			
5141	文具用品批发	6341	文具用品批发	
5142	体育用品及器材批发	6342	体育用品批发	
5143	图书批发	6343	图书批发	
5144	报刊批发	6344	报刊批发	
5145	音像制品及电子出版物批发	6345	音像制品及电子出版物批发	
5146	首饰、工艺品及收藏品批发	6346	首饰、工艺品及收藏品批发	
5149	其他文化用品批发	6349	其他文化用品批发	
515	医药及医疗器材批发			
5151	西药批发	6351	西药批发	
5152	中药批发	6352	中药材及中成药批发	更名
5153	医疗用品及器材批发	6353	医疗用品及器材批发	
516	矿产品、建材及化工产品批发			
5161	煤炭及制品批发	6361	煤炭及制品批发	
5162	石油及制品批发	6362	石油及制品批发	
5163	非金属矿及制品批发	6363	非金属矿及制品批发	
5164	金属及金属矿批发	6364	金属及金属矿批发	
5165	建材批发	6365	建材批发	
5166	化肥批发	6366	化肥批发	
5167	农药批发	6367	农药批发	
5168	农用薄膜批发	6368	农用薄膜批发	
5169	其他化工产品批发	6369	其他化工产品批发	

续 23

GB/T 4754—2011		GB/T 4754—2002		说　明
517	机械设备、五金产品及电子产品批发			
5171	农业机械批发	6371	农业机械批发	
5172	汽车批发	6372	汽车、摩托车及零配件批发	新增,将原 6372 分解
5173	汽车零配件批发	6372	汽车、摩托车及零配件批发	新增,将原 6372 分解
5174	摩托车及零配件批发	6372	汽车、摩托车及零配件批发	新增,将原 6372 分解
5175	五金产品批发	6373	五金、交电批发	内容变更,原 6373 部分内容调出
5176	电气设备批发	6373	五金、交电批发	新增,原 6373、6379 部分内容调到此类
		6379	其他机械设备及电子产品批发	
5177	计算机、软件及辅助设备批发	6375	计算机、软件及辅助设备批发	
5178	通讯及广播电视设备批发	6376	通讯及广播电视设备批发	
5179	其他机械设备及电子产品批发	6379	其他机械设备及电子产品批发	内容变更,原 6379 部分内容调出
518	贸易经纪与代理			
5181	贸易代理	6380	贸易经纪与代理	新增,将原 6380 分解
5182	拍卖	6380	贸易经纪与代理	新增,将原 6380 分解
5189	其他贸易经纪与代理	6380	贸易经纪与代理	新增,将原 6380 分解
519	其他批发业			
5191	再生物资回收与批发	6391	再生物资回收与批发	
5199	其他未列明批发业	6399	其他未列明的批发	
52	**零售业**			
521	综合零售			
5211	百货零售	6511	百货零售	
5212	超级市场零售	6512	超级市场零售	
5219	其他综合零售	6519	其他综合零售	
522	食品、饮料及烟草制品专门零售			
5221	粮油零售	6521	粮油零售	
5222	糕点、面包零售	6522	糕点、面包零售	
5223	果品、蔬菜零售	6523	果品、蔬菜零售	
5224	肉、禽、蛋、奶及水产品零售	6524	肉、禽、蛋及水产品零售	内容变更,原 6524 归入此类,原 6525 部分内容调到此类
		6525	饮料及茶叶零售	
5225	营养和保健品零售	6529	其他食品零售	新增,原 6529 部分内容调到此类
5226	酒、饮料及茶叶零售	6525	饮料及茶叶零售	更名,内容变更,原 6525 部分内容调出
5227	烟草制品零售	6526	烟草制品零售	
5229	其他食品零售	6529	其他食品零售	内容变更,原 6529 部分内容调出
523	纺织、服装及日用品专门零售			
5231	纺织品及针织品零售	6531	纺织品及针织品零售	
5232	服装零售	6532	服装零售	
5233	鞋帽零售	6533	鞋帽零售	
5234	化妆品及卫生用品零售	6535	化妆品及卫生用品零售	
5235	钟表、眼镜零售	6534	钟表、眼镜零售	
5236	箱、包零售	6539	其他日用品零售	新增,原 6539 部分内容调到此类
5237	厨房用具及日用杂品零售	6539	其他日用品零售	新增,原 6539 部分内容调到此类
5238	自行车零售	6539	其他日用品零售	新增,原 6539 部分内容调到此类

续24

GB/T 4754—2011		GB/T 4754—2002		说　明
5239	其他日用品零售	6539	其他日用品零售	内容变更,原6539部分内容调出,原6594归入此类
		6594	花卉零售	
524	文化、体育用品及器材专门零售			
5241	文具用品零售	6541	文具用品零售	
5242	体育用品及器材零售	6542	体育用品零售	
5243	图书、报刊零售	6543	图书零售	新增,原6543、6544合并为此类
		6544	报刊零售	
5244	音像制品及电子出版物零售	6545	音像制品及电子出版物零售	
5245	珠宝首饰零售	6546	珠宝首饰零售	
5246	工艺美术品及收藏品零售	6547	工艺美术品及收藏品零售	
5247	乐器零售	6549	其他文化用品零售	新增,原6549部分内容调到此处
5248	照相器材零售	6548	照相器材零售	
5249	其他文化用品零售	6549	其他文化用品零售	内容变更,原6549部分内容调出
525	医药及医疗器材专门零售			
5251	药品零售	6551	药品零售	
5252	医疗用品及器材零售	6552	医疗用品及器材零售	
526	汽车、摩托车、燃料及零配件专门零售			
5261	汽车零售	6561	汽车零售	
5262	汽车零配件零售	6562	汽车零配件零售	
5263	摩托车及零配件零售	6563	摩托车及零配件零售	
5264	机动车燃料零售	6564	机动车燃料零售	
527	家用电器及电子产品专门零售			
5271	家用视听设备零售	6571	家用电器零售	新增,将原6571分解
5272	日用家电设备零售	6571	家用电器零售	新增,将原6571分解
5273	计算机、软件及辅助设备零售	6572	计算机、软件及辅助设备零售	
5274	通信设备零售	6573	通信设备零售	
5279	其他电子产品零售	6579	其他电子产品零售	
528	五金、家具及室内装饰材料专门零售			
5281	五金零售	6581	五金零售	
5282	灯具零售	6539	其他日用品零售	新增,原6539部分内容调到此类
5283	家具零售	6582	家具零售	
5284	涂料零售	6583	涂料零售	
5285	卫生洁具零售	6589	其他室内装修材料零售	新增,原6589部分内容调到此类
5286	木质装饰材料零售	6589	其他室内装修材料零售	新增,原6589部分内容调到此类
5287	陶瓷、石材装饰材料零售	6589	其他室内装修材料零售	新增,原6589部分内容调到此类
5289	其他室内装饰材料零售	6589	其他室内装修材料零售	内容变更,原6589部分内容调出
529	货摊、无店铺及其他零售业			
5291	货摊食品零售	6591	流动货摊零售	新增,将原6591分解
5292	货摊纺织、服装及鞋零售	6591	流动货摊零售	新增,将原6591分解
5293	货摊日用品零售	6591	流动货摊零售	新增,将原6591分解
5294	互联网零售	6592	邮购及电子销售	新增,原6592部分内容调到此类
5295	邮购及电视、电话零售	6592	邮购及电子销售	内容变更,原6592部分内容调出
5296	旧货零售	6595	旧货零售	
5297	生活用燃料零售	6593	生活用燃料零售	

续 25

GB/T 4754—2011		GB/T 4754—2002		说　明
5299	其他未列明零售业	6599	其他未列明的零售	
G	**交通运输、仓储和邮政业**			
53	**铁路运输业**			
5310	铁路旅客运输	5110	铁路旅客运输	
5320	铁路货物运输	5120	铁路货物运输	
533	铁路运输辅助活动			
5331	客运火车站	5131	客运火车站	
5332	货运火车站	5132	货运火车站	
5339	其他铁路运输辅助活动	5139	其他铁路运输辅助活动	
54	**道路运输业**			
541	城市公共交通运输			
5411	公共电汽车客运	5310	公共电汽车客运	
5412	城市轨道交通	5320	轨道交通	更名
5413	出租车客运	5330	出租车客运	
5419	其他城市公共交通运输	5390	其他城市公共交通	
5420	公路旅客运输	5210	公路旅客运输	
5430	道路货物运输	5220	道路货物运输	
544	道路运输辅助活动			
5441	客运汽车站	5231	客运汽车站	
5442	公路管理与养护	5232	公路管理与养护	
5449	其他道路运输辅助活动	5239	其他道路运输辅助活动	
55	**水上运输业**			
551	水上旅客运输			
5511	海洋旅客运输	5411	远洋旅客运输	新增,原 5411、5412 合并为此类
		5412	沿海旅客运输	
5512	内河旅客运输	5413	内河旅客运输	内容变更,原 5413 部分内容调出
5513	客运轮渡运输	5340	城市轮渡	新增,原 5340 归入此类,原 5413 部分内容调到此类
		5413	内河旅客运输	
552	水上货物运输			
5521	远洋货物运输	5421	远洋货物运输	
5522	沿海货物运输	5422	沿海货物运输	
5523	内河货物运输	5423	内河货物运输	
553	水上运输辅助活动			
5531	客运港口	5431	客运港口	
5532	货运港口	5432	货运港口	
5539	其他水上运输辅助活动	5439	其他水上运输辅助活动	
56	**航空运输业**			
561	航空客货运输			
5611	航空旅客运输	5511	航空旅客运输	
5612	航空货物运输	5512	航空货物运输	
5620	通用航空服务	5520	通用航空服务	
563	航空运输辅助活动			
5631	机场	5531	机场	
5632	空中交通管理	5532	空中交通管理	
5639	其他航空运输辅助活动	5539	其他航空运输辅助活动	

续26

GB/T 4754—2011		GB/T 4754—2002		说　明
57	**管道运输业**			
5700	管道运输业	5600	管道运输业	
58	**装卸搬运和运输代理业**			
5810	装卸搬运	5710	装卸搬运	
582	运输代理业			
5821	货物运输代理	5720	运输代理服务	新增,将原5720分解
5822	旅客票务代理	5720	运输代理服务	新增,将原5720分解
5829	其他运输代理业	5720	运输代理服务	新增,将原5720分解
59	**仓储业**			
591	谷物、棉花等农产品仓储			
5911	谷物仓储	5810	谷物、棉花等农产品仓储	新增,将原5810分解
5912	棉花仓储	5810	谷物、棉花等农产品仓储	新增,将原5810分解
5919	其他农产品仓储	5810	谷物、棉花等农产品仓储	新增,将原5810分解
5990	其他仓储业	5890	其他仓储	
60	**邮政业**			
6010	邮政基本服务	5910	国家邮政	更名,内容变更,原5910部分内容调出
6020	快递服务	5910	国家邮政	更名,内容变更,原5990归入此类,原5910部分内容调到此类
		5990	其他寄递服务	
H	**住宿和餐饮业**			
61	**住宿业**			
6110	旅游饭店	6610	旅游饭店	
6120	一般旅馆	6620	一般旅馆	
6190	其他住宿业	6690	其他住宿服务	
62	**餐饮业**			
6210	正餐服务	6710	正餐服务	
6220	快餐服务	6720	快餐服务	
623	饮料及冷饮服务			
6231	茶馆服务	6730	饮料及冷饮服务	新增,将原6730分解
6232	咖啡馆服务	6730	饮料及冷饮服务	新增,将原6730分解
6233	酒吧服务	6730	饮料及冷饮服务	新增,将原6730分解
6239	其他饮料及冷饮服务	6730	饮料及冷饮服务	新增,将原6730分解
629	其他餐饮业			
6291	小吃服务	6790	其他餐饮服务	新增,将原6790分解
6292	餐饮配送服务	6790	其他餐饮服务	新增,将原6790分解
6299	其他未列明餐饮业	6790	其他餐饮服务	新增,将原6790分解
I	**信息传输、软件和信息技术服务业**			
63	**电信、广播电视和卫星传输服务**			
631	电信			
6311	固定电信服务	6011	固定电信服务	
6312	移动电信服务	6012	移动电信服务	
6319	其他电信服务	6019	其他电信服务	内容变更,原6019部分内容调出
632	广播电视传输服务			
6321	有线广播电视传输服务	6031	有线广播电视传输服务	
6322	无线广播电视传输服务	6032	无线广播电视传输服务	

续 27

GB/T 4754—2011		GB/T 4754—2002		说　明
6330	卫星传输服务	6040	卫星传输服务	
64	**互联网和相关服务**			
6410	互联网接入及相关服务	6019	其他电信服务	新增,原6019部分内容调到此类
6420	互联网信息服务	6020	互联网信息服务	内容变更,原6020部分内容调出
6490	其他互联网服务	6019	其他电信服务	新增,原6019部分内容调到此类
65	**软件和信息技术服务业**			
6510	软件开发	6211	基础软件服务	新增,原6211、6290归入此类,原6212部分内容归入此类
		6212	应用软件服务	
		6290	其他软件服务	
6520	信息系统集成服务	6110	计算机系统服务	更名,内容变更,原6110部分内容调出
6530	信息技术咨询服务	6110	计算机系统服务	新增,原6110、6190部分内容调到此类
		6190	其他计算机服务	
6540	数据处理和存储服务	6020	互联网信息服务	更名,内容变更,原6120归入此类,原6020部分内容调到此类
		6120	数据处理	
6550	集成电路设计	6212	应用软件服务	新增,原6212部分内容调到此类
659	其他信息技术服务业			
6591	数字内容服务	6212	应用软件服务	新增,原6212部分内容调到此类
6592	呼叫中心	6019	其他电信服务	新增,原6019、7499部分内容调到此类
		7499	其他未列明的商务服务	
6599	其他未列明信息技术服务业	6190	其他计算机服务	新增,原6190部分内容调到此类
J	**金融业**			
66	**货币金融服务**			
6610	中央银行服务	6810	中央银行	内容变更,原6810部分内容调出
6620	货币银行服务	6820	商业银行	新增,原6820、6890、7140归入此类
		6890	其他银行	
		7140	邮政储蓄	
663	非货币银行服务			
6631	金融租赁服务	7120	金融租赁	
6632	财务公司	7130	财务公司	
6633	典当	7150	典当	
6639	其他非货币银行服务	7190	其他未列明的金融活动	新增,原7190部分内容调到此类
6640	银行监管服务	6810	中央银行	新增,原6810部分内容调到此类
67	**资本市场服务**			
671	证券市场服务			
6711	证券市场管理服务	6910	证券市场管理	新增,将原6910分解
6712	证券经纪交易服务	6920	证券经纪与交易	新增,将原6920分解
6713	基金管理服务	6920	证券经纪与交易	新增,将原6920分解
672	期货市场服务			
6721	期货市场管理服务	6910	证券市场管理	新增,将原6910分解
6729	其他期货市场服务	6920	证券经纪与交易	新增,将原6920分解
6730	证券期货监管服务	6910	证券市场管理	新增,将原6910分解
6740	资本投资服务	6930	证券投资	新增,原6930调到此类,原7412部分内容调到此类

续28

GB/T 4754—2011		GB/T 4754—2002		说　明
		7412	投资与资产管理	
6790	其他资本市场服务	6940	证券分析与咨询	更名
68	**保险业**			
681	人身保险			
6811	人寿保险	7010	人寿保险	内容变更,原7010部分内容调出
6812	健康和意外保险	7020	非人寿保险	新增,原7020部分内容调到此类
6820	财产保险	7020	非人寿保险	更名,内容变更,原7020部分内容调出
6830	再保险	7010	人寿保险	新增,原7010、7020部分内容调到此类
		7020	非人寿保险	
6840	养老金	7010	人寿保险	新增,原7010部分内容调到此类
6850	保险经纪与代理服务	7030	保险辅助服务	新增,将原7030分解
6860	保险监管服务	7030	保险辅助服务	新增,将原7030分解
689	其他保险活动			
6891	风险和损失评估	7030	保险辅助服务	新增,将原7030分解
6899	其他未列明保险活动	7030	保险辅助服务	新增,将原7030分解
69	**其他金融业**			
6910	金融信托与管理服务	7110	金融信托与管理	
6920	控股公司服务	7411	企业管理机构	新增,原7411部分内容调到此类
6930	非金融机构支付服务	7499	其他未列明的商务服务	新增,原7499部分内容调到此类
6940	金融信息服务	7190	其他未列明的金融活动	新增,原7190部分内容调到此类
6990	其他未列明金融业	7190	其他未列明的金融活动	内容变更,原7190部分内容调出
K	**房地产业**			
70	**房地产业**			
7010	房地产开发经营	7210	房地产开发经营	内容变更,原7210部分内容调出
7020	物业管理	7220	物业管理	
7030	房地产中介服务	7230	房地产中介服务	
7040	自有房地产经营活动	7210	房地产开发经营	新增,原7210部分内容调到此类
7090	其他房地产业	7290	其他房地产活动	
L	**租赁和商务服务业**			
71	**租赁业**			
711	机械设备租赁			
7111	汽车租赁	7311	汽车租赁	
7112	农业机械租赁	7312	农业机械租赁	
7113	建筑工程机械与设备租赁	7313	建筑工程机械与设备租赁	
7114	计算机及通讯设备租赁	7314	计算机及通讯设备租赁	
7119	其他机械与设备租赁	7319	其他机械与设备租赁	
712	文化及日用品出租			
7121	娱乐及体育设备出租	7329	其他文化及日用品出租	新增,原7329部分内容调到此类
7122	图书出租	7321	图书及音像制品出租	新增,将原7321分解
7123	音像制品出租	7321	图书及音像制品出租	新增,将原7321分解
7129	其他文化及日用品出租	7329	其他文化及日用品出租	内容变更,原7329部分内容调出
72	**商务服务业**			
721	企业管理服务			
7211	企业总部管理	7411	企业管理机构	更名,内容变更,原7411部分内容调出

续 29

GB/T 4754—2011		GB/T 4754—2002		说　明
7212	投资与资产管理	7412	投资与资产管理	内容变更,原 7412 部分内容调出
7213	单位后勤管理服务	7419	其他企业管理服务	新增,原 7419 部分内容调到此类
7219	其他企业管理服务	7419	其他企业管理服务	内容变更,原 7419 部分内容调出
722	法律服务			
7221	律师及相关法律服务	7421	律师及相关的法律服务	
7222	公证服务	7422	公证服务	
7229	其他法律服务	7429	其他法律服务	
723	咨询与调查			
7231	会计、审计及税务服务	7431	会计、审计及税务服务	
7232	市场调查	7432	市场调查	
7233	社会经济咨询	7433	社会经济咨询	内容变更,原 7433 部分内容调出
7239	其他专业咨询	7439	其他专业咨询	
7240	广告业	7440	广告业	
7250	知识产权服务	7450	知识产权服务	
726	人力资源服务			
7261	公共就业服务	7460	职业中介服务	新增,将原 7460 分解
7262	职业中介服务	7460	职业中介服务	新增,将原 7460 分解
7263	劳务派遣服务	7460	职业中介服务	新增,将原 7460 分解
7269	其他人力资源服务	7460	职业中介服务	新增,将原 7460 分解
727	旅行社及相关服务			
7271	旅行社服务	7480	旅行社	新增,将原 7480 分解
7272	旅游管理服务	7480	旅行社	新增,将原 7480 分解
7279	其他旅行社相关服务	7480	旅行社	新增,将原 7480 分解
728	安全保护服务			
7281	安全服务	7493	保安服务	新增,将原 7493 分解
7282	安全系统监控服务	7493	保安服务	新增,将原 7493 分解
7289	其他安全保护服务	7493	保安服务	新增,将原 7493 分解
729	其他商务服务业			
7291	市场管理	7470	市场管理	
7292	会议及展览服务	7491	会议及展览服务	
7293	包装服务	7492	包装服务	
7294	办公服务	7494	办公服务	
7295	信用服务	7433	社会经济咨询	新增,原 7433 部分内容调到此类
7296	担保服务	7190	其他未列明的金融活动	新增,原 7190 部分内容调到此类
7299	其他未列明商务服务业	7499	其他未列明的商务服务	内容变更,原 7499 部分内容调出
M	**科学研究和技术服务业**			
73	**研究和试验发展**			
7310	自然科学研究和试验发展	7510	自然科学研究与试验发展	
7320	工程和技术研究和试验发展	7520	工程和技术研究与试验发展	
7330	农业科学研究和试验发展	7530	农业科学研究与试验发展	
7340	医学研究和试验发展	7540	医学研究与试验发展	
7350	社会人文科学研究	7550	社会人文科学研究与试验发展	
74	**专业技术服务业**			
7410	气象服务	7610	气象服务	
7420	地震服务	7620	地震服务	
7430	海洋服务	7630	海洋服务	

续30

GB/T 4754—2011		GB/T 4754—2002		说 明
7440	测绘服务	7640	测绘服务	
7450	质检技术服务	7650	技术检测	更名
746	环境与生态监测			
7461	环境保护监测	7660	环境监测	新增，将原7660分解
7462	生态监测	7660	环境监测	新增，将原7660分解
747	地质勘查			
7471	能源矿产地质勘查	7811	能源矿产地质勘查	
7472	固体矿产地质勘查	7812	固体矿产地质勘查	
7473	水、二氧化碳等矿产地质勘查	7819	其他矿产地质勘查	更名
7474	基础地质勘查	7820	基础地质勘查	
7475	地质勘查技术服务	7830	地质勘查技术服务	
748	工程技术			
7481	工程管理服务	7671	工程管理服务	
7482	工程勘察设计	7672	工程勘察设计	
7483	规划管理	7673	规划管理	
749	其他专业技术服务业			
7491	专业化设计服务	7690	其他专业技术服务	新增，原7690部分内容调到此类
7492	摄影扩印服务	8280	摄影扩印服务	调整，从原“82 居民服务业”调到此类
7493	兽医服务	0531	兽医服务	调整，从原“05 农、林、牧、渔服务业”调到此类
7499	其他未列明专业技术服务业	7690	其他专业技术服务	内容变更，原7690部分内容调出
75	**科技推广和应用服务业**			
751	技术推广服务			
7511	农业技术推广服务	7710	技术推广服务	新增，将原7710分解
7512	生物技术推广服务	7710	技术推广服务	新增，将原7710分解
7513	新材料技术推广服务	7710	技术推广服务	新增，将原7710分解
7514	节能技术推广服务	7710	技术推广服务	新增，将原7710分解
7519	其他技术推广服务	7710	技术推广服务	新增，将原7710分解
7520	科技中介服务	7720	科技中介服务	
7590	其他科技推广和应用服务业	7790	其他科技服务	
N	**水利、环境和公共设施管理业**			
76	**水利管理业**			
7610	防洪除涝设施管理	7910	防洪管理	更名
7620	水资源管理	7929	其他水资源管理	更名
7630	天然水收集与分配	7921	水库管理	新增，原7921、7922合并为此类
		7922	调水、引水管理	
7640	水文服务	7990	其他水利管理	新增，原7990部分内容调到此类
7690	其他水利管理业	7990	其他水利管理	内容变更，原7990部分内容调出
77	**生态保护和环境治理业**			
771	生态保护			
7711	自然保护区管理	8011	自然保护区管理	
7712	野生动物保护	8012	野生动植物保护	新增，将原8012分解
7713	野生植物保护	8012	野生动植物保护	新增，将原8012分解
7719	其他自然保护	8019	其他自然保护	
772	环境治理业			

续 31

GB/T 4754—2011		GB/T 4754—2002		说　明
7721	水污染治理	8023	水污染治理	
7722	大气污染治理	8029	其他环境治理	新增,原 8029 部分内容调到此类
7723	固体废物治理	8024	危险废物治理	新增,将原 8024 分解
7724	危险废物治理	8024	危险废物治理	新增,将原 8024 分解
7725	放射性废物治理	8029	其他环境治理	新增,原 8029 部分内容调到此类
7729	其他污染治理	8029	其他环境治理	内容变更,原 8029 部分内容调出
78	**公共设施管理业**			
7810	市政设施管理	8110	市政公共设施管理	更名
7820	环境卫生管理	8022	城市环境卫生管理	更名,调整,从原"80 环境管理业"调到此类
7830	城乡市容管理	8021	城市市容管理	
7840	绿化管理	8120	城市绿化管理	更名
785	公园和游览景区管理			
7851	公园管理	8132	公园管理	
7852	游览景区管理	8131	风景名胜区管理	新增,原 8131、8139 合并为此类
		8139	其他游览景区管理	
O	**居民服务、修理和其他服务业**			
79	**居民服务业**			
7910	家庭服务	8210	家庭服务	
7920	托儿所服务	8220	托儿所	
7930	洗染服务	8230	洗染服务	
7940	理发及美容服务	8240	理发及美容保健服务	更名,内容变更,原 8240 部分内容调出
7950	洗浴服务	8250	洗浴服务	
7960	保健服务	8240	理发及美容保健服务	新增,原 8240 部分内容调到此类
7970	婚姻服务	8260	婚姻服务	
7980	殡葬服务	8270	殡葬服务	
7990	其他居民服务业	8290	其他居民服务	
80	**机动车、电子产品和日用产品修理业**			
801	汽车、摩托车修理与维护			
8011	汽车修理与维护	3726	汽车修理	更名、调整、内容变更,原"3726 汽车修理"调到此处,原 8311 部分内容归入此处
		8311	汽车、摩托车维护与保养	
8012	摩托车修理与维护	8311	汽车、摩托车维护与保养	新增,原 8311 被分解,部分内容调到此类
802	计算机和办公设备维修			
8021	计算机和辅助设备修理	6130	计算机维修	更名、调整,从原"61 计算机服务业"调到此类
8022	通讯设备修理	8312	办公设备维修	新增,将原 8312 分解
8029	其他办公设备维修	8312	办公设备维修	新增,将原 8312 分解
803	家用电器修理			
8031	家用电子产品修理	8313	家用电器修理	新增,将原 8313 分解
8032	日用电器修理	8313	家用电器修理	新增,将原 8313 分解
809	其他日用产品修理业			

续32

GB/T 4754—2011		GB/T 4754—2002		说　明
8091	自行车修理	8319	其他日用品修理	新增,将原8319分解
8092	鞋和皮革修理	8319	其他日用品修理	新增,将原8319分解
8093	家具和相关物品修理	8319	其他日用品修理	新增,将原8319分解
8099	其他未列明日用产品修理业	8319	其他日用品修理	新增,将原8319分解
81	**其他服务业**			
811	清洁服务			
8111	建筑物清洁服务	8321	建筑物清洁服务	
8119	其他清洁服务	8329	其他清洁服务	
8190	其他未列明服务业	8390	其他未列明的服务	
P	**教育**			
82	**教育**			
8210	学前教育	8410	学前教育	
822	初等教育			
8221	普通小学教育	8420	初等教育	新增,将原8420分解
8222	成人小学教育	8420	初等教育	新增,将原8420分解
823	中等教育			
8231	普通初中教育	8431	初中教育	更名
8232	职业初中教育	8434	职业中学教育	新增,将原8434分解,部分内容调到此类
8233	成人初中教育	8439	其他中等教育	新增,将原8439分解
8234	普通高中教育	8432	高中教育	
8235	成人高中教育	8439	其他中等教育	新增,将原8439分解
8236	中等职业学校教育	8433	中等专业教育	新增,原8433、8435归入此类,原8434部分内容调到此类
		8434	职业中学教育	
		8435	技工学校教育	
824	高等教育			
8241	普通高等教育	8441	普通高等教育	
8242	成人高等教育	8442	成人高等教育	
8250	特殊教育	8492	特殊教育	
829	技能培训、教育辅助及其他教育			
8291	职业技能培训	8491	职业技能培训	内容更新,原8491部分内容调出
8292	体校及体育培训	9190	其他体育	新增,原9190部分内容调到此类
8293	文化艺术培训	8491	职业技能培训	新增,原8491部分内容调到此类
8294	教育辅助服务	8499	其他未列明的教育	新增,原8499部分内容调到此类
8299	其他未列明教育	8499	其他未列明的教育	内容变更,原8499部分内容调出
Q	**卫生和社会工作**			
83	**卫生**			
831	医院			
8311	综合医院	8511	综合医院	
8312	中医医院	8512	中医医院	
8313	中西医结合医院	8513	中西医结合医院	
8314	民族医院	8514	民族医院	
8315	专科医院	8515	专科医院	
8316	疗养院	8516	疗养院	
832	社区医疗与卫生院			

续 33

GB/T 4754—2011		GB/T 4754—2002		说　明
8321	社区卫生服务中心(站)	8520	卫生院及社区医疗活动	新增,将原 8520 分解
8322	街道卫生院	8520	卫生院及社区医疗活动	新增,将原 8520 分解
8323	乡镇卫生院	8520	卫生院及社区医疗活动	新增,将原 8520 分解
8330	门诊部(所)	8530	门诊部医疗活动	更名
8340	计划生育技术服务活动	8540	计划生育技术服务活动	
8350	妇幼保健院(所、站)	8550	妇幼保健活动	更名
8360	专科疾病防治院(所、站)	8560	专科疾病防治活动	更名
8370	疾病预防控制中心	8570	疾病预防控制及防疫活动	更名
8390	其他卫生活动	8590	其他卫生活动	
84	**社会工作**			
841	提供住宿社会工作			
8411	干部休养所	8711	干部休养所	
8412	护理机构服务	8712	收养收容服务	新增,将原 8712 分解
8413	精神康复服务	8712	收养收容服务	新增,将原 8712 分解
8414	老年人、残疾人养护服务	8712	收养收容服务	新增,将原 8712 分解
8415	孤残儿童收养和庇护服务	8712	收养收容服务	新增,将原 8712 分解
8419	其他提供住宿社会救助	8712	收养收容服务	新增,将原 8712 分解
842	不提供住宿社会工作			
8421	社会看护与帮助服务	8720	不提供住宿的社会福利	新增,将原 8720 分解
8429	其他不提供住宿社会工作	8720	不提供住宿的社会福利	新增,将原 8720 分解
R	**文化、体育和娱乐业**			
85	**新闻和出版业**			
8510	新闻业	8810	新闻业	
852	出版业			
8521	图书出版	8821	图书出版	
8522	报纸出版	8822	报纸出版	
8523	期刊出版	8823	期刊出版	
8524	音像制品出版	8824	音像制品出版	
8525	电子出版物出版	8825	电子出版物出版	
8529	其他出版业	8829	其他出版	
86	**广播、电视、电影和影视录音制作业**			
8610	广播	8910	广播	内容变更,原 8910 部分内容调出
8620	电视	8920	电视	内容变更,原 8920 部分内容调出
8630	电影和影视节目制作	8920	电视	新增,原 8920、8931、8940 的部分内容调到此类
		8931	电影制作与发行	
		8940	音像制作	
8640	电影和影视节目发行	8920	电视	新增,原 8920、8931 的部分内容调到此类
		8931	电影制作与发行	
8650	电影放映	8932	电影放映	
8660	录音制作	8910	广播	新增,原 8910、8940 的部分内容调到此类
		8940	音像制作	新增,原 8910、8940 的部分内容调到此类

续34

GB/T 4754—2011		GB/T 4754—2002		说　明
87	**文化艺术业**			
8710	文艺创作与表演	9010	文艺创作与表演	
8720	艺术表演场馆	9020	艺术表演场馆	
873	图书馆与档案馆			
8731	图书馆	9031	图书馆	
8732	档案馆	9032	档案馆	
8740	文物及非物质文化遗产保护	9040	文物及文化保护	更名
8750	博物馆	9050	博物馆	
8760	烈士陵园、纪念馆	9060	烈士陵园、纪念馆	
8770	群众文化活动	9070	群众文化活动	
8790	其他文化艺术业	9090	其他文化艺术	
88	**体育**			
8810	体育组织	9110	体育组织	
8820	体育场馆	9120	体育场馆	
8830	休闲健身活动	9230	休闲健身娱乐活动	调整,从原“90 娱乐业”调到此类
8890	其他体育	9190	其他体育	内容变更,原9190部分内容调出
89	**娱乐业**			
891	室内娱乐活动			
8911	歌舞厅娱乐活动	9210	室内娱乐活动	新增,将原9210分解
8912	电子游艺厅娱乐活动	9210	室内娱乐活动	新增,将原9210分解
8913	网吧活动	6190	其他计算机服务	新增,原6190部分内容调到此类
8919	其他室内娱乐活动	9210	室内娱乐活动	新增,将原9210分解
8920	游乐园	9220	游乐园	
8930	彩票活动	9290	其他娱乐活动	新增,原9290部分内容调到此类
894	文化、娱乐、体育经纪代理			
8941	文化娱乐经纪人	7499	其他未列明的商务服务	新增,原7499部分内容调到此类,原9080被分解,部分内容归入此类
		9080	文化艺术经纪代理	
8942	体育经纪人	7499	其他未列明的商务服务	新增,原7499部分内容调到此类,原9190部分内容归入此类
		9190	其他体育	
8949	其他文化艺术经纪代理	7499	其他未列明的商务服务	新增,原7499部分内容调到此类,原9080部分内容归入此类
		9080	文化艺术经纪代理	
8990	其他娱乐业	9290	其他娱乐活动	内容变更,原9290部分内容调出
S	**公共管理、社会保障和社会组织**			
90	**中国共产党机关**			
9000	中国共产党机关	9300	中国共产党机关	
91	**国家机构**			
9110	国家权力机构	9410	国家权力机构	
912	国家行政机构			
9121	综合事务管理机构	9421	综合事务管理机构	内容变更,原9421与9426合并
		9426	政府事务管理机构	
9122	对外事务管理机构	9422	对外事务管理机构	
9123	公共安全管理机构	9423	公共安全管理机构	

续35

GB/T 4754—2011		GB/T 4754—2002		说　明
9124	社会事务管理机构	9424	社会事务管理机构	
9125	经济事务管理机构	9425	经济事务管理机构	
9126	行政监督检查机构	9427	行政监督检查机构	
913	人民法院和人民检察院			
9131	人民法院	9431	人民法院	
9132	人民检察院	9432	人民检察院	
9190	其他国家机构	9490	其他国家机构	
92	**人民政协、民主党派**			
9210	人民政协	9510	人民政协	
9220	民主党派	9520	民主党派	
93	**社会保障**			
9300	社会保障	8600	社会保障业	
94	**群众团体、社会团体和其他成员组织**			
941	群众团体			
9411	工会	9611	工会	
9412	妇联	9612	妇联	
9413	共青团	9613	共青团	
9419	其他群众团体	9619	其他群众团体	
942	社会团体			
9421	专业性团体	9621	专业性团体	
9422	行业性团体	9622	行业性团体	
9429	其他社会团体	9629	其他社会团体	内容变更,原9629部分内容调出
9430	基金会	9629	其他社会团体	新增,原9629部分内容调到此类
9440	宗教组织	9630	宗教组织	
95	**基层群众自治组织**			
9510	社区自治组织	9710	社区自治组织	
9520	村民自治组织	9720	村民自治组织	
T	**国际组织**			
96	**国际组织**			
9600	国际组织	9800	国际组织	

附录4

国民经济行业分类旧新类目对照表

GB/T 4754—2002		GB/T 4754—2011	
A	**农、林、牧、渔业**		
01	**农业**		
011	谷物及其他作物的种植		
0111	谷物的种植	0111	稻谷种植
		0112	小麦种植
		0113	玉米种植
		0119	其他谷物种植
0112	薯类的种植	0123	薯类种植
0113	油料的种植	0122	油料种植
0114	豆类的种植	0121	豆类种植
0115	棉花的种植	0131	棉花种植
0116	麻类的种植	0132	麻类种植
0117	糖料的种植	0133	糖料种植
0118	烟草的种植	0134	烟草种植
0119	其他作物的种植	0190	其他农业
012	蔬菜、园艺作物的种植		
0121	蔬菜的种植	0141	蔬菜种植
		0142	食用菌种植
0122	花卉的种植	0143	花卉种植
0123	其他园艺作物的种植	0149	其他园艺作物种植
013	水果、坚果、饮料和香料作物的种植		
0131	水果、坚果的种植	0151	仁果类和核果类水果种植
		0152	葡萄种植
		0153	柑橘类种植
		0154	香蕉等亚热带水果种植
		0159	其他水果种植
		0161	坚果种植
		0162	含油果种植
0132	茶及其他饮料作物的种植	0169	茶及其他饮料作物种植
0133	香料作物的种植	0163	香料作物种植
014	中药材的种植		
0140	中药材的种植	0170	中药材种植
02	**林业**		
021	林木的培育和种植		
0211	育种和育苗	0211	林木育种
		0212	林木育苗
0212	造林	0220	造林和更新
0213	林木的抚育和管理	0230	森林经营和管护
022	木材和竹材的采运		
0221	木材的采运	0241	木材采运
0222	竹材的采运	0242	竹材采运
023	林产品的采集		

续1

GB/T 4754—2002		GB/T 4754—2011	
0230	林产品的采集	0251	木竹材林产品采集
		0252	非木竹材林产品采集
03	**畜牧业**		
031	牲畜的饲养		
0310	牲畜的饲养	0311	牛的饲养
		0312	马的饲养
		0314	羊的饲养
		0315	骆驼饲养
		0319	其他牲畜饲养
032	猪的饲养		
0320	猪的饲养	0313	猪的饲养
033	家禽的饲养		
0330	家禽的饲养	0321	鸡的饲养
		0322	鸭的饲养
		0323	鹅的饲养
		0329	其他家禽饲养
034	狩猎和捕捉动物		
0340	狩猎和捕捉动物	0330	狩猎和捕捉动物
039	其他畜牧业		
0390	其他畜牧业	0390	其他畜牧业
04	**渔业**		
041	海洋渔业		
0411	海水养殖	0411	海水养殖
0412	海洋捕捞	0421	海水捕捞
042	内陆渔业		
0421	内陆养殖	0412	内陆养殖
0422	内陆捕捞	0422	内陆捕捞
05	**农、林、牧、渔服务业**		
051	农业服务业		
0511	灌溉服务	0512	灌溉服务
0512	农产品初加工服务	0513	农产品初加工服务
0519	其他农业服务	0511	农业机械服务
		0519	其他农业服务
052	林业服务业		
0520	林业服务业	0521	林业有害生物防治服务
		0522	森林防火服务
		0523	林产品初级加工服务
		0529	其他林业服务
053	畜牧服务业		
0531	兽医服务	7493	兽医服务
0539	其他畜牧服务	0530	畜牧服务业
054	渔业服务业		
0540	渔业服务业	0540	渔业服务业
B	**采矿业**		
06	**煤炭开采和洗选业**		
061	烟煤和无烟煤的开采洗选		
0610	烟煤和无烟煤的开采洗选	0610	烟煤和无烟煤开采洗选
062	褐煤的开采洗选		

续2

GB/T 4754—2002		GB/T 4754—2011	
0620	褐煤的开采洗选	0620	褐煤开采洗选
069	其他煤炭采选		
0690	其他煤炭采选	0690	其他煤炭采选
		1110	煤炭开采和洗选辅助活动
07	**石油和天然气开采业**		
071	天然原油和天然气开采		
0710	天然原油和天然气开采	0710	石油开采
		0720	天然气开采
079	与石油和天然气开采有关的服务活动		
0790	与石油和天然气开采有关的服务活动	1120	石油和天然气开采辅助活动
08	**黑色金属矿采选业**		
081	铁矿采选		
0810	铁矿采选	0810	铁矿采选
089	其他黑色金属矿采选		
0890	其他黑色金属矿采选	0820	锰矿、铬矿采选
		0890	其他黑色金属矿采选
09	**有色金属矿采选业**		
091	常用有色金属矿采选		
0911	铜矿采选	0911	铜矿采选
0912	铅锌矿采选	0912	铅锌矿采选
0913	镍钴矿采选	0913	镍钴矿采选
0914	锡矿采选	0914	锡矿采选
0915	锑矿采选	0915	锑矿采选
0916	铝矿采选	0916	铝矿采选
0917	镁矿采选	0917	镁矿采选
0919	其他常用有色金属矿采选	0919	其他常用有色金属矿采选
092	贵金属矿采选		
0921	金矿采选	0921	金矿采选
0922	银矿采选	0922	银矿采选
0929	其他贵金属矿采选	0929	其他贵金属矿采选
093	稀有稀土金属矿采选		
0931	钨钼矿采选	0931	钨钼矿采选
0932	稀土金属矿采选	0932	稀土金属矿采选
0933	放射性金属矿采选	0933	放射性金属矿采选
0939	其他稀有金属矿采选	0939	其他稀有金属矿采选
10	**非金属矿采选业**		
101	土砂石开采		
1011	石灰石、石膏开采	1011	石灰石、石膏开采
1012	建筑装饰用石开采	1012	建筑装饰用石开采
1013	耐火土石开采	1013	耐火土石开采
1019	粘土及其他土砂石开采	1019	粘土及其他土砂石开采
102	化学矿采选		
1020	化学矿采选	1020	化学矿开采
103	采盐		
1030	采盐	1030	采盐
109	石棉及其他非金属矿采选		
1091	石棉、云母矿采选	1091	石棉、云母矿采选
1092	石墨、滑石采选	1092	石墨、滑石采选

续 3

GB/T 4754—2002		GB/T 4754—2011	
1093	宝石、玉石开采	1093	宝石、玉石采选
1099	其他非金属矿采选	1099	其他未列明非金属矿采选
11	**其他采矿业**		
110	其他采矿业		
1100	其他采矿业	1190	其他开采辅助活动
		1200	其他采矿业
C	**制造业**		
13	**农副食品加工业**		
131	谷物磨制		
1310	谷物磨制	1310	谷物磨制
132	饲料加工		
1320	饲料加工	1320	饲料加工
133	植物油加工		
1331	食用植物油加工	1331	食用植物油加工
1332	非食用植物油加工	1332	非食用植物油加工
134	制糖		
1340	制糖	1340	制糖业
135	屠宰及肉类加工		
1351	畜禽屠宰	1351	牲畜屠宰
		1352	禽类屠宰
1352	肉制品及副产品加工	1320	饲料加工
		1353	肉制品及副产品加工
136	水产品加工		
1361	水产品冷冻加工	1361	水产品冷冻加工
1362	鱼糜制品及水产品干腌制加工	1362	鱼糜制品及水产品干腌制加工
1363	水产饲料制造	1363	水产饲料制造
1364	鱼油提取及制品的制造	1364	鱼油提取及制品制造
1369	其他水产品加工	1369	其他水产品加工
137	蔬菜、水果和坚果加工		
1370	蔬菜、水果和坚果加工	1371	蔬菜加工
		1372	水果和坚果加工
139	其他农副食品加工		
1391	淀粉及淀粉制品的制造	1391	淀粉及淀粉制品制造
1392	豆制品制造	1392	豆制品制造
1393	蛋品加工	1393	蛋品加工
1399	其他未列明的农副食品加工	1399	其他未列明农副食品加工
14	**食品制造业**		
141	焙烤食品制造		
1411	糕点、面包制造	1411	糕点、面包制造
1419	饼干及其他焙烤食品制造	1419	饼干及其他焙烤食品制造
142	糖果、巧克力及蜜饯制造		
1421	糖果、巧克力制造	1421	糖果、巧克力制造
1422	蜜饯制作	1422	蜜饯制作
143	方便食品制造		
1431	米、面制品制造	1431	米、面制品制造
1432	速冻食品制造	1432	速冻食品制造
1439	方便面及其他方便食品制造	1439	方便面及其他方便食品制造
144	液体乳及乳制品制造		

续4

GB/T 4754—2002		GB/T 4754—2011	
1440	液体乳及乳制品制造	1440	乳制品制造
145	罐头制造		
1451	肉、禽类罐头制造	1451	肉、禽类罐头制造
1452	水产品罐头制造	1452	水产品罐头制造
1453	蔬菜、水果罐头制造	1453	蔬菜、水果罐头制造
1459	其他罐头食品制造	1459	其他罐头食品制造
146	调味品、发酵制品制造		
1461	味精制造	1461	味精制造
1462	酱油、食醋及类似制品的制造	1462	酱油、食醋及类似制品制造
1469	其他调味品、发酵制品制造	1469	其他调味品、发酵制品制造
149	其他食品制造		
1491	营养、保健食品制造	1491	营养食品制造
		1492	保健食品制造
1492	冷冻饮品及食用冰制造	1493	冷冻饮品及食用冰制造
1493	盐加工	1494	盐加工
1494	食品及饲料添加剂制造	1495	食品及饲料添加剂制造
1499	其他未列明的食品制造	1499	其他未列明食品制造
15	**饮料制造业**		
151	酒精制造		
1510	酒精制造	1511	酒精制造
152	酒的制造		
1521	白酒制造	1512	白酒制造
1522	啤酒制造	1513	啤酒制造
1523	黄酒制造	1514	黄酒制造
1524	葡萄酒制造	1515	葡萄酒制造
1529	其他酒制造	1519	其他酒制造
153	软饮料制造		
1531	碳酸饮料制造	1521	碳酸饮料制造
1532	瓶(罐)装饮用水制造	1522	瓶(罐)装饮用水制造
1533	果菜汁及果菜汁饮料制造	1523	果菜汁及果菜汁饮料制造
1534	含乳饮料和植物蛋白饮料制造	1524	含乳饮料和植物蛋白饮料制造
1535	固体饮料制造	1525	固体饮料制造
1539	茶饮料及其他软饮料制造	1529	茶饮料及其他饮料制造
154	精制茶加工		
1540	精制茶加工	1530	精制茶加工
16	**烟草制品业**		
161	烟叶复烤		
1610	烟叶复烤	1610	烟叶复烤
162	卷烟制造		
1620	卷烟制造	1620	卷烟制造
169	其他烟草制品加工		
1690	其他烟草制品加工	1690	其他烟草制品制造
17	**纺织业**		
171	棉、化纤纺织及印染精加工		
1711	棉、化纤纺织加工	1711	棉纺纱加工
		1712	棉织造加工
1712	棉、化纤印染精加工	1713	棉印染精加工
172	毛纺织和染整精加工		

续 5

GB/T 4754—2002		GB/T 4754—2011	
1721	毛条加工	1721	毛条和毛纱线加工
1722	毛纺织	1721	毛条和毛纱线加工
		1722	毛织造加工
1723	毛染整精加工	1723	毛染整精加工
173	麻纺织		
1730	麻纺织	1731	麻纤维纺前加工和纺纱
		1732	麻织造加工
		1733	麻染整精加工
174	丝绢纺织及精加工		
1741	缫丝加工	1741	缫丝加工
1742	绢纺和丝织加工	1742	绢纺和丝织加工
		1751	化纤织造加工
1743	丝印染精加工	1743	丝印染精加工
		1752	化纤织物染整精加工
175	纺织制成品制造		
1751	棉及化纤制品制造	1771	床上用品制造
		1772	毛巾类制品制造
		1773	窗帘、布艺类产品制造
		1779	其他家用纺织制成品制造
		1784	篷、帆布制造
		1830	服饰制造
1752	毛制品制造	1771	床上用品制造
		1772	毛巾类制品制造
		1773	窗帘、布艺类产品制造
		1779	其他家用纺织制成品制造
1753	麻制品制造	1771	床上用品制造
		1772	毛巾类制品制造
		1773	窗帘、布艺类产品制造
		1779	其他家用纺织制成品制造
1754	丝制品制造	1771	床上用品制造
		1772	毛巾类制品制造
		1773	窗帘、布艺类产品制造
		1779	其他家用纺织制成品制造
1755	绳、索、缆的制造	1782	绳、索、缆制造
1756	纺织带和帘子布制造	1783	纺织带和帘子布制造
1757	无纺布制造	1781	非织造布制造
1759	其他纺织制成品制造	1771	床上用品制造
		1772	毛巾类制品制造
		1773	窗帘、布艺类产品制造
		1779	其他家用纺织制成品制造
		1784	篷、帆布制造
		1789	其他非家用纺织制成品制造
176	针织品、编织品及其制品制造		
1761	棉、化纤针织品及编织品制造	1761	针织或钩针编织物织造
		1762	针织或钩针编织物印染精加工
		1763	针织或钩针编织品制造
		1820	针织或钩针编织服装制造
		1830	服饰制造

续6

GB/T 4754—2002		GB/T 4754—2011	
1762	毛针织品及编织品制造	1761	针织或钩针编织物织造
		1762	针织或钩针编织物印染精加工
		1763	针织或钩针编织品制造
		1820	针织或钩针编织服装制造
		1830	服饰制造
1763	丝针织品及编织品制造	1761	针织或钩针编织物织造
		1762	针织或钩针编织物印染精加工
		1763	针织或钩针编织品制造
		1820	针织或钩针编织服装制造
		1830	服饰制造
1769	其他针织品及编织品制造	1761	针织或钩针编织物织造
		1762	针织或钩针编织物印染精加工
		1763	针织或钩针编织品制造
		1820	针织或钩针编织服装制造
		1830	服饰制造
18	**纺织服装、鞋、帽制造业**		
181	纺织服装制造		
1810	纺织服装制造	1810	机织服装制造
182	纺织面料鞋的制造		
1820	纺织面料鞋的制造	1951	纺织面料鞋制造
183	制帽		
1830	制帽	1830	服饰制造
19	**皮革、毛皮、羽毛(绒)及其制品业**		
191	皮革鞣制加工		
1910	皮革鞣制加工	1910	皮革鞣制加工
192	皮革制品制造		
1921	皮鞋制造	1952	皮鞋制造
		1959	其他制鞋业
1922	皮革服装制造	1921	皮革服装制造
1923	皮箱、包(袋)制造	1922	皮箱、包(袋)制造
1924	皮手套及皮装饰制品制造	1923	皮手套及皮装饰制品制造
1929	其他皮革制品制造	1929	其他皮革制品制造
193	毛皮鞣制及制品加工		
1931	毛皮鞣制加工	1931	毛皮鞣制加工
1932	毛皮服装加工	1932	毛皮服装加工
1939	其他毛皮制品加工	1939	其他毛皮制品加工
194	羽毛(绒)加工及制品制造		
1941	羽毛(绒)加工	1941	羽毛(绒)加工
1942	羽毛(绒)制品加工	1942	羽毛(绒)制品加工
20	**木材加工及木、竹、藤、棕、草制品业**		
201	锯材、木片加工		
2011	锯材加工	2011	锯材加工
2012	木片加工	2012	木片加工
202	人造板制造		
2021	胶合板制造	2021	胶合板制造
2022	纤维板制造	2022	纤维板制造
2023	刨花板制造	2023	刨花板制造
2029	其他人造板、材制造	2013	单板加工
		2019	其他木材加工

续 7

GB/T 4754—2002		GB/T 4754—2011	
		2029	其他人造板制造
203	木制品制造		
2031	建筑用木料及木材组件加工	2031	建筑用木料及木材组件加工
		2032	木门窗、楼梯制造
		2033	地板制造
2032	木容器制造	2034	木制容器制造
2039	软木制品及其他木制品制造	2039	软木制品及其他木制品制造
204	竹、藤、棕、草制品制造		
2040	竹、藤、棕、草制品制造	2041	竹制品制造
		2042	藤制品制造
		2043	棕制品制造
		2049	草及其他制品制造
21	**家具制造业**		
211	木质家具制造		
2110	木质家具制造	2110	木质家具制造
212	竹、藤家具制造		
2120	竹、藤家具制造	2120	竹、藤家具制造
213	金属家具制造		
2130	金属家具制造	2130	金属家具制造
214	塑料家具制造		
2140	塑料家具制造	2140	塑料家具制造
219	其他家具制造		
2190	其他家具制造	2190	其他家具制造
22	**造纸及纸制品业**		
221	纸浆制造		
2210	纸浆制造	2211	木竹浆制造
		2212	非木竹浆制造
222	造纸		
2221	机制纸及纸板制造	2221	机制纸及纸板制造
2222	手工纸制造	2222	手工纸制造
2223	加工纸制造	2223	加工纸制造
223	纸制品制造		
2231	纸和纸板容器的制造	2231	纸和纸板容器制造
2239	其他纸制品制造	2239	其他纸制品制造
23	**印刷业和记录媒介的复制**		
231	印刷		
2311	书、报、刊印刷	2311	书、报刊印刷
2312	本册印制	2312	本册印制
2319	包装装潢及其他印刷	2319	包装装潢及其他印刷
232	装订及其他印刷服务活动		
2320	装订及其他印刷服务活动	2320	装订及印刷相关服务
233	记录媒介的复制		
2330	记录媒介的复制	2330	记录媒介复制
24	**文教体育用品制造业**		
241	文化用品制造		
2411	文具制造	2411	文具制造
2412	笔的制造	2412	笔的制造
2413	教学用模型及教具制造	2413	教学用模型及教具制造

续8

GB/T 4754—2002		GB/T 4754—2011	
2414	墨水、墨汁制造	2414	墨水、墨汁制造
2419	其他文化用品制造	2419	其他文教办公用品制造
242	体育用品制造		
2421	球类制造	2441	球类制造
2422	体育器材及配件制造	2442	体育器材及配件制造
2423	训练健身器材制造	2443	训练健身器材制造
2424	运动防护用具制造	2444	运动防护用具制造
2429	其他体育用品制造	2449	其他体育用品制造
243	乐器制造		
2431	中乐器制造	2421	中乐器制造
2432	西乐器制造	2422	西乐器制造
2433	电子乐器制造	2423	电子乐器制造
2439	其他乐器及零件制造	2429	其他乐器及零件制造
244	玩具制造		
2440	玩具制造	2450	玩具制造
245	游艺器材及娱乐用品制造		
2451	露天游乐场所游乐设备制造	2461	露天游乐场所游乐设备制造
2452	游艺用品及室内游艺器材制造	2462	游艺用品及室内游艺器材制造
		2469	其他娱乐用品制造
25	**石油加工、炼焦及核燃料加工业**		
251	精炼石油产品的制造		
2511	原油加工及石油制品制造	2511	原油加工及石油制品制造
2512	人造原油生产	2512	人造原油制造
252	炼焦		
2520	炼焦	2520	炼焦
253	核燃料加工		
2530	核燃料加工	2530	核燃料加工
26	**化学原料及化学制品制造业**		
261	基础化学原料制造		
2611	无机酸制造	2611	无机酸制造
2612	无机碱制造	2612	无机碱制造
2613	无机盐制造	2613	无机盐制造
2614	有机化学原料制造	2614	有机化学原料制造
2619	其他基础化学原料制造	2619	其他基础化学原料制造
262	肥料制造		
2621	氮肥制造	2621	氮肥制造
2622	磷肥制造	2622	磷肥制造
2623	钾肥制造	2623	钾肥制造
2624	复混肥料制造	2624	复混肥料制造
2625	有机肥料及微生物肥料制造	2625	有机肥料及微生物肥料制造
2629	其他肥料制造	2629	其他肥料制造
263	农药制造		
2631	化学农药制造	2631	化学农药制造
2632	生物化学农药及微生物农药制造	2632	生物化学农药及微生物农药制造
264	涂料、油墨、颜料及类似产品制造		
2641	涂料制造	2641	涂料制造
2642	油墨及类似产品制造	2642	油墨及类似产品制造
2643	颜料制造	2643	颜料制造

续 9

GB/T 4754—2002		GB/T 4754—2011	
2644	染料制造	2644	染料制造
2645	密封用填料及类似品制造	2645	密封用填料及类似品制造
265	合成材料制造		
2651	初级形态的塑料及合成树脂制造	2651	初级形态塑料及合成树脂制造
2652	合成橡胶制造	2652	合成橡胶制造
2653	合成纤维单(聚合)体的制造	2653	合成纤维单(聚合)体制造
2659	其他合成材料制造	2659	其他合成材料制造
266	专用化学产品制造		
2661	化学试剂和助剂制造	2661	化学试剂和助剂制造
2662	专项化学用品制造	2659	其他合成材料制造
		2662	专项化学用品制造
		2681	肥皂及合成洗涤剂制造
2663	林产化学产品制造	2663	林产化学产品制造
2664	炸药及火工产品制造	2671	炸药及火工产品制造
		2672	焰火、鞭炮产品制造
2665	信息化学品制造	2664	信息化学品制造
2666	环境污染处理专用药剂材料制造	2665	环境污染处理专用药剂材料制造
2667	动物胶制造	2666	动物胶制造
2669	其他专用化学产品制造	2659	其他合成材料制造
		2661	化学试剂和助剂制造
		2669	其他专用化学产品制造
267	日用化学产品制造		
2671	肥皂及合成洗涤剂制造	2681	肥皂及合成洗涤剂制造
2672	化妆品制造	2682	化妆品制造
2673	口腔清洁用品制造	2683	口腔清洁用品制造
2674	香料、香精制造	2684	香料、香精制造
2679	其他日用化学产品制造	2689	其他日用化学产品制造
27	**医药制造业**		
271	化学药品原药制造		
2710	化学药品原药制造	2710	化学药品原料药制造
272	化学药品制剂制造		
2720	化学药品制剂制造	2720	化学药品制剂制造
273	中药饮片加工		
2730	中药饮片加工	2730	中药饮片加工
274	中成药制造		
2740	中成药制造	2740	中成药生产
275	兽用药品制造		
2750	兽用药品制造	2750	兽用药品制造
276	生物、生化制品的制造		
2760	生物、生化制品的制造	2760	生物药品制造
277	卫生材料及医药用品制造		
2770	卫生材料及医药用品制造	2770	卫生材料及医药用品制造
28	**化学纤维制造业**		
281	纤维素纤维原料及纤维制造		
2811	化纤浆粕制造	2811	化纤浆粕制造
2812	人造纤维(纤维素纤维)制造	2812	人造纤维(纤维素纤维)制造
282	合成纤维制造		
2821	锦纶纤维制造	2821	锦纶纤维制造

续10

GB/T 4754—2002		GB/T 4754—2011	
2822	涤纶纤维制造	2822	涤纶纤维制造
2823	腈纶纤维制造	2823	腈纶纤维制造
2824	维纶纤维制造	2824	维纶纤维制造
2829	其他合成纤维制造	2825	丙纶纤维制造
		2826	氨纶纤维制造
		2829	其他合成纤维制造
29	**橡胶制品业**		
291	轮胎制造		
2911	车辆、飞机及工程机械轮胎制造	2911	轮胎制造
2912	力车胎制造	2911	轮胎制造
2913	轮胎翻新加工	2911	轮胎制造
292	橡胶板、管、带的制造		
2920	橡胶板、管、带的制造	2912	橡胶板、管、带制造
293	橡胶零件制造		
2930	橡胶零件制造	2913	橡胶零件制造
294	再生橡胶制造		
2940	再生橡胶制造	2914	再生橡胶制造
295	日用及医用橡胶制品制造		
2950	日用及医用橡胶制品制造	2915	日用及医用橡胶制品制造
296	橡胶靴鞋制造		
2960	橡胶靴鞋制造	1954	橡胶鞋制造
299	其他橡胶制品制造		
2990	其他橡胶制品制造	2919	其他橡胶制品制造
30	**塑料制品业**		
301	塑料薄膜制造		
3010	塑料薄膜制造	2921	塑料薄膜制造
302	塑料板、管、型材的制造		
3020	塑料板、管、型材的制造	2922	塑料板、管、型材制造
303	塑料丝、绳及编织品的制造		
3030	塑料丝、绳及编织品的制造	2923	塑料丝、绳及编织品制造
304	泡沫塑料制造		
3040	泡沫塑料制造	2924	泡沫塑料制造
305	塑料人造革、合成革制造		
3050	塑料人造革、合成革制造	2925	塑料人造革、合成革制造
306	塑料包装箱及容器制造		
3060	塑料包装箱及容器制造	2926	塑料包装箱及容器制造
307	塑料零件制造		
3070	塑料零件制造	2928	塑料零件制造
308	日用塑料制造		
3081	塑料鞋制造	1953	塑料鞋制造
3082	日用塑料杂品制造	2927	日用塑料制品制造
309	其他塑料制品制造		
3090	其他塑料制品制造	2929	其他塑料制品制造
31	**非金属矿物制品业**		
311	水泥、石灰和石膏的制造		
3111	水泥制造	3011	水泥制造
3112	石灰和石膏制造	3012	石灰和石膏制造
312	水泥及石膏制品制造		

续 11

GB/T 4754—2002		GB/T 4754—2011	
3121	水泥制品制造	3021	水泥制品制造
3122	砼结构构件制造	3022	砼结构构件制造
3123	石棉水泥制品制造	3023	石棉水泥制品制造
3124	轻质建筑材料制造	3024	轻质建筑材料制造
3129	其他水泥制品制造	3029	其他水泥类似制品制造
313	砖瓦、石材及其他建筑材料制造		
3131	粘土砖瓦及建筑砌块制造	3031	粘土砖瓦及建筑砌块制造
3132	建筑陶瓷制品制造	3032	建筑陶瓷制品制造
3133	建筑用石加工	3033	建筑用石加工
3134	防水建筑材料制造	3034	防水建筑材料制造
3135	隔热和隔音材料制造	3035	隔热和隔音材料制造
3139	其他建筑材料制造	3039	其他建筑材料制造
314	玻璃及玻璃制品制造		
3141	平板玻璃制造	3041	平板玻璃制造
		3049	其他玻璃制造
3142	技术玻璃制品制造	3049	其他玻璃制造
		3051	技术玻璃制品制造
3143	光学玻璃制造	3052	光学玻璃制造
3144	玻璃仪器制造	3053	玻璃仪器制造
3145	日用玻璃制品及玻璃包装容器制造	3054	日用玻璃制品制造
		3055	玻璃包装容器制造
3146	玻璃保温容器制造	3056	玻璃保温容器制造
3147	玻璃纤维及制品制造	3061	玻璃纤维及制品制造
3148	玻璃纤维增强塑料制品制造	3062	玻璃纤维增强塑料制品制造
3149	其他玻璃制品制造	3059	其他玻璃制品制造
315	陶瓷制品制造		
3151	卫生陶瓷制品制造	3071	卫生陶瓷制品制造
3152	特种陶瓷制品制造	3072	特种陶瓷制品制造
3153	日用陶瓷制品制造	3073	日用陶瓷制品制造
3159	园林、陈设艺术及其他陶瓷制品制造	3079	园林、陈设艺术及其他陶瓷制品制造
316	耐火材料制品制造		
3161	石棉制品制造	3081	石棉制品制造
3162	云母制品制造	3082	云母制品制造
3169	耐火陶瓷制品及其他耐火材料制造	3089	耐火陶瓷制品及其他耐火材料制造
319	石墨及其他非金属矿物制品制造		
3191	石墨及碳素制品制造	3091	石墨及碳素制品制造
3199	其他非金属矿物制品制造	3099	其他非金属矿物制品制造
32	**黑色金属冶炼及压延加工业**		
321	炼铁		
3210	炼铁	3110	炼铁
322	炼钢		
3220	炼钢	3120	炼钢
323	钢压延加工		
3230	钢压延加工	3140	钢压延加工
324	铁合金冶炼		
3240	铁合金冶炼	3150	铁合金冶炼
33	**有色金属冶炼及压延加工业**		
331	常用有色金属冶炼		

续12

GB/T 4754—2002		GB/T 4754—2011	
3311	铜冶炼	3211	铜冶炼
3312	铅锌冶炼	3212	铅锌冶炼
3313	镍钴冶炼	3213	镍钴冶炼
3314	锡冶炼	3214	锡冶炼
3315	锑冶炼	3215	锑冶炼
3316	铝冶炼	3216	铝冶炼
3317	镁冶炼	3217	镁冶炼
3319	其他常用有色金属冶炼	3219	其他常用有色金属冶炼
		3250	有色金属铸造
332	贵金属冶炼		
3321	金冶炼	3221	金冶炼
3322	银冶炼	3222	银冶炼
3329	其他贵金属冶炼	3229	其他贵金属冶炼
		3250	有色金属铸造
333	稀有稀土金属冶炼		
3331	钨钼冶炼	3231	钨钼冶炼
3332	稀土金属冶炼	3232	稀土金属冶炼
		3250	有色金属铸造
3339	其他稀有金属冶炼	3239	其他稀有金属冶炼
		3250	有色金属铸造
334	有色金属合金制造		
3340	有色金属合金制造	3240	有色金属合金制造
335	有色金属压延加工		
3351	常用有色金属压延加工	3261	铜压延加工
		3262	铝压延加工
		3269	其他有色金属压延加工
3352	贵金属压延加工	3263	贵金属压延加工
3353	稀有稀土金属压延加工	3264	稀有稀土金属压延加工
34	**金属制品业**		
341	结构性金属制品制造		
3411	金属结构制造	3311	金属结构制造
		4310	金属制品修理
3412	金属门窗制造	3312	金属门窗制造
342	金属工具制造		
3421	切削工具制造	3321	切削工具制造
3422	手工具制造	3322	手工具制造
3423	农用及园林用金属工具制造	3323	农用及园林用金属工具制造
3424	刀剪及类似日用金属工具制造	3324	刀剪及类似日用金属工具制造
3429	其他金属工具制造	3329	其他金属工具制造
343	集装箱及金属包装容器制造		
3431	集装箱制造	3331	集装箱制造
		4310	金属制品修理
3432	金属压力容器制造	3332	金属压力容器制造
		4310	金属制品修理
3433	金属包装容器制造	3333	金属包装容器制造
344	金属丝绳及其制品的制造		
3440	金属丝绳及其制品的制造	3340	金属丝绳及其制品制造
345	建筑、安全用金属制品制造		

续 13

GB/T 4754—2002		GB/T 4754—2011	
3451	建筑、家具用金属配件制造	3351	建筑、家具用金属配件制造
3452	建筑装饰及水暖管道零件制造	3352	建筑装饰及水暖管道零件制造
		3372	建筑装饰搪瓷制品制造
3453	安全、消防用金属制品制造	3353	安全、消防用金属制品制造
3459	其他建筑、安全用金属制品制造	3359	其他建筑、安全用金属制品制造
346	金属表面处理及热处理加工		
3460	金属表面处理及热处理加工	3360	金属表面处理及热处理加工
347	搪瓷制品制造		
3471	工业生产配套用搪瓷制品制造	3371	生产专用搪瓷制品制造
3472	搪瓷卫生洁具制造	3373	搪瓷卫生洁具制造
3479	搪瓷日用品及其他搪瓷制品制造	3379	搪瓷日用品及其他搪瓷制品制造
348	不锈钢及类似日用金属制品制造		
3481	金属制厨房调理及卫生器具制造	3381	金属制厨房用器具制造
		3383	金属制卫生器具制造
3482	金属制厨用器皿及餐具制造	3382	金属制餐具和器皿制造
3489	其他日用金属制品制造	3389	其他金属制日用品制造
349	其他金属制品制造		
3491	铸币及贵金属制实验室用品制造	3399	其他未列明金属制品制造
3499	其他未列明的金属制品制造	3399	其他未列明金属制品制造
35	**通用设备制造业**		
351	锅炉及原动机制造		
3511	锅炉及辅助设备制造	3411	锅炉及辅助设备制造
3512	内燃机及配件制造	3412	内燃机及配件制造
3513	汽轮机及辅机制造	3413	汽轮机及辅机制造
3514	水轮机及辅机制造	3414	水轮机及辅机制造
3519	其他原动机制造	3415	风能原动设备制造
		3419	其他原动设备制造
352	金属加工机械制造		
3521	金属切削机床制造	3421	金属切削机床制造
3522	金属成形机床制造	3422	金属成形机床制造
3523	铸造机械制造	3423	铸造机械制造
3524	金属切割及焊接设备制造	3424	金属切割及焊接设备制造
3525	机床附件制造	3425	机床附件制造
3529	其他金属加工机械制造	3429	其他金属加工机械制造
353	起重运输设备制造		
3530	起重运输设备制造	3431	轻小型起重设备制造
		3432	起重机制造
		3433	生产专用车辆制造
		3434	连续搬运设备制造
		3435	电梯、自动扶梯及升降机制造
		3439	其他物料搬运设备制造
354	泵、阀门、压缩机及类似机械的制造		
3541	泵及真空设备制造	3441	泵及真空设备制造
3542	气体压缩机械制造	3442	气体压缩机械制造
3543	阀门和旋塞的制造	3443	阀门和旋塞制造
3544	液压和气压动力机械及元件制造	3444	液压和气压动力机械及元件制造
355	轴承、齿轮、传动和驱动部件的制造		
3551	轴承制造	3451	轴承制造

续 14

GB/T 4754—2002		GB/T 4754—2011	
3552	齿轮、传动和驱动部件制造	3452	齿轮及齿轮减、变速箱制造
		3459	其他传动部件制造
356	烘炉、熔炉及电炉制造		
3560	烘炉、熔炉及电炉制造	3461	烘炉、熔炉及电炉制造
357	风机、衡器、包装设备等通用设备制造		
3571	风机、风扇制造	3462	风机、风扇制造
3572	气体、液体分离及纯净设备制造	3463	气体、液体分离及纯净设备制造
3573	制冷、空调设备制造	3464	制冷、空调设备制造
3574	风动和电动工具制造	3465	风动和电动工具制造
3575	喷枪及类似器具制造	3466	喷枪及类似器具制造
3576	包装专用设备制造	3468	包装专用设备制造
3577	衡器制造	3467	衡器制造
3579	其他通用设备制造	3490	其他通用设备制造业
358	通用零部件制造及机械修理		
3581	金属密封件制造	3481	金属密封件制造
3582	紧固件、弹簧制造	3482	紧固件制造
		3483	弹簧制造
3583	机械零部件加工及设备修理	3484	机械零部件加工
		4320	通用设备修理
		4390	其他机械和设备修理业
3589	其他通用零部件制造	3489	其他通用零部件制造
359	金属铸、锻加工		
3591	钢铁铸件制造	3130	黑色金属铸造
3592	锻件及粉末冶金制品制造	3391	锻件及粉末冶金制品制造
36	**专用设备制造业**		
361	矿山、冶金、建筑专用设备制造		
3611	采矿、采石设备制造	3511	矿山机械制造
3612	石油钻采专用设备制造	3512	石油钻采专用设备制造
		3514	海洋工程专用设备制造
3613	建筑工程用机械制造	3513	建筑工程用机械制造
		3514	海洋工程专用设备制造
3614	建筑材料生产专用机械制造	3515	建筑材料生产专用机械制造
3615	冶金专用设备制造	3516	冶金专用设备制造
362	化工、木材、非金属加工专用设备制造		
3621	炼油、化工生产专用设备制造	3521	炼油、化工生产专用设备制造
3622	橡胶加工专用设备制造	3522	橡胶加工专用设备制造
3623	塑料加工专用设备制造	3523	塑料加工专用设备制造
3624	木材加工机械制造	3524	木材加工机械制造
3625	模具制造	3525	模具制造
3629	其他非金属加工专用设备制造	3529	其他非金属加工专用设备制造
363	食品、饮料、烟草及饲料生产专用设备制造		
3631	食品、饮料、烟草工业专用设备制造	3531	食品、酒、饮料及茶生产专用设备制造
		3533	烟草生产专用设备制造
3632	农副食品加工专用设备制造	3532	农副食品加工专用设备制造
3633	饲料生产专用设备制造	3534	饲料生产专用设备制造
364	印刷、制药、日化生产专用设备制造		
3641	制浆和造纸专用设备制造	3541	制浆和造纸专用设备制造
3642	印刷专用设备制造	3542	印刷专用设备制造

续 15

GB/T 4754—2002		GB/T 4754—2011	
3643	日用化工专用设备制造	3543	日用化工专用设备制造
3644	制药专用设备制造	3544	制药专用设备制造
3645	照明器具生产专用设备制造	3545	照明器具生产专用设备制造
3646	玻璃、陶瓷和搪瓷制品生产专用设备制造	3546	玻璃、陶瓷和搪瓷制品生产专用设备制造
3649	其他日用品生产专用设备制造	3549	其他日用品生产专用设备制造
365	纺织、服装和皮革工业专用设备制造		
3651	纺织专用设备制造	3551	纺织专用设备制造
3652	皮革、毛皮及其制品加工专用设备制造	3552	皮革、毛皮及其制品加工专用设备制造
3653	缝纫机械制造	3553	缝制机械制造
3659	其他服装加工专用设备制造	3553	缝制机械制造
		3554	洗涤机械制造
366	电子和电工机械专用设备制造		
3661	电工机械专用设备制造	3561	电工机械专用设备制造
3662	电子工业专用设备制造	3562	电子工业专用设备制造
3663	武器弹药制造	3399	其他未列明金属制品制造
3669	航空、航天及其他专用设备制造	3743	航空、航天相关设备制造
367	农、林、牧、渔专用机械制造		
3671	拖拉机制造	3571	拖拉机制造
3672	机械化农业及园艺机具制造	3572	机械化农业及园艺机具制造
3673	营林及木竹采伐机械制造	3573	营林及木竹采伐机械制造
3674	畜牧机械制造	3574	畜牧机械制造
3675	渔业机械制造	3575	渔业机械制造
3676	农林牧渔机械配件制造	3576	农林牧渔机械配件制造
3679	其他农林牧渔业机械制造及机械修理	3577	棉花加工机械制造
		3579	其他农、林、牧、渔业机械制造
		4330	专用设备修理
368	医疗仪器设备及器械制造		
3681	医疗诊断、监护及治疗设备制造	3581	医疗诊断、监护及治疗设备制造
		4330	专用设备修理
3682	口腔科用设备及器具制造	3582	口腔科用设备及器具制造
		4330	专用设备修理
3683	实验室及医用消毒设备和器具的制造	3583	医疗实验室及医用消毒设备和器具制造
		4330	专用设备修理
3684	医疗、外科及兽医用器械制造	3584	医疗、外科及兽医用器械制造
		4330	专用设备修理
3685	机械治疗及病房护理设备制造	3585	机械治疗及病房护理设备制造
		4330	专用设备修理
3686	假肢、人工器官及植(介)入器械制造	3586	假肢、人工器官及植(介)入器械制造
3689	其他医疗设备及器械制造	3589	其他医疗设备及器械制造
		4330	专用设备修理
369	环保、社会公共安全及其他专用设备制造		
3691	环境污染防治专用设备制造	3591	环境保护专用设备制造
3692	地质勘查专用设备制造	3592	地质勘查专用设备制造
3693	邮政专用机械及器材制造	3593	邮政专用机械及器材制造
3694	商业、饮食、服务业专用设备制造	3594	商业、饮食、服务专用设备制造
3695	社会公共安全设备及器材制造	3595	社会公共安全设备及器材制造
3696	交通安全及管制专用设备制造	3596	交通安全、管制及类似专用设备制造
		3891	电气信号设备装置制造

续16

GB/T 4754—2002		GB/T 4754—2011	
3697	水资源专用机械制造	3597	水资源专用机械制造
3699	其他专用设备制造	3599	其他专用设备制造
		4330	专用设备修理
37	**交通运输设备制造业**		
371	铁路运输设备制造		
3711	铁路机车车辆及动车组制造	3711	铁路机车车辆及动车组制造
		3720	城市轨道交通设备制造
3712	工矿有轨专用车辆制造	3712	窄轨机车车辆制造
3713	铁路机车车辆配件制造	3713	铁路机车车辆配件制造
3714	铁路专用设备及器材、配件制造	3714	铁路专用设备及器材、配件制造
		3891	电气信号设备装置制造
3719	其他铁路设备制造及设备修理	3719	其他铁路运输设备制造
		4341	铁路运输设备修理
372	汽车制造		
3721	汽车整车制造	3610	汽车整车制造
		3630	低速载货汽车制造
3722	改装汽车制造	3620	改装汽车制造
3723	电车制造	3640	电车制造
3724	汽车车身、挂车的制造	3650	汽车车身、挂车制造
3725	汽车零部件及配件制造	3660	汽车零部件及配件制造
3726	汽车修理	8011	汽车修理与维护
373	摩托车制造		
3731	摩托车整车制造	3751	摩托车整车制造
3732	摩托车零部件及配件制造	3752	摩托车零部件及配件制造
374	自行车制造		
3741	脚踏自行车及残疾人座车制造	3761	脚踏自行车及残疾人座车制造
		3770	非公路休闲车及零配件制造
3742	助动自行车制造	3762	助动自行车制造
		3770	非公路休闲车及零配件制造
375	船舶及浮动装置制造		
3751	金属船舶制造	3731	金属船舶制造
3752	非金属船舶制造	3732	非金属船舶制造
3753	娱乐船和运动船的建造和修理	3733	娱乐船和运动船制造
		4342	船舶修理
3754	船用配套设备制造	3734	船用配套设备制造
3755	船舶修理及拆船	3735	船舶改装与拆除
		4342	船舶修理
3759	航标器材及其他浮动装置的制造	3514	海洋工程专用设备制造
		3739	航标器材及其他相关装置制造
376	航空航天器制造		
3761	飞机制造及修理	3741	飞机制造
		3743	航空、航天相关设备制造
		4343	航空航天器修理
3762	航天器制造	3742	航天器制造
3769	其他飞行器制造	3749	其他航空航天器制造
379	交通器材及其他交通运输设备制造		
3791	潜水及水下救捞装备制造	3791	潜水及水下救捞装备制造
3792	交通管理用金属标志及设施制造	3392	交通及公共管理用金属标牌制造
3799	其他交通运输设备制造	3770	非公路休闲车及零配件制造

续17

GB/T 4754—2002		GB/T 4754—2011	
		3799	其他未列明运输设备制造
		4349	其他运输设备修理
39	**电气机械及器材制造业**		
391	电机制造		
3911	发电机及发电机组制造	3811	发电机及发电机组制造
3912	电动机制造	3812	电动机制造
3919	微电机及其他电机制造	3819	微电机及其他电机制造
392	输配电及控制设备制造		
3921	变压器、整流器和电感器制造	3821	变压器、整流器和电感器制造
3922	电容器及其配套设备制造	3822	电容器及其配套设备制造
3923	配电开关控制设备制造	3823	配电开关控制设备制造
3924	电力电子元器件制造	3824	电力电子元器件制造
3929	其他输配电及控制设备制造	3825	光伏设备及元器件制造
		3829	其他输配电及控制设备制造
393	电线、电缆、光缆及电工器材制造		
3931	电线电缆制造	3831	电线、电缆制造
3932	光纤、光缆制造	3832	光纤、光缆制造
3933	绝缘制品制造	3833	绝缘制品制造
3939	其他电工器材制造	3839	其他电工器材制造
394	电池制造		
3940	电池制造	3841	锂离子电池制造
		3842	镍氢电池制造
		3849	其他电池制造
395	家用电力器具制造		
3951	家用制冷电器具制造	3851	家用制冷电器具制造
3952	家用空气调节器制造	3852	家用空气调节器制造
3953	家用通风电器具制造	3853	家用通风电器具制造
3954	家用厨房电器具制造	3854	家用厨房电器具制造
3955	家用清洁卫生电器具制造	3855	家用清洁卫生电器具制造
3956	家用美容、保健电器具制造	3856	家用美容、保健电器具制造
3957	家用电力器具专用配件制造	3857	家用电力器具专用配件制造
3959	其他家用电力器具制造	3859	其他家用电力器具制造
396	非电力家用器具制造		
3961	燃气、太阳能及类似能源的器具制造	3861	燃气、太阳能及类似能源家用器具制造
3969	其他非电力家用器具制造	3869	其他非电力家用器具制造
397	照明器具制造		
3971	电光源制造	3871	电光源制造
3972	照明灯具制造	3872	照明灯具制造
3979	灯用电器附件及其他照明器具制造	3879	灯用电器附件及其他照明器具制造
399	其他电气机械及器材制造		
3991	车辆专用照明及电气信号设备装置制造	3872	照明灯具制造
		3891	电气信号设备装置制造
3999	其他未列明的电气机械制造	3891	电气信号设备装置制造
		3899	其他未列明电气机械及器材制造
		4350	电气设备修理
40	**通信设备、计算机及其他电子设备制造业**		
401	通信设备制造		
4011	通信传输设备制造	3921	通信系统设备制造

续18

GB/T 4754—2002		GB/T 4754—2011	
4012	通信交换设备制造	3921	通信系统设备制造
4013	通信终端设备制造	3922	通信终端设备制造
4014	移动通信及终端设备制造	3922	通信终端设备制造
4019	其他通信设备制造	3921	通信系统设备制造
402	雷达及配套设备制造		
4020	雷达及配套设备制造	3940	雷达及配套设备制造
403	广播电视设备制造		
4031	广播电视节目制作及发射设备制造	3931	广播电视节目制作及发射设备制造
4032	广播电视接收设备及器材制造	3932	广播电视接收设备及器材制造
4039	应用电视设备及其他广播电视设备制造	3939	应用电视设备及其他广播电视设备制造
404	电子计算机制造		
4041	电子计算机整机制造	3911	计算机整机制造
4042	计算机网络设备制造	3919	其他计算机制造
4043	电子计算机外部设备制造	3912	计算机零部件制造
		3913	计算机外围设备制造
		3919	其他计算机制造
405	电子器件制造		
4051	电子真空器件制造	3961	电子真空器件制造
4052	半导体分立器件制造	3962	半导体分立器件制造
4053	集成电路制造	3963	集成电路制造
4059	光电子器件及其他电子器件制造	3969	光电子器件及其他电子器件制造
406	电子元件制造		
4061	电子元件及组件制造	3971	电子元件及组件制造
4062	印制电路板制造	3972	印制电路板制造
407	家用视听设备制造		
4071	家用影视设备制造	3951	电视机制造
		3953	影视录放设备制造
4072	家用音响设备制造	3952	音响设备制造
409	其他电子设备制造		
4090	其他电子设备制造	3990	其他电子设备制造
41	**仪器仪表及文化、办公用机械制造业**		
411	通用仪器仪表制造		
4111	工业自动控制系统装置制造	4011	工业自动控制系统装置制造
4112	电工仪器仪表制造	4012	电工仪器仪表制造
4113	绘图、计算及测量仪器制造	4013	绘图、计算及测量仪器制造
4114	实验分析仪器制造	4014	实验分析仪器制造
4115	试验机制造	4015	试验机制造
4119	供应用仪表及其他通用仪器制造	4019	供应用仪表及其他通用仪器制造
412	专用仪器仪表制造		
4121	环境监测专用仪器仪表制造	4021	环境监测专用仪器仪表制造
4122	汽车及其他用计数仪表制造	4022	运输设备及生产用计数仪表制造
4123	导航、气象及海洋专用仪器制造	4023	导航、气象及海洋专用仪器制造
4124	农林牧渔专用仪器仪表制造	4024	农林牧渔专用仪器仪表制造
4125	地质勘探和地震专用仪器制造	4025	地质勘探和地震专用仪器制造
4126	教学专用仪器制造	4026	教学专用仪器制造
4127	核子及核辐射测量仪器制造	4027	核子及核辐射测量仪器制造
4128	电子测量仪器制造	4028	电子测量仪器制造
4129	其他专用仪器制造	4029	其他专用仪器制造

续 19

GB/T 4754—2002		GB/T 4754—2011	
413	钟表与计时仪器制造		
4130	钟表与计时仪器制造	4030	钟表与计时仪器制造
414	光学仪器及眼镜制造		
4141	光学仪器制造	4041	光学仪器制造
4142	眼镜制造	4042	眼镜制造
415	文化、办公用机械制造		
4151	电影机械制造	3471	电影机械制造
4152	幻灯及投影设备制造	3472	幻灯及投影设备制造
4153	照相机及器材制造	3473	照相机及器材制造
4154	复印和胶印设备制造	3474	复印和胶印设备制造
4155	计算器及货币专用设备制造	3475	计算器及货币专用设备制造
4159	其他文化、办公用机械制造	3479	其他文化、办公用机械制造
419	其他仪器仪表的制造及修理		
4190	其他仪器仪表的制造及修理	4090	其他仪器仪表制造业
		4360	仪器仪表修理
42	**工艺品及其他制造业**		
421	工艺美术品制造		
4211	雕塑工艺品制造	2431	雕塑工艺品制造
4212	金属工艺品制造	2432	金属工艺品制造
4213	漆器工艺品制造	2433	漆器工艺品制造
4214	花画工艺品制造	2434	花画工艺品制造
4215	天然植物纤维编织工艺品制造	2435	天然植物纤维编织工艺品制造
4216	抽纱刺绣工艺品制造	2436	抽纱刺绣工艺品制造
4217	地毯、挂毯制造	2437	地毯、挂毯制造
4218	珠宝首饰及有关物品的制造	2438	珠宝首饰及有关物品制造
4219	其他工艺美术品制造	2439	其他工艺美术品制造
422	日用杂品制造		
4221	制镜及类似品加工	3057	制镜及类似品加工
4222	鬃毛加工、制刷及清扫工具的制造	4111	鬃毛加工、制刷及清扫工具制造
4229	其他日用杂品制造	4119	其他日用杂品制造
423	煤制品制造		
4230	煤制品制造	4120	煤制品制造
424	核辐射加工		
4240	核辐射加工	4130	核辐射加工
429	其他未列明的制造业		
4290	其他未列明的制造业	4190	其他未列明制造业
43	**废弃资源和废旧材料回收加工业**		
431	金属废料和碎屑的加工处理		
4310	金属废料和碎屑的加工处理	4210	金属废料和碎屑加工处理
432	非金属废料和碎屑的加工处理		
4320	非金属废料和碎屑的加工处理	4220	非金属废料和碎屑加工处理
D	**电力、燃气及水的生产和供应业**		
44	**电力、热力的生产和供应业**		
441	电力生产		
4411	火力发电	4411	火力发电
4412	水力发电	4412	水力发电
4413	核力发电	4413	核力发电
4419	其他能源发电	4414	风力发电

续20

GB/T 4754—2002		GB/T 4754—2011	
		4415	太阳能发电
		4419	其他电力生产
442	电力供应		
4420	电力供应	4420	电力供应
443	热力生产和供应		
4430	热力生产和供应	4430	热力生产和供应
45	**燃气生产和供应业**		
450	燃气生产和供应业		
4500	燃气生产和供应业	4500	燃气生产和供应业
46	**水的生产和供应业**		
461	自来水的生产和供应		
4610	自来水的生产和供应	4610	自来水生产和供应
462	污水处理及其再生利用		
4620	污水处理及其再生利用	4620	污水处理及其再生利用
469	其他水的处理、利用与分配		
4690	其他水的处理、利用与分配	4690	其他水的处理、利用与分配
E	**建筑业**		
47	**房屋和土木工程建筑业**		
471	房屋工程建筑		
4710	房屋工程建筑	4700	房屋建筑业
472	土木工程建筑		
4721	铁路、道路、隧道和桥梁工程建筑	4811	铁路工程建筑
		4812	公路工程建筑
		4813	市政道路工程建筑
		4819	其他道路、隧道和桥梁工程建筑
4722	水利和港口工程建筑	4821	水源及供水设施工程建筑
		4822	河湖治理及防洪设施工程建筑
		4823	港口及航运设施工程建筑
		4830	海洋工程建筑
4723	工矿工程建筑	4840	工矿工程建筑
4724	架线和管道工程建筑	4851	架线及设备工程建筑
		4852	管道工程建筑
4729	其他土木工程建筑	4890	其他土木工程建筑
48	**建筑安装业**		
480	建筑安装业		
4800	建筑安装业	4910	电气安装
		4920	管道和设备安装
		4990	其他建筑安装业
49	**建筑装饰业**		
490	建筑装饰业		
4900	建筑装饰业	5010	建筑装饰业
50	**其他建筑业**		
501	工程准备		
5010	工程准备	5021	建筑物拆除活动
		5029	其他工程准备活动
502	提供施工设备服务		
5020	提供施工设备服务	5030	提供施工设备服务
509	其他未列明的建筑活动		

续 21

GB/T 4754—2002		GB/T 4754—2011	
5090	其他未列明的建筑活动	5090	其他未列明建筑业
F	**交通运输、仓储和邮政业**		
51	**铁路运输业**		
511	铁路旅客运输		
5110	铁路旅客运输	5310	铁路旅客运输
512	铁路货物运输		
5120	铁路货物运输	5320	铁路货物运输
513	铁路运输辅助活动		
5131	客运火车站	5331	客运火车站
5132	货运火车站	5332	货运火车站
5139	其他铁路运输辅助活动	5339	其他铁路运输辅助活动
52	**道路运输业**		
521	公路旅客运输		
5210	公路旅客运输	5420	公路旅客运输
522	道路货物运输		
5220	道路货物运输	5430	道路货物运输
523	道路运输辅助活动		
5231	客运汽车站	5441	客运汽车站
5232	公路管理与养护	5442	公路管理与养护
5239	其他道路运输辅助活动	5449	其他道路运输辅助活动
53	**城市公共交通业**		
531	公共电汽车客运		
5310	公共电汽车客运	5411	公共电汽车客运
532	轨道交通		
5320	轨道交通	5412	城市轨道交通
533	出租车客运		
5330	出租车客运	5413	出租车客运
534	城市轮渡		
5340	城市轮渡	5513	客运轮渡运输
539	其他城市公共交通		
5390	其他城市公共交通	5419	其他城市公共交通运输
54	**水上运输业**		
541	水上旅客运输		
5411	远洋旅客运输	5511	海洋旅客运输
5412	沿海旅客运输	5511	海洋旅客运输
5413	内河旅客运输	5512	内河旅客运输
		5513	客运轮渡运输
542	水上货物运输		
5421	远洋货物运输	5521	远洋货物运输
5422	沿海货物运输	5522	沿海货物运输
5423	内河货物运输	5523	内河货物运输
543	水上运输辅助活动		
5431	客运港口	5531	客运港口
5432	货运港口	5532	货运港口
5439	其他水上运输辅助活动	5539	其他水上运输辅助活动
55	**航空运输业**		
551	航空客货运输		
5511	航空旅客运输	5611	航空旅客运输

续22

GB/T 4754—2002		GB/T 4754—2011	
5512	航空货物运输	5612	航空货物运输
552	通用航空服务		
5520	通用航空服务	5620	通用航空服务
553	航空运输辅助活动		
5531	机场	5631	机场
5532	空中交通管理	5632	空中交通管理
5539	其他航空运输辅助活动	5639	其他航空运输辅助活动
56	**管道运输业**		
560	管道运输业		
5600	管道运输业	5700	管道运输业
57	**装卸搬运和其他运输服务业**		
571	装卸搬运		
5710	装卸搬运	5810	装卸搬运
572	运输代理服务		
5720	运输代理服务	5821	货物运输代理
		5822	旅客票务代理
		5829	其他运输代理业
58	**仓储业**		
581	谷物、棉花等农产品仓储		
5810	谷物、棉花等农产品仓储	5911	谷物仓储
		5912	棉花仓储
		5919	其他农产品仓储
589	其他仓储		
5890	其他仓储	5990	其他仓储业
59	**邮政业**		
591	国家邮政		
5910	国家邮政	6010	邮政基本服务
		6020	快递服务
599	其他寄递服务		
5990	其他寄递服务	6020	快递服务
G	**信息传输、计算机服务和软件业**		
60	**电信和其他信息传输服务业**		
601	电信		
6011	固定电信服务	6311	固定电信服务
6012	移动电信服务	6312	移动电信服务
6019	其他电信服务	6319	其他电信服务
		6410	互联网接入及相关服务
		6490	其他互联网服务
		6592	呼叫中心
602	互联网信息服务		
6020	互联网信息服务	6420	互联网信息服务
		6540	数据处理和存储服务
603	广播电视传输服务		
6031	有线广播电视传输服务	6321	有线广播电视传输服务
6032	无线广播电视传输服务	6322	无线广播电视传输服务
604	卫星传输服务		
6040	卫星传输服务	6330	卫星传输服务
61	**计算机服务业**		
611	计算机系统服务		
6110	计算机系统服务	6520	信息系统集成服务

续23

GB/T 4754—2002		GB/T 4754—2011	
		6530	信息技术咨询服务
612	数据处理		
6120	数据处理	6540	数据处理和存储服务
613	计算机维修		
6130	计算机维修	8021	计算机和辅助设备修理
619	其他计算机服务		
6190	其他计算机服务	6530	信息技术咨询服务
		6599	其他未列明信息技术服务业
		8913	网吧活动
62	**软件业**		
621	公共软件服务		
6211	基础软件服务	6510	软件开发
6212	应用软件服务	6510	软件开发
		6550	集成电路设计
		6591	数字内容服务
629	其他软件服务		
6290	其他软件服务	6510	软件开发
H	**批发和零售业**		
63	**批发业**		
631	农畜产品批发		
6311	谷物、豆及薯类批发	5111	谷物、豆及薯类批发
6312	种子、饲料批发	5112	种子批发
		5113	饲料批发
6313	棉、麻批发	5114	棉、麻批发
6314	牲畜批发	5116	牲畜批发
6319	其他农畜产品批发	5115	林业产品批发
		5119	其他农牧产品批发
632	食品、饮料及烟草制品批发		
6321	米、面制品及食用油批发	5121	米、面制品及食用油批发
6322	糕点、糖果及糖批发	5122	糕点、糖果及糖批发
6323	果品、蔬菜批发	5123	果品、蔬菜批发
6324	肉、禽、蛋及水产品批发	5124	肉、禽、蛋、奶及水产品批发
6325	盐及调味品批发	5125	盐及调味品批发
6326	饮料及茶叶批发	5124	肉、禽、蛋、奶及水产品批发
		5127	酒、饮料及茶叶批发
6327	烟草制品批发	5128	烟草制品批发
6329	其他食品批发	5126	营养和保健品批发
		5129	其他食品批发
633	纺织、服装及日用品批发		
6331	纺织品、针织品及原料批发	5131	纺织品、针织品及原料批发
6332	服装批发	5132	服装批发
6333	鞋帽批发	5133	鞋帽批发
6334	厨房、卫生间用具及日用杂货批发	5135	厨房、卫生间用具及日用杂货批发
6335	化妆品及卫生用品批发	5134	化妆品及卫生用品批发
6339	其他日用品批发	5136	灯具、装饰物品批发
		5139	其他家庭用品批发
634	文化、体育用品及器材批发		
6341	文具用品批发	5141	文具用品批发

续24

GB/T 4754—2002		GB/T 4754—2011	
6342	体育用品批发	5142	体育用品及器材批发
6343	图书批发	5143	图书批发
6344	报刊批发	5144	报刊批发
6345	音像制品及电子出版物批发	5145	音像制品及电子出版物批发
6346	首饰、工艺品及收藏品批发	5146	首饰、工艺品及收藏品批发
6349	其他文化用品批发	5149	其他文化用品批发
635	医药及医疗器材批发		
6351	西药批发	5151	西药批发
6352	中药材及中成药批发	5152	中药批发
6353	医疗用品及器材批发	5153	医疗用品及器材批发
636	矿产品、建材及化工产品批发		
6361	煤炭及制品批发	5161	煤炭及制品批发
6362	石油及制品批发	5162	石油及制品批发
6363	非金属矿及制品批发	5163	非金属矿及制品批发
6364	金属及金属矿批发	5164	金属及金属矿批发
6365	建材批发	5165	建材批发
6366	化肥批发	5166	化肥批发
6367	农药批发	5167	农药批发
6368	农用薄膜批发	5168	农用薄膜批发
6369	其他化工产品批发	5169	其他化工产品批发
637	机械设备、五金交电及电子产品批发		
6371	农业机械批发	5171	农业机械批发
6372	汽车、摩托车及零配件批发	5172	汽车批发
		5173	汽车零配件批发
		5174	摩托车及零配件批发
6373	五金、交电批发	5175	五金产品批发
		5176	电气设备批发
6374	家用电器批发	5137	家用电器批发
6375	计算机、软件及辅助设备批发	5177	计算机、软件及辅助设备批发
6376	通讯及广播电视设备批发	5178	通讯及广播电视设备批发
6379	其他机械设备及电子产品批发	5176	电气设备批发
		5179	其他机械设备及电子产品批发
638	贸易经纪与代理		
6380	贸易经纪与代理	5181	贸易代理
		5182	拍卖
		5189	其他贸易经纪与代理
639	其他批发		
6391	再生物资回收与批发	5191	再生物资回收与批发
6399	其他未列明的批发	5199	其他未列明批发业
65	**零售业**		
651	综合零售		
6511	百货零售	5211	百货零售
6512	超级市场零售	5212	超级市场零售
6519	其他综合零售	5219	其他综合零售
652	食品、饮料及烟草制品专门零售		
6521	粮油零售	5221	粮油零售
6522	糕点、面包零售	5222	糕点、面包零售
6523	果品、蔬菜零售	5223	果品、蔬菜零售

续 25

GB/T 4754—2002		GB/T 4754—2011	
6524	肉、禽、蛋及水产品零售	5224	肉、禽、蛋、奶及水产品零售
6525	饮料及茶叶零售	5224	肉、禽、蛋、奶及水产品零售
		5226	酒、饮料及茶叶零售
6526	烟草制品零售	5227	烟草制品零售
6529	其他食品零售	5225	营养和保健品零售
		5229	其他食品零售
653	纺织、服装及日用品专门零售		
6531	纺织品及针织品零售	5231	纺织品及针织品零售
6532	服装零售	5232	服装零售
6533	鞋帽零售	5233	鞋帽零售
6534	钟表、眼镜零售	5235	钟表、眼镜零售
6535	化妆品及卫生用品零售	5234	化妆品及卫生用品零售
6539	其他日用品零售	5236	箱、包零售
		5237	厨房用具及日用杂品零售
		5238	自行车零售
		5239	其他日用品零售
		5282	灯具零售
654	文化、体育用品及器材专门零售		
6541	文具用品零售	5241	文具用品零售
6542	体育用品零售	5242	体育用品及器材零售
6543	图书零售	5243	图书、报刊零售
6544	报刊零售	5243	图书、报刊零售
6545	音像制品及电子出版物零售	5244	音像制品及电子出版物零售
6546	珠宝首饰零售	5245	珠宝首饰零售
6547	工艺美术品及收藏品零售	5246	工艺美术品及收藏品零售
6548	照相器材零售	5248	照相器材零售
6549	其他文化用品零售	5247	乐器零售
		5249	其他文化用品零售
655	医药及医疗器材专门零售		
6551	药品零售	5251	药品零售
6552	医疗用品及器材零售	5252	医疗用品及器材零售
656	汽车、摩托车、燃料及零配件专门零售		
6561	汽车零售	5261	汽车零售
6562	汽车零配件零售	5262	汽车零配件零售
6563	摩托车及零配件零售	5263	摩托车及零配件零售
6564	机动车燃料零售	5264	机动车燃料零售
657	家用电器及电子产品专门零售		
6571	家用电器零售	5271	家用视听设备零售
		5272	日用家电设备零售
6572	计算机、软件及辅助设备零售	5273	计算机、软件及辅助设备零售
6573	通信设备零售	5274	通信设备零售
6579	其他电子产品零售	5279	其他电子产品零售
658	五金、家具及室内装修材料专门零售		
6581	五金零售	5281	五金零售
6582	家具零售	5283	家具零售
6583	涂料零售	5284	涂料零售
6589	其他室内装修材料零售	5285	卫生洁具零售
		5286	木质装饰材料零售

续26

GB/T 4754—2002		GB/T 4754—2011	
		5287	陶瓷、石材装饰材料零售
		5289	其他室内装饰材料零售
659	无店铺及其他零售		
6591	流动货摊零售	5291	货摊食品零售
		5292	货摊纺织、服装及鞋零售
		5293	货摊日用品零售
6592	邮购及电子销售	5294	互联网零售
		5295	邮购及电视、电话零售
6593	生活用燃料零售	5297	生活用燃料零售
6594	花卉零售	5239	其他日用品零售
6595	旧货零售	5296	旧货零售
6599	其他未列明的零售	5299	其他未列明零售业
I	**住宿和餐饮业**		
66	**住宿业**		
661	旅游饭店		
6610	旅游饭店	6110	旅游饭店
662	一般旅馆		
6620	一般旅馆	6120	一般旅馆
669	其他住宿服务		
6690	其他住宿服务	6190	其他住宿业
67	**餐饮业**		
671	正餐服务		
6710	正餐服务	6210	正餐服务
672	快餐服务		
6720	快餐服务	6220	快餐服务
673	饮料及冷饮服务		
6730	饮料及冷饮服务	6231	茶馆服务
		6232	咖啡馆服务
		6233	酒吧服务
		6239	其他饮料及冷饮服务
679	其他餐饮服务		
6790	其他餐饮服务	6291	小吃服务
		6292	餐饮配送服务
		6299	其他未列明餐饮业
J	**金融业**		
68	**银行业**		
681	中央银行		
6810	中央银行	6610	中央银行服务
		6640	银行监管服务
682	商业银行		
6820	商业银行	6620	货币银行服务
689	其他银行		
6890	其他银行	6620	货币银行服务
69	**证券业**		
691	证券市场管理		
6910	证券市场管理	6711	证券市场管理服务
		6721	期货市场管理服务
		6730	证券期货监管服务

续 27

GB/T 4754—2002		GB/T 4754—2011	
692	证券经纪与交易		
6920	证券经纪与交易	6712	证券经纪交易服务
		6713	基金管理服务
		6729	其他期货市场服务
693	证券投资		
6930	证券投资	6740	资本投资服务
694	证券分析与咨询		
6940	证券分析与咨询	6790	其他资本市场服务
70	**保险业**		
701	人寿保险		
7010	人寿保险	6811	人寿保险
		6830	再保险
		6840	养老金
702	非人寿保险		
7020	非人寿保险	6812	健康和意外保险
		6820	财产保险
		6830	再保险
703	保险辅助服务		
7030	保险辅助服务	6850	保险经纪与代理服务
		6860	保险监管服务
		6891	风险和损失评估
		6899	其他未列明保险活动
71	**其他金融活动**		
711	金融信托与管理		
7110	金融信托与管理	6910	金融信托与管理服务
712	金融租赁		
7120	金融租赁	6631	金融租赁服务
713	财务公司		
7130	财务公司	6632	财务公司
714	邮政储蓄		
7140	邮政储蓄	6620	货币银行服务
715	典当		
7150	典当	6633	典当
719	其他未列明的金融活动		
7190	其他未列明的金融活动	6639	其他非货币银行服务
		6930	非金融机构支付服务
		6940	金融信息服务
		6990	其他未列明金融业
		7296	担保服务
K	**房地产业**		
72	**房地产业**		
721	房地产开发经营		
7210	房地产开发经营	7010	房地产开发经营
		7040	自有房地产经营活动
722	物业管理		
7220	物业管理	7020	物业管理
723	房地产中介服务		
7230	房地产中介服务	7030	房地产中介服务
729	其他房地产活动		

续28

GB/T 4754—2002		GB/T 4754—2011	
7290	其他房地产活动	7090	其他房地产业
L	**租赁和商务服务业**		
73	**租赁业**		
731	机械设备租赁		
7311	汽车租赁	7111	汽车租赁
7312	农业机械租赁	7112	农业机械租赁
7313	建筑工程机械与设备租赁	7113	建筑工程机械与设备租赁
7314	计算机及通讯设备租赁	7114	计算机及通讯设备租赁
7319	其他机械与设备租赁	7119	其他机械与设备租赁
732	文化及日用品出租		
7321	图书及音像制品出租	7122	图书出租
		7123	音像制品出租
7329	其他文化及日用品出租	7121	娱乐及体育设备出租
		7129	其他文化及日用品出租
74	**商务服务业**		
741	企业管理服务		
7411	企业管理机构	6920	控股公司服务
		7211	企业总部管理
7412	投资与资产管理	6740	资本投资服务
		7212	投资与资产管理
7419	其他企业管理服务	7213	单位后勤管理服务
		7219	其他企业管理服务
742	法律服务		
7421	律师及相关的法律服务	7221	律师及相关法律服务
7422	公证服务	7222	公证服务
7429	其他法律服务	7229	其他法律服务
743	咨询与调查		
7431	会计、审计及税务服务	7231	会计、审计及税务服务
7432	市场调查	7232	市场调查
7433	社会经济咨询	7233	社会经济咨询
		7295	信用服务
7439	其他专业咨询	7239	其他专业咨询
744	广告业		
7440	广告业	7240	广告业
745	知识产权服务		
7450	知识产权服务	7250	知识产权服务
746	职业中介服务		
7460	职业中介服务	7261	公共就业服务
		7262	职业中介服务
		7263	劳务派遣服务
		7269	其他人力资源服务
747	市场管理		
7470	市场管理	7291	市场管理
748	旅行社		
7480	旅行社	7271	旅行社服务
		7272	旅游管理服务
		7279	其他旅行社相关服务
749	其他商务服务		

续 29

GB/T 4754—2002		GB/T 4754—2011	
7491	会议及展览服务	7292	会议及展览服务
7492	包装服务	7293	包装服务
7493	保安服务	7281	安全服务
		7282	安全系统监控服务
		7289	其他安全保护服务
7494	办公服务	7294	办公服务
7499	其他未列明的商务服务	6592	呼叫中心
		6930	非金融机构支付服务
		7299	其他未列明商务服务业
		8941	文化娱乐经纪人
		8942	体育经纪人
		8949	其他文化艺术经纪代理
M	**科学研究、技术服务和地质勘查业**		
75	**研究与试验发展**		
751	自然科学研究与试验发展		
7510	自然科学研究与试验发展	7310	自然科学研究和试验发展
752	工程和技术研究与试验发展		
7520	工程和技术研究与试验发展	7320	工程和技术研究和试验发展
753	农业科学研究与试验发展		
7530	农业科学研究与试验发展	7330	农业科学研究和试验发展
754	医学研究与试验发展		
7540	医学研究与试验发展	7340	医学研究和试验发展
755	社会人文科学研究与试验发展		
7550	社会人文科学研究与试验发展	7350	社会人文科学研究
76	**专业技术服务业**		
761	气象服务		
7610	气象服务	7410	气象服务
762	地震服务		
7620	地震服务	7420	地震服务
763	海洋服务		
7630	海洋服务	7430	海洋服务
764	测绘服务		
7640	测绘服务	7440	测绘服务
765	技术检测		
7650	技术检测	7450	质检技术服务
766	环境监测		
7660	环境监测	7461	环境保护监测
		7462	生态监测
767	工程技术与规划管理		
7671	工程管理服务	7481	工程管理服务
7672	工程勘察设计	7482	工程勘察设计
7673	规划管理	7483	规划管理
769	其他专业技术服务		
7690	其他专业技术服务	7491	专业化设计服务
		7499	其他未列明专业技术服务业
77	**科技交流和推广服务业**		
771	技术推广服务		
7710	技术推广服务	7511	农业技术推广服务

续30

GB/T 4754—2002		GB/T 4754—2011	
		7512	生物技术推广服务
		7513	新材料技术推广服务
		7514	节能技术推广服务
		7519	其他技术推广服务
772	科技中介服务		
7720	科技中介服务	7520	科技中介服务
779	其他科技服务		
7790	其他科技服务	7590	其他科技推广和应用服务业
78	**地质勘查业**		
781	矿产地质勘查		
7811	能源矿产地质勘查	7471	能源矿产地质勘查
7812	固体矿产地质勘查	7472	固体矿产地质勘查
7819	其他矿产地质勘查	7473	水、二氧化碳等矿产地质勘查
782	基础地质勘查		
7820	基础地质勘查	7474	基础地质勘查
783	地质勘查技术服务		
7830	地质勘查技术服务	7475	地质勘查技术服务
M	**科学研究、技术服务和地质勘查业**		
79	**水利管理业**		
791	防洪管理		
7910	防洪管理	7610	防洪除涝设施管理
792	水资源管理		
7921	水库管理	7630	天然水收集与分配
7922	调水、引水管理	7630	天然水收集与分配
7929	其他水资源管理	7620	水资源管理
799	其他水利管理		
7990	其他水利管理	7640	水文服务
		7690	其他水利管理业
80	**环境管理业**		
801	自然保护		
8011	自然保护区管理	7711	自然保护区管理
8012	野生动植物保护	7712	野生动物保护
		7713	野生植物保护
8019	其他自然保护	7719	其他自然保护
802	环境治理		
8021	城市市容管理	7830	城乡市容管理
8022	城市环境卫生管理	7820	环境卫生管理
8023	水污染治理	7721	水污染治理
8024	危险废物治理	7723	固体废物治理
		7724	危险废物治理
8029	其他环境治理	7722	大气污染治理
		7725	放射性废物治理
		7729	其他污染治理
81	**公共设施管理业**		
811	市政公共设施管理		
8110	市政公共设施管理	7810	市政设施管理
812	城市绿化管理		
8120	城市绿化管理	7840	绿化管理

续31

GB/T 4754—2002		GB/T 4754—2011	
813	游览景区管理		
8131	风景名胜区管理	7852	游览景区管理
8132	公园管理	7851	公园管理
8139	其他游览景区管理	7852	游览景区管理
O	**居民服务和其他服务业**		
82	**居民服务业**		
821	家庭服务		
8210	家庭服务	7910	家庭服务
822	托儿所		
8220	托儿所	7920	托儿所服务
823	洗染服务		
8230	洗染服务	7930	洗染服务
824	理发及美容保健服务		
8240	理发及美容保健服务	7940	理发及美容服务
		7960	保健服务
825	洗浴服务		
8250	洗浴服务	7950	洗浴服务
826	婚姻服务		
8260	婚姻服务	7970	婚姻服务
827	殡葬服务		
8270	殡葬服务	7980	殡葬服务
828	摄影扩印服务		
8280	摄影扩印服务	7492	摄影扩印服务
829	其他居民服务		
8290	其他居民服务	7990	其他居民服务业
83	**其他服务业**		
831	修理与维护		
8311	汽车、摩托车维护与保养	8011	汽车修理与维护
		8012	摩托车修理与维护
8312	办公设备维修	8022	通讯设备修理
		8029	其他办公设备维修
8313	家用电器修理	8031	家用电子产品修理
		8032	日用电器修理
8319	其他日用品修理	8091	自行车修理
		8092	鞋和皮革修理
		8093	家具和相关物品修理
		8099	其他未列明日用产品修理业
832	清洁服务		
8321	建筑物清洁服务	8111	建筑物清洁服务
8329	其他清洁服务	8119	其他清洁服务
839	其他未列明的服务		
8390	其他未列明的服务	8190	其他未列明服务业
P	**教育**		
84	**教育**		
841	学前教育		
8410	学前教育	8210	学前教育
842	初等教育		
8420	初等教育	8221	普通小学教育

续32

GB/T 4754—2002		GB/T 4754—2011	
		8222	成人小学教育
843	中等教育		
8431	初中教育	8231	普通初中教育
8432	高中教育	8234	普通高中教育
8433	中等专业教育	8236	中等职业学校教育
8434	职业中学教育	8232	职业初中教育
		8236	中等职业学校教育
8435	技工学校教育	8236	中等职业学校教育
8439	其他中等教育	8233	成人初中教育
		8235	成人高中教育
844	高等教育		
8441	普通高等教育	8241	普通高等教育
8442	成人高等教育	8242	成人高等教育
849	其他教育		
8491	职业技能培训	8291	职业技能培训
		8293	文化艺术培训
8492	特殊教育	8250	特殊教育
8499	其他未列明的教育	8294	教育辅助服务
		8299	其他未列明教育
Q	**卫生、社会保障和社会福利业**		
85	**卫生**		
851	医院		
8511	综合医院	8311	综合医院
8512	中医医院	8312	中医医院
8513	中西医结合医院	8313	中西医结合医院
8514	民族医院	8314	民族医院
8515	专科医院	8315	专科医院
8516	疗养院	8316	疗养院
852	卫生院及社区医疗活动		
8520	卫生院及社区医疗活动	8321	社区卫生服务中心(站)
		8322	街道卫生院
		8323	乡镇卫生院
853	门诊部医疗活动		
8530	门诊部医疗活动	8330	门诊部(所)
854	计划生育技术服务活动		
8540	计划生育技术服务活动	8340	计划生育技术服务活动
855	妇幼保健活动		
8550	妇幼保健活动	8350	妇幼保健院(所、站)
856	专科疾病防治活动		
8560	专科疾病防治活动	8360	专科疾病防治院(所、站)
857	疾病预防控制及防疫活动		
8570	疾病预防控制及防疫活动	8370	疾病预防控制中心
859	其他卫生活动		
8590	其他卫生活动	8390	其他卫生活动
86	**社会保障业**		
860	社会保障业		
8600	社会保障业	9300	社会保障
87	**社会福利业**		

续33

GB/T 4754—2002		GB/T 4754—2011	
871	提供住宿的社会福利		
8711	干部休养所	8411	干部休养所
8712	收养收容服务	8412	护理机构服务
		8413	精神康复服务
		8414	老年人、残疾人养护服务
		8415	孤残儿童收养和庇护服务
		8419	其他提供住宿社会救助
872	不提供住宿的社会福利		
8720	不提供住宿的社会福利	8421	社会看护与帮助服务
		8429	其他不提供住宿社会工作
R	**文化、体育和娱乐业**		
88	**新闻出版业**		
881	新闻业		
8810	新闻业	8510	新闻业
882	出版业		
8821	图书出版	8521	图书出版
8822	报纸出版	8522	报纸出版
8823	期刊出版	8523	期刊出版
8824	音像制品出版	8524	音像制品出版
8825	电子出版物出版	8525	电子出版物出版
8829	其他出版	8529	其他出版业
89	**广播、电视、电影和音像业**		
891	广播		
8910	广播	8610	广播
		8660	录音制作
892	电视		
8920	电视	8620	电视
		8630	电影和影视节目制作
		8640	电影和影视节目发行
893	电影		
8931	电影制作与发行	8630	电影和影视节目制作
		8640	电影和影视节目发行
8932	电影放映	8650	电影放映
894	音像制作		
8940	音像制作	8630	电影和影视节目制作
		8660	录音制作
90	**文化艺术业**		
901	文艺创作与表演		
9010	文艺创作与表演	8710	文艺创作与表演
902	艺术表演场馆		
9020	艺术表演场馆	8720	艺术表演场馆
903	图书馆与档案馆		
9031	图书馆	8731	图书馆
9032	档案馆	8732	档案馆
904	文物及文化保护		
9040	文物及文化保护	8740	文物及非物质文化遗产保护
905	博物馆		
9050	博物馆	8750	博物馆

续34

GB/T 4754—2002		GB/T 4754—2011	
906	烈士陵园、纪念馆		
9060	烈士陵园、纪念馆	8760	烈士陵园、纪念馆
907	群众文化活动		
9070	群众文化活动	8770	群众文化活动
908	文化艺术经纪代理		
9080	文化艺术经纪代理	8941	文化娱乐经纪人
		8949	其他文化艺术经纪代理
909	其他文化艺术		
9090	其他文化艺术	8790	其他文化艺术业
91	**体育**		
911	体育组织		
9110	体育组织	8810	体育组织
912	体育场馆		
9120	体育场馆	8820	体育场馆
919	其他体育		
9190	其他体育	8292	体校及体育培训
		8890	其他体育
		8942	体育经纪人
92	**娱乐业**		
921	室内娱乐活动		
9210	室内娱乐活动	8911	歌舞厅娱乐活动
		8912	电子游艺厅娱乐活动
		8919	其他室内娱乐活动
922	游乐园		
9220	游乐园	8920	游乐园
923	休闲健身娱乐活动		
9230	休闲健身娱乐活动	8830	休闲健身活动
929	其他娱乐活动		
9290	其他娱乐活动	8930	彩票活动
		8990	其他娱乐业
S	**公共管理和社会组织**		
93	**中国共产党机关**		
930	中国共产党机关		
9300	中国共产党机关	9000	中国共产党机关
94	**国家机构**		
941	国家权力机构		
9410	国家权力机构	9110	国家权力机构
942	国家行政机构		
9421	综合事务管理机构	9121	综合事务管理机构
9422	对外事务管理机构	9122	对外事务管理机构
9423	公共安全管理机构	9123	公共安全管理机构
9424	社会事务管理机构	9124	社会事务管理机构
9425	经济事务管理机构	9125	经济事务管理机构
9426	政府事务管理机构	9121	综合事务管理机构
9427	行政监督检查机构	9126	行政监督检查机构
943	人民法院和人民检察院		
9431	人民法院	9131	人民法院
9432	人民检察院	9132	人民检察院

续35

GB/T 4754—2002		GB/T 4754—2011	
949	其他国家机构		
9490	其他国家机构	9190	其他国家机构
95	**人民政协和民主党派**		
951	人民政协		
9510	人民政协	9210	人民政协
952	民主党派		
9520	民主党派	9220	民主党派
96	**群众团体、社会团体和宗教组织**		
961	群众团体		
9611	工会	9411	工会
9612	妇联	9412	妇联
9613	共青团	9413	共青团
9619	其他群众团体	9419	其他群众团体
962	社会团体		
9621	专业性团体	9421	专业性团体
9622	行业性团体	9422	行业性团体
9629	其他社会团体	9429	其他社会团体
		9430	基金会
963	宗教组织		
9630	宗教组织	9440	宗教组织
97	**基层群众自治组织**		
971	社区自治组织		
9710	社区自治组织	9510	社区自治组织
972	村民自治组织		
9720	村民自治组织	9520	村民自治组织
T	**国际组织**		
98	**国际组织**		
980	国际组织		
9800	国际组织	9600	国际组织

附录5

《国民经济行业分类》与《国际标准行业分类》对照表

国民经济行业分类(GB/T 4754—2011)		国际标准行业分类 修订本第4版(ISIC Rev. 4)	
A	**农、林、牧、渔业**		
01	**农业**		
011	谷物种植		
0111	稻谷种植	0112	水稻的种植
0112	小麦种植	0111	谷类(水稻除外)、豆类和油籽类作物的种植
0113	玉米种植	0111	谷类(水稻除外)、豆类和油籽类作物的种植
0119	其他谷物种植	0111	谷类(水稻除外)、豆类和油籽类作物的种植
012	豆类、油料和薯类种植		
0121	豆类种植	0111	谷类(水稻除外)、豆类和油籽类作物的种植
0122	油料种植	0111	谷类(水稻除外)、豆类和油籽类作物的种植
0123	薯类种植	0113	蔬菜、瓜类、根类、茎类的种植
013	棉、麻、糖、烟草种植		
0131	棉花种植	0116	纤维作物的种植
0132	麻类种植	0116	纤维作物的种植
0133	糖料种植	0114	甘蔗的种植
		0113	蔬菜、瓜类、根类、茎类的种植
0134	烟草种植	0115	烟草的种植
		0119	其他非多年生作物的种植
014	蔬菜、食用菌及园艺作物种植		
0141	蔬菜种植	0113	蔬菜、瓜类、根类、茎类的种植
0142	食用菌种植	0113	蔬菜、瓜类、根类、茎类的种植
		0130	植物繁殖
0143	花卉种植	0119	其他非多年生作物的种植
		0130	植物繁殖
0149	其他园艺作物种植	0119	其他非多年生作物的种植
		0130	植物繁殖
		0129	其他多年生作物的种植
015	水果种植		
0151	仁果类和核果类水果种植	0124	仁果类和核果类的种植
0152	葡萄种植	0121	葡萄的种植
0153	柑橘类种植	0123	柑橘属水果的种植
0154	香蕉等亚热带水果种植	0122	热带和亚热带水果的种植
0159	其他水果种植	0125	其他树木、灌木水果及坚果类的种植
		0113	蔬菜、瓜类、根类、茎类的种植
016	坚果、含油果、香料和饮料作物种植		
0161	坚果种植	0125	其他树木、灌木水果及坚果类的种植
0162	含油果种植	0126	含油水果的种植
0163	香料作物种植	0127	饮料作物的种植
0169	茶及其他饮料作物种植	0128	调味料、香料及药用作物的种植
0170	中药材种植	0128	调味料、香料及药用作物的种植
0190	其他农业	0119	其他非多年生作物的种植
		0129	其他多年生作物的种植

续1

国民经济行业分类(GB/T 4754—2011)		国际标准行业分类　修订本第4版(ISIC Rev. 4)	
02	**林业**		
021	林木育种和育苗		
0211	林木育种	0130	植物繁殖
0212	林木育苗	0130	植物繁殖
0220	造林和更新	0210	造林及其他林业活动
		0129	其他多年生作物的种植
0230	森林经营和管护	0210	造林及其他林业活动
024	木材和竹材采运		
0241	木材采运	0220	伐木业
		0240	林业辅助服务
0242	竹材采运	0220	伐木业
		0240	林业辅助服务
025	林产品采集		
0251	木竹材林产品采集	0230	野生非木材林业产品的采集
0252	非木竹材林产品采集	0230	野生非木材林业产品的采集
03	**畜牧业**		
031	牲畜饲养		
0311	牛的饲养	0141	奶牛和水牛的饲养
0312	马的饲养	0142	马和其他马类动物的饲养
0313	猪的饲养	0145	猪的饲养
0314	羊的饲养	0144	绵羊和山羊的饲养
0315	骆驼饲养	0143	骆驼和骆驼科动物的饲养
0319	其他牲畜饲养	0142	马和其他马类动物的饲养
032	家禽饲养		
0321	鸡的饲养	0146	家禽的饲养
0322	鸭的饲养	0146	家禽的饲养
0323	鹅的饲养	0146	家禽的饲养
0329	其他家禽饲养	0146	家禽的饲养
0330	狩猎和捕捉动物	0170	狩猎、捕捉及相关服务活动
0390	其他畜牧业	0149	其他动物的饲养
		0322	淡水养殖
04	**渔业**		
041	水产养殖		
0411	海水养殖	0321	海水养殖
0412	内陆养殖	0322	淡水养殖
042	水产捕捞		
0421	海水捕捞	0311	海洋渔业
0422	内陆捕捞	0312	淡水渔业
05	**农、林、牧、渔服务业**		
051	农业服务业		
0511	农业机械服务	0161	作物生产的辅助活动
0512	灌溉服务	0161	作物生产的辅助活动
0513	农产品初加工服务	0163	作物收获后的辅助活动
		0164	繁殖用种子的加工
0519	其他农业服务	0161	作物生产的辅助活动
052	林业服务业		
0521	林业有害生物防治服务	0240	林业辅助服务
0522	森林防火服务	0240	林业辅助服务

续2

国民经济行业分类(GB/T 4754—2011)		国际标准行业分类 修订本第4版(ISIC Rev. 4)	
0523	林产品初级加工服务	0220	伐木业
0529	其他林业服务	0240	林业辅助服务
0530	畜牧服务业	0162	牲畜生产的辅助活动
0540	渔业服务业	0321	海水养殖
		0322	淡水养殖
B	**采矿业**		
06	**煤炭开采和洗选业**		
0610	烟煤和无烟煤开采洗选	0510	硬煤的开采
0620	褐煤开采洗选	0520	褐煤的开采
0690	其他煤炭采选	0892	泥炭的开采
		0899	未另分类的其他采矿和采石
07	**石油和天然气开采业**		
0710	石油开采	0610	原油的开采
0720	天然气开采	0620	天然气的开采
08	**黑色金属矿采选业**		
0810	铁矿采选	0710	铁矿的开采
0820	锰矿、铬矿采选	0729	其他有色金属矿的开采
0890	其他黑色金属矿采选	0729	其他有色金属矿的开采
09	**有色金属矿采选业**		
091	常用有色金属矿采选		
0911	铜矿采选	0729	其他有色金属矿的开采
0912	铅锌矿采选	0729	其他有色金属矿的开采
0913	镍钴矿采选	0729	其他有色金属矿的开采
0914	锡矿采选	0729	其他有色金属矿的开采
0915	锑矿采选	0729	其他有色金属矿的开采
0916	铝矿采选	0729	其他有色金属矿的开采
0917	镁矿采选	0729	其他有色金属矿的开采
0919	其他常用有色金属矿采选	0729	其他有色金属矿的开采
092	贵金属矿采选		
0921	金矿采选	0729	其他有色金属矿的开采
0922	银矿采选	0729	其他有色金属矿的开采
0929	其他贵金属矿采选	0729	其他有色金属矿的开采
093	稀有稀土金属矿采选		
0931	钨钼矿采选	0729	其他有色金属矿的开采
0932	稀土金属矿采选	0729	其他有色金属矿的开采
0933	放射性金属矿采选	0721	铀及钍矿的开采
0939	其他稀有金属矿采选	0729	其他有色金属矿的开采
10	**非金属矿采选业**		
101	土砂石开采		
1011	石灰石、石膏开采	0810	石、砂及粘土的采掘
1012	建筑装饰用石开采	0810	石、砂及粘土的采掘
1013	耐火土石开采	0810	石、砂及粘土的采掘
1019	粘土及其他土砂石开采	0810	石、砂及粘土的采掘
1020	化学矿开采	0891	化学矿物及肥料矿物的开采
1030	采盐	0893	采盐
109	石棉及其他非金属矿采选		
1091	石棉、云母矿采选	0899	未另分类的其他采矿和采石
1092	石墨、滑石采选	0899	未另分类的其他采矿和采石

续3

国民经济行业分类（GB/T 4754—2011）		国际标准行业分类　修订本第4版（ISIC Rev. 4）	
1093	宝石、玉石采选	0899	未另分类的其他采矿和采石
1099	其他未列明非金属矿采选	0899	未另分类的其他采矿和采石
11	**开采辅助活动**		
1110	煤炭开采和洗选辅助活动	0990	其他采矿和采石的辅助活动
1120	石油和天然气开采辅助活动	0910	石油和天然气开采的辅助活动
1190	其他开采辅助活动	0990	其他采矿和采石的辅助活动
12	**其他采矿业**		
1200	其他采矿业	0899	未另分类的其他采矿和采石
C	**制造业**		
13	**农副食品加工业**		
1310	谷物磨制	1061	谷物磨制品的制造
1320	饲料加工	1080	牲畜精饲料的制造
133	植物油加工		
1331	食用植物油加工	1040	动植物油和油脂的制造
1332	非食用植物油加工	1040	动植物油和油脂的制造
1340	制糖业	1072	糖的制造
135	屠宰及肉类加工		
1351	牲畜屠宰	1010	肉类的加工和保藏
1352	禽类屠宰	1010	肉类的加工和保藏
1353	肉制品及副产品加工	1010	肉类的加工和保藏
136	水产品加工		
1361	水产品冷冻加工	1020	鱼类、甲壳类、软体动物类的加工和保藏
1362	鱼糜制品及水产品干腌制加工	1020	鱼类、甲壳类、软体动物类的加工和保藏
1363	水产饲料制造	1020	鱼类、甲壳类、软体动物类的加工和保藏
1364	鱼油提取及制品制造	1040	动植物油和油脂的制造
1369	其他水产品加工	1020	鱼类、甲壳类、软体动物类的加工和保藏
137	蔬菜、水果和坚果加工		
1371	蔬菜加工	1030	水果和蔬菜的加工和保藏
1372	水果和坚果加工	1030	水果和蔬菜的加工和保藏
139	其他农副食品加工		
1391	淀粉及淀粉制品制造	1062	淀粉及淀粉制品的制造
1392	豆制品制造	1030	水果和蔬菜的加工和保藏
		1061	谷物磨制品的制造
1393	蛋品加工	1079	未另分类的其他食品的制造
1399	其他未列明农副食品加工	1079	未另分类的其他食品的制造
14	**食品制造业**		
141	焙烤食品制造		
1411	糕点、面包制造	1071	烘烤食品的制造
1419	饼干及其他焙烤食品制造	1071	烘烤食品的制造
142	糖果、巧克力及蜜饯制造		
1421	糖果、巧克力制造	1073	可可、巧克力和糖果的制造
1422	蜜饯制作	1073	可可、巧克力和糖果的制造
143	方便食品制造		
1431	米、面制品制造	1074	通心粉、面条、方便面和类似的粉面制品的制造
1432	速冻食品制造	1074	通心粉、面条、方便面和类似的粉面制品的制造
1439	方便面及其他方便食品制造	1074	通心粉、面条、方便面和类似的粉面制品的制造
		1079	未另分类的其他食品的制造
1440	乳制品制造	1050	乳制品的制造

续4

国民经济行业分类(GB/T 4754—2011)		国际标准行业分类 修订本第4版(ISIC Rev. 4)	
145	罐头食品制造		
1451	肉、禽类罐头制造	1075	熟肉和熟食的制造
1452	水产品罐头制造	1075	熟肉和熟食的制造
1453	蔬菜、水果罐头制造	1075	熟肉和熟食的制造
1459	其他罐头食品制造	1074	通心粉、面条、方便面和类似的粉面制品的制造
		1079	未另分类的其他食品的制造
146	调味品、发酵制品制造		
1461	味精制造	1079	未另分类的其他食品的制造
1462	酱油、食醋及类似制品制造	1079	未另分类的其他食品的制造
1469	其他调味品、发酵制品制造	1079	未另分类的其他食品的制造
149	其他食品制造		
1491	营养食品制造	1079	未另分类的其他食品的制造
1492	保健食品制造	1079	未另分类的其他食品的制造
1493	冷冻饮品及食用冰制造	1050	乳制品的制造
1494	盐加工	1079	未另分类的其他食品的制造
1495	食品及饲料添加剂制造	2029	未另分类的其他化学制品的制造
1499	其他未列明食品制造	1079	未另分类的其他食品的制造
15	**酒、饮料和精制茶制造业**		
151	酒的制造		
1511	酒精制造	2011	基本化学品的制造
1512	白酒制造	1101	烈酒的蒸馏、精馏及勾兑
1513	啤酒制造	1103	麦芽酒和麦芽的制造
1514	黄酒制造	1102	葡萄酒的制造
1515	葡萄酒制造	1102	葡萄酒的制造
1519	其他酒制造	1102	葡萄酒的制造
		1101	烈酒的蒸馏、精馏及勾兑
152	饮料制造		
1521	碳酸饮料制造	1104	软饮料的制造;矿泉水和其他瓶装水的生产
1522	瓶(罐)装饮用水制造	1104	软饮料的制造;矿泉水和其他瓶装水的生产
1523	果菜汁及果菜汁饮料制造	1030	水果和蔬菜的加工和保藏
		1104	软饮料的制造;矿泉水和其他瓶装水的生产
1524	含乳饮料和植物蛋白饮料制造	1050	乳制品的制造
1525	固体饮料制造	1079	未另分类的其他食品的制造
1529	茶饮料及其他饮料制造	1104	软饮料的制造;矿泉水和其他瓶装水的生产
1530	精制茶加工	1079	未另分类的其他食品的制造
16	**烟草制品业**		
1610	烟叶复烤	1200	烟草制品的制造
1620	卷烟制造	1200	烟草制品的制造
1690	其他烟草制品制造	1200	烟草制品的制造
17	**纺织业**		
171	棉纺织及印染精加工		
1711	棉纺纱加工	1311	纺织纤维的纺前加工和纺纱
1712	棉织造加工	1312	纺织品的编织
1713	棉印染精加工	1313	纺织品的精加工
172	毛纺织及染整精加工		
1721	毛条和毛纱线加工	1311	纺织纤维的纺前加工和纺纱
1722	毛织造加工	1312	纺织品的编织
1723	毛染整精加工	1313	纺织品的精加工

续5

国民经济行业分类(GB/T 4754—2011)		国际标准行业分类 修订本第4版(ISIC Rev. 4)	
173	麻纺织及染整精加工		
1731	麻纤维纺前加工和纺纱	1311	纺织纤维的纺前加工和纺纱
1732	麻织造加工	1312	纺织品的编织
1733	麻染整精加工	1313	纺织品的精加工
174	丝绢纺织及印染精加工		
1741	缫丝加工	1311	纺织纤维的纺前加工和纺纱
1742	绢纺和丝织加工	1312	纺织品的编织
1743	丝印染精加工	1313	纺织品的精加工
175	化纤织造及印染精加工		
1751	化纤织造加工	1312	纺织品的编织
1752	化纤织物染整精加工	1313	纺织品的精加工
176	针织或钩针编织物及其制品制造		
1761	针织或钩针编织物织造	1391	针织及钩针编织物的制造
1762	针织或钩针编织物印染精加工	1313	纺织品的精加工
1763	针织或钩针编织品制造	1391	针织及钩针编织物的制造
177	家用纺织制成品制造		
1771	床上用品制造	1392	纺织制成品的制造，服装除外
1772	毛巾类制品制造	1391	针织及钩针编织物的制造
1773	窗帘、布艺类产品制造	1392	纺织制成品的制造，服装除外
1779	其他家用纺织制成品制造	1392	纺织制成品的制造，服装除外
		1393	地毯和小地毯的制造
		1399	未另分类的其他纺织品的制造
178	非家用纺织制成品制造		
1781	非织造布制造	1399	未另分类的其他纺织品的制造
1782	绳、索、缆制造	1394	索具、绳子、合股线和网具的制造
1783	纺织带和帘子布制造	1312	纺织品的编织
1784	篷、帆布制造	1312	纺织品的编织
1789	其他非家用纺织制成品制造	1399	未另分类的其他纺织品的制造
18	**纺织服装、服饰业**		
1810	机织服装制造	1410	服装制造，但毛皮服装除外
1820	针织或钩针编织服装制造	1430	针织和钩针编织服装的制造
1830	服饰制造	1410	服装制造，但毛皮服装除外
		1430	针织和钩针编织服装的制造
19	**皮革、毛皮、羽毛及其制品和制鞋业**		
1910	皮革鞣制加工	1511	皮革的鞣制和修整；毛皮的整制和染色
192	皮革制品制造		
1921	皮革服装制造	1410	服装制造，但毛皮服装除外
1922	皮箱、包(袋)制造	1512	皮箱、手提包和类似物品，马鞍及挽具的制造
1923	皮手套及皮装饰制品制造	1410	服装制造，但毛皮服装除外
1929	其他皮革制品制造	1512	皮箱、手提包和类似物品，马鞍及挽具的制造
193	毛皮鞣制及制品加工		
1931	毛皮鞣制加工	1511	皮革的鞣制和修整；毛皮的整制和染色
1932	毛皮服装加工	1420	毛皮制品的制造
1939	其他毛皮制品加工	1420	毛皮制品的制造
194	羽毛(绒)加工及制品制造		
1941	羽毛(绒)加工	1010	肉类的加工和保藏
1942	羽毛(绒)制品加工	1410	服装制造，但毛皮服装除外
		1420	毛皮制品的制造

续 6

国民经济行业分类(GB/T 4754—2011)		国际标准行业分类 修订本第 4 版(ISIC Rev. 4)	
195	制鞋业		
1951	纺织面料鞋制造	1520	鞋靴的制造
1952	皮鞋制造	1520	鞋靴的制造
1953	塑料鞋制造	1520	鞋靴的制造
1954	橡胶鞋制造	1520	鞋靴的制造
1959	其他制鞋业	1520	鞋靴的制造
20	**木材加工和木、竹、藤、棕、草制品业**		
201	木材加工		
2011	锯材加工	1610	锯木和刨木
2012	木片加工	1610	锯木和刨木
2013	单板加工	1610	锯木和刨木
2019	其他木材加工	1610	锯木和刨木
202	人造板制造		
2021	胶合板制造	1621	薄板和木基板材的制造
2022	纤维板制造	1621	薄板和木基板材的制造
2023	刨花板制造	1621	薄板和木基板材的制造
2029	其他人造板制造	1621	薄板和木基板材的制造
203	木制品制造		
2031	建筑用木料及木材组件加工	1622	建筑用木料及木材元件的制造
2032	木门窗、楼梯制造	1622	建筑用木料及木材元件的制造
2033	地板制造	1622	建筑用木料及木材元件的制造
2034	木制容器制造	1623	木容器的制造
2039	软木制品及其他木制品制造	1629	其他木制品的制造;软木制品、草编制品及编织材料物品的制造
204	竹、藤、棕、草等制品制造		
2041	竹制品制造	1629	其他木制品的制造;软木制品、草编制品及编织材料物品的制造
2042	藤制品制造	1629	其他木制品的制造;软木制品、草编制品及编织材料物品的制造
2043	棕制品制造	1629	其他木制品的制造;软木制品、草编制品及编织材料物品的制造
2049	草及其他制品制造	1629	其他木制品的制造;软木制品、草编制品及编织材料物品的制造
21	**家具制造业**		
2110	木质家具制造	3100	家具的制造
2120	竹、藤家具制造	3100	家具的制造
2130	金属家具制造	3100	家具的制造
2140	塑料家具制造	3100	家具的制造
2190	其他家具制造	3100	家具的制造
		2395	混凝土、水泥及石膏制品的制造
		2396	石头的切割、成形和精加工
22	**造纸和纸制品业**		
221	纸浆制造		
2211	木竹浆制造	1701	纸浆、纸和纸板的制造
2212	非木竹浆制造	1701	纸浆、纸和纸板的制造
222	造纸		
2221	机制纸及纸板制造	1701	纸浆、纸和纸板的制造

续7

国民经济行业分类(GB/T 4754—2011)		国际标准行业分类　修订本第4版(ISIC Rev. 4)	
		1702	瓦楞纸和瓦楞纸板以及纸和纸板容器的制造
		1709	其他纸制品和纸板制品的制造
2222	手工纸制造	1701	纸浆、纸和纸板的制造
2223	加工纸制造	1701	纸浆、纸和纸板的制造
223	纸制品制造		
2231	纸和纸板容器制造	1702	瓦楞纸和瓦楞纸板以及纸和纸板容器的制造
2239	其他纸制品制造	1709	其他纸制品和纸板制品的制造
23	**印刷和记录媒介复制业**		
231	印刷		
2311	书、报刊印刷	1811	印刷
2312	本册印制	1811	印刷
2319	包装装潢及其他印刷	1811	印刷
2320	装订及印刷相关服务	1812	与印刷有关的服务活动
2330	记录媒介复制	1820	记录媒介物的复制
24	**文教、工美、体育和娱乐用品制造业**		
241	文教办公用品制造		
2411	文具制造	1709	其他纸制品和纸板制品的制造
		3290	未另分类的其他用品的制造
		2599	未另分类的其他金属制品的制造
		2220	塑料制品的制造
2412	笔的制造	3290	未另分类的其他用品的制造
2413	教学用模型及教具制造	3290	未另分类的其他用品的制造
		2220	塑料制品的制造
		2817	办公机械和设备的制造(计算机及外部产品除外)
2414	墨水、墨汁制造	2029	未另分类的其他化学制品的制造
2419	其他文教办公用品制造	3290	未另分类的其他用品的制造
		1629	其他木制品的制造;软木制品、草编制品及编织材料物品的制造
242	乐器制造		
2421	中乐器制造	3220	乐器的制造
2422	西乐器制造	3220	乐器的制造
2423	电子乐器制造	3220	乐器的制造
2429	其他乐器及零件制造	3220	乐器的制造
243	工艺美术品制造		
2431	雕塑工艺品制造	2220	塑料制品的制造
		2395	混凝土、水泥及石膏制品的制造
		1629	其他木制品的制造;软木制品、草编制品及编织材料物品的制造
2432	金属工艺品制造	2599	未另分类的其他金属制品的制造
		2593	刀具、手工工具和普通金属器具的制造
2433	漆器工艺品制造	3290	未另分类的其他用品的制造
2434	花画工艺品制造	3290	未另分类的其他用品的制造
2435	天然植物纤维编织工艺品制造	1629	其他木制品的制造;软木制品、草编制品及编织材料物品的制造
2436	抽纱刺绣工艺品制造	1399	未另分类的其他纺织品的制造
2437	地毯、挂毯制造	1393	地毯和小地毯的制造
		1392	纺织制成品的制造,服装除外

续8

国民经济行业分类(GB/T 4754—2011)		国际标准行业分类 修订本第4版(ISIC Rev. 4)	
2438	珠宝首饰及有关物品制造	3211	珠宝及有关物品的制造
2439	其他工艺美术品制造	3212	仿真首饰及有关物品的制造
		3290	未另分类的其他用品的制造
244	体育用品制造		
2441	球类制造	3230	体育用品的制造
2442	体育器材及配件制造	3230	体育用品的制造
2443	训练健身器材制造	3230	体育用品的制造
2444	运动防护用具制造	3230	体育用品的制造
2449	其他体育用品制造	3230	体育用品的制造
2450	玩具制造	3240	游艺用品及玩具的制造
246	游艺器材及娱乐用品制造		
2461	露天游乐场所游乐设备制造	3240	游艺用品及玩具的制造
2462	游艺用品及室内游艺器材制造	3240	游艺用品及玩具的制造
2469	其他娱乐用品制造	3240	游艺用品及玩具的制造
25	**石油加工、炼焦和核燃料加工业**		
251	精炼石油产品制造		
2511	原油加工及石油制品制造	1920	精炼石油产品的制造
2512	人造原油制造	1920	精炼石油产品的制造
2520	炼焦	1910	焦炭炉产品的制造
2530	核燃料加工	1920	精炼石油产品的制造
26	**化学原料和化学制品制造业**		
261	基础化学原料制造		
2611	无机酸制造	2011	基本化学品的制造
2612	无机碱制造	2011	基本化学品的制造
2613	无机盐制造	2011	基本化学品的制造
2614	有机化学原料制造	2011	基本化学品的制造
2619	其他基础化学原料制造	2011	基本化学品的制造
262	肥料制造		
2621	氮肥制造	2012	化肥及氮化合物的制造
2622	磷肥制造	2012	化肥及氮化合物的制造
2623	钾肥制造	2012	化肥及氮化合物的制造
2624	复混肥料制造	2012	化肥及氮化合物的制造
2625	有机肥料及微生物肥料制造	2012	化肥及氮化合物的制造
2629	其他肥料制造	2012	化肥及氮化合物的制造
263	农药制造		
2631	化学农药制造	2021	农药及其他农业化工制品的制造
2632	生物化学农药及微生物农药制造	2021	农药及其他农业化工制品的制造
264	涂料、油墨、颜料及类似产品制造		
2641	涂料制造	2022	颜料、清漆和类似涂料、印刷油墨及胶粘剂的制造
2642	油墨及类似产品制造	2022	颜料、清漆和类似涂料、印刷油墨及胶粘剂的制造
2643	颜料制造	2022	颜料、清漆和类似涂料、印刷油墨及胶粘剂的制造
		2011	基本化学品的制造
		2029	未另分类的其他化学制品的制造
2644	染料制造	2022	颜料、清漆和类似涂料、印刷油墨及胶粘剂的制造
		2011	基本化学品的制造
2645	密封用填料及类似品制造	2022	颜料、清漆和类似涂料、印刷油墨及胶粘剂的制造
265	合成材料制造		

续 9

国民经济行业分类(GB/T 4754—2011)		国际标准行业分类　修订本第 4 版(ISIC Rev. 4)	
2651	初级形态塑料及合成树脂制造	2013	初级塑料和合成橡胶的制造
2652	合成橡胶制造	2013	初级塑料和合成橡胶的制造
2653	合成纤维单(聚合)体制造	2013	初级塑料和合成橡胶的制造
2659	其他合成材料制造	2013	初级塑料和合成橡胶的制造
266	专用化学产品制造		
2661	化学试剂和助剂制造	2029	未另分类的其他化学制品的制造
2662	专项化学用品制造	2029	未另分类的其他化学制品的制造
2663	林产化学产品制造	2029	未另分类的其他化学制品的制造
2664	信息化学品制造	2029	未另分类的其他化学制品的制造
		2680	磁性媒介物和光学媒介物的制造
2665	环境污染处理专用药剂材料制造	2029	未另分类的其他化学制品的制造
2666	动物胶制造	2029	未另分类的其他化学制品的制造
2669	其他专用化学产品制造	2029	未另分类的其他化学制品的制造
267	炸药、火工及焰火产品制造		
2671	炸药及火工产品制造	2029	未另分类的其他化学制品的制造
2672	焰火、鞭炮产品制造	2029	未另分类的其他化学制品的制造
268	日用化学产品制造		
2681	肥皂及合成洗涤剂制造	2023	肥皂和洗涤剂、清洁剂和抛光剂、香水及盥洗用品的制造
2682	化妆品制造	2023	肥皂和洗涤剂、清洁剂和抛光剂、香水及盥洗用品的制造
2683	口腔清洁用品制造	2023	肥皂和洗涤剂、清洁剂和抛光剂、香水及盥洗用品的制造
2684	香料、香精制造	2029	未另分类的其他化学制品的制造
2689	其他日用化学产品制造	2029	未另分类的其他化学制品的制造
		2023	肥皂和洗涤剂、清洁剂和抛光剂、香水及盥洗用品的制造
27	**医药制造业**		
2710	化学药品原料药制造	2100	药品、药用化学品及植物药材的制造
2720	化学药品制剂制造	2100	药品、药用化学品及植物药材的制造
2730	中药饮片加工	2100	药品、药用化学品及植物药材的制造
		1079	未另分类的其他食品的制造
2740	中成药生产	2100	药品、药用化学品及植物药材的制造
2750	兽用药品制造	2100	药品、药用化学品及植物药材的制造
2760	生物药品制造	2100	药品、药用化学品及植物药材的制造
2770	卫生材料及医药用品制造	2100	药品、药用化学品及植物药材的制造
		3250	医疗和牙科工具和用品的制造
28	**化学纤维制造业**		
281	纤维素纤维原料及纤维制造		
2811	化纤浆粕制造	2030	人造纤维的制造
2812	人造纤维(纤维素纤维)制造	2030	人造纤维的制造
282	合成纤维制造		
2821	锦纶纤维制造	2030	人造纤维的制造
2822	涤纶纤维制造	2030	人造纤维的制造
2823	腈纶纤维制造	2030	人造纤维的制造
2824	维纶纤维制造	2030	人造纤维的制造
2825	丙纶纤维制造	2030	人造纤维的制造

续10

国民经济行业分类(GB/T 4754—2011)		国际标准行业分类 修订本第4版(ISIC Rev.4)	
2826	氨纶纤维制造	2030	人造纤维的制造
2829	其他合成纤维制造	2030	人造纤维的制造
29	**橡胶和塑料制品业**		
291	橡胶制品业		
2911	轮胎制造	2211	橡胶轮胎和内胎的制造;橡胶轮胎的翻新和再造
2912	橡胶板、管、带制造	2219	其他橡胶制品的制造
2913	橡胶零件制造	2219	其他橡胶制品的制造
2914	再生橡胶制造	2219	其他橡胶制品的制造
2915	日用及医用橡胶制品制造	2219	其他橡胶制品的制造
2919	其他橡胶制品制造	2219	其他橡胶制品的制造
292	塑料制品业		
2921	塑料薄膜制造	2220	塑料制品的制造
2922	塑料板、管、型材制造	2220	塑料制品的制造
2923	塑料丝、绳及编织品制造	2220	塑料制品的制造
2924	泡沫塑料制造	2220	塑料制品的制造
2925	塑料人造革、合成革制造	2220	塑料制品的制造
2926	塑料包装箱及容器制造	2220	塑料制品的制造
2927	日用塑料制品制造	2220	塑料制品的制造
2928	塑料零件制造	2220	塑料制品的制造
2929	其他塑料制品制造	2220	塑料制品的制造
		3250	医疗和牙科工具和用品的制造
		3290	未另分类的其他用品的制造
30	**非金属矿物制品业**		
301	水泥、石灰和石膏制造		
3011	水泥制造	2394	水泥、石灰和石膏制品的制造
3012	石灰和石膏制造	2394	水泥、石灰和石膏制品的制造
		3250	医疗和牙科工具和用品的制造
302	石膏、水泥制品及类似制品制造		
3021	水泥制品制造	2395	混凝土、水泥及石膏制品的制造
3022	砼结构构件制造	2395	混凝土、水泥及石膏制品的制造
3023	石棉水泥制品制造	2395	混凝土、水泥及石膏制品的制造
3024	轻质建筑材料制造	2395	混凝土、水泥及石膏制品的制造
3029	其他水泥类似制品制造	2395	混凝土、水泥及石膏制品的制造
303	砖瓦、石材等建筑材料制造		
3031	粘土砖瓦及建筑砌块制造	2392	黏土建筑材料的制造
3032	建筑陶瓷制品制造	2392	黏土建筑材料的制造
3033	建筑用石加工	2396	石头的切割、成形和精加工
3034	防水建筑材料制造	2399	未另分类的其他非金属矿物制品的制造
3035	隔热和隔音材料制造	2399	未另分类的其他非金属矿物制品的制造
3039	其他建筑材料制造	2399	未另分类的其他非金属矿物制品的制造
304	玻璃制造		
3041	平板玻璃制造	2310	玻璃和玻璃制品的制造
3049	其他玻璃制造	2310	玻璃和玻璃制品的制造
305	玻璃制品制造		
3051	技术玻璃制品制造	2310	玻璃和玻璃制品的制造
3052	光学玻璃制造	2310	玻璃和玻璃制品的制造
3053	玻璃仪器制造	2310	玻璃和玻璃制品的制造

续 11

国民经济行业分类(GB/T 4754—2011)		国际标准行业分类　修订本第 4 版(ISIC Rev. 4)	
3054	日用玻璃制品制造	2310	玻璃和玻璃制品的制造
3055	玻璃包装容器制造	2310	玻璃和玻璃制品的制造
3056	玻璃保温容器制造	2310	玻璃和玻璃制品的制造
3057	制镜及类似品加工	2310	玻璃和玻璃制品的制造
3059	其他玻璃制品制造	2310	玻璃和玻璃制品的制造
306	玻璃纤维和玻璃纤维增强塑料制品制造		
3061	玻璃纤维及制品制造	2310	玻璃和玻璃制品的制造
3062	玻璃纤维增强塑料制品制造	2310	玻璃和玻璃制品的制造
307	陶瓷制品制造		
3071	卫生陶瓷制品制造	2393	其他陶瓷制品的制造
3072	特种陶瓷制品制造	2393	其他陶瓷制品的制造
3073	日用陶瓷制品制造	2393	其他陶瓷制品的制造
3079	园林、陈设艺术及其他陶瓷制品制造	2393	其他陶瓷制品的制造
308	耐火材料制品制造		
3081	石棉制品制造	2399	未另分类的其他非金属矿物制品的制造
3082	云母制品制造	2399	未另分类的其他非金属矿物制品的制造
3089	耐火陶瓷制品及其他耐火材料制造	2391	耐火制品的制造
309	石墨及其他非金属矿物制品制造		
3091	石墨及碳素制品制造	2399	未另分类的其他非金属矿物制品的制造
3099	其他非金属矿物制品制造	2399	未另分类的其他非金属矿物制品的制造
31	**黑色金属冶炼和压延加工业**		
3110	炼铁	2410	基本钢铁的制造
3120	炼钢	2410	基本钢铁的制造
3130	黑色金属铸造	2431	钢铁的铸造
3140	钢压延加工	2410	基本钢铁的制造
3150	铁合金冶炼	2410	基本钢铁的制造
32	**有色金属冶炼和压延加工业**		
321	常用有色金属冶炼		
3211	铜冶炼	2420	基本贵重有色金属的制造
3212	铅锌冶炼	2420	基本贵重有色金属的制造
3213	镍钴冶炼	2420	基本贵重有色金属的制造
3214	锡冶炼	2420	基本贵重有色金属的制造
3215	锑冶炼	2420	基本贵重有色金属的制造
3216	铝冶炼	2420	基本贵重有色金属的制造
3217	镁冶炼	2420	基本贵重有色金属的制造
3219	其他常用有色金属冶炼	2420	基本贵重有色金属的制造
322	贵金属冶炼		
3221	金冶炼	2420	基本贵重有色金属的制造
3222	银冶炼	2420	基本贵重有色金属的制造
3229	其他贵金属冶炼	2420	基本贵重有色金属的制造
323	稀有稀土金属冶炼		
3231	钨钼冶炼	2420	基本贵重有色金属的制造
3232	稀土金属冶炼	2420	基本贵重有色金属的制造
3239	其他稀有金属冶炼	2420	基本贵重有色金属的制造
3240	有色金属合金制造	2420	基本贵重有色金属的制造
3250	有色金属铸造	2432	有色金属的铸造
326	有色金属压延加工		

续12

国民经济行业分类(GB/T 4754—2011)		国际标准行业分类 修订本第4版(ISIC Rev.4)	
3261	铜压延加工	2420	基本贵重有色金属的制造
3262	铝压延加工	2420	基本贵重有色金属的制造
3263	贵金属压延加工	2420	基本贵重有色金属的制造
3264	稀有稀土金属压延加工	2420	基本贵重有色金属的制造
3269	其他有色金属压延加工	2420	基本贵重有色金属的制造
33	**金属制品业**		
331	结构性金属制品制造		
3311	金属结构制造	2511	结构性金属制品的制造
3312	金属门窗制造	2511	结构性金属制品的制造
332	金属工具制造		
3321	切削工具制造	2593	刀具、手工工具和普通金属器具的制造
3322	手工具制造	2593	刀具、手工工具和普通金属器具的制造
3323	农用及园林用金属工具制造	2593	刀具、手工工具和普通金属器具的制造
3324	刀剪及类似日用金属工具制造	2593	刀具、手工工具和普通金属器具的制造
3329	其他金属工具制造	2593	刀具、手工工具和普通金属器具的制造
333	集装箱及金属包装容器制造		
3331	集装箱制造	2920	汽车车身的制造(车身的设计、制造和装配);挂车和半挂车的制造
3332	金属压力容器制造	2512	油罐、水箱和金属容器的制造
3333	金属包装容器制造	2599	未另分类的其他金属制品的制造
3340	金属丝绳及其制品制造	2599	未另分类的其他金属制品的制造
335	建筑、安全用金属制品制造		
3351	建筑、家具用金属配件制造	2593	刀具、手工工具和普通金属器具的制造
3352	建筑装饰及水暖管道零件制造	2599	未另分类的其他金属制品的制造
3353	安全、消防用金属制品制造	2599	未另分类的其他金属制品的制造
3359	其他建筑、安全用金属制品制造	2599	未另分类的其他金属制品的制造
3360	金属表面处理及热处理加工	2592	金属的处理和包覆;机加工
337	搪瓷制品制造		
3371	生产专用搪瓷制品制造	2599	未另分类的其他金属制品的制造
3372	建筑装饰搪瓷制品制造	2511	结构性金属制品的制造
3373	搪瓷卫生洁具制造	2599	未另分类的其他金属制品的制造
3379	搪瓷日用品及其他搪瓷制品制造	2599	未另分类的其他金属制品的制造
338	金属制日用品制造		
3381	金属制厨房用器具制造	2599	未另分类的其他金属制品的制造
3382	金属制餐具和器皿制造	2593	刀具、手工工具和普通金属器具的制造
3383	金属制卫生器具制造	2599	未另分类的其他金属制品的制造
3389	其他金属制日用品制造	2599	未另分类的其他金属制品的制造
339	其他金属制品制造		
3391	锻件及粉末冶金制品制造	2591	金属的锻造、压制、冲压和轧制;粉末冶金
3392	交通及公共管理用金属标牌制造	2599	未另分类的其他金属制品的制造
3399	其他未列明金属制品制造	2599	未另分类的其他金属制品的制造
		2520	武器和弹药的制造
34	**通用设备制造业**		
341	锅炉及原动设备制造		
3411	锅炉及辅助设备制造	2513	蒸汽锅炉的制造,但中央供热锅炉除外
		2512	油罐、水箱和金属容器的制造

续13

国民经济行业分类(GB/T 4754—2011)		国际标准行业分类 修订本第4版(ISIC Rev.4)	
3412	内燃机及配件制造	2811	发动机和涡轮机的制造(飞机、汽车和摩托车发动机除外)
3413	汽轮机及辅机制造	2811	发动机和涡轮机的制造(飞机、汽车和摩托车发动机除外)
3414	水轮机及辅机制造	2811	发动机和涡轮机的制造(飞机、汽车和摩托车发动机除外)
3415	风能原动设备制造	2811	发动机和涡轮机的制造(飞机、汽车和摩托车发动机除外)
3419	其他原动设备制造	2811	发动机和涡轮机的制造(飞机、汽车和摩托车发动机除外)
342	金属加工机械制造		
3421	金属切削机床制造	2822	金属成型机械和机械的制造
3422	金属成形机床制造	2822	金属成型机械和机械的制造
3423	铸造机械制造	2823	冶金机械的制造
3424	金属切割及焊接设备制造	2822	金属成型机械和机械的制造
3425	机床附件制造	2822	金属成型机械和机械的制造
3429	其他金属加工机械制造	2822	金属成型机械和机械的制造
343	物料搬运设备制造		
3431	轻小型起重设备制造	2816	起重及装卸设备的制造
3432	起重机制造	2816	起重及装卸设备的制造
3433	生产专用车辆制造	2816	起重及装卸设备的制造
3434	连续搬运设备制造	2816	起重及装卸设备的制造
3435	电梯、自动扶梯及升降机制造	2816	起重及装卸设备的制造
3439	其他物料搬运设备制造	2816	起重及装卸设备的制造
344	泵、阀门、压缩机及类似机械制造		
3441	泵及真空设备制造	2813	其他泵、压缩机、旋塞和阀门的制造
3442	气体压缩机械制造	2813	其他泵、压缩机、旋塞和阀门的制造
3443	阀门和旋塞制造	2813	其他泵、压缩机、旋塞和阀门的制造
3444	液压和气压动力机械及元件制造	2812	液压设备的制造
345	轴承、齿轮和传动部件制造		
3451	轴承制造	2814	轴承、齿轮、传动和驱动部件的制造
3452	齿轮及齿轮减、变速箱制造	2814	轴承、齿轮、传动和驱动部件的制造
3459	其他传动部件制造	2814	轴承、齿轮、传动和驱动部件的制造
346	烘炉、风机、衡器、包装等设备制造		
3461	烘炉、熔炉及电炉制造	2815	烘炉、熔炉及熔炉燃烧室的制造
3462	风机、风扇制造	2819	其他通用机械的制造
3463	气体、液体分离及纯净设备制造	2819	其他通用机械的制造
3464	制冷、空调设备制造	2819	其他通用机械的制造
3465	风动和电动工具制造	2818	电动手工工具的生产
3466	喷枪及类似器具制造	2819	其他通用机械的制造
3467	衡器制造	2819	其他通用机械的制造
3468	包装专用设备制造	2819	其他通用机械的制造
347	文化、办公用机械制造		
3471	电影机械制造	2670	光学仪器和摄影器材的制造
		2630	通信设备的制造
		2640	电子消费品的制造
3472	幻灯及投影设备制造	2670	光学仪器和摄影器材的制造

续14

国民经济行业分类(GB/T 4754—2011)		国际标准行业分类 修订本第4版(ISIC Rev. 4)	
		2620	计算机和外部设备的制造
3473	照相机及器材制造	2670	光学仪器和摄影器材的制造
3474	复印和胶印设备制造	2817	办公机械和设备的制造(计算机及外部产品除外)
3475	计算器及货币专用设备制造	2817	办公机械和设备的制造(计算机及外部产品除外)
3479	其他文化、办公用机械制造	2819	其他通用机械的制造
348	通用零部件制造		
3481	金属密封件制造	2819	其他通用机械的制造
3482	紧固件制造	2599	未另分类的其他金属制品的制造
3483	弹簧制造	2599	未另分类的其他金属制品的制造
3484	机械零部件加工	2819	其他通用机械的制造
3489	其他通用零部件制造	2819	其他通用机械的制造
3490	其他通用设备制造业	2819	其他通用机械的制造
35	**专用设备制造业**		
351	采矿、冶金、建筑专用设备制造		
3511	矿山机械制造	2824	采矿、采石及建筑机械的制造
3512	石油钻采专用设备制造	2824	采矿、采石及建筑机械的制造
3513	建筑工程用机械制造	2824	采矿、采石及建筑机械的制造
3514	海洋工程专用设备制造	2824	采矿、采石及建筑机械的制造
		3011	船只和浮动设施的制造
3515	建筑材料生产专用机械制造	2815	烘炉、熔炉及熔炉燃烧室的制造
		2822	金属成型机械和机械的制造
		2824	采矿、采石及建筑机械的制造
3516	冶金专用设备制造	2823	冶金机械的制造
352	化工、木材、非金属加工专用设备制造		
3521	炼油、化工生产专用设备制造	2829	其他专用机械的制造
3522	橡胶加工专用设备制造	2822	金属成型机械和机械的制造
		2829	其他专用机械的制造
3523	塑料加工专用设备制造	2822	金属成型机械和机械的制造
		2829	其他专用机械的制造
3524	木材加工机械制造	2822	金属成型机械和机械的制造
		2829	其他专用机械的制造
3525	模具制造	2829	其他专用机械的制造
3529	其他非金属加工专用设备制造	2822	金属成型机械和机械的制造
		2829	其他专用机械的制造
353	食品、饮料、烟草及饲料生产专用设备制造		
3531	食品、酒、饮料及茶生产专用设备制造	2825	食品、饮料和烟草加工机械的制造
3532	农副食品加工专用设备制造	2825	食品、饮料和烟草加工机械的制造
3533	烟草生产专用设备制造	2825	食品、饮料和烟草加工机械的制造
		2829	其他专用机械的制造
3534	饲料生产专用设备制造	2825	食品、饮料和烟草加工机械的制造
354	印刷、制药、日化及日用品生产专用设备制造		
3541	制浆和造纸专用设备制造	2829	其他专用机械的制造
3542	印刷专用设备制造	2826	用于纺织、服装和皮革生产的机械的制造
		2829	其他专用机械的制造
3543	日用化工专用设备制造	2829	其他专用机械的制造
3544	制药专用设备制造	2829	其他专用机械的制造
3545	照明器具生产专用设备制造	2829	其他专用机械的制造

续 15

国民经济行业分类(GB/T 4754—2011)		国际标准行业分类　修订本第 4 版(ISIC Rev. 4)	
3546	玻璃、陶瓷和搪瓷制品生产专用设备制造	2829	其他专用机械的制造
		2822	金属成型机械和机械的制造
3549	其他日用品生产专用设备制造	2829	其他专用机械的制造
355	纺织、服装和皮革加工专用设备制造		
3551	纺织专用设备制造	2826	用于纺织、服装和皮革生产的机械的制造
3552	皮革、毛皮及其制品加工专用设备制造	2826	用于纺织、服装和皮革生产的机械的制造
3553	缝制机械制造	2826	用于纺织、服装和皮革生产的机械的制造
3554	洗涤机械制造	2826	用于纺织、服装和皮革生产的机械的制造
356	电子和电工机械专用设备制造		
3561	电工机械专用设备制造	2829	其他专用机械的制造
3562	电子工业专用设备制造	2829	其他专用机械的制造
357	农、林、牧、渔专用机械制造		
3571	拖拉机制造	2821	农业和林业机械的制造
3572	机械化农业及园艺机具制造	2821	农业和林业机械的制造
3573	营林及木竹采伐机械制造	2821	农业和林业机械的制造
3574	畜牧机械制造	2821	农业和林业机械的制造
3575	渔业机械制造	2821	农业和林业机械的制造
3576	农林牧渔机械配件制造	2821	农业和林业机械的制造
3577	棉花加工机械制造	2821	农业和林业机械的制造
3579	其他农、林、牧、渔业机械制造	2821	农业和林业机械的制造
358	医疗仪器设备及器械制造		
3581	医疗诊断、监护及治疗设备制造	3250	医疗和牙科工具和用品的制造
		2660	辐射、电子医疗和电子理疗设备的制造
3582	口腔科用设备及器具制造	3250	医疗和牙科工具和用品的制造
3583	医疗实验室及医用消毒设备和器具制造	3250	医疗和牙科工具和用品的制造
3584	医疗、外科及兽医用器械制造	3250	医疗和牙科工具和用品的制造
3585	机械治疗及病房护理设备制造	3250	医疗和牙科工具和用品的制造
3586	假肢、人工器官及植(介)入器械制造	3250	医疗和牙科工具和用品的制造
3589	其他医疗设备及器械制造	3250	医疗和牙科工具和用品的制造
359	环保、社会公共服务及其他专用设备制造		
3591	环境保护专用设备制造	2829	其他专用机械的制造
3592	地质勘查专用设备制造	2829	其他专用机械的制造
3593	邮政专用机械及器材制造	2817	办公机械和设备的制造(计算机及外部产品除外)
3594	商业、饮食、服务专用设备制造	2829	其他专用机械的制造
3595	社会公共安全设备及器材制造	2829	其他专用机械的制造
3596	交通安全、管制及类似专用设备制造	2829	其他专用机械的制造
3597	水资源专用机械制造	2829	其他专用机械的制造
3599	其他专用设备制造	2829	其他专用机械的制造
36	**汽车制造业**		
3610	汽车整车制造	2910	汽车的制造
3620	改装汽车制造	2910	汽车的制造
3630	低速载货汽车制造	2910	汽车的制造
3640	电车制造	2910	汽车的制造
3650	汽车车身、挂车制造	2920	汽车车身的制造(车身的设计、制造和装配);挂车和半挂车的制造
3660	汽车零部件及配件制造	2930	汽车及其发动机零件和附件的制造
37	**铁路、船舶、航空航天和其他运输设备制造业**		
371	铁路运输设备制造		

续 16

国民经济行业分类（GB/T 4754—2011）		国际标准行业分类 修订本第 4 版（ISIC Rev. 4）	
3711	铁路机车车辆及动车组制造	3020	铁道机车及其拖曳车辆的制造
3712	窄轨机车车辆制造	3020	铁道机车及其拖曳车辆的制造
3713	铁路机车车辆配件制造	3020	铁道机车及其拖曳车辆的制造
3714	铁路专用设备及器材、配件制造	3020	铁道机车及其拖曳车辆的制造
3719	其他铁路运输设备制造	3020	铁道机车及其拖曳车辆的制造
3720	城市轨道交通设备制造	3020	铁道机车及其拖曳车辆的制造
373	船舶及相关装置制造		
3731	金属船舶制造	3011	船只和浮动设施的制造
3732	非金属船舶制造	3011	船只和浮动设施的制造
3733	娱乐船和运动船制造	3012	游船和运动船的建造
3734	船用配套设备制造	3011	船只和浮动设施的制造
3735	船舶改装与拆除	3830	材料回收
3739	航标器材及其他相关装置制造	3011	船只和浮动设施的制造
374	航空、航天器及设备制造		
3741	飞机制造	3030	飞机、航天器和相关机械的制造
3742	航天器制造	3030	飞机、航天器和相关机械的制造
3743	航空、航天相关设备制造	2829	其他专用机械的制造
3749	其他航空航天器制造	3030	飞机、航天器和相关机械的制造
375	摩托车制造		
3751	摩托车整车制造	3091	摩托车的制造
3752	摩托车零部件及配件制造	3091	摩托车的制造
376	自行车制造		
3761	脚踏自行车及残疾人座车制造	3092	自行车和残疾人座车的制造
3762	助动自行车制造	3091	摩托车的制造
3770	非公路休闲车及零配件制造	3092	自行车和残疾人座车的制造
		3099	未另分类的其他运输设备的制造
379	潜水救捞及其他未列明运输设备制造		
3791	潜水及水下救捞装备制造	2219	其他橡胶制品的制造
3799	其他未列明运输设备制造	3099	未另分类的其他运输设备的制造
38	**电气机械和器材制造业**		
381	电机制造		
3811	发电机及发电机组制造	2710	电动机、发电机和变压器的制造以及配电和控制设备的制造
3812	电动机制造	2710	电动机、发电机和变压器的制造以及配电和控制设备的制造
		2811	发动机和涡轮机的制造（飞机、汽车和摩托车发动机除外）
3819	微电机及其他电机制造	2710	电动机、发电机和变压器的制造以及配电和控制设备的制造
382	输配电及控制设备制造		
3821	变压器、整流器和电感器制造	2710	电动机、发电机和变压器的制造以及配电和控制设备的制造
		2610	电子元件和电子板的生产
3822	电容器及其配套设备制造	2710	电动机、发电机和变压器的制造以及配电和控制设备的制造
3823	配电开关控制设备制造	2710	电动机、发电机和变压器的制造以及配电和控制设备的制造

续 17

国民经济行业分类（GB/T 4754—2011）		国际标准行业分类 修订本第 4 版（ISIC Rev. 4）	
		2733	配线设备的制造
3824	电力电子元器件制造	2610	电子元件和电子板的生产
		2790	其他电力设备的制造
3825	光伏设备及元器件制造	2710	电动机、发电机和变压器的制造以及配电和控制设备的制造
3829	其他输配电及控制设备制造	2710	电动机、发电机和变压器的制造以及配电和控制设备的制造
383	电线、电缆、光缆及电工器材制造		
3831	电线、电缆制造	2732	其他电线和电缆的制造
3832	光纤、光缆制造	2731	光纤电缆的制造
3833	绝缘制品制造	2790	其他电子设备的制造
3839	其他电工器材制造	2790	其他电子设备的制造
384	电池制造		
3841	锂离子电池制造	2720	电池和蓄电池的制造
3842	镍氢电池制造	2720	电池和蓄电池的制造
3849	其他电池制造	2720	电池和蓄电池的制造
385	家用电力器具制造		
3851	家用制冷电器具制造	2750	家用电器的制造
3852	家用空气调节器制造	2750	家用电器的制造
3853	家用通风电器具制造	2750	家用电器的制造
3854	家用厨房电器具制造	2750	家用电器的制造
3855	家用清洁卫生电器具制造	2750	家用电器的制造
3856	家用美容、保健电器具制造	2750	家用电器的制造
3857	家用电力器具专用配件制造	2750	家用电器的制造
3859	其他家用电力器具制造	2750	家用电器的制造
386	非电力家用器具制造		
3861	燃气、太阳能及类似能源家用器具制造	2750	家用电器的制造
3869	其他非电力家用器具制造	2750	家用电器的制造
387	照明器具制造		
3871	电光源制造	2740	电力照明设备的制造
3872	照明灯具制造	2740	电力照明设备的制造
3879	灯用电器附件及其他照明器具制造	2740	电力照明设备的制造
		2710	电动机、发电机和变压器的制造以及配电和控制设备的制造
389	其他电气机械及器材制造		
3891	电气信号设备装置制造	2790	其他电子设备的制造
		3020	铁道机车及其拖曳车辆的制造
3899	其他未列明电气机械及器材制造	2790	其他电力设备的制造
39	**计算机、通信和其他电子设备制造业**		
391	计算机制造		
3911	计算机整机制造	2620	计算机和外部设备的制造
3912	计算机零部件制造	2620	计算机和外部设备的制造
3913	计算机外围设备制造	2620	计算机和外部设备的制造
3919	其他计算机制造	2620	计算机和外部设备的制造
392	通信设备制造		
3921	通信系统设备制造	2630	通信设备的制造
3922	通信终端设备制造	2630	通信设备的制造

续18

国民经济行业分类(GB/T 4754—2011)		国际标准行业分类 修订本第4版(ISIC Rev. 4)	
393	广播电视设备制造		
3931	广播电视节目制作及发射设备制造	2630	通信设备的制造
3932	广播电视接收设备及器材制造	2630	通信设备的制造
3939	应用电视设备及其他广播电视设备制造	2630	通信设备的制造
3940	雷达及配套设备制造	2651	测量、检验、导航和控制设备的制造
395	视听设备制造		
3951	电视机制造	2640	电子消费品的制造
3952	音响设备制造	2640	电子消费品的制造
3953	影视录放设备制造	2640	电子消费品的制造
396	电子器件制造		
3961	电子真空器件制造	2610	电子元件和电子板的生产
3962	半导体分立器件制造	2610	电子元件和电子板的生产
3963	集成电路制造	2610	电子元件和电子板的生产
3969	光电子器件及其他电子器件制造	2610	电子元件和电子板的生产
397	电子元件制造		
3971	电子元件及组件制造	2610	电子元件和电子板的生产
3972	印制电路板制造	2610	电子元件和电子板的生产
3990	其他电子设备制造	2790	其他电子设备的制造
40	**仪器仪表制造业**		
401	通用仪器仪表制造		
4011	工业自动控制系统装置制造	2651	测量、检验、导航和控制设备的制造
4012	电工仪器仪表制造	2651	测量、检验、导航和控制设备的制造
4013	绘图、计算及测量仪器制造	2651	测量、检验、导航和控制设备的制造
		2819	其他通用机械的制造
4014	实验分析仪器制造	2651	测量、检验、导航和控制设备的制造
4015	试验机制造	2651	测量、检验、导航和控制设备的制造
4019	供应用仪表及其他通用仪器制造	2651	测量、检验、导航和控制设备的制造
402	专用仪器仪表制造		
4021	环境监测专用仪器仪表制造	2651	测量、检验、导航和控制设备的制造
4022	运输设备及生产用计数仪表制造	2651	测量、检验、导航和控制设备的制造
4023	导航、气象及海洋专用仪器制造	2651	测量、检验、导航和控制设备的制造
4024	农林牧渔专用仪器仪表制造	2651	测量、检验、导航和控制设备的制造
4025	地质勘探和地震专用仪器制造	2651	测量、检验、导航和控制设备的制造
4026	教学专用仪器制造	2651	测量、检验、导航和控制设备的制造
		2790	其他电子设备的制造
		3290	未另分类的其他用品的制造
4027	核子及核辐射测量仪器制造	2651	测量、检验、导航和控制设备的制造
4028	电子测量仪器制造	2651	测量、检验、导航和控制设备的制造
4029	其他专用仪器制造	2651	测量、检验、导航和控制设备的制造
4030	钟表与计时仪器制造	2652	钟表的制造
404	光学仪器及眼镜制造		
4041	光学仪器制造	2670	光学仪器和摄影器材的制造
4042	眼镜制造	3250	医疗和牙科工具和用品的制造
4090	其他仪器仪表制造业	2651	测量、检验、导航和控制设备的制造
41	**其他制造业**		
411	日用杂品制造		
4111	鬃毛加工、制刷及清扫工具制造	3290	未另分类的其他用品的制造

续 19

国民经济行业分类(GB/T 4754—2011)		国际标准行业分类 修订本第 4 版(ISIC Rev. 4)	
4119	其他日用杂品制造	3290	未另分类的其他用品的制造
4120	煤制品制造	1920	精炼石油产品的制造
		2399	未另分类的其他非金属矿物制品的制造
4130	核辐射加工	3290	未另分类的其他用品的制造
4190	其他未列明制造业	3290	未另分类的其他用品的制造
42	**废弃资源综合利用业**		
4210	金属废料和碎屑加工处理	3830	材料回收
		3821	无害废物的处理和处置
		3822	有害废物的处理和处置
4220	非金属废料和碎屑加工处理	3830	材料回收
		3821	无害废物的处理和处置
		3822	有害废物的处理和处置
43	**金属制品、机械和设备修理业**		
4310	金属制品修理	3311	金属制品的修理
4320	通用设备修理	3312	机械的修理
4330	专用设备修理	3312	机械的修理
434	铁路、船舶、航空航天等运输设备修理		
4341	铁路运输设备修理	3315	运输设备的修理,机动车除外
4342	船舶修理	3315	运输设备的修理,机动车除外
4343	航空航天器修理	3315	运输设备的修理,机动车除外
4349	其他运输设备修理	3315	运输设备的修理,机动车除外
4350	电气设备修理	3314	电力设备的修理
4360	仪器仪表修理	3313	电子及光学设备的修理
4390	其他机械和设备修理业	3319	其他设备的修理
D	**电力、热力、燃气及水生产和供应业**		
44	**电力、热力生产和供应业**		
441	电力生产		
4411	火力发电	3510	电力的生产、输送和分配
4412	水力发电	3510	电力的生产、输送和分配
4413	核力发电	3510	电力的生产、输送和分配
4414	风力发电	3510	电力的生产、输送和分配
4415	太阳能发电	3510	电力的生产、输送和分配
4419	其他电力生产	3510	电力的生产、输送和分配
4420	电力供应	3510	电力的生产、输送和分配
4430	热力生产和供应	3530	蒸气和空调的供应
45	**燃气生产和供应业**		
4500	燃气生产和供应业	3520	煤气的制造;通过主管道输送的气体燃料
46	**水的生产和供应业**		
4610	自来水生产和供应	3600	集水、水处理与水供应
4620	污水处理及其再生利用	3700	污水处理
4690	其他水的处理、利用与分配	3600	集水、水处理与水供应
E	**建筑业**		
47	**房屋建筑业**		
4700	房屋建筑业	4100	楼宇的建筑
48	**土木工程建筑业**		
481	铁路、道路、隧道和桥梁工程建筑		
4811	铁路工程建筑	4210	公路和铁路的修建

续20

国民经济行业分类(GB/T 4754—2011)		国际标准行业分类 修订本第4版(ISIC Rev. 4)	
4812	公路工程建筑	4210	公路和铁路的修建
4813	市政道路工程建筑	4210	公路和铁路的修建
4819	其他道路、隧道和桥梁工程建筑	4210	公路和铁路的修建
482	水利和内河港口工程建筑		
4821	水源及供水设施工程建筑	4220	配套工程建设
4822	河湖治理及防洪设施工程建筑	4290	其他土木工程项目
4823	港口及航运设施工程建筑	4290	其他土木工程项目
4830	海洋工程建筑	4290	其他土木工程项目
		4312	场地的准备
4840	工矿工程建筑	4290	其他土木工程项目
485	架线和管道工程建筑		
4851	架线及设备工程建筑	4220	配套工程建设
4852	管道工程建筑	4220	配套工程建设
4890	其他土木工程建筑	4290	其他土木工程项目
49	**建筑安装业**		
4910	电气安装	4321	电气安装
4920	管道和设备安装	4322	管道、供暖和空调系统的安装
4990	其他建筑安装业	4329	其他建筑设备的安装
		3320	工业机械和设备的安装
50	**建筑装饰和其他建筑业**		
5010	建筑装饰业	4330	建筑装修和装饰
502	工程准备活动		
5021	建筑物拆除活动	4311	建筑物的拆除
5029	其他工程准备活动	4312	场地的准备
5030	提供施工设备服务	4390	其他专门的建筑活动
5090	其他未列明建筑业	4390	其他专门的建筑活动
F	**批发和零售业**		
51	**批发业**		
511	农、林、牧产品批发		
5111	谷物、豆及薯类批发	4620	农业原料和活畜的批发
5112	种子批发	4620	农业原料和活畜的批发
5113	饲料批发	4630	食品、饲料和烟草的批发
5114	棉、麻批发	4620	农业原料和活畜的批发
5115	林业产品批发	4620	农业原料和活畜的批发
5116	牲畜批发	4620	农业原料和活畜的批发
5119	其他农牧产品批发	4620	农业原料和活畜的批发
512	食品、饮料及烟草制品批发		
5121	米、面制品及食用油批发	4630	食品、饲料和烟草的批发
5122	糕点、糖果及糖批发	4630	食品、饲料和烟草的批发
5123	果品、蔬菜批发	4630	食品、饲料和烟草的批发
5124	肉、禽、蛋、奶及水产品批发	4630	食品、饲料和烟草的批发
5125	盐及调味品批发	4630	食品、饲料和烟草的批发
5126	营养和保健品批发	4630	食品、饲料和烟草的批发
5127	酒、饮料及茶叶批发	4630	食品、饲料和烟草的批发
5128	烟草制品批发	4630	食品、饲料和烟草的批发
5129	其他食品批发	4630	食品、饲料和烟草的批发
513	纺织、服装及家庭用品批发		

续 21

国民经济行业分类(GB/T 4754—2011)		国际标准行业分类 修订本第4版(ISIC Rev. 4)	
5131	纺织品、针织品及原料批发	4641	纺织品、服装和鞋靴的批发
5132	服装批发	4641	纺织品、服装和鞋靴的批发
5133	鞋帽批发	4641	纺织品、服装和鞋靴的批发
5134	化妆品及卫生用品批发	4649	其他家庭用品的批发
5135	厨房、卫生间用具及日用杂货批发	4649	其他家庭用品的批发
5136	灯具、装饰物品批发	4649	其他家庭用品的批发
5137	家用电器批发	4649	其他家庭用品的批发
5139	其他家庭用品批发	4649	其他家庭用品的批发
514	文化、体育用品及器材批发		
5141	文具用品批发	4649	其他家庭用品的批发
5142	体育用品及器材批发	4649	其他家庭用品的批发
5143	图书批发	4649	其他家庭用品的批发
5144	报刊批发	4649	其他家庭用品的批发
5145	音像制品及电子出版物批发	4649	其他家庭用品的批发
5146	首饰、工艺品及收藏品批发	4649	其他家庭用品的批发
5149	其他文化用品批发	4649	其他家庭用品的批发
515	医药及医疗器材批发		
5151	西药批发	4649	其他家庭用品的批发
5152	中药批发	4649	其他家庭用品的批发
5153	医疗用品及器材批发	4649	其他家庭用品的批发
516	矿产品、建材及化工产品批发		
5161	煤炭及制品批发	4661	固体、液体和气体燃料及有关产品的批发
5162	石油及制品批发	4661	固体、液体和气体燃料及有关产品的批发
5163	非金属矿及制品批发	4669	未另分类的其他产品、废料和碎屑的批发
5164	金属及金属矿批发	4662	金属和金属矿物的批发
5165	建材批发	4663	建筑材料、五金制品、管道设备和供暖设备及物资的批发
5166	化肥批发	4669	未另分类的其他产品、废料和碎屑的批发
5167	农药批发	4669	未另分类的其他产品、废料和碎屑的批发
5168	农用薄膜批发	4669	未另分类的其他产品、废料和碎屑的批发
5169	其他化工产品批发	4669	未另分类的其他产品、废料和碎屑的批发
517	机械设备、五金产品及电子产品批发		
5171	农业机械批发	4653	农业机械、设备和物资的批发
5172	汽车批发	4510	汽车销售
5173	汽车零配件批发	4530	汽车零件和附件的销售
5174	摩托车及零配件批发	4540	摩托车及有关零件和附件的销售、修理与保养
5175	五金产品批发	4663	建筑材料、五金制品、管道设备和供暖设备及物资的批发
5176	电气设备批发	4659	其他机械和设备的批发
5177	计算机、软件及辅助设备批发	4651	计算机及其外部设备和软件的批发
5178	通讯及广播电视设备批发	4652	电子和电信设备与零件的批发
5179	其他机械设备及电子产品批发	4659	其他机械和设备的批发
518	贸易经纪与代理		
5181	贸易代理	4610	在收费或合同基础上的批发
5182	拍卖	4610	在收费或合同基础上的批发
5189	其他贸易经纪与代理	4610	在收费或合同基础上的批发
		4690	非专门批发贸易

续22

国民经济行业分类(GB/T 4754—2011)		国际标准行业分类 修订本第4版(ISIC Rev. 4)	
519	其他批发业		
5191	再生物资回收与批发	4669	未另分类的其他产品、废料和碎屑的批发
5199	其他未列明批发业	4669	未另分类的其他产品、废料和碎屑的批发
52	**零售业**		
521	综合零售		
5211	百货零售	4719	其他非专门商店的零售
5212	超级市场零售	4711	以销售食品、饮料或烟草为主的非专门商店的零售
5219	其他综合零售	4711	以销售食品、饮料或烟草为主的非专门商店的零售
522	食品、饮料及烟草制品专门零售		
5221	粮油零售	4721	专门商店中食品的零售
5222	糕点、面包零售	4721	专门商店中食品的零售
5223	果品、蔬菜零售	4721	专门商店中食品的零售
5224	肉、禽、蛋、奶及水产品零售	4721	专门商店中食品的零售
5225	营养和保健品零售	4721	专门商店中食品的零售
5226	酒、饮料及茶叶零售	4722	专门商店中饮料的零售
5227	烟草制品零售	4723	专门商店中烟草的零售
5229	其他食品零售	4721	专门商店中食品的零售
523	纺织、服装及日用品专门零售		
5231	纺织品及针织品零售	4751	专门商店中纺织品的零售
5232	服装零售	4771	专门商店中服装、鞋靴和皮革制品的零售
5233	鞋帽零售	4771	专门商店中服装、鞋靴和皮革制品的零售
5234	化妆品及卫生用品零售	4772	专门商店中药品和医疗用品、化妆品及盥洗用品的零售
5235	钟表、眼镜零售	4773	专门商店中其他新产品的零售
5236	箱、包零售	4771	专门商店中服装、鞋靴和皮革制品的零售
5237	厨房用具及日用杂品零售	4759	专门商店中家用电器、照明设备和其他家用物品的零售
5238	自行车零售	4763	专门商店中体育设备的零售
5239	其他日用品零售	4759	专门商店中家用电器、照明设备和其他家用物品的零售
524	文化、体育用品及器材专门零售		
5241	文具用品零售	4761	专门商店中书籍、报纸和文具的零售
5242	体育用品及器材零售	4763	专门商店中体育设备的零售
5243	图书、报刊零售	4761	专门商店中书籍、报纸和文具的零售
5244	音像制品及电子出版物零售	4762	专门商店中音乐和录像产品的零售
5245	珠宝首饰零售	4773	专门商店中其他新产品的零售
5246	工艺美术品及收藏品零售	4773	专门商店中其他新产品的零售
5247	乐器零售	4759	专门商店中家用电器、照明设备和其他家用物品的零售
5248	照相器材零售	4773	专门商店中其他新产品的零售
5249	其他文化用品零售	4764	专门商店中游艺用品和玩具的零售
525	医药及医疗器材专门零售		
5251	药品零售	4772	专门商店中药品和医疗用品、化妆品及盥洗用品的零售
5252	医疗用品及器材零售	4772	专门商店中药品和医疗用品、化妆品及盥洗用品的零售
526	汽车、摩托车、燃料及零配件专门零售		

续 23

国民经济行业分类(GB/T 4754—2011)		国际标准行业分类　修订本第 4 版(ISIC Rev. 4)	
5261	汽车零售	4510	汽车销售
5262	汽车零配件零售	4530	汽车零件和附件的销售
5263	摩托车及零配件零售	4540	摩托车及有关零件和附件的销售、修理与保养
5264	机动车燃料零售	4730	专门商店中汽车燃料的零售
527	家用电器及电子产品专门零售		
5271	家用视听设备零售	4742	专门商店中音像设备的零售
5272	日用家电设备零售	4759	专门商店中家用电器、照明设备和其他家用物品的零售
5273	计算机、软件及辅助设备零售	4741	专门商店中计算机、外部产品、软件和电信设备的零售
5274	通信设备零售	4741	专门商店中计算机、外部产品、软件和电信设备的零售
5279	其他电子产品零售	4741	专门商店中计算机、外部产品、软件和电信设备的零售
528	五金、家具及室内装饰材料专门零售		
5281	五金零售	4773	专门商店中其他新产品的零售
5282	灯具零售	4759	专门商店中家用电器、照明设备和其他家用物品的零售
5283	家具零售	4759	专门商店中家用电器、照明设备和其他家用物品的零售
5284	涂料零售	4752	专门商店中金属、油漆和玻璃的零售
5285	卫生洁具零售	4752	专门商店中金属、油漆和玻璃的零售
5286	木质装饰材料零售	4753	专门商店中地毯和小地毯、墙纸和地面铺设物的零售
5287	陶瓷、石材装饰材料零售	4752	专门商店中金属、油漆和玻璃的零售
5289	其他室内装饰材料零售	4752	专门商店中金属、油漆和玻璃的零售
529	货摊、无店铺及其他零售业		
5291	货摊食品零售	4781	在售货摊和市场进行的食品、饮料和烟草产品的零售
5292	货摊纺织、服装及鞋零售	4782	在售货摊和市场进行的纺织品、服装和鞋类的零售
5293	货摊日用品零售	4789	在售货摊和市场进行的其他商品的零售
5294	互联网零售	4791	通过邮购商行和因特网进行的零售
5295	邮购及电视、电话零售	4791	通过邮购商行和因特网进行的零售
5296	旧货零售	4774	旧货的零售
5297	生活用燃料零售	4773	专门商店中其他新产品的零售
5299	其他未列明零售业	4799	其他不在商店、售货摊和市场进行的零售
G	**交通运输、仓储和邮政业**		
53	**铁路运输业**		
5310	铁路旅客运输	4911	城际铁路客运
5320	铁路货物运输	4912	铁路货运
533	铁路运输辅助活动		
5331	客运火车站	5221	陆路运输附属服务活动
5332	货运火车站	5221	陆路运输附属服务活动
5339	其他铁路运输辅助活动	5221	陆路运输附属服务活动
54	**道路运输业**		
541	城市公共交通运输		
5411	公共电汽车客运	4921	市内与近郊的陆路客运

续24

国民经济行业分类（GB/T 4754—2011）		国际标准行业分类　修订本第4版（ISIC Rev. 4）	
5412	城市轨道交通	4921	市内与近郊的陆路客运
5413	出租车客运	4922	其他陆路客运
5419	其他城市公共交通运输	4922	其他陆路客运
5420	公路旅客运输	4922	其他陆路客运
5430	道路货物运输	4923	公路货物运输
544	道路运输辅助活动		
5441	客运汽车站	5221	陆路运输附属服务活动
5442	公路管理与养护	5221	陆路运输附属服务活动
5449	其他道路运输辅助活动	5221	陆路运输附属服务活动
55	**水上运输业**		
551	水上旅客运输		
5511	海洋旅客运输	5011	远洋和沿海水上客运
5512	内河旅客运输	5021	内陆水上客运
5513	客运轮渡运输	5011	远洋和沿海水上客运
552	水上货物运输		
5521	远洋货物运输	5012	远洋和沿海水上货运
5522	沿海货物运输	5012	远洋和沿海水上货运
5523	内河货物运输	5022	内陆水上货运
553	水上运输辅助活动		
5531	客运港口	5222	水运附属服务活动
5532	货运港口	5222	水运附属服务活动
5539	其他水上运输辅助活动	5222	水运附属服务活动
56	**航空运输业**		
561	航空客货运输		
5611	航空旅客运输	5110	空中客运
5612	航空货物运输	5120	空中货运
5620	通用航空服务	5120	空中货运
		5223	空运附属服务活动
563	航空运输辅助活动		
5631	机场	5223	空运附属服务活动
5632	空中交通管理	5223	空运附属服务活动
5639	其他航空运输辅助活动	5223	空运附属服务活动
57	**管道运输业**		
5700	管道运输业	4930	管道运输
58	**装卸搬运和运输代理业**		
5810	装卸搬运	5224	货物装卸
582	运输代理业		
5821	货物运输代理	5229	其他运输辅助活动
5822	旅客票务代理	5229	其他运输辅助活动
5829	其他运输代理业	5229	其他运输辅助活动
59	**仓储业**		
591	谷物、棉花等农产品仓储		
5911	谷物仓储	5210	储存和入库
5912	棉花仓储	5210	储存和入库
5919	其他农产品仓储	5210	储存和入库
5990	其他仓储业	5210	储存和入库

续 25

国民经济行业分类(GB/T 4754—2011)		国际标准行业分类　修订本第 4 版(ISIC Rev. 4)	
60	**邮政业**		
6010	邮政基本服务	5310	邮政活动
6020	快递服务	5320	邮递活动
H	**住宿和餐饮业**		
61	**住宿业**		
6110	旅游饭店	5510	短期住宿活动
6120	一般旅馆	5510	短期住宿活动
6190	其他住宿业	5590	其他住宿
		5520	露营地,娱乐车辆停车场和活动停车场
62	**餐饮业**		
6210	正餐服务	5610	餐馆和移动餐车食品供应服务活动
6220	快餐服务	5610	餐馆和移动餐车食品供应服务活动
623	饮料及冷饮服务		
6231	茶馆服务	5630	饮料供应服务活动
6232	咖啡馆服务	5630	饮料供应服务活动
6233	酒吧服务	5630	饮料供应服务活动
6239	其他饮料及冷饮服务	5630	饮料供应服务活动
629	其他餐饮业		
6291	小吃服务	5610	餐馆和移动餐车食品供应服务活动
6292	餐饮配送服务	5629	其他食品供应服务活动
6299	其他未列明餐饮业	5610	餐馆和移动餐车食品供应服务活动
		5621	活动餐饮
I	**信息传输、软件和信息技术服务业**		
63	**电信、广播电视和卫星传输服务**		
631	电信		
6311	固定电信服务	6110	有线电信活动
6312	移动电信服务	6120	无线电信活动
6319	其他电信服务	6190	其他电信活动
632	广播电视传输服务		
6321	有线广播电视传输服务	6110	有线电信活动
6322	无线广播电视传输服务	6120	无线电信活动
6330	卫星传输服务	6130	卫星电信活动
64	**互联网和相关服务**		
6410	互联网接入及相关服务	6190	其他电信活动
		6311	数据处理、存储及相关活动
6420	互联网信息服务	6312	门户网站
6490	其他互联网服务	6190	其他电信活动
		6311	数据处理、存储及相关活动
65	**软件和信息技术服务业**		
6510	软件开发	6201	计算机程序设计活动
6520	信息系统集成服务	6202	计算机咨询服务和设施管理活动
6530	信息技术咨询服务	6202	计算机咨询服务和设施管理活动
6540	数据处理和存储服务	6311	数据处理、存储及相关活动
6550	集成电路设计	6202	计算机咨询服务和设施管理活动
659	其他信息技术服务业		
6591	数字内容服务	6399	未另分类的其他信息服务活动
6592	呼叫中心	8220	呼叫中心的活动
6599	其他未列明信息技术服务业	6209	其他信息技术和计算机服务活动

续26

国民经济行业分类(GB/T 4754—2011)		国际标准行业分类 修订本第4版(ISIC Rev. 4)	
J	**金融业**		
66	**货币金融服务**		
6610	中央银行服务	6411	中央银行业务
6620	货币银行服务	6419	其他货币媒介活动
663	非货币银行服务		
6631	金融租赁服务	6491	金融租赁
6632	财务公司	6492	其他信贷活动
6633	典当	6492	其他信贷活动
6639	其他非货币银行服务	6492	其他信贷活动
6640	银行监管服务	6491	金融租赁
67	**资本市场服务**		
671	证券市场服务		
6711	证券市场管理服务	6611	金融市场的管理
6712	证券经纪交易服务	6612	证券和商品合约经纪
6713	基金管理服务	6630	基金管理活动
672	期货市场服务		
6721	期货市场管理服务	6611	金融市场的管理
6729	其他期货市场服务	6612	证券和商品合约经纪
6730	证券期货监管服务	6611	金融市场的管理
6740	资本投资服务	6499	未另分类的其他金融服务活动,保险和养恤金除外
6790	其他资本市场服务	6619	其他金融服务附属活动
68	**保险业**		
681	人身保险		
6811	人寿保险	6511	人寿保险
6812	健康和意外保险	6512	非人寿保险
6820	财产保险	6512	非人寿保险
6830	再保险	6520	再保险
6840	养老金	6530	养恤金
6850	保险经纪与代理服务	6622	保险代理人和经纪人的活动
6860	保险监管服务	6629	其他保险和养恤金的附属活动
689	其他保险活动		
6891	风险和损失评估	6621	风险和损失评估
6899	其他未列明保险活动	6629	其他保险和养恤金的附属活动
69	**其他金融业**		
6910	金融信托与管理服务	6430	信托机构、基金和类似的金融实体
6920	控股公司服务	6420	控股公司的活动
6930	非金融机构支付服务	6619	其他金融服务附属活动
6940	金融信息服务	6619	其他金融服务附属活动
6990	其他未列明金融业	6619	其他金融服务附属活动
K	**房地产业**		
70	**房地产业**		
7010	房地产开发经营	6810	用自有或租赁财产进行的房地产活动
7020	物业管理	6820	在收费或合同基础上进行的房地产活动
7030	房地产中介服务	6820	在收费或合同基础上进行的房地产活动
7040	自有房地产经营活动	6810	用自有或租赁财产进行的房地产活动
7090	其他房地产业	6820	在收费或合同基础上进行的房地产活动

续 27

国民经济行业分类(GB/T 4754—2011)		国际标准行业分类　修订本第 4 版(ISIC Rev. 4)	
L	**租赁和商务服务业**		
71	**租赁业**		
711	机械设备租赁		
7111	汽车租赁	7710	汽车的出租和租赁
7112	农业机械租赁	7730	其他机械、设备和有形商品的租赁
7113	建筑工程机械与设备租赁	7730	其他机械、设备和有形商品的租赁
7114	计算机及通讯设备租赁	7730	其他机械、设备和有形商品的租赁
7119	其他机械与设备租赁	7730	其他机械、设备和有形商品的租赁
712	文化及日用品出租		
7121	娱乐及体育设备出租	7721	娱乐和体育设备的出租和租赁
7122	图书出租	7729	其他私人和家庭用品的出租和租赁
7123	音像制品出租	7722	录影带与光盘的出租
7129	其他文化及日用品出租	7729	其他私人和家庭用品的出租和租赁
72	**商务服务业**		
721	企业管理服务		
7211	企业总部管理	7010	总公司的活动
7212	投资与资产管理	6499	未另分类的其他金融服务活动,保险和养恤金除外
		7020	管理咨询活动
7213	单位后勤管理服务	8110	设施综合支助服务活动
7219	其他企业管理服务	8211	办公室综合管理辅助活动
722	法律服务		
7221	律师及相关法律服务	6910	法律活动
7222	公证服务	6910	法律活动
7229	其他法律服务	6910	法律活动
723	咨询与调查		
7231	会计、审计及税务服务	6920	会计、簿记和审计活动;税务咨询服务
7232	市场调查	7320	市场调研和民意测验
7233	社会经济咨询	7020	管理咨询活动
7239	其他专业咨询	7020	管理咨询活动
7240	广告业	7310	广告业
7250	知识产权服务	7740	知识产权和产品的租赁,版权作品除外
726	人力资源服务		
7261	公共就业服务	7810	就业安置机构的活动
7262	职业中介服务	7810	就业安置机构的活动
7263	劳务派遣服务	7820	临时就业机构的活动
7269	其他人力资源服务	7830	提供其他人力资源服务
727	旅行社及相关服务		
7271	旅行社服务	7911	旅行社的活动
7272	旅游管理服务	7912	旅游经营者的活动
7279	其他旅行社相关服务	7990	其他预订及相关活动
728	安全保护服务		
7281	安全服务	8010	私人保安活动
7282	安全系统监控服务	8020	安全系统服务活动
7289	其他安全保护服务	8030	调查活动
729	其他商务服务业		
7291	市场管理	8211	办公室综合管理辅助活动
7292	会议及展览服务	8230	会议和贸易展览会的举办

续 28

国民经济行业分类（GB/T 4754—2011）		国际标准行业分类　修订本第 4 版（ISIC Rev. 4）	
7293	包装服务	8292	包装活动
7294	办公服务	8219	复制、文件准备和其他专业化办公支持活动
7295	信用服务	8291	收款公司和信贷局的活动
7296	担保服务	8299	未另分类的其他商务辅助服务活动
7299	其他未列明商务服务业	8299	未另分类的其他商务辅助服务活动
M	**科学研究和技术服务业**		
73	**研究和试验发展**		
7310	自然科学研究和试验发展	7210	自然科学和工程学的研究及试验发展
7320	工程和技术研究和试验发展	7210	自然科学和工程学的研究及试验发展
7330	农业科学研究和试验发展	7210	自然科学和工程学的研究及试验发展
7340	医学研究和试验发展	7210	自然科学和工程学的研究及试验发展
7350	社会人文科学研究	7220	社会学和人文学的研究与试验发展
74	**专业技术服务业**		
7410	气象服务	7490	未另分类的其他专业、科学和技术活动
7420	地震服务	7490	未另分类的其他专业、科学和技术活动
7430	海洋服务	7490	未另分类的其他专业、科学和技术活动
7440	测绘服务	7490	未另分类的其他专业、科学和技术活动
7450	质检技术服务	7120	技术测试和分析
746	环境与生态监测		
7461	环境保护监测	7120	技术测试和分析
7462	生态监测	7120	技术测试和分析
747	地质勘查		
7471	能源矿产地质勘查	7110	建筑和工程活动及相关技术咨询
7472	固体矿产地质勘查	7110	建筑和工程活动及相关技术咨询
7473	水、二氧化碳等矿产地质勘查	7110	建筑和工程活动及相关技术咨询
7474	基础地质勘查	7110	建筑和工程活动及相关技术咨询
7475	地质勘查技术服务	7110	建筑和工程活动及相关技术咨询
748	工程技术		
7481	工程管理服务	7110	建筑和工程活动及相关技术咨询
7482	工程勘察设计	7110	建筑和工程活动及相关技术咨询
7483	规划管理	7110	建筑和工程活动及相关技术咨询
749	其他专业技术服务业		
7491	专业化设计服务	7410	专业化设计活动
7492	摄影扩印服务	7420	摄影活动
7493	兽医服务	7500	兽医活动
7499	其他未列明专业技术服务业	7490	未另分类的其他专业、科学和技术活动
75	**科技推广和应用服务业**		
751	技术推广服务		
7511	农业技术推广服务	7490	未另分类的其他专业、科学和技术活动
7512	生物技术推广服务	7490	未另分类的其他专业、科学和技术活动
7513	新材料技术推广服务	7490	未另分类的其他专业、科学和技术活动
7514	节能技术推广服务	7490	未另分类的其他专业、科学和技术活动
7519	其他技术推广服务	7490	未另分类的其他专业、科学和技术活动
7520	科技中介服务	7490	未另分类的其他专业、科学和技术活动
7590	其他科技推广和应用服务业	7490	未另分类的其他专业、科学和技术活动
N	**水利、环境和公共设施管理业**		
76	**水利管理业**		
7610	防洪除涝设施管理	3600	集水、水处理与水供应

续 29

国民经济行业分类(GB/T 4754—2011)		国际标准行业分类　修订本第 4 版(ISIC Rev. 4)	
7620	水资源管理	3600	集水、水处理与水供应
7630	天然水收集与分配	3600	集水、水处理与水供应
7640	水文服务	7110	建筑和工程活动及相关技术咨询
7690	其他水利管理业	3600	集水、水处理与水供应
77	**生态保护和环境治理业**		
771	生态保护		
7711	自然保护区管理	9103	动植物园和自然保护区活动
7712	野生动物保护	9103	动植物园和自然保护区活动
7713	野生植物保护	9103	动植物园和自然保护区活动
7719	其他自然保护	9103	动植物园和自然保护区活动
772	环境治理业		
7721	水污染治理	3900	补救活动和其他废物管理服务
7722	大气污染治理	3900	补救活动和其他废物管理服务
7723	固体废物治理	3811	无害废物的收集
		3821	无害废物的处理和处置
7724	危险废物治理	3812	有害废物的收集
		3822	有害废物的处理和处置
7725	放射性废物治理	3812	有害废物的收集
		3822	有害废物的处理和处置
7729	其他污染治理	3900	补救活动和其他废物管理服务
78	**公共设施管理业**		
7810	市政设施管理	8130	院落景观的保养和维护服务活动
7820	环境卫生管理	8129	其他楼宇和工业清洁活动
7830	城乡市容管理	8129	其他楼宇和工业清洁活动
		8130	院落景观的保养和维护服务活动
7840	绿化管理	8130	院落景观的保养和维护服务活动
785	公园和游览景区管理		
7851	公园管理	8130	院落景观的保养和维护服务活动
		9321	游乐公园和主题公园的活动
7852	游览景区管理	9103	动植物园和自然保护区活动
		9329	未另分类的其他娱乐和文娱活动
O	**居民服务、修理和其他服务业**		
79	**居民服务业**		
7910	家庭服务	9700	家庭作为家政人员雇主的活动
		9810	未加区分的私人家庭自用物品生产活动
		9820	未加区分的私人家庭自我服务活动
7920	托儿所服务	8890	其他不配备食宿的社会服务
7930	洗染服务	9601	纺织品和皮毛制品的清洗和干洗
7940	理发及美容服务	9602	理发和其他美容活动
7950	洗浴服务	9609	未另分类的其他个人服务活动
7960	保健服务	9609	未另分类的其他个人服务活动
7970	婚姻服务	9609	未另分类的其他个人服务活动
7980	殡葬服务	9603	殡葬及有关活动
7990	其他居民服务业	9609	未另分类的其他个人服务活动
80	**机动车、电子产品和日用产品修理业**		
801	汽车、摩托车修理与维护		
8011	汽车修理与维护	4520	汽车的修理与保养

续30

国民经济行业分类(GB/T 4754—2011)		国际标准行业分类 修订本第4版(ISIC Rev. 4)	
8012	摩托车修理与维护	4540	摩托车及有关零件和附件的销售、修理与保养
802	计算机和办公设备维修		
8021	计算机和辅助设备修理	9511	电脑和外部设备的修理
8022	通讯设备修理	9512	通信设备的修理
8029	其他办公设备维修	9512	通信设备的修理
803	家用电器修理		
8031	家用电子产品修理	9521	电子消费品的修理
8032	日用电器修理	9522	家用用品、家庭和园艺设备的修理
809	其他日用产品修理业		
8091	自行车修理	9529	其他个人和家庭用品的修理
8092	鞋和皮革修理	9523	鞋履及其他皮革商品的修理
8093	家具和相关物品修理	9524	家具和家庭摆设的修理
8099	其他未列明日用产品修理业	9529	其他个人和家庭用品的修理
81	**其他服务业**		
811	清洁服务		
8111	建筑物清洁服务	8121	楼宇的一般内部清洁
8119	其他清洁服务	8129	其他楼宇和工业清洁活动
8190	其他未列明服务业		
P	**教育**		
82	**教育**		
8210	学前教育	8510	学前教育和初等教育
822	初等教育		
8221	普通小学教育	8510	学前教育和初等教育
8222	成人小学教育	8510	学前教育和初等教育
823	中等教育		
8231	普通初中教育	8521	普通中等教育
8232	职业初中教育	8522	技术和职业中等教育
8233	成人初中教育	8522	技术和职业中等教育
8234	普通高中教育	8521	普通中等教育
8235	成人高中教育	8522	技术和职业中等教育
8236	中等职业学校教育	8522	技术和职业中等教育
824	高等教育		
8241	普通高等教育	8530	高等教育
8242	成人高等教育	8549	未另分类的其他教育
8250	特殊教育	8521	普通中等教育
829	技能培训、教育辅助及其他教育		
8291	职业技能培训	8522	技术和职业中等教育
8292	体校及体育培训	8541	体育和文娱教育
8293	文化艺术培训	8542	文化教育
8294	教育辅助服务	8550	教育辅助活动
8299	其他未列明教育	8549	未另分类的其他教育
Q	**卫生和社会工作**		
83	**卫生**		
831	医院		
8311	综合医院	8610	医院活动
8312	中医医院	8610	医院活动
8313	中西医结合医院	8610	医院活动

续31

国民经济行业分类（GB/T 4754—2011）		国际标准行业分类　修订本第4版（ISIC Rev. 4）	
8314	民族医院	8610	医院活动
8315	专科医院	8610	医院活动
8316	疗养院	8710	留宿护理机构
832	社区医疗与卫生院		
8321	社区卫生服务中心（站）	8620	医疗和牙科治疗活动
8322	街道卫生院	8620	医疗和牙科治疗活动
8323	乡镇卫生院	8620	医疗和牙科治疗活动
8330	门诊部（所）	8620	医疗和牙科治疗活动
8340	计划生育技术服务活动	8620	医疗和牙科治疗活动
8350	妇幼保健院（所、站）	8620	医疗和牙科治疗活动
8360	专科疾病防治院（所、站）	8690	其他人体健康活动
8370	疾病预防控制中心	8690	其他人体健康活动
8390	其他卫生活动	8690	其他人体健康活动
84	**社会工作**		
841	提供住宿社会工作		
8411	干部休养所	8730	面向老年人与残疾人的留宿护理
8412	护理机构服务	8710	留宿护理机构
8413	精神康复服务	8720	面向有智障、精神疾病和药物滥用问题的人群的留宿护理活动
8414	老年人、残疾人养护服务	8730	面向老年人与残疾人的留宿护理
8415	孤残儿童收养和庇护服务	8790	其他留宿护理活动
8419	其他提供住宿社会救助	8790	其他留宿护理活动
842	不提供住宿社会工作		
8421	社会看护与帮助服务	8810	为老年人和残疾人提供的不配备食宿的社会服务
8429	其他不提供住宿社会工作	8890	其他不配备食宿的社会服务
R	**文化、体育和娱乐业**		
85	**新闻和出版业**		
8510	新闻业	6391	新闻机构的活动
852	出版业		
8521	图书出版	5811	书籍出版
8522	报纸出版	5813	报纸、杂志和期刊的出版
8523	期刊出版	5813	报纸、杂志和期刊的出版
8524	音像制品出版	5913	电影、录像和电视节目的发行活动
8525	电子出版物出版	5811	书籍出版
		5820	软件的发行
		5819	其他出版活动
8529	其他出版业	5819	其他出版活动
		5812	名录和邮寄名单的出版
86	**广播、电视、电影和影视录音制作业**		
8610	广播	6010	电台广播
8620	电视	6020	电台和电视广播
8630	电影和影视节目制作	5911	电影、录像和电视节目的制作活动
		5912	电影、录像和电视节目的后期制作活动
8640	电影和影视节目发行	5913	电影、录像和电视节目的发行活动
8650	电影放映	5914	电影放映活动
8660	录音制作	5920	录音和音乐作品发行活动

续32

国民经济行业分类(GB/T 4754—2011)		国际标准行业分类 修订本第4版(ISIC Rev.4)	
87	**文化艺术业**		
8710	文艺创作与表演	9000	艺术创作和文娱活动
8720	艺术表演场馆	9000	艺术创作和文娱活动
873	图书馆与档案馆		
8731	图书馆	9101	图书馆和档案馆活动
8732	档案馆	9101	图书馆和档案馆活动
8740	文物及非物质文化遗产保护	9102	博物馆活动以及古迹和楼宇的运营
8750	博物馆	9102	博物馆活动以及古迹和楼宇的运营
8760	烈士陵园、纪念馆	9102	博物馆活动以及古迹和楼宇的运营
8770	群众文化活动	9499	未另分类的其他成员组织的活动.
8790	其他文化艺术业	9329	未另分类的其他娱乐和文娱活动
		9101	图书馆和档案馆活动
		9000	艺术创作和文娱活动
88	**体育**		
8810	体育组织	9312	体育俱乐部的活动
8820	体育场馆	9311	体育设施的运营
8830	休闲健身活动	9319	其他体育活动
8890	其他体育	9319	其他体育活动
89	**娱乐业**		
891	室内娱乐活动		
8911	歌舞厅娱乐活动	9329	未另分类的其他娱乐和文娱活动
8912	电子游艺厅娱乐活动	9329	未另分类的其他娱乐和文娱活动
8913	网吧活动	6399	未另分类的其他信息服务活动
8919	其他室内娱乐活动	9329	未另分类的其他娱乐和文娱活动
8920	游乐园	9321	游乐公园和主题公园的活动
8930	彩票活动	9200	赌博和押宝活动
894	文化、娱乐、体育经纪代理		
8941	文化娱乐经纪人	7490	未另分类的其他专业、科学和技术活动
8942	体育经纪人	7490	未另分类的其他专业、科学和技术活动
8949	其他文化艺术经纪代理	7490	未另分类的其他专业、科学和技术活动
8990	其他娱乐业	9329	未另分类的其他娱乐和文娱活动
S	**公共管理、社会保障和社会组织**		
90	**中国共产党机关**		
9000	中国共产党机关	8411	一般公共行政管理活动
91	**国家机构**		
9110	国家权力机构	8411	一般公共行政管理活动
912	国家行政机构		
9121	综合事务管理机构	8411	一般公共行政管理活动
9122	对外事务管理机构	8421	外交事务
9123	公共安全管理机构	8423	公共秩序和安全活动
9124	社会事务管理机构	8412	对提供保健、教育、文化服务和其他社会服务(社会保障除外)的机构的活动的监管
9125	经济事务管理机构	8413	为提高企业经营效率进行的监管和促进活动
9126	行政监督检查机构	8413	为提高企业经营效率进行的监管和促进活动
913	人民法院和人民检察院		
9131	人民法院	8423	公共秩序和安全活动
9132	人民检察院	8423	公共秩序和安全活动

续 33

国民经济行业分类(GB/T 4754—2011)		国际标准行业分类　修订本第 4 版(ISIC Rev. 4)	
9190	其他国家机构	8422	国防活动
92	**人民政协、民主党派**		
9210	人民政协	8411	一般公共行政管理活动
9220	民主党派	9492	政治组织的活动
93	**社会保障**		
9300	社会保障	8430	强制性社会保障活动
94	**群众团体、社会团体和其他成员组织**		
941	群众团体		
9411	工会	9420	工会活动
9412	妇联	9499	未另分类的其他成员组织的活动.
9413	共青团	9492	政治组织的活动
9419	其他群众团体	9499	未另分类的其他成员组织的活动.
942	社会团体		
9421	专业性团体	9412	专业成员组织的活动
9422	行业性团体	9411	企业和雇主组织的活动
9429	其他社会团体	9499	未另分类的其他成员组织的活动.
9430	基金会	9499	未另分类的其他成员组织的活动.
9440	宗教组织	9491	宗教组织的活动
95	**基层群众自治组织**		
9510	社区自治组织	9499	未另分类的其他成员组织的活动.
9520	村民自治组织	9499	未另分类的其他成员组织的活动.
T	**国际组织**		
96	**国际组织**		
9600	国际组织	9900	国际组织和机构的活动

附录 6

《国际标准行业分类》与《国民经济行业分类》对照表

国际标准行业分类 修订本第 4 版(ISIC Rev. 4)		国民经济行业分类(GB/T 4754—2011)	
A	**农业、林业及渔业**		
01	**作物和牲畜养殖、狩猎和相关服务活动**		
011	非多年生作物的种植		
0111	谷类(水稻除外)、豆类和油籽类作物的种植	0112	小麦种植
		0113	玉米种植
		0119	其他谷物种植
		0121	豆类种植
		0122	油料种植
0112	水稻的种植	0111	稻谷种植
0113	蔬菜、瓜类、根类、茎类的种植	0123	薯类种植
		0133	糖料种植
		0141	蔬菜种植
		0142	食用菌种植
		0159	其他水果种植
0114	甘蔗的种植	0133	糖料种植
0115	烟草的种植	0134	烟草种植
0116	纤维作物的种植	0131	棉花种植
		0132	麻类种植
0119	其他非多年生作物的种植	0134	烟草种植
		0143	花卉种植
		0149	其他园艺作物种植
		0190	其他农业
012	多年生作物的种植		
0121	葡萄的种植	0152	葡萄种植
0122	热带和亚热带水果的种植	0154	香蕉等亚热带水果种植
0123	柑橘属水果的种植	0153	柑橘类种植
0124	仁果类和核果类的种植	0151	仁果类和核果类水果种植
0125	其他树木、灌木水果及坚果类的种植	0159	其他水果种植
		0161	坚果种植
0126	含油水果的种植	0162	含油果种植
0127	饮料作物的种植	0163	香料作物种植
0128	调味料、香料及药用作物的种植	0169	茶及其他饮料作物种植
		0170	中药材种植
0129	其他多年生作物的种植	0149	其他园艺作物种植
		0190	其他农业
		0220	造林和更新
013	植物的繁殖		
0130	植物繁殖	0142	食用菌种植
		0143	花卉种植
		0149	其他园艺作物种植
		0211	林木育种

续 1

国际标准行业分类　修订本第 4 版(ISIC Rev. 4)		国民经济行业分类(GB/T 4754—2011)	
		0212	林木育苗
014	牲畜的养殖		
0141	奶牛和水牛的饲养	0311	牛的饲养
0142	马和其他马类动物的饲养	0312	马的饲养
		0319	其他牲畜饲养
0143	骆驼和骆驼科动物的饲养	0315	骆驼饲养
0144	绵羊和山羊的饲养	0314	羊的饲养
0145	猪的饲养	0313	猪的饲养
0146	家禽的饲养	032	家禽饲养
		0321	鸡的饲养
		0322	鸭的饲养
		0323	鹅的饲养
		0329	其他家禽饲养
0149	其他动物的饲养	0390	其他畜牧业
015	农牧混合		
0150	农牧混合		
016	对农业的辅助活动和作物收获后的活动		
0161	作物生产的辅助活动	0511	农业机械服务
		0512	灌溉服务
		0519	其他农业服务
0162	牲畜生产的辅助活动	0530	畜牧服务业
0163	作物收获后的辅助活动	0513	农产品初加工服务
0164	繁殖用种子的加工	0513	农产品初加工服务
017	狩猎、捕捉及相关服务活动		
0170	狩猎、捕捉及相关服务活动	0330	狩猎和捕捉动物
02	**林业与伐木业**		
021	造林及其他林业活动		
0210	造林及其他林业活动	0220	造林和更新
		0230	森林经营和管护
022	伐木业		
0220	伐木业	0241	木材采运
		0242	竹材采运
		0523	林产品初级加工服务
023	非木材林业产品的采集		
0230	野生非木材林业产品的采集	0251	木竹材林产品采集
		0252	非木竹材林产品采集
024	对林业的辅助服务		
0240	林业辅助服务	0241	木材采运
		0242	竹材采运
		0521	林业有害生物防治服务
		0522	森林防火服务
		0529	其他林业服务
03	**渔业和水产业**		
031	渔业		
0311	海洋渔业	0421	海水捕捞
0312	淡水渔业	0422	内陆捕捞
032	水产业		

续 2

国际标准行业分类 修订本第 4 版(ISIC Rev. 4)		国民经济行业分类(GB/T 4754—2011)	
0321	海水养殖	0411	海水养殖
		0540	渔业服务业
0322	淡水养殖	0390	其他畜牧业
		0412	内陆养殖
		0540	渔业服务业
B	**采矿和采石**		
05	**煤炭和褐煤的开采**		
051	硬煤的开采		
0510	硬煤的开采	0610	烟煤和无烟煤开采洗选
052	褐煤的开采		
0520	褐煤的开采	0620	褐煤开采洗选
06	**原油和天然气的开采**		
061	原油的开采		
0610	原油的开采	0710	石油开采
062	天然气的开采		
0620	天然气的开采	0720	天然气开采
07	**金属矿的开采**		
071	铁矿的开采		
0710	铁矿的开采	0810	铁矿采选
072	有色金属矿的开采		
0721	铀及钍矿的开采	0933	放射性金属矿采选
0729	其他有色金属矿的开采	0820	锰矿、铬矿采选
		0890	其他黑色金属矿采选
		0911	铜矿采选
		0912	铅锌矿采选
		0913	镍钴矿采选
		0914	锡矿采选
		0915	锑矿采选
		0916	铝矿采选
		0917	镁矿采选
		0919	其他常用有色金属矿采选
		0921	金矿采选
		0922	银矿采选
		0929	其他贵金属矿采选
		0931	钨钼矿采选
		0932	稀土金属矿采选
		0939	其他稀有金属矿采选
08	**其他矿物的开采和采掘**		
081	石、砂及粘土的开采		
0810	石、砂及粘土的采掘	1011	石灰石、石膏开采
		1012	建筑装饰用石开采
		1013	耐火土石开采
		1019	粘土及其他土砂石开采
089	未另分类的开采及采掘		
0891	化学矿物及肥料矿物的开采	1020	化学矿开采
0892	泥炭的开采	0690	其他煤炭采选
0893	采盐	1030	采盐

续 3

国际标准行业分类　修订本第 4 版(ISIC Rev. 4)		国民经济行业分类(GB/T 4754—2011)	
0899	未另分类的其他采矿和采石	0690	其他煤炭采选
		1091	石棉、云母矿采选
		1092	石墨、滑石采选
		1093	宝石、玉石采选
		1099	其他未列明非金属矿采选
		1200	其他采矿业
09	**开采辅助服务活动**		
091	对石油和天然气开采的辅助活动		
0910	石油和天然气开采的辅助活动	1120	石油和天然气开采辅助活动
099	对其他采矿和采石的辅助活动		
0990	其他采矿和采石的辅助活动	1110	煤炭开采和洗选辅助活动
		1190	其他开采辅助活动
C	**制造业**		
10	**食品的制造**		
101	肉类的加工和保存		
1010	肉类的加工和保藏	1351	牲畜屠宰
		1352	禽类屠宰
		1353	肉制品及副产品加工
		1941	羽毛(绒)加工
102	鱼类、甲壳类和软体类动物的加工和保藏		
1020	鱼类、甲壳类、软体动物类的加工和保藏	1361	水产品冷冻加工
		1362	鱼糜制品及水产品干腌制加工
		1363	水产饲料制造
		1369	其他水产品加工
103	水果和蔬菜的加工和保藏		
1030	水果和蔬菜的加工和保藏	1371	蔬菜加工
		1372	水果和坚果加工
		1392	豆制品制造
		1523	果菜汁及果菜汁饮料制造
104	动植物油和油脂的制造		
1040	动植物油和油脂的制造	1331	食用植物油加工
		1332	非食用植物油加工
		1364	鱼油提取及制品制造
105	乳制品的制造		
1050	乳制品的制造	1440	乳制品制造
		1493	冷冻饮品及食用冰制造
		1524	含乳饮料和植物蛋白饮料制造
106	谷物磨制品、淀粉和淀粉制品的制造		
1061	谷物磨制品的制造	1310	谷物磨制
		1392	豆制品制造
1062	淀粉及淀粉制品的制造	1391	淀粉及淀粉制品制造
107	其他食品的制造		
1071	烘烤食品的制造	1411	糕点、面包制造
		1419	饼干及其他焙烤食品制造
1072	糖的制造	1340	制糖业
1073	可可、巧克力和糖果的制造	1421	糖果、巧克力制造
		1422	蜜饯制作

续4

国际标准行业分类 修订本第4版(ISIC Rev. 4)		国民经济行业分类(GB/T 4754—2011)	
1074	通心粉、面条、方便面和类似的粉面制品的制造	1431	米、面制品制造
		1432	速冻食品制造
		1439	方便面及其他方便食品制造
		1459	其他罐头食品制造
1075	熟肉和熟食的制造	1451	肉、禽类罐头制造
		1452	水产品罐头制造
		1453	蔬菜、水果罐头制造
1079	未另分类的其他食品的制造	1393	蛋品加工
		1399	其他未列明农副食品加工
		1439	方便面及其他方便食品制造
		1459	其他罐头食品制造
		1461	味精制造
		1462	酱油、食醋及类似制品制造
		1469	其他调味品、发酵制品制造
		1491	营养食品制造
		1492	保健食品制造
		1494	盐加工
		1499	其他未列明食品制造
		1525	固体饮料制造
		1530	精制茶加工
		2730	中药饮片加工
108	牲畜精饲料的制造		
1080	牲畜精饲料的制造	1320	饲料加工
11	**饮料的制造**		
110	饮料的制造		
1101	烈酒的蒸馏、精馏及勾兑	1512	白酒制造
		1519	其他酒制造
1102	葡萄酒的制造	1514	黄酒制造
		1515	葡萄酒制造
		1519	其他酒制造
1103	麦芽酒和麦芽的制造	1513	啤酒制造
1104	软饮料的制造;矿泉水和其他瓶装水的生产	1521	碳酸饮料制造
		1522	瓶(罐)装饮用水制造
		1523	果菜汁及果菜汁饮料制造
		1529	茶饮料及其他饮料制造
12	**烟草制品的制造**		
120	烟草制品的制造		
1200	烟草制品的制造	1610	烟叶复烤
		1620	卷烟制造
		1690	其他烟草制品制造
13	**纺织品的制造**		
131	纺织品的纺纱、编织和精加工		
1311	纺织纤维的纺前加工和纺纱	1711	棉纺纱加工
		1721	毛条和毛纱线加工
		1731	麻纤维纺前加工和纺纱
		1741	缫丝加工
1312	纺织品的编织	1712	棉织造加工

续 5

国际标准行业分类　修订本第 4 版(ISIC Rev. 4)		国民经济行业分类(GB/T 4754—2011)	
		1722	毛织造加工
		1732	麻织造加工
		1742	绢纺和丝织加工
		1751	化纤织造加工
		1783	纺织带和帘子布制造
		1784	篷、帆布制造
1313	纺织品的精加工	1713	棉印染精加工
		1723	毛染整精加工
		1733	麻染整精加工
		1743	丝印染精加工
		1752	化纤织物染整精加工
		1762	针织或钩针编织物印染精加工
139	其他纺织品的制造		
1391	针织及钩针编织物的制造	1761	针织或钩针编织物织造
		1763	针织或钩针编织品制造
		1772	毛巾类制品制造
1392	纺织制成品的制造,服装除外	1771	床上用品制造
		1773	窗帘、布艺类产品制造
		1779	其他家用纺织制成品制造
		2437	地毯、挂毯制造
1393	地毯和小地毯的制造	1779	其他家用纺织制成品制造
		2437	地毯、挂毯制造
1394	索具、绳子、合股线和网具的制造	1782	绳、索、缆制造
1399	未另分类的其他纺织品的制造	1779	其他家用纺织制成品制造
		1781	非织造布制造
		1789	其他非家用纺织制成品制造
		2436	抽纱刺绣工艺品制造
14	**服装的制造**		
141	服装的制造,但毛皮服装除外		
1410	服装制造,但毛皮服装除外	1810	机织服装制造
		1830	服饰制造
		1921	皮革服装制造
		1923	皮手套及皮装饰制品制造
		1942	羽毛(绒)制品加工
142	毛皮制品的制造		
1420	毛皮制品的制造	1932	毛皮服装加工
		1939	其他毛皮制品加工
		1942	羽毛(绒)制品加工
143	针织和钩针编织服装的制造		
1430	针织和钩针编织服装的制造	1820	针织或钩针编织服装制造
		1830	服饰制造
15	**皮革和相关产品的制造**		
151	皮革的鞣制及修整;皮箱、手提包、马鞍和挽具的制造;毛皮的整制和染色		
1511	皮革的鞣制和修整;毛皮的整制和染色	1910	皮革鞣制加工
		1931	毛皮鞣制加工
1512	皮箱、手提包和类似物品,马鞍及挽具的制造	1922	皮箱、包(袋)制造

续6

国际标准行业分类 修订本第4版(ISIC Rev. 4)		国民经济行业分类(GB/T 4754—2011)	
		1929	其他皮革制品制造
152	鞋类的制造		
1520	鞋靴的制造	1951	纺织面料鞋制造
		1952	皮鞋制造
		1953	塑料鞋制造
		1954	橡胶鞋制造
		1959	其他制鞋业
16	**木材、木材制品和软木制品的制造(家具除外)、草编制品及编织材料物品的制造**		
161	锯木和刨木		
1610	锯木和刨木	2011	锯材加工
		2012	木片加工
		2013	单板加工
		2019	其他木材加工
162	木材制品、软木制品、草编制品及编织材料物品的制造		
1621	薄板和木基板材的制造	2021	胶合板制造
		2022	纤维板制造
		2023	刨花板制造
		2029	其他人造板制造
1622	建筑用木料及木材元件的制造	2031	建筑用木料及木材组件加工
		2032	木门窗、楼梯制造
		2033	地板制造
1623	木容器的制造	2034	木制容器制造
1629	其他木制品的制造;软木制品、草编制品及编织材料物品的制造	2039	软木制品及其他木制品制造
		2041	竹制品制造
		2042	藤制品制造
		2043	棕制品制造
		2049	草及其他制品制造
		2419	其他文教办公用品制造
		2431	雕塑工艺品制造
		2435	天然植物纤维编织工艺品制造
17	**纸和纸制品的制造**		
170	纸和纸制品的制造		
1701	纸浆、纸和纸板的制造	2211	木竹浆制造
		2212	非木竹浆制造
		2221	机制纸及纸板制造
		2222	手工纸制造
		2223	加工纸制造
1702	瓦楞纸和瓦楞纸板以及纸和纸板容器的制造	2221	机制纸及纸板制造
		2231	纸和纸板容器制造
1709	其他纸制品和纸板制品的制造	2221	机制纸及纸板制造
		2239	其他纸制品制造
		2411	文具制造
18	**记录媒介物的印制及复制**		
181	印刷和与印刷有关的服务活动		

续7

国际标准行业分类　修订本第4版(ISIC Rev. 4)		国民经济行业分类(GB/T 4754—2011)	
1811	印刷	2311	书、报刊印刷
		2312	本册印制
		2319	包装装潢及其他印刷
1812	与印刷有关的服务活动	2320	装订及印刷相关服务
182	记录媒介物的复制		
1820	记录媒介物的复制	2330	记录媒介复制
19	**焦炭和精炼石油产品的制造**		
191	焦炭炉产品的制造		
1910	焦炭炉产品的制造	2520	炼焦
192	精炼石油产品的制造		
1920	精炼石油产品的制造	2511	原油加工及石油制品制造
		2512	人造原油制造
		2530	核燃料加工
		4120	煤制品制造
20	**化学品及化学制品的制造**		
201	基本化学品、化肥和氮化合物、初级塑料和合成橡胶的制造		
2011	基本化学品的制造	1511	酒精制造
		2611	无机酸制造
		2612	无机碱制造
		2613	无机盐制造
		2614	有机化学原料制造
		2619	其他基础化学原料制造
		2643	颜料制造
		2644	染料制造
2012	化肥及氮化合物的制造	2621	氮肥制造
		2622	磷肥制造
		2623	钾肥制造
		2624	复混肥料制造
		2625	有机肥料及微生物肥料制造
		2629	其他肥料制造
2013	初级塑料和合成橡胶的制造	2651	初级形态塑料及合成树脂制造
		2652	合成橡胶制造
		2653	合成纤维单(聚合)体制造
		2659	其他合成材料制造
202	其他化学制品的制造		
2021	农药及其他农业化工制品的制造	2631	化学农药制造
		2632	生物化学农药及微生物农药制造
2022	颜料、清漆和类似涂料、印刷油墨及胶粘剂的制造	2641	涂料制造
		2642	油墨及类似产品制造
		2643	颜料制造
		2644	染料制造
		2645	密封用填料及类似品制造
2023	肥皂和洗涤剂、清洁剂和抛光剂、香水及盥洗用品的制造	2681	肥皂及合成洗涤剂制造
		2682	化妆品制造
		2683	口腔清洁用品制造

续8

国际标准行业分类 修订本第4版(ISIC Rev. 4)		国民经济行业分类(GB/T 4754—2011)	
		2689	其他日用化学产品制造
2029	未另分类的其他化学制品的制造	1495	食品及饲料添加剂制造
		2414	墨水、墨汁制造
		2643	颜料制造
		2661	化学试剂和助剂制造
		2662	专项化学用品制造
		2663	林产化学产品制造
		2664	信息化学品制造
		2665	环境污染处理专用药剂材料制造
		2666	动物胶制造
		2669	其他专用化学产品制造
		2671	炸药及火工产品制造
		2672	焰火、鞭炮产品制造
		2684	香料、香精制造
		2689	其他日用化学产品制造
203	人造纤维的制造		
2030	人造纤维的制造	2811	化纤浆粕制造
		2812	人造纤维(纤维素纤维)制造
		2821	锦纶纤维制造
		2822	涤纶纤维制造
		2823	腈纶纤维制造
		2824	维纶纤维制造
		2825	丙纶纤维制造
		2826	氨纶纤维制造
		2829	其他合成纤维制造
21	**药品、药用化学品及植物药材的制造**		
210	药品、药用化学品及植物药材的制造		
2100	药品、药用化学品及植物药材的制造	2710	化学药品原料药制造
		2720	化学药品制剂制造
		2730	中药饮片加工
		2740	中成药生产
		2750	兽用药品制造
		2760	生物药品制造
		2770	卫生材料及医药用品制造
22	**橡胶和塑料制品的制造**		
221	橡胶制品的制造		
2211	橡胶轮胎和内胎的制造;橡胶轮胎的翻新和再造	2911	轮胎制造
2219	其他橡胶制品的制造	2912	橡胶板、管、带制造
		2913	橡胶零件制造
		2914	再生橡胶制造
		2915	日用及医用橡胶制品制造
		2919	其他橡胶制品制造
		3791	潜水及水下救捞装备制造
222	塑料制品的制造		
2220	塑料制品的制造	2411	文具制造
		2413	教学用模型及教具制造
		2431	雕塑工艺品制造

续 9

国际标准行业分类　修订本第 4 版(ISIC Rev. 4)		国民经济行业分类(GB/T 4754—2011)	
		2921	塑料薄膜制造
		2922	塑料板、管、型材制造
		2923	塑料丝、绳及编织品制造
		2924	泡沫塑料制造
		2925	塑料人造革、合成革制造
		2926	塑料包装箱及容器制造
		2927	日用塑料制品制造
		2928	塑料零件制造
		2929	其他塑料制品制造
23	**其他非金属矿物制品的制造**		
231	玻璃和玻璃制品的制造		
2310	玻璃和玻璃制品的制造	3041	平板玻璃制造
		3049	其他玻璃制造
		3051	技术玻璃制品制造
		3052	光学玻璃制造
		3053	玻璃仪器制造
		3054	日用玻璃制品制造
		3055	玻璃包装容器制造
		3056	玻璃保温容器制造
		3057	制镜及类似品加工
		3059	其他玻璃制品制造
		3061	玻璃纤维及制品制造
		3062	玻璃纤维增强塑料制品制造
239	未另分类的非金属矿物制品的制造		
2391	耐火制品的制造	3089	耐火陶瓷制品及其他耐火材料制造
2392	黏土建筑材料的制造	3031	粘土砖瓦及建筑砌块制造
		3032	建筑陶瓷制品制造
2393	其他陶瓷制品的制造	3071	卫生陶瓷制品制造
		3072	特种陶瓷制品制造
		3073	日用陶瓷制品制造
		3079	园林、陈设艺术及其他陶瓷制品制造
2394	水泥、石灰和石膏制品的制造	3011	水泥制造
		3012	石灰和石膏制造
2395	混凝土、水泥及石膏制品的制造	2190	其他家具制造
		2431	雕塑工艺品制造
		3021	水泥制品制造
		3022	砼结构构件制造
		3023	石棉水泥制品制造
		3024	轻质建筑材料制造
		3029	其他水泥类似制品制造
2396	石头的切割、成形和精加工	2190	其他家具制造
		3033	建筑用石加工
2399	未另分类的其他非金属矿物制品的制造	3034	防水建筑材料制造
		3035	隔热和隔音材料制造
		3039	其他未列明建筑材料制造
		3081	石棉制品制造
		3082	云母制品制造

续10

国际标准行业分类 修订本第4版(ISIC Rev. 4)		国民经济行业分类(GB/T 4754—2011)	
		3091	石墨及碳素制品制造
		3099	其他非金属矿物制品制造
		4120	煤制品制造
24	**基本金属的制造**		
241	基本钢铁的制造		
2410	基本钢铁的制造	3110	炼铁
		3120	炼钢
		3140	钢压延加工
		3150	铁合金冶炼
242	基本贵金属和有色金属的制造		
2420	基本贵重有色金属的制造	3211	铜冶炼
		3212	铅锌冶炼
		3213	镍钴冶炼
		3214	锡冶炼
		3215	锑冶炼
		3216	铝冶炼
		3217	镁冶炼
		3219	其他常用有色金属冶炼
		3221	金冶炼
		3222	银冶炼
		3229	其他贵金属冶炼
		3231	钨钼冶炼
		3232	稀土金属冶炼
		3239	其他稀有金属冶炼
		3240	有色金属合金制造
		3261	铜压延加工
		3262	铝压延加工
		3263	贵金属压延加工
		3264	稀有稀土金属压延加工
		3269	其他有色金属压延加工
243	金属的铸造		
2431	钢铁的铸造	3130	黑色金属铸造
2432	有色金属的铸造	3250	有色金属铸造
25	**金属制品的制造,但机械和设备除外**		
251	结构性金属制品、油罐、水箱和蒸汽锅炉的制造		
2511	结构性金属制品的制造	3311	金属结构制造
		3312	金属门窗制造
		3372	建筑装饰搪瓷制品制造
2512	油罐、水箱和金属容器的制造	3332	金属压力容器制造
		3411	锅炉及辅助设备制造
2513	蒸汽锅炉的制造,但中央供热锅炉除外	3411	锅炉及辅助设备制造
252	武器和弹药的制造		
2520	武器和弹药的制造	3399	其他未列明金属制品制造
259	其他金属制品的制造;与金属加工相关的服务活动		
2591	金属的锻造、压制、冲压和轧制;粉末冶金	3391	锻件及粉末冶金制品制造
2592	金属的处理和包覆;机加工	3360	金属表面处理及热处理加工

续 11

国际标准行业分类　修订本第 4 版(ISIC Rev. 4)		国民经济行业分类(GB/T 4754—2011)	
2593	刀具、手工工具和普通金属器具的制造	2432	金属工艺品制造
		3321	切削工具制造
		3322	手工具制造
		3323	农用及园林用金属工具制造
		3324	刀剪及类似日用金属工具制造
		3329	其他金属工具制造
		3351	建筑、家具用金属配件制造
		3382	金属制餐具和器皿制造
2599	未另分类的其他金属制品的制造	2411	文具制造
		2432	金属工艺品制造
		3333	金属包装容器制造
		3340	金属丝绳及其制品制造
		3352	建筑装饰及水暖管道零件制造
		3353	安全、消防用金属制品制造
		3359	其他建筑、安全用金属制品制造
		3371	生产专用搪瓷制品制造
		3373	搪瓷卫生洁具制造
		3379	搪瓷日用品及其他搪瓷制品制造
		3381	金属制厨房用器具制造
		3383	金属制卫生器具制造
		3389	其他金属制日用品制造
		3392	交通及公共管理用金属标牌制造
		3399	其他未列明金属制品制造
		3482	紧固件制造
		3483	弹簧制造
26	**计算机、电子和光学产品的制造**		
261	电子元件和电子板的生产		
2610	电子元件和电子板的生产	3821	变压器、整流器和电感器制造
		3824	电力电子元器件制造
		3961	电子真空器件制造
		3962	半导体分立器件制造
		3963	集成电路制造
		3969	光电子器件及其他电子器件制造
		3971	电子元件及组件制造
		3972	印制电路板制造
262	计算机和周边设备的制造		
2620	计算机和外部设备的制造	3472	幻灯及投影设备制造
		3911	计算机整机制造
		3912	计算机零部件制造
		3913	计算机外围设备制造
		3919	其他计算机制造
263	通信设备的制造		
2630	通信设备的制造	3471	电影机械制造
		3921	通信系统设备制造
		3922	通信终端设备制造
		3931	广播电视节目制作及发射设备制造
		3932	广播电视接收设备及器材制造

续 12

国际标准行业分类 修订本第 4 版(ISIC Rev. 4)		国民经济行业分类(GB/T 4754—2011)	
		3939	应用电视设备及其他广播电视设备制造
264	电子消费品的制造		
2640	电子消费品的制造	3471	电影机械制造
		3951	电视机制造
		3952	音响设备制造
		3953	影视录放设备制造
265	测量、检验、导航和控制设备的制造;钟表制造		
2651	测量、检验、导航和控制设备的制造	3940	雷达及配套设备制造
		4011	工业自动控制系统装置制造
		4012	电工仪器仪表制造
		4013	绘图、计算及测量仪器制造
		4014	实验分析仪器制造
		4015	试验机制造
		4019	供应用仪表及其他通用仪器制造
		4021	环境监测专用仪器仪表制造
		4022	运输设备及生产用计数仪表制造
		4023	导航、气象及海洋专用仪器制造
		4024	农林牧渔专用仪器仪表制造
		4025	地质勘探和地震专用仪器制造
		4026	教学专用仪器制造
		4027	核子及核辐射测量仪器制造
		4028	电子测量仪器制造
		4029	其他专用仪器制造
		4090	其他仪器仪表制造业
2652	钟表的制造	4030	钟表与计时仪器制造
266	辐射、电子医疗和电子理疗设备的制造		
2660	辐射、电子医疗和电子理疗设备的制造	3581	医疗诊断、监护及治疗设备制造
267	光学仪器和摄影器材的制造		
2670	光学仪器和摄影器材的制造	3471	电影机械制造
		3472	幻灯及投影设备制造
		3473	照相机及器材制造
		4041	光学仪器制造
268	磁性媒介物和光学媒介物的制造		
2680	磁性媒介物和光学媒介物的制造	2664	信息化学品制造
27	**电力设备的制造**		
271	电动机、发电机和变压器的制造以及配电和电力控制设备的制造		
2710	电动机、发电机和变压器的制造以及配电和控制设备的制造	3811	发电机及发电机组制造
		3812	电动机制造
		3819	微电机及其他电机制造
		3821	变压器、整流器和电感器制造
		3822	电容器及其配套设备制造
		3823	配电开关控制设备制造
		3825	光伏设备及元器件制造
		3829	其他输配电及控制设备制造
		3879	灯用电器附件及其他照明器具制造

续 13

国际标准行业分类 修订本第 4 版(ISIC Rev. 4)		国民经济行业分类(GB/T 4754—2011)	
272	电池和蓄电池的制造		
2720	电池和蓄电池的制造	3841	锂离子电池制造
		3842	镍氢电池制造
		3849	其他电池制造
273	配线与配线设备的制造		
2731	光纤电缆的制造	3832	光纤、光缆制造
2732	其他电线和电缆的制造	3831	电线、电缆制造
2733	配线设备的制造	3823	配电开关控制设备制造
274	电力照明设备的制造		
2740	电力照明设备的制造	3871	电光源制造
		3872	照明灯具制造
		3879	灯用电器附件及其他照明器具制造
275	家用电器的制造		
2750	家用电器的制造	3851	家用制冷电器具制造
		3852	家用空气调节器制造
		3853	家用通风电器具制造
		3854	家用厨房电器具制造
		3855	家用清洁卫生电器具制造
		3856	家用美容、保健电器具制造
		3857	家用电力器具专用配件制造
		3859	其他家用电力器具制造
		3861	燃气、太阳能及类似能源家用器具制造
		3869	其他非电力家用器具制造
279	其他电子设备的制造		
2790	其他电力设备的制造	3824	电力电子元器件制造
		3833	绝缘制品制造
		3839	其他电工器材制造
		3891	电气信号设备装置制造
		3899	其他未列明电气机械及器材制造
		3990	其他电子设备制造
		4026	教学专用仪器制造
28	**未另分类的机械和设备的制造**		
281	通用机械的制造		
2811	发动机和涡轮机的制造(飞机、汽车和摩托车发动机除外)	3412	内燃机及配件制造
		3413	汽轮机及辅机制造
		3414	水轮机及辅机制造
		3415	风能原动设备制造
		3419	其他原动设备制造
		3812	电动机制造
2812	液压设备的制造	3444	液压和气压动力机械及元件制造
2813	其他泵、压缩机、旋塞和阀门的制造	3441	泵及真空设备制造
		3442	气体压缩机械制造
		3443	阀门和旋塞制造
2814	轴承、齿轮、传动和驱动部件的制造	3451	轴承制造
		3452	齿轮及齿轮减、变速箱制造
		3459	其他传动部件制造

续14

国际标准行业分类 修订本第4版(ISIC Rev. 4)		国民经济行业分类(GB/T 4754—2011)	
2815	烘炉、熔炉及熔炉燃烧室的制造	3461	烘炉、熔炉及电炉制造
		3515	建筑材料生产专用机械制造
2816	起重及装卸设备的制造	3431	轻小型起重设备制造
		3432	起重机制造
		3433	生产专用车辆制造
		3434	连续搬运设备制造
		3435	电梯、自动扶梯及升降机制造
		3439	其他物料搬运设备制造
2817	办公机械和设备的制造(计算机及外部产品除外)	2413	教学用模型及教具制造
		3474	复印和胶印设备制造
		3475	计算器及货币专用设备制造
		3593	邮政专用机械及器材制造
2818	电动手工工具的生产	3465	风动和电动工具制造
2819	其他通用机械的制造	3462	风机、风扇制造
		3463	气体、液体分离及纯净设备制造
		3464	制冷、空调设备制造
		3466	喷枪及类似器具制造
		3467	衡器制造
		3468	包装专用设备制造
		3479	其他文化、办公用机械制造
		3481	金属密封件制造
		3484	机械零部件加工
		3489	其他通用零部件制造
		3490	其他通用设备制造业
		4013	绘图、计算及测量仪器制造
282	专用机械的制造		
2821	农业和林业机械的制造	3571	拖拉机制造
		3572	机械化农业及园艺机具制造
		3573	营林及木竹采伐机械制造
		3574	畜牧机械制造
		3575	渔业机械制造
		3576	农林牧渔机械配件制造
		3577	棉花加工机械制造
		3579	其他农、林、牧、渔业机械制造
2822	金属成型机械和机械的制造	3421	金属切削机床制造
		3422	金属成形机床制造
		3424	金属切割及焊接设备制造
		3425	机床附件制造
		3429	其他金属加工机械制造
		3515	建筑材料生产专用机械制造
		3522	橡胶加工专用设备制造
		3523	塑料加工专用设备制造
		3524	木材加工机械制造
		3529	其他非金属加工专用设备制造
		3546	玻璃、陶瓷和搪瓷制品生产专用设备制造
2823	冶金机械的制造	3423	铸造机械制造
		3516	冶金专用设备制造

续 15

国际标准行业分类　修订本第 4 版(ISIC Rev. 4)		国民经济行业分类(GB/T 4754—2011)	
2824	采矿、采石及建筑机械的制造	3511	矿山机械制造
		3512	石油钻采专用设备制造
		3513	建筑工程用机械制造
		3514	海洋工程专用设备制造
		3515	建筑材料生产专用机械制造
2825	食品、饮料和烟草加工机械的制造	3531	食品、酒、饮料及茶生产专用设备制造
		3532	农副食品加工专用设备制造
		3533	烟草生产专用设备制造
		3534	饲料生产专用设备制造
2826	用于纺织、服装和皮革生产的机械的制造	3542	印刷专用设备制造
		3551	纺织专用设备制造
		3552	皮革、毛皮及其制品加工专用设备制造
		3553	缝制机械制造
		3554	洗涤机械制造
2829	其他专用机械的制造	3521	炼油、化工生产专用设备制造
		3522	橡胶加工专用设备制造
		3523	塑料加工专用设备制造
		3524	木材加工机械制造
		3525	模具制造
		3529	其他非金属加工专用设备制造
		3533	烟草生产专用设备制造
		3541	制浆和造纸专用设备制造
		3542	印刷专用设备制造
		3543	日用化工专用设备制造
		3544	制药专用设备制造
		3545	照明器具生产专用设备制造
		3546	玻璃、陶瓷和搪瓷制品生产专用设备制造
		3549	其他日用品生产专用设备制造
		3561	电工机械专用设备制造
		3562	电子工业专用设备制造
		3591	环境保护专用设备制造
		3592	地质勘查专用设备制造
		3594	商业、饮食、服务专用设备制造
		3595	社会公共安全设备及器材制造
		3596	交通安全、管制及类似专用设备制造
		3597	水资源专用机械制造
		3599	其他专用设备制造
		3743	航空、航天相关设备制造
29	**汽车、挂车和半挂车的制造**		
291	汽车的制造		
2910	汽车的制造	3610	汽车整车制造
		3620	改装汽车制造
		3630	低速载货汽车制造
		3640	电车制造
292	汽车车身的制造(车身的设计、制造和装配);挂车和半挂车的制造		

续16

国际标准行业分类 修订本第4版(ISIC Rev. 4)		国民经济行业分类(GB/T 4754—2011)	
2920	汽车车身的制造(车身的设计、制造和装配);挂车和半挂车的制造	3331	集装箱制造
		3650	汽车车身、挂车制造
293	汽车零配件的制造		
2930	汽车及其发动机零件和附件的制造	3660	汽车零部件及配件制造
30	**其他运输设备的制造**		
301	船舶的建造		
3011	船只和浮动设施的制造	3514	海洋工程专用设备制造
		373	船舶及相关装置制造
		3731	金属船舶制造
		3732	非金属船舶制造
		3734	船用配套设备制造
		3739	航标器材及其他相关装置制造
3012	游船和运动船的建造	3733	娱乐船和运动船制造
302	铁路机车及其拖曳车辆的制造		
3020	铁道机车及其拖曳车辆的制造	3711	铁路机车车辆及动车组制造
		3712	窄轨机车车辆制造
		3713	铁路机车车辆配件制造
		3714	铁路专用设备及器材、配件制造
		3719	其他铁路运输设备制造
		3720	城市轨道交通设备制造
		3891	电气信号设备装置制造
303	飞机、航天器和相关机械的制造		
3030	飞机、航天器和相关机械的制造	3741	飞机制造
		3742	航天器制造
		3749	其他航空航天器制造
304	军用战车的制造		
3040	军用战车的制造		
309	未另分类的运输设备的制造		
3091	摩托车的制造	3751	摩托车整车制造
		3752	摩托车零部件及配件制造
		3762	助动自行车制造
3092	自行车和残疾人座车的制造	3761	脚踏自行车及残疾人座车制造
		3770	非公路休闲车及零配件制造
3099	未另分类的其他运输设备的制造	3770	非公路休闲车及零配件制造
		3799	其他未列明运输设备制造
31	**家具的制造**		
310	家具的制造		
3100	家具的制造	2110	木质家具制造
		2120	竹、藤家具制造
		2130	金属家具制造
		2140	塑料家具制造
		2190	其他家具制造
32	**其他制造业**		
321	珠宝、小件装饰物及有关物品的制造		
3211	珠宝及有关物品的制造	2438	珠宝首饰及有关物品制造
3212	仿真首饰及有关物品的制造	2439	其他工艺美术品制造

续 17

国际标准行业分类　修订本第 4 版（ISIC Rev. 4）		国民经济行业分类（GB/T 4754—2011）	
322	乐器的制造		
3220	乐器的制造	2421	中乐器制造
		2422	西乐器制造
		2423	电子乐器制造
		2429	其他乐器及零件制造
323	体育用品的制造		
3230	体育用品的制造	2441	球类制造
		2442	体育器材及配件制造
		2443	训练健身器材制造
		2444	运动防护用具制造
		2449	其他体育用品制造
324	游艺用品和玩具的制造		
3240	游艺用品及玩具的制造	2450	玩具制造
		2461	露天游乐场所游乐设备制造
		2462	游艺用品及室内游艺器材制造
		2469	其他娱乐用品制造
325	医疗和牙科工具和用品的制造		
3250	医疗和牙科工具和用品的制造	2770	卫生材料及医药用品制造
		2929	其他塑料制品制造
		3012	石灰和石膏制造
		3581	医疗诊断、监护及治疗设备制造
		3582	口腔科用设备及器具制造
		3583	医疗实验室及医用消毒设备和器具制造
		3584	医疗、外科及兽医用器械制造
		3585	机械治疗及病房护理设备制造
		3586	假肢、人工器官及植(介)入器械制造
		3589	其他医疗设备及器械制造
		4042	眼镜制造
329	未另分类的其他制造业		
3290	未另分类的其他用品的制造	2411	文具制造
		2412	笔的制造
		2413	教学用模型及教具制造
		2419	其他文教办公用品制造
		2433	漆器工艺品制造
		2434	花画工艺品制造
		2439	其他工艺美术品制造
		2929	其他塑料制品制造
		4026	教学专用仪器制造
		4111	鬃毛加工、制刷及清扫工具制造
		4119	其他日用杂品制造
		4130	核辐射加工
		4190	其他未列明制造业
33	**机械和设备的修理和安装**		
331	金属制品、机械和设备的修理		
3311	金属制品的修理	4310	金属制品修理
3312	机械的修理	4320	通用设备修理
		4330	专用设备修理

续18

国际标准行业分类 修订本第4版(ISIC Rev. 4)		国民经济行业分类(GB/T 4754—2011)	
3313	电子及光学设备的修理	4360	仪器仪表修理
3314	电力设备的修理	4350	电气设备修理
3315	运输设备的修理,机动车除外	4341	铁路运输设备修理
		4342	船舶修理
		4343	航空航天器修理
		4349	其他运输设备修理
3319	其他设备的修理	4390	其他机械和设备修理业
332	工业机械和设备的安装		
3320	工业机械和设备的安装	4990	其他建筑安装业
D	**电、煤气、蒸气和空调的供应**		
35	**电、煤气、蒸气和空调的供应**		
351	电力的生产、输送和分配		
3510	电力的生产、输送和分配	4411	火力发电
		4412	水力发电
		4413	核力发电
		4414	风力发电
		4415	太阳能发电
		4419	其他电力生产
		4420	电力供应
352	煤气的制造;通过主管道分配气体燃料		
3520	煤气的制造;通过主管道输送的气体燃料	4500	燃气生产和供应业
353	蒸气和空调的供应		
3530	蒸气和空调的供应	4430	热力生产和供应
E	**供水;污水处理、废物管理和补救活动**		
36	**集水、水处理与水供应**		
360	集水、水处理与水供应		
3600	集水、水处理与水供应	4610	自来水生产和供应
		4690	其他水的处理、利用与分配
		7610	防洪除涝设施管理
		7620	水资源管理
		7630	天然水收集与分配
		7690	其他水利管理业
37	**污水处理**		
370	污水处理		
3700	污水处理	4620	污水处理及其再生利用
38	**废物的收集、处理和处置活动;材料回收**		
381	废物的收集		
3811	无害废物的收集	7723	固体废物治理
3812	有害废物的收集	7724	危险废物治理
		7725	放射性废物治理
382	废物的处理和处置		
3821	无害废物的处理和处置	4210	金属废料和碎屑加工处理
		4220	非金属废料和碎屑加工处理
		7723	固体废物治理
3822	有害废物的处理和处置	4210	金属废料和碎屑加工处理
		4220	非金属废料和碎屑加工处理
		7724	危险废物治理

续 19

国际标准行业分类　修订本第 4 版(ISIC Rev. 4)		国民经济行业分类(GB/T 4754—2011)	
		7725	放射性废物治理
383	材料回收		
3830	材料回收	3735	船舶改装与拆除
		4210	金属废料和碎屑加工处理
		4220	非金属废料和碎屑加工处理
39	**补救活动和其他废物管理服务**		
390	补救活动和其他废物管理服务		
3900	补救活动和其他废物管理服务	7721	水污染治理
		7722	大气污染治理
		7729	其他污染治理
F	**建筑业**		
41	**楼房的建筑**		
410	楼房的建筑		
4100	楼宇的建筑	4700	房屋建筑业
42	**土木工程**		
421	公路和铁路的修建		
4210	公路和铁路的修建	4811	铁路工程建筑
		4812	公路工程建筑
		4813	市政道路工程建筑
		4819	其他道路、隧道和桥梁工程建筑
422	公用设施配套工程建设		
4220	配套工程建设	4821	水源及供水设施工程建筑
		4851	架线及设备工程建筑
		4852	管道工程建筑
429	其他土木工程项目的修建		
4290	其他土木工程项目	4822	河湖治理及防洪设施工程建筑
		4823	港口及航运设施工程建筑
		4830	海洋工程建筑
		4840	工矿工程建筑
		4890	其他土木工程建筑
43	**特殊建筑活动**		
431	建筑物的拆除和场地的准备		
4311	建筑物的拆除	5021	建筑物拆除活动
4312	场地的准备	4830	海洋工程建筑
		5029	其他工程准备活动
432	电力、管道和其他建筑安装活动		
4321	电气安装	4910	电气安装
4322	管道、供暖和空调系统的安装	4920	管道和设备安装
4329	其他建筑设备的安装	4990	其他建筑安装业
433	楼房装修和装饰		
4330	建筑装修和装饰	5010	建筑装饰业
439	其他特殊建筑活动		
4390	其他专门的建筑活动	5030	提供施工设备服务
		5090	其他未列明建筑业
G	**批发和零售业;汽车和摩托车的修理**		
45	**汽车和摩托车的批发、零售及修理**		
451	汽车销售		

续20

国际标准行业分类 修订本第4版(ISIC Rev. 4)		国民经济行业分类(GB/T 4754—2011)	
4510	汽车销售	5172	汽车批发
		5261	汽车零售
452	汽车的保养及修理		
4520	汽车的修理与保养	8011	汽车修理与维护
453	汽车零配件的销售		
4530	汽车零件和附件的销售	5173	汽车零配件批发
		5262	汽车零配件零售
454	摩托车及相关零配件的销售、保养及修理		
4540	摩托车及有关零件和附件的销售、修理与保养	5174	摩托车及零配件批发
		5263	摩托车及零配件零售
		8012	摩托车修理与维护
46	**批发贸易,汽车和摩托车除外**		
461	在收费或合同基础上的批发		
4610	在收费或合同基础上的批发	5181	贸易代理
		5182	拍卖
		5183	寄卖
		5189	其他贸易经纪与代理
462	农业原料和活畜的批发		
4620	农业原料和活畜的批发	5111	谷物、豆及薯类批发
		5112	种子批发
		5114	棉、麻批发
		5115	林业产品批发
		5116	牲畜批发
		5119	其他农牧产品批发
463	食品、饮料和烟草的批发		
4630	食品、饲料和烟草的批发	5113	饲料批发
		5121	米、面制品及食用油批发
		5122	糕点、糖果及糖批发
		5123	果品、蔬菜批发
		5124	肉、禽、蛋、奶及水产品批发
		5125	盐及调味品批发
		5126	营养和保健品批发
		5127	酒、饮料及茶叶批发
		5128	烟草制品批发
		5129	其他食品批发
464	家庭用品的批发		
4641	纺织品、服装和鞋靴的批发	5131	纺织品、针织品及原料批发
		5132	服装批发
		5133	鞋帽批发
4649	其他家庭用品的批发	5134	化妆品及卫生用品批发
		5135	厨房、卫生间用具及日用杂货批发
		5136	灯具、装饰物品批发
		5137	家用电器批发
		5139	其他家庭用品批发
		5141	文具用品批发
		5142	体育用品及器材批发
		5143	图书批发

续 21

国际标准行业分类 修订本第 4 版（ISIC Rev. 4）		国民经济行业分类（GB/T 4754—2011）	
		5144	报刊批发
		5145	音像制品及电子出版物批发
		5146	首饰、工艺品及收藏品批发
		5149	其他文化用品批发
		5151	西药批发
		5152	中药批发
		5153	医疗用品及器材批发
465	机械、设备和物资的批发		
4651	计算机及其外部设备和软件的批发	5177	计算机、软件及辅助设备批发
4652	电子和电信设备与零件的批发	5178	通讯及广播电视设备批发
4653	农业机械、设备和物资的批发	5171	农业机械批发
4659	其他机械和设备的批发	5176	电气设备批发
		5179	其他机械设备及电子产品批发
466	其他专门批发		
4661	固体、液体和气体燃料及有关产品的批发	5161	煤炭及制品批发
		5162	石油及制品批发
4662	金属和金属矿物的批发	5164	金属及金属矿批发
4663	建筑材料、五金制品、管道设备和供暖设备及物资的批发	5165	建材批发
		5175	五金产品批发
4669	未另分类的其他产品、废料和碎屑的批发	5163	非金属矿及制品批发
		5166	化肥批发
		5167	农药批发
		5168	农用薄膜批发
		5169	其他化工产品批发
		5191	再生物资回收与批发
		5199	其他未列明批发业
469	非专门批发贸易		
4690	非专门批发贸易	5189	其他贸易经纪与代理
47	**零售贸易，汽车和摩托车除外**		
471	非专卖店的零售		
4711	以销售食品、饮料或烟草为主的非专门商店的零售	5212	超级市场零售
		5219	其他综合零售
4719	其他非专门商店的零售	5211	百货零售
472	专卖店中食品、饮料和烟草的零售		
4721	专门商店中食品的零售	5221	粮油零售
		5222	糕点、面包零售
		5223	果品、蔬菜零售
		5224	肉、禽、蛋、奶及水产品零售
		5225	营养和保健品零售
		5229	其他食品零售
4722	专门商店中饮料的零售	5226	酒、饮料及茶叶零售
4723	专门商店中烟草的零售	5227	烟草制品零售
473	专卖店中汽车燃料的零售		
4730	专门商店中汽车燃料的零售	5264	机动车燃料零售
474	专卖店中信息和通信设备的零售		

续22

国际标准行业分类 修订本第4版(ISIC Rev. 4)		国民经济行业分类(GB/T 4754—2011)	
4741	专门商店中计算机、外部产品、软件和电信设备的零售	5273	计算机、软件及辅助设备零售
		5274	通信设备零售
		5279	其他电子产品零售
4742	专门商店中音像设备的零售	5271	家用视听设备零售
475	专卖店中其他家用设备的零售		
4751	专门商店中纺织品的零售	5231	纺织品及针织品零售
4752	专门商店中金属、油漆和玻璃的零售	5284	涂料零售
		5285	卫生洁具零售
		5287	陶瓷、石材装饰材料零售
		5289	其他室内装饰材料零售
4753	专门商店中地毯和小地毯、墙纸和地面铺设物的零售	5286	木质装饰材料零售
4759	专门商店中家用电器、照明设备和其他家用物品的零售	5237	厨房用具及日用杂品零售
		5239	其他日用品零售
		5247	乐器零售
		5272	日用家电设备零售
		5282	灯具零售
		5283	家具零售
476	专卖店中文化娱乐用品的零售		
4761	专门商店中书籍、报纸和文具的零售	5241	文具用品零售
		5243	图书、报刊零售
4762	专门商店中音乐和录像产品的零售	5244	音像制品及电子出版物零售
4763	专门商店中体育设备的零售	5238	自行车零售
		5242	体育用品及器材零售
4764	专门商店中游艺用品和玩具的零售	5249	其他文化用品零售
477	专卖店中其他商品的零售		
4771	专门商店中服装、鞋靴和皮革制品的零售	5232	服装零售
		5233	鞋帽零售
		5236	箱、包零售
4772	专门商店中药品和医疗用品、化妆品及盥洗用品的零售	5234	化妆品及卫生用品零售
		5251	药品零售
		5252	医疗用品及器材零售
4773	专门商店中其他新产品的零售	5235	钟表、眼镜零售
		5245	珠宝首饰零售
		5246	工艺美术品及收藏品零售
		5248	照相器材零售
		5281	五金零售
		5297	生活用燃料零售
4774	旧货的零售	5296	旧货零售
478	货摊和市场上的零售		
4781	在售货摊和市场进行的食品、饮料和烟草产品的零售	5291	货摊食品零售
4782	在售货摊和市场进行的纺织品、服装和鞋类的零售	5292	货摊纺织、服装及鞋零售

续 23

国际标准行业分类 修订本第 4 版(ISIC Rev. 4)		国民经济行业分类(GB/T 4754—2011)	
4789	在售货摊和市场进行的其他商品的零售	5293	货摊日用品零售
479	在商店、货摊及市场之外进行的零售		
4791	通过邮购商行和因特网进行的零售	5294	互联网零售
		5295	邮购及电视、电话零售
4799	其他不在商店、售货摊和市场进行的零售	5299	其他未列明零售业
H	**运输和储存**		
49	**陆路运输和管道运输**		
491	铁路运输		
4911	城际铁路客运	5310	铁路旅客运输
4912	铁路货运	5320	铁路货物运输
492	其他陆路运输		
4921	市内与近郊的陆路客运	5411	公共电汽车客运
		5412	城市轨道交通
4922	其他陆路客运	5413	出租车客运
		5419	其他城市公共交通运输
		5420	公路旅客运输
4923	公路货物运输	5430	道路货物运输
493	管道运输		
4930	管道运输	5700	管道运输业
50	**水上运输**		
501	远洋和沿海水上运输		
5011	远洋和沿海水上客运	5511	海洋旅客运输
		5513	客运轮渡运输
5012	远洋和沿海水上货运	5521	远洋货物运输
		5522	沿海货物运输
502	内陆水运		
5021	内陆水上客运	5512	内河旅客运输
5022	内陆水上货运	5523	内河货物运输
51	**航空运输**		
511	空中客运		
5110	空中客运	5611	航空旅客运输
512	空中货运		
5120	空中货运	5612	航空货物运输
		5620	通用航空服务
52	**运输的储藏和辅助活动**		
521	储存和入库		
5210	储存和入库	5911	谷物仓储
		5912	棉花仓储
		5919	其他农产品仓储
		5990	其他仓储业
522	运输辅助活动		
5221	陆路运输附属服务活动	5331	客运火车站
		5332	货运火车站
		5339	其他铁路运输辅助活动
		5441	客运汽车站
		5442	公路管理与养护
		5449	其他道路运输辅助活动

续24

国际标准行业分类 修订本第4版(ISIC Rev. 4)		国民经济行业分类(GB/T 4754—2011)	
5222	水运附属服务活动	5531	客运港口
		5532	货运港口
		5539	其他水上运输辅助活动
5223	空运附属服务活动	5620	通用航空服务
		5631	机场
		5632	空中交通管理
		5639	其他航空运输辅助活动
5224	货物装卸	5810	装卸搬运
5229	其他运输辅助活动	5821	货物运输代理
		5822	旅客票务代理
		5829	其他运输代理业
53	**邮政和邮递活动**		
531	邮政活动		
5310	邮政活动	6010	邮政基本服务
532	邮递活动		
5320	邮递活动	6020	快递服务
I	**食宿服务活动**		
55	**住宿**		
551	短期住宿活动		
5510	短期住宿活动	6110	旅游饭店
		6120	一般旅馆
552	野营营地、娱乐车辆停车场和拖车停车场		
5520	露营地,娱乐车辆停车场和活动停车场	6190	其他住宿业
559	其他住宿		
5590	其他住宿	6190	其他住宿业
56	**食品和饮料服务活动**		
561	餐馆和流动食品服务活动		
5610	餐馆和移动餐车食品供应服务活动	6210	正餐服务
		6220	快餐服务
		6291	小吃服务
		6299	其他未列明餐饮业
562	活动的餐饮服务和其他食品服务活动		
5621	活动餐饮	6299	其他未列明餐饮业
5629	其他食品供应服务活动	6292	餐饮配送服务
563	饮料供应服务活动		
5630	饮料供应服务活动	6231	茶馆服务
		6232	咖啡馆服务
		6233	酒吧服务
		6239	其他饮料及冷饮服务
J	**信息和通信**		
58	**出版活动**		
581	书籍和期刊的出版及其他出版活动		
5811	书籍出版	8521	图书出版
		8525	电子出版物出版
5812	名录和邮寄名单的出版	8529	其他出版业
5813	报纸、杂志和期刊的出版	8522	报纸出版
		8523	期刊出版

续 25

国际标准行业分类　修订本第 4 版(ISIC Rev. 4)		国民经济行业分类(GB/T 4754—2011)	
5819	其他出版活动	8525	电子出版物出版
		8529	其他出版业
582	软件的发行		
5820	软件的发行	8525	电子出版物出版
59	**电影、录像和电视节目的制作、录音及音乐作品出版活动**		
591	电影、录像和电视节目活动		
5911	电影、录像和电视节目的制作活动	8630	电影和影视节目制作
5912	电影、录像和电视节目的后期制作活动	8630	电影和影视节目制作
5913	电影、录像和电视节目的发行活动	8524	音像制品出版
		8640	电影和影视节目发行
5914	电影放映活动	8650	电影放映
592	录音制作和音乐出版活动		
5920	录音和音乐作品发行活动	8660	录音制作
60	**广播和节目制作活动**		
601	电台广播		
6010	电台广播	8610	广播
602	电视广播和节目制作活动		
6020	电台和电视广播	8620	电视
61	**电信**		
611	有线电信活动		
6110	有线电信活动	6311	固定电信服务
		6321	有线广播电视传输服务
612	无线电信活动		
6120	无线电信活动	6312	移动电信服务
		6322	无线广播电视传输服务
613	卫星电信活动		
6130	卫星电信活动	6330	卫星传输服务
619	其他电信活动		
6190	其他电信活动	6319	其他电信服务
		6410	互联网接入及相关服务
		6490	其他互联网服务
62	**计算机程序设计、咨询及有关活动**		
620	计算机程序设计、咨询及有关活动		
6201	计算机程序设计活动	6510	软件开发
6202	计算机咨询服务和设施管理活动	6520	信息系统集成服务
		6530	信息技术咨询服务
		6550	集成电路设计
6209	其他信息技术和计算机服务活动	6599	其他未列明信息技术服务业
63	**信息服务活动**		
631	数据处理、储存及有关活动;门户网站		
6311	数据处理、存储及相关活动	6410	互联网接入及相关服务
		6490	其他互联网服务
		6540	数据处理和存储服务
6312	门户网站	6420	互联网信息服务
639	其他信息服务活动		
6391	新闻机构的活动	8510	新闻业

续26

国际标准行业分类 修订本第4版(ISIC Rev. 4)		国民经济行业分类(GB/T 4754—2011)	
6399	未另分类的其他信息服务活动	6591	数字内容服务
		8913	网吧活动
K	**金融和保险活动**		
64	**金融服务活动,保险和养恤金除外**		
641	货币媒介活动		
6411	中央银行业务	6610	中央银行服务
6419	其他货币媒介活动	6620	货币银行服务
642	控股公司的活动		
6420	控股公司的活动	6920	控股公司服务
643	信托机构、基金和类似的金融实体		
6430	信托机构、基金和类似的金融实体	6910	金融信托与管理服务
649	其他金融服务活动,保险和养恤金除外		
6491	金融租赁	6631	金融租赁服务
		6640	银行监管服务
6492	其他信贷活动	6632	财务公司
		6633	典当
		6639	其他非货币银行服务
6499	未另分类的其他金融服务活动,保险和养恤金除外	6740	资本投资服务
		7212	投资与资产管理
65	**保险、再保险和养恤金,强制性社会保障除外**		
651	保险		
6511	人寿保险	6811	人寿保险
6512	非人寿保险	6812	健康和意外保险
		6820	财产保险
652	再保险		
6520	再保险	6830	再保险
653	养恤金		
6530	养恤金	6840	养老金
66	**金融服务及保险活动的辅助活动**		
661	金融服务的辅助活动,保险和养恤金除外		
6611	金融市场的管理	6711	证券市场管理服务
		6721	期货市场管理服务
		6730	证券期货监管服务
6612	证券和商品合约经纪	6712	证券经纪交易服务
		6729	其他期货市场服务
6619	其他金融服务附属活动	6790	其他资本市场服务
		6930	非金融机构支付服务
		6940	金融信息服务
		6990	其他未列明金融业
662	保险和养恤金的辅助活动		
6621	风险和损失评估	6891	风险和损失评估
6622	保险代理人和经纪人的活动	6850	保险经纪与代理服务
6629	其他保险和养恤金的附属活动	6860	保险监管服务
		6899	其他未列明保险活动
663	基金管理活动		
6630	基金管理活动	6713	基金管理服务

续 27

国际标准行业分类 修订本第 4 版(ISIC Rev. 4)		国民经济行业分类(GB/T 4754—2011)	
L	**房地产活动**		
68	**房地产活动**		
681	用自有或租赁财产进行的房地产活动		
6810	用自有或租赁财产进行的房地产活动	7010	房地产开发经营
		7040	自有房地产经营活动
682	在收费或合同基础上进行的房地产活动		
6820	在收费或合同基础上进行的房地产活动	7020	物业管理
		7030	房地产中介服务
		7090	其他房地产业
M	**专业、科学和技术活动**		
69	**法律和会计活动**		
691	法律活动		
6910	法律活动	7221	律师及相关法律服务
		7222	公证服务
		7229	其他法律服务
692	会计、簿记和审计活动;税务咨询服务		
6920	会计、簿记和审计活动;税务咨询服务	7231	会计、审计及税务服务
70	**总公司的活动;管理咨询活动**		
701	总公司的活动		
7010	总公司的活动	7211	企业总部管理
702	管理咨询活动		
7020	管理咨询活动	7212	投资与资产管理
		7233	社会经济咨询
		7239	其他专业咨询
71	**建筑和工程活动;技术测试和分析**		
711	建筑和工程活动及相关技术咨询		
7110	建筑和工程活动及相关技术咨询	7471	能源矿产地质勘查
		7472	固体矿产地质勘查
		7473	水、二氧化碳等矿产地质勘查
		7474	基础地质勘查
		7475	地质勘查技术服务
		7481	工程管理服务
		7482	工程勘察设计
		7483	规划管理
		7640	水文服务
712	技术测试和分析		
7120	技术测试和分析	7450	质检技术服务
		7461	环境保护监测
		7462	生态监测
72	**科学研究与发展**		
721	自然科学和工程学的研究与实验发展		
7210	自然科学和工程学的研究及试验发展	7310	自然科学研究和试验发展
		7320	工程和技术研究和试验发展
		7330	农业科学研究和试验发展
		7340	医学研究和试验发展
722	社会科学和人文学科的研究与实验发展		
7220	社会学和人文学的研究与试验发展	7350	社会人文科学研究

续28

国际标准行业分类 修订本第4版(ISIC Rev. 4)		国民经济行业分类(GB/T 4754—2011)	
73	**广告业和市场调研**		
731	广告业		
7310	广告业	7240	广告业
732	市场研究和民意测验		
7320	市场调研和民意测验	7232	市场调查
74	**其他专业、科学和技术活动**		
741	专业化设计活动		
7410	专业化设计活动	7491	专业化设计服务
742	摄影活动		
7420	摄影活动	7492	摄影扩印服务
749	未另分类的其他专业、科学和技术活动		
7490	未另分类的其他专业、科学和技术活动	7410	气象服务
		7420	地震服务
		7430	海洋服务
		7440	测绘服务
		7499	其他未列明专业技术服务业
		7511	农业技术推广服务
		7512	生物技术推广服务
		7513	新材料技术推广服务
		7514	节能技术推广服务
		7519	其他技术推广服务
		7520	科技中介服务
		7590	其他科技推广和应用服务业
		8941	文化娱乐经纪人
		8942	体育经纪人
		8949	其他文化艺术经纪代理
75	**兽医活动**		
750	兽医活动		
7500	兽医活动	7493	兽医服务
N	**行政和辅助活动**		
77	**出租和租赁活动**		
771	汽车的出租和租赁		
7710	汽车的出租和租赁	7111	汽车租赁
772	私人和家庭用品的出租和租赁		
7721	娱乐和体育设备的出租和租赁	7121	娱乐及体育设备出租
7722	录影带与光盘的出租	7123	音像制品出租
7729	其他私人和家庭用品的出租和租赁	7122	图书出租
		7129	其他文化及日用品出租
773	其他机械、设备和有形商品的出租和租赁		
7730	其他机械、设备和有形商品的租赁	7112	农业机械租赁
		7113	建筑工程机械与设备租赁
		7114	计算机及通讯设备租赁
		7119	其他机械与设备租赁
774	知识产权和类似产品的租赁,版权作品除外		
7740	知识产权和产品的租赁,版权作品除外	7250	知识产权服务
78	**就业活动**		
781	就业安置机构的活动		

续 29

国际标准行业分类 修订本第4版(ISIC Rev. 4)		国民经济行业分类(GB/T 4754—2011)	
7810	就业安置机构的活动	7261	公共就业服务
		7262	职业中介服务
782	临时就业机构的活动		
7820	临时就业机构的活动	7263	劳务派遣服务
783	其他人力资源供应活动		
7830	提供其他人力资源服务	7269	其他人力资源服务
79	**旅行社、旅游业经营者、预约服务及相关活动**		
791	旅行社和旅游业经营者的活动		
7911	旅行社的活动	7271	旅行社服务
7912	旅游经营者的活动	7272	旅游管理服务
799	其他预约服务及相关活动		
7990	其他预订及相关活动	7279	其他旅行社相关服务
80	**安保和调查活动**		
801	私人安保活动		
8010	私人保安活动	7281	安全服务
802	安保系统服务活动		
8020	安全系统服务活动	7282	安全系统监控服务
803	调查活动		
8030	调查活动	7289	其他安全保护服务
81	**为楼房和院落景观活动提供的服务**		
811	设施综合辅助活动		
8110	设施综合支助服务活动	7213	单位后勤管理服务
812	清洁活动		
8121	楼宇的一般内部清洁	8111	建筑物清洁服务
8129	其他楼宇和工业清洁活动	7820	环境卫生管理
		7830	城乡市容管理
		8119	其他清洁服务
813	院落景观的保养和维护服务活动		
8130	院落景观的保养和维护服务活动	7810	市政设施管理
		7830	城乡市容管理
		7840	绿化管理
		7851	公园管理
82	**办公室行政管理、办公支持和其他商业辅助活动**		
821	办公室管理和辅助活动		
8211	办公室综合管理辅助活动	7219	其他企业管理服务
		7291	市场管理
8219	复制、文件准备和其他专业化办公支持活动	7294	办公服务
822	呼叫中心的活动		
8220	呼叫中心的活动	6592	呼叫中心
823	会议和贸易展览会的举办		
8230	会议和贸易展览会的举办	7292	会议及展览服务
829	未另分类的商务辅助服务活动		
8291	收款公司和信贷局的活动	7295	信用服务
8292	包装活动	7293	包装服务
8299	未另分类的其他商务辅助服务活动	7296	担保服务
		7299	其他未列明商务服务业

续30

国际标准行业分类　修订本第4版(ISIC Rev. 4)		国民经济行业分类(GB/T 4754—2011)	
O	**公共管理和国防;强制性社会保障**		
84	**公共管理与国防;强制性社会保障**		
841	国家管理及社区经济和社会政策		
8411	一般公共行政管理活动	9000	中国共产党机关
		9110	国家权力机构
		9121	综合事务管理机构
		9210	人民政协
8412	对提供保健、教育、文化服务和其他社会服务(社会保障除外)的机构的活动的监管	9124	社会事务管理机构
8413	为提高企业经营效率进行的监管和促进活动	9125	经济事务管理机构
		9126	行政监督检查机构
842	为整个社区提供服务		
8421	外交事务	9122	对外事务管理机构
8422	国防活动	9190	其他国家机构
8423	公共秩序和安全活动	9123	公共安全管理机构
		9131	人民法院
		9132	人民检察院
843	强制性社会保障活动		
8430	强制性社会保障活动	9300	社会保障
P	**教育**		
85	**教育**		
851	学前教育和初等教育		
8510	学前教育和初等教育	8210	学前教育
		8221	普通小学教育
		8222	成人小学教育
852	中等教育		
8521	普通中等教育	8231	普通初中教育
		8234	普通高中教育
		8250	特殊教育
8522	技术和职业中等教育	8232	职业初中教育
		8233	成人初中教育
		8235	成人高中教育
		8236	中等职业学校教育
		8291	职业技能培训
853	高等教育		
8530	高等教育	8241	普通高等教育
854	其他教育		
8541	体育和文娱教育	8292	体校及体育培训
8542	文化教育	8293	文化艺术培训
8549	未另分类的其他教育	8242	成人高等教育
		8299	其他未列明教育
855	教育辅助活动		
8550	教育辅助活动	8294	教育辅助服务
Q	**人体健康和社会工作活动**		
86	**人体健康活动**		
861	医院活动		
8610	医院活动	8311	综合医院

续 31

国际标准行业分类 修订本第4版(ISIC Rev. 4)		国民经济行业分类(GB/T 4754—2011)	
		8312	中医医院
		8313	中西医结合医院
		8314	民族医院
		8315	专科医院
862	医疗和牙科治疗活动		
8620	医疗和牙科治疗活动	8321	社区卫生服务中心(站)
		8322	街道卫生院
		8323	乡镇卫生院
		8330	门诊部(所)
		8340	计划生育技术服务活动
		8350	妇幼保健院(所、站)
869	其他人体健康活动		
8690	其他人体健康活动	8360	专科疾病防治院(所、站)
		8370	疾病预防控制中心
		8390	其他卫生活动
87	**留宿护理活动**		
871	留宿护理机构		
8710	留宿护理机构	8316	疗养院
		8412	护理机构服务
872	面向有智障、精神疾病和药物滥用问题的人群的留宿护理活动		
8720	面向有智障、精神疾病和药物滥用问题的人群的留宿护理活动	8413	精神康复服务
873	面向老年人和残疾人的留宿护理活动		
8730	面向老年人与残疾人的留宿护理	8411	干部休养所
		8414	老年人、残疾人养护服务
879	其他留宿护理活动		
8790	其他留宿护理活动	8415	孤残儿童收养和庇护服务
		8419	其他提供住宿社会救助
88	**不配备食宿的社会服务**		
881	为老龄人和残疾人开展的不配备食宿的社会服务		
8810	为老年人和残疾人提供的不配备食宿的社会服务	8421	社会看护与帮助服务
889	其他不配备食宿的社会服务		
8890	其他不配备食宿的社会服务	7920	托儿所服务
		8429	其他不提供住宿社会工作
R	**艺术、娱乐和文娱活动**		
90	**艺术创作和娱乐活动**		
900	艺术创作和娱乐活动		
9000	艺术创作和文娱活动	8710	文艺创作与表演
		8720	艺术表演场馆
		8790	其他文化艺术业
91	**图书馆、档案馆、博物馆和其他文化活动**		
910	图书馆、档案馆、博物馆和其他文化活动		
9101	图书馆和档案馆活动	8731	图书馆
		8732	档案馆
		8790	其他文化艺术业
9102	博物馆活动以及古迹和楼宇的运营	8740	文物及非物质文化遗产保护

续32

国际标准行业分类 修订本第4版(ISIC Rev. 4)		国民经济行业分类(GB/T 4754—2011)	
		8750	博物馆
		8760	烈士陵园、纪念馆
9103	动植物园和自然保护区活动	7711	自然保护区管理
		7712	野生动物保护
		7713	野生植物保护
		7719	其他自然保护
		7852	游览景区管理
92	**赌博和押宝活动**		
920	赌博和押宝活动		
9200	赌博和押宝活动	8930	彩票活动
93	**体育、娱乐和文娱活动**		
931	体育活动		
9311	体育设施的运营	8820	体育场馆
9312	体育俱乐部的活动	8810	体育组织
9319	其他体育活动	8830	休闲健身活动
		8890	其他体育
932	其他游乐和文娱活动		
9321	游乐公园和主题公园的活动	7851	公园管理
		8920	游乐园
9329	未另分类的其他娱乐和文娱活动	7852	游览景区管理
		8790	其他文化艺术业
		8911	歌舞厅娱乐活动
		8912	电子游艺厅娱乐活动
		8919	其他室内娱乐活动
		8990	其他娱乐业
S	**其他服务活动**		
94	**成员组织的活动**		
941	企业、雇主和专业成员组织的活动		
9411	企业和雇主组织的活动	9422	行业性团体
9412	专业成员组织的活动	9421	专业性团体
942	工会的活动		
9420	工会活动	9411	工会
949	其他成员组织的活动		
9491	宗教组织的活动	9440	宗教组织
9492	政治组织的活动	9220	民主党派
		9413	共青团
9499	未另分类的其他成员组织的活动.	8770	群众文化活动
		9412	妇联
		9419	其他群众团体
		9429	其他社会团体
		9430	基金会
		9510	社区自治组织
		9520	村民自治组织
95	**电脑和个人及家庭用品的修理**		
951	电脑和通信设备的修理		
9511	电脑和外部设备的修理	8021	计算机和辅助设备修理
9512	通信设备的修理	8022	通讯设备修理

续33

国际标准行业分类　修订本第4版(ISIC Rev. 4)		国民经济行业分类(GB/T 4754—2011)	
		8029	其他办公设备维修
952	个人和家庭用品的修理		
9521	电子消费品的修理	8031	家用电子产品修理
9522	家用用品、家庭和园艺设备的修理	8032	日用电器修理
9523	鞋履及其他皮革商品的修理	8092	鞋和皮革修理
9524	家具和家庭摆设的修理	8093	家具和相关物品修理
9529	其他个人和家庭用品的修理	8091	自行车修理
		8099	其他未列明日用产品修理业
96	**其他个人服务活动**		
960	其他个人服务活动		
9601	纺织品和皮毛制品的清洗和干洗	7930	洗染服务
9602	理发和其他美容活动	7940	理发及美容服务
9603	殡葬及有关活动	7980	殡葬服务
9609	未另分类的其他个人服务活动	7950	洗浴服务
		7960	保健服务
		7970	婚姻服务
		7990	其他居民服务业
T	**家庭作为雇主的活动;家庭自用、未加区分的物品生产和服务活动**		
97	**家庭作为家政人员雇主的活动**		
970	家庭作为家政人员雇主的活动		
9700	家庭作为家政人员雇主的活动	7910	家庭服务
98	**未加区分的私人家庭自用物品生产和服务的活动**		
981	未加区分的私人家庭自用物品生产活动		
9810	未加区分的私人家庭自用物品生产活动	7910	家庭服务
982	未加区分的私人家庭自我服务活动		
9820	未加区分的私人家庭自我服务活动	7910	家庭服务
U	**国际组织和机构的活动**		
99	**国际组织和机构的活动**		
990	国际组织和机构的活动		
9900	国际组织和机构的活动	9600	国际组织

附录7

《国民经济行业分类》(GB/T 4754—2011)与《统计用产品分类目录》对照表

行业代码	行业名称	产品目录代码
0111	稻谷种植	0101010101、0101010199、0101010201、0101010299、0101010301、0101010399、0101010401、0101010499、0101010501、0101010599、0101019901、0101019999。
0112	小麦种植	0101020101、0101020199、0101020201、0101020299、0101029901、0101029999。
0113	玉米种植	0101030101、0101030199、0101030201、0101030299、0101030301、0101030399、0101030401、0101030499、0101039901、0101039999。
0119	其他谷物种植	0101040100、0101040200、0101049900、0101050101、0101050199、0101050201、0101050299、0101050301、0101050399、0101059901、0101059999、0101060101、0101060199、0101060201、0101060299、0101070100、0101070200、0101080000、0101090100、0101090200、0101990101、0101990102、0101990200、0101990300、0101999900、0111010100、0111010200、0111010300、0111010400、0111010500、0111010600。
0121	豆类种植	0104010100、0104010200、0104010300、0104010400、0104010500、0104010600、0104010700、0104019900、0104020101、0104020199、0104020201、0104020299、0104030100、0104030200、0104030300、0104039900、0104040101、0104040199、0104040201、0104040299、0104040301、0104040399、0104060100、0104069900、0104070100、0104079900、0104080100、0104089900、0104090100、0104099900、0104100100、0104109900、0104990100、0104999900、0111010800、0112010704、0112010707。
0122	油料种植	0103010101、0103010199、0103010200、0103020101、0103020199、0103029901、0103029999、0103030101、0103030199、0103030201、0103030299、0103040101、0103040199、0103040201、0103040299、0103040301、0103040399、0103050100、0103059900、0103060100、0103069900、0103070100、0103079900、0103080100、0103089900、0103090100、0103099900、0103110000、0103130000、0103990000、0111010900、0111011000、0111011100、0111011200。
0123	薯类种植	0102010100、0102019900、0102020100、0102020200、0102029900、0102030100、0102030200、0102039900、0102990000、0111010700。
0131	棉花种植	0105010000、0105990000、0111011300。
0132	麻类种植	0106010000、0106020000、0106030000、0106040000、0106050000、0106060000、0106070000、0106990000、0111011400。
0133	糖料种植	0107010000、0107020000、0107990000。
0134	烟草种植	0108010000、0108020000、0108030000、0108040000、0108990000、0111011500。
0141	蔬菜种植	0104050100、0104050200、0112010101、0112010102、0112010103、0112010104、0112010105、0112010106、0112010107、0112010108、0112010109、0112010110、0112010111、0112010199、0112010201、0112010202、0112010203、0112010204、

续1

行业代码	行业名称	产品目录代码
0141	蔬菜种植	0112010205、0112010301、0112010302、0112010303、0112010401、0112010402、0112010403、0112010404、0112010405、0112010406、0112010407、0112010501、0112010502、0112010503、0112010504、0112010505、0112010506、0112010507、0112010508、0112010509、0112010510、0112010511、0112010599、0112010601、0112010602、0112010603、0112010604、0112010605、0112010606、0112010607、0112010608、0112010699、0112010701、0112010702、0112010703、0112010705、0112010706、0112010799、0112010801、0112010802、0112010803、0112010804、0112010899、0112010901、0112010902、0112010903、0112010999、0112011001、0112011002、0112011003、0112011004、0112011005、0112011006、0112011007、0112011008、0112011009、0112011099、0112011101、0112011102、0112011103、0112011104、0112011105、0112011106、0112011107、0112011199、0112011201、0112011202、0112011203、0112011204、0112011205、0112011206、0112011207、0112011208、0112011209、0112011299、0112011300、0112019900。
0142	食用菌种植	0112020100、0112020200、0112020300、0112020400、0112020500、0112020600、0112020700、0112020800、0112020900、0112021000、0112021100、0112021200、0112021300、0112021400、0112021500、0112021600、0112021700、0112029900。
0143	花卉种植	0113010100、0113010200、0113010300、0113010400、0113010500、0113010600、0113010700、0113010800、0113010900、0113011000、0113011100、0113011200、0113011300、0113011400、0113011500、0113011600、0113011700、0113011800、0113011900、0113012000、0113012100、0113012200、0113012300、0113012400、0113012500、0113012600、0113012700、0113012800、0113012900、0113013000、0113013100、0113013200、0113013300、0113013400、0113013500、0113013600、0113013700、0113013800、0113019900、0113020100、0113020200、0113020300、0113020400、0113020500、0113020600、0113020700、0113020800、0113020900、0113021000、0113021100、0113021200、0113021300、0113021400、0113029900、0113030100、0113030200、0113030300、0113030400、0113030500、0113039900、0113040100、0113049900、0113050000、0115020100、0115020200、0115020300、0115020400、0115020500、0115020600、0115020700、0115020800、0115020900、0115021000、0115021100、0115029900、0115030100、0115030200、0115030300、0115030400、0115030500、0115030600、0115030700、0115030800、0115030900、0115031000、0115039900、0115040100、0115040200、0115040300、0115040400、0115040500、0115040600、0115040700、0115049900。
0149	其他园艺作物种植	0114010101、0114010102、0114010103、0114010104、0114010105、0114010106、0114010107、0114010108、0114010109、0114010110、0114010111、0114010112、0114010113、0114010199、0114010200、0114010300、0114019900、0114990000、0115010100、0115010200、0115010300、0115010400、0115010500、0115010600、0115010700、0115010800、0115010900、0115011000、0115011100、0115011200、0115019900。
0151	仁果类和核果类水果种植	0116010101、0116010102、0116010103、0116010104、0116010105、0116010106、0116010107、0116010199、0116010201、0116010202、0116010203、0116010204、0116010205、0116010206、0116010207、0116010208、0116010209、0116010210、0116010299、0116019901、0116019902、0116019903、0116019905、0116019906、0116019907、0116019908、0116019909、0116020201。
0152	葡萄种植	0116010401、0116010402、0116010403、0116010404、0116010405、0116010406、0116010407、0116010499、0116020202。

续2

行业代码	行业名称	产品目录代码
0153	柑橘类种植	0116010301、0116010302、0116010303、0116010304、0116010305、0116010399。
0154	香蕉等亚热带水果种植	0116010501、0116010502、0116010503、0116010504、0116010505、0116010506、0116010507、0116010508、0116010509、0116010510、0116010511、0116010512、0116010513、0116010514、0116010515、0116010599。
0159	其他水果种植	0116010601、0116010602、0116010603、0116010604、0116010605、0116010606、0116010607、0116010699、0116019904、0116019910、0116019911、0116019912、0116019913、0116019914、0116019999、0116020299。
0161	坚果种植	0116030101、0116030199、0116030200、0116030300、0116030400、0116030501、0116030502、0116030503、0116030599、0116030600、0116030700、0116030800、0116030900、0116031000、0116031100、0116031200、0116031300、0116039900。
0162	含油果种植	0103100100、0103109900、0103120000。
0163	香料作物种植	0118010100、0118010200、0118010300、0118010400、0118010500、0118010600、0118010700、0118010800、0118010900、0118011000、0118011100、0118011200、0118019900、0118020100、0118020200、0118020300、0118020400、0118020500、0118020600、0118020700、0118020800、0118020900、0118029900。
0169	茶及其他饮料作物种植	0117010100、0117010200、0117010300、0117010400、0117010501、0117010502、0117010599、0117010601、0117010699、0117010701、0117010799、0117019900、0117990100、0117990200、0117999900。
0170	中药材种植	0119010000、0119020000、0119030000、0119040000、0119050000、0119060000、0119070000、0119080000、0119090000、0119100000、0119110000、0119120000、0119130000、0119140000、0119150000、0119160000、0119170000、0119180000、0119190000、0119200000、0119210000、0119220000、0119230000、0119240000、0119250000、0119260000、0119270000、0119280000、0119290000、0119300000、0119310000、0119320000、0119330000、0119340000、0119350000、0119360000、0119370000、0119380000、0119390000、0119400000、0119410000、0119420000、0119430000、0119440000、0119450000、0119460000、0119470000、0119480000、0119490000、0119990000。
0190	其他农业	0109010000、0109020000、0109030100、0109030200、0109030300、0109039900、0109040000、0109990000、0110010000、0110020000、0110030000、0110040000、0110050000、0110060000、0110990000、0111019900、0111990000。
0211	林木育种	0201010101、0201010102、0201010103、0201010104、0201010199、0201010201、0201010202、0201010203、0201010204、0201010205、0201010206、0201010207、0201010208、0201010209、0201010210、0201010211、0201010299、0201019900、0201020101、0201020102、0201020103、0201020104、0201020105、0201020106、0201020107、0201020108、0201020199、0201020201、0201020299、0201029900。
0212	林木育苗	0201030101、0201030102、0201030103、0201030104、0201030199、0201030201、0201030202、0201030203、0201030204、0201030205、0201030206、0201030207、0201030208、0201030209、0201030210、0201030211、0201030212、0201030213、0201030214、0201030299、0201030301、0201030302、0201030303、0201030304、0201030305、0201030399、0201030401、0201030402、0201030403、0201030404、0201030405、0201030406、0201030407、0201030499、0201030501、0201030502、0201030503、0201030504、0201030505、0201030599。
0220	造林和更新	0502010100、0502010200、0502019900。

续3

行业代码	行业名称	产品目录代码
0230	森林经营和管护	0502020100、0502020200、0502029900。
0241	木材采运	0202010101、0202010102、0202010103、0202010104、0202010105、0202010106、0202010107、0202010108、0202010199、0202010201、0202010202、0202010203、0202010204、0202010205、0202010206、0202010207、0202010208、0202010209、0202010210、0202010211、0202010212、0202010213、0202010214、0202010299、0202020100、0202029900、0202030000、0202040000。
0242	竹材采运	0203010100、0203010200、0203010300、0203010400、0203010500、0203010600、0203019900、0203990000。
0251	木竹材林产品采集	0204050100、0204050200、0204050300、0204050400、0204050500、0204070100、0204070200、0204070300。
0252	非木竹材林产品采集	0204010100、0204010200、0204010300、0204010400、0204010500、0204010600、0204019900、0204020100、0204020200、0204020300、0204020400、0204020500、0204029900、0204030100、0204030200、0204030300、0204030400、0204030500、0204030600、0204030700、0204030800、0204039900、0204040100、0204040200、0204040300、0204040400、0204040500、0204040600、0204040700、0204040800、0204040900、0204041000、0204041100、0204041200、0204049900、0204050600、0204050700、0204050800、0204059900、0204060100、0204060200、0204060300、0204060400、0204069900、0204070400、0204079900、0204080100、0204080200、0204080300、0204080400、0204080500、0204089900、0204990100、0204990200、0204990300、0204990400、0204990500、0204990600、0204999900。
0311	牛的饲养	0301020100、0301020200、0301020300、0301020400、0301020500、0301020600、0301020700、0301029900、0303010100、0303010200、0303010300、0303019900、0303050302。
0312	马的饲养	0301030100、0301030200、0301039900、0303050601、0303050602、0303050699、0303060500。
0313	猪的饲养	0301010100、0301010200、0301010300、0301010400、0301019900、0303060400、0303080100。
0314	羊的饲养	0301060101、0301060102、0301060103、0301060104、0301060199、0301060201、0301060202、0301060203、0301060204、0301060205、0301060299、0301060300、0301060400、0303050101、0303050102、0303050103、0303050202、0303070100、0303080200。
0315	骆驼饲养	0301070000、0303050501、0303050502。
0319	其他牲畜饲养	0301040100、0301049900、0301050000、0301990000、0303059900。
0321	鸡的饲养	0302010101、0302010199、0302010201、0302010299、0302010301、0302010399、0302019901、0302019999、0303020101、0303020199。
0322	鸭的饲养	0302020101、0302020199、0302020201、0302020299、0303020201、0303020299。
0323	鹅的饲养	0302030101、0302030199、0302030201、0302030299、0303020301、0303020399。
0329	其他家禽饲养	0302040101、0302040199、0302040201、0302040299、0302050101、0302050199、0302050201、0302050299、0302990100、0302990200、0302990300、0302990400、0302999900、0303020401、0303020499、0303029900。
0330	狩猎和捕捉动物	0303060600、0303070300、0304010100、0304010200、0304019900、0304020100、0304020200、0304020300、0304029900、0304990000、0399010100、0399019900。

续4

行业代码	行业名称	产品目录代码
0390	其他畜牧业	0303030100、0303030200、0303030300、0303039900、0303040100、0303040200、0303040300、0303049900、0303050400、0303069900、0303070200、0303070400、0303079900、0303089900、0303990100、0303990200、0303990300、0303990400、0303999900、0399020100、0399029900、0399030100、0399030201、0399030202、0399030203、0399040100、0399040200、0399050000、0399060000、0399070000、0399080000、0399090000、0399100000、0399110000、0399990000。
0411	海水养殖	0401010100、0401010200、0401010300、0401010400、0401010500、0401010600、0401010700、0401010800、0401010900、0401011000、0401011100、0401019900、0401020100、0401020200、0401020300、0401020400、0401020500、0401029900、0401030100、0401030200、0401039900、0401040100、0401040200、0401040300、0401040400、0401040500、0401040600、0401040700、0401040800、0401040900、0401049900、0401050100、0401050200、0401050300、0401050400、0401050500、0401050600、0401050700、0401050800、0401059900、0401990100、0401990200、0401990300、0401990400、0401999900、0402010100、0402010200、0402010300、0402010400、0402010500、0402010600、0402010700、0402010800、0402019900、0402020100、0402020200、0402020300、0402020400、0402020500、0402020600、0402029900、0402030100、0402030200、0402039900、0402040100、0402040200、0402040300、0402040400、0402040500、0402040600、0402040700、0402040800、0402040900、0402049900、0402050100、0402050200、0402050300、0402050400、0402050500、0402050600、0402050700、0402050800、0402059900、0402990100、0402990200、0402990300、0402990400、0402999900。
0412	内陆养殖	0404010101、0404010199、0404010200、0404010300、0404010400、0404010500、0404010600、0404010700、0404010800、0404010900、0404011000、0404011100、0404011200、0404011300、0404011400、0404011500、0404011600、0404011700、0404011800、0404011900、0404012000、0404012100、0404012200、0404012300、0404012400、0404012500、0404012600、0404019900、0404020100、0404020200、0404020300、0404020400、0404029900、0404030100、0404039900、0404040100、0404040200、0404040300、0404049900、0404050000、0404990100、0404990200、0404990300、0404990400、0404999900、0405010100、0405010200、0405010300、0405010400、0405010500、0405010600、0405010700、0405010800、0405010900、0405011000、0405011100、0405011200、0405011300、0405011400、0405011500、0405011600、0405011700、0405011800、0405011900、0405012000、0405012100、0405012200、0405012300、0405012400、0405012500、0405019900、0405020100、0405020200、0405020300、0405020400、0405029900、0405030100、0405039900、0405040100、0405040200、0405040300、0405049900、0405050100、0405059900、0405990100、0405990200、0405990300、0405990400、0405999900。
0421	海水捕捞	0403010100、0403010200、0403010300、0403010400、0403010501、0403010502、0403010503、0403010601、0403010602、0403010603、0403010604、0403010605、0403010699、0403010701、0403010799、0403010800、0403010900、0403011000、0403011100、0403011200、0403011300、0403011401、0403011499、0403011500、0403011600、0403011700、0403011800、0403011900、0403012000、0403012100、0403012200、0403012300、0403012400、0403012500、0403012600、0403012700、0403012800、0403019900、0403020100、0403020200、0403020300、0403020400、0403020500、0403020600、0403020700、0403029900、0403030100、0403030200、0403039900、0403040100、0403040200、0403040300、0403049900、0403050100、0403050200、0403050300、0403059900、0403990000。

续5

行业代码	行业名称	产品目录代码
0422	内陆捕捞	0406010100、0406010200、0406010300、0406010400、0406010500、0406010600、0406010700、0406010800、0406010900、0406011000、0406011100、0406011200、0406011300、0406011400、0406011500、0406011600、0406011700、0406011800、0406011900、0406012000、0406012100、0406019900、0406020100、0406020200、0406020300、0406029900、0406030100、0406039900、0406040100、0406040200、0406040300、0406040400、0406049900、0406050000、0406990100、0406999900。
0511	农业机械服务	0501030101、0501030199、0501039900。
0512	灌溉服务	0501010000。
0513	农产品初加工服务	0105020100、0105020200、0116020101、0116020102、0116020103、0116020104、0116020105、0116020106、0116020107、0116020108、0116020109、0116020199、0501020100、0501020200、0501029900。
0519	其他农业服务	0501990100、0501990200、0501990300、0501990400、0501990500、0501999900。
0521	林业有害生物防治服务	0502040000。
0522	森林防火服务	0502050000。
0523	林产品初级加工服务	0502060000。
0529	其他林业服务	0502030000、0502990000。
0530	畜牧服务业	0503020000、0503990100、0503990200、0503990300、0503990400、0503990500、0503990600、0503990700、0503999900。
0540	渔业服务业	0504010100、0504019900、0504020000、0504990000。
0610	烟煤和无烟煤开采洗选	0601010100、0601010200、0601010300、0601020101、0601020102、0601020103、0601020104、0601020105、0601020106、0601020107、0601020199、0601020201、0601020202、0601020203、0601020204、0601020205、0601020299、0602010101、0602010102、0602019900、0602020100、0602020200、0602030100、0602030200、0602040100、0602040200、0602050100、0602050200、0602060100、0602060200。
0620	褐煤开采洗选	0601030000、0602020300、0602030300、0602040300、0602050300、0602060300。
0690	其他煤炭采选	0699010000、0699020000、0699030000、0699040100、0699049900、0699990000。
0710	石油开采	0701010000、0701020000、0706010000、0706020000、0706030000、0706990000。
0720	天然气开采	0702000000、0703000000、0704000000、0705000000。
0810	铁矿采选	0801010100、0801010200、0801010300、0801010400、0801010500、0801020100、0801020200、0801020300、0801020400、0801030100、0801030200、0801039900。
0820	锰矿、铬矿采选	0802010000、0802020000、0802030100、0802030200、0802040100、0802040200、0802040300、0802040400、0803010000、0803020100、0803020200、0803030100、0803030200、0803039900。
0890	其他黑色金属矿采选	0999070101、0999070102、0999070201、0999070202、3801010400。
0911	铜矿采选	0901010101、0901010102、0901010103、0901010104、0901010105、0901010199、0901010201、0901010202、0901010203。
0912	铅锌矿采选	0901020101、0901020102、0901020103、0901020104、0901020199、0901020201、0901020202、0901020203、0901020204、0901020301、0901020302、0901020303、0901020304、0901020399、0901020401、0901020402。

续6

行业代码	行业名称	产品目录代码
0913	镍钴矿采选	0901030101、0901030102、0901030103、0901030199、0901030201、0901030202、0901040101、0901040102、0901040199、0901040201、0901040202。
0914	锡矿采选	0901050101、0901050102、0901050103、0901050204、0901050299、0901050201、0901050202、0901050203、0901050204、0901050301、0901050302。
0915	锑矿采选	0901060101、0901060102、0901060103、0901060199、0901060201、0901060202。
0916	铝矿采选	0901070101、0901070102、0901070201、0901070202。
0917	镁矿采选	0901080100、0901080200、0901089900。
0919	其他常用有色金属矿采选	0901090101、0901090102、0901090103、0901090104、0901090199、0901090201、0901090202、0901090203、0901100101、0901100102、0901100199、0901100201、0901100202、0901110100、0901110200、0901110300、0901110400、0901110501、0901110502、0901110503、0901110504、0901120101、0901120102、0901120201、0901120202、0901990000。
0921	金矿采选	0902010101、0902010102、0902010103、0902010104、0902010105、0902010106、0902010199、0902010201、0902010202。
0922	银矿采选	0902020101、0902020102、0902020103、0902020104、0902020105、0902020106、0902020199、0902020201、0902020202。
0929	其他贵金属矿采选	0902990100、0902999900。
0931	钨钼矿采选	0903010101、0903010199、0903010200、0903010300、0903010401、0903010402、0903010403、0903010501、0903010502、0903020101、0903020199、0903020200。
0932	稀土金属矿采选	0903030100、0903030201、0903030202、0903030203、0903030204、0903030205、0903030206、0903030299、0903040101、0903040199、0903040201、0903040202、0903040203、0903040204、0903040299、0903050100、0903050201、0903050202、0903050203、0903050299、0903990000。
0933	放射性金属矿采选	0904010101、0904010102、0904010201、0904010202、0904020101、0904020102、0904020201、0904020202。
0939	其他稀有金属矿采选	0999010101、0999010102、0999010103、0999010201、0999010202、0999010203、0999010204、0999010205、0999010299、0999010301、0999010302、0999020101、0999020102、0999020199、0999020201、0999020202、0999020203、0999020300、0999020401、0999020402、0999020501、0999020502、0999030100、0999030200、0999040101、0999040199、0999040201、0999040202、0999040203、0999040204、0999040205、0999040206、0999040207、0999040208、0999040299、0999040301、0999040302、0999050101、0999050199、0999050201、0999050202、0999050203、0999050204、0999050205、0999050206、0999050299、0999050301、0999050302、0999060101、0999060102、0999060201、0999060202、0999080101、0999080102、0999080199、0999080201、0999080202、0999080299、0999990000、3801010500。
1011	石灰石、石膏开采	1001010100、1001010200、1001010300、1001010400、1001019900、1001020100、1001020200。
1012	建筑装饰用石开采	1002010000、1002020000、1002030100、1002039900、1002040000、1002050000、1002060000、1002990000。
1013	耐火土石开采	1003010100、1003010200、1003010300、1003020100、1003020200、1003030000、1003040000、1003050000、1003060000、1003070000、1003080000、1003990000、1005060100、1005060200、1005069900。

续 7

行业代码	行业名称	产品目录代码
1019	粘土及其他土砂石开采	1004010101、1004010102、1004010103、1004010104、1004010105、1004010106、1004010107、1004010201、1004010202、1004010301、1004010302、1004010400、1004010500、1004010600、1004010700、1004010800、1004019900、1004020100、1004029900、1004030101、1004030102、1004030199、1004030200、1004030300、1004030400、1004030500、1004039900。
1020	化学矿开采	1005010000、1005020000、1005030100、1005030200、1005039900、1005040100、1005049900、1005050000、1005070000、1005080000、1005090000、1005100000、1005110000、1005120000、1005130000、1005140000、1005150000、1005160000、1005170000、1005180000、1005990000。
1030	采盐	1006010100、1006010200、1006020100、1006020200、1006030100、1006030200、1006030300、1006990100、1006990200。
1091	石棉、云母矿采选	1007010000、1007990000、1008010000、1008020000。
1092	石墨、滑石采选	1009010100、1009010200、1009020000、1009990000、1010010000、1010020100、1010020200、1010020300、1010020400、1010020500、1010020600、1010020700、1010020800、1010020900、1010021000、1010029900。
1093	宝石、玉石采选	1011010101、1011010102、1011010200、1011010300、1011010400、1011010500、1011010600、1011010700、1011010800、1011010900、1011019900、1011020100、1011020200、1011020300、1011020400、1011020500、1011020600、1011020700、1011020800、1011020900、1011021000、1011021100、1011029900、1011030100、1011030200、1011030300、1011030400、1011030500、1011030600、1011030700、1011030800、1011039900。
1099	其他未列明非金属矿采选	1099010100、1099010200、1099010300、1099010400、1099020100、1099020200、1099020300、1099020400、1099020500、1099020600、1099990100、1099990200、1099990300、1099990400、1099990500、1099990600、1099990700、1099990800、1099990900、1099991000、1099991100、1099991200、1099991300、1099991400、1099999900、3801010600。
1110	煤炭开采和洗选辅助活动	3801010100。
1120	石油和天然气开采辅助活动	3801010200、3801010300。
1190	其他开采辅助活动	3801019900。
1200	其他采矿业	1101000000、1102000000、1199000000。
1310	谷物磨制	1301010100、1301010200、1301020100、1301020200、1301020300、1301020400、1301020500、1301020600、1301020700、1301029900、1301030100、1301030200、1301039900、1301990100、1301990200、1301990300、1301990400、1301990500、1301990600、1301990700、1301999900、1302011101、1302011102、1302011199、1302011201、1302011202、1302011299、1302012100、1302012200、1302012300、1302012400、1302012500、1302012600、1302019900、1302020101、1302020102、1302020103、1302020201、1302020202、1302020299、1302020301、1302020302、1302020400、1302029900、1302030101、1302030102、1302030103、1302030199、1302030200、1302039900、1303020100、1303020200、1303020300、1303020400、1303029900、1401050500。

续8

行业代码	行业名称	产品目录代码
1320	饲料加工	1304010101、1304010102、1304010103、1304010104、1304010105、1304010199、1304010201、1304010202、1304010203、1304010204、1304010205、1304010299、1304010301、1304010302、1304010303、1304010304、1304010305、1304010399、1304010400、1304010500、1304019900、1304020101、1304020102、1304020103、1304020200、1304029900、1304040101、1304040199、1304040200、1304040300、1304040400、1304040500、1304040600、1304049900、1304050000。
1331	食用植物油加工	1305010101、1305010102、1305010103、1305010104、1305010105、1305010106、1305010107、1305010108、1305010109、1305010110、1305010111、1305010112、1305010199、1305010201、1305010202、1305010203、1305010204、1305010205、1305010206、1305010207、1305010208、1305010209、1305010210、1305010211、1305010299、1305019901、1305019902、1305019903、1305019904、1305019999、1305030100、1305030200、1305030300、1305030400、1305030500、1305030600、1305030700、1305030800、1305030900、1305031000、1305040100。
1332	非食用植物油加工	1305010212、1305010213、1305010214、1305020101、1305020102、1305020103、1305020104、1305020105、1305020106、1305020107、1305020199、1305020201、1305020202、1305020203、1305020204、1305020205、1305020206、1305020299、1305031100、1305031200、1305031300、1305031400、1305031500、1305031600、1305031700、1305031800、1305039900、1305040201、1305040202、1305040203、1305040299、1305040301、1305040302、1305040303、1305040304、1305040305、1305040399、1305040401、1305040402、1305040403、1305040404、1305040405、1305040406、1305040407、1305040408、1305040499。
1340	制糖业	1306010100、1306010200、1306020100、1306020200、1306020300、1306020400、1306020500、1306029900、1306030100、1306030200、1306030300、1306030400、1306030500、1306039900、1306040101、1306040102、1306040199、1306049900。
1351	牲畜屠宰	0303050199、0303050201、0303050301、0303060101、0303060102、0303060199、0303060201、0303060202、0303060301、0303060399、1307010101、1307010102、1307010103、1307010199、1307010201、1307010202、1307010203、1307010301、1307010302、1307010303、1307010400、1307011000、1307011100、1307019900、1307020101、1307020102、1307020103、1307020199、1307020201、1307020202、1307020203、1307020301、1307020302、1307020303、1307020400、1307021000、1307029900、1307040101、1307040102、1307040201、1307040202、1307040301、1307040302、1307049900。
1352	禽类屠宰	1307010501、1307010502、1307010503、1307010504、1307010599、1307010601、1307010602、1307010701、1307010702、1307010801、1307010802、1307010901、1307010902、1307011200、1307020501、1307020502、1307020503、1307020504、1307020599、1307020601、1307020602、1307020701、1307020702、1307020801、1307020802、1307020901、1307020902、1307021100、1307040401、1307040402、1307040501、1307040502、1307040601、1307040602、1307040701、1307040702、1307040800、1307040900。
1353	肉制品及副产品加工	1307030100、1307030200、1307030300、1307039900、1307050101、1307050102、1307050201、1307050202、1307050301、1307050302、1307050401、1307050402、1307050500、1307050600、1307050700、1307050800、1307050900、1307051000、1307051100、1307059900、1307060100、1307060200、1307069900、1308010101、1308010102、1308010103、1308010104、1308010105、1308010199、1308010201、1308010202、1308010203、1308010204、1308010205、1308010299、1308020100、1308020200、1308020300、1308020400、1308020500、1308020600、1308029900、1308030100、1308030200、1308030300、1308030400、1308030500、1308030600、1308039900、1308040100、1308040200、1308040300、1308040400、1308040500、1308040600、1308049900、1308050100、1308050200、1308050300、1308050400、1308050500、1308050600、1308059900、1308990000。

续 9

行业代码	行业名称	产品目录代码
1361	水产品冷冻加工	1309010101、1309010102、1309010103、1309010104、1309010105、1309010106、1309010107、1309010108、1309010109、1309010110、1309010111、1309010112、1309010113、1309010114、1309010115、1309010116、1309010199、1309010201、1309010202、1309010203、1309010204、1309010299、1309010300、1309010401、1309010402、1309010403、1309010404、1309010405、1309010501、1309010502、1309010599、1309010601、1309010602、1309010603、1309010604、1309010605、1309010606、1309010607、1309010699、1309019901、1309019999。
1362	鱼糜制品及水产品干腌制加工	1309020101、1309020102、1309020103、1309020104、1309020105、1309020106、1309020107、1309020108、1309020109、1309020110、1309020199、1309020201、1309020202、1309020299、1309020301、1309020302、1309020303、1309020304、1309020305、1309020306、1309020399、1309020401、1309020402、1309020403、1309020404、1309020499、1309029901、1309029999、1309030101、1309030102、1309030103、1309030104、1309030105、1309030106、1309030107、1309030108、1309030109、1309030110、1309030199、1309030200、1309030301、1309030302、1309030303、1309030304、1309030305、1309030306、1309030399、1309040101、1309040102、1309040199、1309040200、1309049901、1309049902、1309049999、1309050100、1309050200、1309050300、1309050400、1309050500、1309059900、1309060100、1309060200、1309060300、1309060400、1309060500、1309060600、1309060700、1309060800、1309060900、1309061000、1309061100、1309069900、1309070100、1309070200、1309070300、1309079900。
1363	水产饲料制造	1304060100、1304060200、1304060300、1304060400、1304069900。
1364	鱼油提取及制品制造	1309080101、1309080102、1309080103、1309080199、1309089900。
1369	其他水产品加工	1309990100、1309999900。
1371	蔬菜加工	1303010100、1303010200、1303010300、1303010400、1303010500、1303010600、1303010700、1303019900、1303990000、1310010100、1310010200、1310010300、1310010400、1310010500、1310010600、1310010700、1310019900、1310020100、1310020200、1310020300、1310020400、1310020500、1310020600、1310020700、1310029900、1310030101、1310030102、1310030103、1310030104、1310030105、1310030106、1310030107、1310030108、1310030199、1310030201、1310030202、1310030203、1310030204、1310030205、1310030206、1310030207、1310030208、1310030299、1310040101、1310040102、1310040199、1310040201、1310040202、1310040203、1310040204、1310040299、1310040301、1310040302、1310040399、1310040401、1310040402、1310040403、1310040499、1310040501、1310040502、1310040599、1310040601、1310040602、1310040603、1310040604、1310040605、1310040699、1310040700、1310040800、1310049900、1403020201、1403020202、1403020203、1403020204、1403020205、1403020206、1403020299。
1372	水果和坚果加工	1303030100、1303030200、1303030300、1303039900、1311010100、1311010200、1311010300、1311019900、1311020100、1311020200、1311020300、1311020400、1311020500、1311029900、1311030100、1311030200、1311039900、1311040100、1311040200、1311040300、1311040400、1311040500、1311049900、1311050100、1311050200、1311059900、1311060100、1311060200、1311069900、1311070100、1311070200、1311070300、1311070400、1311070500、1311070600、1311070700、1311079900、1311080100、1311089900、1311090000、1311990000。

续10

行业代码	行业名称	产品目录代码
1391	淀粉及淀粉制品制造	1312010100、1312010200、1312010300、1312010400、1312010500、1312019900、1312020000、1312030100、1312030200、1312030300、1312039900、1312040100、1312040200、1312040300、1312040400、1312040500、1312049900、1312050100、1312050200、1312060101、1312060199、1312060201、1312060202、1312060203、1312060299、1312990000。
1392	豆制品制造	1313010100、1313010200、1313020100、1313020200、1313020300、1313029900、1313030100、1313030200。
1393	蛋品加工	1314010101、1314010102、1314010199、1314010201、1314010202、1314010299、1314020100、1314020200、1314020300、1314029900、1314030100、1314030200、1314030300、1314039900、1314040100、1314049900。
1399	其他未列明农副食品加工	1399000000、3801020100。
1411	糕点、面包制造	1401010101、1401010102、1401010103、1401010199、1401010201、1401010202、1401010203、1401010204、1401010205、1401010299、1401019900、1401020100、1401020200、1401020300、1401020400、1401029900。
1419	饼干及其他焙烤食品制造	1401030100、1401030200、1401030300、1401030400、1401030500、1401030600、1401030700、1401030800、1401030900、1401031000、1401039900、1401040100、1401040200、1401040300、1401049900、1401050100、1401050200、1401050300、1401050400、1401059900、1401990000、2708050302、2708050303、2708050399。
1421	糖果、巧克力制造	1402010100、1402010200、1402010300、1402010400、1402010500、1402010600、1402010700、1402010800、1402019900、1402020100、1402020200、1402020300、1402030100、1402030200、1402030300、1402039900、1402040100、1402040200、1402040300、1402050100、1402050200、1402050300、1402059900、1402070101、1402070102、1402070103、1402070104、1402070199。
1422	蜜饯制作	1402060101、1402060102、1402060103、1402060104、1402060105、1402060106、1402060107、1402060199、1402060201、1402060202、1402060203、1402060204、1402060205、1402060299、1402060301、1402060302、1402060303、1402060304、1402060305、1402060306、1402060307、1402060308、1402060309、1402060399、1402060401、1402060402、1402060403、1402060404、1402060405、1402060406、1402060407、1402060408、1402060409、1402060499、1402060501、1402060502、1402060503、1402060504、1402060505、1402060506、1402060507、1402060508、1402060509、1402060510、1402060511、1402060512、1402060599、1402060601、1402060602、1402060603、1402060604、1402060605、1402060606、1402060699、1402069900。
1431	米、面制品制造	1403010101、1403010102、1403010103、1403010104、1403010105、1403010106、1403010199、1403010201、1403010202、1403010203、1403010299。
1432	速冻食品制造	1403020101、1403020102。
1439	方便面及其他方便食品制造	1403030101、1403030102、1403030103、1403030199、1403030201、1403030202、1403030203、1403030204、1403030299、1403039900。
1440	乳制品制造	1404010101、1404010102、1404010103、1404010104、1404010105、1404010106、1404010201、1404010202、1404010203、1404010301、1404010302、1404010303、1404010304、1404010399、1404019900、1404020101、1404020102、1404020103、1404020104、1404020105、1404020106、1404020199、1404020201、1404020202、1404020299、1404020301、1404020302、1404020303、1404020399、1404020401、1404020402、1404020403、1404020404、1404020499、1404020501、1404020599、1404020601、1404020602、1404020700、1404029900。

续 11

行业代码	行业名称	产品目录代码
1451	肉、禽类罐头制造	1405010100、1405010200、1405010300、1405010400、1405019900、1405020100、1405020200、1405020300、1405029900、1405100200、1405100300。
1452	水产品罐头制造	1405030101、1405030102、1405030103、1405030104、1405030105、1405030106、1405030199、1405030201、1405030202、1405030299、1405030301、1405030399、1405039900、1405100100。
1453	蔬菜、水果罐头制造	1402070200、1405040101、1405040102、1405040201、1405040299、1405040301、1405040302、1405040400、1405040500、1405040600、1405040700、1405040800、1405040900、1405049900、1405050101、1405050102、1405050103、1405050104、1405050105、1405050106、1405050107、1405050108、1405050109、1405050110、1405050111、1405050112、1405050199、1405050200、1405060100、1405060200、1405060300、1405060400、1405060500、1405069900、1405070100、1405070200、1405070300、1405070400、1405070500、1405079900、1405110200。
1459	其他罐头食品制造	1405080100、1405080201、1405080202、1405080299、1405080301、1405080399、1405089900、1405090100、1405099900、1405109900、1405110100、1405119900、1405120100、1405120200、1405129900、1405130100、1405130200、1405130300、1405130400、1405130500、1405139900、1405990000。
1461	味精制造	1406010000。
1462	酱油、食醋及类似制品制造	1406020101、1406020102、1406020201、1406020202、1406020299、1406020301、1406020302、1406020303、1406020399、1406030101、1406030102、1406030103、1406030104、1406030105、1406030106、1406030199、1406030200。
1469	其他调味品、发酵制品制造	1406040101、1406040102、1406040103、1406040199、1406040201、1406040202、1406040203、1406040204、1406040205、1406040206、1406040299、1406040301、1406040302、1406040303、1406040304、1406040399、1406040401、1406040402、1406040403、1406040404、1406040499、1406040501、1406040502、1406040599、1406049900、1407010101、1407010102、1407010103、1407010104、1407010105、1407010106、1407010199、1407010200、1407010300、1407020100、1407020200、1407020300、1407020400、1407020500、1407020600、1407020700、1407029900、1407030100、1407030200、1407030300、1407040100、1407040200、1407040300、1407040400、1407040500、1407040600、1407049900、1407050100、1407050200、1407050301、1407050399、1407050400、1407050500、1407050600、1407059900。
1491	营养食品制造	1408010100、1408010200、1408010300、1408010400、1408010500、1408020100、1408020200、1408020300、1408020400、1408029900。
1492	保健食品制造	1408030100、1408030200、1408030300、1408039900、1408990000。
1493	冷冻饮品及食用冰制造	1409010100、1409010200、1409010300、1409010400、1409019900、1409020100、1409020200、1409029900、1409030000、1409040000、1409050000、1409060000、1409990000。
1494	盐加工	1410010100、1410010200、1410010300、1410019900、1410020100、1410020200、1410020300、1410029900、2623010403。
1495	食品及饲料添加剂制造	1304030100、1304030200、1304039900、1411010101、1411010102、1411010103、1411010200、1411010300、1411010400、1411010500、1411010600、1411010700、1411019900、1411020100、1411020200、1411029900、1411030101、1411030102、1411030103、1411030104、1411030105、1411030199、1411030200、1411030301、1411030302、1411030303、1411030304、1411030305、1411030306、1411030307、1411030399、1411040100、1411040200、1411040300、1411040401、1411040402、1411040403、1411040499、1411040500、1411049901、1411049999、1411050101、

续12

行业代码	行业名称	产品目录代码
1495	食品及饲料添加剂制造	1411050102、1411050103、1411050104、1411050105、1411050199、1411050200、1411050300、1411050401、1411050402、1411050403、1411050404、1411050405、1411050406、1411050407、1411050408、1411050499、1411050500、1411059900、1411060100、1411060200、1411060300、1411069900、1411070000、1411080000、1411090100、1411099900、1411100000、1411110000、1411120100、1411129900、1411130100、1411139900、1411140000、1411150100、1411150200、1411150300、1411159900、1411160000、1411990100、1411999900。
1499	其他未列明食品制造	1412010100、1412010200、1412010300、1412010400、1412019900、1412020100、1412020200、1412029900、1412030100、1412030200、1412030300、1412030400、1412030500、1412030600、1412030700、1412030800、1412030900、1412039900、1412040000、1412990000、1499000000、3801020200。
1511	酒精制造	1501010100、1501010200、1501010300、1501010400、1501010500、1501019900。
1512	白酒制造	1511010100、1511010200、1511010300、1511020100、1511020200、1511020300、1511030100、1511030200、1511030300、1511040100、1511040200、1511040300、1511990000。
1513	啤酒制造	1512010101、1512010102、1512010200、1512019900、1512020101、1512020102、1512020200、1512020301、1512020302、1512029900、1512030101、1512030102、1512030200、1512039900、1512040000、1512990000、1522010101、1522010102。
1514	黄酒制造	1513010100、1513010200、1513010300、1513010400、1513019900、1513020100、1513020200、1513020300、1513020400、1513029900。
1515	葡萄酒制造	1514010101、1514010102、1514010103、1514010199、1514010201、1514010202、1514010203、1514010299、1514010301、1514010302、1514010303、1514010399、1514010401、1514010402、1514010403、1514010499、1514010500、1514010601、1514010602、1514010603、1514010604、1514010699、1514019900、1514990000、1516010100、1516010200、1516010300、1516019900、1516990000、1522010200。
1519	其他酒制造	1515010100、1515019900、1515020100、1515020201、1515020202、1515020203、1515020299、1515029900、1522019900。
1521	碳酸饮料制造	1520010100、1520010200、1520010300、1520019900。
1522	瓶(罐)装饮用水制造	1520040101、1520040102、1520040199、1520040200、1520040300、1520049900。
1523	果菜汁及果菜汁饮料制造	1520020101、1520020102、1520020201、1520020202、1520020301、1520020302、1520020400、1520020501、1520020502、1520020600、1520020700、1520020800、1520029900。
1524	含乳饮料和植物蛋白饮料制造	1520030101、1520030102、1520030103、1520030199、1520030201、1520030202、1520030203、1520030204、1520030205、1520030206、1520030207、1520030299、1520030300、1520039900。
1525	固体饮料制造	1520100100、1520100200、1520100300、1520100400、1520100500、1520100600、1520100700、1520109900。
1529	茶饮料及其他饮料制造	1520050100、1520050200、1520050301、1520050302、1520050303、1520050399、1520050400、1520059900、1520060100、1520060200、1520060300、1520069900、1520070100、1520070200、1520070300、1520070400、1520079900、1520080100、1520080200、1520080300、1520080400、1520089900、1520090100、1520090200、1520099900、1520990000、1522020000、3801020300。
1530	精制茶加工	1521010100、1521010200、1521010300、1521010400、1521010500、1521019900、1521020100、1521020200、1521020300、1521029900。

续 13

行业代码	行业名称	产品目录代码
1610	烟叶复烤	1601010000、1601020000。
1620	卷烟制造	1602010000、1602020000、1602030000、1602040000、1602050000、1603010000、1603020000、1603030000、1603040000。
1690	其他烟草制品制造	1604010000、1604020000、1604030000、1604040000、1604050000、3801020400。
1711	棉纺纱加工	1701010000、1701020101、1701020102、1701020201、1701020202、1701020299、1701020301、1701020302、1701020303、1701020399、1701020401、1701020402、1701020403、1701030100、1701030200、1701030301、1701030302、1701030303、1701030401、1701030402、1701030403、1701040101、1701040102、1701040103、1701040201、1701040202。
1712	棉织造加工	1701050101、1701050102、1701050201、1701050202、1701050299、1701050301、1701050302、1701050303、1701050304、1701050401、1701050402、1701050499、1701050501、1701050502、1701050599。
1713	棉印染精加工	1701060101、1701060102、1701060103、1701060201、1701060202、1701060203、1701060301、1701060302、1701060303、3801020500。
1721	毛条和毛纱线加工	1702010101、1702010199、1702010201、1702010202、1702010299、1702020101、1702020102、1702020201、1702020202、1702029901、1702029902、1702029903、1702029904、1702029905、1702029906、1702029999、1702030101、1702030102、1702030201、1702030202、1702030301、1702030302、1702039901、1702039999。
1722	毛织造加工	1702040101、1702040102、1702040201、1702040202、1702040301、1702040302、1702049901、1702049999、1702050100、1702050200、1702050300、1702050400。
1723	毛染整精加工	1702060000、3801020500。
1731	麻纤维纺前加工和纺纱	1703010100、1703010200、1703010300、1703010400、1703010500、1703010600、1703019900、1703020101、1703020199、1703020201、1703020299、1703020301、1703020302、1703020401、1703020402、1703029900。
1732	麻织造加工	1703030100、1703039900、1703050100、1703059900、1703070000、1703080000、1703990000。
1733	麻染整精加工	1703040100、1703040200、1703040300、1703060100、1703060200、1703060300、3801020500。
1741	缫丝加工	1704010101、1704010102、1704010103、1704010199、1704010200、1704010301、1704010302、1704010400、1704010500、1704019900。
1742	绢纺和丝织加工	1704020101、1704020102、1704020103、1704020104、1704020199、1704020201、1704020202、1704020203、1704020299、1704050100、1704050200、1704050300、1704050400。
1743	丝印染精加工	1704030101、1704030102、1704030103、1704030201、1704030202、1704030203、3801020500。
1751	化纤织造加工	1704040101、1704040102、1704040103、1704040104、1704040201、1704040202、1704040203、1704040300、1704049900。
1752	化纤织物染整精加工	1704030101、1704030102、1704030103、1704030201、1704030202、1704030203。
1761	针织或钩针编织物织造	1712010100、1712010201、1712010202、1712010203、1712010301、1712010302、1712010303、1712010399、1712020101、1712020199、1712020201、1712020299、1712020301、1712020399、1712020401、1712020499、1712020501、1712020599、1712029901、1712029999、1712030101、1712030104、1712030201、1712030204、

续14

行业代码	行业名称	产品目录代码
1761	针织或钩针编织物织造	1712030301、1712030304、1712030400、1712030500、1712039900、1712040101、1712040104、1712040201、1712040204、1712040301、1712040304、1712040400、1712040500、1712049900。
1762	针织或钩针编织物印染精加工	1712030102、1712030103、1712030105、1712030202、1712030203、1712030205、1712030302、1712030303、1712030305、1712040102、1712040103、1712040105、1712040202、1712040203、1712040205、1712040302、1712040303、1712040305。
1763	针织或钩针编织品制造	1713010101、1713010102、1713010201、1713010202、1713020101、1713020199、1713020201、1713020299、1713020300、1713020401、1713020499、1713029900、1713030101、1713030102、1713030201、1713030202、1713040101、1713040102、1713040201、1713040202、1713050101、1713050102、1713050201、1713050202、1713059901、1713059902。
1771	床上用品制造	1705010101、1705010102、1705010199、1705010201、1705010202、1705010299、1705010301、1705010302、1705010399、1705019900、1705020101、1705020102、1705020199、1705029900、1705030101、1705030102、1705030199、1705030201、1705030202、1705030299、1705030301、1705030302、1705030399、1705039900、1705040101、1705040102、1705040199、1705040201、1705040202、1705040299、1705040301、1705040302、1705040399、1705049900、1705050101、1705050199、1705050201、1705050299、1705050301、1705050399、1705050400、1705059900、1705060100、1705060201、1705060202、1705060203、1705060300、1705069900、1705070101、1705070102、1705070103、1705070105、1705070199、1705070201、1705070202、1705070203、1705070299、1705070301、1705070302、1705070303、1705070399、1705079900、1705080101、1705080102、1705080103、1705080201、1705080202、1705080203、1705080301、1705080302、1705080303、1705080400、1705090100、1705090200、1705090300、1705090400、1705099900、1705990000。
1772	毛巾类制品制造	1706020101、1706020102、1706020103、1706020199、1706020201、1706020202、1706020203、1706020299、1706020301、1706020302、1706020303、1706020399、1706029900。
1773	窗帘、布艺类产品制造	1705070104、1705070204、1705070304、1706040101、1706040102、1706040103、1706040104、1706040199、1706040201、1706040202、1706040203、1706040299、1706040300、1706040400、1706049900、1706050101、1706050199、1706050201、1706050299、1706050301、1706050399、1706059900、1711020900。
1779	其他家用纺织制成品制造	1706010101、1706010199、1706010201、1706010299、1706010300、1706010401、1706010499、1706010501、1706010599、1706019900、1706030101、1706030102、1706030199、1706030201、1706030202、1706030299、1706030301、1706030302、1706030399、1706030400、1706039900、1706990100、1706990200、1706999900、1708070100、1708070200、1708079900、1708080101、1708080199、1708080201、1708080299、1708089901、1708089999、1711020200、1711020300、1711020400、1799010101、1799010102、1799010103、1799010199、3801020500。
1781	非织造布制造	1711010101、1711010102、1711010201、1711010202、1711010203、1711010204、1711010299、1711020100。
1782	绳、索、缆制造	1709010101、1709010102、1709010199、1709010201、1709010202、1709010299、1709010301、1709010399、1709010400、1709019900、1709020101、1709020199、1709020201、1709020202、1709020203、1709020204、1709020205、1709020206、1709020299、1709020301、1709020302、1709020303、1709020304、1709020399、1709020401、1709020499、1709029901、1709029999、1709030100、1709030200、1709030300、1709030400、1709030500、1709039900、1709040101、1709040102、1709040199、1709049900、1709990000。

续 15

行业代码	行业名称	产品目录代码
1783	纺织带和帘子布制造	1710010100、1710010200、1710010300、1710019900、1710020100、1710020200、1710020300、1710029900、1710030101、1710030102、1710030103、1710030199、1710030201、1710030202、1710030203、1710030299、1710039901、1710039902、1710039903、1710039999、1710040100、1710040200、1710040300、1710049900、1710050100、1710050200、1710059900、1710060100、1710060201、1710060202、1710060203、1710060299、1710060301、1710060302、1710060303、1710060399、1710069900、1710070101、1710070102、1710070103、1710070199、1710070200、1710079900。
1784	篷、帆布制造	1708010100、1708010200、1708019900、1708020100、1708020200、1708029900、1708030101、1708030102、1708030103、1708030104、1708030199、1708030201、1708030202、1708030203、1708030204、1708030299、1708039901、1708039902、1708039903、1708039904、1708039999、1708040101、1708040102、1708040103、1708040199、1708040201、1708040202、1708040203、1708040299、1708049901、1708049902、1708049903、1708049999、1708050100、1708050200、1708059900、1708060100、1708060200、1708069900。
1789	其他非家用纺织制成品制造	1706060100、1706060200、1706069900、1707010100、1707019900、1707020100、1707020200、1707020301、1707020302、1707020399、1708090100、1708090200、1711020500、1711020600、1711020700、1711020800、1711029900、1799010201、1799010202、1799010299、1799020100、1799020200、1799030100、1799030200、1799039900、1799040100、1799040200、1799040300、1799049900、1799060100、1799060200、1799060300、1799060400、1799060500、1799060600、1799060700、1799060800、1799990000、1812190100、1812190200、1812190300、1812199900、3801020500、4118090202。
1810	机织服装制造	1812010101、1812010102、1812010201、1812010202、1812020101、1812020102、1812020201、1812020202、1812029900、1812030101、1812030102、1812030201、1812030202、1812040101、1812040102、1812040103、1812040199、1812040201、1812040202、1812040203、1812040299、1812050101、1812050102、1812050103、1812050199、1812050201、1812050202、1812050203、1812050204、1812050299、1812060101、1812060102、1812060103、1812060104、1812060199、1812060201、1812060202、1812060203、1812060204、1812060299、1812070101、1812070102、1812070103、1812070104、1812070199、1812070201、1812070202、1812070203、1812070204、1812070299、1812080101、1812080102、1812080103、1812080104、1812080199、1812080201、1812080202、1812080203、1812080204、1812080299、1812090101、1812090102、1812090103、1812090104、1812090199、1812090201、1812090202、1812090203、1812090204、1812090299、1812100101、1812100102、1812100103、1812100104、1812100105、1812100199、1812100201、1812100202、1812100203、1812100204、1812100299、1812100301、1812100302、1812100303、1812100304、1812100399、1812100401、1812100402、1812100403、1812100404、1812100499、1812100501、1812100502、1812100503、1812100599、1812120101、1812120102、1812120103、1812120199、1812120201、1812120202、1812120203、1812120299、1812130101、1812130102、1812130103、1812130199、1812130201、1812130202、1812130203、1812130299、1812140101、1812140102、1812140103、1812140199、1812140200、1812150101、1812150102、1812150201、1812150202、1812150299、1812150301、1812150302、1812160101、1812160102、1812160103、1812160104、1812160199、1812160201、1812160202、1812160203、1812160204、1812160299、1812170101、1812170102、1812170103、1812170199、1812170201、1812170202、1812170203、1812170204、1812170299、1812180100、1812180200、1812180300、1812180400、1812189900、1812990000、3801020600。

续16

行业代码	行业名称	产品目录代码
1820	针织或钩针编织服装制造	1811010101、1811010102、1811010103、1811010201、1811010202、1811010203、1811019900、1811020101、1811020102、1811020103、1811020201、1811020202、1811020203、1811020301、1811020302、1811020399、1811029900、1811030101、1811030102、1811030201、1811030202、1811030301、1811030302、1811039901、1811039902、1811040101、1811040102、1811040201、1811040202、1811040301、1811040302、1811049901、1811049902、1811050101、1811050102、1811050103、1811050201、1811050202、1811050203、1811050301、1811050302、1811050399、1811059900、1811060101、1811060102、1811060103、1811060201、1811060202、1811060203、1811060301、1811060302、1811060303、1811060304、1811060305、1811060399、1811060401、1811060402、1811060499、1811060501、1811060502、1811060599、1811069900、1811070101、1811070102、1811070103、1811070199、1811070201、1811070202、1811070203、1811070299、1811080101、1811080102、1811080103、1811080199、1811080201、1811080202、1811080203、1811080299、1811090101、1811090102、1811090103、1811090199、1811090201、1811090202、1811090203、1811090299、1811100101、1811100102、1811100103、1811100199、1811100201、1811100202、1811100203、1811100299、1811110101、1811110102、1811110103、1811110104、1811110199、1811110201、1811110202、1811110203、1811110299、1811120101、1811120102、1811120103、1811120104、1811120199、1811120201、1811120202、1811120203、1811120204、1811120299、1811130101、1811130102、1811130103、1811130104、1811130199、1811130201、1811130202、1811130203、1811130299、1811140101、1811140102、1811140199、1811140201、1811140202、1811140299、1811140301、1811140302、1811150101、1811150102、1811150103、1811150199、1811150201、1811150202、1811150203、1811150299、1811150301、1811150302、1811150303、1811150399、1811160101、1811160102、1811160103、1811160201、1811160202、1811160203、1811160300、1811160400、1811169900、1811990000、1812110101、1812110102、1812110103、1812110199、1812110201、1812110299、1812110301、1812110399。
1830	服饰制造	1713060101、1713060102、1713060103、1713060104、1713060199、1713060201、1713060202、1713060203、1713060204、1713060299、1713060301、1713060302、1713060303、1713060304、1713060305、1713060399、1713070101、1713070102、1713070201、1713070202、1713070301、1713070302、1713070400、1714010101、1714010102、1714010103、1714010104、1714010199、1714010201、1714010202、1714010203、1714010299、1714010301、1714010302、1714010303、1714010304、1714010305、1714010399、1714020101、1714020102、1714020199、1714020201、1714020202、1714020299、1714030101、1714030199、1714030201、1714030299、1714030301、1714030399、1812110401、1812110499、1821010101、1821010102、1821010201、1821010202、1821010301、1821010302、1821010399、1821010401、1821010402、1821010403、1821010499、1821010501、1821010502、1821010503、1821010599、1821010601、1821010602、1821010603、1821010699、1821010700、1821019900、1821020100、1821029900、3801020800。
1910	皮革鞣制加工	1901010000、1901020000、1901030000、1901040000、1901050000、1901060000、1901990000、1902010101、1902010102、1902010103、1902010199、1902010201、1902010202、1902010203、1902010204、1902010205、1902010206、1902010299、1902010300、1902020000。
1921	皮革服装制造	1813010101、1813010102、1813010103、1813010199、1813010201、1813010202、1813010203、1813010299、1813010301、1813010302、1813010303、1813010399、1813010401、1813010402、1813010403、1813010499、1813019900、1813020101、1813020102、1813020103、1813020199、1813020201、1813020202、1813020203、

续17

行业代码	行业名称	产品目录代码
1921	皮革服装制造	1813020299、1813020301、1813020302、1813020303、1813020399、1813020401、1813020402、1813020403、1813020499、1813029900。
1922	皮箱、包（袋）制造	1903010101、1903010102、1903010199、1903010201、1903010202、1903010203、1903010299、1903010301、1903010302、1903010399、1903019900、1903020101、1903020102、1903020199、1903020201、1903020299、1903020300、1903029900、1903030100、1903030200、1903030300、1903030400、1903039900、1903040100、1903040200、1903040300、1903049900、1903050100、1903050200、1903050300、1903059900、1903990000。
1923	皮手套及皮装饰制品制造	1904010100、1904010200、1904019900、1904020100、1904020200、1904030101、1904030102、1904030200、1904030300、1904039900。
1929	其他皮革制品制造	1905010100、1905010200、1905010300、1905019900、1905020101、1905020102、1905020199、1905020200、1905030000、1905040000、1905990000、3801020900、4118090201。
1931	毛皮鞣制加工	1906010101、1906010102、1906010103、1906010104、1906010199、1906010200、1906020100、1906020200、1906020300、1906020400、1906029900。
1932	毛皮服装加工	1814010101、1814010102、1814010103、1814010104、1814010105、1814010199、1814010201、1814010299、1814020101、1814020102、1814020199、1814020201、1814020202、1814020299。
1939	其他毛皮制品加工	1906030000、1906040000、1906050000、3801021000。
1941	羽毛（绒）加工	1907010000、1907020000。
1942	羽毛（绒）制品加工	3801021100。
1951	纺织面料鞋制造	1820020101、1820020102、1820020103、1820020199、1820020201、1820020202、1820020203、1820020299、1820020301、1820020302、1820020399、1820020401、1820020402、1820020499、1820020501、1820020502、1820020599、1820029900、1820050100、1820059900、1820060200、1820070103、1820070200、3801020700。
1952	皮鞋制造	1820010101、1820010102、1820010103、1820010104、1820010199、1820010201、1820010202、1820010203、1820010204、1820010299、1820060100、1820070101、1820070199。
1953	塑料鞋制造	1820040101、1820040102、1820049900。
1954	橡胶鞋制造	1820030101、1820030102、1820030103、1820030199、1820030201、1820030202、1820030301、1820030302、1820039900、1820070104。
1959	其他制鞋业	1820070102、1820990000。
2011	锯材加工	2001010000、2001020100、2001020200、2001020300、2001020400、2001020500、2001020600、2001029900、2001030101、2001030102、2001030103、2001030199、2001030201、2001030202、2001030203、2001030299、2001990000。
2012	木片加工	2002010101、2002010102、3801021200。
2013	单板加工	2004010101、2004010102、2004010103、2004010104、2004010105、2004010201、2004010202、2004010203、2004010204、2004010205、2004010301、2004010302、2004010303、2004010304、2004019900。
2019	其他木材加工	2002010201、2002020100、2002030100、2002010202、2002020200、2002039900。
2021	胶合板制造	2003010101、2003010102、2003010201、2003010202、2003010203、2003019900。
2022	纤维板制造	2003020101、2003020102、2003020103、2003020199。

续18

行业代码	行业名称	产品目录代码
2023	刨花板制造	2003030101、2003030102、2003030103、2003030199。
2029	其他人造板制造	2003030104、2003040000、2003990000、2004020000、2004030000、2004040100、2004040200、2004040300、2004040400、2004049900、2004050000。
2031	建筑用木料及木材组件加工	2005030000、2005050000、2005060000、2005070000、2005090000、2005990000。
2032	木门窗、楼梯制造	2005010100、2005010200、2005010300、2005020100、2005020200、2005080000。
2033	地板制造	2005040100、2005040200、2005049900。
2034	木制容器制造	2006010100、2006010200、2006010300、2006010400、2006020100、2006020200、2006020300、2006020400、2006029900、2006030000、2006040100、2006040200、2006040300、2006040400。
2039	软木制品及其他木制品制造	2007010100、2007010200、2007010300、2007010400、2007020100、2007020200、2007020300、2007029900、2007030100、2007039900、2008010101、2008010199、2008010200、2008010300、2008010400、2008019900、2008020100、2008020200、2008020300、2008020400、2008029900、3801021300。
2041	竹制品制造	2009010100、2009010200、2009010300、2009010400、2009019900、2009020100、2009020200、2009020300、2009020400、2009029900、2009030101、2009030199、2009030200、2009030300、2009030400、2009030500、2009030600、2009039900、2009040100、2009040200、2009040300、2009040400、2009040500、2009040600、2009049900、4210130100、4210130200、4210130300、4210130400、4210139900、4210990000。
2042	藤制品制造	2010020100、2010020200、2010020300、2010020400、2010020500、2010020600、2010029900。
2043	棕制品制造	2010010100、2010010200、2010010300、2010010400、2010010500、2010010600、2010019900。
2049	草及其他制品制造	3801021400、2010030100、2010030200、2010030300、2010030400、2010030500、2010030600、2010039900、2010040100、2010040200、2010040300、2010049900、2010050100、2010050200、2010050300、2010050400、2010059900、2010060000、2010990000。
2110	木质家具制造	2101011101、2101011102、2101011103、2101011104、2101011105、2101011199、2101011201、2101011202、2101011299、2101011301、2101011302、2101011399、2101011401、2101011402、2101011403、2101011499、2101011501、2101011502、2101011599、2101011900、2101012001、2101012099、2102010100、2102010200、2102019900。
2120	竹、藤家具制造	2101020101、2101020102、2101020103、2101020104、2101020199、2101020201、2101020202、2101020203、2101020204、2101020299、2101020301、2101020302、2101020399、2101020400、2101020500、2101029900、2101030101、2101030102、2101030103、2101030104、2101030199、2101030201、2101030202、2101030299、2101030301、2101030302、2101030303、2101030304、2101030399、2101030400、2101030500、2101039900、2102020100、2102020200、2102029900、2102030100、2102039900。
2130	金属家具制造	2101040101、2101040102、2101040103、2101040104、2101040105、2101040106、2101040107、2101040108、2101040199、2101040201、2101040202、2101040299、2101040301、2101040302、2101040303、2101040399、2101040401、2101040499、2101040501、2101040502、2101040503、2101040599、2101049900、2102040100、2102040200、2102040300、2102049900。

续 19

行业代码	行业名称	产品目录代码
2140	塑料家具制造	2101050101、2101050199、2101050200、2101050300、2101050400、2101059900、2102050000。
2190	其他家具制造	2101060101、2101060199、2101060201、2101060202、2101060203、2101060204、2101060299、2101070101、2101070102、2101070103、2101070199、2101070201、2101070202、2101070203、2101070204、2101070205、2101070299、2101079901、2101079902、2101079903、2101079999、2101080101、2101080199、2101990000、2102060000、2102070000、2102080100、2102089900、2102990000、3801021500。
2211	木竹浆制造	2201010101、2201010102、2201010199、2201010201、2201010202、2201010300、2201019900、2201020102。
2212	非木竹浆制造	2201020101、2201020103、2201020104、2201020105、2201020106、2201020107、2201020199、2201029900、2201030100、2201030200、2201039900、2201040000、2201990000。
2221	机制纸及纸板制造	2202010101、2202010199、2202010201、2202010202、2202010203、2202010299、2202019900、2202020100、2202020200、2202029900、2202030100、2202030200、2202030300、2202039900、2202040101、2202040102、2202040199、2202040201、2202040202、2202040203、2202040299、2202040301、2202040302、2202040303、2202040399、2202040401、2202040402、2202040499、2202040501、2202040502、2202040503、2202040504、2202040505、2202040599、2202049900、2202050101、2202050199、2202050200、2202050300、2202059900、2202060100、2202060200、2202060300、2202069900、2202990000、2203050000。
2222	手工纸制造	2204010100、2204010200、2204019900、2204020000。
2223	加工纸制造	2203010101、2203010102、2203010201、2203010202、2203020100、2203020201、2203020202、2203020299、2203020300、2203020400、2203029900、2203030100、2203030200、2203040100、2203040200、2203040301、2203040399、2203040401、2203040402、2203040403、2203040499、2203040501、2203040599、2203040601、2203040699、2203049900、2203990000。
2231	纸和纸板容器制造	2205010101、2205010102、2205010199、2205010201、2205010202、2205010299、2205010301、2205010302、2205010303、2205010399、2205010401、2205010402、2205010403、2205010404、2205010499、2205019900、2205020100、2205020200、2205020300、2205020400、2205020500。
2239	其他纸制品制造	2205020600、2205020700、2205029900、2205030100、2205030200、2205030300、2205030400、2205030500、2205039900、2205040100、2205040200、2205040300、2205040400、2205040500、2205040600、2205040700、2205040800、2205040900、2205049900、2205050101、2205050102、2205050103、2205050104、2205050199、2205050201、2205050299、2205050301、2205050399、2205060100、2205060200、2205070100、2205070200、2205080100、2205080200、2205089900、2205090000、2205100000、2205990000、3801021600。
2311	书、报刊印刷	2301010101、2301010102、2301010103、2301010104、2301010201、2301010202、2301010301、2301010302、2301020101、2301020102、2301020103、2301020104、2301020201、2301020202、2301020301、2301020302、2301020501、2301020502、2301020503、2301020504、2301020601、2301020602、2301020603、2301020604、2301020605、2301020606、2301020699。
2312	本册印制	2302010100、2302010200、2302010300、2302010400、2302010500、2302010600、2302010701、2302010799、2302010800、2302010900、2302011000、2302011101、2302011102、2302011199、2302011200、2302011300、2302011400、2302011500、2302019900、2302990101、2302990102、2302990199、2302990200、2302990300、2302990400、2302990500、2302999900。

续20

行业代码	行业名称	产品目录代码
2319	包装装潢及其他印刷	2301019900、2301020401、2301020402、2301020403、2301020404、2301020499、2301020701、2301020702、2301020703、2301020704、2301020799、2301020801、2301020802、2301020803、2301020900、2301029900、2301030100、2301039900、2301040100、2301049900、2301990100、2301999900。
2320	装订及印刷相关服务	2303010100、2303010200、2303019900、2303020000、2303030000、3801021700。
2330	记录媒介复制	2304010101、2304010102、2304010201、2304010202、2304010301、2304010302、2304020101、2304020102、2304020201、2304020202、2304020301、2304020302、2304030100、2304030200、2304990000、2305010100、2305019900、2305020101、2305020199、2305020201、2305020202、2305020299、2305029900、2305030100、2305030200、2305039900、2305040000、2305990000、3801021800。
2411	文具制造	2401010101、2401010102、2401010199、2401010200、2401019900、2401020101、2401020102、2401020103、2401020199、2401020201、2401020202、2401020203、2401020204、2401020299、2401020301、2401020302、2401020303、2401020304、2401020305、2401020306、2401020399、2401020401、2401020402、2401020403、2401020499、2401020500、2401020601、2401020602、2401020699、2401029900、2401030101、2401030102、2401030199、2401030201、2401030202、2401030299、2401030300、2401039900、2401040101、2401040102、2401040103、2401040104、2401040105、2401040199、2401049900、2401050100、2401050200、2401050300、2401050400、2401059900、2401060101、2401060102、2401060199、2401060200、2401060300、2401060401、2401060402、2401060499、2401069900、2401070100、2401070200、2401070300、2401079900、2401080100、2401080200、2401080300、2401080400、2401080500、2401080600、2401089900。
2412	笔的制造	2402010101、2402010102、2402010103、2402010199、2402010201、2402010202、2402010203、2402010204、2402010205、2402010299、2402010301、2402010302、2402010303、2402010304、2402010399、2402010401、2402010402、2402010403、2402010404、2402010405、2402010406、2402010499、2402010501、2402010502、2402010503、2402010504、2402010505、2402010599、2402010601、2402010602、2402010699、2402019900、2402020100、2402020200、2402020300、2402020400、2402020500、2402020600、2402029900。
2413	教学用模型及教具制造	2401090100、2401090200、2401090300、2401090400、2401099900、2403010100、2403010200、2403010300、2403010400、2403010500、2403010600、2403010700、2403010800、2403010900、2403011000、2403011100、2403011200、2403011300、2403011400、2403011500、2403011600、2403011700、2403011800、2403011900、2403012000、2403012100、2403019900、2403020100、2403020200、2403020300、2403020400、2403020500、2403020600、2403020700、2403020800、2403020900、2403021000、2403021100、2403021200、2403021300、2403021400、2403021500、2403021600、2403021700、2403021800、2403021900、2403022000、2403022100、2403022200、2403022300、2403022400、2403029900、2403030100、2403030200、2403030300、2403039900、2403040101、2403040199、2403040201、2403040202、2403040203、2403040299、2403049900、2403990000、4104040400。
2414	墨水、墨汁制造	2404010101、2404010102、2404010103、2404010104、2404010105、2404010199、2404019901、2404019902、2404019903、2404019904、2404019999、2404020100、2404020200、2404020300、2404020401、2404020402、2404020403、2404020404、2404020405、2404020499、2404029900、2405010100、2405019900、2405020100、2405029900。

续 21

行业代码	行业名称	产品目录代码
2419	其他文教办公用品制造	2401100100、2401100200、2401100300、2401100400、2401109900、2401990000、3801021900、4127020100、4127020200、4127020300、4127020400、4127029900。
2421	中乐器制造	2407010101、2407010102、2407010103、2407010199、2407010201、2407010202、2407010203、2407010204、2407010205、2407010299、2407010301、2407010302、2407010303、2407010304、2407010399、2407010401、2407010402、2407010403、2407010404、2407010405、2407010499、2407019900。
2422	西乐器制造	2407020101、2407020102、2407020103、2407020104、2407020199、2407020201、2407020202、2407020203、2407020204、2407020205、2407020299、2407020301、2407020302、2407020303、2407020304、2407020399、2407020401、2407020402、2407020499、2407020500、2407029900。
2423	电子乐器制造	2407030100、2407030200、2407030300、2407030400、2407039900。
2429	其他乐器及零件制造	2407040100、2407040200、2407049900、2407050100、2407050200、2407050300、2407050400、2407050500、2407059900。
2431	雕塑工艺品制造	4201010101、4201010102、4201010103、4201010104、4201010105、4201010199、4201010200、4201010300、4201010400、4201010500、4201010601、4201010699、4201010700、4201010801、4201010802、4201010899、4201019900、4201020101、4201020102、4201020199、4201020200、4201020301、4201020302、4201020399、4201020400、4201029901、4201029902、4201029999、4201990000。
2432	金属工艺品制造	4202010100、4202010200、4202010300、4202019900、4202020000、4202030000、4202050101、4202050102、4202050199、4202050200、4202050300、4202050400、4202050500、4202059900、4202060100、4202069900、4202070000、4202080000、4202090000、4202100100、4202100200、4202100300、4202109900、4202110100、4202110200、4202119900、4202120100、4202129900、4202990000。
2433	漆器工艺品制造	4203010100、4203010200、4203010300、4203010400、4203019900、4203020100、4203020200、4203029900、4203030100、4203030200、4203039900、4203040100、4203040200、4203050100、4203059900、4203060000、4203070000、4203080000、4203990000。
2434	花画工艺品制造	4204010100、4204010200、4204010300、4204010400、4204019900、4204020101、4204020102、4204020103、4204020104、4204020105、4204020199、4204020301、4204020302、4204020399、4204020401、4204020499、4204020500、4204020601、4204020602、4204020603、4204020699、4204029900。
2435	天然植物纤维编织工艺品制造	4205010100、4205010200、4205010300、4205010400、4205010500、4205010600、4205010700、4205010800、4205019900。
2436	抽纱刺绣工艺品制造	1799050101、1799050102、1799050103、1799050199、1799050200、4206010100、4206010200、4206019900、4206020000、4206030100、4206030200、4206030300、4206039900、4206040100、4206040200、4206040300、4206040400、4206040500、4206040600、4206040700、4206049900、4206050100、4206050200、4206050300、4206050400、4206059900、4206990000。
2437	地毯、挂毯制造	4207010101、4207010102、4207010103、4207010199、4207010201、4207010202、4207010203、4207010299、4207010301、4207010399、4207019900、4207020101、4207020102、4207020199、4207020201、4207020202、4207020203、4207020299、4207020301、4207020302、4207020399、4207020401、4207020402、4207020403、4207020499、4207020501、4207020502、4207020599。
2438	珠宝首饰及有关物品制造	4202040100、4202040200、4202040300、4202049900、4208010101、4208010102、4208010103、4208010199、4208010201、4208010299、4208010301、4208010399、

续22

行业代码	行业名称	产品目录代码
2438	珠宝首饰及有关物品制造	4208010400、4208019900、4208020100、4208029900、4208030101、4208030102、4208030201、4208030202、4208030203、4208030301、4208030302、4208030400、4208030500、4208030600、4208039900。
2439	其他工艺美术品制造	3801024600、4205020000、4209010101、4209010199、4209010201、4209010299、4209020101、4209020102、4209020201、4209020202、4209020299、4209020300、4209030100、4209030200、4209030300、4209030400、4209039900、4209040100、4209040200、4209040300、4209040400、4209049900、4209050100、4209050200、4209059900、4209060100、4209060200、4209060300、4209060400、4209069900、4209070000、4209080000、4209090101、4209090102、4209090103、4209090104、4209090105、4209090106、4209090107、4209090199、4209090201、4209090202、4209090299、4209099901、4209099902、4209099999、4209990000。
2441	球类制造	2406010101、2406010102、2406010103、2406010104、2406010105、2406010106、2406010199、2406010201、2406010202、2406010203、2406010204、2406010205、2406010206、2406010207、2406010208、2406010299、2406010301、2406010302、2406010303、2406010304、2406010305、2406010306、2406010307、2406010308、2406010309、2406010310、2406010311、2406010312、2406010313、2406010314、2406010315、2406010316、2406010317、2406010318、2406010319、2406010399、2406019900。
2442	体育器材及配件制造	2406020101、2406020102、2406020103、2406020104、2406020105、2406020106、2406020199、2406020201、2406020202、2406020299、2406020300、2406020400、2406020500、2406029900、2406030101、2406030102、2406030103、2406030104、2406030105、2406030106、2406030107、2406030108、2406030109、2406030110、2406030111、2406030112、2406030199、2406030201、2406030202、2406030203、2406030204、2406030205、2406030206、2406030207、2406030208、2406030209、2406030299、2406030301、2406030302、2406030303、2406030304、2406030305、2406030306、2406030307、2406030308、2406030399、2406030401、2406030402、2406030403、2406030404、2406030499、2406030601、2406030602、2406030603、2406030604、2406030605、2406030606、2406030608、2406030699、2406030701、2406030702、2406030703、2406030799、2406030801、2406030802、2406030899、2406030901、2406030902、2406030903、2406030904、2406030999、2406031006、2406031007、2406031008、2406031009、2406031101、2406031102、2406031103、2406031199、2406031200、2406039900。
2443	训练健身器材制造	2406030607、2406040101、2406040102、2406040103、2406040104、2406040105、2406040106、2406040107、2406040108、2406040199、2406040200、2406040300、2406040400、2406040500、2406040600、2406040700、2406040800、2406040900、2406041000、2406041100、2406049900、2406050000。
2444	运动防护用具制造	2406060101、2406060102、2406060103、2406060104、2406060105、2406060106、2406060199、2406060201、2406060202、2406060203、2406060204、2406060299、2406060301、2406060302、2406060303、2406060304、2406060305、2406060306、2406060399、2406060401、2406060402、2406060403、2406060404、2406060405、2406060499、2406069900。
2449	其他体育用品制造	2406030609、2406031003、2406031004、2406031005、2406031006、2406031007、2406031008、2406031009、2406031099、2406031301、2406031302、2406031401、2406031402、2406031403、2406031404、2406070100、2406070200、2406070300、2406070400、2406070500、2406070600、2406079900、2406080101、2406080102、2406080103、2406080199、2406080201、2406080202、2406080299、2406089900、2406990000、2410070100、2410070200、3801022000。

续23

行业代码	行业名称	产品目录代码
2450	玩具制造	2408010100、2408010200、2408010300、2408010400、2408010500、2408019900、2408020000、2408030101、2408030102、2408030103、2408030199、2408030200、2408040101、2408040102、2408040103、2408040104、2408040199、2408040201、2408040202、2408040203、2408040299、2408050100、2408050200、2408050300、2408050400、2408059900、2408060100、2408060200、2408060300、2408069900、2408070000、2408080000、2408990000。
2461	露天游乐场所游乐设备制造	2409010100、2409010200、2409010300、2409010400、2409010500、2409010600、2409010700、2409019900、2409020100、2409020200、2409020300、2409020400、2409020500、2409020600、2409020700、2409029900、2409030100、2409039900、2409990000。
2462	游艺用品及室内游艺器材制造	2410010100、2410010200、2410019900、2410020100、2410020200、2410029900、2410030100、2410030200、2410030300、2410040100、2410040200、2410040300、2410049900、2410050100、2410050200、2410050300、2410060000、2410080100、2410080200、2410080300、2410080400、2410080500、2410089900、2410090100、2410090200、2410099900、2410100100、2410100200、2410109900。
2469	其他娱乐用品制造	2410990000。
2511	原油加工及石油制品制造	2501000000、2502010100、2502010201、2502010202、2502010203、2502010204、2502010205、2502010206、2502010207、2502010208、2502010209、2502010210、2502010211、2502010212、2502010299、2502019900、2502020100、2502020200、2502029900、2502030101、2502030102、2502030103、2502030104、2502030105、2502030106、2502030107、2502030108、2502030109、2502030110、2502030111、2502030112、2502030199、2502030200、2502039900、2502040100、2502040200、2502040300、2502040400、2502040500、2502040600、2502040700、2502040800、2502040900、2502041000、2502041100、2502041200、2502041300、2502041400、2502041500、2502041600、2502041700、2502041800、2502049900、2502050100、2502050200、2502059900、2502060100、2502060200、2502070100、2502070200、2502070300、2502079900、2502080100、2502080200、2502080300、2502080400、2502080500、2502080600、2502080700、2502080800、2502080900、2502081000、2502081100、2502089900、2502090000、2502100000、2502110101、2502110199、2502119900、2502120100、2502120201、2502120202、2502120203、2502120204、2502120299、2502129900、2502130101、2502130102、2502130201、2502130202、2502130203、2502130299、2502139900、2502990000、3801022100。
2512	人造原油制造	2503010000、2503020000、2503030101、2503030102、2503030103、2503030104、2503030199、2503030500、2503039900、2503040100、2503040200、2503049900。
2520	炼焦	2504011001、2504011002、2504011003、2504011099、2504012001、2504012002、2504012003、2504012004、2504012005、2504012099、2504020100、2504029900、3801022200。
2530	核燃料加工	2505000000、3801022300。
2611	无机酸制造	2601010101、2601010102、2601010201、2601010202、2601010300、2601010400、2601010501、2601010502、2601010601、2601010602、2601010603、2601010604、2601010699、2601010700、2601010800、2601010901、2601010902、2601010903、2601010999、2601011001、2601011002、2601011003、2601011099、2601011101、2601011102、2601011199、2601011200、2601011300、2601011400、2601011500、2601011600、2601011700、2601011800、2601011900、2601012000、2601012100、2601012200、2601012300、2601019900。

续24

行业代码	行业名称	产品目录代码
2612	无机碱制造	2601050100、2601050200、2601050300、2601060101、2601060102、2601060200、2601060300、2601060400、2601070100、2601070200、2601070300、2601070400、2601070500、2601070600、2601070700、2601070800、2601070900、2601071000、2601071100、2601071200、2601071300、2601071400、2601071500、2601071600、2601071700、2601079900。
2613	无机盐制造	2601040101、2601040102、2601040103、2601040104、2601040105、2601040106、2601040107、2601040108、2601040109、2601040110、2601040111、2601040112、2601040113、2601040199、2601040201、2601040202、2601040203、2601040204、2601040205、2601040206、2601040299、2601040301、2601040302、2601040303、2601040304、2601040305、2601040306、2601040307、2601040308、2601040309、2601040399、2601100101、2601100102、2601100103、2601100104、2601100105、2601100106、2601100107、2601100108、2601100109、2601100110、2601100111、2601100112、2601100113、2601100114、2601100199、2601100201、2601100202、2601100203、2601100204、2601100299、2601100301、2601100302、2601100303、2601100304、2601100305、2601100306、2601100307、2601100308、2601100309、2601100310、2601100311、2601100312、2601100313、2601100314、2601100315、2601100316、2601100317、2601100318、2601100319、2601100320、2601100321、2601100322、2601100323、2601100324、2601100325、2601100326、2601100327、2601100328、2601100399、2601100401、2601100402、2601100403、2601100404、2601100405、2601100406、2601100407、2601100408、2601100409、2601100410、2601100411、2601100412、2601100413、2601100414、2601100499、2601100501、2601100502、2601100503、2601100504、2601100599、2601100601、2601100602、2601100603、2601100699、2601110101、2601110102、2601110103、2601110104、2601110105、2601110106、2601110107、2601110108、2601110109、2601110110、2601110111、2601110112、2601110113、2601110199、2601110201、2601110202、2601110203、2601110299、2601120101、2601120102、2601120103、2601120104、2601120105、2601120106、2601120107、2601120108、2601120199、2601120201、2601120202、2601120203、2601120204、2601120205、2601120206、2601120207、2601120208、2601120209、2601120210、2601120211、2601120212、2601120213、2601120299、2601120301、2601120302、2601120303、2601120304、2601120305、2601120306、2601120399、2601120401、2601120402、2601120403、2601120404、2601120499、2601120501、2601120502、2601120503、2601120504、2601120505、2601120506、2601120599、2601120601、2601120602、2601120603、2601120701、2601120702、2601120801、2601120802、2601120901、2601120902、2601120903、2601120904、2601120999、2601121001、2601121002、2601121003、2601121004、2601121005、2601121006、2601121007、2601121008、2601121009、2601121010、2601121011、2601121012、2601121013、2601121014、2601121015、2601121099、2601121101、2601121102、2601121103、2601121104、2601121199、2601121201、2601121299、2601121301、2601121399、2601121400、2601129900、2601130101、2601130102、2601130103、2601130104、2601130105、2601130106、2601130107、2601130108、2601130109、2601130110、2601130199、2601130201、2601130202、2601130203、2601130204、2601130205、2601130206、2601130207、2601130208、2601130209、2601130210、2601130211、2601130299、2601130301、2601130302、2601130303、2601130304、2601130305、2601130306、2601130307、2601130308、2601130309、2601130310、2601130311、2601130312、2601130313、2601130314、2601130315、2601130316、2601130317、2601130318、2601130319、2601130320、2601130321、2601130322、2601130323、2601130324、2601130325、2601130326、2601130327、2601130399、2601130401、2601130402、2601130403、2601130404、

续 25

行业代码	行业名称	产品目录代码
2612	无机碱制造	2601130405、2601130406、2601130407、2601130408、2601130409、2601130499、2601130501、2601130502、2601130503、2601130504、2601130505、2601130506、2601130599、2601130601、2601130602、2601130603、2601130604、2601130605、2601130606、2601130699、2601130701、2601130702、2601130703、2601130704、2601130799、2601140101、2601140102、2601140103、2601140104、2601140105、2601140106、2601140107、2601140108、2601140109、2601140110、2601140199、2601140201、2601140202、2601140203、2601140299、2601140301、2601140302、2601140303、2601140399、2601150101、2601150102、2601150103、2601150104、2601150105、2601150106、2601150107、2601150108、2601150109、2601150110、2601150111、2601150112、2601150113、2601150114、2601150115、2601150116、2601150117、2601150118、2601150119、2601150120、2601150121、2601150122、2601150123、2601150124、2601150125、2601150199、2601150201、2601150202、2601150299、2601150301、2601150302、2601150399、2601150401、2601150402、2601150403、2601150404、2601150499、2601160100、2601160200、2601160300、2601160400、2601160500、2601160600、2601160700、2601160800、2601160900、2601169900、2601170101、2601170102、2601170103、2601170104、2601170105、2601170106、2601170107、2601170108、2601170199、2601170201、2601170202、2601170203、2601170299、2601180101、2601180102、2601180103、2601180104、2601180105、2601180106、2601180199、2601180201、2601180202、2601180203、2601180299、2601190101、2601190102、2601190103、2601190104、2601190105、2601190106、2601190107、2601190108、2601190109、2601190110、2601190111、2601190112、2601190113、2601190114、2601190199、2601190200、2601190301、2601190302、2601190303、2601190304、2601190305、2601190306、2601190399、2601200101、2601200102、2601200103、2601200104、2601200105、2601200106、2601200199、2601200201、2601200202、2601200203、2601200204、2601200205、2601200206、2601200207、2601200208、2601200299、2601210101、2601210102、2601210103、2601210104、2601210105、2601210199、2601210201、2601210202、2601210203、2601210204、2601210205、2601210206、2601210299、2601210301、2601210302、2601210303、2601210304、2601210399、2601220101、2601220102、2601220103、2601220104、2601220105、2601220106、2601220107、2601220108、2601220109、2601220110、2601220111、2601220112、2601220199、2601220201、2601220202、2601220203、2601220204、2601220205、2601220206、2601220207、2601220208、2601220209、2601220210、2601220211、2601220212、2601220213、2601220214、2601220215、2601220299、2601220300、2603030101、2603030102、2603030103、2603030104、2603030105、2603030106、2603030199、2603030201、2603030202、2603030203、2603030204、2603030205、2603030206、2603030299、2603030301、2603030302、2603030303、2603030399、2603039900、2603040101、2603040102、2603040103、2603040104、2603040105、2603040106、2603040107、2603040108、2603040109、2603040110、2603040111、2603040112、2603040113、2603040114、2603040115、2603040116、2603040199、2603040201、2603040299、2603040301、2603040399、2603040401、2603040402、2603040499、2603040501、2603040502、2603040599、2603040601、2603040699、2603049900、2603050101、2603050102、2603050103、2603050104、2603050105、2603050106、2603050199、2603050201、2603050202、2603050203、2603050204、2603050205、2603050206、2603050207、2603050299、2603050301、2603050302、2603050399。
2614	有机化学原料制造	1501020100、1501020300、1501029900、2503030200、2503030300、2602010101、2602010102、2602010103、2602010104、2602010105、2602010106、2602010107、2602010108、2602010199、2602010201、2602010202、2602010203、2602010204、

续26

行业代码	行业名称	产品目录代码
2614	有机化学原料制造	2602010205、2602010206、2602010207、2602010208、2602010209、2602010210、2602010211、2602010212、2602010299、2602020101、2602020102、2602020103、2602020104、2602020105、2602020106、2602020107、2602020108、2602020109、2602020110、2602020111、2602020199、2602020201、2602020202、2602020203、2602020204、2602020205、2602020206、2602020207、2602020208、2602020209、2602020210、2602020211、2602020212、2602020213、2602020214、2602020215、2602020216、2602020217、2602020218、2602020219、2602020220、2602020221、2602020222、2602020223、2602020224、2602020225、2602020226、2602020227、2602020299、2602030100、2602030200、2602030300、2602030400、2602030500、2602030600、2602030700、2602030800、2602030900、2602039900、2602040100、2602040200、2602040300、2602040400、2602040500、2602040600、2602049900、2602050100、2602050200、2602050300、2602050400、2602050500、2602050600、2602050700、2602050800、2602050900、2602051000、2602051100、2602051200、2602059900、2602060100、2602060200、2602060300、2602060400、2602060500、2602060600、2602060700、2602060800、2602060900、2602061000、2602061100、2602061200、2602061300、2602061400、2602061500、2602061600、2602061700、2602061800、2602069900、2602070100、2602070200、2602070300、2602070400、2602070500、2602070600、2602070700、2602079900、2602080100、2602080200、2602080300、2602080400、2602080500、2602080600、2602080700、2602080800、2602080900、2602081000、2602081100、2602081200、2602081300、2602081400、2602081500、2602081600、2602081700、2602081800、2602081900、2602082000、2602082100、2602082200、2602089900、2602090101、2602090102、2602090103、2602090104、2602090105、2602090106、2602090107、2602090108、2602090109、2602090110、2602090111、2602090112、2602090113、2602090114、2602090115、2602090116、2602090117、2602090118、2602090119、2602090120、2602090121、2602090122、2602090123、2602090199、2602090201、2602090202、2602090203、2602090204、2602090205、2602090206、2602090207、2602090208、2602090209、2602090210、2602090211、2602090212、2602090213、2602090214、2602090299、2602090301、2602090302、2602090303、2602090304、2602090305、2602090306、2602090399、2602099900、2602100101、2602100102、2602100103、2602100104、2602100105、2602100106、2602100107、2602100199、2602100201、2602100202、2602100203、2602100204、2602100299、2602110101、2602110102、2602110103、2602110104、2602110105、2602110106、2602110107、2602110108、2602110109、2602110110、2602110111、2602110112、2602110113、2602110114、2602110115、2602110199、2602110201、2602110202、2602110203、2602110204、2602110205、2602110299、2602110300、2602120101、2602120102、2602120103、2602120104、2602120199、2602120201、2602120202、2602120203、2602120204、2602120205、2602120206、2602120299、2602120301、2602120302、2602120303、2602120304、2602120399、2602130101、2602130102、2602130103、2602130104、2602130199、2602130201、2602130202、2602130203、2602130204、2602130299、2602130301、2602130302、2602130303、2602130304、2602130305、2602130306、2602130307、2602130308、2602130399、2602130401、2602130402、2602130403、2602130404、2602130405、2602130406、2602130499、2602130501、2602130502、2602130503、2602130599、2602130601、2602130602、2602130603、2602130701、2602130702、2602130703、2602130704、2602130705、2602130706、2602130707、2602130708、2602130801、2602130802、2602130803、2602130901、2602130902、2602130903、2602130904、2602130905、2602130906、2602130907、2602130999、2602131001、2602131002、2602131003、2602131099、2602131101、2602131102、2602131103、2602131201、2602131202、2602131203、2602131301、2602131302、2602131303、

续 27

行业代码	行业名称	产品目录代码
2614	有机化学原料制造	2602131401、2602131402、2602131403、2602131501、2602131502、2602131503、2602131601、2602131602、2602131603、2602131604、2602131605、2602131606、2602131607、2602131608、2602131609、2602131699、2602131701、2602131702、2602131703、2602131799、2602131801、2602131802、2602131803、2602131901、2602131902、2602131903、2602131904、2602131905、2602131906、2602131907、2602131908、2602131909、2602131910、2602131999、2602132001、2602132002、2602132003、2602132099、2602132101、2602132102、2602132103、2602132199、2602132201、2602132202、2602132203、2602132301、2602132302、2602132303、2602132304、2602132399、2602132400、2602132501、2602132502、2602132601、2602132602、2602132603、2602132701、2602132702、2602132703、2602132801、2602132802、2602132803、2602132901、2602132902、2602132903、2602133001、2602133002、2602133099、2602140101、2602140102、2602140103、2602140104、2602140105、2602140106、2602140107、2602140108、2602140109、2602140110、2602140111、2602140112、2602140199、2602140201、2602140202、2602140203、2602140204、2602140205、2602140299、2602140301、2602140302、2602140399、2602140401、2602140402、2602140403、2602140404、2602140405、2602140406、2602140407、2602140408、2602140409、2602140410、2602140411、2602140412、2602140413、2602140414、2602140415、2602140416、2602140417、2602140418、2602140419、2602140420、2602140421、2602140422、2602140499、2602140501、2602140502、2602140503、2602140599、2602140601、2602140602、2602140603、2602140604、2602140605、2602140606、2602140607、2602140608、2602140609、2602140610、2602140611、2602140612、2602140699、2602140701、2602140702、2602140703、2602140704、2602140705、2602140706、2602140707、2602140799、2602140801、2602140802、2602140803、2602140804、2602140805、2602140806、2602140807、2602140808、2602140809、2602140810、2602140811、2602140899、2602140901、2602140902、2602140903、2602140904、2602140905、2602140906、2602140907、2602140908、2602140909、2602140910、2602140911、2602140912、2602140913、2602140914、2602140915、2602140916、2602140917、2602140918、2602140919、2602140920、2602140921、2602140922、2602140923、2602140924、2602140925、2602140999、2602150101、2602150102、2602150103、2602150104、2602150199、2602150201、2602150202、2602159900、2602160100、2602160200、2602160300、2602160400、2602160500、2602160600、2602160700、2602160800、2602160900、2602161000、2602161100、2602161200、2602161300、2602161400、2602161500、2602161600、2602161700、2602161800、2602161900、2602162000、2602162100、2602162200、2602162300、2602162400、2602162500、2602162600、2602162700、2602162800、2602162900、2602163000、2602163100、2602163200、2602169900、2602170100、2602170200、2602170300、2602170400、2602170500、2602170600、2602170700、2602170800、2602179900、2602180100、2602180200、2602180300、2602189900、2602190100、2602190200、2602190300、2602199900、2602200100、2602200200、2602200300、2602200400、2602200500、2602200600、2602200700、2602200800、2602200900、2602201000、2602201100、2602201200、2602201300、2602201400、2602201500、2602201600、2602201700、2602201800、2602201900、2602202000、2602202100、2602202200、2602202300、2602202400、2602209900、2602210100、2602210200、2602210300、2602219900、2602220100、2602220200、2602220300、2602220400、2602220500、2602229900、2602230100、2602230200、2602230300、2602239900、2602240100、2602249900、2602250100、2602250200、2602250300、2602250400、2602250500、2602250600、2602250700、2602250800、2602250900、2602251000、2602251100、2602251200、2602251300、2602251400、2602251500、2602251600、2602251700、2602251800、2602251900、

续28

行业代码	行业名称	产品目录代码
2614	有机化学原料制造	2602252000、2602252100、2602252200、2602252300、2602252400、2602252500、2602252600、2602252700、2602252800、2602252900、2602253000、2602253100、2602253200、2602253300、2602253400、2602253500、2602259900、2602260100、2602260200、2602260300、2602269900、2602270100、2602270200、2602270300、2602270400、2602270500、2602270600、2602270700、2602270800、2602270900、2602271000、2602271101、2602271102、2602279900、2602280101、2602280102、2602280103、2602280104、2602280105、2602280106、2602280107、2602280108、2602280109、2602280110、2602280111、2602280112、2602280113、2602280199、2602280201、2602280202、2602280203、2602280299、2602280301、2602280302、2602280303、2602280304、2602280399、2602290100、2602290200、2602290300、2602290400、2602299900、2602300100、2602300200、2602310100、2602310200、2602310300、2602310400、2602310500、2602310600、2602310700、2602319900、2602320100、2602329900、2603070101、2603070102、2603070103、2603070104、2603070105、2603070106、2603070107、2603070108、2603070199、2603070201、2603070202、2603070203、2603070299、2603070301、2603070302、2603070303、2603070304、2603070305、2603070306、2603070307、2603070308、2603070399、2603070401、2603070402、2603070403、2603070404、2603070405、2603070406、2603070407、2603070408、2603070499。
2619	其他基础化学原料制造	2503030400、2601020101、2601020199、2601020201、2601020202、2601020203、2601020299、2601020301、2601020399、2601020401、2601020402、2601020403、2601020499、2601020501、2601020599、2601020601、2601020602、2601020700、2601029900、2601030000、2601080100、2601080200、2601080300、2601080401、2601080402、2601080499、2601080501、2601080502、2601080503、2601080599、2601080601、2601080602、2601080700、2601080801、2601080899、2601080901、2601080999、2601081001、2601081002、2601081003、2601081099、2601081100、2601081201、2601081299、2601081300、2601081400、2601081500、2601081601、2601081699、2601081701、2601081799、2601081801、2601081802、2601081803、2601081804、2601081899、2601081901、2601081902、2601089900、2601090100、2601090200、2601090300、2601090400、2601090500、2601090600、2601090700、2601090801、2601090802、2601090899、2601099900、2603010201、2603010299、2603010301、2603010302、2603010399、2603020100、2603020201、2603020299、2603020301、2603020399、2603020401、2603020402、2603020500、2603020600、2603060101、2603060102、2603060103、2603060104、2603060105、2603060199、2603060201、2603060202、2603060203、2603060204、2603060205、2603060299、2603060301、2603060302、3801022400。
2621	氮肥制造	2604010100、2604010200、2604110100、2604110200、2604110300、2604110400、2604110500、2604110600、2604110700、2604119900。
2622	磷肥制造	2604120100、2604120200、2604120300、2604120400、2604129900、2604220101、2604220102。
2623	钾肥制造	2604130101、2604130102、2604130103、2604130104、2604130199、2604139900。
2624	复混肥料制造	2604120500、2604220103、2604220104、2604220105、2604220106、2604220107、2604220199、2604220201、2604220202、2604220203、2604220299。
2625	有机肥料及微生物肥料制造	2605010100、2605010200、2605019900、2605020101、2605020102、2605020201、2605020202、2605020203、2605020204、2605020205、2605020206、2605020300、2605020400、2605029900、2605030100、2605030200、2605030300、2605030400、2605030500、2605030600、2605030700、2605039900。

续 29

行业代码	行业名称	产品目录代码
2629	其他肥料制造	2604200100、2604200200、2604200300、2604209900、2604210100、2604210200、2604210300、2604210400、2604210500、2604210600、2604219900。
2631	化学农药制造	2606010101、2606010102、2606010103、2606010104、2606010105、2606010106、2606010107、2606010108、2606010109、2606010199、2606010201、2606010202、2606010203、2606010204、2606010205、2606010206、2606010207、2606010299、2606010301、2606010302、2606010303、2606010304、2606010305、2606010306、2606010307、2606010308、2606010309、2606010310、2606010399、2606010400、2606010500、2606019900、2606020000。
2632	生物化学农药及微生物农药制造	2607010100、2607010200、2607010300、2607010400、2607020000。
2641	涂料制造	2608010101、2608010102、2608010103、2608010104、2608010105、2608010106、2608010107、2608010199、2608010201、2608010202、2608010203、2608010204、2608010299、2608010301、2608010302、2608010303、2608010304、2608010305、2608010306、2608010399、2608010401、2608010402、2608010403、2608010404、2608010405、2608010406、2608010499、2608010501、2608010502、2608010503、2608010504、2608010505、2608010506、2608010507、2608010599、2608010601、2608010602、2608010603、2608010604、2608010605、2608010606、2608010699、2608010701、2608010702、2608010703、2608010704、2608010705、2608010706、2608010707、2608010799、2608010801、2608010802、2608010803、2608010804、2608010805、2608010806、2608010899、2608010901、2608010902、2608010903、2608010904、2608010905、2608010906、2608010907、2608010999、2608011001、2608011002、2608011003、2608011004、2608011099、2608011100、2608020101、2608020102、2608020103、2608020104、2608020105、2608020106、2608020107、2608020108、2608020109、2608020110、2608020199、2608020201、2608020202、2608020203、2608020204、2608020205、2608020206、2608020207、2608020208、2608020299、2608020301、2608020302、2608020303、2608020304、2608020305、2608020306、2608020307、2608020308、2608020309、2608020310、2608020311、2608020312、2608020399、2608020401、2608020402、2608020403、2608020404、2608020405、2608020406、2608020407、2608020408、2608020409、2608020499、2608020501、2608020502、2608020503、2608020504、2608020505、2608020506、2608020507、2608020508、2608020509、2608020599、2608020601、2608020602、2608020603、2608020604、2608020605、2608020606、2608020607、2608020608、2608020609、2608020610、2608020611、2608020699、2608020701、2608020702、2608020703、2608020704、2608020705、2608020706、2608020707、2608020708、2608020709、2608020710、2608020711、2608020712、2608020799、2608020801、2608020802、2608020803、2608020804、2608020805、2608020806、2608020899、2608020901、2608020902、2608020903、2608020904、2608020905、2608020906、2608020907、2608020908、2608020909、2608020910、2608020911、2608020999、2608021001、2608021002、2608021003、2608021004、2608021099、2608021100、2608030100、2608030201、2608030202、2608030203、2608030204、2608030299、2608030300、2608030401、2608030402、2608030499、2608039900、2608040100、2608040200、2608040300、2608040400、2608040500、2608040600、2608040700、2608049900。
2642	油墨及类似产品制造	2609010101、2609010102、2609010103、2609010104、2609010105、2609010106、2609010199、2609010201、2609010202、2609010203、2609010204、2609010205、2609010206、2609010299、2609020101、2609020102、2609020103、2609020104、2609020105、2609020106、2609020107、2609020199、2609020201、2609020202、2609020203、2609020299。

续30

行业代码	行业名称	产品目录代码
2643	颜料制造	2610010100、2610010200、2610010300、2610010400、2610010500、2610010600、2610010700、2610010800、2610010900、2610011000、2610011100、2610011200、2610011300、2610011400、2610011500、2610019900、2610030100、2610030201、2610030202、2610030203、2610030300、2610030400、2610030500、2610039900、2610040100、2610040200、2610040300、2610040400、2610049900、2610050100、2610050200、2610050300、2610050400、2610050500、2610050600、2610050700、2610059900、2610060101、2610060102、2610060201、2610060202、2610060203、2610060301、2610060302、2610060401、2610060402、2610060500、2610060600、2610069900、2610070000。
2644	染料制造	2610020100、2610020200、2610020300、2610020400、2610020501、2610020502、2610029900、2611010101、2611010102、2611010103、2611010199、2611010201、2611010202、2611010203、2611010204、2611010205、2611010206、2611010299、2611010301、2611010302、2611010303、2611010304、2611010305、2611010306、2611010307、2611010399、2611010401、2611010402、2611010403、2611010404、2611010499、2611010501、2611010502、2611010503、2611010504、2611010505、2611010506、2611010507、2611010508、2611010599、2611010601、2611010602、2611010603、2611010604、2611010605、2611010606、2611010607、2611010608、2611010609、2611010610、2611010699、2611010701、2611010702、2611010703、2611010704、2611010705、2611010799、2611010801、2611010802、2611010803、2611010804、2611010805、2611010806、2611010899、2611010901、2611010902、2611010903、2611010999、2611011000、2611019900、2611020101、2611020102、2611020199、2611020201、2611020202、2611020203、2611020204、2611020299、2611020301、2611020302、2611020303、2611020304、2611020305、2611020306、2611020307、2611020308、2611020309、2611020310、2611020399、2611020400、2611020500、2611029900。
2645	密封用填料及类似品制造	2612010101、2612010102、2612010103、2612010104、2612010105、2612010106、2612010107、2612010108、2612010109、2612010199、2612010201、2612010202、2612010203、2612010299、2612020101、2612020199、2612030100、2612030200、2612030300、2612030400、2612039900。
2651	初级形态塑料及合成树脂制造	2613010101、2613010102、2613010103、2613010104、2613010105、2613010106、2613010199、2613010201、2613010202、2613010203、2613010204、2613010299、2613010301、2613010302、2613010303、2613010399、2613010401、2613010402、2613010403、2613010404、2613010405、2613010406、2613010407、2613010408、2613010409、2613010410、2613010499、2613010501、2613010502、2613010599、2613010601、2613010602、2613010699、2613010701、2613010702、2613010703、2613010704、2613010799、2613010801、2613010802、2613010803、2613010899、2613010900、2613011000、2613011100、2613011201、2613011202、2613011203、2613011299、2613011300、2613011401、2613011499、2613011500、2613011600、2613011700、2613011800、2613011900、2613012001、2613012002、2613012003、2613012004、2613012099、2613012100、2613012200、2613012300、2613012400、2613012500、2613012600、2613012700、2613019900。
2652	合成橡胶制造	2613020101、2613020102、2613020103、2613020104、2613020199、2613020201、2613020202、2613020203、2613020204、2613020299、2613020301、2613020302、2613020401、2613020402、2613020403、2613020501、2613020502、2613020601、2613020602、2613020603、2613020701、2613020702、2613020703、2613020801、2613020802、2613020901、2613020902、2613020903、2613021001、2613021002、2613021003、2613021101、2613021102、2613029900。

续 31

行业代码	行业名称	产品目录代码
2653	合成纤维单（聚合）体制造	2613030100、2613030200、2613030300、2613030400、2613030500、2613030600、2613039900、2613040100、2613040200、2613040301、2613040399、2613049900。
2659	其他合成材料制造	2613050101、2613050102、2613050103、2613050201、2613050202、2613050203、2613060101、2613060102、2613060103、2613060104、2613060105、2613060106、2613060107、2613060199、2613060201、2613060202、2613060299、2613060300、2613060400、2613060500、2613069900、2613080100、2613080200、261308[illegible]、2613080400、2613080500、2613080600、2613089900、2615050101、2615050102、2615050103、2615050104、2615050199、2615050201、2615050202、2615050203、2615050299、2615050301、2615050302、2615050303、2615050304、2615050399、2615050400、2615059900、2615060101、2615060102、2615060103、2615060199、2615060201、2615060202、2615060299、2615060301、2615060302、2615060303、2615060399、2615060400、2615060500、2615060600、2615069900。
2661	化学试剂和助剂制造	2614010100、2614010200、2614010300、2614010400、2614010500、2614010600、2614010700、2614010800、2614010900、2614019900、2614020101、2614020102、2614020103、2614020104、2614020105、2614020106、2614020107、2614020108、2614020109、2614020110、2614020111、2614020112、2614020113、2614020114、2614020199、2614020201、2614020202、2614020203、2614020204、2614020205、2614020206、2614020207、2614020208、2614020209、2614020210、2614020211、2614020212、2614020213、2614020214、2614020215、2614020216、2614020299、2614020301、2614020302、2614020303、2614020304、2614020305、2614020306、2614020307、2614020308、2614020399、2614020401、2614020402、2614020403、2614020404、2614020405、2614020406、2614020407、2614020408、2614020409、2614020410、2614020411、2614020412、2614020413、2614020414、2614020415、2614020416、2614020417、2614020418、2614020419、2614020499、2614020501、2614020502、2614020503、2614020504、2614020505、2614020506、2614020507、2614020508、2614020509、2614020510、2614020511、2614020512、2614020513、2614020514、2614020515、2614020599、2614020601、2614020602、2614020603、2614020604、2614020605、2614020606、2614020607、2614020608、2614020609、2614020610、2614020699、2614029900、2614030100、2614030200、2614030300、2614030400、2614030500、2614030600、2614030700、2614030800、2614030900、2614039900、2614040101、2614040102、2614040103、2614040104、2614040105、2614040106、2614040107、2614040108、2614040109、2614040110、2614040111、2614040112、2614040113、2614040114、2614040115、2614040116、2614040117、2614040118、2614040199、2614040200、2614040301、2614040302、2614040303、2614040399、2614049900、2614050000、2614060101、2614060102、2614060103、2614060104、2614060105、2614060106、2614060107、2614060108、2614060109、2614060110、2614060111、2614060112、2614060199、2614060201、2614060202、2614060203、2614060204、2614060205、2614060206、2614060207、2614060208、2614060209、2614060299、2614070100、2614070200、2614070300、2614070400、2614070500、2614070600、2614070700、2614079900、2614080100、2614080200、2614080300、2614080400、2614080500、2614089900、2614090101、2614090102、2614090201、2614090202、2614090203、2614090299、2614100100、2614100200、2614100300、2614100400、2614109900、2614120101、2614120102、2614120103、2614120104、2614120105、2614120106、2614120199、2614129900、2614130101、2614130102、2614130199、2614130201、2614130202、2614130299、2614130300、2614130400、2614130500、2614139900、2614140000、2620010100、2620010200、2620010300、2620010400、2620019900。

续32

行业代码	行业名称	产品目录代码
2662	专项化学用品制造	2614110101、2614110102、2614110103、2614110104、2614110105、2614110199、2614110201、2614110202、2614110203、2614110204、2614110205、2614110206、2614110207、2614110208、2614110209、2614110299、2614110300、2614110400、2614119900、2615010101、2615010102、2615010103、2615010199、2615010201、2615010299、2615010300、2615010401、2615010402、2615010499、2615010501、2615010502、2615010503、2615010504、2615010505、2615010506、2615010599、2615010601、2615010602、2615010699、2615010700、2615010800、2615020101、2615020199、2615020201、2615020202、2615020203、2615020204、2615020205、2615020206、2615020207、2615020208、2615020209、2615020210、2615020211、2615020212、2615020213、2615020214、2615020215、2615020216、2615020299、2615020301、2615020302、2615020303、2615020304、2615020305、2615020306、2615020307、2615020308、2615020399、2615020400、2615020500、2615029900、2615030101、2615030102、2615030103、2615030199、2615030200、2615030301、2615030302、2615030399、2615030400、2615040101、2615040102、2615040103、2615040104、2615040105、2615040106、2615040107、2615040108、2615040109、2615040110、2615040111、2615040112、2615040113、2615040114、2615040115、2615040199、2615040201、2615040299、2615070101、2615070102、2615070103、2615070104、2615070199、2615070201、2615070202、2615070203、2615070299、2615070301、2615070302、2615070303、2615070304、2615070399、2615070401、2615070402、2615070499、2615070501、2615070502、2615070503、2615070504、2615070505、2615070506、2615070507、2615070508、2615070509、2615070510、2615070511、2615070512、2615070513、2615070514、2615070515、2615070599、2615080100、2615080200、2615080300、2615080400、2615080500、2615080600、2615080700、2615080800、2615089900、2615090100、2615090200、2615090300、2615090400、2615090500、2615099900、2615100100、2615100200、2615100300、2615109900、2615110100、2615110200、2615119900、2615990000、2622030101、2622030102、2622030103、2622030104、2622030105、2622030106、2622030107、2622030199、2622030201、2622030202、2622030203、2622030299、2622030300、2622039900、3654040100、3654040200。
2663	林产化学产品制造	1501020200、2603010101、2603010102、2616010101、2616010102、2616010103、2616010104、2616010199、2616010201、2616010202、2616010203、2616010204、2616010205、2616010206、2616010207、2616010299、2616020101、2616020102、2616020103、2616020199、2616020201、2616020202、2616020203、2616020204、2616020299、2616020301、2616020302、2616020303、2616020399、2616020400、2616020500、2616020600、2616020700、2616029900、2616030100、2616030200、2616039900、2616040100、2616040200、2616050100、2616050200、2616060100、2616060200、2616060300、2616060400、2616069900、2616070101、2616070102、2616070201、2616070202、2616070203、2616070204、2616070299、2616080101、2616080102、2616080103、2616080104、2616080199、2616080201、2616080202、2616080203、2616080301、2616080302、2616080303、2616080399、2616090100、2616099900、2616100000、2616110000、2616120000、2616990000。
2664	信息化学品制造	2618010101、2618010102、2618010201、2618010202、2618010203、2618010204、2618010205、2618010301、2618010302、2618010303、2618010399、2618010401、2618010402、2618010403、2618010404、2618010499、2618010501、2618010502、2618010503、2618010599、2618010601、2618010602、2618010699、2618010701、2618010702、2618010799、2618010801、2618010899、2618019900、2618020101、2618020102、2618020201、2618020202、2618020301、2618020302、2618030100、

续33

行业代码	行业名称	产品目录代码
2664	信息化学品制造	2618030200、2618039900、2618040101、2618040102、2618040103、2618040104、2618040105、2618040106、2618040107、2618040108、2618040109、2618040110、2618040111、2618040112、2618040113、2618040114、2618040115、2618040116、2618040199、2618040200、2618050101、2618050102、2618050103、2618050201、2618050202、2618050203、2618050300、2618059900、2618060100、2618069900、2618070100、2618070200、2618079900、2618080000、2618090100、2618090200、2618090301、2618090302、2618090400、2618090500、2618090600、2618090700、2618090800、2618090900、2618091000、2618099900、2618990000。
2665	环境污染处理专用药剂材料制造	2619010101、2619010102、2619010103、2619010104、2619010105、2619010199、2619010201、2619010202、2619010203、2619010204、2619010299、2619010301、2619010302、2619010303、2619010304、2619010305、2619010306、2619010307、2619010399、2619010401、2619010402、2619010403、2619010499、2619010501、2619010502、2619010503、2619010504、2619010505、2619010506、2619010599、2619010601、2619010602、2619010603、2619010699、2619010701、2619010702、2619010703、2619010799、2619020101、2619020102、2619020103、2619020104、2619020105、2619020106、2619020199、2619020201、2619020202、2619020299、2619020301、2619020302、2619020303、2619020399、2619029900、2619030100、2619030200、2619030300、2619030400、2619039900、2619040101、2619040102、2619040201、2619040202、2619040203、2619040204、2619040205、2619040299、2619050100、2619050200、2619050300、2619050400。
2666	动物胶制造	2620020100、2620020200、2620020300、2620020400、2620020500、2620020600、2620029900、2620030100、2620030200、2620039900。
2669	其他专用化学产品制造	2613070101、2613070102、2613070103、2613070104、2613070105、2613070106、2613070107、2613070108、2613070199、2613070201、2613070202、2613070203、2613070204、2613070299、2613070301、2613070302、2613070303、2613070304、2613070399、2613070401、2613070402、2613070499、2613070500、2613079900、2614060301、2614060302、2614060303、2614060304、2614060305、2614060306、2614060307、2614060399、2621010101、2621010102、2621010103、2621010199、2621010200、2621010301、2621010302、2621010303、2621010399、2621020100、2621020200、2621020300、2621020400、2621020500、2621029900、3801022500。
2671	炸药及火工产品制造	2617010100、2617010201、2617010202、2617010299、2617010301、2617010302、2617010399、2617020101、2617020102、2617020103、2617020199、2617020200、2617020300、2617020400、2617029900、2617030101、2617030102、2617030103、2617030104、2617030105、2617030106、2617030199、2617030201、2617030202、2617030203、2617030204、2617030205、2617030206、2617030299、2617030301、2617030302、2617030303、2617030304、2617030399、2617030401、2617030402、2617040100、2617040200、2617040300、2617040400、2617040500、2617040600、2617040700、2617049900。
2672	焰火、鞭炮产品制造	2617050101、2617050102、2617050103、2617050104、2617050105、2617050106、2617050107、2617050108、2617050199、2617050201、2617050202、2617050203、2617050299、2617059900、2617060100、2617060201、2617060202、2617060203、2617060204、2617060205、2617060299、2617060300、2617069900。
2681	肥皂及合成洗涤剂制造	2622010101、2622010102、2622010199、2622010201、2622010202、2622010299、2622010300、2622019900、2622020101、2622020102、2622020103、2622020199、2622020201、2622020202、2622020203、2622020299、2622020300、2622020400、2622029900、2623010200、2623010401、2623010402、2623010499。

续 34

行业代码	行业名称	产品目录代码
2682	化妆品制造	2623010100、2623010300、2623010500、2623010600、2623010700、2623010800、2623010900、2623019900、2623020100、2623020200、2623020300、2623020400、2623020500、2623020600、2623020700、2623020800、2623020900、2623029900、2623030100、2623030200、2623030300、2623030400、2623030500、2623039900、2623040100、2623040200、2623040300、2623040400、2623040500、2623049900。
2683	口腔清洁用品制造	2624010100、2624010200、2624010300、2624010400、2624010500、2624019900、2624020100、2624020200、2624020300、2624020400、2624020500、2624020600、2624029900、2624990000。
2684	香料、香精制造	2625010101、2625010102、2625010103、2625010104、2625010105、2625010106、2625010107、2625010108、2625010109、2625010110、2625010111、2625010112、2625010113、2625010114、2625010115、2625010116、2625010117、2625010118、2625010119、2625010120、2625010121、2625010122、2625010123、2625010199、2625010201、2625010202、2625010203、2625010204、2625010205、2625010206、2625010207、2625010208、2625010209、2625010299、2625019901、2625019999、2625020100、2625029900、2625030100、2625030200、2625030300、2625030400、2625030500、2625030600、2625030700、2625030800、2625030900、2625031000、2625031100、2625031200、2625031300、2625031400、2625031500、2625031600、2625031700、2625039900、2626010000、2626020000、2626030000、2626040000、2626050000、2626990000。
2689	其他日用化学产品制造	2699010100、2699010200、2699010300、2699010400、2699020100、2699020200、2699020300、2699020400、2699020500、2699020600、2699020700、2699020800、2699029900、2699030100、2699030200、2699039900、2699040101、2699040199、2699040200、2699049900、2699050100、2699050200、2699059900、2699060100、2699069900、2699990000、3801022600、4212030100、4212030200、4212030300、4212039900。
2710	化学药品原料药制造	2701010101、2701010102、2701010103、2701010104、2701010105、2701010106、2701010107、2701010108、2701010109、2701010110、2701010111、2701010112、2701010113、2701010199、2701010201、2701010202、2701010203、2701010299、2701010301、2701010302、2701010303、2701010304、2701010305、2701010306、2701010307、2701010308、2701010309、2701010310、2701010311、2701010312、2701010313、2701010314、2701010315、2701010316、2701010317、2701010318、2701010399、2701010401、2701010402、2701010403、2701010499、2701010501、2701010502、2701010503、2701010504、2701010599、2701010601、2701010602、2701010603、2701010604、2701010605、2701010606、2701010607、2701010608、2701010609、2701010699、2701010701、2701010702、2701010703、2701010704、2701010705、2701010706、2701010799、2701010801、2701010802、2701010803、2701010804、2701010805、2701010899、2701019900、2701020101、2701020102、2701020103、2701020104、2701020199、2701020201、2701020202、2701020203、2701020204、2701020205、2701020299、2701020301、2701020302、2701020303、2701020304、2701020305、2701020306、2701020400、2701029900、2701030101、2701030102、2701030103、2701030104、2701030105、2701030106、2701030107、2701030199、2701030201、2701030202、2701030203、2701030204、2701030205、2701030299、2701030301、2701030302、2701030303、2701030304、2701030305、2701030306、2701030307、2701030308、2701030399、2701030401、2701030402、2701030403、2701030404、2701030405、2701030499、2701030501、2701030502、2701030599、2701030601、2701030602、2701030603、2701030699、2701030701、2701030702、2701030799、2701030800、2701039900、2701040100、2701040201、2701040202、2701040203、2701040204、2701040300、2701040400、2701040500、

续 35

行业代码	行业名称	产品目录代码
2710	化学药品原料药制造	2701040600、2701049900、2701050101、2701050102、2701050103、2701050104、2701050105、2701050106、2701050199、2701050201、2701050202、2701050203、2701050204、2701050299、2701050301、2701050302、2701050303、2701050304、2701050399、2701050401、2701050402、2701050403、2701050404、2701050405、2701050499、2701050501、2701050502、2701050503、2701050599、2701059900、2701060101、2701060102、2701060103、2701060104、2701060105、2701060106、2701060199、2701060201、2701060202、2701060203、2701060204、2701060205、2701060206、2701060207、2701060299、2701060301、2701060302、2701060303、2701060304、2701060305、2701060399、2701069900、2701070000、2701080101、2701080102、2701080103、2701080199、2701080201、2701080202、2701080203、2701080204、2701080299、2701080301、2701080302、2701080303、2701080304、2701080305、2701080306、2701080399、2701080400、2701080501、2701080502、2701080503、2701080504、2701080505、2701080506、2701080507、2701080508、2701080509、2701080510、2701080511、2701080512、2701080513、2701080599、2701080601、2701080602、2701080603、2701080604、2701080605、2701080606、2701080607、2701080608、2701080609、2701080610、2701080611、2701080612、2701080613、2701080614、2701080615、2701080616、2701080617、2701080618、2701080619、2701080620、2701080621、2701080622、2701080623、2701080624、2701080625、2701080626、2701080627、2701080628、2701080629、2701080630、2701080631、2701080632、2701080633、2701080634、2701080635、2701080636、2701080637、2701080638、2701080699、2701089900、2701090101、2701090102、2701090103、2701090104、2701090105、2701090106、2701090107、2701090108、2701090109、2701090110、2701090199、2701090201、2701090202、2701090203、2701090204、2701090205、2701090206、2701090207、2701090208、2701090209、2701090299、2701090301、2701090302、2701090303、2701090304、2701090305、2701090306、2701090307、2701090308、2701090309、2701090310、2701090311、2701090312、2701090313、2701090314、2701090315、2701090316、2701090317、2701090318、2701090319、2701090399、2701100101、2701100102、2701100103、2701100104、2701100105、2701100106、2701100107、2701100108、2701100109、2701100110、2701100111、2701100112、2701100113、2701100114、2701100199、2701100201、2701100202、2701100203、2701100299、2701100301、2701100302、2701100303、2701100304、2701100399、2701100401、2701100402、2701100403、2701100404、2701100405、2701100406、2701100499、2701100501、2701100502、2701100503、2701100504、2701100505、2701100506、2701100507、2701100508、2701100509、2701100510、2701100511、2701100512、2701100513、2701100514、2701100515、2701100516、2701100599、2701109900、2701110101、2701110102、2701110103、2701110104、2701110105、2701110106、2701110199、2701110201、2701110202、2701110203、2701110299、2701110301、2701110302、2701110303、2701110399、2701110401、2701110402、2701110403、2701110404、2701110405、2701110406、2701110407、2701110499、2701110501、2701110502、2701110503、2701110504、2701110505、2701110506、2701110507、2701110508、2701110509、2701110510、2701110511、2701110512、2701110513、2701110599、2701110601、2701110602、2701110603、2701110699、2701120101、2701120102、2701120103、2701120104、2701120105、2701120106、2701120107、2701120108、2701120109、2701120110、2701120199、2701120201、2701120202、2701120299、2701120301、2701120399、2701120401、2701120402、2701120403、2701120499、2701129900、2701130101、2701130102、2701130103、2701130104、2701130105、2701130106、2701130107、2701130108、2701130199、2701130201、2701130202、2701130203、2701130204、2701130299、2701130301、2701130302、2701130303、2701130304、

续36

行业代码	行业名称	产品目录代码
2710	化学药品原料药制造	2701130305、2701130399、2701139900、2701140101、2701140102、2701140103、2701140104、2701140199、2701140201、2701140202、2701140203、2701140204、2701140205、2701140206、2701140207、2701140208、2701140209、2701140210、2701140211、2701140212、2701140213、2701140214、2701140299、2701140301、2701140302、2701140399、2701149900、2701150101、2701150102、2701150103、2701150104、2701150105、2701150106、2701150107、2701150108、2701150109、2701150110、2701150199、2701150201、2701150202、2701150203、2701150204、2701150299、2701150301、2701150302、2701150399、2701150401、2701150402、2701150403、2701150404、2701150405、2701150406、2701150407、2701150408、2701150409、2701150410、2701150411、2701150412、2701150413、2701150414、2701150415、2701150416、2701150417、2701150418、2701150419、2701150499、2701150500、2701150600、2701159900、2701160101、2701160102、2701160103、2701160104、2701160105、2701160199、2701160201、2701160202、2701160299、2701160301、2701160302、2701160303、2701160304、2701160305、2701160306、2701160307、2701160308、2701160309、2701160310、2701160311、2701160312、2701160313、2701160314、2701160315、2701160316、2701160317、2701160318、2701160319、2701160320、2701160321、2701160322、2701160323、2701160324、2701160325、2701160326、2701160327、2701160399、2701169900、2701170101、2701170102、2701170103、2701170199、2701170201、2701170202、2701170299、2701170301、2701170302、2701170303、2701170304、2701170305、2701170306、2701170307、2701170308、2701170309、2701170310、2701170311、2701170312、2701170313、2701170314、2701170399、2701179900、2701180101、2701180102、2701180103、2701180104、2701180105、2701180199、2701180201、2701180202、2701180203、2701180204、2701180205、2701180206、2701180207、2701180208、2701180209、2701180210、2701180211、2701180212、2701180213、2701180214、2701180215、2701180216、2701180217、2701180218、2701180219、2701180220、2701180221、2701180222、2701180223、2701180224、2701180225、2701180226、2701180227、2701180228、2701180229、2701180299、2701189900、2701190101、2701190102、2701190103、2701190104、2701190105、2701190106、2701190199、2701190201、2701190202、2701190203、2701190204、2701190205、2701190206、2701190299、2701190301、2701190302、2701190303、2701190304、2701190305、2701190306、2701190307、2701190308、2701190399、2701190400、2701190500、2701199900、2701200100、2701200200、2701200300、2701209900、3801022700。
2720	化学药品制剂制造	2702010100、2702010200、2702010300、2702010400、2702010500、2702010600、2702010700、2702010800、2702019900、2702020101、2702020102、2702020103、2702020104、2702020105、2702020106、2702020199、2702020201、2702020299、2702020301、2702020302、2702020303、2702020304、2702020305、2702020306、2702020307、2702020308、2702020399、2702020401、2702020402、2702020499、2702020501、2702020599、2702029901、2702029999、2702030101、2702030102、2702030103、2702030104、2702030105、2702030106、2702030199、2702030201、2702030202、2702030203、2702030204、2702030299、2702030301、2702030302、2702030303、2702030399、2702030401、2702030402、2702030499、2702030501、2702030599、2702030601、2702030602、2702030699、2702030701、2702030702、2702030703、2702030704、2702030705、2702030706、2702030707、2702030799、2702039901、2702039902、2702039903、2702039904、2702039905、2702039906、2702039907、2702039908、2702039999、2702040101、2702040102、2702040103、2702040104、2702049901、2702049902、2702049903、2702049904、2702049905、2702049906、2702049907、2702049908、2702049909、2702049910、2702049999、

续 37

行业代码	行业名称	产品目录代码
2720	化学药品制剂制造	2702050101、2702050102、2702050199、2702050200、2702050301、2702050302、2702050399、2702050401、2702050402、2702050403、2702050404、2702050405、2702050406、2702050407、2702050408、2702050409、2702050410、2702050499、2702050501、2702050502、2702050599、2702050601、2702050602、2702050699、2702050701、2702050702、2702050703、2702050801、2702050802、2702050803、2702050804、2702050899、2702050901、2702050902、2702050999、2702051001、2702051002、2702051099、2702051101、2702051102、2702051103、2702051104、2702051105、2702051106、2702051107、2702051108、2702051109、2702051110、2702051111、2702051112、2702051113、2702051114、2702051115、2702051116、2702051117、2702051118、2702051199、2702059901、2702059902、2702059903、2702059904、2702059905、2702059906、2702059907、2702059908、2702059909、2702059910、2702059911、2702059912、2702059913、2702059914、2702059915、2702059916、2702059917、2702059918、2702059919、2702059920、2702059921、2702059922、2702059923、2702059924、2702059925、2702059926、2702059927、2702059928、2702059929、2702059930、2702059931、2702059932、2702059933、2702059934、2702059935、2702059936、2702059937、2702059938、2702059939、2702059940、2702059941、2702059942、2702059943、2702059944、2702059945、2702059946、2702059947、2702059948、2702059949、2702059999、2702060101、2702060102、2702060199、2702060200、2702060301、2702060302、2702060303、2702060399、2702060401、2702060402、2702060403、2702060404、2702060405、2702060406、2702060499、2702060501、2702060502、2702060599、2702069901、2702069902、2702069903、2702069904、2702069905、2702069906、2702069907、2702069908、2702069999、2702070101、2702070102、2702070199、2702070200、2702070301、2702070302、2702070399、2702070401、2702070402、2702070499、2702079901、2702079999、2702080101、2702080102、2702080103、2702080199、2702080200、2702080300、2702080400、2702080500、2702080600、2702080700、2702089900、2702090000、2702100000、2702110000、2702120000、2702130000、2702140000、2702150100、2702150200、2702159900。
2730	中药饮片加工	2703010101、2703010102、2703010103、2703010104、2703010105、2703010106、2703010107、2703010108、2703010109、2703010110、2703010111、2703010112、2703010113、2703010114、2703010115、2703010116、2703010117、2703010118、2703010119、2703010199、2703010201、2703010202、2703010203、2703010204、2703010205、2703010206、2703010299、2703010301、2703010302、2703010303、2703010304、2703010305、2703010399、2703010401、2703010499、2703010501、2703010502、2703010503、2703010504、2703010505、2703010506、2703010507、2703010508、2703010509、2703010510、2703010511、2703010512、2703010513、2703010599、2703010601、2703010602、2703010603、2703010604、2703010605、2703010606、2703010607、2703010608、2703010699、2703010701、2703010702、2703010703、2703010704、2703010705、2703010799、2703010801、2703010802、2703010803、2703010804、2703010805、2703010806、2703010807、2703010899、2703010901、2703010902、2703010903、2703010904、2703010999、2703011001、2703011002、2703011003、2703011004、2703011099、2703011101、2703011102、2703011103、2703011104、2703011105、2703011106、2703011199、2703019900、2703020101、2703020102、2703020103、2703020104、2703020105、2703020106、2703020107、2703020108、2703020109、2703020199、2703020201、2703020202、2703020203、2703020299、2703020301、2703020302、2703020303、2703020304、2703020305、2703020306、2703020399、2703020401、2703020402、2703020403、2703020404、2703020405、2703020499、2703020501、2703020502、2703020503、2703020504、2703020505、2703020506、2703020599、2703020601、2703020602、

续38

行业代码	行业名称	产品目录代码
2730	中药饮片加工	2703020603、2703020604、2703020605、2703020606、2703020607、2703020699、2703030100、2703030200、2703030300、2703030400、2703030500、2703030600、2703030700、2703030800、2703030900、2703031000、2703031100、2703031200、2703031300、2703031400、2703031500、2703031600、2703031700、2703031800、2703031900、2703032000、2703032100、2703032200、2703032300、2703032400、2703032500、2703032600、2703032700、2703032800、2703039900、2703990000。
2740	中成药生产	2704010100、2704010200、2704010300、2704010400、2704010500、2704010600、2704010700、2704010800、2704010900、2704011000、2704011100、2704011200、2704011300、2704011400、2704011500、2704011600、2704011700、2704011800、2704011900、2704012000、2704012100、2704012200、2704012300、2704012400、2704012500、2704012600、2704012700、2704012800、2704012900、2704013000、2704013100、2704013200、2704013300、2704013400、2704019900、2704020100、2704020200、2704020300、2704020400、2704020500、2704020600、2704020700、2704020800、2704020900、2704021000、2704021100、2704021200、2704021300、2704021400、2704021500、2704021600、2704021700、2704021800、2704021900、2704022000、2704022100、2704022200、2704022300、2704022400、2704022500、2704022600、2704022700、2704022800、2704022900、2704023000、2704023100、2704023200、2704023300、2704023400、2704029900、2704030100、2704030200、2704030300、2704030400、2704030500、2704030600、2704030700、2704030800、2704030900、2704031000、2704031100、2704031200、2704031300、2704031400、2704031500、2704031600、2704031700、2704031800、2704031900、2704032000、2704032100、2704032200、2704032300、2704032400、2704032500、2704032600、2704032700、2704032800、2704032900、2704033000、2704033100、2704033200、2704033300、2704033400、2704039900、2704040100、2704040200、2704040300、2704040400、2704040500、2704040600、2704040700、2704040800、2704040900、2704041000、2704041100、2704041200、2704041300、2704041400、2704041500、2704041600、2704041700、2704041800、2704041900、2704042000、2704042100、2704042200、2704042300、2704042400、2704042500、2704042600、2704042700、2704042800、2704042900、2704043000、2704043100、2704043200、2704043300、2704043400、2704049900、2704050100、2704050200、2704050300、2704050400、2704050500、2704050600、2704050700、2704050800、2704050900、2704051000、2704051100、2704051200、2704051300、2704051400、2704051500、2704051600、2704051700、2704051800、2704051900、2704052000、2704052100、2704052200、2704052300、2704052400、2704052500、2704052600、2704052700、2704052800、2704052900、2704053000、2704053100、2704053200、2704053300、2704053400、2704059900、2704060100、2704060200、2704060300、2704060400、2704060500、2704060600、2704060700、2704060800、2704060900、2704061000、2704061100、2704061200、2704061300、2704061400、2704061500、2704061600、2704061700、2704061800、2704061900、2704062000、2704062100、2704062200、2704062300、2704062400、2704062500、2704062600、2704062700、2704062800、2704062900、2704063000、2704063100、2704063200、2704063300、2704063400、2704069900、2704070100、2704070200、2704070300、2704070400、2704070500、2704070600、2704070700、2704070800、2704070900、2704071000、2704071100、2704071200、2704071300、2704071400、2704071500、2704071600、2704071700、2704071800、2704071900、2704072000、2704072100、2704072200、2704072300、2704072400、2704072500、2704072600、2704072700、2704072800、2704072900、2704073000、2704073100、2704073200、2704073300、2704073400、2704079900、2704080100、2704080200、2704080300、2704080400、2704080500、2704080600、2704080700、

续 39

行业代码	行业名称	产品目录代码
2740	中成药生产	2704080800、2704080900、2704081000、2704081100、2704081200、2704081300、2704081400、2704081500、2704081600、2704081700、2704081800、2704081900、2704082000、2704082100、2704082200、2704082300、2704082400、2704082500、2704082600、2704082700、2704082800、2704082900、2704083000、2704083100、2704083200、2704083300、2704083400、2704089900、2704090100、2704090200、2704090300、2704090400、2704090500、2704090600、2704090700、2704090800、2704090900、2704091000、2704091100、2704091200、2704091300、2704091400、2704091500、2704091600、2704091700、2704091800、2704091900、2704092000、2704092100、2704092200、2704092300、2704092400、2704092500、2704092600、2704092700、2704092800、2704092900、2704093000、2704093100、2704093200、2704093300、2704093400、2704099900、2704100100、2704100200、2704100300、2704100400、2704100500、2704100600、2704100700、2704100800、2704100900、2704101000、2704101100、2704101200、2704101300、2704101400、2704101500、2704101600、2704101700、2704101800、2704101900、2704102000、2704102100、2704102200、2704102300、2704102400、2704102500、2704102600、2704102700、2704102800、2704102900、2704103000、2704103100、2704103200、2704103300、2704103400、2704109900、2704110100、2704110200、2704110300、2704110400、2704110500、2704110600、2704110700、2704110800、2704110900、2704111000、2704111100、2704111200、2704111300、2704111400、2704111500、2704111600、2704111700、2704111800、2704111900、2704112000、2704112100、2704112200、2704112300、2704112400、2704112500、2704112600、2704112700、2704112800、2704112900、2704113000、2704113100、2704113200、2704113300、2704113400、2704119900、2704120100、2704120200、2704120300、2704120400、2704120500、2704120600、2704120700、2704120800、2704120900、2704129900、2704130100、2704139900、2704990000。
2750	兽用药品制造	2705010101、2705010102、2705010103、2705010104、2705010199、2705010200、2705010300、2705019900、2705020000、2705030000。
2760	生物药品制造	2706010101、2706010102、2706010103、2706010199、2706010201、2706010299、2706010301、2706010302、2706010399、2706010401、2706010499、2706010501、2706010599、2706010601、2706010602、2706010699、2706010701、2706010702、2706010799、2706010801、2706010802、2706010899、2706010901、2706010902、2706010999、2706011001、2706011099、2706011101、2706011199、2706011201、2706011202、2706011299、2706011301、2706011302、2706011303、2706011304、2706011401、2706011402、2706011499、2706011500、2706011601、2706011602、2706011603、2706011604、2706011699、2706011701、2706011799、2706011801、2706011802、2706011899、2706019900、2706020101、2706020102、2706020199、2706020201、2706020202、2706020299、2706020301、2706020302、2706020399、2706020401、2706020402、2706020499、2706020501、2706020502、2706020599、2706020601、2706020602、2706020603、2706020604、2706020605、2706020699、2706020701、2706020702、2706020703、2706020704、2706020799、2706020801、2706020899、2706020901、2706020902、2706020903、2706021001、2706021002、2706021003、2706021004、2706021005、2706021099、2706021101、2706021102、2706021103、2706021199、2706021201、2706021202、2706021203、2706021204、2706021205、2706021206、2706021299、2706029900、2706030101、2706030102、2706030103、2706030199、2706030201、2706030202、2706030203、2706030299、2706030301、2706030302、2706030399、2706039900、2706040101、2706040102、2706040103、2706040104、2706040199、2706040201、2706040202、2706040203、2706040204、2706040299、2706040301、2706040302、2706040303、2706040399、

续40

行业代码	行业名称	产品目录代码
2760	生物药品制造	2706040401、2706040402、2706040499、2706049900、2706990000、2707010100、2707010200、2707010300、2707010400、2707010500、2707010600、2707010700、2707010800、2707010900、2707011000、2707011100、2707011200、2707011300、2707011400、2707011500、2707011600、2707011700、2707011800、2707011900、2707019900、2707020100、2707020200、2707020300、2707020400、2707020500、2707020600、2707020700、2707020800、2707030101、2707030102、2707030103、2707030104、2707030105、2707030106、2707030199、2707030201、2707030202、2707030299、2707030301、2707030302、2707030303、2707030304、2707030305、2707030306、2707030307、2707030308、2707030309、2707030399、2707030401、2707030402、2707030403、2707030499、2707030501、2707030502、2707030599、2707030601、2707030602、2707030603、2707030604、2707030605、2707030699、2707030701、2707030702、2707030703、2707030704、2707030705、2707030706、2707030799、2707030801、2707030802、2707030803、2707030804、2707030899、2707030901、2707030902、2707030903、2707030904、2707030999、2707031000、2707039900、2707040100、2707040200、2707040300、2707040400、2707040500、2707049900、2707050101、2707050102、2707050103、2707050201、2707050202、2707050203、2707050301、2707050302、2707050303、2707050401、2707050402、2707050403、2707050404、2707050405、2707050499、2707059900、2707060101、2707060102、2707060103、2707060104、2707060199、2707060201、2707060202、2707060203、2707060301、2707060302、2707060399、2707060400、2707060500、2707060600、2707069900、2707070101、2707070102、2707070103、2707070104、2707070105、2707070106、2707070107、2707070108、2707070109、2707070110、2707070111、2707070112、2707070113、2707070114、2707070115、2707070116、2707070199、2707070201、2707070202、2707070203、2707070204、2707070205、2707070206、2707070207、2707070208、2707070209、2707070210、2707070211、2707070212、2707070213、2707070214、2707070215、2707070216、2707070217、2707070299、2707080101、2707080102、2707080103、2707080104、2707080105、2707080106、2707080107、2707080108、2707080199、2707080201、2707080202、2707080203、2707080204、2707080205、2707080299、2707080301、2707080302、2707080303、2707080304、2707080399、2707080401、2707080499、2707080501、2707080502、2707080599、2707089900、2707090101、2707090102、2707090103、2707090104、2707090105、2707090106、2707090107、2707090108、2707090109、2707090110、2707090111、2707090112、2707090113、2707090114、2707090115、2707090199、2707090201、2707090202、2707090203、2707090299、2707090301、2707090302、2707090303、2707090304、2707090305、2707090306、2707090307、2707090308、2707090399、2707090401、2707090402、2707090403、2707090404、2707090499、2707090501、2707090502、2707090503、2707090504、2707090505、2707090506、2707090507、2707090508、2707090509、2707090510、2707090511、2707090512、2707090513、2707090514、2707090515、2707090516、2707090517、2707090599、2707090601、2707090602、2707090603、2707090604、2707090605、2707090699、2707090701、2707090702、2707090703、2707090704、2707090705、2707090706、2707090707、2707090799、2707100101、2707100102、2707100103、2707100104、2707100105、2707100106、2707100107、2707100108、2707100109、2707100110、2707100199、2707100200、2707100300、2707109900、2708040101、2708040102、2708040103、2708040201、2708040202、2708040299、2708040301、2708040302、2708040303、2708040304、2708040305、2708040306、2708040399、2708050101、2708050102、2708050199、2708050201、2708050202、2708050203、2708050204、2708050205、2708050299。

续 41

行业代码	行业名称	产品目录代码
2770	卫生材料及医药用品制造	2708010101、2708010102、2708010103、2708010104、2708010199、2708010201、2708010202、2708010203、2708010299、2708010301、2708010302、2708010400、2708010501、2708010502、2708010503、2708010504、2708010505、2708010599、2708010600、2708010700、2708020101、2708020102、2708020103、2708020104、2708020105、2708020200、2708020300、2708029900、2708030100、2708030200、2708030300、2708050301。
2811	化纤浆粕制造	2801010000、2801020000、2801990000。
2812	人造纤维（纤维素纤维）制造	2802010101、2802010102、2802010199、2802010200、2802019900、2802020101、2802020102、2802020199、2802020200、2802020301、2802020302、2802020399、2802020401、2802020499、2802029900、2804010100、2804019900。
2821	锦纶纤维制造	2803010100、2803010201、2803010202、2803010299、2803010300、2804020100、2804020200、2804029900。
2822	涤纶纤维制造	2803020101、2803020102、2803020199、2803020201、2803020299、2804030101、2804030199、2804039900。
2823	腈纶纤维制造	2803030101、2803030102、2803030199、2803030200。
2824	维纶纤维制造	2803040100、2803040200、2804040100、2804049900。
2825	丙纶纤维制造	2803050100、2803050201、2803050202、2804050100、2804050200、2804059900。
2826	氨纶纤维制造	2803070100、2803070200。
2829	其他合成纤维制造	2803060100、2803060200、2803080100、2803080200、2803090100、2803090200、2803990000、2804990000、3801022800。
2911	轮胎制造	2901010101、2901010199、2901010201、2901010299、2901010301、2901010399、2901010401、2901010499、2901010501、2901010502、2901010599、2901010601、2901010699、2901010700、2901019900、2901020100、2901020200、2901020300、2901020400、2901020500、2901020600、2901029900、2901030101、2901030102、2901030103、2901030199、2901030200、2901030300、2901030400、2901039900、2901040101、2901040102、2901040103、2901040104、2901040201、2901040202、2901040203、2901040204、2901049900、2901050101、2901050102、2901050199、2901050201、2901050202、2901050299、2901060100、2901060200、2901060300、2901060400、2901069900。
2912	橡胶板、管、带制造	2902010101、2902010102、2902010103、2902010199、2902010201、2902010202、2902010299、2902010300、2902019900、2902020101、2902020102、2902020103、2902020199、2902020201、2902020202、2902029900、2903010100、2903010200、2903020100、2903020200、2903030100、2903030200、2903990000、2904010100、2904010200、2904020100、2904020200、2904030100、2904030200、2905010101、2905010102、2905010103、2905010104、2905010105、2905010199、2905019900、2906010100、2906010200、2906010300、2906019900、2906020100、2906020200、2906020300、2906020400、2906029900。
2913	橡胶零件制造	2907010100、2907010200、2907010300、2907010400、2907010500、2907010600、2907010700、2907019900、2907020100、2907020200、2907029900。
2914	再生橡胶制造	2908010100、2908010200、2908010300、2908019900、2908020000。
2915	日用及医用橡胶制品制造	2909010100、2909010200、2909010300、2909010400、2909019900、2909020100、2909020200、2909020300、2909029900、2909030100、2909030200、2909030300、2909030400、2909039900、2909040100、2909040200、2909040300、2909040400、2909040500、2909040600、2909040700、2909049900。

续42

行业代码	行业名称	产品目录代码
2919	其他橡胶制品制造	2612020201、2612020202、2612020203、2612020204、2612020205、2612020299、2612020301、2612020302、2612020399、2612029900、2905020100、2905020200、2905020300、2905029900、2905990000、2910010100、2910010200、2910010300、2910010400、2910010500、2910010600、2910019900、2910020100、2910020200、2910020300、2910020400、2910020500、2910029900、2911010100、2911019900、2911020100、2911020200、2911020300、2911020400、2911020500、2911029900、2999000000、3109060101、3109060102、3109060103、3109060104、3109060105、3109060106、3109060107、3109060108、3109060199、3655010307、3801022900。
2921	塑料薄膜制造	3001010101、3001010102、3001010103、3001010104、3001010199、3001010201、3001010202、3001010299、3001010301、3001010399、3001010401、3001010499、3001010500、3001010601、3001010602、3001010603、3001010699、3001010701、3001010702、3001010799、3001010800、3001010901、3001010999、3001011000、3001011100、3001011200、3001011300、3001011400、3001011501、3001011502、3001011599、3001011601、3001011602、3001011603、3001011699、3001011701、3001011702、3001011703、3001019900。
2922	塑料板、管、型材制造	3001020100、3001020200、3001020300、3001020400、3001020501、3001020599、3001020601、3001020602、3001020603、3001020699、3001020701、3001020702、3001020799、3001020800、3001020900、3001021000、3001021100、3001021200、3001021300、3001029900、3001030101、3001030102、3001030103、3001030199、3001030200、3001030300、3001039900、3001040100、3001040200、3001040300、3001049900、3001050101、3001050102、3001050103、3001050201、3001050202、3001050203、3001050300、3001050400、3001050500、3001059900、3109060201、3109060202、3109060203、3109060204、3109060205、3109060206、3109060299。
2923	塑料丝、绳及编织品制造	3001060101、3001060102、3001060103、3001060199、3001060201、3001060202、3001060299、3001060301、3001060302、3001060303、3001060304、3001060305、3001060306、3001060307、3001060399、3001060400、3001060501、3001060502、3001060503、3001060599、3001060601、3001060699、3001060700、3001069900。
2924	泡沫塑料制造	3001070101、3001070102、3001070103、3001070104、3001070199、3001070201、3001070202、3001070203、3001070204、3001070299、3001070301、3001070302、3001070303、3001070304、3001070399、3001070401、3001070402、3001070403、3001070404、3001070405、3001070499、3001079900。
2925	塑料人造革、合成革制造	3001080101、3001080102、3001080199、3001080201、3001080202、3001080299。
2926	塑料包装箱及容器制造	3001090101、3001090102、3001090103、3001090104、3001090199、3001090201、3001090299、3001090301、3001090302、3001090399、3001090401、3001090402、3001090403、3001090404、3001090499、3001090501、3001090502、3001090599、3001099900。
2927	日用塑料制品制造	3001110101、3001110102、3001110103、3001110104、3001110199、3001110201、3001110299、3001110301、3001110399、3001110401、3001110402、3001110403、3001110404、3001110499、3001110501、3001110502、3001110599、3001110601、3001110602、3001110700、3001119900、3001120101、3001120102、3001120103、3001120104、3001120105、3001120106、3001120199、3001120200、3001120301、3001120302、3001120303、3001120399、3001120401、3001120402、3001120403、3001120404、3001120405、3001120406、3001120407、3001120408、3001120409、3001120410、3001120499、3001120501、3001120502、3001120503、3001120504、3001120599、3001120800、3001129900。

续 43

行业代码	行业名称	产品目录代码
2928	塑料零件制造	3001100101、3001100199、3001100200、3001100300、3001100400、3001100500、3001100600、3001100700、3001109900、4118090203。
2929	其他塑料制品制造	3001120601、3001120602、3001120603、3001120604、3001120699、3001120701、3001120799、3001130101、3001130102、3001130103、3001130104、3001130199、3001130200、3001130300、3001130401、3001130402、3001130499、3001139900、3001990101、3001990102、3001990103、3001990104、3001990199、3001999900、3002010100、3002010200、3002010300、3002010400、3002010500、3002010600、3002010700、3002010800、3002010900、3002011000、3002019900、3002990000、3801023000。
3011	水泥制造	3101010100、3101019900、3101020101、3101020102、3101020103、3101020104、3101020201、3101020202、3101020203、3101020204、3101020205、3101020206、3101020207、3101020299、3101020301、3101020302、3101020303、3101020304、3101020305、3101020306、3101020307、3101020308、3101020309、3101020310、3101020311、3101020312、3101020313、3101020314、3101020315、3101020316、3101020317、3101020318、3101020319、3101020320、3101020321、3101020322、3101020323、3101020324、3101020325、3101020326、3101020327、3101020328、3101020329、3101020330、3101020399、3101020401、3101020402、3101020403、3101020404、3101020405、3101020406、3101020407、3101020408、3101020499。
3012	石灰和石膏制造	3102010100、3102010200、3102010300、3102020100、3102020201、3102020202、3102020203、3102020204、3102020299、3102020300、3102029900。
3021	水泥制品制造	3103010000、3103020100、3103029900、3103030100、3103030200、3103030300、3103030400、3103039900、3103040100、3103040200、3103040300、3103050100、3103050200、3103059900、3103060100、3103060200、3103070000、3103080100、3103080200、3103080300、3103080400、3103089900、3103100101、3103100102、3103100103、3103100104、3103100199、3103100201、3103100299、3103100301、3103100302、3103100303、3103100304、3103100305、3103100399、3103100401、3103100402、3103100403、3103100499、3103109900、3105030401、3105030402、3105030403、3105030404、3105030499。
3022	砼结构构件制造	3103090101、3103090102、3103090103、3103090104、3103090105、3103090106、3103090199、3103090200、3103090300、3103090400、3103090501、3103090502、3103090503、3103090504、3103090505、3103090599、3103090601、3103090602、3103090603、3103090604、3103090605、3103090606、3103090699、3103099900。
3023	石棉水泥制品制造	3104010101、3104010102、3104010103、3104010199、3104010201、3104010202、3104010203、3104010204、3104010205、3104010299、3104010301、3104010302、3104010399、3104019900、3104020101、3104020102、3104020103、3104020199、3104020201、3104020202、3104020203、3104020299、3104029900、3104030101、3104030102、3104030199、3104030201、3104030202、3104030299、3104030300、3104030400、3104030501、3104030502、3104030599、3104030601、3104030602、3104030699、3104039900。
3024	轻质建筑材料制造	2003020201、2003020202、2003020203、2003020204、2003020205、2003020206、2003020299、2003030201、2003030202、2003030203、2003030204、2003030299、3105010101、3105010102、3105010103、3105010104、3105010105、3105010199、3105010201、3105010202、3105010203、3105010204、3105010205、3105010206、3105010299、3105020100、3105020200、3105030100、3105030201、3105030202、3105030203、3105030204、3105030299、3105030301、3105030302、3105030303、3105030304、3105030305、3105030306、3105030399、3105030501、3105030502、

续44

行业代码	行业名称	产品目录代码
3024	轻质建筑材料制造	3105030503、3105030504、3105030505、3105030599、3105039900、3105040101、3105040102、3105040201、3105040202、3105040203、3105040299、3105040301、3105040302、3105040400、3105049900、3106030400。
3029	其他水泥类似制品制造	3103100202、3103100203、3103110100、3103110200、3103110300、3103110400、3103119900、3103990000、3104040101、3104040102、3104040103、3104040104、3104040105、3104040106、3104040199、3104040201、3104040202、3104040299、3104040301、3104040399、3104040401、3104040402、3104040403、3104040499、3104040500、3104040601、3104040602、3104040699、3104049900。
3031	粘土砖瓦及建筑砌块制造	3106010101、3106010102、3106010103、3106010104、3106010105、3106010106、3106010107、3106010108、3106010109、3106010199、3106010201、3106010202、3106010203、3106010204、3106010205、3106010299、3106010301、3106010302、3106010399、3106010400、3106010500、3106019900、3106020101、3106020102、3106020103、3106020104、3106020105、3106020199、3106020201、3106020202、3106020203、3106020299、3106029900、3106030101、3106030102、3106030103、3106030104、3106030105、3106030199、3106030201、3106030202、3106030203、3106030204、3106030299、3106030301、3106030302、3106030303、3106030399、3106039900。
3032	建筑陶瓷制品制造	3107010100、3107010200、3107020100、3107020200、3107030100、3107030200、3107040100、3107040200、3107050100、3107050200、3107060100、3107060200、3107060300、3107060400、3107070100、3107070200、3107070300、3107070400、3107079900、3107080101、3107080102、3107080103、3107080104、3107080199、3107080200、3107990000、3121040101、3121040102、3121040103、3121040104、3121040105、3121040199、3121040200。
3033	建筑用石加工	3108010101、3108010102、3108010103、3108010104、3108010199、3108010201、3108010202、3108010203、3108010299、3108019900、3108020100、3108020201、3108020202、3108020203、3108020204、3108020205、3108020299、3108029900、3108030101、3108030102、3108030103、3108030104、3108030105、3108030106、3108030107、3108030108、3108030109、3108030110、3108030111、3108030199、3108030201、3108030202、3108030203、3108030204、3108030205、3108030206、3108030207、3108030208、3108030299、3108030301、3108030302、3108030303、3108030304、3108030305、3108030399、3108030400、3108039900、3108040101、3108040102、3108040103、3108040104、3108040105、3108040106、3108040107、3108040199、3108040201、3108040202、3108040203、3108040299、3108049900、3108050100、3108050200、3108059900、3108060100、3108060200、3108060300、3108069900、3108070100、3108070200、3108079900、3108080100、3108080200、3108080300、3108089900、3108090000、3108100100、3108100200、3108109900、3108990100、3108990200、3108990300、3108990400、3108999900。
3034	防水建筑材料制造	3109010101、3109010102、3109010103、3109010104、3109010199、3109010201、3109010202、3109010203、3109010204、3109010299、3109019901、3109019902、3109019999、3109020000、3109030100、3109030200、3109039900、3109040000。
3035	隔热和隔音材料制造	3110010101、3110010102、3110010103、3110010104、3110010105、3110010199、3110010201、3110010202、3110010299、3110020101、3110020102、3110020103、3110020104、3110020105、3110020106、3110020107、3110020108、3110020199、3110020201、3110020202、3110020203、3110020204、3110020205、3110020206、3110020207、3110020299、3110020301、3110020302、3110020399、3110020401、3110020402、3110020403、3110020404、3110020499、3110020501、3110020502、3110020503、3110020504、3110020505、3110020506、3110020507、3110020599、

续 45

行业代码	行业名称	产品目录代码
3035	隔热和隔音材料制造	3110020601、3110020602、3110020603、3110020604、3110020605、3110020606、3110020607、3110020699、3110020701、3110020702、3110020799、3110020801、3110020802、3110020899、3110020901、3110020902、3110020903、3110020999、3110029900。
3039	其他建筑材料制造	3199010000。
3041	平板玻璃制造	3111010100、3111010200、3111010300。
3049	其他玻璃制造	3111019900、3111020101、3111020102、3111020103、3111020104、3111020105、3111020106、3111020199、3111020201、3111020202、3111020203、3111020204、3111020205、3111020206、3111020299、3111020301、3111020302、3111020399、3111030101、3111030102、3111030201、3111030202、3111030203、3111030204、3111030205、3111030299、3111030300、3111030400、3111030500、3111030600、3111039900。
3051	技术玻璃制品制造	3111020401、3111020402、3111020403、3111020499、3111020501、3111020502、3111020599、3111020601、3111020602、3111020603、3111020604、3111020605、3111020699、3111020701、3111020702、3111020703、3111020704、3111020705、3111020706、3111020707、3111020799、3111029900、3111040100、3111040200、3111049900。
3052	光学玻璃制造	3112010100、3112010200、3112010300、3112019900、3112020100、3112020200、3112020300、3112029900、3112030100、3112030200、3112030300、3112030400、3112039900、3112040100、3112040200、3112049900、3112990000。
3053	玻璃仪器制造	3113010000、3113010100、3113010200、3113010300、3113010400、3113010500、3113019900、3113020100、3113020200、3113020300、3113020400、3113020500、3113029900、3113030100、3113030200、3113030300、3113039900、3113990000。
3054	日用玻璃制品制造	3115010101、3115010199、3115019901、3115019902、3115019999、3115020100、3115029900、3115030101、3115030199、3115030201、3115030299、3115990000、3119050101、3119050102、3119050201、3119050202、3119050299、3119050301、3119050399、3119059900。
3055	玻璃包装容器制造	3114010100、3114010200、3114010300、3114010400、3114020100、3114020200、3114020300、3114020400、3114030100、3114030200、3114030300、3114030400、3114040100、3114040200、3114040300、3114040400、3114050100、3114050200、3114050300、3114050400、3114060000、3114990000。
3056	玻璃保温容器制造	3116010100、3116010200、3116010300、3116010400、3116019900、3116020100、3116020200、3116029900。
3057	制镜及类似品加工	4211010101、4211010102、4211010199、4211010200。
3059	其他玻璃制品制造	3115040100、3115040200、3115040300、3115049900、3119010100、3119010200、3119019900、3119020101、3119020110、3119020111、3119020119、3119020199、3119020201、3119020202、3119020299、3119020301、3119020302、3119020399、3119020401、3119020402、3119020403、3119020499、3119029900、3119030100、3119030200、3119030300、3119030400、3119030500、3119030600、3119030700、3119039900、3119040000。
3061	玻璃纤维及制品制造	3117010100、3117010200、3117010300、3117010400、3117020101、3117020102、3117020201、3117020202、3117020301、3117020302、3117020401、3117020402、3117020500、3117020600、3117020700、3117030100、3117030200、3117030300、3117040101、3117040102、3117040103、3117040104、3117040105、3117040106、3117040107、3117040199、3117040201、3117040202、3117040203、3117040204、

续46

行业代码	行业名称	产品目录代码
3061	玻璃纤维及制品制造	3117040300、3117050101、3117050102、3117050201、3117050202、3117050300、3117050400、3117050500、3117050600、3117050700、3117059900、3117060000、3117070100、3117070200、3117080100、3117080200、3117990000。
3062	玻璃纤维增强塑料制品制造	3118010100、3118010200、3118010300、3118010400、3118010500、3118010600、3118010700、3118010800、3118010900、3118011000、3118011100、3118011200、3118011300、3118019900、3118020100、3118020200、3118020300、3118020400、3118020500、3118020600、3118020700、3118029900、3118030100、3118030200、3118030300、3118039900、3118040100、3118040200、3118040300、3118040400、3118049900、3118050100、3118050200、3118050300、3118050400、3118059900、3118060100、3118060200、3118060300、3118060400、3118060500、3118060600、3118069900、3118070100、3118070200、3118070300、3118070400、3118070500、3118070600、3118070700、3118070800、3118070900、3118071000、3118079900、3118080000、3118990000。
3071	卫生陶瓷制品制造	3120010101、3120010102、3120010201、3120010202、3120010203、3120010204、3120010299、3120010301、3120010302、3120010399、3120010401、3120010402、3120010499、3120019900、3120020100、3120029900。
3072	特种陶瓷制品制造	3121010101、3121010102、3121010103、3121010199、3121010200、3121010301、3121010302、3121010399、3121010400、3121010500、3121010600、3121010700、3121010800、3121010900、3121011000、3121011101、3121011102、3121011199、3121011201、3121011299、3121011301、3121011399、3121011401、3121011402、3121011403、3121011499、3121011501、3121011599、3121011601、3121011602、3121011603、3121011699、3121019901、3121019902、3121019999、3121020100、3121020200、3121020300、3121020401、3121020402、3121020403、3121020499、3121020500、3121020601、3121020699、3121020701、3121020799、3121029900、3121030100、3121030200、3121039900、3121990000、3123010000、3123020000、3123030000、3123990000。
3073	日用陶瓷制品制造	3122010100、3122010200、3122010300、3122020100、3122020200、3122020300、3122030100、3122030200、3122030300、3122990000。
3079	园林、陈设艺术及其他陶瓷制品制造	2101080201、2101080202、2101080299、3124010100、3124010200、3124019900、3124020100、3124020200、3124020300、3124020400、3124029900、3124990000、3125010000、3125020000、3125030000、3125040100、3125040200、3125049900、3125990000、3126010100、3126010200、3126010300、3126010400、3126019900、3126020000、3126030000、3126040000、3126050100、3126050200、3126059900、3126990000。
3081	石棉制品制造	3127010100、3127010200、3127010300、3127010400、3127010500、3127010600、3127020101、3127020102、3127020103、3127020104、3127020105、3127020106、3127020107、3127020199、3127020201、3127020202、3127020203、3127020204、3127020205、3127020299、3127020301、3127020302、3127020303、3127020399、3127020401、3127020402、3127020403、3127020499、3127020501、3127020502、3127020503、3127020599、3127020601、3127020602、3127020603、3127020604、3127020605、3127020606、3127020699、3127020701、3127020702、3127020703、3127020704、3127020705、3127020799、3127020801、3127020802、3127020803、3127020804、3127020805、3127020899、3127029900。
3082	云母制品制造	3128010100、3128010200、3128010300、3128020100、3128020200、3128020300、3128020400、3128020500、3128020600、3128020700、3128029900。

续 47

行业代码	行业名称	产品目录代码
3089	耐火陶瓷制品及其他耐火材料制造	3129010101、3129010102、3129010103、3129010201、3129010202、3129010203、3129010204、3129010299、3129010301、3129010302、3129010303、3129010304、3129010401、3129010402、3129010403、3129010404、3129010501、3129010502、3129010503、3129010504、3129010505、3129010599、3129019900、3129020100、3129020200、3129020300、3129029900、3129030100、3129030200、3129030300、3129030400、3129030500、3129039900、3129040100、3129040200、3129040300、3129049900、3129990000。
3091	石墨及碳素制品制造	3130010101、3130010102、3130010103、3130010200、3130019901、3130019902、3130019999、3130020101、3130020102、3130020103、3130020199、3130020201、3130020202、3130020203、3130020299、3130020301、3130020302、3130020303、3130020304、3130020399、3130029900、3130030101、3130030102、3130030103、3130030104、3130030105、3130030106、3130030199、3130030201、3130030202、3130030299、3130030301、3130030302、3130030303、3130030304、3130030305、3130030306、3130030307、3130030308、3130030399、3130039900、3130990101、3130990102、3130990103、3130990104、3130990201、3130990202、3130990203、3130990204、3130990205、3130990206、3130990207、3130990208、3130990299、3130990301、3130990302、3130990303、3130990304、3130990305、3130990306、3130990307、3130990308、3130990399。
3099	其他非金属矿物制品制造	3109050100、3109059900、3131010100、3131010201、3131010299、3131010301、3131010302、3131010399、3131010401、3131010499、3131010501、3131010502、3131010599、3131020100、3131020200、3131030101、3131030102、3131030103、3131030201、3131030202、3131030203、3131030301、3131030302、3131030303、3131030304、3131030305、3131030306、3131030307、3131030308、3131030309、3131030310、3131030311、3131030312、3131030313、3131039900、3131040101、3131040102、3131040103、3131040104、3131040105、3131040106、3131040107、3131040199、3131040201、3131040202、3131040203、3131049900、3132010000、3132020101、3132020102、3132020199、3132020201、3132020202、3132020299、3132020300、3132030101、3132030102、3132030103、3132030104、3132030201、3132030202、3132030203、3132030204、3132030300、3132039900、3133010100、3133010200、3133010300、3133010400、3133010500、3133010600、3133010700、3133010800、3133010900、3133019900、3133020100、3133020200、3133020300、3133029900、3199990000、3801023100。
3110	炼铁	3201010000、3201020100、3201029900、3201030000、3202010100、3202019900、3202020100、3202020200、3202030100、3202030200、3203010000、3203990000、3204010000、3204990000、3205100000、3205111001、3205111002、3205111099、3205112001、3205112002、3205112099、3205113001、3205113002、3205113003、3205120000、3205200100、3205200200。
3120	炼钢	3206110101、3206110199、3206110201、3206110202、3206110203、3206110204、3206110205、3206110299、3206110301、3206110302、3206110303、3206110304、3206110305、3206110306、3206110307、3206110308、3206110309、3206110399、3206120101、3206120102、3206120103、3206120199、3206120201、3206120202、3206120203、3206120204、3206120299、3206120301、3206120302、3206120303、3206120304、3206120399、3206130101、3206130102、3206130103、3206130199、3206130201、3206130202、3206130203、3206130204、3206130205、3206130206、3206130207、3206130208、3206130209、3206130210、3206130211、3206130212、3206130213、3206130214、3206130299、3206140100、3206140200、3206140300、3206210101、3206210102、3206210201、3206210202、3206210301、3206210302、3206210400、3206210500、3206210600、3206220000、3206230000、3206310000、

续 48

行业代码	行业名称	产品目录代码
3120	炼钢	3206320000、3206330000、3206410100、3206410200、3206410300、3206410400、3206420100、3206420200、3206430100、3206430200、3206490000。
3130	黑色金属铸造	3538010101、3538010102、3538010201、3538010202、3538010301、3538010302、3538010400、3538020100、3538020200、3538020300、3801023600。
3140	钢压延加工	3207110101、3207110199、3207110201、3207110202、3207110203、3207110204、3207110205、3207110299、3207110301、3207110302、3207110303、3207110304、3207110305、3207110306、3207110307、3207110308、3207110309、3207110399、3207120101、3207120102、3207120103、3207120199、3207120201、3207120202、3207120203、3207120204、3207120299、3207120301、3207120302、3207120303、3207120304、3207120399、3207130101、3207130102、3207130103、3207130199、3207130201、3207130202、3207130203、3207130204、3207130205、3207130206、3207130207、3207130208、3207130209、3207130210、3207130211、3207130212、3207130213、3207130214、3207130299、3207140100、3207140200、3207140300、3207210100、3207210200、3207220000、3207310100、3207310200、3207320100、3207320200、3207330100、3207330200、3207340000、3207350000、3207360000、3208011101、3208011102、3208011103、3208011104、3208011105、3208011199、3208011201、3208011202、3208011203、3208011204、3208011205、3208011299、3208011300、3208011400、3208011500、3208011600、3208011700、3208011800、3208011900、3208012000、3208012900、3208013101、3208013102、3208013103、3208013201、3208013202、3208013203、3208021100、3208021200、3208021300、3208021400、3208021500、3208021600、3208021700、3208021800、3208021900、3208022000、3208022100、3208022200、3208022900、3208023101、3208023102、3208023103、3208023201、3208023202、3208023203、3208023301、3208023302、3208023401、3208023402、3208023403、3208024100、3208024900、3208031100、3208031200、3208031300、3208031400、3208031500、3208031600、3208031700、3208031800、3208031900、3208032900、3208033101、3208033102、3208033103、3208033201、3208033202、3208033203、3208033301、3208033302、3208033401、3208033402、3208033403、3208034100、3208034901、3208034902、3208034999、3208041101、3208041102、3208041103、3208041201、3208041202、3208041203、3208041301、3208041302、3208041401、3208041402、3208041403、3208042101、3208042102、3208042201、3208042202、3208042300、3208042400、3208042501、3208042502、3208042900、3208043100、3208043200、3208043901、3208043902、3208043999、3208051100、3208051200、3208052100、3208052200、3208052300、3208053101、3208053102、3208053103、3208053201、3208053202、3208053203、3208053301、3208053302、3208053401、3208053402、3208053403、3208054101、3208054102、3208054103、3208054104、3208054105、3208054200、3208054900、3208061100、3208061200、3208061300、3208061400、3208061500、3208062100、3208062201、3208062202、3208062203、3208062299、3208062300、3208062400、3208062500、3208062600、3208062900、3208063101、3208063102、3208063103、3208063201、3208063202、3208063203、3208063301、3208063302、3208063401、3208063402、3208063403、3208064100、3208064900、3208071100、3208071200、3208071300、3208071401、3208071499、3208071500、3208071600、3208071700、3208071900、3208072101、3208072102、3208072103、3208072201、3208072202、3208072203、3208072301、3208072302、3208072401、3208072402、3208072403、3208081100、3208081200、3208081300、3208081401、3208081499、3208081500、3208081600、3208081700、3208081801、3208081899、3208082900、3208083101、3208083102、3208083103、3208083201、3208083202、3208083203、3208083301、3208083302、3208083401、3208083402、3208083403、3208091100、3208091200、

续49

行业代码	行业名称	产品目录代码
3140	钢压延加工	3208091300、3208091400、3208091501、3208091599、3208091600、3208091700、3208091800、3208091901、3208091999、3208092000、3208092100、3208092200、3208092900、3208093101、3208093102、3208093103、3208093201、3208093202、3208093203、3208093301、3208093302、3208093401、3208093402、3208093403、3208094100、3208094200、3208094300、3208095100、3208095200、3208095300、3208095400、3208101101、3208101102、3208101103、3208101201、3208101202、3208101203、3208102101、3208102102、3208102103、3208102201、3208102202、3208102203、3208102301、3208102302、3208102401、3208102402、3208102403、3208103100、3208103200、3208103300、3208103400、3208103500、3208103600、3208103700、3208103800、3208103900、3208104000、3208104100、3208104900、3208105100、3208105200、3208105300、3208105900、3208106100、3208106200、3208111101、3208111102、3208111103、3208111104、3208111201、3208111202、3208111203、3208111204、3208112101、3208112102、3208112103、3208112201、3208112202、3208112203、3208112301、3208112302、3208112401、3208112402、3208112403、3208113101、3208113199、3208113200、3208113300、3208113400、3208113500、3208113600、3208113700、3208113800、3208113900、3208114000、3208114100、3208114900、3208115100、3208115200、3208115300、3208115900、3208121101、3208121102、3208121103、3208121201、3208121202、3208121203、3208122101、3208122102、3208122103、3208122201、3208122202、3208122203、3208122301、3208122302、3208122401、3208122402、3208122403、3208123100、3208123200、3208123300、3208123400、3208123500、3208123600、3208123700、3208123800、3208123900、3208124000、3208124101、3208124199、3208124200、3208124900、3208125100、3208125200、3208125300、3208125900、3208126100、3208126200、3208131100、3208131200、3208131300、3208132101、3208132102、3208132103、3208132201、3208132202、3208132203、3208132301、3208132302、3208132401、3208132402、3208132403、3208133100、3208133200、3208133300、3208133400、3208133500、3208133600、3208133700、3208133800、3208133900、3208134000、3208134100、3208134900、3208135100、3208135200、3208135300、3208135900、3208136100、3208136200、3208141100、3208141200、3208141300、3208141400、3208142101、3208142102、3208142103、3208142201、3208142202、3208142203、3208142301、3208142302、3208142401、3208142402、3208142403、3208143100、3208143200、3208143300、3208143400、3208143500、3208143600、3208143700、3208143800、3208143900、3208144000、3208144100、3208144900、3208151100、3208151200、3208151300、3208151400、3208151500、3208152101、3208152102、3208152103、3208152201、3208152202、3208152203、3208152301、3208152302、3208152401、3208152402、3208152403、3208153100、3208153200、3208153300、3208153400、3208153900、3208161100、3208161200、3208161300、3208161400、3208161500、3208162101、3208162102、3208162103、3208162201、3208162202、3208162203、3208162301、3208162302、3208162401、3208162402、3208162403、3208163100、3208163200、3208163300、3208163400、3208163900、3208171101、3208171102、3208171200、3208171300、3208171400、3208171500、3208171900、3208172101、3208172102、3208172103、3208172104、3208172105、3208172201、3208172202、3208172203、3208172204、3208172205、3208173100、3208173201、3208173299、3208173300、3208173400、3208173501、3208173599、3208173900、3208174101、3208174102、3208174103、3208174201、3208174202、3208174203、3208174301、3208174302、3208174401、3208174402、3208174403、3208175100、3208175200、3208181101、3208181102、3208181103、3208181104、3208181105、3208181201、3208181202、3208181203、3208181204、3208181205、3208182100、3208182200、3208182300、3208182400、3208182900、3208183101、

续50

行业代码	行业名称	产品目录代码
3140	钢压延加工	3208183102、3208183103、3208183201、3208183202、3208183203、3208183301、3208183302、3208183401、3208183402、3208183403、3208184100、3208184200、3208191100、3208191200、3208192100、3208192200、3208193100、3208193200、3208194100、3208194200、3208201100、3208201200、3208201900、3208202100、3208202200、3208202300、3208202400、3208202500、3208202600、3208202700、3208202800、3208202900、3208203000、3208203100、3208203200、3208203300、3208203400、3208203500、3208203600、3208203700、3208203800、3208203900、3208204000、3208204100、3208204200、3208204300、3208204400、3208204500、3208204600、3208204700、3208204800、3208204901、3208204999、3208205900、3208206100、3208206200、3208206300、3208206400、3208206500、3208207101、3208207102、3208207103、3208207201、3208207202、3208207203、3208207301、3208207302、3208207401、3208207402、3208207403、3208208100、3208208200、3208208300、3208208400、3208211100、3208211200、3208211300、3208211400、3208211900、3208212100、3208212200、3208212300、3208212400、3208212500、3208212600、3208212700、3208212800、3208212900、3208213000、3208213100、3208213200、3208213300、3208213400、3208213500、3208213600、3208213700、3208213800、3208213900、3208214000、3208214100、3208214200、3208214300、3208214400、3208214500、3208214900、3208215100、3208215200、3208215300、3208215400、3208215500、3208215600、3208216101、3208216102、3208216103、3208216201、3208216202、3208216203、3208216301、3208216302、3208216401、3208216402、3208216403、3208217100、3208217200、3208217300、3208217400、3208217500、3208217600、3208991101、3208991102、3208991103、3208991104、3208991199、3208991200、3208991300、3208991400、3208991500、3208991601、3208991699、3208991700、3208991810、3208991811、3208991812、3208991819、3208991820、3208991899、3208991900、3208992101、3208992102、3208992103、3208992201、3208992202、3208992203、3208992301、3208992302、3208992401、3208992402、3208992403、3208993100、3208993200、3208993300、3208993900、3281010101、3281010102、3281010103、3281010104、3281010105、3281010106、3281010107、3281010108、3281010109、3281010110、3281010111、3281010112、3281010113、3281010114、3281010115、3281010116、3281010117、3281010118、3281010119、3281010120、3281010121、3281010199、3281020100、3281020200、3281020300、3281020400、3281020500、3281020600、3281020700、3281020800、3281020900、3281021000、3281021100、3281021200、3281021300、3281021400、3281021500、3281021600、3281021700、3281021800、3281021900、3281022000、3281022100、3281029900、3282010100、3282010200、3282010300、3282010400、3282010500、3282010600、3282010700、3282010800、3282010900、3282011000、3282011100、3282011200、3282011300、3282011400、3282011500、3282011600、3282011700、3282011800、3282011900、3282012000、3282012100、3282019900、3801023200。
3150	铁合金冶炼	3209010101、3209010199、3209010201、3209010202、3209010203、3209010299、3209010301、3209010302、3209010303、3209020101、3209020102、3209020103、3209020104、3209020105、3209020106、3209020107、3209020108、3209020109、3209020110、3209020111、3209020199、3209020201、3209020202、3209020203、3209020204、3209020205、3209020206、3209020207、3209020208、3209020209、3209020210、3209020211、3209020212、3209020299、3209020301、3209020302、3209020401、3209020402、3209020403、3209020404、3209020405、3209029901、3209029902、3209029903、3209029904、3209029905、3209029906、3209029907、3209029908、3209029909、3209029910、3209029911、3209029912、3209029999、

续 51

行业代码	行业名称	产品目录代码
3150	铁合金冶炼	3281010201、3281010202、3281010203、3281010299、3282020100、3282020200、3282020300、3282029900。
3211	铜冶炼	3311010100、3311010200、3311010300、3311020100、3311020200、3311020300、3311030100、3311030200、3311030300、3311040000。
3212	铅锌冶炼	3312010100、3312010200、3312020100、3312020200、3312030000、3312040101、3312040102、3312040103、3312040104、3312040199、3312040201、3312040202、3312040203、3312040299。
3213	镍钴冶炼	3313010000、3313020000、3313030000、3313040100、3313040200、3313040300、3313050000、3330030100、3330030201、3330030202、3330030300、3330039900。
3214	锡冶炼	3314010000、3314020000、3314030000。
3215	锑冶炼	3315010100、3315010200、3315010300、3315010400、3315019900、3315020000。
3216	铝冶炼	3316010101、3316010102、3316010103、3316010104、3316010201、3316010202、3316010203、3316010204、3316010205、3316010206、3316010299、3316019900、3316020101、3316020102、3316020103、3316020104、3316020105、3316020106、3316020199、3316020201、3316020202、3316020203、3316020204、3316020205、3316020206、3316020299、3316020300、3316020400、3316020500、3316020600、3316029900、3316030100、3316030200、3316030300、3316030400、3316030500、3316030600、3316039900、3316040100、3316040200、3316040300。
3217	镁冶炼	3317010000、3317020000、3317030000、3317040000。
3219	其他常用有色金属冶炼	3318010000、3318020000、3318990000、3319010000、3319020000、3319030000、3330010101、3330010102、3330010199、3330010200、3330020101、3330020102、3330020199、3330020200、3330990000、3333010100、3333010200、3333010300、3333010400、3333010500、3333019900、3333020100、3333020200、3333020300、3333990000、3801023300。
3221	金冶炼	3331010100、3331010201、3331010202、3331010203。
3222	银冶炼	3331020101、3331020102、3331020199、3331020201、3331020202、3331020299、3331020301、3331020302、3331020399、3331020401、3331020402、3331020499。
3229	其他贵金属冶炼	3331030101、3331030102、3331030200、3331040101、3331040102、3331040200、3331050100、3331050200、3331060100、3331060200、3331070100、3331070200、3331080100、3331080200、3331990000。
3231	钨钼冶炼	3332010101、3332010102、3332010103、3332010104、3332010199、3332010201、3332010202、3332010299。
3232	稀土金属冶炼	3332020100、3332020200、3332020300、3332020400、3332020500、3332020600、3332020700、3332020800、3332020900、3332021000、3332021100、3332021200、3332021300、3332021400、3332029900、3332030100、3332030200、3332030300、3332030400、3332030500、3332030600、3332039900、3332990000。
3239	其他稀有金属冶炼	3332010301、3332010302、3332010303、3332010304、3332010399、3332010401、3332010402、3332010403、3332010404、3332010499、3332010501、3332010502、3332010599、3332010601、3332010602、3332010701、3332010702、3332010801、3332010802、3332010901、3332010902、3332011001、3332011002、3332011101、3332011102、3332019900。
3240	有色金属合金制造	3334010101、3334010102、3334010103、3334010104、3334010199、3334010201、3334010202、3334010203、3334010204、3334010205、3334010206、3334010207、3334010299、3334010301、3334010302、3334010399、3334010401、3334010402、

续 52

行业代码	行业名称	产品目录代码
3240	有色金属合金制造	3334010403、3334010499、3334010501、3334010502、3334010503、3334010504、3334010505、3334010506、3334010507、3334010508、3334010509、3334010510、3334010599、3334010601、3334010602、3334010603、3334010604、3334010605、3334010699、3334010701、3334010702、3334010703、3334010704、3334010705、3334010799、3334010800、3334010901、3334010902、3334010999、3334011001、3334011099、3334011101、3334011102、3334011103、3334011199、3334019900、3334020100、3334020200、3334020300、3334020400、3334029900、3334030101、3334030102、3334030103、3334030104、3334030199、3334030201、3334030202、3334030203、3334030204、3334030205、3334030206、3334030207、3334030208、3334030209、3334030210、3334030211、3334030212、3334030213、3334030214、3334030215、3334030216、3334030217、3334030218、3334030219、3334030220、3334030221、3334030222、3334030223、3334030224、3334030299、3334040101、3334040102、3334040103、3334040104、3334040105、3334040106、3334040107、3334040199、3334040201、3334040202、3334040203、3334040204、3334040205、3334040206、3334040207、3334040208、3334040209、3334040210、3334040211、3334040299、3334040301、3334040302、3334040303、3334040304、3334040305、3334040306、3334040399、3334040401、3334040402、3334040403、3334040404、3334040499、3334040501、3334040502、3334040503、3334049900。
3250	有色金属铸造	3538030100、3538030200、3538040100、3538040200、3538050000、3538060000、3538990000。
3261	铜压延加工	3335010101、3335010102、3335010103、3335010104、3335010105、3335010199、3335010201、3335010202、3335010203、3335010204、3335010205、3335010299、3335010301、3335010302、3335010303、3335010399、3335010401、3335010402、3335010403、3335010404、3335010499、3335010501、3335010502、3335010503、3335010504、3335010599、3335010601、3335010602、3335010603、3335010604、3335010699、3335010701、3335010702、3335010703、3335010704、3335010799、3335010801、3335010802、3335010803、3335010899、3335019900、3335020100、3335020200、3335020300、3335020400、3335020500、3335029900、3335030101、3335030102、3335030103、3335030104、3335030105、3335030199、3335030201、3335030202、3335030203、3335030299。
3262	铝压延加工	3336010101、3336010102、3336010201、3336010202、3336010299、3336010301、3336010302、3336010401、3336010402、3336010501、3336010502、3336010599、3336010601、3336010602、3336010701、3336010702、3336010801、3336010802、3336010900、3336019900、3336020100、3336020200、3336030100、3336030200。
3263	贵金属压延加工	3342010101、3342010102、3342019900、3342020101、3342020102、3342020201、3342020202、3342020301、3342020302、3342020401、3342020402、3342020501、3342020502、3342029900、3342030101、3342030102、3342030201、3342030202、3342030301、3342030302、3342030401、3342030402、3342030501、3342030502、3342039900、3342040101、3342040102、3342040201、3342040202、3342040301、3342040302、3342040401、3342040402、3342040501、3342040502、3342049900、3342050101、3342050102、3342050201、3342050202、3342050301、3342050302、3342050401、3342050402、3342059900、3342060100、3342060200、3342060300、3342069900、3342070100、3342070200、3342079900、3342080100、3342080200、3342080300、3342089900、3342990000、3343010100、3343010200、3343010300、3343010400、3343010500、3343010600、3343019900、3343020100、3343020200、3343020300、3343020400、3343020500、3343020600、3343029900、3343030100、3343030200、3343030300、3343030400、3343030500、3343030600、3343039900。

续 53

行业代码	行业名称	产品目录代码
3264	稀有稀土金属压延加工	3344010100、3344010200、3344010300、3344010400、3344010500、3344010600、3344010700、3344010800、3344010900、3344019900、3344020100、3344020200、3344020300、3344020400、3344020500、3344020600、3344020700、3344020800、3344029900、3344030100、3344030200、3344030300、3344030400、3344030500、3344030600、3344039900、3344040100、3344040200、3344040300、3344040400、3344049900、3344050100、3344050200、3344050300、3344050400、3344059900、3344060100、3344060200、3344060300、3344060400、3344069900、3344070100、3344070200、3344070300、3344070400、3344079900、3344080100、3344080200、3344080300、3344080400、3344089900、3344090100、3344090200、3344090300、3344090400、3344099900、3344100000、3344110000、3344120000、3344130000、3344140000、3344990000。
3269	其他有色金属压延加工	3337010101、3337010102、3337010201、3337010202、3337010301、3337010302、3337010401、3337010402、3337010501、3337010502、3337010601、3337010602、3337010701、3337010702、3337010801、3337010802、3337019900、3337020100、3337020200、3338010101、3338010102、3338010201、3338010202、3338010301、3338010302、3338010401、3338010402、3338010501、3338010502、3338010601、3338010602、3338010701、3338010702、3338010801、3338010802、3338019900、3338020100、3338020200、3339010101、3339010102、3339010201、3339010202、3339010301、3339010302、3339010401、3339010402、3339010501、3339010502、3339010601、3339010602、3339010701、3339010702、3339010703、3339019901、3339019902、3339020100、3339020200、3340010101、3340010102、3340010201、3340010202、3340010301、3340010302、3340010401、3340010402、3340010501、3340010502、3340010601、3340010602、3340010701、3340010702、3340010801、3340010802、3340010901、3340010902、3340019901、3340019902、3340020100、3340020200、3341010100、3341010200、3341010300、3341010400、3341010500、3341010600、3341010700、3341019900、3341020100、3341020200、3341020300、3341020400、3341020500、3341020600、3341020700、3341020800、3341029900、3341030100、3341030200、3341039900、3341040100、3341040200、3341049900、3341050000。
3311	金属结构制造	3401010101、3401010102、3401010103、3401010104、3401010105、3401010106、3401010107、3401010108、3401010109、3401010110、3401010111、3401010112、3401010113、3401010114、3401010115、3401010116、3401010117、3401010118、3401010119、3401010120、3401010121、3401010199、3401010201、3401010202、3401020101、3401020102、3401020103、3401020199、3401020200、3401030101、3401030102、3401030199、3401030200、3517020100、3517020200、3517020300、3517029900。
3312	金属门窗制造	3402010101、3402010102、3402010103、3402010104、3402010105、3402010106、3402010107、3402010199、3402010201、3402010202、3402010203、3402010204、3402010205、3402010299、3402019900、3402020101、3402020102、3402020199、3402020201、3402020202、3402020299、3402029900、3402030101、3402030102、3402030103、3402030199、3402030201、3402030202、3402030203、3402030299。
3321	切削工具制造	3403010101、3403010102、3403010103、3403010104、3403010105、3403010199、3403010200、3403010301、3403010302、3403010303、3403010399、3403010401、3403010402、3403010403、3403010404、3403010405、3403010406、3403010499、3403010501、3403010502、3403010503、3403010599、3403010600、3403010701、3403010702、3403010703、3403010799、3403010801、3403010802、3403010803、3403010804、3403010805、3403010899、3403010900、3403019900、3403020100、

续54

行业代码	行业名称	产品目录代码
3321	切削工具制造	3403020200、3403029900、3403030100、3403030200、3403030300、3403030400、3403030500、3403030600、3403030700、3403039900、3403990000。
3322	手工具制造	3404010100、3404010200、3404019900、3404020100、3404020200、3404020300、3404029900、3404030100、3404030200、3404030300、3404030400、3404039900、3404040100、3404040200、3404049900、3404050000、3404060000、3404070000、3404080100、3404080200、3404080300、3404080400、3404089900、3404090100、3404090200、3404099900、3404100100、3404100200、3404100300、3404109900、3404110101、3404110102、3404110103、3404110104、3404110199、3404110200、3404119900、3404120101、3404120102、3404120103、3404120199、3404120201、3404120202、3404120203、3404120204、3404120205、3404120206、3404120207、3404120299、3404120301、3404120302、3404120303、3404120304、3404120305、3404120306、3404120399、3404120401、3404120402、3404120403、3404120404、3404120499、3404120501、3404120502、3404120503、3404120504、3404120599、3404120601、3404120602、3404120603、3404120604、3404120605、3404120606、3404120607、3404120699、3404120801、3404120802、3404120803、3404120804、3404120899、3404129900、3654050100、3654050200、3654050300、3654050400、3654050500、3654050600、3654059900、3655010311。
3323	农用及园林用金属工具制造	3405010100、3405010200、3405010300、3405010400、3405010500、3405010600、3405010700、3405010800、3405010900、3405011000、3405019900、3405020101、3405020102、3405020103、3405020104、3405020105、3405020199、3405020201、3405020202、3405020299、3405020301、3405020302、3405020303、3405020304、3405020399、3405030101、3405030102、3405030103、3405030199、3405030200、3405030300、3405030400、3405039900、3405990000、3407020201、3407020202、3407020299。
3324	刀剪及类似日用金属工具制造	3407010101、3407010102、3407010103、3407010199、3407010201、3407010299、3407020101、3407020102、3407020103、3407020104、3407020199、3407020301、3407020302、3407020399、3407020400、3407030100、3407030200、3407030300、3407030400、3407030500、3407039900、3407040101、3407040199、3407040200、3407040300、3407049900、3407990000。
3329	其他金属工具制造	3404120701、3404120702、3406010000、3406020000、3406030000、3406990000、3408010100、3408010200、3408010300、3408010400、3408010500、3408010600、3408019900、3408990000。
3331	集装箱制造	3409010100、3409010200、3409010300、3409010400、3409019900、3409020100、3409020200、3409020300、3409020400、3409029900、3409030100、3409030200、3409030300、3409030400、3409039900、3409040000、3409050000、3409990000、3652050300。
3332	金属压力容器制造	3410010101、3410010102、3410010103、3410010199、3410010201、3410010202、3410010300、3410019900、3410020101、3410020102、3410020199、3410020201、3410020202、3410020203、3410020299、3410020300、3410029900。
3333	金属包装容器制造	3411010101、3411010102、3411010103、3411010201、3411010202、3411010299、3411010301、3411010399、3411010401、3411010499、3411010501、3411010599、3411010600、3411019900、3411020101、3411020102、3411020103、3411020104、3411020199、3411020200、3411020300、3411029900。
3340	金属丝绳及其制品制造	3412010000、3412020101、3412020102、3412020103、3412020104、3412020105、3412020106、3412020107、3412020108、3412020199、3412020200、3412020301、3412020302、3412020303、3412020304、3412020400、3412030101、3412030199、

续 55

行业代码	行业名称	产品目录代码
3340	金属丝绳及其制品制造	3412030201、3412030202、3412030203、3412030299、3412040101、3412040199、3412040201、3412040299、3412050100、3412050200、3412060100、3412060200、3412070100、3412070200、3412080100、3412080200、3412090100、3412090200、3412100100、3412100200、3412110100、3412110200、3412120100、3412120200、3412130000、3412140000、3412150000、3412150100、3412150200、3412160100、3412160200、3412170100、3412170200、3412180000、3412190000、3412990000、3413010101、3413010102、3413010103、3413010104、3413010105、3413010106、3413010107、3413010108、3413010199、3413010201、3413010202、3413010203、3413010299、3413010300、3413010400、3413010500、3413019900、3413020100、3413020200、3413020300、3413030100、3413030200、3413030300、3413039900、3413040000、3413990000、3414010101、3414010199、3414010201、3414010202、3414010299、3414010301、3414010302、3414010303、3414010399、3414010401、3414010402、3414010403、3414010499、3414010500、3414010601、3414010602、3414010603、3414010604、3414019900、3414020101、3414020102、3414020201、3414020202、3414020301、3414020302、3414020401、3414020402、3414029900、3414030101、3414030102、3414030201、3414030202、3414039900、3414040100、3414040201、3414040202、3414040300、3414049900、3414050100、3414050200、3414050300、3414050400、3414059900、3414990000、3909010100、3909010200、3909010300、3909010400、3909019900。
3351	建筑、家具用金属配件制造	3417010101、3417010102、3417010103、3417010104、3417010199、3417010201、3417010299、3417010300、3417010400、3417019900、3417020100、3417020200、3417020300、3417029900、3418010100、3418010200、3418019900、3418020000、3418030100、3418030200、3418030300、3418030400、3418030500、3418030600、3418030700、3418030800、3418039900、3418040100、3418040200、3418040300、3418060100、3418060200、3418060300、3418060400、3418060500、3418060600、3418069900、3418070000、3418990000。
3352	建筑装饰及水暖管道零件制造	3419010101、3419010102、3419010199、3419010200、3419020100、3419020200、3419020300、3419030100、3419030200、3419040101、3419040102、3419040200、3419040300、3419040400、3419049900、3419050100、3419050200、3419050300、3419050400、3419050500、3419059900、3419990000。
3353	安全、消防用金属制品制造	3420010100、3420010200、3420010300、3420019900、3420020101、3420020199、3420020201、3420020299、3420030100、3420030200、3420039900、3420990000、3654060100、3654060200。
3359	其他建筑、安全用金属制品制造	3418040500、3418040600、3418040700、3418040800、3418040900、3418041000、3418049900、3418050100、3418050200。
3360	金属表面处理及热处理加工	3801023400。
3371	生产专用搪瓷制品制造	3421010101、3421010102、3421010199、3421010201、3421010202、3421010203、3421010204、3421010299、3421019901、3421019902、3421019999。
3372	建筑装饰搪瓷制品制造	3421010301、3421010302、3421010303、3421010304、3421010305、3421010399。
3373	搪瓷卫生洁具制造	3421020100、3421020200、3421020300、3421029900、3421030100、3421030200、3421030300、3421039900。
3379	搪瓷日用品及其他搪瓷制品制造	3421040100、3421040200、3421040300、3421040400、3421040500、3421049900、3421050100、3421050200、3421050300、3421050400、3421050500、3421059900、3421060000、3421990000。

续56

行业代码	行业名称	产品目录代码
3381	金属制厨房用器具制造	3427010100、3427010200、3427010300、3427010400、3427010500、3427010600、3427010700、3427019900、3427020100、3427020200、3427020300、3427020400、3427020500、3427029900。
3382	金属制餐具和器皿制造	3422020000、3422030000、3423020100、3423020200、3423020300、3423020400、3423029900、3423030100、3423030200、3423030300、3423030400、3423030500、3423039900、3423040101、3423040102、3423049900、3423990000、3424020100、3424020200、3424020300、3424020400、3424029900、3424030100、3424039900、3424040101、3424040102、3424049900、3424990000、3425020100、3425020200、3425029900、3425030100、3425030200、3425030300、3425039900、3425040100、3425049900、3425990000、3426020100、3426020200、3426029900。
3383	金属制卫生器具制造	3422010000、3423010100、3423010200、3423019900、3424010100、3424019900、3425010100、3425010200、3425019900、3426010101、3426010199、3426010201、3426010299、3426019900。
3389	其他金属制日用品制造	3418040400、3428010100、3428010200、3428010300、3428019900、3428020100、3428020200、3428029900、3428030100、3428030200、3428030300、3428030400、3428030500、3428039900、3428040100、3428040200、3428040300、3428050100、3428050200、3428059900、3428060000、3428070100、3428070200、3428080000、3428990000。
3391	锻件及粉末冶金制品制造	3539010100、3539010201、3539010299、3539010300、3539010400、3539010501、3539010502、3539010503、3539010599、3539020101、3539020102、3539020199、3539020201、3539020299、3539030100、3539030200、3539030300、3539030400、3539030500。
3392	交通及公共管理用金属标牌制造	3723010101、3723010102、3723010103、3723010199、3723010201、3723010202、3723010299、3723020100、3723020200、3723020300、3723020400、3723029900。
3399	其他未列明金属制品制造	3429010100、3429010200、3429020100、3429020200、3429020300、3429029900、3429030100、3429030200、3429030300、3429030400、3429030500、3429030600、3429039900、3430010100、3430010200、3430019900、3430020000、3431010201、3431010202、3431010203、3431010204、3431010299、3431010300、3431010400、3431019900、3431020199、3431020200、3431020300、3431029900、3432010100、3432010200、3499010000、3499990000、3633010101、3633010102、3633010103、3633010104、3633010199、3633010201、3633010202、3633010299、3633019900、3633020100、3633020200、3633020300、3633020400、3633020500、3633020600、3633029900、3633990000、3654070100、3654070200、3654070300、3654070400、3654070500、3654079900、3801023500、3801023700、3801050300。
3411	锅炉及辅助设备制造	3501010100、3501010200、3501010300、3501010400、3501010500、3501010600、3501020101、3501020102、3501020103、3501020199、3501020201、3501020299、3501020300、3501030000、3501040101、3501040102、3501040103、3501040199、3501040201、3501040202、3501040203、3501040204、3501040205、3501040206、3501040207、3501040299、3501050100、3501050200、3501050300、3501050400、3501060100、3501060201、3501060202、3501060299。
3412	内燃机及配件制造	3502030101、3502030199、3502030201、3502030202、3502030203、3502050102、3502050199、3502050201、3502050202、3502050299、3502050301、3502050302、3502059900、3502990101、3502990199、3502999900。
3413	汽轮机及辅机制造	3503010100、3503010201、3503010202、3503010203、3503010204、3503010301、3503010302、3503010303、3503010304、3503019901、3503019902、3503019903、

续 57

行业代码	行业名称	产品目录代码
3413	汽轮机及辅机制造	3503019904、3503020101、3503020102、3503020201、3503020202、3503020301、3503020302、3503029901、3503029902、3503030100、3503030200、3503039900。
3414	水轮机及辅机制造	3504010100、3504010201、3504010202、3504010203、3504010204、3504010205、3504010301、3504010302、3504010303、3504010304、3504010401、3504010402、3504010403、3504010404、3504010501、3504010502、3504010503、3504010504、3504010601、3504010602、3504010603、3504010604、3504019901、3504019902、3504019903、3504020100、3504029900。
3415	风能原动设备制造	3505020000、3505030000。
3419	其他原动设备制造	3505010000、3505040000、3505990000。
3421	金属切削机床制造	3506010000、3506020000、3506030100、3506030200、3506030301、3506030302、3506030303、3506030399、3506030400、3506030500、3506030600、3506030700、3506030800、3506030900、3506039900、3506040101、3506040199、3506040201、3506040299、3506049900、3506050100、3506050200、3506050300、3506050400、3506059900、3506060100、3506060200、3506060300、3506060400、3506060500、3506069900、3506070100、3506070200、3506070300、3506070400、3506070500、3506079900、3506080100、3506080200、3506089900、3506090100、3506090200、3506090300、3506090400、3506090500、3506090600、3506090700、3506090800、3506090900、3506091000、3506091100、3506099900、3506100100、3506109900、3506110000、3506120000、3506130100、3506130200、3506130300、3506130400、3506130500、3506130600、3506130700、3506139900、3506140100、3506140200、3506140300、3506140400、3506149900、3506150000、3506990000、3509010101、3509010102、3509010103、3509010104、3509010105、3509010106、3509010199、3509010200、3509010301、3509010302、3509010303、3509010304、3509010305、3509010306、3509010307、3509010308、3509010309、3509010310、3509010311、3509010399、3509010401、3509010402、3509010403、3509010404、3509010405、3509010406、3509010407、3509010408、3509010499、3509010501、3509010502、3509010503、3509010504、3509010505、3509010599、3509010601、3509010602、3509010603、3509010604、3509010605、3509010606、3509010699、3509010701、3509010702、3509010703、3509010704、3509010705、3509010706、3509010707、3509010799、3509010801、3509010802、3509010803、3509010899、3509010901、3509010902、3509010903、3509010904、3509010905、3509010906、3509010907、3509010908、3509010909、3509010910、3509010911、3509010999、3509011001、3509011099、3509011100、3509011200、3509011301、3509011302、3509011303、3509011304、3509011305、3509011306、3509011307、3509011308、3509011399、3509011401、3509011402、3509011403、3509011404、3509011499、3509019900、3510050100。
3422	金属成形机床制造	3507010100、3507010200、3507010300、3507010400、3507010500、3507010600、3507010700、3507010800、3507010901、3507010902、3507010903、3507010904、3507010905、3507010906、3507010907、3507010908、3507010909、3507010910、3507011001、3507011002、3507011100、3507019900、3507020100、3507020201、3507020299、3507020300、3507030100、3507030200、3507030300、3507030400、3507030500、3507039900、3507040000、3507050000、3507060000、3507070000、3507990100、3507990200、3507990300、3507999900、3509020101、3509020102、3509020103、3509020104、3509020105、3509020106、3509020107、3509020108、3509020109、3509020199、3509020201、3509020202、3509020203、3509020204、3509020205、3509020206、3509020207、3509020208、3509020209、3509020299、3509020301、3509020302、3509020303、3509020304、3509020305、3509020399、

续58

行业代码	行业名称	产品目录代码
3422	金属成形机床制造	3509020401、3509020402、3509020499、3509020501、3509020502、3509020599、3509020601、3509020699、3509020700、3509020800、3509020900、3509029900、3510050200、3510059900。
3423	铸造机械制造	3606020301、3606020302、3606020399、3606020401、3606020402、3606020403、3606020499、3606020501、3606020599、3606020601、3606020602、3606020603、3606020604、3606020699、3606020701、3606020702、3606020799、3606020800、3606020900、3606021000、3606021101、3606021102、3606029900。
3424	金属切割及焊接设备制造	3511010101、3511010199、3511010201、3511010299、3511010301、3511010399、3511010401、3511010499、3511010501、3511010599、3511010601、3511010699、3511010701、3511010799、3511010801、3511010899、3511010901、3511010999、3511019901、3511019999、3511020100、3511020201、3511020202、3511020300、3511029900、3511030100、3511030200、3511030300、3511039900、3511040100、3511040200、3511040300。
3425	机床附件制造	3510010101、3510010102、3510010103、3510010201、3510010202、3510010203、3510010204、3510010300、3510010400、3510010500、3510010600、3510010701、3510010799、3510010800、3510019900、3510020100、3510020200、3510020300、3510020401、3510020402、3510029900、3510030101、3510030102、3510030200、3510030300、3510039900、3510040100、3510040200、3510040301、3510040302、3510040401、3510040402、3510040403、3510040500、3510040601、3510040602、3510040603、3510040701、3510040702、3510040800、3510040900、3510041000、3510041100、3510041200、3510041300、3510990000。
3429	其他金属加工机械制造	3508010000、3508020000、3508030000、3508040100、3508040200、3508049900、3508050100、3508050200、3508059900、3508060000、3508070000、3508080000、3508990000、3509030100、3509030201、3509030202、3657020000。
3431	轻小型起重设备制造	3512010000、3512020100、3512020200、3512020300、3512029900、3512030100、3512030200、3512030300、3512030400、3512030500、3512039900、3512040100、3512040200、3512040300、3512040400、3512049900、3512050101、3512050102、3512050199、3512050201、3512050202、3512050299、3512059900、3512060100、3512060200、3512069900、3512070000、3512080000、3512990000。
3432	起重机制造	3513010100、3513010200、3513010301、3513010302、3513010303、3513010304、3513010305、3513010306、3513010307、3513010308、3513010309、3513010310、3513010399、3513010401、3513010402、3513010403、3513010499、3513010500、3513019900、3513020100、3513020200、3513020300、3513020400、3513020500、3513020600、3513029900、3513030100、3513030200、3513030300、3513039900、3513040000、3513050101、3513050102、3513050103、3513050104、3513050199、3513050200、3513050300、3513059900、3513060100、3513060200、3513060300、3513060400、3513060500、3513069900、3513070101、3513070102、3513070103、3513070104、3513070199、3513070200、3513070300、3513070400、3513079900、3513080000、3513090100、3513090200、3513090300、3513099900、3513100100、3513109900、3513110000、3513120000、3513130000、3513990000。
3433	生产专用车辆制造	3514010100、3514010200、3514010300、3514019900、3514020100、3514020200、3514020300、3514020400、3514020500、3514029900、3514030000、3514040100、3514040200、3514049900、3514050100、3514050200、3514050300、3514059900、3514060100、3514069900、3514070100、3514070200、3514070300、3514070400、3514070500、3514079900、3514080000、3514090000、3514990000。

续 59

行业代码	行业名称	产品目录代码
3434	连续搬运设备制造	3515010101、3515010102、3515010199、3515010201、3515010202、3515010203、3515010204、3515010205、3515010206、3515010207、3515010299、3515010301、3515010302、3515010399、3515010401、3515010402、3515010499、3515010501、3515010502、3515010599、3515010601、3515010602、3515010603、3515010604、3515010699、3515010701、3515010702、3515010703、3515010799、3515010800、3515010900、3515011000、3515011101、3515011102、3515011103、3515011104、3515011199、3515011200、3515011300、3515019900、3515020101、3515020199、3515020201、3515020202、3515020299、3515020301、3515020302、3515020303、3515020304、3515020399、3515020401、3515020402、3515020403、3515020499、3515020500、3515020601、3515020602、3515020699、3515020700、3515020800、3515029900、3515030100、3515030200、3515030300、3515030400、3515030500、3515030600、3515030700、3515030800、3515039900、3515990000。
3435	电梯、自动扶梯及升降机制造	3516010100、3516010200、3516010300、3516010400、3516010500、3516010600、3516019900、3516020100、3516020200、3516029900、3516030100、3516030200、3516030300、3516030400、3516039900、3516040000。
3439	其他物料搬运设备制造	3517010100、3517010200、3517010300、3517010400、3517010500、3517019900、3517030100、3517030200、3517039900、3517040100、3517040200、3517040300、3517040400、3517040500、3517040600、3517049900、3517050100、3517050200、3517050300、3517050400、3517050500、3517059900、3517060100、3517060200、3517060300、3517060400、3517060500、3517060600、3517069900、3517070000、3517990000。
3441	泵及真空设备制造	3518010101、3518010102、3518010103、3518010104、3518010105、3518010106、3518010107、3518010108、3518010109、3518010110、3518010111、3518010112、3518010113、3518010114、3518010115、3518010116、3518010117、3518010118、3518010119、3518010120、3518010121、3518010122、3518010123、3518010199、3518010201、3518010202、3518010203、3518010204、3518010205、3518010206、3518010207、3518010208、3518010209、3518010210、3518010211、3518010299、3518010301、3518010302、3518010303、3518010304、3518010305、3518010306、3518010307、3518010308、3518010309、3518010310、3518010311、3518010399、3518019901、3518019902、3518019903、3518019999、3518020100、3518020200、3518020300、3518020400、3518029900、3518030100、3518030200、3518030300、3523010100、3523010200、3523010300、3523019900、3523020100、3523029900。
3442	气体压缩机械制造	3519010101、3519010102、3519010103、3519010201、3519010202、3519010300、3519019900、3519020101、3519020102、3519020199、3519020201、3519020202、3519020299、3519020301、3519020302、3519020399、3519029900、3519030000、3528030100。
3443	阀门和旋塞制造	3520010101、3520010102、3520010103、3520010104、3520010105、3520010106、3520010107、3520010108、3520010109、3520010110、3520010111、3520010199、3520010201、3520010202、3520010203、3520010204、3520010205、3520010206、3520010207、3520010208、3520010209、3520010210、3520010299、3520020100、3520020200、3520020300、3520020400、3520029900、3520030100、3520030200。
3444	液压和气压动力机械及元件制造	3521010101、3521010102、3521010103、3521010104、3521010105、3521010199、3521010201、3521010202、3521010203、3521010204、3521010205、3521010299、3521010301、3521010302、3521010303、3521010304、3521010305、3521010306、3521010307、3521010308、3521010399、3521010401、3521010402、3521010403、3521010404、3521010405、3521010499、3521019900、3521020100、3521020200、3521029900、3521030100、3521030200、3521030300、3521030400、3521030500、

续 60

行业代码	行业名称	产品目录代码
3444	液压和气压动力机械及元件制造	3521030600、3521030700、3521030800、3521030900、3521039900、3521040101、3521040102、3521040103、3521040104、3521040105、3521040199、3521040201、3521040202、3521040203、3521040299、3521040301、3521040302、3521049900、3522010101、3522010102、3522010103、3522010104、3522010199、3522010201、3522010202、3522010203、3522010299、3522010301、3522010302、3522010303、3522010304、3522010305、3522010399、3522020100、3522020200、3522030100、3522030200、3522990000。
3451	轴承制造	3524010101、3524010102、3524010103、3524010104、3524010199、3524010201、3524010202、3524010203、3524010204、3524010299、3524010300、3524010400、3524010500、3524010600、3524010700、3524019900、3524020100、3524020200、3524029900、3524030100、3524030200、3524030300、3524030400、3524039900。
3452	齿轮及齿轮减、变速箱制造	3525010100、3525010200、3525010300、3525010400、3525010500、3525010600、3525019900、3525020101、3525020102、3525020199、3525020201、3525020202、3525020299、3525020301、3525020302、3525020399、3525020401、3525020402、3525020499、3525020501、3525020502、3525020599、3525029901、3525029902、3525029999、3525030101、3525030102、3525030103、3525030104、3525030105、3525030106、3525030107、3525030199、3525030201、3525030202、3525030299、3525030300、3525030400、3525039900、3525060100、3525060200、3525060300、3525060400、3525060500、3525060600、3525069900、3525080000。
3459	其他传动部件制造	3431010101、3431010102、3431010103、3431010104、3431010199、3431020101、3525040100、3525040200、3525040300、3525040400、3525049900、3525050100、3525050200、3525050300、3525070100、3525070200、3525070300、3525070400、3525070500、3525079900。
3461	烘炉、熔炉及电炉制造	3523040100、3523040200、3523040300、3523040400、3523040500、3523049900、3523990000、3527010100、3527010201、3527010202、3527010299、3527010300、3527010400、3527019900、3527020100、3527020200、3527020300、3527020400、3527029900、3527030101、3527030102、3527030103、3527030104、3527030105、3527030199、3527030201、3527030202、3527030203、3527030299、3527030300、3527030400、3527030500、3527039900、3527040100、3527040200、3527040300、3527040400、3527040500、3527040600、3527049900、3527050100、3527050200、3527060100、3527060200、3527070100、3527070200、3527080100、3527080200、3527090100、3527090200、3527100100、3527100200、3527110100、3527110200、3527119900、3527120000、3527130100、3527130200、3527130300、3527990000、3606010201、3606010202、3606010299、3650030201、3650030202、3650030203、3650030204、3650030205、3650030206、3650030207、3650030299、3650050201、3650050202、3650050203、3650050299、3653060100、3653060200、3718040200。
3462	风机、风扇制造	3528010101、3528010102、3528010103、3528010104、3528010105、3528010106、3528010107、3528010108、3528010109、3528010110、3528010111、3528010112、3528010113、3528010199、3528010201、3528010202、3528010203、3528010204、3528010205、3528010206、3528010207、3528010208、3528010209、3528010210、3528010211、3528010212、3528010213、3528010214、3528010299、3528010300、3528010400、3528010501、3528010502、3528010503、3528010504、3528010599、3528019900、3528020100、3528020200、3528020300、3528020401、3528020499、3528029900、3528030200、3528030300、3528040000。
3463	气体、液体分离及纯净设备制造	3529010100、3529010200、3529010300、3529010400、3529010500、3529010600、3529010700、3529010800、3529019900、3529020100、3529020200、3529020300、3529029900、3529030100、3529030200、3529030300、3529039900、3529040100、

续 61

行业代码	行业名称	产品目录代码
3463	气体、液体分离及纯净设备制造	3529040200、3529040300、3529049900、3529050000、3529060100、3529060200、3529069900、3529070100、3529070200、3529070300、3529070400、3529070500、3529079900、3529990000、3530010100、3530010201、3530010299、3530010301、3530010302、3530010303、3530010304、3530010305、3530010399、3530010401、3530010402、3530010403、3530010404、3530010499、3530010500、3530010600、3530010700、3530019900、3530020101、3530020102、3530020103、3530020104、3530020199、3530020201、3530020202、3530020299、3530020300、3530029900、3530030101、3530030102、3530030103、3530030104、3530030105、3530030106、3530030199、3530030201、3530030202、3530030203、3530030204、3530030299、3530030301、3530030302、3530030399、3530030401、3530030499、3530039900、3530040201、3530040202、3530040203、3530040299、3530040301、3530040302、3530040303、3530040399、3530060101、3530060102、3530060103、3530060104、3530060105、3530060106、3530060107、3530060108、3530060199、3530060201、3530060202、3530060299、3530060300、3530060400、3530069900、3530070100、3530070200、3530070300、3530070400、3530079900、3530990000、3531010101、3531010102、3531010103、3531010104、3531010105、3531010106、3531010107、3531010108、3531010109、3531010199、3531010201、3531010202、3531010203、3531010204、3531010205、3531010299、3531010301、3531010302、3531010399、3531010401、3531010402、3531010403、3531010404、3531010405、3531010499、3531010501、3531010502、3531010503、3531010599、3531010601、3531010699、3531010701、3531010799、3531019900、3531020101、3531020102、3531020103、3531020104、3531020105、3531020106、3531020199、3531020201、3531020202、3531020203、3531020204、3531020299、3531020301、3531020302、3531020399、3531020401、3531020402、3531020499、3531020501、3531020502、3531020503、3531020599、3531029900、3531030100、3531030200、3531030300、3531039900。
3464	制冷、空调设备制造	3532010100、3532010200、3532010300、3532010400、3532010500、3532010600、3532010700、3532010800、3532010900、3532019900、3532020101、3532020102、3532020200、3532020300、3532020400、3532029900、3532030100、3532030200、3532030300、3532030400、3532030500、3532030600、3532040101、3532040102、3532040199、3532040201、3532040202、3532040203、3532040204、3532040300、3532040400、3532040500、3532049900、3532050000。
3465	风动和电动工具制造	3533010100、3533010200、3533010300、3533010400、3533010500、3533010600、3533010700、3533010800、3533010900、3533011000、3533011100、3533011200、3533011300、3533011400、3533011500、3533011600、3533011700、3533011800、3533011900、3533012000、3533019900、3533020101、3533020102、3533020199、3533020201、3533020299、3533020300、3533020400、3533020500、3533020600、3533020700、3533020800、3533020900、3533021000、3533021100、3533021200、3533021300、3533021400、3533029900、3533030100、3533030200、3533030300、3533039900、3655010302、3655010303、3655010304、3655010305、3655010306。
3466	喷枪及类似器具制造	3534010100、3534010200、3534010300、3534010400、3534010500、3534019900、3534020100、3534020200、3534020300、3534020400、3534020500、3534020600、3534020700、3534020800、3534020900、3534029900、3534030101、3534030102、3534030103、3534030199、3534030200、3534030300、3534030400、3534039900、3534040100、3534040200、3534040300、3534040400、3534049900、3534050100、3534059900。
3467	衡器制造	3536010101、3536010102、3536010103、3536010104、3536010105、3536010106、3536010107、3536010199、3536010201、3536010202、3536010203、3536010204、

续 62

行业代码	行业名称	产品目录代码
3467	衡器制造	3536010205、3536010206、3536010207、3536010299、3536010301、3536010302、3536010303、3536010304、3536010305、3536010399、3536010401、3536010402、3536010403、3536010404、3536010405、3536010406、3536010407、3536010408、3536010499、3536010501、3536010502、3536010599、3536010601、3536010602、3536010603、3536010604、3536010605、3536010606、3536010699、3536010701、3536010702、3536010703、3536010799、3536010801、3536010802、3536010803、3536010804、3536010899、3536019900、3536020101、3536020102、3536020103、3536020104、3536020105、3536020106、3536020107、3536020108、3536020199、3536020201、3536020202、3536020203、3536020204、3536020205、3536020206、3536020299、3536030000、3536040100、3536040200、3536040300、3536040400、3536040500、3536049900、3536990000、3537010000、3537020000、3537030000、3537040000、3537990000。
3468	包装专用设备制造	3535010100、3535010200、3535010300、3535010400、3535019900、3535020101、3535020102、3535020103、3535020104、3535020105、3535020199、3535020201、3535020299、3535020301、3535020302、3535020303、3535020304、3535020305、3535020306、3535020307、3535020308、3535020309、3535020310、3535020399、3535029900、3535030101、3535030102、3535030103、3535030199、3535030201、3535030202、3535030203、3535030204、3535030205、3535030206、3535030299、3535030301、3535030302、3535030303、3535030399、3535030401、3535030402、3535030403、3535030404、3535030499、3535039900、3535040100、3535049900、3624040100、3624040200、3624040300、3624040400、3624040500、3624040600、3624040700、3624040800、3624040900、3624049900。
3471	电影机械制造	4121010100、4121010201、4121010202、4121010203、4121010204、4121010205、4121010206、4121010207、4121010299、4121010300、4121020100、4121020200、4121020300、4121020400、4121029900、4121030100、4121030200、4121039900、4121040100、4121050100、4121050200、4123010100、4123020200、4123020300、4123020400、4123020500、4123020600、4123020700、4123020800、4123020900、4123021000、4123021100、4123021200、4123029900、4123030100、4123039900。
3472	幻灯及投影设备制造	4119150700、4121040200、4124010100、4124010200、4124019900、4124020100、4124020200、4124020300、4124020400、4124020500、4124029900、4124030000。
3473	照相机及器材制造	4119150101、4119150199、4119150400、4119150500、4119150600、4122010101、4122010102、4122010199、4122010201、4122010202、4122010301、4122010399、4122010401、4122010402、4122010403、4122010404、4122010405、4122010406、4122010499、4122020101、4122020102、4122020103、4122020104、4122020199、4122020200、4122020300、4122029900、4122030100、4122030200、4122030300、4122030400、4122039900、4122040101、4122040102、4122040103、4122040104、4122040199、4122040200、4122040300、4122040400、4123010200、4123010300、4123010400、4123010500、4123010600、4123019900、4123020100、4123021300、4123030200。
3474	复印和胶印设备制造	4122030500、4122030600、4125010101、4125010102、4125010201、4125010202、4125010300、4125010400、4125010501、4125010502、4125010601、4125010602、4125010701、4125010799、4125010801、4125010899、4125020100、4125020200、4125030100、4125030200、4125030300、4125039900、4125040100、4125040200、4125040300、4125040400、4125040500、4125040600、4125040700、4125040800、4125049900、4125990100、4125999900、4127030300。

续 63

行业代码	行业名称	产品目录代码
3475	计算器及货币专用设备制造	4126010101、4126010102、4126010199、4126010200、4126010301、4126010302、4126010399、4126010400、4126010500、4126010600、4126010700、4126019900、4126020100、4126020200、4126020300、4126020400、4126020500、4126020600、4126020700、4126020800、4126029900。
3479	其他文化、办公用机械制造	3801024500、3801050400、4127010101、4127010102、4127010199、4127010200、4127030100、4127030200、4127039900、4127990100、4127990200、4127990300、4127990400、4127990500、4127990600、4127990700、4127990800、4127999900。
3481	金属密封件制造	3526010100、3526010200、3526019900、3526020100、3526020200、3526029900、3526990000。
3482	紧固件制造	3415110101、3415110102、3415110103、3415110104、3415110105、3415110199、3415110201、3415110202、3415110203、3415110299、3415110300、3415110401、3415110499、3415110500、3415110600、3415110700、3415110800、3415119900、3415120101、3415120199、3415120200、3415120300、3415120400、3415129900、3415130100、3415130200、3415130300、3415130400、3415139900、3415190000、3415200101、3415200102、3415200103、3415200104、3415200105、3415200106、3415200107、3415200199、3415200201、3415200202、3415200203、3415200204、3415200205、3415200299、3415200300、3415209900。
3483	弹簧制造	3416010101、3416010102、3416010199、3416010201、3416010299、3416010301、3416010399、3416010401、3416010499、3416010501、3416010599、3416010601、3416010699、3416010701、3416010799、3416019900、3416020100、3416020200、3416020300、3416020400、3416020500、3416020600、3416029900。
3484	机械零部件加工	3599029900。
3489	其他通用零部件制造	3599029900。
3490	其他通用设备制造业	3523030100、3523030200、3523030300、3523030400、3523030500、3523030600、3523030700、3523039900、3530040101、3530040102、3530040103、3530040104、3530040105、3530040106、3530040107、3530040108、3530040109、3530040110、3530040111、3530040112、3530040113、3530040114、3530040115、3530040116、3530040117、3530040118、3530040119、3530040199、3531040101、3531040102、3531040199、3531040201、3531040202、3531040203、3531040204、3531040205、3531040299、3531040301、3531040302、3531040303、3531040304、3531040305、3531040306、3531040307、3531040308、3531040399、3531040401、3531040402、3531040403、3531040404、3531040405、3531040499、3531040501、3531040502、3531040503、3531040504、3531040599、3531040601、3531040602、3531040699、3531049900、3531050100、3531050200、3599010101、3599010102、3599010199、3599019900、3599020101、3599020102、3801023800、3801050100。
3511	矿山机械制造	3601010101、3601010102、3601010201、3601010202、3601010299、3601010301、3601010302、3601010303、3601010399、3601010400、3601010501、3601010502、3601010503、3601010599、3601019900、3601020101、3601020102、3601020201、3601020202、3601020203、3601020204、3601020299、3601020301、3601020302、3601020303、3601020304、3601020305、3601020306、3601020307、3601020399、3601020401、3601020402、3601020403、3601020499、3601020501、3601020502、3601020503、3601020504、3601020599、3601020601、3601020602、3601020699、3601020700、3601020800、3601020900、3601021000、3601021100、3601021201、3601021202、3601021301、3601021302、3601021303、3601021304、3601021399、3601021401、3601021402、3601021403、3601021500、3601029900、3601030101、

续 64

行业代码	行业名称	产品目录代码
3511	矿山机械制造	3601030102、3601030103、3601030104、3601030105、3601030106、3601030199、3601030201、3601030202、3601030299、3601030301、3601030302、3601030303、3601030304、3601030305、3601030399、3601039900、3601040100、3601040200、3601040300、3601040400、3601040500、3601040600、3601040700、3601040800、3601040900、3601041000、3601041100、3601049900、3601050100、3601050200、3601050300、3601050400、3601050500、3601050600、3601050700、3601050800、3601050900、3601051000、3601051100、3601059900、3601060101、3601060199、3601060201、3601060202、3601060203、3601060204、3601060205、3601060299、3601070100、3601070201、3601070202、3601070203、3601079900、3601080100、3601080200、3601080300、3601080400、3601080500、3601080600、3601080700、3601080800、3601089900、3601990000。
3512	石油钻采专用设备制造	3602010101、3602010102、3602010103、3602010104、3602010105、3602010199、3602020100、3602020200、3602020300、3602020400、3602020500、3602020600、3602020700、3602020800、3602029900、3602030100、3602039900、3602040100、3602040200、3602040300、3602040400、3602040500、3602040600、3602040700、3602040800、3602049900、3602050100、3602050200、3602050300、3602059900、3602080100、3602089900、3602090101、3602090102、3602090103、3602090104、3602090199、3602090201、3602090202、3602090203、3602090204、3602090205、3602090206、3602090207、3602090208、3602090209、3602090210、3602090211、3602090299。
3513	建筑工程用机械制造	3603010101、3603010102、3603010103、3603010104、3603010105、3603010199、3603010201、3603010202、3603010299、3603010301、3603010399、3603010401、3603010499、3603010501、3603010599、3603010601、3603010602、3603010699、3603010700、3603010800、3603019900、3603020101、3603020199、3603020201、3603020202、3603020301、3603020302、3603029900、3603030101、3603030102、3603030103、3603030199、3603030201、3603030299、3603030300、3603040101、3603040199、3603040201、3603040299、3603040301、3603040399、3603040401、3603040499、3603040501、3603040599、3603049900、3603050101、3603050102、3603050103、3603050104、3603050105、3603050199、3603050201、3603050202、3603050299、3603050301、3603050302、3603050399、3603050401、3603050402、3603050403、3603050499、3603050501、3603050502、3603050503、3603050504、3603050505、3603050599、3603059900、3603060101、3603060102、3603060103、3603060104、3603060105、3603060199、3603060201、3603060202、3603060203、3603060299、3603060301、3603060302、3603060303、3603060304、3603060399、3603060401、3603060402、3603060499、3603060500、3603069900、3603070100、3603070200、3603079900、3603090100、3603090200、3603099900。
3514	海洋工程专用设备制造	3602010201、3602010202、3602010203、3602010204、3602010299、3719030100、3719030201、3719030202、3719030203、3719030300、3719039900。
3515	建筑材料生产专用机械制造	3603080100、3603080200、3603080300、3603080400、3603080500、3603089900、3604010100、3604010200、3604010300、3604010400、3604010500、3604010600、3604010700、3604010800、3604019900、3604020101、3604020102、3604020199、3604020200、3604020300、3604020400、3604020500、3604020600、3604020700、3604020801、3604020899、3604020900、3604021000、3604021100、3604021200、3604021300、3604021400、3604021500、3604021600、3604029900、3604030101、3604030102、3604030103、3604030104、3604030105、3604030106、3604030107、3604030108、3604030109、3604030110、3604030111、3604030112、3604030199、3604030201、3604030202、3604030203、3604030204、3604030299、3604039900、3604040101、3604040102、3604040103、3604040104、3604040105、3604040106、

续 65

行业代码	行业名称	产品目录代码
3515	建筑材料生产专用机械制造	3604040199、3604040201、3604040202、3604040203、3604040204、3604040205、3604040206、3604040207、3604040208、3604040209、3604040299、3604049900、3604050101、3604050102、3604050103、3604050104、3604050105、3604050199、3604050201、3604050202、3604050203、3604050204、3604050205、3604050206、3604050207、3604050299、3604050301、3604050302、3604050303、3604050304、3604050305、3604050306、3604050307、3604050308、3604050309、3604050399、3604060100、3604060200、3604060300、3604069900、3604070100、3604070201、3604070202、3604070203、3604070204、3604070205、3604070299、3604070300、3604070400、3604070500、3604070600、3604070700、3604079900、3604080101、3604080102、3604080103、3604080104、3604080105、3604080106、3604080199、3604080201、3604080202、3604080203、3604080204、3604080205、3604080206、3604080299、3604080301、3604080302、3604080303、3604080304、3604080305、3604080306、3604080307、3604080399、3604080401、3604080402、3604080403、3604080499、3604080501、3604080502、3604080503、3604080504、3604080505、3604080599、3604080601、3604080602、3604080699、3604080701、3604080702、3604080703、3604080799、3604080801、3604080802、3604080803、3604080899、3604080901、3604080902、3604080903、3604080904、3604080905、3604080906、3604080907、3604080908、3604080909、3604080999、3604081000、3604081101、3604081102、3604081103、3604081199、3604081201、3604081299、3604081301、3604081399、3604089900、3604090100、3604090200、3604090300、3604090400、3604099900、3604100101、3604100102、3604100103、3604100104、3604100105、3604100106、3604100199、3604100201、3604100202、3604100203、3604100204、3604100299、3604100300、3604109900、3604110100、3604119900、3605020101、3605020102、3605020103、3605020104、3605020105、3605020106、3605020199、3605029900。
3516	冶金专用设备制造	3606010101、3606010102、3606010199、3606010301、3606010302、3606010303、3606010304、3606010305、3606010399、3606010401、3606010402、3606010403、3606010404、3606010405、3606010499、3606010500、3606010601、3606010602、3606010603、3606010604、3606010699、3606020101、3606020102、3606020103、3606020104、3606020105、3606020199、3606020201、3606020202、3606020203、3606020299、3606030101、3606030102、3606030103、3606030104、3606030199、3606030201、3606030202、3606030299、3606030301、3606030302、3606030303、3606030399、3606030401、3606030402、3606030403、3606030404、3606030499、3606030501、3606030502、3606030503、3606030504、3606030599、3606030601、3606030602、3606030699、3606030701、3606030702、3606030703、3606030704、3606030705、3606030799、3606030801、3606030802、3606030803、3606030804、3606030805、3606030899、3606050101、3606050102、3606050103、3606050199、3606050201、3606050202、3606050203、3606050204、3606050299、3606050301、3606050399、3606050400、3606059900、3606990000。
3521	炼油、化工生产专用设备制造	3530050101、3530050199、3530050200、3530050301、3530050399、3530050401、3530050499、3530050501、3530050599、3530050600、3530050700、3530050800、3530050900、3530051001、3530051099、3530059900、3607010100、3607010200、3607010300、3607010400、3607010500、3607010600、3607010700、3607019900、3607020100、3607020200、3607020300、3607020400、3607020500、3607020600、3607020701、3607020702、3607029900、3607030100、3607030200、3607030300、3607030400、3607030500、3607030600、3607030700、3607030800、3607030900、3607039900、3607040100、3607040200、3607049900、3607050100、3607050200、3607050300、3607050400、3607050500、3607050600、3607050700、3607059900。

续66

行业代码	行业名称	产品目录代码
3522	橡胶加工专用设备制造	3608010100、3608010200、3608010300、3608019900、3608020100、3608020200、3608020300、3608020400、3608020500、3608020600、3608030100、3608030200、3608030300、3608030400、3608030500、3608039900、3608040100、3608040200、3608049900、3608050100、3608050200、3608050300、3608050400、3608050500、3608059900、3608060100、3608069900、3608070101、3608070102、3608070103、3608070104、3608070105、3608070106、3608070199、3608070201、3608070202、3608070299、3608070301、3608070302、3608070303、3608070304、3608070399、3608070401、3608070402、3608070499、3608070500、3608079900、3608080101、3608080102、3608080199、3608080201、3608080202、3608080203、3608080299、3608080301、3608080399、3608080401、3608080499、3608080501、3608080599、3608080601、3608080602、3608080701、3608080702、3608080799、3608080801、3608080802、3608080899、3608090100、3608090200、3608099900、3608100100、3608100200、3608100300、3608100400、3608100500、3608100600、3608100700、3608109900、3608110100、3608110200、3608110300、3608110400、3608110500、3608110600、3608110700、3608119900、3608120100、3608120200、3608120300、3608130100、3608130200、3608130300、3608130400、3608130500、3608130600、3608139900、3608140100、3608149900。
3523	塑料加工专用设备制造	3609010100、3609019900、3609020100、3609020200、3609020300、3609020400、3609020500、3609020600、3609029900、3609030100、3609030200、3609039900、3609040100、3609040200、3609040300、3609040400、3609040500、3609040600、3609049900、3609050100、3609050200、3609050300、3609050400、3609059900、3609060100、3609060200、3609060300、3609069900、3609070100、3609070200、3609070300、3609070400、3609080000、3609090000。
3524	木材加工机械制造	3610010101、3610010199、3610010201、3610010299、3610010301、3610010399、3610010401、3610010499、3610010501、3610010599、3610010601、3610010699、3610010701、3610010799、3610010801、3610010899、3610010901、3610010999、3610011001、3610011099、3610011101、3610011199、3610011201、3610011299、3610011301、3610011399、3610011401、3610011499、3610019900、3610020100、3610020200、3610020300、3610020400、3610020500、3610020600、3610020700、3610029900、3610030100、3610030200、3610030300、3610030400、3610030500、3610030600、3610039900、3610040000。
3525	模具制造	3611010100、3611010200、3611010300、3611020100、3611020201、3611020202、3611020299、3611020300、3611020400、3611020500、3611029900、3611030100、3611030200、3611030300、3611030400、3611030500、3611039900、3611040100、3611040200、3611040300、3611040400、3611040500、3611049900、3611050100、3611050200、3611050300、3611050400、3611050500、3611059900、3611060100、3611060200、3611060300、3611069900、3611070000、3611990000。
3529	其他非金属加工专用设备制造	3613010100、3613010200、3613019900、3613020100、3613020200、3613020300、3613020400、3613020500、3613020600、3613020700、3613020800、3613029900、3613990000。
3531	食品、酒、饮料及茶生产专用设备制造	3614010100、3614010200、3614010300、3614010400、3614010500、3614010600、3614019900、3614020100、3614020200、3614030100、3614030200、3614030300、3614030400、3614030500、3614030600、3614030700、3614030800、3614030900、3614031000、3614031100、3614031200、3614031300、3614031400、3614031500、3614031601、3614031602、3614031603、3614031604、3614031605、3614031606、3614031607、3614031608、3614031609、3614031610、3614031611、3614031612、3614031613、3614031614、3614031615、3614031616、3614031699、3614031700、

续 67

行业代码	行业名称	产品目录代码
3531	食品、酒、饮料及茶生产专用设备制造	3614031801、3614031802、3614031803、3614031804、3614031805、3614031806、3614031807、3614031808、3614031899、3614031900、3614032000、3614039900、3614040100、3614040200、3614040300、3614040400、3614040500、3614040600、3614049900、3614050100、3614050200、3614050300、3614050400、3614050500、3614050600、3614050700、3614050800、3614050900、3614051000、3614059900、3614060000、3614990000、3615010100、3615010200、3615010300、3615010400、3615010500、3615010600、3615010700、3615010800、3615010900、3615011000、3615019900、3615020100、3615020200、3615020300、3615020400、3615020500、3615020600、3615020700、3615029900、3615990100、3615990200、3615990300、3615999900、3616010100、3616010200、3616010300、3616019900、3616020100、3616020200、3616020300、3616020400、3616029900、3616030100、3616030200、3616030300、3616030400、3616030500、3616039900、3616040000、3616990000、3617020100、3617020200、3620010000、3620020000、3620030000、3641030100、3641030200、3641030300、3641030400、3641030500、3641030600、3641030700、3641030800、3641030900、3641031000、3641031100、3641031200、3641031300、3641031400、3641031500、3641031600、3641031700、3641031800、3641039900。
3532	农副食品加工专用设备制造	3618010101、3618010102、3618010103、3618010104、3618010105、3618010199、3618010201、3618010202、3618010203、3618010204、3618010205、3618010206、3618010207、3618010208、3618010209、3618010210、3618010211、3618010301、3618010302、3618010303、3618010304、3618010305、3618010306、3618010307、3618010308、3618010309、3618010401、3618010402、3618010403、3618010404、3618010405、3618010406、3618010499、3618010500、3618019900、3618020101、3618020102、3618020103、3618020104、3618020105、3618020106、3618020107、3618020108、3618020109、3618020110、3618020111、3618020112、3618020113、3618020199、3618020201、3618020202、3618020203、3618020204、3618020205、3618020206、3618020207、3618020208、3618020299、3618029900、3618030100、3618030200、3618030300、3618030400、3618030500、3618030600、3618030700、3618030800、3618030900、3618031000、3618031100、3618031200、3618031300、3618031400、3618031500、3618031600、3618031700、3618031800、3618031900、3618032000、3618032100、3618039900、3618040100、3618040200、3618040300、3618040400、3618040500、3618040600、3618040700、3618040800、3618040900、3618041000、3618041100、3618041200、3618041300、3618041400、3618041500、3618041600、3618041700、3618041800、3618049900、3618050100、3618050200、3618050300、3618060100、3618060200、3618060300、3618060400、3618080100、3618080200、3618080300、3618080400、3618080500、3618080600、3618080700、3618080800、3618080900、3618081000、3618081100、3618081200、3618081300、3618081400、3618081500、3618081600、3618081700、3618081800、3618081900、3618082000、3618082100、3618082200、3618082300、3618082400、3618082500、3618082600、3618082700、3618082800、3618082900、3618083000、3618083100、3618083200、3618083300、3618083400、3618083500、3618083600、3618083700、3618083800、3618083900、3618090101、3618090102、3618090103、3618090104、3618090105、3618090106、3618090107、3618090108、3618090109、3618090110、3618090111、3618090112、3618090113、3618090199、3618090201、3618090202、3618090203、3618090204、3618090299、3618090301、3618090302、3618090399、3618090401、3618090402、3618090403、3618090499、3618090501、3618090502、3618090503、3618090504、3618090505、3618090506、3618090599、3618099900、3620040000、3620050000、3620990000、3637050201、3637050299、3637050401、3637050402、3637050403、3637050404、3637050405、3637050406、3637050499、

续68

行业代码	行业名称	产品目录代码
3532	农副食品加工专用设备制造	3637050601、3637050602、3637050603、3637050699、3637059900、3641010100、3641010200、3641010300、3641010400、3641010500、3641019900、3641020100、3641020200、3641020300、3641020400、3641020500、3641029900。
3533	烟草生产专用设备制造	3617010100、3617010200、3617010300、3617010400、3617010500、3617010600、3617010700、3617010800、3617010900、3617011000、3617011100、3617011200、3617011300、3617011400、3617011500、3617011600、3617011700、3617011800、3617011900、3617012000、3617012100、3617012200、3617012300、3617012400、3617019900。
3534	饲料生产专用设备制造	3619010100、3619010200、3619010300、3619010400、3619019900、3619020100、3619020200、3619020300、3619029900、3619990000。
3541	制浆和造纸专用设备制造	3621010101、3621010102、3621010103、3621010104、3621010199、3621010201、3621010202、3621010203、3621010204、3621010205、3621010206、3621010207、3621010208、3621010209、3621010210、3621010211、3621010212、3621010213、3621010214、3621010215、3621010299、3621020100、3621020200、3621020300、3621020400、3621029900、3621030100、3621030200、3621030300、3621030400、3621030500、3621030600、3621030700、3621030800、3621030900、3621031001、3621031002、3621031003、3621031101、3621031102、3621031103、3621039900、3621040100、3621040200、3621040300、3621040400、3621040501、3621040502、3621040503、3621040504、3621040600、3621040700、3621040800、3621040900、3621041000、3621041100、3621041200、3621041300、3621049900、3621050100、3621050200、3621050300。
3542	印刷专用设备制造	3622010101、3622010102、3622010199、3622010201、3622010202、3622010203、3622010204、3622010299、3622010301、3622010302、3622010303、3622010399、3622010400、3622010500、3622010600、3622010700、3622010800、3622010900、3622011000、3622019900、3622020101、3622020102、3622020199、3622020201、3622020299、3622020300、3622020401、3622020402、3622020403、3622020499、3622020501、3622020599、3622020601、3622020602、3622020699、3622020700、3622020801、3622020802、3622020803、3622020899、3622020901、3622020902、3622020903、3622020904、3622020905、3622020906、3622020907、3622020999、3622021001、3622021002、3622021003、3622021004、3622021005、3622021006、3622021007、3622021008、3622021009、3622021099、3622021100、3622029900、3622030100、3622030200、3622030300、3622030400、3622030500、3622030600、3622030700、3622030800、3622030900、3622031000、3622031100、3622031200、3622039900、3622040100、3622040200、3622040300、3622040400、3622050000、3622060100、3622060200、3622060300、3622069900。
3543	日用化工专用设备制造	3623010100、3623010200、3623010300、3623010400、3623019900、3623020100、3623020200、3623020300、3623029900、3623030100、3623030200、3623039900、3623040100、3623040200、3623040300、3623049900、3623050000、3623060100、3623060200、3623990000、3626010100、3626010200、3626010300、3626010400、3626019900、3626020100、3626020200、3626020300、3626020400、3626029900、3626030100、3626030200、3626030300、3626030400、3626030500、3626039900、3626040100、3626049900、3626990000。
3544	制药专用设备制造	3624010100、3624010200、3624010300、3624019900、3624020100、3624020200、3624020300、3624020400、3624020500、3624029900、3624030100、3624030200、3624030300、3624030400、3624039900、3624050101、3624050102、3624050103、3624050104、3624050105、3624050106、3624050107、3624050108、3624050199、3624050201、3624050202、3624050203、3624050204、3624050205、3624050299、

续 69

行业代码	行业名称	产品目录代码
3544	制药专用设备制造	3624050301、3624050302、3624050303、3624050304、3624050400、3624050501、3624050502、3624050503、3624050504、3624050505、3624050599、3624059900、3624060101、3624060102、3624060103、3624060199。
3545	照明器具生产专用设备制造	3625010100、3625010200、3625010300、3625019900、3625020100、3625020200、3625020300、3625029900、3625030100、3625030200、3625030300、3625030400、3625030500、3625030600、3625030700、3625039900、3625040000。
3546	玻璃、陶瓷和搪瓷制品生产专用设备制造	3605010101、3605010102、3605010103、3605010104、3605010199、3605010201、3605010202、3605010203、3605010301、3605010302、3605010303、3605010304、3605019900、3605030100、3605030200、3605030300、3605039900、3605040100、3605049900、3612010000、3612020100、3612020200、3612020300、3612020400、3612020500、3612020600、3612020700、3612020800、3612020900、3612021000、3612029900、3612030000、3627010100、3627010200、3627010300、3627010400、3627010500、3627010600、3627019900。
3549	其他日用品生产专用设备制造	3627020100、3627020200、3627020300、3627020400、3627020500、3627029900、3627030100、3627030200、3627030301、3627030302、3627030303、3627030304、3627030305、3627030399、3627030401、3627030402、3627039900。
3551	纺织专用设备制造	3628010101、3628010102、3628010103、3628010104、3628010105、3628010106、3628010107、3628010108、3628010199、3628010201、3628010202、3628010203、3628010204、3628010205、3628010206、3628010207、3628010299、3628010301、3628010302、3628010303、3628010304、3628010305、3628010306、3628010307、3628010308、3628010309、3628010310、3628010311、3628010312、3628010313、3628010314、3628010315、3628010316、3628010317、3628010318、3628010319、3628010320、3628010321、3628010322、3628010323、3628010324、3628010325、3628010326、3628010327、3628010328、3628010329、3628010330、3628010331、3628010332、3628010333、3628010334、3628010399、3628010401、3628010402、3628010403、3628010404、3628010405、3628010406、3628010407、3628010408、3628010409、3628010410、3628010499、3628010501、3628010502、3628010503、3628010504、3628010505、3628010599、3628010601、3628010602、3628010699、3628010701、3628010702、3628010799、3628010800、3628010900、3628011001、3628011002、3628011003、3628011004、3628011005、3628011006、3628011007、3628011008、3628011009、3628011010、3628011011、3628011099、3628011101、3628011102、3628011103、3628011104、3628011199、3628011201、3628011202、3628011203、3628011204、3628011205、3628011206、3628011207、3628011208、3628011299、3628011301、3628011302、3628011399、3628011401、3628011402、3628011403、3628011404、3628011405、3628011406、3628011407、3628011408、3628011409、3628011410、3628011411、3628011412、3628011413、3628011414、3628011415、3628011499、3628011500、3628011600、3628019900、3628020101、3628020102、3628020103、3628020199、3628020201、3628020202、3628020299、3628020301、3628020399、3628020401、3628020402、3628020499、3628020501、3628020502、3628020599、3628020601、3628020602、3628020603、3628020700、3628029900、3628030101、3628030102、3628030103、3628030104、3628030201、3628030202、3628030203、3628030204、3628039900、3628040100、3628040200、3628049900、3628050101、3628050102、3628050103、3628050199、3628050201、3628050202、3628050203、3628050299、3628050301、3628050302、3628050303、3628050399、3628050400、3628059900、3628060101、3628060102、3628060103、3628060200、3628060300、3628060400、3628069900、3628070101、3628070102、

续70

行业代码	行业名称	产品目录代码
3551	纺织专用设备制造	3628070199、3628070201、3628070202、3628070203、3628070204、3628070205、3628070206、3628070299、3628070301、3628070302、3628070303、3628070399、3628080101、3628080102、3628080201、3628080202、3628080203、3628080204、3628080205、3628080206、3628080299、3628080301、3628080302、3628080399、3628080400、3628089900、3628090101、3628090102、3628090103、3628090199、3628090201、3628090202、3628090203、3628090204、3628090205、3628090299、3628090301、3628090302、3628090303、3628090304、3628090305、3628090401、3628090402、3628090501、3628090502、3628090599、3628090601、3628090602、3628090603、3628090700、3628090800、3628099900、3628100101、3628100102、3628100103、3628100104、3628100105、3628100106、3628100200、3628100301、3628100302、3628100303、3628100304、3628100305、3628100399、3628109900、3628110101、3628110102、3628110103、3628110104、3628110105、3628110106、3628110199、3628110201、3628110202、3628110203、3628110204、3628110299、3628110300、3628110400、3628110500、3628110600、3628110700、3628110800、3628119900、3628120101、3628120102、3628120103、3628120104、3628120105、3628120106、3628120107、3628120199、3628120201、3628120299、3628120300、3628120401、3628120402、3628120499、3628120501、3628120502、3628120599、3628120600、3628120700、3628120801、3628120802、3628129900、3628130100、3628130200、3628130301、3628130302、3628130303、3628130304、3628130305、3628130306、3628130307、3628130308、3628130399、3628130401、3628130402、3628130403、3628130404、3628130405、3628130406、3628130407、3628130501、3628130502、3628130503、3628130601、3628130602、3628130603、3628130701、3628130702、3628130703、3628130704、3628130705、3628130706、3628130707、3628130799、3628130801、3628130802、3628130803、3628130804、3628130805、3628130806、3628130807、3628130808、3628130809、3628130899、3628130901、3628130902、3628130903、3628130904、3628130905、3628130906、3628131001、3628131002、3628139900、3628140100、3628140200、3628140300、3628140400、3628140501、3628140502、3628140599、3628140601、3628140602、3628140603、3628140604、3628140605、3628140606、3628140607、3628140608、3628140609、3628140610、3628140611、3628140699、3628149900、3628150101、3628150102、3628150201、3628150202、3628160100、3628160200、3628160300、3628160400、3628160500、3628160600、3628169900、3628170100、3628170200、3628180100、3628180200、3628180300、3628180400、3628189900。
3552	皮革、毛皮及其制品加工专用设备制造	3629010100、3629010200、3629010300、3629010400、3629010500、3629010600、3629019900、3629020100、3629020200、3629020300、3629020400、3629020500、3629020600、3629020700、3629020800、3629020900、3629021000、3629029900、3629030101、3629030102、3629030103、3629030104、3629030105、3629030199、3629030201、3629030202、3629030203、3629030204、3629030205、3629030206、3629030207、3629030208、3629030209、3629030210、3629030211、3629030212、3629030299、3629039900、3629040100、3629040200、3629040300、3629049900、3629050000。
3553	缝制机械制造	3630010101、3630010102、3630010199、3630010201、3630010202、3630010203、3630010204、3630020100、3630020200、3630020300、3630029900、3630030100、3630030200、3630030300、3630030400、3630030500、3630039900、3630040100、3630040200、3630040300、3630040600、3630049900、3630050100、3630050200、3630050300、3630050400、3630050500、3630050600、3630050700、3630050800、3630050900、3630059900。

续 71

行业代码	行业名称	产品目录代码
3554	洗涤机械制造	3630040400、3630040500、3653050100、3653050200、3653050300、3653050400、3653050500、3653050600、3653059900、3653990400、3653990500。
3561	电工机械专用设备制造	3631010101、3631010102、3631010103、3631010199、3631010201、3631010202、3631010203、3631010204、3631010205、3631010299、3631010301、3631010302、3631010399、3631010401、3631010402、3631010403、3631010404、3631010499、3631010500、3631010600、3631010700、3631019900、3631020100、3631020200、3631020300、3631020400、3631020500、3631020600、3631020700、3631029900、3631030100、3631030200、3631030300、3631030400、3631030500、3631030600、3631039900、3631040100、3631040200、3631040300、3631040400、3631049900、3631990000。
3562	电子工业专用设备制造	3632010100、3632010200、3632010300、3632010400、3632010500、3632010600、3632020000、3632030000、3632040100、3632040200、3632040300、3632040400、3632040500、3632040600、3632040700、3632040800、3632040900、3632041000、3632041100、3632050100、3632050200、3632050301、3632050302、3632050400、3632050500、3632060100、3632060200、3632060300、3632060400、3632060500、3632070100、3632070200、3632070300、3632070400、3632070500、3632070600、3632070700、3632070800、3632070900、3632071000、3632071100、3632071200、3632071300、3632071400、3632071500、3632071600、3632071700、3632071800、3632071900、3632072000、3632072100、3632072200、3632079900、3632080100、3632080200、3632080300、3632089900、3632090100、3632090200、3632090300、3632099900、3632100100、3632100200、3632100300、3632100400、3632100500、3632100600、3632109900、3632110100、3632110200、3632110300、3632120100、3632120200、3632990000。
3571	拖拉机制造	3636010101、3636010102、3636010201、3636010202、3636010301、3636010302、3636010399、3636020100、3636020200、3636020300、3636020400、3636029900、3636030100、3636039900。
3572	机械化农业及园艺机具制造	3637010101、3637010102、3637010103、3637010104、3637010105、3637010106、3637010107、3637010108、3637010109、3637010110、3637010111、3637010112、3637010113、3637010114、3637010199、3637010201、3637010202、3637010203、3637010204、3637010205、3637010206、3637010207、3637010208、3637010209、3637010299、3637019900、3637020101、3637020102、3637020103、3637020104、3637020105、3637020106、3637020107、3637020108、3637020199、3637020201、3637020202、3637020203、3637020204、3637020205、3637020299、3637020301、3637020302、3637020303、3637020304、3637020305、3637020306、3637020307、3637020308、3637020399、3637020401、3637020402、3637020403、3637020404、3637020499、3637020501、3637020502、3637020599、3637029900、3637030101、3637030102、3637030103、3637030104、3637030199、3637030201、3637030202、3637030203、3637030204、3637030205、3637030206、3637030207、3637030208、3637030299、3637030301、3637030302、3637030303、3637030304、3637030305、3637030399、3637039900、3637040101、3637040102、3637040103、3637040104、3637040105、3637040106、3637040107、3637040108、3637040109、3637040199、3637040201、3637040202、3637040203、3637040204、3637040299、3637040301、3637040302、3637040399、3637040401、3637040402、3637040403、3637040499、

续72

行业代码	行业名称	产品目录代码
3572	机械化农业及园艺机具制造	3637040501、3637040502、3637040503、3637040599、3637040601、3637040602、3637040603、3637040699、3637040701、3637040702、3637040703、3637040704、3637040799、3637040801、3637040802、3637040803、3637040804、3637040805、3637040806、3637040807、3637040899、3637040901、3637040902、3637040903、3637040904、3637040905、3637040906、3637040907、3637040999、3637041000、3637041001、3637041002、3637041099、3637049900、3637050101、3637050102、3637050103、3637050199、3637050202、3637050203、3637050204、3637050205、3637050301、3637050302、3637050303、3637050304、3637050305、3637050306、3637050399、3637060100、3637060200、3637060300、3637069900、3637070101、3637070102、3637070103、3637070104、3637070199、3637070201、3637070202、3637070299、3637079900、3637080100、3637080200、3637080300、3637089900、3637090100、3637090200、3637090300、3637090400、3637099900。
3573	营林及木竹采伐机械制造	3638010100、3638010200、3638010300、3638019900、3638020100、3638020200、3638020300、3638020400、3638020500、3638020600、3638029900、3638030100、3638030200、3638030300、3638040100、3638040200、3638050100、3638050200、3638050300、3638050400、3638050500、3638059900、3638060100、3638069900、3638070100、3638070200、3638070300、3638070400、3638070500、3638070600。
3574	畜牧机械制造	3618070100、3618070200、3618070300、3618070400、3618070500、3618070600、3639010100、3639010200、3639010300、3639019900、3639020100、3639020200、3639020300、3639020400、3639020500、3639020600、3639020700、3639020800、3639020900、3639021000、3639021100、3639021200、3639021300、3639029900、3639030100、3639030200、3639030300、3639030400、3639030500、3639030600、3639030700、3639030800、3639030900、3639031000、3639039900、3639040100、3639040200、3639040300、3639040400、3639040500、3639040600、3639040700、3639040800、3639040900、3639049900、3639050100、3639050200、3639050300、3639059900、3639990000。
3575	渔业机械制造	3640010100、3640010200、3640010300、3640010400、3640010500、3640010600、3640010700、3640019900、3640020100、3640020200、3640020300、3640020400、3640029900、3640030100、3640030200、3640030300、3640039900、3640040100、3640040200、3640040300、3640040400、3640050100、3640050200、3640050300、3640050400、3640990000。
3576	农林牧渔机械配件制造	3642010000、3642020000、3642030000、3642040100、3642049900、3642050100、3642050200、3642059900。
3577	棉花加工机械制造	3637050506、3641040101、3641040102、3641040103、3641040104、3641040199。
3579	其他农、林、牧、渔业机械制造	3637050501、3637050502、3637050503、3637050504、3637050505、3637050599、3641040201、3641040202、3641040203、3641040299、3641040301、3641040302、3641040399、3641049900、3641050101、3641050102、3641050199、3641050201、3641050202、3641050203、3641050204、3641050205、3641050206、3641050207、3641050208、3641050209、3641050210、3641050211、3641050299、3641050301、3641050302、3641050303、3641050304、3641050305、3641050399、3641060100、3641060200、3641069900、3641070100、3641070200、3641079900。

续 73

行业代码	行业名称	产品目录代码
3581	医疗诊断、监护及治疗设备制造	3643010101、3643010102、3643010103、3643010104、3643010105、3643010106、3643010107、3643010108、3643010109、3643010110、3643010199、3643010201、3643010202、3643010203、3643010204、3643010299、3643010301、3643010302、3643010399、3643010401、3643010402、3643010403、3643010499、3643010501、3643010502、3643010503、3643010599、3643010600、3643010700、3643019900、3643020101、3643020102、3643020103、3643020104、3643020105、3643020199、3643020201、3643020202、3643020203、3643020204、3643020299、3643020301、3643020302、3643020303、3643020304、3643020305、3643020306、3643020399、3643020400、3643030101、3643030102、3643030103、3643030104、3643030199、3643030201、3643030202、3643030203、3643030204、3643030205、3643030206、3643030207、3643030208、3643030299、3643030301、3643030302、3643030303、3643030304、3643030399、3643030401、3643030499、3643030500、3643039900、3643040101、3643040102、3643040103、3643040104、3643040105、3643040106、3643040107、3643040108、3643040109、3643040110、3643040111、3643040112、3643040113、3643040114、3643040115、3643040116、3643040199、3643040201、3643040202、3643040203、3643040204、3643040205、3643040206、3643040299、3643040301、3643040302、3643040303、3643040304、3643040305、3643040306、3643040307、3643040399、3643040401、3643040402、3643040403、3643040404、3643040405、3643040406、3643040407、3643040408、3643040409、3643040410、3643040411、3643040412、3643040413、3643040499、3643049900、3643050101、3643050102、3643050103、3643050104、3643050105、3643050106、3643050107、3643050108、3643050109、3643050110、3643050111、3643050112、3643050113、3643050114、3643050115、3643050116、3643050117、3643050118、3643050199、3643050201、3643050202、3643050203、3643050204、3643050205、3643050206、3643050299、3643050301、3643050302、3643050303、3643050304、3643050305、3643050306、3643050399、3643050401、3643050402、3643050403、3643050404、3643050405、3643050406、3643050499、3643050501、3643050502、3643050503、3643050504、3643050505、3643050506、3643050507、3643050599、3643050601、3643050602、3643050603、3643050604、3643050605、3643050699、3643050701、3643050702、3643050799、3643050801、3643050802、3643050803、3643050804、3643050805、3643050806、3643050899、3643059900、3643060101、3643060102、3643060103、3643060104、3643060105、3643060106、3643060107、3643060108、3643060109、3643060199、3643060201、3643060202、3643060203、3643060204、3643060205、3643060206、3643060207、3643060208、3643060209、3643060299、3643060301、3643060302、3643060303、3643060304、3643060399、3643060401、3643060402、3643060499、3643070101、3643070102、3643070103、3643070104、3643070105、3643070106、3643070107、3643070108、3643070109、3643070110、3643070199、3643070201、3643070202、3643070203、3643070299、3643080101、3643080199、3643080201、3643080202、3643080203、3643080204、3643080299、3643080301、3643080302、3643080303、3643080304、3643080305、3643080306、3643080399、3643080401、3643080402、3643080403、3643080499、3643089900、3643090101、3643090102、3643090103、3643090199、3643090201、3643090202、3643090203、3643090204、3643090205、3643090206、3643090207、3643090299、3643110101、3643110102、3643110103、3643110104、3643110105、3643110106、3643110107、3643110108、3643110109、3643110110、3643110111、3643110112、3643110113、3643110114、3643110115、3643110199、3643110201、3643110202、

续74

行业代码	行业名称	产品目录代码
3581	医疗诊断、监护及治疗设备制造	3643110203、3643110204、3643110205、3643110206、3643110207、3643110299、3643110301、3643110302、3643110303、3643110304、3643110305、3643110306、3643110399、3643110401、3643110402、3643110403、3643110404、3643110405、3643110499、3643110501、3643110502、3643110503、3643110504、3643110505、3643110506、3643110507、3643110599、3643110601、3643110602、3643110603、3643110604、3643110605、3643110699、3643110701、3643110702、3643110703、3643110704、3643110799、3643110800、3643110900、3643119900、3643120101、3643120102、3643120103、3643120199、3643120201、3643120202、3643120203、3643120299、3643120301、3643120302、3643120303、3643120399、3643130101、3643130102、3643130103、3643130199、3643130201、3643130202、3643130203、3643130204、3643130205、3643130206、3643130299、3643130301、3643130302、3643130303、3643130304、3643130399、3643139900、3646020101、3646020102、3646020103、3646020104、3646020105、3646020106、3646020107、3646020108、3646020109、3646020110、3646020111、3646020112、3646020199、3646020201、3646020202、3646020203、3646020204、3646020205、3646020206、3646020207、3646020208、3646020209、3646020210、3646020211、3646020299、3646029900、3646040100、3646040200、3646040300、3646040400、3646040500、3646040600、3646040700、3646040800、3646040900、3646041000、3646049900。
3582	口腔科用设备及器具制造	3644010100、3644010200、3644019900、3644020100、3644020200、3644029900、3644030100、3644030200、3644030300、3644039900、3644040100、3644040200、3644040300、3644040400、3644040500、3644040600、3644040700、3644049900、3644050100、3644050200、3644050300、3644050400、3644050500、3644050600、3644050700、3644050800、3644050900、3644059900、3644060100、3644060200、3644060300、3644060400、3644060500、3644060600、3644069900、3644070100、3644070200、3644070300、3644070400、3644070500、3644070600、3644070700、3644080100、3644080200、3644080300、3644080400、3644080500、3644089900。
3583	医疗实验室及医用消毒设备和器具制造	3645010100、3645010200、3645010300、3645019900、3645020100、3645020200、3645029900、3645030100、3645030200、3645030300、3645030400、3645030500、3645030600、3645039900、3645040100、3645049900。
3584	医疗、外科及兽医用器械制造	3646010101、3646010102、3646010200、3646010300、3646010401、3646010402、3646010403、3646010404、3646010500、3646010600、3646010701、3646010702、3646010703、3646010704、3646010705、3646010706、3646010799、3646010801、3646010802、3646010803、3646010804、3646010899、3646010901、3646010902、3646010903、3646010904、3646010905、3646010999、3646019900、3646030101、3646030102、3646030199、3646030201、3646030202、3646030203、3646030204、3646030205、3646030300、3646030400、3646030500、3646039900、3646050101、3646050102、3646050103、3646050104、3646050105、3646050106、3646050199、3646050201、3646050202、3646050203、3646050204、3646050299、3646059901、3646059902、3646059903、3646059904、3646059905、3646059906、3646059907、3646059908、3646059909、3646059999、3646060101、3646060102、3646060103、3646060104、3646060105、3646060106、3646060199、3646060201、3646060202、3646060203、3646060204、3646060205、3646060206、3646060207、3646060299、3646060301、3646060302、3646060303、3646060304、3646060305、3646060306、3646060307、3646060308、3646060309、3646060310、3646060311、3646060399、3646060401、3646060402、3646060403、3646060404、3646060405、3646060406、

续 75

行业代码	行业名称	产品目录代码
3584	医疗、外科及兽医用器械制造	3646060407、3646060499、3646060501、3646060502、3646060503、3646060504、3646060505、3646060506、3646060507、3646060508、3646060509、3646060510、3646060511、3646060512、3646060599、3646060601、3646060602、3646060603、3646060604、3646060605、3646060606、3646060607、3646060608、3646060609、3646060610、3646060611、3646060699、3646060701、3646060702、3646060703、3646060704、3646060705、3646060706、3646060707、3646060799、3646060801、3646060802、3646060803、3646060804、3646060805、3646060806、3646060899、3646060901、3646060902、3646060903、3646060904、3646060905、3646060906、3646060907、3646060908、3646060909、3646060910、3646060999、3646061001、3646061002、3646061003、3646061004、3646061005、3646061006、3646061007、3646061008、3646061009、3646061010、3646061011、3646061012、3646061013、3646061099、3646061101、3646061102、3646061103、3646061104、3646061105、3646061106、3646061199、3646061200、3646061300、3646061400、3646069900、3646070101、3646070102、3646070103、3646070104、3646070105、3646070106、3646070107、3646070108、3646070109、3646070110、3646070111、3646070112、3646070199、3646070201、3646070202、3646070203、3646070204、3646070205、3646070206、3646070299、3646070301、3646070302、3646070303、3646070304、3646070399、3646070400、3646070501、3646070502、3646070503、3646070504、3646070505、3646070506、3646070507、3646070508、3646070599、3646070601、3646070602、3646070699、3646080100、3646080200、3646080300、3646080400、3646080500、3646089900、3646990000。
3585	机械治疗及病房护理设备制造	3643100101、3643100102、3643100103、3643100104、3643100105、3643100106、3643100199、3643100201、3643100202、3643100203、3643100204、3643100205、3643100206、3643100207、3643100208、3643100299、3643100301、3643100302、3643100303、3643100399、3643100401、3643100402、3643100403、3643100404、3643100499、3643100501、3643100502、3643100503、3643100504、3643100505、3643100506、3643100507、3643100599、3643109900、3647010101、3647010102、3647010103、3647010104、3647010199、3647010201、3647010202、3647010203、3647010299、3647010301、3647010302、3647010303、3647010304、3647010305、3647010306、3647010307、3647010399、3647010401、3647010402、3647010499、3647010500、3647010600、3647010700、3647010801、3647010802、3647010803、3647010804、3647010899、3647010900、3647011000、3647011100、3647011200、3647019900、3647020100、3647020200、3647020300、3647020400、3647020500、3647020600、3647020700、3647020800、3647020900、3647029900、3647030100、3647030200、3647030300、3647030400、3647039900、3647040000、3647050100、3647050200、3647050300、3647050400、3647060000、3647070100、3647070200、3647079900、3647080000、3647090100、3647090200、3647090300、3647090400、3647090500、3647090600、3647090700、3647090800、3647099900、3647100100、3647100200、3647100300、3647100400、3647100500、3647109900、3647110101、3647110102、3647110103、3647110104、3647110105、3647110106、3647110107、3647110199、3647110201、3647110202、3647110203、3647110299、3647110301、3647110302、3647110399、3647119900、3647120100、3647120200、3647120300、3647129900、3647130100、3647130200、3647130300、3647130400、3647130500、3647130600、3647130700、3647130800、3647139900、3647140100、3647140200、3647149900、3647150000。

续76

行业代码	行业名称	产品目录代码
3586	假肢、人工器官及植(介)入器械制造	3648010101、3648010102、3648010103、3648010104、3648010105、3648010106、3648010199、3648010201、3648010202、3648010203、3648010204、3648010205、3648010206、3648010207、3648010299、3648019900、3648020100、3648020200、3648020300、3648020400、3648029900、3648030100、3648030200、3648040100、3648040200、3648040300、3648040400、3648040500、3648040600、3648049900、3648050100、3648050200、3648050300、3648050400、3648059900、3648060000、3648990000。
3589	其他医疗设备及器械制造	3647160100、3647160200、3647160300、3647160400、3647169900、3649010101、3649010102、3649010103、3649010104、3649010105、3649010199、3649010200、3649010301、3649010302、3649010303、3649010399、3649020101、3649020102、3649020103、3649020104、3649020199、3649020200、3649020300、3649020400、3649020500、3649029900、3649030100、3649039900、3801050700。
3591	环境保护专用设备制造	3650010101、3650010102、3650010103、3650010104、3650010105、3650010106、3650010199、3650010201、3650010202、3650010203、3650010204、3650010299、3650010301、3650010302、3650010303、3650010304、3650010399、3650020101、3650020102、3650020103、3650020104、3650020105、3650020106、3650020107、3650020108、3650020199、3650020201、3650020202、3650020203、3650020204、3650020205、3650020206、3650020301、3650020302、3650020303、3650020304、3650020305、3650020399、3650020401、3650020402、3650020403、3650020499、3650020501、3650020502、3650020503、3650020504、3650020505、3650020506、3650020599、3650020601、3650020602、3650020603、3650020604、3650020605、3650020606、3650020607、3650020608、3650020609、3650020610、3650020699、3650020701、3650020702、3650020703、3650020704、3650020705、3650020799、3650020800、3650020900、3650021000、3650029900、3650030101、3650030102、3650030103、3650030104、3650030105、3650030106、3650030107、3650030108、3650030199、3650030301、3650030302、3650030303、3650030304、3650030305、3650030399、3650030401、3650030402、3650030403、3650030404、3650030405、3650030406、3650030499、3650050101、3650050102、3650050199、3650050300、3650059900、3718040300、3718040400。
3592	地质勘查专用设备制造	3651010100、3651010200、3651010300、3651010400、3651010500、3651010600、3651019900、3651020100、3651020200、3651020300、3651029900、3651030100、3651030200、3651030300、3651990000。
3593	邮政专用机械及器材制造	3652010101、3652010102、3652010103、3652010201、3652010202、3652010301、3652010302、3652010303、3652010400、3652020100、3652020200、3652020300、3652030100、3652030200、3652030300、3652030400、3652030500、3652039900、3652040100、3652040200、3652049900、3652050100、3652050200。
3594	商业、饮食、服务专用设备制造	3653010101、3653010102、3653010199、3653010200、3653010301、3653010302、3653010399、3653010400、3653019900、3653020100、3653020200、3653020300、3653030000、3653040000、3653990100、3653990200、3653990300。
3595	社会公共安全设备及器材制造	3654010100、3654010200、3654010300、3654019900、3654020100、3654020200、3654020300、3654029900、3654030000、3654080100、3654080200、3654089900、3654090100、3654090200、3654090300、3654090400、3654090500、3654099900。
3596	交通安全、管制及类似专用设备制造	3655010100、3655010308、3655010309、3655010310、3655040100、3655040200。

续77

行业代码	行业名称	产品目录代码
3597	水资源专用机械制造	3656010000、3656020100、3656020200、3656020300、3656020400、3656020500、3656029900、3656030100、3656030200、3656030300、3656030400、3656030500、3656039900、3656040100、3656040200、3656049900。
3599	其他专用设备制造	3634010100、3634010200、3634019900、3655010399、3657010100、3657010200、3657010300、3657019900、3657030100、3657030200、3657030300、3657030400、3657030500、3657030600、3657030700、3657030800、3657030900、3657031000、3657031100、3657039900、3699010000、3699020000、3801023900、3801050200。
3610	汽车整车制造	3502010101、3502010102、3502010103、3502010104、3502010105、3502010106、3502010107、3502010201、3502010299、3502019900、3502050103、3502050203、3705010101、3705010102、3705010103、3705010104、3705010105、3705010106、3705010107、3705010201、3705010202、3705010203、3705010204、3705010205、3705010206、3705010207、3705010301、3705010302、3705010303、3705010304、3705010305、3705010306、3705010307、3705010401、3705010402、3705010403、3705010404、3705010405、3705010406、3705010407、3705020101、3705020102、3705020199、3705020201、3705020202、3705020299、3705020301、3705020302、3705020399、3705030101、3705030102、3705030199、3705030201、3705030202、3705030299、3705030301、3705030302、3705030399、3705030401、3705030402、3705030499、3705040000、3705050101、3705050102、3705050103、3705050200、3705050300、3705059900。
3620	改装汽车制造	3602060100、3602060200、3602060300、3602069900、3655010301、3706010101、3706010102、3706010199、3706010201、3706010202、3706010299、3706010301、3706010302、3706010399、3706010400、3706010501、3706010502、3706010599、3706010601、3706010602、3706010699、3706010701、3706010702、3706010799、3706010801、3706010802、3706010899、3706010901、3706010902、3706010903、3706010904、3706010905、3706010906、3706010907、3706010908、3706010909、3706010910、3706010911、3706010912、3706010913、3706010914、3706010915、3706011001、3706011002、3706011099、3706019900。
3630	低速载货汽车制造	3706020100、3706029900。
3640	电车制造	3701030400、3705020103、3705020203、3705020303。
3650	汽车车身、挂车制造	3707010100、3707010200、3707010300、3707010400、3707010500、3707019900、3707020100、3707020201、3707020202、3707020203、3707020204、3707020205、3707020206、3707020207、3707020208、3707020299、3707020301、3707020302、3707020303、3707020399、3707020401、3707020402、3707020403、3707020499、3707029900、3707030000、3801024000。
3660	汽车零部件及配件制造	3708010101、3708010102、3708010103、3708010199、3708010201、3708010202、3708010299、3708010301、3708010302、3708010303、3708010304、3708010305、3708010306、3708010307、3708010308、3708010399、3708010401、3708010402、3708010403、3708010404、3708010405、3708010406、3708010407、3708010499、3708010501、3708010502、3708010503、3708010504、3708010505、3708010506、3708010507、3708010599、3708010601、3708010602、3708010603、3708010604、3708010605、3708010606、3708010607、3708010699、3708010701、3708010799、3708010801、3708010802、3708010803、3708010899、3708010901、3708010902、3708010903、3708010904、3708010905、3708010906、3708010907、3708010999、3708011001、3708011002、3708011003、3708011004、3708011005、3708011006、3708011007、3708011099、3708019900、3708020100、3708020200、3708020300、3708020400、3708020500、3708020600、3708020700、3708029900。

续78

行业代码	行业名称	产品目录代码
3711	铁路机车车辆及动车组制造	3701010101、3701010102、3701010199、3701010201、3701010202、3701010203、3701010299、3701010300、3701010400、3701019900、3701020101、3701020102、3701020201、3701020202、3701029900、3701040101、3701040102、3701040103、3701040104、3701040199、3701040201、3701040202、3701040203、3701040204、3701040299、3701040300、3701040400、3701049900、3701050100、3701050200、3701050300、3701050400、3701050500、3701050600、3701050700、3701050800、3701050900、3701051000、3701059900、3701060100、3701060200、3701060300、3701060400、3701060500、3701060600、3701060700、3701069900。
3712	窄轨机车车辆制造	3606040100、3606040200、3606040300、3606040400、3606040500、3606040600、3606040700、3606040800、3606040900、3606041000、3606049900、3702010100、3702010200、3702019900、3702020100、3702020200、3702020300、3702029900、3702990000。
3713	铁路机车车辆配件制造	3703010101、3703010199、3703010201、3703010202、3703010299、3703010300、3703020100、3703020200、3703020300、3703020400、3703020500、3703020600、3703030100、3703030200、3703030300、3703040100、3703040200、3703040300、3703040400、3703049900、3703050000、3703990000。
3714	铁路专用设备及器材、配件制造	3704010100、3704010200、3704010300、3704010400、3704010500、3704010600、3704010700、3704010800、3704010900、3704011000、3704011100、3704011200、3704019900、3704020100、3704020200、3704020300、3704020400、3704020500、3704020600、3704020700、3704020800、3704029900、3704030100、3704030200、3704030300、3704030400、3704030500、3704030600、3704030700、3704030800、3704039900、3704040100、3704040200、3704040300、3704040400、3704040500、3704040600、3704040700、3704040800、3704040900、3704041000、3704041100、3704041200、3704049900、3704050100、3704050200、3704050300、3704050400、3704050500、3704050600、3704050700、3704059900、3704060100、3704060200、3704060300、3704060400、3704060500、3704060600、3704060700、3704060800、3704060900、3704069900、3704070300、3704070400、3704070500、3704079900、3704990000。
3719	其他铁路运输设备制造	3704990000。
3720	城市轨道交通设备制造	3701030100、3701030200、3701030300、3701039900。
3731	金属船舶制造	3715010100、3715010200、3715020101、3715020102、3715020103、3715020104、3715020105、3715020106、3715020201、3715020202、3715020203、3715020204、3715020205、3715020206、3715020301、3715020302、3715020401、3715020402、3715020501、3715020502、3715020503、3715020504、3715020505、3715020506、3715020600、3715020700、3715020801、3715020802、3715020803、3715020804、3715020805、3715020806、3715020900、3715021001、3715021002、3715021100、3715029900、3715030100、3715030200、3715030301、3715030302、3715030401、3715030402、3715030403、3715030404、3715030405、3715030406、3715030407、3715030408、3715030409、3715030410、3715030411、3715030412、3715030413、3715030414、3715030499、3715039900、3715040100、3715040200、3715050000、3715990000。
3732	非金属船舶制造	3716010100、3716010200、3716019900、3716990100、3716990200、3716990300、3716990400、3716999900、3717020000。

续 79

行业代码	行业名称	产品目录代码
3733	娱乐船和运动船制造	2406030501、2406030502、2406030503、2406030504、2406030505、2406030506、2406030507、2406030599、3717010100、3717010200、3717010300、3717010400、3717010500、3717010600、3717010700、3717019900。
3734	船用配套设备制造	3432020100、3432020200、3432020300、3432029900、3432030000、3718010100、3718010200、3718010300、3718010400、3718010500、3718010600、3718010700、3718019900、3718030100、3718030200、3718030300、3718030400、3718039900、3718049900、3718060100、3718060200、3718069900。
3735	船舶改装与拆除	3802060200、3802060300。
3739	航标器材及其他相关装置制造	3719010100、3719010200、3719019900、3719020100、3719020200、3719020300、3719020400、3719020500、3719020600、3719020700、3719029900。
3741	飞机制造	3502020101、3502020102、3502020199、3502020201、3502020202、3502020203、3502020204、3502020299、3502020301、3502020302、3502020399、3502050101、3720010101、3720010102、3720010103、3720010104、3720010201、3720010202、3720010203、3720030100、3720030200、3720030301、3720030399、3720040101、3720040102、3720040103、3720040104、3720040199。
3742	航天器制造	3721010100、3721010201、3721010202、3721010203、3721010204、3721010205、3721010301、3721010302、3721010303、3721010304、3721010401、3721010402、3721010403、3721010404、3721010500、3721010600、3721019900、3721020000。
3743	航空、航天相关设备制造	3635010100、3635019900、3635020000、3635030100、3635030200、3635030300、3635039900。
3749	其他航空航天器制造	3720020100、3720020200、3720020300、3720020400、3720029900、3720040200、3720040300、3720049900。
3751	摩托车整车制造	3709010101、3709010102、3709010103、3709010104、3709010105、3709010106、3709010107、3709010108、3709010109、3709010110、3709010111、3709010112、3709010113、3709010201、3709010202、3709010203、3709010204、3709010205、3709010206、3709010207、3709010208、3709010209、3709010210、3709010211、3709010212、3709010213、3709019900、3709020100、3709020200、3709020300、3709020400、3709020500、3709990000。
3752	摩托车零部件及配件制造	3502040101、3502040102、3502040103、3502040104、3502040105、3502040106、3502040107、3502040108、3502040109、3502040110、3502040111、3502040112、3502040113、3502040200、3502050104、3502050204、3710010100、3710010200、3710010300、3710010400、3710010500、3710010600、3710010700、3710019900、3710020100、3710020200。
3761	脚踏自行车及残疾人座车制造	3711010101、3711010199、3711010200、3711010300、3711019900、3711020100、3711020200、3711029900、3711030100、3711030200、3711039900、3711040100、3711040200、3711040300、3711040400、3711040500、3711040600、3711040700、3711040800、3711040900、3711041000、3711041100、3711041200、3711041300、3711041400、3711049900、3712010101、3712010199、3712010200、3712019900、3712020100、3712020200、3712029900、3714010101、3714010102。
3762	助动自行车制造	3713010100、3713019900、3713020101、3713020102、3713020103、3713020104、3713020105、3713020199、3713029900。
3770	非公路休闲车及零配件制造	3714010103、3714010199、3714010201、3714010202、3714010203、3714010204、3714010205、3714010206、3714010207、3714010299、3714019900、3714020000。

续80

行业代码	行业名称	产品目录代码
3791	潜水及水下救捞装备制造	3718050100、3718050200、3718050300、3718059900、3722010100、3722010200、3722010300、3722019900、3722020100、3722020200、3722020300、3722020400、3722020500、3722029900、3722030100、3722030200、3722030300、3722039900、3722040100、3722040200、3722040300。
3799	其他未列明运输设备制造	3724010100、3724010200、3724010300、3724010400、3724010500、3724010600、3724010700、3724019900、3724020100、3724020200、3724020300、3724029900、3724030000、3801024100。
3811	发电机及发电机组制造	3901010101、3901010102、3901010103、3901010200、3901020101、3901020102、3901020103、3901020104、3901020201、3901020202、3901020203、3901020204、3901029900、3902010100、3902010200、3902010300、3902010400、3902010500、3902019900、3902020100、3902020200、3902020300、3902020400、3902020500、3902040100、3902040200、3902049900。
3812	电动机制造	3509030301、3509030302、3902030000、3903010101、3903010102、3903010103、3903010104、3903010201、3903010202、3903010203、3903010204、3903019900、3903020101、3903020102、3903020103、3903020200、3903030101、3903030102、3903030201、3903030202、3903039900、3903040100、3903040200、3903040300、3903040400、3903040500、3903049900、3903070100、3903070200、3903990100、3903990200、3903990400、3903999900。
3819	微电机及其他电机制造	3903050100、3903050201、3903050202、3903050203、3903050204、3903050205、3903050206、3903050207、3903050208、3903050209、3903050299、3903050301、3903050302、3903050303、3903050304、3903050305、3903050399、3903050400、3903050501、3903050502、3903050503、3903050504、3903050505、3903050599、3903070300、3903070400、3903990300。
3821	变压器、整流器和电感器制造	3904010110、3904010111、3904010112、3904010113、3904010120、3904010121、3904010201、3904010202、3904010203、3904010204、3904010301、3904010302、3904010303、3904010304、3904010401、3904010402、3904010403、3904010404、3904010501、3904010502、3904010503、3904010504、3904010601、3904010602、3904010603、3904010604、3904019901、3904019902、3904019903、3904019904、3904020101、3904020102、3904020201、3904020202、3904020301、3904020302、3904030101、3904030102、3904030103、3904030199、3904030200、3904030300、3904030401、3904030402、3904030501、3904030502、3904030600、3904030701、3904030799、3904030800、3904030900、3904031000、3904039900、3904040100、3904040200、3904040300、3904040400、3904040500、3904040600、3904040700、3904040800、3904040900、3904041000、3904041100、3904041200、3904041300、3904049900、3904050100、3904050200、3904050300、3904050400、3904059900、3904060000。
3822	电容器及其配套设备制造	3905010100、3905010200、3905010300、3905010400、3905010500、3905010600、3905010700、3905010800、3905010900、3905019900、3905020100、3905020200、3905020300、3905020400、3905020500、3905020600、3905020700、3905029900、3905030000。
3823	配电开关控制设备制造	3906010100、3906010200、3906010300、3906020100、3906020200、3906020300、3906030100、3906030200、3906030300、3906040100、3906040200、3906040300、3906050100、3906050200、3906050300、3907010101、3907010102、3907010199、3907010201、3907010202、3907010301、3907010302、3907010303、3907010304、3907010305、3907010306、3907010307、3907010399、3907010401、3907010402、

续 81

行业代码	行业名称	产品目录代码
3823	配电开关控制设备制造	3907010403、3907010501、3907010502、3907010503、3907010504、3907010505、3907010506、3907010599、3907019900、3907020101、3907020102、3907020103、3907020199、3907020201、3907020202、3907020203、3907020204、3907020205、3907020206、3907020207、3907020208、3907020209、3907020210、3907020211、3907020212、3907020213、3907020214、3907020215、3907020216、3907020217、3907020299、3907030201、3907030202、3907030203、3907030204、3907030205、3907030206、3907030207、3907030299、3907040101、3907040102、3907040103、3907040104、3907040105、3907040199、3907040201、3907040202、3907040203、3907040204、3907040205、3907040299、3907040301、3907040302、3907040303、3907040399。
3824	电力电子元器件制造	3907030301、3907030302、3907030303、3907030304、3907030399、3907030401、3907030402、3907030403、3907030404、3907030405、3907030406、3907030499、3907039900、3908010101、3908010102、3908010199、3908010201、3908010202、3908010203、3908010204、3908010205、3908010206、3908010207、3908010299、3908010301、3908010302、3908010399、3908010400、3908010500、3908010600、3908010700、3908010800、3908019900、3908020100、3908020200、3908030100、3908030200、3908030300、3908039900、3908040101、3908040102、3908040201、3908040202、3908040301、3908040302、3908040401、3908040402、3908040501、3908040502、3908040601、3908040602、3908040701、3908040702、3908049901、3908049902、3908050100、3908050200、3908050300、3908050400、3908050500、3908050600、3908059900、3908060100、3908060200。
3825	光伏设备及元器件制造	3913050101、3913050102、3913060401、3913060499。
3829	其他输配电及控制设备制造	3908060300、3908069900。
3831	电线、电缆制造	3909020101、3909020102、3909020103、3909020199、3909020201、3909020202、3909020203、3909020299、3909020300、3909020400、3909020500、3909029900、3909030101、3909030102、3909030103、3909030104、3909030105、3909030199、3909030200、3909039900、3909040101、3909040102、3909040103、3909040104、3909040105、3909040199、3909040200、3909040300、3909040400、3909040500、3909049900、3909050000、3909990000。
3832	光纤、光缆制造	3910010100、3910010200、3910010300、3910020101、3910020102、3910020103、3910020199、3910020201、3910020202、3910020203、3910020204、3910020205、3910020206、3910020207、3910020208、3910020209、3910020210、3910020299。
3833	绝缘制品制造	3911010101、3911010102、3911010103、3911010104、3911010105、3911010106、3911010107、3911010199、3911010201、3911010202、3911010203、3911010204、3911010205、3911010206、3911010207、3911010299、3911019900、3911020100、3911020200、3911020300、3911020400、3911029900。
3839	其他电工器材制造	3903060101、3903060102、3903060103、3903060104、3903060199、3903060201、3903060202、3903060203、3903060299、3903069901、3903069999、3912010100、3912010501、3912010502、3912010503、3912010599、3912010601、3912010602、3912010603、3912010699、3912010700、3912019900、3912020100、3912020200、3912020300、3912020400、3912020500、3912020600、3912020700、3912020800、3912030200、3912040200、3912050200、3912060100、3912060200、3912069900、3912990000。

续82

行业代码	行业名称	产品目录代码
3841	锂离子电池制造	3913010401、3913010499、3913030301、3913030302、3913030399。
3842	镍氢电池制造	3913030201、3913030202、3913030203、3913030204、3913030205、3913030299。
3849	其他电池制造	3913010101、3913010102、3913010199、3913010201、3913010299、3913010301、3913010399、3913010500、3913010600、3913010700、3913019900、3913020100、3913020200、3913020300、3913029900、3913030101、3913030102、3913030103、3913030104、3913030105、3913030106、3913030107、3913030199、3913039900、3913040100、3913040200、3913040300、3913040400、3913040500、3913040600、3913049900、3913050200、3913059900、3913060101、3913060199、3913060200、3913060301、3913060399、3913069900、3913990100、3913999900。
3851	家用制冷电器具制造	3914010101、3914010199、3914010201、3914010202、3914010299、3914010301、3914010302、3914010399、3914010400、3914010501、3914010599、3914019900、3914020101、3914020199、3914020200、3914020300、3914029900、3914030100、3914030200、3914030300、3914039900、3914990100、3914990200、3914999900。
3852	家用空气调节器制造	3915010101、3915010102、3915010199、3915010201、3915010202、3915010203、3915010299、3915010300、3915019900、3915020100、3915020200、3915029900、3915030100、3915030200、3915039900、3915990000。
3853	家用通风电器具制造	3916010100、3916010200、3916010300、3916010400、3916010500、3916010600、3916019900、3916020100、3916020200、3916020300、3916029900、3916030000、3916040000、3916990000。
3854	家用厨房电器具制造	3917010100、3917010200、3917010300、3917010400、3917010500、3917010600、3917010700、3917019900、3917020100、3917020200、3917020300、3917020400、3917020500、3917020600、3917029900、3917030100、3917030200、3917030300、3917030400、3917030500、3917030600、3917039900、3917040100、3917040200、3917040300、3917040400、3917049900、3917050100、3917050200、3917050300、3917050400、3917050500、3917050600、3917050700、3917059900、3917060100、3917060200、3917060300、3917060400、3917060500、3917069900、3917070100、3917079900、3917990000。
3855	家用清洁卫生电器具制造	3918010101、3918010102、3918010199、3918010200、3918019900、3918020000、3918030000、3918040101、3918040102、3918040199、3918040201、3918040202、3918040203、3918040204、3918040205、3918040299、3918050101、3918050199、3918050200、3918050300、3918050400、3918050500、3918059900、3918990000。
3856	家用美容、保健电器具制造	3919010100、3919010200、3919010300、3919010400、3919010500、3919019900、3919020000、3919030000、3919040000、3919050100、3919050200、3919050300、3919050400、3919059900、3919990000、4210010000、4210020000、4210030000、4210040000、4210050000、4210060000、4210070000、4210080000、4210090000、4210100000、4210110000、4210120000。
3857	家用电力器具专用配件制造	3921010000、3921020100、3921020200、3921020300、3921020400、3921029900、3921030100、3921039900、3921040000、3921050000、3921060000、3921070000、3921990000。
3859	其他家用电力器具制造	3920010100、3920010200、3920010300、3920019900、3920020100、3920029900、3920990000。
3861	燃气、太阳能及类似能源家用器具制造	3922010101、3922010102、3922010103、3922010104、3922010199、3922010200、3922010301、3922010399、3922010401、3922010402、3922010499、3922019900、3922020101、3922020102、3922020199、3922020201、3922020202、3922020299、3922029900、3922030101、3922030102、3922030103、3922030199、3922030201、3922030202、3922030299、3922039900。

续 83

行业代码	行业名称	产品目录代码
3869	其他非电力家用器具制造	3922040101、3922040102、3922040103、3922040199、3922049900、3922050101、3922050102、3922050103、3922050199、3922059900、3922060100、3922060200、3922060300、3922069900、3922070101、3922070102、3922070103、3922070104、3922070199、3922070201、3922070202、3922070299、3922070301、3922070302、3922070399、3922070401、3922070499、3922070500、3922079900。
3871	电光源制造	3923010100、3923010200、3923010300、3923010400、3923019901、3923019902、3923019903、3923019999、3923020100、3923020200、3923020300、3923020400、3923020501、3923020502、3923020503、3923020504、3923020599、3923029900、3923030100、3923030200、3923039900、3923040100、3923040200、3923040300、3923049900、3923050101、3923050102、3923050199、3923050201、3923050202、3923050299、3923050301、3923050302、3923050303、3923050399、3923059900、3923060100、3923060200、3923060300、3923069900、3923990100、3923999900、3924090101。
3872	照明灯具制造	3924010100、3924010200、3924010300、3924010400、3924010500、3924010601、3924010602、3924010699、3924010700、3924010800、3924010900、3924019900、3924020100、3924020200、3924020300、3924020400、3924020500、3924020600、3924029900、3924030100、3924039900、3924040101、3924040102、3924040199、3924040201、3924040202、3924040203、3924040204、3924040205、3924040299、3924040301、3924040302、3924040303、3924040304、3924040305、3924040399、3924040400、3924040500、3924040600、3924040700、3924049900、3924050100、3924050200、3924050300、3924050400、3924059900、3924060100、3924060200、3924069900、3925010100、3925010200、3925010400、3925010500、3925019900、3925030100。
3879	灯用电器附件及其他照明器具制造	3907030101、3907030102、3907030103、3924070100、3924070200、3924070300、3924070400、3924079900、3924080101、3924080102、3924080199、3924080200、3924080300、3924080400、3924080500、3924089900、3924090102、3924090199、3924090201、3924090299、3924090300、3924090401、3924090499、3924099900。
3891	电气信号设备装置制造	3654110100、3654110200、3654110300、3654110400、3654110500、3654119900、3655010401、3655010402、3655010403、3655010404、3655010499、3655019900、3655020100、3655020200、3655030100、3655030200、3655040300、3655990000、3704070100、3704070200、3704070600、3912030100、3912040100、3912050100、3925010300、3925020100、3925020200、3925020300、3925029900、3925030200、3925030300、3925039900、3925040100、3925040200、3925049900、3925050101、3925050102、3925050103、3925050104、3925050105、3925050199、3925050201、3925050202、3925050203、3925050204、3925050299、3925060100、3925060200、3925990000。
3899	其他未列明电气机械及器材制造	3634020100、3634029900、3634030100、3634030200、3634030300、3634039900、3634990000、3801024200、3801050500、3912010201、3912010202、3912010203、3912010299、3912010301、3912010302、3912010303、3912010399、3912010401、3912010402、3912010403、3912010499、3926010100、3926019900、3926020100、3926029900、3926030100、3926030200、3926030300、3926030400、3926030500、3926030600、3926030700、3926030800、3926039900、3926040000、3926050000、3926990000、4113200100、4113200200、4113200300、4113200400、4113209900。
3911	计算机整机制造	4009010101、4009010102、4009010201、4009010202、4009010203、4009010204、4009010205、4009010299、4009010301、4009010302、4009010303、4009010399。

续 84

行业代码	行业名称	产品目录代码
3912	计算机零部件制造	4012010100、4012010200、4012010300、4012010400、4012010501、4012010502、4012010503、4012019900、4012020100、4012020201、4012020202、4012990100、4012990200、4012990300、4012990400、4012990500、4012990800、4012990900、4012999900。
3913	计算机外围设备制造	4011010100、4011010200、4011010301、4011010302、4011010303、4011020100、4011020200、4011020300、4011020400、4011020500、4011020600、4011020700、4011020800、4011020900、4011021000、4011021100、4011021200、4011029900、4011030101、4011030102、4011030103、4011030104、4011030105、4011030106、4011030199、4011030200、4011030300、4011039900、4011040100、4011040201、4011040202、4011040203、4011040204、4011040301、4011040302、4011040303、4011040304、4011040399、4011040401、4011040402、4011040500、4011040600、4011049900、4011050100、4011050200、4011050300、4011050400、4011059900。
3919	其他计算机制造	4009010401、4009010402、4009010403、4009010404、4009010499、4009020100、4009020200、4009020300、4009020400、4009020500、4009020600、4009029900、4010010100、4010010200、4010010300、4010019900、4010020100、4010020200、4010020300、4010020400、4010029900、4010030100、4010030201、4010030202、4010030299、4010030300、4010030400、4010030501、4010030502、4010030599、4010030600、4010039900、4010040100、4010040200、4010049900、4010050100、4010050200、4010050300、4010059900、4010990000、4013010100、4013010200、4013010300、4013019900、4013020100、4013020200、4013020300、4013020400、4013029900、4013030100、4013030200、4013030300、4013030400、4013039900、4013040100、4013040200、4013040300、4013040400、4013049900、4013050000、4013060000、4013990000。
3921	通信系统设备制造	4001010101、4001010102、4001010103、4001010104、4001010105、4001010106、4001010199、4001010200、4001010300、4001010400、4001010500、4001010600、4001010700、4001010800、4001010900、4001011000、4001011100、4001011200、4001019900、4001020100、4001020200、4001020300、4001020400、4001020500、4001020600、4001020701、4001020702、4001020703、4001029900、4001030101、4001030102、4001030103、4001030199、4001030201、4001030202、4001030203、4001030299、4001030300、4001039900、4001040100、4001040200、4001040300、4001049900、4001050100、4001050200、4001050300、4001059900、4001060100、4001060200、4001060300、4001069900、4001070100、4001070200、4001070300、4001070400、4001070500、4001079900、4002010101、4002010102、4002010103、4002010104、4002010105、4002010199、4002010201、4002010202、4002010203、4002010204、4002010301、4002010302、4002020000、4002030000、4002040100、4002040200、4002049900、4002990000、4006010101、4006010102、4006010201、4006010202、4006020101、4006020102、4006020103、4006020200、4006020301、4006020302、4006020303、4006020304、4006030100、4006030200、4006040101、4006040102、4006040201、4006040202、4006049901、4006049902。
3922	通信终端设备制造	4003010100、4003010200、4003010300、4003010400、4003019900、4003020100、4003020200、4003020300、4003030100、4003030200、4003039900、4003040101、4003040102、4003040199、4003049900、4004010101、4004010102、4004010103、4004010104、4004010105、4004010106、4004010107、4004010201、4004010202、4004010300、4004010400、4004010500、4004010601、4004010602、4004010603、4004010701、4004010702、4004010703、4004010704、4004019900、4004020100、4004020200、4004020300、4004030000、4004040000、4005010100、4005010200、4005010300、4005010400、4005020100、4005020200、4005029900、4005990100、4005990200、4005990300、4005999900。

续 85

行业代码	行业名称	产品目录代码
3931	广播电视节目制作及发射设备制造	4008010101、4008010102、4008010103、4008010104、4008010199、4008010201、4008010202、4008010203、4008010204、4008010205、4008010206、4008010207、4008010208、4008010299、4008010300、4008021101、4008021102、4008021103、4008021104、4008021105、4008021106、4008021199、4008021201、4008021202、4008021203、4008021204、4008021299、4008022001、4008022002、4008022099、4008022101、4008022102、4008022201、4008022202、4008022203、4008022299。
3932	广播电视接收设备及器材制造	4008022003、4008040100、4008040200、4008040300、4008040400、4008040500、4008040600、4008049901、4008049902、4008049903、4008049904、4008049999、4019060101、4019060102、4019060103、4019060201、4019060202、4019060203、4019060204、4019060205、4019060299、4019060301、4019060302、4019060303、4019060304、4019060399、4019060401、4019060402、4019060403、4019060499、4019060501、4019060599、4019060600、4019060700、4019069900。
3939	应用电视设备及其他广播电视设备制造	3654100100、3654100200、3654100300、3654100400、3654109900、4008030101、4008030102、4008030103、4008030104、4008030199、4008030201、4008030202、4008030203、4008030204、4008030205、4008030299、4008030301、4008030302、4008030303、4008030304、4008030305、4008030306、4008030307、4008030308、4008030399、4008039901、4008039902、4008039903、4008039904、4008039905、4008039999。
3940	雷达及配套设备制造	3655010201、4007010100、4007010200、4007010300、4007010400、4007010500、4007010600、4007010700、4007019900、4007020100、4007020200、4007020300、4007020400、4007020500、4007029900、4007030100、4007030200、4007030300、4007030400、4007030500、4007030600、4007039900、4007040100、4007049900。
3951	电视机制造	4022010101、4022010102、4022010103、4022010104、4022010199、4022010200、4022019901、4022019999。
3952	音响设备制造	4022030101、4022030102、4022030103、4022030199、4022030201、4022030299、4022030301、4022030302、4022030399、4022030401、4022030402、4022030403、4022030499、4022030501、4022030502、4022030503、4022030504、4022030505、4022030506、4022030599、4022030600、4022039900、4022040100、4022049900、4022050101、4022050102、4022050103、4022050199。
3953	影视录放设备制造	4022020101、4022020102、4022020103、4022020199、4022020201、4022020202、4022020203、4022020204、4022020205、4022020299、4022029900、4022050201、4022050202、4022050299、4022050601、4022050602、4022050603、4022050604。
3961	电子真空器件制造	4014010101、4014010102、4014010103、4014010104、4014010105、4014010106、4014010199、4014010201、4014010202、4014010203、4014010204、4014010205、4014010206、4014010207、4014010208、4014010299、4014010301、4014010302、4014010303、4014010399、4014010401、4014010402、4014010499、4014010501、4014010502、4014010503、4014010504、4014010505、4014010599、4014020101、4014020102、4014020199、4014020201、4014020202、4014020203、4014020299、4014020300、4014020400、4014020500、4014020600、4014020700、4014020800、4014029900、4014030000、4014040100、4014040200、4014049900、4014050101、4014050102、4014050103、4014050200、4014059900、4014990100、4014990200、4014990300、4014999900。
3962	半导体分立器件制造	4015010100、4015010200、4015010300、4015010400、4015019900、4015020000、4015030100、4015030200、4015030300、4015040100、4015040200、4015040300、4015040400、4015040500、4015040600、4015040700、4015040800、4015040900、4015050100、4015050200、4015050300、4015050400、4015050500、4015050600、4015050700、4015050800、4015050900、4015051000、4015051100、4015059900、4015990000、4020020000。

续86

行业代码	行业名称	产品目录代码
3963	集成电路制造	4017010101、4017010102、4017010201、4017010202、4017010203、4017010301、4017010302、4017010401、4017010402、4017010500、4017010600、4017020100、4017020200、4017020300、4017020400、4017020500、4017020600、4017020700、4017020800、4017029900、4017030101、4017030102、4017030103、4017030201、4017030202、4017030203、4017030204、4017030301、4017030302、4017030303、4017030304、4017030399、4017030401、4017030402、4017030403、4017030404、4017030405、4017030499、4017030501、4017030502、4017030503、4017030504、4017030505、4017030599、4017030601、4017030602、4017030603、4017030699、4017030700、4017030801、4017030899、4017030901、4017030902、4017030903、4017030999、4018010000、4018020000、4018990000。
3969	光电子器件及其他电子器件制造	4012990600、4012990700、4016110100、4016110200、4016110300、4016110400、4016119900、4016120101、4016120102、4016120103、4016120104、4016120105、4016120106、4016120199、4016120200、4016120300、4016120400、4016120500、4016120601、4016120602、4016120699、4016129900、4016130100、4016130201、4016130299、4016139900、4016200100、4016200200、4016200300、4016209900、4022050301、4022050302、4022050303、4022050304、4022050305、4022050399、4022050401、4022050402、4022050403、4022050404、4022050499、4022050500、4022050700、4022050800、4022050900、4022051000、4022051100、4022051200、4022051301、4022051302、4022051303、4022051304、4022051305、4022051306、4022051399、4022059900、4022990000。
3971	电子元件及组件制造	4019010101、4019010102、4019010103、4019010104、4019010105、4019010199、4019010201、4019010202、4019010300、4019010401、4019010402、4019010403、4019010404、4019010405、4019010499、4019010500、4019010600、4019010701、4019010702、4019010799、4019010801、4019010899、4019010900、4019019900、4019020101、4019020102、4019020103、4019020104、4019020105、4019020106、4019020107、4019020108、4019020109、4019020199、4019020200、4019030100、4019030200、4019030300、4019030400、4019030500、4019030600、4019039900、4019040101、4019040102、4019040103、4019040104、4019040105、4019040106、4019040107、4019040108、4019040109、4019040110、4019040111、4019040199、4019040201、4019040202、4019040203、4019040204、4019040299、4019050101、4019050102、4019050103、4019050199、4019050201、4019050202、4019050203、4019050299、4019050301、4019050302、4019050303、4019050399、4019050401、4019050402、4019050403、4019050404、4019050405、4019050406、4019050407、4019050499、4019050501、4019050502、4019050599、4019050600、4019050701、4019050702、4019050703、4019050704、4019050705、4019050706、4019050799、4019070000、4019080100、4019080200、4019080300、4019080400、4019080500、4019080600、4019089900、4019990000、4020010100、4020010200、4020010300、4020010400、4020010500、4020010600、4020010700、4020019900。
3972	印制电路板制造	4021010100、4021010200、4021010300、4021020100、4021020200、4021020300、4021030100、4021030200、4021030300、4021040100、4021040200、4021050100、4021050200、4021050300、4021060100、4021060200、4021990000。
3990	其他电子设备制造	2403030400、3650040101、3650040102、3650040103、3650040104、3650040105、3650040106、3650040107、3650040108、3650040199、3650040201、3650040202、3650040203、3650040204、3650040205、3650040206、3650040207、3650040299、3801024300、3801050600、4099010100、4099010200、4099010300、4099010400、4099010500、4099010600、4099019900、4099020000、4099990000。

续 87

行业代码	行业名称	产品目录代码
4011	工业自动控制系统装置制造	4101010101、4101010102、4101010103、4101010200、4101019900、4101020100、4101020200、4101029900、4101030000、4101040000。
4012	电工仪器仪表制造	4103010101、4103010102、4103010103、4103010104、4103010199、4103010201、4103010202、4103010203、4103010299、4103010301、4103010302、4103010303、4103010304、4103010305、4103010399、4103010401、4103010402、4103010403、4103010404、4103010405、4103010406、4103010407、4103010499、4103010500、4103019900、4103020100、4103020200、4103020300、4103029900、4103030000、4103040101、4103040102、4103040201、4103040202、4103040203、4103040299、4103040301、4103040302、4103040303、4103040399、4103040401、4103040402、4103040403、4103040404、4103040499、4103040500、4103040600、4103049900、4103050101、4103050102、4103050103、4103050104、4103050105、4103050106、4103050199、4103050201、4103050299、4103050300、4103050400、4103050500、4103060100、4103060200、4103060300、4103069900、4103070101、4103070102、4103070103、4103070199、4103070200、4103080100、4103080200、4103080301、4103080399、4103090000、4103100100、4103100200、4103100300、4103109900、4103110000、4103120000、4103130100、4103130200、4103130300、4103130400、4103130500、4103130600、4103139900、4103990000。
4013	绘图、计算及测量仪器制造	4104010100、4104010200、4104010300、4104010400、4104019900、4104020100、4104020200、4104020300、4104020400、4104020500、4104020600、4104029900、4104030100、4104030200、4104039900、4104040100、4104040200、4104040300、4104049900、4104050100、4104050200、4104050300、4104050400、4104050500、4104050600、4104050700、4104059900、4104060100、4104060200、4104060300、4104069900、4104070100、4104070200、4104070300、4104070400、4104070500、4104070600、4104070700、4104070800、4104079900、4104080100、4104080200、4104080300、4104090101、4104090102、4104090103、4104090104、4104090105、4104090201、4104090202、4104090203、4104090204、4104099900、4104100100、4104100200、4104100300、4104100400、4104100500、4104109900、4104990000。
4014	实验分析仪器制造	3655010202、3655010299、4102010101、4102010102、4102010103、4102010104、4102010105、4102010106、4102010107、4102010108、4102010109、4102010110、4102010111、4102010200、4102010300、4102010400、4102010500、4102019900、4102020101、4102020102、4102020103、4102020104、4102020105、4102020106、4102020199、4102020200、4102020301、4102020302、4102020303、4102020399、4102020401、4102020402、4102020499、4102020500、4102029900、4102030101、4102030102、4102030103、4102030104、4102030105、4102030106、4102030107、4102030108、4102030109、4102030110、4102030111、4102030112、4102030113、4102030114、4102030115、4102030199、4102030200、4102030600、4102039900、4102040101、4102040102、4102040103、4102040104、4102040105、4102040106、4102040107、4102040201、4102040202、4102040203、4102040204、4102040205、4102040206、4102040207、4102040300、4102050101、4102050102、4102050201、4102050202、4102050300、4102050400、4102059900、4105010100、4105010200、4105010300、4105010400、4105010500、4105010600、4105010700、4105010800、4105019900、4105020100、4105020201、4105020202、4105020203、4105020204、4105020205、4105020299、4105020300、4105020400、4105020500、4105020600、4105020700、4105020800、4105020900、4105021000、4105021100、4105029900、4105030100、4105030200、4105030300、4105030400、4105030500、4105030600、

续88

行业代码	行业名称	产品目录代码
4014	实验分析仪器制造	4105030700、4105030800、4105030900、4105031000、4105031100、4105031200、4105031300、4105039900、4105040100、4105040200、4105040300、4105040400、4105040500、4105040600、4105040700、4105049900、4105050100、4105050200、4105050300、4105050400、4105059900、4105060100、4105060200、4105060300、4105060400、4105060500、4105069900、4105070101、4105070102、4105070103、4105070104、4105070201、4105070202、4105070203、4105070204、4105070205、4105079900、4105080100、4105080200、4105080300、4105080400、4105080500、4105080600、4105080700、4105089900、4105090100、4105090200、4105090300、4105090400、4105090500、4105090600、4105090700、4105090800、4105090900、4105091000、4105091100、4105099900、4105100100、4105100200、4105100300、4105100400、4105100500、4105109900、4105110000、4105990000。
4015	试验机制造	4106010101、4106010102、4106010103、4106010104、4106010105、4106010106、4106010107、4106010108、4106010109、4106010110、4106010111、4106010112、4106010113、4106010114、4106010115、4106010116、4106010117、4106010118、4106010199、4106010201、4106010202、4106010203、4106010204、4106010205、4106010206、4106010207、4106010299、4106010301、4106010302、4106010303、4106010399、4106010401、4106010402、4106010403、4106010404、4106010405、4106010406、4106010407、4106010408、4106010499、4106019900、4106020000、4106030100、4106030200、4106030300、4106030400、4106030500、4106030600、4106030700、4106030800、4106030900、4106031000、4106039900、4106040101、4106040102、4106040201、4106040202、4106049900、4106050101、4106050102、4106050103、4106050104、4106050105、4106050106、4106050107、4106050108、4106050109、4106050199、4106050201、4106050202、4106050203、4106050204、4106050205、4106050206、4106050207、4106050208、4106050209、4106050210、4106050211、4106050299、4106050301、4106050302、4106050303、4106050304、4106050305、4106050306、4106050307、4106050308、4106050309、4106050310、4106050399、4106059900、4106060101、4106060102、4106060103、4106060104、4106060199、4106060201、4106060202、4106060203、4106060299、4106060300、4106069900、4106070100、4106070200、4106070300、4106070400、4106070500、4106070600、4106070700、4106070800、4106070900、4106071000、4106071100、4106071200、4106071300、4106071400、4106079900、4106080100、4106080200。
4019	供应用仪表及其他通用仪器制造	3801050800、4102030300、4102030400、4102030500、4102060101、4102060102、4102060200、4102060300、4102060400、4102060501、4102060502、4102060503、4102060504、4102060599、4102060600、4102060700、4102069900、4102990101、4102990102、4102990201、4102990202、4102990203、4102990204。
4021	环境监测专用仪器仪表制造	3718040100、4107010100、4107010200、4107010300、4107010400、4107010500、4107010600、4107019900、4107020100、4107020200、4107020300、4107020400、4107020500、4107020600、4107020700、4107020800、4107029900、4107030100、4107030200、4107030300、4107030400、4107039900。
4022	运输设备及生产用计数仪表制造	4108010100、4108010200、4108010300、4108010400、4108019900、4108020100、4108020200、4108020300、4108020400、4108020500、4108020600、4108020700、4108020800、4108029900、4108030100、4108030200、4108030300、4108030400、4108030500、4108039900、4108040100、4108040200、4108040300、4108049900、4108050000、4108060000。

续 89

行业代码	行业名称	产品目录代码
4023	导航、气象及海洋专用仪器制造	4109010101、4109010102、4109010103、4109010104、4109010105、4109010199、4109010200、4109010300、4109020100、4109020200、4109020300、4109020400、4109020500、4109020600、4109020700、4109020800、4109029900、4109030101、4109030102、4109030103、4109030104、4109030105、4109030106、4109030107、4109030199、4109030201、4109030202、4109030203、4109030299、4109030301、4109030302、4109030399、4109039900、4109040000、4110010100、4110010200、4110010300、4110010400、4110019900、4110020100、4110020200、4110020300、4110020400、4110029900、4110030100、4110030200、4110030300、4110039900、4110040100、4110040200、4110040300、4110040400、4110049900、4110050100、4110050200、4110059900、4110060100、4110060200、4110060300、4110069900、4110070100、4110070200、4110070300、4110079900、4110080100、4110080200、4110080300、4110089900、4110090100、4110090200、4110099900、4110100100、4110100200、4110109900、4110110000、4110990000、4111010100、4111010200、4111010301、4111010302、4111010303、4111010304、4111010399、4111010400、4111010500、4111010600、4111010700、4111010800、4111010900、4111011000、4111011100、4111019900、4111020100、4111020200、4111020300、4111020400、4111020500、4111020600、4111020700、4111020800、4111020900、4111021000、4111029900、4111030000、4111990000。
4024	农林牧渔专用仪器仪表制造	4112010100、4112010200、4112010300、4112010400、4112010500、4112010600、4112010700、4112010800、4112010900、4112019900、4112020100、4112020200、4112020300、4112020400、4112029900、4112030100、4112030200、4112039900。
4025	地质勘探和地震专用仪器制造	3602070100、3602070200、3602070300、3602070400、3602070500、3602070600、3602070700、3602070800、3602079900、4113110100、4113110200、4113110300、4113119900、4113120101、4113120102、4113120103、4113120199、4113120201、4113120202、4113120203、4113120204、4113120205、4113120206、4113120207、4113120299、4113120301、4113120302、4113120303、4113120304、4113120305、4113120306、4113120307、4113120399、4113120401、4113120402、4113120403、4113120499、4113190000、4113210100、4113210200、4113210300、4113219900、4113220000。
4026	教学专用仪器制造	4114010100、4114010200、4114010300、4114010400、4114010500、4114019900、4114020100、4114020200、4114020300、4114020400、4114020500、4114029900、4114990000。
4027	核子及核辐射测量仪器制造	4115010100、4115010200、4115010300、4115010400、4115010500、4115010600、4115010700、4115010800、4115019900、4115020100、4115020200、4115020300、4115029900、4115030100、4115030200、4115030300、4115030400、4115039900、4115040000、4115050000、4115060000、4115990000。
4028	电子测量仪器制造	4116010100、4116010200、4116010300、4116010400、4116010500、4116010600、4116010700、4116010800、4116010900、4116011000、4116011100、4116019900、4116020100、4116020200、4116020300、4116020400、4116020500、4116020600、4116020700、4116020800、4116029900、4116030101、4116030102、4116030103、4116030104、4116030105、4116030106、4116030199、4116030200、4116030300、4116030401、4116030402、4116030403、4116030404、4116030405、4116030406、4116030499、4116030500、4116030601、4116030602、4116030603、4116030604、4116030699、4116030701、4116030702、4116030703、4116030704、4116030705、

续 90

行业代码	行业名称	产品目录代码
4028	电子测量仪器制造	4116030706、4116030707、4116030708、4116030709、4116030710、4116030799、4116030800、4116030901、4116030902、4116030903、4116030999、4116031000、4116031100、4116031200、4116031301、4116031302、4116031303、4116031304、4116031399、4116031401、4116031402、4116031403、4116031404、4116031499、4116031500、4116031601、4116031602、4116031603、4116031604、4116031605、4116031606、4116031699、4116031701、4116031702、4116031703、4116031704、4116040100、4116040200、4116050100、4116050200、4116059900、4116060100、4116060200、4116060300、4116060400、4116060500、4116069900、4116070100、4116070200、4116070300、4116070400、4116079900、4116080100、4116080200、4116080300、4116080400、4116080500、4116080600、4116080700、4116089900、4116090000、4116100101、4116100102、4116100103、4116100200、4116100300、4116100400、4116110000、4116120000、4116990000。
4029	其他专用仪器制造	3624060201、3624060202、3624060203、3624060204、3624060205、3624060206、3624060299、3624070000、3704080100、3704080200、3704080300、3704080400、3704089900、3718020100、3718020200、3718029900、3801050900、4117010101、4117010102、4117010103、4117010104、4117010199、4117010201、4117010202、4117010203、4117010204、4117010205、4117010206、4117010299、4117990000。
4030	钟表与计时仪器制造	4118010101、4118010102、4118010103、4118010104、4118010105、4118010199、4118010201、4118010202、4118010203、4118010204、4118010299、4118010300、4118010401、4118010402、4118010403、4118010404、4118010405、4118010499、4118019900、4118020101、4118020102、4118020103、4118020104、4118020199、4118020201、4118020202、4118020203、4118020204、4118020299、4118020300、4118029900、4118030101、4118030102、4118030199、4118030201、4118030299、4118039900、4118040100、4118040200、4118049900、4118050101、4118050102、4118050199、4118050201、4118050202、4118060101、4118060102、4118060103、4118060199、4118060201、4118060202、4118060203、4118060204、4118060299、4118069900、4118070100、4118070200、4118070300、4118070400、4118079900、4118080101、4118080102、4118080103、4118080104、4118080199、4118080201、4118080202、4118080301、4118080302、4118090101、4118090199。
4041	光学仪器制造	4119110101、4119110102、4119110103、4119110199、4119110201、4119110299、4119110300、4119119900、4119120100、4119120200、4119120300、4119120400、4119120500、4119120600、4119120700、4119120800、4119120900、4119121000、4119129900、4119130101、4119130102、4119130103、4119130104、4119130105、4119130199、4119130200、4119130301、4119130399、4119130400、4119139900、4119140100、4119140200、4119140300、4119140400、4119140501、4119140502、4119140503、4119140504、4119140599、4119140600、4119140700、4119140800、4119149900、4119150200、4119150300、4119159900、4119160101、4119160199、4119160200、4119160300、4119160400、4119160500、4119160600、4119160700、4119160800、4119160900、4119169900、4119170000、4119200100、4119200200、4119209900。
4042	眼镜制造	4120010101、4120010102、4120010199、4120010201、4120010202、4120010203、4120010204、4120010205、4120010206、4120010299、4120020100、4120020201、4120020202、4120020203、4120020299、4120020301、4120020302、4120020303、4120020399、4120029900、4120030101、4120030102、4120030103、4120030199、4120030200。

续 91

行业代码	行业名称	产品目录代码
4090	其他仪器仪表制造业	3801024400。
4111	鬃毛加工、制刷及清扫工具制造	4211020100、4211020201、4211020202、4211020203、4211020204、4211020205、4211020206、4211020299、4211020301、4211020302、4211020303、4211020399、4211020401、4211020499、4211020501、4211020502、4211020599、4211029901、4211029902、4211029903、4211029999、4211030100、4211030200、4211039900、4211040101、4211040102、4211040103、4211040199、4211040201、4211040299。
4119	其他日用杂品制造	4118090299、4120040101、4120040102、4120040103、4120040199、4120040200、4211050101、4211050102、4211050103、4211050104、4211050199、4211050200、4211050300、4211050401、4211050402、4211050403、4211060101、4211060102、4211060103、4211060199、4211060200、4211071101、4211071102、4211071199、4211071201、4211071202、4211071203、4211071204、4211071299、4211071900、4211072001、4211072002、4211072099、4211080101、4211080102、4211080103、4211080199、4211080200、4211090100、4211090200、4211090300、4211100101、4211100102、4211100103、4211100199、4211100200、4211109900、4211110101、4211110199、4211110200、4211120100、4211120200、4211129900、4211130100、4211130200、4211130300、4211130400、4211139900、4212010000、4212020000、4212040100、4212040201、4212040202、4212040203、4212040204、4212040205、4212040206、4212040207、4212040208、4212040299、4212040301、4212040302、4212040303、4212040304、4212040399、4212040400、4212040500、4212040600、4212049900。
4120	煤制品制造	4211140100、4211140200、4211140300、4211140400、4211149900、4211990000。
4130	核辐射加工	4299010000。
4190	其他未列明制造业	3801029900、3801059900、4299990000。
4210	金属废料和碎屑加工处理	3801030100、4301010100、4301010200、4301010300、4301010400、4301010500、4301010600、4301020100、4301020200、4301020300、4301030100、4301030200、4301030300、4301030400、4301030500、4301030600、4301030700、4301030800、4301039900、4301040100、4301040200、4301040300、4301040400、4301040500、4301040600、4301049900、4301050100、4301050200、4301050300、4301050400、4301050500、4301059900、4301060100、4301060200、4301060300、4301060400、4301990000。
4220	非金属废料和碎屑加工处理	3801030200、4302010100、4302010201、4302010202、4302010299、4302010301、4302010399、4302010401、4302010402、4302010499、4302010501、4302010502、4302010600、4302010701、4302010702、4302010801、4302010802、4302020100、4302020200、4302030100、4302030200、4302040100、4302040200、4302040300、4302050100、4302050200、4302050300、4302050400、4302059900、4302060000、4302070000、4302990000。
4310	金属制品修理	3802010100、3802010200、3802019900。
4320	通用设备修理	3802020100、3802020200、3802020300、3802020400、3802020500、3802020600、3802020700、3802020800、3802020900、3802021000、3802029900。
4330	专用设备修理	3802030100、3802030200、3802030300、3802030400、3802030500、3802030600、3802030700、3802039900。
4341	铁路运输设备修理	3802040100、3802040200、3802049900。
4342	船舶修理	3802060100。

续92

行业代码	行业名称	产品目录代码
4343	航空航天器修理	3802070000。
4349	其他运输设备修理	3802059900。
4350	电气设备修理	3802080100、3802080200、3802080300、3802089900。
4360	仪器仪表修理	3802100100、3802100200、3802109900。
4390	其他机械和设备修理业	3802090100、3802090200、3802090400、3802090500、3802099900。
4411	火力发电	4401010101、4401010102、4401010103、4401010104、4401010199。
4412	水力发电	4401010200。
4413	核力发电	4401010300。
4414	风力发电	4401010500。
4415	太阳能发电	4401010400。
4419	其他电力生产	4401010600、4401010700、4401010800、4401010901、4401010902、4401010999、4401019900。
4420	电力供应	3801040100、4401020100、4401020200。
4430	热力生产和供应	3801040200、4402010000、4402020100、4402020200。
4500	燃气生产和供应业	3801040300、4501010000、4501020000、4501030000、4501040000、4501050000、4501060000、4501990000、4502010000、4502020000、4502030000、4502040000。
4610	自来水生产和供应	3801040400、4601010000、4602020000。
4620	污水处理及其再生利用	4601020000、4602030000。
4690	其他水的处理、利用与分配	4601030000、4601990000、4602040000、4602990000。
4700	房屋建筑业	4701010101、4701010102、4701010200、4701010300、4701019901、4701019999、4701030101、4701030201、4701030301、4701030401、4701030501、4701030601、4701030700、4701030801、4701030901、4701031000、4701031101、4701031201、4701031301、4701031400、4701039900、4702010101、4702010102、4702010103、4702010104、4702010199、4702010201、4702010202、4702010203、4702010204、4702010299、4702010300、4702010401、4702010402、4702010403、4702010501、4702010502、4702010503、4702010601、4702010602、4702010603、4702010604、4702010699、4702010700、4702010801、4702010802、4702010803、4702010804、4702010805、4702010899、4702019900。
4811	铁路工程建筑	4701020101、4701020199、4701030102、4701030202、4701030302、4701030402、4701030502、4701030602、4701030802、4701030902、4701031302、4702020101、4702020102、4702020103、4702020104、4702020199。
4812	公路工程建筑	4701020201、4701020202、4701020203、4701020299、4702020201、4702020202、4702020203、4702020204、4702020205、4702020206、4702020299。
4813	市政道路工程建筑	4701020301、4701020302、4701020399、4701020401、4701020402、4701020499、4701030203、4701030204、4701030205、4702020301、4702020302、4702020303、4702020304、4702020305、4702020306、4702020399。

续93

行业代码	行业名称	产品目录代码
4819	其他道路、隧道和桥梁工程建筑	4701020501、4701020502、4701020503、4701020504、4701020599、4701020601、4701020602、4701020603、4701020699、4701030103、4701030104、4701030105、4701030303、4701030304、4701030305、4701030403、4701030404、4701030503、4701030504、4701030505、4701030603、4701030604、4701030803、4701030804、4701030903、4701030904、4701031102、4701031103、4701031202、4701031303、4701031304、4702020401、4702020402、4702020403、4702020404、4702020501、4702020502、4702020599、4702029900。
4821	水源及供水设施工程建筑	4701020704、4701020708、4702030101、4702030108、4702030109、4702030110、4702050302。
4822	河湖治理及防洪设施工程建筑	4701020701、4701020702、4701020703、4701020706、4701020707、4701020799、4702030102、4702030103、4702030104、4702030105、4702030106、4702030107、4702030199。
4823	港口及航运设施工程建筑	4701020801、4701020802、4701020803、4701020804、4701020805、4701020899、4701030106、4701030206、4701030306、4701030405、4701030406、4701030506、4701030605、4701030805、4701030905、4701031104、4701031203、4701031305、4702030201、4702030202、4702030203、4702030204、4702030205、4702030299。
4830	海洋工程建筑	4702040101、4702040102、4702040103、4702040104、4702040105、4702040201、4702040202、4702040203、4702040301、4702040302、4702040303、4702040401、4702040402、4702040403、4702040404、4702040501、4702040502、4702040503、4702040504。
4840	工矿工程建筑	4701020901、4701020902、4701020903、4701020904、4701020905、4701020906、4701020907、4701020908、4701020909、4701020910、4701020999、4701030107、4701030207、4701030307、4701030507、4701030606、4701030806、4701030906、4701031105、4701031204、4701031306、4702050101、4702050102、4702050103、4702050104、4702050199、4702050201、4702050202、4702050203、4702050204、4702050299、4702050301、4702050303、4702050304、4702050305、4702050306、4702050399、4702059900。
4851	架线及设备工程建筑	4701021001、4701021002、4701021003、4701021099、4702060101、4702060102、4702060103、4702060104、4702060199、4702060201、4702060202、4702060203、4702060299、4702060301、4702060302、4702060303、4702060399。
4852	管道工程建筑	4701021101、4701021102、4701021103、4701021104、4701021199、4701030807、4701030907、4701031307、4702060401、4702060402、4702060403、4702060499、4702060501、4702060502、4702060503、4702060504、4702060599。
4890	其他土木工程建筑	4701029901、4701029902、4701029903、4701029904、4701029905、4701029906、4701029999、4701030199、4701030299、4701030399、4701030499、4701030599、4701030699、4701030899、4701030999、4701031199、4701031299、4701031399、4702069900、4702990101、4702990102、4702990199、4702990201、4702990202、4702990203、4702990299、4702990301、4702990302、4702990399、4702999900。
4910	电气安装	4701020705、4801010000、4801020000、4801030000、4801040000、4801990000、4802010000、4802020000、4802030000、4802040000、4802050000、4802060000、4802070000、4802080000、4802990000、4803010000、4803020000、4803030000、4803990000、4804010000、4804020000、4804030000、4804040000、4804050000、4804990000。

续94

行业代码	行业名称	产品目录代码
4920	管道和设备安装	4805010000、4805020000、4805030000、4805040000、4805050000、4805990000。
4990	其他建筑安装业	4899010000、4899020000、4899990000。
5010	建筑装饰业	4901010000、4901020000、4901030000、4901040000、4901050000、4901060000、4901070000、4901080000、4901990000、4999010100、4999010200、4999010300、4999010400、4999010500、4999019900、4999990000。
5021	建筑物拆除活动	5001020000、5001030100、5001030200、5001030300、5001039900。
5029	其他工程准备活动	5001010100、5001010200、5001010300、5001010400、5001010500、5001019900、5001040000、5001990000。
5030	提供施工设备服务	5002010000、5002020000、5002990000。
5090	其他未列明建筑业	5099010000、5099020000、5099990000。
5111	谷物、豆及薯类批发	6311010101、6311010102、6311010103、6311010104、6311010105、6311010106、6311010107、6311010108、6311010199、6311010201、6311010202、6311010203、6311010204、6311010205、6311010299、6311010301、6311010302、6311010399。
5112	种子批发	6311010401、6311010402、6311010403、6311010404、6311010405、6311010406、6311010407、6311010408、6311010499。
5113	饲料批发	6311010501、6311010502、6311010503、6311010599。
5114	棉、麻批发	6311010601、6311010602、6311010699、6311010701、6311010702、6311010703、6311010799。
5115	林业产品批发	6311020301、6311020302、6311020303、6311020304、6311020399、6311020601。
5116	牲畜批发	6311030101、6311030102、6311030103、6311030104、6311030105、6311030106、6311030107、6311030199、6311030200、6311030301、6311030302、6311030401、6311030402、6311030403、6311030499、6311030500、6311039901、6311039902、6311039903、6311039904、6311039905、6311039906、6311039999。
5119	其他农牧产品批发	6311010801、6311010802、6311010803、6311010899、6311010901、6311010902、6311010903、6311010999、6311020101、6311020102、6311020103、6311020201、6311020202、6311020299、6311020400、6311020501、6311020502、6311020503、6311020504、6311020505、6311020599、6311020602、6311020603、6311020604、6311020699、6311029901、6311029902、6311029999、6311040101、6311040102、6311040103、6311040199、6311040201、6311040202、6311040203、6311040204、6311040205、6311040206、6311040207、6311040299、6311040301、6311040302、6311040399、6311049901、6311049902、6311049903、6311049904、6311049999。
5121	米、面制品及食用油批发	6312010101、6312010102、6312010103、6312010104、6312010105、6312010199、6312010201、6312010202、6312010203、6312010299、6312010301、6312010302、6312010303、6312010304、6312010305、6312010399、6312010401、6312010402、6312010403、6312010404、6312010499、6312010501、6312010502、6312010503、6312010504、6312010505、6312010599、6312019900。
5122	糕点、糖果及糖批发	6312020101、6312020102、6312020103、6312020104、6312020105、6312020201、6312020202、6312020301、6312020302、6312020303、6312020400。
5123	果品、蔬菜批发	6312030101、6312030102、6312030200、6312040100、6312040200、6312040300。

续 95

行业代码	行业名称	产品目录代码
5124	肉、禽、蛋、奶及水产品批发	6312050101、6312050102、6312050103、6312050199、6312050201、6312050202、6312050299、6312050301、6312050302、6312050399、6312050401、6312050402、6312050403、6312050404、6312050405、6312050499、6312050501、6312050502、6312050503、6312050504、6312050599、6312070101。
5125	盐及调味品批发	6312060100、6312060200、6312060300、6312060400。
5126	营养和保健品批发	6312990101、6312990102、6312990103、6312990104、6312990105、6312990199。
5127	酒、饮料及茶叶批发	6312070102、6312070103、6312070104、6312070105、6312070199、6312070201、6312070202、6312070203、6312070299、6312070301、6312070302、6312070303、6312070304、6312070305、6312070306、6312070399、6312070401、6312070402、6312070499、6312070501、6312070502、6312070601、6312070602、6312070603、6312070604、6312070605、6312070699、6312070701、6312070702、6312070703、6312070801、6312070802、6312070803、6312070804、6312070899、6312080201、6312080202、6312080203、6312080204、6312080205、6312080206、6312080299、6312080301、6312080302、6312080303、6312080304、6312080305、6312080399。
5128	烟草制品批发	6312080101、6312080102、6312080103、6312080104、6312080199。
5129	其他食品批发	6312990201、6312990202、6312990203、6312990204、6312990299、6312999900。
5131	纺织品、针织品及原料批发	6313010101、6313010102、6313010103、6313010201、6313010202、6313010203、6313010204、6313010205、6313010299、6313010301、6313010302、6313010303、6313010399。
5132	服装批发	6313020101、6313020102、6313020103、6313020104、6313020105、6313020106、6313020107、6313020108、6313020199、6313020201、6313020202、6313020203、6313020204、6313020205、6313020206、6313020207、6313020208、6313020299、6313020301、6313020302、6313020303、6313020304、6313020399、6313020401、6313020402、6313020403、6313020499、6313020501、6313020502、6313020503、6313020504、6313020599、6313020601、6313020602、6313020603、6313020604、6313020605、6313020699、6313020701、6313020702、6313020703、6313020704、6313020705、6313020799、6313020801、6313020802、6313020803、6313020899、6313020901、6313020902、6313020903、6313021001、6313021002、6313021003、6313021004、6313021099、6313029900。
5133	鞋帽批发	6313030101、6313030102、6313030103、6313030104、6313030199、6313030201、6313030202、6313030203。
5134	化妆品及卫生用品批发	6314030101、6314030102、6314030103、6314030104、6314030199、6314030201、6314030202、6314030203、6314030299、6314030301、6314030302、6314030303、6314039900、6314040100、6314040201、6314040202、6314040203、6314040204、6314040299、6314040301、6314040302、6314040303、6314040304、6314040305、6314040399、6314049901、6314049902、6314049903、6314049904、6314049905、6314049906、6314049907、6314049908、6314049909、6314049999。
5135	厨房、卫生间用具及日用杂货批发	6314010101、6314010102、6314010103、6314010104、6314010105、6314010199、6314010201、6314010202、6314010203、6314010301、6314010302、6314010303、6314010304、6314010305、6314010399、6314020101、6314020102、6314020103、6314020104、6314020105、6314020106、6314020107、6314020199、6314020201、6314020202、6314020203、6314020204、6314020299、6314020301、6314020302、6314020303、6314020304、6314020305、6314020306、6314020399、6314020401、6314020402、6314020403、6314020404、6314020405、6314020406、6314020499、6314029900。

续96

行业代码	行业名称	产品目录代码
5136	灯具、装饰物品批发	6314990501、6314990502、6314990601、6314990602、6314990699。
5137	家用电器批发	6322010100、6322010200、6322010300、6322010400、6322010500、6322019900、6322020100、6322020200、6322020300、6322020400、6322029900、6322030100、6322030200、6322030300、6322030400、6322030500、6322030600、6322030700、6322030800、6322039900、6322040100、6322040200、6322040300、6322040400、6322040500、6322040600、6322049900、6322050100、6322050200、6322050300、6322050400、6322050500、6322050600、6322050700、6322050800、6322050900、6322051000、6322051100、6322051200、6322051300、6322051400、6322059900、6322060100、6322060200、6322060300、6322060400、6322060500、6322060600、6322060700、6322060800、6322060900、6322061000、6322061100、6322061200、6322061300、6322061400、6322061500、6322069900、6322070100、6322070200、6322070300、6322070400、6322070500、6322070600、6322070700、6322079900、6322080100、6322080200、6322080300、6322080400、6322089900、6322090100、6322090200、6322090300、6322090400、6322090500、6322090600、6322090700、6322099900、6322990000。
5139	其他家庭用品批发	6314990101、6314990102、6314990200、6314990301、6314990302、6314990303、6314990304、6314990399、6314990401、6314990402、6314990403、6314990404、6314990405、6314990406、6314990407、6314990408、6314990499、6314990701、6314990702、6314990703、6314990704、6314990705、6314990706、6314990799、6314990801、6314990802、6314990803、6314990804、6314990899、6314999901、6314999902、6314999903、6314999999。
5141	文具用品批发	6315010101、6315010102、6315010103、6315010104、6315010105、6315010106、6315010107、6315010199、6315010201、6315010202、6315010299、6315010301、6315010302、6315010303、6315010304、6315010399、6315019901、6315019902、6315019903、6315019904、6315019905、6315019906、6315019907、6315019999、6315020101、6315020102、6315020103、6315020104、6315020105、6315020106、6315020107、6315020108、6315020199、6315020201、6315020202、6315020203、6315020204、6315020299、6315020301、6315020302、6315020303、6315020304、6315020305、6315020306、6315020307、6315020399、6315020401、6315020402、6315020403、6315020404、6315020405、6315020499、6315020501、6315020502、6315020503、6315020504、6315020505、6315020506、6315020599、6315020601、6315020602、6315020699、6315020701、6315020702、6315020703、6315020704、6315020799、6315029900、6315030101、6315030102、6315030103、6315030104、6315030199、6315030201、6315030202、6315030203、6315030204、6315030205、6315030299、6315030301、6315030302、6315030303、6315030304、6315030305、6315030399、6315030401、6315030402、6315030403、6315030404、6315030405、6315030406、6315030499、6315030501、6315030502、6315030503、6315030504、6315030505、6315030599、6315039900。
5142	体育用品及器材批发	6315040101、6315040102、6315040103、6315040104、6315040105、6315040106、6315040199、6315040201、6315040202、6315040203、6315040204、6315040205、6315040299、6315049901、6315049902、6315049903、6315049904、6315049905、6315049906、6315049907、6315049908、6315049909、6315049910、6315049911、6315049912、6315049913、6315049914、6315049915、6315049916、6315049999。
5143	图书批发	6315050101、6315050102、6315050103、6315050104、6315050105、6315050106、6315050107、6315050108、6315050109、6315050199、6315050201、6315050202、6315050203、6315050204、6315050299、6315059901、6315059902、6315059903、6315059904、6315059905、6315059906、6315059907、6315059999。

续 97

行业代码	行业名称	产品目录代码
5144	报刊批发	6315060101、6315060102、6315060103、6315060104、6315060105、6315060199、6315060201、6315060202、6315060203、6315060204、6315060205、6315060206、6315060207、6315060208、6315060299。
5145	音像制品及电子出版物批发	6315070101、6315070102、6315070103、6315070104、6315070201、6315070202、6315070203、6315070299。
5146	首饰、工艺品及收藏品批发	6315080101、6315080102、6315080201、6315080202、6315080299、6315080301、6315080302、6315080303、6315080304、6315080305、6315089900、6315090101、6315090102、6315090103、6315090104、6315090105、6315090199、6315090201、6315090202、6315090203、6315090204、6315090299、6315090301、6315090302、6315090303、6315090304、6315090399、6315090401、6315090402、6315090403、6315090404、6315090405、6315090406、6315090499、6315090501、6315090502、6315090503、6315090504、6315090599、6315090601、6315090602、6315090699、6315090701、6315090702、6315090703、6315090799、6315090801、6315090802、6315090803、6315090804、6315090805、6315090806、6315090899、6315099901、6315099902、6315099903、6315099999、6315100101、6315100102、6315100103、6315100104、6315100105、6315100106、6315100199、6315100200、6315100301、6315100302、6315100303、6315100304、6315100305、6315100399、6315100400、6315109900、6315110101、6315110102、6315110103、6315110104、6315110105、6315110106、6315110199、6315110201、6315110202、6315110299、6315110300、6315110400、6315119900。
5149	其他文化用品批发	6315120101、6315120102、6315120103、6315120104、6315120105、6315120106、6315120107、6315120108、6315120199、6315120201、6315120202、6315120203、6315120204、6315120205、6315120206、6315120299、6315120301、6315120302、6315120303、6315120399、6315120401、6315120402、6315120403、6315120404、6315120405、6315120499、6315129901、6315129902、6315129999。
5151	西药批发	6316010101、6316010102、6316010103、6316010104、6316010105、6316010106、6316010107、6316010108、6316010109、6316010110、6316010111、6316010112、6316010113、6316010114、6316010115、6316010199、6316010201、6316010202、6316010203、6316010204、6316010205、6316010206、6316010207、6316010208、6316010209、6316010210、6316010211、6316010212、6316010213、6316010299、6316010301、6316010302、6316010303、6316010304、6316010305、6316010306、6316010307、6316010308、6316010309、6316010310、6316010311、6316010399、6316010401、6316010402、6316010403、6316010404、6316010405、6316010406、6316010499、6316010501、6316010502、6316010503、6316010599、6316019900。
5152	中药批发	6316020101、6316020102、6316020103、6316020104、6316020105、6316020106、6316020107、6316020199、6316020201、6316020202、6316020203、6316020204、6316020205、6316020206、6316020207、6316020208、6316020209、6316020210、6316020211、6316020212、6316020213、6316020214、6316020215、6316020216、6316020217、6316020299、6316020300。
5153	医疗用品及器材批发	6316030101、6316030102、6316030103、6316030104、6316030105、6316030106、6316030107、6316030108、6316030109、6316030110、6316030199、6316030201、6316030202、6316030203、6316030299、6316030301、6316030302、6316030303、6316030304、6316030305、6316030306、6316030307、6316030308、6316030309、6316030399、6316030401、6316030402、6316030403、6316030404、6316030405、6316030406、6316030407、6316030408、6316030409、6316030410、6316030411、6316030412、6316030413、6316030414、6316030415、6316030416、6316030417、6316030499、6316030501、6316030502、6316030503、6316030504、6316030505、6316030599、6316030601、6316030602、6316030603、6316030604、6316030605、6316030606、6316030607、6316030699、6316030701、6316030702、6316030703、6316030704、6316030705、6316030706、6316030799、6316039900。

续 98

行业代码	行业名称	产品目录代码
5161	煤炭及制品批发	6317010101、6317010102、6317010103、6317010199、6317010201、6317010202、6317010203、6317010204、6317010299。
5162	石油及制品批发	6319010100、6319010201、6319010202、6319010203、6319010204、6319010299、6319010300、6319010400、6319010501、6319010502、6319010503、6319010599、6319019901、6319019902、6319019903、6319019904、6319019905、6319019999。
5163	非金属矿及制品批发	6317020101、6317020102、6317020103、6317020199、6317020200、6317020300、6317020400、6317020500、6317020600、6317029900、6318010101、6318010102、6318010201、6318010202、6318010300、6318010400、6318010501、6318010502、6318019900。
5164	金属及金属矿批发	6317030100、6317030200、6317030300、6317030400、6317030500、6317030600、6317030700、6317030800、6317030900、6317031000、6317031100、6317039900、6318030100、6318030201、6318030202、6318030203、6318030204、6318030299、6318030300、6318030400、6318039900。
5165	建材批发	6318020101、6318020102、6318020103、6318020104、6318020105、6318020199、6318020201、6318020202、6318020203、6318020301、6318020302、6318020399、6318020401、6318020402、6318020403、6318020404、6318020499、6318020501、6318020502、6318020503、6318020504、6318020599、6318020601、6318020602、6318020603、6318020604、6318020605、6318020699、6318020701、6318020702、6318020799、6318029900。
5166	化肥批发	6319020101、6319020102、6319020103、6319020104、6319020105、6319020199。
5167	农药批发	6319020201、6319020202、6319020203。
5168	农用薄膜批发	6319020300。
5169	其他化工产品批发	6319020401、6319020402、6319020403、6319020404、6319020499、6319020500、6319020600、6319020700、6319020800、6319020900、6319021000、6319021101、6319021102、6319021103、6319021104、6319021105、6319021106、6319021107、6319021199、6319021201、6319021202、6319021203、6319021204、6319021299、6319021301、6319021302、6319021399、6319021401、6319021402、6319021403、6319021404、6319021405、6319021406、6319021499、6319029900。
5171	农业机械批发	6320030101、6320030102、6320030103、6320030104、6320030199、6320030200、6320030300、6320030400、6320030500、6320030600、6320039900。
5172	汽车批发	6320010100、6320010200、6320010300、6320010400、6320010500、6320010600、6320010700、6320010800、6320019900。
5173	汽车零配件批发	6320020300。
5174	摩托车及零配件批发	6320020100、6320020200、6320020400。
5175	五金产品批发	6321010101、6321010102、6321010103、6321010104、6321010105、6321010106、6321010107、6321010108、6321010109、6321010110、6321010111、6321010112、6321010199、6321010201、6321010202、6321010203、6321010204、6321010205、6321010206、6321010207、6321010299、6321010301、6321010302、6321010303、6321010304、6321010305、6321010306、6321010307、6321010308、6321010309、6321010399、6321010401、6321010402、6321010403、6321010404、6321010499、6321010501、6321010502、6321019900、6321020101、6321020102、6321020103、6321020104、6321020199、6321020201、6321020202、6321020203、6321020204、6321020205、6321020299。

续 99

行业代码	行业名称	产品目录代码
5176	电气设备批发	6320080100、6320080200、6320089900、6321020301、6321020302、6321020303、6321020399、6321020401、6321020402、6321020403、6321020404、6321020405、6321020406、6321020407、6321020499。
5177	计算机、软件及辅助设备批发	6323010100、6323010200、6323010300、6323019900、6323020100、6323020200、6323020300、6323020400、6323020500、6323020600、6323029900、6323030100、6323030200、6323030300、6323030400、6323030500、6323030600、6323030700、6323030800、6323030900、6323031000、6323031100、6323031200、6323039900、6323040100、6323040200、6323040300、6323040400、6323040500、6323040600、6323049900、6323050100、6323050200、6323050300、6323050400、6323059900、6323060101、6323060102、6323060103、6323060104、6323060105、6323060106、6323060107、6323060108、6323060199、6323060201、6323060202、6323060203、6323060204、6323060205、6323060206、6323060207、6323060299、6323069900。
5178	通讯及广播电视设备批发	6320100100、6323070100、6323070200、6323070300、6323070400、6323080100、6323080200、6323080300、6323080400、6323080500、6323089900、6323090101、6323090102、6323090103、6323090104、6323090105、6323090199、6323090201、6323090202、6323090203、6323090204、6323090205、6323090299、6323090300。
5179	其他机械设备及电子产品批发	6320040100、6320040200、6320040300、6320040400、6320040500、6320040600、6320049900、6320050100、6320050200、6320050300、6320050400、6320050500、6320050600、6320050700、6320050800、6320050900、6320051000、6320051100、6320059900、6320060100、6320060200、6320060300、6320060400、6320060500、6320060600、6320060700、6320060800、6320069900、6320070101、6320070102、6320070103、6320070104、6320070105、6320070199、6320070201、6320070202、6320070203、6320070299、6320070301、6320070302、6320070303、6320070304、6320070399、6320070400、6320079900、6320090100、6320090200、6320090300、6320090400、6320099900、6320100200、6320100300、6320100400、6320100500、6320109900、6320999900、6323990100、6323990200、6323999900。
5181	贸易代理	6330010101、6330010102、6330010103、6330010104、6330010105、6330010106、6330010107、6330010108、6330010109、6330010110、6330010111、6330010112、6330010113、6330010114、6330010115、6330010116、6330010117、6330010118、6330010199、6330010201、6330010202、6330010203、6330010204、6330010205、6330010206、6330010207、6330010208、6330010209、6330010210、6330010211、6330010212、6330010213、6330010214、6330010215、6330010216、6330010217、6330010218、6330010299。
5182	拍卖	6330020100、6330020200、6330020300、6330020400、6330020500、6330029900。
5189	其他贸易经纪与代理	6330990000。
5191	再生物资回收与批发	6399010100、6399010200、6399010300、6399010400、6399019900。
5199	其他未列明批发业	6399990000。
5211	百货零售	6501010101、6501010102、6501010103、6501010104、6501010105、6501010106、6501010107、6501010199、6501010201、6501010202、6501010203、6501010204、6501010299、6501010301、6501010302、6501010303、6501010399、6501010401、6501010402、6501010403、6501010404、6501010405、6501010406、6501010407、6501010408、6501010409、6501010410、6501010499、6501010501、6501010502、6501010601、6501010602、6501010603、6501010604、6501010605、6501010701、

续 100

行业代码	行业名称	产品目录代码
5211	百货零售	6501010702、6501010703、6501010704、6501010801、6501010802、6501010901、6501010902、6501010903、6501010999、6501011001、6501011002、6501011003、6501011004、6501011005、6501011006、6501011007、6501011008、6501011099、6501011101、6501011102、6501011103、6501011199、6501011201、6501011202、6501011203、6501011204、6501011205、6501011206、6501011207、6501011299、6501011301、6501011302、6501011303、6501011304、6501011399、6501011401、6501011402、6501011403、6501011404、6501011405、6501011406、6501011407、6501011408、6501011499、6501011501、6501011502、6501011503、6501011504、6501011505、6501011599、6501011601、6501011602、6501011603、6501011604、6501011605、6501011606、6501011607、6501011608、6501011699、6501011701、6501011702、6501011703、6501011801、6501011802、6501011899、6501011901、6501011902、6501011903、6501012001、6501012002、6501012101、6501012102、6501012103、6501012104、6501012199、6501012201、6501012202、6501012203、6501012204、6501012205、6501012299、6501012301、6501012302、6501012303、6501012304、6501012305、6501012306、6501012307、6501012401、6501012402、6501012403、6501012404、6501012405、6501012499、6501019900。
5212	超级市场零售	6501020101、6501020102、6501020103、6501020104、6501020105、6501020106、6501020107、6501020108、6501020109、6501020110、6501020111、6501020199、6501020201、6501020202、6501020203、6501020204、6501020299、6501020301、6501020302、6501020303、6501020399、6501020401、6501020402、6501020403、6501020404、6501020405、6501020406、6501020407、6501020408、6501020409、6501020499、6501020501、6501020502、6501020601、6501020602、6501020603、6501020604、6501020605、6501020701、6501020702、6501020703、6501020704、6501020801、6501020802、6501020901、6501020902、6501020903、6501020999、6501021001、6501021002、6501021003、6501021004、6501021005、6501021006、6501021007、6501021099、6501021101、6501021102、6501021103、6501021199、6501021201、6501021202、6501021203、6501021204、6501021205、6501021206、6501021207、6501021299、6501021301、6501021302、6501021303、6501021304、6501021305、6501021399、6501021401、6501021402、6501021499、6501021501、6501021502、6501021503、6501021601、6501021602、6501021701、6501021702、6501021703、6501021704、6501021799、6501021801、6501021802、6501021803、6501021804、6501021805、6501021899、6501021901、6501021902、6501021903、6501021904、6501021905、6501021906、6501022001、6501022002、6501022003、6501022101、6501022102、6501022201、6501022202、6501022203、6501022204、6501022205、6501022299。
5219	其他综合零售	6501029900、6501030101、6501030102、6501030199、6501039901、6501039902。
5221	粮油零售	6502010101、6502010102、6502010103。
5222	糕点、面包零售	6502010201。
5223	果品、蔬菜零售	6502010301、6502010302、6502010401、6502010402。
5224	肉、禽、蛋、奶及水产品零售	6502010501、6502010502、6502010503、6502010504、6502010505。
5225	营养和保健品零售	6502011100。
5226	酒、饮料及茶叶零售	6502010701、6502010702、6502010901、6502010902、6502010903、6502010904、6502010905、6502010906、6502010999、6502011001、6502011002、6502011003、6502011004、6502011005、6502011099。

续101

行业代码	行业名称	产品目录代码
5227	烟草制品零售	6502010801、6502010802、6502010803、6502010804、6502010899。
5229	其他食品零售	6502010202、6502010601、6502010602、6502010603、6502010604、6502019900。
5231	纺织品及针织品零售	6502020101、6502020102、6502020103、6502020104、6502020199、6502020201、6502020202、6502020203、6502020299。
5232	服装零售	6502030100、6502030200、6502030300、6502030400、6502030500、6502030600、6502030700、6502030800、6502030900、6502039900。
5233	鞋帽零售	6502040100、6502040200。
5234	化妆品及卫生用品零售	6502050100、6502050200、6502060100、6502060200、6502060300、6502069900。
5235	钟表、眼镜零售	6502070200、6502070300。
5236	箱、包零售	6502070400。
5237	厨房用具及日用杂品零售	6502070100。
5238	自行车零售	6502070600。
5239	其他日用品零售	6502079900、6502990500。
5241	文具用品零售	6502080100、6502080200、6502080300、6502089900、6502090100、6502090200、6502090300、6502090400、6502090500、6502090600、6502090700、6502099900、6502130100、6502130200、6502130300、6502130400、6502130500、6502139900。
5242	体育用品及器材零售	6502100100、6502100200、6502109900。
5243	图书、报刊零售	6502140100、6502140200、6502140300、6502140400、6502140500、6502140600、6502140700、6502140800、6502140900、6502141000、6502149900、6502150100、6502150200、6502150300、6502150400、6502150500、6502159900、6502160100、6502160200、6502160300、6502160400、6502160500、6502160600、6502160700、6502160800、6502169900。
5244	音像制品及电子出版物零售	6502170100、6502170200。
5245	珠宝首饰零售	6502110100、6502110200、6502110300、6502110400、6502119900。
5246	工艺美术品及收藏品零售	6502120100、6502120200、6502120300、6502120400、6502120500、6502120600、6502120700、6502120800、6502129900。
5247	乐器零售	6502180300。
5248	照相器材零售	6502190100。
5249	其他文化用品零售	6502180100、6502180200、6502180400、6502190200。
5251	药品零售	6502200100、6502200200、6502200300、6502200400、6502200500、6502209900、6502210100、6502210200、6502210300。
5252	医疗用品及器材零售	6502220100、6502220200、6502220300、6502220400、6502220500、6502220600、6502220700、6502229900。
5261	汽车零售	6502240100。
5262	汽车零配件零售	6502240300。
5263	摩托车及零配件零售	6502240200。

续102

行业代码	行业名称	产品目录代码
5264	机动车燃料零售	6502240400。
5271	家用视听设备零售	6502230101、6502230102、6502230103、6502230104。
5272	日用家电设备零售	6502230105、6502230106、6502230107、6502230108、6502230109、6502230199。
5273	计算机、软件及辅助设备零售	6502230201、6502230202、6502230203、6502230204、6502230205、6502230299、6502230401、6502230402、6502230403、6502230404、6502230405、6502230406、6502230407、6502230408、6502230499、6502230501、6502230502、6502230503、6502230504、6502230505、6502230506、6502230507、6502230599。
5274	通信设备零售	6502230301、6502230302、6502230399。
5279	其他电子产品零售	6502239900。
5281	五金零售	6502260100、6502260600、6502260700。
5282	灯具零售	6502070500。
5283	家具零售	6502250100、6502250200、6502250300、6502250400、6502250500、6502250600、6502250700、6502250800、6502259900。
5284	涂料零售	6502260500。
5285	卫生洁具零售	6502260200。
5286	木质装饰材料零售	6502260300、6502260400。
5287	陶瓷、石材装饰材料零售	6502260200、6502260300、6502260400。
5289	其他室内装饰材料零售	6502260800、6502269900。
5291	货摊食品零售	6503010101、6503010102、6503010103、6503010201、6503010202、6503010203。
5292	货摊纺织、服装及鞋零售	6503010302。
5293	货摊日用品零售	6503010301、6503010399。
5294	互联网零售	6503020400。
5295	邮购及电视、电话零售	6503020100、6503020200、6503020300。
5296	旧货零售	6599010000。
5297	生活用燃料零售	6502990100、6502990200、6502990300、6502990400。
5299	其他未列明零售业	6502999900、6503990100、6503999900、6599990000。
5310	铁路旅客运输	5101010100、5101010200、5101010300、5101010400、5101010500、5101010600、5101010700、5101010800、5101010900、5101011000、5101019900、5101020000、5101030000。
5320	铁路货物运输	5102010100、5102010200、5102010300、5102020100、5102020200、5102020300、5102020400、5102020500、5102020600、5102020700、5102020800、5102020900、5102029900、5102030000、5102040000。
5331	客运火车站	5103010100、5103010200、5103010300、5103019900、5103020100、5103020200、5103020300、5103029900。
5332	货运火车站	5104010000、5104020000、5104030000、5104040000。

续 103

行业代码	行业名称	产品目录代码
5339	其他铁路运输辅助活动	5199010100、5199019900、5199020100、5199020200、5199030000、5199040100、5199040200、5199040300、5199050000、5199060100、5199060200、5199060300、5199069900、5199990000。
5411	公共电汽车客运	5301010101、5301010102、5301010201、5301010202、5301020000、5301030000、5301040000。
5412	城市轨道交通	5302010000、5302020000、5302030000、5302040000、5302990000、5305000000。
5413	出租车客运	5303010100、5303010200、5303020100、5303020200。
5419	其他城市公共交通运输	5399010000、5399990000。
5420	公路旅客运输	5201010101、5201010102、5201010103、5201010200、5201019901、5201019999、5201990100、5201990200、5201999900。
5430	道路货物运输	5202010100、5202010200、5202010300、5202010400、5202019900、5202020000、5202030000、5202040000、5202050000、5202060000、5202070000、5202080000、5202090000、5202100000、5202990000。
5441	客运汽车站	5203010000、5203020000、5203030000、5203040000、5203050000。
5442	公路管理与养护	5204010100、5204010200、5204010300、5204019900、5204020100、5204020200、5204020300、5204029900。
5449	其他道路运输辅助活动	5299010100、5299010200、5299019900、5299020000、5299030000、5299990000。
5511	海洋旅客运输	5401010000、5401020100、5401020200、5401020300、5401020400、5401029900。
5512	内河旅客运输	5401030100、5401030200、5401030300、5401030400、5401039900。
5513	客运轮渡运输	5304000000。
5521	远洋货物运输	5402010100、5402010200、5402010300、5402010400、5402010500、5402010600、5402019900。
5522	沿海货物运输	5402020100、5402020200、5402020300、5402020400、5402020500、5402020600、5402020700、5402020800、5402020900、5402021000、5402021100、5402029900。
5523	内河货物运输	5402030100、5402030200、5402030300、5402030400、5402030500、5402030600、5402030700、5402030800、5402030900、5402031000、5402031100、5402039900。
5531	客运港口	5403010100、5403010200。
5532	货运港口	5403020101、5403020102、5403020103、5403020199、5403020201、5403020202、5403020203、5403020299。
5539	其他水上运输辅助活动	5403030000、5403040000、5403050000、5403060000、5403070000、5403080000、5403090000、5403100000、5403110000、5403120000、5403130000、5403140000、5403150000、5403160000、5403990000。
5611	航空旅客运输	5501010101、5501010102、5501010200。
5612	航空货物运输	5501020101、5501020199、5501020200、5501030000。
5620	通用航空服务	5502010100、5502010200、5502010300、5502010400、5502010500、5502010600、5502010700、5502019900、5502990100、5502990200、5502999900。
5631	机场	5503010100、5503010200、5503010300、5503010400、5503010500、5503010600、5503019900。
5632	空中交通管理	5503020100、5503020200、5503020300、5503020400、5503020500、5503020600、5503029900。

续 104

行业代码	行业名称	产品目录代码
5639	其他航空运输辅助活动	5503990100、5503990200、5503990300、5503990400、5503990500、5503999900。
5700	管道运输业	5601010000、5601020000、5601990000、5602010000、5602990000、5699000000。
5810	装卸搬运	5701010100、5701010200、5701010300、5701010400、5701019900、5701020100、5701020200、5701020300、5701029900、5701030000。
5821	货物运输代理	5702010200、5702020200、5702020400、5702030200、5702040300。
5822	旅客票务代理	5702010100、5702020100、5702030100、5702040200。
5829	其他运输代理业	5702019900、5702020300、5702020500、5702029900、5702039900、5702040100、5702040400、5702990100、5702990200、5702990300、5702990400、5702990500、5702999900。
5911	谷物仓储	5801010000。
5912	棉花仓储	5801020000。
5919	其他农产品仓储	5801030000、5801990000。
5990	其他仓储业	5802010000、5802020000、5802030000、5802040000、5802990000、5803010000、5803020000、5803030000、5803990000、5804010000、5804020000、5804030000、5804990000、5899000000。
6010	邮政基本服务	5901010000、5901020000、5901030000、5901040000、5901050000、5901990000。
6020	快递服务	5902010000、5902020000。
6110	旅游饭店	6601010100、6601010200、6601010300、6601010400、6601010500、6601020100、6601020200、6601020300、6601020400、6601020500、6601029900。
6120	一般旅馆	6602010100、6602010200、6602010300、6602010400、6602019900。
6190	其他住宿业	6602020100、6602020200、6602020300、6602020400、6602020500、6602020600、6602029900、6699010000、6699020000、6699990000。
6210	正餐服务	6701010100、6701010200、6701019900、6701020100、6701020200、6701020300。
6220	快餐服务	6702010000、6702020000。
6231	茶馆服务	6703010000。
6232	咖啡馆服务	6703030000。
6233	酒吧服务	6703020000。
6239	其他饮料及冷饮服务	6703040000、6703990000。
6291	小吃服务	6704010000、6704020000、6704030000、6704040000、6704050000、6704060000、6704070000、6704990000。
6292	餐饮配送服务	6799040100、6799040200、6799040300、6799040400、6799049900。
6299	其他未列明餐饮业	6799010000、6799020000、6799030000、6799990000。
6311	固定电信服务	6001010100、6001010200、6001010300、6001010400、6001010500、6001010600、6001019900。
6312	移动电信服务	6001020100、6001020200、6001020300、6001029900。
6319	其他电信服务	6001030100、6001030200、6001039900、6001990200、6001990300、6001990400、6001990500、6001999900。

续 105

行业代码	行业名称	产品目录代码
6321	有线广播电视传输服务	6003010100、6003010200、6003010300、6003010400、6003010500、6003019900、6004010100、6004010200、6004010300、6004010400、6004010500、6004019900。
6322	无线广播电视传输服务	6003020100、6003020200、6003020300、6003020400、6003029900、6004020100、6004020200、6004020300、6004020400、6004029900。
6330	卫星传输服务	6005010000、6005020100、6005020200、6005990000。
6410	互联网接入及相关服务	6001990100。
6420	互联网信息服务	6002010000、6002020000、6002030000、6002040000、6002050000、6002060000、6002070000、6002080000、6002090000、6002100000、6002110000、6002120000、6002130000、6002990000。
6490	其他互联网服务	6001030300、6001030400。
6510	软件开发	6201010000、6201020000、6201030100、6201030200、6201030300、6201039900、6201990000、6202010100、6202010200、6202010300、6202010400、6202010500、6202019900、6202020100、6202020200、6202020300、6202020400、6202020500、6202020600、6202020700、6202020800、6202020900、6202021000、6202021100、6202021200、6202021300、6202029900、6202030000、6202040000、6202050000、6202060000、6202990000、6203010101、6203010102、6203010103、6203010201、6203010202、6203010203、6203010301、6203010302、6203010401、6203010402、6203010403、6203010404、6203010405、6203010406、6203020100、6203020200、6203020300、6203020400、6203020500、6203020600、6203020700、6203030100、6203030200、6203040100、6203049900、6203050100、6203050200、6203050300、6203050400、6203060100、6203060200、6204010100、6204019900、6204020000、6204990000。
6520	信息系统集成服务	6101010100、6101010200、6101019900、6101020100、6101020200、6101020300、6101020400、6101020500、6101020600、6101029900、6101990100、6101990200、6101990300、6101990400、6101999900。
6530	信息技术咨询服务	6101010300、6199030000。
6540	数据处理和存储服务	6001030500、6102010000、6102990000、6204030000、6204040000、6204050000、6204060000。
6550	集成电路设计	7611020100、7611020200、7611020300、7611020400、7611020500、7611020600、7611020700、7611020800、7611020900、7611021000。
6591	数字内容服务	6202030000、6202040000、6202050000。
6592	呼叫中心	6001030600、7499020100、7499020200、7499029900。
6599	其他未列明信息技术服务业	6199020000、6199990000。
6610	中央银行服务	6801020000。
6620	货币银行服务	6802010000、6802020100、6802020200、6802030100、6802030200、6802040100、6802040200、6802040300、6802040400、6802040500、6802040600、6802049900、6802050100、6802050200、6802050300、6802050400、6802059900、6802990100、6802990200、6802990300、6802990400、6802999900、6899010000、6899020000、6899990000、7199020000。
6631	金融租赁服务	7102000000。

续106

行业代码	行业名称	产品目录代码
6632	财务公司	7103000000。
6633	典当	7105010000、7105020000、7105030000、7105990000。
6639	其他非货币银行服务	7199010000。
6640	银行监管服务	6801010000。
6711	证券市场管理服务	6901020100、6901020200、6901020300、6901029900。
6712	证券经纪交易服务	6902010000、6902020000、6902030000、6903010100、6903020100。
6713	基金管理服务	6903010200、6903020100。
6721	期货市场管理服务	6901030000。
6729	其他期货市场服务	6903010300、6903019900、6903020200。
6730	证券期货监管服务	6901010000。
6740	资本投资服务	6904010100、6904010200、6904010300、6904010400、6904019900、6904020100、6904020200、6904020300、6904029900、6904030000、7402020100、7402020200、7402020300、7402020400、7402030100、7402030200、7402030300、7402030400、7402039900。
6790	其他资本市场服务	6905010000、6905020000、6905030000。
6811	人寿保险	7001010100、7001010200、7001010300、7001010400。
6812	健康和意外保险	7001020100、7001020200、7001020300、7001020400、7001030000。
6820	财产保险	7002010101、7002010102、7002010103、7002010104、7002010105、7002010200、7002010300、7002010400、7002010500、7002010600、7002010700、7002010800、7002019900、7002020000、7002030000、7002040000、7002990000。
6830	再保险	7003010000、7003020000。
6840	养老金	7001019900。
6850	保险经纪与代理服务	7004010000、7004020000、7004990000。
6860	保险监管服务	7099010000。
6891	风险和损失评估	7004030000。
6899	其他未列明保险活动	7099020100、7099020200、7099020300、7099020400、7099029900。
6910	金融信托与管理服务	7101010100、7101010200、7101010300、7101010400、7101019900、7101020000。
6920	控股公司服务	7401010000。
6930	非金融机构支付服务	7104010100、7104010200、7104020100、7104020200、7104029900、7199990000。
6940	金融信息服务	7199990000。
6990	其他未列明金融业	7402010200。
7010	房地产开发经营	7201010100、7201010200、7201019900、7201020101、7201020102、7201020199、7201020201、7201020202、7201020203、7201020299、7201020301、7201020399、7201020401、7201020402、7201020403、7201020404、7201020499、7201029900、7201030101、7201030199、7201030201、7201030299、7201030301、7201030302、7201030303、7201030399、7201030401、7201030499。
7020	物业管理	7202010000、7202020000、7202030000、7202040000、7202990000。

续 107

行业代码	行业名称	产品目录代码
7030	房地产中介服务	7203010101、7203010102、7203010201、7203010202、7203010301、7203010302、7203010401、7203010402、7203019900、7203020101、7203020102、7203020103、7203020201、7203020202、7203020301、7203020302、7203020303、7203020399、7203029900、7203030100、7203030200、7203030300、7203039900、7203040000、7203050000、7203060000、7203990100、7203990200、7203990300、7203999900。
7040	自有房地产经营活动	7201040101、7201040102、7201040103、7201040104、7201040105、7201040199、7201040201、7201040202、7201040299、7201040301、7201040302、7201040399。
7090	其他房地产业	7204010000、7204020000、7204030000、7204990000、7205010000、7205020100、7205020200、7205020300、7205029900、7205030000、7205990000、7299010100、7299010200、7299010300、7299019900、7299020000、7299030000、7299990000。
7111	汽车租赁	7301010100、7301010200、7301019900。
7112	农业机械租赁	7301020000。
7113	建筑工程机械与设备租赁	7301030000。
7114	计算机及通讯设备租赁	7301040000、7301050000。
7119	其他机械与设备租赁	7301990100、7301990200、7301990300、7301990400、7301990500、7301990600、7301999900。
7121	娱乐及体育设备出租	7399030000、7399040000、7399050000、7399060000。
7122	图书出租	7399010000。
7123	音像制品出租	7399020000。
7129	其他文化及日用品出租	7399070000、7399080000、7399090000、7399990000。
7211	企业总部管理	7401020000、7401990000。
7212	投资与资产管理	7402010100、7402010300、7402010400、7402019900、7402040100、7402040200、7402040300、7402040400、7402040500、7402040600、7402040700、7402040800、7402040900、7402041000、7402041100、7402041200、7402041300、7402041400、7402041500、7402041600、7402049900、7402050000、7402060000、7402990000。
7213	单位后勤管理服务	7403010000。
7219	其他企业管理服务	7403020100、7403020200、7403029900、7403030100、7403030200、7403030300、7403030400、7403030500、7403039900、7403040100、7403049900、7403050100、7403050200、7403990000。
7221	律师及相关法律服务	7404010100、7404010200、7404010300、7404010400、7404019900、7404020100、7404020200、7404029900、7404030000、7404040100、7404040200、7404040300、7404040400、7404049900。
7222	公证服务	7404050100、7404050200、7404050300、7404050400、7404050500、7404050600、7404059900。
7229	其他法律服务	7404060100、7404060200、7404060300、7404069900、7404070100、7404079900、7404990000。
7231	会计、审计及税务服务	7405010000、7405020100、7405020200、7405020300、7405029900、7405030100、7405030200、7405030300、7405039900、7405040000。

续108

行业代码	行业名称	产品目录代码
7232	市场调查	7406010100、7406010200、7406010300、7406010400、7406019900、7406020000、7406030000、7406990000。
7233	社会经济咨询	7407010000、7407020000、7407030000、7407040000、7407050000、7407060000、7407070000、7407990000、7408010000、7408020000、7408030000、7408040000、7408050000、7408060000、7408070000、7408080000、7408090000、7408990000。
7239	其他专业咨询	7409010000、7409020000、7409030000、7409040000、7409050000、7409060000、7409070000、7409080000、7409090000、7409100000、7409110000、7409120000、7409130000、7409990000。
7240	广告业	7410010100、7410010200、7410010300、7410010400、7410019900、7410020100、7410020200、7410020300、7410020400、7410020500、7410029901、7410029902、7410029999、7410030000、7410990000。
7250	知识产权服务	7411010100、7411010200、7411010300、7411019900、7411020100、7411020200、7411020300、7411020400、7411029900、7411030100、7411030200、7411030300、7411030400、7411030500、7411030600、7411039900、7411040100、7411040200、7411040300、7411049900、7411050000、7411060000、7411070000、7411990000。
7261	公共就业服务	7412010100、7412010200、7412010300、7412010400、7412010500。
7262	职业中介服务	7412020100、7412020201、7412020202、7412020203、7412020299。
7263	劳务派遣服务	7412030100、7412030200、7412030300、7412030400、7412030500、7412030600、7412039900。
7269	其他人力资源服务	7412020300、7412020400、7412020500、7412020600、7412020700、7412040100、7412040201、7412040202、7412040301、7412040302、7412040400、7412049900、7412990000。
7271	旅行社服务	7414010000、7414020000、7414030000。
7272	旅游管理服务	7414040000、7414050000。
7279	其他旅行社相关服务	7414990000。
7281	安全服务	7417010100、7417010200、7417010300、7417010400、7417010501、7417010502、7417010503、7417010504、7417010505、7417010599、7417010601、7417010602、7417010699、7417010700、7417019900、7417020100、7417020200、7417020300、7417029900、7417030100、7417030200、7417040000。
7282	安全系统监控服务	7417990300。
7289	其他安全保护服务	7417990100、7417990200、7417990400、7417999900。
7291	市场管理	7413010100、7413010200、7413010300、7413019900、7413020100、7413020200、7413020300、7413020400、7413020500、7413020600、7413029900、7413030100、7413030200、7413030300、7413039900、7413040100、7413040200、7413040300、7413049900、7413050100、7413050200、7413050300、7413050400、7413050500、7413050600、7413050700、7413059900、7413060000、7413070100、7413070201、7413070299、7413070300、7413070400、7413079900、7413080100、7413089900、7413090100、7413090200、7413090300、7413090400、7413090500、7413099900、7413100101、7413100102、7413100200、7413100300、7413110100、7413110200、7413110300、7413110400、7413110500、7413110600、7413110700、7413110801、7413110802、7413110899、7413119900、7413120100、7413120200、7413120300、7413129900、7413130100、7413130200、7413139900、7413990000。

续 109

行业代码	行业名称	产品目录代码
7292	会议及展览服务	7415010101、7415010102、7415010201、7415010202、7415010203、7415010299、7415010300、7415020101、7415020102、7415020201、7415020202、7415020203、7415020299、7415020301、7415020302、7415020303、7415020304、7415020399、7415020401、7415020402、7415020403、7415020404、7415020405、7415020499、7415029901、7415029902、7415029999、7415030100、7415030200、7415030300、7415039900。
7293	包装服务	7416010101、7416010102、7416010103、7416010104、7416010105、7416010106、7416010107、7416010199、7416010201、7416010202、7416010203、7416010204、7416010205、7416010299、7416010301、7416010302、7416010399、7416020100、7416020200、7416020300、7416020400、7416029900、7416030100、7416030200、7416030300、7416030400、7416039900、7416040100、7416040200、7416040300、7416040400、7416049900、7416990000。
7294	办公服务	7418010100、7418010200、7418019900、7418020100、7418020200、7418020300、7418020400、7418020500、7418020600、7418029900、7418030100、7418030200、7418030300、7418030400、7418030500、7418039900、7418990000。
7295	信用服务	7499999900。
7296	担保服务	7106010000、7106020000、7106030000、7106990000。
7299	其他未列明商务服务业	7499010100、7499010200、7499010300、7499010400、7499010500、7499010600、7499010700、7499019900、7499030100、7499030200、7499039900、7499060100、7499060200、7499069900、7499070100、7499070200、7499070300、7499070400、7499070500、7499079900、7499080100、7499080200、7499080300、7499080400、7499089900、7499990100、7499990200。
7310	自然科学研究和试验发展	7501010000、7501020000、7501030000、7501040000、7501050000、7501060000、7501070000、7501080000、7501990000。
7320	工程和技术研究和试验发展	7502010000、7502020000、7502030000、7502040000、7502050000、7502060000、7502070000、7502080000、7502090000、7502100000、7502110000、7502120000、7502130000、7502140000、7502150000、7502160000、7502170000、7502180000、7502190000、7502200000、7502210000、7502220000、7502990000。
7330	农业科学研究和试验发展	7503010000、7503020000、7503030000、7503040000、7503990000。
7340	医学研究和试验发展	7504010000、7504020000、7504030000、7504040000、7504050000、7504060000、7504990000。
7350	社会人文科学研究	7505010000、7505020000、7505030000、7505040000、7505050000、7505060000、7505070000、7505080000、7505090000、7505100000、7505110000、7505120000、7505130000、7505140000、7505150000、7505160000、7505170000、7505180000、7505990000、7506000000。
7410	气象服务	7601010100、7601010200、7601010300、7601010400、7601010500、7601010600、7601019900、7601020100、7601020200、7601020300、7601020400、7601020500、7601029900。
7420	地震服务	7602010100、7602010200、7602010300、7602010400、7602010500、7602010600、7602010700、7602010800、7602010900、7602019900、7602020100、7602020200、7602020300、7602020400、7602020500、7602029900、7602030100、7602030200、7602039900、7602990100、7602999900。

续 110

行业代码	行业名称	产品目录代码
7430	海洋服务	7603010000、7603020000、7603030000、7603040000、7603050000、7603060000、7603070100、7603070200、7603070300、7603079900、7603080100、7603080200、7603080300、7603080400、7603089900、7603090000、7603990100、7603990200、7603990300、7603999900。
7440	测绘服务	7604010000、7604020000、7604030000、7604040100、7604040200、7604040300、7604040400、7604040500、7604040600、7604049900、7604050000、7604060000、7604070000、7604080000、7604090000、7604100000、7604110000、7604120000、7604990000。
7450	质检技术服务	7605010100、7605010200、7605019900、7605020100、7605020200、7605020300、7605020400、7605029900、7605030100、7605030200、7605039900、7605040100、7605040200、7605049900、7605050100、7605050200、7605059900、7605060100、7605060200、7605069900、7605070000、7605080100、7605080200、7605089900、7605090100、7605090200、7605090300、7605090400、7605090500、7605099900、7605100100、7605100200、7605109900、7605110100、7605110200、7605119900、7605120000、7605130000、7605140000、7605990000。
7461	环境保护监测	7606010000、7606020101、7606020102、7606020103、7606020104、7606020199、7606020201、7606020202、7606020203、7606020299、7606029900、7606030101、7606030102、7606030199、7606030201、7606030202、7606030203、7606030204、7606030299、7606030301、7606030302、7606030399、7606039901、7606039902、7606039999、7606040101、7606040102、7606040103、7606040199、7606040201、7606040202、7606040299、7606049900、7606050101、7606050102、7606050199、7606050200、7606059900、7606990100、7606990200、7606999900。
7462	生态监测	7606060100、7606060200、7606060300、7606060400、7606060500、7606069900。
7471	能源矿产地质勘查	7801010100、7801010200、7801010300、7801010400、7801019900。
7472	固体矿产地质勘查	7801020100、7801020200、7801020300、7801020400、7801020500、7801020600、7801020700、7801020800、7801020900、7801021000、7801021100、7801021200、7801021300、7801029900、7801030101、7801030102、7801030103、7801030199、7801030201、7801030202、7801030203、7801030299、7801039901、7801039902、7801039903、7801039904、7801039905、7801039906、7801039999。
7473	水、二氧化碳等矿产地质勘查	7801990100、7801990200、7801999900。
7474	基础地质勘查	7802010000、7802020000、7802030000、7802040000、7802050000、7802990000。
7475	地质勘查技术服务	7803010000、7803020000、7803030000、7803040000、7803050000、7803990000。
7481	工程管理服务	7607010101、7607010199、7607010201、7607010202、7607010203、7607010299、7607019900、7607020100、7607020201、7607020299、7607020300、7607020400、7607020501、7607020599、7607020600、7607029900、7607030100、7607030200、7607030300、7607030400、7607030500、7607030600、7607039900、7607040100、7607040200、7607040300、7607040400、7607040500、7607040600、7607049900、7607050100、7607050200、7607050300、7607050400、7607050500、7607050600、7607059900、7607060100、7607060200、7607060300、7607060400、7607060500、7607060600、7607069900、7607070100、7607070200、7607070300、7607070400、7607070500、7607070600、7607070700、7607070800、7607070900、7607071000、7607071100、7607071200、7607071300、7607071400、7607079900、7607080100、

续 111

行业代码	行业名称	产品目录代码
7481	工程管理服务	7607080201、7607080202、7607080203、7607080204、7607080205、7607080206、7607080299、7607990100、7607990200、7607990300、7607990400、7607990500、7607990600、7607999900。
7482	工程勘察设计	7608010000、7608020000、7608030000、7608040000、7608990000、7609010101、7609010102、7609010103、7609010104、7609010201、7609010202、7609010203、7609010204、7609010299、7609010301、7609010302、7609010303、7609010399、7609019900、7609020100、7609020200、7609020300、7609030100、7609030200、7609030300、7609030400、7609030500、7609030600、7609030700、7609030800、7609030900、7609040100、7609040200、7609040300、7609040400、7609040500、7609040600、7609040700、7609050100、7609050200、7609050300、7609050400、7609050500、7609050600、7609060100、7609060200、7609060300、7609060400、7609070100、7609070200、7609070300、7609070400、7609070500、7609070600、7609070700、7609080100、7609080200、7609080300、7609080400、7609080500、7609080600、7609090100、7609090200、7609090300、7609090400、7609090500、7609100101、7609100102、7609100103、7609100104、7609100105、7609100106、7609100201、7609100202、7609100203、7609100204、7609100301、7609100302、7609100303、7609100304、7609110101、7609110102、7609110103、7609110104、7609110105、7609110106、7609110107、7609110108、7609110201、7609110202、7609110203、7609110204、7609110205、7609120100、7609120200、7609120300、7609120400、7609120500、7609130100、7609130200、7609130300、7609130400、7609130500、7609130600、7609140100、7609140200、7609140300、7609140400、7609150100、7609150200、7609150300、7609150400、7609150500、7609150600、7609160100、7609160200、7609160300、7609160400、7609170100、7609170200、7609170300、7609170400、7609170500、7609170600、7609170700、7609170800、7609170900、7609171000、7609171100、7609180101、7609180102、7609180103、7609180104、7609180105、7609180201、7609180202、7609180203、7609180204、7609180205、7609190100、7609190200、7609190300、7609190400、7609190500、7609190600、7609190700、7609190800、7609200100、7609200200、7609200300、7609200400、7609210100、7609210200、7609210300、7609210400、7609210500、7609210600、7609219900、7609220100、7609229900、7609230100、7609230200、7609230300、7609230400、7609230500、7609230600、7609230700、7609990100、7609999900。
7483	规划管理	7610010000、7610020000、7610030100、7610030200、7610030300、7610039900、7610040000、7610050000、7610060000、7610990000。
7491	专业化设计服务	7611010000、7611030000、7611040000、7611050000、7611060100、7611060200、7611070000、7611080000、7611090000、7611100000、7611990000。
7492	摄影扩印服务	8209010100、8209010200、8209010300、8209010400、8209010500、8209010600、8209019900、8209020100、8209020200、8209020300、8209029900。
7493	兽医服务	0503010100、0503010200。
7499	其他未列明专业技术服务业	7699000000。
7511	农业技术推广服务	7701010100、7701010200、7701010300、7701010400、7701019900。
7512	生物技术推广服务	7701020000。
7513	新材料技术推广服务	7702010000、7702020000、7702030000、7702040000、7702050000、7702990000。

续 112

行业代码	行业名称	产品目录代码
7514	节能技术推广服务	7702010000、7702020000、7702030000、7702040000、7702050000、7702990000。
7519	其他技术推广服务	7702010000、7702020000、7702030000、7702040000、7702050000、7702990000。
7520	科技中介服务	7703010000、7703020000、7703030000、7703040000、7703050000、7703060000、7703070000、7703080000、7703090000、7703990000。
7590	其他科技推广和应用服务业	7799010000、7799020000、7799990000。
7610	防洪除涝设施管理	7901010000、7901020000、7901030000、7901040000、7901050000、7901990000、7903010000、7903020000。
7620	水资源管理	7902030100、7902030200、7902040100、7902040200、7902040300、7902990000。
7630	天然水收集与分配	4602010000、7902010000、7902020000。
7640	水文服务	7906010000。
7690	其他水利管理业	7904000000、7905000000、7906020000、7906030000、7906040000、7906050000、7906060000、7906070100、7906070200、7906070300、7906080000、7906990000。
7711	自然保护区管理	8001010100、8001010200、8001010300、8001010400、8001010500、8001010600、8001010701、8001010702、8001010703、8001010704、8001010800、8001010900、8001011000、8001011100、8001019900。
7712	野生动物保护	8001020100、8001020200、8001020300、8001020400、8001020500、8001020600、8001029900。
7713	野生植物保护	8001030100、8001030200、8001030300、8001039900。
7719	其他自然保护	8001990100、8001990200、8001990300、8001999900。
7721	水污染治理	8004010101、8004010102、8004010103、8004010104、8004010199、8004010201、8004010202、8004010203、8004010299、8004010301、8004010302、8004010303、8004010399、8004010400、8004019900。
7722	大气污染治理	8004990101、8004990102、8004990103、8004990104、8004990105、8004990106、8004990199。
7723	固体废物治理	8004020400、8004020500、8004020600、8004020700。
7724	危险废物治理	8004020100、8004020200、8004020300、8004020800、8004029900。
7725	放射性废物治理	8004990400。
7729	其他污染治理	8004990201、8004990202、8004990203、8004990299、8004990300、8004990500、8004999900。
7810	市政设施管理	8101010100、8101010200、8101019900、8101020100、8101020200、8101029900、8101030100、8101030200、8101030300、8101030400、8101030500、8101990100、8101990200、8101990300、8101990400、8101999900。
7820	环境卫生管理	8003010100、8003010200、8003010300、8003010401、8003010499、8003010500、8003019900、8003020100、8003020200、8003020300、8003020400、8003020500、8003029900、8003030100、8003030200、8003030300。
7830	城乡市容管理	8002010100、8002010200、8002010300、8002010400、8002010500、8002019900、8002020100、8002020200、8002029900、8002030100、8002030200、8002040100、8002040200、8002990000。
7840	绿化管理	8102010100、8102010201、8102010202、8102010203、8102010299、8102019900、8102020100、8102020200、8102029900、8102030100、8102030201、8102030299、8102030300、8102039900、8102040000、8102990000。

续113

行业代码	行业名称	产品目录代码
7851	公园管理	8103020100、8103020200、8103020301、8103020302、8103020303、8103020304、8103020305、8103020399、8103029900。
7852	游览景区管理	8103010100、8103010200、8103010300、8103010400、8103010500、8103010600、8103010700、8103010800、8103019900、8103990100、8103990200、8103999900。
7910	家庭服务	8201010101、8201010102、8201010199、8201010201、8201010202、8201010203、8201010299、8201020000、8201030000、8201040000。
7920	托儿所服务	8202010000、8202020000、8202990000。
7930	洗染服务	8203010100、8203010201、8203010202、8203010203、8203010301、8203010399、8203020100、8203020200、8203029900、8203990100、8203999900。
7940	理发及美容服务	8204010100、8204010200、8204010300、8204020100、8204020200、8204020300、8204029900。
7950	洗浴服务	8205010100、8205010200、8205010300、8205019900、8205020000、8205030000、8205040000、8205990000。
7960	保健服务	8206010000、8206020000、8206030000、8206040000、8206990000。
7970	婚姻服务	8207010000、8207020100、8207020200、8207020300、8207029900。
7980	殡葬服务	8208010000、8208020000、8208030000、8208040000、8208990000。
7990	其他居民服务业	8299010000、8299990100、8299990200、8299990300、8299990400、8299990500、8299990600、8299990700、8299999900。
8011	汽车修理与维护	3802050101、3802050102、3802050199、3802050200、3802050300、3802050400、3802059900、8301010101、8301010102、8301010103、8301010199、8301010201、8301010202、8301010203、8301010299、8301010300。
8012	摩托车修理与维护	8301010401、8301010402。
8021	计算机和辅助设备修理	6103010000、6103020000。
8022	通讯设备修理	3802090300。
8029	其他办公设备维修	8301020100、8301020200、8301020300、8301020400、8301020500、8301029900。
8031	家用电子产品修理	8301030101、8301030102、8301030103、8301030104、8301030199、8301030201、8301030202、8301030203、8301030204、8301030205、8301030206、8301030299。
8032	日用电器修理	8301030301、8301030302、8301030303、8301030304、8301030305、8301030306、8301030399、8301030401、8301030402、8301030403、8301030404、8301030405、8301030499、8301039901、8301039902、8301039903、8301039904、8301039999。
8091	自行车修理	8301040201。
8092	鞋和皮革修理	8301040207。
8093	家具和相关物品修理	8301040202。
8099	其他未列明日用产品修理业	8301040101、8301040102、8301040103、8301040104、8301040203、8301040204、8301040205、8301040206、8301040299、8301049900。
8111	建筑物清洁服务	8302010101、8302010199、8302010201、8302010299、8302010300、8302010400。
8119	其他清洁服务	8302020101、8302020102、8302020103、8302020104、8302020105、8302020200、8302020300、8302029900、8302030101、8302030102、8302030199、8302030201、8302030202、8302030203、8302030204、8302030205、8302030299、8302030301、8302030302、8302030303、8302030399、8302030400、8302030500、8302039900、8302990000。

续 114

行业代码	行业名称	产品目录代码
8190	其他未列明服务业	8399010100、8399019900、8399990000。
8210	学前教育	8401010000、8401990000。
8221	普通小学教育	8402010000。
8222	成人小学教育	8402020000、8402990000。
8231	普通初中教育	8403010000。
8232	职业初中教育	8403050000。
8233	成人初中教育	8403040000。
8234	普通高中教育	8403020000。
8235	成人高中教育	8403040000、8403990000。
8236	中等职业学校教育	8403030000、8403060000。
8241	普通高等教育	8404010100、8404010200、8404010300。
8242	成人高等教育	8404020100、8404020200、8404990000。
8250	特殊教育	8407010000、8407020000。
8291	职业技能培训	8405010000、8405020100、8405020200、8405020300、8405020400、8405020500、8405020600、8405020700、8405020800、8405020900、8405021000、8405021100、8405030000、8405990000。
8292	体校及体育培训	8405021300。
8293	文化艺术培训	8405021200、8405029900。
8294	教育辅助服务	8499990000。
8299	其他未列明教育	8406010000、8406020000、8408010000、8408020000、8408030000、8408040000、8408050000、8408060000、8408070000、8408990000、8499010000、8499020000、8499030000。
8311	综合医院	8501010000。
8312	中医医院	8501020000。
8313	中西医结合医院	8501030000。
8314	民族医院	8501040000。
8315	专科医院	8501050100、8501050200、8501050300、8501050400、8501050500、8501050600、8501050700、8501050800、8501050900、8501051000、8501051100、8501051200、8501051300、8501051400、8501051500、8501051600、8501051700、8501051800、8501051900、8501052000、8501059900。
8316	疗养院	8501060000。
8321	社区卫生服务中心(站)	8502010000、8502020000。
8322	街道卫生院	8502030000。
8323	乡镇卫生院	8502040000。
8330	门诊部(所)	8503010000、8503020000、8503030000、8503040000、8503050000、8503990000。
8340	计划生育技术服务活动	8504010000、8504020000、8504030000、8504040000、8504990000。

续115

行业代码	行业名称	产品目录代码
8350	妇幼保健院(所、站)	8505010000、8505020000。
8360	专科疾病防治院(所、站)	8506010000、8506020000、8506030000、8506040000、8506050000、8506060000、8506070000、8506080000、8506090000、8506100000、8506990000。
8370	疾病预防控制中心	8507010000、8507020000、8507030000、8507040000。
8390	其他卫生活动	8599010000、8599020000、8599990100、8599990200、8599990300、8599990400、8599990500、8599990600、8599990700、8599990800、8599990900、8599999900。
8411	干部休养所	8701010000、8701990000。
8412	护理机构服务	8702010000、8703990000。
8413	精神康复服务	8702030000。
8414	老年人、残疾人养护服务	8702010000。
8415	孤残儿童收养和庇护服务	8702020000、8703020000。
8419	其他提供住宿社会救助	8702990000、8703010000。
8421	社会看护与帮助服务	8704010100、8704010200、8704010300、8704010400、8704010500、8704010600、8704010700、8704019900、8704020100、8704020200、8704020300、8704020400、8704020500、8704020600、8704029900。
8429	其他不提供住宿社会工作	8704030100、8704039900、8704040100、8704040200、8704040300、8704040400、8704049900、8704990100、8704990200、8704990300、8704999900。
8510	新闻业	8801010100、8801010200、8801010300、8801010400、8801019900、8801020100、8801020200、8801020300、8801020400、8801020500、8801029900、8801030000、8801990000。
8521	图书出版	8802010101、8802010102、8802010103、8802010104、8802010105、8802010106、8802010107、8802010108、8802010109、8802010199、8802010201、8802010202、8802010203、8802010204、8802019901、8802019902、8802019903、8802019904、8802019905、8802019906、8802019907、8802019908、8802019999。
8522	报纸出版	8802020100、8802020201、8802020202、8802020299、8802029901、8802029902、8802029903、8802029904、8802029999。
8523	期刊出版	8802030100、8802030201、8802030202、8802030203、8802030301、8802030302、8802030303、8802030304、8802030305、8802030399、8802030401、8802030402、8802030403、8802030404、8802030405、8802030406、8802030407、8802030408、8802030499、8802030501、8802030502、8802030503、8802030599、8802039900。
8524	音像制品出版	8802040101、8802040102、8802040103、8802040104、8802040105、8802040199、8802040201、8802040202、8802040203、8802040204、8802040205、8802040299。
8525	电子出版物出版	8802050100、8802050200、8802050300、8802050400、8802050500、8802050600、8802050700、8802050800、8802050900、8802051000、8802051100、8802051200、8802051300、8802051400、8802051500、8802051600、8802051700、8802051800、8802051900、8802052000、8802052100、8802052200、8802052300、8802052400、8802052500、8802052600、8802052700、8802059900。
8529	其他出版业	8802060100、8802060200、8802060300、8802060400、8802060500、8802060600、8802060700、8802060800、8802060900、8802069900、8802990000。

续116

行业代码	行业名称	产品目录代码
8610	广播	8901010100、8901010200、8901010300、8901010400、8901010500、8901010600、8901010700、8901010800、8901010900、8901011000、8901011100、8901019900、8901020101、8901020102、8901020103、8901020104、8901020105、8901020106、8901020107、8901020108、8901020109、8901020199、8901020201、8901020299、8901020301、8901020399、8901020400、8901030100、8901030200、8901990100、8901999900。
8620	电视	8902010101、8902010102、8902010103、8902010104、8902010105、8902010106、8902010107、8902010108、8902010109、8902010199、8902020101、8902020102、8902020103、8902020104、8902020105、8902020106、8902020107、8902020108、8902020109、8902020110、8902020111、8902020199、8902020201、8902020202、8902020203、8902020204、8902020205、8902020206、8902020299、8902020301、8902020399、8902020401、8902020402、8902020499、8902020500、8902030101、8902030102、8902030103、8902030104、8902030105、8902030199、8902030201、8902030202、8902030203、8902030204、8902030205、8902030299。
8630	电影和影视节目制作	8902010201、8902010202、8902010203、8902010204、8902010301、8902010399、8903010101、8903010102、8903010103、8903010104、8903010199、8903010200、8903010300、8903010400、8903010500、8903019900、8905020101、8905020102、8905020103、8905020104、8905020105、8905020106、8905020107、8905020108、8905020109、8905020199、8905020201、8905020202、8905020203、8905020204、8905029901、8905029902、8905029903、8905029904、8905029905、8905029906、8905029907、8905029908、8905029999、8905030200。
8640	电影和影视节目发行	8902990100、8902990200、8902999900、8903020101、8903020102、8903020103、8903020104、8903020199、8903020201、8903020202、8903020299、8903030101、8903030102、8903030199、8903030201、8903030202、8903030299。
8650	电影放映	8904010100、8904010200、8904020100、8904020200、8904030100、8904030200、8904040100、8904040200、8904050100、8904050200、8904990000。
8660	录音制作	8905010101、8905010102、8905010103、8905010104、8905010105、8905010106、8905010199、8905010201、8905010202、8905010203、8905019901、8905019902、8905019903、8905019904、8905019999、8905030100。
8710	文艺创作与表演	4204020201、4204020202、4204020203、4204020299、9001010101、9001010102、9001010103、9001010104、9001010105、9001010106、9001010107、9001010199、9001010201、9001010202、9001010203、9001010204、9001010299、9001020100、9001020200、9001020300、9001029900、9001030101、9001030102、9001030103、9001030104、9001030105、9001030106、9001030199、9001030201、9001030202、9001030203、9001030204、9001030205、9001030299、9001030301、9001030302、9001030400、9001030500、9001039900、9001040101、9001040102、9001040103、9001040199、9001040201、9001040202、9001040203、9001040204、9001040205、9001040206、9001040207、9001040208、9001040299、9001040301、9001040302、9001040303、9001040304、9001040305、9001040306、9001040307、9001040308、9001040399、9001040401、9001040402、9001040403、9001040404、9001040405、9001040499、9001040501、9001040502、9001040503、9001040504、9001040505、9001040506、9001040507、9001040599、9001040601、9001040602、9001040603、9001040604、9001040605、9001040606、9001040607、9001040699、9001040701、9001040702、9001040703、9001040704、9001040705、9001040799、9001040800、

续 117

行业代码	行业名称	产品目录代码
8710	文艺创作与表演	9001040900、9001049901、9001049902、9001049903、9001049904、9001049999、9001050000、9001060100、9001060201、9001060202、9001060203、9001060204、9001060205、9001060206、9001060299。
8720	艺术表演场馆	9002010000、9002020000、9002030000、9002040000、9002050000、9002990000。
8731	图书馆	9003010000、9003020000、9003030000、9003990000。
8732	档案馆	9004010000、9004020000、9004030000、9004040000、9004050000、9004990000。
8740	文物及非物质文化遗产保护	9005010100、9005010200、9005010300、9005019900、9005020100、9005020200、9005020300、9005020400、9005020500、9005029900、9005030100、9005030200、9005030300、9005030400、9005030500、9005039900、9005990000、9006010100、9006010200、9006010300、9006010400、9006010500、9006010600、9006010700、9006010800、9006019900、9006020100、9006020200、9006020300、9006020400、9006020500、9006029900、9006030100、9006030200、9006030300、9006030400、9006030500、9006039900、9006040100、9006040200、9006040300、9006040400、9006040500、9006040600、9006040700、9006049900、9006050100、9006050200、9006050300、9006059900、9006060100、9006060200、9006060300、9006069900、9006070100、9006070200、9006070300、9006070400、9006079900、9006080100、9006080200、9006080300、9006080400、9006080500、9006080600、9006080700、9006080800、9006080900、9006081000、9006089900、9006090100、9006090200、9006090300、9006090400、9006090500、9006090600、9006090700、9006090800、9006099900、9006100100、9006100200、9006100300、9006100400、9006100500、9006100600、9006109900、9006990000。
8750	博物馆	9007010000、9007020100、9007020200、9007029900、9007030100、9007030200、9007030300、9007030400、9007030500、9007039900、9007040100、9007040200、9007040300、9007049900、9007050100、9007050200、9007059900、9007060100、9007060200、9007070100、9007070200、9007070300、9007079900、9007990000。
8760	烈士陵园、纪念馆	9008010000、9008020000。
8770	群众文化活动	9009010100、9009010200、9009010300、9009010400、9009010500、9009010600、9009019900、9009020000、9009030000、9009040000、9009050000、9009060000、9009070000、9009080000、9009990000。
8790	其他文化艺术业	9099010100、9099010200、9099010300、9099010400、9099010500、9099019900、9099020100、9099020200、9099020300、9099029900、9099030100、9099030200、9099039900、9099040100、9099040200、9099049900、9099050000、9099990000。
8810	体育组织	9101010101、9101010102、9101010103、9101010104、9101010105、9101010106、9101010107、9101010108、9101010109、9101010110、9101010111、9101010112、9101010113、9101010114、9101010115、9101010116、9101010117、9101010118、9101010119、9101010120、9101010121、9101010122、9101010123、9101010124、9101010125、9101010126、9101010127、9101010128、9101010129、9101010130、9101010131、9101010132、9101010133、9101010134、9101010199、9101010201、9101010202、9101010203、9101010204、9101010205、9101010206、9101010207、9101010208、9101010209、9101010210、9101010211、9101010212、9101010213、9101010214、9101010215、9101010216、9101010217、9101010218、9101010219、9101010220、9101010221、9101010222、9101010223、9101010224、9101010225、9101010226、9101010227、9101010228、9101010229、9101010230、9101010231、9101010232、9101010299、9101020000、9101030000、9101040000、9101050100、9101050200、9101060000、9101990000。

续118

行业代码	行业名称	产品目录代码
8820	体育场馆	9102010100、9102010201、9102010202、9102010203、9102010204、9102010205、9102010299、9102020100、9102020200、9102020300、9102020400、9102020500、9102020600、9102020700、9102020800、9102020900、9102029900、9102030100、9102030200、9102030300、9102030400、9102030500、9102030600、9102039900。
8830	休闲健身活动	9102021000、9102021100、9102021200、9103010101、9103010102、9103010103、9103010104、9103010199、9103010200、9103010300、9103010400、9103019900、9103020100、9103020200、9103020300、9103029900。
8890	其他体育	9104010100、9104010200、9104010300、9104019900、9104020100、9104020200、9104020300、9104030100、9104030200、9104030300、9104040100、9104040200、9104040300、9199030000、9199040000、9199990000。
8911	歌舞厅娱乐活动	9201010000、9201020000、9201030000、9201040000、9201050000、9201990000。
8912	电子游艺厅娱乐活动	9202020000。
8913	网吧活动	6199010000。
8919	其他室内娱乐活动	9202010000、9203010000、9203990000。
8920	游乐园	9204010000、9204020000、9204030000、9204990000。
8930	彩票活动	8704050000、9199010000。
8941	文化娱乐经纪人	7499040100、7499040200、7499040300、7499040400、7499049900、9010010101、9010010102、9010010103、9010010199、9010010200、9010020100、9010020200、9010020300、9010030000、9010040100、9010040200、9010990100、9010990201、9010990202、9010990203、9010990204、9010990205、9010990206、9010990299。
8942	体育经纪人	7499050000、9199020100、9199020200、9199029900。
8949	其他文化艺术经纪代理	9010999900。
8990	其他娱乐业	9299010000、9299990000。
9000	中国共产党机关	9301000000。
9110	国家权力机构	9302000000。
9121	综合事务管理机构	9303010100、9303010200、9303010300、9303010400、9303019900、9303060100、9303060200、9303060300、9303069900。
9122	对外事务管理机构	9303020100、9303020200、9303029900。
9123	公共安全管理机构	9303030100、9303030200、9303030300、9303030400、9303039900。
9124	社会事务管理机构	9303040100、9303040200、9303040300、9303040400、9303049900。
9125	经济事务管理机构	9303050100、9303050200、9303050300、9303050400、9303050500、9303050600、9303050700、9303050800、9303059900。
9126	行政监督检查机构	9303070100、9303070200、9303070300、9303070400、9303070500、9303070600、9303070700、9303070800、9303070900、9303079900。
9131	人民法院	9305010000。
9132	人民检察院	9305020000。
9190	其他国家机构	9399000000。
9210	人民政协	9304000000。

续 119

行业代码	行业名称	产品目录代码
9220	民主党派	9401010000、9401020000、9401030000、9401040000、9401050000、9401060000、9401070000、9401080000、9401090000。
9300	社会保障	8601010000、8601020000、8601030000、8602000000、8603010000、8603020100、8603020200、8603020300、8603029900、8604000000、8605000000、8606000000。
9411	工会	9402010000。
9412	妇联	9402020000。
9413	共青团	9402030000。
9419	其他群众团体	9402990000。
9421	专业性团体	9501010101、9501010102、9501010103、9501010199、9501010201、9501010202、9501010299、9501010301、9501010302、9501010303、9501010304、9501010305、9501010399。
9422	行业性团体	9501020100、9501029900。
9429	其他社会团体	9501990100、9501990200、9501990301、9501990302、9501990303、9501990304、9501999900。
9430	基金会	9502000000。
9440	宗教组织	9503010100、9503010200、9503010300、9503010400、9503010500、9503019900、9503020100、9503020200、9503020300、9503020400、9503020500、9503029900。
9510	社区自治组织	9601010000、9601020000、9601030000、9601990000。
9520	村民自治组织	9602010000、9602990000。
9600	国际组织	9701000000、9702000000、9703000000、9799000000。

附录8

《国民经济行业分类》按名称检索

E

F

G

H

J

N

P

Q

R

T

W

X

Y

Z